[今·日·云·南]

倡导大山精神”

省委书记，省人大常委会主任秦光
报告》中，向全省干部和群众提出
的号召，仍然在全省人民心中激
谐发展、跨越发展的伟大征程中，
光荣而艰巨的历史使命，承载着各
和弘扬优良传统，树立高原情怀，
，创造无愧于时代、无愧于人民的

2013

云南经济年鉴

YUNAN ECONOMY YEARBOOK

图书在版编目（CIP）数据

云南经济年鉴. 第22卷/《云南经济年鉴》编辑委员会编. —昆明：云南人民出版社，2013.12

ISBN 978-7-222-11368-8

Ⅰ.①云... Ⅱ.①云... Ⅲ.①区域经济—云南省—2013—年鉴 Ⅳ.①F127.74-54

中国版本图书馆CIP数据核字（2013）第289692号

责任编辑：段兴民 范可
责任校对：赵红
责任印制：段金华
装帧设计：昆明天泰彩印包装有限公司

云南经济年鉴（第22卷）

云南省人民政府研究室
云南经济年鉴编辑委员会 编

出版发行：云南出版集团公司
云南人民出版社
（昆明市环城西路609号）
印 刷：昆明天泰彩印包装有限公司
开 本：889mm×1194mm 1/16
印 张：35
字 数：1000千
版 次：2013年12月第1版
印 次：2013年12月第1次印刷
印 数：1～2000
书 号：ISBN 978-7-222-11368-8
定 价：480.00

编 辑 说 明

1.《云南经济年鉴》是由云南省人民政府研究室主管，云南经济年鉴编辑委员会主办，云南省各有关部门共同参与编纂的一部全面反映云南省经济和社会发展全貌的大型资料性工具书，创办于1992年，每年出版一卷，国内外公开发行。本书全面、系统、准确、翔实地反映云南省经济和社会各项事业的基本情况，到2013年已连续出版22卷。

2.《云南经济年鉴》采用分类编辑法。内容按篇目—类目—分目—条目四级结构层次编辑，分设16个篇目。篇目由辑封导入，下设若干类目、分目，以条目为表现内容的基本形式。在少数分目中，增加了子分目的层次。全书条目标题统一用黑体加【】表示，内容较多的条目另加楷体字插题，便于进一步细分资料。与条目有关的图表直接插于文中；为减少某些部类所占篇幅的比重，一些大型图表集中放置在文中，有利于读者专门查阅相关资料。

3.《云南经济年鉴》以出版年号为卷次名称，2013年卷主要载录云南省2012年经济社会发展的基本资料，全书设16个篇目：(1) 特载；(2) 云南概况；(3) 经济大事记；(4) 国民经济和社会发展；(5) 各行业发展概况；(6) 地区经济；(7) 市县区经济选介；(8) 专题报告；(9) 经济研究；(10) 法规 · 文件；(11) 公报；(12) 国民经济统计资料；(13) 表彰 · 奖励；(14) 人物；(15) 大中型企业选介；(16) 附录。

4.《云南经济年鉴》2013年卷在保持基本框架相对稳定的前提下，对部分内容进行调整、充实，主要目的是记录云南2012年的大事、要事，反映云南的历史发展风貌。

5.《云南经济年鉴》2013年卷收录内容以2012年12月末为限。部分篇目如“云南省科技统计公报”等数据截至2011年12月末；不一致的地方在书中已标注。

6. 全书所载录的内容和数据，分别由云南省各有关行政管理机构和业务单位的工作人员撰写，部分内容组织专家编辑、整理，并经领导和有关方面审核。由于行业和地区统计口径的原因，个别数据不一致的地方，以云南省统计局提供的资料数据为准。

7. 本年鉴的编辑出版工作得到全省各级党委、政府的大力支持和各有关单位的通力合作，谨此致谢。由于时间仓促，加之水平有限，不足之处在所难免，本书疏漏之处，敬请广大读者提出宝贵意见。

云南经济年鉴编辑委员会

云南经济年鉴编辑部

地　址：昆明市五华山省政府大楼7楼

邮　编：650021

电　话：（0871）63628948　63648425

传　真：（0871）63648425

电子邮箱（E-mail）：ynjjnj@163.com

《云南经济年鉴》各编写组主要撰稿人

国民经济和社会发展

李　曦　省发展改革委
杨　光　省发展改革委
喻兵兵　省发展改革委
韩　晗　省财政厅
李　峰　中国人民银行昆明中心支行
朱俊波　云南证监局
高　英　省发展改革委
刘　云　省国资委
王海月　省国资委
何植敏　省工业和信息化委
吴荣桃　省工业和信息化委
王　铮　省工业和信息化委
张　凤　省工业和信息化委
张建萍　省发展改革委
何薇薇　省发展改革委
龚晓江　省发展改革委

各行业发展概况

何　湘　省农业厅
王　锐　省林业厅
闵　磊　省水利厅
陈　葵　云南农垦集团
杨洪平　省扶贫办
曾永春　省烟草公司
付　晖　省工业和信息化委
张　弋　云南电网公司
周建新　省工业和信息化委
苏燕妮　省工业和信息化委
赖庆华　省工业和信息化委
杞耀光　省工业和信息化委
张坤华　省工业和信息化委
徐莉萍　省国防科技工业局
吴　刚　省工业和信息化委
姜　梅　省工业和信息化委
徐秀华　省工业和信息化委
吴立群　昆明铁路局
徐益兴　省工业和信息化委
张礼孔　省住房城乡建设厅
关世敏　省住房城乡建设厅
高　兴　省住房城乡建设厅
舒春艳　省住房城乡建设厅
陈　俊　省住房城乡建设厅
师　红　省建材工业行业协会
何永盛　省工业和信息化委
刘云建　省交通运输厅
高长华　省邮政公司
李　恬　省邮政公司
李向林　省旅游局
李恒杰　省商务厅
聂汉堂　省供销社
吉　永　昆明海关
洪应松　云南出入境检验检疫局
朱云忠　省国土资源厅
孙凤智　省环境保护厅
杨宏伟　省教育厅
纳　梅　省教育厅
姜　华　省科技厅
艾文光　省文化厅
张耀丕　省卫生厅
赵晓爱　省人口计生委
周海波　省人力资源社会保障厅
邱　玮　省民政厅
冯　颖　省气象局
彭丽红　省测绘地理信息局
邹睿佳　省质监局

鄢登麒　省国税局
彭颖睿　省国税局
罗松全　省地税局
褚文勋　省审计厅
杜立基　省工商局
唐　陶　省安监局
谢　巍　省地震局

地区经济

方玉红　昆明市地方志办公室
陈继荣　曲靖市委政策研究室
杞兆昌　玉溪市政府研究室
杨箫宾　保山市政府研究室
王文蓉　保山市政府研究室
邹　蓉　昭通市统计局
李小佳　丽江市政府研究室
李满田　普洱市政府研究室
左映莲　临沧市政府研究室
张云徽　楚雄州发展改革委
李　雁　红河州政府研究室
胡廷汉　文山州政府研究室
周亮生　西双版纳州政策研究室
赵秀元　大理州地方志办公室
黄艳芳　德宏州政府办公室
关建涛　怒江州政府研究室
李燕兰　迪庆州政府研究室

市县区经济选介

杨连国　五华区地方志办公室
吴焰红　盘龙区地方志办公室
加三益　官渡区史志办公室
刀培凤　西山区地方志办公室
赵玉沛　东川区史志办公室
俞学云　安宁市史志办公室
余俊柏　宣威市地方志办公室
邹　瑾　红塔区史志办公室
奎中凌　思茅区地方志办公室
胡荣莉　临翔区地方志办公室
王　熹　蒙自市地方志办公室
何少华　个旧市政府办公室
李学慧　文山市委党史研究室
郭　凯　广南县政府研究室
杨　艳　大理市地方志办公室
李天义　芒市史志办公室
何春城　泸水县地方志办公室
李志和　香格里拉县委史志办公室

经济研究

谭启彬　省社科联
罗荣淮　省社科院
杨桂敏　省政府研究室

法规·文件

胡江天　省法制办

国民经济统计资料

李朝阳　省统计局

大中型企业选介

张劲锋　云铜集团
黄绕生　云铜集团
范瑶瑶　云南冶金集团公司
李艳梅　云南物流产业集团公司
彭　怡　太平洋人寿保险公司云南分公司
张震来　中国人寿保险公司云南分公司
胡智鹏　中国工商银行云南省分行
向　薇　中国银行云南省分行
黄红梅　中国银行云南省分行
刘爱萍　广发银行昆明分行
李　京　富滇银行

云南省行政区划表

（资料截止时间：2011 年 12 月 31 日）

市、州	所辖县、市、区	129 县市区
昆明市	盘龙区　五华区　官渡区　西山区　东川区　呈贡区　晋宁县　富民县　宜良县　嵩明县　石林彝族自治县　禄劝彝族苗族自治县　寻甸回族彝族自治县　安宁市	6 区 7 县 1 市
曲靖市	麒麟区　宣威市　马龙县　陆良县　师宗县　罗平县　富源县　会泽县　沾益县	1 区 7 县 1 市
玉溪市	红塔区　江川县　澄江县　通海县　华宁县　易门县　峨山彝族自治县　新平彝族傣族自治县　元江哈尼族彝族傣族自治县	1 区 8 县
保山市	隆阳区　施甸县　腾冲县　龙陵县　昌宁县	1 区 4 县
昭通市	昭阳区　鲁甸县　巧家县　盐津县　大关县　永善县　绥江县　镇雄县　彝良县　威信县　水富县	1 区 10 县
丽江市	古城区　永胜县　华坪县　玉龙纳西族自治县　宁蒗彝族自治县	1 区 4 县
普洱市	思茅区　宁洱哈尼族彝族自治县　墨江哈尼族自治县　景东彝族自治县　景谷傣族彝族自治县　镇沅彝族哈尼族拉祜族自治县　江城哈尼族彝族自治县　孟连傣族拉祜族佤族自治县　澜沧拉祜族自治县　西盟佤族自治县	1 区 9 县
临沧市	临翔区　凤庆县　云县　永德县　镇康县　双江拉祜族佤族布朗族傣族自治县　耿马傣族佤族自治县　沧源佤族自治县	1 区 7 县
楚雄彝族自治州	楚雄市　双柏县　牟定县　南华县　姚安县　大姚县　永仁县　元谋县　武定县　禄丰县	9 县 1 市
红河哈尼族彝族自治州	蒙自市　个旧市　开远市　建水县　石屏县　弥勒县　泸西县　元阳县　红河县　绿春县　屏边苗族自治县　金平苗族瑶族傣族自治县　河口瑶族自治县	10 县 3 市
文山壮族苗族自治州	文山市　砚山县　西畴县　麻栗坡县　马关县　丘北县　广南县　富宁县	7 县 1 市
西双版纳傣族自治州	景洪市　勐海县　勐腊县	2 县 1 市
大理白族自治州	大理市　祥云县　宾川县　弥渡县　永平县　云龙县　洱源县　剑川县　鹤庆县　漾濞彝族自治县　南涧彝族自治县　巍山彝族回族自治县	11 县 1 市
德宏傣族景颇族自治州	芒市　瑞丽市　梁河县　盈江县　陇川县	3 县 2 市
怒江傈僳族自治州	泸水县　福贡县　贡山独龙族怒族自治县　兰坪白族普米族自治县	4 县
迪庆藏族自治州	香格里拉县　德钦县　维西傈僳族自治县	3 县

鸣谢单位

（排名不分先后）

云南摩尔农庄生物科技开发有限公司
云南锡业集团（控股）有限责任公司
云南省人民政府国有资产监督管理委员会
云南省商务厅
云南省总工会
云南省政府扶贫办公室
云南省有色地质局
云南省公安边防总队
云南省能源投资集团
云南省食品药品监督管理局
普洱市人民政府
西双版纳州人民政府
昆明滇池国家旅游度假区管委会
玉溪高新技术产业开发区
云南世博旅游控股集团有限公司
云南冶金集团股份有限公司
云铜集团
云南省邮政公司
华夏银行昆明分行
中国农业银行云南省分行
富滇银行

总　目

目　　录

Contents

特载
Special Editing

云南概况
Overview of Yunnan Province

经济大事记
Important Events of Economy

国民经济和社会发展
National Economy & Social Development

各行业发展概况

The Overview Of Industry Development

• 第一产业 •

Primary Industry

· 第三产业 ·

Tertiary Industry

交通运输和邮政业

Transportation and Postal Service Industry

城市建设和房地产业

City Construction and Real Estate

环境保护

Environmental Protection

教育和科学技术
Educalion & Scientific Technolog

文化和卫生
Cuture & Health

人力资源和社会保障

Human Resources & Social Security

社会管理

Social Management

地区经济

Regional Economy

8个省辖市

8 Cities Administered by Provifice

8 个民族自治州

8 Nationality Autonomous Prefectures

市县区经济选介

Introdutction of Economy in Selective Cities
（Districts and Counties）

昆明市县区经济选介

Economic Situation of Selective Cities
（Districts and Counties）of Kunming City

曲靖市县区经济选介

Economic Situation of Selective City（County） of Qujing City

玉溪市县区经济选介

Economic Situation of Selective County（District）of Yuxi City

普洱市县区经济选介

Economic Situation of Selective County（District）of pu’er City

临沧市县区经济选介

Economic Situation of Selective County（District）of Lincang prerecttlre

红河州市县区经济选介

Economic Situation of Selective City County（District）of Honghe Prefecture

文山州市县区经济选介

Economic Situation of Selective City County（District）of Wen Shan Prefecture

大理州市县区经济选介

Economic Situation of Selective City Country（District）of Dali Prefecture

德宏州市县区经济选介

Economymic Situation of Selective City County（District）of Dehong Prefecture

怒江州市县区经济选介
Economic Situation of Selective County of Nujiang Prefecture

迪庆州市县区经济选介
Economic Situation of Selective County of Diqing Prefecture

专题报告
Special Report

经济研究
Economic Recearch

重要学术活动
Important Academic Activities

研究机构选介
Introduction of Selective Research Institutions

法规 · 文件
Documents, Laws and Regulations

法规
Regulations & Laws

文件
Ducoment

公　报
Bulletin

2011 年云南省科技统计公报…………（389）

2012 年度云南省环境状况公报………（392）

国民经济统计资料

National Economy Satistics

表彰·奖励

Honor & Rewards

人 物

Figures

大中型企业选介

Brief Introduction of Selective Large and Medium-sized Enterprises

附 录

Attachment

主题索引

Subiect Index

摩尔农庄
Morre Garden

同谱亚洲文明华章 共庆亚洲艺术盛会

摩尔农庄
第十三届亚洲艺术节指定饮料

“七彩云南、文化中国、魅力亚洲、美丽春城”——第十三届亚洲艺术节，由国家文化部、云南省人民政府联合主办，云南省文化厅、昆明市人民政府共同承办。“摩尔农庄”作为亚洲艺术节指定饮料，2013年10月18日亮相第十三届亚洲艺术节新闻发布会。摩尔农庄聪滋饮料是经国家食品药品监督管理局批准，拥有二十一项专利技术（自主知识产权）的国内首款以云南高原核桃为原料的健字号核桃乳功能饮料,无不适宜人群，可确保直接供应给亚洲各国来宾在亚艺节期间开幕式和展演、巡演、论坛中饮用，完全符合亚洲艺术节“共享、展示、交流、合作”的活动宗旨。让摩尔农庄与您一起同谱亚洲文明华章，共庆亚洲艺术盛会。

摩尔农庄 为了人类更健康

核桃产业的奥林匹克——世界核桃大会金奖

时势造“聪滋”

古希腊的世界奥林匹克运动会，被世人誉为追求更快、更高、更强的第一体育盛会，代表了人类智慧与体魄的结晶。而在世界核桃领域，也有着一项奥林匹克级别的盛会——世界核桃大会。2013年7月，第七届世界核桃大会来到中国山西，由云南摩尔农庄生物科技开发有限公司开发生产的“聪滋”摩尔农庄饮料以及摩尔农庄核桃干果荣获大会金奖。

世界核桃大会1989年由国际园艺学会创办，每四年举办一次，被誉为“核桃届的奥林匹克”，是展示全球核桃行业最新技术及科研成果和引导全球核桃产业发展的学术盛会。迄今为止，已先后在匈牙利、西班牙、葡萄牙、法国、意大利和澳大利亚成功举办过六届核桃大会，每一届大会都有力地推动了主办国核桃产业的发展。今年，大会首次来到亚洲，来到东方核桃中心——中国，引起了全世界核桃种植、加工企业的关注和参与。作为中国最有影响力的核桃产区之一的云南，其代表企业当属摩尔农庄。结果，摩尔农庄推出的“聪滋”核桃饮料不负众望，在众多参评企业和产品中脱颖而出，荣获大会金奖！这是首次由中国举办的世界级核桃盛会，也是云南核桃产品首次问鼎世界级奖项，可以

摩尔农庄
Morre Garden

说，摩尔农庄的获奖不仅仅证明了其产品的品质和价值，更让云南核桃享誉世界，为扩大云南高原特色农业影响力及提高云南农产品市场占有率奠定了坚实的基础。

另一方面，当今社会高强度的生活节奏使得亚健康人群的数量逐步攀升，世界卫生组织（WHO）公布的一项调查表明，全世界亚健康的人口比例已占到75%，在美国约有60%的消费者为了健康的目的而购买功能性食品。生活节奏的加快，竞争和精神压力的加重，也需要保健食品、饮料来提高工作效率和生存质量。这些需求已经成为推动功能化饮料发展的关键因素，饮料消费呈现出了“安全、营养、健康、功能性”的发展趋势。而天然功能型饮料在满足消费者追求的天然、健康、无添加要求下，还迎合了大众的保健需求，逐渐成为未来饮品的需求型主流产品。今后的主要趋势不仅会朝着天然及保健功能方向发展。而且功能上会更丰富，强化营养素、高蛋白饮料、抗氧化、增强记忆力、增强免疫力、调节血脂、保护化学性肝损伤、改善睡眠等会成为消费者的主要选择。

摩尔农庄立足于云南丰富的生物资源优势，以市场为导向，结合高新生物技术，以倡导健康养生，致力于打造天然、健康养生产品品牌，做深做透云南高原特色农业，提升云南高原特色农业及农产品品牌形象，进一步围绕“丰富多样、生态环保、安全优质、四季飘香”四张名片打造明星产品，并且造就了国内首个用高原有机核桃为原料的健字号核桃乳 “聪滋摩尔农庄饮料”（功效：辅助改善记忆力，不适宜人群：无）。“聪滋”凭借云南高原有机核桃的独特优势，高附加值的深加工技术，21项国家专利（自有知识产权）的创新应用，在获得世界核桃大会 “中国优质核桃产品”金奖后，在2013年中国农产品加工业投资贸易洽谈会再次荣获“优质产品”称号。

云南摩尔农庄生物科技开发有限公司成立于2006年，是集有机食品、功能性食品和民族药研发、种植、加工、生产、销售为一体的股份制科技企业。公司肩负着“代表核桃深加工行业发展趋势”的使命感，致力于核桃产业的发展，将做药企的严谨全部转移到快消品行业，本着从基地原料种植到产品研发生产再到市场销售定位，每一个环节都超出行业标准，以高水平、高品质、高姿态面向市场。

经过7年的发展，公司现已成为云南省级农业及省级林业龙头企业、省创新型试点企业；楚雄州质量兴州示范企业；云南省绿色有机食品产业协会副会长单位；2010年、2011年、2012年公司连续三年在由国家多部委共同主办的中国食品安全年会（第八届、第九届和第十届）上获得“全国食品安全示范单位”荣誉；2011年，公司被国家农业部认定为“全国农产品加工业示范企业”；被国家发改委认定为国家生物产业高新技术示范工程项目。2012年8月28日，云南省人民政府在“百户优强民营企业、百强民营企业家”表彰大会上授予公司为“优强民营企业”。

核心技术优势的研发与应用

2007年3月3日，公司与国家新药开发工程技术研究中心合作成立了国家新药开发中心楚雄民族药研发基地。一直以来，公司始终坚持走自主研发和联合研发相结合的新产品研发之路，不断提高产品

摩尔农庄
Morre Garden

研发中心

GMP综合厂房

的科技含量和延长产品的产业链，公司同中国医学科学院药物研究所、国家新药开发工程技术研究中心、中国协和医科大学（现清华大学医学部）等多家科研单位建立了长期技术合作关系，为企业的发展提供了强有力的科研技术平台。在国家级尖端科技的支持下，目前公司已获得5个有机食品批号（摩尔农庄有机核桃乳、摩尔农庄有机核桃干果、摩尔农庄有机核桃油、摩尔农庄有机滇红花籽油、摩尔农庄有机绿茶籽油）、3个保健功能产品生产许可（“聪滋”摩尔农庄饮料，功效为辅助改善记忆，无不适宜人群；沙棘红花软胶囊，功效为增强免疫力、辅助降血脂；摩尔农庄芦荟饮料，功效为增强免疫力）、正在报批6项保健功能饮品生产许可。公司已取得2个民族药临床批件、国家专利技术41项，其中21项已应用于功能性核桃饮料的生产，到2013年底将取得专利60余项。

随着公司掌握研发技术的增加，对核桃进行全面开发、多层次加工，在深加工方面，主要加工为有机核桃油、有机核桃乳、核桃油软胶囊、核桃粉等产品。根据市场需求及国际国内食品产业发展方向，研发生产既是有机原料的产品，并通过HACCP、GMP及有机食品、出口食品认证，其中有机核桃油通过新加坡SGS认证，已出口法国、日本、德国等国家及地区，实现与国际市场接轨。

先进的生产技术

从2006年6月筹建开始，公司就着手标准化质量管理体系建立，2008年4月一期生产线通过国际食品安全体管理系（ISO22000）认证，8月通过国家保健食品GMP认证。公司一期、二期生产线年产6万吨功能性饮料、2千吨有机食用油、3.2亿粒软胶囊、5亿粒软胶囊滴丸五条设备、工艺先进，自动化程度高，达到国内一流水平的深加工生产线。

三期工程鸟瞰图

工作车间

随着公司不断研发新品的上市及市场份额的不断扩大，公司加快三期项目建设，在一期、二期的基础上新增建设年产20万吨有机及健字号功能饮料深加工生产线，引进国际顶尖技术的瑞典利乐公司设备、美国IPV设备及德国IDD设备，建成亚洲技术、设备一流的功能性饮料生产线，力求形成核桃深加工产业规模化生产，将企业进一步做大做强。该项目是云南省2012年“三个一百”中新开工重点建设项目之一，云南省2013年“三个一百”中重点在建设项目之一。公司三期项目已于2012年10月15日开工建设，计划2014年8月建成投产。规划设计为工业旅游园区，建成初期年接待量50万人，成熟之后设计年接待量可达100万人。

公司四期项目按照GMP和ISO22000国际食品安全管理体系标准建设年产5万吨功能性饮料生产线，满足市场需求。公司还计划建设现代化的以核桃为主的有机产品交易实体专业市场平台，集交易、物流、信息等增值服务于一体，成为核桃行业的信息中心、交流中心、物流配送中心和结算中心，促进核桃现代化新型交易，拉动核桃产业的发展和下游延伸。

公司的第五期、第六期、第七期生产项目建设规划，不仅立足于核桃植物蛋白饮料，同时更要立足于云南高原特色农业及农产品，将具有云南特色的高端特色产品推广到全国，力求实现全国第一植物蛋白饮料的大品牌战略。

摩尔农庄
Morre Garden

严格质量管控

公司生产产品标准采用国内外先进的GMP、ISO22000国际食品安全管理认证标准体系和规范，高度重视产品质量安全，在确保产品质量的同时，强化内部管理，规范工作流程，持续保证公司生产产品质量。公司产品均在10万级洁净生产车间生产，产品历经628项有机食品质量检测，259项GMP认证条款检查，层层监管、道道把关、精心制造出高品质的产品。自2008年8月通过GMP认证后投产以来从未发生过产品安全、质量事故，也未出现过因产品质量、安全问题引发的纠纷。公司质量总监由公司党支部书记担任，对产品实行“一票安全否决制”。

为保证所开发新产品的科技含量和新产品市场竞争力，兼顾再开发新产品的多样化生产及产品的安全质量检测，除生产设备条件安全先进，公司研发、检测中心拥有细菌培养箱、万级洁净室、美国安捷伦气相色谱仪、高效液相色谱仪、原子吸收分光光度计、超声波清洗仪等业内一流设备可检测农残、添加剂、重金属等项目。

公司产品质量控制可追溯、质量责任可追究。公司具有完善的食品安全、质量管理体系。该体系吸取了国外先进的管理模式，采用GMP、ISO22000国际食品安全管理体系，对原料采购、生产工艺、人员卫生及操作、厂房环境、设施设备和成品的品质管理及贮存运输等环节进行分析，对可能危害产品安全质量的关键环节进行严格控制，保证产品卫生安全质量，同时，建立从原材料进厂、生产过程、成品检验到销售的完整的记录制度，依据罐底喷码即可追溯及防伪。

原材料方面，公司质量管理严格按照有机食品标准，由公司派出检测专业人员到基地对原料核桃的品种、种植、收获以及运输、储存进行全过程实地检查。所有用于生产摩尔农庄产品的原材料，必须通过严格的检测和评估，确定空气、水源、土壤、环境条件符合有机核桃种植要求，确保各项指标符合、甚至高于国家认可的检测标准。

生产过程中严格控制，生产车间安装全球眼保证生产过程的可追溯性。公司与中国电信达成合作，厂房内所有生产线都安装了全球眼，保证工作人员可以时时对生产状况进行监控。所有的生产记录都可保存，实现所有环节可追溯。

摩尔农庄
Morre Garden

云南省青少年发展基金会
YUNNAN YOUTH DEVELOPMENT FOUNDATION
希望工程
PROJECT HOPE
摩尔农庄公益基金
您买一罐核桃乳，我捐两分钱

大爱无疆，与社会公益为己任

2006年，摩尔农庄积极投身公益事业，已经与云南省青少年发展基金会、云南电视台进行了一期合作品牌建设。公司投入300万元，与云南省电视台少儿频道进行为期1年的“摩尔农庄乐园”品牌建设合作，开展以“让爱播种希望”为主题的现场拍摄活动。配合云南少儿频道覆盖全省的特点，2009年6月至2010年6月，公司在楚雄、曲靖、玉溪、保山、德宏、景洪等10余个地州进行爱心义卖及现场拍摄。活动义卖所得现场捐至当地共青团委员会、青少年发展基金会用于资助贫困学子上学。通过这些公益活动的开展，不仅较好地树立起公司良好社会形象，也有效提升了品牌效应，带动产品的推广和销售。

成立至今，先后捐赠300多万元用于公益事业；2012年正式成立“摩尔农庄助学基金”资助贫困大学生；2013年3月18日与云南省青少年发展基金会合作创立了“摩尔农庄公益基金”，用于为旱区修建100口水窖、在贫困山区建立一所希望学校、帮助100名贫困大学生圆梦大学等一系列公益活动。今后每销售一听摩尔农庄系列饮品公司就捐出2分钱注入到公益基金库中，助学、助贫、助困；2013年5月，摩尔农庄公益基金将“聪滋”核桃乳赠予云南省16个地州各州重点中学中的重点初三、高三班级2280名毕业生，增强记忆力，助力中考、高考。

选择摩尔农庄伴随一生健康

随着人们对健康和养生的追求，植物蛋白功能饮料以“高蛋白、高维生素”的营养特性，逐渐受到消费者的青睐。特别是核桃乳，因核桃具有补脑、抗衰老功效，自古以来广为传播。在知识经济时代，用脑疲劳等成为人们的生活常态，因而孕育着“补脑”这一巨大的市场需求。有机及功能性核桃乳既有效解决了核桃直接食用的不方便和口味的不适应，又能够给大脑补充营养，由此催生了巨大的市场需求。在这样的趋势下，“聪滋”摩尔农庄饮料应运而生，富含DHA、牛磺酸、乳酸锌、维生素B6等营养成分，蛋白质含量高达1.0g/100ml，含量指标高于国家标准；更利于人体吸收，可缓解脑力疲劳、辅助改善记忆。

用绿色影响世界，用健康开启未来。摩尔农庄将长期定位于云南特色生物资源的精深加工及综合开发，致力打造世界一流的原生态健康食品产业，为提升国民健康，振兴云南核桃产业奉献力量。摩尔农庄永不满足，突破自我，帮助人类储存健康，创造充满活力的健康生活，力争实现“立足现有基础，依托现代生物技术，延展四大加工版块，打造民族药、保健食品、功能食品现代产业基地”的战略思路，把公司建成国内一流的现代食品生产知名企业。

云南锡业集团（控股）有限责任公司

2012年，云南锡业集团（控股）有限责任公司（以下简称云锡控股公司）紧紧抓住省委省政府把云锡确定为云南省重点培育的千亿元企业的重大发展机遇，调整优化并加快实施“十二五”发展规划，进一步提升执行力、凝聚力和自主发展能力；按照省政府“稳增长、冲万亿、促跨越”的总要求，精心组织生产经营，着力抓好挖潜创效，千方百计保增长、保效益，在全司干部职工的奋力拼搏下，生产经营取得了较好业绩，改革发展取得了新进展，党建工作取得了新成效。

——主要产品产量持续增长。完成有色金属总产量25.34万吨，同比增长3.2%，其中：产品锡6.9万吨，铜产品2.11万吨，铅产品9.77万吨。完成锡材产品（实物量）1.95万吨。完成贵金属469吨。

——主要经营指标较好完成。实现营业收入260亿元，利税总额12.3亿元，企业增加值37.8亿元。

一、统一全司干部职工思想，坚定打造千亿元企业信心不动摇

在云锡控股公司“十二五”发展规划基础上，制定了《云锡控股公司战略发展规划》2011-

5月18日，云南省政协主席罗正富到云锡控股公司指导工作

9月21日，中共云南省委常委、省纪委书记辛维光到云锡控股公司指导工作

2016），提出了云锡推进“三年倍增、五年跨越”的目标任务和工作重点，为未来五年发展确立了努力方向，进一步统一了全司干部职工的意志和行动，进一步坚定了全司干部职工走云锡特色新型工业化道路，打造千亿元企业的信心和决心，为跨越式可持续发展奠定了坚实思想基础。

二、强化生产经营管理，进一步提升管理创新水平

加强生产管理。认真组织好高效满负荷生产，充分释放产能，增产增收、增产增效。推广运用新技术、新设备，不断提高劳动生产效率。抓好节能降耗和“创无”工作，全年工业产值节能6500吨标准煤。强化经营管理。进一步深化细化九大挖潜创效措施。

围绕国际一流矿业企业的打造，积极与国内外先进企业展开对标，积极推进卓越绩效管理，继续打造一批国内外、省内外一流企业。

强化财务管理，加强资本性融资工作，完成了锡业股份40亿元、贵研铂业8亿元的融资审批工作。深化分配制度改革，按照“三增两减”要求，完善职工工资收入增长与单位经济效益、劳动生产率增长相匹配的机制。

加强重大风险控制管理。严格执行“三重一大”决策制度，加强建设项目投资管理。抓好物资节约降耗工作，抓好物资采购招投标工作。进一步加强信息化管理，提高全司信息化管理水平和能力。加强法律事务管理和档案标准化管理。

三、抢抓有利机遇，加快推进重点项目建设

矿山建设项目快速推进，云锡可持续发展基础进一步夯实。矿山基地建设成效显著，一批重点采场相继建成投产，以无轨工艺为主体的高效采矿方法变革积极推进。大屯选矿厂8000吨/日硫化矿选厂技改项目等项目建设有序推进，个旧市重金属污染治理选矿试验示范工业园区开工建设。云锡控股公司被评为“全国有色金属矿产资源开发利用先进单位”。

有色冶炼及深加工技术水平和能力进一步提升。10万吨/年铜冶炼项目即将达产达标。锡冶炼异地搬迁升级改造项目、建水和文山两个10万吨/年锌冶炼项目有序推进。锡精深加工产品持续提质提级，开发了高等级甲基锡等有机锡新产品和锡锌喷金丝等锡材系列新产品，郴州锡材项目顺利投产。

贵金属产业对控股公司发展的支撑能力和水平有了新提升。重点项目快速推进，资源、产品和贸易三大板块齐头并进、协同发展效应逐步显现。

光热光电产业各项工作有序推进。乾元光能公司完成了蓝宝石、硅片等工业化试验。云锡“昆明动力与储能电池研发中心”项目建设认真推进。圣比和公司“高性能储能锂离子电池关键技术及其示范应用项目”成功申报国家863计划。同乐太阳能公司强化市场拓展。

房地产及建筑产业可持续发展能力和水平进一步巩固和提升。房地产公司加快短平快项目运作，为控股公司年度经营目标的完成做出了贡献。建设集团公司做好个旧“三地块”开发及建筑建材工程项目市场拓展工作，努力开拓外部市场。

传统优势特色产业发展取得新进展。广元公司2000吨/年酒技改扩建项目稳步推进。供水公司市场拓展和主干管网建设加快实施。物资储运公司仓储运营质量和效益有了新提高，大物规划工作加快推

4月2日，云南省副省长和段琪到云锡控股公司指导工作

10月31日，云南省副省长刘慧晏到云锡控股公司指导工作

建设中的华联锌铟210万吨/年采矿扩建项目

进。锡都实业总公司锡工艺产品市场不断拓展，民爆产业技术升级工作顺利完成。

四、科学谋划重点突破，坚定不移加快推进资源拓展工作

地质找矿创历史新高，新增有色金属54.4万吨。大箐东深部铜锡矿接替资源勘查获“中国有色金属地质找矿一等奖”。资源保障能力得到显著提升。

红河州内资源整合取得重大成果；滇西资源整合工作积极推进；积极搭建省外资源拓展平台；积极拓展国外资源。

五、大力推进科技兴企战略，科技创新创效水平不断提升

认真组织实施“十二五”科技规划，不断加大科技投入。科技创新体系与平台建设不断完善和夯实，重大科技项目稳步推进。云锡股份公司、贵研铂业股份公司等四个单位通过高新技术企业复评。深化产学研结合。发起成立贵金属产业技术创新战略联盟。古德生、胡壮麒两个院士工作站挂牌并正常运行。与美国西南研究院深入开展技术、项目交流。科技成果与知识产权管理取得重大进展。

六、积极应对市场挑战，着力提高营销质量和

贵金属材料产业技术创新战略联盟成立大会在贵研铂业召开

大箐东深部勘查项目荣获中国有色地质找矿成果一等奖

水平

进一步加强市场信息分析，适时调整市场销售策略，有效提升营销效益。加大海外锡产品期货贸易力度。开展锡材、锡化工促销专项工作，锡深加工产品销售取得历史最好成绩。

高效采矿方法在云锡矿山推进和实施

加大原料收购工作力度，确保锡铜铅三大系统正常生产。积极调整原料采购结构，扩大铅、铜原料国内采购量。注重二次物料市场调查，加大收购力度。

七、持续推进人才强企战略，提高人才支撑和保障水平

重视人力资源开发与管理工作。制定下发了《控股公司2011-2020年人力资源规划》，修改完善了《职工培训计划》、《职称评审办法》和《职称聘任办法》。不断加大人才引进力度，从中南大学、昆明理工大学、会计师事务所等高校、单位引进急需的高素质人才。云锡控股公司获得“全国就业先进企业”、“中国企业教育百强”和“有色系统培训先进单位”等荣誉称号。

八、安全、质量和环保工作进一步加强

安全工作管理水平和能力得到进一步充实和加强。全面推进安全生产标准化建设，12个矿山单位通过标准化验收，冶炼分公司被国家安监总局命名为“有色冶炼行业安全生产标准化一级企业”。不断规范矿山采掘施工企业管理，安全监管效果良好。

质量、环境和职业健康安全管理体系进一步有效运行并持续改进，锡锭、硫醇甲基锡等八个产品保持云南名牌产品称号。控股公司荣获“云南省标准化创新贡献奖”、“云南省质量效益型企业特别奖”，三个QC成果荣获“全国优秀质量管理小组”称号。

环保工作水平进一步提高。圆满完成锡业股份和贵研铂业的再融资环保核查工作。大屯选矿厂、冶炼分公司等五家单位顺利通过省重点企业强制性清洁生产审核验收。

中国有色金属工业科学技术奖

证 书

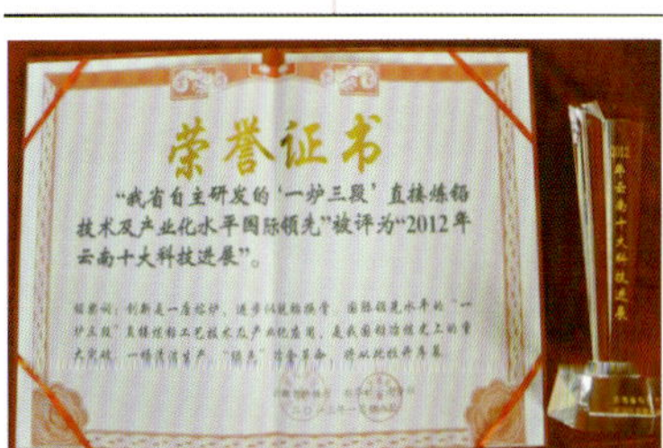

成功召开云锡第二届职工运动会

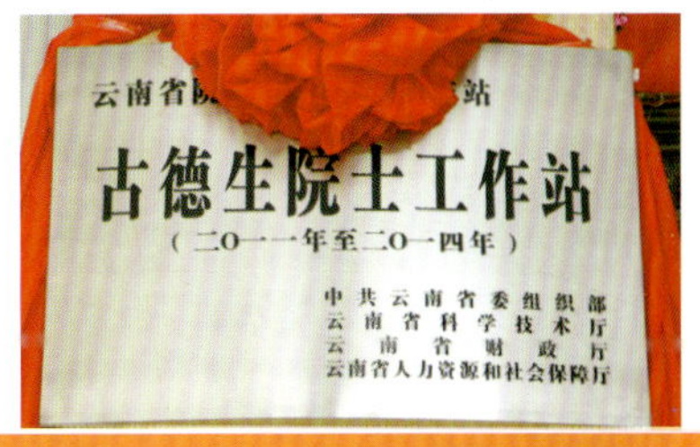

云南省人民政府国有

国务院国资委与云南省人民政府签署合作备忘录暨央企入滇活动仪式

省国资委与华侨城集团签署合作协议

云南省人民政府国有资产监督管理委员会（以下简称“云南省国资委”），成立于2004年2月28日，是省政府直属特设机构。主要职责是根据省政府授权履行出资人职责，监管省属企业国有资产，指导推进省属企业改革、重组及现代企业制度建设，完善公司治理结构，推动国有经济布局和结构调整，承担监督所监管企业国有资产保值增值的责任。同时，根据省委的决定，省国资委成立党委，负责管理：中央在滇企业、省属企业和其他企业在内的57户企业的党的建设、活动等工作。

省国资委成立以来，积极在实践中积累经验、在创新中谋求发展，国有资产监督管理建立了一系列新体系。通过建立战略管控体系，发挥目标导向作用；建立经营责任体系，发挥价值创造作用；建治理体系，发挥分权制衡作用；建立风险控制体系，发挥权益保护作用；建立分级监管体系，发挥责任传导作用。国资监管已逐步走上规范化、科学化、制度化轨道。

经过加大国有经济布局调整、持续深入结构转型，着力推进行业整合、实施资源优配战略，加快省属企业重组，促进新兴产业发展壮大等举措，企业发展的内生动力持续增强，历史包袱大幅减轻，培育了一批支撑地方经济发展的主力军，国有企业可持续发展迈上新台阶。同时，不断加强和改进企业党的建设，企业党建工作形成发展新优势，履行社会责任做出了新贡献。

截至2012年末，云南省国资委监管的省属企业有19户，其中工业企业7户、投资类企业5户、建筑

十八大精神宣讲

央企入滇活动仪式

“七一”表彰

资产监督管理委员会

省国资委机关学习贯彻十八大精神

云南新立有色金属有限公司武定钛业分公司

施工企业3户、商贸服务企业3户、农业企业1户，资产总额6394亿元，在岗职工25.3万人。控股上市公司14户，当前市值约1467亿元，占全省上市公司总市值的70.18%。2012年，省属企业完成营业收入3441亿元，实现利润29.5亿元，利税155亿元，完成增加值420亿元，固定资产投资395亿元。

经过八年发展，省属企业资产规模从户均31亿元增长到337亿元，15户企业资产过百亿，7户企业资产超过500亿元；11户企业收入超百亿，3户企业收入超过400亿元。资产总额、净资产、收入、利税年均增长率分别达到23%、17.3%、24.8%、10.7%，年均保值增值率达到105%。销售收入等指标处于全国地方国资委监管企业较好水平。云天化集团、昆钢控股、煤化集团、建工集团、云锡集团和冶金集团6户企业进入全国500强。

“十二五”期间，云南省国资委将紧紧围绕省委、省政府科学发展跨越发展和谐发展的总要求，以“中国面向西南开放重要桥头堡”建设为契机，着力推进监管企业创新驱动、转型升级、人才强企、走出国门四大战略，努力提升企业核心竞争力，做强做大，促进云南经济更好更快发展。

昆明长水国际机场

云南省商务厅

OEPARTMENT OF COMMERCE OF YUNNAN PROVINCE

务实创新砥砺奋进 努力推动商务事业实现新突破新跨越

2012年，是云南全省商务系统着力推进商务发展方式转变，在探索中寻求突破，在创新中实现跨越发展的一年。圆满完成了省委、省政府年初确定的各项目标任务，成效显著。主要表现在以下八个方面：

一、多措并举，社会消费实现均速增长。全年社会消费品零售总额完成3541.6亿元，同比增长18%，高出全国平均增幅3.7个百分点，连续三年每年净增500亿元。“万村千乡市场工程”成效明显，食品安全保障工作不断强化；南菜北运、老字号评定与保护等重点工作顺利开展，蔬菜和生猪产品流通管理逐步规范；率先成立药品流通管理机构，理顺工作职责；综合行政执法和打击侵犯知识产权工作稳妥推进。

二、优化结构，对外贸易实现快速增长。加工贸易发展迅速，占全省进出口比重由4.7%上升为32.7%；国企与民企占全省外贸的比重平分秋色。全年全省进出口总额突破200亿美元，达到210.05亿元，同比增长31.04%。进出口增速居全国第五位，高于全国平均增幅24.8个百分点。服务贸易进出口突破30亿美元，有望登上40亿美元台阶。

三、协同推进，外经合作实现强劲增长。按照“突出周边、发展非洲、进军南美、探索中东”的思路，对外承包工程业务拓展到非洲、南美和中东等20多个国家和地区；分别在拉美和非洲等33个国家和地区开展业务，以并购投资成为亮点，投资方式和领域日趋多元。境外罂粟替代种植企业责任增强，工作秩序进一步规范。全年全省对外承包工程完成营业额15.5亿美元，同比增长35.2%；境外实际投资额7.1亿美元，同比增长24.5%，列西部和沿边省份第三位。

四、拓宽领域，利用外资实现逆势增长。抓好引进外资各项优惠政策的落实兑现，提高投资便利化水平，营造良好的投资环境。简政放权，全面提升外资审批服务质量。进一步加强国际间合作交流，发挥重要展会平台作用，做好重点区域、特色产业和优势项目的包装推介，充分利用各类园区的优惠扶持政策，实现加快承接产业转移，增强引进外资的综合带动效应。在全国利用外资下降的情况下，我省全年批准外商投资项目仍达到121个，实

熊清华厅长与昆交会的外国参展商亲切交谈

熊清华厅长赴瑞丽考察利民边贸市场

际利用外资21.9亿美元，比上年同期增长26%。

五、拓展思路，沿边开放实现抢先发展。抓住国家扩大沿边开放特别是桥头堡建设的战略机遇，在全国沿边省区抢得先机。积极承办全国边合区工作会议，推动麻栗坡（天保）、耿马（孟定）、腾冲（猴桥）、孟连（孟阿）、泸水（片马）和勐腊（磨憨）正式批准为省级边境经济合作区，六个省级边境经济合作区升级国家级合作区的申报工作进展顺利。瑞丽国家重点开发开放试验区建设全面提速，重大项目建设取得新进展。老挝万象境外经贸合作区正式列为国家级境外经贸合作区。中老双方对建设磨憨—磨丁跨境经济合作区进一步达成共识，各项工作务实推进。

六、强化合作，平台建设实现跨越发展。第20届昆交会、第5届南亚国家商品展各项外经贸成交额达80.7亿美元，业务成交额、展会规模和参展客商数量方面均创历史新高。国务院已正式批准南亚国家商品展升级更名为国家级中国-南亚博览会。云南-泰北、云南-老北、云南-越北区域合作务实推进，以周边为基础、以大湄公河次区域为核心、涵盖东盟、南亚和西亚，多层次、宽领域的区域性国际合作格局基本形成。

七、建管并重，口岸建设实现创新发展。加快口岸配套设施和通关便利化软硬件环境建设，大力促进口岸通关环境的改善和优化，积极拓展云南电子口岸平台功能，全面推动“属地申报，口岸验放”通关模式，通关便利水平得到有效提升。2012年，全省口岸进出口额69.6亿美元，同比增长10.1%；进出口货运量848.6万吨，同比下降15.8%；出入境人员2479.7万人次，同比增长10.1%，出入境交通工具441.4万辆次，同比增长9.8%。

八、加强学习，队伍建设实现健康发展。2012年以深入开展“四群”教育为载体，巩固深化创先争优活动，强化措施、注重实效，加强对理想信念、职业道德和群众工作教育；强化干部监督，促进廉洁从政。商务服务的能力和效率得到进一步提升，干部队伍管理制度进一步完善。

全省商务工作会议

云南老字号授牌仪式

第20届昆交会暨第5届南亚国家商品展开幕式

熊清华厅长赴畹町进行边贸调研

2012年10月30日熊清华厅长在嵩明县杨林镇看望刘寿全老人，了解一家人的生产生活情况

云南省总工会

中共云南省委书记、省人大常委会主任秦光荣与出席云南工会第十一次代表大会的代表亲切握手

云南省总工会主席张百如在大会上作工作报告

2012年，在省委和全总领导下，全省各级工会认真学习贯彻党的十八大和省第九次党代会精神，深入贯彻落实科学发展观，坚定不移走中国特色社会主义工会发展道路，各项工作取得新成绩，圆满完成全年的目标任务。

（一）以学习贯彻党的十八大精神为首要政治任务，进一步增强做好新形势下工会工作的责任感和使命感。坚持把学习贯彻党的十八大精神作为工会的头等大事，大力宣传云南经济社会发展取得的重大成就和广大职工作出的突出贡献，团结动员全省广大职工积极投身富裕开放文明幸福新云南建设。要求各级工会要把学习贯彻十八大精神作为当前和今后一个时期的首要政治任务，引导广大职工和工会干部把思想和行动统一到十八大精神上来，把智慧和力量凝聚到全面建成小康社会伟大事业上来。

（二）以开展建功立业活动为抓手，进一步发挥工人阶级在推动云南经济较快发展中的主力军作用。广泛开展“当好主力军、建功‘十二五’”创先争优主题劳动竞赛活动，激发了广大职工的创造活力和创新能力，全省职工参与技术攻关、技术开发近3000项，取得技术发明成果9万多项、获得专利2500多项，提合理化建议5.6万项、采纳6854项，创经济效益14.6亿元，为实现“稳增长、冲万亿、促跨越”目标作出了积极贡献。顺利开展第八届云南省省级职工技术技能大赛，云南省女职工岗位技术技能竞赛；组团参加“6•18”海峡两岸职工创新成果展，获得2金1银的优异成绩。命名表彰了一批云南省五一劳动奖状、奖章工人先锋号班（组）及标兵与“五一”巾帼标兵岗，在全社会进一步营造了当先进光荣、当劳模自豪的社会氛围。

（三）以发挥工会大学校作用为途径，进一步

2012年2月10日，时任云南省人大常委会副主任、省总工会主席江巴吉才在楚雄看望慰问困难职工

2012年9月25日，云南省总工会主席张百如在云天化集团公司慰问困难职工

2012年1月13日，云南省总工会党组书记、常务副主席王惠萍在十四冶建设工地看望慰问农民工

2012年4月27日，云南省五一劳动奖状奖章暨职工经济技术创新工程表彰大会在昆明隆重召开

五一表彰

2012年11月26日，云南省工会第十一次代表大会在昆明海埂会堂隆重开幕

展示工人阶级和工会组织的作用与风采。以“感恩”奉献“永远跟党走”为主题，深入开展“讴歌辉煌成就、凝聚奋进力量”主题教育活动。制作并在云南电视台播出了《聚力2002—2012年——云南省总工会探索、求实、创新、发展之路》四集电视专题片，向社会充分展示了全省广大职工和工会组织在全面建设小康社会中的光辉业绩和精神风貌。评选表彰了职工职业道德建设“十佳单位”、“十佳个人”和300户云南省职工“和谐家庭”，促进了职工思想道德素质的提高。开通了“云南省职工手机书屋”，新建20家全国“职工书屋”和110家省级“职工书屋”，拓展了职工学习成才平台。举办了全省职工运动会，组织开展“读一本好书”征文和“五一新闻奖”评选等活动，推动了全省职工文化体育活动的蓬勃开展。

（四）以加大维权帮扶力度为手段，进一步促进和谐企业、和谐社会建设。以省委、省政府《关于构建与发展和谐劳动关系暨劳动关系意见》为指导，推动省人大颁布实施了《云南省企业工资集体协商条例》；全省签订工资专项集体合同2.5万份，覆盖企业7.9万家、职工255.6万人；签订女职工权益保护专项合同2.4万份，覆盖企业6.9万个、女职工140.2万人。召开了省总工会与省人民政府第六次联席会议，省政府从资金上进一步加大对困难职工、省级劳模的帮扶的支持力度。联合省政协开展《云南省企业工会条例》贯彻落实，推动了企业工会工作的深入开展和职工权益的进一步实现。会同有关部门联合开展了农民工工资支付情况专项检查，责令支付工资1.8亿元。大力开展农民工技能培训和再就业培训，积极协助省政府开展鼓励创业“贷免扶补”工作。坚持把开展“四群”教育与“千名工会干部深入万家企业联系百万职工”活动结合起来，推动完善以职工代表大会为基本形式的企事业民主管理制度，非公企业职代会建制率大幅提升，达到74.2%。广泛开展“安康杯”竞赛、“一法三卡”、劳动保护监督检查等活动，有效减少了重特大事故的发生。

（五）以加强工会自身建设为关键，进一步提升工会建设科学化水平。认真贯彻落实省委组织部、省总工会《关于加强新形势下基层党建带工建工作的意见》精神，深入推进“广普查、深组建、全覆盖”工作，着力突破街道、社区建会工作，建会率、职工入会率双超90%以上，全面实现了三年任务两年完成的目标任务。强化工会干部教育培训，培训专兼职工会干部8万多人次，工会干部的综合素质和履职能力进一步提升。筹备召开了云南省工会第十一次代表大会，总结了过去五年工会工作取得的成绩和经验，明确了今后五年奋斗目标和主要工作任务，并选举产生了新一届省总领导班子，为新形势下工会工作的创新发展、可持续发展奠定了坚实的组织基础。

2012年5月8日，云南省构建与发展和谐劳动关系暨和谐企业园区表彰会议在昆明召开

2012年4月27日，云南省人大常委会在昆明召开贯彻实施《云南省企业工资集体协商条例》新闻发布会

2012年8月10日，云南省女职工岗位技术技能竞赛启动仪式暨移动客户10086热线技能竞赛开幕式在昆明举行

云南省人民政府

2012年3月2日，中央国家机关企事业单位定点扶贫云南工作座谈会在北京举行

2012年12月13日，云南省扶贫办与临沧市纪委合作，签订了廉洁扶贫行动合作协议

2012年，云南省人民政府扶贫开发办公室认真贯彻落实党的十八大、省第九次党代会及中央和省扶贫开发工作会议精神，牢牢抓住国家实施新10年扶贫开发纲要、区域发展与扶贫攻坚规划、片区重点县实施规划编制实施以及国家支持云南加快桥头堡建设的重大机遇，全力谋划新阶段开篇布局，大幅减少农村扶贫对象，促进贫困地区经济、政治、文化、社会、生态文明全面发展。

高端谋划，强势推进，完成新一轮扶贫攻坚规划设计。筹备召开两次高规格扶贫开发工作会议，出台《云南省农村扶贫开发纲要（2011—2020年）》，将《纲要》各项工作任务和重要政策措施细化为85项分解到相关部门，明确了乌蒙山片区、石漠化片区、滇西边境片区和藏区4片91个县为未来10年扶贫攻坚的主战场，编制完成区域发展与扶贫攻坚规划和实施规划，全面启动连片特困地区区域发展与扶贫攻坚。

精心组织，全力以赴，组织实施新10年农村扶贫开发纲要。全年投入省级以上财政扶贫资金42.11亿元，扶贫资金投入总量、增量均创历史最高水平。扎实推进基础设施建设，完成整乡推进25个、“县为单位、整合资金、整村推进、连片开发”试点项目6个、整村推进6753个、异地搬迁3.6万人、安居房建设3.6万户，贫困群众生产生活条件得到有效改善。扩大信贷资金规模到54亿元，

2012年4月27日，省扶贫办、省发改委、省财政厅共同组织宁蒗县扶贫攻坚大会战深度贫困村综合发展规划审核会

2012年2月20日，全省扶贫开发工作会议在昆明召开

着力培植贫困地区特色优势产业。培训输出贫困劳动力20万人，努力提高贫困群众自我发展能力。启动实施宁蒗县扶贫攻坚大会战深度贫困村综合扶贫

扶贫开发办公室

省扶贫办党组书记、主任王智率全办处级以上干部到剑川县，开展"学习贯彻党的十八大精神、四群教育"系列活动

2012年9月20日，全省扶贫开发工作专题会议在楚雄州永仁县举行

2012年7月13至14日，在昆明隆重召开《云南省农村扶贫开发纲要（2011—2020年）》培训会议

2012年12月3日，滇西边境片区区域发展与扶贫攻坚启动会

攻坚，整合投入7.43亿元推进独龙江乡整乡推进独龙族整族帮扶三年行动计划，提升特殊困难区域和贫困群体帮扶成效。完成1014万扶贫对象识别和统计监测工作，大扶贫工作格局进一步巩固完善，扶贫立法和廉洁扶贫建设迈出新步伐。减少农村扶贫对象210万人，贫困地区农民人均纯收入达4365元，同比增加618元，增16.5%，增幅高于全省平均水平1.8个百分点。

2012年小额信贷扶持项目

2012年宣威市阿都乡整乡推进项目

独龙江乡整乡推进整族帮扶项目

中国国民党革命委员会云南省委

民革中央副主席修福金副主席调研“同心工程—福保生态农业循环经济实验基地”

中国国民党革命委员会(简称民革),是具有政治联盟性质的、致力于建设有中国特色社会主义和祖国统一事业的政党，是中国共产党领导的多党合作和政治协商制度中的参政党，由中国国民党民主派和其他爱国民主人士，于1948年1月在香港创建。

民革云南省委是民革省级地方组织，1950年开始筹备。1956年选举产生了民革云南省第一届委员会，至今已选举产生十一届委员会。2012年召开民革云南省第十一次代表大会，选举产生十一届委员会，杨保建当选主任委员，周跃、王四代、李瑾、朱燕、李兴华、万立当选副主任委员。十一届委员会设经济、理论研究与学习、联络、社会与法制、科教文卫体、妇女与青年六个专门委员会，为参政议政工作服务。云南民革先后在昆明、红河、昭通、曲靖、玉溪、楚雄、保山、大理、丽江9个地方建立组织；在省属部分高等院校、科研院所、医院、国有企业建立直属基层组织50余个。至2012年末，全省党员人数为2946人。民革云南省委机关设5处1室，现有干部职工24人。

民革云南省委在民革中央和中共云南省委领导下，团结和带领全省民革党员，紧紧围绕中共云南省委、省政府的中心工作，履行参政议政、民主监督职能，为促进云南经济社会发展献计出力，工作再上新台阶。

认真学习贯彻十八大会议精神。把学习贯彻十八大精神作为首要政治任务，抓学习、抓组织、抓贯彻落实。引导广大党员统一思想和行动，凝心聚力，服务我省社会经济发展。

加强理论研究，在孙中山思想研究、辛亥革命研究、自身建设理论研究等领域再出新成果。以《同心往事》等历史为生动教材，教育引导党员干部坚持理想信念，继承老一辈优良传统，实现组织和政治同步交接。《团结报》云南记者站紧扣民革云南省委中心工作加强宣传，荣获全国“先进记者站三等奖”。

围绕促进我省科学发展献言建策，成绩突出。通过扎实调研，向省政协会议提交集体提案12件、大会交流材料6件，其中《关于在桥头堡建设中基于滇中经济区建设的全省产业统筹布局的研究》大会发言引起了省政府重视；《充分发挥农民专业合作组织在推进我省高原特色农业建设中的积极作用》等提案受到社会广泛关注。其它一批涉及发展重点领域、重大问题的调研成果取得明显成效，其中，关于《大理国古都历史文化旅游建设项目》调研成果被纳入我省十大历史文化旅游调研项目，得

2013年1月，秦光荣书记、李纪恒省长到机关走访，省人大常委会副主任、民革省委主委杨保建介绍民革省委领导班子成员

2013年1月，秦光荣书记、李纪恒省长到机关走访，省政协主席罗正富、省委常委、统战部部长黄毅陪同，与民革省委领导班子合照

2012年4月省人大常委会副主任、民革省委主委杨保健到怒江农村调研

到省政协的较高认可。关于《发展民间金融促进我省民间投资的对策建议》和《关于加强云南少数民族农民工权益保护的建议》被省政协十届五次会议评为优秀提案。向省政协举办“云南省企业家论坛”恳谈会提交论文11篇，1篇获二等奖、6篇获三等奖、4篇获优秀奖，2010年、2011年、2012年连续三年获组织奖。

报送各类社情民意信息65篇，很多信息引起地方党委的关注，部分信息受到国家有关单位的重视，其中《关于中越边境地区河口存在问题的对策建议》等2篇信息被全国政协信息局采用，公安部就信息反映的中越边境存在问题给予专题回复。信息工作为维护社会和谐稳定起到积极作用。

以智力帮扶为主要措施，深入推进“同心工程”。在“同心结对联系帮扶点—华宁青龙镇”举办“现代农业实用技术”培训农民500余人次。帮助青龙镇协调落实4个整村推进项目和1个人畜饮水项目，帮助落实配套资金83万元。联系省外捐资助学款5万元，援助贫困小学学生30人。

突出重点，稳步推进组织发展。以提高合作共事的能力水平为重点加强新一届领导班子建设。加强地方组织建设，民革昭通市委完成换届，楚雄州委筹备组成立。继续推进基层组织的“两化”建设。以作风建设为核心抓好民革云南省委机关建设。坚持以文明单位和平安建设先进单位创建为抓手，引导干部爱岗敬业，服务大局。提高机关管理科学化水平，坚持秘书长办公会议制度，形成工作一盘棋。2012年，民革云南省委机关再次通过考核验收，被授予省级文明单位、昆明市平安建设先进单位、华山辖区“综治维稳”先进单位。

2013年云台会，省人大常委会副主任、民革省委主委杨保建参观云南法律服务中心

把握海峡两岸和平发展主题，努力做好促进祖国和平统一工作。2012年成立联络处。结合孙中山思想研究，护国运动、远征军、滇西抗战等近代历史研究，深入挖掘云南近现代历史资源和传统文化资源，增进台胞对中华文化的共鸣。与云南财经大学、台湾政治大学等两地有关单位联合举办“中国水治理与可持续发展——海峡两岸学术研讨会”等活动促进两地的学术交流合作。坚持“请进来、走出去”，先后接待接触台湾学者、画家、记者、公务员、退役将军、企业家数十人次，支持和组织民革党员画家、法律专家以多种方式、多种渠道赴台访问交流。民革云南省委与省台办联合成立的“云南台商法律服务中心”，为在滇台商、台胞提供民商事法律纠纷、劳动用工纠纷、不动产物权纠纷等免费法律咨询，得到在滇台胞、台商的好评。

考察“同心联系点—华宁县青龙镇”菜豌豆种植情况

考察“同心联系点—华宁县青龙镇”三七种植试验地

2012年6月民革云南省十一次代表大会

抗旱捐赠水桶

教师节活动拔河比赛

2011年辛亥革命百年—团结学术论坛

2011年辛亥革命百年纪念大会

云南省公安边防总队

YUN NAN SHENG GONG AN BIAN FANG ZONG DUI

2012年5月17日，中共中央政治局常委、全国政协主席贾庆林视察河口口岸并慰问河口边检站官兵。贾庆林指出：“有你们这样的国门卫士，才有祖国边疆的安全稳定，向你们并通过你们转达对全体指战员同志的慰问，并期待你们取得更好的成绩”

2012年，云南省公安边防总队牢牢把握“稳中求进”的总基调，坚持围绕中心、服务大局，以深化爱民固边战略、提升边检服务水平为抓手，将公安边防工作融入到全省科学发展、和谐发展、跨越发展整体规划中进行谋划，着力提升边防管理服务水平，为云南省“两强一堡”建设营造安全稳定的社会环境、公平正义的法治环境和优质高效的服务环境。结合云南桥头堡、大湄公河次区域开发等重点项目建设，推出了《桥头堡战略公安

2012年10月17日，红河公安边防支队向普角南科爱民固边小学捐赠爱心被和爱民柜

河口口岸边检执勤官兵用英语与外国旅客进行无障碍沟通

服务无国界、快乐无止境——图为德宏边防支队银井边防工作站为边防小学缅籍学生提供优质、高效的通关服务

女子护村队——图为德宏边防支队姐勒边防派出所带领女子护村队巡逻

边防管理规划》、《云南公安边防通关便利化措施》、《边检服务18条承诺》及25条深化爱民固边战略举措等60多项便民利民措施，推出了外国人、流动人口服务管理新办法和"四级三联动"网格化防控体系等创新举措，统一了全省边民通道查验系统，使口岸通关效能大幅提升，受到云南省委、省人民政府的充分肯定。全年检查出入境人员2532.9万人次，比增15.27%，交通运输工具418万余辆（艘、架、列）次，比增3.09%；查获边控对象145人次，网上追逃人员136人次，抓获偷渡人员71人，各类违法违规人员6981人次；缴获毒品4950.24千克，各类枪支1143支，子弹34459发，手榴弹、炮弹259枚。边防辖区有197个村实现刑事零发案，187个村实现治安零发案，201个村实现零上访。结合兴边富民行动，扎实推进爱民固边模范县（乡、村）创建活动，选派747名边防警官兼任边境行政村村官，发挥自身职能作用积极参与地方经济建设、大力开展扶贫帮困活动，主动为群众增收致富出主意、想办法，推出了爱民固边科技示范园、农业合作社、滚动式扶贫养羊等扶贫项目，参加彝良地震灾区等各种抢险救灾共派出兵力2133人次，动用车辆553辆次，救助灾害事故113起，救助遇险人员290人，挽回经济损失6905万元；走访群众69.55万户次240.27万人次，排查化解矛盾纠纷1955件，为群众做好事办实事解难事4.9万件，送证上门5.2万份，捐款捐物价值180余万元，建立帮扶对子1105个，建档帮扶困难儿童828名，创建模范村420个、模范镇58个、模范县（市）22个，帮助辖区群众争取科技扶贫项目16个、生产发展项目9个等。

云南省首个三农信息服务站落户德宏姐相乡小广弄村——图为德宏公安边防支队官兵为群众查询农产品销售信息

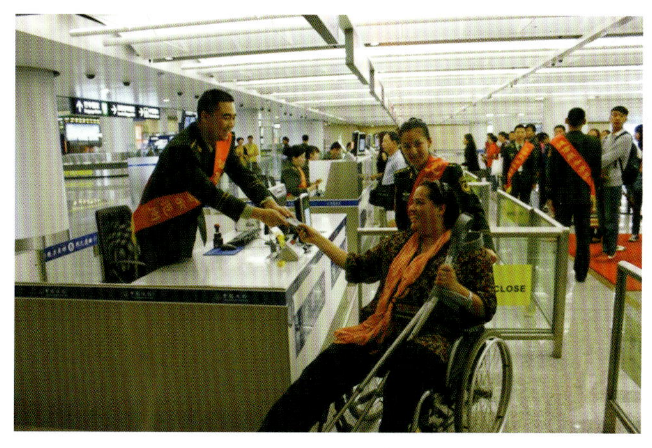

昆明站开通残疾人通道

以兵为本　为兵服务

——昆明市人民政府复员退伍军人安置办公室工作纪实

从2005年全省统一实行城镇退役士兵考试考核安置办法以来，在接收人数多、岗位资源少、工作任务重、政策要求高、安置压力大的情况下，昆明市复退军人安置办公室认真贯彻“以兵为本，为兵服务”的理念，以兵役法和退役士兵安置条例为依据，以做好新老政策的衔接工作和推行“双考”安置办法为抓手，以构建新型安置服务保障体系为基础，以制度建设和工作创新为支撑，通过各级各方面的共同努力，圆满完成了城乡退役士兵接收安置和教育培训任务。近几年来，全市安排城镇退役士兵上岗率均在50%以上，推荐农村退役士兵到各类企业工作达45%以上；城镇退役士兵培训率达100%，农村退役士兵培训率达80%以上；每年筹措发放退役士兵自谋职业和自主就业补助金达4400多万元，发放待分配期间生活补助费250余万元，支付学历教育和职业技能培训经费350余万元。由于安置工作成绩突出，昆明市复退军人安置办公室连续8年被云南省人民政府复员退伍军人安置办公室评为“全省退役士兵安置工作先进单位”。

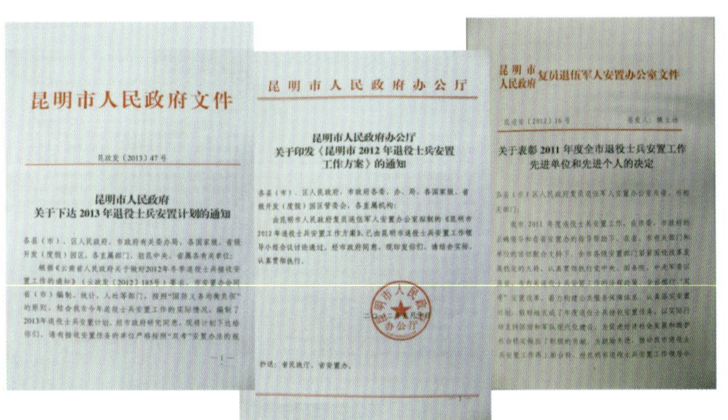
昆明市人民政府文件

昆政发〔2013〕47号

昆明市人民政府
关于下达2013年退役士兵安置计划的通知

昆明市人民政府办公厅

昆明市人民政府办公厅
关于印发《昆明市2012年退役士兵安置工作方案》的通知

各县（市）、区人民政府，市政府各委、办、局，各国家级、省级开发（度假）园区管委会，各直属机构：

由昆明市人民政府复员退伍军人安置办公室拟制的《昆明市2012年退役士兵安置工作方案》，已由昆明市退役士兵安置工作领导小组会议讨论通过，经市政府同意，现印发给你们，请结合实际，认真贯彻执行。

昆明市人民政府复员退伍军人安置办公室文件

关于表彰2011年度全市退役士兵安置工作先进单位和先进个人的决定

▲昆明市印发的退役士兵安置工作文件

▲省民政厅厅长段丽元巡视退役士兵文化考试

▲昆明市安置办公室召开2013年安置工作座谈会

▲研讨军队复员干部和退役士兵安置工作

▲昆明市和五华区安置部门领导现场指导工作

▲五华区工作人员办理“双考”选岗安置手续

和谐军休·幸福军休·快乐军休

——昆明市军队离休退休干部安置办公室工作剪影

昆明市接收安置的军队离休退休干部占全省的70%。2007年以来，昆明市军队离休退休干部安置办公室组织开展“和谐军休家园”创建活动，有效地提升了军休服务管理工作，较好地满足了军休干部日益增长的各种合理需求，为促进军休干部的和谐稳定和构建和谐社会作出了明显成绩。2012年和2013年，昆明市军休安置办公室在组织课题组深入军休系统调研和到长沙、广州、南京、北京、天津考察学习的基础上，对“和谐军休家园”创建工作进行了认真的研究和部署，在全市军休系统掀起了新一轮创建活动的热潮。他们强调，要认真贯彻落实科学发展观，树立“共融、共建、共赢、共享”的理念，运用“统筹兼顾、统筹协调、统筹资源、统筹发展”的方法，积极探索军休工作“走出庭院、融入社会”的新思路，重点探索军休工作“引入社区资源、融入社区活动、投入社区建设”的新路子，推进“和谐军休家园”建设与“和谐社区”建设的良性互动，形成具有昆明特色的军休工作经验和军休工作成果，努力构建“和谐军休、幸福军休、快乐军休”，使军休干部“老有所养、老有所医、老有所教、老有所学、老有所乐、老有所为”，实现军休干部心中的“中国梦·军休梦”。

▲召开驻昆部队2013年军休干部交接安置工作会议

▲在北京市昆玉军休所与毛泽东的司机张正吉交流

▲军地领导在军休干部交接安置审档会议上

▲调研组到军休所作开展创建活动的调研

▲考察团到南京、北京、天津考察学习军休工作

▲召开昆明市创建“和谐军休家园”动员大会

云南省有色地质局

省委书记秦光荣听取局长郭远生地质找矿工作汇报

省长李纪恒率经贸代表团出访印尼参加省有色地质局与富域公司战略合作签字仪式

云南省有色地质局成立于1953年7月，曾隶属于冶金工业部、中国有色金属工业总公司等中央部门，2001年实行属地化管理，成为云南省人民政府直管的正厅级事业单位。

全局下设15个正处级地勘单位，共有职工8600余人，各类专业技术人员4700余人，其中具有高级专业职称532人，中级职称1500余人，大专以上学历2000余人。目前，全局拥有地质勘查、物化探、钻探、坑探、采矿、选矿、化验测试、水工环评价、地质灾害治理、测绘遥感、工程勘察、设计、岩土施工、环境治理、水土保持方案编制等20余种专业资质，配备了门类齐全的技术队伍和设备仪器。是一支门类齐全、装备精良、专业技术力量雄厚的综合性地质勘查队伍。

2007年以来，云南省有色地质局制定了“地质找矿立局，矿业开发强局，工勘三产稳局，科技人才兴局”的发展战略，确立了矿产资源发现权转化为经济发展权的工作思路，提出了精细化管理和依法治局依法治企的工作理念。通过多年的工作实践，逐步形成了地质找矿开发为主业，工勘岩土、酒店经营管理和房地产开发共同发展的产业格局，地质勘查主产业的比较优势得到充分体现，全局经济实现平稳较快增长，发展速度、效益、规模跃上新台阶，综合经济实力得到显著提高，职工队伍保持和谐稳定。

建局60年来，在“以献身地质事业为荣、以找矿立功为荣、以艰苦奋斗为荣”的“三光荣”精神感召下，经过全局几代有色地质工作者的辛勤努力，地质找矿成果丰硕。在云南境内发现矿点千余个，发现矿种44种，累计完成钻探工作量600万米，坑探工程200多千米，提交地质勘查报告千余份，探明有色金属储量2500余万吨、贵金属储量6000余吨、黑色金属储量3.6亿吨、非金属储量

投资建设的金泉大酒店位于昆明市中心

型红土型镍矿床，1个小型铁矿床和1个小型金矿床，目前已探明和控制镍金属量500多万吨、钴28万吨、铁矿石量1亿多吨。

2013年，云南省有色地质局将继续响应云南省委、省政府把云南建设成为建设绿色经济强省、民族文化强省和中国面向西南开放的桥头堡战略部署，充分利用中国东盟自由贸易区建立的契机，发挥自身优势，与东盟国家开展广泛的地质找矿和矿产资源合作开发与保护。

21亿吨，提交可供开发的矿产地300多处，探明矿产资源储量的潜在价值约2万亿元。近年，全局共有地质找矿、工勘岩土产业的90多个项目和成果获得了优秀找矿成果、国家优秀工程银质奖、科学技术进步奖、质量管理成果奖等省部级以上奖励。

云南省有色地质局稳步推进“走出去”发展战略，积极利用国际国内两个市场、两种资源，与国内外企业开展广泛的科技、项目合作，努力为云南经济社会发展提供资源保障，为全局各项工作又好又快发展创造良好的内外部条件。

近年来，与国内外一些知名企业携手合作，先后在非洲、澳大利亚、东南亚开展风险找矿勘查与矿业开发和技术合作，取得了积极的找矿成果和明显的经济效益。三年来，全局加大境外找矿的资金投入，在东南亚探明1个特大型、3个大型、3个中

Lf90金刚石钻机在境外钻探施工

地勘队员搬运钻机上山

地质队员在印尼找矿

云南省有色地质局在印度尼西亚营地一瞥

地质专家在印尼踏勘

云南省能源投资集团有限公司

1月31日，省委书记秦光荣出席云南省中青年干部培训班结业座谈会，董事长段文泉在座谈会上发言

2月28日至3月3日，段文泉董事长随同刘慧晏副省长出访缅甸，受到缅甸副总统赛茂康接见

云南省能源投资集团有限公司，于2012年1月11日组建，注册资本金101.89亿元。集团组建以来，按照做精做优存量资产，做大做强增量资产的发展思路，围绕核心业务加快重大资源的掌控开发，加大核心项目的建设力度，在发挥好对我省区域、产业经济支撑作用的同时，资产规模、发展平台和实力迅速提升，实现了集团的快速发展，初步构建起以电力、煤炭、油气为主体业务，以能源贸易、能源装备与科技、能源金融为支撑业务，以建材物流、水利、对外及其他业务为协同业务的发展业务构架和格局。到2012年末，集团总资产突破338.38亿元，净资产达181.22亿元，集团投产、在建、拟建可控及权益装机3474.53万千瓦，其中可控装机1061.87万千瓦，已投产装机158.77万千瓦。

为加快推动我省“两强一堡”、“工业强省”战略的实施及“翻两翻、增三倍、促跨越、奔小康”目标的实现，集团确定了“一二三四五”的中长期整体战略，即：围绕以“能源资源、投资、建设、运营”等为主要环节的一条能源大产业链，实现“由能源资源整合者向能源产业控局者、由能源产业控局者向能源经济制造者变迁”的两次角色变迁，发挥“能源安全保障、能源业务发展、能源产

3月5日，集团第一次党代会在昆圆满闭幕，段文泉当选集团党委书记

3月6日，集团第一次工会代表大会暨一届一次职工代表大会在昆明顺利召开

3月22日，三峡金沙江云川水电开发有限公司在昆明揭牌

3月23日，副省长刘慧晏会见山东能源集团董事长卜昌森、段文泉参加会见

业控制”的三大功能，着力打造“大项目、大合作、大平台、大经营”的四个能源发展支撑极，深化“能源贸易、能源装备与科技、能源金融、能源对产业的促进、能源对城市化和城镇化的促进”五个层次的能源产业延伸经营。

集团将结合云南省“一圈、一带、六群、七廊”的产业发展布局和“三基地一枢纽”的能源发展布局，围绕建设滇中城市经济圈战略，建设好滇西大型清洁能源基地和滇东大型水火互济能源基地。以“云电自用”、“矿电结合”为导向，探索我省大用户直供试点和点对点直供模式，同时加快重大资源项目的开发建设。以实施滇中引水、怒江开发、中缅天然气支线管网建设“三大项目”，创新我省重大能源资源的开发模式，支持滇中经济圈建设，促进我省新兴产业的优化布局和发展，切实维护好云南的社会、经济、民生利益。

展望未来，云南能投集团将坚持发展为第一要务，秉承务实进取、开拓创新的精神，以创新谋发展，以发展壮大促进云南能源产业的崛起。到2016年末，集团电力权益和可控装机规模将突破1500万千瓦，煤炭产、购、销量达到500万吨，年

4月4日，董事长段文泉（前排中）代表集团与新加坡兴隆集团签署合作协议

销售收入200亿元，年利润超过10亿元，拥有一家上市公司，总资产将超过1000亿元，进入中国企业500强行列。到2020年，集团总资产将超过1500亿元，电力权益和可控装机规模达到2000万千瓦，煤炭产、购、销量达到1000万吨，年销售收入突破1000亿元，成为具有区域影响力、产业引领力、持续发展力、综合竞争力的国际化一流综合型现代能源企业，迈向世界企业500强。

4月11日，董事长段文泉与山东能源集团副总经理孙春江签署战略合作协议

4月16日，董事长段文泉到西南电力设计院进行工作拜访

生物煤层气技术(BCTG)专家论证暨应用推广研讨会在昆举行

云南省食品药品监督管理局

努力推进食品药品监管事 科学发展和谐发展跨越发展

2012年，云南省食品药品监管系统在省委、省政府和国家局的领导下，保持高度的政治责任感和使命感，深入贯彻落实科学发展观，大力实践丰富科学监管理念，发扬解放思想、开拓创新、艰苦奋斗、奋发有为的精神，把保障人民群众饮食用药安全作为首要任务，建机制、强基础、提能力、促发展，开创了监管工作新局面，提升了食药监部门公信力，巩固了稳中向好的安全形势，促进了云药产业好中有快的良性发展。

云南省食品药品监督管理局党组书记、局长孙学明

全系统深入开展“创先争优”、“四群”教育活动，干部队伍的群众观点和服务意识进一步强化。加大干部队伍培训力度，全年举办各类培训19期，队伍综合素质稳步提高。制定修订行政处罚自由裁量权适用规则与基准、行政执法案件管理等制度，开展行政执法监督检查，执法行为持续规范。出台加快民营经济发展实施意见，进一步简政放权。省局直属机关党委在省委省直机关工委组织的党建目标责任制考核中，连续四年被评为优秀单位，省局还先后被卫生部和省委表彰为“创先争优”先进基层党组织，昆明市局被人社部、国家局表彰为全国先进集体。

省局局长孙学明（右一）与昆明市局局长杨柱签订工作目标责任书

全系统研究新情况、探索新办法、总结新经验、实现新规范，餐保化监管成效明显。制定餐饮服务许可管理办法实施细则、农村义务教育学生营养改善计划学生餐饮管理办法等一系列管理制度、考评标准。实施餐饮服务食品安全“百千万”示范创建，启动丽江市古城区餐饮监管信息化试点，深入开展量化分级管理，强化餐保化安全风险监测与监督抽验，拉网式开展学校食堂风险排查，广泛签订目标责任书和质量安全承诺，严格落实各项规章

“安全用药 关注青少年”活动中，省市领导观看孩子们的绘画展

党风廉政建设工作会议

云南省食品药品监督管理局局长孙学明（中）率领执法人员检查学校食堂安全情况

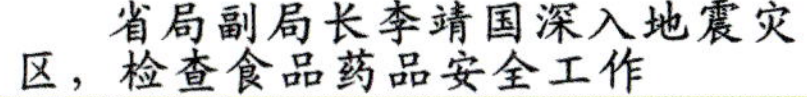

省局副局长李靖国深入地震灾区，检查食品药品安全工作

第二期傣药材标准第二次评审

昆明市对餐饮服务环节食品安全量化分级管理

制度，完善和加强应急管理，安全保障水平稳步提升。

全系统严格做好药品注册现场核查，进一步规范药品制剂注册申报与审批。积极推进新修订GMP的实施，19家药品生产企业通过认证。全面加强基本药物监管，实现全覆盖监督检查和全覆盖监督抽验，基本药物总体合格率达99%。深入开展药品安全责任体系、药品安全示范县创建活动，监管能力水平不断提高。强化电子监管工作，全省基本药物生产、配送企业全部按要求实现全品种电子监管和赋码产品100%核注核销。切实抓好特殊药品监管。组织制定螺旋藻GAP认证检查评定标准，通过国家局评审上升为国家标准。医疗器械生产质量管理规范推进富有成效，互动性行政许可工作效率明显提升。药械安全性监测预警及分析评估工作成绩显著。执业药师、药学专业技术人员队伍进一步扩大，执业能力较大提高。

在处置突发事件方面，省食药监局严格落实铬超标药用胶囊不合格药品现场封存、下架停售、监督召回和批批检等控制措施，强化应急检验，有效防止了不合格药品流入市场。妥善处置以螺旋藻为原料保健食品重金属超标和胶囊剂保健食品铬超标事件，维护了我省螺旋藻产业和保健食品行业的声誉。深入开展“四品一械”各项专项整治工作，严肃查处违法违规行为，严格整改不规范事项，促进了市场秩序持续向好。

截止2012年底，全系统人员编制数居全国第7位，自有房屋面积高居全国第2位，固定资产总量从2007年全国第8位升至第5位；宣传工作成绩斐然，多次荣获省委、省政府、国家局和中国医药报好新闻奖；产业发展后劲持续夯实，发展步伐显著提速，制药工业实现产值270亿元、销售收入300亿元、利润37亿元，分别比2007年净增192亿元、238亿元和30亿元，年均递增28.2%、37%和36.8%。43户企业工业总产值过亿元，32个单品种销售收入过亿元，分别比2007年增加29户和20个。

云南省食品药品监督管理局在云南省政协举办食品药品安全科普宣传活动

云南省食品药品监督管理局开展“四群”教育工作

组织参加金色热线节目，接受社会监督

帝泊洱生物茶谷

普洱市始终坚持走生态立市、绿色发展之路，积极推进国家绿色经济试验示范区建设，奋力实施“13111”工程，经济社会又好又快发展。2012年全市常住总人口257.5万人，实现地区生产总值366.9亿元，增长15.6%，增幅居全省第5位；完成规模以上固定资产投资351亿元，增长38.1%；地方公共财政预算收入47.9亿元，预算支出170.1亿元，分别增长21.9%和16.7%，收支绝对额均居全省第6位；社会消费品零售总额102亿元，增长18.5%，增幅居全省第3位；外贸进出口总额2.7亿美元，增长29.1%，增幅居全省第7位；金融机构存款余额492.9亿元，贷款余额326.4亿元，分别增长16.3%和18.4%，增幅居全省第9位和第5位；城镇居民人均可支配收入17267元，增长16.1%；农民人均纯收入5020元，增长15.7%；居民消费价格总水平涨幅2.6%，低于全省平均水平；城镇登记失业率控制在4.1%以内，人口自然增长率5.76‰，单位生产总值能耗下降2.6%。

2012年，确立了建设国家绿色经济试验示范区的“三步走”战略：第一步，到2016年，全面完成“13111”工程，绿色产业增加值占GDP的比重达到95%左右，人民生活水平达到或超过全省平均水平。第二步，到2020年，把普洱建成云南低碳经济试点核心区，西南重要生态安全屏障，国家重要的生物多样性宝库、特色生物产业聚集区和中国——东盟绿色产品交易平台，全面建成国家绿色经济试验示范区，与全国同步建成小康社会。第三步，充分发挥在全国乃至全球绿色经济发展中的示范带头作用。决定实施10个先行项目、10个试验项目、10个示范项目，用国家绿色经济试验示范区的建设成果打造妙曼普洱，支撑七彩云南，助力美丽中国。

产业发展：完成农业总产值190.2亿元，增长7.5%。粮食生产实现“九连增”，总产量达108.8万吨，增长4.7%。茶产业产值47亿元，咖啡种植面积达65万亩，收购烟叶127.9万担，烟农总收入15.2亿元。实现工业总产值231亿元规模以上工业增加值增长20.5%；9个县工业园区挂牌成立，入园企业达255户，实现总产值87.5亿元，增长67.6%。实现旅游总收入50.9亿元，增长72%，增幅居全省第一。

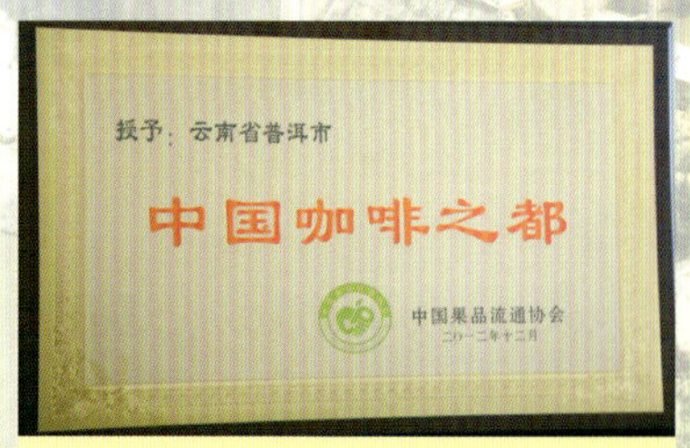
授予：云南省普洱市
中国咖啡之都
中国果品流通协会

普洱市荣获“中国咖啡之都”称号

项目建设：2012年，实施规模以上固定资产投资

孟连（勐阿）边合区启动仪式

五一水库

保障性住房建设圆中低收入家庭住房梦

景东万人三弦合奏载入吉尼斯世界纪录

项目824个，增长15.6%，新开工项目比上年多125个。完成工业投资156.8亿元，占固定资产投资的44.7%。糯扎渡电站提前两年发电，帝泊洱、康恩贝、云景林纸、天恒水泥等一批重点工业项目建成投产。镇沅五一水库、墨江中山水库等6座重点水源工程全面竣工，新建1.9万件“五小”水利工程，19个城镇污水和生活垃圾处理项目投入运营。建成1791公里惠农公路。绿色企业总部园区、普洱国家公园等项目启动建设。澜沧机场获得国家批准，思茅机场迁建、中国普洱休闲养生部落等项目前期工作有序推进。

特色城镇建设：建成了一批精品旅游小镇、特色小镇；规划建设东部森林新城区；完成10个县（区）城乡建设规划和13363个村庄规划编制，全力推进昆曼大通道新农村示范带和93个省级重点村、65个市级示范点建设。完成了21182户农村危房改造空及35个乡撤乡设镇报批工作，12.8万农业人口转变为城镇居民，全市城镇化率达34.7%。荣获2012年“最中国创意名城”、“最具生态竞争力城市”和“中国十佳最具投资潜力文化旅游城市”等称号。

县域经济快速发展：成立了全国首家中国绿色碳汇基金会碳汇经济促进中心，与北京市西城区、吉林省吉林市、法国利布尔讷市结为友好城市；引进了星巴克、中国供销集团、中坤集团、华夏文化集团、汇源集团等一批国内外知名的大企业。孟连、勐康口岸建设提速，启动孟连（勐阿）边境经济合作区建设。全年利用外资4980万美元，增长19.6%，实施各类经济合作项目323项，实际到位市外资金282.4亿元，增长114.8%，招商引资综合考评排名全省第二位。

民生保障：公共财政支出的72.9%用于保障和改善民生。发放促进就业创业小额贷款13.5亿元，连续四年排名全省前列。城乡居民社会养老保险实

生态茶园建设稳步推进

现制度全覆盖，城乡居民最低生活保障线分别提高到每人每月220元和160元，53.6万城乡困难群众纳入最低生活保障，发放城乡低保金5.4亿元。新农合参合比例达96.4%，城镇居民、城镇职工住院报销比例分别提高到70.2%和83.6%。兑现各项惠农补贴资金5.7亿元，争取各类扶贫资金8.5亿元，完成整村推进项目786个。解决了10万农村贫困人口温饱和20.6万人饮水困难及饮水安全问题。续建的2011年5740套城镇保障性住房任务全部完工并分配入住，2012年3140套建设任务全面开工，提前实施建设2013年任务1774套，向8640户城镇低收入住房困难家庭发放租赁补贴2016万元。

社会事业较好发展：开展市级以上重大科技项目38项，实施普洱茶、思茅松和咖啡籽种搭载“神舟九号”飞船太空育种试验。开工建设乡（镇）幼儿园24所，新建中小学校舍面积23.3万平方米，全部停止使用D级危房。农村中小学学生营养改善计划和“两免一补”政策实现全覆盖。普洱卫校申报为国家示范性中等专业学校，思茅师专成功升本组建普洱学院。成功举办第十二届中国普洱茶节；第四届民族文化旅游节；举办“2012年全国市长杯武术太极拳比赛”；首届中国普洱国际乡村音乐节等重大文化节庆活动。

普洱古茶园与茶文化系统被联合国粮农组织授予全球重要农业文化遗产保护试点

妙曼普洱展新姿

美丽、富饶、神奇的西双版纳

西双版纳傣族自治州成立于1953年1月23日，地处中国西部的最南端，总面积19125平方公里，辖一市（景洪市）两县（勐海县、勐腊县）三区（西双版纳旅游度假区、磨憨经济开发区、景洪工业园区），有31个乡镇和1个街道、12个农场。辖区有6个中央、省属科研单位。州境北面与普洱市的思茅、澜沧、江城三县市相连，南面有996.3公里的国境线分别与老挝、缅甸两国接壤。2012年末，全州常住总人口114.2万人，户籍人口95.18万人。世居着傣族、汉族、哈尼族、拉祜族、彝族、布朗族、瑶族、佤族、回族、壮族、景颇族、苗族、基诺族等13种民族，长期以来，各民族团结互助、和睦相处。

南腊渔歌

西双版纳是联合国世界生物多样性保护圈成员，国家级生态示范区和国家级风景名胜区，具有“热带雨林、避寒胜地、和谐家园、神秘风情”等自然和人文多姿多彩的特点。这里自然资源富集、民族风情浓郁、区位条件优越，这里社会发育程度较低，属欠发达地区。

2012年，全州A级以上旅游景区景点20个，其中4A级景区景点7个，星级以上宾馆酒店50多家，其中4星级以上9家。全年接待国内外游客1253.61万人次，其中海外游客37.42万人次，旅游总收入139.96亿元。

2012年，西双版纳全州实现生产总值232.6亿元，比上年增长13.7%；公共财政收入22.3亿元，增长26.5%；公共财政支出80.6亿元，增长20.1%；城镇居民可支配收入17909元，增长14.3%；农民人均纯收入6174元，增长15.9%；城镇登记失业率控制在2.6%以内，人口自然增长率控制在6.3‰，居民消费价格总水平涨幅控制在2.9%以内，单位生产总值能耗下降1.7%。

曼飞龙白塔

2013年，西双版纳傣族自治州将以邓小平理论、“三个代表”重要思想、科学发展观为指导，全面贯彻落实党的十八大、全国和全省“两会”、省委九届四次会议、州委七届四次会议全会精神，牢牢把握桥头堡建设发展机遇，围绕主题主线，提高经

和谐（刘云川摄）

亚洲象

西双版纳机场新候机楼

国家级生态乡镇—勐罕镇

西双版纳热带植物园

济增长质量和效率，坚持稳中求进，做到稳中有进、稳中有好、稳中有快，着力扩大投资消费、着力壮大产业实力、着力深化改革开放、着力加强生态环境保护、着力保障和改善民生、着力维护社会和谐稳定，奋力开创科学发展和谐发展跨越发展新局面，努力实现与全省全国同步建成小康社会目标，把美丽西双版纳建设成为美丽云南的典范。

昆明滇池国家旅游度假区

云南民族村

滇池路一隅

昆明滇池国家旅游度假区，于1992年10月4日经国务院批准设立。20年来，度假区共实现服务业总收入815.5亿元，产业增加值362亿元，旅游收入48.3亿元，完成财政总收入106.1亿元，完成全社会固定资产投资290.9亿元，接待游客7801.1万人次，招商引资实际到位内资190.5亿元，外资1.56亿美元。

特别是自2009年全面实施实体化管理以来，度假区辖区面积从10平方公里扩大到47.5平方公里，在开发空间得到拓展的同时，发展步伐明显加快，截止2011年底，三年累计投入建设资金124.25亿元，占20年来138.3亿元的89.8%，完成融资70.62亿元，收储土地19616亩“迁村并点”——大渔欣城及“四退三还一护”安置房——静海园项目累计投入资金18.4亿元。共开工20条道路改造建设，总里程36.01公里、总投资36.57亿元。现已建成6条，总里程14.08公里、总投资17.07亿元。财政总收入三年累计79.57亿元，占20年来106.1亿元的75%，财政一般预算收入三年累计19.17亿元，占20年来27.4亿元的70%；产业增加值三年累计258.8亿元，占20年来362.1亿元的71.5%；旅游接待人次近三年累计为2424.9万人次，占20年来的31.1%。

通过优先实施一批环境生态基础建设，度假区的环境品质得到迅速提升，吸引了一批大项目、好好项目，园区经济实力不断增强、服务能力显著提

度假区办公大楼

罗建宾主任看望高龄老人

度假区永昌湿地

度假区红塔西路

大渔欣城迁村并点项目

度假区鸟瞰

升、社会更加和谐稳定。20年来，经过持续不断的建设，度假区已形成以体验云南25个少数民族风情和高原体育训练，康体休闲与度假两大特色品牌，在全国十二个国家级旅游度假区中独树一帜，成为海内外游客体验“民族风情之旅”和“健康时尚之旅”的首选之地，并成为各族人民亲近自然、享受生活的必达之地，为云南省旅游经济的改革发展以及昆明市经济社会又好又快发展做出了重要贡献。

展望度假区的美好明天，在新的历史起点上，我们一定按照省委、省政府和市委、市政府的要求，不负重托、不辱使命，牢牢抓住“中国面向西南开放重要桥头堡”建设的重大机遇，围绕“规划引区，生态立区，产业强区，旅游兴区，文化活区”十二五发展的总体思路，重点在五个方面实现新突破：一是努力成为园区经济建设发展中的示范和表率；二是努力成为旅游文化产业集群发展的核心聚集区；三是努力成为实施旅游产业“走出去”战略的先行区；四是努力成为体制机制灵活、管理服务规范的实验区；五是努力成为昆明展示现代生态宜居城市的重要窗口。

玉溪国家高新技术产业开发区

2012年，玉溪高新区紧紧抓住西部大开发和桥头堡建设的历史性机遇，以全面创建国家级高新区为重点，围绕“四个翻番”、“两个倍增”和“四个率先”的目标，强化措施，攻坚克难，使园区经济平稳较快增长，和谐园区建设成效明显，各项事业全面发展。历时三年的高新区升级工作终于获得成功，经国务院常务会议审核通过，2012年8月19日下发《国务院关于同意玉溪高新技术产业开发区升级为国家高新技术产业开发区的批复》（国函[2012]119号）。2012年9月25日，玉溪市委、市政府领导到高新区调研座谈，孔书记对高新区升级为国家高新区后的工作提出了要求，为园区跨越发展注入强大动力。2012年11月15日，市政府高市长、王副市长率相关部门负责人到省政府向和段琪副省长专题汇报玉溪高新区升级为国家高新区后的工作，得到了省政府领导对高新区工作的肯定和支持，并将完成玉溪国家高新区揭牌的各项工作。

2012年，玉溪高新区实现生产总值（不含玉溪卷烟厂，下同）47亿元，按可比价同比增长11%；营业总收入（技工贸总收入）130亿元，同比增长11.5%；工业总产值80亿元，同比增长7.5%；全社会固定资产投资14亿元，同比增长6.5%；地方公共财政预算收入3.3亿元，同比增长4.4%；进出口总额1636万美元，同比减少27.1%；社会消费品零售总额49亿元，同比增长44%；招商引资到位资金13亿元，同比增长16.7%。至2012年9月，招商引资审批项目17项，招商引资到位资金7.99亿元。完成固定资产投资8.1亿元，基础设施建设投资完成1.68亿元，房地产投资完成4.24亿元。园区16户高新技术企业实现产值20.75亿元，同比增长31%。截止2012年10月底，园区实施推进各类重点招商引资工业项目24项，项目总投资45亿元人民币，市政府高新区调研确定的12个重点工业项目推进有力，其中：九龙沃森疫苗产业园区项目用地281亩已挂牌，争取2013年开工建设；猫哆哩系列休闲食品生产项目一期已竣工投产；玉溪旭日塑料公司农用薄膜生产项目已建成并正常生产。组织6户企业参加市里的高新企业认定申报培训，其中云锡同乐、健坤生物两户企业通过市级初审上报省科技厅待认定，云南新材料孵化器玉溪公司顺利入驻高新区。高新科技广场、高新区创业大厦及投资服务中心、科技孵化中心均已建成投入使用。

沃森生物制药

科技创业园

以沃森、维和药业、司艾特、健坤生物药业为代表的生物制药企业迅速成长，建成了集研发、生产销售、培训、医药信息服务于一体的、与世界接轨的现代化生物医药基地。打造中的滇中农产品精深加工产业聚集区，汇集了达利集团、猫哆哩等多家品牌企业。在新兴产业中，重点发展金属新材料、新型光电子材料、新能源材料、高纯材料的先进制备、成型、加工技术及高性能产品，逐步形成以创新新材料股份有限公司、云南天宏香精香料有限公司等企业为代表的云南“两烟”配套产业重要基地。

按照“生态立市”的要求，在完成高新区九龙片区控制性详细规划编制的同时，对园区路网规划进行调整完善，并积极协调省交通厅、昆玉高速公路开发有限公司落实报批事宜。积极探索与县区联合开发的新模式，与江川县政府对接，做好前期准备工作。九龙片区北城区域2000余亩土地征收工作稳妥有序推进，全面完成九龙片区规划范围内龙池燃气站等企业的拆迁补偿和土地收储工作及征后储备土地地上青苗等附作物的清理和有关历史预留问题的解决。全面启动高新区九龙片区基础设施建设。现已完成220kV高鼓楼、110kV春和两个变电站建设及电力配网一期建设工程。全力推进高新区城镇保障性安居工程建设：2011年高新区1158套公租房建设与2012年1032套公租房建设进展顺利。

认真贯彻《关于进一步加快玉溪国家高新技术产业开发区建设和发展的意见》，按照“小机构、大服务”的原则，构建精简、灵活、高效的管理体制，为企业提供优质高效的政务服务。完善《玉溪高新区管委会服务承诺制度，指导、帮助企业开展各类专项申报共67项。开展第七轮行政审批清理工作，在原有基础上对管委会相关部门实施的行政审批事项进行削减和调整，经法制办审核备案后公布实施。积极配合市委、市政府督查室开展市委四届二次全会精神分解立项督查和2012年市政府20项重要工作和十件实事督查工作，认真实施重大项目协调、跟踪问效、倒逼问责制，提高项目建设进度和质量。

红塔区三七长势喜人

明珠花卉百合种球分级

维和药业

云南玉加宝人造板有限公司

2013年将深入贯彻执行《玉溪市人民政府关于进一步加快玉溪高新技术产业开发区建设和发展的意见》，继续坚持科学发展观，以园区开发为依托，以招商引资和项目建设为重点，以改革创新为动力，努力完成以下主要经济发展指标（不含玉溪卷烟厂）：高新区生产总值57亿元，同比增长20%；园区经济总收入（技工贸总收入）156亿元，同比增长20%；工业总产值（现价）96亿元，同比增长20%；规模以上工业增加值30亿元，同比增长20%；全社会固定资产投资16亿元，同比增长15%；地方公共财政预算收入3.8亿元，同比增长15%；进出口总额3000万美元，同比增长20%；招商引资市外到位资金15亿元，同比增长15%；社会消费品零售总额46亿元，同比增长20%；规模以上工业主营业务收入88亿元，同比增长20%；规模以上工业利税总额12亿元，同比增长20%；规模以上工业利润总额7.8亿元，同比增长20%。

望子龙党员责任区

达利现代化生产流水线

创新新材料彩印车间

德新纸业

沃森水净化设施

红塔塑胶企业不断加强自主创新能力

紫云青鸟珠宝城

昆明经开区产业开发有限公司

2012年是云南昆明经开区产业开发有限公司深入开展企业“转方式、调结构”，实现跨越式发展的重要一年。公司实现营业收入182,463万元，利润总额23,613万元。

1.国有资产实现保值增值。截止2012年12月31日公司利润总额2.32亿元；净资产收益率70%；资本保值增值率186%；资产负债率91%；总资产报酬率8%；主营业务收入增长率208%。营业总收入倍增年增长率207.85%；利税总额倍增年增长率222.25%；工业增加值倍增年增长率182.35%。

2.资本运营工作取得新突破。公司出资2.75亿元组建合作公司，投资建设云南科技创新园成果转化基地项目。

3.项目营销工作迈上新台阶。分别在《春城晚报》、《云南日报》、《加油周刊》等省市主流平面媒体和FM97、FM100、FM102.8等主要广播电台以及经开区主要道路公交车站台、机场大巴刊登、播放园区宣传广告，并于2012年4月12日组织召开昆明出口加工区打造千亿元园区新闻发布会，提升了园区的整体知名度和影响力。

4.固定资产投资稳步推进。公司总投资共完成18亿元。固定资产投资13.95亿元。

5.园区运营工作进展顺利。公司对6个合作项目开展了结算及收款工作，实现1.73亿元资金回笼。

2013年，公司将加快推进桥头堡建设,主要工作如下：

1.建设项目计划投资11.1亿元。其中合作开发项目4.4亿元；项目6.7亿元。

2.全面启动科技创新园项目建设工作

省委书记秦光荣到公司视察

省国资委副书记施维勤前来视察

产业大厦

公司董事长吴钟鸣

公司总经理张宇

公司领导介绍出口加工区建设情况

第三城—丹槿园

昆明出口加工区

丹槿园夜景

公司活动

该项目总占地面积2007亩，可建设用地1979亩。总投资约78亿元。

3.整合周边土地资源

力争完成出口加工区周边高楼房村、手拖厂土地收储、挂牌、摘牌工作。

4.公司将进一步做好昆明出口加工区产业大厦及工业北片区标准厂房招商引资工作，加大二级平台招商引资力度，并配合入区企业做好招商引资工作。

5.引进一批世界知名企业和商家进行开发、建设，完成好公司从“土地开发商”向“项目开发商”并最终向“园区运营商”战略定位的转变；为打造千亿元园区而努力奋斗。

6.紧紧抓住昆明出口加工区升级为国家级综合保税区的有利时机，利用云南陆港国际物流公司平台，开展保税物流、建筑材料等进出口业务，发挥昆明出口加工区客户至上、方便快捷的重要门户作用。

国家旅游局局长邵琪伟、云南省省长秦光荣为世博旅游集团揭牌

北京奥运火炬接力境内传递云南暨昆明启动仪式在昆明世博园隆重举行

云南世博旅游控股集团有限公司

元阳哈尼梯田多依树景区

云南世博旅游控股集团有限公司是经云南省人民政府批准，由云南世博集团和云南旅游产业集团整合重组成立的国有独资有限责任公司，股东为云南省国资委，注册资本10.25亿元人民币，2009年5月1日正式挂牌成立，法定代表人王冲。主要从事旅游业、旅游地产业、会展产业，是云南省目前资产规模最大、产业链最完整、投融资能力和可持续发展能力较强的综合性旅游集团，下属上市公司云南旅游股份公司、昆明国际会展中心、昆明饭店、云南旅游汽车公司等十九家子公司。

绚丽多姿的元阳哈尼梯田

省旅汽车公司成功开行经西双版纳连接泰国、老挝的国际旅游专线

昆明轿子雪山杜鹃花海

丽江老君山国家公园——九十九龙潭

昆明世界园艺博览园中国馆

昆明饭店

世博旅游集团认真贯彻落实省委省政府的战略决策，围绕省国资委提出的中心工作，坚持转方式调结构，夯实基础，扩大投资，加强管理，加快发展。在经营管理、项目建设、投资增长等方面取得了较好业绩。

世博旅游集团在实施“十二五”发展规划过程中，坚定做大做强做优的目标不动摇，树发展新观念，把握发展新机遇，争取发展新政策，掌控发展新资源，构建发展新模式，寻求发展新亮点，引入发展新资本，培养发展新能力。全面推动企业科学发展、跨越发展，在全省旅游国民经济战略性支柱产业和人民群众更加满意的现代服务业建设中发挥引领和带动作用。

昆明国际会展中心

丽江老君山国家公园一千龟山

腾冲石墙温泉精品度假酒店

腾冲石墙温泉医疗康复中心

云南冶金集团股份有限公司

2012年，云南冶金集团认真贯彻省委省政府“倍增跨越”的部署和要求，积极采取各种有力措施，有效应对了外部环境影响等诸多困难，团结带领集团广大干部职工实现了各项工作的平稳较快发展，取得了较好的成绩。全年金属总产量完成115万吨，同比增长7.02%；资产总额达到690亿元，同比增长28.08%；营业收入达到300亿元，同比增长49.66%；工业增加值完成52亿元，同比增长14.21%；职工人均年收入达5.7万元，增长3.87%；年末集团从业人员达到3.5万人，全年新增就业4000多人。

云南冶金集团控股企业新立公司海绵钛生产线

提质降耗成效显著。面对严峻的外部环境，云南冶金集团各企业深入推进对标管理、精细化管理，大力开展提质降耗降成本工作，关键技术指标进一步提升，消耗指标进一步优化。云铝、涌鑫、润鑫3家企业电流效率均保持在95%左右，吨铝电耗均达到13000-13100 kWh的行业领先指标，同比去年节电近1亿kWh；工业硅成本同比下降1300元/吨，硅铁成本同比下降1000元/吨。全年集团可比产品总成本同比下降超过8亿元，降幅达5.66 %；全年集团申报获批省重点节能项目6项、省财政节能项目1项，年节能量12.8万吨标准煤；争取节能减排、用电增量补贴、安全环保等各类政策性补贴超过3亿元；成立仅一年多、注册资本6000万元的驰宏国际商贸公司，全年贸易额超过130亿元，实现利润较好。

管理水平不断提升。云南冶金集团深入实施管控转型，积极推进制度化、标准化、信息化建设，集团管理效率、管控水平持续提升。首次与各单位签订环境保护责任状及矿产资源增储、重点项目建设管理、科技计划项目工作目标任务书，各职能部门对照责任书要求，积极履行专业化管理职责；配合国资委开展项目建设情况督查等工作，强化现场监督和过程管理，提高工作针对性和实效性；加强内控制度建设，建立健全集团风险管理体系，统一营销采购平台，积极推进备品备件库存管理信息化建设；铝板块和永昌硅业公司“阳光采购平台”全面上线，集团管控水平不断提升。

云南冶金集团控股企业冶研新材料公司多晶硅生产区夜景一角

项目建设稳步推进。2012年，云南冶金集团完成项目投资76.79亿元，完成省国资委下达的投资计划，年度项目建设目标完成情况良好。文山80万吨氧化铝、建水产业集群等一批重大项目按年度目标计划建成投入试生产；涌鑫公司420kA系列于10月初顺利完成前三段216台槽的投产任务；源鑫公司12月中旬正式生产出合格焙烧炭块。两个项目的顺利投产标志着集团规划总投资130亿元，重点打造的集铝、炭素、铁合金和铁路专用线为一体的首个产业集群建设取得了阶段性重大胜利。

资源增储再创佳绩。结合省内、国内、周边、海外四个层次的产业战略总体部署实施矿产资源战略，云南冶金集团积极掌控了国内外一批有前景的资源项目，支撑产业跨越发展的能力得到进一步增

云南冶金集团职工住宅小区——金水湾

强。截止2012年底，集团保有铝土矿矿石量14亿吨，铅锌、锰矿、钛铁砂矿、硅矿等主要矿种保有储量持续增加，为集团产业调整和效益提升提供了保障，特别是钼等非有色金属储量的增加为集团产业拓展创造了条件。

资本运作成效明显。云南冶金集团启动5000万元以下非主业投资清理整合工作，驰宏公司收购大兴安岭金欣矿业公司51%股权；开展一系列境内外投资，金额超过30亿元。云铝公司收购万盛公司100%股权，加强与省政府有关部门、南方电网公司的沟通、协调，争取直购电政策取得实质性进展，并注册成立“云南华坪沣鑫电力开发有限公司”，“铝电一体化”产业模式有效推进。正基公司重组改制方案基本确定；集团完成股权融资43.9亿元，确保了企业在复杂多变的市场形势下健康稳定发展。

创新能力持续增强。2012年，云南冶金集团申报省级以上科技项目26项，立项11项，获国家科技经费支持6410万元；申请专利106项，获授权97项（其中发明专利15项，国外发明专利1项）；首次获得4项软件著作权；参与起草和修订18项国家及行业标准，10项通过审定；获“中国驰名商标”、“云南省著名商标”各一枚，“云南名牌”产品一个；建成3个院士专家工作站；新增2家省级企业实验室、3家高新技术企业、2个云南省企业技术中心、2家工程（技术）研究中心；新获认定“加压湿法冶金技术研究省创新团队”和“昆明市高端电子铝箔研发科技创新团队”。云南冶金集团被国家科技部认定为国际科技合作基地，成为云南省首批获此殊荣的5家单位之一。

党的建设全面加强。2012年，云南冶金集团围绕中心抓党建，强基固体促发展。对创先争优活动开展3年来的工作进行了总结表彰；发展新党员1068名；扎实开展“四群教育”活动，深入推进“双挂双联”工作进基层、进农村，密切联系群众；民主推荐选拔27名正、副处级年轻干部，推荐9名“国贴”人才、2名中华技能大奖和全国技术能手，新增了2名省级技术状元、13名技术能手；开展“成就冶金年度人物”评选，举办云南省职工多晶硅还原炉工等4项技术技能大赛等系列活动，进一步发挥集团企业文化作用；积极履行社会责任，向彝良抗震救灾、“爱心水窖”建设挂钩扶贫等捐款超过1100万元，和谐冶金成效更加明显。

绿色矿山——云铜集团大红山铜矿

云南铜业（集团）有限公司

2012年，云铜集团在中铝公司和云南省委、省政府的坚强领导下，按照“优化结构、转型发展、强基固本、提升管理”的总体要求，凝心聚力，亮剑拼搏，攻坚克难，降本增效，取得了较好的发展佳绩，为建设中国一流世界知名铜业公司奠定了坚实基础。

发展业绩稳中趋好。生产矿山自产铜金属98695吨，精炼铜45.13万吨，锌锭10.26万吨，黄金7590千克，白银541吨。完成主营业务收入471.82亿元，工业增加值80.83亿元。利税总额32.18亿元、实际上交税费总额31.29亿元，安全环保实现“六为零”，全面完成了中铝公司和云南省政府下达的目标任务。

管控水平明显提升。深入推进“六型”总部建设，扎实开展治庸问责工作，进一步转变了机关工作作风，提升了部门的管理能力和执行能力；着力推进管理层级整合，年内完成了20户企业的整合任务，进一步压缩了管理层级，提高了管理效益；全面推进风险管理和控制体系建设，集团风险管控得到了进一步加强；加快推进信息化建设，4S1P系统实现上线试运行，进一步提升人力、财务、投资、生产、矿产、安全等专业管理水平。

发展能力明显增强。深入实施资源战略，集团保有333以上铜金属资源储量增至850万吨以上，铅锌金属资源储量增至100万吨以上，为持续发展打下了坚实基础；加快推进重点项目建设，普朗铜矿项目已成功解除制约开发建设的三大禁区，云铜王家桥铜锌产业区搬迁技改退城入园项目获准落户昆明市内；着力推进科技进步和创新，获政府立项资助17个项目，获省部级科技奖励5项、专利24项，院士工作站和专家工作站实现零突破，全年实现科技创效1.54亿元。

国务院参事、中国有色金属工业协会会长陈全训（左二）到云铜参观电解铜生产工艺

中铝公司总经理熊维平（中）在云铜集团总经理武建强（左一）的陪同下到一线调研

云南省省长李纪恒（右三），省人大常委会副主任、省总工会主席江巴吉才（左二），副省长和段琪（右一）及省政府相关厅局领导一行到云铜集团慰问生活困难群众，调研了解企业生产经营情况

云南省委常委、省委组织部部长刘维佳（左一）在玉溪矿业大红山铜矿调研时强调：基层党组织要充分发挥好战斗堡垒作用，扎实开展好创先争优、“四群”教育工作和基层党组织建设工作

和谐建设持续推进。扎实推进“四群”教育工作，对外实行“挂县包乡联户”，对内实行“挂企联联户”，“双挂双联”的做法，得到了省委领导的充分肯定；深入开展扶贫济困送温暖活动，“四个不让”的做法，云南省委、省政府给予了高度赞扬；主动参与和谐云南建设，向彝良地震灾区捐款200万元，向“爱心水窖”建设工程捐款300万元，树立了中铝公司和集团的良好国企形象。

一年来，云铜集团先后荣获国家发改委“国家循环经济工作先进单位”、国务院国资委“中央企业思想政治工作先进单位”、中国有色金属工业协会“2011年度企业信用AAA级信用企业”等一系列荣誉。

展望2013年，云铜集团将在中铝公司和云南省委、省政府的建强领导下，按照“四抓三保”工作思路，攻坚克难、砥砺奋进，为实现中国一流、世界知名铜业公司和国内铜行业排头兵的目标再创新的业绩。

云铜集团现代化的生产厂区

中铝公司副总经理、云铜集团董事长张程忠（右二）及中铝各代表到云铜冶炼加工总厂参观

中铝公司总经理熊维平（左二）在云铜集团总经理武建强（左三）、党委书记施维勤（左四）的陪同下看望慰问困难职工

云维公司年产50万吨合成氨装置

云南煤化工集团有限公司

云南煤化集团现任领导班子

云南煤化工集团有限公司(以下简称云南煤化集团)是在云南省委、省政府实施大企业大集团战略中，于2005年8月组建成立的省属大型企业集团。云南煤化集团下辖云南云维集团有限公司、云南东源煤电股份有限公司、云南解化清洁能源开发有限公司等10余家企事业单位，拥有一家上市公司—云南云维股份有限公司，下属单位主要分布在云南昆明、曲靖、红河、昭通等地。现有员工5万余人。总资产530亿元，2012年实现销售收入302亿元。

云南煤化集团以洁净煤产业为主，实行多元发展，业务涵盖煤炭采选及综合利用、煤电铝、炼焦及焦油化工、新型煤气化液化、大型化工机械制造、国际国内贸易、房地产等，跨越煤、电、机械、化工、冶炼等五个行业，主要产品有煤炭、焦炭、尿素、合成氨、二甲醚、甲醇、硝酸铵、纯碱、粗苯、聚乙烯醇、醋酸乙烯、电解铝、水泥、电石等30余种，现已形成从资源控制到资源加工，从初级产品到终端高附加值产品的完整的煤化工产业链。云南煤化集团获得了一步法甲醇制汽油技术专利，拥有的5.5米侧装捣固焦炉技术、焦炉气制甲醇技术、褐煤液化(煤制油)技术、碎煤熔渣气化技术等一批技术处于国际国内领先地位。

现已形成的煤炭、煤化工、电解铝、电力的主

云南煤化集团与昭通市政府签署开发褐煤资源发展煤化工产业合作协议

丰富多彩的文化生活

云南煤化集团与中国长江三峡工程开发总公司签订战略合作协议

云南煤化集团与中国化学工程集团签订战略合作协议

云南煤化集团与中国铝业签订战略合作协议

要产品年生产能力为：煤炭开采1223万吨、煤炭洗选加工1205万吨；合成氨86万吨，尿素80万吨、硝铵36万吨、硝酸钾7.5万吨；纯碱20万吨，氯化铵20万吨，聚乙烯醇3万吨，电石29万吨，水泥40万吨，焦炭400万吨，二甲醚15万吨，甲醇84万吨，资源综合利用电厂总装机容量74MW，电解铝39.5万吨。云南煤化集团是云南省政府重点扶持、培育的10户地方工业企业和销售收入超1000亿元的企业(集团)之一。2008年被评为云南省改革开放30周年最具影响力十大企业，2009年被授予“全国五一劳动奖状”。连续多年入选中国500强企业，2012年位列中国企业500强第346位、中国化工500强第12位。

云南煤化集团自成立以来，始终坚持内强素质，外求发展的方针。现在已与中国长江三峡集团公司、中国化学工程集团公司、中国铝业公司、广西投资集团、四川空分设备集团、云南建工集团、中国科学院、清华大学、中国矿业大学、青岛科技大学、昆明理工大学等企业和科研院所建立了紧密的战略合作关系。经过多年的发展，云南煤化集团已经成为云南省快速发展的大型骨干企业，全面奠定了在中国煤化工领域的稳固地位。云南煤化集团还将继续以积极开放、奋发有为的精神，发挥云南煤炭资源优势，发挥自身拥有的技术优势和人才优势，大力发展煤化工事业，做强做大，做精做久，为云南的经济和社会的发展做出更大贡献。

解化公司年产15万吨城镇燃气用二甲醚项目

东源公司综合采煤机组

环境优美的生活小区

云南煤化集团办公楼

西南交通建设集

——“抓住机遇，迎难而上”谱写集团辉煌成就

西南交建集团党委书记、董事长谢其华

集团所获荣誉、奖状

西南交通建设集团股份有限公司是集公路、铁路、水利水电、矿山工程开采、房地产开发等业务于一体的省属国有大型企业，至今走过六十年光辉历程。西南交建拥有公路、铁路、水利水电施工总承包壹级资质，同时还拥有隧道、矿山工程、房屋建筑及涉外国际等资质。西南交建已通过了质量、安全和环境管理体系认证，各项管理工作成绩裴然。经营业绩每年大幅增长，连年被云南省工商行政管理局评为“守信誉、重合同”先进企业；有昆玉高速公路十合同段等58个项目荣获“鲁班奖”和

2013年5月7日丁绍祥副省长到西铁小区调研

谢其华董事长莅临腾瑞嘎洒外滩项目营销中心调研

丽江拉市海特大桥

团股份有限公司

昆钢大红山露天采矿工程开工典礼

国家优质工程金、银奖。

2013年，西南交建面临难得的“面向西南开放重要桥头堡建设”机遇，集团党委精心谋划，全力推进“六六”战略，即：一个中心、两轮驱动、三大市场、四个支柱、五化发展、六项加强：跨越发展为中心；抓机遇、拓渠道，生产资本两驱动；立省内、拓省外，向国际市场谋发展；强主体、提优势，四大产业促多元：强化交通事业发展，打造大交通格局。加强水利水电市场拓展，强化竞争优势。加大房地产开发力度，带动集团整体发展。扩展矿山服务范围，提高品牌影响力；重谋划，强管理，五化发展上台阶：运作专业化、管理标准化、市场区域化、运营信息化、经营国际化；创思路，改作风，六项举措激活力：加强集团管控体系建设、加强项目管理、加强财务与资金管理、加强战略性人力资源管理工作、加强集团品牌建设工作、加强党建与企业文化建设工作。

在今后的发展中，西南交建将深入贯彻落实科学发展观，以十八大和省九次党代会精神为指导，紧紧围绕做大做强、跨越发展的目标，以转方式为主题，以调结构为主线，以市场拓展为重点，以项目管理为基础，以效益提升为目的，转观念、调方式、重经营、强管理、重人才、强品牌、建文化、促和谐，凝心聚力，攻坚克难，励精图治，真抓实干，努力开创集团平稳发展新局面，不断推动集团科学发展和谐发展跨越发展，为把西南交建打造成为集设计、科研、咨询、投融资、建设为一体，核心竞争力更强的现代大型交通建设企业集团而努力奋斗。

大理州洱源县三岔河水库

西交集团承建的昆安高速第六合同段西南特大立交桥

仁丽线漾弓江大桥

昆明市广福路改扩建第五标段工程

以改革求发展　以发展促改革

云南广电网络集团

云南广电网络集团是云南省国有骨干文化企业集团，是建设、经营和管理云南广电网络的多媒体综合信息服务运营商。

2012年7月，集团全面完成“全省一张网”整合重组工作，形成了以资本为纽带，以现有国有网络资产为基础，以内容（节目）为龙头，以科技创意为动力，全省联网，上下贯通的广电网络运营新格局，为云南广电网络事业和产业的健康快速发展奠定了坚实基础，将极大的推动广电网络数字化、信息化、规模化、产业化发展目标的实现。

集团现有职工6000多人，2012年底固定资产总额近60亿元，下辖16个州市分、子公司，102个县市支公司。　截止2012年底，集团拥有电视用户600多万户，其中数字电视用户400多万户，模拟电视用户100多万户，互动电视用户10多万户，宽带用户20多万户。集团公司有线、无线、直播卫星电视总用户数达到了620万户，进入全省城乡50%以上的家庭。

在国家实施三网融合战略、推动文化大发展大繁荣的大背景下，集团抢抓未来五年难得的发展机遇期，在充分发挥广电网络高带宽、广覆盖接入优势的基础上，整合较为先进的云计算和光交换技术成果，立足全业务，面向多终端，大力实施以“跨代网、云服务”为核心的云南下一代广播电视网（NGB）升级工程，实现集团基础网络、业务平台、内容产品和运营服务的全方位跨代升级，实现云南广电网络由小网到大网、由模拟到数字、由单向到双向、由标清到高清、由用户看电视向“用电视”转变。目前正在积极稳妥部署云电视、云宽带业务，试点推进TV2.0高清互动业务，力争未来几年具备为广大用户提供海量、跨网多屏、精准投放的媒体信息服务。

目前，集团正加紧实施云南下一代广播电视网（NGB）跨代升级工程，其核心枢纽项目“云南广播电视集中集成播控中心”已列入云南省“十二五”重大文化标志性基础设施项目，拉开建设序幕；基础网络和业务平台的升级改造正在积极推进中。

计划到2015年，初步形成“云电视”、“云通信”、“云城市”、“云家庭”四大云服务体系，使全省有线电视用户规模超过600万户，直播卫星“户户通”及地面无线用户达400多万户，总计1000万户；宽带用户70多万户，双向交互高清用户140多万户，资产总额、经营收入双双突破100亿元。　云南广电网络集团将迈出科学、和谐、跨越发展的坚实步履，在云南文化产业的发展中异军突起！

2012年3月26日，《云南广电网络集团三年业务和技术发展规划》通过国家级专家评审。

2012年3月10日，王建又董事长（左二）率集团各部门负责人到浙江华数传媒集团考察，双方决定在云南广电网络实施以“跨代网、云服务”为核心的云南下一代广播电视网（NGB）升级工程，实现云南广电网络基础网络、内容产品和运营服务的全方位跨带升级。

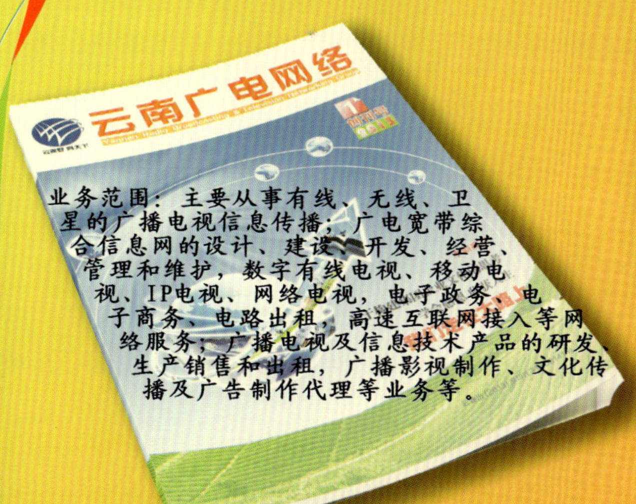

业务范围：主要从事有线、无线、卫星的广播电视信息传播；广电宽带综合信息网的设计、建设、开发、经营、管理和维护，数字有线电视、移动电视、IP电视、网络电视，电子政务、电子商务、电路出租，高速互联网接入等网络服务；广播电视及信息技术产品的研发、生产销售和出租，广播影视制作、文化传播及广告制作代理等业务等。

2011年3月15日，王建又董事长亲临盈江抗震救灾第一线，视察灾情，指挥盈江支公司抢修线路，确保受灾群众尽早收听看到党和政府的声音、画面。

中国邮政 CHINA POST

云南省邮政公司

2012年，云南邮政以科学发展观统领云南邮政改革发展全局，以“深化改革、创新发展、转变方式、整合资源、科学管控、构建和谐”为目标，加快转变经济发展方式，切实推进专业化经营机制的创新和改革，切实推进精细化管理，切实推进企业文化建设，邮政经济保持稳中有升的发展态势，企业转型发展成效显著，全面完成全年任务目标，企业管理和能力建设进一步提升，员工收入不断增加，合同工、劳务工人均收入增幅分别达13.9%、34%。

一、全力推进企业快速发展

2012年，云南邮政业务总收入达36.11亿元，增长19.03%，其中邮政企业业务收入达16.52亿元，增长15.06%，省公司业务收入连续7年保持两位数以上的增长；邮储银行业务收入达14.41亿元，增长26.18%；速递物流公司业务收入达5.18亿元，增长13.63%。全省月平均完成邮政业务收入1.38亿元，比去年平均增多1800元。

二、加大力度提升服务质量

2012年，云南邮政认真履行普遍服务义务，新增普遍服务营业网点53个。做好空白乡镇邮政网点补建，补建并开业空白乡镇网点达22个。丰富业务种类，提升服务功能，建成220个便民服务站。开展营业网点规范化服务，全面提升营业窗口整体服务水平。开展投递员、储汇业务员技能大赛，提升员工服务水平。对邮件寄递、报刊发行、平常函件质量等重点环节开展专项检查，促进专业服务质量提升，开展邮件时限达标回头看专项检查，有效提高各类邮件时限达标率。客户投诉总量同比下降8.7%，客户升级投诉量同比下降36.65%。2012年，云南邮政调整昆明至北京、上海火车邮路，增开昆明至郑州、南昌等5条火车邮路，出口直达火车邮路覆盖范围扩大到16个省；完成曲靖、楚雄、玉溪、昆明网路结构调整，优化生产作业流程，压缩内部作业时间，党报刊到达各市县时间普遍提前2至3小时，进出口邮件

云南邮政航空邮件处理中心

云南省人民政府与中国邮政集团公司签署战略合作协议

提速明显，昆明直达邮路覆盖市县扩大到63个；调整81条二干汽车邮路促进全程时限提升。推进非一体化地区特快邮件提速，怒江、丽江、西双版纳进出口标准特快邮件提速2至3天。

三、服务社会发展环境不断优化

云南邮政高举普遍服务和服务民生大旗，立足地方经济发展大局，较好地服务地方经济产业发展，省委、省政府对邮政扶持力度不断加大。2012年10月1日，《云南省邮政条例》出台。2012年12月26日，云南省政府与中国邮政集团公司签署战略合作协议，进一步强化了地方政府对邮政发展的政策支持，为邮政发展创造了良好的环境。

四、扎实推进文明创建

推进精神文明建设，云南邮政行业有34个单位荣获省级文明单位称号，红河局荣获全国实施用户满意工程先进单位称号，昆明邮区中心局荣获云南省五一劳动奖状，2人获云南省五一劳动奖章。尼玛拉木作为全国邮政系统8名代表之一参加了党的十八大。一项管理创新成果荣获全国交通企业管理现代化创新成果一等奖、第八届全国邮政企业管理现代化创新成果一等奖。

邮政速递物流服务商家

邮政服务昭通地震灾区

与晋商商会签约

中小企业信贷部昆明分部成立

华夏银行 HUAXIA BANK 昆明分行

——十五年创新发展 与新昆明共成长

1997年12月4日，华夏银行昆明分行成立，开启了华夏银行进军彩云之南的新篇章。15年多来，华夏银行昆明分行以打造“精品银行”为目标，始终奉行“质量、效益、速度、结构协调发展”的经营理念，坚持以客户为中心，紧紧抓住西部大开发和新昆明建设的机遇，不断创新，稳健发展，有效促进了云南当地的经济发展，自身实力和规模得到不断壮大，成为当地最具影响力的商业银行之一。截止2012年末，华夏银行昆明分行资产总额达567.03亿元，一般性存款规模438.45亿元，15年来累计实现利润39.55亿元，累计上缴税金11.92亿元，主要经营指标在云南省银行同业位居前列。15年的发展，华夏银行昆明分行已形成了扎根昆明、辐射全省的发展格局，目前在昆明设有17个营业网点，并在玉溪市、红河州设立了异地支行。2002年，昆明分行荣获由中央金融工委授予的“全国金融系统文明建设先进单位”荣誉称号。2005年，分行又以优秀的经营业绩、全面而翔实的技术和服务方案，独家赢得昆明市公交IC卡合作银行资格。2006年，被云南省金融协调领导小组和云南银监局评为“云南省金融服务与创新年活动先进单位”。2010年，分行在第二届中国银行业“好分行”评选活动中荣获“好分行社会责任奖”称号。2011年，在首届春城金融博览会中被评为“年度最佳理财银行”、“年度最佳电子银行”，并荣获“2011年度中小企业融资贷款突出贡献奖”。在第二届春城金融博览会中被评为“2012年度云南省最佳商业银行”、“云南省最具成长性银行”、“云南省最佳财富管理银行”、“云南省百姓最喜欢的银行卡“及”云南省最具社会责任金融机构”。

华夏银行昆明分行坚持服务实体经济的基本方针，为经济平稳较快发展贡献自己的力量。近年来，分行积极响应国家及地方政府号召，融入地方主流经济，进一步优化信贷结构，不断加大对实体经济以及小微企业的金融支持力度。围绕“桥头堡”建设及云南省“十二五”规划，积极为符合产业政策、有市场需求的企业提供金融服务，大力支持了云南省冶金、能源、交通、烟草、通讯、旅游和科技等支柱型行业和企业的发展。通过对传统业务的做新做活、对新兴业务的全力打造、对服务手段的综合运用等措施，为实体经济注入了运营资金的同时，提供了综合性的服务支持。加大小微企业金融支持力度，积极创新融资担保方式，为小微企业量身定制金融产品，千方百计缓解小企业融资难。

华夏银行秉承“以客户为中心”的服务理念，以高质量的服务回馈客户。近年来，分行持续提升客户满意度，推动文明规范服务长效机制建设；全面提升网点服务水平，开展营业网点服务达标工作，2011年、2012年大观支行两次荣获中国银行业文明规范服务“百佳”示范单位称号，2012年3家网点获“云南省银行业文明规范服务省级示范单位”称号。分行持续加强渠道建设，拓展服务覆盖面，营业网点、自助设备、POS机数量实现较快增长，新核心业务系统全面上线，为客户提供了更加便捷、高效、多样化的服务方式。

华夏银行银行昆明分行认真履行社会责任，坚持做好各项公益事业，塑造良好社会形象。成立以来，先后开展了向昆明市小学生捐赠安全小黄帽、向抗击非典优秀医务工作者赠送“华夏丽人卡”、向四川地震灾区捐款、向云南省干旱灾区捐赠饮用水等公益活动，通过捐赠、建立助学金、爱心共建等多种方式扶贫帮困；分行还先后多次派遣扶贫干部深入云南省剑川县、大关县，贵州省晴隆县进行专项扶贫；开展“普及金融知识万里行”和进社区、进学校宣传等活动，向社会公众宣传金融安全知识，提高风险防范意识。

志存高远，追求卓越。经过15年市场锤炼，从名不见经传、缺乏市场影响力发展到今天，成为当地经济发展的中坚力量和最具竞争力的金融机构，其历程深刻烙印下昆明分行坚持总行办行思想，坚持质量、效益、速度、结构协调发展的经营思路，清晰记录下全行员工开拓进取、勇于创新所积累的宝贵经验。

与中国进出口银行签约

捐资

中共华夏银行昆明分行党员大会

中国农业银行
AGRICULTURAL BANK OF CHINA
云南省分行

坚持稳健经营　强化基础管理

2012年，农行云南省分行在农总行党委的正确领导下，以科学发展观为指导，始终坚持“稳中求进、好中求快、变中求新”的总要求，紧紧围绕“横向提升、纵向进位”的总目标，积极实施“发展、转型、强管、创新、控险、增效”的业务经营方针，各项业务经营实现了规模增长。全行本外币各项存款余额为2851亿元，较上年增加324亿元，存款存量、增量在全省四大行中均排名首位；本外币各项贷款余额为1879亿元,较上年增加191亿元，贷款存量、增量在全省四大行中分别排名第1位和第2位；实现拨备前利润、拨备后利润和中间业务收入分别为76.52亿元、74.15亿元和19.76亿元，拨备前利润和中间业务收入在全省四大行中均排名首位，有效巩固和提升了在省内的主流银行地位。

2012年，深入实施农村产业金融“千百工程”和金穗“惠农通”工程，金融服务“三农”能力和水平不断提高，先后被农总行评为“服务三农先进集体”，被云南省委省政府评为“农业综合开发先进单位”、“农垦改革先进单位”。全行“三农”存款人民币余额为1885.82亿元，比年初增加197.1亿元，“三农”贷款人民币余额为1080.65亿元，比年初年初增加142.03亿元。累计发放农业产业化贷款69.91亿元。先后向小水电、煤炭、制糖等11个集群的51家企业发放贷款18.13亿元；向德宏姐告边境贸易区、曲靖煤化工工业园等12个省级以上工业园区94家企业发放贷款35.15亿元；向县域中小企业发放贷款349.08亿元；累计发放农村城镇化贷款14.81亿元；累计发放农村商业贷款61.75亿元；累计发放县域机构贷款13.7亿元；对全省73个国定扶贫县和7个省定扶贫县累计发放贷款354.12亿元；累计发放春耕生产贷款42.14亿元；累计发放惠农卡315万张，农户覆盖率达35%；全年累计发放农户贷款49.95亿元。12个县的新农保，累计发放资金1.5亿元；20个县新农合，累计发放资金36.99亿元。

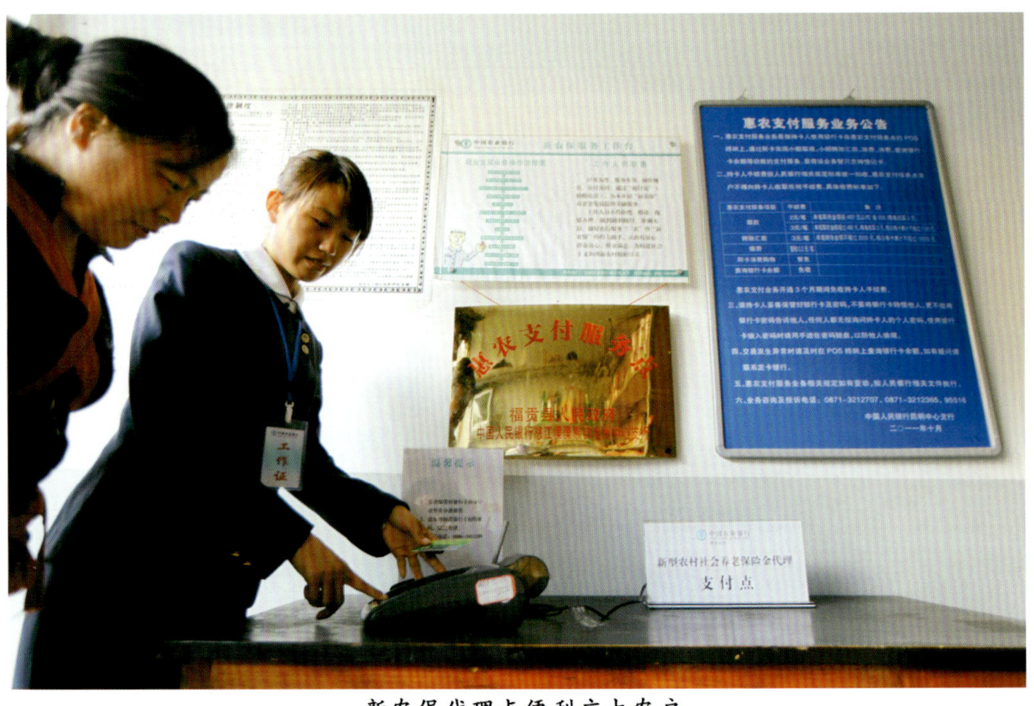

新农保代理点便利广大农户

研究制定《2012年城市行发展目标》和促进城市行发展的相关措施，在16个城市行推行二级分行公司业务部专司城区业务经营模式，按照农总行统一部署和要求，完成了岗位管理体系改革落地工作，加强城市对公业务经营、加大创新型融资业务和新产品推广运用、加快零售业务转型为重点，全行BBB级以上法人客户数及其新增贷款占比分别达91.6%和97.8%，小微企业和个人贷款增幅分别达17.8%和22%；代理保险、结算、投行等业务收入四行份额均在40%以上，保持市场领先地位；国内信用证、委托债权投资、融资租赁、银赁通等新兴业务取得实质性突破；电子渠道交易占比为58.5%，较上年提高10.8个百分点；全年新增ATM机479台、POS机10589台；被银行业协会评为全国“千佳”网点2个，省级文明规范服务示范网点15个。

2012年，持续推进“基础管理提升年活动”，积极实施信贷、科技、运营、财会、员工行为五大领域精细化管理，着力抓实四项不良贷款专项治理，全行到期贷款现金收回率达98.94%，较上年提高0.9个百分点；风险水平评价得分持续提高，继续保持A类行；分别认定40个“三铁”、347个“良好”营业机构，全省营业机构优良率较上年提高27.05个百分点；全年未发生重大经济、刑事案件和事故。

2012年，在党建和队伍建设上，继续在三级行深入开展以“基础组织建设年”为重点的创先争优、合格文化建设以及“廉政风险防控”主题教育实践活动；加强对联系点加强廉政文化建设，推进党建工作的督导；严格党风廉政建设责任制考核，有效提升领导干部履行“一岗双责”的能力和水平；加大班子结构调整、干部交流等工作力度；开展各类培训近百期，参训员工达1.2万余人次；在企业文化建设上，深入推进企业文化核心理念宣贯和深植工作，让广大员工对农行使命、愿景、核心价值观认知认同、入脑入心和自觉执行，工作成效显著，得到农总行认可，并被中国企业文化研究会评为2012年度企业文化建设优秀单位。

农行送福下乡村

支持香港青年赴丽江开展乡村服务计划

信贷支持茶业产业发展

信贷支持花卉产业发展

富滇银行 FUDIAN BANK

2012年是富滇银行品牌创建一百周年，也是恢复组建后第一个“五年计划”的收官之年。一年来，富滇银行紧扣国家政策和监管主线，各项业务快速发展，资产规模、盈利水平和资本实力取得较大突破，进一步实现了业务转型，有力服务了实体经济建设。

【主要经营指标完成情况】

● 本外币资产总额1047.87亿元，较上年同期增加222.32亿元，增幅为26.93%；

●本外币全口径存款余额 861.28亿元，较上年同期增加170.15亿元，增幅为24.62 %；

●本外币各项贷款余额 498.22亿元，较上年同期增加 76.67亿元，增幅为 18.19%；

●实现净利润 9.6亿元，较上年同期增加2.28 亿元，增幅为31.17%；

●不良贷款率为0.96 %，较上年同期下降 0.12个百分点；拨备覆盖率为 332.84%，较上年同期提高 25.9个百分点；

●流动性比例为32.04%，同比下降6.45个百分点；存贷款比例为66.44%，同比上升0.47个百分点。

【积极支持地方发展 资产突破千亿元大关】

2012年，面对复杂严峻的国内外经济金融形势，富滇银行认真贯彻落实货币信贷政策、产业政策，围绕省委省政府的经济工作部署，积极履行地方银行职责，促进云南经济跨越发展，重点围绕园区经济、县域经济、民营经济“三大战役”，强化金融服务支持力度。紧盯全省“稳增长、冲万亿、促跨越”目标，坚持“有扶有控”的信贷政策，加大对实体经济和全省产业升级的支持力度，积极支持“滇中引水”工程项目、滇池污染治理项目等2012年全省重点督查的20个重大建设项目，积极支持实体经济、全省重点企业发展，全年累计投放贷款707.09亿元。富滇银行还充分发挥独立法人优势和金融平台作用，引进省外资金支持云南经济发展，通过卖

12月21日，省政协主席罗正富，副省长丁绍祥，省人大常委会原常务副主任牛绍尧和夏蜀董事长揭牌

出票据、再贴现、短期外债、信托收益权等业务累计融入省外资金400余亿元支持云南经济建设。富滇银行在积极支持地方积极发展的同时，自身也不断发展壮大，截至2012年末，全行资产总额突破千亿元大关，达到1047.87亿元，本外币全口径存款余额861.28亿元，本外币各项贷款余额498.22亿元，实现净利润9.6亿元。

【积极"走出去"促进区域性金融中心建设】

按照"立足云南，辐射西南，放眼全国，走向泛亚"的区域性发展规划，2102年富滇银行进一步加大了对云南省内的网点布局，新设楚雄开发区支行、普洱人民路支行、大理宾川支行、西双版纳勐泐支行、红河个旧支行；强化重庆分行融通滇渝、服务西南的作用，新设了重庆渝北支行、重庆南岸支行；围绕将瑞丽重点开发开放试验区建设成为中缅边境经济贸易中心、西南开放重要国际陆港、国家文化交流窗口、沿边统筹城乡和睦邻安邻富邻示范区的要求，富滇银行进一步加大对瑞丽支行的支持力度，并将瑞丽支行升格为分行，进一步提升其服务开发开放试验区的能力。同时，紧紧围绕云南面向西南开放的桥头堡建设，加快"走出去"步伐，积极推进老挝代表处转为经营性机构，努力推进以国际结算、贸易融资、人民币贸易结算为重点的国际业务发展，推动以东南亚国家为重点的境外合作，积极推进跨境人民币结算和小币种金融服务。以瑞丽、河口、版纳为重点，推进跨境人民币结算工作，完成跨境人民币结算量19.01亿元人民币，同比增长44.56%；参与人民币对泰铢银行间区域市场的交易，成为全国首个东南亚小币种金融服务商、首批参与泰铢银行间区域交易市场的做市商，累计完成泰铢银行间交易2.59亿泰铢，基普交易82.05亿基普。

【加强金融创新 满足客户多元化需求】

不断加强业务创新工作，制定了《产品创新与推广专项考核办法》，将产品创新纳入年度刚性考核范围。着力开发非标准型债务工具、票据型产品、债券型产品、同业存款型产品、混合投资型产品，与其他金融机构共同开发理财和结构性产品，被《理财周报》评为"2012年中国最具区域竞争力城商行金融品牌"。

2012年度全国支持中小企业发展十佳商业银行奖牌

进一步强化产品创新工作，发行了"富滇稳健"、"富聚财富"、同业存款理财计划、券商合作票据类定向资产管理计划、银信租合作应收租金债权转让信托理财计划、富业成长中小企业集合等理财产品，累计发售35期，金额48亿元。其中，"富聚财富"系列理财产品荣获《理财周报》评选的"2012年中国十大最佳银行理财产品"称号。

创新林权抵押贷款融资模式，加大"三农"金融服务。针对保山、版纳、普洱的林产业特色，加大对咖啡产业、林产业支持力度，办理林泉抵押贷款21笔、贷款1.58亿元，超额完成人行昆明中心支行下达的新增贷款投放任务。充分利用州县网点和已发起设立的四家村镇银行优势不断加大对"三农"的支持力度，全行涉农贷款余额突破100亿元。

加强电子渠道建设，强化电子银行产品营销能力、风险防控能力和新业务的推广能力，稳步提高全行电子银行业务有效客户、交易量及业务替代率，替代率较上年提升5.64个百分点，达25.28%。全行企业网上银行客户新增3728户，个人网银（专业版）客户新增15861户，个人手机银行客户新增11118户。

【支持小微企业、非公经济发展】

富滇银行以国家政策为导向，结合云南本地经济特点，加强对小微企业和非公经济的差异化服务建设，2012年7月，在昆明辖区内挑选了7家二级支行作为服务小微企业的专业支行，将小微企业金融服务触角延伸到专业市场、社区等最基层网点。在此前成立的小企业信贷专营中心、科技服务创新中心、矿业中心也日益发挥出重要作用，小企业信贷专营中心各项贷款余额8.3亿元，小企业客户229户；

夏蜀董事长走访挂钩农户

科技服务创新中心贷款余额1.7亿元，支持科技型企业15户；矿业中心贷款余额3.61亿元，服务矿业企业23户。三个中心为不同行业领域的小微企业和非公企业客户提供了专业化、差异化的金融服务。

富滇银行还加速小企业业务改革创新，设计了全行小企业发展的战略规划、商业模式和品牌建设；制定小企业全行营销整体推进和集群客户营销方案；制定充分反映贷款风险、易于操作、以信用评级为基础的风险定价体系；推进“信贷工厂”的建设工作；整合“成长360°”专属品牌，推出“医保融”“助保融”等产品，其中，“助保融”在第七届中国中小企业家年会上，获“2012全国中小企业最受欢迎金融特色产品”，“成长360°”金融产品营销案例被《银行家》杂志评为“十佳金融产品营销奖”。

同时富滇银行紧密联系省市工信委、金融办、劳动就业局及昆明市总工会等相关政府职能部门，积极参与政府主导的促进小微企业发展的活动。截至2012年末，全行小企业业务口径贷款（不含贴现）余额为67.47亿元，较年初新增26.31亿元，增幅达63.92%，增幅高于全行贷款增幅45.78个百分点，增量高于去年同期10.29亿元。在第七届中国中小企业家年会上，荣获“2012年度全国支持中小企业发展十佳商业银行”等称号。

【强化社会责任 加强品牌建设】

结合“富滇银行”品牌创建100周年契机，富滇银行加大宣传力度，推动历史题材电视剧《富滇风云》播出工作，提升富滇银行品牌影响力，增强员工的自豪感和凝聚力。切实履行社会责任，积极支持“兴边富民工程”、定点挂钩扶贫、新农村建设工作和其他公益事业，加强社会责任教育，引导干部员工更好地服务社会，促进经济、金融与环境的可持续发展。2012年，投入扶贫资金近600万元至定点挂钩扶贫单位宁蒗县以及定点帮扶沧源县，完成扶贫项目多个。被省委省政府授予“十一五”扶贫开发工作先进集体和“2011年度社会扶贫工作先进集体”称号。

大理海东村镇银行
DALI HAIDONNG COUNTY BANK

云南大理海东村镇银行有限责任公司（以下简称“大理海东村镇银行”）是由重庆农村商业银行、大理经济开发投资集团有限责任公司等六家股东共同出资组建，经云南省银监局批准筹建、大理州工商局登记注册、大理银监分局批准开业的地方法人金融机构，注册资本20000万元，银行总部位于大理经济开发区漾濞路176号，目前下辖1个营业机构，从业人员26名，主要面向三农、小微企业、个体经营户提供“优质、高效、便捷、全面”的金融服务。

大理海东村镇银行将继续秉承重庆农村商业银行优秀的企业文化，树立“源于重庆、服务大理”的核心理念，坚持服务三农和小微企业发展的市场定位，全力支持客户的快速成长和发展，开创银企双赢的局面，为地方经济社会的发展和繁荣做出积极贡献。在现有的网上银行、手机银行等先进服务手段的基础上，打造企业品牌、拓展市场空间、创新服务手段、稳健快速发展，该行定将在苍洱大地上创造新的奇迹，谱写新的华章。

团结奋进、开拓创新的管理团队

2010年12月29日隆重开业

颁发《金融许可证》

云南省公路局国省干线管养谱新篇

李盛霖部长深入瑞丽姐勒公路管理所视察

李纪恒省长视察高黎贡山隧道施工现场

云南省公路局是省政府批准成立，省交通运输厅管理，履行公益性公共服务职能的副厅级单位。主要职责：负责辖区内国省干线公路规划、管理养护、路网改造、应急抢险和西南地区交通战备保障等工作。省公路局下设16个公路管理总段及省沥青油料保障中心、公路科研院、公路信息中心共19个正处级事业单位、126个公路管理段，职工4万余人，养护和管理国省干线34105公里。

艰苦环境和社会责任磨砺出公路人“特别能吃苦、特别能战斗、特别能负重、特别能奉献”的铺路石精神。2008年以来，全局以“必须始终坚持发展养护主业，不断提高服务经济社会发展能力的任务不动摇；必须始终坚持打牢公益性公共服务为主的三级管理体制，不断提高各项管理效率的任务不动摇；必须始终坚持提高全体干部职工综合素质，不断适应改革开放形势需要的任务不动摇”为指针，以高度负责的态度养路修路，公路优良率达47%，完成路网改造2372公里，固定资产投资393.2亿元，投入资金8.4亿元用于灾害损毁公路恢复。其间，承建昆明西南、西北绕城和麻昭高速公路、15条二级公路，建管养工作卓有成效。

云南省公路局将依然保持锐意进取的势头，认真履职，续写国省干线建管养的新篇章。

吕云锋局长在现场指导工作

绿色县际油路

云南省农村信用社
YUNNAN RURAL CREDIT COOPERATIVES

省联社党委委员及主任助理在丹桂红军村接受革命传统教育

2012年，云南省农村信用社认真贯彻党的十八大精神，紧扣省委、省政府“稳增长、冲万亿、促跨越”的工作部署，以“八个坚持”治社方略为指导，着力支持“三农”、中小微企业和重点项目建设，着力创新金融产品和服务方式，着力提升经营管理的精细化、规范化水平，促进各项业务持续健康发展，存贷款规模位居全省金融机构首位，各项监管指标排列全国农信社系统前十位，市场竞争力和社会形象大幅提升，荣获云南金融支持“桥头堡”建设突出贡献奖。

业务发展实现新突破。截止2012年末，各项存款余额达3958亿元，各项贷款余额达2315亿元，其中涉农贷款1654亿元，小微型企业贷款余额682亿元，各项收入达278亿元，实现净利润54亿元，上缴税收超29亿元，社会贡献度大幅提升。

民生金融服务再上新台阶。一是积极做好抗震救灾金融服务工作。在宁蒗6·24和彝良9·7地震发生后，第一时间在灾区搭建起“帐篷银行”，成为唯一一家在灾区提供各项金融服务的银行。二是积极改善农村金融服务环境。继续开展信用乡镇建设，共评定信用乡（镇）74个、信用村（组）16804个，信用户454万户；建立惠农支付服务点3956个，占全省惠农支付服务点总量的70%；在88个县办理了“新农保”、“新城保”的资金兑付、代收费等金融服务工作，全年代理发放各类财政直补农民资金达96亿元。

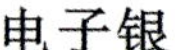

电子银

省联社党委书记蒋兆岗到基层网点调研

行业务新突破。省联社高度重视科技信息化建设，着远长远发展，树立“科技领社”战略，引领各项业务跨越发展。截止2012年末，全省农信社电子银行客户13.19万户，企业电子银行客户8549户，累计交易额突破2000亿元大关，达到2334.59亿元。在第二届春城金融博览会上，农信社电子银行荣获“2012年度云南最佳电子银行奖”。

风险防范取得新成绩。一是信贷风险和流动性风险得到有效防控；二是深入持续开展案件防控工作；三是安全防范意识增强。实现安全经营无重大案件。

党的建设取得新成效。一是思想建设迈上新台阶。2012年，省联社党委在系统总结全省农村信用社改革发展各项经验基础上，提出了坚持合作建社、质量立社、服务美社、依法治社、勤俭办社、效益强社、科技领社、人才兴社的“八个坚持”治社方略；二是政治建设获得新成效。全面加强党的领导制度建设，坚持党的民主集中制原则，实施“三重一大”决策制度，推进“阳光党委”建设。三是组织建设实现新突破。省联社党委着眼于农信社长远发展，坚决贯彻落实省委“走活干部这盘棋”的战略思维和工作部署，狠抓组织和干部队伍建设。2012年，省联社再次被省委、省政府评为“惩治和预防腐败体系建设暨党风廉政建设责任制检查考核优秀单位”。

企业文化展现新气象。2012年，全省农村信用社企业文化建设展现新气象。一是研究制定了《云南省农村信用企业文化建设三年规划2012—2015年》，探索建立企业文化建设长效机制。二是组织开展青年员工优秀文章征集活动，并选送前30名优秀文章至省直机关工委参加评选。三是组织开展全省农村信用社着装展演活动，充分展示了农村信用社深厚的文化底蕴和职工的精神风貌。四是坚持开展群众性的精神文明建设活动，积极开展文明单位、青年文明号、巾帼文明示范岗等创建工作。

农村信用社惠农支付点普及到山村，使景颇族人民享受到现代金融的便捷与实惠

地震灾区的“帐篷银行”

云南省分公司简介

中国人寿保险股份有限公司是中国最大的人寿保险公司，总部位于北京。中国人寿与中华人民共和国同龄，是国内最早经营保险业务的企业之一，肩负中国寿险业探索者和开拓者的重任。

中国人寿拥有比肩全球的雄厚实力。截至2012年6月30日，作为国内首家“三地上市”的金融保险企业，中国人寿集团合并总资产首次突破2万亿元大关，位居国内寿险行业榜首，连续十年入选《财富》“世界500强”，蝉联中国500最具价值品牌第5位，品牌价值超千亿元，市场份额连年第一。

中国人寿在寿险行业始终保持专业领先的竞争优势。公司拥有强大的产品研发与创新能力，是国内最大的机构投资者之一。公司依托覆盖全国城乡的服务网络，致力于为社会最广泛的大众提供优质的保险产品和服务。

公司悠久的历史、雄厚的实力、专业领先的竞争优势及世界知名的品牌赢得了社会最广泛的信赖，始终占据国内保险市场领导者的地位，被誉为中国保险业的“中流砥柱”。

中国人寿云南省分公司是中国人寿保险股份有限公司在云南省的分支机构。截止2011年年末，股份公司总资产达到152亿元，保费收入近50亿元，市场份额遥遥领先，是省内最大的人寿保险公司。

中国人寿云南省分公司服务网点遍布城乡。公司在编职工约2700余人，个人代理人近2万人，网点兼业代理人员3800多人。公司在全省各州（市）、县均设有分支机构，在全省近三分之一的乡镇设有营销服务部，农村保险先进村创建点达到3500个，拥有最广泛的客户群体和最完善的销售服务网络。

中国人寿云南省分公司面向全省，为个人及团体提供人寿、意外和健康保险产品，涵盖生存、养老、疾病、医疗、身故、残疾等多种保障范围。在2011年度，公司共拥有245万份有效的个人和团体人寿保险单、年金合同及长期健康险保单，为全省2000多万人（次）提供了专业的寿险、健康险、意外险和企业年金服务，全面满足客户在人身保险领域的保险保障和投资理财需求。

中国人寿云南省分公司积极支持社会公益事业，主动担当企业社会责任。公司和公司员工努力践行“撒播爱心、造福社会”的价值理念，捐款捐物，扶贫助困。截至2011年，公司先后捐建国寿希望小学23所，国寿希望中学1所，捐建三所“国寿博爱卫生院”，并向昭通市捐赠了100万元慈善救助基金。

中国人寿云南省分公司以雄厚的实力、优质的服务得到了全省民众的高度赞誉，连续两年荣获全省“最受百姓信赖的保险品牌”荣誉称号。未来，公司将继续创新发展，不断扩大保险覆盖面，一如既往地履行好社会责任，全心全意为我省各族人民群众服务，与各级政府协手投入到云南社会和经济建设中，为构建社会主义和谐社会做出更大的贡献。

“凤”舞滇红 香飘世界

云南滇红集团股份有限公司（简称“滇红集团”）前身系创建于1939年3月8日的顺宁实验茶厂，1954年随县名改为云南省凤庆茶厂，1996年，为了做强做大“滇红”，云南省凤庆茶厂整体改制为云南滇红集团股份有限公司。“凤”牌滇红，以其香高味浓，滋味鲜爽著称于世，七十多年来一直被世界茶叶界看好，成为红茶界的领军品牌，承担起传承“滇红”的历史重任。

滇红集团出品的“滇红特级工夫茶”在1958年被认定为国家外事礼茶，1986年云南省省长和志强将其

省委书记秦光荣将滇红集团的红茶赠送给斯里兰卡总理阁下

作为国礼赠送来华访问的英国女王伊丽莎白二世；2006年12月“凤”牌滇红茶系列产品被国家外交部授予“驻外使馆专用礼品茶”称号；2008年“凤”牌滇红特级工夫茶，被指定为“北京残奥会专用礼品茶”；2009年6月胡锦涛总书记出访俄罗斯、白俄罗斯和乌克兰，滇红集团董事长王天权先生参与经贸代表团随访；2010年9月又随同云南省政府代表团赴斯里兰卡进行商务考察，云南省省长秦光荣将滇红集团生产的“中国红”和“早春绿”茶作为国礼赠送给斯里兰卡总统和总理；2010年12月国务院总理温家宝出访印度、巴基斯坦等国，滇红集团董事长王天权先生参与经贸代表团随访并进行商务考察；2011年滇红集团生产的“大运红香”等三款产品被

2012年2月22日，中共中央政治局委员、国务院副总理回良玉（右一）在云南省委书记秦光荣（右二）的陪同下，在临沧茶文化风情园视察滇红茶系列产品展示

“深圳2011年第26届世界大学生夏季运动会”指定为特许经销产品。

滇红集团持有的“凤”牌商标于1983年注册，是云南省著名商标，2011年4月份“凤牌”红茶被国家商务部授予“中华老字号”的称号;2011年10月被云南省商务厅授予“云南老字号”的称号；2012年4月“凤牌”荣获国家驰名商标。滇红集团的滇红工夫茶自创制以来多次被评为国家银质奖，多个产品被授予金奖、茶王等称号。

“滇红”从诞生之始，就跨出国门、传承经典，直至现在，也从未忘记自己国际化发展使命。新中

2011年6月16日省委副书记李纪恒到凤庆墩子山调研高效节水优质茶园建设

云南滇红集团股份有限公司

俄罗斯客商来滇红茶科所观看茶园

滇红集团董事长王天权

临沧市市长锁飞视察滇红集团整体搬迁建设工程

采茶

“新滇红”规划效果鸟瞰图

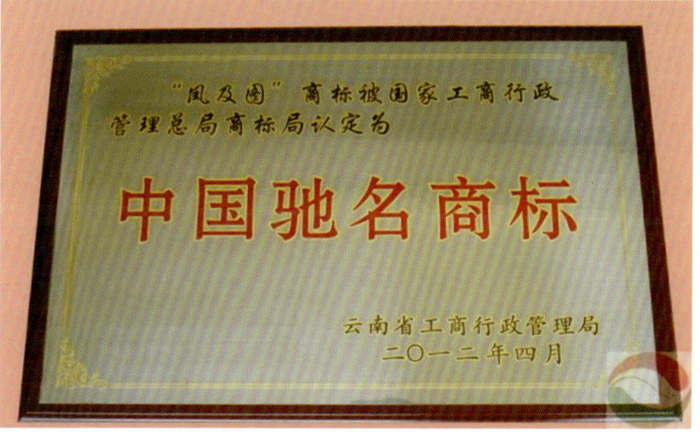

中国驰名商标牌匾

国成立后，滇红原箱出口，上乘的品质成为许多红茶调高品质的味精，得到了当代茶圣吴觉农先生的首肯。先后出口到了100多个国家和地区，为国家出口创汇作出了重大贡献，年出口创汇500多万美元，是世界上最大的茶叶制造销售公司—联合利华公司“立顿”中国区原料主要供应商。2010年10月，滇红集团与斯里兰卡伊尔皮提雅茶业公司达成首批出口100万美元茶叶产品的合作协议。双方的成功合作让“滇红茶走出国门、走向世界”迈出了新的国际化战略步伐。

云南省药物研究所

云南省药物研究所始建于1956年，2000年由省属科研事业单位改革转制为企业，整体进入云南医药集团。2012年，经云南省国有资产管理委员会整合研发资源，药物所并购入云南白药集团股份有限公司，以云南省药物研究所、云南白药集团天然药物研究院、云南白药集团无锡新型给药系统工程技术中心，组建成云南白药集团创新研发中心。

所长朱兆云

转制改革以来，药物所在上级有关部门的关心支持和云南医药集团、云南白药集团的领导下，坚持自主创新，搭建研发平台，不断提升技术资质水平，努力实现成果频现、人才辈出、科技进步的良好局面。成为：国家级企业技术中心、国家火炬计划重点高新技术企业、西南民族药新产品开发国家地方联合工程研究中心、昆明国家生物产业基地生物医药中试生产中心——中药、天然药物制剂中试生产平台。配置有相当数量用于系统研发领域的高端仪器设备，其中药品生产GMP中试车间、GLP实验室等科研用房面积15000平方米。高级专业技术职称、博士、硕士研究生占在职职工总数37%。人才建设为省科技厅认定天然药物研发领域省级创新团队。

朱所长带队在野外调查

获奖证书

GLP研究、药物制剂研究和中试基地、透皮给药技术等方面能力突出，特色鲜明。其中，中药材品质评价实验室、

云南省药物研究所一隅

中药毒理实验室是国家中医药管理局认定的三级实验室。在天然药物资源调研、中药规范化种植基地建设、药材品质评价、有效成份提取分离、药物分析、制剂工艺、药理和毒理筛选评价、药代、质量标准、中试、工程化转化等方面，形成了系统完整的新药研发链。开发出拥有自主知识产权新药品种：痛舒胶囊、肿痛气雾剂、肿痛搽剂、肿痛凝胶、伤益气雾剂、胆清片、痛舒片等，产品获得了“国家重点新产品”、“国家医保目录品种”、“国家中药保护品种”、“云南自主创新产品”、“云南名牌产品”、“云南省著名商标”等多项殊荣，列入“云南生物医药重点培育的10大品牌、100个大品种”。受到国家科技部中药现代化科技产业基地建设优秀单位表彰。

数十年坚持不懈，开展云南天然药物资源调研和民族民间用药经验的收集，编研出版了《云南天然药物图鉴》、《云南重要天然药物》、《云南民族药志》、《滇南本草（增补本）》等4部10余卷药学专著。2011年，“低纬高原地区（云南）天然药物资源调查及研究开发”荣获云南省科技进步特等奖，被评选为云南十大科技进展。2013年，“低纬高原地区天然药物资源调查与研究开发”荣获2012年度国家科技进步一等奖。

建所以来，药物所先后主持和参与研发出30余个原创新药，包括青蒿素（国家发明奖）、灯盏花系列（灯盏花素注射液、灯盏细辛注射液、灯盏花素片、益脉康）、三七系列（三七总皂苷、血塞通注射液、三七冠心宁、七叶神安片）、金品®系列药物等，研究成果实现产业化。获国家和省部级以上奖励40余项，为祖国卫生事业和云药产业发展做出了贡献。

获国家科技进步一等奖

获奖人员合影

云南生物医药产业发展前景广阔，科技当先行。我们将继续加大在天然药物调研、筛选、评价和开发方面的工作力度，建立更加开放、合作、共赢的机制，充分发挥平台的支撑作用，为药品、健康产品的开发提供科研技术服务。

创研中心暨药物所的发展离不开上级各有关部门的鼓励和支持，离不开社会各界有识之士的关心和帮助，让我们共同携手，为人类健康事业做出新的贡献。

科研人员野外考察

科研人员野外调查

云南万兴隆生物科技集团有限公司

集团公司办公楼

公司成立于2010年12月，注册资本1.2888亿元，是集矿产资源开采、生物资源开发、农特产品精深加工、国际贸易、商贸流通、投融资、小额信贷、酒店服务等为一体的多元化企业集团。

公司被中共中央组织部表彰为“2010—2012年全国创先争优先进基层党组织”、被中华全国总工会授予“全国双爱双评先进企业”、被省人民政府表彰为“社会扶贫先进集体”等荣誉，并被确定为“云南省百户优强民营企业”、“农业产业化省级重点龙头企业”、2012年云南省“100个重大建设项目”之一，被曲靖市人民政府确定为重点扶持“十大农业龙头企业”之一，被中国合作贸易企业协会、中国企业信用评价中心联合授予“国家AAA级信用企业”称号。

集团生物科技开发项目位于罗平县轻工业园区，占地230亩，总投资5亿元，建有年处理35万吨小黄姜、6万吨油菜籽和3000吨蜂产品生产线，公司以中国农业科学院等多家院校及科研单位为技术依托，采用国内外领先的专利技术，开发生产无硫姜、菜籽油、蜂产品、姜汁饮料、发酵姜酒及医药中间体等。发酵姜酒是公司与中国农业科学院长期联合科研攻关的结晶，产品采用原汁酿制，控温发酵，是目前全球第一支发酵型保健姜酒，市场前景十分广阔。项目全部达产后，年可生产干姜5万吨，保鲜姜4万余吨，姜汁饮料10万吨，姜汁发酵酒1万吨，生姜活性水3万吨；菜籽油2.1万吨，菜粕3.6万吨；各类蜂产品3千吨。

公司采取“公司+基地+农户”的模式建立了近

董事长唐玉生

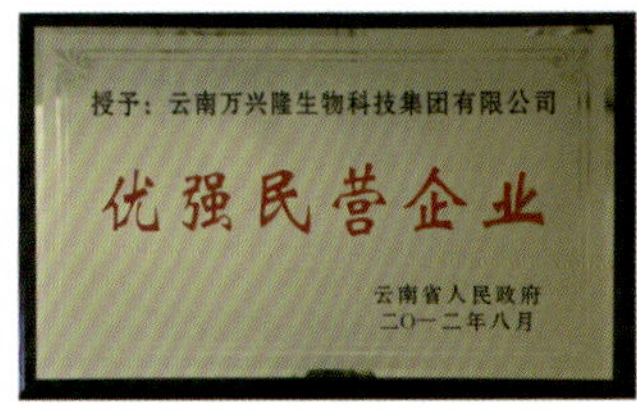

生产车间一隅

产品技术研发中心

5万亩规范化种植基地，通过设立最低保护价、贷款担保、二次返利、专家直接入户指导等多种形式，与广大种植户结成了紧密的利益共同体，保证了优质原料的有效供给。同时，公司采用严格的检验标准从源头上控制原料质量，在生产过程中设定了层层质量检验环节，把质量安全问题放在首位，坚持做百姓心中的良心企业。

公司充分依托罗平生物资源优势，通过观念更新、技术创新、制度革新，实现了超常规、跨越式的发展，技术指标在全省乃至全国同行业中名列前茅。企业通过了ISO9001国际质量体系认证，拥有三项国家发明专利，建有目前国内最大的生姜恒温保鲜库，GMP车间，产品技术研发中心和产品质量检测中心，在生姜精深加工领域拥有绝对技术优势，公司主打产品姜汁可乐和发酵型姜酒市场主导地位突出，具有明显的先发和垄断优势。此外，公司产品生产线丰富，10多个品种处于规模化生产水平，项目建成投产后可新增就业岗位2200多个，带动10万户农民增收致富，促进和带动商贸、运输、印刷等多个行业发展，实现综合社会效益30亿元以上。

成品油管图

云南泰兴隆房地产开发集团有限公司

YUNNANTAIXINGLONGFANGDICHANKAIFAJITUANYOUXIANGONGSI

瑞丽弄莫湖鸟瞰图

云南泰兴隆房地产开发集团有限公司于2000年6月份成立，在云南省工商行政管理局登记注册，注册资金5000万元，属房地产开发企业二级资质，法人代表汤秋云先生。本公司是以房地产业为龙头、以矿业为支柱产业，以金融、贸易、橡胶加工、物业服务为辅助，公司下属8个分公司：即湖南泰兴隆实业有限公司、瑞丽市佳家豪投资发展有限公司、湖南恒泰矿业有限公司、富宁县侨兴矿业有限公司、昆明吉汇商贸有限公司、云南乘星投资有限公司、西双版纳固可力投资有限公司、昆明卓顺物业服务有限公司。总的注册资本金近3亿元，拥有上百亿元的资产。

上东城景观图

公司现有员工近500人，69%的人员为房地产业、矿业等方面的研究生及高、中级专业技术管理人才，大学本科及专科学历的占81%，具有一批从事房地产业和矿业10年以上的资深高级专业人员。公司的用人理念是唯才是举、认人为贤，人才是第一位的。对外不断引进人才，对内不断的培养人才，不断通过各种渠道、各种途径、各种方式学习培养人才，使公司形成了学习创新的核心价值观，并成为了公司文化的灵魂。在此文化的熏陶下，泰兴隆集团这个团队具有了凝聚力、向心力、亲和力，为企业的发展战略奠定了坚实的基础。公司有长期合作的房地产业、矿业的高级专家智囊团，随时为公司提供所需人才及专业技术方面的服务。可适应房地产业、矿业大中型项目的投资、开采、开发建设。

公司成立以前从事建筑安装行业，其中承建昆明市蓄电池厂、阳宗海电厂、宣威电厂等国家、省、市级重点项目以及昆明市梁家河小区建设等，均被评为优良工程，赢得了众人瞩目的社会信誉。公司成立以后，一直专注于房地产业和矿业的发展，经过努力，公司目前主要运作的项目有：

1、“上东城”项目，该项目置身于昆明市一环路内董家湾片区，是昆明市288个“城中村”改造项目；是昆明市第一个城中村改造项目；是昆交会签约项目；是昆明市盘龙区交通环境整治拆迁改造的重点项目；已于2010年全部竣工交房交付业主使用。

董事长汤秋云

瑞丽湖畔尚湾地产项目开工仪式

2、瑞丽弄莫湖旅游地产项目：该项目位于瑞丽市南卯街延长线与环城西路交叉口西南侧，地处于瑞丽最大的公园弄莫湖畔，项目总占地600亩，建成后属于真正的亲湖住宅小区。项目周边生活配套设施非常齐全，该区域是瑞丽未来的城市核心区，是集国际旅游、休闲、养身、购物为一体的综合型度假圣地。一期项目占地87亩，建筑面积14万平米，绿化率高达30%景观设计非常精美，属于北美现代建筑风格，项目户型设计卓越，临湖为独栋别墅，中间是双拼别墅，沿街为商铺及高层住宅。该项目属瑞丽市独一无二的临湖最近的楼盘项目。目前已进入施工建设阶段。

3、云南省富宁县那坪金矿：采矿权3.534平方公里，探矿权27.81平方公里，目前探矿工作基本完成，已探明黄金储量为27吨，已开始堆淋生产黄金。通过近年来的地质勘查及基础设施建设，现已建成一定规模的生产矿山。

4、湖南恒泰矿业（钒矿——百亿资产贵金属）：探矿权面积28.26平方公里，五氧化二钒作为重要的添加剂广泛运用于军事、航天、民建等钢铁冷炼中。下属矿业公司与昆明理工大学联手，在湖南合作开发的大型钒矿项目年产5000吨的V2O5已正式启动并进入到了前期运作阶段。同时考虑产业链的延续，对V2O5进行深精加工，计划投资建厂生产“全钒蓄能电池”高科技产品。

5、湖南衡阳生态体育公园大型旅游地产项目（中国福海国际旅游度假区），总投资超过58亿元，项目总建筑面积约为198万平方米，将打造为一个以福文化为主题，以盐疗养生为核心的，以生态和度假为支撑的，以武深沿线及港澳为主要目标市场的度假型旅游胜地。目前该项目已进入前期运作启动阶段。

6、西双版纳橡胶项目：本项目是在西双版纳景洪工业园区曼沙农场一综合队恢复、重建、扩建6条年生产天然橡胶干胶10000吨的制胶生产线和原料库、成品库、机修车间、废水处理等附属设施建设。项目建成投产后可年产3.5万吨天然橡胶，能解决当地就业劳动力近60人，可直接或间接带动相关种植业、物流业发展，有效增加当地近1万胶农收入，产生良好社会效应。

泰兴隆地产深知“取之于民，用之于民”的道理，稳抓企业经济效益的同时，公司从未忘记回馈社会。强大的社会责任感，让泰兴隆积极投身于各项社会公益事业。地方建设、教育事业、灾区重建等各方面都融入着泰兴隆的企业爱心。仅近5年的时间，公司就已为全国各地的各项公益事业捐资达5915万元。

如今，公司业务遍及滇、湘两省多个地区和行业，发展迅猛、业绩斐然，年利税逾千万元，连续多年被昆明市盘龙区人民政府评为“纳税十四强企业”和“纳税光荣户”。汤秋云董事长以其广泛的社会影响，现任首批“中国社会组织5A商会”湖南商会会长，云南省工商联副会长，东南亚南亚经贸发展联合会副主席。多年来，公司参与云南和湖南两省的地方经济建设、安排社会就业、增加地方税收、热心公益事业等方面，以突出的业绩获得了滇、湘各级政府多项殊荣的肯定和褒奖。

目前公司正在认真落实科学发展观，整合各方面的资源，向规模化多元化发展。随着西部大开发和云南“桥头堡”战略的进一步深入，公司将以党的政策为指导，以政府关怀为动力，以云南桥头堡经济为契机，本着以“质量求生存、管理求效益、开拓求发展”的经营宗旨，“团结、敬业、务实、创新”的经营理念，不断调整产业结构和加大项目投入，以实际行动为云南的经济发展和社会进步贡献一份力量，同时将公司的规模化、多元化、集团化经营推上一个新台阶！

西双版纳橡胶奠基仪式

2012年年终总结大会

中国福海国际旅游度假区总体鸟瞰图

全省唯一制图甲级测绘资质单位　　省级权威在线地理信息服务单位

为省委、省政府提供地图与地理信息服务的专业单位

云南省地图院

YUNNAN PROVINCIAL MAPPING INSTITUTE

云南省地图院系云南省测绘地理信息局正处级事业单位，为全国甲级测绘资质单位、ISO9001：2008标准质量管理体系认证单位、昆明市市级文明单位。现有在职职工100人，其中测绘高级工程师15人，测绘工程师33人，注册测绘师5人,专业技术人员占职工总数的90%以上。院机关下设六个处室：办公室、生产处、人事科、财务科、质检处、总工办。下设四个生产部门：数据分院、制图中心、测绘遥感分院、地理国情分院。拥有先进的数字化制图系统、地理信息系统、网络地图发布系统；地理信息数据采集系统、三维数字模型处理、数字化测图系统等软件及设备。除承担国家及云南省的制图工程项目外，还为云南省各级政府及交通、民政、旅游、城建规划、土地、统计、地震、水利、电力、通讯、部队等部门提供大量适用可靠的测绘成果和地理信息服务。目前地图院抓住机遇，全力推进“天地图·云南”、数字城市、地理国情监测三大平台建设，为云南省的国民经济建设和社会发展作出积极的贡献。

“天地图·云南”简介

“天地图·云南”是国家地理信息公众服务平台——“天地图”公众版的云南省级节点，是提供互联网在线地图服务的云南省公众地图网。地图院作为项目的承建单位，聚合了省测绘地理信息部门提供的最新、最权威的基础地理信息资源，包括全省矢量地形数据和高分辨率的卫星影像数据等，以矢量、影像、地形的模式全方位、多角度展现。通过门户网站、应用服务接口、前置服务等多种方式，为政府、企业和公众提供24小时不间断的地理信息服务。“天地图·云南”的上线及强大的数据更新功能，将成为云南省区域数据资源最全、现势性最好的地理信息服务网站，从根本上改变云南省传统测绘服务方式，促进云南省地理信息资源共享和高效利用，提升信息化条件下地理信息公共服务能力和水平。

天地图·云南服务对象

政府　政府用户通过“天地图·云南”可以方便的基于“一张图”模式进行信息资源整合，避免在空间基础数据上的重复投资，促进政府宏观管理决策、应急指挥、电子政务建设。

企业　“天地图·云南”为企业提供空间基础信息查询、分析服务。在空间专题分析、核心业务决策、精细化管理、商业机会发掘、客户资源稳固等方面提供了良好的辅助手段。

公众　公众生活与地理信息日渐紧密，例如位置服务，驾车导航，公交换乘等。“天地图·云南”为公众提供了地名搜索、出行、旅游等多种地理信息应用服务，让公众感受到地理信息共享带来的智能化体验。

天地图·云南服务方式

应用服务接口

用户可访问www.ynmap.org.cn，利用应用服务接口（API）进行接入服务调用，无需编程而快速生成自己的应用。

前置服务

将“天地图·云南”的所有地图数据和软件打包部署到用户的运行环境中。

移动终端应用

进入APP商城，利用手机、平板电脑下载安装“天地图·云南”。

办公地点：云南省测绘地理信息局办公大楼四楼、五楼

地图成果展示厅：昆明市环城西路404号

联系电话：64166355

特　载

Special Editing

高举旗帜　奋发有为
推动云南经济社会发展实现新跨越

——在省委九届四次全体(扩大)会议上的报告

(2012 年 12 月 26 日)

秦光荣

今年以来，在党中央的正确领导下，全省上下按照省第九次党代会的部署，奋发有为，真抓实干，开创了“稳增长、冲万亿、促跨越”的可喜局面，取得了优异的发展成绩，实现了历史性的重大突破。

确立了跨越发展的新理念。全力以赴推动经济社会不断跨越发展，这是新一届省委在深刻审视历史与现实的基础上，理性谋划云南未来发展作出的重大抉择。我省经济总量小、底子薄，而且全国各省(区、市)发展势头仍然十分强劲，不走跨越发展之路，云南还会拉大发展差距。面对云南的滞后状况，全省广大干部、各族群众反响强烈，渴望立赶超之志、鼓奋进之气、创跨越之业。中央也支持云南发挥独特的地理优势，加快建设面向西南开放的重要桥头堡，实现跨越发展。经过一年的努力，跨越发展的理念已经深入人心，成为了全省的共识，必将为云南今后的持续快速健康发展奠定坚实的思想基础。

实施了加快发展的新举措。明确提出桥头堡建设任务，扎实推进桥头堡建设；着力打好“园区经济、民营经济、县域经济”三大战役；确立“一区、两带、四城、多点”的建设思路，加快推进滇中城市经济圈建设；制定大力发展高原特色农业意见；实施工业跨越发展行动计划；拉开十大历史文化旅游项目建设序幕；深入实施“兴水强滇”战略；积极推进能源建设；以国际大通道建设为核心，进一步推进交通基础设施建设；探索“守住红线、统筹城乡、城镇上山、农民进城”的云南特色城镇化路子；坚持“兴边先富民、强滇先富民、富省先富民”，着力保障和改善民生；启动实施四个连片特困地区扶贫攻坚工作；推进民族团结进步、边疆繁荣稳定示范区建设；加快民族文化强省建设，推动文化大发展大繁荣；深入实施“森林云南”建设；着力加强防灾减灾能力建设；部署加强和创新社会管理工作；深入开展“四群”教育、实行干部直接联系群众制度。这些举措，加快了云南“三个发展”的步伐。

夺取了抗灾救灾的新胜利。面对三年连续干旱给今年生产生活带来的严重影响，我们一手抓抗旱保民生，一手抓生产促发展，保证了灾区人心安定、社会稳定、生产生活秩序正常。尤其是在抗旱救灾的艰难历程中，不仅磨炼了全省各级干部、各族人民的意志，而且积累了“万众一心、众志成城；精心组织、缜密部署；民生优先、保障生活；多方筹资、加大投入；标本兼治、大兴水利；遵循规律、依靠科技；抢抓农时、调整结构；统筹兼顾、加快发展”等宝贵经验。彝良地震灾害及后续的泥石流灾害发生后，我们也立即反应、深入灾区、靠前指挥，迅速救援、及时恢复重建，夺取了又一场抗灾救灾的新胜利。

实现了经济总量的新突破。初步预计，今年全省生产总值完成 1 万亿元以上，跨入我国万亿元俱乐部；规模以上固定资产投资完成 7750 亿元，增长 25%以上；财政总收入完成 2620 亿元，增长 16%左右；地方公共财政预算收入完成 1340 亿元，增长 20%左右；社会消费品零售总额完成 3540 亿元，同比增长 18%；进出口总额突破 200 亿美元，增长 25%以上；城镇居民人均可支配收入达到 20000 元以上，增长 13%以上；农民人均纯收入达到 5500 元以上，增长 16.5%以上；居民消费价格指数控制在 3%以内。取得这样的成绩实属不易、难能可贵，这凝聚了全省各级干部、各族群众的心血和汗水，值得我们欣慰和自豪!

2013 年是全面贯彻党的十八大精神的开局之年，是深入落实省第九次党代会决策部署的关键之年，是进一步实施“十二五”规划承上启下的重要一年，做好各项工作意义重大。下面，我讲 4 点意见。

一、深入学习，全面贯彻，把党的十八大精神转化为云南“三个发展”的强大动力

党的十八大是在我国进入全面建成小康社会的决定性阶段召开的一次十分重要的大会。学习好、贯彻好十八大精神，是云南当前和今后一段时期的首要政治任务。全省各级各部门要把学习贯彻十八大精神不断引向深入，切实把十八大精神转化为推动云南“三个发展”的强大动力。要在政治上、思想上、行动上与以习近平同志为总书记的党中央保持高度一致，坚定不移高举中国特色社会主义伟大旗帜，沿着十八大指引的方向奋勇前进。

(一)深刻领会科学发展观的新定位。十八大把科学发展观同马克思列宁主义、毛泽东思想、邓小平理论、“三个代表”重要思想一道，确立为党必须长期坚持的指导思想并写入了党章。这是党的指导思想的又一次与时俱进，是党治国理政方略的又一次开拓创新，是党在新时期的又一个重大历史性决策。我们必须认真学习、深刻领会、全面贯彻，努力转化为云南全面协调可持续发展的强大动力，更加自觉地把推动发展作为第一要义，把以人为本作为核心立场，把全面协调可持续作为基本要求，把统筹兼顾作为根本方法，旗帜鲜明地以科学发展观为指导思想、为行动指南。

(二)深刻领会全面建成小康社会的新目标。十八大提出了全面建成小康社会的目标，对小康社会目标赋予了新的内涵。我们必须认真学习、深刻领会、全面贯彻，努力把它转化为云南跨越发展的强大动力。虽然云南底子薄、基数低，但也必须坚定信心、加快发展，与全国同步全面建成小康社会。因此，云南必须按照“翻两番、增三倍、促跨越、奔小康”的要求扎实工作，即在2010年的基础上，到2020年，实现地区生产总值翻两番，达到28896亿元，人均生产总值达到59206元；城乡居民收入增长3倍，分别达到48195元和11856元。只有这样，才能达到全国的平均水平、与全国同步实现全面建成小康社会的目标。实现全省生产总值翻两番，在接下来的8年中，名义增长速度年均要达到14%以上；城乡居民收入增长3倍，城镇居民人均可支配收入名义增长速度年均要达到11%以上，农村居民人均纯收入名义增长速度年均要达到11%以上。对我省来说，要达到这样一种增长速度，压力确实很大。但燧石靠击打，潜能靠激发。确立这一富有挑战性的增长速度，有利于鼓舞全省斗志。

(三)深刻领会保持我国经济持续增长的新抉择。十八大报告重申了“以经济建设为中心是兴国之要，发展仍是解决我国所有问题的关键。只有推动经济持续健康发展，才能筑牢国家繁荣富强、人民幸福安康、社会和谐稳定的物质基础”。这是对以经济建设为中心理念的再度肯定，是对继续推动我国经济稳步增长的战略抉择。我们必须认真学习、深刻领会、全面贯彻，努力把它转化为云南加快经济建设的强大动力。要坚持以经济建设为中心不动摇，实现新发展、新进步、新富强；要采取有力措施，向市场要带动经济增长的能量，向科技创新要驱动经济增长的能量，向结构调整要推动经济增长的能量，向对外开放要促进经济增长的能量，向“四化同步”要拉动经济增长的能量。

(四)深刻领会“五位一体”总体格局的新部署。十八大报告确立了经济、政治、文化、社会建设以及生态文明建设的“五位一体”总体格局，与时俱进地提出了更具明确政策导向、更加针对发展难题、更好顺应人民意愿的新要求，提出了新举措。我们必须认真学习、深刻领会、全面贯彻，把它们转化为推动云南各项事业发展的强大动力，协调推进经济、政治、文化、社会、生态文明建设，坚持依法治省，发展民主政治，努力创造法制健全、经济增长、文化繁荣、社会进步、生态美丽的生动局面。

二、认清形势，明确目标，坚定加快发展的信心不动摇

纵观各方面情况，明年我们面临的发展形势仍然不能乐观。世界经济低速增长态势仍将持续，国内经济增长下行压力和产能相对过剩的矛盾有所加剧。从我省来看，政府性投资能力不强，社会融资规模不大，行政审批效率还不够高，项目落地困难较多，固定资产投资持续较快增长制约因素突出；产业的软肋格局未根本改变，层次水平较低，质量效益不高，一些重点行业和企业生产经营困难，调结构、转方式任务比较繁重；就业压力较大，低收入群众数量较为庞大，扶贫开发任务比较繁重，城乡居民收入增长困难不小；社会管理体制机制滞后，社会资源利用效率不高；部分干部思想不够解放、开拓创新的精神不强，制约发展的障碍仍然较多，加快释放全省发展潜力的任务比较繁重。

但我国发展仍处于重要战略机遇期的总形势没有变，经济社会发展长期趋好的基本面没有变，国内市场潜力巨大的好条件没有变。尤其是中央经济工作会议制定了一系列稳中求进的政策措施：继续采取积极的财政政策和稳健的货币

政策，实施有差别的产业政策，积极稳妥推进城镇化，加大对革命老区、民族地区、边疆地区、贫困地区的扶持力度，稳定完善强农惠农富农政策，创新农业经营体制，做好经略周边工作。这为云南奋力赶超创造了良好机遇。

做好明年工作，必须深入学习贯彻党的十八大和中央经济工作会议精神，以邓小平理论、“三个代表”重要思想、科学发展观为指导，全面落实省第九次党代会精神，紧紧围绕建设“两强一堡”战略目标，以科学发展为主题，以加快转变经济发展方式为主线，以提高经济增长质量和效益为中心，坚持稳中求进的总基调，做到稳中有进、稳中有好、稳中有快，着力扩大投资消费，着力壮大产业实力，着力深化改革开放，着力保障和改善民生，奋力开创科学发展和谐发展跨越发展新局面，为与全国同步全面建成小康社会奠定坚实基础。明年经济社会发展的主要预期目标是：力争生产总值增长 12%以上，地方公共财政收入增长 17%以上，全社会固定资产投资增长23%以上，城镇居民人均可支配收入增长12%以上，农民人均纯收入增长 14%以上，居民消费价格涨幅控制在 3.5%左右，城镇登记失业率控制在 4.5%以内，单位生产总值能源消耗降低3.2%以上。

实现上述目标，必须坚持稳中有进、稳中有好、稳中有快的工作总要求。“稳”，就是要保持经济运行总体平稳，保持物价总水平基本稳定，促进就业稳步增长，推动经济持续健康发展，维护社会和谐稳定。“进”，就是要发挥后发优势，着力在扩内需、增投资、重消费中求进，着力在培育和壮大产业中求进，着力在加快推进城镇化中求进，着力在实施西部大开发中求进，着力在深化改革开放中求进，着力在保障和改善民生中求进。“好”，就是千方百计保持经济平稳较快增长的好势头，着力提高发展质量和效益，确保经济增长是实实在在和没有水分的增长，是有效益、有质量、可持续的增长。“快”，就是要抢抓机遇，借势发力，大干快上，在转方式中“快转”，在调结构中“快调”，在稳增长中“快增”，在促跨越中“快上”，实现加快发展、跨越发展，尽快缩小与全国的发展差距，确保云南与全国同步建成全面小康社会。

要善于运用“辩证思维”、“底线思维”和“创造思维”的方法做好明年工作。辩证思维，就是要坚持“两点论”，一分为二看问题，既要看到国际国内形势中不利的因素，又要看到国际国内形势中好的一面。对不利的因素，要密切跟踪、早作谋划、从容应对；对有利的机遇，要高度重视、主动出击、紧紧抓住。底线思维，就是要凡事从难处着想，从难处准备，客观地设定明年和今后一段时期的经济发展目标，守住各项任务底线，认真挖掘自身发展条件和潜力，努力争取最好的结果。创造思维，就是要把贯彻落实十八大、中央经济工作会议的精神与贯彻落实省第九次党代会的决策部署结合起来，把普遍性和特殊性紧密结合、原则性和灵活性有机统一，解放思想、更新观念，勇于拼搏、奋勇争先，以改革创新精神推动工作落实，积极探索符合云南实际的跨越发展路子。

三、统筹兼顾，突出重点，实现云南经济社会发展新跨越

全省各级各部门要统筹全局，再接再厉，奋发图强，真抓实干，大力推进经济建设、政治建设、文化建设、社会建设和生态文明建设，实现全省各项事业的全面发展；要突出重点，聚集力量，攻坚克难，开拓前进，扎扎实实抓好以下主要工作，实现关键领域的新跨越。

（一）牢牢把握扩大内需这一战略基点，更加注重发挥投资的关键作用和消费的基础作用。投资需求和消费需求是内需的主要组成部分，在出现严重外部冲击、外需急剧减弱、出口大幅下滑的异常时期，内需显得至关重要。云南还是一个发展不充分的省份，仍然处于投资驱动型增长阶段，投资仍然是拉动经济增长的第一动力，必须更多地依靠投资来带动经济增长。要把“增投资”作为一项大事来抓紧抓好，进一步争取更多的中央项目资金，增加政府投资，发挥政府投资对社会投资的导向和带动作用。进一步放宽民间投资准入，增强民间投资意愿，激发民间投资活力，扩大民间投资比重。进一步加大招商引资力度，引入更多中央企业资金、民营企业资金和世界企业资金。进一步密切与银行机构、保险公司、证券公司的关系，加大融资工作力度，扩大信贷规模。进一步以项目为抓手，抓好项目储备、抓紧项目审批、抓实项目落实、抓顺项目融资、加快项目开工建设。

消费对经济增长起着基础作用，是扩大内需的又一个着力点。我省是一个拥有 4600 多万人口的省份，人口基数大，存在着广阔的消费空间。我省城乡、区域发展不平衡，总体消费水平不高，人均消费水平也较低，存在着消费的巨大潜力。只要调整好收入分配格局、提高居民收入水平，

就会在消费上产生加法效应甚至乘数效应。要建立健全职工工资正常增长机制，多渠道增加收入，让城乡居民有钱可花。要加快完善促进居民消费的政策，在提高消费能力、稳定消费预期、改善消费环境上下功夫，让城乡居民有钱敢花。要拓宽和开发消费领域，培育消费热点，鼓励创新消费产品，扩大消费信贷，积极发展新兴消费业态，让城乡居民有钱愿花。

(二)牢牢把握产业这一经济发展的重中之重，更加注重提升产业发展水平和壮大实体经济。产业是地方经济大厦的重要支柱，云南加快发展的重点在产业，难点在产业，突破点在产业，根本出路也在产业。明年要成为云南的产业建设年，让产业兴省、产业强省、产业富省的口号响彻云岭大地。要深入实施工业跨越行动计划，加强与“央企”、“民企”、“大企”的合作，主动承接产业转移，改造提升传统产业，发展壮大战略性新兴产业。积极打好“三大战役”，以培植、壮大实体经济为突破口，做大园区经济、做活民营经济、做强县域经济。大力发展高原特色农业，积极借鉴发达国家发展庄园经济的经验，把现代庄园经济作为一种重要组织方式、一种重要发展模式、一种重要实现途径，来推动我省高原特色农业实现大变革、大飞跃、大发展，形成一大批高原特色农业精品庄园，产出一大批高原特色农业产品。加快推进以旅游业为重点的现代服务业，不断提升服务业发展规模和水平。重视发展信息产业，推动信息化与工业化、城镇化、农业现代化同步发展。特别要重视滇中产业新区的建设，尽快完善概念性规划、总体规划以及各类专业规划；尽快争取确立滇中产业新区的国家级新区地位；尽快建立新的审批管理体制、招商引资机制、建设融资模式；尽快启动建设一批重大项目、引进一批重大项目、储备一批重大项目，使之成为带动全省跨越发展的重大增长极。

(三)牢牢把握城镇化这一持久动力，更加注重高品质、高水平、大气魄推进城镇建设。城镇化事关投资的增长、产能的消化、消费的升级、民生的改善，事关农民工“市民梦”、“创业梦”、“安居梦”的实现，事关云南现代化历史任务的完成，会形成巨大的内部需求，从而形成新的经济增长动力。要认真落实“守住红线、统筹城乡、城镇上山、农民进城”的思路，体现“建设山地城镇、发展中小城镇、实现组团发展、推进城乡一体”的模式，遵循“建得起、建得好、建得美、建出特色”的要求，走出一条具有云南特色的城镇化新路子。要按照“一圈一带六群七廊”的规划布局，加快推进城市群连环带动建设，做强大城市，做优中小城市，做特集镇，做美乡村。要通过抓住全国低丘缓坡荒滩综合开发利用试点省份的机遇，尽快制定相应的促进政策；通过加快调整城乡建设用地布局，完善土地征用、收益分配等制度，确保进城农民的合法权益；通过加快推进农业产业化、农村社区化、转移农民市民化，抓好户籍制度和社会管理体制创新，推动就业、教育、卫生、社会保障等基本公共服务均等化，确保农业转移人口享受同城待遇，真正成为“城里人”等措施办法，来推进城镇建设。

(四)牢牢把握体制改革这一最大红利，更加注重深化重点领域和关键环节的改革攻坚。改革是当代云南发展进步的关键一招，是富民强滇的活力之源。要进一步倾听意见、凝聚共识、统筹谋划，提出我省深化改革的“顶层设计”和总体规划。进一步解放思想，坚定信心，与时俱进，敢于啃硬骨头，敢于涉足深水区，敢于突破利益固化的藩篱。进一步处理好政府与市场的关系，更加尊重市场规律、更大发挥市场作用。进一步推进农村生产要素的改革，推动农村地权、林权、财产权的流转租赁、抵押融资、规模化经营，创新农村经营体制机制。进一步深化行政审批制度改革，加大扩权强县力度，合理下放审批权限，简化审批程序，放宽市场准入，解放和发展社会生产力。进一步深化金融综合改革创新，发展地方金融体系，建立更有效的投融资机制和上市公司培育机制。进一步深化财政税收、资源要素价格、国有资产监管、国有企业的改革，优化发展环境。进一步抓好国家电力价格改革试点省和国家旅游改革发展综合试验区工作。

(五)牢牢把握桥头堡建设这个总抓手，更加注重提升沿边开放的层次和水平。桥头堡建设是云南的一个历史性机遇，沿边地区是我省相当长一段时期能够大有作为的“黄金地带”。要进一步落实省部合作协议，深化对缅、老、越的交流与合作，加快中缅输油气管道建设、瑞丽重点开发开放试验区建设以及其他边合区建设。要用好边境经济合作区这个载体，继续在基础设施项目、产业支撑、招商引资、口岸通关便利等方面狠下工夫，全力打造沿边开放的新优势。要善于“引进来”，又要敢于“走出去”，不断提高利用国际国内两个市场、两种资源的水平。要积极探索产业、基础设施、城镇建设等各领域开放的新路子，不断扩大合作交流空间，吸引更多的先进生产要素服务于开放型经济发展。要办好中国—南亚博览会，提升影响力和吸引力。

(六)牢牢把握保障和改善民生这个出发点和落脚点，更加注重加强和创新社会管理。民生问题不仅是经济问题、社会问题，更是政治问题。针对我省社会事业发展滞后、保障能力和水平较弱，社会“稳定器”和“安全网”建设不足的突出问题，按照“守住底线、突出重点、完善制度、引导舆论”的要求，认真履行政府基本公共服务职能，继续加大财政投入力度，切实办好涉及民生的大事要事，注重提高发展的包容性，使发展成果更多、更公平地惠及全省各族人民。全面推进集中连片特困地区区域发展与扶贫攻坚，深入推进兴边富民工程，努力减少贫困人口数量。针对政府在社会建设和管理中管得过多、管得过宽、管得过细的突出问题，加快培育经济类、慈善类、公益类、服务类社会组织，切实把能够由社会组织做的事情，通过政府委托、公助民办、购买服务等方式，交给社会组织，提高社会资源利用效率和公共服务质量。

(七)牢牢把握增强软实力这一重要目标，更加注重文化事业繁荣和文化产业发展。文化是民族的血脉，是人民的精神家园，是国家综合竞争力的核心要素。要坚持不懈地用中国特色社会主义理论体系武装全党、教育人民。广泛开展社会主义理想信念教育，深入进行爱国主义、集体主义、社会主义教育，丰富人民精神世界，增强人民精神力量。培育知荣辱、讲正气、作奉献、促和谐的良好社会风尚。积极培育和实践社会主义核心价值观，壮大社会主流思想舆论市场。弘扬“云南精神”，凝聚富民强滇的强大力量。组织实施社会公德、职业道德、家庭美德、个人品德“四德工程”，广泛开展群众性精神文明创建活动。继续实施文化惠民工程，健全公共文化服务网络，推动城乡公共文化服务一体化进程。大力生产文艺精品力作，打造云南影视品牌、唱响云南声音、舞动云南形象。大力实施“人才兴文工程”，着力培养和引进一批文化名家、文化大师。加快培育壮大文化产业，提高文化产业规模化、集约化、专业化水平，不断增强我省文化产业实力。

(八)牢牢把握永续发展这一文明理念，更加注重生态建设和环境保护。良好的生态环境是我们的生存之本、发展之基、健康之源。要走生态立省、环境优先的路子，建设天蓝、地绿、山青、水净的“美丽云南”。深入推进“七彩云南保护行动”和“森林云南”建设，加强以滇池为重点的九大高原湖泊和水库、河流水环境综合治理，推进大江大河上游生态建设、水土保持和重点区域石漠化治理。切实加强生物多样性保护，健全和完善地震、地质、气象、生物灾害综合防治体系。加强节能减排，积极推进城镇污水、垃圾处理设施建设。健全激励约束机制，积极引导城镇、村庄、产业建设走集约、智能、绿色、低碳发展道路，加快形成节约资源和保护环境的空间格局、产业结构、生产生活方式。大力发展绿色经济、循环经济和低碳经济，积极推动国家低碳试点省建设。

四、党要管党，从严治党，以改革创新精神全面提高党的建设科学化水平

提高党的建设科学化水平，是十八大对新时期党的建设的总要求。全省各级党组织一定要紧密结合实际，抓好贯彻落实。

(一)坚持把加强理论武装作为首要任务。理想信念不坚定，精神上就会“缺钙”，就会得“软骨病”。要坚持以学习型党组织建设为契机，深入学习中国特色社会主义理论体系，深入学习科学发展观，深入学习党的历史，教育引导党员、干部牢固树立正确的世界观、权力观、事业观。严明党的纪律，坚决贯彻执行中央的路线方针政策，决不允许各行其是、搞上有政策下有对策，决不允许阳奉阴违、搞当面一套背后一套，自觉维护中央权威，保证中央政令畅通。认真学习贯彻党章，使之成为广大党员共同遵守的行为规范。

(二)坚持把走活干部这盘棋作为关键举措。千秋大业在用人，事业兴衰在干部。要继续深化干部人事制度改革，健全干部考核评价机制，完善竞争性选拔干部方式，切实把走活干部这盘棋与解决干部待遇、优化干部队伍结构、大力培养选拔年轻干部、搞好“两会”换届工作、畅通干部出口等方面有机结合起来，着力在领导班子和干部队伍建设上取得新突破。健全干部日常管理监督机制，落实谈心谈话、民主生活会、报告个人有关事项等制度，及时发现和纠正干部队伍中苗头性、倾向性问题。牢固树立人才是第一资源的理念，加强党管人才和人才工作，创新培养、引进、选用及评价机制，充分激发各类人才干事创业的热情。

(三)坚持把夯实基层作为工作重点。抓住了基层基础，就能为推动发展创造最广泛、最可靠、最牢固的群众基础和力量源泉。要以党建带群

建，采取独立式、联合式、挂靠式、选派式等方式，加大非公经济组织、社会组织党建工作力度，不断扩大党组织和党的工作覆盖面。加强基层带头人队伍建设，抓好基层党组织书记的教育培训和领导班子的管理，健全各种激励、关爱、帮扶机制。加强党员队伍建设和管理，严格党内组织生活。严格落实基层党建工作责任制，完善基层党建工作领导体制和保障体系，建立稳定的经费保障机制。

(四)坚持把改进作风作为有效保证。党风关乎政风，引领民风。要认真贯彻中央“八项规定”，坚持领导带头，严格落实省委关于贯彻中央八项规定的实施意见。继续深入开展“四群”教育和实行干部直接联系群众制度，不断总结工作经验，健全配套制度，创新活动载体，增强工作实效。按照中央的统一部署，扎实组织开展群众路线教育实践活动，搞好“四群”教育与群众路线教育实践活动的有效对接。坚持把精力集中到振兴发展上，把心思放到为民造福上，把工夫下到工作落实上，讲短话、说实话、办实事、出实招、见实效。

(五)坚持把扩大党内民主作为根本要求。发展党内民主，是党的生命和创造活力的关键所在。要进一步坚持民主集中制，保障党员主体地位，健全党员民主权利保障制度，落实党员知情权、参与权、选举权、监督权。落实和完善党的代表大会代表任期制，推行县(市、区)党代会常任制试点，实行党代会代表提案制。强化全委会决策和监督作用，完善常委会议事规则和决策程序，完善党委讨论决定重大问题和任用重要干部票决制。积极扩大党内基层民主，完善党员定期评议基层党组织领导班子等制度，推行党员旁听基层党委会议、党代会代表列席同级党委有关会议等做法。

(六)坚持把推进反腐倡廉作为强大武器。反对腐败、建设廉洁政治，是党一贯坚持的鲜明政治立场，是人民关注的重大政治问题。要坚持标本兼治、综合治理、惩防并举、注重预防的方针，继续深入推进惩治和预防腐败体系建设。加强反腐倡廉教育和廉政文化建设，深入开展党性党风党纪教育、法制教育和从政道德教育，引导广大干部特别是领导干部自觉遵守党章和廉政准则，自觉教育约束亲属和身边工作人员，自觉抵制以权谋私，自觉抵制各种特权思想。认真落实巡视等各项监督制度，完善各项公开制度，明确责任主体，划清权力边界，不断强化对权力的制约和监督，深入推进廉政风险防控机制建设，最大限度地减少腐败现象滋生蔓延的土壤和条件。严肃查处违纪违法案件，加大大案要案和发生在群众身边腐败案件的查处力度，始终保持惩治腐败的高压态势。

跨越发展使命光荣，同步小康任务艰巨，美好前景催人奋进。让我们紧密团结在以习近平同志为总书记的党中央周围，发扬党的优良传统和作风，弘扬云南精神，解放思想，坚定信心，勇往直前，攻坚克难，奋力推动云南经济社会实现新跨越!

政府工作报告

——2013年1月21日在云南省第十二届人民代表大会第一次会议上

李纪恒

一、2012年和第十一届省人民政府工作回顾

刚刚过去的2012年是本届政府履职的最后一年。省人民政府按照省第九次党代会的部署和省十一届人大五次会议确定的目标任务，坚持稳中求进、好中求快、变中求新，攻坚克难、开拓进取，巩固了经济较快发展、社会和谐稳定、民生持续改善的良好局面。重点推进了8个方面的工作：

全力以赴稳增长冲万亿促跨越。狠抓大项目建设，积极争取国家支持，一批重大项目获国家核准。坚持每季度召开一次经济形势分析会，及时研究解决发展中的难题，相继出台了稳增长28条、财税17条、工业跨越发展20条、发展高原特色农业31条等政策措施，加大土地、资金、煤电油气运等保障力度。扎实开展调研督查活动，20个重大建设项目和20项重要工作年度任务全面完成，

“三个一百”重点项目建设进度加快。全省经济增速逐季回升，总量跨上1万亿元台阶。

集中力量加快实体经济发展。对全省工业跨越发展、高原特色农业、园区经济、县域经济、民营经济等重点工作进行了部署推进，创新谋划滇中产业新区，全力实施工业发展“3个10千亿工程”，加快六大战略性新兴产业发展。精心策划建设10大历史文化旅游项目，加快推进旅游二次创业，旅游总收入达1702亿元。积极推进节能减排和环境保护。民营经济比重提高44%。

扩大开放推进桥头堡建设。与国家部委和央企累计签订84份战略合作协议，第一次部际联席会议顺利召开，桥头堡建设总体规划成功获批，中国—南亚博览会落户昆明，中缅油气管道、昆明滇池国际会展中心等一批重大项目开工建设，瑞丽重点开发开放试验区建设起步良好，跨境经济合作区和边境经济合作区建设取得积极进展。成功组织出访大湄公河次区域五国，赴粤、港、澳、沪、苏、浙、津、川、黔等地开展招商引资活动，重视与周边省区市的互利合作，大力推进“央企入滇”、“民企入滇”。成功举办第二十届昆交会等系列活动。

加大力度深化重点领域改革。加强金融改革创新，跨境贸易人民币结算试点等改革取得新成效。积极开展医疗保障制度、国家基本药物制度、基层医疗卫生服务体系、基本公共卫生服务均等化、公立医院改革试点等五项重点改革。教育统筹综合改革、事业单位分类改革、文艺院团体制改革、下放土地供地权改革和开远国家农村改革试验区工作稳步推进，出台丰枯期企业差别电价及居民阶梯电价政策。

扎扎实实做好“三农”工作。抓好强农惠农富农政策落实，切实加大农业农村投入，抗旱减灾有序有力有效。粮食总产量达1827.8万吨、增长4.5%，肉类总产量达540万吨、增长3.5%。特色产业基地和示范园区建设步伐加快，新增经济作物和经济林木700多万亩。新增农业产业化龙头企业90户、农业专业合作社3748个。完成中低产田地改造346万亩，营造林1000万亩以上，新建木本油料基地500万亩以上，实施陡坡地生态治理80万亩。开展1万多个自然村的新农村项目建设。农业总产值达2680亿元、增长7%，大旱之年实现农民增收、农业增效、农村稳定。

破解瓶颈加强基础设施建设。全省在建铁路项目达11项，玉蒙铁路、六沾二线建成运营，铁路投资快速增长；丽江机场高速、石锁高速公路建成通车，18座“索改桥”顺利完工，新开工建设南北大通道3段高速公路；昆明长水国际机场投入运营，泸沽湖机场正式开工，红河、沧源、澜沧机场通过国家审批。新开工建设52件重点水源工程项目，建成山区“五小”水利工程42万件，牛栏江—滇池补水工程有望近期实现试通水。糯扎渡、向家坝、功果桥等水电站一批机组建成投产，水利水电移民得到妥善安置。39个城镇污水和垃圾处理设施投入运行。

统筹兼顾推进区域协调发展。扎实推进民族

团结进步边疆繁荣稳定示范区建设，实施新10年农村扶贫开发纲要，民族贫困地区经济发展速度高于全省水平。启动4个集中连片特困地区区域发展与扶贫攻坚，对民族自治地方、边境地区、人口较少民族、散居民族地区和特困民族地区的投入力度不断加大，预计全年减少贫困人口150万人。286万农业转移人口转为城镇居民。大力推进城镇上山工作，低丘缓坡开发利用试点全面开展，新增城乡建设用地规模260.9万亩。

着力抓好保障和改善民生工作。启动实施“居民收入倍增计划”，困难群众的补助标准和收入稳步提高。实施更加积极的就业政策，城镇新增就业29.3万人。加强市场监管，建立价格调节基金，物价保持基本稳定。社会保障实现制度全覆盖。新开工建设31.8万套城镇保障性住房、实施53.3万户农村危房改造及地震安居工程，解决了317万农村人口饮水安全问题，实现村村户户通电。全力以赴抗灾救灾，宁蒗“6·24”、彝良“9·7”等地震抢险救灾取得决定性胜利，恢复重建工作全面展开，完成盈江“3·10”地震第一阶段恢复重建任务。为全省农村义务教育阶段学生实施营养改善计划、为7万多名白内障患者实施免费复明手术等10件惠民实事全部办结。

经过努力，全省生产总值增长13%，规模以上固定资产投资增长27.3%，地方公共财政预算收入增长20.4%，社会消费品零售总额增长18%，城镇居民人均可支配收入增长13.5%，农民人均纯收入增长14.7%，居民消费价格总水平上涨2.7%，城镇登记失业率控制在4.1%以内，人口自然增长率控制在6.2‰以内，单位生产总值能耗降低3.2%，外贸进出口总额增长31%。这里，我向大会郑重报告，省十一届人大五次会议确定的各项目标任务已全面完成，第十一届省人民政府工作划上圆满句号。

回顾本届政府履职的五年，我们走过的道路极不平凡。五年来，在党中央、国务院和中共云南省委的正确领导下，省人民政府团结带领全省各族人民，高举中国特色社会主义伟大旗帜，以邓小平理论、“三个代表”重要思想、科学发展观为指导，采取一系列重大举措，克服重重困难，胜利完成“十一五”规划，启动实施“十二五”规划，在全面建成小康社会征途上迈出了坚实步伐。

这是综合经济实力迈上新台阶的五年。我们沉着应对国际金融危机冲击，全力抗击持续特大旱灾以及地震、泥石流等重大自然灾害，奋力推进经济发展，建成了一大批事关长远和全局的重大基础设施项目，综合经济实力大幅提升。全省经济总量从4772.5亿元增加到10309.8亿元，翻了一番多。全社会固定资产投资、工业增加值、财政总收入、社会消费品零售总额均实现了翻番。铁路运营里程超过2600公里，高等级公路超过13000公里，机场总数达12个，昆明轨道交通建设快速推进。全面实施兴水强滇战略，滇中引水工程通过水利部审查，建成大中小型水库227座、“五小”水利工程180多万件。电力装机突破5000万千瓦。昆明区域性国际通信出入口初步建成，开通中老、中缅国际光缆。城镇发展步伐明显加快，城镇化率由29.5%提高到39.3%。

这是农业农村发展实现重大跨越的五年。我们按照工业反哺农业、城市支持农村和多予少取放活的方针，不断创新发展举措，加大工作力度，农业农村发展呈现喜人局面。粮食生产连创历史新高，五年增加288.4万吨。肉、禽、蛋、奶产量大幅增加，特色经济林木和经济作物总面积由7500万亩增加到1.1亿亩，烟叶、茶叶、甘蔗、花卉、咖啡、核桃、橡胶等产品种植面积、产量稳居全国前列，农产品出口总额连续多年保持西部第一。新建、改建农村公路超过10万公里，乡镇公路通畅率达到92.6%，建制村公路通达率达到98%。累计转移农村劳动力920万人。

这是改革开放步入新阶段的五年。我们积极推进体制机制创新。国有企业、政府机构、财税、投融资和旅游综合改革持续深化，资源性产品价格改革取得积极进展，金融服务实现乡镇全覆盖。教育、文化、科技体制改革稳步推进。农垦改革取得突破，集体林权制度主体改革圆满完成，供销社“二次创业”成效显著，农村小型水利工程管理体制改革全面完成，水务管理体制改革逐步深入。我们坚持以开放促发展，精心谋划、积极推动桥头堡建设上升为国家战略。五年累计完成进出口总额681亿美元，实际利用外资69.6亿美元，引进省外资金7529亿元，口岸进出主要指标实现倍增，开放水平明显提高。

这是人民群众得到更多实惠的五年。我们把70%的财政资金投向民生领域，下大力气解决了一大批民生问题。义务教育实现普及，高中阶段毛入学率提高到72%，学前教育、职业教育、民办教育、特殊教育快速发展。呈贡大学城基本建成，高等教育毛入学率提高到25%。顺利完成三年医改任务，覆盖城乡的全民医保体系基本建立，基层医疗卫生服务能力得到加强，禁毒防艾人民战争取得阶段性成果，重大疫病防控水平和食品药品安全保障能力不断提高，人口和计划生育工作成效明显。严格落实安全责任，深入开展重点行业领域专项整治。城镇居民人均可支配收入年均增长13%，农民人均纯收入年均增长15.5%。社会保障制度改革取得新进展，社会保障体系进一步完善。大力开展整村、整乡推进和易地扶贫等工作，深入实施“兴边富民”工程，农村贫困状况得到缓解。村级公益事业建设一事一议财政奖补工作成效显著，公益性乡村债务化解稳步推进。全面取消二级公路收费。重大文化设施建设项目进展顺利，广播电视村村通工程、农家书屋工程效果良好，公共文化服务能力迅速提升，优秀文艺作品不断涌现，城乡公共体育设施条件逐步改善。

这是生态文明建设取得显著成效的五年。我们深入推进七彩云南保护行动和森林云南建设，绿色经济强省建设迈出新步伐。开展生物多样性保护行动，建成自然保护区158处。以滇池为重点的九大高原湖泊水污染综合治理取得新进展，洱海保护成为全国湖泊治理典范。完成营造林5100万亩，森林防火、资源林政管理得到加强，森林覆盖率超过53%。江河流域综合治理成效显著，治理水土流失面积1.49万平方公里，水土保持生态修复面积2.9万平方公里。127个县（市、区）建成污水和生活垃圾处理设施。圆满完成国家下达的节能减排目标任务。以地震、地质、气象和生物灾害为重点的防灾减灾体系建设进一步加强。坝区80%以上的耕地和山区集中连片优质耕地划为永久基本农田。

这是政府自身建设不断加强的五年。我们全面推进法治政府、责任政府、阳光政府、效能政府建设。建立健全政务服务专线、政务服务中心体系和公共资源交易体系。整合行政审批职能，精简调整47%的行政审批事项。积极开展创先争优、“四群”教育等活动，连续下派新农村建设指导员7万多人，努力为基层和企业排忧解难。认真执行省人大及其常委会的决定决议，自觉接受省人大及其常委会的监督，提请省人大常委会审议地方性法规（草案）48件，办理省人大代表建议3493件。自觉接受省政协和各民主党派、工商联、无党派人士的监督，积极支持人民政协参政议政，办理省政协提案3240件。政府职能进一步转变，依法履职、依法行政能力明显提高，公信力和执行力不断提升。

五年来，中国特色社会主义理论体系深入宣传，群众性精神文明创建活动广泛开展，民族团结进步事业取得新进展，国防动员、双拥共建、民兵预备役等工作取得新成绩，外事、侨务、对台、监察、审计、统计调查、工商、税务、检验检疫、人防、消防、测绘、气象、新闻出版、广播影视、哲学社会科学、科普、地方史志、文史、档案、参事等工作取得新成效，妇女儿童、老龄、残疾人等事业取得新进步。

总结第十一届省人民政府的工作，我们深深体会到，推动云南改革开放和现代化建设，必须始终坚持科学发展，打基础、转方式、调结构、兴产业，努力走出一条具有云南特色的跨越发展之路。必须始终坚持改革开放，解放思想、大胆创新，深化重点领域和关键环节改革，努力开创对外开放新局面。必须始终坚持统筹兼顾，增强农村发展活力，逐步缩小城乡差距，促进城乡共同繁荣。必须始终坚持保障和改善民生，加快发展社会事业和基本公共服务，让全省各族人民共享改革发展成果。必须始终坚持共同团结奋斗、共同繁荣发展主题，加快民族地区发展，促进各民族和睦相处、和衷共济、和谐发展。必须始终坚持生态文明建设，加快绿色经济发展，努力促进经济社会发展与人口资源环境相协调。

各位代表！五年来取得的成绩来之不易，积累的经验弥足珍贵。这是党中央、国务院和中共云南省委正确领导、科学决策的结果，是全省各族人民团结奋斗、开拓进取的结果。在此，我谨代表省人民政府，向广大工人、农民、干部、知识分子，向人大代表、政协委员、各民主党派、工商联和无党派人士、各人民团体、社会各界人士，向驻滇人民解放军和武警部队官兵，向所有关心支持云南发展的港澳同胞、台湾同胞、海外侨胞和国际友好人士，表示崇高的敬意和衷心的感谢！

在充分肯定成绩的同时，我们也清醒地看到前进中面临的诸多问题和不足。主要是：经济总量仍然偏小，产业层次仍然较低，转变方式、加快发展任重道远。城乡和区域发展不平衡问题仍然突出，县域经济发展滞后，扶贫攻坚任务十分繁重，一些地方生态环境压力较大。人民生活水平仍然偏低，城乡居民收入水平不高，社会建设需要加强，公共服务能力亟待提高。政府职能转变仍然不到位，机关作风还需改进，行政效率还需提高，反腐败形势依然严峻。对此，我们一定要增强忧患意识、责任意识，以对国家和人民高度负责的精神，采取有效措施，切实加以解决，决不能辜负全省各族人民对我们的重托和期望。

二、今后五年的目标任务

今后五年，是云南加快推进我国面向西南开放重要桥头堡建设的关键时期，也是实现后发赶超、跨越发展的黄金时期。到 2020 年全面建成小康社会，是党中央的战略部署，是全省各族人民的共同期盼。我们必须以更加昂扬的精神、更加顽强的奋斗、更加不懈的努力，切实担负起这一时代赋予的历史使命。

综合分析判断国际国内形势，我省未来发展挑战和机遇并存。世界经济低速增长态势仍将延续，主要经济体总需求仍然疲弱，各种形式的保护主义明显抬头，世界经济进入深度转型调整期。国内经济发展面临的困难明显增大，资源环境约束趋紧，进入个位数增长的阶段。但我国发展仍处于可以大有作为的重要战略机遇期，云南加快发展具备许多有利条件：国家实施新一轮西部大开发战略、支持云南桥头堡建设、推进集中连片特困地区区域发展与扶贫攻坚等一系列政策叠加、效应释放，为我们加快发展提供了宝贵机遇；桥头堡战略加快实施、中国—东盟自由贸易区建设深入推进、中国—南亚博览会落户昆明，云南在我国对外开放中的战略地位更加突出；我省已迈进工业化初期向中期过渡和城镇化快速发展时期，全省上下思富求变，具备在较长时期内实现经济持续健康较快发展的基础和条件。只要我们抢抓机遇，乘势而上，就一定能在全面建成小康社会征途上迈出更加坚实的步伐，实现赶超跨越发展。

根据党的十八大精神、中央经济工作会议和省第九次党代会、省委九届四次全会的部署，今后五年政府工作的总体思路是：高举中国特色社会主义伟大旗帜，坚持以邓小平理论、“三个代表”重要思想、科学发展观为指导，紧紧围绕主题主线，以提高经济增长的质量和效益为立足点，以桥头堡建设为总抓手，坚持工业化、信息化、城镇化、农业现代化同步发展，深化改革开放，强化创新驱动，积极扩大内需，着力改善民生，增强经济发展内生动力，加快科学发展、和谐发展、跨越发展进程，开创民族团结进步边疆繁荣稳定的新局面，为到 2020 年与全国同步全面建成小康社会打下决定性基础。按照我省从 2010 年到 2020 年“翻两番、增三倍、促跨越、奔小康”的总体部署，到 2017 年，经济总量比 2012 年翻一番，跨上 2 万亿元台阶，城乡居民收入实现倍增，贫困人口减少 500 万人以上，依法行政和法治政府建设取得新成效，公民文明素质和社会文明程度明显提高，基本公共服务各项指标达到或接近全国平均水平，城镇化率达到 48%，森林覆盖率进一步提高，开放富裕文明幸福新云南建设取得重大进展。

实现以上目标，任务艰巨、使命光荣。我们必须按照“五位一体”的总布局，把推进科学发展、奋力赶超跨越的目标任务转化为全省上下的发展规划、政策措施、具体项目和实际行动，落实到各项工作之中。

突出产业兴省，壮大综合经济实力。产业是实体经济的集合，是经济崛起的脊梁。必须牢固树立产业兴省理念，以优化产业结构为主攻方向，加快传统产业转型升级，推动战略性新兴产业和先进制造业健康发展，提升高原特色农业发展水平，合理布局基础产业，积极发展现代服务业。打好园区经济、县域经济、民营经济三大战役，集中优势资源，突出重大项目，延伸产业链条，培植产业基地，打造产业集群，加快构建具有云南特色、富有核心竞争力的现代产业体系。着力培育 10 个以上收入超千亿的龙头企业，打造 10 个产值超千亿的产业园区，培育一批销售收入超 1000 亿、超 2000 亿、超 3000 亿的产业梯队。着力打造一批特色优势农业产业，提高农业生产经营集约化、标准化、专业化水平和组织化程度，使全省农业总产值、增加值分别达到 4000 亿元和 2400 亿元以上，粮食总产量达到 2000 万吨。促进全省产业结构进一步优化、发展方式进一步转变、质量效益进一步提高。

突出基础先行，破解发展瓶颈制约。加强基础设施建设是桥头堡建设的现实需要，是扩大内需的潜力所在。必须全力以赴打好基础设施建设攻坚战，推动铁路“八出省四出境”、公路“七出省四出境”、水运“两出省三出境”通道和面向西南开放的空中走廊建设取得突破性进展，确保南北大通道全线贯通，连接内外、通江达海、沟通两洋的夙愿早日实现。全省公路总里程达到 26 万公里，高等级公路达到 2 万公里，高速公路通车里程达到 6000 公里，实现高速公路与邻近省份对接、省内所有州市府所在地贯通，经济强县、人口大县基本实现通高速公路，县县通高等级公路。铁路运营里程达到 4200 公里，昆明至曲靖、玉溪、楚雄实现 1 小时内到达。民航通航和在建机场达到 16 个，提升昆明长水国际机场枢纽功能，大力发展通用航空。水运通航里程达到 4100 公里。深入推进兴水强滇战略，加快建设以“润滇工程”为重点的水源工程，稳步推进大中型水电站水资源综合利用，加大农田水利和以“爱心水窖”为重点的山区“五小”水利工程建设力度，新增蓄水库容 25 亿立方米，新增供水能力 30 亿立方米。加大工作力度，争取开工建设滇中引水工程。电力装机超过 1 亿千瓦，推进矿电结合，加快油气产业发展，把云南打造成为我国新兴石油化工基地、以水电为主的绿色能源基地和跨区域电力交换枢纽。“三网融合”深度推进，建设成为面向东南亚、南亚的国际通信枢纽和区域信息汇集中心。

突出统筹兼顾，推进城乡区域协调发展。统筹城乡和区域发展既是全面建成小康社会的内在要求，也是科学发展的题中之义。高度重视“三农”工作，推动资源要素向农村倾斜，促进城乡基本公共服务均等化，着力打造一批新农村建设示范村、示范片、示范带，推进城乡一体化发展。坚持大中小城市和小城镇协调发展，加快推进滇中城市群建设，发展城镇集群，强化县城扩容提质，大力推进特色小镇建设，科学建设山地城镇，提高城乡规划、建设和管理水平，切实改善城乡人居环境，努力探索一条以人为本、产城融合、绿色发展、形态多元的特色城镇化发展道路。加快农业转移人口转变为城镇居民工作步伐，有序推进农业转移人口市民化。增强滇中城市经济圈的辐射带动能力，打造沿边开放经济带，加快对内对外经济走廊建设步伐，着力优化区域发展布局。

突出开放合作，建设沿边开放新高地。云南加快发展的优势在区位、出路在开放。积极参与中国—东盟自由贸易区建设、大湄公河次区域合作和孟中印缅地区经济合作，积极拓展与东南亚、南亚的交流合作领域，深度融入泛珠三角，加强与成渝和北部湾经济区的合作，进一步深化同周边国家和台港澳地区的经贸关系，加大招商引资力度，推动互联互通和大项目合作，形成全方位开放的良好局面。依托各级开发区（园区）、边境经济合作区、口岸经济区和海关特殊监管区域，加快发展开放型经济，努力把滇中产业新区打造成为桥头堡建设的龙头、战略性新兴产业的主战场，把瑞丽重点开发开放试验区建设成为我国沿边开放新的增长极，把我省建设成为承接产业转移基地和实施“走出去”战略先行区。努力把中国—南亚博览会打造成为对外开放的新平台。

突出改革攻坚，激发发展动力活力。发展最根本的动力在改革。必须切实增强改革的主动性、坚定性、创造性，努力在重要领域和关键环节迈出实质性步伐，初步构建起系统完备、科学规范、运行有效的制度体系。全面深化经济体制改革，重点推进户籍、土地制度改革，稳步推进财税、投融资和资源要素价格、国有资产监管体制、国有企业等各项改革，鼓励、支持和引导民营经济发展，努力营造各类企业平等竞争的环境，更大程度更广范围发挥市场配置资源的基础性作用。积极推动金融改革创新，健全完善地方金融体系，拓宽实体经济融资渠道，加大企业上市工作力度，增强利用资本市场能力。深化行政体制改革，深入推进政企、政资、政事和政社分开，建设职能科学、结构优化、廉洁高效、人民满意的服务型政府，使政府的公信力、执行力、创新力进一步提升。深入推进社会事业领域各项改革，健全基层公共服务和社会管理网络，构建城乡新型基层治理机制，加快形成科学有效的社会管理体制。

突出创新驱动，提高发展支撑能力。科技创新是提高社会生产力、综合实力的战略支撑，必须摆在全省发展全局的核心位置。实施好新一轮创新型云南行动计划，构建以企业为主体、市场为导向、产学研相结合的技术创新体系。加快完善创新机制，全方位推进科技创新、企业创新、产品创新、市场创新、品牌创新，加快科技成果向现实生产力转化，推动科技和经济紧密结合。大力实施科教兴滇、人才强省战略，推动科技和教育事业全面发展。积极探索集聚人才、发挥人才作用的体制机制，完善相关政策，进一步创造人尽其才的政策环境，充分发挥优秀人才的主观能动性。强化质量兴省，促进品牌建设。到 2017 年，高新技术工业增加值占全省工业增加值比重达到 20%，培育一批产值过亿元的科技型中小企业，综合科技进步水平力争达到全国中等水平。

突出共建和谐，不断增强各族群众的幸福感。政府工作的根本目的是让人民更幸福、社会更和谐。做好民生工作，完善共建共享和保障民生的制度安排，深化收入分配制度改革，千方百计增加城乡居民收入，切实做好中低收入者和困难家庭增收工作，确保实现居民收入增长和经济发展同步、劳动报酬增长和劳动生产率提高同步。创新方式、增加投入，全力以赴打好集中连片特困地区扶贫攻坚战。每年继续办好一批惠民实事。加强和创新社会管理，引导社会组织健康有序发展，大力推进社会矛盾排查化解。加强民族、宗教工作。大力弘扬“云南精神”，加快民族文化强省建设，扩大与东南亚、南亚的文化交流。全省就业更加充分，收入差距缩小，基本建成覆盖城乡居民的社会保障体系、人人享有基本医疗卫生服务，基本形成公共文化服务体系，初步建成民族团结进步边疆繁荣稳定示范区，让全省各族人民日子越过越好、幸福指数越来越高。

突出绿色发展，争当全国生态文明建设排头兵。坚持生态立省、环境优先，正确处理好经济社会发展与人口、资源、环境的关系，严格保护、科学配置和高效利用土地、矿产、水、生物等资源，给子孙后代留下天朗气清、地绿水净的生态宜居幸福家园。加快实施主体功能区战略，保护好坝区耕地，优化国土空间开发格局。继续深入推进七彩云南保护行动和森林云南建设，加大自然生态系统和环境保护力度，加强高原湖泊、水库、河流水环境和农村面源污染综合治理，推进大江大河上游生态建设、饮用水水源地保护、水土流失综合治理和石漠化综合治理，加强水、气、固体废弃物、重金属污染防治和生物多样性保护，构筑西南生态安全屏障。健全和完善灾害综合防治体系，全面提高防灾减灾能力。大力发展绿色经济、循环经济，积极推进绿色经济试验示范区建设，建立体现生态文明要求的目标体系、考核办法、奖惩机制，大幅提升资源综合利用效率，全面完成节能减排任务，资源节约型、环境友好型社会建设取得明显成效。

三、2013年的重点工作

今年是全面贯彻党的十八大精神的第一年，是第十二届省人民政府履职的开局之年。我们必须坚持稳中求进的总基调，做到稳中有进、稳中有好、稳中有快，重点做好稳增长、调结构、促消费、稳物价、抓改革、扩开放、惠民生各项工作，努力保持经济持续健康较快发展和社会和谐稳定。

综合考虑各方面因素，经济社会发展主要预期目标建议为：全省生产总值增长12%以上，规模以上固定资产投资增长23%以上，地方公共财政预算收入增长17%以上，社会消费品零售总额增长18%，城镇居民人均可支配收入增长12%以上，农民人均纯收入增长14%以上，居民消费价格总水平涨幅控制在3.5%左右，城镇登记失业率控制在4.5%以内，人口自然增长率控制在6.2‰以内，单位生产总值能耗降低3.2%以上，外贸进出口总额增长16%以上。今年要突出抓好以下工作：

（一）着力扩大内需

强力推动大项目。省级继续抓好20个重大建设项目和20项重要工作，推进“三个一百”重点项目，各地也要集中力量推进一批事关全局的重大项目。抓好跟踪服务，着力解决项目“落地难”。高度重视前期工作，储备一批符合国家政策导向的重大项目。

千方百计增投资。优化财政支出结构，加大资金整合力度，强化地方政府性债务管理。引导金融支持“三农”、中小企业和新兴产业发展，推动企业上市融资，银行各项融资达到2500亿元、直接融资达到600亿元。激活民间资本，促进民间投资较快增长。加强汇报衔接，争取国家更多支持。力争规模以上固定资产投资达到9300亿元。

积极扩大消费。合理引导城乡居民住房消费，拓展绿色、健康、网络等新型消费模式，推动养老、旅游、文化及节能环保产品等消费，培育新的消费增长点。开展打击欺行霸市、制假售假、商业贿赂专项行动，实施“消费满意在云南”行动，健全社会信用体系和市场监管体系，改善市场环境。

加强经济运行调节。强化涉及民生的价格和收费管理，发挥价格调节基金作用，保持物价总水平基本稳定。加强经济运行监测预警，引导扶持企业抓好产销衔接和市场开拓。搞好煤电油气运调度，强化各类要素保障。健全省级重要商品和工业应急物资储备制度，保障生产生活必需品市场供应。做好第三次经济普查。

（二）切实做好“三农”工作

做强农业特色优势产业。推进高产、优质、高效、生态、安全、创汇农产品生产，力争农业增加值增长6%以上。稳定粮食种植面积，新增粮食50万吨。启动蔗糖产业振兴行动计划。建设29个生物产业基地，提升100个特色经作基地县建设水平，推广标准化畜禽、水产规模养殖，新建250万亩木本油料基地，建设一批精品农业庄园和标准化示范园。加快农产品加工业发展。

创新农业生产经营体制。加快农村土地承包经营权确权登记颁证，推进农村土地承包经营权流转，鼓励适度规模经营。大力培育新型经营主体，加快构建新型农业经营体系，重点打造200户龙头企业和200个专业合作示范社。优化农业公益性服务体系，鼓励发展主体多元、服务专业、市场运作的公共服务平台。

提升农业物质技术装备水平。加强农田水利

和大型灌区建设，新增有效灌溉面积80万亩。改造中低产田地300万亩、低效林400万亩。建设一批农机专业合作社和农机示范基地。加强现代农业技术体系建设，力争农技推广示范县项目基本覆盖到县、农技推广机构条件建设项目覆盖全部乡镇。加快发展现代农作物种业。强化仓储物流、信息服务、疫情防控和农产品质检体系建设。改造提升省花卉拍卖交易中心。

着力促进农民增收。大力发展高效农业和农村二、三产业，持续增加家庭经营性收入。培训农村劳动力100万人、新增转移就业80万人，继续增加工资性收入。壮大集体经济，加强农村土地流转市场体系建设，提高农民在土地增值收益中的分配比例，增加财产性收入。全面落实好中央和省各项强农惠农富农政策，提高转移性收入。

全面推进扶贫开发。以集中连片特困地区为主战场，着力打好基础设施改善、优势产业培育、社会事业发展、生态修复建设四大攻坚战，继续抓好专项扶贫、行业扶贫、社会扶贫，深入推进“兴边富民”工程，大力扶持人口较少民族发展，实施1万个自然村整村推进和50个整乡推进试点，力争实现100万以上贫困人口脱贫。

改善农村生产生活条件。建设山区“五小”水利工程50万件，解决250万以上农村人口饮水安全问题。巩固“户户通电”成果，新建和改造农村公路1万公里。新建9万个农村户用沼气池，完成15万户节柴改灶，推广太阳能热水器10万套。实施50万户农村危房改造及地震安居工程。提高补助标准，推进1500个新农村省级重点村建设。完成500个自然村村容村貌整治。加强乡村邮政建设。

（三）大力推进“产业建设年”

深入实施工业跨越发展计划。巩固发展烟草等支柱产业。推进“3个10千亿工程”，力争工业增加值增长14%以上。实施100个传统产业重点技术改造项目，完成一批大型企业信息化改造，工业投资达到2800亿元。启动一批千亿级产业链建设项目，加快发展上下游配套、大中小协作的产业链经济。扎实推进“央企入滇”、“民企入滇”，抓好已签约项目的落实。

加快发展战略性新兴产业。实施关键技术攻关和重要新产品产业化工程，推动生物产业发展取得新突破。提高技术水平和生产能力，增强光电产业的市场竞争力。推广数字化、柔性化及系统集成技术，提升高端装备制造水平。加快节能环保设备的研发制造。开发新型合金、稀贵金属等新材料产品，加速构建特色、优势新材料产业体系。推进太阳能、风能、生物质能开发利用。

促进服务业提质增效。实施服务业发展三年行动计划，推动商贸物流、旅游等重点行业加快发展，突出抓好服务业集聚区、重点项目、重点企业和重点品牌工程。推进旅游产品建设、旅游品牌培育等10大重点工程，加快10大历史文化旅游项目建设。抓好一批批发市场和流通龙头企业建设。加快昆明滇池国际会展中心和昆明区域性国际金融中心建设。鼓励金融机构创新融资方式。规范发展小额贷款公司，积极发展村镇银行，引入1至2家外资银行机构。支持大企业、大集团建立财务公司。

全力推进“三大战役”。实施园区经济攻坚行动，力争引进亿元以上项目300个，主要发展指标增长30%以上。分类指导，完善政策措施，加快特色产业培育，促进县域经济发展。落实民营经济扶持政策，培育30个省级小企业创业基地，加快中小企业服务中心建设，民营经济增加值占全省生产总值的比重达到46%。

加快提升科技创新能力。实施100个战略性新兴产业重大科技项目，突破100项关键核心技术，研发50个具有自主知识产权的新产品。继续实施技术创新工程，遴选创新型试点企业30家，组织认定高新技术企业60家以上。健全科技创新基础平台体系和投融资政策，加快科技成果推广应用。进一步完善人才发展机制，突出培养高水平创新创业人才、青年人才和急需紧缺人才，引进高层次人才，用好现有各类人才。

创新产业发展体制机制。围绕千亿元产业发展，建立定目标、定投入、定进度、定责任、定奖惩的责任机制，健全统计、监测和考核评价制度，实行“一个产业、一套班子、一个规划方案、一套政策措施、一抓到底”。建立健全消化、转移、整合、淘汰过剩产能的工作机制。

（四）加快城镇发展步伐

加快滇中一体化发展。实施滇中城市经济圈一体化发展总体规划，抓紧完善并启动实施专项规划。抓紧编制滇中产业新区各项规划，适时启动建设一批重大基础设施和产业发展项目，高起点建设昆曲绿色经济示范带和昆玉旅游文化产业经济带。有序推进昆明、曲靖、玉溪、楚雄同城化建设，优先推动基础设施高效联通。按照统筹布局、分工明确、优势互补、聚集发展的思路，组织实施一批重大产业发展项目。

提升城镇建设质量。支持昆明建设区域性国际城市。做强做大州市府所在地城市，做精做优县城，建设一批特色小镇，推动产业与城镇融合互动，不断优化城市布局。开展城乡人居环境提升行动，优化城市总体规划和专项规划，完善城市功能和空间布局；加强城市环境卫生、绿化美化管理，完善安全防范体系，推进148个小城镇供水和污水、垃圾处理设施项目建设。优先发展城市公共交通，着力缓解“出行难”问题。重视古树名木、古建筑和历史文化保护，充实城市文化内涵，提升城市品质。做好滇东南、滇西南和滇西北城镇群规划编制工作。

推进城镇上山和农民进城。健全激励约束机制，积极引导城镇、村庄、产业向坝区边缘适建山地发展，保护坝区优质耕地。在尊重农民意愿的基础上，加大农村集体建设用地清理整治力度。建立山地城镇生态环境监测、评估和预警机制。积极稳妥推进农民进城，实现150万农业转移人口转变为城镇居民，力争城镇化水平提高2个百分点以上。

（五）加大基础设施建设力度

推进交通基础设施建设。加快铁路、公路、机场在建项目建设。做好玉溪—磨憨、祥云—临沧、弥勒—蒙自等铁路前期工作。确保大理—丽江高速公路年内通车，开工建设蒙自—文山—砚山、嵩明—昆明等高速公路，加快推进玉溪—新平—临沧、丽江—香格里拉、保山—怒江等高速公路项目前期工作。完善政策，充分发挥州市参与交通项目建设和融资的积极性。重视公路养护，推进国道、省道改造。大力发展河道、库区、湖区航运。实施昆明长水国际机场配套完善续建工程，加快腾冲机场改扩建，推进迁建、新建机场前期工作。

强化水利基础设施建设。加快推进滇中引水工程前期工作。确保牛栏江—滇池补水工程全面完成。新开工40件骨干水源工程，开工建设244件重点小（二）型及456件一般小（二）型病险水库除险加固项目。推进大中型水电站水资源综合利用。

加强能源基础设施建设。抓好在建大型电站建设，争取苗尾水电站等项目获得国家核准，电力装机超过6200万千瓦。推进小龙潭矿务局第五期扩建工程，抓好雨汪煤矿等一批骨干矿井的续建工作。加强电网主网架和城乡配电网建设。加快中缅油气管道、1000万吨炼油及配套石项目建设。继续加强“三江”干流水电和六大煤炭基地项目的前期工作。

加快信息基础设施建设。推动区域信息支撑中心、门户网站等平台建设，继续推进基础网络全覆盖工程。加快“三网融合”试点。积极推进农业农村信息化。实施“宽带云南”工程，加快沿边、沿线、沿口岸通信网建设。积极引进以云计算为基础的大数据技术，建设面向东南亚、南亚的国际光缆中转基地。

（六）扩大对内对外开放

全面实施桥头堡建设总体规划。落实好桥头堡建设第一次部际联席会议和部省合作协议确定的重大事项，推动召开第二次部际联席会议。全面加快瑞丽重点开发开放试验区建设，务实开展跨境经济合作区、边境经济合作区、境外经贸合作区和红河、昆明综合保税区等海关特殊监管区建设。加强口岸联检和边民通道基础设施建设，提高口岸监管现代化水平。推进边境地区传染病和动植物疫情疫病联防联控体系建设。

转变外贸增长方式。建设一批面向东南亚、南亚的出口产品生产基地，积极发展“三头在外”的加工贸易，大力发展服务贸易，培育具有国际竞争力的出口产品，积极发展出口信用保险，扩大资源性产品进口规模，促进外贸持续增长。

加强区域合作。积极推动与周边国家的互联互通，强化与东南亚、南亚地区的经贸文化交流合作。加强对“走出去”的指导和服务，鼓励各类所有制企业走出去发展，实现对外投资增长15%以上。促进对外民间交流合作。深化与泛珠三角、长三角和台港澳的合作交流，提升滇沪等省际合作水平。

加大招商引资力度。精心组织系列招商引资活动，拓展招商领域，扩大招商规模，提升引资质量，加大签约项目跟进力度，力争全年实际利用外资达到25亿美元，引进省外到位资金达到3000亿元。做好侨务工作。

借全国之力、举全省之力，办好首届中国—南亚博览会，确保办出水平、办出成效、办出特色。筹办好“第十三届亚洲艺术节”，继续办好昆交会、旅交会等重大节庆会展活动。

（七）深入推进改革创新

深化经济体制改革。继续推进国有企业改革，完善各类国有资产监管体制。推进资源性产品价格改革。深化财税体制改革，做好营业税改增值税准备工作，完善转移支付制度，实施结构性减税。巩固扩大跨境贸易人民币结算试点成果。继续推进旅游综合改革、统筹城乡发展改革等试点，加快电价改革试点工作。

推进农村改革和制度创新。改革征地制度，落实法律赋予农民的土地承包经营权、宅基地使用权等合法权益。深化农村产权制度、集体林权制度配套、草原承包和水务改革，巩固农垦改革成果，推进供销社、农村金融等专项改革。积极推进农村综合改革示范试点和开远国家农村改革试验区工作。

大力推进社会领域重点改革。加大教育领域综合改革力度，力争在人才培养、招生考试、办学体制、管理体制和保障机制方面取得新进展。完善基本医保体系，扩大基本药物制度实施范围，抓好县级公立医院改革试点。深化科技体制改革。推动州（市）、县（市、区）文化综合行政体制改革，加快新闻媒体经营性业务剥离改制。推进事业单位分类改革。

（八）全面推进以民生为重点的社会建设

增加城乡居民收入。落实就业创业扶持政策，突出做好高校毕业生和农村转移劳动力就业工作，城镇新增就业 30 万人，扶持创业 12 万人以上，帮助就业困难人员实现就业 6 万人，确保零就业家庭至少 1 人就业。健全收入分配和再分配调节机制。适时调整最低工资标准，同步调整养老保险待遇标准、失业补助标准，提高城乡低保补助水平。

优先发展教育。完成学前教育三年行动计划。巩固提升义务教育普及成果，抓好中小学校舍安全工程，合理布局农村中小学校点。继续给农村义务教育阶段 490 万学生实施营养改善计划、277 万家庭经济困难寄宿学生发放生活补助。积极推动农民工子女平等接受教育。加快民族贫困地区普通高中建设，稳步扩大高中办学规模。加快构建现代职业教育体系。走内涵式发展道路，建设特色化、高水平大学。积极发展民办教育和特殊教育。加强国际教育交流合作。

大力发展医疗卫生事业。加强基层医疗卫生服务体系建设，做好城市医疗卫生支援农村的工作。开展乡镇卫生院、村卫生室标准化建设，启动乡、村、社区医疗技术人员三年 6 万人培养计划，加大全科医生培养力度。巩固新农合参保率和城镇居民基本医疗保险参保率，将新农合筹资标准提高到 340 元。推动城乡居民大病医保试点工作。抓好重大传染病预防控制。扶持中医药和民族医药发展。扩大优生促进工程覆盖面，完善计划生育特殊家庭奖扶政策。发展高原特色体育，继续推进“七彩云南全民健身工程”。

推动文化繁荣发展。推进重大标志性文化设施项目和州市图书馆、文化馆、博物馆专项建设，新建和改扩建一批基层文化设施，开展全民阅读活动，打造一批新闻出版、文化艺术精品，加强文化遗产保护、传承和利用。继续实施广播电视村村通、农村电影放映工程，稳步推进直播卫星户户通工作。加快文化产业园区和示范基地建设，壮大文化企业，提升文化产业发展水平。扩大文化对外交流合作。做好哲学社会科学、科普、文史、方志、档案等工作。

加快社会保障体系建设。进一步扩大社会保险覆盖面，五类社会保险参保人数累计达到 4200 万人以上，推进社会保险“一卡通”。做好转户进城农民和失地农民的社保工作。新开工建设 30.3 万套城镇保障性住房。重视老龄工作，建设一批城乡养老服务设施。做好移民工作。加强临时救助和各类专项救助，加快发展残疾人、红十字会、慈善事业。

推进社会管理创新。落实安全生产和消防安全责任制，切实预防和遏制重特大事故发生。实施食品安全三年行动计划，强化食品药品安全监管。加强基层社会管理和服务体系建设，完善城乡社区服务功能，倡导志愿者服务，充实社会工作专业人才队伍，积极探索政府向社会组织购买服务。健全重大决策社会稳定风险评估机制。做好信访工作，健全人民调解、行政调解、司法调解联动对接机制，完善群众利益诉求表达、矛盾纠纷调解和权益保障机制。加强流动人口和特殊人群的服务和管理，推进禁毒防艾人民战争，完善信息网络管理体系和立体化治安防控体系。做好国家安全工作。

加强防灾减灾。加大地质灾害综合治理力度，继续推进防震减灾十大能力建设和防灾应急“三小”工程。强化防灾减灾宣传教育。提升防灾减灾信息化水平。抓紧宁蒗、彝良、镇雄等地的灾后恢复重建工作。

继续办好十件惠民实事，着力解决人民群众最关心最直接最现实的利益问题。

支持国防和军队建设。切实做好国防教育、国防动员、人民防空、征兵、民兵预备役和拥军优属工作，进一步做好转业复员退伍军人接收安置工作，不断提高军民融合式发展水平。

（九）着力推进七彩云南建设

全面节约利用资源。用活国家低丘缓坡开发利用试点政策，优化土地利用结构。推进重要饮用水水源地达标建设，加强用水总量控制，推进水循环利用，建设一批高效节水示范项目。加强矿产资源勘查、保护、合理开发，实施地质找矿战略突破行动。推进一批循环经济重点项目，建设好个旧国家级工业固体废弃物综合利用示范基地。加快东川等资源枯竭型城市转型步伐。

加强生态建设和环境保护。积极建设生态功能区，加快普洱绿色经济试验示范区建设。实施天然林保护二期工程，完成营造林650万亩以上。推进陡坡地生态治理。加强生物多样性保护与利用研究。加大草原、高原湿地建设和保护力度。健全污染控制、生态保护、环境监管和环境责任四大体系，确保完成滇池等高原湖泊保护治理的年度目标任务。实施江河治理项目，加大重点流域重金属污染防治力度，提升出境跨界河流水质。抓好主要城市PM2.5监测能力建设。开展65个县石漠化综合治理，加大水土流失治理力度。建立环境公益诉讼制度。完善生态环境风险防范和应急管理，提高环境应急预警和监测处置能力。

坚持不懈抓节能减排。继续推进低碳试点省建设。强化节能降耗目标考核评价和指标预警预测工作，运用差别电价等经济杠杆促进节能减排。实施200项重点节能技改项目，抓好十大重点节能工程和节能产品惠民工程。强化配套建设和运营监管，力争县以上城镇污水和垃圾集中处理率均超过80%。

（十）提升依法治省水平

积极推进社会主义民主。自觉接受省人大及其常委会的法律监督和工作监督，认真落实其各项决定决议。自觉接受省政协民主监督，支持省政协多渠道参政议政，增强民主协商的实效性。认真办理人大代表建议和政协提案。广泛听取各民主党派、工商联、无党派人士的意见和建议，支持工会、共青团、妇联等人民团体的工作。

加强民族宗教工作。全面贯彻落实党的民族政策，坚持和完善民族区域自治制度。深入开展十大示范，加快民族团结进步边疆繁荣稳定示范区建设。全面贯彻党的宗教工作方针，发挥宗教界人士和信教群众在促进经济社会发展中的积极作用。

深入推进依法行政。大力开展法制宣传教育，增强领导干部学法尊法守法用法意识。严格依照法定权限和程序行使权力、履行职责。提高政府立法质量。深入推进行政执法责任制，切实做到严格规范公正文明执法。推进行政复议规范化建设。拓展法律服务和法律援助。

进一步提高行政效能。深入开展第六轮行政审批制度改革，继续简政放权，全面推行并联审批，建好省级投资项目审批服务中心，推动电子政务建设，推进政务公开和各领域办事公开，加强督查、监察和审计，强化监督检查和绩效管理，严格行政问责。

加强政府自身建设。深入开展“四群”教育，严格落实中央八项规定和省委的实施办法，开展“服务基层年、项目落地年和作风转变年”系列活动，努力建设人民满意的服务型政府。进一步规范政府运行机制，推进政府工作法制化、制度化。进一步健全决策咨询机制。切实改进会风、文风，从严控制一般性支出和“三公经费”支出，着力整治庸懒散奢等不良风气。进一步推进惩治和预防腐败体系建设，健全廉政风险防控管理机制，严肃惩处违法违规行为，建设清廉政府。

空谈误国、实干兴邦。形势的发展、事业的开拓、人民的期待，对我们提出了更新更高的要求。我们要心无旁骛、脚踏实地、埋头苦干，用心干好每一天、干好每一月、干好每一年、干好每一项工作。涓涓细流、汇成江海，件件实事、合成大事，一步一个脚印、一年一个台阶地将宏伟蓝图变成美好现实！

各位代表！新的征程已经开启，新的目标催人奋进。让我们紧密团结在以习近平同志为总书记的党中央周围，在中共云南省委的坚强领导下，进一步解放思想、锐意创新、求真务实、团结拼搏，奋力开创科学发展、和谐发展、跨越发展新局面，为我省全面建成小康社会而努力奋斗！

关于云南省2012年国民经济和社会发展计划执行情况与2013国民经济和社会发展计划草案的报告

——2013年1月21日在云南省第十二届人民代表大会第一次会议上

云南省发展和改革委员会

一、2012年国民经济和社会发展计划执行情况

过去的一年，全省上下深入贯彻落实科学发展观和省第九次党代会精神，牢牢把握“稳中求进、好中求快、变中求新”工作总基调，成功克服了干旱、地震、洪涝等各种自然灾害，主要经济指标完成或超额完成省十一届人大五次会议审议批准的国民经济和社会发展计划目标。初步预计，生产总值增长13%，规模以上固定资产投资（不含农户）增长27.3%，地方公共财政预算收入增长20.4%，外贸进出口总额增长31%，分别比计划目标高1个、7.3个、3.4个和16个百分点；城镇居民人均可支配收入增长13.5%，农民人均纯收入增长14.7%，分别比计划目标高1.5个和1.7个百分点；社会消费品零售总额增长18%，与计划目标持平；城镇登记失业率为4.1%，人口自然增长率为6.2‰，单位生产总值能耗下降3.2%以上，居民消费价格总水平涨幅为2.7%，均控制在计划目标以内。

（一）全力以赴稳增长，经济总量迈上新台阶。省委、省政府启动谋划了“三大战役”，研究出台了工业跨越发展20条、高原特色农业31条、县域经济发展23条、民营经济发展33条、稳增长28条、财税17条政策措施，促进经济平稳较快发展。全省生产总值实现10309.8亿元，进入全国万亿俱乐部。其中，第一产业增加值实现1654.6亿元，增长6.7%，第二产业增加值实现4419.1亿元，增长16.2%，第三产业增加值实现4236.14亿元，增长11.4%。非公经济比重提高到44%。

（二）突出重点扩内需，投资消费取得新成效。强化投资第一动力作用，调高全年固定资产投资目标任务，在“三个一百”重点项目计划的基础上，新增了100个新开工重点项目。提高审批效率，建立项目前期工作责任制、启动重大项目网上并联审批、下放土地供地权。全年规模以上固定资产投资（不含农户）完成7553.51亿元，增长27.3%。消费对经济增长的拉动作用持续增强，社会消费品零售总额达到3541.6亿元，增长18%。

（三）发挥优势兴产业，产业发展步入新阶段。一是高原特色农业全面推进，农业实现较快增长。粮食实现“十连增”，产量达1827.8万吨，增长4.5%；生猪出栏突破5000万头，居全国第9位；农产品出口贸易额突破20亿美元，增长20%以上，继续保持西部第一。二是工业经济增速加快。全省工业增加值达3450.72亿元，增长15.1%，战略性新兴产业增加值占GDP比重比上年提高0.6个百分点。三是服务业较快发展。“旅游二次创业”不断深化，10大历史文化旅游项目加快推进，金融机构人民币贷款新增1733.51亿元。

（四）缓解瓶颈强基础，基础设施建设取得新成果。交通方面，南北大通道麻柳湾至昭通公路如期开工建设，丽江机场高速公路、石锁高速公路建成通车，18座“索改桥”顺利完工；昆明轨道交通6号线一期试验段建成投入使用，1、2号线首期工程接近收尾；铁路六沾二线、玉溪至蒙自建成通车；昆明长水国际机场建成启用。能源方面，功果桥水电站全部机组投产，糯扎渡、向家坝、阿海水电站蓄水发电。水利方面，建成山区“五小水利”工程42万件，滇中引水工程项目建议书通过水利部审查；牛栏江—滇池补水工程即将试通水。

（五）审时度势抓机遇，桥头堡建设取得新突破。桥头堡总体规划获国务院批准。国家召开了桥头堡建设第一次部际联席会议。84个中央部委、金融机构和大型企业集团与我省签署战略合作协议。中国-南亚博览会落户昆明，瑞丽国家重点开发开放试验区建设实施方案获国务院批准。滇中产业新区建设前期工作全面开展。

（六）攻坚克难增活力，改革开放迈出新步伐。出台丰枯有别的居民阶梯电价和电矿资源富集区的区域性电价政策。启动城镇上山、工业上

坡试点工作。研究起草扩权强县实施意见。30个县（市）被列为国家县级公立医院综合改革试点县。经济外向度不断提升，全省外贸进出口总额达210.05亿美元，增长31%。粤港澳、泛珠等国内重点区域交流合作进一步深化。

（七）以人为本惠民生，人民群众获得新实惠。成功应对宁蒗“6·24”地震、彝良“9·7”地震和“10·4”山体滑坡等自然灾害，灾后恢复重建工作有序推进。城镇新增就业29.3万人，新增转移农村劳动力124万人。城镇居民人均可支配收入达21075元，农民人均纯收入达5417元。推进兴边富民“十大工程”、“十项保障”，启动集中连片特困地区扶贫开发，贫困人口减少150万人。城镇保障性安居工程住房新开工31.8万套。加强市场监管，出台15条稳价安民措施，物价保持了基本稳定。

（八）统筹协调促服务，社会事业取得新进步。学前教育不断完善，九年义务教育巩固率达到95%，高中阶段教育毛入学率达72%；农村义务教育学生营养改善计划、寄宿学生生活补助实现全覆盖；中等职业教育和高等教育快速发展。城乡基本医疗保障制度基本实现全覆盖。全省养老机构床位数突破6万张，社会养老保险实现全覆盖。启动民族团结进步边疆繁荣稳定示范区建设，社会管理能力不断增强。

（九）毫不放松重环保，生态文明建设取得新进展。继续深入推进“七彩云南保护行动”和“森林云南”建设，完成营造林1000万亩以上。39个城镇污水和垃圾处理设施投入运行。九大高原湖泊水污染防治“十二五”规划项目全面实施，当年完成投资94.25亿元。清洁能源与火电装机比例达到73:27，关停和淘汰企业数顺利完成年度目标任务，预计单位GDP能耗下降3.2%以上。

二、2013年经济社会发展面临的挑战与机遇

从省外看，世界经济低速增长态势仍将延续。据国际货币基金组织预计今年全球经济将增长3.3%。我国经济社会发展长期趋好的基本面没有变，市场潜力巨大的好条件没有变，经济有望持续健康平稳发展。

从省内看，今年我省经济社会发展仍然机遇大于挑战。一是发展具备良好的政策环境。二是发展面临四大历史性机遇。桥头堡建设成为国家战略，潜力逐步释放；党的十八大提出优先推进西部大开发，对西部地区将给予更大的扶持；新十年扶贫开发攻坚以及民族团结进步边疆繁荣稳定示范区建设启动；中国—南亚博览会落户昆明。三是省委、省政府跨越发展的坚强决心。四是加快发展具备良好的基础和条件。五是一系列重大决策部署将持续发力。同时，也要清醒地看到发展面临诸多挑战和压力：加快经济发展的形势紧迫；转方式调结构的压力较大；投资增长的内生动力不强；提升产业发展质量和效益的任务繁重。

三、2013年国民经济和社会发展主要任务

今年是全面贯彻党的十八大精神的第一年，是为全面建成小康社会奠定坚实基础的重要一年，做好今年的工作具有十分重要的意义。今年经济社会发展主要预期目标为：生产总值增长12%以上；规模以上固定资产投资增长23%以上；地方公共财政预算收入增长17%以上；社会消费品零售总额增长18%；城镇居民人均可支配收入增长12%以上；农民人均纯收入增长14%以上；居民消费价格总水平涨幅控制在3.5%左右；城镇登记失业率控制在4.5%以内；人口自然增长率控制在6.2‰以内；单位生产总值能耗下降3.2%以上；外贸进出口总额增长16%以上。为实现以上计划目标任务，主要抓好九个方面的工作。

（一）狠抓重大项目建设，更加注重发挥投资的关键性作用。一是以大项目大投入带动大跨越。实施重大项目网上并联审批。开展20个重大项目建设和20项重要工作，抓好“三个一百”重点项目建设。二是提高投资的质量和效益。加大保障性安居工程和城镇基础设施、现代物流、自主创新和结构调整等领域投入。三是调整和优化投资结构。提高产业投资和民间投资的比重，加大战略性新兴产业投资力度。四是着力解决项目融资问题。力争全年争取中央预算内资金170亿元，新增金融机构融资量2500亿元，直接融资达600亿元。

（二）扩大消费需求，更加注重发挥消费的基础性作用。贯彻执行好国家刺激消费的政策。培育消费热点，拓展绿色、健康、网络等新兴消费，推动养老消费。优化消费环境，完善城乡流通体系，加强消费领域产品质量和食品安全监管。

（三）全力抓好产业发展，提供跨越发展重要支撑。一是启动“产业建设年”活动。启动建设50个高原特色农业项目、100个工业重点项目、50个现代服务业项目，实施100个战略性新兴产业重大科技项目。二是深入推进园区、民营、县域经济“三大战役”。三是争取国家在制订重大

生产力布局规划时向云南倾斜，梳理完善稳增长政策措施。

（四）加快基础设施建设，筑牢跨越发展的基础。一是推进交通基础建设。加快云桂等11条在建铁路建设进度，加快南北大通道等在建高速公路建设，切实推进昆明轨道交通建设。二是强化水利建设。推进滇中引水工程前期工作，全面完成牛栏江－滇池补水工程建设，新开工40件骨干水源工程。三是加快能源基础设施建设。抓好溪洛渡等在建大型电站项目建设，推进中缅油气管道建设项目。四是加快信息通信设施建设。

（五）巩固农业基础地位，促进农业农村经济发展。一是保障重要农产品稳定生产。继续实施百亿斤粮食增产计划，加强生猪、奶牛和肉牛肉羊供应。二是全力推进高原特色农业发展。实施好第一批40个高原特色农业示范县建设，打造200户龙头企业和200户专业合作社。三是加强农业农村基础设施建设。改造中低产田地300万亩和低效林400万亩。四是促进农民持续增收。五是推进兴边富民工程和集中连片扶贫开发。

（六）实施城镇化带动战略，不断开拓新的发展空间。一是科学编制规划。加快滇东南、滇西南和滇西北城镇群规划编制、报批工作。二是制定政策措施。加快户籍制度改革，完善土地管理制度，建设城镇保障性住房30.3万套以上。三是加大投入力度。加强城市公共交通、供水设施、污染防治的建设与改造。四是加快滇中经济区发展。

（七）积极发展社会事业，努力保障和改善民生。一是把促就业放在更加优先的位置。做好高校毕业生就业工作，深入实施“城乡居民收入倍增计划”。二是建立健全基本公共服务体系。切实组织实施农村教师周转宿舍建设，加快12个重大标志性文化设施项目建设，启动实施乡、村、社医技人员三年6万人培养计划。三是努力保持价格总水平基本稳定。

（八）不断深化改革，提升开放层次和水平。一是深化重点领域改革。稳妥推进电价改革，积极推进水价改革，着力深化旅游产业发展改革试点。二是继续扩大开放。积极推动召开桥头堡建设第二次部际联席会议，全面实施桥头堡建设总体规划。提升国内重点区域合作层次，拓展招商领域，增加招商密度，加大签约项目跟进力度。

（九）加强生态文明建设，推动绿色发展。一是推动节水型社会建设，实施一批循环经济重点项目。二是加强低碳试点省建设。三是坚持不懈抓节能减排。重点推动工业领域节能减排。四是强化环境保护和整治。全面启动九大高原湖泊和三峡库区及其上游水污染防治“十二五”规划项目实施。

关于云南省2012年地方财政预算执行情况和2013年地方财政预算草案的报告

——2013年1月21日在云南省第十二届人民代表大会第一次会议上

云南省财政厅

各位代表：

受省人民政府委托，现将云南省2012年地方财政预算执行情况和2013年地方财政预算草案提请省第十二届人民代表大会第一次会议审查，并请省政协委员提出意见。

一、2012年地方财政预算执行情况

2012年，面对十分复杂的宏观经济形势和异常尖锐的财政收支矛盾，全省各级财税部门广开财源抓增收，优化结构抓支出，改革创新抓管理，圆满完成了省十一届人大五次会议确定的工作任务。

（一）公共财政预算执行情况

据快报统计，2012年全省公共财政预算收入完成1338亿元，为年初预算的102.9%，比上年决算数增加226.8亿元，增长20.4%。全省公共财政预算支出完成3573.4亿元，比上年决算数增支643.8亿元，增长22%。其中：省本级公共财政预算收入完成283.5亿元，为年初预算的117.3%，比上年决算数增加38.8亿元，增长15.9%；公共财政预算支出完成696.3亿元，比上年决算数增支122.6亿元，增长21.4%。财政收支均超额完成省十一届人大五次会议确定的目标任务。

全省公共财政预算收支平衡情况是：公共财政预算收入1338亿元，中央各项补助收入2045.2亿元，上年结余收入176.5亿元，调入资金157.5亿元，发行地方政府债券收入98亿元，收入总计3815.2亿元；公共财政支出3573.4亿元，上解中央支出3.9亿元，增设预算周转金0.6亿元，地方政府债券还本支出84亿元。收支相抵，年终滚存结余153.3亿元。结余资金的形成，主要是部分项目由于不具备当年实施完毕的条件，需结转下年继续安排使用。

省本级公共财政预算收支平衡情况是：公共财政预算收入283.5亿元，中央各项补助收入2045.2亿元，下级上解收入128.6亿元，上年结余收入96.2亿元，调入资金67.6亿元，发行地方政府债券收入98亿元，收入总计2719.1亿元；公共财政预算支出696.3亿元，补助下级支出1866.6亿元，上解中央支出3.9亿元，地方政府债券还本支出84亿元。收支相抵，年终滚存结余68.3亿元。

（二）政府性基金预算执行情况

2012年，全省基金预算收入完成784.8亿元，为年初预算的138.4%，比上年决算数减少254.8亿元，下降24.5%。基金收入减少的主要原因是国有土地使用权出让收入比上年减少266.6亿元，下降29.8%。基金预算支出完成708.8亿元，为年初预算的118.2%，比上年决算数减少298.8亿元，下降29.7%，下降的主要原因是国有土地使用权出让收入减少，对应支出相应减少。其中：省本级基金预算收入完成108.2亿元，为年初预算的115.6%，比上年决算数增加7.8亿元，增长7.7%；基金支出完成25亿元，比上年决算数减少9.7亿元，下降28%，下降的主要原因：一是取消二级公路收费，对应支出相应减少；二是随着长水机场的建成，中央补助民航机场管理建设费减少，对应支出相应减少。

全省地方基金预算平衡情况是：基金预算收入784.8亿元，上年结余收入137.9亿元，中央补助收入37.3亿元，收入总计960亿元；基金预算支出708.8亿元，调出资金94.2亿元，收支相抵，基金结余157亿元。

省本级基金预算平衡情况是：基金预算收入108.2亿元，上年结余收入69.1亿元，中央补助收入37.3亿元，收入总计214.6亿元；基金预算支出25亿元，补助下级支出75.9亿元，调出资金47.1亿元。收支相抵，省本级基金结余66.6亿元。

（三）国有资本经营预算执行情况

2012年，全省国有资本经营预算收入完成3.1亿元，国有资本经营预算支出完成3亿元，

收支相抵，年终结余 0.1 亿元。其中：省级国有资本经营预算收入完成 2.9 亿元，国有资本经营预算支出完成 2.8 亿元。收支相抵，年终结余 0.1 亿元。

（四）社会保险基金预算执行情况

2012 年，全省社会保险基金收入完成 400.2 亿元，专项补助收入 186.9 亿元，上年结余 604.8 亿元；全省社会保险基金支出完成 457.4 亿元。收支相抵，年终滚存结余 734.5 亿元。其中：省级社会保险基金收入完成 67.6 亿元，专项补助收入 186.9 亿元，上年结余 167.5 亿元；省级社会保险基金支出完成 65.9 亿元，专项补助支出 150.3 亿元，收支相抵，滚存结余 205.8 亿元。

以上均为快报数，在财政部批复我省 2012 年财政决算后，部分数据还会有所变化，届时再向省人大常委会报告变化情况。

二、2012 年主要财政工作

（一）始终坚持发展为先，全力以赴稳增长冲万亿促跨越

认真落实结构性减税政策。全省财政经济建设支出突破 800 亿元大关，重点支持水利基础设施、公路铁路、环境保护等重大项目建设。及时筹措产业发展资金 31.2 亿元，加大力度支持园区经济、民营经济、县域经济发展。进一步增加城乡低保收入，完善津补贴制度，不断提升城乡居民消费能力。继续开展“家电下乡、摩托车下乡”活动，全省共发放财政补贴资金 18.1 亿元，有效拉动消费 253.8 亿元。加快农村现代流通网络体系建设，进一步改善农村消费条件，不断提升农村消费能力。积极筹措资金 6.45 亿元，加快推动创新型云南八大工程的实施，进一步提升云南经济增长的技术贡献率。

（二）始终坚持“三农”为重，更加注重统筹城乡发展

2012 年全省财政“三农”支出 1458 亿元，比上年决算数增加 275.2 亿元，增长 23.3%，全面落实强农富农政策。积极筹措资金上百亿元，重点支持农田水利等农业基础设施建设，认真兑现落实各项涉农补贴，大力推进农业生态保护，加大高原特色农业投入，努力提升农业综合生产能力。安排财政专项扶贫资金 42 亿元，积极采取整村（乡）推进、扶贫安居、产业扶贫、信贷贴息、兴边富民示范区建设、扶贫攻坚大会战、片区综合扶贫开发试点等方式，着力扶持扶贫开发工作重点县、集中连片特困地区和边境一线，全面提升农村贫困地区的自我发展能力。进一步完善涉农贷款增量财政奖励工作制度，及时兑现县域金融机构财政奖励资金 1.7 亿元，有效促进金融机构增加涉农贷款投入。积极安排农业保险补贴资金 5.1 亿元，切实帮助降低农业发展风险。

（三）始终坚持民生为本，财政惠民支出实现新突破

一是全省财政完成教育支出 674.9 亿元，剔除中央补助后，各级地方财力安排教育支出 491.3 亿元，占公共财政预算支出的 14.5%，圆满完成国家下达的地方财力安排教育支出占全省公共财政预算支出比例达到 14%的目标任务。二是全省财政完成社会保障和就业支出 438.9 亿元，比 2011 年决算数增加 52.4 亿元，增长 13.6%。紧紧围绕“老有所养、困有所济”保障目标，全面推进新型农村和城镇居民社会养老保险全覆盖，连续八年提高城镇企业退休职工基本养老金标准，城乡低保对象月人均补助不断提高，达到全国平均补助水平。全力保障宁蒗、彝良地震灾区应急抢险和灾后恢复重建工作。三是全省财政完成医疗卫生支出 267.1 亿元，比 2011 年决算数增加 30.1 亿元，增长 12.7%。新农合人均补助标准、人均基本公共卫生服务经费标准持续提高，基层医疗卫生体系建设更加完善，城乡医疗救助制度深入落实，卫生基本公共服务均等化加快推进。四是全省财政完成住房保障支出 231.7 亿元，比 2011 年决算数增加 79.9 亿元，增长 52.7%。全力支持新开工建设 31.8 万套保障性住房。加快支持新建、改建、收购公共租赁住房，使全省近 500 万户低收入住房困难家庭享受到惠民政策。五是全省财政完成文化体育与传媒支出 62 亿元，比 2011 年决算数增加 16.6 亿元，增长 36.7%。着力支持基层公共文化设施建设，积极推动重大公共文化工程实施，加快发展影视动漫等新型文化产业，文化强省建设稳步推进。

（四）始终坚持规范为基，财政管理更趋科学精细

积极建立完善“控制为主、绩效引导”的预算编审新体系，着力改进完善财政资金的绩效考评机制，加快构建“一横一纵”的云南财政绩效管理新模式，全面提升全省预算绩效管理水平。深入推进财政体制改革，积极探索建立财力与事权相匹配的省对下财政管理新体制。健全完善县级基本财力保障机制，以及省对下转移支付办法，持续加大基层、边疆、民族地区的各项转移支付力度。主体功能区建设加快推进。乡镇财政管理进一步强化。国库集中收付制度改革实现

省、州（市）、县三级全覆盖。预算执行动态监控体系初步建立，预算执行进度明显加快。着力建立健全巩固“小金库”治理成果的长效机制。及时公开政府预决算，加快研究部署行政机关“三公”经费公开事宜，加快推进预算信息公开。基本实现对政府性债务的动态监控。继续扩大政府采购规模，努力提升政府采购效率。非税收入管理更加规范。财政监督检查和会计监督不断强化，财政风险控制机制更加健全完善。

在全面总结过去一年工作成绩的同时，我们也清醒地认识到，全省财政发展中仍存在一些不容忽视的问题，突出表现在：财政发展不平衡、不协调、不可持续的问题依然突出；基层财政发展矛盾多、任务重、压力大；财政资金使用绩效偏低等问题仍在一定范围和程度上存在，财政管理的科学化、精细化、规范化、法治化水平有待于进一步提高；政府性债务风险较高；现代公共财政体系建设任重道远等。我们将高度重视这些问题，积极探索解决，努力交上一份让全省人民更加满意的财政发展新答卷。

三、2013 年地方财政预算草案

根据党的十八大和中央经济工作会、全国财政工作会，以及省委九届四次全会的总体部署，今年全省财政预算编制和财政工作的总体思路是：深入贯彻落实党的十八大精神，以邓小平理论、“三个代表”重要思想和科学发展观为指导，严格按照省委九届四次全会确定的“翻两番、增三倍、促跨越、奔小康”的战略目标，紧紧围绕主题主线，以桥头堡建设为契机，以增强财政服务经济社会发展能力为重点，坚持稳中求进的总基调，继续实施积极的财政政策，着力深化财税制度改革，着力强化财政收入管理，着力调整优化财政支出结构，着力提高财政资金使用效益，切实发挥财政职能，全力促进全省科学发展、和谐发展、跨越发展。

为贯彻落实好上述指导思想，在充分考虑影响财政收支各种因素的基础上，2013 年全省及省本级财政收支预算建议如下：

（一）地方公共财政收支预算草案

2013 年，全省公共财政预算收入安排 1565 亿元，比上年快报数增长 17%；全省公共财政预算支出安排 4181 亿元，比上年快报数增长 17%。其中：省本级公共财政预算收入安排 308 亿元，比上年年初预算增加 66.3 亿元，增长 27.4%；公共财政预算支出安排 685 亿元，比上年年初预算增加 106.9 亿元，增长 18.5%。

全省公共财政收支预算平衡情况是：公共财政预算收入 1565 亿元，中央各项补助收入 2358 亿元，上年结余收入 153.3 亿元，调入资金 110.3 亿元，收入总计 4186.6 亿元；全省公共财政预算支出 4181 亿元，上解中央支出 5.6 亿元，支出总计 4186.6 亿元。收支平衡。

省本级公共财政预算收支平衡情况是：省本级公共财政预算收入 308 亿元，中央各项补助收入 2358 亿元，下级上解收入 120.9 亿元，调入资金 48.4 亿元，上年结余收入 68.3 亿元，收入总计 2903.6 亿元；省本级公共财政预算支出 685 亿元，补助下级支出 2144.7 亿元，上解中央支出 5.6 亿元，上年结转安排支出 68.3 亿元，支出总计 2903.6 亿元。收支平衡。

（二）政府性基金收支预算草案

2013 年，全省政府性基金预算收入安排 753 亿元，比上年快报数下降 4%；其中：省本级政府性基金预算收入安排 111.6 亿元，比上年年初预算数增长 19.2%。全省政府性基金预算支出安排 777 亿元，比上年快报数增长 9.6%；其中：省本级政府性基金预算支出安排 20.4 亿元，比上年年初预算数下降 19%。

全省地方基金预算收支及平衡情况是：基金预算收入 753 亿元，中央补助收入 37.5 亿元，上年结余 157 亿元，收入总计 947.5 亿元；基金预算支出 777 亿元，调出资金 40 亿元，结转下年按规定安排使用 130.5 亿元。收支平衡。

省本级基金预算收支及平衡情况是：基金预算收入 111.6 亿元，中央补助收入 37.5 亿元，上年基金结余 66.6 亿元，收入总计 215.7 亿元；基金预算支出 20.4 亿元，补助下级支出 105.4 亿元，调出资金 33.2 亿元，结转下年按规定安排使用 56.7 亿元。收支平衡。

（三）国有资本经营预算草案

2013 年，全省国有资本经营预算收入安排 2.7 亿元，比上年快报数下降 13.2%；支出安排 2.8 亿元，比上年快报数下降 7.6%；其中：省级国有资本经营预算收入安排 2.1 亿元，比上年快报数下降 30.2%；支出安排 2.2 亿元，比上年快报数下降 24.1%。收支平衡。

（四）社会保险基金预算草案

2013 年，全省社会保险基金预算收入安排 451.8 亿元，比上年快报数增长 12.9%，专项补助收入 196.8 亿元，上年结余 734.5 亿元；全省社会保险基金预算支出安排 513.6 亿元，比上年快报数增长 12.3%，滚存结余 869.5 亿元。其中：

省级社会保险基金预算收入安排 76 亿元，比上年快报数增长 12.3%，专项补助收入 196.8 亿元，上年结余 205.8 亿元；省级社会保险基金预算支出安排 70.4 亿元，比上年快报数增长 6.8%，专项补助支出 155 亿元，滚存结余 253.2 亿元。

四、2013 年全省主要财政工作任务及措施

（一）突出重点，着力推进全省跨越发展

全面支持产业优化发展。充分发挥财政的资源配置职能作用，想方设法调动更多更好的优势资源，加快建设现代产业体系，大力发展园区经济、民营经济、县域经济，积极创造良好的财税条件，更好更快地承接东部产业转移，扎实推动“央企入滇”、“民企入滇”。着力扩大内需拉动发展。牢牢把握扩大内需这一战略基点，创新方法筹措资金，确保省委、省政府确定的 20 个重大建设项目和 20 项重要工作平稳顺利推进。全力支持实施“居民收入倍增计划”，加快培育消费热点，充分激发和释放居民的消费需求潜力。加快技术创新驱动发展。认真落实好科技经费法定增长要求，进一步健全完善政府投入引导机制、企业投入激励机制和创业风险投资机制，着力构建以企业为主体、市场为导向、产学研结合的技术创新体系，加快科技入滇步伐，扎实推进创新型云南建设。

（二）统筹兼顾，着力推进全省科学发展

倾力支持“三农”发展。大力支持中低产田改造、高标准农田建设和小型农田水利建设重点县示范工程。积极支持提高粮食综合生产能力、精品农业庄园和标准化示范园建设。落实各项财政涉农补贴，提高农民的转移性收入。着力推动农村劳动力转移培训，促进农民的工资性收入大幅度增加。切实推动农村土地流转规范管理，保障农民的财产性收入。实施沼气池、节柴改灶补助项目，大力推动太阳能建设，加快推进农村公路建设。推进村级公益事业建设“一事一议”财政奖补，积极开展清理化解其他公益性乡村债务试点。完善村级组织运转经费保障制度，扎实推动现代新农村建设。全力推进城镇建设。支持科学规划城镇群规模与布局，加快构建符合省情的城镇空间发展新格局。加快支持特色鲜明的中小城市和旅游小镇建设，积极打造地区经济增长点。深入落实“守住红线、统筹城乡、城镇上山、农民进城”的重大战略决策，加大社会管理投入，推动农民有序进城。奋力促进区域协调发展。加快出台更加优惠的财税政策，支持滇中产业新区建设，进一步健全完善省对下转移支付制度，加大对边疆地区、民族地区和贫困地区的资金投入，稳步推进基本公共服务均等化。认真落实主体功能区规划，加快建设美丽云南。支持集中连片扶贫开发，深入推进乌蒙山区、石漠化地区、滇西边境山区和云南藏区的发展与扶贫攻坚。全面实施桥头堡建设总体规划，着力推进瑞丽重点开发开放试验区建设，加快跨境经济合作区和边境经济合作区建设，支持口岸基础设施建设。

（三）以人为本，着力推进全省和谐发展

切实推动教育优先发展。严格落实财政教育经费法定增长要求，着力巩固财政性教育投入达标成果，加快推进学前教育、高中教育、职业教育、高等教育，大力支持民族教育、特殊教育。不断促进教育资源合理配置，重点向农村、边远、贫困、民族地区倾斜。深入推进医药卫生改革。积极支持城乡基层医疗卫生网络体系建设。扎实推动国家基本药物制度改革。提高新农合和城镇居民医保财政补助标准。适当提高人均基本公共卫生服务补助标准，不断扩大免费服务范围。加大支持农村医疗卫生系统全科医生培养力度。完善计划生育特殊家庭财政奖扶政策。着力强化社会保障体系建设。坚持“全覆盖、保基本、多层次、可持续”的方针，全面支持覆盖城乡居民的社会保障体系建设。加强社会保险基金管理，推动新型农村和城镇居民社会养老保险制度全覆盖。提高企业退休人员基本养老金，适当增加城乡居民最低生活保障标准，适时调整优抚对象补助标准。进一步完善城乡困难群众生活救助制度。积极支持健全创业带动就业的模式，加强小额贷款担保机构管理，扩大小额贷款担保基金规模。大力支持做好高校毕业生、农村转移劳动力和城镇就业困难人员的就业工作。推进保障性安居工程建设。大力发展文化事业。及时足额安排预算，认真落实文化支出增长要求，加快推进重大标志性文化惠民工程建设，优先安排涉及群众切身利益的文化惠民项目。着力支持改善基层文化设施，支持物质文化遗产和非物质文化遗产保护，努力推进文化发展产业化，加快建设民族文化强省。进一步规范收入分配。充分发挥财政的收入分配职能作用，加快建立与经济增长相适应的收入增长机制，提高城乡居民特别是中低收入群体收入。健全物价上涨与低收入群体价格补贴挂钩联动机制。强化公务员津补贴和事业单位绩效工资管理。加快建立健全公共资源出让收益合理共享机制。

（四）深化改革，着力推进公共财政建设

深化预算管理改革。着力强化收入管理，防止收取“过头税”、“过头费”。完善“控制为主、绩效引导”的省级部门预算编审体系，加快完善政府公共预算、国有资本经营预算、政府性基金预算和社会保障预算体系。强化预算执行管理，完善预算执行动态监控机制建设，提高政府采购效率。深化国库集中收付和公务卡制度改革，完善国库单一账户体系，规范财政专户管理，积极推进国库现金管理改革。深化财政体制改革。进一步理顺省以下各级政府间的财政关系，促进各级政府财力与事权相匹配，切实增强县级政府提供基本公共服务的能力。优化转移支付结构，加快健全完善转移支付制度，促进全省各地区之间的财力分配均衡，加快推进基本公共服务均等化。着力强化乡镇财政管理，加大乡镇财政资金监管力度，扎实地推进农村公共财政体系建设。强化预算绩效管理。着力完善绩效管理制度，加大综合绩效考评力度，遵循绩效目标设定、绩效跟踪、绩效评价及结果运用有机结合的基本原则，加快建立云南特色的财政绩效管理体系。加强政府性债务管理。积极争取并切实做好中央代理地方发行政府债券工作，及时补充偿债准备金，逐步建立债权债务人对账机制，改进完善地方债务统计报告制度，加快建立地方政府债务规模管理和风险预警机制，防范和降低政府债务风险。坚决制止地方各级政府所属机关事业单位、社会团体、融资平台公司等违法违规融资或担保承诺行为。加大财政监督。积极健全完善财政内部监控机制。加快建立健全重大决策部署和重大财税政策特别是民生政策有效落实的监督检查机制。深入贯彻落实党中央的“八项规定”和省委的十项实施办法，加快推进行政成本控制制度建设，严控“三公”经费支出的不合理增长，厉行勤俭节约，严格杜绝和坚决制止奢侈浪费。加强和规范行政事业单位国有资产管理。加大重点领域、重点行业的会计监督检查。进一步强化预算公开的责任制度，适时向社会公开“三公”经费和行政经费。依法接受人大监督、审计监督，自觉、主动接受社会公众监督。加快打造法制财政、阳光财政步伐。

云南概况

Overview of Yunan Province

地　理

云南地处中国西南边陲，地理位置特殊，自古以来就是中国通向东南亚、南亚的门户，战略地位十分重要。云南地形地貌复杂，气候多样，地上地下资源十分丰富，是祖国的一块待开发的宝地。

【位置面积】 云南省位于东经97°31′至106°11′，北纬21°8′至29°15′之间，北回归线横贯本省南部，属低纬度内陆地区。全省东西最大横距864.9千米，南北最大纵距990千米。云南地处中国西南边陲，东部与贵州省、广西壮族自治区为邻，北部与四川省相连，西北部紧依西藏自治区，西部与缅甸接壤，南部和老挝、越南毗邻。云南是全国边境线最长的省份之一，国境线长达4060千米，其中，中缅边界1997千米，中老边界710千米，中越边界1353千米。国境线上有25个边境县。全省国土总面积39.4万平方千米，占全国国土总面积的4.1%，居全国第8位。

【区位优势】 云南是中国通往东南亚、南亚的窗口和门户，地处中国与东南亚、南亚三大区域的结合部。拥有国家一类口岸13个、二类口岸7个，与缅甸、越南、老挝三国接壤；与泰国和柬埔寨通过澜沧江—湄公河相连，并与马来西亚、新加坡、印度、孟加拉等国邻近，是我国毗邻周边国家最多的省份之一。历史上著名的“史迪威公路”和“驼峰航线”就经过云南境内。近年来，云南在建设中国—东盟自由贸易区和加快建设面向西南开放重要“桥头堡”的新形势下，云南公路、铁路、航空和水运网络日趋完善，初步形成通往东南亚、南亚国家的三条便捷的国际大通道：一是西路通道，沿滇缅(昆畹)公路、中印(史迪威)公路和昆明至大理的铁路西进，有多个出境口岸，可分别到达缅甸密支那、八莫、腊戍等地，并直达仰光；还可经密支那到印度雷多，与印度铁路网连接后通往孟加拉国的达卡、吉大港和印度的加尔各答港。二是中路通道，由澜沧江—湄公河航运、昆明至打洛公路、昆明至曼谷公路和西双版纳机场构成，通往缅甸、老挝、泰国并延伸至马来西亚和新加坡。2008年3月21日，昆明至曼谷国际大通道中国路段全线贯通。三是东路通道，以现有滇越铁路、昆河公路及待开发的红河水运为基础，通往越南河内、海防及其南部各地。2009年11月1日，中越双方联合设计建造的中越红河公路大桥正式通车。红河公路大桥将与中越铁路大桥、南溪河公路大桥一起，中越红河公路大桥与新河高速、蒙新高速相连接，构成连接中越两国交通网络的重要枢纽。

历史

云南省简称“滇”或“云”，是人类重要的发祥地之一，生活在距今170万年前的云南元谋猿人，是迄今为止发现的我国和亚洲最早人类。夏、商时期，云南属中国九州之一的梁州。秦朝以前，曾出现古滇王国。秦汉之际，中央王朝在云南推行过郡县制。西晋时期，云南改设为宁州，是全国十九州之一。唐宋时期，曾建立过南诏国、大理国等地方政权。公元1276年，元朝在云南设立行中书省，“云南”正式成为全国省级行政区划名称。1382年，明朝在云南设承宣布政使司、提刑按察使司、都指挥使司，管辖全省府、州、县。清朝沿袭明朝制度，在云南设承宣布政使司，下设道、府、州、县。1911年，全省共设置府15个、厅18个、州32个、县41个、土司区18个。1949年，全省分设1个省辖市、12个行政督察区、112个县、17个设治局、2个对汛督办区。1950年2月24日，云南完全获得解放，云南从此翻开了崭新的历史篇章。目前，全省行政区划有16个州（市），分别为：昆明市、曲靖市、玉溪市、保山市、昭通市、丽江市、普洱市、临沧市、楚雄彝族自治州、红河哈尼族彝族自治州、文山壮族苗族自治州、西双版纳傣族自治州、大理白族自治州、德宏傣族景颇族自治州、怒江傈僳族自治州、迪庆藏族自治州；全省有129个县（市、区），其中，13个市辖区、11个县级市、29个民族自治县，76个非民族自治县。

人口·民族

【人口】 2012年，全省总人口为4659.0万人，与2011年相比，全省净增人口28.0万人，全省人口自然增长率为6.22‰，回落0.13个千分点。全省城镇化水平达39.3%，提高2.5个百分点。居住在城镇的人口为1831.5万人，居住在乡村的人口为2827.5万人。

【民族】 云南是民族种类最多的省份，除汉族以外，人口在6000人以上的世居少数民族有彝族、哈尼族、白族、傣族、壮族、苗族、回族、傈僳族等25个。其中，哈尼族、白族、傣族、傈僳族、佤族、拉祜族、纳西族、景颇族、布朗族、阿昌族、普米族、德昂族、怒族、基诺族、独龙族15个民族是云南特有的。全省少数民族人口数达1534.92万人（“六普”时），占全省人口总数的33.4%，是全国少数民族人口数超过千万的3个省区(广西、云南、贵州)之一。民族自治地方的土地面积为27.67万平方千米，占全省总面积的70.2%。全省少数民族人口数超过100万的有彝族、哈尼族、白族、傣族、壮族、苗族6个；超过10万不到100万的有回族、傈僳族、拉祜族、佤族、纳西族、瑶族、景颇族、藏族、布朗族9个；超过1万不到10万的有布依族、普米族、阿昌族、怒族、基诺族、蒙古族、德昂族、满族8个；超过6000不到1万的有水族、独龙族2个。云南少数民族交错分布，表现为大杂居与小聚居，彝族、回族在全省大多数县均有分布。

【语言文字】 云南省是一个多民族的省份，语言文字丰富多彩。云南的汉族语言属北方语系，日益接近普通话。其他各民族的语言分别属于汉藏语系和南亚语系，语言使用主要有：母语型、双语型、多语型和母语转用型四种类型。云南各个民族除回族、满族、水族通用汉语外，其余都有自己的语言。在党和政府的帮助下，改进和创制了彝族、哈尼族、傣族、苗族、壮族、傈僳族、佤族、拉祜族、纳西族、景颇族、白族、瑶族、独龙族13种民族文字，加上藏文等，现在使用的民族文字共22种。其中，傣族文字和语言与泰国有一定的历史渊源。纳西族的东巴文化历史悠久，东巴文字是迄今还在传承的象形文字，别具特色。

自然概貌

【地貌】 云南属山地高原地形，山地高原约占全省国土总面积的94%。地形以元江谷地和云岭山脉南段宽谷为界，分为东西两大地形区。东部为滇东、滇中高原，是云贵高原的组成部分，平均海拔2000米左右，表现为起伏和缓的低山和浑圆丘陵，发育着各种类型的岩溶（喀斯特）地貌；西部高山峡谷相间，地势险峻，山岭和峡谷相对高差超过1000米。5000米以上的高山顶部常年积雪，形成奇异、雄伟的山岳冰川地貌。全省海拔高低相差很大，海拔最高点海拔6740米，在滇藏交界处德钦县境内怒山山脉的梅里雪山主峰卡瓦格博峰；最低点海拔76.4米，在河口县境内南溪河与红河交汇的中越界河处，两地直线距离约900千米，海拔相差6000多米。按地形类别分：山地33.1万平方千米，占84%；高原3.9万平方千米，占9.9%；盆地2.4万平方千米，占6.1%；

【地形】 全省地势呈现西北高、东南低，自北向南呈阶梯状逐级下降，从北到南的每千米距离，海拔平均降低6米。北部是青藏高原南延部分，海拔一般在3000~4000米左右，有高黎贡山、怒山、云岭等巨大山系和怒江、澜沧江、金沙江等大河自北向南相间排列，三江并流，高山峡谷相间，地势险峻；南部为横断山脉，山地海拔不到3000米，主要有哀牢山、无量山、邦马山等，地势向南和西南缓降，河谷逐渐宽广；在南部、西南部边境，地势渐趋和缓，山势较矮、宽谷盆地较多，海拔在800~1 000米左右，个别地区下降至500米以下，主要是热带、亚热带地区。

【水系】 全省河川纵横，湖泊众多。全省境内径流面积在100平方公里以上的河流有889条，分属长江、珠江、红河、澜沧江、怒江、大盈江6大水系。红河和南盘江发源于云南境内，其余为过境河流。除金沙江、南盘江外，均为跨国河流，这些河流分别流入南中国海和印度洋。多数河流具有落差大、水流湍急、水流量变化大的特点。全省有高原湖泊40多个，多数为断陷型湖泊，大体分布在元江谷地和东云岭山地以南，多数在高原区内。湖泊水域面积约1100平方千米，占全省总面积的0.28%，总蓄水量约1480.19亿立方米。湖泊中数滇池面积最大，为306.3平方千米；洱海次之，面积约250平方千米；抚仙湖深度全省第一，最深处为151.5米；泸沽湖次之，最深处为73.2米。

【气候】 云南气候基本属于亚热带高原季风型，立体气候特点显著，类型众多、年温差小、日温差大、干湿季节分明、气温随地势高低垂直变化异常明显。滇西北属寒带型气候，长冬无夏，春秋较短；滇东、滇中属温带型气候，四季如春，遇雨成冬；滇南、滇西南属低热河谷区，有一部分在北回归线以南，进入热带范围，长夏无冬，一雨成秋。在一个省区内，同时具有寒、温、热(包括亚热带)三带气候，一般海拔高度每上升 100 米，温度平均递降 0.6° C ~ 0.7° C，有“一山分四季，十里不同天”之说，景象别具特色。

【气温】 全省平均气温，最热(七月)月均温在 19° C ~ 22° C 之间，最冷(一月)月均温在 6° C ~ 8° C 以上，年温差一般只有 10° C ~ 12° C。同日早晚较凉，中午较热，尤其是冬、春两季，日温差可达 12° C ~ 20° C。

【降水】 全省降水在季节上和地域上的分配极不均匀。干湿季节分明，但湿季（雨季）为 5 ~ 10 月的，集中了 85%的降雨量，干季（旱季）为 11 月至次年 4 月，降水量只占全年的 15%。全省降水的地域分布差异大，最多的地方年降水量可达 2200 ~ 2700 毫米，最少的仅有 584 毫米，大部分地区年降水量在 1000 毫米以上。

全省无霜期长，南部边境全年无霜，偏南地区无霜期为 300 ~ 330 天，中部地区约为 250 天，比较寒冷的滇西北和滇东北地区也长达 210 ~ 220 天。

自然资源

云南具有热带、亚热带、温带、寒带等多种气候类型，植物、动物资源十分丰富，独特的地质构造，形成了具有开采价值的矿产资源，素有“植物王国”“动物王国”“有色金属王国”“香料王国”“药物宝库”“花卉之乡”之称。云南丰富的自然资源，对人类社会物质文化的发展，特别是对我国社会主义现代化建设提供了重要的资源条件。

【土壤资源】 云南因气候、生物、地质、地形等相互作用，形成了多种多样土壤类型，土壤垂直分布特点明显。经初步划分，全省有 16 个土壤类型，占到全国的 1/4。其中，红壤面积占全省土地面积的 50%，是省内分布最广、最重要的土壤资源，故云南有“红土高原”“红土地”之称。云南稻田土壤细分有 50 多种，其中，大的类型有十多种。成土母质多为冲积物和湖积物，部分为红壤性和紫色性水稻土。大部土壤分呈中性和微酸性，有机质在 1.5% ~ 3.0%，氮磷养分含量比旱地高。山区旱地土壤约占全省的 64%，主要为红土和黄土。坝区旱地土壤约占 17%，主要为红土。旱地土壤分布比较分散，施肥水平不高，加之水土流失，土壤有机质普遍较水田低。常用耕地面积 423.01 万公顷。

【植物资源】 云南是全国植物种类最多的省份，被誉为“植物王国”。热带、亚热带、温带、寒温带等植物类型都有分布，古老的、衍生的、外来的植物种类和类群很多。在全国 3 万种高等植物中，云南占 60%以上，列入国家一、二、三级重点保护和发展的树种有 150 多种。2010 年，云南森林面积为 1817.73 万公顷，居全国第 3 位，森林覆盖率为 47.5%（含灌木林）。活立木总蓄积量 15.48 亿立方米，占全国活立木总蓄积量的 11.4%。全省共有自然保护区 162 个，其中，国家级自然保护区 16 个，省级自然保护区 44 个。自然保护区面积 295.56 万公顷，其中，国家级自然保护区面积 14.27 万公顷，省级自然保护区面积 88.31 万公顷。云南树种繁多，类型多样，优良、速生、珍贵树种多，药用植物、香料植物、观赏植物等品种在全省范围内均有分布，故云南还有“药物宝库”“香料之乡”“天然花园”之称。

【动物资源】 云南动物种类数为全国之冠，素有“动物王国”之称。脊椎动物达 1 737 种，占全国 58.9%；其中，鸟类 793 种，占 63.7%；兽类 300 种，占 51.1%；鱼类 366 种，占 45.7%；爬行类 143 种，占 37.6%；两栖类 102 种，占 46.4%；全国见于名录的 2.5 万种，昆虫类中云南有 1 万余种。云南珍稀保护动物较多，许多动物在国内仅分布在云南。珍禽异兽如蜂猴、滇金丝猴、野象、野牛、长臂猿、印支虎、犀鸟、白尾梢虹雉等 46 种，均属国家一类保护动物；熊猴、猕猴、灰叶猴、穿山甲、麝、小熊猫、绿孔雀、蟒蛇等 154 种，属国家二类保护动物；此外，还有大量小型珍稀动物种类。

【矿产资源】 云南地质现象种类繁多，成矿条件优越，矿产资源极为丰富，尤以有色金属及磷矿著称，被誉为“有色金属王国”，是得天独厚的矿产资源宝地。云南矿产资源的特点，一是矿种全，现已发现的矿产有143种，已探明储量的有86种；二是分布广，金属矿遍及108个县(市)，煤矿在116个县(市)发现，其他非金属矿产各县都有；三是共生、伴生矿多，利用价值高，全省共生、伴生矿床约占矿床总量的31%。云南有61个矿种的保有储量居全国前10位，其中，铅、锌、锡、磷、铜、银等25种矿产含量分别居全国前3位。

【能源资源】 云南能源资源得天独厚，尤以水能、煤炭资源储量较大，开发条件优越；地热能、太阳能、风能、生物能也有较好的开发前景。云南河流众多，全省水资源总量2256亿立方米，居全国第3位；水能资源蕴藏量达1.04亿千瓦，居全国第3位，水能资源主要集中于滇西北的金沙江、澜沧江、怒江三大水系；可开发装机容量约0.9亿千瓦，居全国第2位。煤炭资源主要分布在滇东北，全省现已探明储量240亿吨，居全国第9位，煤种也较齐全，烟煤、无烟煤、褐煤都有。地热资源以滇西腾冲地区的分布最为集中，全省有出露地面的天然温热泉约有700处，居全国之冠，年出水量约3.6亿立方米，水温最低的为25° C，高的在100° C以上(腾冲县的温热泉，水温多在60° C以上，高者达105° C)。太阳能资源也较丰富，仅次于西藏、青海、内蒙等省区，全省年日照时数在1000～2800小时之间，年太阳总辐射量每平方厘米在90～150千卡之间。省内多数地区的日照时数为2100～2300小时，年太阳总辐射量每平方厘米为120～130千卡。

旅游资源

云南以独特的高原风光，热带、亚热带的边疆风物和多彩多姿的民族风情而闻名于海内外。旅游资源十分丰富，已经建成了一批以高山峡谷、现代冰川、高原湖泊、石林、喀斯特洞穴、火山地热、原始森林、花卉、文物古迹、传统园林及少数民族风情等为特色的旅游景区。全省有景区、景点200多个，国家级A级以上景区有134个，其中列为国家级风景名胜区的有石林、大理、西双版纳、三江并流、昆明滇池、丽江玉龙雪山、腾冲地热火山、瑞丽江—大盈江、宜良九乡、建水等12处，列为省级风景名胜区的有陆良彩色沙林、禄劝轿子雪山等53处。有昆明、大理、丽江、建水、巍山等5座国家级历史文化名城，有腾冲、威信、保山、会泽、石屏、广南、漾濞、孟连、香格里拉、剑川、通海等11座省级历史文化名城，有禄丰县黑井镇、会泽县娜姑镇白雾街村、剑川县沙溪镇、腾冲县和顺镇、云龙县诺邓镇诺邓村、石屏县郑营村、巍山县永建镇东莲花村、孟连县娜允镇等8座国家历史文化名镇名村，还有14个省级历史文化名镇、14个省级历史文化名村和1个省级历史文化街区。丽江古城被列入世界文化遗产名录，三江并流、石林被列入世界自然遗产名录。

【自然风光】 云南雄奇的山川、旖旎多姿的风光，以其独特的人文风物、民族风情和自然景观著称于世。在云南，你可以看到世界上绝大部分地区的自然景观，也可以探古寻幽，遥想人类走过的漫漫长路，领略先人创造的恢宏文化。在四季如春的历史文化名城——昆明，在南天铜都——东川，在“锁钥南滇，咽喉西蜀”之地——昭通，在珠江源头——曲靖，在“元谋人”的故乡——楚雄，在云烟之乡——玉溪，在锡都所在地——红河，在三七之乡——文山，在“地接三国”的——普洱，在民族风情浓郁、神秘的南疆绿宝石——西双版纳，在山水相映、崇尚“风花雪月”的文献名邦——大理，在滇西要冲、火山之域——保山，在南疆宝地、孔雀之乡——德宏，在有“文化活化石”之称的东巴文化之乡、世界级历史文化名城——丽江，在东方大峡谷——怒江，在有“香格里拉”之称的世外桃源、吉祥如意之地——迪庆，在“滇红茶”的故乡——临沧，纵览全省之域，可谓“一地一景，幽美迷人”。

【旅游特色】 云南已形成了以昆明为中心的滇中旅游区；以大理、丽江为中心的滇西旅游区和以西双版纳为中心的滇南旅游区等3个各具特色的旅游区。昆明市的石林，是我国重点风景区之一。石林为距今2. 7亿年前海底石灰岩沉积区，经沧海桑田的变迁，约在200万年前形成。大自然的鬼斧神工，造就出这“天下第一奇观”，流连其间，奇峰异石，怪山名泉，让人产生无穷的联想。能歌善舞的彝族支系撒尼人更为石林这一自然景观增添了活力与绚丽色彩。丽江玉龙雪山下的玉峰寺，建于公元1756年，为喇嘛寺。寺内有两株植于公元1403—1424年明永乐年间的山茶，现两树主茎合二为一，苍劲虬曲，每年先后开花十余批共上万朵，实为“茶花王”。地处滇西北的“三江并流”，堪称世界奇景，此处金沙江、澜沧江、怒江在青藏高原和横断山脉纵谷区相间并流，三条巨川相间最近处直线距离仅66公里，其中澜沧江与怒江直线距离最近处不足19公里。大理市的苍山，因山上石如玉、林木苍莽又名点苍山，是驰名世界的大理石产地。苍山南北逶迤50公里，19座山峰横列如屏，海拔均在3000米以上，其最高的马龙峰海拔为4122米，终年积雪的山巅恰似银色峨冠；山间18条溪水四季不绝东注洱海；山上飞云变幻，玉局峰飘逸而起的人形白云，恰若少女探身，俯视洱海，人称“望夫云”。云、雪、峰、溪是苍山4大奇观。腾冲火山群，分布于保山地区腾冲县城周围，是我国保存最为完好的新生代火山群之一；火山群中有丰富的地热资源，各种气泉、热泉、沸泉80余处，被称为热海的硫黄塘沸水翻涌，温度在90度以上的还有10余处。有的热泉喷如礼花，雾气缭绕，有的喷泉轰鸣，如雷贯耳。西双版纳的橄榄坝，因地形椭圆、林木葱绿，形似橄榄得名。这里林木茂盛，树绿竹翠，江水清洌，古老的傣族佛封和幢幢别致精巧的傣家竹楼掩映林中，一派热带风光。西双版纳风情别具一格，每年都吸引着大量中外游客到此观光。此外，洱源吊鸟山、永平木莲花山、腾冲云峰山、通海红石林、元谋土林、宜良九乡、陆良彩色沙林、建水燕子洞、中甸白水台、腾冲叠水瀑布、福贡月亮石、昆明滇池、大理洱海、澄江抚仙湖、丽江虎跳峡、宁蒗泸沽湖、玉溪九龙池、安宁温泉、大理蝴蝶泉、宜良阳宗海、中甸碧塔海、保山易罗池、石屏异龙湖等等，也是云南著名的自然胜景。

经济大事记

Important Events of Economy

1月

1日

●自2012年起，新修订的《云南省实施〈工伤保险条例〉办法》正式实施。根据新《条例》授权，明确16个州（市）从当年征缴的工伤保险基金中提取10%建立储备金，储备金达到工伤保险基金累计结余总量的15%时不再提取。5～10级伤残职工的一次性工伤医疗补助金、一次性伤残就业补助金标准，2项待遇将在原《实施办法》标准基础上相应提高。即5～6级、7～8级、9～10级的伤残职工分别增加3个月、2个月、1个月的本人工资。云南省将公务员和参照公务员法管理的事业单位纳入统筹，实现工伤保险制度的全覆盖。

●昆明市“数字旅游”平台正式启动，游客可以通过互联网、手机、IPTV等方式访问昆明“数字旅游”平台，查询权威的旅游信息。平台由昆明市旅游局与中国电信昆明公司合作建设，集中了景点信息资源、旅游车辆资源、旅游购物资源、导游信息资源、住宿餐饮资源、公交查询资源等。

●从2012年1月1日零时起，云南省内116个二级公路收费站全部停止收费。2011年全省二级以上高等级公路通车里程1.31万公里，占全省公路总里程的6.13%。

2日

●新华网云南频道报道：自2009年实行“贷免扶补”政策以来，云南省已累计发放创业小额贷款57.94亿元，共扶持10.73万人创业，带动就业32.65万人。

3日

●“湄公河2号”快艇由西双版纳景洪港驶往泰国清盛，标志着停运了4个月后的澜沧江—湄公河国际旅游客运航道正式恢复通航。

4日

●云南网报道：2011年云南省财政总收入2258.2亿元，比上年增加448.9亿元，增长24.8%。财政总收入首次突破2000亿元大关，实现了“十二五”开门红。

●全省国土资源工作会议在昆明召开。2011年，全省批准用地39.1万亩，供应给类用地20.4万亩，比上年增35.8%；全省土地出让收入总额突破900亿元，44条二级公路等一大批重点建设项目及保障性安居工程等民生项目用地得到切实保障。全省“兴地睦边”和中低产田地改造投资进展顺利，全省土地违法违规案件减少5%，启动实施了104个土地整治项目，预算投资25.7亿元，建设规模111.8万亩，新增耕地8.11万亩，确保耕地动态平衡，守住耕地保护红线。

●2011年云南投入地质勘查资金突破23亿元，比上年增长10%;完成钻探工作量突破110万米，增长10%。通过地勘单位前2年的努力，评价了3个超大型矿床：香格里拉县普朗超大型铜矿，累计探明铜资源量750万吨，远景资源量可达1000万吨以上:麻栗坡县南秧田超大型钨矿，初步控制钨资源量大于30万吨，远景资源量50万吨以上;鹤庆县北衙超大型金矿，累计探明金资源量约200吨。此外，探获一大批资源储量：大型铅锌矿3个，大型铁矿3个，大型金矿1个，大型钼矿1个，大型煤矿1个，钨、锡、铝土、磷等矿产勘查也获得了重要进展，新增资源量各相当于1个大型矿床规模。

5日

●云南网报道：在省科技厅重点支持下，云南北方奥雷德光电科技股份有限公司成功研发出eye-book计算机。这种计算机形同眼镜，使用时像戴眼镜一样戴在头上，就可享受影音播放、网页浏览等计算机主要功能。目前，该款计算机已通过中国质量认证中心组织的品类认证，明确了其穿戴式计算机的产品属性，属国内首创。

8日

●省政府在昆明召开全省发展改革暨投资物价工作会议。代省长李纪恒出席会议并讲话，要求千方百计扩投资，扎扎实实抓项目，为实现2012年经济增长12%以上的预期目标，全省生产总值破万亿元大关提供有力支撑。常务副省长罗正富出席会议并讲话，同时代表省政府与各州（市）及相关部门负责人签订了2012年稳定物价保障市场供应责任书。2011年全省全社会固定资产投资完成7000多亿元，比上年增长27%，新增1500亿元，超额完成省政府确定的6600亿元的目标任务。

●自2012年1月8日起（票面日期），昆明铁路局所辖14个车站实行车票实名制。

9日

●全省国税工作会议在昆明召开。2011年全省国税收入1296.6亿元（不含海关代征），比上年增加226.5亿元，增长21.17%。在超额完成收入目标的情况下，落实各项税收优惠政策，共减免税收38.45亿元，增长12.45%。办理出口退(免)

税 29.12 亿元，增长 48.72%，其中人民币结算退（免）税 9.57 亿元。

●云南网报道：云南省政府官方微博“微博云南”荣获中国首个省级政府认证微博。昆明市委宣传部官方微博“昆宣发布”在云南政务微博影响力排行榜中居第二。

10 日

●昆明信息港报道：“十一五”期间，云南生态建设通过实施天然林保护、退耕还林、生物多样性保护、防护林体系建设、农村能源建设等重点生态工程，林地面积、活立木蓄积、森林覆盖率分别比“十五”增加 700 万亩、1.64 亿立方米、3.02 个百分点。与此同时，各地立足资源优势，积极发展木本油料、林浆纸、林化工、竹藤、野生动物驯养繁殖、森林生态旅游、木材加工、非木材产业等特色林产业，林业产业总产值累计达到 2015 亿元，比“十五”的 831 亿元增长 142.4%。

11 日

●昆明市十三届人大二次会议开幕。

12 日

●代省长李纪恒率省政府领导班子和省级有关部门、中央驻滇新闻单位负责人就省政府工作和《政府工作报告》听取省级老领导和省级民主党派工商联无党派人士意见。

●省政府召开加快昆明新机场建设现场办公会，提出加快推进转场各项工作，确保昆明新机场尽快投入运营。省政府机场建设工作领导小组组长李汉柏出席会议并讲话。

●全省高校毕业生就业工作经验交流会在昆明召开。2012 年云南高校毕业生将达 12.8 万名，比上年增加 11%，规模再创新高。部分高校研究生就业率低于本科生，尤其是初次就业率。本科生就业率低于高职高专毕业生。部分高职高专类专科毕业生因为动手能力强，市场需求旺盛，就业姿态相对较低，年终就业率突破 98%。

13 日

●代省长李纪恒主持召开省政府第 70 次常务会议，强调必须始终绷紧安全生产这根弦，深入细致做好困难群众生活救助。会议审议了《云南省能源发展“十二五”规划》，审议并原则通过了《云南省环境保护“十二五”规划》。

●省人力资源和社会保障工作会议召开，提出要把就业放在民生工作的重要位置，力争 2012 年扶持 12 万人创业，扶持 1000 户劳动密集型企业，发放创业贷款 80 亿元以上，劳动就业 30 万人以上。

●省政府召开全省安全生产工作电视电话会议，提出努力实现全省安全生产形势稳定好转。副省长和段琪出席会议并讲话，省政府秘书长丁绍祥主持会议。

●省交通厅向国家申报的“陆地交通灾害防治技术国家工程实验室”获得批准，是云南交通运输历史上第一个国家工程项目，也是全国交通运输行业获得的灾害防治领域唯一的国家工程实验室。申报的“863”科技项目“高原山区公路工程防灾减灾综合技术及智能预警系统研究与应用示范”获得批准，是云南首次获得的国家高级别科技计划项目。

14 日

●代省长李纪恒率省政府领导班子和省级有关部门、中央驻滇新闻单位负责人到省政协征求省政协和省政协委员对省政府工作和《政府工作报告》的意见建议。

14～15 日

●代省长李纪恒率领省慰问组深入德宏盈江看望慰问灾区群众和奋战在恢复重建工作一线的各级干部，要求确保受灾群众住有所居欢度春节。

16 日

●省政府在昆明召开全省金融工作座谈会，要求金融工作要为 GDP 提供强力支撑。代省长李纪恒出席会议并讲话。常务副省长罗正富、副省长李江、和段琪，省政府秘书长丁绍祥出席会议，省委秘书长曹建方主持会议。2011 年，云南金融工作创造了“五个全国第一”。1.《国务院关于支持云南省加快建设面向西南开放重要桥头堡的意见》提出，把昆明建设成为面向东南亚、南亚的区域性金融中心。这是全国第一个以国发文件明确的区域性金融中心。2.林权抵押贷款余额超过 70 亿元，稳居全国第一。3.富滇银行成为国内第一家推出老挝基普对人民币现汇交易业务的商业银行，云南成为人民币对泰铢银行间市场区域交易最先启动的省份。4.全国第一家股权投资基金—云南省股权投资发展中心成立。5.平安集团债权投资华能澜沧江水电项目通过中国保监会备案，成为全国保险资金投资水电清洁能源的第一个项目。

●全省检察长会议暨十二次“双先”表彰会在昆明召开，表彰昆明市盘龙区检察院、晋宁县检察院、昭通市永善县检察院、盐津县检察院等 28 个基层检察院为“全省先进基层检察院”，表彰 50 名检察人员为“全省先进检察人员”，追记已故的原红河州检察院司法会计杨进昌一等功。2011年全省检察机关查办职务犯罪案件1483件1658人，其中贪污贿赂案件1153件，渎职侵权案件330件。

17日

●副省长孔垂柱率林业、财政等有关部门负责人到昆明市海口林场等林区检查工作，要求各地要强化措施，确保不发生重大森林火灾。

18日

●云南省食品药品监督管理局公布了5家涉嫌违规发布互联网药品信息网站名单(2012年第1期)，分别为：云南彝族中草药馆、昆明市五华区金康大药房、中州药业、云南祥泰生物科技有限公司、路路通消费信息网。将5家网站名单移送省通信管理局强制关闭。这5家网站违法现象均为“未经审批擅自发布药品信息，涉嫌网上交易药品”。

28日

●凌晨1时丽江市白沙乡境内的“1·26”火灾，通过广大军警民的奋力扑救明火全部扑灭，9时火场内部无复燃。

30日

●代省长李纪恒主持召开省政府第71次常务会议，强调加快建立惠及全省老年人的养老服务体系。会议审议了《云南省轻工业“十二五”规划(送审稿)》。研究并原则通过了2012年重点督查的20项重大事项、20个重大工程。

●省住房和城乡建设厅公布《云南省镇乡规划编制和实施办法》，共5章41条。提出限制使用平均坡度15%以下的坝区用地；充分利用坡度15%及以上的山地，提高山地村镇建设用地的开发利用强度。

31日

●省政府召开第九次全体会议，研究拟提交省十一届人大五次会议审议和省政协十届五次会议协商的《政府工作报告》。代省长李纪恒出席会议并讲话。常务副省长罗正富主持会议。副省长李江、孔垂柱、刘平、高峰、曹建方、顾朝曦、和段琪出席会议并分别主持召开分组讨论，省政府秘书长丁绍祥及省政府顾问、参事及有关部门负责人参加会议。

2月

1日

●云南省医改工作情况通报会召开，2012年卫生部将先行在全国300个县试点推开取消“以药补医”，云南富民、嵩明、宜良、石林、寻甸、禄劝、安宁、呈贡、晋宁、禄丰、富源等11个县(区)争取纳入试点范围。截至2011年，全省城镇职工和城镇居民基本医疗保险参保863.08万人，参保率达到101%，全省参加新农合的农村居民人数3456万人，参合率96.18%；城镇居民人均筹资标准达到240～280元，新农合人均筹资标准达到230元。城镇职工医保、新农合最高支付限额基本达到了当地职工年平均工资6倍和农民人均纯收入8倍以上，新农合全省最高支付限额达到5万元，政策范围内住院费用报销比例达到70%，参合农民门诊报销比例平均达到50%。

●《云南省新建住宅供配电设施建设管理办法》已经省政府同意公布，自2012年2月1日起施行。规定新建住宅供配电设施应当按照城乡建设总体规划和城乡电网建设与改造规划，统一标准、统一建设、统一管理。

●继2011年底人民网旅游“3·15”投诉平台发布2011年旅游投诉最多旅行社、省份，云南成为了旅游投诉最多省份后，人民网发布1月份投诉情况，涉及云南、北京、天津、海南、广东五省(市)，云南旅游的数量最多。

6日

●滇中饮水工程调研座谈会在昆明举行，会议提出要加大前期工作力度，力争“十二五”期间开工建设滇中饮水工程。水利副部长矫勇、代省长李纪恒出席会议并讲话。副省长李江、孔垂柱出席会议。

7日

●代省长李纪恒主持召开第72次省政府常务会议，强调要全面加强节能减排工作，审议并原则通过了《云南省“十二五”节能减排规划(送审稿)》；讨论了《云南省政府关于大中型水电站水资源综合利用的指导意见"(送审稿)》；讨论并原则通过《云南省循环经济发展规划(送审稿)》。

●云南省科技厅、昆明理工大学和省第一人民医院签署合作共建云南省分子医学研究中心的协议，将分子医学检验技术应用在医疗服务上，可以针对肿瘤等重大疾病患者提供个性化治疗，实现个体化用药以提高治疗效果。

8日

●全省旅游工作会议召开。2012年云南将大力发展会展旅游，推进10个会展商务基地建设；

力争5A级景区新增1～2家;积极争取国家批准在口岸机场设立免税品商店;在部分旅游地建购物休闲街区。

9日

●中国人民政治协商会议云南省第七届委员会第五次会议在昆明开幕。

●省政府与国家外国专家局在昆明签署《引进国外智力支持云南桥头堡建设合作框架协议》。代省长李纪恒出席签字仪式并致词。人力资源和社会保障部副部长张建国与副省长李江在协议上签字。

●泰国投资推介会在昆明举行。

11日

●云南省第十一届人民代表大会第五次会议在昆明开幕，代省长李纪恒代表省政府向大会报告政府工作。

13日

●云南省物价局公布31种药品执行最高零售价，各医疗卫生机构、社会零售药店及其他药品生产经营单位销售相关药品的价格不得超过这次公布的价格。

14日

●国家科学技术奖励大会在北京召开。云南省有9个项目获得国家科技进步二等奖。9个项目是：由西南林业大学杜官本等主持完成的“防潮型刨花板研发及工业化生产技术”；由云南磷化集团有限公司张文学等主持完成的“云南中低品位胶磷矿选矿技术开发与产业化”；由华能澜沧江水电有限公司马洪琪等主持完成的“重大水利水电工程施工实时控制关键技术及其工程应用”；中国科学院昆明植物研究所、云南远益园林工程有限公司参与完成的“主要商品盆花新品种选育及产业化关键技术与应用”；中国林业科学研究院资源昆虫研究所参与完成的“银杏等工业原料林树种资源高效利用技术体系创新集成及产业化”；云南省林业科学院参与完成的“核桃增产潜势技术创新体系”；云南省农业科学院园艺作物研究所参与完成的“南方砂梨种质创新及优质高效栽培关键技术”；云南省农业科学院农业环境资源研究所参与完成的“十字花科蔬菜主要害虫灾变机理及其持续控制关键技术”；云南省农业科学院粮食作物研究所参与完成的“水稻丰产定量栽培技术及其应用”。

16日

●云南省第十一届人民代表大会第五次会议在昆明闭幕。

●云南省第十一届人大五次会议第三次全体会议选举秦光荣为省人大常委会主任，李纪恒为省人民政府省长。

●省长李纪恒主持召开省政府第十次全体会议，强调要认真贯彻落实省十一届人大五次会议精神，进一步统一思想，坚定信心，细化目标，强化措施，狠抓落实，确保2012年经济社会发展各项目标任务全面完成。常务副省长罗正富主持会议并就落实会议精神提出具体要求。副省长李江、孔垂柱、刘平、高峰、曹建方、顾朝曦、和段琪，省政府顾问邹纲仁，省政府秘书长丁绍祥出席会议。

16～17日

●中国国际工程咨询公司组织有国家民航局等单位及部分特邀专家到沧源县实地考察调研并对《云南沧源佤山民用机场项目预可行性研究报告》进行评估审查，通过了沧源佤山民用机场《预可研报告》。拟新建的沧源佤山民用机场为国内支线机场，总投资为12.89亿元，建成后为4C标准，跑道长约2600米。

18日

●省长李纪恒率省政府有关部门负责人与国务院国有重点大型企业监事会主席石大华带领的中国航天科工集团公司、中国船舶重工集团公司、中国兵器工业集团公司、中国铁路工程总公司及中国中铁股份有限公司、中国华信集团等国企负责人在昆明举行工作会谈，李纪恒、石大华在座谈会上讲话。

20日

●省长李纪恒主持召开第73次省政府常务会议，对进一步加强国资监管工作进行安排部署；审议并原则通过《云南省政府关于进一步推进“走出去”战略的若干意见（送审稿）》决定作进一步修改完善后尽快出台实施；研究了2012年政府廉政建设、行政监察等工作，强调要加强政府廉政建设，努力树立为民、务实、廉洁的形象。

●省政府与中国国电集团在昆明签订实施桥头堡战略合作框架协议。加快云南清洁能源和可再生能源基地的开发建设。省长李纪恒、常务副省长罗正富、中国国电集团总经理朱永芃、中国国电集团副总经理乔保平、副省长李江、和段琪，省政府秘书长丁绍祥出席签字仪式。

●全省扶贫开发工作会议在昆明召开。会议提出要打好新一轮扶贫开发攻坚战，到2015年基本清除绝对贫困，到2020年基本解决深度贫困问题，推进贫困地区实现跨越发展。省委书记秦光荣、省长李纪恒出席会议并讲话，省委副书记仇和主持会议，副省长孔垂柱、曹建方，省政府秘书长丁绍祥出席会议。

21日

●全省审计工作会议在昆明召开，副省长李江出席会议并讲话。2011年，全省审计机关完成审计项目1万多个，挽回经济损失190亿元，收缴财政超过15亿元，保障了各项惠民政策的落实；通过审计报告和信息简报等多种方式，向各级党委、政府报送建设性的意见和建议近2万条，采纳率88%，有效推进了反腐倡廉建设。

●云南省新农村建设指导员工作总结表彰暨欢送新农村建设工作队视频会议在昆明召开。

22日

●省科技工作会议在昆明召开。组织好创新型云南建设重点科技项目，力争完成15亿元投资计划。组织实施30项培育战略性新兴产业重大项目，突破60项关键核心技术，研究开发50个具有自主知识产权的重大新产品，认定100项云南省重点新产品。大力发展高新技术产业，组织认定高新技术企业80家以上。并推进昆明高新区建设创新型特色园区，推进玉溪、大理省级高新区升级为国家高新区，推动曲靖、红河、楚雄等各类创新园区建设省级高新区。

●云南省社会管理综合治理委员会第二次全体会议在昆明举行，提出要着力推行流动人口“一卡通”制度。

●从22日起（票面日期），昆明铁路局将进一步扩大购票实名制范围，所有直通快车沿途停靠站发售直通快车、始发列车车票及其他车站发售始发列车车票时均要实行购票实名制。

●昆明连续三年干旱，库塘蓄水严重不足，城市供水形势严峻，昆明通用水务按“先生活、后生产”的原则，逐步下调城市供水管网水压。从22日起，昆明主城开始逐步下调城市供水管网水压，确保每天16点至20点居民用水高峰期正常供水。

23日

●国务院扶贫开发领导小组在昭通市召开会议，正式启动乌蒙山片区区域发展与扶贫攻坚。云南乌蒙山片区的470多万贫困人口将从中受益，生活水平将得到显著改善。到2020年与全国基本同步迈进全面小康。

●云南省文化工作会议在昆明召开，要紧紧围绕“桥头堡”建设的总体部署，加快实施文化“走出去”战略，打造云南文化品牌，抢占产业发展先机，扩大文化国际贸易。

24日

●全省卫生工作会议在昆明举行，会议提出要紧紧围绕“十二五”期间全省人均预期寿命增加1岁这个根本目标，继续深化医药卫生体制改革，加快卫生发展方式转变，在巩固前期改革成果的基础上，努力在健全基本医疗保障制度、完善基本药物制度、推进公立医院改革3个方面取得重大进展。

●省加大城乡统筹力度促进农业转移人口转变为城镇居民协调领导小组第一次会议在昆明召开，要求确保完成2012年120万农业人口转户进城工作。省长李纪恒出席会议并讲话。省委副书记仇和主持会议，副省长孔垂柱出席会议并作工作部署。

26日～3月1日

●昆明市委书记张田欣、市长张祖林率队赴京拜访国家相关部委、金融机构及国有大型企业领导，就进一步加大对昆明经济社会发展的支持力度、深化双方合作达成了广泛共识。

27日

●省政府与中国农业发展银行在北京举行座谈会并签署《战略合作协议》，双方将建立长期稳定的战略合作关系，全面加快涉农领域的战略合作。省长李纪恒、中国农业发展银行行长郑晖出席座谈会并讲话。农发行副行长刘梅生、副省长刘平出席会议并签署合作协议，省政府秘书长丁绍祥出席会议。

●省政府召开全省抗旱救灾和森林防火工作电视电话会，要求坚决打好抗旱救灾和森林防火攻坚战。副省长孔垂柱出席会议并讲话。

●省政府召开云南省实施农村义务教育学生营养改善计划和寄宿制学生生活补助工作电视电话会，提出各地各部门要高度重视这项工作，狠抓落实，办好办实。副省长高峰出席会议并讲话。

28日

●省政府与国家体育总局在北京签署《加快云南桥头堡体育建设战略合作协议》。国家体育总局局长刘鹏、省长李纪恒分别在签字仪式上致词并代表双方签字。国家体育总局副局长杨树安、副省长高峰，省政府秘书长丁绍祥出席签字仪式。

29日

●中国社会科学院与省政府在北京签署战

略合作框架协议，共同推进云南省“两强一堡”战略目标的实施。中国社会科学院常务副院长王伟光、省长李纪恒分别在签字仪式上致词并签署合作协议。常务副省长罗正富、中国社科院副院长武寅、省委宣传部长赵金、副省长高峰、中国社科院秘书长黄浩涛，省政府秘书长丁绍祥出席签字仪式。

●新闻出版总署与省政府在北京签署《关于加快推进云南省桥头堡建设战略合作协议》，共创面向西南开放新闻出版新格局。新闻出版总署副署长蒋建国在签字仪式上致词并签署合作协议。省委宣传部长赵金在签字仪式上致词。副省长高峰代表省政府签署协议。

●南方电网云南分公司举行云南省无电地区无电人口全面通电工程动员誓师大会。工程建设包括4个批次的项目，项目总投资19.78亿元，年度要求完成投资10.96亿元，将完成7.74万户剩余无电人口的通电，其中7.17万户通过电网延伸的方式解决，5651户通过太阳能光伏发电的方式解决。

3月

1日

●国家林业局与省政府在北京签署《加快建设生物多样性宝库和西南生态安全屏障战略合作协议》，努力把云南建成我国重要的生物多样性宝库和西南生态安全屏障。国家林业局局长贾治邦、省长李纪恒分别讲话并代表双方签署协议。国家林业局副局长赵树丛、张建龙，副省长孔垂柱，省政府秘书长丁绍祥出席签字仪式。

●国家广播电影电视总局与省政府在北京签署《关于加快云南省广播影视发展的合作协议》，力争使云南省级广播电视在“十二五”时期进入全国先进行列，提高为桥头堡服务的能力，国家广电总局副局长田进、省委宣传部部长赵金分别在签字仪式上致词，田进、副省长高峰代表双方签署协议。

●2012年3月1日是新《水土保持法》实施一年的日子。云南省水土流失面积13.4万平方公里，占总土地面积的35%，是全国水土流失严重的省份之一。全省年土壤侵蚀量5.1亿吨，是全国年流失土壤50亿吨的1/10。“十一五”期间，全省完成水土流失治理1.39万平方公里，新实施生态修复面积3.1万平方公里。实施826条小流域治理，累计投入治理资金52.05亿元。

●昆明新机场建设联合协调领导小组第五次会议在北京召开。会议决定6月28日昆明长水国际机场转场运行。

●云南网报道：省政府核定公布了143处第七批省级文物保护单位，有古遗址11处、古墓葬6处、古建筑95处、近现代重要史迹及代表性建筑28处、其他3处。至此云南省省级文物保护单位总量达到386处。

2日

●中央国家机关企事业单位定点扶贫云南工作座谈会在北京举行。国务院扶贫办主任范小建、省长李纪恒、国务院扶贫办副主任王国良出席会议。国务院扶贫办副主任郑文凯、省委副书记仇和在会上讲话。范小建与副省长孔垂柱分别代表双方签署《关于加快扶贫开发进程推进云南桥头堡建设的合作协议》。

3日

●水利部与省政府在北京举行加快建设面向西南开放重要桥头堡水利战略合作备忘录签字仪式。水利部将全方位加大对云南水利建设政策、资金、项目、技术等方面的支持力度，推进云南水利改革发展。水利部部长陈雷、省委书记秦光荣出席签字仪式并讲话。陈雷与省长李纪恒代表双方签字。水利部副部长矫勇、驻部纪检组长董力、副部长胡四一、李国英、副省长孔垂柱，省政府秘书长丁绍祥出席签字仪式。

6日

●云南省扩大重大疾病病种范围，自2012年起，新增妇女乳腺癌和宫颈癌、农村重性精神病、终末期肾病、耐多药肺结核、艾滋病机会性感染六大病种，将纳入农村居民重大疾病医疗保障试点。在限额标准内，新农合基金按实际发生费用的70%予以补偿。

7日

●胡锦涛总书记参加云南代表团审议政府工作报告。胡锦涛强调，2012年是实施十二五规划承上启下的重要一年，云南要牢牢抓住国家加大实施西部大开发战略力度和支持云南省加快建设面向西南开放重要桥头堡的宝贵机遇，坚持以科学发展为主题，以加快转变经济发展方式为主线，进一步解放思想、开拓进取，进一步凝聚力量、扎实奋斗，不断开创改革开放和社会主义现代化建设新局面。要着力加快转变经济发展方式，充分认识转变经济发展方式是解决当前发展中深层次矛盾和问题的根本之策、是拓展未来发展新空间新优势的战略之举，下大气力落实好国家宏观调控政策措施、做好“三农”工作、调整优化产业结构、推动科技进步与创新、搞好节能减排和环境保护，真正做到以转变谋发展、以转变促跨越。要着力深化改革开放，推进重点领域和关键环节改革，提高对内对外开放水平。要着力加强以改善民生为重点的社会建设，更好满足群众在教育、就业、社会保障、医药卫生、住房等方面的基本需求，坚决打好新一轮扶贫开发攻坚战，特别是要把抗旱救灾保民生作为当前的中心工作，千方百计保障城乡居民生活用水，努力保障春季生产用水。要着力推进民族团结进步事业，牢牢把握各民族共同团结奋斗、共同繁荣发展的主题，加强民族团结进步教育，加快民族地区经济社会发展步伐，推动少数民族文化事业繁荣发展，不断巩固和发展平等团结互助和谐的社会主义民族关系。

●为全面推进“农转城”户籍迁移工作，省公安厅开通“户政 E 网办证厅”，全面开展户籍业务网上迁移、户籍业务“一站式”办理，实现户口网上预约、网上受理、网上审批、网上迁移、网上监控等功能，最大程度地降低农业转移人口转户的经济和时间成本。

9 日

●农业部与省政府在北京签署战略合作协议，充分利用云南特有生物资源优势和地缘环境优势，加快推进云南高原特色农业发展，推进云南桥头堡建设。农业部部长韩长赋、省委书记秦光荣在签字仪式上讲话。韩长赋与省长李纪恒代表双方签署协议。农业部副部长张桃林、牛盾、高鸿宾、副省长孔垂柱，省政府秘书长丁绍祥出席签字仪式。

12 日

●云南省林业厅与中国移动通信集团云南分公司签署了战略合作框架协议，双方将发挥各自优势，开展战略合作，合力推进云南林业信息化全面、快速发展。根据战略合作框架协议，双方将在话音、数据无线通信服务、通信保障、农村信息服务建设、林业信息化建设中开展战略合作。

●云南网报道：从 2012 年起，云南省将全面实施初中学业水平考试，不再举行升学考。学业水平考试成绩和综合素质评价将分别作为各州（市）普通高中招生录取工作的主要依据和重要依据。

14 日

●云南网报道：中老 2012 年度国际道路运输会谈在老挝琅勃拉邦省举行，双方就开通昆明—占巴色、普洱—丰沙里、景洪—丰沙里等线路的可行性进行分析，就确定 2012 年中老汽车运输行车许可证交换数量，统一国际旅客运输车辆技术标准、提高运输服务质量，共同推动中老泰三国跨境便利运输，修改中老汽车运输协定及议定书等事宜进行协商，达成共识并签署会谈纪要。

●省公路投资公司召开的高速公路建设项目推进会，“南北大通道”工程将实现年内开工。在建的高速公路建设项目有大理至丽江、武定至昆明、保山至腾冲、普立至宣威、龙陵至瑞丽、丽江至丽江机场二期工程等 6 条高速公路，建设里程 633 公里，总投资 495.52 亿元。其中龙瑞高速公路是“桥头堡”工程。按照工期要求，武昆、保腾、丽江机场二期 3 条高速公路目前大部分路段完成了路基工程，正进行路基转序和突击特大桥、长隧道等控制性工程，确保年底完工通车。这 3 条高速公路建成通车后，云南高速公路总里程将达到约 2900 公里。

15 日

●省政府召开全省进一步推进政府自身建设工作电视电话会议，提出要着力在推进政府职能转变、提升政府行政效能、提高依法行政水平、加强反腐倡廉建设等方面取得新成效。副省长李江出席会议并讲话，省政府秘书长丁绍祥主持会议。

16 日

●省长李纪恒主持召开省政府第 74 次常务会议，会议审议并原则通过《云南省政府关于加强公共文化惠民服务体系建设的意见（送审稿）》、《云南省食品安全“十二五”规划（送审稿）》，修改完善后尽快出台实施。审议并原则通过《省委 省政府关于建设民族团结进步边疆繁荣稳定示范区的实施意见（送审稿）》和《省委 省政府关于加快实施科技兴农战略持续增强农产品供给保障能力的若干意见（送审稿）》，提出作进一步修改完善后提交省委常委会审议。

17 日

●17 时左右，维西县永春乡庆福村发生一起山体垮塌事故，并造成 8 人死亡，1 人受伤。

18 日

●全省招商引资工作会议在昆明召开，要求以大招商推动大投资促进大发展。省长李纪恒出席会议并讲话。常务副省长罗正富，副省长李江、孔垂柱、刘平、顾朝曦、和段琪，省政府秘书长丁绍祥出席会议。

20 日

●省推进工业跨越发展大会在昆明举行。会议强调，要实现云南科学发展、和谐发展、跨越发展，根本出路在工业，重点在推动新型工业化发展，把工业强省作为跨越发展的第一战略。省委书记秦光荣、省长李纪恒出席会议并讲话。省委副书记仇和主持会议并讲话。常务副省长罗正富、副省长李江、和段琪，省政府秘书长丁绍祥出席会议。

21 日

●省委、省政府在昆明召开全省水利建设和抗旱减灾工作会议，提出要加快实施“兴水强滇”战略，推进全省水利改革实现新跨越。省委书记秦光荣、省长李纪恒出席会议并讲话。省委副书记仇和主持会议。常务副省长罗正富出席会议。副省长李江、孔垂柱，省政府秘书长丁绍祥出席会议。

●省政府与国家开发银行在昆明签署《深化桥头堡战略合作备忘录》。省委书记秦光荣、省长李纪恒、国家开发银行董事长陈元出席签字仪式。副省长曹建方与国家开发银行副行长王用生分别代表双方签署备忘录。省政府秘书长丁绍祥主持签字仪式。

22 日

●省政府在会泽县召开全省春耕生产工作现场会，要求投入到春耕生产第一线，抓农时促春耕，战胜旱灾保发展。省长李纪恒出席会议并讲话。副省长孔垂柱，省政府秘书长丁绍祥出席会议。

25 日

●云南“GMS 友好之旅”拉开大幕。省长李纪恒率 100 多人的云南代表团出访东盟缅甸、泰国、老挝、越南、柬埔寨五国，并将在这五国分别举行经贸合作洽谈推介会，共谋合作与发展。此次出访是国务院出台《关于支持云南省加快建设面向西南开放重要桥头堡的意见》和省第九次党代会之后，云南省组织进行的第一次高规格、大规模出访活动，

26 日

●云南省代表团在缅甸首都内比都进行友好访问。省长李纪恒分别拜会了缅甸农业灌溉部部长吴敏莱、缅甸商务部部长吴温敏、内比都市政委员会主席吴登纽、缅甸宣传与文化部部长吴觉山。副省长顾朝曦，中国驻缅大使李军华和省政府秘书长丁绍祥参加了拜会。

●亚太区域合作会议在昆明召开，会议由云南省政府和亚洲开发银行共同主办，来自亚太地区 30 多个国家和 4 个国际组织的 180 多位代表出席会议。

●云南网报道：全球知名房地产投资管理公司仲量联行发布《中国新兴城市 50 强》报告，在三线城市（新兴型）中，昆明仅次于福州，位列第二。

27 日

●省委书记秦光荣主持召开省委常委会，传达学习全国文化体制改革工作会议精神，研究做好全省县乡两级人民代表大会换届选举的有关工作，听取《省人大常委会 2012 年工作要点（草案）和年度立法计划（草案）》、《省政协 2012 年主要工作安排》的汇报，研究省总工会、团省委、省妇联、省科协、省红十字会有关工作。

●中国（云南）—缅甸经贸合作推介会举行，滇缅双方签署了 7 个双边合作项目，总金额 1.46 亿美元。项目涵盖了贸易、相互投资、经济技术合作等多个领域。

●全省“十二五”广播电视村村通工作电视电话会议召开。“十一五”期间，云南省实现 7.68 万个 20 户以上通电自然村广播电视村村通覆盖，解决 235 万农户约 850 万人听广播、看电视难的问题。

28 日

●云南省政府和泰国商务部共同主办的“中国（云南）—泰国经贸合作推介会”在曼谷举行，泰国副总理兼旅游与.体育部部长春蓬 · 信拉巴差，省长李纪恒、副省长顾朝曦，泰国商务部副部长蓬 · 萨拉朋出席推介会。会上签署了 11 项贸易、投资、经济技术等合作项目，总金额 5.6 亿美元。

●14 时 19 分，昆明市晋宁县与玉溪市红塔区交界处（昆阳街道办清水河）发生森林火灾。

30 日

●省民政厅、省财政厅联合下发通知，提高城乡低保对象补助标准和农村五保供养省级补助标准。提高标准在 2011 年 12 月全省城市低保对象月人均补助标准 182 元，农村低保对象月人均补助水平 82 元的基础上，从 2012 年 1 月起，全省城市低保对象月人均补助标准提高 27 元，达到 209 元；全省农村低保对象月人均补助标准提高 12 元，达到 94 元。对 2006 年省级核定的 22.1 万名农村五保供养对象，省级在原每人每月补助 80 元的基础上，每人每月增加 24 元，提高

后省级五保供养补助标准达到每人每月104元。

●截至2012年3月30日，云南省优选的121件增蓄应急重点项目已全部完工通水投入抗旱，有效保障了约670万人、51.9万头大牲畜的饮水安全，并已解决了约30多万亩的农灌用水。省水利厅采取有效措施节约用水，为雨季到来之前的抗旱保供水储备尽可能多的抗旱水源。

●中国（云南）—老挝经贸推介会举行，滇老双方签署10个双边合作项目，涉及教育文化、旅游、农业、城市建设等多个领域。

31日

●全省清理整顿各类交易场所工作会在昆明举行。本次清理整顿对象为，省内各类交易场所，包括从事权益类交易（产权、股权、文化艺术品等）的交易场所、从事大宗商品中远期交易（商品、金融产品、指数、碳排放等）的交易场所，特别是对冠以“交易所”字样的交易场所进行清理整顿，包括规范准入条件、规范名称使用、规范交易产品、规范交易规则。

●截至2012年3月底，玉蒙铁路开工累计完成投资42.39亿元，占总投资的94.8%。施工方确保玉蒙铁路6月底前基本完成工程建设任务，实现年内通车运营。玉蒙铁路是西南国际通道泛亚铁路的重要组成部分，项目总投资44.69亿元，线路全长141公里，速度目标值每小时120公里。

●昆明地铁首期工程南段（晓东村至广电大学站）区间轨道铺设作业全面完成，进入了机电设备安装调试、车站内外装修装潢时段。

●晋宁县“3·28”森林火灾经参战军警民4000余人历时76小时的艰苦奋战，于17时30分将火场外线明火全部扑灭，全面转入余火清理和火场值守。

31日~4月4日

●省委书记秦光荣在普洱市思茅区、澜沧县、孟连县、西盟县调研时提出，要充分挖掘和发挥特色优势，推进国家绿色经济试验示范区建设，把普洱打造成为生态环保的新高地、绿色经济的示范区、休闲度假的养生堂。

4月

1日

●省政府召开全省森林防火工作紧急电视电话会，要求坚决遏制当前森林火灾高发频发势头，全力打赢森林防火攻坚战。副省长孔垂柱出席会议并讲话。

●省政府在红河州个旧市沙甸区召开调研会，研究加快推动沙甸经济社会发展，提出沙甸要努力在民族团结进步方面率先示范。副省长和段琪出席会议并讲话。

3日

●由云南省政府和越南国家工商会主办的中国（云南）—越南经贸合作推介会在越南首都河内举行。云南省代表团团长、省长李纪恒在推介会上发表主旨演讲。

5日

●昆明市委书记张田欣率队就昆明市旅游会展规划建设工作进行专题调研，副省长刘平参加调研。

●云南省在柬埔寨首都金边与柬埔寨班迭棉吉省签署合作协议，共建农业科技友谊示范园。代表团团长、省长李纪恒，班迭棉吉省省长翁恩，副省长顾朝曦，班迭棉吉省副省长牟·索蓬，省政府秘书长丁绍祥等出席签字仪式。

6日

●由云南省政府和柬埔寨发展理事会、柬埔寨商业部主办，云南省商务厅和柬埔寨投资理事会、柬埔寨贸促局承办的中国（云南）—柬埔寨经贸合作推介会在柬埔寨首都金边举行。云南省代表团团长、省长李纪恒在推介会上发表主旨演讲。

7~8日

●孔垂柱副省长在红河州调研，强调要进一步抓好抗旱保民生、促生产工作，突出特色、发挥优势，大力推进高原特色农业发展。

8日

●中国教育发展战略学会会长郝克明率国家调研组专家，在滇调研云南开放大学试点推进情况。通过重点考察昆明、曲靖等试点地区的办学体系、质量保障体系建设和体制机制改革情况，为国家完善实施该建设项目提供咨询。

9日

●省政府在昆明向环保部汇报近年来云南省环境保护工作，并与环保部签署《部省共同推进桥头堡建设合作协议》。环保部部长周生贤、省委书记秦光荣、省长李纪恒出席会议并讲话。副省长和段琪主持会议，省政府秘书长丁绍祥出席会议。

●2012年农业产业化龙头企业专项贷款工作会议在昆明举行，省内9家银行与省金融办签订了金融服务书，承诺提供213亿元专项贷款额度，用于支持云南农业龙头企业发展。

10 日

●省长李纪恒主持召开省政府第75次常务会议，研究并原则通过《云南省政府关于金融支持民营经济发展的意见》，审议并原则通过《关于加强新时期和谐劳动关系建设的意见》，决定作进一步修改完善后提请省委常委会审定。

●云南省第十一届政府第五次廉政工作会议在昆明召开，要求各级政府要持续深入有效推进政府系统廉政建设。省长李纪恒出席会议并讲话。副省长李江，省纪委书记辛维光，副省长孔垂柱、刘平、顾朝曦，省政府秘书长丁绍祥出席会议。

●全省新农合和农村卫生服务工作会议在在昆明举行。3 年来共争取到国家农村卫生服务体系基本设施建设项目 1929 个，争取到中央专项资金 30.44 亿元，省级落实配套资金 8.57 亿元；省级财政安排乡镇卫生院设备装备资金 8250 万元，为 457 所乡镇卫生院配备了基本医疗设备。通过 3 年建设，全省农村医疗卫生机构新增业务用房面积 200 多万平方米，新增住院病床近 8000 张。

●省委组织部发布公告，面向全国竞争性选拔 50 名产业园区管委会主任。共有 2008 名来自全国各地熟悉工业经济和特色产业发展的人才报名。其中省内 1679 人，省外 329 人（东部地区 161 人）。

11 日

●第六届世界华侨华人社团联谊会大会侨领云南行活动在昆明举行。省长李纪恒出席活动并致词，副省长顾朝曦，省政府秘书长丁绍祥出席活动。

●哈尼梯田申遗工作现场推进会在元阳召开，副省长高峰出席会议并讲话。哈尼梯田经过上千年开发，呈现出“山间水沟如玉带，层层梯田似天梯”的景观，体现了人与自然的高度和谐，是人类梯田文化的杰作和世界农耕史上的奇迹。2007 年，国家林业局正式批准哈尼梯田为国家湿地公园。2010 年，哈尼梯田被世界粮农组织评为农业文化遗产保护单位。

●昆明市劳动就业局举办劳动密集型小企业贷款讲座。2012 年全省将支持 1000 家劳动密集型小企业获得贴息贷款，昆明有 525 家小企业获益。目前承办银行有富滇银行、民生银行、招商银行、农业银行和华夏银行等。

12 日

●西双版纳国际度假区项目在景洪市开工奠基。中央统战部副部长全哲洙、省委书记秦光荣、省长李纪恒出席开工仪式并为项目培土奠基。副省长刘平、顾朝曦、省政府秘书长丁绍祥出席开工仪式。

●住房和城乡建设部、工业和信息化部在昆明召开全国推广应用高强钢筋工作会议。云南省高强钢筋推广应用取得显著成效，实现节能、节材、减排，工程质量和安全性能大大提升。住房和城乡建设部副部长陈大卫出席会议并讲话。

13～14 日

●省长李纪恒深入昆明、曲靖、楚雄就企业生产运营情况进行专题调研，强调要克服困难、发展不减速、项目不放缓、确保完成全年任务目标，为全省的发展多作贡献。副省长和段琪，省政府秘书长丁绍祥陪同调研。

15 日

●省政府召开全省一季度经济形势分析汇报会，提出要强化措施，狠抓落实，确保完成全年各项目标任务。省长李纪恒出席会议并讲话。常务副省长罗正富、副省长李江、孔垂柱、刘平、高峰、和段琪，省政府秘书长丁绍祥出席会议。

●由云南省股权投资发展中心全资设立的专业性股权投资服务平台—云南政兴股权投资管理有限公司举行成立揭牌仪式。股权投资基金与银行贷款、公开募股、发行债券一起构成了金融市场的四大融资工具，成为一个国家创新发展中重要的融资手段。

16 日

●云南省公布《云南妇女儿童发展规划（2011～2020 年）》、《云南儿童发展规划（2011～2020 年）》，规划目标：确保中小学生每年进行 1 次免费体检。儿童学前 3 年毛入园率达到 70%，儿童学前 1 年毛入园率达到 95%。每个乡（镇、街道办事处）至少配备 1 名专职或兼职的儿童社会工作者。孕产妇产前检查率达 90%以上，孕产妇死亡率控制在十万分之二十五以内。保证中小学生在校期间每天至少参加 1 小时体育锻炼活动。农村妇女每 3 年至少享受 1 次免费妇科检查。妇女参与媒体的管理、制作、培训和研究的比例不低于 30%。

●2012 年第八届云南地产文化节昆明春季房交会落下帷幕。房交会 5 天，房地产接待 23.88 万人次，意向签约 778 套，相关产业接待 5.93 万人次，意向签约 1096 单。

16～21 日

●云南省第八届农运会在大理举行。比赛设

置11个大项、114个小项，参赛运动员1200人，总人数超过2.5万人，创下历届农运会比赛项目、参赛人数及参会人数之最。副省长孔垂柱、中国农民体育协会副主席王福来出席开幕式。

17日

●陈家顺先进事迹报告会在曲靖市举行。沾益县人力资源和社会保障局副局长、沾益县驻义乌劳务工作站站长陈家顺讲述到浙江省义乌市开展劳务工作、"卧底"企业探明实情、帮助农民排忧解难、创新思路助民增收的事迹。

18日

●云南网报道：由四川省省委书记刘奇葆，四川省省长蒋巨峰率队的四川省党政代表团在云南考察。省委书记秦光荣、省长李纪恒，省委副书记仇和等陪同考察。滇川两省党政领导座谈交流中，就携手推动滇川交流合作向更大范围、更宽领域、更高层次发展提出多条建议，共同构建面向西南开放的核心腹地。

●泰中民营企业合作谅解备忘录签字仪式在北京举行，9家中国企业与9家泰国企业签署了合作框架协议，其中有2家云南企业。

●云南网报道：省总工会追授在破获西双版纳州"2·23"特大武装贩毒案中英勇牺牲的民警柯占军"云南省五一劳动奖章"荣誉称号。柯占军生前任西双版纳州公安局禁毒支队情报调研大队副大队长。2012年2月23日，在抓捕毒贩的战斗中，只身与毒贩殊死搏斗，不幸中弹牺牲，年仅31岁。

19日

●东航云南公司开通腾冲—西双版纳、腾冲—丽江、腾冲—大理直飞航线航班。省内精品旅游直飞航线航班的开通形成了"点对点，线成圈"的航空交通网络，极大地优化了腾冲、丽江、西双版纳、大理等省内各旅游城市之间的旅游资源，使旅游资源得到共享，较好地发挥机场集群化效应。

●昆明首个年供水700万方的地下水库，在石林台湾农民创业园动工。石林属喀斯特岩深地形，地上严重缺水，但地下暗河、溶洞资源则较为丰富。地下水库投资2.7亿，储水量将达650万立方米。加上邻近的团结水库810万立方米的蓄水量能满足创业园5.4万亩规划园区的需求。

20日

●国家电监会和省政府在昆明签署《国家电力监管委员会云南省政府关于支持云南省加快建设面向西南开放重要桥头堡的战略合作协议》。国家电监会主席吴新雄、省长李纪恒出席签字仪式。国家电监会副主席王禹民、副省长和段琪代表双方签字。国家电监会总监谭荣尧、省政府秘书长丁绍祥出席签字仪式。

●第四届"云南青年创业省长奖"终评会在昆明召开，评选出马睿等10人获得者、厉君等19人为提名奖获得者。

23日

●省委、省政府召开全省金融工作电视电话会议，省长李纪恒出席会议并讲话。要求金融工作要以融资方式创新，扩大融资规模，保障云南加快发展的资金需求为重点，着力在10个方面下工夫：着力加大银行信用融资力度、着力加大上市融资力度、着力扩大债券和银行间市场债务融资规模、着力加大保险机构融资力度、着力提升保险保障服务水平、着力扩大政金合作领域、着力推进股权投资事业发展、力争实现小额贷款公司县域全覆盖、着力加强资产证券化运作、着力促进要素市场规范发展。

●副省长和段琪在西双版纳州就石斛产业发展情况进行调研，提出发展石斛产业要坚持标准化、规范化、工业化。

●昆明交通产业股份有限公司与昆明空港投资开发有限责任公司共同投资约72亿元建设昆明空港冷链物流产业园项目，建成后将成为中国西南部及南亚地区最大的国际冷链物流商贸区。产业园选址于昆明空港经济区的东北地块，紧邻新螺蛳湾小商品加工基地，该地块交通便利，集航空、铁路、公路、城市交通于一体。项目建设用地约2000亩、总建筑面积201万平方米，分3期进行滚动投资开发。分为物流中心区、产品加工区、冷库出储藏区、商贸交易区以及综合服务区。同时在园区设工商、税务、海关、检验检疫、产业孵化器及大型金融结算中心、电子商务信息数据管理中心等一系列市场服务及产业配套设施。

24日

●云南省生物多样性保护联席会议第三次会议在西双版纳召开，会议强调要加大统筹力度，兼顾各方利益，更加科学务实地抓好生物多样性保护利用工作。省长李纪恒出席会议并讲话。副省长和段琪在会上对《云南省生物多样性保护西双版纳约定》作说明。

25日

●省长李纪恒主持召开第76次省政府常务会议，强调科学编制规划推动城镇化建设。会议审议并原则同意《云南省城镇体系规划（2011～2030年）》，修改完善后提请省人大常委会审议，并尽快履行相关法定程序，上报国务院审批；原则同意《滇东北城镇群规划（2011～2030年）》、《滇西城镇群规划（2011～2030年）》、《云南省历史文化名城（镇村街）保护体系规划》，修改完善后颁布实施；原则同意《云南省政府贯彻〈国家侨务工作发展纲要（2011～2015年）〉的实施意见》、《云南省公共机构节能管理办法（草案）》，修改完善后颁布实施；原则通过《云南省专利促进与保护条例（草案）》，修改完善后提请省人大常委会审议。会议还研究了昆交会筹备、央企入滇等工作。

●全省农业工作会议在大理召开。2012年云南将实质推进高原特色农业发展，建设100个高原特色农业示范县、100个现代农业示范园，打造高原粮仓，发展特色经济作物和山地牧业、淡水渔业，力争全省农牧渔业总产值、增加值增长8%以上，粮食增产50万吨，农民人均纯收入达到5500元。

●省委在昆明举行陈家顺先进事迹报告会。报告会前，省委书记秦光荣、省委副书记仇和、省委秘书长曹建方、省委组织部长刘维佳等看望报告团成员。2011年以来，中央和省级主要媒体对陈家顺的先进事迹进行了报道，在全社会引起了强烈反响，赢得了广大群众的广泛赞誉，李长春、刘云山、李源潮等中央领导先后作出重要批示。陈家顺作为一名普通公务员，在平凡的岗位上做出了不平凡的业绩，是新时代的好党员、好干部、好公务员，为广大党员干部树立了学习的榜样。

●国家土地督察成都局土地例行督察“媒体开放日”活动在芒市举行。目前，通过卫星遥感影像图等6图叠加分析的先进技术，云南省土地利用与管理实现在线全程监控。在对玉溪、昆明、文山、红河、楚雄、大理、怒江7个州（市）的70个县（市、区）开展的土地例行督察中，发现问题立即督促整改。在2011年开展的云南省农用地转用和土地征收审批事项督察工作中，共抽查卷宗468件，涉及新增建设用地面积8969.39公顷。

●“中巴关系：现状与发展趋势”国际研讨会在昆明举行。来自巴基斯坦、中国云南、新疆的多位专家学者参加，云南作为中国面向南亚开放的重要门户，可借助新疆来拓展巴基斯坦市场，增强经贸合作。

26日

●省长李纪恒在昆明市调研重点项目建设，强调各地各部门要集中精力抓项目，千方百计增投资，抢时间、抓进度、快推进，为完成全年经济社会发展各项目标任务打下坚实基础。副省长刘平，省政府秘书长丁绍祥陪同调研。

●省国税局、省地税局、省商务厅联合召开“走出去”企业税收服务座谈会，随着“走出去”战略和桥头堡建设的深入推进，云南许多企业走出国门拓展国际市场。截至2011年底，云南省境外投资企业已达337家，中方协议投资102.4亿美元，对外实际投资累计达到18.6亿美元。新签订对外承包工程47份，新增合同额11.21亿美元，比上年增长15.44%；完成营业额11.45亿美元，增长16.25%，双双突破10亿美元大关。新批境外投资企业28家。境内投资者对全球15个国家和地区的77家境外企业进行直接投资，累计对外直接投资5.7亿美元，增长20.4%。

●省政府新闻办和省工商局举行的新闻发布会，云南省14件商标荣获中国驰名商标。云南荣获中国驰名商标总数已达34件，在西部12省（区）中排名第五位。加快推进商标战略取得新突破。

27日

●全省中小学校舍安全及优化校点布局工作电视电话会议召开，要求把校安工程各项安全建设措施落到实处，把学校建成最牢固、最安全、最放心的地方。

30日

●截至4月30日，昆明市14个县(市)完善土地利用总体规划成果数据资料已全部上报省级备案待批。其中规划完善后，昆明的耕地保有量将增加，至2020年，全市耕地保有量将达到4151.27平方公里，较国务院批复下达的3943平方公里，增加208.27平方公里。

5月

1日

●自5月1日起，《云南省涉诉特困人员救助条例》施行。《条例》共19条，从立法宗旨和依据、救助对象和范围、救助主体及职责、救助方式和原则、救助资金来源及管理、救助申请与审批、救助监督与法律责任等方面进行了全面规定。实施涉诉特困者可申请救助。

●自5月1日起，昆明餐饮业开始全面禁止使用散装食用油，防止地沟油进入餐饮市场。

2~6日

●全国人大常委会原副委员长成思危一行在云南调研职业教育发展和滇池治理情况时提出，要加大对教育产业和生态建设的投入力度，实现“十二五”时期云南新跨越。

4日

●省政府召开全省防汛抗旱工作电视电话会议，要求各级、各有关部门要牢固树立防大汛、抗大旱、救大灾的思想，坚持抗旱防汛两手抓、两不误，确保全省防汛抗旱、春耕生产和森林防火各项工作取得全面胜利。副省长孔垂柱出席会议并讲话。

5日

●省政府与新闻出版总署在北京举行工作会谈，提出要深化落实双方签署的“加快推进云南省桥头堡建设战略合作协议”，推动民族文化强省建设迈出新步伐。新闻出版总署署长柳斌杰、省长李纪恒、新闻出版总署副署长蒋建国出席座谈会并讲话。副省长李江主持座谈会，副省长高峰汇报云南新闻出版工作，省政府秘书长丁绍祥出席座谈会。

6日

●省政府与文化部在北京举行工作会谈，进一步深化落实双方签署的文化建设合作协议内容，推动省部合作取得新实效、民族文化强省建设取得新进展。文化部部长蔡武、省长李纪恒、文化部副部长赵少华、励小捷出席座谈会并讲话。副省长李江主持座谈会，副省长高峰汇报云南省文化工作，省政府秘书长丁绍祥出席座谈会。

7日

●省政府与教育部在北京举行工作会谈，全面落实云南省与教育部签署的《推进义务教育均衡发展备忘录》和《加快云南教育事业发展推进桥头堡建设战略合作协议》，推动云南教育改革发展取得更好成绩。教育部副部长鲁昕主持座谈会并讲话。副省长李江出席会议并讲话。教育部副部长刘利民、部长助理陈舜出席座谈会。副省长高峰汇报云南教育工作，省政府秘书长丁绍祥出席座谈会。

●云南网报道：云南省启动十大历史文化旅游建设项目。这些项目是：古滇国、广南地母文化、西双版纳南传佛教、大理国古都、巍山南诏国、边三县茶祖文化、澄江帽天山古生物化石群、禄丰世界恐龙谷、元谋人、三国文化。

●省绿化委员会在陆良花木山林场向王家云、王云方、王开和、王德应、王家寿、王家德、王长取、王小苗“陆良八老”颁发云岭绿化特别贡献奖，并授予王小苗“云岭绿化楷模”荣誉称号。

●国内第三方调查机构零点研究咨询集团2011年9~11月对全国83家市长热线进行暗访测评，昆明市市长热线在测评中高居全国第二，仅次于广州。2011年一季度，该机构再次进行回访测评，昆明市市长热线再次获评“全国优秀热线”，是2次测评中均获优秀的8家单位之一。市长热线办通过“12345”热线电话、书记工作电话、市长工作电话、书记电子信箱、市长电子信箱、市长热线网站、市长热线官方微博及邮政渠道，共受理群众来件72万余件，办结率99.4%，群众满意率98.7%。

●昆明市中级人民法院对绿大地公司涉嫌犯欺诈发行股票罪一案进行一审开庭审理。昆明市官渡区法院之前的判决被全盘撤销。为避免公司股价异常波动，充分保护广大投资者的利益，公司股票自5月7日开市起停牌。何学葵、蒋凯西、庞明星、赵海丽、赵海艳涉嫌犯欺诈发行股票罪、违规披露重要信息罪、伪造金融票证罪、故意销毁会计凭证罪。

7~9日

●省政府在北京分别与外交部、国家发改委、财政部举行工作会谈，加强沟通交流，寻求支持帮助，推进桥头堡建设，加快云南科学发展、和谐发展、跨越发展。外交部长杨洁篪、国家发改委主任张平、财政部长谢旭人出席座谈会并讲话。省长李纪恒代表云南省委、省政府和省委书记秦光荣，感谢外交部、发改委、财政部长期以来对云南的关心和支持，希望继续在政策、资金、项目等方面给予云南更多的支持与倾斜。国家发改委副主任徐宪平、杜鹰，财政部副部长张少春、王军，外交部副部长程国平，副省长李江、高峰、顾朝曦，省政府秘书长丁绍祥分别出席座谈会。

8日

●省政府召开全省防控道路交通事故工作紧急电视电话会议，要求各地各有关部门迅速开展道路交通安全专项整治，做好道路交通事故防控工作，坚决遏制重特大事故发生，切实保障人民群众生命财产安全。副省长曹建方出席昆明主场会议并讲话。

●第八届中国国际物流节闭幕。有境外、省

外代表团组 29 个，参会、参展的专业客商、观众 1 万多人。本届物流节是历次中国物流节规模最大、国际化参与程度最高、投资合作实际签约金额最高的一次物流行业盛会。昆明有 28 个项目在签约仪式上签约，签约额近 300 亿元。在物流节之前举办的先锋活动——中国物流万里行活动也促成了近百亿元的项目。

9 日

●云南网报道：截至 2012 年 4 月，全国普通高校（不含独立学院）共计2138 所，其中云南省有 59 所，包括 46 所公办高校和 13 所民办高校，2012 年新增普洱学院和昭通学院 2 所本科院校。

●云南启动“2012 年云南省饮用水卫生宣传周”。2012 年全省 16 个州（市），所辖的 32 个县（市、区）纳入全国饮用水卫生监督监测网络。

●云南网报道：昆明市省级 23 件增蓄应急重点项目及市级 536 件抗旱应急工程已全面投入使用，23 件增蓄应急重点项目增加蓄水 4219 万立方米，增加日供水量 43.07 万立方米。

10 日

●国务院国资委与省政府在昆明举行合作备忘录签署暨央企入滇活动。是国家部委与云南省共同加快推动桥头堡建设的一项重要举措，央企入滇工作进入了新的阶段。省委书记秦光荣、国务院国资委主任王勇出席并讲话。省长李纪恒致词，国务院国资委副主任黄丹华出席，省委副书记仇和主持。58 家中央企业负责人及国务院国资委有关厅局负责人出席。副省长李江、曹建方、和段琪、省政府党组成员李培，省政府秘书长丁绍祥出席活动。活动仪式上，省政府、州（市）、县政府及云南省属企业分别与部分央企签订合作协议。

●中国广东核电集团有限公司云南分公司在昆明成立，将在滇发展清洁能源。作为中广核集团公司国内第三个省级分公司，云南分公司预计年内实现在滇累积投资金额 30 亿元。副省长李江、中广核集团公司总经理张善明出席仪式。

●9 时许，昭通市巧家县白鹤滩镇花桥社区便民服务大厅发生一起爆炸案，爆炸造成 4 人遇难 16 人受伤。

11 日

●云南网报道：全省住房公积金管理工作会议在怒江州六库召开。2011 年全省实现全省住房公积金归集总额 1003.5 亿元，归集余额 575.2 亿元，累计发放住房公积金贷款 628.4 亿元，公积金支持保障性住房建设贷款 4.46 亿元，住房公积金增值收益 3.5 亿元。

13～17 日

●中央纪委副书记何勇在云南调研，强调要认真履行职责，深入推进党风廉政建设和反腐败工作，切实维护党的先进性和纯洁性，为全面做好各项工作提供保证。省委书记秦光荣、省长李纪恒等领导陪同调研。

14 日

●云南网报道：国内首家轨道交通车辆“4S 店”落户昆明。专业维保（4S 店）模式借助城市轨道车辆研制商的技术实力，与运营商一道解决车辆日常维护保养问题，降低运营商的车辆维护成本，实现双赢。

●昆明市举行与金融机构银政合作签约暨昆明市中小企业服务中心挂牌仪式。市政府与 19 家驻昆银行业金融机构签订《支持中小微企业融资、壮大实体经济合作协议》，拟对昆明地区中小微企业提供 323 亿元的意向融资。

●云南省选调高校优秀毕业生到基层工作部署会议召开，云南省将选调高校优秀毕业生到基层工作，名额为 150 名，范围为云南公办普通本科院校中已参加过2012年云南省普通公务员笔试的 2012 年应届毕业生。

15 日

●省长李纪恒主持召开省政府第 77 次常务会议，通报省政府近期赴京向国家有关部委衔接汇报工作情况；研究推进桥头堡建设相关工作、全国工商联十届九次常委会议、全国民营企业助推云南产业发展大会的筹备工作；研究并原则同意《云南省价格调节基金征收使用管理暂行办法》和《云南省价格调节基金征收使用管理暂行办法实施细则》，决定修改完善后提请省委常委会审定；研究并原则同意《云南省县域经济发展争先进位评价体系及考核办法（试行）》和《中共云南省委 云南省政府关于推动县域经济跨越发展的决定（送审稿）》，决定修改完善后提请省委常委会审定。

●国家发改委对外公布了国家电子商务示范城市电子商务试点专项工作的具体内容，将依托北京、天津、上海、昆明等 21 个示范城市组织开展电子商务试点工作。

●陆良铬渣污染事件查处工作有新进展。曲靖市麒麟区人民法院公开庭审，因污染环境罪被告吴兴怀、刘兴水等 7 人一审获刑。

16 日

●省政府召开全省纠风工作电视电话会议，强调以政风行风建设的实际成效为实现2012年经济社会发展的各项目标任务提供有力保障。副省长李江出席会议并讲话。

●省政府在石屏县召开全省低效林改造现场推进会，提出要强化措施抓好落实，确保全年全省改造低效林400万亩。副省长孔垂柱出席会议并讲话。

●云南网报道:景洪警方破获涉烟网络案件，查获的雪茄烟合计3.18万条(140万支雪茄烟)，案值676.4万余元，并从西双版纳、昆明等地抓获了8名犯罪嫌疑人。这是目前为止公安机关破获全国最大的一起涉烟网络案件，被省公安厅申报为公安部、国家烟草专卖局督办案件。

●云南网报道:省质监局与省农业厅联合召开工作会议，研讨落实两厅局“加快推进农业标准化工作战略合作协议”，推动高原特色农业加快发展事项，力争30个特色农产品获地理标志证书。

16~17日

●中央政法委副书记王乐泉在云南考察时指出，云南经济社会发展、社会和谐稳定、民族团结成绩来之不易，要认真总结，进一步创新实践，推动综治维稳工作取得更大成绩。省委书记秦光荣、省长李纪恒等领导先后陪同调研。

17~22日

●全国政协主席贾庆林在云南就促进少数民族和民族地区经济社会又好又快发展进行调研，指出要大力推进示范区建设，推动云南民族工作走在全国前列。省委书记秦光荣、省长李纪恒、省委副书记仇和、省政协主席罗正富等领导陪同调研。

18日

●昆明医学院更名为昆明医科大学。省长李纪恒、省政府党组成员李培为昆明医科大学揭牌。

21日

●云南网报道:《红河谷绿色经济走廊发展规划》在昆明通过专家组评审。红河州将在今后10年内，组织实施好409个项目，面积超过2.5万平方公里。

22日

●云南网报道：历经20余年摸索研究，云南省突破两系杂交稻制种难题，首次在高原低纬度梯田建立两系杂交稻制种基地，研究形成应用于种子生产的标准化、规范化的高产高效安全制种技术体系，实现千亩连片制种平均亩产量超300公斤，验收最高亩产量423.7公斤，创造了大面积两系制种生产全国高产纪录。

23日

●云南中石油昆仑燃气有限公司与云南铝业股份有限公司就天然气合作框架协议举行签字仪式。昆仑燃气承诺供应云南铝业全省各项目所需的天然气代替煤或燃油，实现低碳发展。昆仑燃气公司已在省内中缅天然气管道的沿线城市设立了17家下属公司。待中缅天然气进入云南后，将为多个城市供应天然气，届时能带动云南省50多个项目发展。

24日

●省委召开常委会决定自2012年起对全省129个县（市、区）的县域经济发展情况进行考核评价。考评办法选取10项指标不分类别统一进行，其中地区生产总值、人均生产总值、地方公共财政预算收入、规模以上固定资产投资、城镇居民人均可支配收入、农民人均纯收入为综合评分指标；生态环保、安全生产、社会稳定、党风廉政为“一票否决”的前置指标。纵向比，比增量；横向比，比速度；争先进位，形成你追我赶的良好局面。

●省长李纪恒主持召开省政府第78次常务会议，传达学习国务院23日召开的常务会议精神，要求全省各地、各部门要认真贯彻稳中求进的工作基调，抓好当前工作，确保实现2012年经济社会发展目标；强调要严厉打击食品安全违法违规行为，对人民、对社会负责；审议并原则通过《云南省政府关于进一步加强食品安全监管工作的决定（送审稿）》和《云南省政府关于加强和创新新时期民政工作的意见（送审稿）》，修改完善后尽快颁布实施；审议通过了《云南省轻工业“十二五”专项规划（送审稿）》和《云南省乡镇船舶和渡口安全管理办法（修订草案）》。

26日

●零时起，昆明出租车燃油附加费由现行的3元调整为2.5元。

26~6月3日

●昆明市委书记张田欣率领昆明市经贸文化参访团和昆明市经贸代表团，分赴台湾、香港参访考察、招商推介。恳谈推介推进了昆台、昆港优势互补、互利共赢步伐，活动取得了丰硕成果。昆台两地签订10个经贸合作项目协议、1个服务协议，项目总金额160亿元，约合25.4亿美元、720亿新台币。在香港的招商成效显著，昆明和香港部分企业签订了28个经贸合作项目协议、

1 个服务协议，总金额 744.2 亿元，约合 118.12 亿美元、914.25 亿港币。

28 日

●全省召开县乡两级人大换届选举工作学习班，云南全省县乡两级人大代表的换届选举工作 7 月 1 日全面铺开。县乡两级人民代表大会将进行同步换届选举，由选民直接选举产生县乡两级人大代表近 10 万名。

●云南网报道：云南省建立煤矿安全生产监督管理联动机制。主要内容：建立联席会议制度、建立行政许可信息沟通和协调配合工作制度、建立联合执法检查制度、建立重大隐患会审制度。

●昆明市环保局发布《昆明市"十二五"环保产业发展规划》，"十二五"期间，昆明将投资 148.29 亿元，实施水处理产品的生产与经营、固体废弃物处理与处置环保产品生产与经营等昆明市环保产业发展十大重点工程。

29 日

●省委、省政府在开远市举行全省加大城乡统筹力度促进农业转移人口转变为城镇居民工作推进会议，提出要强化措施，切实推进，确保城乡统筹农民转户入城工作取得新成效。省长李纪恒出席会议并讲话，省委副书记仇和主持会议。副省长孔垂柱与各州（市）政府代表签订工作目标责任状。

31 日

●省政府在昆明召开全省重大项目建设推进会，强调全省上下要牢固树立"发展是第一要务，稳定是第一责任，投资和项目是第一抓手"的理念，抢机遇、抓项目、增投资、促发展，确保全年完成7100亿元规模以上固定资产投资目标任务，为全省经济总量突破万亿元大关提供强有力的支撑。省长李纪恒出席会议并讲话。副省长李江、孔垂柱、刘平、顾朝曦、和段琪、省政府秘书长丁绍祥出席会议。

●按照中央和省委、省政府关于国有文艺院团体制改革的有关精神要求，云南省全面完成国有文艺院团改革任务。

●从 5 月 31 日起，四川航空公司丽江至香港往返航线正式开通。截至 2012 年 5 月，丽江口岸机场旅客吞吐量 91 万人次，航班起降 8500 架次。全年旅客吞吐量有望达到 250 万人次，规模居云南省第二。

6 月

1 日

●从 6 月 1 日起，为有效防范和处置生产安全事故，切实落实企业安全生产主体责任和地方政府及部门安全监管责任，《云南省安全生产应急管理特别规定》开始在全省实行。

3 日

●中国云南省与越南河江、老街、莱州、奠边省联合工作组第四次会议在昆明举行。越南副总理阮善仁、云南省省长李纪恒出席会议并分别致词。云南省副省长顾朝曦、越南老街省主席阮文咏、河江省副主席阮文山、莱州省副主席王文成、奠边省副主席黄文山分别率各省代表团出席会议。云南省政府秘书长丁绍祥主持会议。会议签署了相关会议纪要的合作规划。

4 日

●云南省森林生态服务功能价值评估新闻发布会召开。评估报告显示，云南省森林生态系统服务功能总价值为每年 1.48 万亿元，约相当于全省 2010 年地区生产总值（GDP）的 2 倍，每年每公顷的森林生态服务价值 7.41 万元（每亩价值 4900 元）。云南省 2.73 亿亩森林发挥的净化空气、制造氧气、消除噪音、调节气候、涵养水源等生态服务功能价值。

5 日

●全国工商联和省政府在昆明共同举行民企入滇助推桥头堡建设大会。全国工商联主席黄孟复、省委书记秦光荣出席会议并讲话。全国工商联第一副主席全哲洙、省长李纪恒、省委副书记仇和、省政协主席罗正富出席会议。会上全哲洙与李纪恒共同签署了《中华全国工商业联合会、云南省政府民企入滇助推面向西南开放重要桥头堡建设战略合作框架协议》。

●第十届东盟华商会在昆明开幕，有项目签约仪式、亚太华商论坛、东盟华商投资项目推介会、玉溪市专场投资推介会等系列活动；600 多人参会，有 7 个重点项目签约，项目总投资 325 亿元。

●中国—南亚商务论坛—首届教育分论坛在昆明举行，南亚 8 国 11 所大学校长、教授，以及中国国内数十所高校相关领导及学者参加论坛。

6 日

●第二十届中国昆明进出口商品交易会暨第五届南亚国家商品展在昆明国际会展中心开

幕。全国工商联主席黄孟复出席开幕式并与老挝副总理宋沙瓦·凌沙瓦、越南副总理阮善仁、云南省委书记秦光荣等中外主礼嘉宾共同为开幕式剪彩。开幕式由轮值主席、贵州省省长赵克志主持。云南省省长李纪恒在开幕式上致欢迎词。副省长李江、省政府党组成员李培、副省长顾和段琪、省政府秘书长丁绍祥出席开幕式。有29个国家和地区及各省（州、市）的参展商参加本届昆交会。

●昆交会20年来，云南对外经济贸易发展情况：1993年，对外贸易总额不足12亿美元；到2010年，外贸首次突破100亿美元大关；2011年进出口总额160.5亿美元，实现了外贸的历史性跨越；20年间，全省进出口总额翻了12.7倍。

7日

●省长李纪恒主持召开省政府第79次常务会议，听取全省医疗卫生体制改革工作情况汇报，要求推进医改进程，保障群众健康。会议讨论云南园区经济跨越发展规划纲要等文件，决定尽快召开园区经济战役启动大会，全面部署相关工作。会议还研究了加快民营经济发展相关工作，讨论了《中共云南省委 云南省政府关于加快民营经济发展的决定（送审稿）》，待修改完善后提请省委常委会审议。

●云南省召开了环境保护工作会议，围绕污染减排、九湖污染综合治理、农村环境综合整治、生物多样性保护、环境能力建设方面进行了发布。在生物多样性保护方面，云南累计投入7亿元资金，在九湖治理方面，投入500余亿元，消灭劣五类水质的目标。

8日

●省委、省政府在曲靖举行全省园区经济战役启动大会，提出凝心聚力、真抓实干、推进园区经济提速增量、重点突破、争先进位，为全省强产业、稳增长、冲万亿提供有力支撑。省长李纪恒、副省长和段琪出席会议。

●中国民用航空局在昆明新机场召开昆明新机场工程行业验收总结会议。昆明新机场工程通过行业验收，全面具备通航运营条件。中国民用航空局副局长夏兴华、副省长刘平出席会议。

9日

●省政府与中国西部开发促进会在北京签署合作协议，支持云南加快建设面向西南开放重要桥头堡。中国西部开发促进会会长张剑鸿、省长李纪恒出席签字仪式。中国西部开发促进会常务副会长赵霖、常务副省长李江分别代表双方签署协议。省政府党组成员李培、省政府秘书长丁绍祥出席签字仪式。

10日

●省政府与审计署在北京举行工作会谈，就进一步发挥好审计监督的建设性作用，为云南科学发展、和谐发展、跨越发展提供服务，进行了沟通和交流。审计署审计长刘家义、省长李纪恒出席会谈并讲话。常务副省长李江汇报了云南审计工作。审计署副审计长石爱中、侯凯，省政府党组成员李培，省政府秘书长丁绍祥出席座谈会。

●历时5天的第二十届中国昆明进出口商品交易会暨第五届南亚国家商品展落下帷幕。本届展会各项经贸成交累计达到80.68亿美元，同比增长15.9%。进出口成交18.08亿美元,同比增长10.3%;利用外资签约59.5亿美元,同比增长14.2%;对外经济技术合作3.1亿美元,同比增长189.7%。国内贸易和国内经济合作达到1.04万亿。其他联办省(区)市现场成交1585.75万元，进出口累计成交884万美元，其中贵州520万美元、四川281万美元、重庆83万美元、成都39万美元。

10～12日

●省委书记秦光荣率云南省工作组随同中央纪委书记贺国强访问老挝。

11日

●云南省食品安全宣传周暨食品安全专项整治年行动启动。启动仪式由省食品安全委员会、昆明市政府联合举办，300余人参加启动仪式。

12日

●建设面向西南开放重要桥头堡部际联席会议第一次会议在北京举行。会议听取了有关方面关于桥头堡建设进展情况的汇报，研究协调推进桥头堡建设的有关重大事项。会议的召开，标志着桥头堡建设部际联席会议制度正式启动。国家发改委主任张平出席会议并总结讲话，国家发改革委副主任杜鹰主持会议。省长李纪恒在会上介绍桥头堡建设有关情况。国家发改委等44个有关部门和云南省政府参加会议，多位部级领导出席会议。省政协主席罗正富、常务副省长李江、省政府党组成员李培、省政府秘书长丁绍祥出席会议。

●省旅游产业改革发展领导小组办公室召开动员大会。针对媒体披露云南旅游市场存在的一些问题，省委、省政府高度重视，就进一步规范旅游市场、加大旅游市场整治力度作出批示。为贯彻落实好批示精神，启动对旅游行业非法经营、违法违规经营和强迫、变相强迫消费行为专项行动。

14 日

●云南省与微软（中国）有限公司在昆明签署合作备忘录，决定在小语种软件研发及产业化、微软在滇设立 IT 学院建立、云端技术实验室和开设软件评测中心等多领域展开深入合作。省委书记秦光荣、省长李纪恒出席签字仪式并会见美国微软公司全球高级副总裁奥兰多·阿亚拉一行。常务副省长李江、省委秘书长曹建方、副省长和段琪，省政府秘书长丁绍祥出席签字仪式。

●云南省与中国长江三峡集团公司在昆明举行工作座谈会，研究金沙江下游梯级水电站移民安置和工程建设相关问题。省委书记秦光荣、省长李纪恒，中国长江三峡集团公司董事长曹广晶和总经理陈飞、常务副省长、省委秘书长曹建方、中国长江三峡集团公司副总经理毕亚雄、省政府顾问邹纲仁出席会议。

18 日

●省政府与交通银行股份有限公司在昆明签署支持桥头堡建设战略合作协议，双方将以互利互惠为基础，以支持云南桥头堡建设为主线，建立紧密、稳定、持久的战略合作关系。省长李纪恒、交通银行行长牛锡明出席签字仪式。副省长高峰、交通银行副行长钱文挥代表双方签署协议。交通银行董事胡华庭、省政府秘书长丁绍祥出席签字仪式。

●由上海农村商业银行、中国民生银行、浙江稠州银行、上海浦东发展银行、重庆农村商业银行分别发起设立的 17 家村镇银行落户云南启动仪式在昆明举行。省长李纪恒、副省长高峰，省政府秘书长丁绍祥等领导出席启动仪式。

20 日

●全省深化医药卫生体制改革电视电话会议提出要切实抓好医改工作，让群众享受医改实惠，确保 2015 年缓解群众看病难、看病贵问题，到2020 年实现人人享受基本医疗卫生服务。省长李纪恒对会议作出批示。常务副省长李江、副省长高峰出席会议。

21 日

●全省高原特色农业推进大会在曲靖召开，强调创新思路打造品牌，推进高原特色农业实现新跨越。省委书记秦光荣、省长李纪恒、省委副书记仇和、副省长孔垂柱，省政府秘书长丁绍祥出席会议。

24 日

●15 时 59 分，云南省宁蒗县永宁乡与四川省盐源县交界处（北纬 27.7 度、东经 100.7 度）发生 5.7 级地震，震源 11 公里。造成 3 人遇难、20 人重伤、82 人轻伤，民房倒塌 1.49 万间。地震发生后，省委书记秦光荣、省长李纪恒立即作出批示，要求组织力量核查灾情，救助伤员，及时转移安置受灾群众。顾朝曦副省长率省政府工作组连夜赶赴地震灾区指导抗震救灾。

25 日

●省长李纪恒主持召开第80次省政府常务会议。会议就宁蒗县“6·24”地震救灾工作进行安排部署；听取上半年经济运行情况汇报，研究做好当前经济工作、努力保持经济平稳较快发展的有关政策；通报了桥头堡建设部际联席会议及省政府赴京衔接汇报工作有关情况；审议并原则通过《云南省电力用户安全用电管理办法（草案）》、《云南省重点建设项目稽察办法（草案）》、《云南省流动人口计划生育工作规定（修订草案）》，修改完善后颁布实施；审议并原则通过《云南省少数民族语言文字工作条例（草案）》，修改完善后提请省人大常委会审议。

25～29 日

●省人大常委会对云南省实施《中华人民共和国非物质文化遗产法》情况开展执法检查。云南省启动实施民族民间传统文化保护工程，建立分级分类保护名录体系，现已有各级政府批准公布的非物质文化遗产保护名录 8590 项。有国家级 90 项、省级 197 项、州（市）级 2881 项、县（区）级名录 5422 项，傣族剪纸、藏族史诗《格萨尔》入选联合国教科文组织人类非物质文化遗产代表作名录。目前全省有 47 个非物质文化遗产传承展示馆（所）、12 个民族博物馆。

26 日

●面向东南亚、南亚、西亚，联接欧洲、亚洲、非洲的中国西南门户国际枢纽机场，中国第四大机场——昆明长水国际机场全面竣工。省委书记秦光荣、中国民航局局长李家祥、省长李纪恒、省委副书记仇和、省政协主席罗正富、全国政协民宗委副主任王学仁出席典礼。

27 日

●晚上，随着最后几架飞机的降落，服务了近百年的巫家坝机场完成了它的使命，功成身退。二战时期，巫家坝作为军用机场，是飞虎队主要基地和司令部所在，也是驼峰航线的终点站。几经沧桑变迁，转为民用机场后的巫家坝与百姓关系更加密切。随着机场的不断扩容，巫家坝成为国内起降最繁忙的航空港之一。

27～28 日

●中国共产党云南省代表会议在昆明举行。选举产生云南省出席党的十八大代表，并对当前和今后一段时期的工作进行部署。省委书记秦光荣在会上作重要讲话。

28 日

●昆明长水国际机场首航仪式在长水机场 134 号机位举行。省机场建设工作领导小组组长李汉柏，副省长刘平出席仪式并讲话。长水国际机场建设项目是国家“十一五”重点建设工程，是国家综合交通体系的重要组成部分，也是云南省特大型城市基础设施建设工程，是云南百年来投资规模最大、建设规模最大、影响力最大的民航工程。

7 月

2 日

●省国土资源厅下发《2012 年度云南省地质灾害防治方案》。全省滑坡、崩塌、泥石流灾害高发区域主要有滇西北“三江”流域高山峡谷区、滇东北高中山区、大盈江流域、红河中下游地区、滇中金沙江两岸等区域。受灾害威胁较大的县（市、区）主要有：贡山、福贡、泸水、德钦、维西、兰坪、玉龙、宁蒗、永胜、腾冲、梁河、盈江、陇川、龙陵、云龙、永平、洱源、巍山、盐津、绥江、大关、威信、永善、彝良、鲁甸、巧家、绿春、元阳、金平、镇沅、红河、新平、元江、东川、寻甸等。

3 日

●省政府在昆明召开全省桥头堡建设暨稳增长冲万亿促跨越工作会议，要求确保全年发展目标顺利实现，推动桥头堡建设取得新成效。省长李纪恒、常务副省长李江、副省长刘平、和段琪出席会议。

●省政府在昆明召开全省城镇保障性安居工程建设推进会，提出确保年底前基本建成 19.63 万套保障房。副省长刘平出席会议。

4～5 日

●省政府召开推进普洱绿色经济发展专题工作会议，要求普洱市着力建设绿色发展为主题、绿色经济为主流、绿色产业为主体、绿色企业为主力的绿色经济试验示范区，为云南建设绿色经济强省当示范、作表率。省长李纪恒、常务副省长李江、省政府党组成员李培、副省长孔垂柱、刘平、高峰、顾朝曦出席会议。

5 日

●西南首个危险废物处理处置中心——昆明市危险废物处理处置中心正式投运。中心位于富民县罗免镇高仓村，一期工程规划用地 370 亩，总投资 1.3 亿元，设计处置各类固体废物 3.4 万吨/年，主要建设危险废物预处理车间、焚烧车间、物化车间等；二期工程设计处理规模预计 8 万吨/年，主要建设高浓废水处理处置中心等。是目前国内处理工艺最齐全的集中式危废处理处置中心，能综合处置国家规定的 49 类危险废物中的 48 类，共 600 种。

6 日

●省长李纪恒主持召开省政府第 81 次常务会议，审议并原则通过《云南省政府关于进一步加强城市民族工作的意见（送审稿）》，要求修改完善后尽快颁布实施。讨论了《云南省村民委员会选举办法（修订草案）》、《云南省实施〈中华人民共和国村民委员会组织法〉（修订草案）》，同意修改完善后提请省人大常委会审议。

8～14 日

●省长李纪恒率云南省代表团，先后赴香港、澳门、广东开展一系列拜访会谈、专题推介、展览展示、项目签约、考察学习活动。代表团开展了访问会见活动 19 场。经贸代表团举办招商推介会 15 场，举办了“魅力新云南——七彩云品香港展”等多项活动。滇粤两省政府签订了《战略合作框架协议》。各有关部门及州（市）与港澳粤工商界就投资贸易、旅游、金融、临空产业、产业园区等领域合作，进行广泛深入沟通和对接，签订战略合作协议 17 个、合作项目 169 个，签约金额 3297 亿元。其中 100 亿元以上的项目有 7 个，高端制造业、临空产业等新兴领域的合作实现新突破。

9 日

●省长李纪恒在香港添马舰特区政府总部

拜会了香港特区行政长官梁振英。副省长顾朝曦，省政府秘书长丁绍祥参加拜会。

●全国确定了311个县作为县级公立医院综合改革试点县，其中云南省有12个县（市）。分别是：昆明市安宁市、呈贡区、晋宁县、富民县、宜良县、嵩明县、石林县、禄劝县、寻甸县；曲靖市富源县；玉溪市新平县和楚雄州禄丰县。

10日

●第三届滇港合作高级论坛发布《滇港合作15年报告》。《报告》显示，截至2011年底，香港在云南投资落户的1500余家企业中，有840家是近15年间在云南设立的，占全省吸引港资企业总量近六成；实际到位外资33.4亿美元，占全省港资总额的92.8%。香港已成为云南的第二大贸易伙伴。香港市场1/2的花卉和1/3的蔬菜均产自云南，也是云南普洱茶出口的主要市场。15年来赴滇旅游的香港游客达到349.13万人。

●参加伦敦奥运会的中国体育代表团公布参赛人员名单，有云南选手张娴、史庆兰、李建波等9名正选运动员和作为替补队员的体操名将郭伟阳，将代表中国军团征战奥运。参加本届奥运会“9+1”的滇将总人数，超越了2004年雅典奥运会时的6人，成为历届奥运会云南选手入选人数最多的一次。

●昆明市幸福乡村建设工程在禄劝县翠华镇兴隆村启动。昆明市25个第一批宜居农房、411个省市扶贫攻坚重点村、28个新农村示范村、10个都市农庄建设项目4个层次的幸福乡村建设工程全面实施。

10～17日

●亚洲规模最大、全国最具影响力的石产业展会——2012 中国昆明泛亚石博览会在昆明开幕。省委书记秦光荣、全国政协民宗委副主任王学仁、省政协主席罗正富、中国观赏石协会会长寿嘉华、中国收藏家协会会长罗伯健、中国石材工业协会会长邹传胜，缅甸、泰国、越南、柬埔寨驻昆总领事等出席开幕式。云南石类矿产资源得天独厚，储量丰富，是玉石文化的发祥地之一，是珠宝翡翠的重要集散、加工和销售地。石博会展品极为丰富，设展位2800多个，创历史新高。参观人数达到20多万人次，成交额超过4亿元。

12日

●省政府紧急召开全省雨情水情灾情分析座谈会，研究部署当前和今后一段时期防汛抗旱库塘蓄水和农业生产工作，副省长孔垂柱出席会议。

13日

●广东、云南两省在广州举行合作交流座谈会，签订《云南·广东战略合作框架协议》，省长李纪恒、广东省省长朱小丹出席会议并讲话，代表双方签署合作协议。副省长顾朝曦、广东省副省长许瑞生分别在会上介绍两省经济社会发展情况。省政府秘书长丁绍祥出席会议。

14日

●省政府与南方电网公司在广州就进一步深化合作、共谋发展进行工作会谈。省长李纪恒、南方电网公司董事长赵建国、南方电网公司总经理钟俊、省政府秘书长丁绍祥出席会议。

15日

●21时45分，昭阳区苏甲乡因单点暴雨引发山洪暴发，造成12个村庄受灾，已致2人遇难、8人受伤。

16日

●云南省贯彻全国科技创新大会精神暨2011年度科学技术奖励大会在昆明举行。会议强调要推进科技创新，为云南科学发展、和谐发展、跨越发展提供强有力的支撑。省委书记秦光荣在会上讲话并为2011年度云南省科学技术奖杰出贡献奖获得者授奖。省长李纪恒、省委副书记仇和等出席会议。

●云南新闻骑行采访团走基层——红河谷绿色经济走廊大型采访活动在蒙自市新安所镇大新寨村举行启动仪式。

18日

●2012年东盟国家驻昆领事机构科技考察交流活动在昆明举办。省科技厅厅长龙江向越南、缅甸、泰国、柬埔寨、马来西亚四国领事介绍云南与东南亚国家科技交流与合作情况。

19日

●云南省建设民族团结进步边疆繁荣稳定示范区动员大会召开，标志着示范区建设全面启动。省委书记秦光荣、省长李纪恒、省委副书记仇和、省政协主席罗正富、国家民委纪检组长李小满、常务副省长李江等出席会议。

21～22日

●强降雨在盐津县、镇雄县相继引发山洪、滑坡、泥石流灾害。此次降雨过程造成昭通市镇雄、盐津、永善、彝良、威信、大关、水富、绥江8个县38个乡镇171个村12.84万人不同程度受灾。因灾造成6人遇难、2人失踪、4人受伤，直接经济损失4962.45万元。

23 日

●全省工商局长会议召开。经国家工商总局新认定的 11 件中国驰名商标：高黎贡山、七彩云南、普洱茶 PUER 及图、凤及图、健之佳、金星 JINXING 及图、临鑫圆 LIN XIN YUAN 及图、绿 A、三环 THREECIRCLES 及图、春鹰牌及图、红塑及图。保山、临沧实现驰名商标零的突破。至此，云南拥有中国驰名商标总数达到 45 件，涵盖有色金属、卷烟、茶叶、生物制药、花卉、化工、酿酒等产业。新获准注册地理标志商标 6 件，总数达到 52 件，位居全国第十。有效注册商标总量达到 6.51 万件，比上年净增 6996 件。截至 6 月底，云南省新培育各类市场主体 21.26 万户，总量达到 155.69 万户。

25 日

●省长李纪恒主持召开省政府第82次常务会议，强调要高度重视做好防汛抗灾工作。会议讨论并原则同意省委、省政府《关于加快高原特色农业发展的决定（送审稿）》，要求修改完善后提请省委常委会研究；审议并原则通过《云南省散装水泥促进条例（草案）》，同意进一步修改完善后提请省人大常委会审议；审议并原则同意《云南省工业园区管理办法（草案）》，要求修改完善后颁布实施。

●全省国有企业党建工作会议在昆明举行。省委副书记仇和在会上提出，国有企业党建工作事关党的建设的大局、改革事业的全局、跨越发展的开局。

26 日

●省委召开常委会议，认真学习贯彻胡锦涛总书记在省部级主要领导干部专题研讨班开班式上的重要讲话精神，要求把思想和行动更好地统一到中央的重大决策上来，做好当前改革发展稳定各项工作，以优异成绩迎接党的十八大胜利召开。

●省审计厅长刘明向省第十一届人民代表大会常务委员会第三十二次会议报告了 2011 年度省级预算执行和其他财政收支的审计情况。审计报告显示，在对 16 个省级部门 2011 年度预算执行情况的审计中，共查出违规金额 6.16 亿元，管理不规范金额 3.17 亿元。

29 日

●省十一届人大常委会第三十二次会议审议通过了《关于昭通等 15 个州（市）政府行使具体建设项目用地审批权的决定》。今后云南省2公顷以上具体建设项目用地审批权将下放地方政府。通过了《云南省人民代表大会常务委员会关于接受顾朝曦辞职的决定》；分项表决通过了丁绍祥、高树勋为云南省政府副省长的任命。

30 日

●云南省庆祝中国人民解放军建军 85 周年座谈会在昆明召开。

31 日

●第十四届中日韩友好城市交流大会在昆明开幕，近 300 名代表围绕深化交流合作、共促友城发展这一主题，就传统文化保护、生态建设和经济发展等进行经验交流，并探讨了相关合作。昆明和日本高山市将结为姊妹城市。

●云南运动员郭伟阳和队友在伦敦奥运会男子体操团体赛上第三次蝉联冠军，是继张国政在雅典奥运会上为云南夺得历史上首枚奥运金牌后，第二位站在奥运最高领奖台的选手。是第一个登上奥运冠军领奖台土生土长的云南人，改写了云南奥运历史。

●《群邑智库·2012 胡润财富报告》发布。报告显示，云南有亿万富豪 540 人，比上年增加了 40 人，在全国各省（市、区）中排第二十二名；千万富豪 6000 人，增加 500 人。

31～8 月 1 日

●云南省委工作会议暨全省县域经济推进大会在昆明召开。会议发布《关于推动县域经济跨越发展的决定》、《云南省县域经济发展争先进位评价体系及考核办法（试行）》，决定通过简政放权优化发展环境，不断完善投资、金融、土地、产业扶持等政策措施做强县域经济。将每年对全省 129 个县（市、区）县域经济发展情况进行综合考评，对综合成绩突出和“争先进位”较快的各 10 个县（市、区）给予奖励，以尽快形成全省县域经济比学赶超、奋发有为、求真务实的干事环境和干部选拔任用新机制。

8月

1 日

●省委、省政府在昆明召开云南省十大历史文化旅游项目推进工作座谈会，提出要大力开发历史文化资源，努力推动云南文化的大发展大繁荣，促进云南旅游实现跨越发展。省委书记秦光荣、省长李纪恒、副省长刘平出席会议。

●省人才工作领导小组办公室发布《2011 年

度全省人才发展统计公报》。统计显示，全省人才资源总量333.12万人，全省人才贡献率16.57%。全省“两院”院士10人，国家“千人计划”（含青年、外专“千人计划”）入选者10人，新世纪“百千万人才工程”国家级人选38人，国家级有突出贡献中青年专家47人，享受国务院政府特殊津贴人员1480人，省科学技术杰出贡献奖获得者9人，省委联系专家565名，省有突出贡献中青年专家1435人，享受省政府特殊津贴人员1378人，省中青年学术和技术带头人后备人才667人，省技术创新人才培养对象410人，省级创新团队72个，省宣传文化系统“四个一批”人才119人。

2日

●全省农村危房改造现场推进会在富源县召开，提出2013年春节前全省要完成30万套危房改造任务，让农民群众满意。副省长孔垂柱出席会议。

●第六十九届威尼斯电影节开幕，由云南电影集团、光线影业等公司携手好莱坞制作团队共同打造的3D灾难惊悚电影《大海啸之鲨口逃生》入围威尼斯电影节。

3日

●省委、省政府在昭通举行麻柳湾至昭通高速公路开工仪式，标志着云南南北高速公路大通道建设大会战拉开序幕。省长李纪恒、常务副省长李江、副省长刘平出席开工仪式。

●省政府在陆良县召开全省晚秋生产现场会，力争种植晚秋作物1200万亩，确保实现全年粮食增产50万吨及农民增收的目标。

●云南网报道：随着云南经济总量快速向前，城镇和农村居民人均收入有了较大的增长。上半年云南CPI增幅和城镇居民人均可支配收入增幅在27个省（区、市）中均排名第二；GDP增幅排名第九，排名同比有大幅上升。

6日

●省长李纪恒主持召开省政府第83次常务会议，强调着力破解当前经济发展中出现的项目审批难、落地难、资金筹措难、企业经营困难等难题，加强督查确保稳增长冲万亿。会议审议并原则同意《云南省重大食品安全事故应急预案（送审稿）》、《云南省食品安全监管问责办法（试行）（送审稿）》，修改完善后颁布实施。

●省政府召开全省加大城乡统筹力度促进农业转移人口转变为城镇居民电视电话会议，提出要强化措施，扎实推进“农转城”。副省长孔垂柱出席会议。

●5时20分至11时许，水富县遭受持续特大暴雨袭击，导致水富内外交通全部中断，城乡受灾严重，有3人因灾死亡。

●6时45分，洱源县凤羽镇铁甲村因连续暴雨，突发山洪泥石流，导致200余人被困。

7日

●省国土厅通报云南近期地质灾害情况，截至8月5日，全省发生地质灾害265起，造成15人死亡、9人失踪、16人受伤，直接经济损失8700万元。其中7月份地质灾害发生数、造成的人员死亡失踪和经济损失分别约为1~6月的7倍、4倍和28倍。

●省委常委会审议通过的《关于加快高原特色农业发展的决定》，明确提出以加快转变农业发展方式为主线，全力打响“四张名片”、重点建设“六大特色农业”、精心打造“一批优势产业”、着力推进“八大行动”，全面提升云南农业发展水平。

7~11日

●挪威政府官员和企业高层代表团访问昆明。由云南循环经济投资有限公司与挪威HOST公司合资的云南中诺生物工程有限公司已组建，投资2000多万元在晋宁县建设的化肥厂将以垃圾处理后的废弃物和禽畜粪便为原料生产有机肥料。

8日

●省政府在昆明召开全省铁路建设工作会议，强调凝心聚力，攻坚克难，奋力开创云南铁路建设新局面。铁道部副部长陆东福、省长李纪恒、省政协主席罗正富、常务副省长李江、副省长丁绍祥出席会议。

●云南省级各民主党派、工商联换届工作总结座谈会在昆明召开。省委书记秦光荣、省长李纪恒、省政协主席罗正富、省委副书记仇和出席会议。

8~10日

●教育部部长袁贵仁率调研组深入保山市、怒江州、德宏州的部分（县、区）调研，为推进滇西边境山区区域发展和扶贫攻坚夯实基础。副省长孔垂柱、高峰先后陪同调研。

14~15日

●省委、省人大、省政府、省政协举行滇中产业新区集体调研，并召开座谈会，强调要全力打造滇中产业新区，构筑跨越发展新增长极。省委书记秦光荣、省长李纪恒、省委副书记仇和、省政协主席罗正富、省政府党组成员李培、副省长刘平、和段琪、丁绍祥、省政府办公厅党组书记卯稳国等参加调研。

15日

●中国气象局与省政府在昆明签署《提高气象对云南省面向西南开放重要桥头堡建设服务保障能力合作协议》，并举行工作会谈。中国气象局局长郑国光、省长李纪恒、省委副书记仇和、副省长丁绍祥、省政府办公厅党组书记卯稳国出席签字仪式并参加工作会谈。

16日

●由国家交通运输部主办，省交通运输厅承办的中国昆明至越南海防国际道路客货运输线路开通仪式在昆明举行。中越间率先实现了客货运输车辆的直达运输和公务车辆的相互驶入。昆明至海防公路全长800多公里，途经蒙自、河口及越南老街、河内等城市。

17日

●省政府在昆明召开国有企业跨越发展调研座谈会，要求国有企业当好全省稳增长冲万亿促跨越主力军。省长李纪恒、省政府党组成员李培、副省长高峰、和段琪、高树勋、省政府办公厅党组书记卯稳国出席会议。

19日

●第三届川滇黔十市（州）合作与发展峰会在贵州省六盘水市召开。六盘水、昆明、大理、毕节、丽江、宜宾、昭通、凉山、楚雄、攀枝花十市（州）签署了一系列增强区域经济整体实力的合作协议。

19～20日

●省长李纪恒在临沧市调研农村危旧房改造、城乡保障性住房等民生工作，副省长刘平、省政府办公厅党组书记卯稳国参加调研。

20～21日

●全省沿边开放工作现场会在临沧市召开，会议强调要抢抓机遇，全力推动沿边开放实现新突破。省委书记秦光荣、省长李纪恒、省委副书记仇和、省政府党组成员李培、副长高树勋、省政府办公厅党组书记卯稳国出席会议。

21日

●云南网报道：近2年来，云南省通过与多家金融机构建立战略合作关系。截至目前，省政府与15家金融机构的协议意向合作额度达到1万亿元，已合作资金5516亿元，其中贷款4562亿元，其他融资产品954亿元。

23日

●省政府举行参事聘任仪式，省长李纪恒为8位新聘参事颁发聘书，并希望各位参事围绕中心，善谋大事，当好高参。

●云南省第十九次民政会议召开。“十二五”期间，云南省将加大县级救助保护设施建设力度，确保80%的县（市、区）建有规模适中、设备完善的救助保护设施；建成4级救灾物资储备网络；试行公益慈善、社会福利、社会服务等社会组织直接向民政部门申请登记的办法。

●2012年央视“七夕”大型电视文艺晚会在昆明世博园举行。

26日

●为期5天的第五届昆明泛亚国际民族民间工艺品博览会落下帷幕。省工艺美术第六届“工美杯”精品评选在昆举行颁奖仪式，精品评选共收到省内外参评作品605件，分为大师展位和普通展位。大师展位评出金奖2件，银奖3件，铜奖5件；普通展位评出金奖44件，银奖63件，铜奖80件，优秀奖100件。

27日

●经过多年努力，省农业科学院选育出云粳系列水稻新品种（系）16个，其中2个品种为我国育成的首批粳型优质香软米新品种。

●云南百强企业入围门槛首次突破10亿元大关；百强企业营业收入总额达到7904亿元，比上年净增1348亿元。2012年云南百强企业前十强：红塔烟草（集团）、红云红河烟草（集团）、昆明钢铁控股公司、云南电网公司、云天化集团、中石化云南分公司、云南铜业（集团）、云南煤化工集团、云南建工集团、云南锡业集团。云南民企前十强高深（集团）、云南力帆骏马车辆公司、云南南磷集团、云南玉溪仙福钢铁（集团）、云南俊发房地产公司、云南德胜钢铁公司、云南奥宸房地产开发公司、云南曲靖越钢控股集团、云南玉溪玉昆钢铁集团、云南省活发集团。

28日

●云南省加快民营经济发展大会在昆明召开。会议强调要站在全省改革发展稳定全局的高度，把发展民营经济摆在富民强省的战略位置，进一步破除障碍、优化环境、创新机制，在较短时间内实现云南民营经济跨越发展。省委书记秦光荣、省长李纪恒、省委副书记仇和、省政协主席罗正富出席会议。

●省长李纪恒在昆明会见中石油集团副总经理廖永远一行。中缅油气管道及云南炼化基地项目是桥头堡建设的重要内容，是云南转方式调结构、加快产业发展的重要抓手。中石油和云南省高度重视，项目建设各项工作总体顺利，双方继续紧密合作，共同推动落实好《战略合作协议》，加快两大项目建设。

●国务院事故调查组公布2011年造成43人死亡的云南曲靖师宗县私庄煤矿“11·10”特别重大煤与瓦斯突出事故调查报告。报告指出，私庄煤矿非法违法组织生产，造成43人死亡，直接经济损失3970万元，调查认定这是一起责任事故。

29日

●云南省预防腐败局揭牌成立。常务副省长李江、省纪委书记辛维光、省检察院检察长王田海、中纪委预防腐败室副主任古越仁、省政府秘书长卯稳国出席揭牌仪式。

●云南省因公电子护照签发仪式在昆明启动。因公电子护照在传统因公护照的封面嵌入了存储有持有照人个人身份、生物信息的电子智能芯片，提高了防伪性能。

●云南网报道：云南省开展第五届“人民满意的公务员”和“人民满意的公务员集体”评选表彰活动。

31日

●省长李纪恒主持召开省政府第84次常务会议，要求各级各部门要把改进政务服务、精减审批事项，提高审批效率，着力解决项目审批难、落地难问题，作为贯彻落实中央精神，促进全省经济平稳较快发展的着力点，全面深化行政审批制度改革，抓好清理审批事项、精减审批程序、提高审批效率等工作。讨论并原则同意《关于广泛动员社会力量开展“爱心水窖” 建设活动切实解决山区群众生活生产用水困难的意见（送审稿）》，作进一步修改完善后提请省委常委会审定。讨论并原则同意《县级公立医院综合改革试点实施意见》，作进一步修改后颁布实施。讨论并原则同意《云南省发展规划条例（草案）》，修改完善后提请省人大常委会审议。讨论并原则同意《云南省建筑消防监督管理规定（修订草案）》，修改完善后颁布。

9月

3日

●省委、省政府召开2012年伦敦奥运会总结表彰大会，参加奥运会的11位运动员及教练员分别获得表彰。云南选手郭伟阳以优异的表现获得了男子体操团体金牌，实现了云南本土选手奥运会金牌零的突破。孙玉洁获得女子重剑团体金牌及个人铜牌。为表彰这2位运动员的优异表现，省政府为郭伟阳、孙玉洁记一等功。省委书记秦光荣、省长李纪恒，省委副书记仇和、常务副省长李江等出席会议。

3～4日

●副省长和段琪深入文山州马关县文山市等调研重大工业建设项目推进情况，主持召开文山州工业发展座谈会，研究创新驱动文山州工业跨越发展。

4日

●追授杨进昌荣誉称号命名表彰大会举行。最高人民检察院追授杨进昌全国“模范检察官”荣誉称号，省委追授杨进昌云南省“优秀共产党员”荣誉称号。最高人民检察院检察长曹建明、省委书记秦光荣、省长李纪恒、省委副书记仇和、最高人民检察院政治部主任李如林、省委政法委书记孟苏铁、省纪委书记辛维光等出席会议。

5日

●省政府在香格里拉召开进一步加快迪庆州经济社会发展专题工作会议。省长李纪恒、常务副省长李江、副省长刘慧晏，省政府秘书长卯稳国出席会议。

●0时10分，机号为B-5276的波音737-700型飞机降落在昆明长水国际机场，这架飞机的加盟，东航云南有限公司机队规模跃升至50架。为昆明区域枢纽建设和云南省桥头堡建设提供有力的运力支撑，为打造核心竞争能力突出的区域枢纽网络型航空公司，加快公司从传统航空承运人向航空服务集成商转型奠定坚实基础。

●5时20分许，镇雄县雨河镇山脚煤矿发生坍塌事故，造成3名检修工人不幸遇难。

6日

●通过72小时试运行，华能糯扎渡水电站首台机组（65万千瓦）正式投产发电，目前云南境内最大水电项目建设取得成功。省委书记秦光荣、省长李纪恒、省政协主席罗正富、常务副省长李江、国家能源委专家咨询委员会主任张国宝、中国华能集团公司总经理曹培玺、副总经理那希志等出席电站投产发电仪式。电站装机容量585万千瓦，动态总投资约611亿元，是云南省单项投资最大的工程项目，也是目前云南境内工程规模最大、综合效益最好的水电项目。

7日

●11时19分和12时16分，昭通市彝良县发生5.7级和5.6级地震，造成彝良县、昭阳区、大关县24个乡镇（街道办事处）74.4万人受灾，80人遇难731人受伤；房屋倒塌6650间、严重损坏12.2万间，紧急转移安置20.1万人，直接经济损失35亿元。地震发生后，胡锦涛、吴邦国等中央领导对抗震救灾工作作出重要指示，要求迅速组织力量投入抗震救灾。国务院总理温家宝作出重要批示，并立即赶赴灾区指导抗震救灾工作。省委紧急召开常委会议部署抗震救灾工作。省委书记秦光荣、省长李纪恒连夜率队赶赴地震灾区指导抗震救灾工作，要求全力以赴搜救被困群众，全力以赴救治受伤人员，全力以赴安排好受灾群众基本生活。

8日

●国务院总理温家宝在省委书记秦光荣、省长李纪恒的陪同下，再次深入彝良地震重灾区洛河镇视察灾情、看望受灾群众，强调我们一定能战胜这场灾害，要尽全力救人，尽最大努力救治伤员，妥善安置受灾群众，尽快修复基础设施，提前谋划灾后重建，把昭通建设成为更加美好的新家园。财政部部长谢旭人、交通运输部部长杨传堂、铁道部部长盛光祖、国务院副秘书长尤权、国务院研究室主任谢伏瞻、总理办主任项兆伦、民政部副部长姜力、国务院研究室副主任田学斌、中国地震局局长陈建民、中办警卫局副局长李润田随同到灾区，省委秘书长曹建方、副省长刘慧晏，省政府秘书长卯稳国陪同。

11日

●云南—东盟民航区航空合作座谈会在昆明举行。来自国家民航主管部门、云南有关部门、东盟10国民航运输主管部门的相关负责人及国内外航空企业代表就加强云南—东盟区域航空合作发展，推进区域航线开辟、航班加密、航权开放和市场培育、产业发展等问题进行座谈交流。省长李纪恒出席会议并作主旨发言。副省长高树勋、省政府秘书长卯稳国出席会议。

●11时20分、11时21分在保山市施甸县（北纬24.7度，东经99.2度）连续发生4.5级、4.9级地震，震源深度分别为8公里、10公里。

13日

●省长李纪恒主持召开省政府第85次常务会议，强调要认真贯彻落实党中央、国务院的部署，万众一心，全力以赴，抓好抗震救灾和灾后重建工作。审议并原则同意《云南省政府关于进一步加强“十二五”全省主要污染物总量减排工作的若干意见（送审稿）》，修改完善后按程序报批，尽快颁布实施。

15日

●省政府在丽江召开鲁地拉水电站移民工作会议，提出统一思想、坚定信心、明确责任、细化责任、督促落实，确保移民安置任务如期完成。副省长丁绍祥、华电集团公司副总经理程念高、省政府顾问邹纲仁出席会议。

16日

●由国务院台湾事务办公室、省政府共同主办的2012年首届滇台经贸文化交流合作研讨会在昆明举行。滇台双方签约16个重点项目，涉及农业、矿产、旅游、科教、文化等方面，总价值23亿美元。中国国民党荣誉主席连战、中共云南省委书记秦光荣、国务院台办主任王毅、省长李纪恒、中国国民党副主席林丰正出席会议。从2013年开始，研讨会正式更名“云台会”，将每年举办一届，在云南和台湾两地交替举办。

17日

●省政府在普洱市召开全省城市建设现场会，强调把握趋势、突出重点、破解难题，奋力推动城镇化发展迈上新台阶。省长李纪恒、副省长刘平，省政府秘书长卯稳国出席会议。

18日

●牛栏江—滇池补水工程德泽水库下闸蓄水仪式在沾益县举行，为实现年底试通水目标奠定了基础。省长李纪恒、省人大副主任杨应楠、副省长孔垂柱、省政府滇池水污染防治专家督导组组长牛绍尧出席仪式。

●《云南日报》报道：昆明昱西大型再生资源回收利用基地在海口工业园区建成运营。基地占地150亩，总投资9993.1万元，主营钢材、金属、家电、玻璃、塑料、纸张等废旧物资的回收、加工和销售。基地运营后，每年可配送废钢25万吨、交易废旧金属120万吨、加工废旧物资50万吨。

19日

●第八届昆明泛亚国际农业博览会“台湾精致农业暨精品展”开幕。农博会设台湾专题馆，展区面积5600平方米、展位270个、参展企业111家。展览分为美食餐饮、花卉水果、食品产业、农业科技、精品综合、石林台创园等六大功能区，集中展示台湾风情小吃、风情文化、农业科技、精致农业、休闲观光农业等方面的理念和成果。

●《云南省12种重大疾病按病种付费试点工作实施方案（试行）》施行，12种重大疾病被列入全省提高农村重大疾病医疗保障水平的试点范围，并从本月开始按照统一的定额支付医疗费用。12 种重大疾病：肺癌、食道癌、胃癌、结肠癌、直肠癌、慢性粒细胞性白血病、急性心肌梗塞、脑梗死、血友病、I 型糖尿病、甲亢、唇腭裂。

19～21 日

●省长李纪恒深入红河州调研，强调红河州要坚定信心、攻坚克难、改革创新，确保完成 2012 年各项目标任务，省政府秘书长卯稳国陪同调研。

20 日

●全省扶贫开发工作专题会议在永仁县举行。提出要做好新阶段扶贫开发工作，全力打好新一轮扶贫开发攻坚战。省委副书记仇和、副省长孔垂柱出席会议。

●昆明中级人民法院开庭审理的湄公河"10·5"惨案，老挝、泰国两国应我方的司法和警务协助请求，派员来华出庭作证，直接支持我国对糯康等犯罪嫌疑人的审判，开创了国外执法人员到我国出庭作证的先河。

●由昆明南车城市轨道车辆有限公司生产的地铁列车正式交付，这是昆明生产的首列地铁列车，春城轨道交通进入本地化制造的全新阶段。

21 日

●云南网报道：教育部"2011 年度长江学者"评选揭晓，云南省有 3 人入选，目前云南现有长江学者 5 人。

23 日

●省政府在大理召开全省旅游产业发展大会，强调云南旅游业发展要加快转型升级、突出融合发展、实施创新驱动、扩大开放合作，加快建设国内一流国际知名旅游目的地。国家旅游局长邵琪伟、省长李纪恒、副省长刘平，省政府秘书长卯稳国出席会议。

●全省金融工作座谈会在昆明召开，副省长丁绍祥在会上强调，全省金融部门和金融机构要为实现全省生产总值增长 12%以上，总量突破万亿元大关提供有力金融支持。

24 日

●2012 年省九大高原湖泊水污染综合防治领导小组会议暨洱海保护工作会议在大理召开。省长李纪恒、副省长和段琪、省人大常委会常务副主任晏友琼、副省长和段琪、省政协副主席王学智、省九大高原湖泊水污染综合防治督导组组长牛绍尧出席会议。

●云南网报道：云南咖啡种植面积首次突破 100 万亩，主要的三大产区普洱市、德宏州、保山市提前完成了《云南省咖啡产业发展规划（2010～2020）》中到 2015 年全省咖啡种植面积达到 100 万亩的目标。

●第三届"中国（福保）乡村文化艺术节"闭幕。对 40 个优秀节目、37 个优秀项目、7 个最受观众喜爱的传承人、31 名优秀选手及组合进行表彰。在本届文化节组织的云南省文化惠民示范村建设成果展项目签约仪式上，云南花猫民秀经贸有限公司和老挝矿业有限公司签订了民绣产品出口合同，金额 2000 万美元（约 1.26 亿元）。

25 日

●云南·建设中国面向西南开放重要桥头堡推介会在上海举行。通过推介，进一步加深了上海各界对云南桥头堡建设及云南经济社会发展独特优势的了解和认识。推介会上，云南与上海及周边地区签署合作项目 33 个，总投资 311 亿元，签约项目涉及现代农业、教育、卫生医疗、商贸物流等多个领域，呈现出项目规模大、带动作用强、合作领域广等特点。

26～30 日

●第十三届西博会在成都市举行，云南在"西部合作馆"设有 180 平方米的政府形象展示台，积极展示和宣传云南作为中国面向西南开放的桥头堡所开展的工作和取得的成绩，宣传投资环境、投资政策、重点引资项目及支柱产业。有 2 个重大项目签约，项目累计金额 22.6 亿元。

27 日

●由科技部和云南省联合举办的首届中国·云南桥头堡建设科技入滇对接会在昆明启动，21 个云南省院士、专家工作站同时授牌，30 个科技入滇重大项目现场签约。省委书记秦光荣、省长李纪恒、科学技术部副部长张来武等参观科技展览。

●公安部、省委、省政府在昆明召开"10·5"案侦破工作表彰大会。省委书记秦光荣、省长李纪恒、公安部副部长张新枫、省委政法委书记孟苏铁、省委秘书长曹建方、副省长刘慧晏出席表彰大会。表彰案件侦破工作有功集体和个人，省公安厅禁毒局、西双版纳州公安局、省公安厅法制总队等 6 个单位被荣记集体一等功、二等功，219 名个人受到奖励。

●省政府召开销毁走私冷冻品现场会，对全省打击冷冻动物制品专项行动中查获的 508 吨冻品进行公开焚毁。副省长高树勋出席现场会并讲话。

28日

●省十一届人大常委会第三十四次会议完成各项议程后在昆明结束。会议表决通过了5个地方性法规，批准了2012年云南省本级财政预算调整方案等。

●省长李纪恒到昆明市进行专题调研，对中秋、国庆节日安全和市场供应等工作落实情况进行检查、督促。常务副省长李江、副省长刘慧晏、省政府秘书长卯稳国参加调研。

●云南省公共资源交易信息平台在昆明启动。

29日

●省长李纪恒主持召开省政府第86次常务会议，研究预防和处置灾害能力重点工程建设；审议并原则通过《云南省继续深入推进预防和处置地震灾害能力建设10项重点工程实施方案(2013~2017年)(送审稿)》讨论并原则同意《云南省农村公路条例(草案)》，进一步修改完善后提请省人大常委会审议；讨论并通过了《昭通彝良“9·7”地震灾后恢复重建规划》。

●省政府召开城乡统筹工作会议，要求各有关部门要巩固成果，落实权益，继续保持全省(农转城)良好态势。副省长孔垂柱出席会议并讲话。

10月

1日

●《云南省民办教育条例》自2012年10月1日起施行。

●《昆明市节约能源条例》自2012年10月1日起施行。

1~8日

●全省黄金周接待游客854.13万人次，同比增长35.5%，实现旅游收入46.37亿元，同比增长37.2%。

3日

●由东航执飞的芒市—丽江航线正式恢复开通运营。这是东航在云南省内开通的第7条省内环飞航线。该航线曾于2003年开通过一段时间，后因故停飞至今。

4日

●8时10分，昭通市彝良县龙海乡镇河村油房村民小组田头小学对面山体滑坡，造成18名学生遇难、1人失踪、1人重伤，800余人受灾，6户农户15间住房受损。灾害发生后，温家宝、李克强、周永康、回良玉等国家领导人作出重要批示，要求全力抢救人员，全力做好搜救和受灾群众的安置工作。省委书记秦光荣第一时间指挥部署，要求切实保障群众生命财产安全。省长李纪恒率省政府工作组赶到灾区现场指挥救援工作。

5~6日

●国务院总理温家宝率国家有关部委负责人在省委书记秦光荣、省长李纪恒等陪同下，先后到彝良县龙海乡镇河村油房村民小组田头小学“10·4”山体滑坡灾害现场，洛泽河镇虎丘村兰家岩“9·7”地震安置点，察看抢险处置情况，慰问遇难人员家属，看望地震受灾群众，召开会议部署灾后重建工作。国家发改委主任张平、财政部长谢旭人、国务院研究室主任谢伏瞻、国务院秘书长项兆伦、丁学东、民政部副部长姜力、国务院研究室副主任田学斌、国务院扶贫办主任范小建、省政法委书记孟苏铁、省委秘书长曹建方、省军区政委杨成熙，副省长丁绍祥、刘慧晏，省政府秘书长卯稳国等分别陪同或参加相关活动。

8~9日

●省政府在昭通市召开彝良“9·7”地震灾区恢复重建工作会议，部署灾区过渡安置和恢复重建任务，强调要把困难变机遇，以重建促发展，建设生活安康、生产发展、生态良好的幸福家园。省长李纪恒，常务副省长李江，副省长孔垂柱、刘平、和段琪、丁绍祥、刘慧晏，省政府秘书长卯稳国出席会议。

10日

●省长李纪恒主持召开省政府第87次常务会议，传达学习温家宝总理在彝良灾区视察时的重要指示精神，强调加快推进昆明区域性国际金融中心建设相关工作，研究并原则同意《云南省政府关于加快推进昆明区域性国际金融中心建设意见(送审稿)》，作进一步修改完善后颁布实施。

11日

●省政府在昆明召开全省第一至三季度经济形势分析汇报会，通报前三季度全省经济运行情况，分析当前经济形势，对第四季度工作任务和措施进行研究部署。省长李纪恒，常务副省长李江，副省长孔垂柱、刘平、和段琪、丁绍祥、高树勋、刘慧晏，省政府顾问邹纲仁，省政府秘书长卯稳国出席会议。

11~17日

●香港特别行政区第十一届全国人大代表视察团赴滇视察，由袁武任团长，谭惠珠、吴清辉任副团长，范徐丽泰等28人的视察团深入昆明、德宏、保山、丽江等州（市），关注云南发展，深化滇港交流，重点了解云南面向西南开放重要桥头堡建设和生态建设。省委书记秦光荣主持情况报告会并讲话。

12日

●省委、省政府召开云南省建"爱心水窖"解决饮水困难视频大会，提出用4年时间建160万件"爱心水窖"，尽快扭转山区群众生活用水困难局面。省委书记秦光荣、省长李纪恒、省委副书记仇和出席会议。

15日

●滇中城市经济圈建设规划汇报会在昆明召开。省委书记秦光荣在会上强调，要高起点规划、高水平推进，全力打造滇中城市经济圈，形成云南新的重要发展极。省长李纪恒，常务副省长李江，副省长孔垂柱、刘平、和段琪、丁绍祥，省政府秘书长卯稳国出席会议。

●省政府与民政部在北京举行工作会谈，强调以全面落实部省合作协议为重要抓手，切实发挥好民政在桥头堡建设中的保障作用。民政部部长李立国、省长李纪恒出席会议并讲话。民政部副部长姜力、窦玉沛、顾朝曦、戴均良，副省长刘慧晏，省政府秘书长卯稳国参加会谈。

16日

●省政府与财政部、国家工商总局在北京举行工作会谈，共商支持云南加快地质灾害综合防治体系建设、云南商标战略实施等工作，为桥头堡建设营造良好发展环境，推动云南科学发展、和谐发展、跨越发展。财政部部长谢旭人、国家工商总局局长周伯华、省长李纪恒参加会谈并讲话。国家工商总局副局长腾佳材，副省长刘平、刘慧晏，省政府秘书长卯稳国等分别参加会谈。

17日

●省政府与交通部、国土资源部在北京举行工作会谈，就云南交通基础设施重点项目推进、加强地质灾害防治等工作进行商谈，进一步加强部省合作，携手推进云南跨越发展。交通部部长杨传堂、国土资源部部长徐绍史、省长李纪恒参加会谈并讲话。交通部副部长翁孟勇、冯正霖，国土资源部副部长汪民、胡存智，副省长刘平，省政府秘书长卯稳国参加会谈。

●澜沧江—湄公河国际旅游包船客运正式复航。2011年"10·5"湄公河惨案后，旅游包船出境一度停航。随着航道安全形势好转，中外旅客对澜沧江—湄公河国际旅游逐步恢复信心。

18日

●省政府与中国机械工业集团有限公司在北京签署战略合作框架协议，推动滇中产业新区现代装备制造业发展。中国机械工业集团董事长任洪斌、省长李纪恒出席签字仪式。副总经理刘大功、副省长刘平签署战略合作框架协议。副总经理丁宏祥、副省长刘慧晏，省政府秘书长卯稳国等出席签字仪式。

●省政府与中国气象局在北京举行工作会谈，推动双方签署的合作协议的落实，提高气象服务云南经济社会发展的能力。中国气象局局长郑国光、省长李纪恒出席会议并讲话。中国气象局副局长宇如聪、中纪委驻中国气象局纪检组组长刘实，省政府秘书长卯稳国参加会谈。

19日

●省政府与中国地震局在北京签署《推动云南桥头堡建设防灾减灾合作协议》。中国地震局局长陈建民、省长李纪恒出席并共同签署协议。中国地震局副局长修济刚、刘玉辰，副省长刘慧晏，省政府秘书长卯稳国出席签字仪式。

●省政府与国家烟草专卖局在北京举行工作会谈，推动烟草为云南稳增长冲万亿促跨越作贡献。国家烟草专卖局局长姜成康、省长李纪恒出席会议并讲话。国家烟草专卖局副局长李克明、杨培森，副省长丁绍祥、刘慧晏，省政府秘书长卯稳国出席会谈。

19～21日

●2012年中国传媒领袖视觉论坛暨首届中国传媒设计大奖颁奖仪式在昆明举行，全国传媒视觉知名人士以及近全国50家知名媒体相关负责人参加论坛，探讨现代纸媒体如何在竞争中进行版面设计与视觉传播等话题。同时，首届中国传媒设计大奖的各个奖项也同步颁发。

20日

●省政府与国家国防科技工业局及中国电子科技集团公司、中国兵器工业集团公司、中国航天科技集团公司、中国航天科工集团公司、中国工程物理研究院在北京签署战略合作框架协议，推动国防科技工业与云南经济社会共同发展。省委书记秦光荣、国家国防科工局局长陈求发、省长李纪恒出席签字仪式并讲话。副省长和段琪、刘慧晏，省政府秘书长卯稳国，国家国防科工局副局长胡亚枫及6家中央军工企业的领导出席签字仪式。

22日

●国家质检总局与省政府在昆明举行工作会谈，提出加强局省合作，提升质检水平，为推动云南对外开放和桥头堡建设提供有力保障。国家质检总局局长支树平、省长李纪恒出席会议并讲话。副省长高树勋、刘慧晏出席座谈会。

23日

●《云南日报》报道：近10年，云南省公路总里程从2002年末的16.5万公里，增加到2011年底的21.45万公里；思小等23条高速公路相继建成，新增里程2000公里，到2011年底高速公路通车里程达到2746公里；昆明和15个州（市）之间全部通高等级公路，全省123个县通高等级公路；累计争取国家补助资金263.9亿元，改造建设农村公路超过10万公里。

●云南省个体私营经济协会第五次会员大会在昆明召开。改革开放以来，云南个体私营经济不断发展壮大，经营领域逐步扩大，从业人员素质不断提高，市场竞争力不断增强。截至2012年9月底，个体工商户发展到近139.91万户，资金数额6500多亿元，从业人员250余万人；私营企业发展到19.22万户，注册资本（金）6239.95亿元，从业人员270余万人。

24日

●省政府召开文山经济社会发展专题工作会议，强调筑通道、兴产业、扩开放，全力推动文山经济社会又好又快发展。省长李纪恒，常务副省长李江，副省长刘平、高树勋、刘慧晏，省政府秘书长卯稳国出席会议。

25日

●省长李纪恒深入红河州建水县就工业发展“3个10千亿元工程”推进情况进行专题调研并举行工作座谈会，强调要集中精力做强企业做优园区，全力打造一批千亿元产业集群，推动云南产业结构转型优化升级，实现跨越发展。副省长和段琪，省政府秘书长卯稳国参加调研座谈会。

●《云南日报》报道：云南省属企业国有资本经营预算工作实现新突破，首创财政非税收入电子缴库，省非税收入管理局负责征收的全省31户国企已经把本年度应该上缴的国有资本经营预算收益7360.06万元按时、全额上缴国库。

25～30日

●全国政协副主席白立忱率香港特别行政区全国政协委员考察团赴云南昆明、保山、普洱等地，就云南经济社会发展、桥头堡建设进展和滇港两地合作情况进行考察。省委书记秦光荣致欢迎词。

26日

●省长李纪恒主持召开省政府第88次常务会议，研究加大力度推进水利基础设施建设相关工作，要求加大投入推进水利基础设施建设。审议并原则同意《云南省政府 广西壮族自治区政府关于建设云南（广西北部湾经济区）临海产业园的战略合作实施协议（送审稿）》。审定并原则通过《云南省生物产业促进条例（草案）》，进一步修改完善后提请省人大常委会审议。

27～28日

●中央政法委书记周永康、中央政法委副书记王乐泉、公安部部长孟建柱率队到云南就中老缅泰湄公河联合巡逻执法、加强和创新社会管理、做好新形势下群众工作等进行考察，指出维护社会稳定关键在改善民生。省委书记秦光荣、省长李纪恒、省委副书记仇和、常务副省长李江、副省长刘慧晏，省政府秘书长卯稳国陪同考察或出席汇报会。

30日

●省政府与中国建设银行在北京举行工作会谈，就云南保障性住房建设、铁路建设、南北大通道建设、滇中调水等重大项目的融资问题进行协商，进一步加大倾斜支持力度，助推云南实现跨越发展。中国建设银行董事长王洪章、省长李纪恒出席座谈会并讲话。中国建设银行副行长朱洪波、省政府秘书长卯稳国出席座谈会。

●《云南日报》报道：《云南省加快建设面向西南开放重要桥头堡总体规划（2012～2020年）》已获国务院批准，即将正式发布。

●第八届中国文联文艺评论奖颁奖典礼暨第六届当代文艺论坛在昆明举行。中国文联副主席赵实、省委宣传部部长赵金在颁奖典礼上讲话并为获奖者颁奖。共有近500件作品参评，最终评选出著作类特等奖2部、一等奖6部、二等奖9部，文章类特等奖1篇、一等奖22篇、二等奖47篇。其中，云南省吴卫民获文章类一等奖，宋家宏、葛树荣分获著作类和文章类二等奖，省文联获组织工作奖。

31日

●云南省加快建设面向西南开放重要桥头堡联络员工作座谈会召开。桥头堡建设全面推进一年多来，各项工作进展顺利、成效显著、亮点纷呈。桥头堡建设呈现八大亮点：重大任务主要政策深入人心、成功召开部际联席会议、启动沿边开发开放、推动一批重大项目建设、总体规划获批准、滇中经济区规划建设加快、一批开放合作协议签订、职能明确责任落实到位。

●云南网报道：在中宣部第十二届精神文明建设“五个一工程”评选活动中，云南省申报的电影《杨善洲》、电视剧《金凤花开》、《解放大西南》、话剧《搬家》、歌曲《跟着阿妹的山歌走》、广播剧《大地之爱》、文艺类图书《大道健行》等7件作品入选，囊括文艺类全部奖项。这也是云南省自中宣部设立五个一工程奖以来取得的最好成绩。

11月

1日

●铁道部与省政府在昆明举行加快铁路建设工作座谈会，提出加快完善合作机制，着力破解云南省铁路建设瓶颈，努力推动云南铁路建设实现新跨越。铁道部副部长卢春房、常务副省长李江、副省长丁绍祥出席会议。

●省商务厅召开单用途商业预付卡管理工作会议，对从2012年11月1日实行的《单用途商业预付卡管理办法（试行）》作了解读。明确了单用途商业预付卡的定义，凡是百货、超市、服装、文图用品、汽车、家具、餐饮、理发美容、洗浴、日用品维修等行业发行的预付卡都在范畴内。规定单张不记名卡限额禁超1000元，重拳整治发卡乱象。

4日

●2012“收获金秋”投资昆明年会重大项目集中开工仪式举行，涉及57个项目，投资总额163.6亿元。其中内资项目52个，投资总额156.45亿元；外资项目5个，投资总额7.15亿元。涉及酒店、装备制造、生物医药、商贸及现代服务业等多个行业和领域。

5日

●省政府与国务院台湾事务办公室在北京签署《关于支持云南桥头堡战略促进滇台交流合作备忘录》。省委书记秦光荣、国台办主任王毅、省长李纪恒、省政协主席罗正富、国台办常务副主任郑立中、国台办副主任孙亚夫和陈元丰、副省长高树勋出席签字仪式。

6日

●全省科技支撑高原特色农业加快发展推进会议召开。2012年，云南省认定121个省级农业科技示范园，94个农产品深加工科技型企业以及104个优质种业基地。全省特色经济林和经济作物种植面积突破1亿亩，高产稳产农田达到3800万亩，农业产业化经营组织发展到4800个。并初步建立了区域农业科技创新体系，农业科技进步贡献率达到50%

●云南农业通过科技创新，农业植物新品种保护数量快速增长，生物育种技术水平步入全国先进行列。目前种植业良种推广面积达到5410万亩，粮食总产由2002年的1424.7万吨增加到2011年的1755.6万吨，在连续3年遭受严重旱灾的情况下，仍实现粮食生产“九连增”。茶叶、橡胶等特色产业基地建设实现良种化、规范化、标准化发展，部分产业研发水平全国一流。烟叶、核桃、橡胶、鲜切花和咖啡种植面积及产量均居全国第一。农产品出口多年居西部省区首位。2011年，全省农产品加工业实现总产值832亿元。

7日

●全省水土保持工作现场会议在保山市举行，提出要加快水土流失治理，加大水利建设投入，有力促进全省农业和农村经济社会健康发展、农民持续增收。副省长孔垂柱出席会议并为全省水土保持工作先进集体和先进个人颁奖。

8日

●省政府在德宏州召开全省冬季农业开发现场会，提出力争今冬明春全省冬季农业开发面积达到2450万亩。副省长孔垂柱出席会议。

12日

●省政府与中国人寿保险（集团）公司在北京举行工作会谈，就深化合作，支持云南产业发展，拓宽金融保险投资服务领域等工作进行商谈，为云南又好又快发展做好服务保障工作。中国人寿保险（集团）公司董事长杨明生、省长李纪恒、总裁万峰、副省长丁绍祥出席座谈会。

16日

●省委、省政府与国家发改委、财政部、国土资源部、住房和城乡建设部、水利部在北京举行云南省地质灾害综合防治体系建设工作会议，学习贯彻党的十八大精神，贯彻落实温家宝总理关于加强云南省地质灾害防治工作的重要指示精神，专题研究云南地质灾害防治工作。国家发改委主任张平、省委书记秦光荣、省长李纪恒、国家发改委副主任杜鹰、财政部副部长张少春、国土资源部副部长汪民、住房和城乡建设部副部长郭允冲、水利部副部长刘宁、省委秘书长曹建方、副省长刘平出席会议。

●由昆明市东川区、倘甸产业园区和轿子雪山旅游开发区“两区”管委会、昆明市工商联举办的“相约红土地·投资促发展”招商引资项目推介会在昆明召开，签约9个项目，总投资22.8亿元。

17日

●2012中越（麻栗坡）国际商贸旅游交易会开幕式在麻栗坡县举行，签约8个项目，协议总投资9.1亿元。

19日

●省委在昆明召开领导干部大会，传达学习党的十八大精神，传达学习胡锦涛同志在十八次全国代表大会上所作的报告，传达学习习近平总书记在十八届一中全会上的重要讲话。省委书记秦光荣强调要把学习宣传贯彻党的十八大精神作为头等大事来抓，迅速掀起学习宣传贯彻党的十八大精神热潮，以党的十八大精神为强大动力，加快全面建成小康社会步伐，实现云南科学发展和谐发展跨越发展。

●省长李纪恒主持召开省政府第89次常务会议，传达学习党的十八大、十八届一中全会以及九届省委第二十三次常委（扩大）会议和全省领导干部大会精神，强调各级各部门要统一思想、行动，凝聚智慧力量，把党的十八大精神落实到具体工作中。会议审议并原则通过《云南省“十二五”期间深化医药卫生体制改革规划暨实施方案（送审稿）》，要求修改完善后，尽快颁布实施。讨论了《云南省旅游条例（修订草案）》、《云南省高等级公路管理条例（修订草案）》，同意修改完善后，提请省人大常委会审议。讨论通过了《云南省电动自行车管理规定（草案）》要求修改完善后，尽快颁布实施。

●省政府召开全省冬春农田水利基本建设电视电话会议，要求扎实有效抓好农田水利建设工作，掀起大干农田水利建设的热潮。副省长孔垂柱出席会议并讲话。

●省政府办公厅成立滇中产业新区规划小组，负责制订滇中产业新区规划体系，制订滇中产业新区测绘发展规划和计划，协调各项规划与年度计划衔接等5项职责。

●《昆明市“十二五”综合交通发展规划》发布。目前昆明市已经全面启动实施该规划，计划利用区域地缘优势，加快射线路网建设，构建大通道，打通综合交通运输通道，着力构建公路、铁路、航空、水运、管道“五通互联”的现代化综合交通运输体系。

21日

●省委、省政府在丽江市召开全省保护坝区农田建设山地城镇推进会，深入贯彻落实党的十八大精神，全面推进省第九次党代会部署，坚定不移推进保护坝区农田建设山地城镇工作，坚定不移推进具有云南特色的城镇化发展新路子。省委书记秦光荣、省长李纪恒、常务副省长李江、副省长刘平，省政府秘书长卯稳国出席会议。

22日

●云南泸沽湖民用机场在宁蒗县红桥乡石佛山正式开工建设。省长李纪恒、副省长刘平，省政府秘书长卯稳国出席开工仪式。

23日

●昭通至会泽、待朴至功山高速公路开工仪式在寻甸县功山镇举行，标志着云南南北大通道建设取得新的重大突破。省长李纪恒在开工仪式上讲话，常务副省长李江、副省长刘平，省政府秘书长卯稳国出席开工仪式。

●《云南日报》报道：省社会科学院保山分院山地人类学研究所在高黎贡山国家级自然保护区保山管理局成立，这是我国国内第一个研究山地人类学的研究所。

26日

●昆明市呈贡区商务中心“滇池明珠广场”项目开工，项目紧临呈贡行政中心，占地217亩，总投资约90亿元，建筑面积112.8万平方米，是集超甲级写字楼、五星级酒店、高端商务商业设施和中高档住宅于一体的商务商业中心及新兴产业孵化基地。

●首届中国国际乡村音乐节暨妙曼普洱·新丝路世界小姐大赛于在普洱市落幕。

27日

●省委外宣办与中国新闻社在昆明签署外宣战略合作框架协议，中新社瑞丽支社成立揭牌。

28日

●省委书记秦光荣率队到昆明市、玉溪市，对昆玉旅游文化产业经济带建设进展情况进行专题调研。昆明市委书记张田欣、省委秘书长曹建方、副省长刘平陪同调研并出席昆玉旅游文化产业经济带建设汇报会。

29日

●省委在昆明召开领导干部大会，传达学习党的十八大精神，传达学习胡锦涛同志在十八次全国代表大会上所作的报告，传达学习习近平总书记在十八届一中全会上的重要讲话。省委书记秦光荣强调要把学习宣传贯彻党的十八大精神作为头等大事来抓，迅速掀起学习宣传贯彻党的十八大精神热潮，以党的十八大精神为强大动力，加快全面建成小康社会步伐，实现云南科学发展和谐发展跨越发展。

●省第十一届人民代表大会常务委员会第三十五次会议在昆明闭幕。会议决定云南省第十二届人民代表大会第一次会议将于 2013 年 1 月 21～28 日在昆明召开。

●云南省政府与海南省政府在海口市共同签署《琼滇战略合作框架》，推进两省在经济、文化、社会管理、民生保障等方面的交流合作。海南省委书记罗保铭、海南省省长蒋定之、云南省省长李纪恒出席签约仪式并进行会谈。海南省委秘书长孙新阳、副省长李国梁、省长助理陆志远、省政府秘书长徐庄，云南省副省长高树勋、省政府秘书长卯稳国出席会谈。

●云南省政府与广东省政府在海南省海口市举行工作会谈，就加强西电东送、产业梯度转移、滇中产业新区建设及旅游、商贸、特色农业等领域的合作进行沟通交流，共同推动滇粤战略合作框架协议的落实。广东省长朱小丹、云南省长李纪恒出席座谈会并讲话。广东省常务副省长徐少华、省政府秘书长唐豪，云南省副省长高树勋、省政府秘书长卯稳国出席座谈会。

●由中国民营企业联合会、中国统计协会、中国管理科学研究院企业研究中心发布的 2012 中国民营 500 强排名，5 家云南民营企业（云南南磷集团股份有限公司、云南曲靖越钢控股集团有限公司、高深（集团）有限公司、云南祥丰化肥股份有限公司、云南康丰糖业（集团）有限公司）上榜，后 3 家均是 2011 年新增的。

12 月

1 日

●省长李纪恒在海南省三亚市举行的2012年泛珠三角区域合作行政首长联席会议上就深化泛珠区域合作提出 5 点建议：加快建立高效畅通的交通运输体系、加大产业合作力度、加强生态环保合作、积极推动区域旅游发展、不断深化与港服务业的合作。

●《云南省牛栏江保护条例》发布实施。

●国务院扶贫开发领导小组在普洱市召开滇西边境片区区域发展与扶贫攻坚启动会。国务院副总理回良玉强调要认真组织实施滇西边境片区区域发展与扶贫攻坚规划，坚持扶贫开发与建设面向西南开放桥头堡、兴边富民行动、扶持少数民族和民族地区发展等重大战略部署相结合，努力走出一条边境少数民族地区脱贫致富的新路子。教育部长袁贵仁、省委书记秦光荣、省长李纪恒、国务院扶贫办主任范小建、国家发改委副主任杜鹰等出席会议。

●云南网报道：云南已成国内乃至亚洲最大的菊苗生产基地。基地位于昆明市嵩明县的虹之华园艺公司，占地 500 多亩，建有 400 多亩温室及相关配套设施。2011 年，云南出口日本 100 多个菊花品种近亿枝菊花优质种苗，占我国同类出口总量的 93%。

4 日

●《云南日报》报道：泛亚铁路西线重要组成部分——广通至大理铁路扩能改造工程开工建设。广通至大理铁路为国家 I 级双线铁路，途经楚雄市至大理市，设计时速 200 公里，线路全长 174.45 公里，全线设 8 个车站，新建桥梁 78 座、隧道 42 座，桥隧总长 109.88 公里，工程概算总投资 139.36 亿元。

6 日

●随着凤凰山车站新线顺利拨接，新背开柱车站投入使用，沪昆铁路六盘水至沾益复线开通运营。六沾复线铁路是我国铁路网“八纵八横”主通道中沪昆通道的重要组成部分，担负着云南、贵州两省与中南、华东地区运输任务。原为单线铁路，六沾复线工程东起贵州六盘水车站，向西途经水城、威宁、宣威、沾益等县（市），改建铁路全长约 212.2 公里，为国家 I 级双线自动闭塞电气化铁路，设计时速 160 公里/小时。

7 日

●省长李纪恒主持召开省政府第 90 次常务会议，传达学习习近平总书记在参观《复兴之路》展览时发表的重要讲话精神和 12 月 4 日召开的中共中央政治局会议精神；强调各级政府机关要认真落实改进机关作风、密切联系群众“八项规定”；强调要借全国之力举全省之力高水平办好中国—南亚博览会；讨论并原则通过《云南省湿地保护条例（草案）》、《关于修改〈云南省道路交通安全条例〉的决定（草案）》，进一步修改完善后，提请省人大常委会审议；审议并原则同意了《云南省自然灾害救助规定（草案）》，进一步修改完善后，颁布实施。

7～9 日

●省长李纪恒到"四群"教育活动联系点会泽县调研。副省长高峰，省政府秘书长卯稳国出席会议。

8日

●中缅天然气管道云南支线及城市燃气项目在昆明安宁正式开工建设。常务副省长李江、中石油集团公司副总经理廖永远出席开工仪式。

11日

●省政府与省总工会第六次联席会议在昆明召开。省长李纪恒、常务副省长李江、副省长和段琪，省总工会主席张百如，省政府秘书长卯稳国出席会议。

●中缅旅游友好合作交流会在瑞丽召开。德宏旅游业协会与缅甸缅中旅游合作发展监理会签署中缅边境跨境旅游友好合作协议，将新增5条边境跨境旅游线路。

13日

●昆曼大通道上的瓶颈——会晒大桥举行合龙仪式。中国大使馆参赞，老挝副总理、外交部长、交通部长，泰国副总理、交通部长，云南省委常委李培等出席仪式。

14日

●云南网报道：昆明市成为第二批国家低碳省（区）和低碳城市试点。

●云南100强企业联谊会成立。

16日

●昆明贵重金属交易所举行乔迁新址庆祝会。云南省自2005年以来掀起了地质矿产勘查的新一轮热潮，目前省内的黄金资源探明储量达到378吨，预期远景资源量可达1300吨，前景非常可观；2011年云南黄金产量达到25.9吨，2012年有望突破27吨。在银铂钯钌铑铱等稀贵金属资源方面，弥渡、牟定、元谋、墨江、蒙自等地都有规模较大的矿产在开发。今后云南的稀贵金属产业在全国乃至全世界，都将占有重要的地位。

●昆明市固定电话号码升为8位后运行首日，电信营业厅，缴费、新装宽带等业务办理正常，运营商业务平台、IT系统等运行平稳。

17日

●省政府召开铁路建设工作座谈会，提出要紧盯投资目标，切实加快云南铁路建设步伐。副省长丁绍祥出席会议。

18日

●省政府召开全省森林防火电视电话会议，提出要力争森林火灾当日扑灭率逾98%。副省长孔垂柱出席会议。

●昆明市住房公积金管理中心城北管理部开业，是继城南、城西、城东、呈贡管理部之后开业的城区管理部。城北管理部延续了前4家管理部的运行模式，并将引入最新的服务理念，将受托银行、公正、担保等多家单位统一集中，提供住房公积金归集、支取、贷款的"一站式"服务。

19日

●省长李纪恒主持召开省政府第91次常务会议，传达学习中央经济工作会议精神，讨论《政府工作报告（讨论稿）》，切实谋划好2013年各项工作。讨论并原则通过《云南省医疗机构管理条例（草案）》、《云南省食品安全条例（草案）》，要求进一步修改完善后，提请省人大常委会审议；审议通过了《云南省专职消防队伍管理办法（草案）》，要求修改完善后尽快颁布实施。

●省长李纪恒检查云南省应急平台建设情况，强调要提升预防和处置突发事件能力为核心，加强应急管理工作，维护国家安全、社会稳定和人民群众利益，履行政府社会管理和公共服务职能。

20日

●中国校友会网编制的《2013中国大学评价研究报告》公布，在100强高校名单中，云南大学跃居第56位，这是云大在该项大学排行榜中的最好名次，也是排行榜中云南省唯一入围的高校。排名主要是科学研究、人才培养、综合声誉3项指标。云南师范大学商学院入选中国一流民办院校（大陆地区），这是云南唯一入围的民办高校。

20～23日

●省长李纪恒到怒江州福贡、贡山、泸水县和保山市隆阳区调研。

21日

●零时起，昆明铁路局实行新列车运行图，调图涉及多趟旅客列车运行区间和停靠站的变化。其中昆明—广州东K1206/7次、K1208/5次运行区段改为昆明—深圳东，经由广深线运行。六盘水—宣威6131次运行区段改为贵阳—宣威、6132次宣威—六盘水。

24日

●外交部对口帮扶红河州金平县20年来，实施项目带动战略，注重改善生产条件，促进农民增收，先后筹集各种资金1.47亿元，实施扶贫项目641个，其中温饱扶贫资金投入3000多万元，实施项目142个，190个自然村1.18万户6.05

万人受益。

●云南省高速公路联网收费统一拆分试运行，该系统推行电子不停车收费，提高高速公路通行效率。截至目前，云南已经建立106条ETC车道，安装ETC设备用户达到8万多户。

26日

●省政府与中国邮政集团公司在昆明签署战略合作协议，加快云南邮政基础设施和邮政网络建设步伐。省长李纪恒、中国邮政集团公司总经理李国华、副省长刘平、中国邮政集团公司副总经理李丕征，省政府秘书长卯稳国出席会议。

●昆明市第十三届人民代表大会第三次会议闭幕。会议选举出昆明市出席云南省第十二届人民代表大会代表86名，李文荣当选为新一届昆明市政府市长。

●云南省的车辆违章信息已与全国平台联网，云南牌照车辆在外地出现交通违法，24小时内就会同步到省内，直接同步到全国统一的交通处理平台。实现省际违法信息交换后，云南牌照车在外地违法，或外地号牌车辆在云南违法都将难逃处罚。

26～27日

●云南省委九届四次全体(扩大)会议在昆明举行。全委会指出，深入学习贯彻党的十八大和中央经济工作会议精神，坚持稳中求进的总基调，做到稳中有进、稳中有好、稳中有快，着力扩大投资消费，着力壮大产业实力，着力深化改革开放，着力保障和改善民生，奋力开创科学发展和谐发展跨越发展新局面，为与全国同步全面建成小康社会奠定坚实基础。省委书记秦光荣代表省委常委会作工作报告并在闭幕会议上作总结讲话，省长李纪恒部署2013年经济社会发展任务，省委副书记仇和等出席会议。

27日

●省长李纪恒主持召开省政府第92次常务会议，研究省属企业互相开展股权合作有关事宜，要求省属企业依法依规互相合作。

28日

●昆明滇池国际会展中心项目在昆明开工建设。省委书记秦光荣、省长李纪恒、副省长刘平出席开工仪式。

●云南广播电视大学更名为云南开放大学。

30日

●昆明新机场转场表彰大会在昆明召开。省委书记秦光荣、省长李纪恒、省领导张田欣、曹建方、李汉柏，刘平出席表彰大会。

国民经济和社会发展

National Economy and Social Development

经济社会发展综述

2012 年，云南省深入贯彻落实科学发展观和省第九次党代会精神，牢牢把握“稳中求进、好中求快、变中求新”工作总基调，克服了干旱、地震、洪涝等各种自然灾害，经济社会发展取得显著成效。生产总值比上年增长 13%，规模以上固定资产投资（不含农户）增长 27.3%，地方公共财政预算收入增长 20.4%，外贸进出口总额增长 31%，城镇居民人均可支配收入增长 13.5%，农民人均纯收入增长 14.7%，社会消费品零售总额增长 18%，城镇登记失业率 4.1%，人口自然增长率 6.2‰，单位生产总值能耗下降 3.2%以上，居民消费价格总水平涨幅为 2.7%。

1.全力以赴稳增长，经济总量迈上新台阶。启动谋划了“三大战役”，研究出台了工业跨越发展 20 条、高原特色农业 31 条、县域经济发展 23 条、民营经济发展 33 条政策措施；相继出台了稳增长 28 条、财税 17 条政策措施，促进经济平稳较快发展。2012 年生产总值实现 1.03 万亿元，进入万亿俱乐部。其中，第一产业增加值实现 1654.6 亿元，比上年增长 6.7%，第二产业增加值实现 4419.1 亿元，增长 16.2%，第三产业增加值实现 4236.14 亿元，增长 11.4%。民间经济比重提高到 44%。

2.突出重点扩内需，投资消费取得新成效。强化投资第一动力作用，调高 2012 年固定资产投资目标任务，在“三个一百”重点项目计划的基础上，新增了 100 个新开工重点项目。建立项目前期工作责任制、启动重大项目网上并联审批、下放土地供地权。2012 年规模以上固定资产投资（不含农户）7553.51 亿元，比上年增长 27.3%。消费对经济增长的拉动作用持续增强，社会消费品零售总额 3541.6 亿元，增长 18%。

3.发挥优势兴产业，产业发展步入新阶段。一是高原特色农业全面推进，农业实现较快增长。粮食实现“十连增”，产量 1827.8 万吨，比上年增长 4.5%；生猪出栏突破 5000 万头，居全国第九位；农产品出口贸易额突破 20 亿美元，增长 20%以上，继续保持西部第一。二是工业经济增速加快。全省工业增加值 3450.72 亿元，增长 15.1%，战略性新兴产业增加值占 GDP 比重比上年提高 0.6 个百分点。三是服务业较快发展。“旅游二次创业”不断深化，十大历史文化旅游项目加快推进，金融机构人民币贷款新增 1733.51 亿元。

4.缓解瓶颈强基础，基础设施建设取得新成果。交通方面，南北大通道麻柳湾至昭通公路如期开工建设，丽江机场高速公路、石锁高速公路建成通车，18 座“索改桥”顺利完工；昆明轨道交通 6 号线一期试验段建成投入使用，1、2 号线首期工程接近收尾；铁路六沾二线、玉溪至蒙自建成通车；昆明长水国际机场建成启用。能源方面，功果桥水电站全部机组投产，糯扎渡、向家坝、阿海水电站蓄水发电。水利方面，建成山区“五小水利”工程 42 万件，滇中引水工程项目建议书通过水利部审查；牛栏江—滇池补水工程即将试通水。

5.审时度势抓机遇，桥头堡建设取得新突破。桥头堡总体规划获国务院批准。国家召开了桥头堡建设第一次部际联席会议。84 个中央部委、金融机构和大型企业集团与云南省签署战略合作协议。中国—南亚博览会落户昆明，瑞丽国家重点开发开放试验区建设实施方案获国务院批准。滇中产业新区建设前期工作全面开展。

6.攻坚克难增活力，改革开放迈出新步伐。出台丰枯有别的居民阶梯电价和电矿资源富集区的区域性电价政策。启动城镇上山、工业上坡试点工作。30 个县（市）被列为国家县级公立医院综合改革试点县。研究起草扩权强县实施意见。经济外向度进一步提升，外贸进出口总额 210.05 亿美元，比上年增长 31%。粤港澳、泛珠等国内重点区域交流合作进一步深化。

7.以人为本惠民生，人民群众获得新实惠。成功应对宁蒗“6•24”地震、彝良“9•7”地震和“10•4”山体滑坡等自然灾害，灾后恢复重建工作有序推进。城镇新增就业 29.3 万人，新增转移农村劳动力 124 万人。城镇居民人均可支配收入 2.11 万元，农民人均纯收入 5417 元。深入推进兴边富民“十大工程”、“十项保障”，启动集中连片特困地区扶贫开发，贫困人口减少 150 万人。城镇保障性安居工程住房新开工 31.8 万套。加强市场监管，出台 15 条稳价安民措施，物价保持了基本稳定。

8.统筹协调促服务，社会事业取得新进步。学前教育不断完善，九年义务教育巩固率达到 95%，高中阶段教育毛入学率 72%；农村义务教育学生营养改善计划、寄宿学生生活补助实现全覆盖；中等职业教育和高等教育快速发展。城乡基本医疗保障制度基本实现全覆盖。全省养老机构床位数突破 6 万张，社会养老保险实现全覆盖。启动民族团结进步边疆繁荣稳定示范区建设，社会管理能力不断增强。

9.毫不放松重环保，生态文明建设取得新进展。继续深入推进“七彩云南保护行动”和“森林云南”建设，完成营造林1000 万亩以上。39 个城镇污水和垃圾处理设施投入运行。九大高原湖泊水污染防治“十二五”规划项目全面实施，2012 年完成投资 94.25 亿元。清洁能源与火电装机比例达到 73∶27，关停和淘汰企业数顺利完成年度目标任务，预计单位 GDP 能耗下降 3.2%以上。

（李　曦）

经济体制改革

2012 年，在省委、省政府的领导下，全省各级、各部门紧紧围绕稳增长、冲万亿、促跨越三大目标，坚持以改革促发展，以改革促跨越，着力推进各项改革，重点领域和关键环节的改革取得新进展。

【强化统筹协调能力】 1.颁布实施“十二五”重点领域改革规划。2012 年 1 月 7 日，省政府以“云政办发[2012]3 号”文件正式颁布实施云南省首部改革领域的专项规划《云南省“十二五”重点领域改革规划》。2.出台 2012 年深化经济体制改革工作意见。省政府办公厅下发了《关于转发云南省 2012 年深化经济体制改革工作意见的通知》（云政办发[2012]84 号），将年度改革任务分解到相关部门及有关州（市）政府，明确年度改革目标，落实工作责任。3.召开全省改革工作会议。2012 年 5 月 4～5 日，在大理召开 2012 年全省改革工作会议，16 个州（市）及省级有关部门参加会议，进一步提升改革的整体性和协调性。

【国企改革】 1.2012 年，着力深化战略协作和战略重组。昆钢与建工集团、十四冶、省城投等单位签订战略合作协议；云投集团、能投集团分别与煤化集团、云天化集团、冶金集团达成了股权合作协议；成功组建了云南省能源投资集团有限公司；完成了农垦集团改革重组。2.大力发展相关多元产业。云天化加快千万吨炼油基地配套石化项目；昆钢集团大力发展新材料、装备制造业；建工集团积极开拓建筑材料产业以及钢结构产业；白药集团致力打造大健康产业，逐渐向综合医药经营服务企业转型。3.积极构建国资监管大格局。将《企业国有资产监督管理条例》列入省政府 2013 年一档立法计划；逐步拓宽州（市）国资监管领域，全省 8 个州（市）实现单设国资委，一批县（市区）设立了国资监管机构，其中昆明市率先实现经营性国有资产监管全覆盖。

【电力体制改革】 按照省委、省政府的统一部署，于 2012 年 2 月下旬开始研究云南省新一轮电力体制改革工作，起草了《云南省电力体制改革总体方案》，并上报国家发改委专门听取有关司局的意见。方案提出设立滇中引水电价附加，建立价格调节基金，逐步开展电力大用户直购电试点，调整完善云南省发电企业和工商企业丰枯、峰谷电价政策，积极推进云南电网输配电价改革试点等，为全面开展新一轮电力体制改革奠定了基础。

【集体林权制度改革】 1.加强集体林权制度配套改革研究。有关部门起草了《关于深入推进集体林权制度配套改革的意见》，并已上报省政府审核；制定《云南省集体林权制度改革突发事件应急预案》，建立健全突发事件的预防、处置工作机制。2.启用林权管理信息系统。“云南林权管理信息系统”已于 2012 年 6 月 14 日投入运行，加速推进林权管理网络化、数字化进程。3.启动规范林权流转和社会化服务试点工作。先后将普洱市、昆明石林县列为全省林权流转和社会化服务试点，为全省推进林权流转及社会化服务工作积累经验。

【农村综合改革】 1.继续深化乡镇机构改革。进一步明确乡镇职责，规范乡镇机构设置，新一轮乡镇机构改革基本完成。2.深入推进农村义务教育体制改革。健全完善农村义务教育经费保障机制；建立了城乡教师交流和农村中小学特设教师岗位制度；调整农村中小学布局，提高集中办学的能力和水平。3.巩固完善县乡财政管理体制改革。进一步完善省级转移支付办法；加强县乡财政资金监管工作，2012 年，在财政部组织的全国乡镇财政资金监管工作实地检查中，云南省位居全国第二；加强乡镇财政建设，提升乡镇财政服务“三农”、落实民生政策的能力。4.加快推进国有农场税费改革。按照农场实行属地管理的要求，将国有农场税费改革转移支付资金直接拨付到农场所属县，并按照“两个 50%”的规定，严格将资金用于直接补助农工和农场公益事业建设。

【行政管理体制改革】1.筹建全省投资项目集中审批服务平台。构建由省投资项目审批服务中心和各州、市、县、区政务服务中心设立的投资项目审批服务窗口共同构成投资项目集中审批服务平台，采取"就近申报、一窗受理、同步审批、三级联动、限时办结、全程监督"的运行模式，简化审批程序，提高投资项目审批效率。截至年底，14个省级部门的64个审批服务事项已进驻省投资项目审批服务中心。2.事业单位改革有序推进。对全省3.9万个事业单位的机构编制情况进行清理规范，撤并减少事业单位5000多个，收回事业编制1.5万多名，并初步拟订了云南省事业单位分类的实施意见和分类参考目录。

【文化体制改革】1.国有文艺院团改革完成阶段性任务。截至2012年5月底，全省116家文艺院团中，除中宣部、文化部明确保留事业体制的5家外，其余111家院团均进行了改革。其中转制41家、划转58家、撤销12家。2.文化市场综合行政执法改革全面完成。全省16个州（市）全部完成综合行政执法机构整合，129个县（市、区）全部成立了综合执法机构，60个县（市、区）成立了文化市场管理领导小组；2012年9月26日，丽江市及省文博产业集团等9个单位、5位先进个人，在全国文化体制改革工作表彰大会受到表彰。

【社会事业体制改革】1.医药卫生体制改革继续深化。2012年，全省新农合参合率96.52%，连续5年稳步提高，人均筹资标准达到290元，个人普通门诊年最高报销限额提高到300元；基本药物制度在所有政府办基层医疗卫生机构实现全覆盖，在全国率先将村卫生室纳入了基本药物制度的实施范围；积极推进公立医院改革，截至2012年12月，有7个州（市）设立了公立医院管理机构；在省一院安宁医院、昆医附一院呈贡新区医院等新建项目实行股份制合作办医；医师多点执业全面推开。2.教育体制改革进展顺利。在全省21个县进行学前教育的改革试点，涉及公用经费拨付、人员经费、公建民办、管理体制等多项改革；改革高中阶段招生考试制度，各州（市）均已实行优质公办高中招生名额分配到区域内初中的制度，且定向比例不断提高，超过20%；加快推进民办高校管理制度改革，在云南大学滇池学院设立改革试点，实行"董事会领导、院长负责、教授治学、民主管理"的现代大学内部管理机制。

【改革试点】1.旅游改革试点。在大理苍洱、玉溪抚仙湖—星云湖、保山腾冲3个试点地区已完成试点总体规划的基础上，2012年8月，昆明世博新区改革试点总体规划经市政府审核原则通过；4个综合改革试点累计完成投资150多亿元（其中2012年度内完成投资53.1亿元），旅游产品结构调整和产业转型升级成效初显。2.昆明、红河综合改革试点。昆明市大力推进园区综合配套改革，积极探索构建"指挥部+管委会+平台公司"的开发建设管理模式，全市13个省级工业园区制定了实体化管理方案，5个工业园区管委会机构调整申请获批。红河州个旧市以统筹城乡发展为抓手，强化"共谋、共建、共管、共享"理念，统筹推进城乡政治、经济、文化、生态一体化发展，促进资源型城市转型；开远市破解城乡二元结构，力求实现城乡居民待遇平等化，在统计研究的4类41项城乡差别中，已有一半左右得以实现；蒙自市以滇南中心城市建设推进城乡一体化，积极构建15分钟左右的城市快速交通圈、经济圈和生活圈，同时加快人口"农转城"步伐，截至2012年10月31日，全市"农转城"人口2.61万人。3.财政省直管县和扩权强县改革试点。财政省直管县试点继续深入，通过完善转移支付制度、建立健全县级基本财力保障机制等措施，确保省财政直管县财力与事权相匹配，2012年省财政安排3个试点县均衡性和县级基本财力保障转移支付资金9.1亿元；按照省委、省政府的统一部署，在总结3年来扩权强县试点经验的基础上，研究制订新一轮《进一步深化扩权强县改革试点的意见》，待批准后实施。

（杨　光）

产业结构调整

【产业结构调整】2012年，为促进地方经济及产业发展，省委、省政府出台了一系列政策措施，推进了一系列重要工作，加强了规划的指导、实施，积极促进经济结构调整，取得了良好成效。1.相继出台了稳增长28条、财税17条、工业跨越发展20条、发展高原特色农业31条等政策措施；2.对全省工业跨越发展、高原特色农业、园区经济、县域经济、民营经济等重点工作进行了部署推进，“3个10千亿工程”、“央企入滇”、“民企入滇”步伐加快，农业基础设施投入加大；3.创新谋划滇中产业新区，启动发展规划的编制和建设工作,加快六大战略性新兴产业发展；4.出台《云南省产业结构调整和升级“十二五”专项规划》、《云南省轻工业“十二五”专项规划》，加强规划对产业结构调整的指导性作用；5.统筹兼顾推进区域协调发展,加大对民族自治地方、边境地区、人口较少民族，散居民族地区和特困民族地区的投入力度，启动4个集中连片特困地区区域发展与扶贫攻坚，推动云南特色城镇化发展。在一系列政策措施的合力推动下，2012年云南省生产总值达到1.03万亿元，首次跨上1万亿台阶，比上年增长13%，一、二、三产业占GDP比重为16∶42.9∶41.1。城镇居民人均可支配收入比上年增长13.5%，农民人均纯收入增长14.7%，社会消费品零售总额增长18%，外贸进出口总额增长31%，消费和出口对经济增长的贡献率加大。高原特色农业增长7%，达到历史高位，大旱之年实现农民增收、农业增效、农村稳定；烟草、有色、林产等特色优势产业再创佳绩，食品、医药等产业增速达到25%以上，战略性新兴产业逐步壮大，新材料产业增加值达到200亿元。现代服务业较快发展，中国—南亚博览会落户昆明，旅游二次创业加快推进，旅游总收入1702.5亿元，产业结构进一步优化。县域经济发展提速，园区对经济发展带动力增强，民营经济大发展格局初步形成，非公经济比重44.1%，比上年提高2个百分点。城镇化率比上年提高2.5个百分点，达到39.3%，全省城镇化进程加速。个旧、东川、易门资源枯竭城市转型升级积极推进。

【新型工业化】 2012年，积极落实工业跨越发展各项政策措施，统一部署，优化工业发展环境，加大“3个10千亿工程”培育力度、积极引进央企、民企。全力以赴争取滇中钛产业基地、昆钢搬迁升级项目、“三头在外”腾钢项目、石化深加工、有色资源接替基地等云南重大工业项目进入国家重点产业生产力布局规划。加大重点工业项目的规划和布局指导，积极引导产业积聚。加快民营经济、县域经济、园区经济发展。积极承接产业转移，大力发展面向市场的消费品工业，丰富产品结构，提高非烟轻工比重。发挥烟草产业技术优势，提高精品烟比重，优化产品结构。提高资源保障能力和资源综合利用，积极发展有色金属深加工。推进制糖、制茶等传统行业技术进步和行业整合，加快品牌培育。加快水泥工业调整优化，引导产业合理布局。严格控制产业过剩项目建设，淘汰落后生产能力。开展滇中产业新区招商引资工作，落实重大项目。争取国家加大对云南特色优势产业、生产性服务业和龙头企业的支持力度。加快技术创新和科技成果转化步伐，增加研发投入。2012年，云南工业继续保持对经济增长的重要支撑作用，全部工业实现增加值3450.72亿元，比上年增长15.1%，对GDP增长贡献率32.2%，其中规模以上工业实现增加值3084.96亿元，增长15.6%，主营业务收入8862.81亿元，增长14.8%，利税1640.24亿元，增加3.9%。非烟工业逐步壮大，占比达到68.4%，轻工业加速发展，一批承接产业转移的轻纺工业项目落户云南。工业投资完成2526.41亿元，增长29.5%，高于全省固定资产投资增速。全面完成淘汰落后产能任务。已拥有国家、省级工程研究中心和实验室63个、国家认定企业技术中心16个，基本涵盖了生物、烟草、矿冶、化工、装备制造、新材料、新能源、节能环保、光电子、信息产业等传统支柱产业和新兴产业领域，有力地促进云南科技进步和新型工业化的推进。

【重大建设项目】 2012年，出台云南省政府关于解决建设项目落地困难进一步改善投资环境的意见，成立省政府投资审批服务中心，规范审批程序，提高审批效率。加大土地、资金、煤电油运等保障力度，扎实开展调研督查活动。加快推进项目前期工作，细化重点项目前期工作推进机制，加大对云南产业结构调整和优化升级有重大影响项目的协调力度，积极推进重点在建项目早日完成投资。20个重大建设项目全面完成，“三个一百”重点项目建设进度加快，十大历史文化旅游项目加快推进，开工建设中缅油气管道工程、耿马县孟定糖厂、云铜钛业10千吨/年海绵钛生产等一批项目，竣工投产镇雄电厂一期工程、滇红集团整体搬迁扩建工程、昆钢年产185万吨高性能抗震钢、云天化股份有限公司水富煤代气技改工程、云南铝业股份有限公司年产8万吨中高强度宽幅铝合金板带工艺创新与产品开发等一批项目，为云南经济持续健康发展奠定了坚实基础。

（喻兵兵）

财政

【财政收支实现新突破】 2012 年，面对复杂严峻的国际国内经济形势，云南省财政厅在省委、省政府的正确领导下，深入贯彻落实科学发展观，紧紧围绕省第九次党代会、省委九届二次全会和年初人代会确定的目标任务，认真贯彻落实省政府关于做好财税工作的 17 条要求，牢牢把握工作主动权，努力克服财政减收增支困难，狠抓财政收入，优化支出结构，严格依法理财，深入推进改革，财政工作取得显著成绩。全省公共财政预算收入完成 1338 亿元，为年初预算的 102.9%，比上年决算数增加 226.9 亿元，增长 20.4%。其中：税收收入完成 1063.9 亿元，比上年决算数增长 20.6%；非税收入完成 274.2 亿元，比上年决算数增长 19.6%；全省公共财政预算支出完成 3572.6 亿元，比上年决算数增支 643.1 亿元，增长 21.9%。财政收支均超额完成年初人代会确定的目标任务，为贯彻落实省委、省政府重大决策部署提供了坚实的财力保障。

【支持重大基础设施建设】 2012 年，全省经济建设支出完成 830 亿元，比上年增加 100 亿元，增长 13.7%。紧紧抓住国家支持云南加快建设面向西南开放重要桥头堡的有利时机，着力保障“稳增长、冲万亿、促跨越”各项重大政策实施。重点保障了牛栏江—滇池补水、润滇工程、滇池污染治理、城镇污水和生活垃圾处理设施、交通基础设施、重大标志性文化设施等全省 20 个重大建设项目和 20 项重要工作的资金需求。积极筹措资金支持昆明新机场建设，保证新机场顺利转场。同时，妥善处理了二级公路到期债务 162 亿元难题，及时偿还了其他到期债务，维护了政府信誉，为今后继续做好水利、保障性安居工程和公路等重大公益性项目的融资工作创造了有利条件。

【积极扶持产业发展】 2012 年，省财政厅进一步加强对企业和产业发展关键领域与薄弱环节的支持，推动产业化升级。积极筹措产业发展资金 31 亿元，加大对工业园区、民营经济、商贸流通业和特色优势产业等的资金投入，重点支持战略性新兴产业，推动企业实施技术改造、开展技术创新和产业化项目建设，贯彻实施企业会计准则和企业内部控制，全面提升企业管理水平，促进企业提质增效。加大力度支持园区经济、民营经济和县域经济，积极谋划瑞丽重点开发开放试验区、滇中产业新区财税扶持政策，推动强化云南经济的产业支撑。认真落实结构性减税政策，提高个体工商户增值税和营业税起征点，支持云南中小企业和非公经济发展。加大科技投入力度，积极筹措资金 6.45 亿元，加快推动创新型云南八大工程的实施，进一步提升云南经济增长的科技进步贡献率。安排省级旅游资金 1.6 亿元，推进旅游综合改革和旅游“二次创业”。提升云南第三产业发展水平和质量，助推战略性新兴产业发展，加快推进新型工业化。认真落实渔业、林业、城市公交、城市出租车、农村道路水路客运等 5 个行业成品油价格补贴政策。开展好国家出台的“家电下乡”和“摩托车下乡”工作，加快推进农村消费升级。

【落实强农惠农富农政策】 2012 年，全省财政投入农林水事务资金 516.8 亿元，比上年增加 107 亿元，增长 26.1%。重点支持小型农田水利重点县和“爱心水窖”等农田水利工程，进一步提高农业基础设施建设水平。筹措抗旱资金 2.85 亿元，全力支持云南各地抗旱保供水、保民生。加大力度支持生态保护工作，筹集资金 48.92 亿元，支持开展天然林保护、退耕还林、森林生态效益补偿等生态保护工作，努力推动农业农村可持续发展。争取中央农资综合补贴 41.7 亿元，安排粮食直补资金 1.5 亿元，继续加大对种粮农民补贴力度；安排科技增粮行动专项资金 2.5 亿元，争取中央补助 3.58 亿元，实施高产创建等科技措施增粮补助，促进提升粮食生产能力。大力支持农业产业化，共筹集中央和省级农业产业化扶持资金 19 亿元，支持发展优势特色产业，推进全省农业组织化、现代化进程，进一步提升云南农产品竞争力。筹集财政专项扶贫资金 42 亿元，支持打好新一轮扶贫攻坚战，全面提升农村贫困地区的自我发展能力。农业综合开发工作取得新进展，筹集资金 17.54 亿元，实施土地治理 88.15 万亩，新增农业综合开发县 11 个，实施产业化经营项目 197 个，推动农业综合开发项目区产业化经营，充分发挥了引导、示范和带动作用。农村综合改革稳步推进。“一事一议”财政奖补工作取得明显成效，省财政厅筹集奖补资金19.37亿元，实施奖补项目1.97万个，覆盖近1.8万个自然村，总投资88.07亿元，累计720万农民直接受益。

【推进重点民生项目建设】2012年，全省财政民生支出2615.3亿元，比上年增长24.5%，占全省公共财政预算支出的73.2%，是有民生支出统计数据以来最高的一年。大力支持保障性安居工程，实施了廉租房、公租房、各类棚户区改造为重点的40万套城镇保障性住房建设。实施农村危房改造及地震安居工程建设，提高自然灾害预防处置能力。积极做好维护稳定经费保障工作，支持基层政法部门提高维稳处突能力，支持开展第三轮禁毒人民战争。稳定低生育水平和人口均衡发展，促进流动人口计生基本公共服务均等化，提高人口素质。2012年9月，针对昭通市彝良县发生的地震灾害，省财政厅采取果断有力的措施，迅速行动，于地震发生当天将1000万元抗震救灾应急补助资金下达昭通市，并陆续下拨16亿资金，统筹用于抗震救灾和恢复重建，全力支持做好抗震救灾工作。

【推动教育全面均衡发展】2012年，省财政厅加大投入力度，认真贯彻落实《国家中长期教育改革和发展规划纲要（2010～2020年）》，确保各项财政法定增长投入。全省完成财政教育支出674.9亿元，比上年增长39.7%，地方财力教育投入491.3亿元，占全省公共财政预算支出的14.49%，圆满完成地方财力安排教育支出占全省公共财政预算比重14%的目标。继续巩固和完善农村义务教育经费保障机制，免除城市义务教育阶段公办学校学生学杂费，对全省义务教育阶段学生免费提供教科书，补助农村中小学公用经费。继续对农村义务教育阶段家庭经济困难寄宿学生生活费进行补助。积极推进中小学校舍安全工程。大力支持发展学前教育，切实解决家庭经济困难儿童就学问题。全面落实好农村义务教育学生营养改善计划。支持高等教育改革发展，及时下达高校奖助学金，积极推进高校债务化解步伐，着力提高高校创新能力和教育教学质量。继续安排资金，实施职业学校特聘教师计划、实训基地建设、教学设备补助等项目，积极开展职业院校教师素质提高计划，助推职业教育发展。继续为全省26.42万名中等职业学校涉农专业和家庭经济困难学生免除学费。

【推动城乡居民收入稳步增长】2012年，省财政积极筹措安排创业就业补助资金7.16亿元，基本形成了以“贷免扶补”、小额担保贷款、劳动密集型小企业贷款为基础，3种方式共同推进、互为补充的创业促就业工作新格局。积极贯彻落实省委、省政府促进城镇居民增收的20项政策措施，以提高中低收入群体收入水平为重点，逐年提高政府对各类低收入人群的补助标准，不断扩大补贴范围，稳步实施收入分配制度改革，规范公务员津贴补贴制度，进一步推进事业单位绩效工资改革工作，积极争取建立落实艰苦边远地区津贴动态调整机制，城乡居民增收工作稳步推进，收入分配日趋规范公平。

【健全文化服务体系】2012年，省财政厅不断加大对文化事业的投入力度，文化体育与传媒支出61.98亿元，有力地支持了文化产业发展和公共文化服务体系建设，为到2020年基本实现民族文化强省的目标奠定坚实基础。稳步增加省级文物保护专项资金和非物质文化遗产保护专项资金，支持抢救、保护、传承全省的文物、非物质文化遗产。逐步增加了文化精品创作专项资金，支持优秀文化作品创作和人才培养。安排少数民族传统文化抢救保护专项资金，促进少数民族文化繁荣发展。设立农村文化建设（文化惠民）专项资金，确保农民享受基本文化权益。实施村级农村文化体育活动广场建设试点工程，推动农民体育健身活动的开展。实施重大公共文化民生工程，重点支持实施广播电视“村村通”、农村广播电视节目无线覆盖、文化资源共享、农村电影放映、农家书屋和博物馆、纪念馆、图书馆、美术馆、文化馆免费开放等重大公共服务工程。其中，全省农村广播、电视综合覆盖率达到95.7%、96.7%，公共文化服务体系进一步完善。

【完善社会保障制度】2012年，省财政厅着力推进城镇职工基本养老保险制度，将企业退休人员月人均养老金水平提高到1652元，比上年增加216元。筹措安排对企业职工基本养老保险补助资金57.89亿元，确保了企业离退休人员养老金的按时足额发放。扩大城市和农村低保范围，全省93万城市低保对象和边境地区85.7万低收入贫困人员全部纳入农村低保范围。稳步推进社会养老服务体系建设，将养老金标准调整为60元，领取人数412万人；建立老年人高龄津贴制度，为全省80岁和100岁以上的66万老年人分别发放保健补助和长寿补助；积极引导和鼓励社会力量兴办老年公寓、福利院、敬老院等养老机构，着力加强农村敬老院建设。建立完善物价上涨与社会救助和保障标准联动机制，为城乡低保对象、农村五保供养对象和重点优抚对象550万人发放临时价格补贴，保障低收入群体的基本生活需求。全省城镇职工医保、城镇居民医保、新农合基本医疗保障3项制度参保人数4350万人，参保率90%以上，城镇居民医保和新农合财政补助标准持续提高，全民医保体系初步形成。3项基本医疗保障制度住院费用平均报销比例分别达到84%、71%、75%，个人卫生支出比例持续下降。

【促进基本公共卫生服务均等化】 2012年，全省各级财政共投入医疗卫生支出267.1亿元。全面推进实施基本药物制度，落实对基层医疗卫生机构和乡村医生的补偿政策；支持乡镇卫生院和社区卫生服务机构加强设备、人才等能力建设，推进公共卫生服务城乡均等化。统筹资金积极支持实施国家免疫规划、白内障复明工程等重大公共卫生服务。稳步推进公立医院改革试点，逐步构建以公有制为主体、多种所有制医疗机构共同发展的医疗服务体系。

【提升预算管理水平】 2012年，省财政厅进一步完善“控制为主、绩效引导”的预算编审新体系，扩大了财政资金绩效跟踪监控范围，加大了绩效目标管理力度。继续开展省级部门项目支出预算评审，及时启动预算执行动态监控机制，加快建立省对下支出进度考核机制，着力加快全省预算执行进度，预算支出均衡性稳步提高。全省预算支出进度在全国的排名明显提前，创近10年来最好水平。探索建立财力与事权相匹配的省对下财政管理新体制，健全完善县级基本财力保障机制，完善省对下均衡性转移支付、民族地区转移支付、生态功能区转移支付、边境地区转移支付办法，持续加大省对下各项转移支付力度，全年省以下各级财政新增支出523.8亿元，占全省财政新增支出的82.7%，基层、边疆、民族地区的财政发展基础更加稳固，基本公共服务均等化水平稳步提高。及时公开政府预决算，加快研究部署“三公”经费公开事宜，提速预算信息公开进程。加强全省政府性债务管理，探索研究债务风险预警机制，规范地方政府债券预算管理。建立偿债准备金与政府性债务规模同比增长联动机制，确保到期债务及时偿还，维护政府和企业信用。

【深入推进国库管理改革】 2012年，积极推动财税库银税收收入电子缴库横向联网系统在全省范围内试点运行，国库集中收付制度改革实现省、州（市）、县三级全覆盖，逐步建立起规范高效的税款收缴管理运行机制。省级预算执行动态遥控体系初步建立，不断规范预算单位零余额账户管理和用款行为。制定了《云南省省本级国库现金管理暂行办法》和《云南省省本级国库现金管理商业银行定期存款业务操作规程(试行)》，加强省级国库现金管理。制定了《云南省省本级财政专户清理整顿工作方案》和《云南省政府关于印发云南省省级预算单位账户管理办法的通知》等制度办法，财政专户和预算单位银行账户管理进一步加强和规范。

【规范非税收入管理】 2012年，省财政厅着力加强非税收入管理，非税收入实现1124.39亿元。非税收入管理制度建设取得新成效，认真实行《云南省非税收入管理条例》、《云南省财政票据管理办法》、《云南省非税收入稽查办法》等一系列管理办法，组织编写《云南省非税收入管理条例释义》和《云南省行政事业性收费管理手册》，从制度上规范非税收入征收管理行为。严格执行“收支两条线”制度，除教育收费外的各项非税收入全部纳入预算管理。利用财税库银横向联网系统在全国首次实现非税收入电子缴库。财政票据电子化管理改革稳步推进，覆盖面已扩大到县（市、区）。省级国有资产有偿使用收入的收缴、大中型水库基金和重大水利工程建设基金的征收成效显著。圆满完成纳入省级国有资本经营预算试行范围的31户省属非国资委监管企业的国有资本经营预算收益的征收工作，保证非税收入及时入库。

【构建财政“大监督”格局】 2012年，省财政厅切实加强财政资金监管，开展全省总预算会计工作专项检查，将全省16个州（市）本级、129个县（市、区）、12个开发区财政总预算会计职责履行情况纳入检查范围，促进财政资金使用安全、规范，防范财政资金风险。认真做好党政机关、事业单位、社会团体、国有及国有控股企业“小金库”治理收尾工作，推进防治“小金库”长效机制建设。着力加强对贯彻落实中央和省委、省政府重要决策部署的监督检查。采取普遍自查、重点抽查和交叉检查相结合的方式，认真督促涉及教育、“三农”、医疗、社保、家电下乡、抗旱救灾、保障性住房建设等惠民政策的落实。改革和创新政府采购的监管手段，启动运行“云南省政府采购管理信息系统”，实现省级网上申报、审批、申报专家、审核采购合同等功能，提高政府采购的监管效率。改进会计监督工作，进一步加强全省村级会计委托代理服务工作，全省1345个乡镇、1.36万个村、11.13万个村民小组开展了村级会计委托代理服务工作，代管村集体经济组织资金总额173.7亿元。2012年，厅机关按照《财政部门内部监督检查办法》、《云南省财政厅内部监督检查暂行办法》等要求，开展内部监督检查工作。采取多种形式认真学习和宣传《财政部门监督办法》，切实抓好落实，推进财政监督工作深入开展。

（韩 晗）

金融综述

【贯彻落实稳健货币政策】 2012年，贯彻落实稳健货币政策实现预期目标。截至年末，全省金融机构本外币各项存款余额1.81万亿元，比年初增长17.06%，比年初增加2633.3亿元；本外币各项贷款余额1.42万亿元，增长14.75%，增加1814.9亿元，其中人民币贷款增加1733.3亿元，多增172.9亿元。

货币政策执行取得显著成效 截至2012年末，全省一、二、三产业贷款余额占全部贷款余额的比重分别为1.3%、33.9%、64.8%。其中第二产业比重较上年末提升2.1个百分点，有助于推动全省工业跨越发展。全省涉农贷款余额4914.03亿元，增长17.2%，较年初增加706.5亿元。全省中小微型企业贷款余额5073.6亿元，增长21.2%，较年初增加630.2亿元，多增191.1亿元。全省创业促就业小额担保贷款余额146.8亿元，增长65.2%，其中“贷免扶补”小额担保贷款余额55.1亿元，增长31%；全年累计投放创业促就业小额担保贷款112亿元，余额、累放数分别居全国第四、第二。小额担保贷款已累计带动就业人数超过60万人，有效发挥了小贷款大稳定的作用。全省累计发放保障性住房贷款90.4亿元，余额和累放数分别居全国第三，为全省保障性住房建设提供了必要的信贷资金支持。

货币政策工具引导效果突出 1.面对2012年云南自然灾害频发的严峻形势，多次向人总行专题汇报云南省地方法人金融机构在支持“三农”以及抗旱救灾、地震灾后重建等方面发挥的重要作用和金融支持的制约条件，进一步争取到总行的理解和支持。2.根据云南省春耕抗旱、抗震救灾的实际资金需求，及时调增昆明6个县（市）和6个州（市）的支农再贷款限额。2012年全省人民银行累计向农村信用社及村镇银行发放支农再贷款42.9亿元。3.有效发挥再贴现、中小金融机构再贷款的引导作用，提升对“三农”、中小微企业等薄弱领域的金融服务水平。全年累计办理再贴现95.3亿元，同比多增16.8亿元；累计对富滇银行发放中小金融机构再贷款5.8亿元，增强了该行服务中小微企业的资金实力。

支持工业园区发展取得重大进展 围绕全省工业园区发展战略，组织对全省119个工业园区建设发展、金融服务情况专项调研，形成了《云南省金融支持工业园区发展调查报告》，拟定《云南省金融支持工业园区发展指导意见》，省政府办公厅转发全省执行，首次在全省明确了金融支持工业园区发展的措施、保障机制，组织召开省级银行业金融机构贯彻落实《指导意见》专题会议，进一步引导金融机构积极创新园区金融产品和服务方式，细化措施，改善和提升金融服务，从经营战略、业务发展以及资产配置等方面真正把对云南工业园区发展的支持措施落到实处。截至2012年底，全省金融机构投向第二产业的人民币贷款余额4555亿元，比年初增加541亿元，占全部新增贷款的32.8%。

金融市场融资功能增强 1.利用专业会议、金融运行分析会等平台和约谈部门负责人、接待政策咨询等形式，积极向企业宣传银行间债券市场的融资产品，引导商业银行牢固树立“双赢”意识，努力扶持符合条件的企业发行短期融资券和中期票据。2.保持与债券承销银行的密切联系，不断加强相关的政策指导和工作协调，积极解决注册发行工作中的困难，努力创造良好发债环境。

3.与中国银行间市场交易商协会、云南省金融办签署了《借助银行间市场助推云南国家桥头堡建设合作备忘录》,《备忘录》的签署对充分发挥金融市场功能、加快推动云南桥头堡建设将发挥积极作用。2012 年,全省通过银行间债券市场直接融资434.4亿元,比上年多融资 217.9 亿元。其中,短期融资券 143.4 亿元,减少 6.1 亿元;中期票据 84 亿元,增加 27 亿元。华能澜沧江水电有限公司年内成功运用银行间市场非公开定向债务融资工具融资25亿元,实现该融资工具自2011年推出以来在云南的首发,非金融企业债务融资工具得到进一步拓宽。

【优化金融生态环境】

"两管理、两综合、一保护"工作迈上新台阶 在全面总结上年"两管理、两综合"推进经验的基础上,修订下发《云南省新设银行业金融机构加入人民银行业务系统管理办法》、《云南省新设银行业金融机构金融管理与服务指引》、《云南省银行业金融机构执行中国人民银行政策综合评价办法》、《中国人民银行昆明中心支行综合评价工作操作规程》和《中国人民银行昆明中心支行综合执法检查暂行规定》,进一步完善了云南省金融服务与管理的制度体系,使"两管理、两综合"走上了制度化、规范化的轨道。2012 年,完成 44 家新设银行业金融机构的开业管理与服务审批工作,对全省96个银行业金融机构贯彻执行国家金融法律法规的情况开展了综合执法现场检查,完成2011年度银行业金融机构执行人民银行政策情况的综合评价工作,并对26家省级银行业金融机构和昆明地区法人银行业金融机构进行了评价,评出 A 级 8 家、B 级 16 家、C 级 2 家。此次评价是昆明中心支行首次对银行业金融机构进行综合评价,对强化金融监管,推动银行业金融机构更好地贯彻执行人民银行各项政策,改进金融服务起到了积极作用。同时,积极推进金融消费者权益保护试点工作,在全省精选 8 个州(市)中支和昆明地区 2 个县支行作为试点单位,结合实际制定《金融消费者权益试行保护办法》、《金融消费者权益保护工作流程》等相关制度,迅速建立行之有效的工作机制,并通过签署金融机构保护金融消费者权益自律公约、明确金融消费者维权领域、建立健全监督考核奖励机制等各具特色的有益尝试,为金融消费者权益保护工作的全面开展积累了经验。全年试点单位辖内各级机构处理完毕的投诉、申诉 921 件,投诉、申诉人满意度 96%。

社会信用环境进一步优化 认真组织机构信用代码推广应用工作,截至2012年末,全省发放机构信用代码 36.1 万户。制定下发《云南省省级金融机构征信管理工作考核办法》,有效规范商业银行的业务操作,确保了征信系统数据的质量和安全。进一步完善信用评级制度,聘请 44 位资深专家充实评级报告集中评审专家资料库,并着力推动评级机构规范行业收费标准。截至年末,全省已累计完成对420家(次)担保机构和 87 家(次)借款企业的信用评级,实现评级收入 2241.74万元。努力拓宽信用信息采集渠道,将担保公司代偿信息、法院执行信息采集到征信系统。积极开展征信宣传工作,通过"企业征信知识和征信成果展示培训班",对全省 5400 户企业的 1 万余名高管人员进行宣传培训,并组织全省 126 个人民银行分支机构、近5000个银行机构网点开展第五次"信用记录关爱日"活动,发放宣传资料40 万余份,有效提高了社会信用意识,推进社会信用体系建设。

反洗钱工作成效明显 进一步完善金融机构反洗钱履职风险评估指标,对96家驻昆金融机构开展了反洗钱履职风险评估,组织全省人民银行完成对 100 余个银行机构,19 个保险机构,1 个证券机构和 1 个期货机构开展的反洗钱现场检查。进一步加大对德宏、西双版纳、普洱、文山、红河、临沧、保山、怒江边境 8 州(市)边境地区大额现金的监测和分析力度,较好地发挥反洗钱非现场监管的预警、导向和评价功能。不断强化反洗钱联席会议制度作用,先后 7 次组织召开案商会,2 次组成工作组赴边境地区,切实提升了主动发现可疑线索的能力。2012 年,全省人银行系统发现或接收可疑线索数 517 个,调查重点线索数 79 个,开展行政调查 611 次,涉及金额 38.44 亿元,向公安机关报案 10 个。协助破获"4·26"特大武装贩毒案(涉案金额 1800 万元)、"2·09"毒品案(涉案金额 932 万元)、胡某某贪污受贿案(涉案金额 2354.5 万元)等一系列大案要案。其中,因协助省纪委查办医保行业腐败案(3·21专案)和教育出版行业腐败案(4·25 专案),受到省委、省政府通报嘉奖。

【全面提高提高金融服务水平和质量】

"一创两建"工作优势进一步巩固和扩大 继续把"一创两建"作为改善农村金融服务的重点工作来抓,1.积极推动地方政府发挥主导作用。进一步加强对政府主要领导及相关部门的汇报宣传，省政府下发了《关于进一步做好2012年林权抵押贷款工作的通知》、《关于进一步加强惠农支付业务相关管理的通知》，以及《关于进一步规范云南省惠农支付服务业务的通知》等文件，促使各级地方党政部门进一步采用多种形式和措施大力扶持“一创两建”工作，切实推动“一创两建”工作向纵深发展。2.详细制定规划，明确发展思路。在全面总结2011年工作经验的基础上，先后出台《关于农村信用体系建设三年（2012～2014年）规划实施方案》、《金融服务“三农”“一个创新两个建设”工作规划（2011～2015年）》等文件，进一步明确“一创两建”工作的指导思想、基本原则、发展目标、工作措施，以及保障措施，有效推动金融服务“三农”和“一创两建”工作走上制度化、规范化的可持续良性发展道路。3.强化工作手段，提升推进效果。通过建立农村金融产品和服务方式创新重点联系行制度、动态监测和调整林权抵押贷款重点推进县、进一步规范惠农支付业务操作流程、将农村信用体系建设试点工作作为重点考核内容等办法，有力调动全省金融机构的积极性、主动性和创造性，推动“一创两建”工作不断取得新的成效和突破。

截至2012年末，纳入监测的14项重点农村金融创新产品的贷款余额409.5亿元，较年初增长55.8%。其中，全省重点推进的2项创新产品—林权抵押贷款余额114.6亿元，比上年增长54.64%，连续3年居全国第一；在全国首创的“贷免扶补”小额担保贷款余额55.1亿元，增长31%。全省已为716.56万户农户建立了纸质信用信息档案，占农户总数76.23%；为251.96万户农户建立电子信用档案；评定信用农户494万户、信用村2979个、信用乡镇85个。农村地区银行类金融机构网点接入行内系统3073个，接入现代化支付系统1977个，覆盖面分别达到94.5%、60.81%；全省农村地区邮政储蓄银行639个网点和农村信用社1807个网点开通了农民工银行卡业务，农村地区人均持卡0.69张，非现金支付量增长27.8%；全省已建成1.05万个惠农支付服务点，服务惠及129个县的1219个乡1.01万个行政村，行政村覆盖面82.91%。

支付体系稳定高效运行 制订商业银行重要业务系统运行维护、应急演练、系统升级和停运的审批报备制度，严格开展支付系统参与者健康性巡检、重要业务系统安全管理检查，以及ABS系统、综合业务系统的应急演练，不断提高系统故障处理能力，有力确保全省各业务系统的安全稳定高效运行。积极推进支付密码和云南省支付结算综合业务系统在全省的推广使用，于2012年7月开始向全省推广使用综合业务系统，目前全省14个州（市）的105个县支行取消县辖同城票据交换。截至年末，云南省支付结算综合业务系统平稳运行，全年处理业务124.20万笔，资金4605.29亿元。认真做好日常账户行政许可及管理工作，不断加强公民身份信息联网核查系统管理，公民身份信息核实方式及途径增多，相关投诉明显减少。积极推动非现金支付工具使用，1～12月，有8家银行分支机构网点新加入电子商业汇票系统，全省办理电子商业汇票业务1640笔，金额117.77亿元；截至年末，在10个州（市）新建成18条县域银行卡示范街。全省累计在14个州（市）、36个县、7个景区建成“刷卡无障碍示范街（区）”。全省银行卡发卡量6386.5万张，比上年增长17.85%。其中信用卡450万张，特约商户19.12万户，POS机25.53万台，ATM9343台，分别增长58.21%、54.40%、29.76%。

现金管理工作水平进一步提高 继续加强发行基金调拨管理，积极发挥“以新逐旧”机制作用，不断调整券别结构，合理满足了全省对发行基金供给的需求。顺利完成全省州（市）一级发行基金物流系统上线运行工作，最大程度实现发行基金出入库及仓储的自动化管理。认真组织对15个州（市）中心支库及下辖38个县支库的发行基金安全及制度执行情况的检查，不断提高突击检查的频率，对6个州（市）中心支库和10个县支库实施突击检查，比例为30%，有效强化对全省发行库的风险控制，切实提高全省各级发行库的制度执行力。不断强化钞票处理中心内部管理，合理安排工作计划，有效提高清分、销毁和复点能力，全面完成各项工作任务。2012年，全省投放1765.9亿元，回笼1679.3亿元，净投放86.6亿元；省外调入87个火车皮，金额254亿元，17.42万箱，5220吨；全省全年完成大型机械销毁129.05亿元，清分623.5亿元，清分联机销毁250.8亿元。全年昆明钞票处理中心清分回笼券59.1万捆，金额537.46亿元，销毁残损人民币89.45万捆，813.88吨，金额129.05亿元，完成总行全年设备定额153.56%。

国库管理水平稳步提升 1.全年全省各级国库办理一般预算收入2668.14亿元，比上年增长16.25%；完成一般预算支出业务3715.21亿元，增长26.25%；组织发行凭证式国债3期、储蓄式国债（电子式）14期，金额23.98亿元；办理直接支付补助资金4.68万笔，金额2938.46万元。2.稳步推进国库信息化建设。完成财税库银横向联网在全省的全面覆盖，并实现“两大突破”：8月1日云南省财政非税收入局通过TIPS完成了首批20笔736万元非税收入的收缴工作，成为全国首家实现该业务的省份，突破了“税”的范围将非税收入纳入了横向联网；12月3日42户缴费人成功申报缴纳工会经费264万元，突破了“预算内”的限制将业务拓展到了预算外收入。全年累计通过系统处理了国库业务230.28万笔，金额783.46亿元，比上年增长97.13%。

科技工作不断创新突破 1.金融技术监管新职责履行有新成效。初步建立适应全省人民银行对外履职的金融技术监管体系，在全国率先引入第三方专业机构开展辖内同城电子清算系统的安全测评和风险评估，认真组织全省27家银行业金融机构信息系统的定级、测评、整改、备案和报告工作，进一步加大新发行银行卡、人民银行金融城域网准入、金融机构核准等工作的审核力度，并严格开展了对云南省获得支付牌照的3家支付机构业务系统的认证和漏洞检查。2.金融信息安全管理迈上新台阶。将全省、州（市）、县三级银行业金融机构全部纳入综合执法金融信息安全检查范围；筹建云南省金融信息安全专家咨询委员会，组织9个不同行业管理机关召开了云南省金融业信息安全协调工作会议，首次实现金融业信息安全协调机制省级和州（市）级全覆盖，并通过定期召开各种信息安全会议，不断强化强化金融业信息安全协调机制。3.金融IC卡多应用再拓新领域。发布《昆明市金融IC卡推广应用工作指导意见》，促成银企签订战略合作协议，促使云南金融社保卡发卡工作已进入实施阶段，并实现金融IC卡在机场、农产品供应、便利店、学校、出租车、通信、医院和社保等8个行业的多应用，构建中小金融机构信息服务中心，支持支付机构和电子商务创新发展。截至2012年末，全省已有11家商业银行发行金融IC卡，发卡量220.17万张，占新发银行卡的比例超过15%；全省POS终端和ATM终端受理金融IC卡改造率分别达到100%，近25万台POS终端、超过8000台ATM终端具备受理金融IC卡能力。

【外汇管理工作】 2012年，全省跨境收支总规模和银行结售汇总额平稳增长并双创同期历史新高，分达到226.47亿美元、127.41亿美元，比上年增幅为18.54%、0.21%。外汇收支由上末年的净流入转为2012年的持续净流出，累计结售汇逆差22.53亿美元，且由多年来的“双顺差”转为了“双逆差”格局。

创新工作方式，服务实体经济取得新突破 1.系统制定全省个人本外币兑换特许业务五年规划，积极拓展特许兑换业务覆盖范围和交易品种，指导省内特许机构加挂印度、印尼、尼泊尔等周边国家非自由兑换货币牌价，特别是中缅边境地区特许机构开通人民币与缅币现钞的直兑业务，开创口岸地区非金融机构办理货币兑换业务的先河，填补国内无规范机构经营缅币的空白。2012年全省酒店类和非酒店类货币代兑机构87家，特许兑换机构4家、网点7个，特许机构交易货币25种，特许兑换业务总量2371万美元，位居全国前列。2.针对云南农产品出口以鲜活为主的特点，积极支持、协调、配合海关、税务、商务、商检等部门，畅通鲜活农产品出口渠道，指导企业及时报关，缩短收汇、退税周期，降低运输损耗，拓展盈利空间，加速农产品行业转型升级，有效促进云南农产品行业做大做强。3.针对欧美进口商因经营困难，延期付款情况增多的现状，及时寻求从外汇管理政策上给予突破，支持企业特别是花卉、高新技术出口的企业办理中长期延期收款，积极应对欧债危机收汇风险，解决了企业延期收汇不能退税的难题。4.在确保贸易真实性的前提下，为中缅石油天然气管道、糯扎渡电站、中缅大型水电站建设等重点项目相关的物流企业出具核准件准予购付汇，在风险可控前提下解决了企业的用汇需求，又支持了国家重点项目的顺利实施。5.引入银行合作办理远期结售汇等业务模式，对地方法人银行实行银行结售汇综合头寸正负区间管理，有效增强银行外汇交易和风险管理的灵活性、主动性，促进了全省外汇市场健康发展。目前，全省开办结售汇业务的金融机构网点1130个，比上年增长6.7%。

严厉打击“热钱”活动，有效维护外汇市场金融秩序 2012年，以货物贸易、外债项下跨境资金双向流动为监管重点，集中对省内5家银行41个分支机构开展外汇业务专项检查，排查涉外交易1.29万笔、17.1亿美元；查实违规机构10家，违规资金153.68万美元。通过非现场检查排查出可疑与违规交易4.51亿美元，锁定异常银行、企业21家，查实并立案8件，案件线索查实率居全国第五名，使非现场检查成为现场检查的重要助力；全年全省查处外汇违法违规案件18件，收缴罚没款29.2万元人民币，有效维护了经济金融秩序和社会稳定。

提升服务水平，有力推动贸易投资便利化 1.货物贸易外汇管理方式全面转型，进一步促进云南涉外经济健康发展。全年举办20余期、银企2300多人参加的专题培训班，培训面达到100%、86%，扎实推进了货物贸易改革。全省近99%的进出口企业享受到了便利化改革的成果，企业、银行经营成本大幅降低。2.进一步强化以会计师事务所代为申报为主的外商投资企业外汇年检方式，不断提升工作效率，全省外商投资企业外汇年检工作取得新突破。全省应参检外商投资企业1286家，实际参检1224家，参检率95%，比上年提高2个百分点。全省应检境外投资企业196家，实际参检企业196家，参检率100%。3.通过进一步简化直接投资外汇管理，简化外商直接投资项下跨境人民币出资的验资询证手续，取消直接投资项下的购付汇审核，简化境外投资者以境内合法人民币再投资手续等手段，有效促进投资便利化。2011年度全省招商引资工作，受到了云南省人民政府的表彰，获得了“全省招商引资工作贡献奖”。2012年，全省外商直接投资外资流入8.38亿美元，比上年下降39.28%；境外投资外汇资金汇出2.94亿美元，增长27%。

进一步加强与云南周边国家双边本币合作，跨境人民币结算工作快速发展 1.进一步扩大中泰双边本币结算合作。积极扩大人民币对泰铢银行间市场的交易主体，努力推动商业银行参与人民币对泰铢柜台挂牌，于6月14~17日，举办中泰双边本币结算会谈，进一步推动了中泰两国双边本币结算的快速发展。2012年，泰国开泰银行深圳分行、光大银行昆明分行获准加入银行间市场；全年人民币对泰铢累计交易441笔，金额22.59亿元。人民币对泰铢累计交易453笔，金额23.6亿元。人民币对泰铢柜台交易发生5925笔，金额3204.67万元。2.鼓励云南银行积极开展对外合作，疏通结算渠道，扩大跨境人民币结算地域范围。目前，与境内发生跨境人民币结算的国家和地区范围扩大到47个，比上年增加21个。3.进一步疏通银行、企业在办理跨境人民币结算业务的各个环节，推动全省跨境人民币结算业务迅速增长。2012年，全省银行办理跨境人民币结算460.9亿元，同比增长84.16%。其中，货物贸易结算247.06亿元，占同期海关进出口总额的18.7%，同比再提高3个百分点。跨境服务贸易及其他经常项目结算38.33亿元。资本项下结算量175.51亿元，比上年增长123%。

（李 峰）

证券期货市场综述

2012年，云南证券期货行业全力推进直接融资工作，助推云南桥头堡建设，资本市场改革发展取得了明显成效，为全省“稳增长、冲万亿、促跨越”工作目标的实现作出了积极贡献。截至2012年末，云南共有28家境内上市公司，82家证券经营机构（2家证券公司，2家证券分公司，1家证券投资咨询公司，77家证券营业部），22家期货经营机构（2家期货公司，20家期货营业部），4家境外期货持证企业，资本市场总体规模居西南五省（区、市）第三位。

一、积极推动首发上市和再融资，加大对实体经济的资金支持力度。推动企业上市工作取得新突破。2012年，新增6家上市辅导备案企业，完成辅导备案企业达到20家，比年初增长近50%，拟上市公司数量创历史新高。鸿翔一心堂首次公开发行股票已获证监会审核通过，3家拟上市企业已报证监会审核。支持上市公司再融资取得新进展。全年有10家上市公司完成或启动再融资程序，拟募集资金超过200亿，其中1家已发行公司债融资10亿元，3家过会待发拟融资99.5亿元，4家进入证监会审核程序拟融资152.5亿元（其中139亿实物资产），直接融资呈现良好势头。

二、着力推动市场化并购重组，服务全省经济结构调整。推动上市公司并购重组取得新成效。积极推进市场化并购重组，鼓励和支持云南上市公司深度参与全省产业整合，通过整体上市、资产注入、并购重组等方式，对上下游配套企业进行重组、改造，从根本上解决同业竞争、减少关联交易，不断完善产业链，提高资源控制和利用能力，提升上市公司的规模化效益和整体质量。丽江旅游、昆百大等公司通过重大资产重组，业绩保持持续增长，核心竞争力进一步提升；云天化集团整体上市取得实质性进展，综合实力和盈利能力将得到极大增强。

三、加快中介机构创新发展，提升市场服务功能。证券期货公司创新发展取得重大进展。新三板代办系统主办券商、融资融券、资产管理、基金代销等业务资格获批以及直投子公司、控股基金公司的成立。随着多项创新业务的加速推进，省内证券公司的服务功能进一步完善，盈利模式进一步多样化，综合竞争能力进一步提高。此外，太平洋证券到老挝设立合资证券公司获证监会批准，省内证券公司对外开放“走出去”迈出实质性步伐。证券期货市场覆盖面进一步拓展。积极支持和引导省内外优质证券、期货公司在云南沿边及证券期货市场不发达地区增设营业网点，分别在国家开发开放实验区瑞丽、藏区香格里拉、保山、玉溪、曲靖等地新设证券期货营业部，全年新设6家证券营业部、5家期货营业部，进一步优化了市场结构，扩大了市场覆盖面，增强了证券期货行业服务云南经济发展的能力。2012年，云南证券市场A股、基金总成交额4559亿元，比上年下降26.52%，新增A股投资者开户数9.13万户，增长4.86%，累计A股投资者开户数达到196.86万户。云南期货市场累计完成代理交易额3.37万亿元，增长114.46%。

四、加强监管规范行为，保护投资者合法权益。规范发展基础进一步夯实。强化信息披露和公司治理监管，上市公司内生规范机制逐步健全，治理水平进一步提高；强化合规管理和风险监控，证券期货机构合规管理进一步深化，诚信经营水平进一步提高；强化上市公司对股东的回报，辖区现金分红上市公司比例及现金分红占可供分配净利润比例等指标均优于全国平均水平。投资者权益保护专项工作扎实有效开展。

五、着力优化发展环境，有效防范化解市场风险。证监会和交易所出台了“西部绿色通道”制度，云南中小企业私募债试点获证监会批准；配合推进交易场所清理工作，防范市场风险积聚和溢出；深化综合执法协作机制，进一步提高执法效率；深入开展整非工作，严厉打击违法违规行为；稳妥处置上市公司风险，退市和失稳风险处置取得阶段性进展；认真做好十八大召开前后矛盾纠纷排查工作，确保了进京上访、群访、闹访等非正常上访的零发生。

（朱俊波）

固定资产投资

2012年是“十二五”承上启下的关键一年，面对复杂多变的国际国内形势及丽江宁蒗“6·24”、昭通彝良“9·7”地震等自然灾害，在省委、省政府的坚强领导下，全省各级各部门围绕省第九次党代会提出的“四翻番、两倍增”总体目标，自加压力、迎难而上，团结一心、扎实工作，紧紧抓住国家深入实施新一轮西部大开发战略和桥头堡建设重大机遇，坚决贯彻落实中央各项重大决策部署，固定资产投资工作继续在高基数上实现较快增长，为云南科学发展、和谐发展、跨越发展打下了坚实基础。

【概 述】2012年，全省固定资产投资（不含农户）7553.51亿元，比上年净增1624.51亿元，增长27.3%。三次产业投资全面增长，第一产业完成投资143.13亿元，增长46.1%；第二产业完成投资2530.19亿元，增长29.3%；第三产业完成投资4880.19亿元，增长25.8%。重点行业投资支撑作用凸显。省政府考核的重点行业完成投资5389.01亿元，占全省固定资产投资总额的71.34%。

1.非电工业完成投资1664.34亿元，比上年增长39.4%。云南滇红集团股份有限公司整体搬迁扩建、昆钢年产185万吨高性能抗震钢、云天化股份有限公司水富煤代气技改工程、昆明云内动力股份有限公司轿车柴油机产能等一批项目竣工投产，西双版纳印奇果油加工综合利用、云南乾元光能产业有限公司年产10万千瓦太阳能多晶硅片、冶金集团搬迁改造年产50万吨高强耐蚀铝合金板带材项目一期工程、云铜钛业10千吨/年海绵钛生产等项目开工建设。

2.电力工业完成投资862.07亿元，比上年增长14%。功果桥水电站全部机组投产发电，糯扎渡、向家坝、金安桥、阿海水电站部分或全部机组投产发电；小龙潭矿务局五期扩建工程、白龙山煤矿一井、雨汪煤矿一井建设按计划推进，地沟油生物柴油试点推广运用等项目顺利推进；恩洪矿区煤矸石综合利用电厂（30万千瓦）经国家核准开工建设，昆明新机场及七甸工业园区天然气分布式能源项目已开展前期工作。

3.房地产开发完成投资1782.14亿元，增长39.2%。全省城镇保障性安居工程开工31.84万套，基本建成保障性住房22.52万套，完成投资368.91亿元，提前超额完成了国家和省政府确定的年度工作目标。

4.综合交通完成投资660.55亿元。其中：公路479.99亿元，减少26.3%；铁路168.43亿元，增长47.3%；民航12.13亿元，减少64.7%。新增高速公路197公里，二级公路746公里，新改建农村公路1.63万公里；玉溪至蒙自、六沾二线建成通车，云桂铁路等在建项目顺利推进；昆明长水国际机场投入使用，泸沽湖机场可研报告获国家发改委批复并开工建设，红河军民合用机场、沧源机场获国务院、中央军委立项批复。

5.水利完成投资 234.99 亿元，比上年增长 67.3%。牛栏江—滇池补水工程前期工作完成，德泽水库下闸蓄水；骨干水源工程建设加快推进，全省在建水源工程 172 件；完成“五小水利”工程 41.6 万件，解决了 317 万农村人口饮水安全问题；进入国家规划的 251 件小㈠型病险水库除险加固工程全面完成，2011 年安排的 708 座小㈡型水库除险加固项目全部完工；新增及治理各类堤防长度 866 公里；完成干支渠防渗 2503 公里；治理水土流失面积 3383 平方公里，新实施生态修复面积 6050 平方公里。

6.教育完成投资 184.92 亿元，增长 46.7%。校舍安全工程开工总建筑面积 434.23 万平方米。其中：新建 248.92 万平方米，加固改造 185.31 万平方米，竣工交付使用 243 万平方米；普通高中与中等职业教育在校生比例 1.05∶1；呈贡高校校区搬迁建设累计开工建设 420 万平方米，完成投资 130 亿元，竣工建筑面积约 380 万平方米，入住学生近 12 万人。

州（市）投资全面增长。全省 16 个州（市）全部完成年初与省政府签订的责任书，均增长 23%以上。其中：临沧市呈现 49.1%的高速增长，保山市、昭通市、德宏州、怒江州、文山州、西双版纳州、楚雄州、大理州、丽江市、普洱市实现 30%的快速增长，红河州、昆明市、玉溪市、迪庆州、曲靖市实现 23%以上的较快增长。

产业及民间投资喜中有忧。产业投资完成 3350.26 亿元，占全省固定资产投资总额的 44.4%，比上年下降 0.9 个百分点；民间投资 3758.8 亿元，占全省固定资产投资总额的 49.8%，比上年增长 1.8 个百分点。

【加强投资管理】 1.提前准备、落实责任目标。省委、省政府高度重视固定资产投资工作，年初召开全省固定资产投资工作会，统一思想、明确任务、全面安排、周密部署。在全面分析，科学测算的基础上，省政府年初确定了全省规模以上固定资产投资增长20%的目标，并与16个州（市）、8 个重点行业主管部门签订责任书，确保重点行业对全省投资的支撑力度达到 60%以上，并将民间投资、产业投资作为配套考核指标。6 月，根据全省固定资产运行情况将全省 2012 年规模以上固定资产投资任务调整为25%，并重新调整 16 个州（市）、8 个重点行业投资任务。

2.突出重点、加大专项督查。省政府开展了为期半年的全省“稳增长、冲万亿、促跨越”调研督查活动，组成 16 个调研督查组分赴各州市实地检查，按照“在建项目抓进度、促投产，前期项目抓前期、促开工”原则，一月一专报，督促项目进度，了解实际困难，开展现场办公，帮助协调解决问题，坚决杜绝“电视开工”和“开工不动工、动工就停工”现象，着力推进项目进度，适时调整优化方案，力促项目按质按期完成；对未能及时开工建设的项目明确提出将撤销项目、收回投资，并将据实调减当地今后的中央投资计划的申报规模。

3.多措并举，及时破解难题。省发展改革委每月组织召开固定资产投资部门联席分析会议，及时发现倾向性、苗头性问题，为宏观决策建言献策；5 月召开了全省银政企座谈会，进一步理理顺政企、银企、政银关系，强化沟通合作，向国家发展改革委上报了《云南省发展改革委关于请求国家增加信贷支持云南省一批重点项目的请示》（云发改投资[2012]1130 号），请求国家发展改革委在向各大总行推介重大项目时给予倾斜支持；6 月初在京顺利召开了由 40 多个部委领导参加的云南省桥头堡建设部门联席会议，标志着桥头堡建设迈出实质性步伐；6 月下旬召开全省桥头堡建设暨稳增长冲万亿促跨越会议，李纪恒省长对如何做好经济工作努力保持经济平稳较快增长提出了具体要求；修订完善了《云南省省级重点投资项目并联审批办法》，起草完成《云南省投资项目审批服务中心管理办法》、《云南省政府关于解决建设项目落地困难，进一步改善投资环境的意见（试行）》、《重大固定资产投资项目分析评估实施办法（试行）》等一系列文件。

4.全力以赴，争取中央支持。全省各级、各部门思想统一，行动迅速，坚决贯彻落实中央和省委、省政府的各项重大决策部署。按照省政府下达 2012 年争取中央预算内投资确保 130 亿元、力争 170 亿元的任务，省发展改革委及时召开专题会议研究，按照国家明确支持的领域和方向精心组织上报计划，由领导带队多次进京汇报衔接，确保已报专项顺利下达和新增专项顺利入围，最大限度争取中央预算内投资。2012 年共争取到中央预算内资金 256.25 亿元，涉及保障性住房等 120 个专项，首次突破 200 亿元。

5.行动迅速，加快计划执行。根据《国家发展改革委关于正确把握投资方向加快中央预算内投资计划执行进度的通知》(发改投资[2012]2784号)等文件有关要求，省发展改革委本着“随到随转、及时下达”原则，调整行文程序、减少中间环节，最大限度缩短行文流程，确保中央投资计划及时分解下达；推行发改、财政会商制度，按照“资金跟着项目走”的原则，全力配合财政部门加快预算下达和资金支付进度，提高审核支付效率，确保中央投资实现“计划分解、预算下达、资金拨付、项目开工”等4个完毕，同时狠抓项目审批关、“四制”落实关、工程质量关，确保中央投资发挥效益；按照省委、省政府确定的重大事项，及时分批次安排下达省预算内投资计划，充分发挥了财政资金的引导扶持作用。

（高 英）

国有资产监督管理

【概 述】2012年，是实施“十二五”规划承上启下的关键之年，在省委、省政府的坚强领导下，面对错综复杂的严峻经济形势，省国资委团结带领省属企业一道，按照省第九次党代会提出的科学发展和谐发展跨越发展的总体目标和“三年倍增、五年跨越”的战略部署，以及省委、省政府稳增长冲万亿促跨越的要求，科学研判、凝心聚力，迎难而上、奋力拼搏，抢抓桥头堡建设重大机遇，在转方式调结构、提高发展质量效益上下工夫，在强化创新提升管理、破解发展难题上求突破，在加强党建履行责任、夯实发展平台上求实效，国企发展再上新台阶，国资监管迈上新水平，为全省经济社会发展发挥了重要作用。

据快报统计，2012年，省国资委监管的省属企业资产总额从2011年的5301亿元增长到6394亿元，比上年增长21%。净资产从2011年的1652亿元增长到1806亿元，增长10%。有15户企业资产过百亿，占19户省属企业的79%，其中云天化、昆钢、云投、冶金、煤化工、城投及云铜等7户企业资产超过500亿元。涌现出一批竞争实力强、在国内外有影响力的企业集团，云天化、昆钢、煤化工、建工、云锡、冶金等企业进入全国500强，完成营业收入3441亿元，增长24%。收入过百亿企业发展到11户，其中云天化、昆钢、云铜3户企业超过400亿元。实现增加值420亿元，下降9.8%。5年来累计实现利税797亿元，连年完成保值增值目标，年均保值增值率达到105%。

【国资监管体制】2012年，省国资委认真贯彻落实国务院国资委构建国资监管大格局的要求，继续推进国资监管体制改革，不断明晰监管思路，创新监管理念，改进监管方式，逐步探索出了一条符合云南实际的国资监管道路，全省国资监管工作制度化、规范化、科学化水平进一步提升。《企业国有资产监督管理条例》列入省政府2013年一档立法计划。积极探索国资监管全覆盖工作，逐步拓宽州（市）国资监管领域，全省8个州(市)实现单设国资委，一批县（市、区）设立了国资监管机构。昆明市率先实现经营性、非经营性、资源性等各类国有资产的全覆盖监管，有效提升了国有资产的运营效率。

【加强转方式调结构】2012年，省国资委始终把转方式调结构作为重中之重，坚持从产品和业务结构入手，倒逼产业结构调整，全面夯实省属企业倍增跨越发展基础。做大做久传统主业，坚持战略引领，推进规模化、集约化经营，不断提高主业产品市场占有率，做大传统主业的规模和体量，坚持用先进适用技术改造提升传统产业竞争能力，云天化集团聚甲醛产能规模位居全国第一位、世界第五位，玻璃纤维产能规模位居全国第二位、全球第四位，昆明长水机场成为全国第四大门户枢纽机场。在做强主业的同时，大力发展相关多元产业。云天化集团加快千万吨炼油基地配套石化项目；昆钢控股大力发展新材料、装备制造业；建工集团积极开拓房地产业、建筑材料产业以及钢结构产业；冶金集团钛白粉和海绵钛等项目进展顺利；白药集团致力于打造大健康产业，逐渐从单一医药生产向综合医药经营服务企业转型。同时推动省属企业积极发展钛、稀贵金属、新型环保、多晶硅、新能源、钢结构、新型环保、太阳能发电等产业，努力形成新的经济增长点。能投石林太阳能光伏发电实现并网发电，昆钢、冶金、云铜集团的钛产业有望成为企业跨越发展新支撑。

【提升企业管理水平】2012年，在巩固扩大“管理水平提升年活动”成果的基础上，省国资委着力建立企业“重管理，强基础，助跨越”常态机制，完善国资委评价考核体系，实施分类考核并与薪酬挂钩，出台企业重点项目管理指导意见，推动企业进一步提升管理水平。推动企业进一步强化母子公司管控体系建设，不断加强投资决策、项目管理、内控体系建设和安全生产等工作，全面风险管理进一步加强。积极推进“三率一新”工作，强化对标管理，修订完善各项管理制度，基础管理进一步巩固。

【推进倍增跨越】 2012 年，省国资委深入贯彻落实全省推进工业跨越发展会议精神，充分发挥省属企业在倍增跨越发展中的骨干和引领作用。及时出台实施意见，以实现三年倍增、五年跨越，打造千亿企业、千亿产业为目标，研究出台了推动省属企业跨越发展实施意见，积极推进战略管控、转型升级、大项目带动、资本运作、改革重组、管理创新，努力推动省属企业实现倍增跨越。大力推进项目建设，全面梳理省属企业在建及新开工建设项目，有保有压，借助稳增长冲万亿促跨越调研督查活动，及时推进一批重点建设，通过大项目实施、大资金投入，推进大发展。云南白药新区、昆明新机场、昆钢草铺新区、冶金文山氧化铝等重大项目建成投产；云天化石油化工项目、煤化先锋褐煤洁净化试验基地、云投安宁新昆华医院、云南广西临港产业园等转型升级重大项目加快推进，城投新昆明会展中心建设正式启动。着力深化战略重组，积极引入社会资本参与省属企业战略重组，不断提升战略合作层次，拓宽战略合作领域。成功筹办国务院国资委、云南省政府签署合作备忘录暨央企入滇活动，与央企签署合作项目 32 个，涉及投资金额约 1808 亿元。继续推动国有资本的战略性重组，组建了云南省能源投资集团有限公司。完成了农垦集团改革重组，妥善解决农垦发展中存在的问题。推动实施“走出去”战略，指导企业充分利用云南独特的区位优势和在一些产业多年积累的技术、管理、市场等优势，积极走出省外和国外投资兴业，进行产能布局和资源掌控，努力拓展发展空间。全球化的战略布局取得重大进展，融入全球经济步伐明显加快，云锡、建工、云天化等省属企业在澳大利亚、加拿大、非洲、南美及南亚东南亚等国家和地区的投资超过 30 亿元，冶金、云天化在内蒙古、新疆、东北、广东等省（区）的投资超过 200 亿元，赢得了新的发展空间和发展机遇。

【国企资本运作】 2012 年，省国资委和省属企业充分发挥上市公司融资平台作用，通过启动云天化集团整体上市，推进云南锡业、驰宏锌锗、贵研铂业等上市公司再融资等，有效缓解企业融资难、融资贵的问题，省属企业资产证券化水平再上新台阶。积极寻求社保基金、保险资金、私募投资基金等新型资本的支持，城投引入 16 亿社保资金，云投引入华泰保险 30 亿元资金，云锡、煤化、建工、城投、圣乙积极成立股权基金管理公司，努力推动工投集团退出政府融资平台，加快推进冶金集团、能投集团引进战略投资者，多渠道的融资以及融资模式的创新，较好的化解了企业资本金不足的难题。探索提升集团资金管控能力，有效利用财务公司、资金管理中心等金融手段实现资金管理模式的创新。2012 年完成直接融资近 500 亿元，是年度计划的 2.5 倍。

【国企党建工作】 坚持党对国有企业的领导，围绕企业改革发展稳定中心工作，积极探索进一步把党组织政治优势转化为竞争优势的有效方法与途径。认真学习宣传贯彻党的十八大精神。省国资委党委系统企业有 2 人光荣当选党的十八大代表。省国资委和各企业加强组织领导，坚持学以致用，注重学习效果，认真开展“六个一”活动，深入学习党的十八大精神，切实把党的十八大精神转化为推动企业转变发展方式、实现科学发展的强大动力。做好创先争优活动总结工作并转入常态化长效化，3 个企业党组织被评为“云南省先进基层党组织”，6 个企业党组织被评为省级基层党建工作示范点。认真开展基层组织建设年活动，一大批企业基层党组织实现了整改提高、晋位升级的目标。通过开展人才工作专题调研、加大人才培养经费投入、完善优秀年轻干部培养选拔机制、完善考核评价体系、拓宽人才培养渠道等方法，不断加强企业家队伍建设。进一步健全基本组织、建强基本队伍、建立基本制度、开展基本活动、提供基本保障，逐步推广企业建立党建质量管理贯标体系试点经验，逐步开展网络党建试点工作。

【履行社会责任】 2012 年，省国资委首次与省属企业签订责任书，大力推进企业社会责任体系建设。千方百计吸纳就业。充分发挥省属企业 22 个实习基地的作用，着力帮助大学生就业。全年省属企业在岗职工 25 万人，新增大学毕业生就业 1.2 万人，吸纳农民工就业超过 13 万人。建设资源节约型、环境友好型企业。发挥省属企业带头引领作用，着力推进绿色发展、循环发展、低碳发展，开展节能减排、安全生产督查，省国资委被评为 20 个和谐单位之一。大力推进扶贫攻坚。

积极响应政府号召，推动省属企业加大扶贫力度，提高扶贫效果，坚持动真情、扶真贫、真扶贫，省属企业启动挂钩扶贫项目95个，争取资金2.85亿元，投入资金4500多万元。积极参与社会公益事业。在重大自然灾害面前带头救灾，在抗旱救灾、彝良地震救灾、爱心水窖等活动中积极捐款，有力地支持了抗灾救灾工作。

【国企反腐倡廉建设】 把学习贯彻党的十八大精神作为首要政治任务，重点对企业贯彻落实“三重一大”决策制度、执行“十二五”规划、参与“两强一堡”建设、加快转方式调结构等重大战略任务进行监督检查，推进企业坚定不移地加快发展，确保中央和省委各项路线方针决策的贯彻落实。大力加强作风建设，深入治理企业领导人员廉洁从业方面的突出问题，进一步完善和落实“三重一大”决策制度，严格执行廉洁从业规定和各项监督制度。全面推进以廉政风险防控管理为重点的惩防体系建设，研究制定惩治和预防腐败体系2013～2017年工作规划，把惩防体系植于企业内部控制和风险管理制度之内、融入企业经营管理体系之中，强化权力的制约与监督机制，促使权力在阳光下运行。坚持惩防结合,严肃查处违法违纪案件，着力解决发生在群众身边的腐败问题，维护党的先进性和纯洁性。深化工程建设领域突出问题专项治理，推动省属企业拓展效能监察领域，不断提升企业监督管理水平。进一步严格落实党风廉政建设责任制，企业负责人切实履行“一岗双责”。

（刘 云 王海月）

工业经济和信息化综述

2012年，云南省工业经济围绕省委、省政府“稳增长、冲万亿、促跨越”目标，攻坚克难，开拓进取，工业经济平稳较快发展。

【相关经济指标】 2012年，全省工业实现增加值3450.72亿元，比上年增长15.1%，拉动全省经济增长5.1个百分点，贡献率39.2%。规模以上工业实现增加值3084.94亿元，增长15.6%（其中，规模以上轻工业累计增长17.1%，重工业增长14.4%），比全国平均水平高5.6个百分点，排全国第八位，西部第六位。全省规模以上企业完成主营业务收入8662.81亿元，增长14.8%，完成利税1640.25亿元，增长3.9%；完成利润总额507.71亿元，下降10.6%。轻工业实现利润273.04亿元，增长11%；重工业实现利润234.67亿元，下降27.1%。

2012年，全省工业完成固定资产投资2526.41亿元，增长29.5%；除电力外，工业投资完成1664.34亿元，占工业固定资产投资的65.8%，增长39.5%，超额完成省政府下达1500亿元目标。

2012年，全省全部工业用电量1026亿千瓦时，比上年增长8.86%，规模以上工业用电量853.28亿千瓦时，增长13.4%。规模以上工业综合能源消费量6125.91万吨标准煤，增长11.91%，规模以上工业增加值能耗下降3.19%（能耗按当量热值测算，下降8%）。

2012年，全省有11个州（市）增长高于全省平均水平（除玉溪、西双版纳、德宏、怒江、迪庆）。文山州规模以上工业增加值突破百亿大关，增长21.9%，昭通市增速居首，全年增长26.9%。

【运行保障机制】 2012年，全力保障电煤生产供应，原煤产量首次超亿吨达到1.04亿吨，年末电煤库存566.4万吨，提前并超额完成省政府汛末存煤400吨指标；优化水电、火电、新能源发电，完成发电量1745.5亿千瓦时，增长12.2%；实施重点工业企业扩大生产超基数用电临时电价补贴奖励政策，兑现补贴奖励资金3亿元；省内用电1315.86亿千瓦时，日供电量16次创新高，完成外送电量451.62亿千瓦时，超计划64亿千瓦时；全省成品油库存保持在40万吨/日左右；积极协调相邻铁路局，保障进出省重点物资和原材料调运，加强货源组织，全年完成外运出省物资3503万吨，比上年多53万吨，超额完成省政府下达的全年外运任务。

【工业结构调整】 2012年，出台了43个规划，组织编制滇中同城产业发展与物流建设规划、桥头堡建设工业和信息化产业发展与空间布局规划、工业转型升级跨越发展规划纲要；调整优化装备制造业结构，实施原材料工业行业准入公告管理以及资源能源消耗通报制度，制订促进企业兼并重组的指导意见，推动工业硅产业结构调整，5户铸造用生铁、5户工业硅、3户铁合金、6户水泥企业通过工信部公告（公示）；加大消费品工业承接产业转移工作力度，推进杨林木业家具产业基地建设，提升服装、茧丝绸等传统产业优势，箱包、玩具等产业实现新发展，培育具有核心产品、核心品牌和核心技术的食品药品企业，军民结合产业实现新发展，物流、环保、新能源等领域的技改和产品研发取得新突破；进一步严格食盐质量管理，新标准食盐生产供应能力提高。推进重点工业行业淘汰落后产能和存量调整，全面完成国家下达的年度目标任务，淘汰落后产能445.08万吨。

【重大项目投资】 2012年，完成工业投资1664.34亿元（不含电力），增长39.5%；组织实施一批企业技术改造和技术创新项目，稳步推进了总投资560亿元的100项省级重点技改项目、428亿元的184个州（市）级重点项目和141亿元的149个技术创新工程项目；组织实施“212”重点工程，推进省政府20个重大工业项目建设，推动中缅油气管道及炼化基地、武钢集团昆钢异地搬迁技改、高新锗产业建设等一批重大工业项目建设，177个工业重点竣工投产项目预计完成总投资722亿元，15个项目列入国家重点技术改造和产业振兴专项计划；实施了37个工业产品质量攻关技术改造项目，认定省级企业技术中心38家，申报国家认定国家级技术中心2家，组织3家单位申报国家第二批工业产品质量控制和技术评价实验室，核定了13家单位的实验室为省核定工业产品质量控制和技术评价实验室；完善工业人才队伍建设政策体系，培训各类人才3.5万人次，举办2012年高层次工业人才云南引进交流会。

【工业园区建设】 2012年，在全国首家出台了省政府规章《云南省工业园区管理办法》、《云南省园区经济跨越发展规划纲要（2012～2016年）》，完成了千亿园区培育对象编制实施方案，实现了一批园区提档升级。全省有一定规模的工业园区126个（新增省级工业园区17个，达到57个），主营业务收入超500亿元的园区由3个增加到4个，100亿元～500亿元的园区由8个增加到13个，祥云财富工业园获国家新型产业示范基地称号，玉溪高新区、杨林工业园区、蒙自工业园区获批国家级开发区。面向全国公开选拔了45名省级工业园区管委会主任、副主任，园区机构、编制等问题正在逐步解决。纳入统计的118个工业园区完成销售收入6913.72亿元，比上年增长25.45%，规模以上企业完成工业增加值2197.49亿元，增长31.28%，完成利税1075.84亿元，增长13.85%，就业87.55万人。大批园区按照“工业上山上坡”的要求，开展总体规划修编工作，园区水电路气网等基础设施建设高位推进，完成投资248.11亿元，增长46.87%，新入园工业项目1193个，建成标准厂房300万平方米。

【民营经济发展】 2012年，民营经济实现增加值4546.62亿元，比上年增长23.6%（现价），占全省GDP的44.1%。从业人员568.7万人，增长10.6%。筹备召开了全省民营经济发展大会，推动省委、省政府出台了《关于加快民营经济发展的决定》并协调41个省级部门同步出台了29个配套实施意见，编制了《2012～2016年全省民营经济跨越发展规划》。制定了民营经济战役年度实施方案，组织开展中小企业服务年活动，向社会公布了鼓励民间投资的项目300个，积极配合省非公督导组督促各州（市）和省级部门抓政策落实。举办了第三届民营企业家论坛，组织参加第七届APEC中小企业技术展览会和第九届中博会，争取国家财政扶持资金1.73亿元。

【节能降耗】 2012年，制定钢铁、化工、有色、建材、电力、煤炭等6个重点行业“十二五”节能规划，逐级强化节能目标责任制，加强节能指标监测分析，开展节能预警调控。以余热余压利用、电机系统节电、能量系统优化等节能改造工程为重点，在钢铁、化工、有色、建材等行业组织实施200项省级重点节能项目。节能专项资金支持了43个节能重大项目，实现年节能74万吨标准煤。推进节能产品惠民工程，深入开展全民节能行动。全省节能发电调度成效显著，统调火电发电累计消耗原煤2713.87万吨，比上年节约原煤610.47万吨。推进建筑、交通、农村等重点领域节能。健全完善清洁生产管理机制，发布了4个行业清洁生产指标体系。落实资源综合利用税收优惠政策，综合利用工业固体废物3524万吨。个旧工业固废综合利用示范基地项目取得进展，园区发展循环经济收到明显成效。积极推进节水型企业建设工作，修订了工业行业取水定额。全年单位GDP能耗下降3.2%以上，单位工业增加值能耗下降3.2%左右。

【对外开放合作】 2012年，实施央企入滇战略以来，51户央企与云南省签订合作协议，引进356个央企项目，到位资金840亿元。截至年底，在滇发展的中央企业有75户，超额完成省政府确定的目标。新能源、新材料、高端装备制造、生物资源开发、基础设施、交通物流、节能环保等合作领域进一步拓宽。组织工业园区和重点企业1300人次参加港澳粤招商会、浙江招商会、厦门投洽会等招商引资活动。启动实施民企入滇行动，会同有关部门共同筹备召开了民企入滇助推云南产业发展座谈会和民企入滇助推桥头堡建设大会，签订民企入滇项目765个，实现239个项目落地，实际到位资金421.18亿元。央企、民企入滇签约协议投资双双突破万亿元。北部湾云南临海产业园建设取得重要进展，在园区选址、优惠政策、北海园区概念规划编制、配套码头合作建设等方面取得阶段成果。

【信息化建设】 2012年，加强信息化规划及政策体系建设，编制实施《"十二五"电子政务发展规划（2011～2015年）》、《中国面向东南亚、南亚桥头堡通信枢纽建设规划》等一系列政策文件；促进云南省列入全国区域"两化"融合评估试点省之一；推进信息安全保障基础设施建设，实施政府部门互联网统一接入试点工程，制订了网络与信息安全保障的实施意见；推动电子政务转型发展，推进各领域信息化建设，开展国防信息动员工作，完善了政务服务信息化平台建设，推进政府信息公开及"96128"政务服务专线建设工作；加快软件和信息服务业发展，推进双软认定，认定软件企业30家，产品222个。加强系统集成行业和软件正版化管理；推进云南与美国微软公司合作，签署了合作备忘录；组织开展全省重点领域网络与信息安全专项检查行动。

【无线电管理】 推进基础设施建设，2012年完成新一代移动通信基础网络建设投资80.79亿元，建设通信基站1.01万个，全省无线电台站达到3458万余台（部），无线电监测技术设施建设投资累计达到3.8亿元，监测覆盖面积70%，建成全省无线电短波应急通信网。编制实施全省无线电事业发展"十二五"规划纲要和相关专项规划，加强无线电频谱资源管理，完成全省10.3万座无线电台站核查任务，健全频率台站数据库，累计监测28.4万小时，查处无线电干扰40起，执行行政处罚21件。建立航空、铁路无线电专用频率保护工作长效机制，完成敏感时间、节点期间及特殊区域无线电安全保障任务。强化无线电管理队伍建设，全省配备了246名县级无线电管理人员，培训无线电管理业务人员285人，参加无线电台操作资格考试培训1312人，1306人取得资格证书。

【工业经济运行中存在的主要问题】

1.产销衔接有待提高。2012年，全省规模以上工业企业产销率95%，比上年低2.2个百分点。产成品增幅回落到目前的19.3%，但仍比主营业务收入高4.5个百分点。部分原材料行业去库存化过程尚未结束。12月末，有色金属冶炼及压延加工业产成品库存99.85亿元，增长19%。

2.企业效益下滑。规模以上企业利润降幅虽然收窄，但企业亏损面仍高达26.7%，亏损面比上年扩大3.4个百分点。亏损企业亏损总额128.91亿元，增长91.6%。黑色金属冶炼及压延加工业利润下降55.2%。有色金属冶炼及压延加工业利润下降53.7%，建材行业下降7.3%，化工行业下降34.3%。

3.资金周转困难。2012年规模以上企业产成品资金占用482.68亿元，应收账款733.01亿元，比上年增长29%，两项资金占用合计高达1216亿元。

（何植敏）

轻工业综述

2012年，面对世界经济复苏明显放缓和国内经济下行压力加大的严峻形势，云南轻工业积极应对原材料价格波动、信贷紧缩、劳动力和能源成本上涨等不利因素的影响，紧紧围绕"打造高效轻工"的目标，不断加强行业分析和研究，创新工作举措，加大轻纺工业重大项目的推进力度，全年生产实现了平稳较快增长。

【主要经济运行指标】 2012年，全省全部规模以上工业增加值比上年增长15.6%。其中，规模以上轻工业工业增加值比上年增长17.1%。1～12月，全省造纸及纸制品业、橡胶和塑料制品业、木材加工业工业增加值比上年分别增长24.3%、48.9%、81.9%，有力支撑了全省消费品工业的增长。

【重点产品产量】 2012年，在统计的18种轻纺工业主要产品中，有9种产品产量增速超过30%，其中大宗商品如纸浆、松香、人造板等产品产量实现了大幅度的增长。全年累计生产化学纤维

3.86万吨，比上年增长8.37%；纱6061吨，增长30.06%；布663.37万米，增长47.55%；印染布2267.08万米，增长38.57%；丝2777.25吨，增长31.72%；丝织品73.98万米，增长22.08%；服装1469.3万件，增长111.68%；皮革鞋靴43.95万双，增长15.15%；合成洗涤剂1.76万吨，增长11.41%；卫生陶瓷36.34万件，增长3291.34%；日用玻璃制品25.07万吨，增长56.89%；塑料制品36.71万吨，增长5.17%；农用薄膜5.45万吨，增长7.24%；纸浆29.8万吨，增长25.33%；机制纸及纸板60.52万吨，增长23.21%；人造板268.75万立方米，增长75.71%；复合地板123.12万立方米，减少10.58%；松香26.08万吨，增长46.76%。

【固定资产投资】 2012年，轻纺工业完成固定资产投资124.79亿元，比上年增长101.4%，超额完成年初预定的轻纺工业90亿元的投资目标。其中，造纸及纸制品业完成固定资产投资20.32亿元，增长50.1%；印刷业完成固定资产投资11.87亿元，增长31.7%；木材加工及木竹藤棕草制品业完成固定资产投资26.26亿元，增长42.4%；家具制造业完成固定资产投资7.37亿元，增长19.9%；纺织业完成固定资产投资5.67亿元，增长10.2%；服装及服饰业完成固定资产投资7.72亿元，增长164.1%。

【重大项目推进】 2012年，临沧卡蒙特纺织服装公司700万件服装加工项目、重庆德展集团2.5亿件服装生产加工基地项目、云南新千佛茧丝绸有限公司200万米绸缎加工项目、力高（云南）箱包有限公司年产3500万个箱包生产项目、云南创新新材料股份有限公司年生产10亿个液体饮料包装盒等25个项目被列为重点支持的全省“212”工程项目。省级财政技术改造专项资金支持轻纺项目22个，扶持资金1960万元，带动投资20.59亿元。这批生产规模大、配套项目多、吸纳就业力强、聚集发展水平高的消费品行业重大项目的顺利实施，为消费品工业发展注入了新活力，促进了全行业产业层次提升，带动了新技术、新工艺及先进设备的引进利用和资源综合利用、清洁化生产的推广，有效促进了全省轻工业产品附加值的提高和产业层次的提升。

【龙头骨干企业】 力高（云南）箱包有限公司总投资1.88亿元、选址在新平县工业园区桂山片区的80条专业相机袋生产线和18条拉杆箱生产线顺利投产。整个项目投产后，将实现年生产相机袋3000万个、拉杆箱500万只，用工8000人，实现年产值8亿元，年上缴税金5600万元。力高项目投产以来，设备运行正常，吸纳就业300人，产品远销美国、加拿大、欧洲、东南亚等地，是戴尔、索尼、惠普、联想等世界500强企业的指定合作伙伴，取得了良好的经济效益和社会效益。2012年，通过政府部门的积极努力与企业的协同配合，力高（云南）箱包公司被确定作为Samsonite（新秀丽）正式加工制造基地，加速云南轻纺工业产业向集约化、外向型方向迈进。云南高深橡胶有限公司作为国内重要的子午胎专用橡胶供应商、采用最先进技术加工天然橡胶的省级龙头企业，主动研发天然橡胶种植、加工技术，依托云南及东南亚巨大的资源优势，德宏高深橡胶产业发展有限公司5万吨/年子午胎专用橡胶项目，西双版纳高深橡胶有限公司2个3.5万吨/年子午胎专用橡胶加工项目的建设步伐明显加快，有效带动了云南天然橡胶产业进一步调整产品结构，进一步转变增长方式。另外，云南新千佛有限公司、云南创新新材料有限公司、云南金恒管业等一大批轻工业龙头企业继续保持快速增长状态，成为引领行业发展的主要力量。

【行业创新能力】 2012年，云南中建博能工程技术有限公司、玉溪市太标太阳能设备有限公司、红河雄风印业有限责任公司、楚雄市华丽包装实业有限公司等4户消费品工业企业的技术中心被认定为省级企业技术中心。到2012年底，全省有29户消费品工业企业的技术中心通过了省级企业技术中心认定，占全省237户省级企业技术中心的12%。随着轻工企业技术中心的研发能力和研发资金投入加大，云南轻纺工业行业自主创新能力、研发设计能力有所增强。

云南消费品企业品牌意识逐步增强，加强品牌建设工作。云南云景林纸的“三针”牌漂白硫酸盐木浆，云南金恒实业公司的“金恒”、“宁塑”牌塑料管材管件，云南一通太阳能科技公司的“一通”家用太阳能热水系统、平板太阳能集热器，云南天达光伏公司的“天达”牌太阳能电池，云南金花针织有限公司的“金花”牌针织服装，昆明新飞林人造板有限公司的“飞林”牌刨花板、浸渍膜纸饰面人造板等产品及品牌被评定为云南省名牌产品，其市场知名度和影响力逐步扩大。

【承接产业转移】 2012年，随着桥头堡建设的强力推进，在强大的政策环境引导下，云南逐渐成为承接东部产业转移的主阵地。通过引进国内外重大战略合作伙伴，提升传统优势产业，加快发展战略性新兴产业，把云南打造成为承接东部产业转移的重要基地和面向东南亚、南亚的出口加工基地。主动承接的重庆德展集团年产2500万件服装生产加工项目、深圳卡蒙特轻纺服装有限公司年加工700万件服装项目、浙江乔治白服饰有限公司年产100万件衬衫、20万套西服项目，云南梅玲丝纺有限公司年产18万件套家纺项目等一批产业转移项目顺利投产。昭通玩具加工基地首期3户南海玩具企业和1户童装企业已成功入驻昭阳工业园区，一期24栋标准厂房和5栋配套建筑已建成投入使用，对促进云南玩具等新兴产业的集聚发展将起到积极的引导作用。

【昆明家具产业基地】 中国（昆明·杨林）木业家具产业基地选址位于嵩明县杨林镇，项目致力将产业园建设成为高起点、高标准、闭合循环、具有云南特色的新兴木业家具产业园。项目一期用地约1020亩，项目总投资25亿元。其中，固定资产投资约21亿元，一期建成达产后年产值约32亿元，年上缴税金约1.5亿元，用工约6000人。建设内容为人造板、实木板材、实木门、实木地板、实木楼梯、刨切单板、红木家具、软体家具、涂饰生产线等；另外，还包括工业产品展示区、工业仓储配送区、工业技术研发中心及基地工业信息平台。为加快昆明杨林木业家具产业园项目建设有关工作，省工信委成立专门的项目协调推进工作组，由省工信委牵头，昆明市工信委、嵩明县政府、杨林工业园区管委会、嵩明县经贸和投促局共同参与，协调解决项目审批、落地、建设等过程中遇到的困难和问题。截至2012年底，约471亩土地已完成场地平整，土地、规划、林评、环评等前期手续顺利推进。项目方积极与中国林产工业协会、中国家具协会、广东家具协会及部分国内外企业联系，通报基地情况及项目投资合作意向，已签订部分项目投资合作协议。

（吴荣桃）

非公有制经济

2012年，云南省委、省政府围绕“稳增长、冲万亿、促跨越”目标，坚持把保持经济平稳较快发展和调整经济结构紧密结合起来，全省民营经济继续保持了平稳较快发展势头。

【主要指标完成情况】 2012年，全省民营经济主要指标多数保持两位数以上增长，但增速均较上年有所下降（见表1）。增加值及从业人员均全面完成省政府下达的年度发展目标（见表2）。

【民营经济总量】 2012年，全省民营经济户数160.3万户，比上年增长12.6%。其中，个体工商户140万户，增长12.7%，私营企业20.3万户，增长13.4%；注册资金7112.9亿元，增长8.8%；全年民营经济完成增加值4546.62亿元，可比价增长16.4%（现价比增长23.6%），占全省GDP的44.1%，所占比重比上年提高2个百分点，拉动GDP增长6.9个百分点，对全省经济的贡献率53.1%。其中，第一产业完成增加值455亿元，占全省第一产业增加值的27.5%，增长13.2%；第二产业完成增加值2081.4亿元，占全省第二产业增加值的47.1%，增长16.5%，其中工业实现增加值1545.93亿元，占工业增加值的44.8%，增长15%；第三产业完成增加值2010.22亿元，占全省第三产业增加值的47.5%，增长17%。

【消费需求】 2012年，全省民营经济消费品零售额2869.02亿元，比上年增长17.8%，占全省社会消费品零售额的81%。

表 1　2012 年全省民营经济主要指标完成情况表

指标名称	2012 年	2011 年	增长率（%）	
民营经济户数（万户）	160.3	142.3	12.6	
其中：私营企业（万户）	20.3	17.9	13.4	
注册资金（亿元）	7112.9	6540	8.8	
民营经济增加值（亿元）	4546.62	3679.78	可比价	16.4
			现价价	23.6
其中：第一产业	455	364.62	可比价	13.2
第二产业	2081.4	1828.74	可比价	16.5
#民营工业增加值	1545.93	1400.85	可比价	15
第三产业	2010.22	1486.42	可比价	17
上缴税金（亿元）	504.65	445.4	13.3	
民间投资（亿元）	3581.14	3632.05	30.1	
社会消费品零售额（亿元）	2869.02	2435.5	17.8	
外贸进出口总额（亿美元）	111.8	98.1	13.9	
个私从业人员（万人）	568.7	514.1	10.6	

表 2　2012 年民营两项考核指标完成情况表

指　标	完成数	目标数	完成进度%
民营经济增加值（亿元）	4546.62	4540	100.1
从业人员（万人）	568.7	568.5	100.3

【民间投资】 2012年，全省民营经济投资 3581.14 亿元，比上年增长 30.1%，占全社会固定资产投资的 47.4%。（口径说明：2012 年开始适用新调整的规模以上企业统计口径，民间投资数据为调整后数据）

【信贷资金】 2012 年，全省对中小微企业贷款余额 5005.24 亿元（小微企业贷款余额 2414.45 亿元），比年初增加 603.36 亿元，比上年增加 818.16 亿元，占全省新增贷款的 34.8%，比上年增加 6.7 个百分点。

【民营企业进出口贸易】 2012 年，全省民营企业完成进出口总额 111.8 亿美元，比上年增长 13.9%，占全省进出口总额的 53.2%，比上年减少 8 个百分点。其中，民营企业进口额完成 37.2 亿元，增长18.1%，占全省进口总额的 33.9%；民营企业出口额完成 74.6 亿元，增长 7.9%，占全省出口总额的 74.4%。

【民营企业经济效益】 2012 年，全省民营企业营业收入增速放缓，实现利润大幅下降，企业成本费用增加，非主营业务收入比重过大。纳入财政快报统计的 2978 户民营企业累计实现营业收入 2143 亿元，比上年增长 4.5%，增幅较上年回落 16.4 个百分点，低于国有企业 20 个百分点；纳入统计民营企业盈亏相抵后累计实现利润 122 亿元，下降 25.5%。分行业看，纳入统计的民营企业利润主要集中在冶金业、轻工业、煤炭业、医药业、建材业，分别实现利润 20 亿元、11 亿元、13 亿元、9.8 亿元、6.2 亿元，5 个行业利润总和占民营企业实现利润的 49%；非主营业务收入高于营业利润，在政府补助目类中，民营企业获得的补助仅占总额的 26%。

【社会贡献】 2012年，全省民营经济上缴税金完成504.65亿元，比上年增长13.3%，相当于全省地方财政收入的37.7%；民营经济从业人员568.7万人，净增54.6万人，增长10.6%。其中，个体工商户从业人员268.29万人，增长9.9%；私营企业从业人员294.72万人，增长9.1%，外资企业从业人员5.7万人，增长13%。

【规模以上中小工业企业利润】 2012年，全省规模以上中小工业企业有2609户，其中轻工业752户，重工业2087户；资产7179.86亿元，比上年增长19.2%；主营业务收入4555.61亿元，增长23.2%；利润总额276.05亿元，下降3.8%；利税总额497.75亿元，增长1.7%；从业人员66.6万人，增长10.1%。

【年度考核目标】 2012年，因国际金融危机深入持续发展，全省民营经济完成增加值4546.62亿元，完成年度目标的100.1%；从业人员568.7万人，比上年增长10.6%，完成年初预定增长10%的目标。但从全省16个州（市）民营经济两项考核指标的完成情况来看，不少州（市）完成年度目标仍有一定差距。

（王 铮）

工业园区经济

围绕省第九次党代会提出的“四个翻番、两个倍增”的目标任务以及省委省政府打好园区经济、县域经济、民营经济“三大战役”的总体部署，2012年，在面对外部经济总体下行的压力以及各种挑战下，全省工业园区坚定信心，强化措施，攻坚克难，全面推进工业园区建设发展。从2012年全省工业园区的经济运行情况看，园区经济继续保持了稳步增长的发展势头，为打好园区经济战役奠定了良好的基础，为全省工业经济目标任务的完成作出了重大贡献。

【园区经济总体情况】 2012年，全省在建并纳入统计的118个工业园区完成全部工业总产值7182.49亿元，比上年增长26.4%，其中规模以上企业完成6501.85亿元；规模以上企业完成工业增加值2197.49亿元，增长31.28%；全部企业实现主营业务收入6913.72亿元，增长25.45%，其中规模以上企业实现6343.3亿元；全部企业完成利润299.91亿元，下降10.31%，其中规模以上企业完成286.46亿元；全部企业实现税金775.93亿元，增长27.08%，其中规模以上企业实现739.03亿元；全部企业安排87.55万人就业，增长20.17%。

省级57个工业园区全部工业企业完成工业总产值6034.82亿元，增长22.25%，其中规模以上工业企业完成5537.99亿元；规模以上企业完成工业增加值1885.78亿元，增长28.19%；全部工业企业实现主营业务收入5923.08亿元，增长21.96%，其中规模以上企业实现5495.37亿元；全部工业企业实现利润240.32亿元，下降16.62%，其中规模以上企业实现235.92亿元；全部企业实现税金728.4亿元，增长26.35%，其中规模以上企业实现697.61亿元；全部企业安排69.59万人就业，增长16.34%。

2012年，57个省级工业园区完成规模以上工业增加值占118个工业园区的85.82%，118个工业园区完成规模以上工业增加值占全省的71.25%。

【园区基础设施建设】 2012年，118个工业园区完成基础设施投资248.1亿元，其中57个省级工业园区完成176.49亿元。完成基础设施投资增长在30%以上、且投资额超1亿元的园区有38个，其中昆明市有9个，分别是杨林、寻甸、晋宁、官渡、石林、富民、禄劝、宜良、倘甸工业园区；曲靖市有8个，分别是曲靖煤化工、南海子、西城、宣威、马龙、会泽、罗平、富源工业园区；玉溪市、楚雄州、红河州、大理州有3个，分别是红塔、通海、江川、楚雄、禄丰、武定、弥勒、石屏、个旧、大理创新、弥渡、云龙工业园区；保山市有保山、沧源工业园；临沧市有凤庆、镇康工业园区；昭通市、文山州、德宏州、普洱市、怒江州各有1个，分别是彝良、马塘、陇川、镇沅、兰坪工业园区。在基础设施投资额前20位的排名中，有镇康、云龙、会泽、富源4个非省级园区入列。

【项目引进·投资情况】 2012年，118个工业园区有工业企业6025个，其中规模以上工业企业1818个。全年118个园区招商引进工业项目1193个，完成工业企业固定资产投资1209.7亿元，其中57个省级工业园区招商引进工业项目1006个，完成工业企业固定资产投资816.35亿元，分别占118个园区的84.32%、67.48%。招商引进工业项目超过5个的园区有54个，其中36个是省级工业园区；完成企业投资超过5亿元的园区有58个，比上年多11个，其中39个是省级工业园区，全年工业园区建成标准厂房300万平方米。118个园区的工业项目利用省外资金675.23亿元，利用外资4.28亿美元。

【工业园区经济运行特点】

1.从全年的运行趋势看，园区经济总体呈现回稳持续增长态势。一季度增长势头不强，全部工业总产值同比增长仅14.48%，主营业务收入增长14.89%，规模以上工业增加值增长11%，之后工业生产逐步加快，二季度、三季度主营业务收入累计增长分别为19.36%、21.37%，年末达到25.45%，规模以上工业增加值累计增长也提高到20.63%、25.99%、31.28%。在2012年全国规上工业增加值增长10%的情况下，云南工业园区完成这一增长率实属不易。

2.园区企业盈利情况总体不好。2012年一季度，园区全部企业利润同比下降9.51%，二、三季度止跌稍有回升，到四季度118个工业园区累计利润同比仍下降10.31%，其中47个园区利润出现了负增长。企业利润下降较快的行业大多和基础设施建设和房地产有关，如钢铁、水泥、化工、机械装备制造等工业企业利润下滑较大。这也是劳动力、能源、原材料和融资等多种要素成本上涨以及出口减缓、内需不振等因素影响的结果。

3.大部分园区增长态势好，园区规模进一步扩大。2012年，118个工业园区工业总产值比上年增长25%以上的园区有67个，园区规模在上年基础上不断扩大，主营业务收入超五百亿元的园区由3个升为4个（昆明高新技术产业开发区、安宁工业园、红塔工业园区、曲靖经济技术开发区），百亿至五百亿元的园区由8个升为13个，五十亿至百亿的园区已有12个。

4.园区基础设施投资增长明显快于工业企业固定资产增长。2012年，从118个园区的基础设施总投资额来看，比上年增长46.87%，工业企业固定资产投资增长26.6%；从增长率高于30%的园区数目来看，基础设施投资增长超30%的园区有56个，而工业企业固定资产投资超30%的仅有26个。这一数据对比，说明云南大部分园区还处在建设初期阶段，各类基础设施正在加快配套建设。

【拟培育千亿元园区】

昆明高新技术产业开发区（国家级开发区） 2012年，入园工业企业120个，完成工业总产值699.72亿元，实现主营业务收入825.13亿元，利润21.09亿元，税收21.77亿元。其中，规模以上工业企业完成工业总产值686亿元，增加值154.2亿元，实现主营业务收入808.95亿元，利润21.48亿元，税收21.35亿元。当年，企业完成工业固定资产投资51.08亿元，园区完成基础设施投资12.39亿元，招商引进工业项目211个。进出口总额3.17亿美元。

昆明经济技术开发区（国家级开发区） 2012年，入园工业企业610个，完成全部工业总产值321亿元，实现主营业务收入310亿元，利润14.5亿元，税收15.3亿元，规模以上工业企业完成工业总产值311.5亿元，增加值92亿元，主营业务收入300亿元，利润14亿元，税收11.2亿元。当年，企业完成工业固定资产投资62.08亿元，园区基础设施投资13.53亿元，招商引进项目个数854个，其中工业项目250个。园区进出口总额18.8亿美元。

曲靖经济技术开发区（国家级开发区） 2012年，入园工业企业142个，完成全部工业总产值530.25亿元，主营业务收入503.73亿元，利润5.85亿元，税收15.75亿元。其中，规模以上工业企业完成工业总产值521.75亿元，增加值183.81亿元，主营业务收入495.66亿元，利润5.84亿元，税收15.14亿元。企业完成工业固定资产投资45.7亿元，园区完成基础设施投资6.21亿元，招商引进项目22个，其中工业项目11个。进出口总额1.05亿美元。

嵩明杨林经济技术开发区（2012年获批国家级开发区） 2012年入园工业企业98个，完成全部工业总产值108.35亿元，主营业务收入103.68亿元，利润1.55亿元，税收2.03亿元。其中，规模以上工业企业完成工业总产值97.41亿元，增加值20.74亿元，主营业务收入90.63亿元，利润1.25亿元，税收1.75亿元。企业完成工业固定资产投资46亿元，园区完成基础设施投资6.19亿元，招商引进项目22个。进出口总额8800万美元。

安宁工业园区 2012年入园工业企业207个，完成全部工业总产值605亿元，主营业务收入620

亿元，税收 24 亿元。其中，规模以上工业企业完成工业总产值 540 亿元，增加值 102 亿元，利润 11.2 亿元，税收 12.4 亿元。企业完成工业固定资产投资 34.7 亿元，园区完成基础设施投资 9.79 亿元，招商引进项目 30 个。

玉溪红塔工业园区 含 2012 年获批国家级的玉溪高新技术产业开发区。2012 年园区入园工业企业 125 个，完成全部工业总产值 644.93 亿元，主营业务收入 672.1 亿元，利润 51.45 亿元，税收 62.93 亿元。其中规模以上工业企业完成工业总产值 643.51 亿元，增加值 377.17 亿元，主营业务收入 628.63 亿元，利润 51.02 亿元，税收 241.08 亿元。企业完成工业固定资产投资 14.1 亿元，园区完成基础设施投资 4.38 亿元，招商引进项目 30 个，其中工业项目 24 个。进出口总额 2933 万美元。

五华科技产业园区 2012 年入园工业企业 31 个，完成全部工业总产值 306.69 亿元，主营业务收入 309.94 亿元，利润 50.21 亿元，税收 193.88 亿元。其中，规模以上工业企业完成工业总产值 306.69 亿元，增加值 240.42 亿元。企业完成工业固定资产投资 7.64 亿元，园区完成基础设施投资 6.04 亿元，招商引进项目 77 个，其中工业项目 18 个。

蒙自经济技术开发区（红河工业园区，2012 年获批国家级开发区）2012 年入园工业企业 127 个，完成全部工业总产值 314 亿元，主营业务收入 292 亿元，利润 4000 万元，税收 6 亿元。其中，规模以上工业企业完成工业总产值 240.8 亿元，增加值 53.13 亿元，主营业务收入 208.25 亿元，利润 3000 万元，税收 5.67 亿元。企业完成工业固定资产投资 17.4 亿元，园区完成基础设施投资 6700 万元，招商引进项目 45 个，其中工业项目 21 个。进出口总额 24.46 亿美元。

楚雄工业园区 2012 年入园工业企业 65 个，完成全部工业总产值 164.17 亿元，主营业务收入 148.08 亿元，利润 9.04 亿元，税收 59.48 亿元。其中，规模以上工业企业完成工业总产值 158.27 亿元，增加值 89.48 亿元，主营业务收入 146.34 亿元，利润 9.14 亿元，税收 59.41 亿元。企业完成工业固定资产投资 10.38 亿元，园区完成基础设施投资 2.77 亿元，招商引进项目 87 个，其中工业项目 50 个。进出口总额 5109 万美元。

禄丰工业园区 2012 年入园工业企业 43 个，完成全部工业总产值 108.5 亿元，主营业务收入 99.3 亿元，利润 2.12 亿元，税收 2.89 亿元。其中，规模以上工业企业完成工业总产值 97.56 亿元，增加值 19.83 亿元，主营业务收入 90.52 亿元，利润 1.78 亿元，税收 2.65 亿元。企业完成工业固定资产投资 12.88 亿元，园区完成基础设施投资 1.02 亿元，招商引进项目 8 个。

大理创新工业园区 2012 年入园工业企业 443 个，完成全部工业总产值 259.72 亿元，主营业务收入 246.74 亿元，利润 21.9 亿元，税收 62.93 亿元。其中，规模以上工业企业完成工业总产值 226.72 亿元，增加值 83.68 亿元，主营业务收入 221.05 亿元，利润 19.69 亿元，税收 58.33 亿元。企业完成工业固定资产投资 15.61 亿元，园区完成基础设施投资 5.46 亿元，招商引进项目 8 个，其中工业项目 6 个。进出口总额 3238 万美元。

研和工业园区 2012 年入园工业企业 169 个，完成全部工业总产值 162.05 亿元，主营业务收入 144.68 亿元，利润 6.37 亿元，税收 3.74 亿元。其中，规模以上工业企业完成工业总产值 147.32 亿元，增加值 25.32 亿元，主营业务收入 135.53 亿元，利润 6.29 亿元，税收 3.55 亿元。企业完成工业固定资产投资 15.63 亿元，园区完成基础设施投资 9700 万元，招商引进项目 3 个。进出口总额 67 万美元。

（张 凤）

重点项目建设

2012 年是云南省全面落实桥头堡建设和 GDP 冲刺万亿元目标极其重要的一年。面对复杂多变的国内外经济形势，努力克服重点项目资金缺口较大、前期工作推进缓慢、项目实施外部配套条件不到位等困难，创新工作思路、转变工作作风、强化服务意识，全力做好重点项目的协调推进工作，经共同努力，省“三个一百”和新增 100 项新开工重点建设项目推进良好，为实现 2012 年 GDP 过万亿元的目标任务奠定了坚实的基础。

【推进重点建设项目】 2012 年，全省“三个一百”重点建设项目完成投资 1763.03 亿元(含重点前期工作项目完成投资 119.6 亿元)，投资完成率 104.29%，其中基础设施及民生类项目完成投资 667.87 亿元，投资完成率 97.93%；产业投资类项目完成投资1095.16亿元，投资完成率108.59%。新增100项新开工项目完成投资196.33亿元，投资完成率55.61%，其中基础设施及民生类项目完成投资67.69亿元，投资完成率34.92%；产业投资类项目完成投资128.64亿元，投资完成率80.81%。

100项在建重点建设项目 2012年100项在建重点建设项目总投资规模5766亿元（其中基础设施及民生类项目3112亿元，产业投资类项目2654亿元），2012年计划完成投资975亿元，实际完成投资1234.14亿元，投资完成率126.62%。分行业情况见表一。

100项新开工重点建设项目

一、投资完成及开工率情况。2012年100项新开工重点建设项目总投资规模2961亿元，2012年计划完成投资716亿元。全年100项新开工重点建设项目（有135个子项）和100项重点前期工作项目有133个子项开（动）工建设（含已动工建设的21个重点前期工作项目），其中有73个子项开工建设、60个子项动工建设，新开项目动工率98.5%。其中基础设施及民生工程开（动）工48个，产业投资项目开（动）工85个。实际完成投资409.30亿元，投资完成率57.18%，因项目开工滞后和基础设施项目资金缺口大，新开工项目投资完成进度较缓。分行业情况见表2。

二、项目动工（开工）情况。

1.已开工子项73个。

综合交通项目7项：丽攀高速公路荣将至川滇段、渝昆高速公路麻柳湾至昭通段、渝昆高速公路待补至功山段、渝昆高速公路会泽至昭通段、楚雄至广通高速公路、广通至大理铁路扩能改造、泸沽湖机场。

水利项目14项：临翔区鸭子塘水库、兰坪县库、陆良县大坝冲水库扩建工程、凤庆县郭大寨黄木水库、普洱景东青龙水库、富源县岔河水水库、丘北县清平水库、芒市清塘河水库、元阳县丫多河水库、禄劝县真金万水库、宜良县海马箐水库、大关县太华水库、昭阳区黑石罗水库、思茅区五里河水库。

城市建设项目1项：古城区新团片区基础设施建设。

社会事业项目5项：云南广播电视集中集成播控中心项目、云南文投集团云南文化艺术中心（云南大剧院）建设项目、云南省科技馆新馆项目、曲靖麒麟职业教育中心（集团）建设项目、昆明理工大学津桥学院空港校区建设。

能源项目13项：金沙江龙开口水电站、鲁地拉水电站、观音岩水电站、500千伏宁州输变电工程、500千伏建塘输变电工程、500千伏黄坪输变电工程、龙开口电站500千伏送出工程、500千伏太安变电站工程、500千伏永丰变二期工程、2012年农网改造升级工程、2012年无电地区电力建设工程、威信云投粤电扎西能源有限公司240万吨/年观音山煤矿工程、中缅油气管道项目；

工业项目14项：省级饲料产业基地200万吨/年产饲料生产线项目、云南中电新能源有限公司泥炭综合利用项目、西双版纳印奇果油加工综合利用项目、云南旺立达矿业有限公司高密度增温还原剂项目、陇川县安琪酵母（德宏）有限公司年产2万吨高活性干酵母项目、昭通玩具加工基地标准厂房项目、临沧耿马2000吨/日新型干法水泥熟料生产线技改项目、保山海螺水泥有限责任公司日产4500吨新型干法熟料水泥生产线建设项目、勐糯铅锌矿1000吨/日选矿尾矿改扩建项目、云南三奇光电科技有限公司新材料—砷化镓。

表1：2012年100项在建重点建设项目（含141个子项）推进分行业统计表

单位：亿元

项目类别	项目数	总投资	2012年计划完成投资	2012年实际完成投资	累计完成投资	年度投资完成率（%）
总计	100	5765.6	974.7	1234.1	3745.4	126.62
一、基础设施及民生工程	49	3111.6	482.3	596.0	1531.6	123.58
综合交通（公路13项、铁路9项、机场1项）	23	2101.7	269.3	375.8	1031.0	139.53
水利项目(含19个子项)	3	145.2	39.4	41.2	114.9	104.63
城市建设（含7个子项）	11	768.0	134.8	148.8	332.3	110.40
环境保护	3	18.2	8.6	10.1	11.0	116.90
社会事业（含7个子项）	9	78.5	30.2	20.2	42.4	66.79
二、产业投资项目	51	2653.9	492.4	638.1	2213.8	129.59
能源（水电6项、煤炭6项、电网3项、石油1项）	16	1632.1	290.9	399.4	1554.0	137.32
工业（含17个子项）	25	674.5	126.8	116.9	412.5	92.13
经贸流通	5	331.0	65.8	116.1	236.2	176.42
高科技	4	12.6	5.9	4.0	8.2	68.60
资源循环利用	1	3.7	3	1.7	2.9	56.67

表2：2012年100项新开重点建设项目(含子项135项)推进分行业统计表

单位:亿元

项目类别	计划开(动)工项目数	已开(动)工项目数	动工率(%)	总投资	2012年计划完成投资	1~12月实际完成投资	开工累计完成投资	年度投资完成率（%）
总计	135	133	98.5	2961.4	715.9	409.3	732.0	57.18
一、基础设施及民生工程	52	48	92.3	1117.8	199.7	62.3	72.2	31.21
综合交通（公路7项、铁路1项、机场1项）	9	8	88.9	647.6	96.0	32.2	33.5	33.53
水利	24	25（含前期项目2个）	104.2	77.9	10.3	10.7	12.3	103.63

项目类别	计划开(动)工项目数	已开(动)工项目数	动工率(%)	总投资	2012年计划完成投资	1~12月实际完成投资	开工累计完成投资	年度投资完成率(%)
城市建设(含4个子项)	13	9	69.2	338.1	75.8	11.0	18.3	14.48
社会事业	6	6(含前期项目1个)	100.0	54.2	17.6	8.5	8.1	48.34
二、产业投资项目	83	85	102.4	1843.6	516.1	347.0	659.8	67.22
能源	21	25(含前期项目6个)	119.0	1126.5	323.1	209.5	451.3	64.83
工业	37	39(含前期项目10个)	105.4	576.3	124.5	84.0	151.5	67.41
经贸流通	12	12(含前期项目2个)	100.0	84.7	31.0	13.1	14.3	42.10
科技	12	8	66.7	53.3	36.4	40.5	42.7	111.01
资源循环利用	1	1	100.0	2.9	1.0	0.0	0.0	0.00

能源项目13项：金沙江龙开口水电站、鲁地拉水电站、观音岩水电站、500千伏宁州输变电工程、500千伏建塘输变电工程、500千伏黄坪输变电工程、龙开口电站500千伏送出工程、500千伏太安变电站工程、500千伏永丰变二期工程、2012年农网改造升级工程、2012年无电地区电力建设工程、威信云投粤电扎西能源有限公司240万吨/年观音山煤矿工程、中缅油气管道项目。

工业项目14项：省级饲料产业基地200万吨/年产饲料生产线项目、云南中电新能源有限公司泥炭综合利用项目、西双版纳印奇果油加工综合利用项目、云南旺立达矿业有限公司高密度增温还原剂项目、陇川县安琪酵母（德宏）有限公司年产2万吨高活性干酵母项目、昭通玩具加工基地标准厂房项目、临沧耿马2000吨/日新型干法水泥熟料生产线技改项目、保山海螺水泥有限责任公司日产4500吨新型干法熟料水泥生产线建设项目、勐糯铅锌矿1000吨/日选矿尾矿改扩建项目、云南三奇光电科技有限公司新材料——砷化镓建设项目、保山昆钢钢结构有限公司锅炉厂及钢结构生产线建设项目、云南乾元光能产业有限公司年产10万千瓦太阳能多晶硅片建设项目、昆明螺蛳湾国际商贸城配套小商品加工基地（空港片区）一期项目、昆明螺蛳湾国际商贸城配套小商品加工基地三期项目。

经贸流通项目6项：曲靖市宣威粮油储备及批发配送中心、云县晨光农产品批发市场及物流建设项目、云南新钢综合物流园、大理新储物流园项目、大理元通汽配商贸城项目、昭阳物流商贸城。

高科技项目6项：2012年中国联通云南WCDMA移动通信网络建设工程、中国移动云南公司2012年GSM扩容工程、中国移动云南公司2012年WLAN网络建设工程、普洱市高山生物农业公司石斛加工项目、玉溪沃森疫苗三期工程建设项目、云县滇龙胆良种繁育示范种植基地及初加工建设项目。

资源循环利用1项：云天化三环中化80万吨/年硫磺制酸余热回收（HRS）综合利用项目。

重点前期项目已有6个项目开工建设，分别是：武钢集团昆明钢铁股份有限公司草铺整体搬迁升级项目（产能390万吨，含185万吨产能项目）、云南新威电子工业有限公司年产1.5亿件套电子产品、保山市昌宁福润肉类加工有限公司15万吨肉类加工建设项目、云南澜沧江啤酒10万吨啤酒生产线技改搬迁扩建项目、中国·保山国际商贸城建设项目、云南永丰源普洱瓷有限公司年产8000万件高档日用瓷项目。

2. 已动工子项60个。

综合交通项目1项：嵩明小街至昆明高速公路；水利项目9项：大关县太华水库、宣威市石城河水库、沧源县东丁水库、昭阳区黑石罗水库、宾川县仙鹅水库、大理市三哨水库、富宁县平耶水库、施甸县红谷田水库、会泽县迤北水库。

城市建设项目 8 项：景洪市傣乡水城——引水入城项目、丽江老君山旅游景区综合开发建设项目、瑞丽市北部新区酒店及基础设施建设项目、楚雄瑞特酒店暨商务中心建设项目、保山市隆阳区蒲缥温泉度假酒店项目（一期）、“文山· 中国中药生物谷——生物文化发展展示中心”项目、普洱市中心城区河道环境综合整治工程、新昆明国际会展中心。

能源项目 6 项：鲁地拉电站 500 千伏送出工程、500 千伏电网工程梨园阿海水电站送出工程、云南恩洪矿区煤矸石综合利用电厂“上大压小”新建工程、中国石油云南 1000 万吨/年炼油项目、中石油云南成品油管道项目、中石化玉溪—富宁成品油管道工程及配套油库建设项目。

工业项目 15 项：云南工投曲靖经济技术开发区百万平米标准厂房二期工程建设项目、云南省农业科学院嵩明现代农业科研实验基地、耿马县孟定糖厂建设项目、香格里拉县凉山矿业铜厂沟铜钼矿采选工程、冶金集团搬迁改造年产 50 万吨高强耐蚀铝合金板带材项目一期工程、10 万吨/年化学级金属硅节能翻番项目、云维保山有机化工有限公司电石渣综合利用 3000 吨/日新型干法熟料水泥项目、云铜钛业10 千吨/年海绵钛生产项目、重庆长安汽车云南整车建设项目、玉溪数控装备基地二期扩建、云南天巍竹业有限公司林(竹)浆一体化项目景洪市年产 9.5 万吨竹纤维浆粕项目、砚山县东南亚玉米审定品种 5 万吨种子出口产业化项目、昆明冶研新材料公司 500 兆瓦硅片项目、楚雄市 13.6 万吨/年核桃乳深加工项目。

经贸流通项目 4 项：云南生物药品物流配送中心、中储粮昆明粮油中心库新建项目、云南泛亚商用车物流城、玉溪林产品加工贸易物流中心。

高科技项目 2 项：年产 7000 万丛无性系铁皮石斛优质组培苗生产基地建设项目、维和三七优质种源和示范基地及三七多糖提取精制生产线建设项目。

重点前期项目已有 15 个项目动工，分别是：文山德厚水库、彝良松林水库、乌弄龙水电站、托巴水电站、里底水电站、黄登水电站、大华桥水电站、苗尾水电站、云南东盟国际农产品生产加工基地、云南鸿发机械制造有限公司机械制造项目、昆钢富源煤炭一体化循环经济工业基地、宜良工业园区包装产业基地基础设施建设项目、保山市职教园区建设项目、昆明晋宁泛亚工业品商贸物流中心、大理卫生学校整体搬迁工程。

100 项重点前期工作项目 2012 年 100 项重点前期工作项目估算总投资 6594 亿元（其中：基础设施及民生类项目 3511 亿元，产业投资类项目 3083 亿元），已有 21 个项目动工建设，完成投资 119.6 亿元。

【主要工作举措】

1.强化目标，落实责任，确保目标任务完成。为全面落实全省 7500 亿元固定资产投资目标任务，高度重视项目的推进管理，努力做到“三个一百”重点建设项目计划早部署、早安排、早下达。2011 年 8 月就安排 2012 年重点建设项目计划编制工作，各州（市）、各大型企业集团及各重点行业计划上报后，经细致筛选并征求各相关部门意见后，经省政府批准于 2012 年 3 月初下达。计划下达后，将目标任务层层分解落实，并采取由政府和各部门领导挂钩落实项目推进工作的管理制度，实现重点建设项目“四落实”管理(责任领导落实、责任人落实、解决问题的措施或方案落实、问题的办结时限落实)。确保重点建设项目推进形成齐抓共管，层层落实。

2.团结协作，共克时艰，全力破解困难问题。2012 年，全省重点建设面临项目资金筹措、土地审批、林地审批、环评审批和征地拆迁矛盾突出等诸多问题。省发改委创新工作思路，转变工作作风，强化服务意识，主动与各金融机构、省级有关部门、州（市）政府和项目单位加强沟通，及时协调解决重点建设项目推进中筹资难、落地难及行政审批慢等问题。由于准备工作充分，2012 年重点项目工作总体推进较为顺利。

3.调研督查，跟踪问效，一线服务限时办结。为做好全省 GDP 冲万亿、促跨越的相关工作，省政府成立 16 个调研督查组（22 个小组），深入企业、直面项目，按一线工作法，扎实做好调研督查工作，已完成对省重点项目和重点企业（587 个子项）调研督查百分之百覆盖。截至 12 月底，省政府16个调研督查组调研督查项目共计602个，梳理出需明确责任单位协调解决的问题和困难 1044 个，经各组积极推进协调和有关单位支持，已解决 802 个，还有 247 个仍在办理中，问题办结率 76.82%。

4.加强监测，及时反馈，建立项目专报和通报机制。认真执行重点项目月报制度，每月由州（市）发改委和各项目单位及时将项目推进情况和存在的问题和困难上报省发改委，经汇总形成省重点建设月报向省委、省政府报告，并反馈各州（市）政府、省级相关部门和项目单位。针对监测所反映的问题，组织督导工作组赴施工现场进行现场跟踪、协调、服务，及时解决项目推进过程中的困难和问题。对于问题较为突出、涉及面较广或迟迟得不到解决的，形成专报请省政府进行重点协调解决。通过自上而下，各级政府多管齐下抓督促，各部门全力支持，2012年省重点建设项目推进顺利。

5.深入调研，及早谋划，扎实做好计划编制工作。2013年重点建设项目计划编制工作已于2012年8月启动，在各州（市）和省有关重点部门的细致筛选和认真准备基础上，根据省委、省政府新的发展思路和省重大建设项目行业标准，经过调研于11月已完成2013年“三个一百”重点建设项目计划（征求意见稿）拟定，并发送省有关单位及相关处室征求意见，待充分吸纳各单位意见后，再上报省政府批准。

（张建萍）

节能工作

2012年，云南省节能工作按照省委、省政府的总体部署，紧紧围绕大力推进生态文明建设、形成节约资源和保护环境的空间格局为目标，以深化实施“七彩云南”保护行动为契机，以调整产业结构、转变发展方式为重要抓手，以重点领域、重点行业为突破，采取积极有效应对措施，全省节能降耗工作取得了积极成效。

【加强规划政策引导】 2012年6月，云南省政府办公厅印发了《云南省“十二五”节能减排规划》、《云南省“十二五”低碳节能减排综合性工作方案》。进一步明确了“十二五”节能工作指导思想，目标任务，责任区分，工作措施，强化规划在低碳节能减排中的指导和引领作用。印发了《关于下达2012年各州（市）节能责任目标的通知》、《云南省2012年节能降耗工作指导意见》，要求各州（市）将本地的目标任务分解落实到县（市、区），有关行业部门、重点用能企业等责任单位，形成了逐级分解、层层落实、共同推进的节能目标责任分解落实机制。进一步完善了节能配套法规和技术标准。制定并实施了《云南省电力需求侧管理目标考核实施细则》、《云南省公共机构节能管理办法》、《云南省公共机构能源审计实施办法》、《云南省淘汰落后产能中央财政奖励资金及省级财政专项资金管理使用实施细则》、《云南省可再生能源建筑应用国家级示范管理办法》、《云南省一、二星级绿色建筑评价管理实施细则（试行）》等节能政策，进一步完善了云南的节能政策法规体系。

【产业结构优化升级】

1.坚决淘汰落后产能。按照国家要求，云南省及时公布了《云南省2012年度计划淘汰落后产能企业名单》，明确各级责任，强化社会监督。2012年全省淘汰落后产能工作进展顺利，列入《云南省2012年淘汰落后产能公告名单》的9个行业465吨落后产能全部淘汰完成。

2.严格执行固定资产投资项目节能评估和审查制度。2010年省发改委印发了《关于印发固定资产投资项目节能评估和审查实施暂行办法的通知》，建立起了按项目运营期年耗能量为分类要件的能耗分级管理体系并形成制度。2012年，省级固定资产投资节能评估审查办理700余件。对不符合国家产业政策、行业准入条件、产能过剩和严重影响当地能源消费的项目，不予通过。

3.认真落实节能价格政策。对电解铝、铁合金、电石、烧碱、水泥、钢铁、黄磷、锌冶炼等8个行业严格执行差别电价政策。自2010年6月起，限制类企业执行的电价加价标准由原来的每千瓦时0.2元提高到0.3元。2012年6月，云南省发布《关于云南省居民生活用电实行阶梯电价的通知》，2012年7月1日，全面执行居民阶梯电价。

【重点领域节能降耗】

1.狠抓工业企业节能降耗。按照国家《万家企业节能低碳行动实施方案》要求，组织企业开展能源审计，编制节能规划，完善管理体系，开展能效对标管理，建设企业能源管控中心，加快推进资源节约型、环境友好型企业示范点创建工作。

2.加强建筑节能。2012年，组织实施可再生能源建筑应用示范项目、太阳能光电建筑应用一体化示范项目，全省完成太阳能应用一体化示范项目与建筑一体化使用面积11.8万平方米。全省新开工房屋建筑工程按照国家节能强制性标准完成建筑节能设计和建筑节能涉及标准。

3.加强交通运输节能。2012年，加强公路节能改造，推广应用沥青路面就地冷再生技术。继续推进"ETC"车道建设，开展公路隧道LED照明改造，加快淘汰老旧汽车，加强交通运输高度。组织修订了《云南省交通运输行业节能减排管理办法》、《交通运输能耗统计报表制度》。全省营业性公路运输综合燃料单耗下降0.51%，内河船舶运输燃料单耗下降0.15%。

4.加强农村节能。2012年，新建农村户用沼气池15.2万口，完成全年计划的100.64%；完成节柴改灶12.4万户，占全年任务的124.41%；建设安装农村太阳能热水器11.1万台，完成年度任务的110.67%。

5.积极推进商业领域节能。2012年，全省创建15家国家绿色饭店，目前全省国家绿色饭店企业总数135家。

6.积极推进公共机构节能。组织全省公共机构开展节能试点示范单位创建活动，开展全省公共机构基本信息调查工作，完成2011年度、2012年上半年全省公共机构能耗统计工作，积极采用高效照明产品、电器等节能产品，认真执行节能产品强制采购目录。

【组织实施重点节能项目】

1.通过十大节能工程、合同能源管理、节能财政以奖代补等形式，积极争取国家资金，推进节能项目建设。其中余热余压发电、能源优化、电机系统能量优化、城市太阳能路灯等30余个项目，总投资近20亿元。项目建成后，预计实现年节能量30万吨标准煤。

2.有效推进省级节能项目。坚持把推进企业节能技术进步，组织实施重点节能项目作为实现节能目标、促进产业升级、提高企业效益的重要抓手。以余热余压利用、电机系统节电、能量系统优化等节能改造工程为重点，在钢铁、化工、有色、建材等行业组织实施200项省级重点节能项目，项目建成投产后预计年可实现节能量200万吨标准煤。

3.组织推进节能产品惠民工程。云南15家太阳能热水器生产企业产品列入国家推广目录，15家企业预计1年内将推广国家补贴太阳能热水器75万台；组织推广财政补贴高效照明产品（节能灯），2012年度完成500万只节能灯推广任务，全省用户可享受优惠5000余万元。落实节能有关税收支持政策，按照《财政部国家税务总局关于促进节能服务产业发展增值税营业税和企业所得税政策问题的通知》要求，对云南合同能源管理项目进行了税收优惠认定。

【推进全民节能行动】

1.开展2012年度全国节能宣传周云南省宣传活动，围绕"节能低碳 绿色发展"宣传主题，组织开展了一系列宣传活动。通过报纸、电视、广播等媒体，及时宣传国家和云南节能工作成效和政策措施，报道来自州（市）、行业和企业节能工作一线的最新情况。省级各行业部门、各地积极行动，组织开展了一系列形式多样、内容丰富的节能宣传活动。

2.组织开展万家企业节能行动专题培训，全省400余人参加了集中培训。组织开展州（市）节能管理科长、能源统计科长专题培训，各地节能行政管理干部综合素质、业务水平普遍提高。

3.落实《"十二五"节能减排全民行动实施方案》要求，全面组织推进家庭社区、青少年、企业、学校、军营、农村、政府机构、科技、科普和媒体等10个节能减排专项行动，通过各行业典型示范、专题活动、展览展示、岗位创建、合理化建议等多种形式，广泛动员全社会参与节能减排，倡导文明、节约、绿色、低碳生产方式、消费模式和生活习惯。

（何薇薇）

西部大开发综述

2012年，云南省全面贯彻落实科学发展观，按照中央关于深入推进西部大开发的总体部署，全力推进西部大开发工作。全省各地、各部门抢抓深入实施西部大开发的机遇，紧紧围绕建设绿色经济强省、民族文化强省和中国面向西南开放重要桥头堡战略目标，牢牢把握"稳中求进、好中求快、变中求新"的总体要求，更加注重基础设施建设，更加注重产业培育，更加注重自主创新，更加注重生态环保，以民营经济、园区经济、县域经济为抓手，加快新型工业化、城镇化和农业现代化进程，奋力推动科学发展、和谐发展、跨越发展迈出新步伐。

【综合经济实力】2012年，面对复杂多变的外部环境、局部地区严重干旱等困难和挑战，经过全省上下的共同努力，经济社会发展仍然取得较好成绩。全省生产总值实现1.03万元，比上年增长13%,进入万亿俱乐部。其中，第一产业增加值实现1654.6亿元，增长6.7%；第二产业增加值实现4419.1亿元，增长16.2%；第三产业增加值实现4236.14亿元，增长11.4%。全省地方公共财政预算收入增长20.4%，地方公共财政预算支出增长22%；城镇居民人均可支配收入实现2.11万元，增长13.5%；农民人均纯收入实现5417元，增长14.7%。全省规模以上固定资产投资（不含农户）完成7553.51亿元，增长27.3%。全省进出口总额210.5亿美元，增长31%，高于全国平均水平24.8个百分点，居西部第六位。全省社会消费品零售总额3541.6亿元，增长18%。

【基础设施建设】

1.加强综合交通运输体系建设。克服铁路发展形势及国家宏观调控政策的影响，采取有力措施，着力解决项目资金筹措、征地拆迁等热点和难点问题。全力推进云桂铁路、中缅通道大理至保山段、中越通道蒙自至河口铁路、昆明枢纽扩能改造、沪昆客运专线长沙至昆明段等在建项目的建设进度。铁路六沾二线、玉溪至蒙自建成通车，铁路建设完成投资181.5亿元。全力推进大丽、保腾、昆武、锁蒙、昆明绕城西北段、龙瑞、普宣等在建高速公路项目建设，丽江机场高速公路、石锁高速公路建成通车。南北高速公路大通道昭通至麻柳湾段开工建设。继续实施农村公路建设，新改建农村公路1.63万公里，其中沥青（水泥）路4500公里，全省乡镇通畅率达到92.6%，行政村通畅率、通达率分别达到28%、98%。昆明长水国际机场建成启用，泸沽湖机场正式开工，蒙自机场获国务院、中央军委批复，沧源、澜沧江机场获国务院批准。围绕构建“三出境、二出省”水运通道目标，继续加快推进以整治澜沧江和金沙江出境、出省航道及主要码头为重点的水运建设项目。

2.加强能源建设。全年完成能源固定资产投资1100亿元，增长24.2%；净增装机830万千瓦，总装机5042万千瓦。能源行业完成增加值630亿元，增长13%；累计发电量1720亿千瓦时。其中，全省全社会用电量1320亿千瓦时，西电东送和云电外送420亿千瓦时；输配电网建设和农村电网改造加快，农村电网户表改造率89%。龙开口、鲁地拉、观音岩、梨园水电站、中缅油气管道、观音山煤矿等重大项目获国家核准，云南1000万吨石油炼化项目获国家核准；功果桥水电站全部机组投产，糯扎渡、向家坝、阿海水电站蓄水发电。能源产业为全省经济社会跨越式发展提供了强有力的支撑。

3.加强水利建设。全面完成国家专项规划内737件中型及小㈠型病险水库除险加固；全面启动小㈡型病险水库除险加固。新增灌溉面积65万亩，改善灌溉面积110万亩。在建水源工程165件，新开工建设52件重点水源工程项目；滇中引水工程项目建议书通过水利部审查；牛栏江—滇池补水工程即将试通水，143件增蓄应急重点项目全部完工并投入使用，建成山区“五小水利”工程42万件，全年水利投资突破260亿元。

【特色优势产业发展】

1.全省高原特色农业加快发展。1～9月，蔬菜产量1600万吨，同比增长8%；橡胶干胶产量40万吨，同比增长5%；甘蔗产量2100万吨，同比增长10%；茶叶产量26万吨，同比增长6%；咖啡产量7.5万吨，同比增长7%。全省预计收购烟叶2170.94万担，首次突破2000万担大关，比上年增加182.48万担，增长9.18%。

2.工业经济保持良好势头。1～9月，全省全部工业完成增加值2367.14亿元，同比增长13.5%，规模以上工业同比增长13.9%。列入重点考核的100种主要工业产品产量，有82种产品增长，其中锰矿石成品矿、铅选矿产品含铅量、铁合金、化学农药、饲料、乳制品等产品增速较快。

3.旅游业质量效益进一步提升。2012年，旅游行业继续推进“二次创业”，进一步深化旅游产业综合改革，大力推进旅游产品建设，旅游消费持续活跃，旅游市场不断扩大。旅游业总收入1702.5亿元，比上年增长31.2%。全省旅游市场快速增长的同时，结构进一步优化，游客消费进一步提高。在旅游业的带动下，交通、餐饮、娱乐、商品零售等行业均实现了快速发展。积极争取中央专项资金7000万元，加强旅游基础设施建设。

【生态建设和环境保护】 在继续抓好天然林保护、退耕还林、防护林体系建设等重点生态工程建设的同时，启动实施了陡坡地生态治理工程，全年完成80万亩试点任务。2012年，继续深入推进“七彩云南保护行动”和“森林云南”建设，完成营造林1000万亩以上。加强生物多样性保护，加强自然保护区建设管理，深入推进极小种群物种拯救保护行动，继续抓好国家公园试点建设，切实加强陆生野生动物重大疫病监测和野生动物肇事补偿工作，规范湿地保护和管理工作。加强石漠化治理，全省纳入国家规划的65个重点县全部启动实施石漠化综合治理工作，继续实施岩溶地区草地治理试点工程。启动实施西部地区生态文明示范工程试点工作。加快推进九大高原湖泊水污染防治、城镇污水垃圾处理等工程建设，九大高原湖泊水污染防治“十二五”规划项目全面实施，2012年完成投资94.25亿元。能源结构不断优化，清洁能源与火电装机比例达到73∶27，加快淘汰落后产能，关停和淘汰企业顺利完成年度目标任务，严格控制“两高”行业过快增长。全省规模以上工业单位工业增加值能耗为1.79吨标准煤/万元，比上年下降3.2%，完成国家下达的氨氮、二氧化硫减排任务。

【社会事业】

1.教育事业发展成效显著。2012年，争取中央预算内资金15.45亿元，实施农村学前教育推进、农村初中校舍改造、特殊教育、中小学校舍安全等教育工程。城乡免费义务教育和农村义务教育经费保障机制改革继续推进，困难学生生活补助取得较大进展。学前教育不断完善，九年义务教育巩固率95%，高中阶段教育毛入学率72%；农村义务教育学生营养改善计划、寄宿学生生活补助实现全覆盖，农村义务教育学生享受每人每天3元的营养膳食补助；中等职业教育和高等教育快速发展，全年招生数分别为21.78万人、21.76万人，普通高等学校招生数14.67万人。

2.卫生工作进一步加强。医药卫生体制改革积极推进，覆盖城乡的基层医疗卫生服务体系逐步建立，疾病防治能力不断增强，基本医疗保障制度稳固发展，人民群众健康水平明显提高。全省卫生机构床位数达到16.2万张，每千人口床位比上年增加0.32张；新农合筹资标准由上年的人均230元提高到人均290元，参合率由上年的96.18%提高到96.52%，基金使用率69.19%，参合农民受益面和受益程度进一步提高；全年安排卫生建设项目437个，总投资21.58亿元，其中中央预算内资金12亿元，支持基层卫生服务体系基础设施建设，州（市）级医院、县级医疗机构、乡镇卫生院、专科及全科医生培训基地、县级计划生育服务站业务用房等项目建设，进一步改善和提高了云南基层卫生服务体系设施的服务能力和水平。

3.人口和计划生育稳步推进。继续实施“奖优免补”政策，预计2012年末全省总人口4659万人，出生人口数59万人，人口自然增长率6.24‰，均控制在年度计划内。

4.文化事业和文化产业快速发展。进一步规范全省美术馆、公共图书馆、文化馆（站）免费开放工作，积极开展国家公共文化服务体系示范区（项目）创建工作，12个省级重大标志性文化设施建设项目稳步推进，省博物馆新馆、云南亚广影视传媒中心、滇西抗战纪念馆、云南文苑、云南广播电视集中集成播控中心、省科技馆新馆等6个项目已经开工建设。

5.广播电视事业持续健康发展。提前完成“十二五”广播电视村村通第一批37.28万套直播卫星接收设备安装调试和用户信息录入上传工程建设任务，让全省70个县边远“盲村”农户在“十八大”前实现听广播看电视。同时，全面启动直播卫星户户通工程建设。全省广播、电视综合人口覆盖率分别达到95.69%、96.72%。6.扶贫攻坚工作进一步加强。认真实施新十年扶贫纲要，积极推进乌蒙山区、石漠化地区、滇西边境山区、藏区等4个连片特困地区加快发展。

【改革开放】

1.桥头堡建设取得新突破。经国务院批准，建立了由国家发展改革委牵头、国务院有关部委和云南省政府参加的桥头堡建设部际联席会议制度，从国家层面协调、研究和指导桥头堡建设，解决重大困难和问题，合力推进桥头堡建设。6月12日，桥头堡部际联席会议第一次会议在北京成功召开，云南省提出的10个方面重大问题、24项具体问题都得到了积极推进。84个中央部委、金融机构和大型企业集团与云南省签署战略合作协议。南亚国家商品展升格为中国—南亚博览会。

2.沿边开发开放工作扎实推进。省政府召开推动沿边开发开放的专题会，对沿边开放做重点部署，推动沿边开放步伐。《瑞丽重点开发开放试验区实施方案》获得国务院批复，省政府出台了关于加快推进瑞丽重点开发开放试验区建设的若干政策，《瑞丽重点开发开放试验区总体发展规划》经省政府审定后上报国家发展改革委审批。跨境人民币结算试点工作深入推进，跨境经济合作区、边境经济合作区建设取得进展。

3.加快滇中经济圈规划和建设。按照“一区、二带、四城、多点”的建设思路，省委、省政府对推进滇中经济圈建设进行了部署，成立了滇中经济圈发展协调领导小组。积极推进昆曲绿色经济示范带、昆玉旅游文化产业经济带、滇中产业新区建设前期工作。

4.加强国内外合作，经济外向度进一步提升。

举办第二十届中国昆明进出口商品交易会暨南亚国家进出口商品展、2012年中国国际旅游交易会，昆明区域性国际金融中心建设步伐加快。全年外贸进出口总额 210.05 亿美元，比上年增长31%，其中出口100.18亿美元，增长5.8%，进口109.87亿美元，增长67.6%。

5.利用外资和境外投资工作稳步推进。1～10月，全省新批外商投资项目98个，实际利用外资总额16.37亿美元，同比增长83%；全省新批境外投资项目（企业）52个，对外实际投资6.3亿美元，同比增长26.15%。6.启动城镇上山、工业上坡试点工作。推进286万农村人口转为城镇居民；新增城乡建设用地规模260.92万亩；集体林权制度主体改革圆满完成，林权抵押贷款连续3年全国第一。

（龚晓江）

各行业发展概况

The Development Of the Industry Overview

·第一产业·

农业和农村经济

综述 2012年，云南省农牧渔业实现总产值2457亿元，比上年增长16.3%；完成增加值1499亿元，增长17.6%。粮食总产量1827.8万吨，增加72.2万吨，增长4.1%。肉类总产量540万吨，增加18吨，增长3.4%。全省农民人均纯收入5417元，增加695元，增长14.7%。连续5年没有发生重特大农产品质量安全事件和区域性重大动物疫情。

2012年9月，省委、省政府出台《关于加快高原特色农业发展的决定》。《决定》提出打响"丰富多样、生态环保、优质安全、四季飘香"4张名片，推进"高原粮仓、特色经作、山地牧业、淡水渔业、高效林业、开放农业"6大优势产业，重点推进"特色农业示范、农产品加工、品牌创建、科技支撑、经营主体培育、基础设施建设、流通服务提升和质量安全保障"8项行动，努力走出一条具有自身特点的农业现代化道路。

农业投入 2012年，全省农业投入103.63亿元，比上年净增24.62亿元，其中中央农业投入86.98亿元、省级农业投入16.65亿元。农业投入增长主要是中央农资综合直补增加15.5亿元、玉米覆膜3亿元、中央基层农技推广体系改革与建设增加7500万元、农机购置补贴3000万元、草原生态奖补工作经费2300万元；省级高原特色农业6000万元、科技增粮追加1亿元、粮食直补追加7500万元。资金投向涵盖惠农直补、农业公共服务、高原特色农业发展、农业产业化、农业科技推广与培训、新农村建设等各个环节。

农产品出口 2012年，全省农产品出口20.39亿美元，比上年增长16.1%，首次超过机电类商品出口，跃居全省出口大类商品第一位，位列全国第七位，继续保持西部省区第一位，实现"三年两跨越"。

农业对外交流与合作 2012年，全省农业领域完成国内外招商引资56.8亿元。其中引进省外投资53.5亿元、境外投资5270万美元，比上年增长42%。完成农业领域外援项目建设资金124万美元。国际农业发展基金贷款云南农村综合发展项目获国际农业发展基金执行董事局批准通过，项目总投资约5.9亿元，其中借用国际农业发展基金贷款4666.2万美元、国内配套资金2.98亿元。启动"中国云南—柬埔寨班迭棉吉农业科技友谊示范园"建设项目，与周边国家务实开展农业合作。

农村劳务经济 2012年，全省培训农村劳动力130万人，新增转移就业农村劳动力115万人。其中农业部门培训54万人、新增转移就业37万人。随着务工人数和工资的增长，农民人均工资性收入实现的新突破，达到1436元，比上年增加297元，增长26%。

农业信息化建设 2012年，全省农业信息化建设取得新成效。全省数字乡村网全年上报数据报表7.1万份，制作视频482个，更新图片9822张。1.2万个行政村，完成报表更新8158份；10.48万个自然村，完成报表更新6.2万份；访问量928万人次，日均2.79万人次。云南农业信息网全年审核发布信息8万条，比上年增长23%；16个州（市）网站审核发布信息23万条，增长20%；129个县（市、区）审核发布信息条54.8万条，增长30%。金农工程项目于4月13日完成省农业厅组织的初验。

农产品加工业 2012年，全省农产品加工业继续保持快速发展，实现总产值1364亿元，比上年增长21.5%；完成营业收入1320亿元，增长20.3%；实现利润102.3亿元，增长4.6%；上交税金48亿元，增长23%。全省从事农产品加工业的单位（组织）有6.6万户，从业人员54.3万人，增长11.3%；支付劳动者报酬82亿元，增长30.8%；支付农产品原料采购资金487亿元，增长12%；带动农户195万户，促进农户增收100亿元。

农产品加工业龙头企业培育 2012年，全省规模以上农产品加工企业有791户，从业人员18万人；实现总产值862亿元，比上年增长29.4%；实现营业收入808亿元，增长27.8%。营业收入5000万元以上的企业有395户，其中1亿元以上的企业有209户，5～10亿元的企业有25户，10亿元以上的企业有4户，增加2户。全年农产品加工业完成固定资产投资79.2亿元。

新兴产业 2012年，全省生物制药业实现产值90.5亿元，比上年增长50.8%；饮料加工业实现产值82.6亿元，增长19.7%；林竹加工业实现产值79亿元，增长31.7%；蔬菜加工业实现产值86亿元，增长22.8%；畜禽加工业实现产值105亿元，增长156.1%。

农产品产地初加工惠民工程 2012年,云南被农业部列为首批11个全国农产品产地初加工惠民工程试点省区之一，项目在云南8个州（市）的10个县（市、区）实施，安排中央奖补资金3000万元。重点以苹果、葡萄、石榴、芒果、大宗蔬菜等云南特色果蔬贮藏保鲜的冷库和马铃薯贮藏窖（库）为主。在国家农业部、财政部的领导和大力支持下，全省各级农业、财政部门上下协调配合，精心组织，通力合作，确保了项目实施有序推进，全面顺利完成试点任务，全年建设各类农产品初加工设施3061座,其中单次果蔬贮藏容量约3.5万吨；果蔬干燥能力144吨/天。

种植业

综述 2012年，全省粮食、油料、蔬菜、甘蔗、水果、蚕桑等种植业实现产值1101.6亿元，比上年增加221.8亿元，增长25.2%。其中蔬菜、水果、甘蔗、蚕桑、油菜等特色经济作物实现产值537.3亿元，增加106.5亿元，增长24.7%。2012年2月19日，在省委农村工作会议上，对全省10个粮食生产先进州（市）、50个粮食生产先进县（市、区）、100名粮食生产先进工作者、99名突出贡献农科人员和50名种粮大户进行表彰奖励。

粮食生产 2012年，全省粮食播种面积450.46万公顷，比上年增加4.06万公顷，增长0.9%；综合平均单产270.5公斤/亩，增加8.3公斤/亩，增长3.2%。粮食总产量1827.8万吨，增加72.2万吨，增长4.1%，首次突破360亿斤大关，再创历史新高，实现粮食“十连增”。

1.稻谷。2012年，全省稻谷播种面积90.87万公顷，比上年减少14.87万公顷，下降14.1%；产量617.1万吨，减少75万吨，下降10.8%；单产452.8公斤/亩，增加16.4公斤，增长3.6%。

2.玉米。2012年，全省玉米播种面积146.2万公顷，比上年增加13.63万公顷，增长10.3%；产量693.5万吨，增加112.8万吨，增长24.7%；单产316.2公斤/亩，增加26.2公斤，增长10%。

3.马铃薯。2012年，全省马铃薯种植面积70.27万公顷，比上年增加9.69万公顷，增长4.5%；产量247万吨，增加17万吨，增长7.4%；单产234.3公斤/亩，增加6.2公斤，增长2.7%。

4.豆类。2012年，全省豆类种植面积45.9万公顷，比上年增加1.19万公顷，增长2.7%；产量78.5万吨，增加8.9万吨，增长12.8%；单产114公斤/亩，增加10.2公斤，增长9.9%。

5.蔬菜。2012年，全省蔬菜种植面积82.33万公顷,产量1685万吨,面积、产量比上年增长12.1%、8.4%，分别居全国第十位和第十七位。实现农业产值285亿元，增长22.8%。外销蔬菜950万吨，实现产值200亿元以上。蔬菜出口59.8万吨，增长41%；蔬菜出口创汇5.69亿美元，超过烟草、茶叶、咖啡、食用菌等农产品，出口创汇继续保持全省第一。全省蔬菜平均单产1364公斤，比上年增加24公斤，平均亩产值1691元；棚室种植蔬菜面积8.67万公顷，喷滴灌技术应用面积6.67万公顷；蔬菜工厂化育苗70亿株；建成国家级蔬菜标准园22个，蔬菜标准园完成创建面积2.3万亩；认证绿色蔬菜产品96个，无公害蔬菜产品520个。全省有蔬菜加工企业156家，年加工能力320万吨，年加工能力上万吨的蔬菜精加工企业超过50家。

6.水果。2012年，全省果园总面积35.67万公顷，比上年增加1.73万公顷，增长5.1%；水果总产量510万吨，增加80万吨，增长18.6%；实现农业产值101.5亿元，增加28.7亿元，增长39.4%。水果（含坚果）出口24.22万吨。喷滴灌技术应用面积推广样板2.67万公顷，香蕉组培苗1.6亿株，组培苗在全省蕉区推广普及率90%以上。全省有水果加工企业43个；有6个水果标准园，水果标准园完成创建面积1.19万亩。

7.蚕桑。2012年，全省桑园总面积10.11万公顷，比上年增加7800公顷,增长8.4%;投产桑园8.64万公顷，增加7300公顷。生产蚕种131.26万张，产值5000万元；饲养蚕种123万张，增加16万张，增长15%；产鲜茧4.68万吨，增加4100吨，增长9.6%；蚕农销售鲜茧收入17.2亿元，增加4亿元，增长30%。蚕桑农业总产值25亿元。全省有缫丝厂13家，缫丝机5.56万绪，年生丝加工能力约5000吨，全生产生丝3060吨、经编绸76.2万吨、加工丝棉3000多吨，生产丝绵被7.5万床，加工产值约28亿元。全省有蚕桑生产县45个，涉及50多万农户，桑农200万人。全省桑园面积占全国的12%，位居全国第三位；蚕茧产量占全国的7.2%，位居全国第五位。

冬季农业开发 2012年，全省冬季农业开发面积156万公顷，实现总产值245亿元，亩均产值

1047元，项目区农民人均收入近900元。参与冬农开发的企业和专业合作组织1000多家，订单面积61.67万公顷，占总面积的40%。冬早蔬菜、冬马铃薯种植面积和产值分别占全省冬农开发的37.4%、75.9%，成为冬农开发的优势主导产业。其中，冬早蔬菜39.67万公顷，产值130多亿元；冬马铃薯18.67万公顷，产值56亿元；冬油菜29.63万公顷，产值24.6亿元；啤饲大麦19.33万公顷，产值13.4亿元；冬玉米6.07万公顷，产值7.5亿元。

十大科技增粮措施 2012年，全省各级农业部门继续以高产创建为平台，全力实施间套种、地膜覆盖、集中育秧育苗、良种推广、测土配方施肥、病虫害综合防控、水稻精确定量栽培、玉米三干播种、马铃薯高垄栽培、机耕机播机收等十大科技增粮措施。全年粮食高产创建858片，示范面积58.33万公顷，比上年增加8.91万公顷；推广间套种271.47万公顷，增加3.99万公顷；实施地膜覆盖121.51万公顷，增加20.91万公顷；进行水改旱20.13万公顷；完成集中育秧育苗7万公顷；良种推广272万公顷；测土配方施肥287.57万公顷；水稻精确定量栽培20多万公顷；病虫害综合防治完成1.53亿亩次，增加340万亩次；机耕机播机收完成253.33万公顷，增加33.33万公顷。

中低产田地改造 2012年，全省农业系统中低产田地改造项目总投资3.16亿元，其中：中央和省级财政投资2.90亿元，州县配套资金320.7万元，农户自筹资金2195万元。通过巩固退耕还林成果基本口粮田建设和地方政府债券资金中低产田地改造项目实施，完成田间工程建设：田间排灌沟渠715.44公里、农耕道路387.98公里、蓄水池4.85万立方米、配套建设田间管网278.56公里、坡改梯1820公顷、平整土地484.2公顷；完成农艺措施改造4.08万公顷，其中实施绿肥种植1.11万公顷，秸秆还田8800公顷，增施商品有机肥1.24万公顷，推广配方肥8500公顷。

测土配方施肥技术推广 2012年，全省测土配方施肥技术推广投入中央财政资金2300万元，省级财政资金500万元。测土配方施肥项目实施单位117个，完成测土配方施肥技术推广面积287.58万公顷，建立示范展示区1489个，示范面积15.13万公顷，推广配方肥80万吨，配方肥使用面积134.4万公顷，各种作物总增产225万吨，总减少不合理施肥10.9万吨，总增加施肥量8.9万吨，总增产节支34亿元。项目实施中通过广播电视、报刊简报、墙体广告、科技赶集、现场会等多种形式宣传测土配方施肥2.8万次，举办不同层次测土配方施肥技术培训4887期次，发放培训资料143万份；完成土样采集4.6万个，植株样采集5727个，分析土壤样品5.4万个，植株样品4421个；完成3414正规田间小区试验469组，制定不同作物县域肥料配方798个，发放施肥建议卡78.8万份；在1155个乡（镇）和1.41万个行政村设立固定的测土配方施肥信息公告专栏；完成32个县耕地地力评价省级验收；选择3个县、40个乡镇、200个村，开展整建制推进示范，认定31个国家级、省级测土配方施肥试点企业，开展化肥企业与农户的有效对接。

农作物病虫害防治 2012年，全省病虫害总体呈中等偏重发生，局部稻飞虱、粘虫等大发生态势。全省发生农作物病虫草鼠害1.27亿亩次，比上年增加700万亩次。防治面积1.88亿亩次，挽回粮食总量174.08万吨。完成农业有害生物预警控制区域站建设项目验收3家，争取农业部植保工程建设项目县48个。建立粮食作物病虫害综合防治示范区831个，防治面积22.27万公顷，辐射带动206.15万公顷，新增统防统治组织106个，开展统防统治2454次，出动喷雾器56万台次，防治面积133.33万公顷，平均防治效果89.38%。启动全省病虫害测报监测网，通过326个监测点，52个重大病虫害监测点开展系统监测，对1500多个村开展大田普查，长期预报准确率达到85%以上，中短期预报准确率90%以上。建立绿色防控示范区227个，集成使用绿色防控技术推广低毒、高效农药6400吨；新增安装杀虫灯2000盏；推广使用三诱技术防治病虫害200多万亩；推广稻田养鸭、鱼等生态调控技术近300万亩；全年推广应用绿色防控技术2270万亩，经济作物绿色防控率53.7%。

植物检疫 2012年，全省各级植物检疫机构开展产地检疫148.78万亩，签发产地检疫合格证570份，实施调运检疫2.77万批（次），其中种子1026批次、苗木约862批次，种植产品2.59万批次；设立检疫监测点422个，疫情防控示范区143个，面积1.44万公顷；查处违规12件，铲除疫情36万多公顷，开展检疫疫情防控127.1万亩次。

农药检定管理 2012年，全省农业部门完成农药正式登记评审13个，临时登记评审1个，分装登记评审2个，农药田间试验审批9个，广告审批1个，续展登记审批7个。开展农药监督抽查，抽检农药229个，质量合格率88.6%，标签合格率 75.1%；出动执法人员 1.58 万人（次），对假冒伪劣农药和禁用高毒剧毒农药检查，检查农药经营单位 1.52 万个（次），查没不合格农药 34.91 吨，货值 99.59 万元，受理举报案件 92 起，现场处罚 271 件，立案 361 件，罚款 43.62 万元；抽查标签 1.18 万个，查处不合格标签 1120 个。

农作物种子管理 2012 年，全省各级农业行政主管部门和种子管理机构抽查种子样品 4085 份，检查种子企业 531 个（次），检查种子经营门市 1.85 万个（次），检查种子市场 2718 个（次），查处各类种子案件 256 起，没收假劣种子 13.5 万公斤，没收违法所得 9.8 万元，罚款 37.4 万元。审查办结种子生产许可证 29 件，种子经营许可证 13 份；审核申请进口单 1083 批次，进口花卉种子 3.25 亿株(粒)，金额 5647.93 万美元。开展种子生产经营企业及经销户督查 862 家，扦取种子样品 1840 份，代表玉米、水稻种子数量 839.13 万公斤；重点对省级发证的种子企业生产销售的水稻、玉米种子及马铃薯种薯进行质量监督抽查，检查种子生产经营企业 35 家，扦取种子样品 60 份，代表玉米、水稻种子数量 123.34 万公斤，马铃薯原原种薯 5.5 万枚，涉及种子生产企业（种子生产商）37 家，抽查的 46 份玉米种子样品，净度、发芽率和水分 3 个项目检测合格率 100%，纯度合格率 89.1%；10 份水稻种子样品，净度、发芽率、水分和品种纯度 4 个项目检测合格率 100.0%；4 个马铃薯原原种薯样品，合格率 50%。开展种子检验员资格考核 249 人。

种植业政策性保险 2012 年，全省种植业保险工作在保障农户利益等方面取得较大成效。1.创新保险模式，组建共保联合体，实行“保费共享、风险共担”的运行机制，提高了化解巨灾风险的承受能力，提升了农业保险的服务能力；2.中央财政补贴险种从 4 个扩大到 6 个，涵盖水稻、玉米、油菜、青稞、甘蔗、橡胶等作物；3.将旱灾、病虫害等附加险纳入主险范围；4.起赔点大幅度降低，旱灾损失率为 20%即可赔付，且不设免赔，极大地保障了农户的利益。全省承保面积 85.27 万公顷，其中水稻 25.73 万公顷、玉米 38 万公顷、油菜 6.87 万公顷、青稞 6000 公顷，甘蔗 10.07 万公顷，橡胶 1 万公顷，为农户提供 40 亿元风险保障，农户因灾获赔 7000 多万元，受益农户 18 万多户。

（何 湘）

林 业

生态安全屏障建设 在省第十一届人民代表大会第五次会议《政府工作报告》中，将云南省林业建设的地位作用再次推向新的高度。专门将“加强生态建设和环境保护，努力构筑西南生态安全屏障”列为2012 年全省十大任务之一，要求各级抢抓机遇，实施绿水青山计划，抓好“森林云南”建设，强化生态建设

2012 年，云南省出台了森林云南建设、陡坡地生态治理、自然保护区建设管理等多项政策。省政府与国家林业局签署了《加快林业生态安全屏障和生物多样性宝库建设战略合作协议》，在森林抚育经营、木本油料产业发展、极小种群保护基地建设、林业政策性保险等方面给予云南重点扶持，为推进生态安全屏障和生物多样性宝库建设提供了项目、资金、政策支持。林业厅认真贯彻落实国务院关于支持云南桥头堡建设的意见，编制印发了全省生态安全屏障建设规划和林业发展十二五规划，提出了生态安全屏障建设的指导思想、目标任务、保障措施，为推进生态安全屏障建设奠定了基础。

在 1 月 10 日召开的森林云南建设推进大会上，省委书记秦光荣作了重要讲话，对推进森林云南建设提出了 6 点要求。一要强化 3 个保护，即切实加强生物多样性保护、深入推进天然林保护工程建设、健全完善林业“三防”体系，全力构建生态安全屏障。二要抓好 4 大工程，即陡坡地生态治理、石漠化治理、江河流域综合治理和城乡绿化工程，促进生态环境持续改善。三要搞好 4 个推动，即推动基地规模发展、推动龙头企业发挥带动作用、推动林产业对外开放、推动中低产林改造，提升林产业发展水平。四要完善 4 个体系，即完善技术创新体系、市场体系、林业社会化服务体系、农村基础设施体系，不断强化支撑保障能力。五要深化 3 大改革，即扎实推进集体林权制度配套改革、加快国有林场和自然保护区管理体制改革、完善森林生态效益补偿制度，不断创新林业管理体制和发展机制。六要推进 4 项举措，即加强生态文化基地建设、塑造生态文化品牌、加强宣传报道和舆论引导、开展全民生态文明意识教育，大力繁荣森林文化。

林业改革开放 2012年，积极推进集体林权制度配套改革，制定出台了《云南省集体林权制度改革突发事件应急预案》、《云南省林农专业合作社

省级示范社认定和管理办法》，起草了《关于深入推进集体林权制度配套改革的意见》并上报省政府。加快推进林权规范化管理，开通了全省林权管理信息系统，启动了林权社会化服务试点工作，搭建了全省林权流转信息化平台。加快推进林权流转服务中心建设，建成林权服务中心134个。积极深化自然保护区管理体制改革，与省委编办共同起草了《自然保护区管理机构管理办法》（草案），初步明确了省级以上自然保护区机构设置、人员编制等问题。加强国有林场改革调研，起草了国有林场改革政策意见初稿，为启动国有林场改革奠定了基础。积极推进林业国际合作，德援二期、法开署、世行贷款等国际合作项目顺利推进。

林业重点工程建设 云南坚持重点工程带动，加快植树造林步伐，2012 年完成营造林 69.9 万公顷（1044 万亩）。启动实施天然林保护二期工程，编制完成了工程区 75 个县级实施方案，1.2 万名职工全部实现安置就业，一批森工企业历史遗留问题得到妥善解决，实现了从一期工程到二期工程的顺利过渡。召开了全省陡坡地生态治理启动会，实施陡坡地生态治理 5.33 万公顷（80 万亩），完成退耕还林工程建设和巩固退耕还林成果造林 13.6 万公顷（204 万亩）。加强江河流域、交通沿线、生态敏感地区防护林工程建设，完成造林 2.13 万公顷（32 万亩）。石漠化治理重点工程县由 35 个扩大到 65 个，完成林业治理项目 7.87 万公顷（118 万亩），实现了全省石漠化重点地区全覆盖治理。加强自然保护区、国家公园和森林公园建设管理，编制了 4 个国家级自然保护区、5 个省级自然保护区、1 个国家公园和 2 个国家级森林公园的总体规划，完成 9 个国家级自然保护区基本建设项目实际投资 2433 万元，7 个国家级自然保护区争取中央财政补助资金 1550 万元。全面启动极小种群保护工程和第二次野生动植物资源调查，进一步加大了濒危野生动植物保护力度。国家湿地保护工程投入力度大幅增加，湿地资源保护进展明显，第二次湿地资源调查基本完成，云南省政府将湿地保护纳入督查事项。完成森林抚育和低效林改造 27.33 万公顷（410 万亩），新建农村户用沼气 15.09 万户、节柴改灶 12.4 万户、太阳能热水器 11万台，服务网点 220 个，均超额完成年度任务。

林业特色产业 2012 年，云南省稳步推进木本油料基地建设，完成核桃基地建设 30 万公顷（450 万亩），油茶、澳洲坚果基地建设 5 万公顷（75 万亩）。大力发展森林生态旅游，建成国家级自然保护区 19 个、国家公园 8 个、国家湿地公园 4 个、森林公园 40 个，年接待游客 2500 余万人，实现森林生态旅游综合产值26 亿元，比上年增长 63%。加大林业招商引资力度，签约林业招商引资项目 117 项，累计签约金额 270.12 亿元，实际到位 29.8 亿元。全省实现林业产值 882 亿元，增长 28%。

林业产业省级龙头企业 2012 年 5 月 4 日，省林业厅对云南省第七批60 户林业产业省级龙头企业授牌。从 2004 年起分七批评选认定了 252 户林业产业省级龙头企业，涉及特色经济林种植及加工产业、木材加工能及人造板产业、林下非木材资源产业、林产化工及生物能源产业、野生动物驯养繁殖产业、林（竹）浆纸一体化产业以及森林旅游和竹藤产业，覆盖了林业产业的九大产业。龙头企业在产业化经营中能够有效带动农民增收致富，提高农民的素质，在开拓市场、技术创新、引导组织基地生产和林农产业化经营等方面都起到了积极作用，已逐步成为云南林业产业发展的中坚力量。

林业投融资体系 2012 年，中央和省级财政林业投资 55.29 亿元（其中中央 41.11 亿元，省级 14.18 亿元）。全省新增林业贴息贷款 12 亿元，林权抵押贷款余额突破 100 亿元，均创历史新高。森林火灾保险由 2011 年的 5 个州（市）扩大到 15 个州（市），缴纳保费 1.3 亿元，投保林地 2173 万公顷（3.26 亿亩），受理森林火灾案件 492 起，结案 492 起，赔付保险金 2700 余万元，2189 户林业经营者获得赔偿。野生动物公众责任保险试点由 3 个州（市）扩大到 5 个州（市），受害农民及时得到补偿。全面落实森林生态效益补偿政策，组织完成了公益林生态效益补偿实施方案的修订和编制，积极争取国家和省级财政投入公益林补偿资金 12.3 亿元，实现了国家、省级公益林生态效益补偿和管护同标准、全覆盖。

交通银行助力云南林产业 2013 年 3 月，云南省林业产业协会与交通银行股份有限公司云南省分行签订战略合作协议，交行将为林业产业协会提供全方位金融服务，优先、全力支持云南林业产业发展。未来 4 年，交行将向省林业产业协会推荐的符合授信条件的项目提供不少于 30 亿元的贷款或贸易融资额度。

资源林政管理 完成了省级、县级林地保护利用规划的编制和全省森林资源第六次连清复查工作，建成了规划数据管理系统，实现了全省林地管理“一张图”，为严格保护和科学利用林地资源，拓展林业发展空间，服务全省经济社会发展奠定了基础。严格执行林木凭证采伐和限额管理制度，深入推进林木采伐管理改革，全面推行采伐公示制度，进一步简化审批环节，优化工作流程，林木采伐管理整体水平明显提高，超限额采伐、无证采伐等问题得到有效遏制。认真落实占用征收林地定额管理制度，坚持依法审核审批，开展了露天采矿、新能源建设项目供地方式创新试点，初步实现了占用征收林地由需求主导型向供应引导型转变。全省审核审批占用征收林地项目1000余件，占用征收林地约1.1万公顷，收取森林植被恢复费6.5亿元。

依法治林工作 2012年3月31日，云南省十一届人大常委会第三十次会议审议通过《云南省森林防火条例》，5月1日起施行。该《条例》共6章51条，主要对森林防火工作管理体制和组织保障；防火期、高火险期、防火宣传月的确定；农事用火的监管；森林防火专用车辆免收车辆通行费和优先通行；法律责任等作了规定。

全省森林公安机关受理森林和野生动物案件2.18万起，查处2.15万起，综合查处率98.99%，打击处理违法犯罪人员2.56万人，收缴林木、木材3.33万立方米，野生动物及制品3.16万件，挽回经济损失1.6亿元。

林业信息化工作会议 2012年6月14日，云南省首届林业信息化工作会议在昆明召开。加快推进林业信息化建设是提升林业部门行政效能的重要举措，是全省林业系统面临的一项重大而紧迫的任务。全省各级林业部门要准确把握全省林业信息化建设的主要任务，加快要建设“一个平台、二个网络、三个体系、四类数据库、五大应用系统”。一个平台就是省级林业信息化基础平台，二个网络就是云南林业内网和外网，三个体系就是运行维护体系、安全保障体系、法律法规和标准体系，四类数据库就是公共基础地理数据库、林业基础数据库、林业专题数据库、林业综合数据库，五大应用系统就是办公自动化系统、林业资源监管系统、营造林管理系统、林业灾害监控与应急管理系统、林产业和经济运行管理系统。

林权管理信息系统 2012年6月14日，云南省林权管理信息系统正式启动运行。为使林权管理工作更加规范、服务更加快捷高效，省林业厅开发了“云南林权管理信息系统”，建立全省林权信息数据库，利用覆盖全省的三级联网方式构建“云南林权管理信息系统”，规范全省林权电子档案及林权登记管理制度，建立云南林权管理的网络化、信息化、数字化体系。建立云南林权管理信息系统后，在各级林权管理服务中心，通过LED屏及触摸屏，都可以查询到全省各地的林权证及各类林权登记的操作流程及办事指南，也可浏览来自于全省各地的林权供求及交易信息。省林业厅还开通了“云南林权信息服务网”、“云南林权交易信息网”、“云南林业产业信息网”等多个林权相关服务网站，提供全方位的服务。

林业民营经济发展 2012年9月，云南省出台《关于加快林业民营经济发展的实施意见》，从鼓励合理进行林地林木使用权流转、积极创办小型微型林业企业、改善金融服务质量、拓宽融资渠道、完善用地审批制度、规范林木采伐管理、建立林业服务体系、加大财政资金扶持力度、支持民营企业做大做强、加大林业招商引资力度等方面提出了一系列有效措施，以加快林业民营经济发展。

推进政策性保险 2012年，云南省政策性森林火灾保险由2011年的5个州（市）扩大到15个州（市），共缴纳保费1.3亿元，投保林地2173万公顷（3.26亿亩），受理报案407起，结案400起，赔付保险金2176.72万元，2153户森林经营者获得赔偿。野生动物肇事公众责任保险由3个州（市）扩大到5个州（市），投入1663.5万元保费，野生动物损害损失3023.81万元，赔偿2900多万元。

林业抗旱救灾 2012年，全省发生森林火灾299起、受害森林面积2500公顷，当日扑灭率97%，有效阻止了6起境外山火入境，实现了零伤亡和无重大森林火灾的目标。林地因旱受灾129.94万公顷（1949.04万亩），成灾53.45万公顷（801.73万亩），报废20.46万公顷（306.93万亩），比上年分别下降62.4%、69.3%、74.5%。林业有害生物发生面积31.87万公顷（478万亩），成灾10.73万公顷（161万亩），防治29.4万公顷（441万亩），成灾率、防治率、测报准确率、种苗产地检疫率分别为5.09‰、92.3%、95.58%、98%。实现了全省松材线虫病疫点的彻底拔除，阻击了椰心叶甲、红棕橡甲等检疫性有害生物的传播扩散，外来有害生物得到有效控制。

公益林补偿 2012年，云南省将全省省级以上公益林全部纳入补偿和管护范围，每亩补助标准提高到10元。全省森林生态效益补偿面积1180万公顷（1.77亿亩），占全省公益林面积的94%。云南省投入补偿金12.32亿元，700多万农户、2385万人直接受益 。

国家级自然保护区 国务院办公厅下发通知，审定新建元江自然保护区、云龙天池自然保护区等28处国家级自然保护区。至此，云南省国家级自然保护区达到19处。

首次发现亚洲开嘴鹳 2012年4月初，一批不明身份的“大鸟”飞入云南省临沧市境内的镇康县勐捧镇、临翔区忙畔街道等地。经鸟类专家鉴定，这种大型鸟类叫亚洲开嘴鹳，它生活在南亚和东南亚地区。这次进入镇康、临翔的亚洲开嘴鹳数量达100多只，其中镇康县勐捧镇80余只，临翔区忙畔街道20余只。该物种在临沧境内属首次发现。据专家分析，这次亚洲开嘴鹳光顾临沧，一方面是全球气候变暖的原因，另一方面是临沧生态环境的改善，给亚洲开嘴鹳栖息创造了条件。

云南成为全国澳洲坚果第一大省 截止2012年底，云南省种植澳洲坚果3.67万公顷（55万亩）、年产壳果8000吨、产值3.2亿元，云南省已成为全国澳洲坚果第一大省。

龙陵紫皮石斛 2012年5月，在中国（北京）国际服务贸易交易会上，评选组一致认为龙陵紫皮石斛具有较高的医疗药用价值和保健功效，建议加大产品开发、推广力度，为全民医疗与健康事业发挥更多作用。“龙陵紫皮石斛产品”在京交会上荣获“2012年度优秀医疗与健康产品、项目”称号。

（王 锐）

畜牧业

2012年，云南省大力推进标准化规模养殖、强化草原保护建设，加大疫病防控力度。全省获中央畜牧政策类项目资金约18亿元。全省肉类总产631.4万吨、禽蛋产量47.4万吨、奶类产量70.87万吨，比上年分别增长12%、15.6%、7%。全年无重大疫情发生。

生猪生产 2012年，全省生猪出栏5757.77万头、猪肉产量508.96万吨，比上年分别增长11.2%、11.7%；年末生猪存栏4112.64万头，增长6.4%；截至年底，全省建成万头以上猪场153个，生猪出栏100头以上的规模养殖场（小区）1.81万个，生猪出栏50头以上的规模养殖场（小区）12.03万个。生猪规模化养殖比重达到35%，提高4.9个百分点。

家禽和禽蛋生产 2012年，全省家禽出栏2.84亿只，禽肉产量52.59万吨,禽蛋产量47.4万吨，比上年分别增长14.0%、14.1%、15.6%；年末家禽存栏1.69亿只，增长8.5%。截至年底，全省建成年蛋鸡存栏10万只以上蛋鸡场27个，蛋鸡存栏2000只以上的规模养殖场（小区）2597个，蛋鸡存栏500只以上的规模养殖场（小区）4038个，蛋鸡存栏1万只以上的规模养殖场（小区）1108个；蛋鸡规模化养殖比重达到85.3%，提高2个百分点。肉鸡出栏10万只以上肉鸡场75个，肉鸡出栏2000只以上的规模养殖场（小区）6783个，肉鸡规模化养殖比重达到71%，提高2.2个百分点。推广良种禽2.52亿只，增长7.34%，其中省内自给1.22亿只，增长11.19%。

草食畜牧生产 2012年，全省出栏牛398.37万头，比上年增长8.5%；年末牛存栏1028.74万头，增长3%。羊出栏848.35万只，增长5.6%；年末羊存栏1229.41万只，增长8.6%。年内，全省重点建设30个肉牛基地、20个肉羊基地，新建牛羊圈厩150万平方米，青贮氨化窖50万立方米，完成多年生人工草地更新6.92万公顷，种植一年生人工牧草16.02万公顷。新建存栏100头以上的肉牛规模养殖场306个，存栏100只以上的肉羊规模养殖场2015个，全省100头以上肉牛规模化养殖场（小区）733个，100只以上肉羊规模化养殖场（小区）7555个，肉牛、肉羊规模化养殖比重分别达到22.5%、27.6%，分别比上年增长1%、2%。牛羊出栏率分别提高0.57、0.83个百分点，实现禁牧不禁养、减畜不减产、牧民不减收、草食动物产品有效供给的目标。

奶业生产 2012年，全省奶类产量70.87万吨，比上年增长15.6%。其中，牛奶产量66.58万吨，增长7.4%。全省新建存栏奶牛100头以上的规模养殖场15个，其中存栏奶牛500头以上的规模养殖场2个、存栏奶牛1000头以上的2个。规模化养殖水平达到34%，提高1个百分点。全省荷斯坦奶牛头均单产4300公斤，比上年增加100公斤。

饲料生产 2012年，全省饲料工业产品产量560万吨，比上年增长51.27%；实现饲料工业总产值200亿元，增长19%。

饲料安全监管 2012年，全省畜牧兽医部门抽查饲料标签2250个，合格率97.8%；抽检育肥猪尿样3052批，未检出瘦肉精和莱克多巴胺非法添加物。完成饲料产品抽检1523批次，抽检合格率95%。办理饲料和饲料添加剂生产审查许可证63

个。全省饲料专项整治工作中出动检查人员1.38万人次，检查饲料企业（经营户）9560户，规模养殖场4570个（户），查处违法饲料产品250吨，立案调查违法企业、养殖户76个，涉案金额420万元。

畜牧业保险 2012年，全省能繁母猪参保310万头，比上年增长17.87%，赔案总数4.49万件，受益农户5.04万人，估损数量5.55万头，估损金额5278.3万元，已结赔案数4.18万件，已结赔款金额4845.2万元，结案率93.12%。奶牛、藏系羊、牦牛实现足额全保。

草原建设与保护 2012年，省农业厅采取措施推进草原建设和保护，取得新成效。1.加强对科学减畜的指导。为确保减畜计划科学合理，省级落实培训经费100万元，委托省草山饲料工作站举办5期培训班，对112个县（市、区）的业务骨干进行培训。2.开展补奖政策实施效果监测。在全省实施草原生态补奖政策的112个县(市、区）完成样地调查672个，样方2016个，入户调查3360户。并严格按照监测技术操作手册进行监测，为全省草原保护建设、草畜平衡管理提供了翔实可靠的数据和资料。3.加大投入。省级整合项目资金2.5亿元，带动农牧民自筹近5亿元，重点用于草原生态补奖政策实施区域的棚圈建设、青贮氨化窖建设和人工草地建设。4.科学规划，分类施策。针对全省草原特点和地域条件，不同类型草原采取差异化保护建设措施，把生存环境恶劣、生态脆弱、草原退化严重、不宜放牧的草原以及重要水源保护区的草原划为禁牧区，面积为182.07万公顷，在这一区域重点实施禁牧、围栏、封育措施。把禁牧区以外的可利用草原划为草畜平衡区，面积为1004.6万公顷，在这一区域重点实施“改良草场、建植人工草地、严格草畜平衡管理”和“人工除杂、引进优良牧草品种、替代种植”等措施。5.组织实施草原保护建设项目。严格按照农业基本建设项目管理要求，加强对退牧还草工程石漠化综合治理试点项目、岩溶地区石漠化综合治理草食畜牧业发展项目、退耕还林（还草）养殖业建设项目、飞播种草项目、人工牧草良种补贴项目的管理，按时编制实施方案上报农业部审查，认真组织对各地上报的实施方案进行审查，并及时批复实施，加强项目检查，确保项目建设质量和按期完成建设任务。

生鲜乳质量安全监管 2012年，全省畜牧兽医部门组织抽检生鲜乳1040批（次），重点检测三聚氰胺、皮革水解蛋白等，抽检合格率100%。全省有生鲜乳收购站185个，持证率100%。机械化挤奶站有93个，占收购站总数的50.27%。开展生鲜乳违禁物质专项整治行动，出动执法人员410人次，执法车辆115车次，检查185个生鲜乳收购站、91辆运输车，经检查全省未发现生鲜乳违禁物质以及非法向生鲜乳中添加违禁物质的行为，也没有非法收购运输生鲜乳的“黑窝点”。

兽药质量与药物残留监管 2012年，省农业厅对全省9个州（市）兽药检测所和省兽药饲料检测所下达1200批兽药监督抽检计划，10个兽药检测所抽检兽药产品1703批，295批为假冒合法企业假兽药，进入检验环节1408批，合格1074批，合格率76.3%，比上年下降0.72个百分点。对省兽药饲料检测所和12个州（市）兽药检测所下达800批兽药残留监控计划，13个检测所抽检畜产品965批，合格961批，合格率99.59%。全省组织开展12次抽检不合格兽药产品和假兽药产品的清查活动，检查兽药生产企业、经营企业、医疗机构及养殖场1.24万个，出动执法人员1.23万人次，查处违法案件197起，查获假劣兽药货值12.56万元，罚没金额7.95万元，查处假劣兽药9.3万支/瓶、7780.5公斤，整治重点区域623个。

重大动物疫病防控工作 2012年，全省实行动物防疫整村推进的乡镇1200个、村委会1.05万个，覆盖面乡镇90.3%、村委会81.9%。实施高致病性禽流感免疫2.37亿羽次,免疫密度98%；口蹄疫9484.4万头，免疫密度97.5%；高致病性猪蓝耳病6240.2万头,免疫密度93.4%；猪瘟6450.4万头，增加906万头，免疫密度96.4%。省农业厅组织省动物疫病预防控制中心、保山疫苗厂等单位开展《生猪强制免疫三苗同步、两点注射、一次完成的防疫新技术(“321”防疫技术)研究》，并在实际中加以推广，取得良好效果，促进了动物防疫整村推进工作的深入开展。全省进一步扩大重大动物疫情监测预警范围，涉及全省129个县的1.51万个（次）村（场），监测结果表明口蹄疫、高致病性禽流感、猪瘟、高致病性猪蓝耳病的感染强度同比分别下降0.2、0.4、0.6、2.8个百分点。省重大动物疫病防治指挥部办公室全年发布9期重大动物疫情预警警报，对带毒及同群畜禽进行处置，及时消除疫情隐患。全省开展产地检疫畜禽1亿头（只），受理率100%；屠宰检疫动物5097.71万头(只)。启动36个生猪调出大县动物卫生监督信息化建设工作。针对越南、老挝等国禽流感、口蹄疫等重大动物疫情防控的严峻形势，云南省加大边境地区的防堵力度。关闭边境乡镇活畜禽及其产品交易市场75个，边境沿线设置临时防堵卡 98 个，检查过往车辆 9508 辆，边境沿线基本建立纵深 30 公里的强化免疫带。

畜牧科技推广　2012 年，全省畜禽良种繁育体系及推广体系得到进一步加强。推广生猪改良配种 645.57 万窝，比上年增长 5.75%，其中人工授精 414.63 万窝，增长 7.25%。推广良种禽 2.52 亿只，增长 7.34%，省内自给 1.22 亿只，增长 11.19%。完成牛冻精改良 91.8 万头，增长 16.94%，其中黄牛冻改 58.64 万头、水牛冻改 19.56 万头、奶牛冻改 13.59 万头，分别增长 18.27%、16.15%、13.06%，牛人工授精站点 1677 个。推广良种蜂 33.11 万群，增长 2.4%，其中中蜂改良 20.91 万群，增长 2%。至年底，全省 30 个生猪良种补贴县区累计建立生猪人工授精站点和配种服务网点 849 个，其中生猪人工授精站点 435 个，配种服务站点 414 个；从业人员 3347 人；饲养生产用种公猪 3349 头，比上年增加 643 头。

加强畜禽良繁体系建设和种畜禽场监管　2012 年，全省农业部门鼓励和支持种畜禽场根据选育计划的要求，制定生产性能测定方案，引导奶牛养殖场（区）参与奶牛生产性能测定，种猪场开展场内测定。按照《家畜遗传材料生产许可办法》的要求，组织好家畜遗传材料生产经营活动的监督检查，完成各级种畜禽生产经营许可证信息录入和更新，规范种畜禽场审批，打击无证经营行为，整顿种畜禽市场秩序，加大对伪造种畜禽生产经营许可证、无证经营、超范围经营、违法广告宣传、销售假劣种畜禽等违法行为的查处力度，对违法者予以严厉打击。

畜禽良种工程　2012 年，云南省种畜场西门塔尔牛纯繁场、昆明雪兰种子母牛场、大围山微型鸡遗传资源保种场、滇南小耳猪遗传资源保种场、云南半细毛羊原种场等 5 个养殖场被列入国家畜禽良种工程建设项目，总投资 1572 万元（中央投资 1140 万元、地方配套 114 万元、企业自筹 318 万元）。项目的实施进一步推进了全省基础性、公益性的畜禽遗传资源保护场、保护区建设，扩大了优良种畜禽制种能力。

农业科技

新品种选育与示范　2012 年，云南省通过国家和省级审定、认定主要农作物新品种 185 个，认定优质种业基地 104 个。获得国家授权保护的农业植物新品种从 74 个增加到 98 个，居全国第十一位。水稻楚粳 28 号于 2012 年 2 月被农业部认定为超级稻品种，在百亩方测产中创造了亩产 956.9 公斤的高产纪录；全省超级稻品种达到 2 个。自主选育的两系杂交稻云光 17 号、云粳 26 号被农业部列为全国主推品种。全省粮食高产栽培技术示范推广 858 片 870.7 万亩，亩均增产 35 公斤，增产 19 万吨。全省水稻、油菜、生猪等 8 个产业技术体系的 182 名专家围绕需求开展科研、试验、示范和推广工作，审定品种 16 个，研发中的新材料（品种）149 个，示范推广面积 1032 万亩；示范推广种猪 779 头，商品猪 16.1 万头；完成 1067 头种猪的应激综合征（PSS）基因检测及示范应用。形成技术规程和标准 24 项。高产荷斯坦奶牛改良 13 万头，奶总产量 30 万吨，比 2006 年增加 30 万吨，奶牛良种覆盖率 100%。玉米体系在大姚县仓街村进行玉米良种示范，核心区 107 亩平均产量 1014.95 公斤，示范片 577 亩达到 974.56 公斤，是云南省首次经农业部专家认定的玉米高产纪录。

农业科技成果转化　科技支撑经济作物快速发展，2012 年，全省蔬菜种植面积 1235 万亩，产量 1685 万吨，产值 285 亿元；橡胶种植创立了橡胶良种选育、栽培、植保、割胶、加工等综合技术规程，橡胶科技生产技术保持世界先进水平，连续 15 年单产超过 100 公斤；咖啡良种选育在 6 个市（州）建立了区域性试验点 6 个，初选了国际认可的咖啡优良品种 10 个；甘蔗产业技术体系研制出甘蔗种苗温水脱毒处理技术与设备，成果在 15 个县推广应用。茶叶面积 580 万亩，产量 27.35 万吨，农业产值 71.1 亿元。科技支撑畜牧业科学发展，爱伲农牧公司获全国十大优秀牛肉品牌和中国著名品牌称号，神农农业产业集团公司优质生猪标准化养殖、云南乍甸乳业有限公司奶牛标准化养殖认定为全国农业标准化示范区，昆明华曦公司等多个畜牧龙头企业获国家级农业产业化龙头企业和中国驰名商标认定，滇撒配套系、滇陆猪通过国家级新品种审定，9 个畜禽品种列入国家畜禽品种资源保护名录，56 个品种列入全国畜禽遗传资源名录，其中新发现畜禽遗传资源 18 个。科技支撑渔业创新发展，省渔科院、省水产站与华能澜沧江集团合作，人工繁殖成功土著鱼巨魾，并进行了人工放流。与金沙江龙开口电站合作，繁育出了土著鱼岩原鲤，电站把每年支持 1 个品种繁育改成了育成多少支持多少，加快了创新与推广步伐；省渔科院与丽江三文鱼公司建立了院企合作，增强了科研活力。科技支撑农业示范园全面建设，云南石林农业科技园区成为国家级科技园区，全省国家级农业园区达到 3 个。2012 年认定农业科技示范园 121 个，主导产业涉及花卉、水果、蚕桑、乳制品、茶叶、蔬菜等。在柬埔寨新建设农业科技示范园 2 个，扩大了宣传与影响。

农业科技推广 深化乡镇农技推广机构改革，云南省农业厅的调研报告得到省政府领导批示，为云发〔2012〕8 号文件和云编办〔2012〕162 号文件的制定以及基层农技推广机构和队伍建设的有利政策出台提供了依据。昆明市出台了加强农技推广体系建设的昆发〔2012〕2 号文件，在机构和队伍建设上加大了力度。实施了“两个覆盖”：中央投入 1.95 亿元，建设乡镇农技推广机构 904 个，其中新建并购买仪器设备 457 个，改扩建并购买仪器设备397个,购买仪器设备 50 个，加上已建 360 个，实现全覆盖。项目分为三类：一类是每站投资25 万元新建并配置仪器设备；二类是每站投资19 万元改扩建并配置仪器设备；三类是投资 10 万元购置仪器设备。项目建设内容：办公业务用房、农技服务大厅、农民培训教室、仪器设备间、购置仪器设备等。中央 3 年投资云南 2.85 亿元，省级配套 1800 万元，对 1264 个乡镇农技站进行条件建设，建成 122 个，在建 769 个，已建站累计建设土建工程超过 2.5 万平方米。实施全国基层农技推广体系建设改革与补助项目，中央补助资金 1.05 亿元，补助全省 129 个县示范以种植业为主的产业20 个，建设试验示范基地 522 个，选聘技术指导员 1.05 万人，培训县乡农技人员 1.05 万人，培育农业科技示范户 10.45 万个；建立了科技人员直接到户、良种良法直接到田、技术要领直接到人的科技成果转化机制，实现全覆盖。补助项目推广新品种 938 个（次）、推广新技术 726 项（次）；示范户种粮增产 28 万吨，养殖增产 5 万吨，新增产值 16 亿元，良种覆盖率 93%，良法覆盖率 91%。促进粮食安全和保障主要农产品有效供给，依靠科技集成技术，开展高产创建和间套种，把粮食高产创建模式整建制推进，高产创建完成 858 片，间套种完成 4052 万亩，增产粮食 13.7 万吨；推广地膜覆盖 1823 万亩，应对了干旱、低温和霜冻的影响。以畜禽良种为重点推广生猪、奶牛、肉牛和肉羊标准化生产技术，向品种良种化、技术规范化、生产标准化、产品规格化发展,生猪良种覆盖率 90%，奶牛改良了良种冻精、性控冻精、性控配套和胚胎移植的数量，高产奶牛群体加速形成。示范推广了池塘高产生态健康养殖技术、电站库区网箱养鱼技术、名特优养殖技术、稻田养鱼示范工程技术、病害防治等技术。

农业科技培训 2012 年，振兴农业职业教育，为农业职业院校创造条件，参加农技推广补助项目，了解农技推广工作。从产业技术体系中支持岗位，让老师参与科技创新；组织农业学校参加全国技能大赛，获得 1 个二等奖；为农广校争取政策开办普通中专，招生5000 多人。提高农技人员素质，编写了统一教材，新增了 7 个培训基地，组织 1.05 万名农技人员分 90 个批次到各培训点参加系统培训。全年投入资金 4360 万元，举办培训班 1.6 万期，现场指导 5.4 万场次，培训农民 112 万人次，现场咨询服务 800 万人次，发放资料 535 万份。

农业科技创新 2012 年，发挥农业龙头企业在科技创新方面的主体作用，培育认定农业创新型试点企业 41 家，农产品深加工科技型企业 94 个，建立全国农产品加工示范基地 9 个，全国农产品加工企业技术创新机构 12 个，国家农产品加工技术研发专业分中心 4 个，认定了昆明禄劝撒坝火腿研究会等32家云南省首批科技型农村经济合作组织，带动了农业和农村经济社会发展。依托产业技术体系，进一步完善了“专家组+综合试验站+区域推广站”的成果转化机制；依托农技推广补助项目，进一步完善了“专家+试验示范基地+农技指导员+科技示范户”的农技服务机制；依托“四群”教育，进一步完善了干部专家定点联系基层、农技人员“包村包社联户”的科技支持机制；依托农民培训工作，进一步完善了“政府引导、多方参与、分工协作”的科技培训机制。

渔 业

概述 2012 年，全省水产养殖面积、水产品总产量、渔业经济总产值、渔业人口人均纯收入分别达到 12.4 万公顷、68 万吨、145 亿元、6521 元，比上年分别增加 7000 公顷、13.1 万吨、32.4 亿元、1005 元，增长 6%、24%、29%、18%。投入渔业发展的社会资金 3.34 亿元，增加 1.85 亿元，增幅 125%。建成 29 个万吨级水产品基地县，产量 38.5 万吨，占水产品总量的 56%。罗非鱼产量

16.8万吨，跃居全省水产养殖品种产量第一。冷水鱼类产量突破万吨大关，达到1.16万吨。

财政经费投入 2012年，农业部安排扶持云南渔业发展经费2267万元，其中渔政执法船艇建设经费902万元、渔业资源养护经费480万元、养殖生态环境修复经费200万元、渔业燃油价格补贴445万元；省级财政渔业项目经费1000万元，其中水产技术推广经费800万元、渔业资源保护经费200万元。

渔业产业化建设 2012年，全省新增万吨级水产养殖基地县19个。继续大力推进罗非鱼和鲑鳟鱼产业的建设发展，"两条鱼"在全省水产品产量中的比重上升到28%。渔业二、三产业的产值占渔业经济总产值的比重提高到36.5%,水产加工量和水产品加工值增加到7.3万吨、9.5亿元，淡水养殖亩均产量和产值提高到366公斤、5048元。新增农业部水产健康养殖示范场28个。继续推广电站库区网箱养鱼技术、池塘高产生态健康养殖技术、稻田养鱼示范工程技术等先进适用技术，开展示范"养殖水环境监控、营养与饲料、优质苗种生产、健康养殖、病害防治以及水产食品安全检测"等6项关键技术，综合生产能力有所提高。

渔业安全监管 2012年，全省各级渔业部门采取措施加强渔业"三大安全"监管。1.抓好渔业生产安全。以加强渔业安全生产宣传教育、强化渔业安全生产执法检查、搞好渔业安全生产隐患治理、落实渔业安全生产监管责任、强化渔业安全生产基层基础、完善渔业安全生产设施保障等6项任务为重点，继续深化渔业"安全生产年"活动，集中开展渔业行业"打非治违"专项行动。在一系列活动的推动下，全省渔业生产继续保持平安和谐发展的良好形势，渔业安全生产的各项基础工作得到强化巩固，全年未发生渔业安全生产事故。2.抓好水产品质量安全监管。继续在全省组织开展水产品质量安全整治行动。配合省外有关水产品质量检测机构在云南开展2次产地水产品质量监督抽查、4次大中城市水产品质量例行监测。产地水产品质量监督抽查中，抽检样本80个，检测合格率100%。大中城市水产品质量例行监测中，在流通环节抽检水产品样本160个，合格样本142个，合格率88.75%。3.抓好水生生态安全监管。受农业部委托，省农业厅与腾冲县三岔河电站业主签订电站工程对槟榔江黄斑褶鮡拟鱼旻国家级水产种质资源保护区生态补偿协议，主持电站工程对保护区生态补偿项目实施方案的评审。主持牛栏江—滇池补水工程水生生物补偿实施方案的评审。渔业部门调查处理发生在昆明安宁、大理祥云等地的渔业污染事故，为养殖户挽回了一定的经济损失。

水生生物资源养护 2012年，全省扎实推进水生生物资源养护并取得新成效。1.组织开展水生生物增殖放流。全省组织增殖放流活动90多次，放流水生生物5400多万尾（只），投入经费2200多万元。省政府与农业部联合在景洪举行澜沧江水生生物增殖放流活动。省农业厅分别与西双版纳州、玉溪市、临沧市政府联合举行水生生物增殖放流流动。2.继续抓好长江、珠江禁渔。长江禁渔中，全省出动禁渔宣传检查车辆673台次，通过广播、电视、报刊宣传禁渔期制度和禁渔工作730次，张贴禁渔通告1800份，刷写禁渔标语3000条，发放禁渔宣传资料4.6万份；统一组织禁渔检验行动89次，接受禁渔举报230起，查处禁渔举报案216起，收缴电捕鱼器具150台套，没收非法渔获物217公斤。珠江禁渔中，全省召开禁渔动员会议20场，通过电视、电台、报纸宣传禁渔期制度和禁渔工作300次，发放宣传单5万余份，张贴农业部和当地政府禁渔通告近6000份，张贴一次性标语5000多条，制作永久性宣传碑10个；组织执法检查行动20余次，出动执法人员1.25万余人次，受理和查处群众举报案件10起，查获违法捕捞和"三无"船只4艘，查获电、炸鱼案件10起，查获非法捕捞鱼具200台套，诱捕灯具800个，取缔地笼1000个，没收违法捕捞和销售渔获物50公斤，行政处罚10多人次，罚款2000元。3.组织好水产种质资源保护区的申报和评审。经农业部审定，丘北官寨河、景洪普文河设立国家级水产种质资源保护区；经省农业厅审定，双江南勐河设立省级水产种质资源保护区。至2012年底，全省有国家级水产种质资源保护区14个、省级水产种质资源保护区3个。

乡镇企业

概述 2012年,全省乡镇企业工作认真贯彻省委、省政府关于建设高原特色农业发展决策部署，围绕重点产业加快产业结构调整，始终坚持以发展为主题、以创新为动力、以"三农"为方向，以农产品加工业为主线，克服生产要素价格上涨，地域经济发展不平衡、不充分等不利因素，取得了积极的成效。乡镇企业已经成为云南加快农村经济结构调整的有效方式、促进农村经济社会进步的坚实力量、统筹城乡经济协调发展的重要平台、增加农民就业和收入的主要渠道。全省乡镇企业数103.5万户，从业人员455万人，比上年增长7%；实现营业收入8174亿元，增长12%；完成总产值7594亿元，增长14%；实缴税金264亿元，增长17%；实现利润650亿元，增长13%；完成出口交货值87亿元，增长11%；乡镇企业支付劳动者报酬629亿元，增长22%。乡镇企业的发展促进了农民就业和增收，2012年全年发放劳动者报酬629亿元，相当于全省农民人均从乡镇企业得到的工资性收入1550元，增加270元。

乡镇工业 2012年,全省乡镇工业企业调整产业结构，加强运行调节，全年保持平稳的发展态势。完成工业总产值3945亿元。规模以上乡镇工业企业2358户，完成工业总产值2901亿元，占全部乡镇工业总产值的73.5%，实现利润200亿元，实缴税金114亿元，发放劳动者报酬135亿元。

休闲农业 2012年，全省各类休闲农业经营主体7948家，企业资产总额153亿元。省农业厅与省旅游局联合成立"云南省休闲农业与乡村旅游工作协调小组"，联合制定云南省休闲农业与乡村旅游工作指导意见。省农业厅牵头与省旅游局联合完成2批国家级休闲农业与乡村旅游示范县和示范点申报工作，腾冲县、罗平县被评为国家级休闲农业示范县，昆明福保村、丽江市丽水寨、宣威市万松居民族园、丽江拉市海美乐旅游度假有限公司、西双版纳傣族园有限公司、宣威市虹桥生态旅游开发有限公司被评为国家级休闲农业与乡村旅游示范点。开展了2批省级休闲农业与乡村旅游示范企业认定工作，认定石林万家欢农业科技开发有限公司等63家企业为省级示范企业。

外经外贸 2012年，全省乡镇企业产品出口快速恢复，全年实现出口交货值87.4亿元，比上年增长11%，其中规模以上企业出口交货值76.1亿元，下降22%。以有色金属为主的矿产类出口交货值1.5亿元,以磷化工为主的化工类出口交货值28.6亿元,食品类出口交货值33.8亿元。

固定资产投资 2012年，全省乡镇企业固定资产投资继续保持增长，全年完成固定资产投资660亿元，其中企业自筹资金473亿元，占投资总额的71.7%，企业自主投资仍是乡镇企业固定资产投资的主体。金融机构支持力度加大，全年各类金融机构为乡镇企业固定资产投资提供贷款107.7亿元，比上年增长112%。引进资金步伐加快，全年乡镇企业固定资产投资引进资金49.7。2012年，乡镇企业固定资产投资中，工业完成固定资产投资416.8亿元，增长5.5%，占投资总额的63%。固定资产投资中新建项目投资额占投资总额的比重为61.6%。技术进步部分加快，全年全省乡镇企业技术改造投资占投资总额的1.5%，比重下降6.5个百分点。

转移培训鉴定与专业技术队伍建设 2012年，全省乡镇企业以职业技能培训与鉴定为重点，加大职业技能培训和鉴定力度，努力提高职工素质。全省乡镇企业系统共完成职业技能鉴定1.2万人，其中取得国家技能证书1.19万人。全省乡镇企业专业技术队伍继续扩大，从业人员中有973人取得初级以上技术职称，其中具有高级职称人数357人、具有中级职称2648人。

农业机械化管理

概况 2012年，全省农机总动力2874万千瓦，比上年增长9%；农机总值180亿元，增长13%；大中型拖拉机、小型拖拉机、水稻插秧机、联合收获机拥有量分别达到27万台、37万台、599台、5075台，分别增长10%、5%、50%、18%；配套机具拥有量37万台，机具配套比为6∶1。全省耕种收综合机械化水平达到41%，提高5个百分点，连续5年保持5个百分点以上的增幅。主要农作物薄弱环节机械化生产快速推进，水稻机插、机收水平达到1.4%、32%，分别提高0.7个、0.6个百分点。马铃薯、玉米收获机械化水平实现零的突破。增产增效型、资源节约型、环境友好型农机化新技术应用面积稳步增加。

农机推广 2012年，全省农业农机部门为确保农机及时高效服务春耕生产，从各地调回大量的春耕机具和农机配件，确保农机市场货源供应充足；组织农机专业技术人员、农机专业小分队、农机"三包"人员和农机维修经营网点人员，对春耕机具全面进行检修保养，检修春耕机具112万台。开展"农机干部下基层，万台农机闹春耕"活动，投入春耕生产农机112万台，完成机耕面积176.67万公顷。推广马铃薯播种和收获机械20台，实现机械化作业面积133.33亩。推广果蔬种植和初加工机械，示范推广蔬菜、烤烟秧盘播种成套设备50台，推广果蔬烘干机442台，推广微型保鲜冷库197台套,推广茶叶修剪机1027台，茶叶杀青机、揉捻机等初加工机械557台。全年推广水稻插秧机126台，通过现场示范、会议培训、创建样板、以点带面，增强辐射带动等方法，推广水稻机械化育插秧面积9300公顷，增长32.5%，首次突破10万亩大关。

农机安全 2012年，全省农业农机部门坚持“安全第一，预防为主，综合治理”的方针按“一岗双责”，层层签订责任书，签订《农机安全生产责任状》1525份，签订《农机安全生产保证书》32.58万份。报推荐禄丰县、新平县、蒙自县、开远市为全国“平安农机”示范县。师宗县农机安全监理站、祥云县农机安全监理站、腾冲县农机安全监理站被农业部公布为2011～2012年度“为民服务，创先争优”示范窗口。与公安交通管理部门密切配合，在昆明市等13个州（市）及其所辖县（市、区）组织实施“公安部门委托农机监理部门实施拖拉机道路交通安全监管试点工作”，静态管理和动态监管有机结合。按照“排查要认真、治理要坚决，成果要巩固、杜绝新隐患”的总体要求，开展春运安全生产检查、“农机安全生产月”活动、农机“三点”检查，对7.42万个生产单位和有关场所开展隐患排查治理，全年排查一般隐患2.75万项，重大隐患2145项，对排查出来的隐患均列入整改。检验拖拉机、联合收割机25.74万台，新训考试合格增拖拉机、联合收割机驾驶、操作人员2.86万人；到期审验换证4.31万人。组织安全宣传教育车8756车次、组织宣传人员2.76万人次、深入乡镇集市1072个次、深入村寨1459个次、张贴安全宣传标语2.57万条、印发宣传材料59.76万份、印发农机安全生产读物21.21万份，受教育机手、群众22.55万人次。开展农业管理干部、新型农民科技师资培训、农民创业师资培训、拖拉机理论教员复训、农民创业培训等各类培训班6期，培训学员393人。开办基层农技人员培训班10期，完成24个县（市、区）、1010人的培训任务；全省培训农机化管理、科技和实用人才10余万人，其中管理人员1100人次，科技人员1.7万人，农机操作、维修等人员8.2万人（新购机农民3万余人），职业技能鉴定3000余人。

农机鉴定工作 2012年，全省农业农机部门对9个企业生产的水泵、微耕机、起垄机、自动烟叶采收机等44个农机产品进行推广鉴定。组织开展“3·15”农机质量宣传咨询活动，对补贴机具进行质量督导，加强农机市场监管。受理投诉举报65人次，检查企业264个，整顿市场245个。建立全省农机职能鉴定考评队伍，组织完成对元谋、双江、牟定、临翔农机化学校培训的农机操作工、农机修理工、拖拉机驾驶员953人进行职业技能鉴定。发放100个农机维修技术合格证。

国家农机购置补贴政策 2012年，全省完成中央财政补贴资金4.1亿元、省级财政资金2540万元的实施任务，受益户数20.45万户，补贴机具21万台（套），补贴微灌设备880多万公顷，大棚结构83.12万平方米，连栋温室结构16.05万平方米。补贴机具品种由最初的98个扩大到8491个，基本覆盖农业生产的产前、产中、产后环节。补贴机具和覆盖农户，分别比上年增加67%、29%。农机服务，由粮食作物向经济作物和养殖业拓展，由耕、播、收向农产品加工延伸。中央和省级财政补贴，拉动农民投入农机11.6亿元。新增农机合作组织171个，农机大户590户，农机合作组织和农机大户1年的发展数量超过“十一五”期间的总和。

茶叶产业

概况 2012年，全省茶园面积38.67万公顷，比上年增加6700公顷，增长1.75%；采摘面积31.47万公顷，增加1.6万公顷，增长5.36%；茶叶总产量27.35万吨，增加3.52万吨，增长14.77%。茶叶工农业总产值173.29亿元，增加38.9亿元，增长28.95%。茶叶农业产值71.09亿元，增加15.99亿元，增长29.02%；工业产值102.20亿元，增加22.91亿元，增长28.89%。按600万茶农计，茶农来自茶产业人均纯收入924元，比上年增加235元，增长34.11%。

茶产业政策扶持 2012年，全省继续全力推进茶产业发展。1.整合资金扶持农业产业化，其中省级整合项目资金1200万元扶持茶叶产业化发展，无偿扶持茶叶龙头企业和原料基地建设。2.大力实施茶叶标准园创建。争取到农业部标准茶园创建资金500万元，省级投入扶持中低产茶园改造资金300万元、优势农产品茶叶基地建设资金600万元。3.加大云茶宣传营销力度。省级补助“第七届中国云南普洱茶国际博览交易会”120万元，组织茶企参加“香港美食节博览会”、“第二届亚欧博览会（新疆）”、“第二十届中国昆明进出口商品交易会”及广州、太原、西安、济南等茶博会。普洱市全年茶叶总投资2.08亿元，其中市级投入1848万元；大力实施生态茶园建设和茶叶初制所改扩建，对建筑面积在1500平方米以上的初制所市级每户补助 30 万元，县级每户配套 30 万元，建筑面积不少于 1200 平方米的市级每户补助 20 万元，县级每户配套 20 万元。保山市继续完善加快全市茶叶产业发展的意见，投入茶叶专项资金，县（区）乡镇积极组织配套资金投入到茶叶产业中。

优质生态茶园建设 2012 年，全省高优茶园基地建设取得新进展。全省无性系茶园 14.67 万公顷，占茶园总面积的 37.93%，比上年增加 6700 公顷，增长 4.76%；无公害茶园面积 34.67 万公顷，占茶园总面积的 89.66%，增加 1.33 万公顷，增长 4%；有机茶园面积 2.81 万公顷，增加 7000 公顷，增长 32.88%；中低产茶园改造面积 4.54 万公顷，增加 7500 公顷，增长 19.97%，"三品" 认证面积 10 万公顷。普洱市投资 2 亿元，完成生态茶园建设 3.13 万公顷；临沧市完成中低产茶园改造 12.5 万亩，引进企业投资 10 亿元兴建 "凤庆滇红生态产业工业园区"，全市无性系高优生态茶园 3.04 万公顷，有机茶园认证面积 1.41 万公顷；西双版纳州出台《西双版纳州古茶树保护条例》及《西双版纳州古茶树保护实施办法》，完成 1500 公顷的中低产茶园改造，完成 1800 公顷有机茶、2100 公顷绿色食品茶和 2.15 万公顷无公害茶园的认证。

产业结构调整 2012年，全省产品结构不断优化，普洱茶、红茶产品优势凸显，企业加工能力提升，产业集中度进一步提高。全省绿毛茶产量 22.45 万吨，比上年增加 2.25 万吨，增长 11.14%；产量占毛茶总产量的 82.08%，下降 0.54 个百分点。红毛茶产量 4.57 万吨，增加 1.07 万吨，增长 30.57%；产量占毛茶总产量的 16.71%，上升 2.42 个百分点。其它毛茶产量 3300 吨，减少 4200 吨，下降 56%；产量占毛茶总产量的 1.21%，下降 1.85 个百分点。绿毛茶中的晒青茶产量 11.66 万吨，增加 2.05 万吨，增长 21.33%；产量占绿毛茶产量的 51.94%。与上年相比，成品茶结构不断优化，产品精制率明显提高，普洱茶、红茶产品优势凸显。全省成品茶总产量 17.03 万吨，增加 3.36 万吨，增长24.58%，精制率62.27%。其中普洱茶产量 8.13 万吨，增加 2.57 万吨，增长 46.22%，占成品茶比例 47.74%，提高 7.07 个百分点；红茶产量 3.62 万吨，增加 5200 吨，增长 16.77%，占成品茶比例 21.26%；绿茶产量 5.05 万吨，增加 3900 吨，增长 8.37%；其它茶产量 2400 吨。普洱茶、滇红茶产量占成品茶产量比例达到 69%，普洱茶、滇红茶成为 "云茶" 的骨干代表产品。各大中型企业科技化生产水平有了较为明显的提升，产品精制率较大增长，更加注重品牌战略推广，主导性优势更加显现，中小企业略有提升，产业集中度较大提高，产业结构得以明显优化。全省年加工量 3000 吨以上企业达到 7 家，比上年增加 2 家，加工量增加 8500 吨。产值超亿元企业达到 10 家,增加 1 家；产值 5000 万元～1 亿元企业达到 18 家，增加 12 家；产值 2000～5000 万元企业 39 家，增加 14 家；产值 1000 万以上企业 118 家，增加 19 家。

品牌打造 2012 年，全省茶业品牌打造取得新突破。新获中国驰名商标 3 件（"凤牌"、"高黎贡山"、"普洱茶 PUER"），新申请认定省著名商标 18 个、续展申请认定 21 个、省名牌产品 5 个。"凤庆滇红茶" 成为国家地理标志证明商标，"中国红茶之都" 获中国茶叶流通协会命名；"南糯山茶"、"班章茶" 和 "蛮砖茶" 等申报农产品地理标志。碧丽源公司（云南）茶业有限责任公司 1.5 万亩茶园基地通过国际雨林联盟农场认证的现场审核，成为全国首家通过国际雨林联盟权威认证的茶园基地。

市场开拓 2012 年，全省继续加大云茶宣传力度，不断提升云茶影响力和知名度，进一步巩固和拓展了云茶消费市场。1.积极举办、参加展会。举办 "第七届中国云南普洱国际博览交易会"；组织参加茶企 "2012 中国（广州）国际茶业博览会"、"2012 中国太原国际茶业博览会"、"2012 中国西安茶博会"、"香港美食节博览会"、"第二届亚欧博览会（新疆）"、"第二十届中国昆明进出口商品交易会" 等专业展会和综合展会，取得显著成效。全省有 500 多家(次)茶企、3000 余人次参加各类茶展促销。普洱市在 "2012 北京国际茶业展、2012 北京马连道国际茶文化节、第十二届中国普洱茶节" 中承办 "高端品茗暨普洱养生体验交流活动"，取到良好效果。2.积极构建营销网络，加大市场营销力度。六大茶山茶企全年新增 20 余个代理商。芒市志成茶业公司与娃哈哈集团签订原料购销合同，在北京、广州建立销售点,搭借大企业营销网络扩大销售。3.充分发挥媒体扩大云茶宣传。充分借助媒体加大云茶宣传，如省电视台、省广播电台、云南日报、经济日报等做广告、系列报道,普洱、西双版纳把茶文化与旅游观光结合,开展茶事体验活动,扩大宣传;德宏州借助媒体对茶产业进行宣传，引导消费者对德宏茶叶更全面、更深入的了解。

茶叶质量标准体系建设 2012 年，全省深入强化质量标准体系建设，产品质量安全水平不断提升。1.以国标《地理标志产品普洱茶》(GB/T22111-2008)和普洱茶地理标志登记证书发放为重点,推进标准化建设。在普洱市及12个县推行普洱茶地理标志登记证书24万份。2.加大标准茶园创建工作有序进行。按照《全国标准茶园创建活动工作方案》、《农业部茶叶标准园创建规范》和《云南省标准茶园创建实施方案》的要求，由农业部列项在12个县组织开展标准茶园创建，开展“三改”为重点的技术推广，示范面积1000公顷，起到良好示范作用；3.加强技术培训，切实提高从业人员技能水平。全省举办各类培训班、现场会4388场(次),茶农受训人数9.83万人。全省“三品”茶园认证面积150万亩,产量7.5万吨,增长25%。

蔗糖产业

概况　2012年，云南省甘蔗种植面积32.77万公顷，甘蔗产量2043.78万吨，比上年增加7.6%。全省8个主要产糖州（市）种植面积均有不同程度提高。其中：临沧面积从148.74万亩上升为163.15万亩，德宏面积从85万亩上升为90.88万亩，保山51.72万亩上升为53.01万亩，玉溪从21.82万亩上升为22.72万亩，普洱市45.89万亩上升到47万亩，文山从35万亩上升到52万亩，西双版纳从26万亩上升28.5万亩，7个州（市）增量42万亩，红河从32.31万亩下降为30.43万亩、其他非重点区由5.6万亩下降为3.1万亩，减少4.7万亩。年内，全省坚持“突出重点、连片发展、主攻单产、标准化建设”的目标，重点打造临沧、德宏、普洱、文山等片区集中连片发展，建设一批高水平甘蔗基地。在基地建设中，切实抓好蔗区水利基础设施建设，多途径开辟蔗区水源，多方式建设输水配套设施，大力推广节水灌溉技术，全面提高蔗区水利化程度，解决旱地蔗区干旱和用水问题。同时深入推进中低产蔗园改造，大力强化蔗区坡改梯、五小水利、道路等基础设施建设，推广节水灌溉技术，发展水浇地甘蔗。重点建设一批区域性新品种种植示范基地，强化推广健康种苗技术的生产应用；积极推广甘蔗专用配方复合肥使用，高效低毒病虫害综合防治技术，间套种增产增效技术，信息管理技术等综合配套科技措施；大力推广机械深耕深松和甘蔗机收，主攻单产和糖分提高，努力实现生产方式和农民收入增长方式的有效转变。推进蔗农合作组织建设，鼓励蔗农联合建立各类甘蔗种植合作组织，提高经营规模，提高经营效益。积极鼓励农村土地合理流转，逐步向种蔗能手集中、向种蔗大户转移、向制糖企业流转。

科技兴蔗　2012年，全省各地总结有效抗旱经验，把选用良种，地膜覆盖栽培，旱地深沟、深翻、深种，施用配方肥、防治病虫害作为甘蔗基本栽培要点广泛推广。全省甘蔗良种率92%，12.33万公顷新植甘蔗地膜覆盖面55%，旱地深沟深种8万公顷，宿根蔗“深铲蔸＋地膜覆盖”、破垄理墒的管理技术推广10.67万公顷。

甘蔗高产创建　2012年，全省在23个县安排糖料甘蔗高产创建万亩示范片35片。其中：整建制推进6县18片，常规17县17片。示范片强化以健康种苗、保墒机械种植、降解膜、高效配方肥、低毒药为主的技术集成组装，全面提升甘蔗糖料生产能力。举办甘蔗高产创建区培训250期次，组织专家到基层技术指导100余人次，向蔗农发放高产创建技术资料3.4万份，基层培训人数3.6万余人。高产创建区的23个县，建设“吨糖田”5.49万公顷，旱地高优蔗园6.82万公顷，地膜覆盖7.05万公顷，配方施肥18.87万公顷，间套作1万公顷，机耕7.08万公顷。全省35片示范区增产甘蔗30万吨，带动辐射区20.67万公顷，增产甘蔗120万吨。

甘蔗基地县建设　2012年，全省糖料基地县建设得到进一步加强。中央、云南省专项资金3000万元，重点完善蔗区健康良种繁育体系建设和基层科技服务体系建设；省级财政通过农业优势农产品产业扶持建设，投入460万元，重点扶持甘蔗产业技术进步及新技术推广。

甘蔗种植政策性保险　2012年，全省甘蔗政策性保险扩大至10.07万公顷，有效降低蔗农生产风险，促进甘蔗产业持续发展。

橡胶产业

橡胶加工　截至2012年底，全省橡胶初加工厂有167座，日产干胶能力2700多吨。设计年加工能力已经超过60万吨，其中万吨以上企业29家，85%属于标准胶，已经形成了相对集中，达到规模化、标准化、集约化的橡胶初加工体系。为进一步提高产品质量，调整产品结构，增强市场竞争力奠定了基础。

天然橡胶补贴 2012年，全省发放天然橡胶种植补贴资金477万元，补贴实行实物售价折扣补贴，植胶者每株袋装苗可以享受3元补贴，裸根苗每株可以享受1元补贴，通过项目实施，有效减轻种植者的负担，而且品种质量和纯度都能得到保障，对于促进种植者的种植信心和促进橡胶产业的长远发展都具有重要意义。

橡胶新品种新技术推广 2012年，全省重点抓好以割胶为主技术培训，抓好新割制改革，普及三天一刀、四天一刀割胶技术，推广防雨帽、抗病增胶灵、配方施肥等新技术，加大云研77－2、77－4、PR107、云研73－46等新品种新技术推广示范推广，建设优质高产示范基地。建立橡胶病虫害预警察测报体系，完善民营天然橡胶病虫害测报网点，适时对病虫害的发生情况进行预测监控和防治。加大低产低产胶园改造，完成10万亩改造面积。

橡胶政策性保险试点 2012年，在西双版纳州开展50万亩橡胶保险试点工作，首次将橡胶病虫害纳入保险险种。

咖啡产业

概况 2012年，全省咖啡种植面积138.45万亩，产量9.12万吨，分别比上年增长50.52%、40.09%。咖啡出口4.2万吨，出口创汇1.5亿美元，是云南仅次于蔬菜、烟草的第三大创汇农产品，分别比上年增长38.19%、12.45%。全省咖啡种植面积、产量的增长净值、增长速度均创历史最高。普洱市出台《关于加快普洱市咖啡产业发展的决定》，临沧市出台《关于加快临沧市咖啡产业发展的决定》，各个咖啡主产区制定产业发展的目标任务，并将目标任务分解到各个县（市、区），签定目标考核责任书。

品牌打造 2012年，全省咖啡产业品牌建设取得新成效。普洱市的“思茅咖啡”、“普洱咖啡”地理标志证明商标已获国家工商总局的批准使用，“普洱咖啡”地理标志产品保护已经云南省农产品质量安全中心受理，普洱市申报的“中国咖啡之都”已得到中国果品流通协会同意和授牌。“保山小粒咖啡”已经国家质检总局公告批准使用。德宏州已经被中国特产之乡推荐暨宣传活动组织委员会授予“中国咖啡之乡”称号。

对外交流与合作 2012年，省农业厅与中国热带农业科学院签定《热带农业科技合作框架协议书》。为贯彻落实国务院《关于促进我国热带作物产业发展的意见》、农业部《全国热作产业发展“十二五”规划》和云南省第九次党代会精神，依托云南发展热带农业的资源优势，发挥中国热带农业科学院的人才和科学技术优势，大力发展云南高原特色农业，促进科研与生产的结合，以开创科研单位与政府部门联合，创新科研与应用机制，促进热区农民增收。2012年云南继续加深与雀巢、星巴克等国际咖啡巨头的合作。制定了咖啡优良品种引进筛选的区域性试验方案，在星巴克专家的指导下开始了优良种苗的繁育工作。爱伲集团与星巴克咖啡公司签约，在云南成立合资公司。爱伲集团已从国外引进咖啡优良品种22个，建立80公顷咖啡种源基地，省农科院热经所建立5.33公顷的咖啡良种繁育、展示基地，在保山、德宏、普洱、文山、临沧、红河等云南咖啡主产区建立区域性试验点6个，试验面积33.33公顷，开展优质、高产、抗病品种的试验，“大袋双株育苗技术”示范、推广，咖啡荫蔽树种的示范、推广，咖啡良种繁育体系的建设；在全省开展了咖啡育苗、种植、病虫害防治、标准化生产技术的培训和推广；在普洱市启动了星巴克咖啡农艺中心、星巴克咖啡示范生产基地的筹建工作；在昆明市建立9个星巴克咖啡品饮专营店。

（何 湘）

水 利

【概 述】 2012年，面对连续4年干旱的严峻挑战和力度空前的水利发展宏观环境，全省水利系统抓住用好中央加大水利投入和省委、省政府高位推动水利改革发展的契机，坚持加快建设，各项工作进展顺利、成效显著。全省水利建设项目累计完成投资264亿元，比上年增加31.2%；牛栏江—滇池补水工程前期工作完成，德泽水库下闸蓄水；骨干水源工程建设加快推进，竣工验收20件、新开工52件，全省在建重点水源工程172件；建成“五小水利”工程41.6万件，解决了317万农村人口饮水安全问题；进入国家规划内的251座小㈠型病险水库除险加固工程建设任务全面完成，2011年安排的708座小㈡型除险加固项目全部完工；新增及治理各类堤防长度866公里；治理水土流失面积3383平方公里，新实施生态修复面积6050平方公里；新增水电装机113万千瓦、完成发电量490亿千瓦时；农村小型水利工程管理体制改革全面完成，水务一体化改革实现新突破，最严格水资源管理制度逐步落实。

【牛栏江—滇池补水工程】 2012年是牛栏江—滇池补水工程建设的决战之年，工程建设任务异常繁重和艰巨。指挥部认真制定工作计划，全面分解落实目标任务，狠抓前期工作，强化建设管理，超常规推进各项工作，工程建设取得了重大进展。大型水库德泽水库下闸蓄水，亚洲最大的泵站干河泵站地下厂房建设完成，首台机组进入最后的安装调试阶段，国内同类型施工难度最大的115.6公里长的输水线路累计完成开挖96%。

【水利规划】 2012年，省水利厅积极协调财政部门筹集落实省级规划经费1665万元，紧紧围绕省委、省政府确定的全面加快水利基础设施建设、努力破解工程性缺水问题的重大战略举措，组织完善《"十二五"大中型水库建设规划》，积极协调水利部和水规总院、中咨公司，争取将云南省3件大型、79件中型水库项目进入全国规划，占全国的八分之一。按照水利部要求及时完成了水中长期供求规划各阶段成果编制。及时组织完成了水利扶贫专项规划等一批重点规划。稳步推进7条跨州（市）重要支流流域综合规划编制，完成了云南省水利规划体系名录初稿。积极组织配合流域机构完善长江、珠江等流域综合规划报批。认真贯彻实施《水利规划管理办法》，努力完善水工程规划同意书制度，以大中型水库、水电站项目为重点，强化《云南省水工程建设规划同意书制度管理实施细则》执行力度。

【项目前期工作】 省水利厅积极创新机制，建立了前期工作进度等5项重点工作情况通报制度，印发了《云南省重点水利项目前期工作滚动计划（2012~2014年）》。切实推进骨干水源前期工作进展，多次到国家发改委、水利部汇报，积极争取国家支持，及时落实土地、林地、移民安置等专题审批手续。全省列入全国水库建设规划内的水库有3件大型、68件中型项目建议书已经完成并上报审查，其中37件项目可行性报告已经省级批复；西南五省规划内有153件小㈠型水库可研报告已经批复，其中有95件初步设计已经批复；有182条段中小河流治理项目已经完成初步设计；牛栏江—滇池补水工程、小中甸水库初步设计已经水利部批复，滇中引水工程、文山德厚水库项目建议书通过水利部审查，罗平阿岗水库项目建议书、柴石滩和麻栗坝2个灌区规划已经水规总院审查。2012年有18件中型、35件重点小㈠型水库动工建设，规划外13件中型病险水库除险加固前期工作全部完成，12件获得中央资金补助。

【水利建设】

水源工程 2012年，省水利厅负责的重点水源工程192件，总投资375亿（含牛栏江—滇池补水工程80亿元），其中，竣工验收20件，2012年新开工项目56件（骨干水源工程52件，中型病险水库4件）；年末在建重点水源工程172件。1~12月累计完成投资73亿元（含牛栏江—滇池补水工程20亿元）。在建工程建设总体进展顺利，没有发生重大质量安全事故。

2012年开工52件骨干水源工程。概算投资82亿元，累计完成投资8亿元，占概算投资的9.7%。其中：中型18件，小㈠型34件。52件工程法人组建已完成，大部分项目水、电、路、导流输水隧洞等施工准备工程已启动。双江韭菜坝水库2013年初可实现截流进入主体工程施工。

建设管理 1.省领导和厅领导多次到现场指导重点水源工程建设，多次召开专题会议研究牛栏江—滇池补水工程建设；省水利厅加强现场建设管理，及时研究解决重点水源工程建设过程中的困难和问题，确保了重点水源工程建设有序快速推进。2.重点水源工程招标投标全部进入省公共资源交易中心交易，评标专家抽取实现了统一管理；监理单位、监理人员数量增加，人员素质和监理水平进一步提高。省水利厅下发了《设计变更管理办法实施细则》，进一步规范了水利工程设计变更管理工作。3.省水利厅对2011年全省开展以水利工程质量为核心的水利工程建设市场专项检查中发现的问题督促落实整改。对16个州（市）质量监督员进行了专题培训。全省建设任务较重的部分县（市、区）成立了县级质量监督机构。全年重点水源工程建设没有出现重大质量安全事故，做到了质量、安全、进度、效益的统一。4.省水利厅公开行政审批、行政许可流程、审批条件和办理时限，严格按照公开承诺办理批文。完成项目法人组建审批和备案、开工报告审批、招标投标备案和评标过程监督、设计变更审批等工作。5.加强资质资格管理。组织指导水利工程行业协会完成换届选举工作，充分发挥行业协会作用加强资质资格管理。完成全省水利行业施工单位换证、新申请、资质升级初审工作。完成全省水利行业监理单位换证、新申请、资质升级及监理人员重新注册的初审工作。完成水利行业造价工程师重新注册、换证申报工作。完成全省水利行业质量检测单位换证、新申请工作及质量检测员重新注册、换证申报工作。完成省外施工、设备制造等企业入滇备案。6.对具备竣工验收条件的项目，省水利厅及时组织竣工验收，做到完工审计一座，验收一座，已完成20个大中型项目竣工验收年度计划。及时组织完成了大中型水库截流、基础处理、下闸蓄水等阶段验收。

【病险水库除险加固】 省水利厅在全面完成“十一五”期间开工的国家病险水库除险加固专项规划内大中型及重点小㈠型病险水库除险加固项目竣工验收并发挥效益的基础上，2012年，累计完成全国专项规划外13件中型病险水库除险加固投资2.5亿元，占概算投资3.8亿元的66%。2010年开工的稼依水库除险加固工程，2012年完成竣工验收；2011年开工的红旗水库、允楞水库、宝象河水库3个除险加固项目主体工程完工；牟定中屯等5个除险加固项目正抓紧主体工程施工；2012年下达投资计划的太平水库、北庙水库、河西水库3件除险加固工程已经全部开工建设；已完成初步设计的邵家水库除险加固工程也已开工建设。全省新一轮实施的250座小㈠型病险水库除险加固工程，已完成主体工程验收250座，完成竣工验收162座，力争2013年3月底前全部完成剩余88座工程竣工验收。

【水利改革】2012年，省水利厅继续推进水务一体化改革、水利工程水价改革、国有水管单位管理体制改革和水利投融资改革，并取得新的突破。1.推进红河等州（市）水务一体化改革工作，强化城乡水资源统一管理，加快推进水务一体化进程，绿春、红河、金平、元阳等县已挂牌成立水务局；泸西县的水务改革方案已得到政府批准；个旧、开远编委已批准成立水务局。建立水务改革与投资和项目安排联动机制，安排项目和资金时加大对水务体制改革地区倾斜。2.按照“十二五”水利工程水价改革规划，指导各州（市）、县开展水利工程水价改革各项工作。完成昭阳、麒麟、楚雄3市（区）农业水价综合改革示范工程建设，并通过国家验收。指导会泽县、元谋县、新平县做好2012年农业水价综合改革示范工作。积极争取水利部支持，扩大2013年农业水价综合改革示范范围，确保农业水价综合改革取得实效。
3.继续巩固上阶段国有水管单位管理体制改革成果，多层次多渠道落实“两项经费”。截至年底，全省公益性管理人员基本支出100%落实；公益性工程维修养护经费落实率98%。全省农村小型水利工程管理体制改革工作全面完成，16个州（市）已全部完成省级验收。4.探索水利直接融资模式，为进一步创新融资租赁、短期融资券、中期票据、应收账款保理、发行信托产品等直接融资模式进行了大胆的探索，向全省水利发展提供资金支持。

【水利科技】 2012年，省水利厅继续抓好水利科技项目的立项审批、实施管理、验收和成果登记、推荐报奖等管理工作。进一步加强了项目管理工作力度，加快到期项目的验收，解决项目延期问题。部、省科技计划《云南旱灾应急响应系统研究》、《声学多普勒流速剖面仪器引进与应用研究》等4个项目顺利结题，验收评定结果均为A等。按时组织向水利部申报2013年公益性项目3项，“948”计划3项，重点科技推广项目1项，向省科技厅申报社会事业发展专项1项并获立项。省水利厅根据科技经费预算和收到10项项目申请，2012年共安排3个项目作为立项实施项目。组织4个成果申报省科技奖励，1个成果获得2012年云南省科技进步三等奖项。《云南省水利科学技术经费筹集与使用管理办法》出台后，2012年科技经费实际下达435万元，较上年有较大增长。

【农村水利】 2012年，完成投资51.23亿元，占计划总投资的109%，年内按时、按质、按量完成各项工程建设任务。

山区“五小水利” 2012年，建成41.6万件山区“五小水利”工程，是计划数的104%，完成投资55.13亿元。2010～2012年底全省累计建成山区“五小水利”工程135万件，累计完成投资148亿元，全面完成省委、省政府2010年提出的3年建设百万件“五小水利”工程的目标任务。

灌区续建配套 全面完成2011年中央下达计划的8个大型灌区和2个中型灌区续建配套与节水改造建设任务，完成投资1.63亿元。积极争取中央支持，6月与9月，国家发改委、水利部分2批下达了大型灌区续建配套和节水改造等工程2012年中央预算内投资计划，下达云南省12个大型灌区续建配套和节水改造项目总投资3.03亿元，（中央2.42亿元）。投资计划比上年增加147%。2012年申报的大理州巍山县阳瓜江、楚雄州永仁县永定和临沧市双江县勐勐坝3个中型灌区国家已立项，总投资5961.27万元，其中中央补助资金3000万元，地方财政配套1500万元，地方水利及群众自筹1461.27万元。完成12个大型灌区续建配套与节水改造工程“十二五”总体可行性研究报告编制，并经水利部审定。积极开展大型灌区信息化系统建设，以建设为契机，积极推进大中型灌区管理体制和运行机制改革，稳步推进水价水费改革、产权制度改革和用水户协会参与管理改革。

水利重点县建设 截至2012年全省争取中央61个重点县建设项目，其中一般重点县49个、高效节水重点县8个、高标准农田建设和牧区水利重点县各2个，每个重点县连续投资建设3年，预计到2014年可完成总投资41亿元，新增和改善灌溉面积320万亩，发展高效节水灌溉面积60万亩。第一批14个重点县验收工作已完成。水利部门全年累计完成中低产田地改造22.85万亩，占计划任务10万亩的229%，累计完成投资4.31亿元。

节水灌溉 省级资金开展的8个高效节水灌溉示范项目和33个小型灌区已全面完工。其中8个高效节水灌溉示范项目完成投资6300万元，新增节水灌溉面积5100亩，改善灌溉面积2.17万亩，年节水量140万立方米，年新增农业产值1650万元。33个小型灌区新建和改造渠道414.7公里，完成投资1.2亿元，新增灌溉面积2.14万亩，改善灌溉面积11.3万亩，年节水量2048.8万立方米，年增粮食产量1万吨。为进一步规范高效节水灌溉项目的建设和管理，《云南省高效节水灌溉项目管理办法（试行）》和《云南省高效节水灌溉项目实施方案编写提纲》2012年印发实施。在8个高效节水灌溉项目示范基地中适时开展灌溉试验研究。

农村水利改革 积极争取财政预算内经费160万元开展新建小型水利工程产权制度改革，建立管养维护新机制。全省已建“五小水利”数据调查入库工作正抓紧开展，初步建立“五小水利”工程信息管理系统。积极开展农村水利政策研究，拟定了《云南省农田水利条例》作为地方性法规2013～2017年度立法规划。继续推进小型农田水利信息系统建设。巩固已发展用水户协会的成果，在新建工程中推进用水户协会组建工作。全省已建立农民用水户协会1.39万个。

【农村水电】

农村水电建设 2012年，全省新增农村水电装机113万千瓦，完成农村水电投资55亿元，农村水电发电量490亿千瓦时。按计划继续开展“十二五”水电新农村电气化建设，完成2012年电气化建设任务，完成投资2.2亿元。其中，中央预算内投资4700万元，省级配套2340万元。小水电代燃料3个扩大内需项目完成2个。

农村水电管理 截至2012年底，全省农村水电落实安全生产“双责任主体”达到了98%。出台加强农村水电安全监管工作的通知，积极研究制定《云南省小水电安全监管办法》。《云南省水电新农村电气化县建设管理办法》于2012年10月1日施行。《云南省小水电代燃料项目管理办法》于2013年1月1日起施行。按《云南省农村水电国有行政性资产管理暂行办法》的要求，组织开展了农村水电国有行政性资产的确权工作，已对9个州（市）14个县的“十一五”25个水电农村电气化电源项目进行了确权，确权的国有行政性资产7555万元。

【农村饮水安全】 2012年《政府工作报告》提出解决300万农村人口饮水安全的目标，省政府积极争取中央支持，完成316.7万人农村人口饮水安全的目标。加强人饮工程建设管理，大力推进集中供水模式，采取有力措施有效提高农村饮水工程水质合格率，深化农村饮水工程管理体制和运行机制改革。农村饮水安全管理信息系统建成运行。认真巩固用水户协会成果。严格按照规定的依据、程序、时限开展行政许可（审批）工作。

【防汛抗旱】 1.抗旱保民生。由于连续干旱，灾情叠加，人畜饮水困难，部分城镇供用水矛盾突出，给受灾地区群众生活和工农业生产造成了较大影响。省防办把抗旱作为全局工作的第一位任务，建立“三个机制”、保障“五个层”，及时掌握旱情动态，实时分析库塘蓄水，确保全省城乡供水安全，确保省会城市、州（市）政府驻地、县城、乡镇政府驻地及广大农村五个层次的供用水安全。突出重点，抓紧实施抗旱应急工程切实提升应急供水能力。省级优选121件增蓄应急重点项目，迅速组织实施。仅用3个多月时间，121件增蓄应急重点项目如期完工通水投入抗旱，完成投资7.56亿元。积极主动，摸清家底算清水帐及早编制应急供水方案。在算清水账、弄清水量的基础上，重点突出总量控制、节约用水和应对措施，将供用水计划从2012年5月31日倒排制定，对缺水地区的城区、集镇、农村、学校等重要供水对象逐一细化供水方案和应对措施，保证供用水安全。民生优先，切实保障人畜饮水安全各项措施落到实处。科学调度，管好用好库塘蓄水抗旱水源。完善机制，始终保证旱情处于可控状态。通过“三个机制”的建立，使全省在抗旱保供水过程中，有问题能及时发现反馈，发现问题能及时有效解决。2.防汛保安全。在旱情尚未解除之时，就及时召开各种会议超前安排全省防汛工作，组织全省防汛安全检查、落实行政首长责任制、批复水库度汛计划、修订完善防汛应急预案、储备防汛物资。汛期坚持24小时值班，密切监视水雨情、工情，随时掌握抢险救灾的主动权。

防汛抗洪工作成效。面对严重的震损险情、暴雨洪涝灾害，各级党委政府高度重视，省、州、县先后启动应急响应177次，下派抗洪救灾工作组1323个，减少受灾人口33.64万人，解救洪水围困群众4.05万人，避免人员伤亡1205起1.12亿人，紧急转移4.9万人，初步统计防洪减灾效益8.7亿元；全省水库减淹面积10.1万公顷，减免受灾人口347.4万人，避免城镇进水57座、重要设施受淹52处，全省水库减免直接经济损失9.19亿元。

（闵 磊）

农 垦

【综 述】 2012年是云南农垦转型发展的关键一年，也是各种困难问题突出的一年。在省委、省政府的正确领导下，垦区上下共同努力，克服干旱、寒害、胶价下跌的影响，继续深化改革，加快转变经济发展方式，积极调整产业结构，努力保障和改善民生，巩固了改革发展、经济平稳增长、社会和谐稳定的良好局面。在干旱、白粉病和寒害严重，胶价大幅下滑的情况下，垦区天然橡胶等主产品产量稳定增长。生产、加工干胶18.7万吨，比上年增长3.5%；干毛茶9057吨，增长5.82%；精制茶5250吨，增长7.52%；咖啡豆1440吨，减少8.51%；食糖5.36万吨，减少12.85%；水果13.45万吨，增长5.46%；水泥18.5万吨，增长1.09%；发电量3.16亿度，减少16.99%。完成工农业总产值68.2亿元，增长0.27%。实现营业总收入48亿元，实现利润6100万元。在岗职工人均年收入1.44万元，增长3.43%。

【橡胶产业发展】 2012年，农垦总局会同省政府研究室向省政府上报了《关于加强和改善行业管理促进天然橡胶产业健康发展的若干意见》，按照省国资委统一部署完成了《云南天然橡胶产业发展战略与行动》课题研究，制定了全省天然橡胶产业的发展思路、战略目标和行动计划。橡胶产业被列为高原特色农业的重要产业，农垦总局被省委、省政府纳入发展高原特色农业的责任部门之一。年初，农垦总局分类下达了橡胶农场和集团橡胶企业干胶生产和加工计划。积极向国家和省有关部门争取资金，加强橡胶基地建设、良种繁育和胶工培训。2012年更新定植的3.47万亩胶园全部纳入良种补贴范围，组织对2009～2011年天然橡胶良种补贴项目进行了抽验，9个种苗基地被认定为农业部定点橡胶良种苗木繁育基地，勐捧、东风、江城、河口、孟定、孟连等6个农场（公司）的标准化生产示范园创建工作通过了农业部审定，示范面积1.34万亩，示范带动面积63.6万亩，标准化生产水平进一步得到提升。德宏州橡胶大面积爆发白粉病后，农垦总局加强了技术指导、资金支持和工作衔接，尽量减少灾害损失。农垦集团公司适应市场变化，对13座橡胶初加工厂进行技术改造，提升了生产能力，加强了节能降耗和清洁环保。垦区生产、加工干胶18.7万吨，增长3.5%。

【增强农场活力】 2012年，建立完善国有资产经营管理体制。土地、胶林等国有资产家庭承包后，农场从具体生产经营向产前、产中、产后服务和规划、协调、指导转变，继续保留国有农场牌子，明确农场独立法人主体地位，加强国有资产经营管理。完善建立以家庭承包经营为基础统分结合的双层经营机制。积极探索新体制下统一生产技术、统一产品管理、统一资源收费和统一公共服务的实现途径。建立多元的社会保障体制。家庭承包后，农业从业人员规模扩大。在清理、确认劳动关系的基础上，保留职工档案，确立以承包关系为主体的生产关系。

【发展现代农业】 2012年，加强对橡胶资产承包后从业人员的教育培训和政策引导，保持林木资产生产能力和生产年限。农场发挥各自优势，做好土地开发和沿边开放两篇文章，鼓励职工家庭发展非胶作物、非农产业、非公经济。河口、文山垦区认真总结寒害经验教训，有序退出橡胶过度植胶区域，改种其他热带作物，积极发展林下经济，恢复生产进展顺利。加快茶叶、咖啡、热带水果等有机和无公害产品示范基地建设，提高加工深度，提高产品附加值。按照“一场（队）一业，一场（队）一品”的发展思路，各地涌现了一批大棚蔬菜示范基地、石斛种植基地、标准化蛋鸡养殖场、良种仔猪繁殖场等项目，走出一条依托项目带动产业发展，依靠产业发展繁荣农场经济的发展路子。

【提高农垦经营管理水平】 2012年，在产权关系基本理顺的基础上，成立了集团控股的孟连公司和参股的孟定公司，维克达汽车零部件公司开展了合作改造。橡胶加工企业适应市场变化，加强收购销售环节的市场分析，把握运行节奏，在胶价一路走低的情况下，千方百计减少亏损。对部分制胶厂实施技改、污水处理工程建设，依靠技术进步和产品创新推进节本增效。咖啡、茶叶、食品加工企业依托自身优势，加大了重大技术、关键流程、重要工艺的科技攻关和技术改造，提高产品竞争力，形成新的增长点。咖啡厂5000吨速溶三合一生产线加快建设，天使食品厂搬迁改建顺利完成。对一部分生产经营不正常，产业发展失去竞争力的企业进行整合。将农垦绿洲实业公司并入农垦茶叶发展公司，绿橄榄化工公司由农垦工商总公司托管，优化了企业组织结构，降低了管理成本。认真开展企业管理对标活动，在系统内企业与企业，职工与职工之间掀起“抓管理、促发展、增效益”的比、学、赶、帮、超的对标竞赛，夯实基础管理。修改完善考核评价体系，推进考核分配机制创新。加强企业财务管理，调整存货结构，降本增效，努力实现扭亏增盈。全年生产经营干胶11.69万吨，比上年增加4.11万吨，增长54.14%。实现营业收入27.35亿元。年末集团资产总额38.5亿元，负债总额20.74亿元，所有者权益17.8亿元，均比上年增长。

【改善生产生活条件】 2012年，下达投资计划13亿元，争取国家投资5亿元。重点解决了20.62万人的饮水安全，垦区纳入“十二五”国家和省级规划内人口数全部解决。实施了3400户危房改造、7.48万户危房改造基础设施配套建设工程全部开工建设，新增建设计划4902户下达到各单位正抓紧落实。安排了57条路段206公里道路建设；落实一事一议财政奖补资金560万元，现代农业建设项目投资630万元；安排农业综合开发、种子工程、灾后恢复建设等项目资金4905万元。下达贫困农场以工代赈及财政专项扶贫建设投资2910.59万元，督促抓好扶贫项目建设，对已完工项目及时组织检查验收。落实农网改造“一省两贷”优惠政策，一期投入农网改造资金2000万元，逐步提升农垦电网质量。垦区生产生活条件明显改善。

【强农惠农富农政策】 2012年，针对部分地方低价征占农场土地，影响农场长期发展和职工长远生计的问题，农垦总局会同省国土、财政厅向省政府上报了加强国有农场土地保护、规范征占用的建议，省政府以特急明电下发《关于加强和规范农场土地资源保护和利用的通知》。根据《通知》精神，加强与省财政厅、国土厅的工作衔接和沟通，抓紧研究制定垦区土地使用管理督查制度和土地出让金使用管理办法，落实工作机制，细化工作措施。根据《云南省政府办公厅关于进一步支持省属国有企业跨越发展的实施意见》精神，抓好橡胶产品收储、国有土地注入企业资本金等帮扶优惠政策的落实，积极帮助企业解决困难。抓住国家新一轮扶贫攻坚发展机遇，积极争取将垦区农场纳入滇西边境片区区域发展与扶贫攻坚规划、石漠化综合治理发展规划，拓宽农场资金扶持渠道。

（陈 葵）

扶贫开发工作

【综 述】 2012年，全省扶贫系统抢抓机遇，攻坚克难，扎实工作，扶贫开发成效显著。投入省级以上财政扶贫资金42.11亿元，投入信贷资金54亿元，动员和引进外资扶贫、沪滇帮扶、中央和省级定点挂钩帮扶等各方投入资金14亿余元，全年减少贫困人口210万人，贫困地区农民人均纯收入4365元，比上年的3747元增加618元，增长16.5%，增幅高于全省平均水平1.8个百分点。中央扶贫开发考核核查组和国务院督查组先后对云南扶贫开发工作进行实地核查，认为走出了一条具有云南特色的扶贫开发路子，倘甸扶贫开发综合试验区的做法和经验，是特殊困难地区扶贫开发工作的创新。在国家开展的财政专项扶贫资金绩效考评中，云南被评为全国B级，获项目奖励资金1200万元。与州(市)共同推进廉洁扶贫行动的做法被《中国纪检监察报》刊载，向全国宣传、推广，同时被省纪委省监察厅选为《廉政视讯》网络视频专题宣传片素材。扶贫开发宣传工作被国务院扶贫办评为先进单位。

【政策措施】2012 年，国务院扶贫办与省政府签署《关于加快扶贫开发进程推进桥头堡建设合作协议》。省委、省政府出台了《云南省农村扶贫开发纲要（2011～2020 年）》（云发〔2012〕3 号），明确了新 10 年扶贫开发的指导思想、工作方针、总体目标、扶持重点、主要任务、政策措施等内容。省委办、省政府办下发了《关于贯彻实施〈云南省农村扶贫开发纲要（2011～2020 年）〉重要政策措施分工方案》，将《纲要》的各项工作任务和重要政策措施细化为85 项，并将责任分解落实到省直各相关单位。省委、省政府下发了《关于表彰2011 年度社会扶贫先进集体的决定》（云委〔2012〕164 号），对在 2011 年扶贫开发中作出突出贡献的20个定点扶贫云南的中央国家机关企事业单位、1个省外非公企业、上海市合作交流与对口支援工作领导小组办公室、28 个乡镇企业、28 个非公企业、10 个驻滇部队、112 个省级机关企事业单位等社会扶贫单位进行了表彰奖励。

【扶贫会议】

全省扶贫开发工作会议 2012 年 2 月 20 日，全省扶贫开发工作会议在昆明召开，对新 10 年扶贫开发攻坚战作了全面部署。强调以更大的决心、更新的思路、更实的措施、更强的力度，打好新一轮扶贫开发攻坚战，到2015 年云南基本消除绝对贫困，到 2020 年基本解决深度贫困问题，推进贫困地区实现跨越发展。省委书记秦光荣，省长李纪恒出席会议并讲话，省委副书记仇和主持会议。会议表彰了外交部扶贫办等 100 个先进集体和王大生等 200 名先进个人。

全省扶贫开发工作专题会议 2012 年 9 月 20 日，全省扶贫开发工作专题会议在永仁县召开。到 2020 年，基本解决深度贫困问题，基本解决连片特困地区贫困问题。省委副书记仇和、副省长孔垂柱出席会议并作重要讲话。

【集中连片特殊困难地区区域发展与扶贫攻坚】在国家确定的 14 个集中连片特殊困难地区中，云南省涉及乌蒙山区、石漠化地区、滇西边境山区、云南藏区 4 个集中连片特困地区。省委、省政府把片区规划编制和实施作为桥头堡建设的重要支撑，成立领导小组并召开片区规划编制工作部署会议。通过协调争取，全省 91 个县（片区县 85 个、天窗县 2 个、嵌入县 4 个）被纳入国家重点扶持范围，片区和片区县分别占全国的 28%、12%，是享受中央新一轮片区政策实惠最多的省份。

年内，全面启动了乌蒙山片区、石漠化片区、滇西边境片区和云南藏区区域发展与扶贫攻坚，完成了乌蒙山片区、滇桂黔石漠化片区、滇西边境片区分省规划的编制、上报工作，并按照国务院批复，基本编制完成了 4 个片区省级实施规划和 91 个县级实施规划。

【连片开发】按照两年实施期、第三年验收的要求，实施完成并检查验收了2010 年度启动的德宏梁河、昭通镇雄、保山施甸、普洱澜沧、丽江宁蒗、临沧沧源 6 个“县为单位、整合资金、整村推进、连片开发”试点县项目。

安排 1.5 亿元专项扶贫资金，每个试点项目补助 1000 万元，在昆明倘甸试验区、昭通大关、曲靖富源、保山隆阳、楚雄南华、红河绿春、文山广南、普洱宁洱、西双版纳勐海、大理剑川、德宏陇川、丽江永胜、怒江兰坪、迪庆德钦、临沧永德15个县实施连片特困地区综合扶贫开发示范项目。

【整乡推进试点】按照一次规划、两年实施、第三年检查验收的工作要求，加快对2011 年启动实施的 25 个整乡推进，累计完成投资 21.5 亿元，占计划的 86%。完成基本农田建设 6.1 万亩，修建三面光沟渠 154 条 347.6 公里，完成小水池、小水窖等蓄水工程建设 2325 件 51 万立方，新增灌溉面积 1.76 万亩，改善灌溉面积 2.2 万亩。种植经济作物 30.1 万亩，发展种植经济林果 46 万亩，发展养殖大牲畜 10.38 万头（匹、只）。完成安居工程建设1.28 万户 12.7 万平方米，架设引水管道 1442.7 公里，解决 6.9 万人 6.34 万头家畜的饮水困难问题。修建乡村道路 13 条 215 公里，建村组道路 150 条 660 公里，完成村间道路硬化 234 万平方米。开展劳务输出培训 506 期 4.46 万人次，建设村级卫生室 142 个。种植生态林木 4.4 万亩，建设沼气池 9238 口，节能灶 2.23 万口，新建村党组织活动场所 152 个，创建带领致富党支部 216 个，培养致富带头人 2180 人。

2012 年安排 2.5 亿元财政专项扶贫资金，新增 25 个扶贫开发整乡推进项目，完成规划并全部启动实施。

【整村推进】 投入财政专项扶贫资金10.13亿元，实施了6753个贫困自然村整村推进。从改善基础设施、加强产业培植、改善人居环境、发展社会事业、加强生态保护建设等5个方面开展建设。修建通村道路5300公里，村间道路硬化742万平方米，新开垦农田300亩，实施中低产田改造3.7万亩，建设灌溉沟渠627公里，铺设引水管道1.4万公里，建设饮用水池、水窖等蓄水工程总容积6.6万立方米，架设高压输电线路227公里，安装变压器79台。发展养殖大牲畜9.1万头（匹）、家禽6.6万只，发展种植经济作物16.8万亩，经济林果（木）27.7万亩，建设农产品加工业项目14个。新（改）建安居房136万平方米，配套牲畜厩圈改造8900户，厕所（粪池）改造283户。建设村级文化活动室8.2万平方米、活动场所17.4万平方米，建设农村卫生室2所。发展种植生态林木（不含经济林木）1000亩，建设沼气池1447口、节能灶6100口、公共卫生厕所941所，垃圾集中堆放（处理）点201个。28万农户114万人直接受益。扶贫整村推进太阳热水器试点。投入财政专项扶贫资金5000万元，在全省16个州（市）50个县启动实施整村推进太阳能热水器建设项目，5万户贫困农户直接受益。

【产业扶贫】 用扶持农业龙头企业就是扶持农业发展，扶持贫困地区龙头企业发展就是扶持贫困地区经济发展的观念，以扶持贫困地区龙头企业为切入点，实施产业扶贫项目，带动贫困农户增收。2012年安排产业扶贫286个项目，规划总投资10.51亿元，其中：中央财政扶贫资金1.79亿元、省级财政扶贫资金29万元，涉及16个州（市）104个县（区）。

【扶贫安居工程】 投入3.6亿元，实施扶贫安居工程3.6万户，每户补助1万元。第一批安排扶贫安居专项资金2.8亿元，实施2.8万户，涉及687个乡镇2777个村委会6564个村民小组，建筑面积245.5万平方米。第二批安排扶贫安居专项资金8000万元，专项用于沧源县实施安居工程。

【互助资金试点】 安排财政扶贫资金3150万元开展互助资金奖补和稳点扩面工作。其中，安排1500万元对开展互助资金试点工作积极性高、操作规范、管理到位的30个试点县进行奖补，每个县奖补50万元；安排1500万元在15个试点县进一步扩大贫困村互助资金试点规模，每个试点县100万元；安排150万元项目管理费，对新启动的15个试点县每个县10万元。制定实施了《关于做好农村扶贫互助社登记工作的指导意见》，统一了互助社名称、明确了互助社应承担的职责和成立互助社应当具备的条件、提出了登记注册的具体要求。

【特殊困难区域和贫困群体帮扶】 坚持锁定160万深度贫困人口，把边远、少数民族、贫困地区深度贫困群体作为重点，启动实施宁蒗扶贫攻坚大会战。推进落实独龙江乡帮扶三年行动计划，累计整合投入7.43亿元，占计划的76.9%，完成了除独龙江公路改建工程外的其他帮扶项目。继续加大藏区产业开发扶持，发展现代农业和农村循环经济，增加深度贫困群众收入。投入1000万元扶持瑶族山瑶贫困群众，整合行业部门资金9240.8万元，山瑶群众的生产生活条件明显改善，进一步巩固莽人、克木人、僰人的帮扶成果，继续加大对拉祜族、傈僳族、佤族、景颇族中的特困群体的扶持力度。

【信贷扶贫】 按照“划定一线条、锁定一群人、圈定一批主战场、确定一种衔接关系”的思路，发放信贷扶贫资金51.82亿元。其中投入财政专项贴息资金1.85亿元，发放到户贷款37亿元，项目覆盖124个县1076个乡6239个村，扶持贫困户30万多户，扶持贫困农户发展粮食生产1100万亩，发展经济作物181亩，扶持发展经济林果119万亩，扶持贫困农户养殖大牲畜200.5万头。受益农户户均增收2300元以上。投入专项财政贴息资金4445万元，推荐认定163个扶贫贷款项目，认定贷款14.82亿元（其中：省级推荐认定扶贫贷款项目27个，贷款规模5.57亿元，投入专项财政贴息资金1670万元）。

【革命老区建设】 投入革命老区建设项目资金3000万元，项目涉及14个州（市）的38个老区县和12个老区乡镇，覆盖95个贫困自然村1.02万户6.03万人。争取中央专项彩票公益金支持贫困革命老区整村推进项目1500万元，按照公平竞争、择优遴选的原则，将文山州富宁县作为2012年云南省利用中央专项彩票公益金实施革命老区整村推进试点县，项目涉及富宁县谷拉乡和那能乡的10个贫困行政村。出版《云南革命老区》杂志4期，共发行1.84万余册。

【易地扶贫开发】 投入易地扶贫搬迁财政扶贫专项资金2.1亿元，按照“政府引导、群众自愿”的原则，采取安置地向工业园区、产业园区集中，向农村交通沿线集中，向县城和农村集镇集中的“三集中”方式，搬迁贫困群众3.6万人。下发了《云南省易地扶贫搬迁“十二五”规划》。

【劳动力转移培训】 2012年，开展贫困地区劳动力转移培训20万人。其中：引导性培训4万人、技能培训16万人，省内转移17.8万人，省外转移2.2万人。投入雨露计划实施方式改革试点资金1100万元，资助12473名贫困农民家庭子女接受中、高等职业教育。

【项目资金管理】 制定了《云南省财政扶贫奖补考核暂行办法》和《云南省扶贫整村推进太阳能热水器建设项目管理暂行办法》，拟定了《云南省扶贫溜索改造工程建设管理实施意见》，制定云南省扶贫开发工作考核实施办法（试行），强化对扶贫项目资金管理和检查验收，县级对项目全面实地检查验收，州级实地抽验不低于35%，省级实地抽验不低于15%，积极推进资金监管长效机制的建立和资金项目的规范化管理。按照“全面识别、统筹推进、突出重点、分步实施”的原则，完成新标准下的1014万扶贫对象识别和统计监测工作，实现了“户有卡、村有册、乡有簿、县有电子档案”。将识别出来的扶贫对象，因地制宜采取各项扶贫措施，确保扶贫对象直接受益。

【定点挂钩扶贫】 在北京召开中央国家机关企事业单位定点扶贫云南工作座谈会，进一步加强沟通协调联系。通过积极对接争取，中央定点挂钩云南扶贫单位由原来的27家增加到61家，省级定点扶贫单位由原来的217家增加到257家，昆明、玉溪、曲靖分别对口帮扶迪庆的3个县。中央定点挂钩单位投入帮扶资金9314.47万元，帮助引进各类资金1889.09万元；省级定点挂钩单位投入帮扶资金13.88亿元，帮助引进各类资金22.65亿元，帮扶力度不断加大，大扶贫格局进一步形成。

【沪滇对口帮扶合作】 坚持对口帮扶与经济合作并重，出台《全面加强上海云南对口帮扶合作工作意见》，突出上海产业资本溢出效应和援助地比较优势，全面拓展沪滇对口帮扶合作。上海15个区、2家国有大企业与4个州（市）26个县实施对口帮扶，投入帮扶资金2.47亿元，援建364个项目，探索实施沪滇合作攻坚整乡推进、新纲要示范村、云南藏区“新农区、新牧区、新社区”三区联动和富宁县小额信贷扶持产业发展等试点项目，积极开展社会事业帮扶和人力资源开发，拓展云品进沪销售渠道。围绕桥头堡建设，沪滇双方在新能源、现代服务业、石材加工、装备制造、进出口贸易、文化和生物产业等领域的经济合作交流逐步加强，达成了一批经济合作项目，上海方企业已到位资金32.7亿元。

【外资扶贫】 全面完成国际农业发展基金贷款项目前期工作。开展《国际农业发展基金贷款“云南农村综合发展项目”项目建议书》评审，编制了可行性研究报告；对项目区9县30个村1050户开展了项目基线调查，完成中英文报告。加强与香港乐施会、互满爱人与人、世界宣明会和爱德基金会等非政府组织扶贫合作，引进外资折合人民币4887.34万元，实施贫困社区发展主导型试点、综合扶贫、赈灾等一大批项目，覆盖10个州（市）28个县，受益贫困人口100万人次。

【廉洁扶贫】 将惩防体系和党风廉政建设纳入《云南省农村扶贫开发纲要(2011～2020年)》，与扶贫开发工作同步推进，建立健全了“党组统一领导、党政齐抓共管、纪检组监察室组织协调、其他处室各负其责、干部职工积极参与”的领导体制和工作机制。强化“一岗双责”，全面落实惩防体系和党风廉政建设责任制，确定并加大对11个关键岗位、11个重点环节、27个廉政风险点监督力度。深入推进廉洁扶贫行动，继续开展廉政文化进扶贫机关、进扶贫项目、进贫困社区、进扶贫企业、进培训基地、进培训课堂、进干部职工家庭七进活动。把廉政承诺和贫困群众评议作为扶贫开发工作中的一项重要内容，签订廉政承诺书140份，实行廉政承诺的扶贫项目超过1万项，参与廉政评议的人数超过6万余人次。先后与文山、临沧纪检监察部门签订协议，协同共推廉洁扶贫，将纪检监察全程深度融入到扶贫项目实施工作中，确保扶贫项目真正成为“民心工程”、“德政工程”、“廉洁工程”、“阳光工程”

（杨洪平）

·第二产业·

烟草制造业
（云南五大支柱产业之一）

【经济效益】 2012 年，云南省烟草专卖局（公司）系统实现税利285.37亿元，比上年增长 31.7%，实现利润 152.72 亿元，增长 36.9%。3 项费用率 11.22%。年末总资产 789.25 亿元。固定资产年末净值 72.12 亿元，流动资产 661.89 亿元，资产负债率 25.95%。

【卷烟经营】 2012 年，全省烟草商业系统销售卷烟 852.79 亿支（170.56 万箱），比上年增长 0.09%，实现卷烟销售收入 412.13 亿元，增长 9.71%。实现卷烟税利 91.21 亿元，增长 5.76%，其中利润 71.77 亿元，增长 3.88%。实现累计含税单箱销售收入 2.42 万元，增长 2118 元，增幅 9.61%。其中，销售一类烟 125.02 亿支（25 万箱），增长 23.93%；二类烟 25.58 亿支（5.12 万箱），增长 8.31%；三类烟 518.07 亿支（103.61 万箱），减少 8.81%；四类烟 139.94 亿支（27.99 万箱），增长 17.1%；五类烟 8.82 亿支（44.09 万箱），增长 10.81%。本辖区销量居前三位的品牌依次为"云烟(紫)"销售 174.76 亿支（34.95 万箱）、"红塔山(硬经典)" 71.80 亿支（14.36 万箱）、"红河(硬88)" 70.24 亿支（14.05 万箱）。

品牌培育 2012 年全省一、二类卷烟保持了较快增长，品牌集中度进一步得到提升。截至年底，一类烟销量比上年增长 23.93%、二类烟增长 8.31%。全国三类以上卷烟销量前 15 位品牌销量占比达到 77.3%，下降 2.49 个百分点；销售收入前 15 位品牌实现销售收入占比达到 74.88%，提高 2.16 个百分点。全省 2 个高端主销玉溪、云烟分别增长 20.62%、23.86%。通过进一步加强品牌培育工作，2012 年品牌培育初见成效，促进了市场状态平稳发展。有效带动"532"、"461"知名品牌在云南市场的培育工作。截止 11 月 14 日，全国三类以上卷烟销量排名前 15 位品牌全省销量（三类以上）123.31 万箱，占三类以上卷烟总销量的 99.23%。全国销售收入（含税）排名前 15 位品牌全省实现销售收入 287.01 亿元，增加 37.64 亿元，增长 15.1%，占总销售收入的 74.78%。双十五品牌基本都实现增长。

网络建设与电子商务 2012 年，云南省局（公司）继续以把握市场真实需求为抓手，提高预测准确率、订单满足率和工业企业满意度。全面推广货源自动分配系统，促进货源公平、公正、公开透明投放。切实保证了零售户合理利益。同时优化零售户结构，规范零售客户分类，拓展服务覆盖面，截止 2012 年 12 月，全省有持证零售客户 17.83 万户。农网卷烟零售客户 9.78 万户，占零售客户总数的 54.86%。成交总订货量 164.09 万箱，其中农网零售户订货量 70.64 万箱，占总订货量的 43.05%。经常进行网上订货的零售客户 11.34 万户，占零售户总数的 63.6%。

协同营销 2012 年，组织制定卷烟计划管理和货源组织管理制度，建立完善全省货源组织机制，确保货源结构能够根据市场变化得到及时调整，保证了货源组织适销对路、货畅其流。按订单组织货源与信息化。在全省全面推动深入开展精准营销。目前全省确立 3.57%的信息采集样本量，建立了覆盖城乡、业态、规模和各客户类别的 6620 户零售终端市场信息采集样本点，为实现精准营销提供了稳定可靠的市场信息来源。用制度保障采集的规范性。云南卷烟营销信息分析系统已能按照分品牌（规格）、分品类、分客户类别为参考的社会日均需求量、社会存销比和价格指数 3 个指标，自动测算投放周期的社会总需求，以社会存销比和价格指数的波动为参考，以控制社会存销比波动范围为主要手段确定投放总量货源投放分配功能。在货源自动分配上，根据市场供应的满足程度（完全满足品牌、基本满足品牌、紧俏品牌）采取不同的投放方式，由系统来实现货源的自动分配，保证了货源分配的公平公正和各个品牌合理的存销比，做到"市场需求基本满足，零售客户有所选择"。用监控评价指标实现精细管理。为实现用监控评价指标实现精细管理目标，构建省、市两级市场监测系统。目前在全省已建立了省、市两级卷烟市场监测及分析平台，明确重点检测的品牌，针对精准营销的各个重点环节进行重点监测，并把市场监测的结果集成到卷烟营销系统中，使营销人员实时监测整个精准营销的情况，同时进一步提高全省监测系统数据应用，为把握好投放节奏，适度满足需求提供了保障。在州（市）公司精准营销信息系统中针对卷烟营销各环节设置了评价指标和预警指标，由信息系统自动实施跟踪监测，自动触发预警，提高了卷烟营销精细管理水平。

【烟叶产销】

烟叶种植、收购 2012年，云南省种植烟叶800.36万亩，烟叶收购总量112.07万吨(2241.36万担)。其中，收购烤烟108.69万吨（2173.72万担）、香料烟2.72万吨(54.41万担)、白肋烟6600吨(13.23万担)。收购总值248.8亿元，比上年增长32.7%；实现烟叶税54.7亿元，增长32.7%。

科技推广 全省漂浮育苗比例100%，商品化育苗比例100%，高茎壮苗率96%以上；机械深耕面积655.16万亩，比上年增加99.02万亩；地膜覆盖面积716万亩，揭膜面积572.7万亩，增加6个百分点；测土配方施肥面积745.4万亩，增加65.67万亩；百亩以上连片种植面积596.38万亩，占76.67%，提高1.56%；千亩以上连片种植面积72.64万亩，户均种烟面积22.26亩，增加2.24亩。

特色优质烟叶开发 全省承担国家局特色优质烟叶开发基地单元49个，种植面积73.1万亩，收购烟叶245万担，比上年增加3个、5.1万亩、15万担；种植红花大金元94.11万亩，收购烟叶219.15万担；种植美国引品种和津巴布韦引进品种24.46万亩，收购烟叶65.3万担，满足了知名品牌优质原料需求。

现代烟草农业建设 全面总结推广云南现代烟草农业建设经验，生产方式现代化试点率先启动。投入资金1.8亿元，重点打造罗平烟叶生产方式现代化示范区，购置农机4223台（套），实施土地整理5.3万亩，组建专业合作社91个，实现核心示范区亩均自用工控制在15个以内。积极发展以综合服务型为主的烟农专业合作社，全省组建专业合作社3937个，涌现了保山腾冲红云、楚雄东华利群等一批典型烟农专业合作社。基地单元建设稳步推进。2012年，安排国家局基地单元18个、省局（公司）基地单元32个，加上已建成的110个基地单元，全省基地单元160个，收购计划800万担，品牌导向作用进一步凸显。

新烟区开发 2012年，安排新烟区计划550.7万担，比上年增加87.4万担，增幅比全省平均水平提高9.4个百分点，从2007年至今计划总量累计增加160%，新烟区战略地位更加突出。加快基地单元建设，今年新建基地单元13个，新增计划实现100%基地化生产，配套建设高标准基本烟田46.6万亩，涌现了砚山小舍姑、腾冲凤凰村、临翔勐托、景谷永平等一批连片规模大、配套设施完善、综合效益好的基地单元。文山、保山、普洱、临沧4个州（市）全部跨入100万担大烟区行列。

优化烟叶结构 在不适用烟叶田间清除关键时期，对100个种烟县不适用烟叶清除、称重、毁形、处理等工作落实情况进行全面追踪核实。各地强化组织领导，狠抓过程控制、责任落实、督促检查、资金管理、组织实施五个工作重点，严把“称重、毁形、处理”3个关键环节，扎实推进优化烟叶结构工作。据统计，全省按标准清除处理不适用鲜烟叶95.2万吨，亩均清除122.4公斤，其中，集中堆捂发酵作农家肥占64%，压入稻田、茶园、林地等占30.7%，其他综合利用方式占5.3%。积极探索订单生产，与上海烟草、浙江中烟等6家工业企业，在楚雄、丽江等5个州（市）8个基地单元开展订单生产试点工作。8个试点在田间清除下部3片、上部2片共5片不适用烟叶3.4万吨，亩均清除227.5公斤；收购上等烟比例74.1%、比大面生产提高7.7个百分点，下低等烟比例1.1%、比大面生产降低4.3个百分点，等级结构更加优化，对应品牌原料适配率从原来的65%左右提高到95%左右，原料保障能力显著增强。国家局抽检全省烟叶收购等级综合合格率达81.2%，同比提高1.2个百分点；卷烟工业企业普遍反映，2012年云南烟叶质量为近3年最好水平，收购等级纯度和收购质量为5年来最好。

烟叶资源配置方式改革 以重点骨干品牌原料需求为导向，按5万担收购量的规模，将生态条件、烟叶风格特色基本一致的区域，划分为一个基地单元，对口一个工业企业，服务一个卷烟品牌，扎实推进烟叶资源配置方式改革。新建基地单元18个，种烟33万亩，收购烟叶86.9万担，对口14家工业企业、15个卷烟品牌；加上前2年建成的110个基地单元，全省基地单元达到了128个，收购计划637.5万担，占全省烟叶收购计划30.64%；加大集中加工力度，烟叶加工对子由2011年的84对减少为70对，客户平均加工点由4.5个减少到2.9个，产品的均质化水平进一步提高。班子领导分别带队到工业企业进行走访调研，两次召开工业企业烟叶采购人员茶话会，加强沟通交流，密切合作关系。

【专卖管理】

打假打私 2012年全省查办涉烟案件8928起，查获假冒卷烟6918件，查获走私烟858件，查获非法真品卷烟1.4万件，查获非法烟叶、烟丝5436吨（10.8万担）。移送涉烟追刑案件564起，公安机关刑拘635人，逮捕276人，追究刑事责任208人。全年侦办网络案件30起，其中制售分销假烟案件10起，非法经营烟叶案件9起，非法生产烟丝案件2起，走私伪劣卷烟案件3起，非法经营卷烟案件6起。

内部专卖管理监督 2012年全省着力构建“制度完善、职责明确、监管到位、奖惩分明”的内部监管体系。全面推进实施专卖内管委派制。进一步加大对生产经营不规范问题的治理力度。省局先后多次组织开展卷烟市场调研、召开专销联席会议，通报卷烟营销中存在的不规范问题。针对问题，提出改进措施和工作纪律，及时处理部分州（市）在卷烟营销中存在的不规范问题。2012年初,省局以严格执行卷烟生产计划为重点，对红塔集团、红云红河集团年末备货、“一号工程”执行、卷烟运输的情况开展了专项检查；以规范涉烟废弃物为重点对复烤公司下属10家复烤加工企业开展专项检查，促进复烤企业自控自律和规范建设水平提升；以案件通报情况为线索，对涉案的重点工商企业涉烟废弃物处理开展了专项检查。积极推进复烤加工企业短梗在线毁型工艺，防止涉烟废弃物流入制假窝点。以烟叶生产内部专卖管理监督为重点，对烟叶生产主要环节进行了专卖内管检查，各州（市）积极组织开展了日常检查，省局进行了抽查和复查，并对烟叶收购、调拨的重大违规违法案件开展了重点调查和处理，推动烟叶生产经营规范工作。

专卖证件管理 2012年办理零售许可证1.77万份、烟叶收购资格证173份，审批签发各类烟草专卖品准运证14.42万份。依法注销2.99万份零售许可证。

【企业管理】 1.推进管理体系改进提升，健全管理体系持续改进机制，研究制定管理体系改进提升方案，开展培训，组织管理体系改进提升。2.持续深化目标管理工作。系统构建了全面覆盖公司层、部门层、岗位层三层，贯穿省、州（市）、县、站（所）四级的三层四级目标指标库。2012年省局（公司）层面建立目标2837个，其中公司层目标115个，部门层目标476个，岗位层目标2246个。3.持续深化对标管理。2012年3月，通报全系统2011年度对标工作情况，印发2011年度对标指标。2011年，全省各州（市）公司33项对标指标中有19个指标水平同比提升，26项标杆值同比提高。从指标水平总体情况看，全省“两烟”运行效率持续上升，成本费用得到有效控制，企业盈利能力进一步增强，经营效益稳步增长，保持了良好发展趋势。

【对外交流与合作】 2012年，中国烟草云南进出口有限公司承担“国际主要卷烟制造商GAP（即良好农业规范）管理模式在云南有关烟区的应用”科技项目实施，项目的起止时间为2012年1月至2014年12月。项目的主要内容是按照菲莫、日烟、英美等国际主要卷烟制造商GAP生产管理模式和我国大田作物的GAP标准,结合云南烟叶产区的特点，在云南玉溪（新平）、保山（腾冲）、临沧（耿马）、文山（丘北）及楚雄等优质烟叶种植区探索和建立优质烟叶生产的GAP管理模式，生产专供菲莫等国际主要卷烟制造商使用的国际型优质烟叶。建立云南国际型优质烟叶生产管理GAP实施指南和云南出口烤烟农残控制方法和标准，是GAP项目的主要目标之一。

2012年7月，菲莫国际公司GAP评估小组在腾冲开展GAP检查评估工作。经过文件查阅、田间调查和农户家访工作，评估小组给予了腾冲项目区较高的评价，认为腾冲项目区GAP的实施已达到世界一流水平之列。

【进出口贸易】 2012年，中国烟草云南进出口有限公司实现进出口总值3.68亿美元，比上年增长9%。其中，进口总值676万美元，减少40%；出口总值3.61亿美元，增长11%。全年进口卷烟、雪茄烟65万美元，减少64%。进口农机、仪表仪器等非烟商品611万美元，减少36%。出口烟叶8.91万吨，增长4%；创汇3.59亿美元，增长11%。出口品种有烤烟、烟叶副产品、香料烟、生切烟丝、白肋烟、烟草薄片、烟丝等。合同执行率100%。

【特事要辑】

全系统实现税利285.3亿元再创历史新高 2012年，全省烟草公司系统以培育品牌为重点，重基础、调结构、严管理、促规范、强素质，加快转变发展方式，扎实推进生产经营各项工作，全省烟草整体实力显著提升。全年实现销售收入945亿元，比上年增长22.3%；实现税利285.3亿元，增长 31.7%，再创云南省烟草公司系统历史新纪录。

云南烤烟收购总量再次突破 2000 万担大关 2012 年，全系统奋力抗击三年连旱的特大旱灾，扎实推进优化烟叶结构和现代烟草农业建设、新烟区建设、绿色生态烟叶发展等各项工作，夺取了烤烟生产的全面胜利，全省收购烤烟 2174.1 万担。90 年代末，云南烤烟收购总量曾经创造 2000 多万担的历史记录，但那是过度超种超收的结果，由于盲目生产，一度给云南烟草背上了沉重的负担。2012 年云南烤烟生产收购量再次突破 2000 万担大关，在严格实行双控、优化烟叶结构的前提下实现的，云南烟叶供不应求，深受工业企业欢迎，这是一个了不起的标志性的成就。

卷烟单箱销售收入在西部省份中连续 2 年夺冠 面对卷烟市场的急剧变化，全系统积极应对，迅速扭转卷烟销售被动局面，实现卷烟营销创新发展。2012 年销售卷烟 170.6 万箱，比上年略有增长；实现销售收入 412.4 亿元，增长 9.7%；实现税利 80.5 亿元，增长 5.7%；实现单箱销售收入 2.4 万元，增加 2126 元，增长 9.6%，在西部省份中连续 2 年排名第一。以统一搭建物流管控平台为抓手，积极探索精益供应链物流建设，物流费用率 0.74%，单箱物流费用 153.7 元，居行业前五位。

全系统战胜三年连旱的特大旱灾 2009 年入秋至 2012 年夏天，云南遭受到三年连旱的特大旱灾。特别是 2012 年春夏，随着旱情的持续发展，全省需要拉水栽烟的地块占规划种烟地块的 65%。面对严峻的旱情，全系统同心协力众志成城，动员一切力量，不惜一切代价，全力抗旱、科学抗旱、团结抗旱，充分展示了“特别能吃苦、特别能战斗”的精神。5 月 15 日，全省全面完成 776.7 万亩烤烟移栽任务，比原计划提前 5 天，实现最佳节令移栽，而且移栽质量好，栽后成活率高。在抗旱中，大型水源工程发挥了骨干作用，曲靖幸福渠工程当年建设，完成渠道 67.68 公里，占计划的 95%，水池完工 69 个，完成计划的 100%，整个工程惠泽曲靖 9.1 万农户、49.3 万亩耕地，解决麒麟区、陆良县和罗平县 4.51 万人、2.24 万头牲畜的饮水困难。中国烟草头号水源工程青海湖，在特大连旱中，为祥云县提供人畜饮水和农业生产用水 700 万方，目前蓄水超过 1200 万方，将为当地农业生产提供更有力的保障。

德宏烟叶后备战略基地建设启动 省局（公司）正式启动德宏烟叶后备战略基地建设，形成新烟区建设“4+1”新格局。从打好发展基础、合理规划布局、强化技术落实等方面着手，突出德宏烤烟的生态特色，着力打造“翡翠之星”生态烟叶品牌。德宏州全年实际收购烤烟 13.06 万担，完成收购计划的 130.6%，比 2011 年增加 10.46 万担，增幅 400%以上，烤烟生产取得了历史性突破。专家品鉴认为，德宏烤烟糖差小、香气足，化学成分协调，焦甜感特征突出，质量风格接近津巴布韦烟叶。同时，文山、普洱、临沧、保山四大新烟区 2012 年全部跨入百万担烟区行列。

“界头模式”引领全行业绿色生态烟叶发展 围绕绿色、生态、特色、安全、优质发展方向，大力实施绿色生产工程。省局依托腾冲界头得天独厚的自然生态优势，率先启动高黎贡山绿色生态优质烟叶生产示范区建设，构建绿色生产、清洁生产、标准生产新方式，建设生态烟叶种植大庄园，集成绿色生产大科技，打造出世界一流的绿色生态烟叶发展“界头模式”。2012 年，界头“村在林中，林在烟中，烟在画中”的人间仙境吸引了世人的目光，“界头模式”成为全行业绿色生态烟叶发展的新样本。为加快云南绿色生态烟叶发展的步伐，省局举办 2012“国际优质烟叶开发”高级专家学术交流年会，成立云南绿色生态烟叶发展研究会；扎实推进华叶庄园建设，重点建设了华叶玉溪庄园、华叶临沧庄园、华叶西双版纳种子庄园。

烟蚜茧蜂创新团队获全系统“科学技术突出贡献奖” 近几年来，全系统瞄准关键技术和重大需求，潜心攻关，自主创新能力全面提升，科技创新成果大量涌现。以杨硕媛为带头人的烟蚜茧蜂生物防治技术研究与应用创新团队，集成创新了具有自主知识产权的烟蚜茧蜂规模化人工饲养技术。2010 至 2012 年该技术在全省累计推广 1308 万亩，累计节约防治烟蚜成本 2.56 亿元，减施化学杀虫剂 1305 吨，在烟草病虫害绿色防控技术研究与推广上走在了全行业前列。在年底召开的第二届云南烟草科学技术大会上，该团队被授予“科学技术突出贡献奖”，获奖 50 万元。此外，全系统还成功构建了世界上第一张密度最高、标记数最多的烟草分子标记遗传连锁图谱，曲靖、玉溪 2 家被国家局认定为行业地市级烟叶生产技术中心，1 名科研人员被国家局认定为烟草分子生物学科带头人，申报专利项目连续 3 年位居全国烟草商业系统首位。

（曾永春）

电力产业

2012年，云南电力工业克服干旱、地震、泥石流等自然灾害和国内外经济下行压力的困难和挑战，仍然保持了较快发展速度，发展持续向好。全省电源装机容量快速增长，电网网架不断加强，电力系统整体安全运行良好，电力供应高效有序，节能减排成效显著，为全省经济发展实现“稳增长、冲万亿、促跨越”的目标作出了突出贡献。

【电源装机情况】 2012年，全省新投产发电装机容量894万千瓦，是近年来新投产发电机组最多的一年。其中新投产水电580万千瓦，新投产火电249万千瓦，新投产风电64万千瓦，新投产太阳能光伏1万千瓦。截至2012年底，全省发电装机容量4995万千瓦（含向家坝电站2台80万共160万千瓦机组），比上年增长21.8%，其中，水电装机3476万千瓦，增长20%，占全省发电装机的69.6%，下降0.6个百分点；火电装机1385万千瓦，增长21.9%，占全省发电装机的27.7%，下降0.4个百分点；风电装机131万千瓦，增长95.5%，并网太阳能光伏发电装机3万千瓦，增长50%，风电和太阳能新能源装机占全省装机的2.7%，提高1个百分点。

截至2012年，云南电网统调发电装机容量3903万千瓦，新增668万千瓦，比上年增长20.6%，统调装机占全省装机容量的78.1%，下降0.8个百分点。其中，水电装机2515万千瓦，火电装机1254万千瓦，风电装机131万千瓦，太阳能光伏发电装机3万千瓦。

【电力生产供应和电力运行】 2012年，全省电力投资完成862.07亿元，比上年增长8.76%，占全社会固定资产投资的11.4%，提高0.2个百分点，占全省工业投资的34.2%，下降1.6个百分点。规模以上电力工业累计完成增加值369亿元，增长10.1%，下降8.2个百分点；规模以上电力工业完成利税总额115.42亿元，增长10.1%，利润总额49.69亿元，增长10.4%。

电力生产 2012年，全省发电量累计完成1745.51亿千瓦时，比上年增长12.24%。其中，水电发电量1238.24亿千瓦时，增长22.91%，火电发电量479.8亿千瓦时，下降10.5%，风力发电27.42亿千瓦时，增长183.59%。水火电发电量比例为70.9∶27.5，水电发电量占总发电量比例比上年提高6.1个百分点。云南电网统调电厂完成发电量1362.19亿千瓦时，增长9%，其中水电发电量920.95亿千瓦时，增长21.14%，火电发电量413.37亿千瓦时，下降13.81%。

2012年，全省发电设备平均利用小时数3580小时，比上年减少263小时；水电平均利用小时数3743小时，提高189小时；火电平均利用小时数3464小时，减少1255小时。云南电网统调发电设备平均利用小时数3895小时，减少236小时；统调水电平均利用小时数4079小时，增加207小时；统调火电平均利用小时数3659小时，减少1073小时；统调风电平均利用小时数2555小时，增加515小时；并网光伏太阳能平均利用小时数1415小时，增加107小时。

省内用电 2012年，全省全社会用电量1315.86亿千瓦时，比上年增长9.28%，增速大幅下降10.6个百分点。单位GDP电耗1276千瓦小时/万元（按GDP当年价计算），下降7.3%。云南电网公司省内售电量910.07亿千瓦时，增长6.3%。全省电力消费中，第一产业用电量11.07亿千瓦时，下降6.67%；第二产业用电量1047.84亿千瓦时，增长8.66%；第三产业用电量107.71亿千瓦时，增长14.33%；城乡居民生活用电量149.25亿千瓦时，增长11.68%。第一产业、第二产业、第三产业、城乡居民生活用电量分别占全省全社会总用电量的0.84%、79.63%、8.19%、11.34%。全省工业用电量1026亿千瓦时，增长8.86%，占全省用电量的77.97%；规模以上工业用电量853.28亿千瓦时，增长13.36%，占全省用电量的64.85%；规模以上工业用电量上百亿千瓦时的行业主要有：有色金属冶炼及压延加工业（233.15亿千瓦时，增长7.57%），化学原料及化学制品制造业（163.26亿千瓦时，增长13.08%），黑色金属冶炼及压延加工业（146.79亿千瓦时，增长42.06%），电力、热力的生产和供应业（105.02亿千瓦时，下降3.02%）。

电力外送 2012年，全省累计向外输出电量452.62亿千瓦时，增长20.01%。其中，送广东电量累计418.58亿千瓦时，增长29.58%；送越南电量24.01亿千瓦时，下降45.31%。

电力运行 2012年全省电力运行呈现一季度较为紧张、二季度好转、汛期供大于求的特点。年初，受三年连旱影响水电来水不足，煤矿停产整顿导致电煤供应紧张、火电开机不足，省内电力供应呈现较为紧张状况。不断督促加快煤矿复产进度，火电全力增煤保电，水电利用年初171亿千瓦时的蓄能和小湾电站水库的调节作用，合理拉水腾库，增加发电，充分挖掘电力供应能力。并且省内及时启动有序用电，加强错峰避峰管理，调控供电量。协调南方电网公司和广东有关方面调减送电量，优先满足省内用电需求，一季度送广东电量21.4亿千瓦时，比上年下降49.34%。进入4月份以后，随着电煤供应形势好转和澜沧江、金沙江上游来水增加，全省发电能力快速回升，及时于4月7日全面放开省内用电。6~7月份，澜沧江、金沙江干流来水集中，比多年同期平均偏多2~3成，全省水电出力较为充足。但受市场因素影响，省内用电需求疲软，云南电网日均供电量仅与2011年持平，部分甚至为负增长，电力供需形势发生明显转变，电力富余逐步扩大，水电弃水压力凸显。省委、省政府出台了支持工业稳增长多项政策，组织实施了支持重点工业企业超基数用电临时电价补贴奖励措施，激励企业扩大生产、增加用电量。在电力调度方面，加大流域梯级优化调度和水火联合优化调度，充分利用小湾电站龙头水库的蓄能作用，根据来水、发供电平衡情况，动态调整全网水电运行方式，弃水风险高的电站安排满发。加大与南方电网、广东有关部门的协调力度，增加云南水电送出，在弃水压力较大的7~10月，西电东送则按通道极限能力900万千瓦满负荷运行，日送电量维持在2.1亿千瓦时左右，6~10月汛期，云南送广东电量285.7亿千瓦时，比上年增长41.02%，比两省框架协议送电量多送42.9亿千瓦时，尽力消纳富余水电，努力做到了主网没有发生弃水。8月份以后，全省水电来水普遍存在不同程度的偏枯，发电侧能力虽有所回落，仍然较为充足，省内用电在一系列刺激政策作用下，呈现恢复增长态势，全省电力供需基本平衡，略有富余。充分利用这一契机加大蓄水存煤工作力度，小湾电站水库在汛末（10月31日）蓄水至1240米、年末仍维持在1225米，电煤库存在汛末达到478万吨、年末达到566万吨，为云南去冬今春的电力供应奠定了良好的基础。

【电源电网】

电源投产情况 2012年云南金沙江、澜沧江干流大型水电继续保持较快增长。金安桥电站最后一台4号机组于8月30日正式并网发电，作为金沙江中游“一库八级”电站的第5级，装机240万的金安桥电站4台机组全部投产，金沙江干流将逐步成为云南又一主要发电流域。金沙江下游最后一级水电站——向家坝电站，总装机规模640万千瓦，坝址位于云南昭通市水富县（右岸）和四川省宜宾县（左岸）境内两省交界的金沙江下游河段，电站单机容量80万千瓦（是世界上单机容量最大的水轮机组）的右岸7号机组于11月5日正式投产，第二台8号机组于11月20日正式并网，标志着我国在建已建规模第三大的电站正式投产发电，所发电能全部输送到上海。澜沧江干流糯扎渡电站，是澜沧江中下游规划开发的第5级梯级电站，具有年调节功能、总库容237亿立方米的大型水库，总装机规模585万千瓦，单机容量65万千瓦的首台9号机组于8月23日正式投产，8号机组9月28日投产，7号机组12月2日投产，2012年糯扎渡电站投产195万千瓦。糯扎渡电站的投产对云南水电站群具有显著补偿调节作用，可进一步缓解云南发电丰枯出力悬殊的矛盾。截至年底，澜沧江干流梯级水电站装机容量1182万千瓦，占统调水电装机的48%，年发电量452亿千瓦时，占统调水电发电量的48.7%。火电方面，华电镇雄电厂2台60万千瓦和云南省能投集团威信电厂2台60万千瓦的大容量、超临界、高参数的火电机组分别于1月、3月、7月、12月正式投入投产，云南当年新增4台60万千瓦共240万千瓦大型火电机组，为枯期电力供应提供了保障。

电网发展情况 2012年，云南电网建设投资完成127.67亿元，比上年增长16.15%，糯扎渡交流配套、500千伏黄坪变等一批重点工程建成投产，全年投产110千伏及以上输变电项目57项。目前，云南电网已建设成交直流混合运行的大电网，供电区域覆盖全省城乡，500千伏线路长度已达到8987公里，500千伏中心网架已形成围绕滇中、滇东和滇南的“品”字形环网，并辐射延伸至滇南、滇西、滇西南、滇东北等区域。220千伏骨干电网覆盖了全省所有州（市），实现“一张网全覆盖”，局部电网结构薄弱、电磁环网运行、电网“卡脖子”等现象得到了有效改善。同时，±800千伏直流双极、500千伏线路4回、220千伏线路2回与南方电网连接；3回220千伏线路、3回110千伏线路与越南连接；1回115千伏线路与老挝国家电网连接，大大增强了跨区电力交换能力。投资32.45亿元开展无电人口通电工程建设，累计解决全省113万余户、436万无电人口用电问题，于10月提前实现了全省“户户通电”的目标。城市供电可靠率达到99.94%，农村供电可靠率达到99.29%。

【节能减排】

节能发电调度 2012年，云南继续推进节能发电调度工作，严格按照节能发电调度原则安排机组发电，充分利用丰富的水电资源，加强流域降雨、来水和水库蓄水状况跟踪，及时优化调整水电运行发电方式，并且充分利用小湾电站等龙头水库的调节作用，积极开展澜沧江等流域水电梯级联合优化调度，不断提高水电利用效率。加强火电运行管理，积极发挥水火联合优化调度作用，在汛期来水集中时，安排火电机组按最小方式运行，加强火电机组脱硫在线监测系统的管理维护，开展了煤耗在线监测系统的开发和运行工作。充分利用南方电网大平台、大电网调剂余缺的作用，不断优化西电东送曲线，枯期少送汛期多送，缓解了云南枯期缺电和汛期弃水压力。通过统筹调度，云南电网统调水电发电量920.95亿千瓦时，比上年增长21.1%；火电发电量413.38亿千瓦时，下降13.8%。水电、火电发电量比例为68.1∶30（2011年为60.8∶38.4）。全年统调火电发电累计消耗原煤2713.87万吨，比上年少消耗原煤610.47万吨。火电平均发电标准煤耗为311.48克/千瓦时，下降0.32克/千瓦时；供电标煤耗为334.99克/千瓦时，下降1.43克/千瓦时。1～12月，云南电网统调火电脱硫设施投运率99.82%，脱硫效率94.2%，减排二氧化硫68.3万吨。单位发电矿物燃料消耗90.16克/千瓦时，下降27.39克/千瓦时。全网因煤耗下降同比节约标煤6.17万吨，因水电增发同比节约标煤416.43万吨，因风电增发同比节约标煤42.50万吨。

电力需求侧管理 在电力供应紧张的一季度，坚持按“五保四压”原则，实施有序用电，统筹兼顾，有保有压有限，确保了抗旱用电和人民生活用电，确保了重点单位、重点行业和重点企业等重点领域用电，将电力紧缺对经济增长的影响降低到最小。投入1930万元专项资金以合同能源管理的模式开展电力需求侧节电示范项目建设。在2011年完成12个节电改造示范项目的基础上，组织实施了云南红塔滇西水泥股份有限公司资源综合利用等项目，预计每年可节约电量约2.5亿千瓦时。广泛做好电力节能诊断工作，组成诊在小组，为全省421户用电客户开展免费节能诊断工作，通过现场实测，对用户耗能设备进行全面分析，提出节能减排的改进措施，使客户准确掌握用能设备能耗情况，为提高电能利用效率提供了技术支持。并且，按照国家发改委要求，制定下达了云南电网电力需求侧考核目标，云南电网公司根据节约电力、电量目标开展电网企业需求侧管理工作，全年实现节约电量2.57亿千瓦时、电力7.2万千瓦。

（付　晖）

云南电网公司

【概　述】云南电网公司是中国南方电网公司的全资子公司，是云南省域电网营运和交易的主体、云南实施“西电东送”、“云电外送”和培育电力支柱产业的重要企业，供电营业区覆盖全省16个州（市）。云南电网现有500千伏变电站24座，220千伏变电站112座，110千伏变电站363座。500千伏交流电网形成“品”字型环网，辐射延伸至滇南、滇西、滇西南等区域。220千伏网络围绕昆明、曲靖、红河、玉溪、楚雄等负荷中心形成了颇具规模的骨干网，覆盖全省。

2012年，云南电网公司完成售电量1436.69亿千瓦时，比上年增长9.38%，其中：云南省内售电量998.3亿千瓦时，增长5%；送广东电量418.58亿千瓦时，增长29.58%；送越南电量19.81亿千瓦时，减少50.18%。完成固定资产投资148.54亿元，其中：电网建设投资127.67亿元，小型基建投资5.3亿元，技改投资13.81亿元，信息化投资1.76亿元。截至2012年底，云南电网公司资产总额887.84亿元。资产负债率77.59%。

【服务地方经济发展】电力保障能力显著增强。认真落实省政府促进经济增长的决策部署，实行重点工业企业超基数用电电价补助，调整丰枯时段支持企业发展，顺利实施居民阶梯电价政策，为我云南“稳增长、冲万亿、促跨越”作出了积极贡献。

积极参与桥头堡建设。成立瑞丽供电局支持瑞丽国家重点开发开放试验区建设，推进迪庆电力管理体制改革服务藏区发展，做好昆明新机场建设及转场运营供电保障。与老挝电力公司签订了老挝北部电网项目EPC合同，公司参股建设的越南小中河电站顺利投产发电。

【电力供应】电力供应。年初积极应对持续干旱、电煤紧缺、经济形势复杂等不利因素，坚持保民生、保重点、保重要客户用电。4 月份以后动态跟踪电力负荷变化，加强水火电优化调度，积极开拓电力市场，省内日供电量 16 次创新高，西电东送比计划增送 64 亿千瓦时。

优质服务。开展了客户信息、配网设备信息核查，完成了60%的 10 千伏配网设备数据核查工作。开展居民用电服务质量监管专项行动，有效提升了服务质量。加强综合停电管理，加大配网转供电力度，配网带电作业次数同比增长 49%，减少停电时户数 33.66 万时户。在云南省十大公共服务行业满意度测评中实现“四连冠”。

【电网规划与建设】 开展了金中送出、云电送桂、“十二五”水电消纳、提高电网防灾能力等专题研究。修编了“十二五”主网、配网及小型基建规划。加强项目前期管理，完成了 82 项主网项目可研，80 个项目通过核准。2012 年，云南电网 110kV 及以上项目开工 55 项，投产 57 项，新增变电容量775万千伏安、输电线路长度2790.64公里；开展 380 项直供区配网项目建设。云南电网公司电网建设里程碑进度计划完成率为 100%。提前 2 个月完成了无电人口工程建设任务，彻底解决了云南省剩余的8.1 8万户、36 余万无电人口的用电问题，实现了全省户户通电的目标。中央电视台、《人民日报》、《经济日报》等新闻媒体分别报道了独龙江乡扶贫和户户通电工程的先进事迹，16 家媒体对云南电网公司扶贫山瑶特困群众进行了深度采访报道。

【安全生产】 积极开展设备差异化维护，设备健康率同比提升5.62个百分点。强化落实 2012 年云南电网运行 9 大安全风险和 35 项重点防范措施。深化“配网生产管理提升”活动，中压线路故障率、配变故障率处于五省（区）领先水平。加强作业现场管控，开展任务观察5767 次，有效提升了作业行为管控能力。进一步强化小水电安全管理，全面开展了小水电现状调查和安全隐患排查。

完成党的十八大等多项保供电工作。开展各项应急抢险，对 23 条 110 千伏及以上线路进行了 84 次融冰，应对了“4·4”丽江山火、“6·14”丽江玉龙特大山洪、“6·24”丽江宁蒗地震及“9·7”昭通彝良地震。落实运维措施，设备故障、缺陷连续 3 年“双下降”。装设 78 套覆冰在线监测终端、8 套直流融冰装置，实现了覆冰重灾区全覆盖。

【企业管理】 把南方电网中长期发展战略作为引领公司科学发展的指南，构建省公司、供电局、县级供电企业三级战略管理体系，全方位、多层次开展战略宣贯。全面开展创先“攻坚年”活动，发挥昆明、曲靖、红河、玉溪供电局的引领作用，推进公司整体创先。

与中国移动通信集团云南公司运营商签订了合作框架协议，公网资源使用成本减少 40%以上。完善法律风险管理体系，促成省政府颁布了《云南省新建住宅供配电设施建设管理办法》和《云南省电力用户安全用电管理办法》。推进马关、广南、麻栗坡、泸西、金平等 5 家供电企业以及西双版纳农垦电力整合工作。国务院国资委批准富源、师宗、华坪、宁蒗、黑白水等 5 家供电企业国有产权无偿划转云南电网公司。

【低碳建设】 修编了云南电网公司支持低碳省试点工作方案，配合政府开展全省清洁载能产业布局规划。支持新能源灵活接入电网，全省风电装机容量 126 万千瓦，比上年增长 87%。完成 421 家客户节能诊断，实现了节约电力电量 2 个千分之三的目标。

加强电网降损，综合线损率同比降低 0.08 个百分点。深化节能发电调度，可再生能源发电比例达 72.6%，水电同比增发 169 亿千瓦时，节约标煤 522 万吨。加强节能办公管理，万元产值用电、用油、用水同比下降 5.5%。

（张 弋）

食品工业

食品工业是人类的生命产业，是国民经济中最具活力的重要支柱产业之一。食品工业的现代化水平已成为反映人民生活质量高低及国家发展程度的重要标志。

30 多年以来，我国食品工业在艰难中起步，在探索中前进，在改革中发展，整体面貌发生了历史性的巨变。使我国从食品供应短缺国发展成为世界食品工业大国。食品工业也傲然成为我国国民经济中的第一大产业。随着人民生活水平的不断提高，人民群众对食品质量的要求和食品安全的关注度不经然间已悄然提高到一个前所未有的高度。

2012 年 3 月，云南省出台了《云南省委 省政府关于关于推动工业跨越发展的决定》（云发

〔2012〕5号)，召开了全省推进工业跨越发展的大会。提出了实现“工业三年倍增”和“3个10千亿工程”的发展目标。其中，力争通过5年的发展，要实现烟草、生物等产业销售收入超2000亿元。对云南食品工业的发展提出了更高的、更紧迫的要求。在如此背景下，食品工业如何发展将直接影响到全省跨越发展目标的实现。

【经济运行情况】 2012年，全省食品工业增加值在2011年突破千亿元的基础上，继续保持平稳增长。据统计快报，1~12月，规模以上农副食品制造业工业增加值比上年增长29.2%；酒、饮料和精制茶制造业工业增加值增长27.2%；烟草制品业工业增加值增长13.2%。

按预计数，全年非烟食品工业销售收入650亿元，比上年增长27.5%。其中，食品加工业390亿元，增长30%；食品制造业117亿元，增长24.5%；酒、饮料及精制茶143亿元，增长21.2%。全年实现利税110.6亿元，增长27.1%。其中税收28.6亿元，增长26.1%；利润82亿元，增长27.5%。

主要产品种类及产量稳步扩大，进一步丰富了云南食品产品种类和数量，有力支撑了食品工业总量规模，并不断满足新时期人民日益增长的食品物质及文化需要。2012年主要工业产品产量完成情况：糖207.97万吨，比上年增长19.86%；白酒38.4万千升，增长0.08%；啤酒89.13万千升，增长16.94%；葡萄酒1.1万千升，增长37.5%；茶18.78万吨，增长34.63%；乳制品43万吨，增长23%；饮料360万吨，增长16.1%。谷物磨制品、植物油、肉类屠宰与加工、调味品、罐头、蔬菜加工等平稳增长。

云南食品工业取得了又好又快的发展。在速度上、规模上、产品质量上、品牌建设上都取得一定成效。

结构进一步优化 按照最新《国民经济行业分类》(GB/T4754-2011)标准，我国的食品工业划分为农副食品加工业，食品制造业，酒、饮料和精制茶制造业，烟草制品业4个大类。除烟草制品业比较特殊外，十一五时期云南食品工业前三大类产值比例大致在7∶1∶2，以初级产品为主的食品加工业占比很大，反映出云南食品初级产品多，技术水平低，产业结构极不合理。进入“十二五”时期，特别是2012年，三大类产值比例达到5.9∶1.8∶2.3，云南食品工业结构得到明显提升。表现较明显的是酒类和乳制品行业。白酒不断提升产品品质，大量低档产品正不断向中高档次产品迈进；葡萄酒也从普通干酒向高档干酒过渡，并开发了特色产品如葡萄蒸馏酒；乳制品不仅在液体奶方向提升了质量，在固体乳制品、发酵制品上也取得较大开拓。

特色行业快速发展 一批具有优势的云南特色食品工业取得不同程度的快速发展。如啤酒行业，5年来从30万吨快速发展到85万吨，2012年比上年净增10万吨，创历史最高增速。制糖行业从上个榨季产糖178万吨，增长到208万吨，茶产量也以34.63%的增长速度达到18.78万吨。饮料产量近年来基本以30%速度增长，2012年达到310万吨，其中包装水占了223万吨，其余的果汁饮料、咖啡、核桃汁的增长速度也很快。

投资力度不断加大 据省工信委工业投资显示，2011年全省涉及食品工业投资项目122个，总投资额42亿元，政府扶持资金1.08万亿元。据不完全统计，2012年食品工业投资额及政府扶持资金基本与上年持平。在政府扶持资金的引导下，一大批项目陆续开工并投产。2012年，燕京啤酒二期扩建工程竣工投产；华狮啤酒10吨扩建项目已接近完工；洪斌公司5万吨小米辣大理生产基地建成投产；昆明酿造公司10万吨酱油富民基地正在建设；金星啤酒扩建35万吨项目已在杨林工业园区开工建设。蔗糖、饮料、肉制品加工、茶叶、咖啡、粮油等行业都有较大的技术改造投入。

产品质量水平普遍提高 2012年，全省食品工业的产品质量普遍有所提高，据省质量检测部门全年抽检数据显示，规模型出厂合格率在95%以上，抽检平均合格率在87%以上。据调研数据，规模以上70%的企业都进行了质量体系建设，并通过了ISO、HACCP认证，部分企业通过了GMP认证。随着云南新型工业化的不断推进和工业园区的建设，部分企业项目在园区内按新型工业化的要求，以较高的食品工业标准和规范进行设计和建设，产品的设施、设备、环境、卫生等达到了一流水平。如高上高食品公司的焙烤生产线项目，昆明华狮啤酒10万吨建设项目等等。

品牌建设取得突破 多年以来，除烟草制品业外，云南食品工业品牌建设相对滞后，在全国的知名食品品牌很少。2012年初，云南白酒品牌的“醉明月”被中央机关事务管理局采用，评价相当高。年底，被深圳市酒业认定为高品质浓香型白酒，评价高于国内多数著名品牌，并向全市推荐其产品。引起北京、上海、江苏、浙江、湖北、湖南等商家的关注，要求作为其代理，在当地推广。“醉明月”品牌的树立，有力地提升了云南白酒品牌形象。

【存在的问题】 发展速度有待进一步提高。在目前经济下行压力普遍较大的背景下，与云南资源禀赋相近的几个邻省，都力图在食品工业上有所突破，来谋求拉动本省经济增长的新动力。例如四川食品工业在全国排位由目前的第四位上升到第三位；贵州2012年整合了白酒产业，提出“茅台”2017年提前3年实现1000亿元的目标。要以贵阳“老干妈”来为重点来带动农副食品的深加工产业；广西按自治区食品工业调整和振兴规划，到2015年，全区食品工业销售收入要达到3400亿元。湖北作为一个老工业基地，近年食品工业异军突起，2011年食品工业规模以上企业完成工业增加值跨越千亿元台阶，实现主营业务收入突破3000亿大关，比上年增长60.1%。

虽然2012年云南食品工业保了较快增长，但总量规模还没有达到2000亿。相比相邻上述省份，云南食品工业发展速度明显落后，个别行业的增长速度还没达到倍增的基准速度26%。规模以上企业数量单薄。目前，全省2000万元销售收入以上的食品工业企业仅有340多户。其中，上亿元的不到91户，1亿元~2亿元以上的42户，2亿元~5亿元以上的42户，5亿元以上的5户，10亿元以上的才2户。而食品工业强省如山东、河南、四川规模以上企业都在1000户以上。云南规模以上食品工业企业数量明显较少，影响了食品工业规模以上企业的总体增速。

食品安全管理还存在漏洞。2012年，极个别企业的食品安全事件暴露了云南食品安全管理存在着漏洞。全国白酒塑化剂风波也涉及云南白酒企业，少数无标、无生产许可证的生产仍然存在，小微企业生产条件没有根本转变，非法使用非食用物质和乱加添剂的现象没有完全杜绝，外来不合法的食品扰乱了云南市场，这些不安全因素影响了食品工业的健康发展。

外部经济环境也对食品企业生产造成一定影响。国际经济环境低迷，也一定程度地影响到云南食品企业的生产。在国际国内经济环境影响下，资金缺乏，物价上涨，原料的不足，相关费用的增加等因素使云南食品工业发展受到制约。食品行业诚信体系建设有待推进。2012年食品行业诚信体系建设主要行业有乳制品、酒、制糖、调味品、肉制品，计划完成国家认证体系（即CMS体系）10户，现只完成6户。其中，已发证1户，已验收待发证5户。还有4户没完成，其中已通过评价1户，待评价3户。

（周建新）

制茶产业

云南是世界公认的茶叶原产地，云南的亚热带立体气候造就了优异的宜茶生长环境和优良丰富的茶树品种资源以及灿烂多彩的云南民族茶文化。制茶产业是云南传统优势产业，经过多年发展，云南制茶产业逐步形成了“云南普洱茶”、“云南红茶”、“云南绿茶”等云茶系列品牌，具有相当的基础优势和发展前景，在国民经济和地方财政中起着重要的作用。同时，制茶产业也是云南产品结构、技术结构、组织结构调整的重点生物产业之一。

【基本情况】

1.茶产业产值创历史新高，茶农增收明显。2012年茶叶综合产值223.29亿元，创云南历史新高，较茶产业历史最高水平的2007年201亿元，增加22.39亿元，增长11.14%。其中，工业产值首次突破百亿元，达102.20亿元，比上年增加22.91亿元，增长28.89%；农业产值71.09亿元，增加15.99亿元，增长29.02%。茶农来自茶产业人均纯收入924元，比上年人均增加235元，增长34.11%。

2.茶园标准化建设加快，基地建设取得新进展。2012年，加大以“三改”为重点的技术推广，组织实施标准茶园创建的12个县，示范面积1.5万亩，示范带动20万亩；完成中低产茶园改造面积68.11万亩，新增有机茶园面积10.42万亩。全省无性系茶园220万亩，有机茶园面积42.11万亩，无公害茶园面积520万亩，“三品”认证面积150万亩，增长25%。基地建设进一步得到夯实。

3.精深加工能力提升，普洱茶、红茶产品优势凸显。精深加工产品不断得到开发利用，2012年全省毛茶总产量27.35万吨，成品茶总产量17.03万吨，比上年增长24.58%，精制率62.27%，环比提高5个百分点。其中，普洱茶产量8.13万吨，增加2.57万吨，增长46.22%；红茶产量3.62万吨，增加5200吨，增长16.77%。普洱茶、滇红茶产量占成品茶产量比例70%，已成为“云茶品牌”的骨干代表产品。

4.茶叶价格上扬，经济效益提高。2012年毛茶平均价格25.99元/公斤，涨幅15.51%；春茶单价28.87元/公斤，上涨8.85元/公斤，涨幅44.21%。春茶农业产值27.05亿元，增加10.29亿元，比上年增长61.4%，成为茶农增收的新亮点；夏茶单价25.06元/公斤，涨幅10.4%；秋茶单价23.55元/公斤，下跌1.06元/公斤。成品茶平均价格60.01元/公斤，工业产值102.20亿元，增长28.89%。全年茶叶销售平均单价50.28元/公斤，上涨23.55%，茶企、茶农的效益不断提高。

云茶出口创汇形势看好，2012年全省茶叶出口1.05万吨，增长72.7%。创汇4200万美元，增加2100万美元，出口平均单价4美元/公斤，增长16.62%。呈现出口的国家和地区普洱茶“量价齐增”。

5.企业实力明显增强，产业集中度进一步提高。2012年全省产值超亿元茶企数量10家，增加1家，产值比上年增长29.82%。其中，勐海(大益)茶厂实现产值10亿元；全省产值5000～1亿元企业18家，增加12家，增长203.71%；产值2000～5000万元企业39家，增加14家，增长50.86%；产值1000万以上茶企118家，增加19家，实现加工量10.89万吨，产值82.85亿元，分别增长10.9%、43.78%，分别占全省加工量、产值的62.7%、81.2%。表明云南茶企总体经济实力和加工能力不断提升，产业集中度有新提高，为拓展市场、打造品牌奠定了良好基础。

6.加强市场开拓，品牌打造取得新突破。据统计，云茶在全国各省（市）已建立了2000多个代理商(销售网点)，2012年全省茶业新增中国驰名商标3件（“凤牌”、“高黎贡山”、“普洱茶PUER”），占全省新增中国驰名商标11个的27%，获得省著名商标新申请认定18个、续展申请认定21个，云南省名牌产品5个。是近几年来获国家及省名牌称号最多的一年。“凤庆滇红茶”成为国家地理标志证明商标，“中国红茶之都”获中国茶叶流通协会命名；“南糯山茶”、“班章茶”、“蛮砖茶”等已申报农产品地理标志。碧丽源公司（云南）茶业有限责任公司1.5万亩茶园基地率先通过国际雨林联盟农场认证的现场审核，成为全国首家通过国际雨林联盟权威认证的茶园基地，已向联合利华公司供货300多吨；云白药集团落地凤庆县，推出了“红瑞徕”品牌，2012年实现销售收入5000万元。

【发展重点和方向】 2012年，云南制茶产业继续通过实施品牌战略、质量战略、技术创新战略、机制创新战略实现全行业健康、持续、稳定的发展。1.加快企业改革步伐，以资产为纽带整合云南茶业，实施联合重组整合，实现规模化生产，专业化经营；优化资源配置，创新经营模式，并与资本市场相结合，做大做强云南茶业。2.加强云茶厚重的历史、绚丽多彩茶文化、丰富的茶叶品饮方式的宣传推广，加快云南茶叶系列标准的制定，以历史文化为背景，以产品质量为支撑，从整体上提升云南茶叶的知名度及信誉度。3.加快无公害茶园、有机茶园建设、大力生产无害、绿色、有机茶叶产品。4.加快技术创新、建设现代营销体系步伐，加大茶叶深加工的投资力度，推动茶叶加工工艺改进创新，提升茶产品的质量、技术含量和档次。改变老观念，创新建立著名品牌策略，建设多元化的云南茶营销网络。5.继续加大制茶产业项目支持力度，支持企业加大茶叶新产品研究，拓宽茶叶的应用领域，增加附加值，开发速溶茶、风味浓缩茶、保健茶等市场前景广阔的新产品，支持茶多酚、茶多糖、咖啡碱等茶叶深加工产品项目建设。

（苏燕妮）

制糖产业

2012年云南糖业的发展情况和全国一样，面对国际、国内复杂变化的经济形势以及干旱、霜冻自然灾害,在党和政府的领导下，积极应对生产、经营中出现的各种问题，顺利地完成了2011/2012年榨季的食糖生产，实现了恢复性增产的目标。

【2011/2012榨季基本情况】 云南2011/2012年榨季食糖生产于2011年12月22日开始～2012年5月13日收榨，历时164天。本榨季全省甘蔗种植面积456.62万亩(上榨季甘蔗种植面积450.62万亩)，收获面积444.4万亩(上榨季甘蔗收获面积384.7万亩)，收榨甘蔗1600.13万吨(上榨季收榨甘蔗1412.76万吨)。本榨季全省生产食糖201.37万吨（其中：白砂糖196.9万吨、绵白糖1.9万吨、精制糖4198吨、赤砂糖2212吨、红糖1.92万吨），与上一榨季产糖177.16万吨相比，增产24.21万吨，增幅13.66%。本榨季全省生产酒精11.07万吨，与上一榨季产酒精10.69万吨相比，增产3812吨。本榨季全省73条生产线开工

生产。按100天生产时间考核，设备利用率87.21%。全省平均每条生产线加工能力2466吨/日。规模在1000吨/日以下生产线还有2条。

本榨季全省11个产糖州(市)按产糖量排序：临沧市75.09万吨、德宏州48.18万吨、保山市20.97万吨、普洱市17.46万吨、西双版纳州11.81万吨、玉溪市8.43万吨，文山州8.35万吨、红河州6.53万吨、丽江市7300吨、大理州5300吨、昭通市2010吨。临沧、德宏、保山、普洱、版纳、文山、玉溪、红河8个优势蔗糖产区产糖199.89万吨，占全省产糖总量的99.26%。本榨季全省有21户制糖企业法人，按产糖量排序，产糖10万吨以上的有6户，分别是云南洋浦南华（55.44万吨）、英茂（48.99万吨)、力量生物（13.54万吨)、凤庆（13.46万吨)、康丰（12.67万吨)、永德(12.63万吨)，以上6户制糖企业产糖156.75万吨，占全省总产糖量的77.84%。

2012年全省有7户制糖企业在境外（缅甸、老挝)开展替代种植，从境外(缅甸、老挝)进口甘蔗96.63万吨(其中缅甸77.27万吨，老挝19.36万吨)。

【相关经济技术指标完成情况】

1.技术指标完成情况。全省平均日榨甘蔗量17.4万吨（2010/2011年榨季16.89万吨）。甘蔗含糖分14.47%（2010/2011榨季14.38%，历史最好水平14.98%）。生产安全率98.99%（2010/2011年榨季99.21%）。压榨抽出率96.55%（2010/2011榨季96.46%）。煮炼收回率89.76%（2010/2011榨季89.77%）。总收回率86.66%（2010/2111榨季86.54%）。更正总收回率86.72%（2010/2011榨季86.60%）。白砂糖合格率100%（2010/2011榨季99.91%）。白砂糖优一级品率92.88%（2010/2011榨季87.56%）。混合产糖率12.58%（2010/2011榨季12.48%）。吨糖耗蔗7.95吨（2010/2011榨季8.01吨）。百吨甘蔗耗标煤5.16%（2010/2011榨季5.41%）。日处理甘蔗能力18.745万吨（2010/2011榨季17.595万吨）。

2.经济指标完成情况。全省甘蔗平均收购价429.12元/吨，与2010/2011榨季373.5元/吨相比，每吨甘蔗收购价提高55.62元，增幅14.89%。蔗农种蔗收入68.66亿元，与2010/2011榨季52.76亿元相比，农民增收15.9亿元。增幅30.13%。白砂糖平均单位完全成本（含税）5702.78元/吨，与2010/2011榨季5434.83元/吨相比，吨糖成本增加267.95元，增幅4.93%。白砂糖平均单位销售价格（含税）6044.72元/吨，与2010/2011榨季6790.67元/吨相比，吨糖销价降低745.95元。白砂糖平均吨糖利润341.94元/吨，与2010/2011榨季吨糖利润1355.84元相比，吨糖利润减少1013.9元。酒精平均单位销售价格（含税）6062.42元/吨，与2010/2011榨季6465.22元/吨相比，吨酒精售价下降402.8元。酒精平均单位利润1217.49元/吨，与2010/2011榨季单位利润1442.25元相比，吨酒精利润下降224.76元。制糖行业产品销售收入129.39亿元(其中糖产品销售收入121.72亿元，综合利用产品销售收入7.66亿元)，与2010/2011榨季108.87亿元（其中糖产品销售收入101.14亿元，综合利用产品销售收入7.73亿元)相比，销售收入增加20.52亿元，增幅18.84%。制糖企业实现利润5.88亿元，与2010/2011榨季企业利润20.75亿元相比，企业利润减少14.87亿元，减幅71.66%。制糖企业上交税金10.32亿元，与2010/2011榨季上交税金总额15.25亿元相比，税金总额减少4.93亿元，减幅32.32%。工业增加值47.2亿元。2012年8月末，企业平均资产负债率69.48%，与2011年同期企业平均资产负债率59%相比，资产负债率增加10.48个百分点。

2012年全年职工平均人数2.41万人，2011/2012年榨季制糖企业人均产糖量80吨，2010/2011榨季制糖企业人均产糖量74.72吨。截至2012年9月末，本榨季制糖企业收购的甘蔗，甘蔗价款已全部付清。

【节能减排】 吨蔗耗新鲜水5.27吨(2010/2011榨季为5.6吨)；吨蔗废水排放量4.77吨(2010/2011榨季为5.42吨)；吨糖COD排放量6.21公斤（2010/2011榨季为38.09公斤)；吨糖BOD排放量2.02公斤（2010/2011榨季为6.73公斤）。

【本榨季特点】

1.糖料收购价从2012年起改由省级政府定价。为保护农民利益，根据国家发改委的部署，广西、云南、广东、海南、新疆五省（区）糖料收购价从2012年起改由省级政府定价，实行蔗价与糖价联动二次结算以及优良品种加价，淘汰品种降价政策。2011/2012年榨季全省甘蔗平均收购价429.12元/吨，与2010/2011年榨季373.50元/吨相比，每吨甘蔗收购价提高55.62元，增幅14.89%。

2.把握机遇加大发展糖业的资金投入。2012

年，中央1号文件把食糖与“粮、棉、油”同列为我国重要的农副产品，显示了国家对发展糖业的高度重视。为发展糖业提供了较好的战略机遇期。云南制糖企业把握机遇，加大投入力度，大力推进糖料基地的建设，大力加强循环经济的投入，积极开始改扩建以及物流设施的建设。临沧南华糖业公司投资10亿元在耿马县孟定建设1个1万吨/日糖厂，富宁永鑫糖业公司投资2亿元将生产能力由8000吨/日扩为1.2万吨/日,凤庆糖业公司投资7亿元将云县甘化和幸福糖厂生产能力由4000吨/日扩为1万吨/日，英茂糖业公司投资1亿元将景真糖厂生产能力由3000吨/日扩为5000吨/日，康丰糖业公司投资3亿元在芒市新建1个3000吨/日糖厂，湖北安琪酵母公司利用制糖副产物糖蜜投资3亿元在陇川县建设1个2万吨酵母厂，云南中糖公司投资2.5亿元拟在昆明经开区建设1个10万吨食糖仓库。

3.制糖企业集中度明显提高。2003年全省制糖企业开始整合重组，至今已走过10年，产业集中度明显提高，至2012年全省制糖企业法人单位有17户下辖76间糖厂，产糖10万吨以上的制糖企业6户。其中，云南洋浦南华糖纸有限公司产糖55.44万吨，云南英茂糖业集团有限公司产糖48.99万吨，云南力量生物制品集团有限公司产糖13.54万吨，凤庆糖业集团有限公司产糖13.46万吨,康丰糖业集团有限公司产糖12.67万吨，永德糖业集团有限公司产糖12.63万吨。

4.制糖企业经济效益大幅下滑。2011/2012榨季，国内外经济形势复杂变化，在大量进口糖和走私糖的冲击下，国内市场糖价大幅下跌，制糖企业利税大幅下降，吨糖利润341.94元，与2010/2011榨季的1355.84元相比下降1013.9元。吨糖上交税金513元与2010/2011榨季的860元相比下降247元。全省制糖行业虽盈利，但是红河、文山、大理、昭通州（市）的制糖行业全面亏损。

【存在的主要问题】

1.云南蔗糖产业已经进入转变增长方式的关键时期，发展中存在的深层次矛盾进一步凸显。蔗区基础设施不配套，制糖企业普遍原料不足，产业链短，综合利用效益低；科技支撑力弱，品种老化、病虫害多；价格联动机制不完善；物流体系建设滞后，尚无中央或省级食糖储备糖库用于调剂余缺；个别地方领导认识不到位，发展的主动性不高；全省综合管理服务体系不健全，政策扶持力度偏弱等。这些困难和问题，严重制约了蔗糖产业的健康发展。

2.连续三年的冬春连旱制约了蔗糖产业的发展，全省山坡地和旱地甘蔗比例大（近80%），水利条件差、“靠天吃饭”，受自然气候影响很大，已成为云南甘蔗生产的最大不稳定因素，水利条件差是提高甘蔗单产和挖掘潜力最大的制约因素。

3.国家加大了对粮食作物的补贴，一些新发展的经济作物具有价格上的优势和农村强劳动力日益紧缺，使甘蔗种植成本不断升高，虽然甘蔗收购价在逐年提高，但农民的实际收入增加不多。因地制宜积极研发推广应用甘蔗从种植到收获全程机械化是破解这一瓶颈的关键。

4.境外替代种植，甘蔗进口配额发放数量和配额发放时间不能满足糖厂要求。2012年从境外(缅甸、老挝) 进口甘蔗96.63万吨，实发配额46万吨，无配额进口的甘蔗需交20%的关税和13%的增值税，上税后每吨进口甘蔗比国内高100元，企业负担太重。

（赖庆华）

黑色金属工业

2012年，黑色金属行业在下行压力日趋严重的情况下，经过省委、省政府“稳增长、冲万亿、促跨越”一系列政策措施拉动，下半年逐步实现增速扭负为正，为全省经济社会的稳定发展提供了有力保障。

【主要产品产量及消费量】 2012年，生产铁矿石原矿量3298万吨，比上年增长16.9%，占全国产量2.5%。生产生铁1595万吨，增长18.2%；占全国产量2.4%，增速高于全国14.5个百分点。生产粗钢1527万吨，增长15.4%；占全国粗钢产量2.1%，增速高于全国12.3个百分点。生产成品钢材1600万吨，增长18.4%；占全国钢材产量1.7%，增速高于全国10.7个百分点。生产铁合金170万吨，增长101%，占全国铁合金产量5.4%。黑色金属冶炼加工业产品产销率94.7%，下降3.4个百分点。全年净进口钢材222万吨，省域内钢材消费量在1800万吨以上。

【行业效益】 2012年，钢铁行业主要原材料及产品价格全年均处于反复震荡之中，呈现出类似W状走势。其中，高线价格在3880～4980元之间波动，螺纹钢价格在4100～5220元之间波动，国产铁矿石价格在 800 元～1002 元之间波动，进口铁矿石价格在 754～1090 元之间波动，焦炭价格在1500～2090 元之间波动。主要钢材产品价格波动范围在1000 元以上，而铁矿石价格波动范围仅为 300 元左右，焦炭价格波动范围约在 500 元左右，波动差幅较大。

在原燃材料价格跌幅远低于钢材产品的情况下，受上下游行业的双重挤压，钢铁行业发展面临"三高"难题，即：原料价格高、生产成本高、产品库存高，加之市场需求疲软，直接导致钢铁企业盈利水平不断下降甚至发生亏损，生产经营较为困难。2012 年，全省黑色金属工业实现主营业务收入 1124 亿元，比上年增长 6%；规模以上企业完成工业增加值 231.5 亿元，增长 8.2%；实现利税 49.46 亿元，下降 17.6%；利润 23.4 亿元，下降 26.9%；销售利润率 2.1%，下降 1 个百分点。

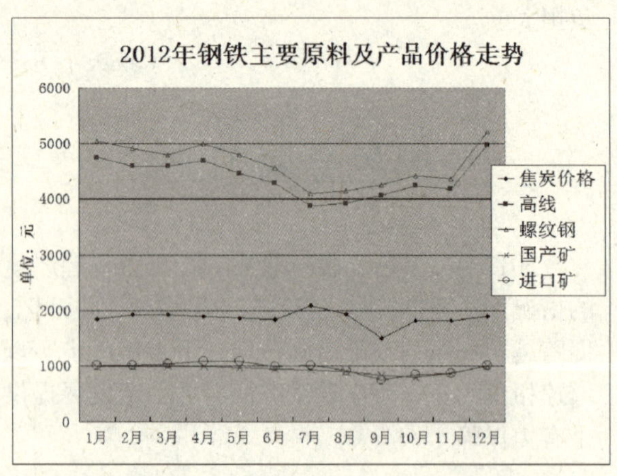

【节能减排淘汰落后】 2012 年，全省规模以上比上年增长 16.4%；占规模以上原材料工业能源消费总量的 31.4%，占规模以上工业能源消费总量的 26.5%；其中：规模以上黑色金属采选业消费能源 118.05 万吨标准煤，规模以上黑色金属冶炼及压延加工业消费能源 1503.28 万吨标准煤。黑色金属采选业规模以上工业单位增加值能耗 1.73 吨标准煤，增长 0.43%；黑色金属冶炼及压延加工业规模以上工业单位增加值能耗 8.54 万吨，增长 4.9%。

从数据对比来看，黑色金属工业总耗能绝对数和单位增加值能耗均比上年有所增长。经分析，主要应为 3 个方面的原因：一是主要产品产量的增长，尤其是铁合金产量翻番，拉动能源消费总量增长；二是铁合金行业技术装备总体相对落后，节能减排水平有待提高；三是钢铁行业兼并重组推进困难，大型节能减排项目难以实施。

按照国家下达的任务，2012 年全省黑色金属行业淘汰 1 座 360 立方米高炉、20 万吨落后炼铁产能，2 座 30 吨电炉、50 万吨落后炼钢产能，6 座 6300 千伏安矿热炉、3.6 万吨落后铁合金产能。

【固定资产投资】 2012 年，全省黑色金属工业完成投资 128.73 亿元，比上年增长 6.2%；占原材料工业投资的 14.6%，占全部工业投资（不含电力）的 7.7%，比重略有下降。其中昆钢控股完成投资 51.5 亿元，昆钢新区 185 万吨项目、红钢 60 万吨型材项目、玉钢 260 平米烧结机项目、矿山提质降尾项目、大红山管道复线，楚雄土官、攀枝花钛锭项目等一批重点项目相继建成；临沧矿业年产 300 万吨采选项目、玉钢综合原料场工程、昆钢科技大厦、新区管道、玉钢管道等项目按计划有序推进。

【高强钢筋推广】 2012 年 3 月，云南省被住建部、工信部确定为全国推广应用高强钢筋示范省份。按照示范工作的要求，省工信委会同省住建厅编制了《云南省推广应用高强钢筋示范工作实施方案》，经省政府同意后下发，明确武钢集团昆钢股份、云南德胜钢铁有限公司、云南玉溪玉昆钢铁集团有限公司、云南玉溪仙福钢铁（集团）有限公司、云南曲靖呈钢钢铁（集团）有限公司、安宁市永昌钢铁有限公司、昆明市巨利达钢铁有限公司、大理大钢钢铁有限公司 8 户企业作为全省推广应用高强钢筋示范生产企业，并提出了"到 2013 年底，示范生产企业高强钢筋产量占自产热轧带肋钢筋产量的 75%以上，确保全省高强钢筋生产比例达到 70%以上"的示范工作目标。2012 年，8 户示范生产企业生产热轧带肋钢筋 1055 万吨，占全省钢材产量的 65.9%，销量 1034 万吨，产销率 98%；高强钢筋产量 793 万吨（其中 500MPa 级 30 万吨），销量 774 万吨，产销率 97.6%，示范企业高强钢筋产量占热轧带肋钢筋产量的比例达到 75.16%，提前实现了示范企业的目标任务，为全省示范工作的开展提供了有力的原料保障，取得了良好成效。

【重点企业生产情况】 2012 年，昆钢控股全年生产粗钢 655 万吨、生铁 661 万吨、钢材 678 万吨、铁成品矿 764 万吨、焦炭 307 万吨、水泥 1000 万吨，比上年分别增长 8.47%、12.65%、1.69%、21.21%、–5.76%、13.13%。云南德胜钢铁有限公司生产生铁 134.35 万吨，增长 1.82%；粗钢 142.14

万吨，增长1.52%；钢材141.75万吨，增长2.9%。文山斗南锰业有限公司生产原矿石48万吨，下降1.78%；锰系合金实物量21.75万吨增长5.17%；磁选精矿12.81万吨，下降4.77%；高锰酸钾3300吨，下降12.93%。

（杞耀光）

有色金属工业

2012年，在市场需求疲软、产品价格下滑、生产成本上升的“三重压力”下，十种有色金属产量增速回落，企业利润下滑，但全行业仍然保持着淘汰落后、装备提升、技术升级的调整强基发展势头。

【产品产量】 2012年，全省生产十种有色金属288万吨，比上年增长6.4%；占全国产量7.8%，位居全国第三位。其中:铜44.9万吨，增长15%；占全国产量7.4%，增速高于全国4.2个百分点。原铝89.5万吨，增长1.3%；占全国产量4.5%，增速低于全国11.9个百分点。锌86.5万吨，下降3.6%；占全国产量17.8%，增速高于全国2个百分点。铅55.8万吨，增长29.3%；占全国产量12%，增速高于全国20个百分点。锡8.7万吨，增长13.5%；占全国产量58.8%，增速高于全国18.6个百分点。锑2.5万吨，下降11.5%。回收生产铟128吨、锗62吨、黄金27.2吨、稀土氧化物（REO）146吨。有色金属冶炼加工业产品产销率93.2%，下降1.2个百分点。

全年全省生产铜精矿含铜27.9万吨，比上年增长4%，原料自给率62.1%；铅精矿含铅20.6万吨，增长78.7%，原料自给率36.9%；锌精矿含锌61.5万吨，增长18.9%，原料自给率71.1%；锡精矿含锡4.8万吨，增长15.9%，原料自给率55.2%；钨精矿折合量5217吨，增长9.1%。

【经济效益】 受境内外市场需求不振以及市场供过于求的影响，2012年有色金属价格低位振荡。从全年看，国内铜、铝、铅、锌现货年均价分别为5.74万元/吨、1.57万/吨、1.54万元/吨、1.52万元/吨，分别下降13.6%、7.2%、6.5%、9.9%。2012年，全省有色金属行业实现主营业务收入1703亿元，增长21.6%；完成工业增加值404.4亿元，增长20.6%，占全省规模以上工业增加值13.1%；实现利税107亿元，利润56.5亿元。其中，采选业实现利税41.7亿元，下降13.7%；实现利润23.7亿元，下降22.1%。有色冶炼及压延加工业实现利税65.3亿元，下降34.7%；实现利润32.8亿元，下降53.7%。

【项目投资】 2012年，全行业完成固定资产投资254.7亿元，比上年增长14.9%，增幅比上年回落9.6个百分点。3户重点企业云南冶金集团股份有限公司、云南锡业集团（控股）有限责任公司、云南铜业(集团)有限公司，合计投资137.7亿元，超额完成年初下达的目标任务，占全省有色金属行业投资的54%，占全省工业投资（不含电力）的8.3%。

重点项目中，云铝股份文山80万吨氧化铝、云锡股份10万吨精炼铜、祥云中天1万吨精锑等项目建成投产。驰宏锌锗会泽16万吨铅锌、贵研催化汽车尾气催化剂产业升级、云南冶金集团50万吨高强铝合金板带材、云铜异地搬迁、黄金矿业滇金基地建设等项目正稳步推进。

【结构调整】 2012年，龙头企业带动力强。全省铜、铝、锡等行业产业集中度较高。云铜集团（省内）生产精炼铜32万吨，占全省精炼铜产量的71%；云南冶金集团和云南东源煤业集团2家公司原铝产量占全省总产量的99%；云锡集团生产锡产品5.6万吨，占全省产量的64%。产业结构调整优化。产业链继续延伸，铜、铝、锡材加工已逐步向高精度、高性能、环保、节能方向发展。钛、镍、镁等新有色金属品种开始起步发展，填补了省内相关产业空白。其中，云南钛业是国内首家走“钢—钛”结合生产钛卷的企业，宽幅冷轧钛卷已实现产业化，成为我国钛材生产加工领域的新兴力量。行业整合有序推进。中国五矿集团兼并收购云龙稀土开发有限公司的整合工作已经完成，年度指令性稀土氧化物开采指标已由国家合并中国五矿集团下达。以云南奥斯迪龙矿业产业开发有限公司及其稀土氧化物冶炼分离、稀土新材料项目为主体的云南省稀土产业产业集团已通过工商行政注册，并由国家工信部见证在哈尔滨第二届中国新材料博览会上同中国南方稀土产业集团签订了战略合作协议。全省2个稀土资源开发企业已纳入国家要求的整合范围，并正在加快稀土产业链融合、区域一体化格局的推进。节能降耗压力增大。全行业淘汰5台鼓风炉4.6万吨粗铜、1条80千安预焙槽7600吨电解铝、1台鼓风炉4000吨粗铅、14条装置

9.9 万吨氧化锌，全面完成年度淘汰落后产能任务，降低了能源消耗水平。全行业消耗能源 1047 万吨标准煤，单位工业增加值消耗 2.59 吨标准煤。尽管同 2011 年相比下降 10.4%，但随着大规模冶炼项目的投产，节能降耗的压力仍然巨大。

【行业管理】 围绕省政府“稳增长冲万亿促跨越”总体部署以及原材料行业调结构转方式要求，着重开展贯彻“十二五”有色规划、钨锡锑行业准入公告、铝企业资源能源通报、稀土行业整合重组、稀有金属指令性生产计划下达、协调重点项目推进以及行业产业政策认定等重点工作。

黄金工业

2012 年，受到全球经济不景气以及美元强势震荡打压影响，金价温和调整，但全球市场保持宽松的货币政策也对其构成支撑作用。云南黄金产量再创新高，产业集中度进一步提升，全行业呈现健康发展态势。

【黄金价格】 相对于 2011 年，2012 年黄金走势相对温和。年初国际黄金开盘价 1560.09 美元/盎司，最低触及 1527 美元/盎司，第三季度受市场提振影响走势相对强势，第四季度触及年内新高 1795 美元/盎司之后展开调整。全年黄金价格处于调整阶段，均价 1666 美元/盎司，年均涨幅 6%，比 2011 年涨幅回落 4 个点。

【黄金产量】 2012 年，全省黄金产量 27.14 吨，再创历史新高，占全国 403.1 吨总产量的 6.7%，比上年增长 4.7%，位列山东、河南、江西之后，排名全国第四位。其中，全省矿产金产量 19.5 吨，与上年基本持平，冶炼副产金 7.6 吨，增长 20.6%。全省黄金企业累计实现工业总产值 140 亿元，实现利润 30 亿元。

【产业结构调整】 全省前 5 家黄金生产企业产金 19.72 吨，占全省黄金总产量 72.8%。其中，云南黄金矿业集团股份有限公司全年自产金 9.15 吨，云南铜业股份公司副产黄金 7.59 吨，2 家产金量占全省黄金产量近 2/3，龙头企业的辐射带动能力进一步增强。

【绿色矿山建设】 目前，云南省探明黄金保有矿产资源量在 500 吨以上，具有合法黄金矿产开采企业 32 户，年处理原矿能力达到 600 万吨，7 个年产 1 吨以上的绿色黄金矿山基本建成。通过技术进步和加大环保投入，行业“三废”排放达标率、矿山生态环境修复率逐年提高，大型矿山含氰废水、工业废水、生活废水实现了循环利用。

【技术和装备水平】 生物氧化、原矿焙烧、尾矿资源综合利用等技术实现产业化，部分工艺及指标达到了国内领先水平，低品位、难选冶金矿资源金的回收率提高到 70%以上，勘查水平不断提高，找矿新方法得到广泛应用。大型铲运机、气体反循环钻机、电动液压采矿凿岩机等高效节能设备已得到应用。

【行业协调管理】 在工业和信息化部《关于促进黄金行业持续健康发展的指导意见》的引导下，各级黄金行业主管部门通过强化对黄金行业产业政策、规划、标准的监督执行，充分发挥协会在信息交流、信息统计等方面作用，组织推广先进技术，加强行业自律，维护市场秩序，提高行业整体竞争力。

（张坤华）

国防科技工业

【概 述】 2012 年，云南国防科技工业完成工业总产值 105 亿元、营业收入 127.3 亿元、工业增加值 37.9 亿元、利润总额 11.8 亿元，比上年分别增长 5.8%、4.7%、9%、下降 13.4%。其中地方军工完成工业总产值 42.3 亿元、营业收入 66 亿元、工业增加值 17 亿元、利润总额 7.4 亿元，分别增长 2.2%、0.7%、0.5%、下降 21%。“稳增长、冲目标、促跨越”工作初现成效。

【军民融合产业】 2012 年，新培育形成一批有比较优势、规模效益和竞争力的产业。昆船公司机场行李分拣系统和新研制的城市垃圾分拣处理成套设备在昆明长水机场运行良好；750 场海底管道监测与安全防护系统、705 所昆明分部空气治理和风电互补发电等新技术研制实现产业化；北方夜视建成国内有较强影响力的红外锗材料生产基地；航天公司的节能燃烧技术在后勤装备和民用市场上呈现良好发展势头；核工业两地质队的大地质产业快速发展，209 队地质找矿成果显著，成功找到控制储量在20万吨以上的建水稀土多金属矿，实体矿业发展起步；模三公司烟草农机、机二公司矿用液压支柱系列产品等新产品开发成果明显；设计院成功申报安全评价、民爆设计、工程咨询等多项资质，拓展了相关咨询业务；军民结合产业集聚发展的基地园区经济模式初步形成，依托民爆发展多元经济取得新进展。

军民融合重点项目建设进展顺利。“航天科工云南节能及应急保障装备产业园区建设项目”已列入国务院国资委专项计划，安化军民结合产业基地已获省工信委批准；安化总厂5.1万吨/年乳化炸药生产线搬迁、燃一公司基础雷管装填自动化生产线、云开股份中低压开关生产线等一批技改项目基本建成并投入试生产，贵州乐呵新增1.8万吨/年乳化炸药技改、燃二玻璃瓶4期生产线恢复建设、8400万袋/年软袋输液项目等项目进展顺利。

科技创新和质量品牌建设成效显著。组织实施了25项科技创新项目计划，研制项目进展顺利，其中7项目通过技术鉴定及科技成果验收。乳化炸药机器人全自动包装技术、数码电子雷管及基础雷管装填技术、新型降雨火箭、新型环保开关、矿用液压支柱等一批科技成果将对企业产品结构调整和技术进步产生积极的推动作用。安化、机三、云开正式确定为省科技厅创新型企业，西仪股份、云开股份被认定为云南省工程技术研究中心，模三公司与中国农大等知名科研院所通过“科技入滇”平台成功合作共建“云南省特色农业装备工程研发技术中心”。

【改革调整和经济合作】 2012年，改革调整有所突破。地方军工曲靖3户破产企业经过多年的艰苦努力，终于完成破产重组工作，法律程序终结，重组后新公司运行良好；航天公司实行改制后100%股权注入中国航天汽车有限责任公司，公司以改制为契机，将划拨土地转变为授权经营地；北方夜视科技集团通过改革调整，清晰了集团母子管控模式，构建了“管理、科研、技能”不同领域人才相同的发展成长通道；云开股份将量大面广的低压开关产品独立成立子公司，探索灵活有效的经营模式。

2012年，云南省政府与国家国防科工局及军工集团签署了战略合作框架协议，这是央企入滇、中央军工与地方经济融合发展的又一次战略机遇和发展平台，为云南省与国家国防科工局以及军工集团的进一步合作提供了广阔的空间。云南民爆集团对外合作取得新进展，与澳大利亚ATE公司签订合资备忘录，与柬埔寨金晟公司签订合作协议。模二公司、209队、海云公司与东南亚、南亚国家的合资合作、经贸合作、技贸合作取得了实质性进展。

【行业管理】 2012年，完成国家国防科工局委托给云南国防科工局的军工行业监管、协调与服务事项。在全体工作人员的共同努力下，加强了民爆行业生产、销售等环节的监管；武器装备科研生产许可、民爆生产销售许可、保密资格审查等管理工作得到强化和完善；加强对省属军工国有资产保重增值的监管，研究制定省属军工国有资产保值增值绩效考核办法，强化了对经营者的绩效考核和离任审计；加大安全生产监管力度，安全生产责任落实较好，安全生产标准化建设进展顺利，现场安全管理和责任追究得到加强，“打非治违”和隐患排查治理专项行动效果明显，全年未发生较大及较大以上生产安全事故；加大安全保密监管力度，确保了全年无失泄密事件发生。

【党建工作】 2012年，各单位结合贯彻落实党的十八大精神，加强干部职工的思想教育与理论学习，在局机关开展形式多样的学习交流、头脑风暴活动。以各级党委中心组学习为重点的理论学习制度得到坚持，通过培训基层党组织书记、抓好基层党支部“五个一”建设和继续深化“创先争优”活动，基层党组织在服务群众、凝聚人心、推动发展、共创和谐中的作用得到加强。破产企业完成重组后，顺利实现了领导班子新老交替，班子建设得到加强。工、青、妇、老干、信访等部门结合自身工作要求，做了大量有成效的工作。以创建和谐企业为抓手，密切关注并及时掌握破产企业职工诉求、安置情况和思想动态，继续开展送温暖、“金秋助学”和职工医疗互助活动。党风廉政建设责任制得到加强，严格执行领导干部报告个人重大事项、述职述廉、诫勉谈话等制度，进一步增强了领导干部廉洁意识和拒腐防变能力。

（徐莉萍）

化学工业

2012年，全省化学工业总体保持了企稳发展的态势。全省规模以上企业（含炼焦业）实现销售收入1112亿元（其中炼焦业244.8亿元，化学原料及化学制品业 867.2 亿元），比上年增长18.7%，成为继有色、黑色金属之后又一超千亿的产业。全行业完成工业增加值249.9亿元（含炼焦业44.6亿元），增长7%，占全省规模以上工业增加值8.1%。全年产值和主要产品产量稳步增长，投资增速继续加快，整体效益下滑明显。

【主要产品产量】 2012年，生产标准磷矿石2681万吨，比上年增长13.8%；标准硫铁矿43万吨，增长17.5%；原盐118万吨，增长17.1%；焦炭1573万吨，下降1.9%；折百硫酸1221万吨，增长1.8%；标准电石76万吨，增长19.3%；黄磷54万吨，增长15.2%；烧碱23万吨，增长15.6%；纯碱15万吨，下降3.5%；聚氯乙烯25万吨，增长14.7%；合成氨237万吨，增长4.5%。其中磷矿、硫酸、湿法硫酸、黄磷产量均创历史新高。化肥产量（折纯）352万吨，增长7.7%（其中磷肥236万吨，增长7.8%；氮肥116万吨，增长7.6%），占全国产量7432万吨的4.7%，增速低于全国3.2个百分点。

【固定资产投资】 2012年，化学工业完成固定资产投资104.3亿元，比上年增长29.8%，增速高于全国2.8个百分点。其中，云天化集团省内完成固定资产投资33.65亿元，煤化工集团完成38亿元。

【整体经济效益】 受国际经济形势复杂、国内经济下行压力加大和行业自身结构性问题影响，基础无机化学原料及合成材料价格降幅较大，行业整体效益下滑明显。2012年全行业实现利税43.1亿元，下降19.4%；利润23.4亿元，下降34.3%。

【产业结构调整】 2012年，云南磷化集团450万吨胶磷矿浮选、天创科技有限公司3万吨电子级磷酸、云天化股份有限公司水富煤代气、云南云维集团有限公司5万吨顺酐等一批促进行业结构调整、优化升级项目建成投产达效。全省淘汰焦炭落后产能245万吨、电石1.25万吨，用2年时间提前完成国家下达“十二五”淘汰落后产能目标。

【节能减排】 2012年，由于市场需求低迷，企业受焦煤价格高企和焦炭价格下跌“两头受压”影响，部分炼焦企业减产保炉，进一步增加了炼焦行业能耗水平；同时，随着磷矿石品质下降，导致能耗水平增加。全省炼焦业、化学原料及化学制品业消耗1518万吨标煤，占全省原材料工业消耗量的29.4%，单位工业增加值耗能6.07吨标煤，比上年增加2.7%。其中，炼焦业消耗267.6万吨标煤，单位工业增加值耗能6吨标煤，增加11.3%；化学原料及制品业消耗1250.5万吨，单位工业增加值耗能6.09吨标煤，增加0.8%。

【重点企业】 2012年，云天化集团实现主营业务收入560.06亿元、工业增加值70.04亿元、利税20.19亿元、利润1.2亿元。主要产品装置保持较高负荷运行，产品产量除尿素、重钙、工业盐及洗衣粉受原料保障、市场需求等因素影响外，均完成年度生产任务的90%以上。2012年新增磷矿资源储量约2.5亿吨。

天安化工实现合成氨装置157天连续运行并创同类壳牌煤气化装置当期最好运行记录，云天化国际和磷化集团黄磷公司获得工信部授予“化工行业重点耗能产品能效领跑者标杆企业”称号。由于能源消费结构的调整，能源消费量同比上升，2012年消耗271.56万吨标煤，比上年增长4.97%，万元产值能耗0.985吨标煤，上升5.57%。

煤化工集团实现主营业务收入302亿元，工业增加值30.96亿元，利税-3.85亿元，利润-14.9亿元。原煤、合成氨、尿素、甲醇、二甲醚等产品产量同比增长，受市场影响电石、聚乙烯醇、焦炭等同比下降明显。先锋化工项目克服重重困难，已全面复工并将在2013年建成投产，该项目对褐煤综合利用具有重要试验示范意义。集团万元产值能耗2.241吨标煤，同比下降30.6%。

云南祥丰金麦化工公司“836”大型磷铵项目投产各段装置运行良好，成为云南磷肥产量的增长点；南磷集团各项装置开车率较高，产量创历史最好水平。

【行业管理】 2012年，根据行业准入条件和能源消耗定额指标，继续对黄磷、电石、合成氨3个行业的生产企业2011年资源能源消耗情况进行了通报，引导载能行业企业开展资源能源消耗对标。最终对1户黄磷、7户电石能耗相对超标，3户黄磷、2户电石数据不真实，以及2户黄磷、2户合成氨未及时填报资源能源消耗情况的企业，分别予以黄牌警告通报。省节能监察中心对黄牌警告企业进行了节能监察。

根据行业准入条件，继续组织开展准入公告申报工作。2012年，云南省有1户企业通过焦化行业准入（第七批）公告，有18户企业通过黄磷行业准入（第一批）公告，占第一批黄磷准入公告企业的50%。

（吴　刚）

盐务管理

【盐业发展概况】 2012年，全省生产原盐116万吨，比上年增加13.9%。其中食用盐39.71万吨，减少3.1%；工业盐76.38万吨，增加25.8%。省内原盐销售70.37万吨，增加13%，其中食盐累计销售32.79万吨，下降8.9%；工业盐累计销售37.6万吨，增加43.5%。省外原盐销售28.78万吨，增加20.1%，其中食盐销售3.99万吨，下降19.6%；工业盐销售24.78万吨，增加30.4%。产品销售收入14.72亿元，上缴税金8590万元，实现工业增加值4.65亿元。

全省合格碘盐食用率97.38%，碘盐覆盖率99.2%，碘盐合格率98.16%，全省95%的县“消除碘缺乏病”成果得到了进一步巩固。

【法规与体制建设】 2012年，围绕《云南省盐业管理条例》贯彻实施，加快了盐业法规配套政策的完善、修改。在对盐业行政许可及监督管理事项进行了重新梳理的基础上，云南省工业和信息化委员会修订了《云南省工业和信息化委员会实施盐业行政许可管理办法》，制定了《制碱工业用盐购销合同备案和制碱工业及其他用盐运输监督管理办法》，进一步规范了盐资源的开发利用，食盐生产、运输、批发及其他用盐经营，制碱工业用盐和其他用盐的监督管理等行为。经省政府法制办审核备案，2个《办法》印发全省执行，为《云南省盐业管理条例》的贯彻实施提供了保障。

2012年，办理盐业行政许可事项1000余件，查处涉盐违法案件131件，没收违法盐产品354吨，罚款6.35万元。

【盐业生产与营销】 按边际贡献最大化原则，组织好装置生产，加强产销衔接。2012年，国家对房地产行业出台抑制房价增长过快的一系列调控措施，PVC需求急剧萎缩，市场供求矛盾加剧，导致氯碱全行业亏损，同时也拖累了上游的工业盐需求连带萎缩，针对严峻的形势，云南盐化股份有限公司积极应对。一是按照产品边际贡献最大化原则适时调整生产计划，竭尽全力减少PVC的产量，加大盐酸、液氯的产量，实现氯碱产品组合的最大边际贡献；二是根据全省食盐、工业盐市场情况，对一平浪盐矿、乔后盐矿、普洱制盐等生产单位重新调整生产布局，按照市场容量、物流配送条件，以销定产，合理组织生产，最大限度地减少物流配送费用，有效地发挥了生产装置的运营效率。在销售方面，加强市场管理，不断拓展市场范围。一是配合政府工信委（局）、工商、公安等政府职能部门，加大对食盐市场的监管力度，严厉打击制假、贩假和损害消费者合法权益的违法行为，全年查处各类涉盐违法案件279起，查获私盐、假盐193.83吨，有效地维护了食盐市场秩序；二是加强与贵州、四川、广西等省（区）盐务管理局和制盐企业的沟通和协作，共同监管周边比邻市场，合理分配销售区域，防止相互串货，联合整顿假盐、私盐对市场的冲击，维护了行业的整体利益；三是加强对基层销售网点和代转批单位的管理，全面推进乡镇食盐经营网点的建设，进一步提升基层网点的服务质量，增强对终端市场和客户的管控能力；四是高度重视客情服务，加强对核心客户培育、服务和管理，在“双赢”、“共赢”的原则下，切实保护客户既得利益，特别是重点客户和核心客户的利益，南磷集团、云维集团、广西田东、新立钛业等一批重点客户已由贸易合作关系向战略合作关系转变，产品市场占有率得到显著提高。2012年在市场低迷、价格大幅下滑的情况下，云南盐化股份有限公司主要产品产销率，除工业盐外，其他产品产销率均保持在90%以上，烧碱、盐酸、液氯销售价格均高于全行业平均水平。

【盐业结构调整】 以《云南省盐业“十二五”规划》统领发展，按照“大力发展以盐为基础、以两碱为主导、以氯碱化工及下游产品为延伸的盐和盐化工产业，全面构建结构优化、布局合理、效益提升的新型盐和盐化工产业体系”的工作思路，积极推进盐业结构调整。云南盐化加大对80万吨制盐装置试生产过程中存在的设备、工艺、安全、环保问题进行全面整改，通过近一年的努力，80 万吨制盐装置基本上实现了达产达标。

【质量管理】 认真贯彻执行食品安全国家标准《食用盐碘含量》(GB26878-2011)。省卫生行政主管部门确定云南为 25mg/kg，和周边的四川、贵州标准相同，于 2012 年 3 月 1 日实施。新标准对产品质量控制带来挑战，设备和工艺等都需要作出相应调整。为保证新标准落实做好新标准食盐的生产和供应，省工业和信息化委员会积极协调和帮助制盐企业调整生产计划，调配相关设备，重组生产流程，按时按质生产出合格的食盐投放市场。2012 年生产新标准食盐 24.5 万吨，销售新标准食盐 22.8 万吨，销售区域覆盖全部乡镇。

为切实加强食盐质量管理，结合制盐企业《定点生产许可证》换证工作，要求食盐定点生产企业在严格企业质量管理的同时，每月上报具有资质的盐产品检验机构出具的检验报告，盐务管理部门组织不定期的巡检。在 8 月中旬组织对昆明盐矿、一平浪盐矿进行了检验，10 月在接受国家工信部派出的专家组的检查考评中，得到了充分的肯定。

【节能减排】 2012 年，制盐企业围绕“十二五”节能减排目标，按照谁主管谁负责的原则，层层分解节能减排目标责任，切实抓好节能减排工作的落实，把节能减排纳入企业责任目标考核体系，与生产经营工作同时部署、同时检查和同时考核，节能减排工作成效明显。2012 年，行业万元产值能耗（可比价）1.56 吨标准煤，烧碱单位产品综合能耗 0.39 吨标准煤，PVC 单位产品综合能耗 0.29 吨标准煤，精制盐单位产品综合能耗 0.14 吨标准煤。全年减少电力消耗 699 万 kwh，一次取水量减少 237 万 M3。云南盐化投资近 3900 万元实施昆明盐矿锅炉烟气脱硫减排项目并顺利启动，预计 2013 年下半年项目建成投产。

（姜　梅）

医药工业

【基本情况】 云南素有“植物王国”、“动物王国”、“药物宝库”等美誉，药用植物有 6559 种，占全国药用植物的 51%，其中植物药材 6157 种、动物药材 372 种、矿物药材 32 种，药材品种的数量和储量居全国之首。丰富的中药材资源和深厚的民族传统医药积淀，形成了云南医药工业近 80%是中药、天然药、民族药生产企业。

“十一五”以来，云南省医药产业保持了年均 20%以上的增长速度，高于全省工业平均增速。

2012 年，医药工业实现产值 277 亿元，比上年增长 28.8%；工业增加值 88 亿元，增长 4.93%；营业收入 339 亿元，增长 26.82%；利润 37 亿元，增长 21.74%。

云南省现有医药工业企业 142 户，规模以上 103 户，规模以下 39 户，分布在除怒江州外的 15 个州（市），主要集中在昆明、玉溪、红河、楚雄、曲靖、大理、文山 7 个州（市）。规模以上企业昆明市有 46 户，占全省的 44.66%；楚雄州 19 户，占全省的 18.44%；玉溪市有 11 户，占全省的 10.68%；大理州、红河州各 5 户，各占全省的 4.85%；文山州 4 户；曲靖市 3 户、保山市、西双版纳州、丽江市各 2 户；昭通市、德宏州、普洱市、临沧市各 1 户；迪庆州没有规模以上企业。

医药工业现有上市公司 4 家，分别是云南白药在深圳证券交易所、昆明制药在上海证券交易所、云南沃森生物技术有限公司在我国创业板市场、昆明圣火在美国纽约证券交易所上市。

【行业管理】 云南省工业和信息化委积极发挥行业管理对医药工业发展的引导作用，根据所编制的《云南省医药工业“十二五”发展规划》和《云南省“十二五”三七产业发展规划》，按照规划提出的发展目标和发展重点，积极支持医药工业依托云南生物资源优势，以市场为导向，科技为支撑，改革为动力，巩固壮大中药、民族药和植物药等优势产品，建设全国的中药、民族药和植物药生产基地，大力发展以生物疫苗为主的生物制药，培育新的经济增长点；加快发展化学药、积极发展保健药品、保健化妆品等大健康产品，延伸产业链；全面构建以中药、民族药和植物药为主，化学药、医疗器械和生物材料为辅，保健药品、保健化妆品等大健康产品为补充，结构合理、全面发展的云南制药工业发展格局。积极推进医药工业企业实施新版 GMP 技术改造，积极鼓励省内外大企业、大集团参与我省医药行业的改革重组，促进云南医药工业的优化升级。

【争取国家支持】 2012 年，为促进云南医药工业的发展，省工业和信息化委积极支持医药工业企业发展壮大，组织企业以大项目带动大发展，充分利用国家大力推进生物医药等战略新兴产业健康发展和产业振兴的机遇，积极会同有关部门精选了昆明灵亚生物科技有限公司的昆明国家生物产业基地灵长类实验动物与临床前评价服务支撑能力建设、中国医学科学院医学生物研究所 sabin 株脊髓灰质炎灭活疫苗等系列疫苗新产品产业化和云南沃森生物技术股份有限公司的系列重大传染病预防用疫苗新产品产业化能力建设 3 项目上报国家，争取国家 2012 年蛋白类生物药和疫苗发展专项补助资金支持；昆明制药集团股份有限公司（蒿甲醚）制剂国际化发展能力建设、滇虹药业集团股份有限公司的首仿药硝酸布康唑等通用名化学药产业化、昆明积大制药有限公司的临床治疗多发性疾病通用名化学药新产品产业化和云南西力生物技术有限公司的大规模综合性化合物库建设四项目上报国家，争取得到国家2012年通用名化学药发展专项补助资金的支持。昆明灵亚生物科技有限公司和云南沃森生物技术股份有限公司得到国家2012年蛋白类生物药和疫苗发展专项补助资金支持；昆明制药集团股份有限公司和云南西力生物技术有限公司得到国家2012年通用名化学药发展专项补助资金的支持。云南生物谷灯盏花药业有限公司产业基地建设和云南云科药业有限公司三七提取生产线 GMP 改造获得国家产业振兴发展专项支持。

为支持药业生产企业建设主要原料生产基地，上报工信部 30 万亩茯苓种植基地建设、3 万亩滇龙胆道地药材规范化生产基地建设和铁皮石斛规范化生产及示范基地建设 3 个项目，争取到 2012 年度国家中药材生产扶持资金支持。

【技术改造和技术进步】 为贯彻落实省政府实施“工业强省”战略，推进云南医药企业技术进步与技术改造，促进医药工业发展，2012 年度支持了云南白药控股有限公司、云南生物谷灯盏花药业有限公司、昆明制药集团股份有限公司、红河千山生物工程有限公司、云南云科药业有限公司、版纳药业有限公司、大理药业股份有限公司和云南怒江州东方大峡谷生物有限公司等医药企业进行技术改造。积极支持云南金泰得三七产业股份有限公司、贵研铂业股份有限公司、云南白药控股有限公司云南汉德生物技术有限公司、昆明圣火药业集团有限公司和云南白药文山七花有限责任公司等企业进行技术中心能力建设和质量提升，争取省级财政补贴，昆明制药集团股份有限公司取得国家级技术中心认定。截至 2012 年云南医药行业有国家级技术中心 4 家、省级技术中心 30 家。

【医药储备工作】 省工信委是云南省医药储备的行政主管部门，为保证灾情、疫情及突发公共事件发生时，对药品、医疗器具、消杀和卫生防护用品的及时有效供应，维护社会稳定，以云南省医药有限公司和云南白药集团股份有限公司中药饮片分公司作为承储企业，建立了云南医药储备制度。截至 2012 年底医药储备品种 23 个大类，204 个品种，其中常用中成药 18 个品种，中药饮片 33 个品种，储备计划资金 1000 万元，实际储备金额 3075 万元。2012 年发运救灾急救储备药品近 100 次、非储备救灾急救近 200 次，重症急救的注射用人免疫球蛋白近 300 次（1 万瓶），灾情、疫情及突发公共事件发生时，对医药储备的有效供应，充分发挥了医药储备的积极作用。

【建议、提案回复工作】 云南医药产业发展是政协委员和人大代表关心的问题，按照《云南省政府关于办理人大代表建议和政协提案的办法》规定办理提案、建议，完成了省第十一届人代会第五次会议 612 号建议《关于加大对云南中医药，民族药扶持力度，建立规范化、集约化种植基地的建议》、第 616 号建议《关于建立云南民族医药文化产业园的建议》和政协云南省第十届委员会第五次会议上集体提出的《大力发展傣药、彝医药产业促进云南民族医药跨越式发展的提案》的答复及提出政协云南省十届五次会议上提出的第 357 号“建议治疗慢性病药品应有大包装”的提案的会办意见。

【网上直报制度】 统计工作是行业管理的重要组成部分，为进一步做好医药行业统计和经济运行监测工作，根据工信部《医药行业统计制度》要求，全国医药行业统计工作采取向“中国医药统计网”网上直报的方式进行。2012 年 4 月，省工信委组织召开“云南省医药工业统计培训会”，特邀请上海医药工业研究院信息中心教师对全省制药工业企业医药工业统计网上直报程序进行再培训。全省 15 个州（市）工信委主管科室负责人、省医药行业协会领导和 85 户制药企业统计人员 110 人参加培训，初步建立了云南网上直报制度，省工信委作为全国医药工业经济运行监测暨统计工作先讲单位受到工信部的表彰。

【大事记】

●云南白药集团股份有限公司荣获云南省第一批"云南老字号"企业称号；被认定为云南省第一批知识产权优势企业；首次入选2012中国绿公司百强榜；连续第四次入选"年度中国上市公司市值管理百佳榜"。荣获2012年国家科学技术进步奖一等奖，填补了我国中医药行业国家科技进步一等奖近10年的空缺。荣获昆明市市长质量奖。

●昆明制药集团股份有限公司获第五批"国家创新型试点企业"称号，"络泰"商标被认定为中国驰名商标，成为云南省唯一同时拥有2件中国驰名商标的企业；2012年10月26日，昆明制药集团"高技术针剂示范项目"开工仪式在昆明制药集团制造中心举行；2012年11月16日，第十九批国家认定企业技术中心落户昆明制药，标志着昆明制药的技术创新能力正式晋级"国家队"。

●2012年云南沃森生物技术股份有限公司并购河北大安、上海丰茂、上海泽润，完成了"大生物"的产业布局。2012年6月公司的Hib疫苗正式出口菲律宾。

●昆明龙津药业股份有限公司在呈贡马金铺高新技术产业园区投资3亿元新建的注射用灯盏花素生产基地一期工程于2012年底已完成土建和部分设备安装，新生产线系采用国际最先进的制药机械组装、全自动在线灭菌和在线检测技术。

●2012年7月，经过云南省院士专家工作站管理委员会评审通过，由云南云药科技股份有限公司承建的"云南省王永炎院士工作站"正式挂牌成立。

●2012年11月30日，云南医药工业股份有限公司在昆明高新技术产业基地（马金铺）举行"云南植物药工业园项目"开工奠基仪式。

（徐秀华）

铁路建设

【铁路建设】 2012年，昆明铁路局管内在建项目12个（仁丽铁路、玉蒙铁路、蒙河铁路、大瑞铁路、昆明东南环线、云桂铁路、沪昆客专、六沾复线、广昆复线、昆玉扩能、广大扩能、昆明枢纽改造），完成建设投资171.16亿元，比上年增加62.33亿元，增长57.27%。玉蒙铁路、六沾复线建成通车，广大铁路扩能改造项目进入实质性建设阶段，成昆铁路广通至永仁段扩能改造工程、大瑞铁路保瑞段、丽香铁路、玉溪至磨憨铁路等项目前期工作全力推进。

【六沾复线建设】 11月26日，沾益站与盘西线、疏解线拨接开通，沪昆铁路六盘水至沾益复线昆明铁路局管段全线竣工。

六盘水至沾益段铁路是中国铁路网"八纵八横"主通道中沪昆通道的重要组成部分，是云南与中南、华东地区物资、人员交流的主要通道，东起贵州六盘水车站，向西途经水城、威宁、宣威、沾益等县（市），全长212.22公里，为国家Ⅰ级双线自动闭塞电气化铁路，设计时速每小时160公里。昆明铁路局管段东起云南省东北部凤凰山，西至曲靖市沾益站，全长102.2公里，2006年11月27日举行建设动员大会，2007年9月11日开工，由于线路途经顺层滑坡、危岩落石、煤层瓦斯等地质条件复杂地带，施工难度较大，工程历时5年零2个月，超批准竣工时间1年零2月。

按照"全面推进、分段建成、分段开通"的原则，2010年9月6日，炎方至松林段双线正线及区间自闭开通，至2011年10月，松林至曲靖段、龙津沟至炎方段相继开通； 2012年5月7日，凤凰山至龙津沟双线自闭开通，昆明铁路局管段曲靖至凤凰山实现双线自闭开通目标。线路开通后，向西与2007年4月15日开通的沾益至昆明复线铁路连接，构筑起云南第一条入滇复线电气化铁路大通道；向东待凤凰山至六盘水段复线铁路开通后，沪昆铁路将贯通成为一条大能力铁路运输通道。届时，沪昆通道运输能力将提高3倍以上，年输送能力由客车每日9对、货运每年1587万吨分别提高至每日34对、每年5781万吨，对促进云南桥头堡建设，推进西部大开发战略实施，加强云贵两省与其它地区经济社会发展交流，完善区际运输通道发挥重要作用。

【玉蒙铁路】 2012年9月20日，玉蒙线实施模拟营业线运行，路局综合检测车从玉溪南站以平均每小时80公里速度运行至蒙自北站，1小时38分后安全到达，玉蒙铁路具备开通试运营条件。9月26日，玉蒙铁路首趟货物列车从蒙自北站发出，玉蒙铁路全线建成并投入试运营，铁路由工程线向营业线顺利过渡。

玉蒙铁路为国铁Ⅰ级电气化单线铁路，从既有昆玉铁路玉溪南站接轨，经玉溪市、通海县、建水县、个旧市至蒙自市，全长141.07公里，设桥梁59座1.95万延长米，隧道35座5.36万延长米，速度目标值120公里/小时，投资概算44.69亿元，2005年12月15日开工建设，预计工期4年，因沿线地质条件复杂等原因，致工期推迟，最后批准竣工时间为2011年12月31日。由于秀山隧道施工难度较大，为保证工程如期交付，自2011年2月21日起，在线路基础建设基本完成的前提下，采取站后铺架先行一步措施，分别从玉溪南站和蒙自北站向秀山隧道双向推进铺架，线路建设转入铺架阶段。2012年5月1日前，玉溪南站3条既有线封锁改造施工完成，玉蒙铁路北段正式与既有昆玉铁路玉溪南站接轨；8月14日，全线铺轨完成，共架梁639.5孔；12月24日，全长176.74条公里的供电设备集中整治全面完工，玉蒙全线具备电气化通车条件。

【昆枢扩能工程昆阳支线】 2012年5月4日，昆阳支线首孔T梁架设开工，昆明枢纽昆阳支线改造进入铺架阶段；12月30日，中滩站线路拨接及大机捣固施工顺利完成，昆阳支线扩能改造全线贯通，为下步实施电气化改造奠定基础。

昆阳支线为昆明枢纽扩能改造工程的重要组成部分，从读书铺站起至昆阳站，途径昆明市西山区、安宁市、晋宁县，改造范围包括七站六区间，即新建桃花村物流中心、温泉站、读书铺站、白塔村站、中滩站、中谊村站、昆阳站，改造读书铺站至桃花村、桃花村至白塔村站、白塔村站至中滩站、中滩站至中谊村站、中谊村站至昆阳站、温泉站至桃花村，全长39.3公里，为Ⅰ级双线电气化铁路，设计时速100公里，于2009年11月25日开工建设，总投资17.6亿元。建成后，昆阳站南接昆玉铁路，东与新建的昆明东南环线铁路相连，北通过昆阳支线与桃花村、读书铺枢纽站连接，成为玉蒙铁路进入昆明的门户枢纽站。

昆阳支线桃花村站开通运营。11月15日，昆阳支线桃花村站拨接施工开始，拨接施工结束且微机联锁调试完成，车站1道、3道开通，货物列车以每小时45公里时速通过桃花村站，桃花村车站正式开通运营。桃花村站是在建昆明枢纽扩能改造工程昆阳支线读书铺站至白塔村站之间的新增车站，设有2条正线、3条到发线、1条牵出线和4条贯通式货物线以及货物仓库等配套设施，车站开通后，读书铺站至白塔村站18.4公里长区间的列车运行时间得以缩短，区间列车通过能力得到提高，读书铺站枢纽编组压力得到缓解。

【广通至大理铁路】 2012年11月29日，广通至大理铁路扩能改造工程开工动员大会在大理举行，广通至大理段复线正式开工建设。广大铁路扩能改造工程按国家Ⅰ级双线电气化铁路建设，途经楚雄市至大理市，速度目标值200公里/小时，线路全长174.45公里，全线设8个车站，新建桥梁78座、隧道42座，桥隧总长109.88公里，占全线总长的63%，工程概算投资总额139.36亿元，预计于2017年5月竣工。

广大铁路为准轨Ⅱ级合资铁路，1998年6月投入运营，东端与成昆铁路和正在建设的昆广复线接轨，西端与大理至瑞丽铁路、大理至丽江铁路相接，由于线路建设标准低，运输瓶颈现象日益突出。2010年，经国家发改委批准，决定将其作为泛亚铁路西线、滇藏铁路的重要组成部分进行复线改造，扩充线路通过能力。2010年9月10日，建设动员大会举行。线路改造完成后，有利于泛亚铁路网的建设和完善，对提高滇西地区路网对外运输能力，构筑滇西地区与内地交流的主通道，改善综合交通运输体系具有重要意义。

【铁路建设工作会】 2012年8月8日，云南省铁路建设工作会召开，省长李纪恒，铁道部副部长陆东福，省政协主席罗正富出席并讲话。会议由常务副省长李江主持，副省长丁绍祥，省政府铁路建设工作督导组、昆明铁路局、成都铁路局、中铁二院工程集团公司以及省各有关部门、各州（市）领导及相关部门负责人，省属有关企业、中央驻滇有关单位、省工商业联合会各商会负责人参加。会议总结"十一五"以来云南铁路建设取得的成绩和经验，分析当前铁路建设面临的新形势，部署下一步云南铁路建设工作；要求路地双方继续紧密合作，从全局和战略高度，深刻认识加快铁路建设的重要性和紧迫性，合力推进云南铁路建设。会议认为，加快铁路建设，是构建中国连接东南亚、南亚国际大通道，实现桥头堡战略的重要支撑，是扩大投资规模、保持经济平稳较快发展的重要动力，是优化运输结构、有效降低物流成本、扩大对内对外开放的重要举措，各部门、各单位要抢抓难得机遇，着力破解云南铁路建设存在的资金短缺、工程建设难度大、项目实质性开工困难多、项目前期工作推进慢等突出问题和困难，切实加快实质性开工项目的建设进度，争取尚未实质性开工项目尽快实现实质性开工，加快推进规划内项目前期工作；加大省级财政对铁路建设的支持力度，支持云南省铁路投资公司多方筹集资金，加大招商引资力度，吸引和鼓励民间资本、省属大中型企业、中央驻滇企业等投资云南铁路建设，云南省各级政府规定的、与铁路建设相关的收费项目一律免收，建立上下联动、衔接顺畅的工作机制，形成推动铁路建设的强大合力。

（吴立群）

信息化建设

【加快推进桥头堡信息化】 根据省政府对桥头堡信息化建设的工作要求，2012 年，把桥头堡信息化建设摆在突出位置，加强工作的推进力度。

1.组织规划编制。根据省政府对桥头堡信息化建设的工作部署，规划工作于年初启动，经前期充分的调研、研究、论证，9 月份完成了《云南省面向东南亚、南亚区域信息汇集中心专项规划》，同时积极协助省电信公司、省通信管理局完成了《云南省面向东南亚、南亚通信枢纽专项规划》和《宽带云南工程建设专项规划》2 个专项规划的编制，并在 3 个规划的基础上制定了相应的实施方案。经省信息化领导小组会议审议通过并报请省政府批准，2012 年 12 月，省工信委、省通信管理局联合发布3个规划和规划实施方案。规划明确提出了总体目标、阶段目标、主要任务、重点工程，并细化了建设项目，提出了规划投资估算和资金筹措方式。

2.出台配套政策措施。为加快桥头堡信息化建设，将云南建设成为面向东南亚、南亚的通信枢纽和区域信息汇集中心，提升信息化对国家桥头堡战略的支撑能力和保障水平，2012 年 11 月，省政府出台了《云南省政府关于加快桥头堡信息化建设的指导意见》（代拟稿）。意见明确提出了桥头堡信息化建设的指导思想、基本原则，建设目标和主要任务，重点工程和保障措施。

3.制定实施意见。为保障省信息化领导小组会议决定的各项工作任务落实，推动桥头堡信息化建设等各项工作，2012 年 12 月，省信息化领导小组下发了《关于贯彻落实省信息化领导小组会议精神的实施意见》，明确了省信息化领导小组会议提出的主分任务的部门任务分工和工作措施，提出了近期主要工作任务和中期工作任务。

【召开省信息化领导小组会议】 2012 年 9 月 7 日，省信息化领导小组召开第六次全体会议。会上，省长、省信息化领导小组组长李纪恒作了重要讲话，副省长、省信息化领导小组副组长和段琪作了工作安排和部署。会议总结了“十一五”全省信息化工作，研究决定了关于桥头堡信息化、信息产业发展、电子政务建设等一批重要事项。会议审议通过了桥头堡信息化建设 3 个规划、云南省电子政务发展规划（2011 ~ 2015 年）和“十二”省级电子政务建设专项资金安排建议,同意制定出台云南省“彩云工程”行动计划、加快桥头堡信息化建设的指导意见，原则同意开展区域信息汇集中心业务用房和全省信息技术用房前期研究工作、电子政务灾备中心建设前期工作等重大议题。会议强调，要进一步加强组织领导、完善政策措施，加大资金保障、健全管理机制、强化人才保障，努力推动全省信息化建设发展迈上新台阶。

【推动电子政务转型发展】 2012 年，围绕《云南省电子政务发展规划（2011 ~ 2015 后）》提出的“资源共享、业务协同”的目标任务，以提供政府优质、高效的服务为核心，着力推进跨部门综合协同业务系统建设；实施全省政府信息资源整合、共享、开发、利用计划，提高信息资源在促进云南政治、经济、文化、社会等领域中的支撑服务作用；推动全省电子政务向更高阶段转变。一是以主题式建设项目模式，推动开展全省电子政务建设项目大协同。以列入规划的 13 个重大主题为目标，集中解决一批关系重大的全省应用项目。2012 年，启动了“电子口岸大通关服务平台”、“大质量信息服务工程”、“综合交通信息共享服务平台”等 7 个信息化工程的课题研究，推动课题研究进入可研、立项阶段。启动了“人口基础数据共享平台”、“桥头堡旅游公共服务平台”、“文化传播与服务信息平台”等 8 个新研究课题。二是积极开展全省电子政务数据中心、电子政务容灾备份中心前期研究。在充分调研的基础上，研究制定电子政务中心、容灾备份中心建设方案，全面提升电子政务公共支撑、技术服务和运维保障能力。三是推动云南省政务信息资源整合与开发利用，打破部门间信息壁垒，提高信息资源共享水平，重点解决全省政务信息数据大集中、大整合，加强地理空间和自然资源、人口、法人、金融、税收、统计等基础信息资源的开发利用，促进资源共享，推动业务协同。

【政务信息公开】 根据省政府推进投资项目并联审批工作的部署，积极投资项目并联审批平台建设任务。启动了云南省政务服务及投资项目并联审批信息化平台建设项目建设的项目立项、资金申请及设备、系统采购招投标工作。参加了省投资项目审批中心筹备办公室网络建设组工作，参与完成了弱电工程建设、并联审批规范制度拟定等工作任务。2012 年，根据《关于调整省政府信息公开工作主管部门的批复》，“指导监督、协调推进政府信息公开工作”的职责由省工信委调整为省政府办公厅。省工信委认真制定了工作移交计划，顺利将政府信息公开主管部门以及“96128”专线管理工作一并移交给省政府办公厅。为了保证全省工作的连续性，还给州（市）工信委下发了《关于政府信息公开工作调整有关事宜的通知》；对 2013 年及今后全省政府信息公开统一网站、“96128”平台管理，积极向省政府办公厅提出意见建议。

【网络与信息安全】 2012 年，按照科学发展观要求，把握住发展与安全的辩证关系，着眼于实际，不断推进云南信息安全保障体系建设。省政府下发《贯彻落实<国务院加强信息化建设，切实保障网络与信息安全的若干意见>的贯彻实施意见》，加强网络与信息安全的顶层设计，从安全规划、组织机构、检查制度、应急保障、风险评估、等级保护等各方面加强云南信息安全工作。2012 年，统一实施政府部门互联网安全接入工程，增强互联网接入的统一性和安全保障水平。开展全省统一电子政务灾备中心的筹建工作，增强政务系统业务的连续性，满足全省政务数据和信息系统抵御灾害的要求。举办了云南省电子认证与发展研讨班。

（徐益兴）

建筑业

【促进建筑建材房地产业持续健康发展】 针对 2012 年建筑业发展状况，为加快培育产业经济重要增长点，促进全省经济社会平稳较快发展，2012 年 11 月，省政府出台了《云南省政府关于促进建筑建材房地产业持续健康发展的意见》（云政发〔2012〕147 号）；为培育云南省中小微型施工企业，合理调整优化产业结构，起草了《云南省小型建设工程施工项目负责人管理办法》，报省政府法制办备案审批通过后，于 2012 年 12 月 1 日起实行。

【建立建筑业在地行业统计制度】 2012 年，为全面、准确反映全省建筑企业发展状况及对全省经济增长的贡献，为省委、省政府科学决策提供可靠依据，省住房和城乡建设厅积极联合省统计局认真探索研究新形势下云南建筑业在地行业统计制度，2 月经省政府批复，同意建立建筑业在地行业统计制度，在全省开展建筑业在地行业统计工作；2012 年 11 月 23 日和 2012 年 12 月 3 日分别在大理和昆明召开了建筑业在地行业统计试点动员会暨业务培训会，试点工作已全面展开，截至年底，省建筑业建筑业在地行业统计系统研发工作已全部完成。

【小型工程施工项目负责人管理办法】 为培育云南省中小微型施工企业，合理调整优化产业结构，起草了《云南省小型建设工程施工项目负责人管理办法》（省住房和城乡建设厅第41号公告），2012 年 10 月 10 日，经厅第 37 次厅务会议讨论通过，报省政府法制办备案审批通过后，于 2012 年 12 月 1 日起实行。

【建筑市场监管】 2012 年 2 月 29 日，省住房和城乡建设厅在昆明召开了建筑市场监管工作会议，省水利厅、省统计局和省住房城乡建设厅机关相关处室负责人，各州（市）住房城乡建设局分管领导及建管科长，部分国有建筑企业和非公建筑企业领导 239 人参加了会议。

【规范市场秩序】 严格执行有关规定，加强对建筑企业动态监管的常态化管理，逐步规范了建筑市场行为，有效维护了建筑市场秩序。2012 年，对动态监管中不达标的 90 家建筑企业名单进行了公示并责令限期整改，对在 2011 年资质核查中 15 家不达标企业降低资质等级，对 384 家企业注销了企业资质。结合建设领域开展的“打非治违”活动，持续深入开展工程建设领域突出问题专项治理工作，在全省及时开展了房屋建筑和市政工程建设中挂靠借用资质投标，违规出借资质问题专项清理工作，对全省2819家企业，2015个项目进行了专项抽查检查；加强了全省商品混凝土、混凝土预制构件生产企业监督管理，对全省160家商品混凝土生产企业和67家混凝土预制构件生产企业进行了专项检查，进一步规范了企业生产行为，从源头上控制了工程质量。

【企业综合实力】 在严格把好建筑企业准入门槛，努力提高企业素质，切实增强企业核心竞争力的基础上，加强与住房城乡建设部协调，积极指导并做好高资质建筑企业资质就位工作，确保了云南建筑业企业数量，特别是高资质建筑企业数量稳中有增。2012年3月和6月，云南工程建设总承包公司和中国云南路建集团股份有限公司特级资质分别成功就位。目前全省有建筑施工企业3362家（其中特级资质企业2家，一级资质企业180家，二级资质企业1112家，三级资质企业1972家，无等级96家）；监理企业124家（其中综合资质1家，甲级资质26家，乙级资质56家，丙级资质40家，事务所1家）。检测企业211家。入滇备案企业1025家。

【从业人员】 加大对建造师培养力度，有计划地认真做好二级建造师报名审查考试工作，建立执业人员个人信用档案和信用等级评价体系，强化执业资格注册管理，提高社会公信度，提升从业人员素质。2012年，受理二级建造师考试报名4.04万人，审核通过并组织考试3.95万人；办理建造师初始注册及变更、增项、延续等6060人(一级建造师注册受理671人次，审查合格577人)；二级建造师注册受理4686人次，审查合格4041人；监理工程师注册受理703人次，审查合格607人；受理三类人员证书、技术资格证类及特殊工种类变更8185人次。按照《云南省住房和城乡建设行业教育培训管理暂行办法》(云建人〔2011〕548号)和《云南省住房和城乡建设行业教育培训工作实施细则》(云建人〔2012〕69号)要求，建筑市场监管处对照职能，及时制定2012年度培训计划、培训大纲、培训教材和试题库，积极推进建筑业从业人员管理岗、特殊工种和普通工种的培训指导工作。2012年制定49类培训的考试大纲和教材和试题库，批复培训计划202个，完成培训3.62人次。

（张礼孔 关世敏 高 兴 舒春艳 陈 俊）

建材工业

2012年，在省委、省政府的正确领导下，云南建材工业行业牢牢把握新一轮西部大开发和云南建设面向西南开放重要桥头堡战略机遇，积极贯彻稳中求进的方针，有效应对各种不利因素和挑战，行业经济运行保持了快速发展的良好态势，为促进全省经济实现“稳增长、冲万亿、促跨越”的发展目标提供了有力支撑。

【经济运行基本情况】

1.主要产品产量持续增长。2012年，全省纳入全社会统计口径的20种主要建材工业产品生产势头持续向好。其中，16种产品产量平稳较快增长，13种产品产量全年保持了两位数以上增长。

水泥 生产水泥熟料5408.75万吨，比上年增长16.93%。其中，新型干法水泥熟料4362.29万吨，增长24.04%，占全省水泥熟料产量的80.62%，比上年提高4.62个百分点。水泥产量一举突破8000万吨大关，达到8013.83万吨，净增1224.95万吨，增长18.04%。全省主要产区水泥产量：昆明1544.15万吨，增长25.15%；曲靖1242.36万吨，增长3.25%；大理1102.43万吨，增长16.93%；玉溪999.6万吨，增长21.37%。散装水泥供应量2646.04万吨，增长14.88%，散装率33.02%，降低0.03个百分点，与上年基本持平。

水泥制品 全年生产预拌混凝土1544.31万立方米，比上年增长52.99%；预制管桩377.39万米，增长30.24%；压力管40.93公里，增长143.49%；电杆26.24万根，增长60.81%；排水管2994.63公里，下降39.35%。

平板玻璃 平板玻璃产量小幅增长，生产872.61万重量箱，增长2.66%。其中，浮法平板玻璃711.65万重量箱，增长3.49%。

技术玻璃 生产中空玻璃23.02万平方米，增长62.74%；夹层玻璃27.59万平方米，增长7.9%；钢化玻璃134.55万平方米，下降5.29%。

墙体材料 标准砖225.34亿块，瓦13.01亿片，石膏板2941万平方米；分别增长38.16%、17.03%、18.11%。

石材制品 主要石材制品产量稳中有升。生产大理石板材711.41万平方米，花岗石板材2.42万平方米；分别增长12.48%、54.05%。

建筑陶瓷 生产瓷质砖3353.69万平方米，细石砖 1165.39 万平方米，陶质砖 450.83 万平方米；分别增长 0.32%、90.7%、35.26%。

2. 产品价格逐季波动。2012 年以来，全省建材工业产品出厂价格总体保持相对平稳态势。水泥、平板玻璃两大主体产品出厂价格随行就市，逐季波动。1 ~ 12 月，全省通用硅酸盐水泥平均出厂价格（含税）318.28 元/吨，比上年降低 5.13%。浮法平板玻璃每重量箱出厂价格 72.77 元，降低 1.3%。

水泥出厂价格高于全省均价的地区主要有普洱、保山、大理、德宏、版纳、香格里拉等州（市），低于全省均价的地区主要有昆明、曲靖、玉溪、楚雄、红河、文山等州（市）。

3.经济指标总体向好。全省全部主营业务收入在2000 万元以上独立核算（以下简称“规模以上”）建材工业企业完成工业增加值按可比价格计算，同比增长率 17.1%。其中，水泥制造业同比增长率 9.5%。 工业总产值（现价）348.02 亿元，比上年增长 26.11%。其中，水泥制造业 249.42 亿元，增长 19.58%，占全省建材工业总产值的 71.67%；水泥制品业 55.03 亿元，增长 30.56%；平板玻璃制造业 7.72 亿元，增长36.21%；建筑卫生陶瓷制造业 5.82 亿元，增长 56.56%。

产品销售产值 334.37 亿元，增长 24.71%。其中，水泥制造业 241.18 亿元，增长 17.75%，占全省建材工业销售产值的72.13%；水泥制品业 52.89 亿元，增长 35.45%；平板玻璃制造业 7.2 亿元，增长 25.5%；建筑卫生陶瓷制造业 4.9 亿元，增长 43.96%。产品销售率 96.08%，下降 1.08 个百分点。其中，水泥制造业 96.7%，下降 1.5 个百分点；水泥制品业 96.11%，增长 3.47 个百分点；平板玻璃制造业 93.32%，下降 101.28 个百分点；建筑卫生陶瓷制造业 84.52 个百分点，下降 7.39 个百分点。

4.经济效益有所下滑。全省规模以上建材企业全年完成主营业务收入 322.8 亿元，比上年增长 24.59%。其中，水泥制造业 235.61 亿元，增长 16.48%，占全省建材工业主要业务收入的 72.99%；水泥制品业 51.71 亿元，增长 45.46% ；平板玻璃制造业 4.21 亿元，增长 26.31%；建筑卫生陶瓷制造业 4.92 亿元，增长 44.28%。

利润 12.11 亿元，下降 4.85%。其中，水泥制造业 8.14 亿元，下降 26.19%；水泥制品业 1.36 亿元；平板玻璃制造业8900 万元；建筑卫生陶瓷制造业3600 万元，分别增长 102.99%、413.37%、1223.36%。

利税 29.12 亿元，增长 9.97%。其中，水泥制造业 20.66 亿元，下降 5.83%；水泥制品业 4.27 亿元；平板玻璃制造业9400 万元；建筑卫生陶瓷制造业 1.14 亿元，分别增长 67.45%、224.14%、107.14%。

全年全省规模以上建材工业企业亏损 99 户，比上年增加 20 户，亏损面占规上企业数的 37%，亏损额 6.23 亿元，增长 55.75%。其中，水泥制造业亏损 69 户，增加 12 户，亏损面占规上企业数的 46%，亏损额 5.63 亿元，增长 59.94%。面对全行业亏损面增大、困难职工数量增加的严峻形势，为向建材职工送去党和政府的关怀和温暖，切实凝聚起推动行业发展的力量。

【经济运行主要特点】

1.行业投资继续增长。2012 年，全省建材工业固定资产投资平稳增长，砖瓦及建筑砌块制造、石灰和石膏制造、建筑用石加工等子行业投资继续升温。水泥制造业投资连续 3 年高位增长后较快回落。全行业完成固定资产投资 158.69 亿元，比上年增长 12.47%。

在投资结构方面，29%的投资集中在水泥制造业，15%的投资集中在砖瓦及砌块制造业，13%的投资集中在水泥制品制造业。全年水泥制造业完成投资46.41 亿元，下降 26.54%；砖瓦及建筑砌块制造业完成投资 23.22 亿元，增长 258.28%，成为继水泥制造业之后的第二大投资行业。水泥制品制造业完成投资 20.23 亿元，下降 5.25%；建筑用石加工业完成投资14.80 亿元，增长26.39%；石灰和石膏制造业完成投资10.4 亿元，增长 127.93%。

2. 结构调整进一步加快。利用国家鼓励“淘汰机立窑准予保留水泥粉末系统”的政策机遇，加快机立窑水泥熟料生产线的淘汰工作。全年拆除14 条落后水泥熟料生产线，淘汰落后水泥熟料产能 129 万吨。

3.节能减排成效明显。截至 2012 年底，全省有 28 条新型干法水泥熟料生产线配建的余热发电装置投入运行，每年可节约标准煤 34.66 万吨，减少二氧化碳排放86.65 万吨。全省已建日产 4000 吨及以上水泥熟料生产线脱硝装置 7 套，减少氮氧化物排放已初见成效。

4.产业集中度进一步提高。以中国建材集团、昆钢水泥建材集团等大企业（集团）为主体对全省水泥企业进行并购重组、升级改造，产业集中度进一步提高。截至 2012 年底，排名前 5 位水泥企业（集团）的水泥熟料总产能 3629 万吨，占全省水泥熟料总产能的 45.32%；水泥企业平均年生产规模 56.78 万吨。

5.与全国同行业对比情况。2012 年，云南水泥产量在全国和西部排名分别列第12 位和第 3 位，全国排名与上年相比上升 2 位，西部排名与上年齐平；平板玻璃产量在全国和西部排名分别列第 17 位和第 4 位，全国排名与上年相比下滑 1 位，西部排名与上年相比上升 1 位。建材行业投资在全国和西部排名分别列第 24 位和第 8 位，全国排名与上年相比下滑 1 位，西部排名与上年齐平。其中，水泥行业投资在全国和西部排名分别列第 18 位和第 8 位，排名较上年分别靠后 10 位和 4 位（西部排名情况详见表 1、表 2）。

表 1：2012 年云南建材工业主体产品产量西部排名对照表

序号	水泥产量			平板玻璃产量		
	省份	产量（万吨）	增长率（%）	省份	产量（万重量箱）	增长率（%）
1	四川	13418	-1.5	四川	4027	-8.9
2	广西	9964	12.9	陕西	1634	13.3
3	云南	8014	18.04	重庆	1542	29.1
4				云南	873	2.66

表 2：2012 年云南建材行业投资西部排名对照表

序号	建材行业投资			水泥行业投资		
	省份	金额（亿元）	增长率（%）	省份	金额（亿元）	增长率（%）
1	广西	556.64	48.17	新疆	121.31	23.04
2	内蒙	311.22	8.37	内蒙	64.14	-20.88
3	四川	400.49	20.14	陕西	52.70	8.69
4	新疆	267.25	24.39	贵州	52.35	-10.17
5	陕西	240.87	36.36	四川	51.99	-29.54
6	甘肃	192.36	31.57	广西	49.02	-13.48
7	重庆	189.96	7.45	云南	46.41	-26.54
8	云南	158.69	12.47			

【其他主要情况】

1. 技术革新方面。经企业申报，由省建材行业技术革新奖励委员会组织专家评审，评出 2012 年度云南省建材行业技术革新成果一等奖 1 项，鼓励奖 1 项。一等奖：YC 型节能均化搅拌仓（获奖单位：云南省建材科研设计院）。该成果将水泥企业生产环节使用的大型粉料储存均化库由过去的混凝土倒锥结构改进为钢结构的 YC 型节能搅拌仓。该节能型搅拌仓具有防止堵料、扩大仓内容积、延长物料混合搅拌时间、改善物料均化效果、降低能耗的功效。同时，自重轻、施工周期短、节约耗材和成本，在全行业有推广应用的实用价值。鼓励奖：2500t/d 预热预分解系统的改造（获奖单位：云南远东水泥有限责任公司）。该成果针对企业 Φ4m×60m 预热预分解窑烧劣质煤以来产量偏低，分解炉缩口易结皮，窑系统运转率偏低，熟料质量不稳定等现状，采取了一系列有针对性的技术改造措施，使熟料质量稳步提高，混合材掺量进一步加大，取得了较好的节能效果和经济效益，值得同类企业借鉴。

2.院企合作方面。由省硅酸盐学会牵头，省建筑材料科学研究设计院为主体，云南国资水泥红河有限公司、云南云天化国际化工股份有限公司等企业参与研究和编制完成的《改性磷石膏水泥缓凝剂标准》(DB53/T396-2012)，于 2012 年 3 月 15 日发布，5 月 1 日正式实施，为更有效地利用工业废弃物磷石膏提供了技术支撑。云南省蒙自瀛洲水泥有限责任公司与中国建材研究院合作，开发研究完成的“利用冶金化工废渣高效制备水泥熟料的研究与示范”项目，获得2012 年度全国建材行业科技进步二等奖。

3.玻璃深加工取得新进展。全省玻璃行业积极开展节能玻璃技术攻关和节能玻璃推广应用。列入国家火炬计划的云南明泰玻璃股份有限公司年产50万平方米高原型建筑节能玻璃产业化项目、阳光控制中空节能玻璃生产工艺技术攻关项目取得明显进展。2012 年，云南明泰玻璃股份有限公司获得实用新型专利两项，分别为：玻璃性能现场感受柜，专利号 ZL201120456317.8；内空门密码锁，专利号 ZL201120458319.7。

（师　红）

煤炭工业

2012 年，云南煤炭工业战线在省委、省政府及省工信委党组的正确领导下，始终坚持以“三个代表”重要思想、科学发展观为指导，全省煤炭工业发展取得了稳步增长、效益提高的良好成绩，实现了又好又快发展，保障了全省经济社会发展对煤炭的需求，为全省工业跨越发展奠定了良好的基础。

【主要经济指标完成情况】

产品产量 2012年，全省生产原煤1.04亿吨(省统计局数)，比上年增长4.29%；生产洗精煤1272.99万吨，增长18.89%。

产值 2012年全省煤炭行业实现现价工业总产值692.05亿元，比上年增长18.95%；实现现价销售产值703.07亿元，增长19.85%。

商品煤销量 2012年,全省销售商品煤1.19亿吨,增长6.71%,其中累计销往省外商品煤1692.18万吨，下降6.52%。全省商品煤铁路运量523.19万吨，下降22.96%。至12月底全省煤炭生产企业原煤库存为158.6万吨，下降6.7%。

各主要耗煤行业煤炭供应 2012年，全省煤炭生产企业供应电煤2507.43万吨，比上年下降24.55%;供应化工用煤2180.39万吨,增长5.4%;供应冶金用煤1681.77万吨，增长18.03%；供应建材用煤1763.13万吨，增长41.24%。

【安全生产】 2012年，全省煤矿累计发生生产安全死亡事故56起，死亡110人。与上年的79起183人相比,减少23起73人,分别下降29.1%、38.9%。其中：一般事故发生48起，死亡57人，与上年的66起死亡74人相比,减少18起17人，分别下降27.3%、23.0%；较大事故发生7起36人，与上年的11起54人相比，减少4起18人，分别下降36.4%、33.3%；重大及以上事故发生1起，死亡17人，与上年的2起55人相比，减少1起38人，分别下降50%、69.1%。

【煤炭行业管理】

1.切实加强煤炭行业管理。一是严格行业准入。按照国家规定，停止审批30万吨/年以下的高瓦斯矿井、45万吨/年以下的煤与瓦斯突出矿井。2012年批复8户企业开办煤矿准入，共淘汰产能25万吨/年,预计新建总规模为219万吨/年,潜在净增产能194万吨/年。二是加强煤炭生产许可监管。建成云南省煤炭生产许可证资格审查专家库，煤炭生产许可委托专家委员会进行技术审查；组织开展煤炭生产许可行政执法检查，全年行政执法累计150余次，处罚超过1200万元。三是加强煤炭经营监管。认真组织编制了全省煤炭经营企业合理布局和总量调控规划，并将规划控制目标分解到各州市。组织开展了煤炭经营企业经营资格条件依法经营状况全面检查及煤炭经营资格证到期延续审查工作。2012年全省参加全面检查和到期延续审查的企业877户，已通过全面检查和到期延续审查的企业868户，企业申请注销3户,不合格6户;办理申请变更企业120户；新办煤炭经营资格证企业231户。

2.推进煤矿整合技改。批复171个煤矿改扩建项目开展前期工作；核准煤矿改扩建项目52个，能力由266万吨/年增加到771万吨/年；竣工验收改扩建项目20个，能力由163万吨/年增加到363万吨/年。

3.积极保障电煤生产供应。认真落实省政府煤电油运领导小组的指示精神，组织开展加快煤矿复产验收和煤矿复产达产督查工作，最大限度保证电煤生产供应。

4.深入开展煤矿“打非治违”专项行动。制定印发了《云南省工业和信息化委关于集中开展煤炭行业“打非治违”执法专项行动实施意见的通知》，组织开展了春节复产验收、六月安全月、“十一”等关键时段的安全大检查和专项督查，督促落实年产3万吨及以下矿井，年产9万吨及以下的高瓦斯矿井、煤与瓦斯突出矿井、按照煤与瓦斯突出管理的矿井实施停产整顿。

5.着力加强煤矿瓦斯防治。一是审核批复了2011年度全省煤矿瓦斯等级鉴定结果。二是组织编制了《云南省煤矿企业瓦斯防治能力评估管理办法实施意见》,并及时开展全省239个煤矿企业瓦斯防治能力评估工作。三是推进煤矿瓦斯综合治理工作体系建设。四是认真组织开展了2012年度煤矿矿井瓦斯等级鉴定工作和煤与瓦斯突出危险性鉴定工作。五是分解落实2012年煤矿瓦斯事故控制指标、煤矿瓦斯抽采利用目标。

6.大力推进煤矿机械化改造。编制下发了《云南省推进煤矿机械化发展规划》，积极鼓励和引导全省煤矿采用先进适用的新技术、新工艺和新装备，大力推行机械化改造，坚决淘汰落后生产工艺，提高技术装备水平，提升煤矿安全保障能力。

7.切实加强煤炭行业淘汰落后产能工作。省政府办公厅组织召开煤炭淘汰落后产能工作专题协调会议，省级有关部门制定下发了《云南省“十二五”期间煤炭行业淘汰落后产能标准》、《关于下达2012年煤炭行业淘汰落后产能任务的通知》，组织开展了淘汰落后产能现场检查和验收。国家下达淘汰落后产能任务为65处小煤矿、186万吨/年落后产能，实际淘汰61处小煤矿、227万吨/年产能。

8.积极推进全省煤炭企业兼并重组工作。全面贯彻落实《云南省人民政府关于加快推进煤矿企业兼并重组指导意见》，研究制定出台《云南省加快推进煤矿企业兼并重组工作实施方案》，切实推进煤矿企业兼并重组工作。

9.强化煤炭经济运行统计分析。一是按时按质完成各项煤炭统计年报。按照中国煤炭工业协会、国家煤矿安监局、中国煤炭加工利用协会、统计等年报的汇总、审查、上报工作。二是编制完成了2012年各专业统计月报工作。每月及时向有关部门和领导报送《云南煤炭经济运行月报》。云南省统计局的要求，按时按质完成了2011年度综合、地方、生产、多种经营、固定资产投资。三是安排部署2012年年报及2013年定期统计报表。四是对2012年度全省煤炭工业统计3个先进单位及23个先进个人进行了表彰。

10.组织开展全国煤炭工业评先工作。国家人力资源和社会保障部、中国煤炭工业协会表彰了小龙潭矿务局等6个先进集体、李春桥等10个劳动模范和陈代华1个先进工作者。

（何永盛）

•第三产业•

交通运输和邮政业

铁路运输

【概 况】 云南省境内铁路交通运输业由昆明铁路局负责。昆明铁路局属国家铁路运输企业，管辖线路跨越云南、四川、贵州三省，主要负责管辖区域内的旅客乘降和货物运输组织工作。管内铁路有准轨（轨距1435mm）、米轨（1000mm）2种轨距，是全国18个铁路局中唯一准米轨并存的铁路局。管辖沪昆、成昆、南昆3条准轨电气化铁路干线，昆河、蒙宝2条米轨铁路干线，广大、大丽、水红、玉蒙4条合资铁路，昆玉1条地方铁路，羊场、东川、盘西、昆阳、安宁（联络线）、东王6条准轨支线，昆石、昆小、草官3条米轨支线。管内线路总延长4047.8公里（正线2929.1公里），其中国铁3075.9公里（米轨794.7公里）、合资897.8公里、地方74.1公里；线路营业里程2664.8公里，其中国铁1930公里（米轨656.6公里）、合资678.9公里、地方55.9公里；电气化铁路1572.3公里，其中国铁1068.2公里、合资504.1公里。有桥梁1697座211.78万延长米，隧道833座54.84万延长米。设205个车站，其中国铁144个（米轨38个）、合资56个、地方5个；按等级分，特等站1个、一等站1个、配属11台、电力机车272台，国铁配属客车1534辆（准轨1512辆）。下设基层单位42个，其中运输站段18个、运输辅助单位2个，非运输企业9个，其它直属单位13个。全局有职工3.5万余人，固定资产原值575.7亿元。

【铁路运输】 2012年，在国家经济结构深度调整的大背景下，昆明铁路局运输经营主要指标全部完成，超额完成省政府年初下达的出省物资运输任务。全年货物发送5821.9万吨，比上年减少528.8万吨，下降8.3%；旅客发送3016.3万人，增加47.1万人，增长1.6%；换算周转量475.5亿吨公里，增加9.7亿吨公里，增长2.1%，其中货运周转量379.7亿吨公里，增加10亿吨公里，增长2.7%。累计完成云南出省物资运输3503万吨，增加53万吨，超额完成2012年3500万吨的出省物资运输任务。

【春运服务管理】 2012年春运，昆明铁路局以最大限度方便旅客购票为目标，首次推出互联网订票，并试行互联网集中办理学生团体往返票业务。针对农民工乘车集中、购票困难问题，主动上门办理农民工团体往返票，对农民工用工企业或地方劳动部门组织的20人以上的农民工集体乘车申请，给予优先安排。加大窗口售票组织，在昆明站站前广场设置春运临时售票点，开设20个售票窗口；云南省内39个客票代售点与联网车站同步发售各次旅客列车车票，办理互联网售票及电话订票取票工作，全局售票窗口307个，比上年增加55个。发挥多渠道售票优势，按照“电话订票和互联网售票同步，并较人工窗口优先”的原则，电话订票、互联网购票每日15时同步发售第12天客票，车站和代售点窗口每日8时发售第10天客票，通过梯次售票组织，旅客连夜排队购票现象基本消除。

在从购票源头落实便民利民措施的同时，落实“服务是铁路的本质属性”的要求，优化站车服务，对老、幼、病、残、孕等重点旅客实行优先服务、重点照顾，对无人陪伴、行动困难的重点旅客实行站车交接“一条龙”服务；优先保障残疾人购票，普通旅客列车预留4个硬卧下铺（硬卧车不足5辆的预留2个）、5个硬座席位，供行动不便的残疾旅客优先购票使用；预留席位在始发站开车前24小时转入公网发售，但普通旅客列车仍预留2个硬座席位，供途中上车残疾旅客使用。

2012年春运自1月8日开始至2月16日结束，为期40天。针对客流特点，组织增开春运旅客列车，节前开行客车54.5对，同比增加5.5对，节后开行客车52.5对，同比增加4.5对，日均提供运能14.5万座卧（含无座席6.1万），同比增加5000座卧，增长3.6%，增开临客520列、加挂客车2045辆，累计发送旅客384.05万人。其中，发售学生票26.52万张，办理农民工团体票99批3116人。

【实施车票实名制】 针对春运车票一票难求问题，为有效扼制车票倒卖转让行为发生，最大限度解决供需矛盾，自2012年春运开始，昆明铁路局管内昆明、曲靖、大理、丽江等14个车站始发、经停的各次直通快车实行车票实名制，旅客凭居民身份证、户口簿等有效身份证件购买车票，并持车票及购票时使用的乘车人有效身份证件进站，经车站核对相符后方可上车。实施实名制后，旅客一个身份证件每天只能购买一张长途票，火车票票面信息增加旅客有效身份证件号码。

配合实名制的实施，昆明铁路局安排投资，为全局37个车站及58个联网代售点的307个售票窗口配备二代身份证识读仪，在实施车票实名制的14个车站设置36个验证口和28个临时身份证明制证口，每个验证口均配备手持二代身份证识读仪2台，提高实名制验票速度，并满足旅客临时制证需要。

【货运组织改革】 2012年8月15日，昆明铁路局货运电子商务系统投入试运行，成为全路电子商务货运网上受理系统第二家试点单位。该系统利用现代互联网信息技术，实现铁路货运产品网上公开销售，客户通过互联网登录中国铁路客户服务中心网站（www.12306.cn），点击“中国铁路货运电子商务平台”，链接进入昆明铁路局货运电子商务系统，完成注册即可在线提报运输和物流需求，办理相关业务，查询铁路货物运输信息等。9月20日起，按照“网上受理、全程服务、自愿选择、公开透明”的目标，在全局推进实施货运组织改革，试行货运需求网上受理业务，推进“实货制”运输组织方式，拓展全程物流服务，最大限度为货主提供方便快捷的货运服务。“网上受理”即客户可通过互联网办理货运业务，提报运输需求；“全程服务”即客户提报铁路运输需求的同时，可一并提出发、到两端的配套物流需求，得到“门到门”服务；“自愿选择”就是客户既可以通过互联网，也可以到车站营业厅（营业网点）办理业务；“公开透明”就是货物和运输能力直接对接，去掉中间环节，实现自动受理，提高商品流通效率。截至12月31日，全局完成注册客户1210家，网上提报运输需求由8月份的6%跃升至100%。

【货运客户服务中心】 2012年7月8日，成立货运客户服务中心，负责向社会公众提供铁路货物运费、运输期限、运输条件、车站营业范围、专用线办理范围、危险货物办理规定、货运停限装、营业站联系电话等信息查询服务；向货运客户提供承运货物运输状态、在途追踪、在线业务支持等服务；向重点企业提供计划兑现、运量、运费等商务统计服务，实现提高货运服务质量目的。8月4日8时，“12306”货运客户服务电话正式开通，受理全局快运班列信息咨询、投诉和建议业务。

【假日旅客运输】 2011年12月31日至2012年1月3日元旦假日运输期间，增开昆明至曲靖、大理、丽江临客24列，对丽江、重庆等方向列车加挂客车42辆，累计发送旅客31.54万人，同比增加6400人，增长2.1%。其中，直通10.23万人，同比增加1.12万人，增长12.3%；管内21.3万人，同比减少4700人。

4月1日至4日清明节假日运输期间，组织开行昆明至曲靖、宣威、丽江临客37列，对桂林、重庆方向及管内列车加挂扩编，加挂196辆次，累计发送旅客40.68万人，同比增加2.8万人，增长 7.4%。其中直通 11.86 万人，同比减少 2300 人，下降 1.94%；管内 28.82 万人，同比增加 3.03 万人，增长 11.7%。

4 月 28 日至 5 月 1 日“五一”假日运输期间，开行昆明至曲靖、宣威、丽江临客 32 列，对桂林、重庆及管内列车加挂扩编，加挂 356 辆次，累计发送旅客 41.39 万人，同比增加 5100 人，增长 1.3%。其中，直通 12.32 万人，同比减少 3300 人，下降 2.68%；管内 29.07 万人，同比增加 8400 人，增长 3%。

6 月 21 日至 24 日端午节小长假期间，加开昆明至曲靖、丽江旅客列车，累计发送旅客 35.59 万人，同比增长 3.5%。其中，直通 10.54 万人，同比增长 3.6%；管内 25.05 万人，同比增长 3.2%。

7 月 1 日起至 8 月 31 日，暑运共计 62 天，增开长沙至昆明、昆明至丽江、昆明至曲靖、昆明至楚雄间临客 327 列，加挂扩编 5588 辆，累计发送旅客 631.51 万人，同比增加 15.17 万人，增长 2.46%。其中，直通 226.04 万人，同比减少 9.09 万人，下降 4.02%；管内 405.47 万人，同比增加 18.21 万人，增长 4.70%。

9 月 27 日至 10 月 7 日中秋国庆假日运输期间，累计发送旅客 122.27 万人，同比增加 15.39 万人，增长 14.4%。其中，直通 35.3 万人，同比增加 1.27 万人，增长 3.76%；管内 86.97 万人，同比增加 14.12 万人，增长 19.37%。客流高峰日为 9 月 30 日，全局发送旅客 14.88 万人，创历史新高。

【组织“百千”货物列车开行】 2011 年 5 月 11 日 14 时 15 分，按照铁道部“百千”货运列车开行部署，昆明铁路局首趟“百千”列车——昆明东至三水西 81504 次货运快运班列从昆明东站发出，“百千”列车在昆明铁路局正式开行。“百千”列车是指开行 100 列客车化运行，并以高附加值货物运输为主的货运快运班列和 1000 列大宗货物直达班列，是铁道部调整产品结构、适应市场需求、加快转变运输发展方式、提高发展质量和效益的战略性部署。昆明铁路局“百千”列车产品包含昆明东至三水西、王家营西至兰州西等 4 列货运快运班列；柏果至清镇、柏果至水城跨局煤炭直达班列等 10 列跨局直达班列。对“百千”班列，昆明铁路局实行“六优先”运输政策，即优先计划、优先配车、优先装车、优先挂运、优先放行、优先卸车，并纳入旬日历装车方案重点安排，建立“百千”列车统计、分析及考核机制，安排专人盯控班列装车、卸车及运行情况，对未按计划开行的班列，组织重点分析，明确责任并严格考核。

【列车运行图调整】 2012 年，昆明铁路局根据运输需求及运输能力变化情况，2 次调整列车运行图，尽力做到车流与货流、运能与运量的匹配。5 月 10 日零时起，配合“百千战略”货物列车开行，实施新列车运行图。昆明至曲靖（宣威）间新增城际列车 3 对，开行对数增至 10 对；昆明至六盘水、威舍至六盘水、昆明至红果、昆明至大理、昆明至丽江部分旅客列车增加玉舍、都格、营街、大营、栽秧箐、白鸡坡、新哨、上关、楚雄、大理东站等职工通勤停点，解决小站职工回家难问题。7 月 1 日零时起，实施暑期新运行图，新增图定旅客列车 5 对、货物列车 1 对。增开大理至丽江 K9627/8 次1对(长期临客纳入运行图)；昆明至广州东 K1206/7、K1208/5 次 1 对，经由南昆、湘桂、黎湛、河茂、广茂线运行；宣威至曲靖 T9027 /22 次 1 对、昆明至丽江 2 对。昆明至南昌普快 1236/5 次列车等级提高为快速，车次改为 K1236/5 次；新增昆明东至威舍，经沪昆、盘西、威红线运行的直通货物列车 1 对。7 月 1 日 8 时，昆明至广州东 K1026/5 次列车首发仪式在昆明站举行，昆明至广州旅客列车增至 3 对。

【抗震救灾运输】 2013 年 9 月 7 日 11 时 19 分 40 秒，云南省昭通市彝良县、贵州省毕节市威宁县交界处发生 5.7 级地震；12 时 16 分 29 秒，彝良县再次发生 5.6 级地震，由于震源浅，破坏力强，影响范围广，给当地群众生命财产安全造成严重影响。灾情发生后，昆明铁路局快速反应，当天 17 时 33 分，由 17 名乘务人员、9 名餐饮工作人员、4 名检车人员、2 名乘警值乘，云南省政府及有关部门救援人员随同，装载救援食品的“008”次救援专列奔赴昭通地震灾区；9 月 9 日，装载国家民政部调运的 2 万件棉大衣等物资的“抢 86563”次、装运 481 吨汽油的“抢 39068”次、编组 9 辆柴油罐车的“抢 01422”次救灾列车先后运往灾区。此次抗震救灾运输，昆明铁路局按照特事特办的原则，指定专人 24 小时紧盯运输信息，加强物资取送、卸车、出货等环节的沟通协调，确保救灾物资第一时间运达灾区，由于反应迅速，受到铁道部通报表扬。

【鹤庆站客运业务】 2012 年 1 月 16 日，大丽铁路鹤庆站客运业务开通仪式举行，原省纪委书记李汉柏宣布大丽铁路鹤庆站客运业务正式开通运营。鹤庆站是大丽铁路的重要站点，于2011年3月6日开工建设、12月31日全面竣工，站房建筑面积2700平方米，为2层钢架结构，其中候车室面积951.05平方米、售票厅116.19平方米、贵宾室45.94平方米，设有无障碍购票窗口。车站站场设2个站台、1条正线、3条到发线。

【红河号民族文化列车开行】 2012年10月18日，昆明至北京西K472/1次“红河号”民族文化列车开行首发仪式在昆明站举行，11时30分，省委宣传部部长赵金下达指令，K472次列车从昆明站驶出，由昆明铁路局与红河州合作的“红河号”列车正式开行。该列车通过少数民族服饰展演、民族商品服务、民族文化宣传等形式和载体，传播红河民族文化和铁路文化，展示云南区位、资源和文化优势，吸引发展资源和商机，打造路地携手、互促发展、共建和谐的“示范车”。

【客运组织管理】 针对旅客出行需求不旺、直通客流略有下降等现状，加强客流分析预测，优化运能配置和运输产品结构，实施客运精细化管理。充分利用112辆新客车车辆配属到位、沾益至宣威段复线开通运营的新增运力，加大管内重点列车开行组织力度，增加广丽线和昆曲（宣威）城际列车开行对数，广丽线客车增加2对，昆曲宣城际列车增加4对；龙厦线开通后，K232/1次昆明往返厦门旅客列车改经龙漳、厦深线运行，列车编组扩大至18辆；和谐型机车投入使用后，K160次昆明至重庆旅客列车编组扩大至18辆，满足客流增长需求。同时，细化完善客票销售及列车能力，利用日、旬、月分析内容，每日跟踪客流动态，每周提出运能和售票策略调整方案，每月写出分析报告，准确掌握客流变化情况，动态调整列车编组，对客座率低于80%的列车进行减编，避免运能浪费；加大营销宣传，及时将列车短途卧铺优惠、临客增开、票额剩余情况等信息向媒体发布，扩大营销受众面；加大团体、往返、联程票发售组织，在昆明、曲靖等9个客流较大车站开设团体票专窗，在车站受理的团体票继续执行“20免1、每增加10人再免1人”的优惠减免政策，引流上线，实现客运增运增收目标。

【大功率和谐号机车首次运行】 2012年3月27日6时30分，和谐号D3C型机车牵引K110次旅客列车，从昆明开往武昌方向，和谐号机车在昆明铁路局首次投入运用。和谐号D3C型机车由中国北车集团大连机车车辆有限公司生产，是在和谐D3型、和谐D3B型电力机车基础上研制的交流传动六轴干线客货两用电力机车，机车牵引功率7200千瓦，轴功率1200千瓦，最高时速120公里，与昆明铁路局原牵引功率最大的韶山7C型电力机车相比，机车牵引功率增加2400千瓦，轴功率增加400千瓦，列车运行在23‰的上坡道，牵引车辆超过15辆时，一台D3C型机车即可完成牵引任务，而原来除使用韶山3型本务机车牵引外，还需增加一台韶山7C型补机。和谐号D3C型机车采用微机网络控制系统，实现逻辑控制、自动诊断和机车网络重联功能，发生故障系统能够自动诊断。2012年，铁道部配属昆明铁路局和谐号机车39台。

【安全风险管理】 2012年，昆明铁路局在全局范围内推行安全风险管理，加强对安全风险源的研判，构建安全风险控制体系。以既有安全关键控制体系为切入点，从人员、设备、管理、环境4个方面加强识别和研判，确定291个风险源、1310个风险点，明确3422条控制措施、3231条检查考核条款，健全管理体系。在此基础上，修订完善各层次管理层、作业层、各岗位管理职责、工作标准和工作流程，重点突出“干什么事，负什么责，不负责怎么办”的要求，强化安全管理过程控制，实施作业过程和管理过程监督检查和结果评价考核，构建全面、全员、全过程风险控制体系，解决安全管理责任不清、责任不落实，工作环节不完整、交叉反复等问题。对发生的每一件事故、故障，运用风险管理方法进行全面分析，全面查找直接原因、管理根源、潜在风险和风险管理失控环节，并按规定对负有管理责任的干部严格问责，有效促进风险管理行为不断规范，实现安全风险闭环管理。与此同时，引进检查监测设备，发挥设备对现场作业的监控作用，从源头阻断安全风险。在所有机车上安装单司机音像监控装置，对机车运行及乘务员作业全过程实施音视频监控，督促机车乘务员严格执行作业标准；在全局85%的车站行车室安装行车监控设备，在配置有平调设备的车站安装调车语音监控设备，强化接发列车和调车作业安全卡控，达到消除安全风险的目的。截至2012年12月31日，昆明铁路局杜绝旅客列车一般C类及以上、货物列车一般B类及以上责任事故，杜绝从业人员重伤及以上事故，连续实现无责任一般A类及以上铁路交通事故1792天。

【优化米轨及玉蒙线货运布局】 2012年12月30日，昆明铁路局结合玉蒙线9月26日开通试运营实际，调整部分准、米轨车站货运业务。玉蒙线蒙自北站放开货运办理限制，停办建水东、石屏、巡检司3个米轨车站货运业务，关闭大庄、王家营西站办理危险货物运输业务。通过调整，有效缓解米轨铁路运能与运量的矛盾，将部分米轨货源引入玉蒙线运输，实现米轨与准轨新线货运业务的分步优化整合。

（吴立群）

道路运输

【概 述】 2012年，云南省交通运输系统紧紧围绕"南北通道会战年"和"四群教育推进年"活动，全年完成投资464.8亿元，超额完成年度投资任务。高速公路建设：高速公路完成投资230亿元，新增高速公路通车里程197公里，在建高速公路里程915公里。二级公路建设：取消政府还贷二级公路收费工作基本完成，德维、元绿、蛮金等3个项目基本建成。丽江至宁蒗公路、临沧沿边二级公路开工建设。农村公路建设：农村公路完成投资93.9亿元，新改建农村公路1.4万公里，超额完成1万公里目标任务，全省乡镇通畅率达到94%；行政村通畅率、通达率分别达到36%、98%。独龙江公路主体工程基本完成，隧道掘进过半；怒江18座"索改桥"项目全面建成。

交通运输部部长李盛霖到云南考察调研。（普品高 摄）

【省领导重要批示】 2012年2月1日，省委书记秦光荣，省长李纪恒分别对交通运输工作作出重要批示，充分肯定了2011年全省交通运输工作取得的成绩：政府还贷二级公路如期取消收费，交通重点建设项目加快推进，交通运输保障能力不断提升，实现了"十二五"良好开局。希望交通运输系统广大干部职工进一步坚定信心、克难奋进、真抓实干，加快交通运输结构调整，积极稳妥推进交通基础设施建设，突出重点，突破难点，打通卡脖子路段，不断开创全省交通运输工作新的局面。

【南北大通道建设】 2012年1月16日，省政府成立以刘平副省长任指挥长、昆明、昭通、曲靖三市以及省政府相关部门主要领导参与的高北高速公路大通道建设指挥部，加快推进南北大通道建设，打通"断头路"和"卡脖子"路段。南北高速公路大通道（水富—昆明—富宁）北起昭通市水富县，南至文山州富宁县罗村口，是"十二五"国家高速公路网主要组成部分。规划全长1100公里，已建成714公里。为确保3年内全线贯通，省交通运输厅将2012年作为"南北通道会战年"。

【获奖项目】 2012年7月16日，在云南省贯彻全国科技创新大会精神暨2011年度科学技术奖励大会上，省交通运输行业有10个项目获奖。其中 "高原山区路网均衡性研究与应用"获省科技进步一等奖；"公路水路交通运输人力资源平台建设研究与应用"等2个项目获科学进步奖二等奖；另有7个项目获科学进步奖三等奖。

在"国家优质工程奖"设立30周年纪念大会上，云南新街至河口高速公路被评为"2010～2011年度国家优质工程金质奖"和"国家优质工程奖30年经典工程"。

红河州红南二级公路（省交通运输厅提供）

【亚洲最大悬索桥】 2012年5月5日，亚洲最大的高速公路悬索桥—保腾高速公路龙江特大桥开工建设。桥梁全长2470.58米，系双塔单跨钢箱梁悬索桥，保山岸索塔高度为169.69米，腾冲岸索塔高速为129.7米。桥面离江面280米，最高索塔顶到江面470米，主跨长为1196米。项目计划于2014年底前完工。由于该桥技术复杂，该项目的“云南强震山区千米级大跨悬索桥关键技术研究”已列为西部交通科技项目。

【长水机场高速公路】 2012年6月26日，昆明长水机场专用高速公路和机场快速公交基础设施工程通车典礼，28日正式通车。昆明长水国际机场专用高速路全长14.89公里，公路等级为双向8车道高速公路，设计时速为100公里/小时。省委书记秦光荣、中国民用航空局局长李家祥、省长李纪恒、省委副书记仇和、省政协主席罗正富等领导出席通车仪式。

【丽江机场高速公路】 2012年7月26日，丽江机场高速公路举行通车典礼。丽江机场高速公路是丽江高速公路的配套工程，主线全长27.63公里，为滇西北地区首条高速公路，概算投资11.72亿元。项目于2009年12月23日开工建设，提前3个月建成通车。

建设中的大丽高速公路挖色特大桥（杜江荣 摄）

【麻昭高速公路】 2012年8月3日，麻柳湾至昭通高速公路开工。麻昭高速公路是我国高速公路主骨架渝昆、广昆高速公路的重要组成部分，是云南南北大通道建设3个（麻柳湾至昭通、昭通至会泽、待补至功山）拟建项目中里程最长、投资最大、施工较难的项目。规划保留原麻昭二级公路，重新选线新建麻昭高速公路，建设里程107公里，估算投资122.2亿元，设计时速为100公里和80公里，计划于2015年12月完工。省长李纪恒作重要讲话并宣布开工，常务副省长李江、副省长刘平出席仪式。

【楚雄至广通高速公路】 2012年9月26日，楚雄至广通高速公路开工建设。项目起于楚雄市苍岭镇马房，连接已建成的安宁至楚雄高速公路，按双向四车道标准设计，路基宽度24.5米，主线全长16.93公里，概算总投资16.57亿元。

【石锁高速公路】 2012年9月28日，石林至锁龙寺高速公路主线贯通。石锁高速公路是国家“五纵七横”公路交通网络和亚洲公路网A14越南河内—云南昆明—缅甸曼德勒的重要组成部分。起于云南石林，经弥勒、新哨，止于锁龙寺，全长105公里。全线采用双向四车道高速公路标准建设，设计速度100公里/小时。项目于2009年6月开工建设，总投资75亿元。

【昭通至会泽、待补至功山高速公路】 2012年11月23日，昭通至会泽、待补至功山高速公路开工。按照规划，昭通到会泽高速公路在现有高速公路基础加宽扩建，改建里程104.17公里，预算投资70.73亿元，设计时速80公里，双向4车道；待补至功山保留现有汽车专用二级公路，高速公路重新选线新建，规划建设里程67.18公里，桥隧比例占51%，估算投资78.2亿元，设计时速80公里，双向4车道。2条高速公路均由省公路开发投资公司承建，计划3年后完工。省长李纪恒宣布开工并作重要讲话，常务副省长李江、昆明市委书记张田欣、省人大常委会副主任程映萱、副省长刘平出席仪式。

【临沧市沿边二级公路】 2012年8月21日，临沧市沿边二级公路建设在耿马孟定启动。公路起于镇康县龙镇桥，经南伞、耿马孟定、沧源立新、勐省，止于双江小黑江桥，全长320公里，已建成112公里，此次开工建设的3条（段）全长208公里，估算投资43.5亿元。省长李纪恒出席开工仪式并宣布开工，省委副书记仇和、省委常委李培、省人大常委会副主任晏友琼、副省长高树勋出席仪式。

【国庆中秋免收小型客车通行费】 按照国务院有关规定，省交通运输厅向社会发布通告：春节、清明节、劳动节、国庆节等4个国家法定假日以及连休日期间免收7座以下小型客车通行费。2012年为第一个免费节假日，免费时间从9月30日00：00至10月7日24：00。

【客车票价上调】 受成品油价格上涨影响，自2012年4月21日起，全省道路旅客运输基准价中的“旅客运输燃油差价”从之前的0.066元/公里调整为0.076元/公里，旅客每人统一提高0.01元/公里。客运票价由客运站根据实际情况对基准价部分作出上下浮动，最高可上浮20%。城市公交和农村道路客运价格暂不作调整。

【昆明至越南海防国际道路客货运输线路】 2012年8月16日，中国昆明至越南海防国际道路客货运输线路在昆明举行开通仪式，这是云南与越南继开通个旧至文盘、蒙自至文盘、个旧至沙巴等3条国际道路客货运输线路后的第4条国际道路客货运输线路。

【中国河口—越南老街（金城）公路口岸通道】 2012年11月8日，中国河口—越南老街（金城）公路口岸通道开通仪式在河口县举行。这是河口与老街之间的第二条陆路通道。

中国昆明至越南海防国际客货道路运输线路开通。（普品高 摄）

【万人拥有公交车辆近10标台】 2012年，全省每万人拥有公交车辆达到9.74标台，略高于全国平均水平，在全国31个省市中位列第十五位。

水路运输

【水路运输】 2012年，全省完成水路客运量855万人、水路旅客周转量2.02亿人公里，比上年分别增长1.54%、3.11%，完成水路货运量465万吨、水路货物周转量8.71亿吨公里（其中澜沧江—湄公河完成货运量23.19万吨），比上年分别增长5.92%、6.42%；春运期间，全省投入运力4846艘（次），其中包括加班运力62艘（次）。运运送旅客28.55万人，完成客运周转量388.3万人公里，分别增长6.93%、3.87%。完成货物运输6.43万吨，完成货运周转量1061万吨公里，分别增长8.25%、5.1%。全省海事部门投入监督艇146艘（次），监督车224辆（次）。

全省没有发生纳入统计上报的水上交通事故，实现云南水上交通安全形势持续稳定。

【水运建设】 2012年，云南省水路交通基础设施建设完成投资2.45亿元，全省拥有内河航道通航里程3374.76公里，拥有内河运输船舶920艘、11.16万载重吨、1.75万客位、7.81万千瓦功率，拥有内河港口12个，分28个港区、192个泊位。

【《关于贯彻国务院加快长江等内河水运发展意见的实施意见》】 省政府印发2012年7月12日，《云南省政府关于贯彻国务院加快长江等内河水运发展意见的实施意见》正式印发。《意见》以“坚持全面发展、坚持持续发展、坚持协调发展”为基本原则，制定了云南省水运发展目标：到“十二五”期末，全省航道里程达到4000公里，其中，四级以上航道里程增加240公里，五级航道里程达到960公里；全省港口泊位达到220个；全省运输船舶平均吨位比2010年提高50%，全省运输船舶标准化率提升至30%以上，其中，金沙江—长江、右江、澜沧江船型标准化率达到50%以上。《意见》提出构建畅通、高效、平安、绿色的现代化内河水运体系，提高水路运输效率和节能减排能力，提升水运安全保障和应急处置能力。

【澜沧江—湄公河国际航运恢复客运】 2012年1月3日，因“10·5”事件停航4个多月的澜沧江—湄公河客运正式恢复，首批1 4名澳大利亚游客搭乘“金三角2号”客运游艇从云南景洪港起航驶往泰国清盛。按要求，所有在澜沧江—湄公河上运营的货船、客船在出发前都要向澜沧江—湄公河四国联合执法指挥部通报，指挥部根据情况采取相应保护措施。澜沧江曼厅大沙坝航道整治工程竣工验收 4月9~10日，澜沧江曼厅大沙坝航道整治工程在景洪通过竣工验收。该工程于1995年12月开工，2006年建成，完成投资 6306.88 万元，比概算批复节约资金 53.5 万元。经整治建设后，形成了单一航道，航宽 40 米、水深 2.0 米、弯曲半径 500 米、通航保证率 95%，达到五级航道标准，可常年通航 300 吨级船舶。

【省政府颁布实施《云南省乡镇船舶和渡口安全管理办法》】 2012 年 5 月 24 日，云南省政府第 78 次常务会议通过《云南省乡镇船舶和渡口安全管理办法》，并于 7 月 3 日正式公布实施。此《办法》的实施，将有效推进云南水上交通安全特别是乡镇船舶和渡口安全中存在问题的解决。

【澜沧江—湄公河开通成品油运输】 2012 年 10 月 31 日，澜沧江—湄公河成品油试运输首航仪式在西双版纳景洪港举行，国际航运开通成品油运输。担任此项业务的云南云投版纳石化有限责任公司的 120 吨级和 130 吨级的 2 艘船舶开展试运输，目的地为泰国清盛，试运输期限为 1 年，待试运输结束后，再办理正式运输手续。

（刘云建）

邮 政

2012 年,云南邮政企业完成业务总收入 16.52 亿元(不含邮储银行和速递物流有限公司)，比上年增长 15.06%。全省邮政企业完成业务量 12.83 亿元，增长10.32%。全省邮政业务总收入已连续 7 年保持两位数以上的较快增长。在增长的同时，运行质量和效益不断提高。

云南省政府与中国邮政集团公司签署战略合作协议

【函件业务】 2012 年，云南省邮政公司函件业务实现规模与效益双增，全省完成函件业务收入 1.5 亿元，比上年增长 21.03%，业务收入排列全国邮政企业第二十二位，增幅排列全国邮政企业第二位。函件收入占全省邮政业务总收入的 9.06%，其中商函业务收入完成 1.24 亿元，占函件总收入的 82.9%。

【报刊发行业务】 2012 年，邮政报刊发行的主渠道地位不断巩固，全省报刊发行业务收入 2.87 亿元，收入规模居全国邮政企业第十三位，比上年增长 15.39 %，增幅居全国邮政企业第六位。打兔寨、江水地 3 个米轨车站；根据海关要求，调整山腰、河口站中越国际联运相关业务，新增全省 2013 年度报刊大收订流转额 4.6 亿元，完成流转额计划排列全国邮政企业第十七位，期刊占比排列全国邮政企业第十一位。

邮政速递物流服务商家

【教材配送业务】 2012 年，教材发行工作恰逢基础教育课程改革和起始年级教材修订等特殊情况，省邮政公司投入足够的人力和物力，确保了“课前到书、人手一册”服务目标的实现。其中春季发行中学教材 201 种 1920 万册，服务学生约 209 万人，服务学校 2000 多所。秋季发行中学教材 234 种 2340 万册，服务学生约 199 万人，服务学校 2000 多所。在全省 5 个州（市）、26 个县（市、区）开展了图书巡展项目活动，实现图书销售流转额 582.64 万元。

【集邮业务】 2012 年，全省集邮业务持续增长，集邮业务收入自 2011 年首次跨过亿元大关后，呈现良好的发展态势。2012 年全省完成集邮业务收入 1.27 亿元，比上年增长 18.92%，增幅排列全国邮政企业第十三位。全省集邮业务的拓展紧紧围绕社会热点，以市场需求为导向，通过 2013 年新春生肖、中秋国庆、一县一册、共青团建团 90 周年、聂耳诞生 100 周年等主题营销项目的有效开展，呈现出业务发展的规模效应。除常规传统业务稳步发展外，形象年册继续凸显规模效应并实现增值突破，全省申报制作 9.3 万册，实现收入 2532.69 万元，比上年增长 17.47%，实现附加值收入 300.69 万元。新邮预订完成预订金额 2733.78 万元，增长 6.8%。新春生肖项目销售收入 3310.8 万元，增长 47.68%。

【包件业务】 2012年,全省包件业务收入2725.65万元，业务收入排列全国邮政企业第十六位，比上年增长 23.42%，增幅排列全国邮政企业第三位；业务量 91.04 万件，增长 26.31%，净增 18.96 万件。截至年底，全省累计受理学生型爱心包裹 4439 个，学校型爱心包裹 28 个，捐赠金额 50.85 万元，排列全国邮政企业第二十位。全省 7 个受益州（市）所辖的 14 个县收到 4.3 万个学生型爱心包裹和 290 个学校型爱心包裹，其中地震灾区彝良县收到爱心包裹 1.94 万个。

邮政服务昭通地震灾区

【邮政代理金融业务】 2012 年，全省代理金融业务收入 7.48 亿元，比上年净增 7925 万元，增长 11.85%；邮政代理金融业务收入已占到主营业务收入的 46.76%。其中代理邮储银行业务收入 7.11 亿元，汇兑业务收入 2871 万元。截至年底，全省邮政代理金融储蓄存款余额规模 377.2 亿元，全年新增存款余额 52.46 亿元，增长 16.15%；活期存款占比 47.04%，业务结构进一步优化。全省邮政代理储蓄网点销售大理财产品 8.6 亿元（含基金、人民币理财产品、国债）。其中人民币理财产品销量 8.04 亿元；基金认购申购总量 2971 万元，比上年增长 38%。

【代理速递物流业务】 2012 年，全省邮政代理速递物流业务资费收入 2.59 亿元，比上年增长 4.44%，净增 1102 万元。邮政代理速递物流业务实现结算收入 1.58 亿元，收入规模排列全国邮政企业第一位，增长 21.34%，净增 2768 万元，增幅排列全国邮政企业第一位。全省实现同城速递业务收入 6252.22 万元，增长 10.98%；业务量 236 万件，增长 29.82%。标准业务实现收入 1.14 亿元，增长 0.99%。全年“二代证”邮寄业务量 155.94 万件，占公安办证量的 44.67%，实现业务收入 2162.25 万元，增长 24%。累计完成思乡月专项营销收入 2725 万元，增长 24%。代理物流烟草配送项目实现配送收入 3288.52 万元，增长 2.18%。

【电子商务和代理信息业务】 2012 年，克服了邮储短信资费下调和关联交易收入计列方式调整等特殊影响，全省完成业务收入 9861 万元，占全省邮务类业务收入的 14.15%，比上年增长 11.26%，业务收入排列全国邮政企业第十九位。其中代收款业务收入 5101 万元，排列全国邮政企业第四位，专业占比 51.73%；短信业务收入 3578 万元，专业占比 36.28%；代理票务业务收入 349 万元，专业占比 3.54%；代办电信业务收入 410 万元，专业占比 4.16%；其他代理业务收入 423 万元，专业占比 4.29%。短信业务累计收入 3578 万元。其中储蓄短信业务新加办用户 51.25 万户，累计在网用户 135.07 万户；汇兑短信累计收入 168.38 万元；速递短信累计收入 274.91 万元。在代收付业务的发展上，进一步扩大代收卷烟款、代付烤烟款业务的服务领域和服务范围，并积极开发区域性水、电、燃气、税费、数字电视等公用事业费用和交通违章罚款等行政事业代收费业务，全年代收话费 189.09 万笔，交易金额 1.06 亿元；代收水费 31.81 万笔，代收金额 3595.22 万元；代收电费 80.09 万笔，交易金额 1.16 亿元；代收税费 3700 笔，交易金额 318.23 万元；代收数字电视费 3510.76 万元；代充公交卡 169.04 万笔，代充金额 8545.68 万元；代收卷烟款 287.50 万笔，交易金额 117.4 亿元；代付烟叶款 233.51 万笔，交易金额 44.08 亿元。累计销售邮乐卡 401.16 万元，其中团购占比 50%以上。全省累计销售航空客票 4.33 万张，实现业务收入 135.01 万元；销售火车票 7.63 万张，实现业务收入 36.61 万元。累计销售彩票 1545.21 万元，实现业务收入 153.98 万元。

【代理保险业务】 2012 年，全省邮政完成代理新保保费 7.29 亿元（含邮储银行），比上年增长 27.13%，其中邮政渠道代理新保保费 6.69 亿元，增长 32.24%；邮储银行完成 6000 万元，下降 11.2%。云南邮政代理新保保费排列全国邮政企业第二十七位，在全国邮政企业的排位与 2011 年持平。全省各金融渠道累计代理新保保费 32.86 亿元，邮政（包含邮储）代理 7.28 亿元，市场占有率 21.71%，比上年提高 5.69 个百分点。

【机要通信业务】 2012年，全省机要通信业务确保质量和安全。各级部门认真贯彻执行“通信质量第一、政治服务第一、社会效益第一”的指导思想和“保密、安全第一，在保密安全、准确的基础上力求迅速”的工作方针，严格执行“机要通信工作十大纪律”以及“交接验收、勾挑核对、平衡合拢、安全携带”4项基本制度，安全妥善保管国家秘密载体，确保了国家秘密载体传递工作的万无一失，实现全省机要通信质量全红的工作目标。

【邮政服务功能】 1.2012年，认真履行普遍服务义务，继续配合地方政府部门做好空白乡镇邮政网点补建工作，在全省111个邮政局所补建工作中，已投产39个，占补建总数的35.13%；正在开工建设8个，占7.2%；竣工未验收48个，占44.14%；竣工验收未移交12个，占9.9%；已选址未开工4个，占3.6%。对新建、撤销、临时停办业务的普遍服务营业场所，按规定及时履行请示报备手续，继续加强对普遍服务网点的管理力度。全年新增普遍服务营业网点53个，撤销普遍服务营业网点3个。2.在全省邮政企业内组织开展邮政营业能力建设服务达标评比活动，通过“达标评比活动”，云南邮政营业的服务水平和服务环境得到显著提升，收到以管理促发展，以发展促经营的效果。

【企业管理】 2012年，各级邮政企业坚持向管理要效益，从云南邮政的实际出发，以提高运行效率和效益为目标，在推进专业化经营机制的创新和改革的同时，进一步推进精细化管理和推进企业文化建设。通过加强干线运输能力建设，创新运输模式，优化邮件运输与作业计划，提升了全网运行效率。通过抓邮政营业网络建设和网络布局，加快信息网与业务的结合步伐，完善了营销体系，全面提升了企业的管理水平和对经营的支撑能力。

【提升网运支撑能力】 2012年，全省邮政网运工作紧紧围绕“网路运行”向“网络运营”转型的工作目标，组织开展了全省网路结构调整和强化州（市）网路管理试点工作，通过不断优化省内邮政网的网路结构和作业流程，整合邮政资源和延伸中心局服务功能，全面提升了网路运营能力。为扩充省际出口邮件通道，自1月1日起，开通昆明—成都、昆明—南昌、昆明—南京、昆明—郑州、郑州—昆明、成都—昆明等6条一干火车邮路，提高了干线网运行能力和效率、效益。为优化邮政网运生产流程，加快邮件传递速度，相继启动了对曲靖、楚雄等州（市）邮政局的网路结构调整工作。4月17日，开通了昆明—曲靖、昆明—楚雄（一班）、昆明—大理（午班）单程、昆明—凤庆4条汽车邮路。调整了昆明—禄丰、昆明—临沧等15条汽车邮路运行计划。6月1日，开通了昆明—富源、昆明—大姚、楚雄—永仁3条省内干线自办汽车邮路。同时调整了昆明中心局、曲靖、楚雄局邮件发运、接转计划。通过调整，实现干线邮路间、干线邮路与本地网支线邮路间的有效衔接，减少了邮件倒流，加快了邮件传递时限，降低了邮件运输成本，提高了运行双效。6月28日，在昆明长水新机场启用的当天，及时调整了赶发《云南日报》的大理、丽江、普洱、版纳、临沧、文山6条省内航线的作业计划，以加快党报党刊的传递速度，确保党报党刊快速覆盖工程的传递时限。

云南邮政航空邮件处理中心

【云南邮政航空邮件处理中心】 2012年6月28日，随着昆明长水国际机场通航运营，位于长水机场南区的云南邮政航空邮件处理中心也正式投入运行。中心占地面积近100亩，每日邮件处理量15万件，由生产主楼及辅助办公楼组成，其中生产主楼主要分为国际邮件处理区、国内速递邮件处理区、国际快件监管中心、物流处理区等。从昆明进口的全部航空邮件在此直接完成航空邮路与汽车、火车邮路之间的转运，减少了交接环节，极大地提高了邮件的处理时限和管理效率，是继北京、上海、广州后的又一个全国进、出口国际邮件集散处理中心。承担着云南省进、出口国际、国内航空邮件集散处理工作，成为面向东南亚、辐射南亚、连接欧非等地的国际国内邮政速递物流业务航空邮件枢纽集散处理中心。

【发挥信息化引领作用】 2012 年,云南邮政信息网网络支撑能力持续提升，应用系统的使用范围和应用深度不断扩大。截至年底，全省邮政信息网建有 1 个省中心、16 个州（市）中心、1200 多个电子化支局联网网点、828 个储蓄网点，使各级中心局、速递物流公司可通过 1496 条电路连接，并拥有 ATM530 台，POS 机具 2500 多台，在线信息系统 64 套，小型机、存储及 PC 服务器等设备近 200 台，这些设备和设施承载了全省邮政企业各类生产、经营、管理系统，范围涵盖邮务类、邮政金融类、邮政速递物流类三大板块业务领域。 在技术人员的精心维护下，全省邮政企业信息类设备总体运行情况良好，未发生主干设备严重故障，支撑了全省邮政信息网的安全稳定运行。尤其是 ATM 设备管理工作在精细化管理方面取得长足进步，全年云南邮政 ATM 一级完好率达到 99.56%以上，排列全国邮政企业第二位。为保证烟草类业务的拓展，信息技术部门于当年业务高峰期来临前，就完成了代收付烟草款系统优化和代扣烟农贷款功能的测试。并配合各州（市）邮政企业做好代付烟叶款烟农账户的签约工作，确保了烟草业务旺季的技术保障工作。还针对烟草类业务高峰期交易速度和成功率不稳定的情况，积极协调集团项目组，提出优化方案，配合业务部门进行交易监控和差错调整工作。

【人力资源精细化管理】 2012 年，全省邮政人力资源配置工作坚持“总量控制、优化结构、突出效益”的原则，强化用工管理。省邮政公司在加强指导各级邮政企业在损益分析的基础上，有效盘活人力资源，积极开展转岗培训，进一步完善人力资源管理部门与业务部门对新增业务和竞争性业务增员需求的沟通协商及统一审核通道，完善了人力资源管理部门与业务部门在企业发展和改革中相互支撑的和谐平台，有效控制了用工总量，截至年底，全部从业人员控制在指标范围内，新增人员全部用于高效业务、核心能力建设以及金融业务合规管理的需要。机构编制管理工作按照“统一、精简、高效”的原则，不断优化组织架构和管控模式，加强全省邮政企业机构编制的统一、规范管理，认真做好“三个严格控制”。同时与相关部门协调配合、联动推进，将资源的优化配置工作、专业化损益核算、网点损益核算工作等有机结合，全省所有邮政网点在保障普遍服务的基础上，按商业化经营思路进行了优化调整，合理布局，提高了经营效益。薪酬考核工作结合本省实际情况，制定了全省邮政企业 2012 年岗位工资和津贴补贴标准调整实施方案，对合同工岗位工资标准、部分津贴补贴、劳务工劳动报酬标准进行了调整。调整增加了内退人员生活费补助。

【企业能力建设】 2012 年，省邮政公司继续加大业务结构调整力度，有效收入不断增长，实现有效收入同比增长 19.84%，增幅排列全国邮政企业第五位，超过邮政业务收入增幅 4.8 个百分点，企业运营效益明显提升。各州（市）邮政局在保持良好发展势头的同时，努力提高发展质量和效益，收支差额完成情况普遍较好。1.筹措资金加快全网能力建设。2012 年投资计划总额约 1.05 亿元，其中基本建设项目投资 5227 万元，技术改造项目投资 5245 万元。2.通过全面预算管理有力支撑经营发展。重点加强成本费用定额标准体系建设，逐步建立全网成本费用标杆。使收入增长过多依靠业务费和人工成本等直接成本拉动的粗放经营局面得到根本改变。3.完善工效挂钩考核办法。鼓励州（市）邮政局进一步转变发展方式，加快发展速度，不断提高经济质量和效益，通过业务发展来保证新增效益工资的提取。4.推进全面核算。结合专业化进程及重点业务开发情况，推进全面核算工作，重点推进网点损益核算，引导网点管理者算好投入产出账，大力发展高效业务、注重收入质量和经营效益。

【为职工办实事】 2012 年，省邮政公司、省邮政工会继续组织实施为职工办十件实事项目。1.在全面完成 2012 年各项经营指标的基础上，企业一线员工人均收入实现增长 13.9%。2.企业年金工作取得实质性进展，“中人”过渡期补偿方案已经出台，并经民主程序审议通过。全省 9055 名职工参加了企业年金计划，参加率 100%。3.劳务派遣工有关待遇的工作得到落实。全省有 100 名优秀劳务派遣工转为合同用工；2012 年有 3661 名劳务派遣工参加了团体住院补充医疗保险；推进劳务派遣工入会工作，全省有 4563 名劳务派遣工加入工会组织。4.组织 350 名各类先进职工代表进行健康疗休养。5.开展邮政网点经营转型劳动竞赛活动。6.“职工之家”示范点建设工作进展顺利，截至年底，完成 30 个“职工之家”示范点建设工作。7.做好城市投递员之家建设工作。8.全面完成第二届职工素质提升年各项工作。9.完成为职工之家、职工小家、职工书屋增配学习设备的工作，在全省州（市）局、县（市、区）局、支局建立三级远程学习点190个。10.完成工人先锋号等评选表彰活动，评选出“劳动关系和谐企业”5个、“工人先锋号”50个、“明星网点”50个、“优秀个人”100名，并在全省邮政工作会议上进行表彰。

【文明单位建设】 2012年，省邮政公司重视企业的文化建设和精神文明建设，在省委命名表彰的第十三批省级文明单位中，有34个邮政企业获得省级文明单位荣誉称号。截至年底，省邮政公司所辖的邮政企业已建成州（市）级文明行业11个，建成率69%；建成文明单位120个，建成率91%，其中全国文明单位1个、省级文明单位34个，占比为29%；州（市）级文明单位65个，占比为54%；县（区）级文明单位20个，占比为16%；省邮政公司（本部）建成第三批全国文明单位；全省邮政企业建成全国青年文明号集体12个、省级青年文明号集体36个；建成1个交通运输部精神文明示范窗口、20个省级示范窗口。

（高长华 李 恬）

旅游业和批发零售业

旅游业
(云南五大支柱产业之一)

【概 述】 2012年，云南省接待海内外游客2亿多人次，比上年增长20.3%。其中接待海外游客457.84万人次，增长15.8%；接待国内游客1.96亿人次，增长20.2%；组织出境旅游人数46.8万人次，增长48.6%；旅游业总收入1702.5亿元，增长31.2%，是近10年来增幅最快的一年，比全国平均水平高出17.2个百分点，比上年增加近100亿。其中旅游外汇收入194.71亿美元，增长21.04%，国内旅游收入1579.49亿元，增长32.09%；海外旅游者（过夜）花费水平为187.69美元/人天，增加1.1美元/人天；国内游客平均花费543.47元/人天，增长5.76%。其中过夜旅游者平均花费550.87元/人天，一日游平均花费338.18元/人次，人均购物消费156.49元/人天，分别比上年增长6.07%、2.58%、20.9%；国内游客在滇平均停留2.2天，海外游客在滇停留约2天；旅游业增加值650亿元，占GDP的比重约为6.5%。旅游汽车5426辆；接待旅游团队购物会员单位122家；旅游温泉企业227家；直接从事旅游产品生产与服务的人员72万人，其中持有导游证（IC卡）的有2.29万人。

【旅游行业】 截至2012年底，云南省拥有旅行社648家，其中出境游旅行社36家；星级饭店795家，其中五星级饭店17家、四星级饭店75家、三星级饭店234家、二星级饭店400家、一星级饭店69家；A级旅游景区182家，其中5A级旅游景区6家、4A级旅游景区56家、3A级旅游景区40家、2A级旅游景区70家、1A级旅游景区10家；旅游汽车公司72家。

2012年1月21日，全国假日办主任、国家旅游局局长邵琪伟到云南省旅游局视察指导工作。

【旅游产业转型升级】 中青年和中高收入人群成为云南旅游消费的主体。2012年，全省接待总量的66.91%为25～44岁年龄段游客，比上年提高6.88个百分点；45～64岁游客占19.98%，增加0.68个百分点。企事业管理人员、其他职业人员、专业、文教技术人员和服务销售人员占游客比重均在10%以上。工作稳定型和高收入型游客正成为云南旅游市场发展的主要力量。中高端游客比重逐步提高。随着旅游产业结构的不断调整，休闲度假产品的不断丰富，高端旅游产品已逐步成为来滇旅游的重要选择。2012年以观光/游览为目的的游客占游客总量的28.94%，比上年增加了0.31个百分点。其中团队游客中以休闲/度假为目的占26.55%，比上年下降了2.03个百分点，但以会议、商务、文化/体育/科技交流等中高端旅游的团队，上升9.33个百分点，占总量的14.33%。散客中32.33%的游客以休闲度假为目的，比上年上升3.68个百分点。加上会议、商务、文化/体育/科技交流等旅游形式，中高端占46.98%，全省游客结构进一步优化。游客平均花费水平稳步提升。2012年全省海外旅游者（过夜）花费水平187.69美元/人天，比上年增加了1.1美元/人天。口岸入境一日游游客人均花费59.44美元/人，增长5.63%。国内游客平均花费为543.47元/人天，增长5.76%，其中过夜旅游者平均花费550.87元/人天，增长6.07%，一日游平均花费338.18元/人次，增长2.58%，人均购物消费156.49元/人天，增长20.9%。

2012年，国内游客用于长途交通费89.24元/人天，占总花费的16.42%，比上年下降0.67个百分点；人均购物消费156.49元/人天，提高20.9%，带动了相关行业的发展。

2012年4月12日，西双版纳国际旅游度假区项目在景洪市建设开工

【旅游业的带动作用】 1.全省旅游企业经营情况较好。2012年全省平均床位出租率61.99%，比上年提高0.5个百分点，平均房价196.9元，增长2.4%，其中，营业收入过亿元的饭店企业7家以上；全省旅行社累计组织接待国内游客1261万人，增长8.4%，其中接待人数过10万的旅行社企业25家，其中过20万的9家，过50万的3家，过60万的1家；监测的10个4A级以上景区累计接待旅客1761.14万人次，增长4.4%，实现门票收入19.56亿元，增长11%。2.旅游业对相关行业带动日益明显。在旅游业快速发展的推动下，全省与旅游密切相关的其他行业实现了快速发展。2012年，全省航空客运量3200万人次，增长11.6%，其中昆明机场运送旅客2400万人次，增长7.8%；铁路运送旅客3012.3万人次，增长1.48%，其中运送旅游团队人数79.5万人次；全省道路运输完成客运量4.48亿人，旅客周转量470.20亿人公里，增长分别为8.32%、10.75%。水路运输完成客运量855万人，旅客周转量2.02亿人公里，分别增长1.54%、3.12%。全省出入境游客2532.9万人次，增长15.3%，其中，入境游客1283万人次，增长15.7%。以抽样调查游客消费结构数为测算依据，旅游业对全省交通运输业的贡献302亿元，对住宿业的贡献达268.7亿元，对餐饮业的贡献239.9亿元，对娱乐业的贡献136.5亿元，对商品零售业的贡献490.1亿元，游览花费148.8亿元。

2012年2月8日，全省旅游工作会议在昆明召开

2012年8月1日，云南省召开十大历史文化旅游项目推进工作座谈会

【十大历史文化旅游项目】 2012年4月27日省委书记秦光荣在省委九届十二次常委会议上提出建设云南十大历史文化旅游项目的重大战略，确立了昆明古滇国历史文化旅游景区、广南地母历史文化旅游景区、西双版纳南传佛教历史文化旅游景区、大理国历史文化旅游景区、巍山南

诏国历史文化旅游景区、禄丰恐龙历史文化旅游景区、普洱边三县茶祖历史文化旅游景区、澄江古生物化石遗址历史文化旅游景区、元谋古人类历史文化旅游景区、曲靖三国历史文化旅游景区等为“云南十大历史文化旅游项目”。5月，率先启动了十大历史文化旅游项目研究课题，编制完成了10个专题调研报告、1个综合报告和10个策划方案以及《云南省十大历史文化旅游建设项目策划及招商工作实施方案》。8月1日，省委、省政府在昆明召开十大历史文化旅游项目推进工作座谈会，省委书记秦光荣出席会议并作了重要讲话，提出以建设十大历史文化旅游项目为切点，再掀旅游革命，深化旅游“二次创业”。

2012 年 9 月 23 日，全省旅游产业发展大会在大理召开

【昆玉旅游文化产业经济带建设】 2012年7月，省委、省政府制定了《昆明—玉溪旅游文化产业经济带建设工作方案》，明确昆玉旅游带建设总体目标、建设内容。10 月 15 日，省旅游局编制完成了《昆明—玉溪旅游文化产业经济带总体规划纲要》。11 月 28 日，省委书记秦光荣率相关部门负责人专题调研昆玉旅游文化产业经济带规划建设。截至年底，昆玉旅游文化产业经济带项目建设取得重大进展，昆明老街、斗南花卉产业园2个整合提升型项目已启动建设，完成投资 2.04 亿元；昆明云南华侨城、星耀水乡、太阳山国际生态旅游度假区、玉溪玉山城等在建项目推进力度进一步加大，完成投资 41.69 亿元；古滇国、郑和故里、中澳（昆明）体育休闲小镇等 3 个规划建设型项目已启动建设，抚仙湖天湖湾、仙湖山水国际休闲旅游度假区、昆明滇池国际养生养老社区等 6 个项目已完成启动前期工作，完成投资 6.28 亿元；全长 31 公里双向 6 车道的呈—澄高速公路和全长 55 公里双向 4 车道的晋—江高速公路等为代表的基础设施全面启动建设。

【国内旅游】2012 年，全省接待国内旅游者 1.96 亿人次，比上年增长 20.2%，其中过夜游客 1.07 亿人次，增长 18.1%；一日游游客 8932.3 万人次，增长 22.8%。从各月接待情况看，1~12 月全省每个月平均接待国内旅客 1635.9 万人次，同比增长 20.2%。

国内旅游者客源结构进一步优化 1.省外游客比重逐步提高。2012 年，省外游客占全省接待总量的 59.53%，比 2011 年增加了1.95 个百分点，其中四川、北京、重庆、上海、广东和贵州六省（市）的游客是云南主要的省外市场，分别占所有游客的 8.29%、4.85%、4.13%、3.84%、3.34%和 3.01%。2.省内客源市场发展平稳。2012 年本省居民占国内游客总量的 40.47%。其中昆明游客最多，占所有游客的 14.71%。

2012 年 12 月 22 日，云南首届智 · 惠旅游嘉年华活动在昆明金马碧鸡坊正式启动

各州（市）国内旅游市场发展良好 昆明、大理、丽江等传统核心旅游集散地接待国内旅客均超过 1500 万人次，其中昆明接待国内游客 4652.8 万人次，比上年增长 16.3%，位居全省第一。

红色旅游 截至年底，全省境内主要红色旅游资源点有 467 个，其中遗址遗迹类资源 78 个，建筑与设施类资源 311 个，人文活动类资源 78 个。红色旅游资源类型主要以 60 余处红军长征革命历史遗迹和英烈故里为代表，涉及 8 个州（市）、34 个县。其中有 15 个红色旅游景区（点）被列入全国红色旅游经典景区名录之中。全省累计投入红色旅游建设资金 4.53 亿元。争取国家部门支持资金数千万元，国家旅游局 3000 万元用于滇西抗战纪念馆的建设。

乡村旅游 2012 年，积极推进云南旅游特色村的开发建设和各类试点创建工作。截至年底，全省拥有全国特色景观旅游名镇（村）12 个，全国休闲农业与乡村旅游示范县 3 个，全国休闲农业与乡村旅游示范点 9 个，云南省旅游特色村 200 个，云南省少数民族特色村寨保护与发展试点 62 个，云南省休闲农业与乡村旅游示范企业 91 家。全省拥有规模以上乡村旅游接待点4887 个，其中乡村度假村 500 多个，“农家乐” 1449 家，乡村旅馆 928 个，特色餐饮 975 个，乡村旅游购物点 614 个；乡村旅游直接解决就业人员 25.6 万人，间接解决乡村旅游就业人员 61 万人，其中 200 个旅游特色村直接解决就业人员 5.6 万人，间接就业人员 13.8 万人，占全省乡村旅游直接从业人员的 21.87% ，占间接就业人员的 22.63%；全省接待乡村旅游者 5457.22 万人次，年均增长 18.25%，其中 200 个旅游特色村接待 231.55 万人次；乡村旅游总收入 99.5 亿元，年均增长 27.73%，其中 200 个旅游特色村综合收入约 75.95 亿元；省政府累计投入旅游特色村建设财政补助资金 3000 万元，整合各部门的扶持资金 8.07 亿元和民间社会资金 26.77 亿元。

2012 年 4 月 30 日，国家旅游局长邵琪伟一行到普洱考察

假日旅游

“春节”黄金周　2012 年接待游客 744.3 万人次，同比增长 18.9%，占当月接待国内旅客总量的 46.6%。“中秋国庆”黄金周全省接待游客 854.13 万人次，同比增长 35.5%，占 10 月接待国内旅客总量的 40.7%。

小长假短线游　2012 年“元旦”小长假，全省接待游客 240.6 万人次，占当月接待国内旅客总量的 15.1%；“清明节”小长假接待旅客 236.4 万人次，占当月接待国内旅客总量的 14.9%；“端午节”小长假接待旅客 261.6 万人次，占当月接待国内旅客总量的 15.8% ；“五.一”小长假接待旅客 326.9万人次，占当月接待国内旅客总量的 18.7%。

暑期旅游　依托良好的“品牌效应”和气候优势，2012 年暑期旅游再次形成高峰。7～8 月份，全省接待国内游客 3864.1 万人次，占全年接待国内游客总量的 20.2%，同比增长 19.1%，其中实现国内旅游总收入 287.3 亿元，同比增长 36.5%

【国际旅游】

入境旅游市场总体保持快速增长　2012 年，全省累计接待海外入境游客 886.4 万人次，比上年增长 16.1%，其中接待海外旅游者（过夜）457.8 万人次，增长 15.8%，接待口岸入境一日游 428.6 万人次，增长 16.4%。在海外旅游者（过夜）中接待外国游客 330 万人次，增长 17.4%；香港游客 56.4 万人次，增长 7.6%；澳门游客 19.8 万人次，增长 37.6%；台湾游客 51.8 万人次，增长 9%。

主要客源国旅游市场形势喜人　2012 年，全省海外旅游市场在日韩、欧美等发达国家经济不景气的条件下，依然保持了持续上扬的发展态势。其中亚洲客源市场依然保持了两位数的增长，入滇游客 223.7 万人次，比上年增长 17.2%，其中来自东盟十国中的马来西亚、泰国游客量分别为 25.5 万人次、42.8 万人次，增长均超过 10%，东北亚的韩国来滇游客量 30.5 万人次，增长 32.3%；欧洲市场发展迅速，欧洲入滇游客 69.6 万人次，增长 14.7%，其中俄罗斯、瑞典、意大利游客增幅均超过 32%；美洲市场快速增长，全年累计接待美洲游客 24.4 万人次，增长 22.5%，其中美国游客 16.5 万人次，增长 25.7%。大洋洲市场迅速增长，入滇游客 9.5 万人次，增长 26.6%。

2012 年 1 月 20 日，省旅游局长喻顶成一行对旅游企业进行调研

各州（市）海外入境旅游市场稳步增长　文山、玉溪、西双版纳、德宏等州（市）增长都超过 25%，其中文山增长最快，接待海外游客 3.2 万人次，增长超过 50%。昆明、迪庆、丽江位居云南海外游客接待量前三，分别累计接待海外游客 113.7 万人次、101 万人次、84.7 万人次，分别占全省海外旅游者总数的 24.8%、22.1%、18.5%，增幅

均在11%以上。口岸入境一日游方面，文山入境一日游客同比增长42.5%，增幅居全省第一位。德宏、红河、西双版纳接待规模较大，分别达到158.1万人次、139.3万人次、57.7万人次，分别占全省口岸一日游人数的36.9%、32.5%、13.5%，与上年同期相比分别增长16.5%、12.6%、22.2%。

【旅游监督管理】 2012年6月12日，云南省旅游产业发展改革领导小组在昆明召开了旅游行业"打非治违"和打击强迫及变相强迫消费专项行动动员大会，全面启动了为期半年的云南省旅游行业"打非治违"和打击强迫及变相强迫消费专项行动。截至2012年底，全省累计出动执法人员5.88万人次，检查司导人员6.36万人次，检查旅游车3.69万辆次，检查旅游企业8040户次（其中旅行社1338家次、旅游车公司494家次、旅游购企业2097家次、其他与旅游相关企业及经营单位4111家次）。立案查处旅游企业242家（其中旅行社197家、购物企业35家、旅游车公司10家），处罚金161.2万元；查处旅游车驾驶员及导游人员共495人，（其中列入"黑名单"管理的导游、旅游车驾驶员等从业人员18人、取消旅游车驾驶员从业资格5人、吊销导游资质证15人），处罚金42.1万元；查处其他涉旅案件153起（其中查处无导游资质证人员67起），处罚金27.71万元；查处涉嫌非法、违法违规运营车辆1204起，暂扣涉案车辆146辆；全省各级执法质监机构受理有效投诉525起，已办结507起，办结率97%（其余18起正在办理中），其中针对游客投诉中反映出的违法违规问题，立案查处119起，办结119起，办结率100%。

2012年4月全省旅游安全会议在昆明召开

【旅游公共服务】

旅游安全与应急管理 调整充实了"云南旅游工作安全协调委员会"，认真落实"一岗双责"和旅游企业主体责任，结合旅游行业"打非治违"和打击强迫及变相强迫消费专项行动的开展，同步部署了安全生产领域"打非治违"专项行动，开展了旅游行业安全生产监管及应急处置工作；在总结2010年、2011年统保工作的基础上，着眼于云南旅游安全保障救援体系建设，指导云南途安旅游安全救援保障中心进行了理事会换届工作，完善了云南旅游组合保险统保方案，并联合云南保监局对方案进行了审批，完成了招标工作，由六家保险公司组成2012年度的共保体，承包云南旅游组合保险，推动了2012年度云南旅游组合保险统保工作；积极督导了楚雄"218"和西双版纳"410"两起道路交通事故的善后处理工作以及"516"游客在埃及溺亡事件，对保山至德宏途中旅游车翻车、游客在拉市海骑马摔伤等事件进行协调处理；协调各地旅游质监机构及时处置了昆明、大理、丽江等地发生的多起疑似食物中毒事件。

旅游公共信息服务 启动了云南省智慧旅游信息查询平台项目建设，为游客提供翔实易用的数字"导游、导览、导购、导航"服务，使入滇游客可以轻松获取云南旅游全攻略信息，及时安排出行计划，畅享完美旅游体验；《云南旅行指南昆明长水国际机场乘机指南》于8月8日起正式在机场各咨询台向游客发放。

2012年3月21日全国旅游人才工作会议在昆明召开

【旅游规划与建设】

旅游精品景区改造提升步伐加快 创建了大理古城等10家4A和3A景区，创建了迪庆普达措国家公园为5A级旅游景区，使全省5A级景区总量增至6家，5A级旅游景区的数量在西部地区继续保持第一。

切实加强全省旅游规划的管理工作 结合云南

十大历史文旅游项目和昆明—玉溪旅游文化产业经济带建设，分别编制完成《云南省十大历史文化旅游建设项目策划及招商工作实施方案》和《昆明—玉溪旅游文化产业经济带总体规划》；协调推动了《乌蒙山片区旅游发展总体规划》、《宁蒗永宁乡灾后重建旅游修建性详细规划》以及乌蒙山区、滇黔桂石漠化区、滇西边境山区和藏区《连片特困地区区域发展与扶贫攻坚规划》等 30 余项全省各片区旅游发展总体规划、旅游项目规划、旅游景区规划的审查工作；启动了云南省体育旅游总体规划的编制工作，完成了旅游规划资质单位的到期换证和资质复核工作。

（李向林）

商品流通

【概 述】 2012 年，云南省社会消费品零售总额完成 3541.6 亿元，与上年相比净增 541.5 亿元，增长 18%，高出全国平均增幅 3.7 个百分点，连续 3 年每年净增 500 亿元。全省安排建设改造“万村千乡市场工程”农家店 3500 个，建设改造配送中心 70 个，建设改造乡镇商贸中心 21 个，安排 1000 个农家店进行信息化建设试点，首次为承办企业安排配送车 40 辆，在滇中、滇西、滇南、滇东北，涵盖农产品、日用工业品、药材等门类建设（改造）的 10 家大型批发市场。

2012 年，培育了 10 户有一定规模、成长性较好的商贸流通企业，支持企业做大做强，切实发挥龙头企业在云南商贸流通业中的示范和带动作用，对上年度的大型商贸流通企业项目完成了 14 家企业的验收。开展餐饮业标准化制修订工作，继续打造滇菜品牌促进餐饮业发展；精心组织再生资源体系建设试点，昆明、玉溪再生资源回收体系和网点建设顺利推进，曲靖市被列为第三批再生资源回收体系建设试点城市；大力发展绿色经济，继续在商贸流通领域特别是宾馆、商厦推广节能灯的应用，组织专家对曲靖同悦花园酒店、江滨商务酒店、宣威滇能国际大酒店及立德酒店、保山明和大酒店等 15 家酒店申报中国绿色饭店工作进行了评审，使全省国家级绿色饭店总数达到 128 家；在昆明、曲靖 2 个家政服务体系建设试点城市的基础上，争取临沧市、丽江市列入试点，同时完成了 1.25 万人的家政服务人员培训；为进一步推进全省商贸服务业标准化工作，编制下发了《云南省商贸服务业标准化“十二五”规划》，并于 1 月成立了云南省商贸服务标准化技术委员会，具体负责全省流通领域特别是商贸服务业标准化的制修订和标准的宣贯工作。商务部将云南纳入“丝绸品牌营销网络建设”重点省份予以扶持。

（李恒杰）

供销合作

【综 述】 2012 年，全省供销合作社系统认真贯彻省第九次党代会和省委九届二次全委会议精神，大力推进组织创新、经营创新、服务创新，积极应对整体偏紧的宏观环境，抢抓机遇，突出重点，大力培育龙头企业，深入推进农村现代流通服务体系和农村合作经济组织指导服务体系建设，创新发展农民专业合作社、农村综合服务社、农村专业协会（以下简称“两社一会”），全面实施“乡村流通工程”，全力推进高原特色农业发展，主要经济指标继续保持较快增长。1.经营总额 618.3 亿元，比上年增长 27.9%，实现了云发〔2008〕14 号文件目标任务的翻番，昭通、曲靖、临沧等州（市）增长 40%以上；2.汇总利润 6.02 亿元，增长 27.63%，实现了 5 年目标任务的成倍增长，昆明、昭通、文山、保山、丽江、大理、临沧、西双版纳等州（市）增长 35%以上；3.化肥销量突破 800 万标准吨，达到 834.4 万标准吨，增长 8.6%；4.培训农村流通人员 16.02 万人次，比上年增加 1.02 万人次；5.新发展农民专业合作社 2043 个，完成年计划的 112%，总数稳居全国系统前列；6.所有者权益 69.31 亿元，增长 27.62%，在 2012 年度全国供销总社综合业绩考核中连续 6 年获得特等奖。

【农村生产生活资料流通市场特点】 2012 年，全省农村生产、生活资料流通市场受供求关系和国际、国内经济形势等多种因素的影响，反应在供销合作社系统有以下特点。1.上半年销售、利润增速放缓。2012 年 7 月底，销售、利润较上年同期分别回落 11.7 和 1.62 个百分点，商品批发市场交易额较上年同期回落 0.8 个百分点，主营业务销售毛利率下降 4.71%。主要原因有：农资化肥经营价格年初价高，5 月份以后价格回落，导致因价格下跌而摊薄利润；部分农村日用消费品销售不畅，商品积压；产地农产品价格涨幅不大，农民增收不多，消费能力提升不快；再生资源税收等优惠政策到期后，新的政策尚未出台，再生资源市场价格持续走低并长期低位震荡。同时，人工成本、物流费用和融资成本均大幅上涨，企业费用上升，税收压力加大。2.农资商品库存增加、销售放缓。6 月份以后，全省农资供应提前进入淡季，销量下降，库存上升。到 7 月末，化肥销售同比回落 11 个百分点，库存 56.7 万吨，同比增长 36.6%，创历史同期最高水平。3.扩大再生产能力放缓。受信贷资金偏紧的影响，贷款难、融资成本高的问题较为突出，截至 7 月底，全省供销系统资产负债率为 56%，同比下降 2.9%。尤其是供销系统承担的建设项目多以商贸流通、涉农基础设施类为主，公益性特点明显，投资回报周期长，对民间资本的吸引能力弱，加大了融资难度导致资产负债率下降。

针对上半年全省农村生产、生活资料流通形势，供销系统采取积极应对措施，实现了下半年情况的根本好转。1.加快项目建设推进力度。至 10 底，已完成年计划项目的 96%，投入资金 8.8 亿元，比上年同期增长 76%，拉动作用明显。2.加大结构调整力度。各级供销企业积极调整产品结构，清仓清库，组织适销对路产品投放市场，四季度资金回笼速度明显加快，周转周期比上年同期提前 46 天。3.加大投融资力度。充分利用项目建设招商引资，拉动社会投资近 10 亿元，充分发挥小额担保公司在农村流通中的支持作用，小额贷款和担保贷款 9 亿多元。

【农村流通服务体系建设】 以“新网工程”、“乡村流通工程”和生物产业建设项目为载体，争取中央和省级财政资金加大农村流通基础设施建设，2012 年中央和省级财政投入 1.09 亿元，地方财政配套资金超过 9000 万元，落实建设项目 140 个，在建项目 500 多个，各地充分发挥财政资金四两拨千斤的作用，拉动投资 9.23 亿元，累计投资超过 90 亿元，新建标准化综合服务社 1000 个，新建和改建配送中心 361 个，新建和改建农村集贸市场 361 个，60%以上的县（市、区）建有日用消费品配送中心，配送率提高到 40%以上，基本构建了云南农村现代流通服务体系框架。

【基层组织建设】 2012 年，继续把发展“两社一会”作为基层组织建设工作的重点。新发展“两社一会”3117 个，累计发展 3.06 万个，其中：专业合作社 1.03 万个，综合服务社 1.91 万个，专业协会 1204 个，服务农户 708 万户，帮助农民实现收入 158.31 亿元，比上年增长 32.04%。基本构建起以“两社一会”为基础、乡镇为骨干、县级为龙头的“三位一体”的农村现代经营服务体系。

【农民专业合作社发展】 2012 年，省政府把发展农民专业合作社工作纳入督查项目，重点推进，新发展农民专业合作社 2043 个，规范提升 500 个、建设示范社 200 个，入社农户 122.69 万户，社员出资额 61.72 亿元，昭通、楚雄、红河、大理、保山等州（市）累计发展突破 1000 个，涉及茶叶、烟草、咖啡、果蔬、花卉、蚕桑等种植、畜禽养殖、农产品加工、民族民间工艺品制作等特色产业，全年帮助农民社员实现农副产品销售收入 121.65 亿元，比上年增长 40.52%。各地继续推进县级供销合作社组建农村合作经济组织联合会，乡（镇）依托政府、基层社和专业合作社组建农村合作经济组织指导服务站，联合村级农民专业合作社、协会构建“三位一体”的农村合作经济组织指导服务体系试点工作取得新进展。

【鲜活农产品购销服务】 2012 年，完成农产品购销 74.53 亿元，比上年增长 76.4%。组织开展“州（市）农民专业合作社农副产品展销月”活动，大力推进农超、农校、农企对接服务，销售蔬菜、水果等农产品 5.3 万吨，祥云、维西、腾冲等县组织专业合作社开展校企对接活动受到普遍好评；举办第三届“千社千品”农特产品展示展销会，展销了 200 对家企业和 500 多个专业合作社的 4000 多个产品，签订购销协议 3000 多万元；不断加强农产品交易市场建设，完成农副产品市场交易额 71.06 亿元，增长 28.6%；积极搭建平台，组织参加上海、海南、深圳、重庆等农产品交易会 30 多批；省外设立农产品直销点建设取得初步进展；进一步开辟云南农产品出省、出国通道，与越南、菲律宾、斯里兰卡、伊朗等 4 国合作社组织签署了农产品流通意向协议。

【农资供应】 积极发挥农资供应主渠道作用，全力做好化肥、农药、农膜等的储备和供应。2012 年供应化肥 834.4 万标准吨、农药 4.2 万吨、农膜 1.4 万吨，完成了省级 10 万吨边贫救灾化肥的储备调供任务。农资配送中心覆盖 80%以上的县（市、区），化肥配送率提高到 70%以上；全省 60%以上的县（市、区）在春耕供应旺季适时开展化肥赊销等多种营销服务；大力推进农资配送中心和直营店、加盟店建设，新发展农资放心店

1200个；广泛开展连锁配送，减少环节，降低费用，让利农民；充分发挥淡储旺销、稳定市场、平抑价格的作用，为大灾之年全省粮食生产“十连增”和农民增收“十连快”作出了贡献。

【龙头企业培育】 继续把培育龙头企业、打造供销企业集团放在重要位置，通过开放办社，依托社有、民营企业共同组建龙头企业或企业集团，实施“龙头企业带动”战略迈出新步伐。2012年组建龙头企业和企业集团43个，累计组建各级各类龙头企业（集团）81个，其中省级4个，州（市）级3个，县级74个，探索了发挥合作制优势、联合社会力量共同推进供销事业发展的新路径。

【食用菌产业发展】 经省政府同意，省供销合作社与省发改委联合编制印发了《云南省“十二五”食用菌产业发展总体规划》，协调出台了“十二五”食用菌产业10项责任目标分工文件，基本形成了政府主导、行业主抓、企业主体、社会力量共同参与的多元化食用菌产业发展格局。食用菌研究所承担的国家“十一五”和“十二五”科技支撑重点项目《食用菌产业升级发展关键技术研究》成果丰硕。2012年安排食用菌产业发展项目42个，完成投资2.52亿元，全省实现食用菌产值60亿元，比上年增长30%，出口创汇1.33亿美元，增长8.6%；由全省71个股东单位出资成立的云南云菌科技集团正式挂牌运营；昆明、楚雄、大理等州（市）食用菌交易市场建设质量进一步提升；马龙、易门、南华、陆良等县野生菌和人工菌示范区建设取得新成效；隆阳、泸水、永平、江川等县（市）人工菌发展势头强劲；迪庆州、丽江市松茸、羊肚菌、牛肝菌等野生食用菌保护基地建设取得新进展。

【农村金融服务】 充分发挥小额贷款公司、担保公司、股金服务部的窗口作用，不断丰富农村金融服务产品，为广大农民、专业合作社、涉农企业等提供便捷、灵活的金融服务。2012年发放小额贷款6亿多元，担保贷款3亿多元，促进了专业合作社和小微企业的发展。

【社有资产管理】 继续把加强社有资产管理作为增强实力，提高供销合作社为农服务水平的重要支撑。按照现代企业制度的要求，依法依规调整联合社在社有企业中的持股比例；充分利用社有资产招商引资，吸纳社会资金投入，引进合作项目123个，引进资金20多亿元；罗平、祥云、宾川、景洪、勐腊、维西、贡山等50多个县（市、区）启动大项目、带动大发展，拉动投资近20多亿元。争取项目、招商引资、联合发展已成为扩大社有资产总量新的增长点，2012年全行业社有资产总额149.24亿元，比上年增长19.81%，为农服务能力进一步增强。

【人才队伍建设】 以培训农村流通人才和提高系统干部职工素质为重点，加大与妇联、共青团、民委、扶贫等多个部门联合培训力度；省级教育培训基地建设、师资队伍建设取得新进展；各州（市）、县（市、区）积极协调，整合资源，联合办班、到基层办班取得良好效果，昆明、玉溪、红河等州（市）培训人数超过1.5万人次。2012年，举办各类培训班2500多期，培训农民16.02万人次，取得国家职业资格证书1.59万人，组织全系统骨干到省内外培训学习300多批（次）约5000人，累计培训各类人才84万人次，取得国家职业资格证书7.2万人，连续5年在全国供销合作社系统培训评比中排名第一。

（聂汉堂）

对外贸易

【概 述】 2012年，云南省对外贸易完成进出口总额210.05亿美元，比上年增长31.04%，进出口增速居全国第五位，高于全国平均增幅24.8个百分点。其中：出口额100.18亿美元，增长5.8%；进口额109.87亿美元，增长67.6%。对外贸易在总量上不断突破的同时，贸易结构和增长方式也发生了显著变化，初步走上了多元化平衡发展之路。加工贸易发展迅速，占全省进出口比重由4.7%上升为32.7%；边境贸易持续稳定增长。贸易主体结构趋于稳定，国企与民企占全省外贸的比重平分秋色。东盟等传统贸易市场日益巩固，与东盟国家双边贸易超过60亿美元；拉美和非洲新兴市场开拓有力，南非、秘鲁已成为云南十大主要贸易伙伴；进口成为外贸发展新的增长点，进口增速居全国第一；出口产品基地建设、外贸转型升级专业型示范基地建设扎实推进，出口农产品质量安全示范区建设不断完善，农产品出口成为云南出口增长的第一大类产品。

【外贸发展主要措施】 1.挖掘增点。重点扶持和鼓励发展机电产品、农产品、高新技术产品的出口。加大对民营出口企业的扶持力度，促进对外贸易主体多元化进程。积极推进澜沧江、稳隆、碧丽源等3家企业与联合利华签订了600吨的试运行合同，为全省与联合利华实现 2～3 万吨的红茶贸易目标奠定了基础。第二十届昆交会期间，组织了爱尔兰 Keelings 公司采购说明会（该商会有意向在云南采购菠萝、葡萄、桔子等品种），为全省优质果蔬进入爱尔兰甚至欧洲市场奠定了基础。同时，开辟了云南省红茶重回东欧的市场渠道。2.扶持弱点。针对国家宏观政策限制，鼓励企业转变外贸发展方式，大力提升加工贸易。实行专人服务，重点联系，积极协调昆明海关、深圳海关为企业办理加工贸易批准证等各类手续。与招商银行、富滇银行、浦发银行等各大银行加强对接，为加工贸易企业提高授信额度做好协调推动工作。3.突破难点。根据商务部申报第二批国家外贸转型升级专业型示范基地的要求，积极申报云南省迪庆州特色农产品（香格里拉松茸）专业示范基地、云南省昆明市花卉出口专业示范基地、云南省昆明市特色专业化工品（化肥）出口基地、云南省德宏州特色农产品（咖啡）出口基地及云南省大理州大蒜基地等5个基地。2012年会同出入境检验检疫等6部门对罗平小黄姜及通海农产品基地进行验收。到目前为止，云南省有宾川县、元谋县、蒙自市、建水县、罗平县和通海县6个县（市）通过了出口农产品质量安全示范区建设工作的验收。8月，向国务院上报设立昆明综合保税区的请示，目前国务院已批转海关总署提出意见。积极协调解决口岸、资质、配额和海关估价等问题，继续推动云南成品油、水果、棕榈油、食糖等产品进口。联合商务部驻昆特办，积极与商务部外贸司对接，推动全省蔬菜换成品油项目取得实质性进展。

利用外资

2012年，云南省批准外商投资项目121个，实际利用外资首次突破20亿美元，达到21.9亿美元，比上年增长26%，占全国实际利用外资的比例达到1.96%，增加0.46个百分点，利用外资延续自2006年以来一年一个台阶，一年一次跨越的快速发展势头。从行业来看，全省利用外资涉及国民经济20个大行业中的16个，主要集中在房地产、批发和零售、制造等行业，包括建筑、水电气供应、公共设施、商务服务、居民服务等行业在内的八大行业全年利用外资均超过1亿美元。房地产、公共设施、商务服务、居民服务、采矿、文体和娱乐利用外资全部实现了翻番，其中文体和娱乐利用外资翻了两番，利用外资呈现各行业齐头并进、协调发展的良好局面。从州（市）来看，积极性普遍提高，昆明市和普洱市利用外资超过1亿美元，包括德宏、保山、玉溪、大理、迪庆、楚雄、临沧、红河、丽江、西双版纳、曲靖等13个州（市）利用外资超过1000万美元，其中普洱、丽江和西双版纳3州（市）利用外资全部实现了翻番。

对外经济技术合作

2012年，认真落实进一步加快“走出去”战略意见，按照“突出周边、发展非洲、进军南美、探索中东”的思路，充分发挥区位优势和发展潜力，在不断巩固周边传统市场的基础上，对外承包工程业务拓展到非洲、南美和中东等20多个国家和地区；境外投资积极稳健，分别在拉美和非洲等33个国家和地区开展业务，以并购投资成为亮点，投资方式和领域日趋多元。“走出去”服务保障平台建设快速推进，新设柬埔寨、新加坡和香港商务代表处，商务代表处的“协调、服务、桥梁、窗口”作用明显增强，“走出去”重点项目库及重点项目动态跟踪、联系机制逐步建立，海外重大投资项目工作协调机制不断完善、服务水平不断提高，建设西部地区“走出去”战略先行区工作稳步推进。境外罂粟替代种植企业责任增强，工作秩序进一步规范。2012年全省新签对外承包工程、劳务合作、设计咨询合同52份，新签合同额12.8亿美元，比上年增长13.9%；完成营业额15.5亿美元，增长35.2%，项目主要涉及电力、房屋建筑、交通建设、制造及加工业以及其它产业。其中在老挝的新签合同额4.73亿美元，增长862.1%；完成营业额2.06亿美元，增长47.04%；境外实际投资额7.1亿美元，增长24.5%，列西部和沿边省份第三位；派出各类劳务人员8078人。

云南省新批境外投资企业63家，对外实际投资7.1亿美元，增长24.5%。以并购方式成立的境外企业11家，占新成立企业总数的17.5%。全省境外投资企业400家，对外实际投资累计25.7

亿美元。全年累计派出各类劳务人员8078人，创汇收入7887万美元。主要呈现以下特点：1.入滇央企仍是云南境外投资的主力军。2.传统市场地位稳固，新兴市场逐渐扩大。“次区域五国”是云南企业“走出去”的主体市场，2012年云南企业在缅甸、老挝、越南、柬埔寨、泰国五国实际投资6.09亿美元，占实际投资的85.4%，传统市场仍是云南境外投资的主要市场。云南在欧洲、西亚、非洲的市场不断扩大。3.投资行业渐显多元化。2012年，云南对外投资分布在国民经济行业分类的14个大类。其中，农业合作领域6200.6万美元，占比8.7%；矿产开发行业6937.5万美元，占比9.7%；电力开发领域3.94亿美元，占比55.4%；制造业6204.8万美元，占比8.7%；批发和零售业1718.4万美元，占比2.4%；建筑业6408.1万美元，占比9.02%；房地产业1495万美元；文体和娱乐业620.2万美元；租赁和商务服务业187.9万美元；交通运输业77.8万美元。2012年3月，省政府正式印发《关于进一步推进“走出去”战略的若干意见》(云政发〔2012〕48号)，明确了设立云南省“走出去”工作协调领导小组，明确将“走出去”扶持资金由每年的2000万元增加到4000万元，取得了重大的政策突破。

中国昆明进出口商品交易会暨南亚国家商品展

2012年6月6～10日，第二十届中国昆明进出口商品交易会暨第五届南亚国家商品展在昆明举行。本届昆交会各项外经贸成交累计80.68亿美元，比上年增长15.9%。进出口成交额18.08亿美元，增长10.3%，出口额12.27亿美元，进口额5.81亿美元。其中南亚国家进出口累计成交2.98亿美元，占总成交额的16.5%，南亚国家商品展累计现场成交额914.8万美元。利用外资签约59.5亿美元，增长14.2%；对外经济技术合作3.1亿美元，增长189.7%。出口成交的主要国家有：缅甸、越南、泰国、新加坡、印度、美国、日本等国家和港澳地区。进口成交的主要国家有：缅甸、越南、泰国、柬埔寨、印尼、美国、马来西亚、印度、孟加拉、巴基斯坦、斯里兰卡等国家和港澳地区。出口成交的主要商品有：化工产品、有色冶金、牛肝菌、珠宝玉石、工艺品、蔬菜等农副产品，机电产品，纺织服装，医药保健产品等。进口成交的主要商品有：铁矿石、化工产品、有色金属、机电产品、粮等农副产品。

2012年云南省进出口总值分类统计表

单位：万美元

项目	当月			累计			
	金额	上年同期	同比(%)	金额	上年同期	同比(%)	比重(%)
按贸易方式分							
进出口合计	219303	158310	38.5	2100471	1602894	31.0	100
其中：一般贸易	131651	105701	24.6	1202243	1326655	-9.4	57.2
加工贸易	62109	30077	106.5	687904	75837	807.1	32.7
边境小额贸	25543	22532	13.4	210324	200402	5.0	10.0
出口	108916	74420	46.4	1001785	947245	5.8	100
其中：一般贸易	63053	46188	36.5	523673	788000	-33.5	52.3
加工贸易	31307	16127	94.1	339624	37695	801.0	33.9
边境小额贸	14556	12105	20.2	138488	121550	13.9	13.8
进口	110387	83890	31.6	1098686	655649	67.6	100
其中：一般贸易	68598	59513	15.3	678570	538655	26.0	61.8
加工贸易	30802	13950	120.8	348280	38142	813.1	31.7
边境小额贸	10987	10427	5.4	71836	78852	-8.9	6.5

2012 年云南省出口商品结构表

单位：万美元

名 称	金 额	上年同期	增减绝对值	增减%	比重%
农产品	203927	175722	28205	16.1	20.4
机电产品	166697	202737	-36040	-17.8	16.6
磷化工	105146	149444	-44298	-29.6	10.5
纺织品及服装	47370	71819	-24449	-34.0	4.7
电力	17152	30610	-13458	-44.0	1.7
有色金属	10778	34486	-23708	-68.7	1.1
其它	450715	282427	168288	59.6	45.0
全省总值累计	1001785	947245	54540	5.8	100

2012 年云南省进口商品结构表

单位：万美元

名称	金额	上年同期	增减绝对值	增减%	比重%
金属矿砂	333669	263060	70609	26.8	30.4
农产品	158142	108076	50066	46.3	14.4
机电产品	83309	79912	3397	4.3	7.6
硫磺	32861	36093	-3232	-9.0	3
木材	28604	22116	6488	29.3	2.6
其它	462101	146392	315709	215.7	42.1
全省总值累计	1098686	655649	443037	72.2	100

（李恒杰）

海关工作

2012 年，昆明海关在总署党组的正确领导和各级地方党委政府的关心支持下，深入学习贯彻党的十八大精神，以科学发展观为指导，认真践行“四好”总体要求，坚决落实中央和总署党组各项重大决策部署，统筹推进现代新边关建设，较好地完成了全年目标任务。

【强化实际监管】 2012 年，坚持“盯住指标抓质量、盯住指标抓管理”，重点业务管理目标和管理责任进一步明确，各业务环节协作配合更加紧密。着力强化业务基础，切实加强查验工作，关区查验查获指标进一步提升，进出口查验率 5.54%，查获率 15.38%，比上年分别增长 0.68、1.73 个百分点，实现了“双提高”。监管场所清理规范力度进一步加大，免税商品管理制度进一步完善，业务现场视频监控中心正式运转。进出口货物分类通关改革全面推开。口岸通道规范管理取得新进展，关区口岸事务协调管理领导小组正式成立，非口岸通道管理办法起草工作正式启动。深化综合治税，不断提高税收征管质量与水平，坚持以查促税、以打促税。不断强化边境通关突发事件应急处理能力，妥善处置了中老边境“岔河通道 3·20 跨境耕种返销果蔬产品事件”以及中缅边境“125 界桩事件”。全年监管进出口货物 849 万吨，下降 15.8%，进出口总值 69.64 亿美元，增长 10%，进出境运输工具 306.5 万辆架次，下降 1.3%，进出境人员 2373 万人次，增长 15.7%。两税净入库 18.97 亿元（关税入库 2.02 亿元，进口环节税入库 16.95 亿元），比上年下降

5.5%。

【"国门之盾"行动】 坚决落实全国海关"国门之盾"行动部署，举全关之力重拳出击。围绕重点地区、重点渠道和重点商品，坚持"破大案、打团伙、摧网络"，先后开展了"猎鼠行动"、"瑞丽江战役"、"红河烈焰"等专项行动，查办了"5·15 走私冻品案"、"4·09 走私食糖案"、"6·18"和"7·08"走私橡胶案等一系列涉税走私大要案件。严厉打击非设关地走私违法活动，集中力量组织开展了"灭蚁打非"专项行动，有效遏制广西中越边境非设关地走私违法活动向云南"漂移"势头。深入开展禁毒人民战争，相继侦办了"1·09 走私冰毒案"、"1·30 走私毒品案"、"2·27 邮寄渠道系列走私毒品案"、"9·19 走私冰毒案"等一批走私毒品大要案件；强化反走私综合治理，促成地方政府组织开展了打击走私冻品以及治理非设关地走私联合行动，联合省打私办积极开展了界河治理和私开通道整治，依托综合治理平台对 40 条边境私开通道进行了封堵，与相关主管部门和单位的反走私协作机制进一步完善。2012 年，立案办理各类走私案件 1062 起，案值 5.66 亿元，涉嫌偷逃税款 1.19 亿元，分别上升 21.37%、2.46 倍、1.38 倍。查获毒品案件 47 起，缴获毒品 163.02 公斤。办理走私易制毒化学品案件 12 起，缴获易制毒化学品 29.09 吨。强化海关边境保护职能，查获知识产权案件 58 起，案值 476 万元，比上年增长 15.25%，查获违禁印刷品和音像制品 3779 件，固体废物 23.8 吨，濒危野生动植物及其制品一批。围绕海关"国门之盾"行动成效，在中央电视台、中央报刊及省级以上媒体刊播相关新闻 14 条、刊发相关稿件 8 篇，各类缉私工作信息先后获得署领导批示 7 条、公安部批示 2 次。

【提升风险管理和后续管理】 围绕关区重点敏感商品，加大风险信息的采编、整理、发布和转化工作。加强风险、关税、监管、稽查、缉私情报、审单等部门的协作配合、优势互补，形成多部门风险协作分析、联合作业机制。着力提升风险甄别参数质量，认真做好综合业务管理平台的推广应用准备工作，风险管理实战应用能力得到加强。2012 年，上报总署风险信息数 165 条（篇），完成率 275%。风险布控率、布控实体有效率、风险信息转化率分别为 5.94%、10.63%、19.39%，布控实体有效率提升 4.91 个百分点，各项考核指标均高于总署要求。落实"由企及物"管理理念，稳步推进"三查合一"，统筹开展企业稽查、减免税核查和保税中后期核查，积极引入中介机构协助海关开展稽查。深入开展企业分类管理工作，企业诚信守法意识逐步增强，进出口行为进一步规范。稽查绩效取得新突破，在全国海关排名比上年上升 5 位。全年稽查企业 103 家，调整企业类别 66 家，目前关区有 AA 类企业 20 家，A 类企业 112 家。

【促进外贸增长】 坚决贯彻落实中央和海关总署关于促进外贸稳定增长以及支持企业"走出去"的重大决策部署。积极主动地做好统计监测预警分析和数据咨询服务，积极为云南桥头堡建设建言献策。多措并举，助推云南外贸逆势增长，2012 年，全省外贸进出口总值 210 亿美元，比上年增长 31%，实现历史性跨越。全年为各部门提供数据 100 余次，为企业提供数据 120 次。撰写统计监测预警分析文章 49 篇，报送海关信息专报 53 期，被省委、省政府各类信息载体采用 72 篇次，综合采用率 30%，获省领导批示 9 篇次。

【建设海关特殊监管区】 全力支持昆明综合保税区以及红河综合保税区的申报设立工作，协调推动"两区"申报进入关键审批环节。按照区别对待、分步到位的思路，积极探索海关支持瑞丽开发开放试验区建设的管理模式。简化保税贸易监管手续，积极支持昆明出口加工区发展。扶持昆明高新区、勐腊（磨憨）保税仓库，景洪、勐腊成品油保税仓库发展，并于年内新批准设立河口、孟定、孟连、昆明 4 个保税仓库，鼓励企业利用保税仓库平台优势，拓展外贸业务。全年实现加工贸易进出口值 68.82 亿美元，比上年增长 9 倍。昆明出口加工区实现进出区货物总值 1.16 亿美元，实际进出口总值 4370 万美元。

【口岸通关便利化】 2012 年，全面推开进出口分类通关改革，关区 73.4%的报关单实现分类通关。不断扩大"属地申报、口岸验放"范围，新扩天津、南京海关为合作口岸海关，通过该模式实现进出口货值 4.3 亿美元，比上年增长 57%；货运量 76 万吨，增长 1.85 倍。降低 AA 类企业以及"属地申报、口岸验放"适用标准，为高资信企业提供低查验率、便捷通关等待遇。继续推行重点口岸 5+2 工作制和 24 小时预约通关，确保鲜活易腐货物优先快速通关。在关区 15 个陆路边境口岸推广“车辆快速通关系统”，大力支持云南电子口岸建设，加快推广税费电子支付系统，切实提高通关效率。关区进、出口平均作业时间分别为12.5小时、0.24小时，均快于全国平均水平。做好丽江机场、河口公路口岸正式开放、芒市机场延长临时开放的协调服务工作，完成昆明新机场海关整体搬迁，运行平稳顺畅。

【特色优势产业发展】 2012年，全力支持云南企业开拓东南亚、南亚市场，推动云南做大做强珠宝玉石产业，促进蔬菜、花卉、水果等特色农产品扩大进出口规模。认真落实国家税收优惠政策，积极支持航空运营、农业种植、装备制造、轨道交通、再生资源利用等行业加快产业升级、设备引进和技术升级。支持云南会展经济发展，为昆交会、中国南亚商品展等重大国际会展提供优质通关服务。为中缅油气管道建设境外段出口物资以及境外电力合作开发等重大项目进出口设备提供通关便利，验放中缅油气管道项目下出口物资21.6万吨，总价值2.96亿美元。全年审批进出口减免税货值7.5亿美元，比上年增长41.51%；减免税款12亿元，增长57.12%，创历史新高。

支持兴边富民工程。认真贯彻“落实政策，规范管理，惠及边民，促进发展”的指导思想，引导边民用好政策，推进边民互市贸易规范发展。采取下放减免税审批权、准予凭保放行、派员监管经非设关地进出物资等措施，促进境外罂粟替代种植项目健康发展。全年，边民互市进出口货值64.41亿元，增长77.29%；货运量144.84万吨，增长33.67%。审批减免替代种植项目货值2.75亿美元，增长55.03%；减免税款6.34亿元，增长55.92%。

【与周边国家海关互联互通】 深化中越直属海关定期会晤和数据交换机制，举办了昆明海关与越南三省一市海关第六次会谈，向越南海关提供了信息化建设培训。承办了“中国、老挝、泰国沿昆曼公路、澜沧江—湄公河国际航道沿线海关建立联络机制工作会议”，与老挝、泰国海关的合作迈出坚实步伐。

（吉 永）

出入境检验检疫工作

【概 况】 2012年，云南出入境检验检疫局按照国家质检总局的工作部署，结合云南省情，把握云南推进桥头堡建设和“科学发展、和谐发展、跨越发展”战略实施的重大机遇，以“抓质量、保安全、促发展、强质检”工作方针为主题，以“在服务云南桥头堡进程中同步推进检验检疫事业发展”为主线，坚持“在提高六个方面有效性上下工夫见实效”的工作思路，确保各项工作顺利进行，确保检验检疫各项业务稳步增长。全年受理货物报检36.85万批次，货值71.1亿美元（其中边民互市24.8万批次，货值4.91亿美元），批次比上年增长54.63%，货值增长9.69%。签发各类原产地证明书2.85万份，签证金额14.14亿美元，分别增长5.71%、减少0.65%。出入境人员检疫查验1593.27万人次，健康检查3.67万人次，艾滋病监测3.28万人次，预防接种8.62万人次。检疫和消毒处理交通工具108.41万（辆、架、艘）次，从进出境货物中检验检疫出不合格货物9527批次，货值3.77亿美元。有9252批（货值3.48亿美元）进境货物经检验检疫处理合格后放行。从进境植物及植物产品中截获有害生物8588种次，与上年相比，截获有害生物种次上升4%。口岸截获非法入境动物及产品110批次，866吨。从出入境人员传染病检测及健康检查中查出传染病9569例（其中检出HIV阳性197例、肺结核3例、性病39例）。

【在桥头堡建设中主动作为】 2012年，云南出入境检验检疫局围绕服务云南桥头堡建设的目标任务，重点抓好以下工作：1.按照省政府要求积极配合相关部门推进瑞丽重点开发开放试验区、3个跨境经济合作区和5个边境经济合作区建设；大力支持勐康、都龙口岸和芒市机场开放工作；完成昆明长水国际机场检验检疫转场工作和丽江机场正式通航任务。2.主动跟进、服务中缅油气管道项目建设，实验室建设和人员队伍引进培训工作取得进展，并与中石油建立了沟通协调机制。3.制定了25条促进云南外贸发展和支持企业“走出去”措施；积极推进快速核放、绿色通道、分类管理、直通放行等措施，出口货物在云南各口岸实施了直通放行，平均每批货物出口为企业缩短通关时间2小时以上。4.指导和帮助出口企业利用普惠制和东盟自贸区优惠贸易政策，建立云南出口机电产品QQ群、原产地QQ群，搭建检验检疫与企业信息服务平台，加大对烟草、菌类、花卉等云南特色产品出口的帮扶工作力度。5.严格执行国家关于规范和减少进出口环节收费的规定，制定 22 项贯彻措施，切实贯彻落实“促外贸稳增长”政策。开展以上工作，发挥了检验检疫部门在云南桥头堡建设中的重要作用。

【贯彻实施《质量发展纲要》】 云南出入境检验检疫局按照国家质检总局和云南省政府关于《贯彻实施质量发展纲要 2012 年行动计划》的部署，结合云南实际主要抓以下工作。1.制定《贯彻实施质量发展纲要 2012 年行动计划分解表》方案，从 6 个方面研究提出了 29 项工作，明确工作时间和责任部门，把宣传贯彻《纲要》工作落到实处。2.组织全系统职工开展学习宣传《质量发展纲要》演讲比赛，在进行全系范围统征文的基础上，选出省局机关和分支机构 10 名选手参加了演讲比赛，在全局干部职工中进行了一次很好的《质量发展纲要》的学习贯彻活动。3.深入企业落实行动计划分解表方案实施内容，到 6 家企业宣传贯彻《纲要》，向 320 家出口企业印发《纲要》资料 500 份，为出口企业管理人员举办《纲要》宣传贯彻会进行学习培训，达到提高企业质量意识，推动企业落实质量安全主体责任目的。4.把宣传贯彻《质量发展纲要》作为 2012 年“质量月”活动的重要内容，结合实际，开展一系列质量宣传整治活动，营造重视质量的社会良好氛围。

【推进“3+1”防线体系建设】 2012 年，云南出入境检验检疫局注重理论成果的转化和运用，体系建设取得实质性进展，8 个边境州（市）“检验检疫防线、联动联控防线、群防群控防线、境外合作防线”的疫情疫病防控模式、长效机制已基本形成，群防群控意识明显提高，境内外合作不断拓展。目前，在国境线两侧各 30 公里区域内，建立的 1121 个疫情疫病监测网络点，培训的中外疫情信息员 210 名，在防控工作中发挥了积极作用，提高了边境疫情疫病防控的有效性。2012 年 12 月止，检验检疫出不合格货物批次，批次不合格率；在传染病监测及健康检查中发现传染病例；从进境植物及其产品中截获有害生物次等都比上一年度明显增长。

【抓好口岸建设管理】 2012 年，云南出入境检验检疫局根据国家“十二五”口岸发展规划和云南经济发展需要，进一步加强口岸管理工作 。1.积极配合有关部门推进昆明新机场转场、勐康口岸、都龙口岸、芒市机场、关累码头开放，天保、姐告扩大开放，磨憨查验货场、打洛查验货场、天保新建口岸设施的省级功能验收工作和配合总局做好丽江机场开放验收工作。2.加强对分支机构的业务指导，逐步理顺责权关系，重点把握口岸选址、可行性报告评审、初步设计审查、预验收、初步验收等关键环节，力争在口岸开放建设中最大限度满足检验检疫监管要求。3.加强与地方政府部门沟通协调，争取地方政府在口岸建设方面的资金支持，及时将 2010 年口岸查验设备配置补助资金招投标情况和设备采购安装及使用相关情况报送省口岸办。4.加强向总局的汇报，争取总局在云南口岸建设、特殊区域开放和现查验设施设备方面的政府支持，提高口岸检验检疫查验装备水平。5.按照总局《关于再次报送特殊监管区域检验检疫工作情况的通知》要求，加强对特殊开放区域检验检疫相关问题的研究，转发总局《关于做好特殊开放区域和区域发展战略规划检验检疫前期工作的意见》，并提出具体要求，抓好特殊监管区域检验检疫工作。

【助推松茸扩大出口】 松茸是云南大宗出口农产品之一，直接涉及 60 多万边疆少数民族农民尤其是藏区农民收入和稳定的问题，为了确保松茸顺利出口，云南出入境检验检疫局相关部门创新理念，有效监管，采取一系列有力措施：1.借“2 个专项行动”之机，创新引入 HACCP 管理理念，全面对出口鲜松茸开展风险分析和评估，确定农残污染和异物污染 2 种风险，7 个关键风险点（环节），并逐一布控，采取相应应对措施，着力从源头上防控和化解潜在风险；2.强化源头管理，由松茸商会统一印制专用松茸采集袋并免费发放给采摘农户，所有出口松茸经营企业向自己的供货商提供快速农残检测设备和简易金属探测仪器，牢牢把住农残和金属异物污染的第一道关口；3.加大过程控制，实施出口鲜松茸收购产地和中间供货商登记备案制度，切实抓好溯源管理制度细节落实；4.加强出口松茸包装物料的监管，对松茸从采摘、收购、储藏、加工、包装、运输到出口全过程中所使用的采集袋（器具）、纸箱、泡沫盒、吸水纸、冰袋等实施备案登记管理；5.结合年度出口企业监管计划，严格按照国家质检总局 142 号令和出口松茸质量安全卫生控制的有关要求，对所有出口企业和生产加工冷库进行年审；6.加大“检、政、企”的配合协作力度，加强出口松茸产业链的关键点—采摘农民的宣传教育与培训工作，先后 2 次联合省商务厅和松茸商会分别到松茸主要产区香格里拉、大理、剑川、楚雄、南华等地召开有产区地方各级政府、相关部门、出口企业、村民小组长、采摘农户代表以及部分中间商代表参加的出口松茸质量安全产地宣传教育培训大会，进一步增强了松茸产区地方政府食品安全责任意识，提高了企业的产品质量安全主体和第一责任人的意识，提高了广大采摘农户和供货商的农残风险意识；7.依托全国出口松茸检验检疫协作组平台，加强全国协作联动，及时交流信息，统一应对国外贸易技术壁垒，于6月1日在成都组织召开了全国出口松茸检验检疫协作组第四次专题会议，制定了确保我国松茸顺利出口的对策和措施；8.科学合理设定农残重点检测项目和重点监控项目，将20批被农残污染的松茸堵在国门之内，维护了国家食品安全形象；9.严格按照对外承诺时限，积极履行承诺，实行“5+2”和“白+黑”的全天候 24 小时工作制，相关检验检疫和检测人员加班加点，24 小时不间断地进行检验、检测以及签证，优质做好检验监管和服务工作。通过这一系列有效监管举措，以及各方不懈努力，2012 年 10 月 10 日，日本厚生省正式宣布解除对中国产松茸的“命令检查”。截至 2012 年 10 月 31 日，检验检疫出口鲜松茸 820 吨，货值 4768.1 万美元，比上年分别增长 24.6%、13.9%。

【扶持特色农产品出口】 云南出入境检验检疫局在国家质检总局和云南省政府以及相关职能部门的大力支持下，充分发挥自身技术支撑优势，积极有效应对国外贸易技术壁垒，大力扶持云南优势食品、农产品拓宽国际市场和出口渠道：1.积极组织开展对云南出口茶叶、咖啡的农残和重金属等有毒有害物质的本底调查工作，抽取 5 个主产地 60 份茶叶样品，检测 43 种有毒有害物质；抽取 3 个主产地 40 份咖啡样品，检测 20 种有毒有害物质，为提高出口茶叶和咖啡的产品质量和有效应对国外技术贸易壁垒提供了科学依据；2.继续开展牛肝菌中尼古丁成因调查分析的科学研究工作，通过对前期出口情况的总结和分析，调整和确定输欧盟等国家牛肝菌重点农残监控项目，实行周期轮换，动态监控，既缩短了出口牛肝菌农残检测时间，又为企业减轻了负担，受到企业的好评；3.建立健全出口动物源性食品质量监管长效机制，落实产品质量溯源体系和责任追究体系，确保了云南出口动物源性食品的卫生质量安全，实现云南罗非鱼强势登陆美国。云南罗非鱼出口比上年增长超 50%以上，而且出口到发达国家的比重也呈现出日益上升的趋势。

【出口食品种养殖基地备案和示范区建设】 云南出入境检验检疫局重视强化源头管理和过程监管，督促企业建立健全质量管理体系，推进基地备案和示范区建设工作。1.认真组织对100 家出口食品生产企业进行监管，提出整改措施 173 条，对检查中发现的问题和质量安全隐患，及时帮助企业查找原因，督促企业整改并及时建立健全质量管理体系；2.积极推进出口食品原料种养殖基地备案工作，截至目前完成对 52 万亩茶叶基地、2.1 万亩食用菌基地和 12.93 万亩蔬菜基地的备案工作；3.积极推进出口食品农产品质量安全示范区建设工作。目前，元谋县、宾川县、蒙自市和建水县 4 个县（市）通过出口果蔬质量安全示范区考核验收，宾川县质量安全示范区通过国家质检总局的考核，获得“国家级安全示范区”称号，下一步将对罗平县、通海县出口蔬菜质量安全示范区进行考核验收；4.加强对已备案生产企业的日常监督管理、生产加工过程各环节的监管，对基地使用的化学物品严格把关，从源头上控制产品的安全卫生质量，积极鼓励企业采取“企业 + 基地 + 标准化”的种植模式。

【展示检测实验室活动】 2012 年 9 月 11 日，云南出入境检验检疫局按照国家质检总局关于“全国检测实验室开放日”集中展示活动的要求，以“科学检测，服务发展”为宣传要点，重点选择涉及国计民生和国家经济安全、环境安全的云南局检验检疫技术中心食品实验室、化矿实验室、烟草实验室、动物检疫实验室、植物检疫实验室以及云南国际旅行卫生保健中心 HIV 抗体确证实验室和生化免疫实验室向社会开放，目的就是要通过展示活动，向全社会和广大消费者传递全面加强检验检测基础能力建设，确保检验检测技术服务的科学性、公正性和权威性，进一步加强云南局与社会各界的沟通，增强政府相关部门、外向型企业、媒体及社会各界对云南检验检疫实验室检测能力的了解。下属分支机构实验室采用电脑投影资料介绍、宣传栏展示、发放宣传手册及专家现场讲解等方式，向社会进行开放展示。活动邀请了全国人大代表、省政协委员代表、昆明海关、省商务厅、科技厅、农业厅、卫生厅等职能部门的领导，云南大学、昆明理工大学、云南农业大学等大专院校和科研院所的专家，进出口企业的代表，以及云南电视台、昆明电视台、云南日报等新闻单位的记者累计53家单位，83人应邀出席。通过实验室开放展示活动，让社会各界人士走进检验检疫实验室，了解进出口商品、出入境人员的检验检疫过程，亲身感受了云南检验检疫技术人员科学而严谨的工作态度，进一步加深了社会对检测工作的认识和理解，充分展示了云南保障质量安全、服务质量提升的技术能力。

【口岸核心能力建设】 2012年，云南出入境检验检疫局为提升口岸应对突发事件的应急处置能力，在国家质检总局及云南省各级政府的支持下，大力加强口岸核心能力建设。1.投入资金，为部分口岸旅检通道添置或更新了红外成像测温仪、核与辐射检测及防护设备、生物安全柜、口岸食品快速检测设备、医学巡查箱、生物安全采送样箱、生物因子快速检测箱及实验室检测仪器等大批必须配置的仪器设备，在口岸各类突发事件应急处置中发挥了重要作用；2.在非典、禽流感、甲流等疫情爆发后，制定了一系列应急预案、工作规范、工作流程，对云南口岸科学、有序、有效的建立工作长效机制和防控传染病传入传出起到了重要作用；3.按照“3+1”疫情疫病联防联控工作机制，与越南、老挝、缅甸在毗邻的口岸间建立跨境传染病联合防控机制、与口岸单位（海关、边检等）建立联防联控机制；与地方卫生、农业等部门建立传染病防控协作机制；与地方环保、工商等部门建立联络工作机制。着重加强了口岸与地方之间在卫生检疫、应对突发公共事件、科技信息、人员等方面的合作，充分共享使用已有公共卫生资源，为联防联控、互相支持、协调配合、履行各自职责，提高工作效率发挥积极的作用。通过形成多方联动推动口岸核心能力建设的良好局面，确保口岸疫情处置及时，防控到位。

【昆明长水国际机场检验检疫工作转场】 2012年6月28日昆明长水国际机场转场工作实现，云南出入境检验检疫昆明机场局也同步完成转场。转场促使昆明机场局在基础建设、检验检疫核心能力建设、人员队伍建设等方面都得到极大改善和提高。昆明新机场出入境检验检疫设备及配套设施建设项目，达到全国空港口岸要求标准，适应了昆明长水国际机场空港口岸对外开放的需要。

（洪应松）

城市建设和房地产业

城市规划与建设

【城乡规划管理工作】 2012年，《云南省城镇体系规划》正在按法定程序上报国务院审批。滇中城市群、滇西城镇群、滇东北城镇群和云南省历史文化名城（镇、村、街）保护体系规划经省政府批准实施。滇东南城镇群和滇西南城镇群规划已经省级有关部门和专家审查。全面完成了城镇近期建设规划调整完善，坝区内“退规划建设用地还耕地”近30万亩。组织编制完成了全省210个特色小镇规划。完成了13.15万个村庄规划编制任务。有62个村庄被国家首批确定为国家级传统村落。

【城镇污水生活垃圾处理设施建设】 截至2012年底，全省建成投运治污项目239个，占规划总数的97.1%，累计完成投资179.5亿元。全省城镇污水处理设施由规划实施前的34个县（市、区）、37座污水处理厂增加到127个县（市、区）、142座污水处理厂，污水处理能力由127.05万吨/日增加到341万吨/日，提高168%，任务完成率106.6%；全省城镇生活垃圾无害化处理设施由规划实施前的29个县（市、区）、27座垃圾处理场增加到127个县（市、区）、127座垃圾处理场，生活垃圾无害化处理能力由5993吨/日增加到1.87万吨/日，提高211%，任务完成率100.8%。2012年全省城镇污水处理率和生活垃圾无害化处理率均达到80%以上。昭通彝良污水、昭阳区污水二期，红河河口污水（泵站部分），玉溪通海污水二厂，怒江福贡垃圾，贡山污水、贡山垃圾7个项目，因地震、地形、地质、世行审批、外事干预等特殊原因，已报请省政府同意延期，预计在2013年内建成投运。

【提升园林绿化水平】 2012年，着力推进云南园林苗木产业化和滇派园林品牌化建设，在建好“云南省城市园林绿化苗木科研培植基地网”的基础上，注重培育行业龙头企业，完成了云南绿盛美的绿化工程公司、云南山川绿化公司一级资质申报指导和审核并顺利晋升一级资质。至此，全省一级资质企业达到6家。相继完成了《云南省城市绿化树种名录》修订、全省苗木市场调研和滇派园林产业公司组建等工作，在创建园林城市、提升园林绿化水平、改善人居环境等方面下工夫，全省建成区绿地率 28.15%，绿化覆盖率 33.06%，分别比上年增加 14、16 个百分点。全省人均公园绿地面积 8.66 平方米，全省有 29 个省级园林城市（县城）、6 个国家级园林城市（县城）和 2 个国家级园林城镇，1485 个省级园林小区（单位），1 个国家节水型城市。25 个市（县）绿地系统规划编制（修编）通过技术审核。指导完成了昆明市、玉溪市、丽江市人居环境范例奖的申报和昆明市人居环境奖的申报和迎接国家专家组的评审工作。昆明市地下管线信息系统、丽江古城历史文化遗产保护等4个项目获得2011年度中国人居环境范例奖。2012 年，在开展前期调研指导的基础上，对文山市、瑞丽市、宣威市、镇康县、景谷县、勐腊县等16个城市和县城开展省级园林城市考评，报请省政府审定命名第六批省级园林城市和县城。按照住房和城乡建设部要求，经省住房和城乡建设厅初审推荐普洱市、开远市、芒市、大理市申报 2013 年国家园林城市；罗平县、易门县、华宁县等申报国家园林县城的初审工作正在抓紧开展。到2012 年，在城市建设取得显著成效的同时，云南省城市管理水平也得到不断提升，人居生活环境明显改善。昆明市在全省充分发挥模范带头作用，率先推动公交优先，科学、高效解决城市居民出行问题。

昆明市高新区梁家河村棚户区改造项目

【市政公用事业】 2012 年，坚持从细节入手、从基础抓起，建立完善市政公用设施长效管理机制，进一步加大对城市道路、桥梁、供气、供水、污水、路灯以及窨井等设施管养力度，保障市政公用事业的健康发展。全省城市市政公用设施完成固定资产投资 351 亿元， 比 2001 年约增加 6 倍。城市建成区面积 1457 平方公里，建成城道路 8262 公里，分别比 2001 年增加 76%、99%。全省城市道路总长度 8262.34 公里，道路面积 1.56 亿平方米，人均道路面积 11.48 平方米，供水管网长度 1.49 万公里，燃气管道长度 3967.46 公里，增长 24.13%，排水及雨水管道长 9724.4 公里，建成区管网密度 6.67 公里/平方公里，全省燃气普及率 63.29%，供水普及率 93.17%，城镇化水平由“十五”末的 29.5%提高到 36.8%，涌现出了一批特征鲜明、内涵丰富的大中小城市和特色城镇。

昆明市俊福花城公租房小区建设现场

【规范燃气行业管理】 2012 年，加大对国务院《城镇燃气管理条例》的宣传贯彻力度，组织各州（市）住房和城乡建设主管部门管理人员、燃气经营企业进行了培训，邀请中国城市燃气协会理事长王天锡等条例参编专家和省发改委、省能源局、公安消防总队、省技术质量监督局等相关人员对城市燃气建设、经营和管理中的问题进行了讲解。紧紧抓住中缅油气工程正式开工建设的历史机遇，认真贯彻落实省政府与中国石油天然气集团公司签订的《战略合作协议》的相关要求，进一步做好全省城镇天然气等燃气设施建设，规范燃气市场秩序，确保燃气的安全供应，全省城市燃气用气人口830.28，燃气普及率达到61.66%。会同省能源局、云南中石油昆仑燃气公司等组织编制了《云南省城镇燃气发展“十二五”规划》，邀请了北京、上海等燃气行业专家、省级相关部门评审通过，上报省政府待批。积极与省工商行政管理局协调，联合行文出台了《关于进一步加强燃气经营企业经营许可管理的通知》，为规范城镇燃气经营活动奠定了基础。积极开展城市燃气工程审批管理工作，对弥勒县城市燃气工程、曲靖市城市燃气工程、云南省液化天然气应急储备基地等项目进行了评审。先后对玉溪、楚雄等燃气工程进行验收。对全省（除昆明）150 家燃气企业经营许可进行审查。同时联合省商务厅、云南日报社举办了《新能源与汽车高峰论坛》，邀请国家知名专家就燃气汽车的相关方面（加气站规划建设、汽车改装管理、气源保障）进行了交流，为下一步云南出台相关鼓励、扶持政策提供了依据。

【供水节水工作】 认真贯彻落实《中华人民共和国水法》、《城市节约用水管理规定》、《云南省实施〈中华人民共和国水法〉办法》，大力开展城市供水节水工作，改善城市水生态环境，推动生态文明建设。完成了 123 家城市供水企业经营许可证年度复审、5 家新申办企业的审查、部分水厂水质抽查等项工作，编制并向住房和城乡建设部上报了《城镇供水设施改造与建设“十二五”规划（云南省部分）》。联合省卫生厅对全省设市的 21 个城市供水企业的 44 个出水厂水样水质按《生活饮用水卫生标准》（GB5749-2006）进行监督检查，完成了向国家城市供水水质中心的上报。截至 2012 年 6 月，全省县以上城市供水规模 475.3 万吨/日，人均日生活用水量 128.56 升，供水普及率 92.35%，分别比 2001 年增加 176%、126% 和 10 个百分点。针对近年来全省旱情严重的实际，切实加强组织领导，先后多次下文及时了解全省旱期城市供水情况，并派专人分赴各灾区，加强对城市节水管理，分片区限时供水、建设应急取水设施、应急，加大设施运转负荷、启用应急补充水源、实行临时超额用水加价方式调控用水等工作的指导力度。进一步加大了供水设施的检查，指导各地具体开展了供水管网和供水设施的巡查检修和城市节约用水宣传周宣传工作，切实保障旱情期间的城市供水安全。积极配合开展《云南省节水管理条例》城市节水部分的有关条款的编制，并以此为契机，进一步加强云南城市节水的管理。2012 年 5 月 15～21 日，在全国第 20 届“城市节约用水宣传周”期间，组织开展了以“建设节水型城市，改善城市水生态”为主题的宣传活动，设计制作节水专题公益广告片，在昆明市 160 余条公交线路 2300 多台公交车上的 3000 多块液晶电视屏上进行为期 1 个月循环播放，昆明市节水办还对已建成的 270 多座再生水利用设施运行情况进行了检查稽查。

临翔区廉租住房建设项目建成实景

【“绿色照明”工程】 2012 年，积极参与住房和城乡建设部《城市照明“十二五”规划纲要》的编制，组织昆明市城市管理综合执法局等部门对《纲要》进行讨论，组织省市政工程质量检测站组织编制了云南省地方标准《云南省城市照明安全运行规程》。组织全省城市照明管理部门学习新修订《城市照明管理规定》，联合省发改委转发了《进一步加强城市照明管理工作的意见》。大力支持昆明风向标会展有限公司在昆明国际会展中心举办涉及城市道路照明、城市给排水、水处理、市政工程及设施等的“2011 第二届云南市政技术与设施展览会”，充分展示我国 LED 节能照明、新技术、新设备、新工艺等“四新”产品，为促进城市建设节能减排提供良好的交流平台。积极推进市政公用节能、技术研发工作。广泛开展对公共建筑、道路、景观照明的节能改造，推广应用高效照明电器产品和节能控制技术，提高电能利用效率，实现“绿色照明”。截至 2012 年 6 月底，全省城市照明路灯近 50 万盏。

村镇建设

【实现村庄规划全覆盖】 2012 年，云南省村庄规划编制任务量 5.61 万个，其中行政村 4522 个、自然村 5.16 万个。除怒江州外全部完成。截至 2012 年 12 月 20 日，2010～2012 年，累计完成村庄规划数量 13.15 万个（其中行政村数量为 1.18 万个，自然村数量为 11.97 万个），提前完成了村庄规划全覆盖的目标任务（除怒江州受水电开发等因素影响，经请示省政府同意延期编制外）。2012 年建立了村庄规划信息录入平台，实现了村庄规划编制成果的电子档案网络信息系统查询和数据分析，为村庄规划管理的透明化、阳光化和充分发挥规划的引导、调控作用打下坚实基础，同时村庄规划编制为云南省村庄现状情况的掌握及村庄特色的发掘奠定了基础，推动了传统村落调查工作，基本摸清云南省传统村落的数量，其中向国家登记上报了1371个传统村落，数量居全国之首，62个传统村落已被列级为第一批中国传统村落，占第一批全国总数的10%。

云县6800套官庄河公共租赁住房建设项目施工场景

【农村危房改造及地震安居工程】 2012年，下达云南省农村危房改造及地震安居工程计划任务35.3万户，其中拆除重建27.3万户，修缮加固8万户，安排中央及省级补助资金32.697亿元，其中，中央补助资金21.85亿元，省级配套补助资金10.85亿元，并于11月30日，再次追加2012年农村危房改造及地震安居工程计划任务13万户，安排中央及省级补助资金14.03亿元，其中中央补助资金9.75亿元，省级配套补助资金4.28亿元，且预拨2013年农村危房改造及地震安居工程中央补助资金10.52亿元；州（市）筹集1.6亿元，每户补助2000元，对C级局部危房进行加固。改造建筑面积2906.47万平方米，带动投资183亿元。2012年9月4日，省政府办公厅印发了《关于成立全省农村危房改造工作协调领导小组的通知》（云政办发〔2012〕164号），成立以孔垂柱副省长为组长的农村危房改造工作协调领导小组，并下设办公室在省住建厅。2012省农村危房改造及地震安居工程创新工作举措，首次实行省级分类分级补助，开展农村建筑工匠、农村危房改造及地震安居工程建设管理人员培训1.5万余人次，印发培训和宣传资料2万余册，省级财政安排1247万元专项经费为全省基层乡镇配置计算机、数码相机等工作设备，确保农村危房改造信息及时、完整录入“全国农村危房改造电子档案信息系统”。

房地产开发与住宅建设

【建立会议分析制度】 2012年，定期召开房地产市场监测分析领导小组会议和房地产经济运行分析联席会议，形成了会议纪要和房地产经济运行分析报告，并报省政府、住房和城乡建设部，为各级实施房地产调控提供依据，省住房和城乡建设厅还对各州（市）房地产开发投资完成情况及全省38个重大房地产开发项目进展情况进行了跟踪分析研判。4月23日召开了全省房地产管理工作会议，印发了《云南省住房和城乡建设厅关于下达2012年房地产开发投资计划目标任务的通知》（云建房〔2012〕239号）；2012年5月28日，省住房和城乡建设厅下发了《关于上报1~5月房地产开发投资及运行情况的通知》（云住建发明电〔2012〕18号）。根据掌握和反馈情况，对增长放缓的州（市）进行了重点跟踪调研，并结合省政府稳增长冲万亿促跨越调研督查组工作进行了督查。

镇康县保障住房建成实景—图中最高楼即为保障性住房

【加强市场调控】 2012年，为巩固房地产调控成果，努力保持云南省房地产市场的健康稳定发展，根据7月31日全国房地产市场调控工作座谈会精神，印发了《云南省住房和城乡建设厅关于进一步加强房地产市场监管保持商品房价格稳定的通知》（云住建发明电〔2012〕42号）。各州（市）根据实际，制定切实可行的调控措施，对抑制投机性购房需求，促进房价涨幅回落发挥的积极作用。

【继续健全监管制度】 根据《云南省商品房预售款监管办法》（省住房和城乡建设厅、省银监局、人行昆明中心支行第24号公告）和《云南省住房和城乡建设厅转发住房和城乡建设部关于进一步加强房地产市场监管完善商品房住房预售制度有关问题文件的通知》(云建房〔2010〕249号)的相关规定，制定下发了《云南省住房和城乡建设厅关于进一步完善商品房预售制度加强商品房预售资金监管的通知》(云建房〔2012〕471号)，对商品房预售许可管理、预售价格监管、交易行为监管及预售资金监管提出了措施。

【房地产开发投资】 2012年，全省房地产开发投资完成1782.14亿元，比上年增长39.2%。增速较上年回落2.1个百分点。房地产开发投资占全省规模以上固定资产投资7553.51亿元的比重达到24%。其增速高于规模以上固定资产投资增速(27.3%)的12.7个百分点；高于全国房地产开发投资增速23.8个百分点。全省房地产业的跨越式发展，有力促进了全省经济社会的平稳较快发展。在房地产调控政策作用下，房地产开发投资的结构有所调整。一方面商品住宅开发投资保持较快增长，但增速低于房地产开发投资整体增速。其中，商品住宅开发投资完成1152.5亿元，增长30.3%，占房地产开发投资的比重64.7%，下降3.2个百分点。另一方面非商品住宅开发投资呈现高速增长的态势，占比提高。办公楼开发投资完成86.41亿元，增长87.9%；商业营业用房开发投资完成256.29亿元，增长54.9%；其他类房地产开发投资完成286.93亿元，增长56.1%。从全省各州(市)房地产开发投资完成情况看，昆明市房地产开发投资保持持续较快增长，其他州(市)呈现持续稳定增长。其中，昆明市房地产开发投资919.07亿元，增长45.2%。除昆明市以外其他15个州(市)合计完成房地产开发投资863.06亿元，增长33.3%。其中：临沧市62.65亿元、增长135.2%，保山市50.77亿元、增长73.3%，迪庆州7.84亿元、增长70.4%，大理州77.19亿元、增长65.4%，西双版纳州50.22亿元、增长64.3%，丽江市64.17亿元、增长63.5%，昭通36.11亿元、增长43.9%，玉溪市90.57亿元、增长35.4%，德宏州43.51亿元、增长34%，楚雄州68.38亿元、增长27.7%，红河州89.64亿元、增长23.5%，曲靖市153.8亿元、增长12.6%，文山州33.54亿元、增长10.7%，怒江州4.5亿元、减少20.6%，普洱市30.16亿元、减少35.7%。其中临沧、保山、迪庆、大理、西双版纳州、丽江、昭通等7个州(市)房地产开发投资增速高于全省平均增速。

【住房发展规划】 按照住房和城乡建设部要求，2012年8月初印发了《城市住房建设规划导则》，对州(市)编制住房建设规划提出了具体要求。启动省住房发展规划编制工作。为确保住房发展规划编制质量，牵头拟定了《"十二五"住房发展规划代拟稿建议框架和重点》，协调住房保障计划处、住房保障政策指导处、住房公积金监管处等有关处室共同编撰全省"十二五"住房发展规划。2012年底，《云南省住房发展"十二五"规划》编制已经完成并印发全省，各州(市)住房建设规划编制工作也进入实质编制阶段。

【行业规模和发展空间】 配合有关部门出台了《云南省政府关于促进建筑建材房地产业持续健康发展的意见》(云政发〔2012〕147号)，做好相关配套政策落实。2012年，全省房地产开发企业取得资质证书的3018家，其中一级22家，二级225家，三级238家，四级1304家，暂定1229家；物业服务企业1256家；房地产估价机构129家，中介企业650多家，从业人员20多万人。2012年重点加强了对房屋产权登记、物业管理人员的培训工作。为提高各级房屋登记机构人员的业务水平，在丽江、版纳等地组织全省州、市、县三级300多家房屋登记机构1200多人参加《房屋登记规程》培训，实现了全员覆盖，并组织624人参加全国房屋登记官考试；着力提升全省物业管理人员的管理水平，组织对1600多名物业服务从业人员进行了培训。组织进行了物业管理师、房地产估价师、房地产经纪人协理的考试工作。

房地产交易市场

【商品住房价格】 昆明市和大理市住房价格涨幅总体上呈现基本稳定趋势。根据国家统计发布的全国70个大中城市住宅销售价格变动情况显示，2012年12月份昆明市新建住宅价格环比涨幅0.6，涨幅较上月微涨0.1，涨幅排位在全国70个大中城市第十位；同比上涨1.3%，涨幅较上月上涨0.5，涨幅排位在全国70个大中城市第十位。大理市新建住宅价格环比上涨0.2，涨幅较上月上涨0.3，涨幅排位在全国70个大中城市第四十一位；同比下降0.2%，涨幅较上月上涨0.2，涨幅排位在全国70个大中城市第五十一位。

从全省10个重点城市上报的2012年度主城

区商品住房交易均价来看，全省主要城市住房价格全年运行保持基本稳定，商品住房价格基本保持与当地经济社会发展水平相适应。

【商品住房和存量住房销售】 1. 2012 年，全省商品房销售情况：商品房销售建筑面积 3237.75 万平方米，比上年增长 0.5%，增速较上年回落 4.5 个百分点；其中住宅销售建筑面积 2789.68 万平方米，下降 1.4%，增速回落 3.6 个百分点。商品房销售额 1362.83 亿元，增长 16.3%，增速回落 5 个百分点；其中住宅销售额 1077.1 亿元，增长 12.3%，增速回落 7.5 个百分点。2.重点城市商品住房及存量房销售情况。其中，新建商品住房：昆明市428.7万平方米、增长13.35%；曲靖市 102.97 万平方米、下降 42.6%；个旧市 21.72 万平方米、下降 40.5%；芒市 29.31 万平方米、下降 37.81%；景洪市 85.92 万平方米、下降 34.6%；楚雄市 62.62 万平方米、下降 28.42%；丽江市 29.64 万平方米、下降 2.7%；玉溪市 69.59 万平方米、下降 17.26%；大理市 66.7 万平方米、增长 58.6%；昭通市 44.4 万平方米、增长 75.8%。存量住房：昆明市 129.93 万平方米、下降 27.27%；曲靖市 26.57 万平方米、下降 24.54%；个旧市 14.42 万平方米、增长 19.98%；芒市 4.93 万平方米、下降 24.46%；景洪市 5.72 万平方米、下降 17.43%；楚雄市 19.14 万平方米、下降 21.53%；丽江市 6.95 万平方米、下降36.66%；玉溪市 17.99 万平方米、下降 12.5%；大理市 11.04 万平方米、增长 27.91%；昭通市 2.26 万平方米、下降 0.85%。上述数据显示，在国家房地产宏观调控前景下，全省除昆明市、昭通市、大理市新建商品住房销售面积和大理市、个旧市存量房销售面积上涨外，其他 6 个城市均出现不同程度的下降，其中曲靖、个旧、芒市、景洪、丽江等 5 个城市销售下降 30%以上。

【房地产营销】 合作举办了 2012 年昆明春季地产文化节，参与了昆明秋季房地产交易会、红河、版纳等州（市）四届房交会的有关工作，为展示房地产发展及保障性住房建设成果，引导房地产开发企业调整产品结构，保持住房供应合理进行了积极的探索。

【规范房地产估价行业管理】 2012 年，依托“房地产估价管理系统”，强化对全省房地产估价机构的估价报告管理工作。系统运行起至 2012 年 10 月 31 日，各单位登录系统 2.97 万余次，其中估价机构登录 2.55 万余次，主管部门登录 1645 余次。系统纳入全省估价机构 133 家，其中一级资质 1 家、一级分支机构 6 家、二级资质 32 家、三级资质 75 家，三级暂定资质 18 家，机构新设立 7 家；注册房地产估价师 605 余名。机构网上资质申报329余次。在线提交的有效估价报告 6.78 万份，其中估价时点在 2010 年以前的 2.71 万份，2010 年及以后的4.07 万份，采集参考案例 6.95 万个。

城镇住房制度改革

2012 年，省住建厅与省财政厅、省政府机关事务管理局联发了《关于做好省级单位职工住房补贴阶段性收尾工作有关事项的通知》，在房改部门对职工参加房改住房有关情况进行审核的基础上，对省级单位 2005 年 12 月 31 日前参加工作且符合住房补贴条件的职工住房补贴发放工作进行阶段性收尾，下达省级补贴预算资金近 11 亿元。

住房公积金管理

【业务指标】 2012 年，云南省住房公积金归集总额 1229.78 亿元，比上年增长 22.5%；归集余额 665.3 亿元，增长 15.6%；累计发放住房公积金贷款 747.1 亿元，增长 19.57%；个贷余额 402.1 亿元，个贷率 53.8%，个贷逾期率降至 0.02%；实现增值收益 10.4 亿元，增长 107.2%；提取保障房补充资金 5.6 亿元，是 2011 年的 2.95 倍，公积金支持保障性住房建设贷款 4.46 亿元。

【信息化建设】 2012 年 10 月，组织全省 16 个州（市）中心的主要领导前往福州、石家庄、深圳、大连就信息化建设、管理等工作进行了学习考察。提出了“以省为主，中心协同，软件统一，硬件兼容”的省级监管信息系统建设思路。昆明、曲靖、红河、保山等州（市）中心升级完善住房公积金业务管理信息系统，提高了自动化办公水平。2012 年底，按照住房和城乡建设部的统一部署，与省通信管理局沟通，加快了开通“12329”住房公积金服务热线工作。

【扩大住房公积金试点城市】 配合住房和城乡建设部先后对临沧、玉溪、曲靖申报成为利用住房公积金支持保障房建设试点城市工作进行了检查指导。2012年，通过住房和城乡建设部、财政部、人民银行审批，玉溪市成为继昆明市之后，云南省利用住房公积金支持保障性住房建设新增试点城市，贷款规模3亿元。

【逾期项目贷款清收工作】 2008年底，云南省逾期项目贷款1.71亿元。2012年，按照住房和城乡建设部的要求，制发了《云南省住房和城乡建设厅 云南省财政厅关于尽快回收住房公积金单位项目贷款的紧急通知》，配合住房和城乡建设部对昆明、丽江、西双版纳的清收工作进行了督办落实。截至2012年6月底，逾期单位项目贷款已全部清收完毕，累计清收逾期项目贷款3.8亿元。2012年11月，住房和城乡建设部在南京召开全国清收逾期项目贷款工作会议，昆明市住房公积金管理中心在会上进行经验交流。

【信访工作】 省住房和城乡建设厅通过网络、电话、信件、接待等各种方式处理了大量的信访投诉。根据省政府的安排，省住房和城乡建设厅参与了对一系列破产企业住房公积金、房改遗留问题的处置，积极配合地方政府做好政策解答以及破产企业职工的稳定工作。此外，省住房和城乡建设厅还办理了人大、政协关于加强公积金管理和空置房出售的提案。

工程勘察设计咨询业

【勘察设计行业发展】 2012年，云南省勘察设计单位不断做大做强，小、散、差单位重组合并。全省勘察设计单位数量从630多家减少到了614家，地、市级以上区域基本取消了丁级单位，全省拥有甲级资质的单位数量增加到了72家。乙级资质为246家，丙级376家。全省勘察设计行业从业人员3.51万人，其中专业技术人员2.65万人，注册执业人员4589人。2012年，全行业完成工程勘察合同额21.47亿元，完成工程设计合同额64.97亿元，施工图设计完成投资额2854.49亿元，施工图设计完成建筑面积6736万平方米，营业收入152.17亿元。

【勘察设计制度建设】 2012年，云南省陆续出台了《建筑工程方案设计招标投标管理办法》配套规定、《云南省建筑和市政工程勘察招标投标管理办法》、《云南省建筑智能化工程招标投标管理办法》、《云南省市政工程设计招标投标管理办法》等，为勘察设计招投标管理提供法律保障，改进了勘察设计方案的竞争环境，基本扭转了大型工程勘察设计招投标重报价轻方案的习惯，形成了推动优秀方案、特色建筑创作的机制。

【勘察设计人才培养】 2012年，组织完成了全省6025名注册建筑师及各类工程师执业资格考试考务工作，共1.68万考生（比2011年1.23万考生增长36%），2012年全省通过全国勘察设计注册师203人，其中注册建筑师61人，勘察设计注册工程师专业考试142人。

【勘察设计质量监管】 2012年，省住房和城乡建设厅开展各类大中型建设工程项目初步设计审查76项，施工图审查项目9888项（其中勘察项目4881个，设计项目5007个），发现并纠正违反强制性条文数515条，严把勘察设计质量关。

【勘察设计技术支持】 按照省委、省政府提出的“守住红线、统筹城乡、城镇上山、农民进城”的战略要求，将“城镇上山”作为云南省勘察设计行业未来5年的工作重点，并将针对山地工程，在人居质量、经济集约、风貌特色、抗震防灾、节能减排、生态环保等方面进行技术攻关，坚持“建得起、建得美、建得好、建出特色”的13字基本方针，2012年启动了《云南省“山地建设工程”系列技术设计导则》编制工作，并计划在2013年内颁布实施，为“城镇上山”战略提供强大技术支撑。在保障性住房和工程质量安全方面，制定了《云南省住房和城乡建设厅关于进一步落实责任确保保障性安居工程勘察设计质量的通知》（云建设〔2012〕454号）、《云南省住房和城乡建设厅关于执法检查中有关勘察设计质量问题的通报》，组织编写了《云南省保障性住房规划与建筑设计导则（试行）》，进一步确保了云南省保障性住房和工程质量安全相关工作任务的顺利完成。2012年《云南省民用建筑节能设计标准》的施行收到了良好的效果，按照建设“资源节约型、环境友好型”社会的要求，围绕节能减排这个重点课题开展工作，在工程设计中始终将节能、节地、节水、节材和环保放在突出位置，严格执行国家和省颁布的节能设计标准，严格施工图审查。积极选用节能成套技术和高性能、低材耗、可再生循环利用的建筑材料，结合云南实际，充分利用云南太阳能、风能等再生资源和气候优势，大力发展生态和绿色建筑。2012 年 5 月 24 日组织召开了《云南省民用建筑节能设计标准》的宣传贯彻会议，参会学习代表共 320 余人。印发了《云南省住房和城乡建设厅关于启用<云南省民用建筑节能设计专项汇总表>的通知》（云建设〔2012〕434），要求云南省内新建、改扩建的民用建筑工程，设计单位均应按要求填写《云南省民用建筑节能设计专项汇总表》，并将其作为施工图设计文件上报审查的必备内容。2012 年，启动了云南省“建筑节能”系列图集的编制工作，并将陆续出台墙体、门窗、屋面、太阳能一体化设计等系列图集，按照务实、好用的原则，将图、表、数据、计算公式、软件开发一并推行，方便广大勘察设计技术人员使用。

【勘察设计奖励】 2012 年，完成省政府扶持建筑业发展奖励勘察设计部分的组织和申报工作。涉及勘察设计企业 67 家、71 个勘察设计注册人员和 80 个勘察设计项目，奖励资金 328 万元。抓好 2012 年度优秀勘察、优秀设计评选工作，根据《云南省优秀工程勘察设计奖评选办法》，认真做好优秀勘察、设计的评选工作。

（张礼孔 关世敏 高 兴 舒春艳 陈 俊）

环境保护

水资源开发和利用

【水资源管理】 2012 年，省水利厅实施最严格水资源管理制度，建立全省“三条红线”控制指标体系，制订省级考核制度和考核方案，全面加强水资源管理。

明确“三条红线”控制指标 即确立水资源开发利用控制红线，到 2030 年全省用水总量控制在 227 亿立方米以内；确立用水效率控制红线，到 2030 年用水效率不低全国平均水平，万元工业增加值用水量（以 2000 年不变价计，下同）降低到 40 立方米以下，农田灌溉水有效利用系数据高到 0.6 以上；确立水功能区限制纳污红线，到 2030 年主要污染物入河湖总量控制在水功能区纳污能力范围之内，水功能区水质达标率提高到 95% 以上。为实现上述目标，到 2015 年，全省用水总量力争控制在 185 亿立方米以内；万元工业增加值用水量比上年下降 30%以上，农田灌溉水有效利用系数据高到 0.52；重要江河湖泊水功能区水质达标率提高到 65%以上。到“十二五”末，初步建立最严格水资源管理制度,基本建立全省水资源开发利用总量、用水效率和水功能区限制纳污总量控制指标体系，建立水源地、水功能区和地下水监测评价体系,基本构建水资源监控体系。到 2020 年，全省用水总量力争控制在 215 亿立方米以内；万元工业增加值用水量降低到 65 立方米以下，农田灌溉水有效利用系数据高到 0.55 以上；重要江河湖泊水功能区水质达标率提高到 75%以上，城镇供水水源地水质全面达标。初拟了省级考核制度和考核方案，进行征求意见。2012 年 8 月，颁布《云南省政府关于全面实行最严格水资源管理的意见》（云政发〔2012〕126 号）。普洱市是实行严格水资源管理制度的试点，2012 年开展的试点工作取得新成绩。1.市政府考核的六大项指标（区域用水总量等）已分解下达到 10 县（区），并填报季报和年报，为政府考核提供依据。2.对全市 11 个县界河流断面和 39 个水功能区开展水质月监测。3.对全市县级以上城市 20 个饮用水源地进行月监测，向社会公开水质监测情况。4.对全市 59 个规模以上工业企业下达年度用水计划，并进行用水效率跟踪监测，总结企业用水定额，提出节水措施。5.开展水源地保护、农业灌溉计量收费制度、工业园区节水、企业节水改造等示范工程。

逐步建立考核体系，加强用水效率考核管理 开展重点缺水区域和重点行业节水工作专项检查，建立用水效率评价、考核制度，推进节水考核管理，建立节水激励机制；建立覆盖市、县二级行政区的用水效率控制和考核体系。加强高耗水服务行业的节水管理，建立用水单位重点监管名录，推进高耗水行业的节约用水管理。制订了《牛栏江德泽水库上游最严格水资源管理考核办法》。

依法进一步理顺了取水许可管理权限 为规范取水许可管理，将取水许可纳入了省水利厅水利行政许可受理中心统一受理，接受公众监督。加强取水许可相关手续审查，坚持对取水项目进行现场验收核实。全省年终保有的有效取水许可证

1.09 万本，审批河道外取水 94.85 亿立方米，河道内取水 3059 亿立方米。

全面加强水资源费征收工作，做到水资源费应收尽收、按时入库 2012 年全省征收水资源费 7.58 亿元，完成年初制定的征收 7 亿元的征收目标加强水资源费管理使用，逐步完成近 3 年全省水资源费项目库建设，初拟了《云南省省级水资源费项目管理暂行办法》。严格建设项目水资源论证管理。

【水资源节约与保护】 省水利厅认真贯彻落实中央、省委、省政府的决定，实施最严格水资源管理制度，制订省级考核制度和考核方案，全面加强水资源管理、节约和保护工作。

协调落实“十二五”节水型社会建设规划的实施 强化用水定额管理，推进节水工作，完善区域及行业用水考核体系，以昆明市为重点，启动滇中缺水城市污水资源化利用制度和示范工程建设。1.统筹谋划，推进节水规划的实施。3 月省政府批复《云南省节水型社会建设“十二五”规划》（云政复〔2012〕13 号）。16 个州（市）都已编制完成节水型社会建设“十二五”规划，昭通、玉溪等 10 个州（市）规划已经政府批复。2.抓好节水试点工作。落实中期评估和水资源司专项检查时提出的要求，推进曲靖市、玉溪市节水试点建设。8 月 18 日，水利部水资源司（全国节约用水办公室）主持，水利部珠江委和云南省水利厅，以及有关专家组成验收工作组，对曲靖市全国节水型社会建设试点工作进行了验收。验收组一致同意曲靖市通过全国节水型社会建设试点验收，建议水利部授予曲靖市“全国节水型社会建设示范市”称号。玉溪市节水试点建设工作稳步推进，做好评估验收准备。3.逐步建立考核体系，加强用水效率考核管理。开展重点缺水区域和重点行业节水工作专项检查，建立用水效率评价、考核制度，推进节水考核管理，建立节水激励机制；建立覆盖市、县二级行政区的用水效率控制和考核体系，逐步完善区域及行业用水考核体系。4.加强高耗水服务行业的节水管理。在完成 2011 年水利部部署的高耗水服务行业用水专项检查基础上，专题研究，清理高耗水服务行业的取水许可，建立用水单位重点监管名录，推进高耗水行业的节约用水管理。5.稳步开展用水定额修编，并开展水平衡试点工作。积极协调相关部门和技术编制单位，抓紧用水定额修订，成立了云南省用水定额修订工作领导小组并召开领导小组会议。结合定额修订工作，在昆明市、曲靖市、玉溪市开展一批行业水平衡测试试点工作，为完成用水定额的修编工作提供技术支撑。6.开展农业用水节水计量试点工作。结合“十二五”节水型社会建设规划，编制农业灌溉用水计量试验站建设实施方案，启动 3～5 个试验站建设，并选择 2～3 个大中小型灌区开展渠系利用系数测试工作，目前已经完成实施方案，并通过专家审查。7.开展社会节水示范单位建设。以昆明市、曲靖市、玉溪市为重点，开展学校、企业、居民社区中水回用专项调查和编制试点方案，推进中水回用技术和节水器具的推广，开展节水示范单位建设。8.开展节水宣传教育基地（教室）建设。配合水利部、教育部、全国节水办完成对 “昆明市给水和排水科普教室”作为第一批全国中小学节水教育社会实践基地的评定工作。

制定《云南省水功能区纳污能力核定和分阶段限排总量控制方案》 对《云南省水资源保护规划报告》编制大纲进行了审查。按照省政府办公厅的要求，结合《全国重要江河湖泊水功能区划（2010～2030 年）》，协助相关部门推进云天化集团安宁炼油厂配套 PTA 项目、勐象竹业、云南天巍竹浆和金光纸业项目前期工作，提出了勐象竹业、云南天巍竹浆和金光纸业项目入河排污口设置的审批意见。初步完成了省内水功能区纳污能力核定和分阶段限排总量控制方案编制，核定成果已分别通过了长江委和珠江委组织的审查。统一了全省水利系统水功能区、入河排污口的监测评价工作，确定了监测范围、监测频次、监测评价指标、水资源地水资源质量监测评价信息发布方式和发布范围。积极与长江委、珠江委协调，初步拟定了 2015 年、2020 年和 2030 年云南省六大流域主要水功能区的达标指标。初步完成了全省 16 个州（市）的县级以上城市集中式饮用水源地、重要水功能区 2015 年达标控制指标分解方案。积极推进饮用水水源地保护，组织省水文水资源局加大了对集中式饮用水水源地的监测力度，发布 1～11 月集中式饮用水水源地水资源质量信息通报。启动包括国家重要饮用水水源地和嵩明等县城所在地的集中式饮用水水源地的达标建设试点工作，已完成水源地达标建设实施方案的编制。清水江、抚仙湖健康评估试点已下达资金，预计 2013 年全面完成。启动昆明、丽江、红河、保山、文山等州（市）县（市、区）一批水生态系统保护与修复示范性项目，实施方案已审查，并下达了补助资金。

（闵　磊）

土地资源的开发和利用工作

【土地资源开发】 云南省至 2015 年耕地保有量规划目标为9015万亩，基本农田保护面积规划目标为 7431 万亩。截至 2011 年末云南实际耕地面积9347.4 万亩，划定基本农田保护面积 7894.5 万亩，均高于规划目标。但随着全省工业化、城镇化步伐不断加快，特别“十二五”期间更是全力推进“两强一堡”建设的关键时期，各类新增建设用地项目大量占用耕地，一批国家级、省级重大项目也亟待落地建设，社会经济发展与耕地保护的矛盾日益尖锐。

第二次全国土地调查成果显示，云南省宜耕未利用地面积约为 480 万亩。通过近年不断开发，目前的宜耕未利用地人均不足 0.1 亩。为确保新增建设项目占用耕地的占补平衡工作，守住耕地红线，云南充分利用二次调查成果，加大补充耕地储备力度，及时组织各州（市）国土资源部门对本辖区内未利用地开发等耕地后备资源开展调查，做好耕地占补平衡项目立项储备等工作，保证全省耕地储备项目库中及时储备一批项目。2012 年完成补充耕地项目 176 个，完成投资 12.19 亿元，新增耕地 27.46 万亩；新增报备占补平衡项目 380 个，预计实施后可补充耕地约 22.08 万亩。

云南省尤其重视占补平衡补充耕地项目、特别是开发荒山荒坡项目的生态环境保护工作，先后制定出台了《云南省土地整治项目可行性研究报告编制规程（试行）》、《云南省土地整治项目规划设计报告编制规程（试行）》等文件，要求项目承担单位和项目设计单位在项目可行性研究及规划设计阶段，结合项目区实际，充分论证新垦耕地对周边生态环境可能产生的影响，制定切实可行的生态保护方案，确保补充耕地与生态环境相协调，实现增加耕地与保护环境的和谐统一。同时积极组织开展《土地开发整理及其对生态环境的影响》等课题研究，致力于改善耕地生态，促进占补平衡事业的良性发展。

【土地资源利用】 2012 年，切实推进土地资源节约集约利用。1.严把项目准入门槛。按照“控制总量、盘活存量、保障重点、兼顾一般”的原则，提高项目用地标准，强化用地预审，严格投资强度，推广节约集约用地项目，鼓励在原有的用地上增资扩建；严格执行新版禁止、限制用地目录，进一步调整用地结构，减少小企业、高能耗、没有发展前途的工业项目用地，控制工业用地规模鼓励和支持标准化厂房建设，合理安排建设用地，加大实体项目供地，保证重点工程、基础设施、好的产业项目用地。凡不符合土地利用总体规划、污染环境、高耗能及低水平重复建设项目不予安排用地。2.强化用地定额指标控制。对工业用地、机关办公用地、城市基础设施等各类建设用地在审批前，严格按照国家、省各类指标标准规定进行审核。对不符合土地投资强度等定额指标的用地项目，坚决核减用地面积。3.深化落实《国土资源部关于大力推进节约用地制度建设的意见》（国土资发〔2012〕47 号）、《国土资源部关于落实单位国内生产总值建设用地下降目标的指导意见》（国土资发〔2012〕24 号）等文件，加强“规划调节、标准控制、市场配置、政策鼓励、监测监管、考核评价、共同责任”8项节约集约用地制度建设，将“十二五”期间全省单位 GDP 耗地下降 30%指标任务分解细化到州（市）、县（区），量化任务目标。4.开展节地创新。结合全省调整完善城乡发展模式，多用山地、少用坝区土地的工作思路，进一步研究用地指标、用地成本等方面的奖励和制约政策，加快引导政策配套，挖掘和推广“政企合力”、“矿村共建”、“削峰填谷”、“发展上山”等具有地方特色的节地好模式、好机制。5.推进“节约集约模范县”创建活动。在全省范围内涌现了一批模范典型，昆明市高新区、楚雄市、沾益县评选为首届全国百名模范县（市）。

（朱云忠）

污染防治及城市环境保护工作

【污染减排】 2012 年，省政府印发《“十二五”低碳节能减排综合性工作方案》和《进一步加强“十二五”全省主要污染物总量减排工作的若干意见》，明确各级政府、各相关部门和重点企业的减排责任，加强沟通，密切配合，各负其责。重点减排项目完成情况总体顺利，712 个省级重点减排项目已完成 693 个，占 97%；未完成 19个，占 3%。部分污水处理厂运行情况得到改善，火电和水泥行业脱硝项目推进顺利，畜禽养殖污染减排也取得突破性进展。经过全省上下积极努力，2012 年主要污染物总量减排目标任务顺利完成。化学需氧量排放量 54.86 万吨、氨氮排放量 5.87 万吨、二氧化硫排放量 67.23 万吨、氮氧化物排放量 54.43 万吨，分别比上年下降 1.10%、1.09%、2.75%、0.77%。

【九湖水污染综合防治】 2012 年 4 月国务院批复了包括滇池在内的重点流域水污染防治规划，5 月省政府批复了其他八湖水污染防治“十二五”规划，9 月省政府与九湖所在地 5 州（市）政府及 13 个省级有关部门签订了目标责任书。截至年底，九湖水污染防治“十二五”规划项目完工 14 项，在建 131 项，开展前期工作 115 项，完成投资 102.56 亿元。2012 年，泸沽湖被列入国家湖泊生态环境保护试点范围。抚仙湖、洱海生态环境保护试点实施方案得到省政府批复。截至年底，试点项目完工 1 个，正在实施 16 个，完成投资 2.58 亿元，其中国家水质良好湖泊生态环境保护试点专项资金 1.8 亿元。

【三峡库区上游水污染防治】 2012 年，加快《三峡库区及其上游水污染防治规划（2011～2015 年）》项目实施，114 个规划项目启动率 84.2%，累计完成投资 11.23 亿元。流域水质整体保持稳定，江边、三块石、横江桥、普渡河桥、江底桥 5 个控制断面的水质达标率均能满足规划年度要求。重点推进金沙江一级支流牛栏江的水环境保护工作，确保牛栏江昆明段水质整体达标，曲靖段水质稳定达到或优于Ⅲ类，满足调水水质要求。

【工业污染防治】 2012 年，全省工业废水治理投资 10.05 亿元，完成治理项目 73 个；工业废气治理投资 6.87 亿元，完成治理项目 138 个；工业固体废弃物污染治理投资 5700 万元，完成治理项目 14 个。安全处置和综合利用危险废物（不含医疗废物）45.26 万吨；安全处置医疗废物 1.3 万吨。2012 年新颁发危险废物经营许可证 17 份，其中综合经营许可证 14 份、医疗废物经营许可证 3 份。162 家重点国控企业纳入省级排污许可证管理范围。全面推进云南工业企业上市再融资工作，2012 年办理 13 家企业上市再融资环保核查，其中本土企业融资金额约 84 亿。

【重金属防治工作】 全力推进《重金属污染综合防治“十二五”规划》项目实施，截止 2012 年底已完成 33 个项目，其余项目正在积极推进中；全力推进个旧选矿示范工业园区建设；陆良 17.95 万吨、牟定 8.83 万吨历史遗留铬渣全部实现无害化处置。沘江、南北河、小白河、倘甸双河、浑水河（卡房大沟）等河流水质均明显好转。69 个地表水国控断面重点重金属污染物达标率 93.48%。六大水系主要河流出省跨界断面、县级以上城镇集中式饮用水地表水源均未出现重金属超标现象。全年无涉重金属环境污染事件发生。

【辐射环境管理】 2012 年，全省办理行政许可事项 268 件，其中办理辐射安全许可证审批 126 项，辐射项目环评审批 52 项，辐射项目竣工环保验收 9 项，放射性同位素转让审批 81 项。全年出动检查人员 9672 人次，对 2790 家核技术利用单位、83 家废旧金属回收熔炼单位进行排查；收贮废旧放射源 183 枚，放射性试剂 7 瓶（重约 350 克），高放射性铁精矿 3.94 公斤。组织开展了核与辐射反恐应急的实战演练。

【环境执法监管】 根据环保部和省政府统一安排部署，全省 2012 年环保专项行动围绕全面整治重点行业、重金属排放企业环境污染问题；全面排查危险废物产生、利用、处置企业，严肃查处违法行为；进一步强化污染减排重点项目的监管督查力度；进一步加大牛栏江调水水源区水环境保护工作力度等重点开展。全省环保专项行动出动环保执法人员 3.97 万人次，检查企业 1.44 万家，立案查处企业 101 家，结案企业 74 家，结案率 73.26%。行政处罚 71 家，罚款金额 353.15 万元，完成省、州（市）、县挂牌督办事项 118 件。依法公布第八批、第九批重点企业清洁生产审核名单 271 家，155 家重点企业通过评估或验收，比上年增长 55%。2012 年，全省排污费征收 3.64 亿元，其中各州（市）征收 2.76 亿元、省级征收 8778.91 万元，全省排污费上缴中央国库 3629.6 万元，上缴省级国库 1.34 亿元。对环境违法行为予以严惩，省级直接实施行政处罚 41 件，处罚金 1557.25 万元。

【保障群众环境权益】 2012 年，省级处理群众来信 151 件（含传真、邮件、网上信访），办结率 96%；接待群众来访 16 批 49 人次，办结率 100%；承办省人大建议和政协提案 54 件（其中人大建议 24 件、政协提案 30 件），办结率 100%。全省“12369”热线环保投诉 7174 件，办结 7137 件，办结率 99.48%。回复"网上环保咨询"32 件，答复"领导信箱"65 件，网络信访 190 件，全部办结。出台《云南省依申请公开政府环境信息管理办法（试行）》，规范了环境信息公开的程序和制度。"96128"政务查询热线受理53个查询、咨询问题，均按照办理时限给予了答复。

【环境监管能力】 2012 年，争取 1.07 亿中央专项资金，用于 72 个县级环境保护部门的环境监察和环境监测能力建设，配备各类专业仪器 2000 余台(套)。全省环境监测系统有监测站 114 个，其中：一级站 1 个，二级站 16 个，三级站 97 个。通过计量认证的环境监测站有 77 个。全省环境监测系统人数 1403 人，比上年增加 43 人；拥有业务用房 6.92 万平方米，增加 7888 平方米；拥有各种大型仪器、设备 4738 台（套）。红河州环境监测站等 21 家环境监测站通过国家标准化建设达标验收。截止年底，全省有 261 家企业的 466 套自动监测设备与省监控中心联网上传数据。其中，废水自动监测设备有 253 套，废气自动监测设备有 213 套。根据环保部监控中心的统计，全省有 259 家企业的自动监控设备向该中心上传监控数据。其中实时数据传输正常的企业 160 家，数据上传率超过 75%的有 173 家，设施联网率、数据稳定上传率分别比上年增长 42.9%、68%。

【污染防治】 "十一五"国家水体污染控制与治理科技重大专项湖泊主题"滇池项目"5 个研究课题和"洱海项目"6 个研究课题通过国家初步验收。"十二五"水专项"滇池项目"4 个研究课题、"洱海项目"3 个研究课题已完成论证立项。2012 年，1 项环境科技成果获省科技进步三等奖。在主要产胶州（市）推广制胶废水"厌氧+接触氧化法"处理工艺，为污染物削减提供技术支撑。

【城市环境保护】 1.开展重点城市集中式饮用水水源地环境状况评估。全省 16 个州（市）29 个地级以上城市集中式饮用水水源地开展了环境状况评估，涉及供水人口 918.13 万人，供水量 5.4 亿吨。评估结果显示：除宝象河水库、自卫村水库、西河水库、勐板河水库、玛布河等水源地部分月份存在超标现象外，其他 24 个水源地水质全年 12 个月均达标，供水量达标率 99.53%。2.加强城市环境基础设施建设。至 2012 年末，全省已建成污水处理厂 137 座，污水处理能力 337 万吨/日。建成无害化垃圾处理厂（场）123 座，形成无害化处理能力 1.95 万吨/日。全省城市燃气普及率 66.56 %，绿地率 35.29 %。3.推进城市机动车污染防治。全省机动车保有量 909.44 万辆，新增注册 124.71 万辆。全省环保委托检验机构 20 个。昆明市机动车保有量 170 万辆，机动车环保检测（简易工况法）59.99 万辆，发放环保合格标志 62.39 万辆（含新车），其中黄标 6.31 万辆、绿标 56.08 万辆。昆明市实施了黄标车区域限行政策，于 2012 年 7 月 1 日开始分路段、分步骤对未取得绿色环保合格标志的车辆实施限行。4.实施城市环境综合整治定量考核。全省 19 个设市城市环境综合整治定量考核结果：地级市前 5 名为玉溪、昆明、临沧、普洱、丽江；县级市前 5 名为景洪、芒市、楚雄、安宁、开远。

生态环境保护工作

【生物多样性保护】 2012 年，召开生物多样性保护联席会议，发布《云南省生物多样性保护西双版纳约定》，提出云南省生物多样性保护的 10 条措施。编制完成《云南省生物多样性保护战略与行动计划（2012～2030 年）》，作为云南未来 20 年生物多样性保护工作的纲领性文件，系统地将云南划分为 6 个一级生物多样性保护优先区域、18 个二级区，确定了 9 个优先重点领域和 34 项优先行动，提出了 35 个优先项目。实施了老君山生物多样性保护减贫示范、纳板河保护区胶林复合生态种植等一批生物多样性保护和可持续利用项目。

【自然保护区建设监管】 2012 年，制定并发布《自然保护区与国家公园生物多样性监测技术规程》、《自然保护区与国家公园巡护技术规程》。拟制《云南省省级自然保护区范围和功能区调整及名称更改管理规定》，对乌蒙山省级自然保护区整合晋升国家级、拉市海高原湿地省级自然保护区功能区调整、寻甸黑颈鹤市级自然保护区晋升省级进行评审论证。省级自然保护区纳入全国环境卫星遥感监测监察试点，初步分析出 8 个保护区的相关数据，适时启动核查。《云南省迪庆州白马雪山国家级自然保护区管理条例》通过了迪庆州人大的审议和省人大的批准，至此云南省有 5 个自然保护区制定了保护区管理单行条例。自然保护区建设投入力度不断加大，争取中央专项投资5432万元，用于保护区机构能力、管护基础设施建设。

【农村环境保护】 2012年，组织编制《云南省农村环境保护规划》。争取中央农村环保专项资金2500万元、省级生态建设专项资金1510万元，安排44个村庄进行农村环境综合整治(中央资金支持25个、省级资金支持19个)。全省27个农村环境综合整治“以奖促治”项目，成效评估24个为优、3个为良。全省推广测土配方施肥4413万亩。农村户用沼气累计保有量293.37万户。无公害农产品、绿色食品和有机食品认证累计972家企业2160个品种，产值281.75亿元。4家申报“国家级有机食品生产基地”的生产企业通过环保部审查和筛选。

【生态建设示范区】 2012年，发布《云南省生态乡镇建设管理规定》、《云南省省级生态村申报及管理规定（试行）》。完成了18个国家级生态乡镇的考核；完成了第七批共计58个省级生态出了云南省生态安全格局并与云南省主体功能列。参与完成全国人大“三江”流域生态环境保护治理调研、省政协滇东北生态环境保护治理调研。

积极营造生态保护良好氛围。命名表彰第七批绿色学校93所、第五批绿色社区35家、第三批环境教育基地10个；全省已有省级绿色学校639所、省级绿色社区191家、省级环境教育基地41个。与云南广播电视台合作开设“环保之声”专栏，组织10个州（市）环保部门的负责人参加了10期“生态环境保护”专访节目。全年在《中国环境报》发表各类稿件183篇，其中4篇刊登在头版头条。落实新空气环境质量标准，在昆明电视台、昆明日报等媒体上发布昆明市环境空气质量指数（AQI）及空气质量等级等空气质量信息。

（孙凤智）

教育和科学技术

教 育

【概 述】 截至2012年底，云南省在校生数1329.45万人，其中高等教育在校生数73.77万人，高中阶段在校生数137.75万人(其中中等职业教育在校生数67.06万人)，义务教育阶段在校生数602.14万人，学前教育在园（班）生数112.23万人；各级职业技术培训教育注册学生393.2万人；在校少数民族学生数400.56万人，占总比的30.13%。学前三年毛入园率48.95%，比上年提高4.69个百分点，学前一年毛入园率87.28%，提高6.27个百分点；小学学龄儿童入学率99.57%，减少0.04%，初中阶段毛入学率106.04，增长0.76%，九年义务教育巩固率90.34%，增长1.21%；高中阶段毛入学率71.20%，增长1.71%；高等教育毛入学率24.3%，增长5.65%。高考录取率88%。毕业生离校时初次就业率85.1%，比上年递增1.6个百分点，年终就业率96.9%，递增0.4个百分点。各级各类学校专任教师数49.66万人，增长3.07%。

2012年3月1日全省营养改善计划学校全面开餐

【教育规划编制与颁布】 1. 2012年6月20日，印发《云南教育桥头堡建设规划（2012～2015年）》，围绕“一家园三平台”建设（即建设国际教育家园、国际教育基础建设平台、国际教育人才培养平台、国际教育交流合作平台）总体目标，提出主要任务和保障措施，构建适应“桥头堡战略”人才需求的教育发展模式。2. 8月6日，省政府正式颁布《云南省教育事业发展“十二五”规划》。《规划》全文共7章，明确云南教育事业“十二五”期间的发展目标和思路、主要任务、重大工程和重大政策措施。3.历时2年，编制完成《云南省高等学校设置“十二五”规划（2011～2015年）》，提出适度新增区域经济社会发展急需、区域高等教育结构中不可替代的特色高校。

【统筹实施两个“全覆盖”】 省政府把实施农村义务教育学生营养改善计划全覆盖和农村义务教育家庭经济困难寄宿制学生生活补助全覆盖作为十件惠民实事。1.在国家确定营养改善计划85个试点县的基础上，将44个非国家试点县纳入地方试点，与国家试点同标准、同步骤实施，实现全省129个县534.9万学生营养改善计划全覆盖。全省投入资金38.63亿元，其中，中央29.71亿元，省级3.47亿元，州（市）5.45亿元。2.向未享受国家“一补”的48.94万农村寄宿学生提供补助，实现全省299.52万农村寄宿学生生活补助全覆盖。全省投入资金36.48亿元，其中，中央18.24亿元，省级12.24亿元，州（市）6亿元。2个“全覆盖”，省、州（市）增加投入资金11.77亿元。

【资金投入向边境25县倾斜】 2012年，根据省委、省政府对边境地区“兴边富民”工程的部署，加大教育专项资金的投入，向边境25个县实施倾斜。落实义务教育阶段学校“两免一补”资金11.64亿元，其中：中央和省级资金11.13亿元，州（市）配套资金5100万元；落实中等职业学校免学费补助中央和省级资金3500万元。落实中小学校舍建设中央和省级专项资金12.24亿元，其中：中小学校舍安全工程专项建设资金4.4亿元，其他中小学校舍建设资金7.59亿元，职业中学校舍建设2500万元。

2012年各级各类学校校、教职工、专任教师数

	学校数（所） 专任	教职工数（人）	教师数（人）
一、高等教育	68	46792	32268
(一)研究生培养机构	17		
1. 普通高校	11		
2. 科研机构(不计校数)			
(二)普通高等学校	66	44901	31322
1. 本科院校	29	32182	22167
其中：独立学院	7	5172	3831
2. 专科院校	37	12719	9155
其中：职业技术学院	30	9763	6828
(三)成人高等学校	2	1891	9461
(四)民办的其他高等教育机			
二、中等教育	2576	224192	191074
（一）高中阶段教育	885	224064	70257
1. 高中	452	191627	45255
普通高中（完中）	444	191627	45255
成人高中			
2. 中等职业教育	433	32437	25002
普通中专	87	10947	7522
成人中专	128	3386	2659
职业高中	181	12914	10580
技工学校	37	4595	3828

续表

	学校数（所）专任	教职工数（人）	教师数（人）
其他中职教育机构	15	595	413
(二)初中阶段教育	1691	128	120817
1.普通初中	1680	120716	
2.职业初中	11	128	101
3.成人初中(不计校数)			
三、初等教育	13020	239530	234400
1. 普通小学	13020	237762	233710
2. 成人小学	1365	1768	690
其中小学班	455	751	274
其中扫盲班(不计校数)	9101	017	416
四、工读教育	1	49	40
五、特殊教育	47	1140	934
六、学前教育	4768	59613	35581
注：普通高中的教职工数中包含普通初中的教职工数。			

2012年各级各类学历教育学生情况

	毕业生数	招生数	在校生数
一、高等教育	188909	221905	737679
(一)研究生	8405	9978	29242
1.博士	374	548	2419
2.硕士	8031	9430	26823
(二)普通本专科	118944	146325	512178
1.本科	58703	89689	324722
2.专科	60241	56636	187456
(三)成人本专科	59080	62113	183875
1.本科	27135	24962	84494
2.专科	31945	37151	99381
(四)其他各类高等学历教育	2480	3489	12384
1.在职人员攻读博士、硕士学位	2480	3489	12384
2.网络本专科生 本科 专科 其			
二、中等教育	1051906	1158273	3333425
(一)高中阶段教育	383392	483877	1377474
1.高中	196248	261312	706848
普通高中	196248	261312	706180

续表

	毕业生数	招生数	在校生数
成人高中	668		
2.中等职业教育	187144	222565	670626
普通中专	82408	109580	315612
成人中专	2090	1649	3678
职业高中	78256	71945	248553
技工学校	2490	39391	102783
其他中职教育机构			
(二)初中阶段教育	668514	674396	1955951
1.普通初中	664954	674042	1953316
2.职业初中	1988	354	1032
3.成人初中	1572	1603	
三、初等教育	894445	622875	4152085
1.普通小学	722779	622875	4067038
2.成人小学	171666	85047	
其中扫盲班	85934	14430	
其中小学班	85732	7061	
四、工读学校	108	114	124
五、特殊教育	3071	3294	16777
六、学前教育	571035	705269	1122327
注：特殊教育学生数中包括普通中小学随班就读的学生。			

【固定资产投资】 2012年，采取对各专项教育工程的项目检查、月报分析、档案管理、蹲点指导等方式，完成省政府确定的教育行业固定资产投资任务150亿元的目标。根据省统计局公布的统计数据，截至年底，完成教育固定资产投资184.9亿元，创历史最高水平。

【高校化债工作】 2012年4月7日，副省长高峰与35所负有债务的公办高校签订2012年《云南省高校债务化解工作目标责任书》，化债目标54.15亿元。8月3日，省委、省政府成立省高校化债工作领导小组，先后多次召开现场会或专题会议，力求降低高校债务。截至年底，各高校通过不同方式筹集资金共计偿还高校债务76.81亿元，已将全省高校银行贷款余额降至68.79亿元。超出化债目标22.66亿元。

【学前教育】 2012年，制定印发《云南省学前教育家庭经济困难儿童资助实施意见》、《云南省扶持普惠性民办幼儿园发展奖补的实施意见》和《云南省关于城镇幼儿园接收外来务工人员子女入园奖补暂行办法》，认真实施国家4大类7个重点项目。全年投入：1.学前教育校舍改建国家下达资金6.01亿元，综合奖补类资金8700万元，民办幼儿园奖补资金5500万元，家庭经济困难幼儿资助资金3800万元；2.建立城市幼儿园接收进城务工人员随迁子女奖补制度，国家下达扶持城市学前教育发展奖补资金8700万元，省级奖补资金300万元，对311所招收随迁子女的公办幼儿园给予奖补；3.农村学前教育推进工程项目，国家下达资金2.1亿元，地方配套资金5000万元，共启动实施126个项目，建设面积17.52万平方米，配备设备10.58万台/件/套；4.实施贫困幼儿资助项目，省财政下达资助资金2857.17万元。其中，省级1868.13万元，州（市）989.04万元，资助学生5.71万人。截至年底，全省学前教育幼儿园园数 4768 所，比上年增加 511 所，在园（班）幼儿 112.23 万人，增加 3.65 万人，增长 3.36%；教职工总数 5.96 万人，增加 5196 人；专任教师数 3.56 万人，增加 2863 人。民办幼儿园有 3756 所，在园（班）幼儿 54.84 万人，民办幼儿园在园幼儿规模占全省幼儿园总数的 49%。

【实施高中阶段学校招生录取新办法】 2012 年 6 月 25～29 日,随着初中学业水平考试的开考，以初中学生学业水平考试成绩和初中学生综合素质评价结果为依据的高中阶段学校招生录取新办法正式实施。省教育厅制定统一考试标准、统一科目、统一时间，16 个州（市）自主命题，每年全省统一抽考 1 个科目。为开齐开足课程，2010～2012 年，全省新增初中教师 1.14 万人，其中生物、历史、地理、信息技术、音乐、美术等学科新增教师 3500 人，占新增教师数的 31%，新增计算机 7.6 万台。

【培训教师】 2012 年，云南省计筹措资金 7457 万元，让 7.48 万名中小学幼儿园教师免费接受国家级和省级各类培训，参训教师数占全省中小学幼儿园专任教师的 17%。其中“国培计划（2012 年）”项目国家示范性项目资金 253.5 万元，培训教师 5210 名；“国培计划”农村中小学教师培训项目资金 4300 万元，培训 4000 名农村中青年骨干教师和 5.78 万名农村义务教育学科教师；“国培计划”幼师培训项目资金 2200 万元，培训 4403 名农村公办幼儿园和普惠性民办幼儿园中青年骨干教师；“云南省中小学幼儿园教师省级培训(2012 年)”专项资金 500 万元，培训农村义务教育骨干教师 2150 名；中英中学英语教师骨干培训师培训项目、联合国儿基会农村小学教师培训项目、香港苗圃行动特殊教育教师培训项目等省级国际合作项目资金 203.5 万元，培训教师 1300 名。

【特殊教育专项资金】 2012 年，中央划拨给云南省特殊教育专项补助资金 260 万元，省财政划拨 5000 万元特殊教育专项补助资金，补助资金主要用于特殊教育学校仪器设备购置、实训基地建设、师资培训、课程改革建设。11 月 14 日，全省特殊教育工作会议在昆明召开，会议对 5260 万元特殊教育专项补助的使用提出明确要求：专项资金只能用于特殊教育学校基础设施建设、教学康复仪器设备购置、师资队伍培训等，不得用于偿债或福利支出。2012 年全省特殊教育学校数 47 所，比上年增加 17 所；在校学生数 1.68 万人，减少 2552 人；教职工数 1140 人，增加 185 人，其中，专任教师 934 人，增加 162 人。残疾儿童义务教育入学率 94%。残疾人中等职业教育机构有 4 个，在校生 551 人。有 420 名残疾学生达到普通高等院校录取分数线，其中录取 387 人，录取率 92.14%；13 名残疾人进入特殊教育学院学习。

【嵩明职教园区】 嵩明职教园区是云南省和昆明市重点扶持的全省重点区域性职业教育中心之一，园区规划面积 15.5 平方公里。培养对象除本省外，主要面向东南亚、南亚国家。截至 2012 年底，已入驻院校 11 所。其中，云南工商学院、云南师范大学文理学院、云南外事外语学院、昆明医学院海源学院、云南大学滇池学院、云南师范大学商学院、云南城市建设职业学院、昆明武警指挥学院等 8 院校已实现招生，2012 年新学年在校学生数 4.5 万余人，建成面积近 5 平方公里，投资 15 亿元，成为云南最大的职业教育新城。按照规划，将用 3～5 年时间将园区建成拥有 10～15 所中高等院校，学生规模 12 万人的现代化、人文化、园林化、生态化高校新城，并力争成为国家级职业教育基地。

2012 年 11 月 14 日，省委高校工委书记李培、省政协副主席罗黎辉及教育厅领导在昆明医学院海源学院调研（张惟祎摄）

【国家级示范学校】 2012 年，经教育部会同相关部门评审认定 13 所学校成为国家中等职业教育改革发展示范学校。至此，全省有 28 所国家级示范校，占全省中职学校总数的 8.7%；分布于 10 个州（市）、12 个县（市、区）。项目学校涉及农业、财经、卫生、工业、建筑、技工、综合型等到类型和类别。示范校项目建设资金 6.13 亿元，其中中央财政预算资金 2.86 亿元，各级财政配套和学校自筹资金3.27亿元。

【职业教育实训基地】 经财政部、教育部审核认定20所职业院校为2012年中央财政支持的职业教育实训基地建设项目学校，获得建设专项经费预算4300万元，用于购置实训基地所需的实验实训仪器设备。8月15日，省教育厅和财政厅下发《关于做好2012年中央财政支持的职业教育实训基地建设项目工作的通知》，并对项目审定、项目任务和项目管理提出要求。

【启动中西部高校基础能力建设工程规划】 为夯实中西部高校办学基础，提高人才培养质量，缩小区域高等教育差距，推动实现中西部高等教育振兴，国家发改委、教育部共同编制《中西部高校基础建设工程规划（一期）》，实施期限为2012～2015年，云南大学、昆明理工大学、昆明医科大学和云南师范大学4所高校纳入规划建设中。省发改委和省教育厅联合发文，要求4所高校认真学习并深刻领会文件精神；抓好项目前期工作，确保项目建设顺利推进；加强组织领导，严格项目和资金管理。

【云南大学“211工程”三期建设获国家奖励】 2012年11月，国家教育部办公厅、国家发展改革委办公厅、国家财政部办公厅联合对“211工程”三期建设成效显著的28所高校给予奖励，云南大学名列其中，并成为西南地区唯一一所获奖的“211”高校，同时获得1483万元的最高奖励资金。同时，云南大学被教育部纳入中西部高校提升综合实力工程项目中。

【启动研究生国家奖学金工作】 2012年，国家首次设立普通高等学校研究生国家奖学金，12月4日，云南省正式启动此项工作。成立由省级相关部门组成的研究生国家奖学金领导小组，省教育厅与财政厅联合制定并下发《云南省研究生国家奖学金管理办法》和《关于下达2012年普通高校研究生国家奖学金预算的通知》，组建专家委员会进行严格评审。完成2012年国家核定并下达的奖学金名额734人，其中博士生75名，每生每年奖励3万元；硕士生659名，每生每年奖励2万元。

【高校毕业生就业情况】 2012年，认真贯彻毕业生就业政策和要求，积极开展“云南青年志在四方”宣传教育活动，立足校园抓就业教育和指导，立足社会抓就业市场培育和开拓，努力拓宽就业渠道，促进毕业生充分就业。举办各类专场和校园招聘会2500多场，提供就业岗位信息超过16万条，毕业生入场人数超过32万人次。全省有高校毕业生12.79万人，比上年增加1.21万人，增幅10.4%。毕业生离校时初次就业率85.1%，增长1.6个百分点；年终就业率96.3%（其中研究生94.4%，本科生95.9%，专科生96.9%），增长0.4个百分点，就业总人数12.31万人。

【民办教育】 2012年，云南省民办教育数量规模实现新突破，截至年底，全省有民办学校4067所，比上年增加336所，在校生94.4万人，增长2万人。10月1日，正式实施《云南省民办教育条例》，印发执行《云南省民办教育机构管理办法》，首次组织开展全省普惠性民办幼儿园申报，继续实施民办学校师资队伍建设工程，建立民办学校教师培训、校（园）长岗前培训和持证上岗制度，举办2期民办幼儿园园长任职资格培训班、首届民办学校董事长培训班、首期民办学校财务人员培训班，全年累计培训民办学校教师1500多人次。7所独立学院93个专业获学士学位授予权。

【教育国际化】 坚持国际化思维、本土化行动、现代化目标的原则，充分利用桥头堡战略机遇，紧紧围绕国家和云南省中长期教育改革和发展规划纲要开展多层次、宽领域的教育交流与合作，支持高校与东南亚、南亚国家开展教育交流和合作，建成11个国际人才培养基地，在全省高校广泛开设小语种专业，培养了一批适应国际与区域合作的急需人才和掌握泰、缅、越等小语种的应用型人才。派出公派汉语教师21人，赴泰国汉语教师志愿者63人，留任32人。云南大学、云南师范大学、西南林业大学接收孔子学院奖学金生59人。进行长短期交流访问和从事教学科研的外籍教师615人次。在境外建成4个孔子学院和3个孔子课堂，通过教育部复核认可并登记在案的中外合作办学机构有2家、中外合作办学项目有6个。引进意大利、德国公立大学留学预备班项目；在云南大学设立泰语水平考试考点；举办第五届“汉语桥”世界中学生中文比赛和中国—南亚商务论坛首届教育分论坛。

（杨宏伟 纳 梅）

科学技术

【科技发展概况】 2012年，是推进云南省“十二五”科技发展规划和桥头堡战略实施的关键之年，也是云南科技工作取得突出进展的一年，全年争取国家经费10亿元，10个项目获国家科技奖（其中一等奖2项），创造了云南省获国家奖的新纪录。按照省委、省政府的工作部署和省科技厅年度工作计划，全省科技工作有力推进。1.省委、省政府召开了云南省贯彻全国科技创新大会精神暨2011年度科学技术奖励大会，对全国科技创新大会精神进行了学习传达和贯彻落实，对新形势下的科技工作进行了部署。2.首届科技入滇对接会取得成功，有25个省（区、市）组团参展参会。对接会组委会提出的“四个落地”目标已见成效，330个科技入滇重大项目现场签约，签约金额100余亿元。国家自然科学基金委与云南省政府联合基金第二期合作协议签订。科技招商引资超额完成省政府下达的年度任务，获省政府三等奖。3.推进创新型云南行动计划实施，新组织培育战略性新兴产业重大项目74项，突破关键核心技术87项，研究开发拥有自主知识产权的重大新产品60个，认定云南省重点新产品103项。完成了建设创新型云南行动计划2011年目标责任考核工作。4.推进高新技术产业和战略性新兴产业发展，新遴选创新型试点企业38家，总数为192家；组织认定高新技术企业131家，总数为540家，居全国第十五位，西部第三位；认定科技型中小企业1016家。组织实施了“钛产业关键技术研究及产业化”等一批促进战略性新兴产业发展的重大科技专项项目。5.加强农业科技创新，以畜禽等为主体，组织实施重大科技专项。实施兴边富民专项和粮食高产创建活动。云南石林农业科技示范园被认定为国家农业科技示范园，云南省的国家级农业科技示范园有2个。培育认定省农产品深加工科技型企业146个，省农业科技示范园179个，省优质种业基地129个，省首批科技型农村经济合作组织68个。全省农产品加工实现总产值832亿元，增加值179亿元，税收1.97亿元，利润49亿元，带动农户79.54万户，增加农户收入20.12亿元。省农科院6个研究所进入全国农业科研百强所。6.加强科技惠民，组织实施了“注射用灯盏花素二次开发及产业化”等一批重大科技专项项目，推进名方名药二次开发。支持资源环境、人口健康等社会发展领域科技创新。推进文化科技创新。推进省中药材3项认定。临沧市获科技部批准成为云南省首个地级市国家可持续发展实验区。7.加强对内对外科技合作，建立院士专家工作站28个，总数为40个。认定国家国际科技合作基地2个，省级国际科技合作基地22个。获国家认定“中国—东盟教育培训中心”2个。对东南亚、南亚地区科技和经济社会发展的辐射力与影响力有效提升。8.推进创新平台建设，玉溪高新区升级为国家高新区。2个国家工程技术研究中心通过科技部专家评审。新增国家技术转移示范机构1个。新遴选省级企业重点实验室培育对象3个。认定省级工程技术研究中心17个，省生产力促进中心17个。9.深入实施高层次科技人才培养引进工程，遴选科技领军人才5名，新引进高端科技人才17名，选拔省中青年学术和技术带头人后备人才及省技术创新人才培养对象104名，培育省创新团队29个。

2008年诺贝尔化学奖获得者马丁·查尔菲作的题为“绿色荧光蛋白”照亮生命的讲座

【科技计划与经费投入】 2012年，省科技计划工作按照《云南省“十二五”科学和技术发展规划》的部署，以加快全省发展方式转变和经济结构调整为主线，以深入实施建设创新型云南行动计划为重点，深化科技体制改革，加快培育战略性新兴产业，加大科技对外开放与合作，强化民生科技，为推动云南科学发展、和谐发展、跨越发展提供有力的科技支撑。全年安排重大科技专项、科技创新强省、重点新产品开发、社会发展、科技平台建设、科技富民强县等科技计划项目1816项，其中新立项目1406项、结转项目455项。安排省科技经费总额12.11亿元，2012年度科技经费6.3亿元，带动投资117.3亿元。

【科技项目管理】 2012年，省科技厅进一步深化科技计划管理改革，加强项目和经费监管，提高科技项目实施绩效。1.促进项目管理的信息化。

省级科技计划项目由网络进行申报、受理和初审。目前，在系统注册用户的项目申报单位2185家、通过系统申报项目4860项；其中2012年通过系统申报项目2178项，创通过系统申报项目历史新高。省应用基础研究重点项目实现了网上申报和评审，1516项应用基础研究面上项目实现了网上申报。进一步完善了国家科技计划项目网络视频答辩及评审会议系统，完成了36项国家科技计划项目的网络视频评审和答辩工作。2.进一步强化科技计划项目中期检查评估工作。选取68项在研项目组织开展了检查评估工作。按照中央和省委的有关部署，由省科技厅、省财政厅牵头，省发改委参加，对20项重大项目开展了加快转变经济发展方式监督检查工作。3.省科技计划重大项目监理工作稳步推进。新启动了9项重大项目监理工作，各监理单位已对该批项目实施了现场监理。改进完善重大项目监理工作，进一步抓好监理工作中发现问题的整改，对项目监理过程中发现的部分项目承担单位财务管理不规范、项目进度滞后、擅自更改项目考核指标等问题，督促承担单位进行了整改，项目执行情况有了明显改进。

【科技经费监管】 1.与省财政厅联合出台了《关于调整省级科技计划项目经费管理办法若干规定的通知》，对省级科技计划项目经费开支范围进行了调整。2.对68个项目进行经费中期专项审计，涉及总预算经费22.93亿元，其中科技经费1.39亿元。对40个项目进行了前置财务验收。3.强化对终止项目的财务清算，对执行不好或不宜继续执行的项目，委托事务所对项目经费进行审计和清算，追收剩余经费和违规使用的科技经费。4.加大培训力度，对科技管理人员、财务专家、项目承担单位相关人员进行经费管理知识集中培训，举办培训班4期，参加培训人员500多人次。

【高新技术企业培育】 2012年，省科技厅、省财政厅、省国税局、省地税局组织完成143家申请新认定企业、108家申请复审企业的初审、专家评审、联审、公示等工作，报全国高新技术企业认定办核准备案。云南省新认定高企131家，107家企业通过复审。中国水电顾问集团昆明勘测设计研究院等9家企业被认定为国家火炬计划重点高新技术企业。

【创新型企业培育】 2012年，新遴选云南省第七批创新型试点企业38家。云南西仪工业股份有限公司等20家企业完成了试点任务目标，正式命名为“云南省第三批创新型企业”。昆明制药集团股份有限公司、云南沃森生物技术股份有限公司2家企业成为国家级创新型试点企业。截至2012年，省科技厅累计安排科技经费7700万元，用于支持试点企业技术创新平台建设，提升企业创新能力。全年省创新型（试点）企业实现销售收入3142亿元、增加值658.7亿元、税金157.9亿元、利润169.7亿元，分别比上年增长13%、17%、6%、8%；其中新产销售收入936亿元，增长20%。

【国家科技型中小企业技术创新基金】 2012年，按照国家创新基金管理中心的要求，联合省财政厅向国家推荐申报项目374项，争取到立项项目198项、获资助1.23亿元。立项率、立项增长率连续3年位居全国第一，获得立项数、资助经费数从全国倒数前十位跃升到第十六位。

【高新技术产业开发区建设】 通过认真组织推荐，2012年8月19日，国务院批准玉溪高新技术产业开发区升级为国家高新技术产业开发区。昆明高新区、昆明经开区、玉溪高新区、大理高新区预计2012年实现技工贸总收入2160亿元，平均增速20%以上。

【科技与金融结合】 2012年，省政府批复同意组建省科技小额贷款公司，将为云南中小企业提供投、融、贷、担保“四位一体”服务；充分发挥科技与金融结合服务中心、省科技型中小企业服务中心作用，积极开展科技金融服务试点；积极推进科技金融结合专家库及专家服务团队建设。继续组织实施科技保险保费补助和知识产权质押推进工作，投保企业所在地除昆明市外，新增所在地为曲靖市、丽江市的企业，投保企业24家，保额5.3亿元，安排补助资金80万元。会同商业银行积极探索支持科技型中小企业的新途径，中信银行昆明科技支行、富滇银行科技创新金融服务中心、招商银行高新支行，创新服务产品和服务模式方式，一批科技型中小企业获得贷款支持。积极参与省优质小微企业信用贷款试点工作，遴选了90余家有贷款需求的企业，争取进入省信用贷款资源库参与试点工作。

云南省贯彻全国科技创新大会精神暨2011年度科技奖励大会

【高新技术企业上市培育】 2012年，受理49家企业申请上市培育申请，遴选了19家高新技术企业作为上市挂牌重点培育对象，全省纳入上市挂牌培育的高新技术企业64家。其中曲靖博浩生物科技有限公司、昆明龙津药业股份有限公司申请材料已通过证监会受理审查，等待发审委审核。滇虹药业集团股份有限公司、云南创新新材料股份有限公司、云南腾药制药股份有限公司、昆明积大制药股份有限公司、昆明安泰德软件股份有限公司5家上市培育高新技术企业完成了股改。

【农业科技创新工程】 2012年，全省农业科技成果获省部级以上奖励935项，通过省级以上审定的主要农作物新品种由2002年的9个增加到2012年的57个，科技贡献率由20%提高到50%、增长30个百分点。1.高原特色农业产业培育成效显著。茶叶、甘蔗、马铃薯、木本油料、蔬菜、林纸、水果、橡胶、畜牧等特色产业基地建设良种化、规范化、标准化发展。2.在烟草方面，自主选育的“云烟87”、“云烟97”等烟草品种，种植面积已占全国烟草种植面积的63.3%，成为全国烟叶生产的主栽品种，烟草品种选育、繁育、推广技术水平居国内领先。3.粮食作物新品种选育和示范推广助推粮食生产实现十连增。水稻、玉米、马铃薯、蔬菜良种化率分别由2002年的78%、73%、39%、70%提高到2012年的89%、85%、55%、100%，种植业良种推广面积5410万亩，省内部分杂交玉米、水稻的百亩平均单产分别达到700多公斤和近千公斤，在国内外引起较大反响。4.农产品科技含量有新提高。全省制定实施农业地方标准1100项，位居西部省（市、区）第二位，发布农产品生产技术规程近3000个；绿色、有机、无公害农产品基地4760万亩，认证无公害农产品1110个、绿色食品747个、有机农产品205个。云南农产品已有10件中国驰名商标、45件地理标志商标、500件云南省著名商标；有12户林业龙头企业获得17个省级名牌产品认定。

【畜牧科技产业发展】 全省猪、牛、羊良种化率分别由2002年的15%、5%、8%提高到2012年的86%、30%、25%；全省畜牧业总产值由2002年的213亿元增加到2012年的808亿元，增长近3倍；肉类总产量由2002年的235万吨增加到2012年的521.8万吨，增长122%，居全国第十位；其中生猪出栏由2259万头增加到4860万头，由全国第十一位提升至第九位。云南爱伲农牧（集团）有限公司荣获中国南方唯一的“全国十大优秀牛肉品牌”和“中国著名品牌”称号，云南神农农业产业集团有限公司优质生猪标准化养殖等，获国家标准化管理委员会认定为全国农业标准化示范区。昆明华曦牧业集团有限公司等多个企业获国家级农业产业化龙头企业和中国驰名商标认定。至2012年，云南省9个畜禽品种列入国家畜禽品种资源保护名录，56个品种列入全国畜禽遗传资源名录，其中新发现的畜禽遗传资源18个，是云南畜牧业发展的潜在优势。

【农业科技示范园等建设】 2012年，云南昆明石林国家农业科技园区被认定为国家农业科技园区。云南红河国家农业科技园区核心区示范规模1.84万亩，累计带动农户4万余户，入园龙头企业实现总产值10亿元以上，园区建设与当地特色优势产业发展的结合更加紧密，成效明显。全年认定云南省农业科技示范园169个，其中农业类科技示范园142个，中药材类科技示范园27个。认定省级优质种业基地129个，省农产品深加工科技型企业126户。

云南省科技厅与香港中文大学签署全面科技协议

【粮食高产创建活动】 2012年，省科技厅承担50片（面积50万亩）高产创建示范区建设，下达粮食高产创建专项经费1000万元，创建水稻、玉米、马铃薯、油菜、小麦、甘蔗示范面积52.51万亩，其中水稻21.74万亩、玉米14.47万亩、马铃薯6.2万亩、油菜4.04万亩、小麦4.02万亩、甘蔗2.04万亩，超额完成下达的种植面积50片（50万亩）。

【花卉产业创新基地建设】 2012年，启动实施了国家级省级花卉科技项目13项（其中国家项目2项），计划投入科技经费1710万元，年度科技经费699万元，通过项目带动为推进花卉产业创新基地建设提供有力的科技支撑。花卉种植面积80万亩，总产值305亿元，出口总额1.95亿美元。全年申请及注册登记花卉植物新品种66个，获新品种权证书4个；推广自主知识产权品种的香石竹、非洲菊、月季、满天星等品种25个，种苗870余万株，推广带动种植面积3500亩以上。种苗（球）高效繁育技术取得重大进展。集成了组培快繁、大田培育、病虫害控制、采后处理、贮藏等为一体的原种繁育及优质种苗（球）生产关键技术，累计获花卉繁育的相关国家技术发明专利15项，云南成为全国最大的鲜切花种苗产销中心。花卉标准化体系建设成效显著，研制出一批在全国领先的国家、行业标准和检测技术规程，数量居全国第一。省级最大的花卉科技项目“云南主栽鲜切花新品种选育及关键技术集成示范”通过项目验收，项目科研成果丰硕，累计引进花卉新品种285个，申请国家植物新品种保护96个，其中获得授权35个；项目完成月季、康乃馨、非洲菊、菊花4类鲜切花的栽培技术、土壤环保技术、病虫害防治技术、采后处理技术等生产关键技术的集成，示范面积2.2万亩，单位面积产量提高25%。

成功举办首届中国·云南桥头堡建设科技入滇对接会

【生物质能源产业化创新基地建设】 2012年9月27日，国家科技支撑计划项目“小桐子生物柴油产业化关键技术研究与示范”通过科技部农村司项目验收。1.建立320亩种质资源圃，收集保存国内外小桐子资源材料288份，筛选优良材料51个，选育出23份优良品系，其中12个小桐子优良无性系获得云南省林木品种等级认定；提出云南干热河谷地带小桐子规模化栽培技术。2.研究开发了从分选、脱壳到压榨生产小桐子油的连续生产工艺，出油率>95%；小桐子油生产的生物柴油和其混配产品品质分别达到国家BD100、B5标准；筛选出适合小桐子油粕发酵用的复合菌种，生产的有机肥达到NY525–2002标准；研制出以小桐子素母药为有效杀虫活性成分的农药制剂试验产品“2%小桐子素微乳剂”；开发出的小桐子生物菌肥达到《复合微生物肥料NY/T798–2004》的标准；精制甘油各项指标达到《GBT13216–2008医用级甘油》的要求。项目研究开发出脱毒蛋白饲料、小桐子壳活性炭等多个高附加值产品。3.建成2910亩母本园、3390亩良种繁殖园，年合格种苗生产能力达到9300万株，累计良种示范种植小桐子11.32万亩；建立小桐子原料丰产栽培技术核心试验区9580亩，试验示范和生产示范区136.3万亩；完成年产10万吨小桐子毛油及生物柴油的标准化厂房及厂区建设，装备了小桐子原料油加工设备。

【云南兴边富民专项工程】 2012年，省科技厅实施兴边富民工程，投入资金1.17亿元。其中，省实际投入1010万元，各州（市）、县实际投入435.22万元，其他实际投入1.02亿元。特色产业项目完成较好，种植类项目完成种植面积25.82万亩，总产量12.81万吨，新增销售收入4.2亿元。养殖类项目存栏数为4500头（只），新增销售收入1044万元。项目完成特色产业示范基地52个，规模为7852.3亩。累计选派科技特派员98名；培养科技辅导员615名；成立农村经合组织44个；开展形式多样的实用技术培训，培训人数19.64万人次。项目累计投入研究人员450人，工作量3825人·月。推广新品种43个，累计推广面积16.63万亩；推广新技术45项，推广面积28.13万亩；推广农资45种，推广面积18.62万亩；引进新品种试验68个；开发加工农产品20个。

【科技扶贫】 2012年，省科技厅完成对文山州富宁县的各项年度定点挂钩行业扶贫工作任务。

龙江厅长带队到挂钩点老寨村进行“送温暖献爱心”活动，专题培训2次、科技推动产业发展调研5次、科技培训1次、省内知名企业产业扶贫现场调研4次。省科技厅积极协调各方资源，联合省内外农业龙头企业、大专院校及科研院所，整合多方力量，努力形成上下联动、横向互动的挂钩扶贫新机制。组织科技、医疗、教育等多部门专家学者，指导富宁县经济发展，扶持科技项目，引导特色产业发展，开展科技培训，提高群众素质，为云南贫困山区脱贫致富起到了良好的示范带动作用，取得了显著成效。1.基础设施有了较大改善。2.加大投入扶持资金，投入资金153.81万元。3.特色优势产业进一步发展，有效促进了富宁县八角、核桃、甘蔗和油茶四大特色产业的发展。4.社会事业有了新进步，积极开展科技培训，使农民科技文化素质显著提高，累计举办科技培训529期，培训农民4万人，建设2个科技抗旱光伏取水工程，解决富宁县1811人、大牲畜400多头饮用水困难问题。

【生物医药产业发展】 2012年，通过实施生物重大科技专项（特色天然药）、生物重大科技专项（生物疫苗）、科技创新强省计划（社会发展）和重点新产品开发计划（社会发展），启动实施了“络泰注射用血塞通二次开发及产业化”等名方名药二次开发项目，“冻干甲型肝炎减毒活疫苗大品种技术改造及提质增效”等大品种疫苗项目，“治疗缺血性脑卒中化学1类新药PHPB（片剂、针剂）I期临床试验研究”等31项科技项目，总经费2.16亿元，省科技经费支持4790万元。通过实施相关科技项目，突破了多项关键核心技术。依托“抗胃癌化学药1类新药LLC-0601临床前预研究”，突破了铂类抗癌药水溶性差的关键技术难题；研究开发7个拥有自主知识产权的重大新产品，“ACYW135群脑膜炎球菌多糖疫苗”、“A、C群脑膜炎球菌多糖疫苗”等2个产品进入产业化；“盐酸帕洛诺司琼注射液”、“金蝶清咽含片”等4个新药产品已申报新药证书获得受理；治疗阿尔茨海默病化学1类新药芬克罗酮片获得国家食品药品监督管理局颁发的II/III期《药物临床试验批件》，即将开展临床试验；研究开发“虾青素油”、“辅酶Q10软胶囊”等3个保健食品；雨生红球藻获得卫生部批准的新资源食品。新药研发投产项目经济效益明显，经省科技计划立项支持的新药研发项目已有26个新药产品投产上市，实现年销售收入超过10亿元。

云南省2012年科技活动周开幕式在昭通市罗炳辉广场举行。

【环境保护科技】 2012年，继续围绕九大高原湖泊综合治理，典型生态脆弱退化区域保护、修复、重建，废弃物资源化利用等重点工作，做好关键共性技术研发和应用示范工作。新立科技项目9个，项目总经费9748万元，省科技经费支持1920万元，2012年安排省科技经费660万元；完成结转项目11个，2012年安排省科技经费755万元；6个项目完成了审批程序，进入厅项目库，项目总经费2398万元，省科技经费拟支持688万元。“沉淀吸附法治理阳宗海湖泊水体砷污染”项目于6月通过验收、鉴定，在预定的3年治理时间内达到了阳宗海湖泊水体治理目标要求。“滇池水葫芦富集氮磷与资源化利用研究示范”项目，突破了水葫芦控制性种养、高效采收、资源化利用、产业化关键技术，为昆明市政府在滇池全面启动“滇池水葫芦治理污染实验性工程”，推广22平方公里规模化圈养和资源化利用水葫芦提供了科学依据和工程支撑，截至2012年8月底，滇池水葫芦实际覆盖面积已达到1.3万亩。通过实施“丽江市老君山生态监测与预警研究及应用示范”项目，成功研发了生态监测与预警系统及突破了相关技术。通过实施“建筑固体废弃物资源化综合利用产业化技术开发研究”项目，突破了利用建筑固体废弃物制备道路水稳层材料的关键技术，完成昆明长水新机场道路示范工程4.09万平方米建设。

【医疗卫生科技】 2012年，立项支持了“Flotrac/Vigileo监测技术指导高危手术患者术中液体治疗的示范研究”、“急救优先分级调度技术（MPDS）研究和应用”、“高功率绿激光前列腺增生治疗技术与设备研究”3个项目，项目总经费1254.52万元，安排科技经费270万元。“中医综合干预治疗 IGT 的应用研究”、“脑卒中疾病防治关键技术研究及示范”、“间充质干细胞治疗系统性红斑狼疮的临床应用研究”、“云南省脑血管病防治体系的构建及应用示范”、“智能跟踪血管影像分析系统在冠心病评价中的规范化应用研究”等 9 个项目，纳入科技计划项目库，项目总经费 1207.84 万元，拟安排科技经费 593.86 万元。通过“中西医药结合治疗艾滋病关键技术研究与示范”项目的实施，中西医药结合临床治疗起到了抗病毒治疗增效作用，CD4+T 淋巴细胞计数上升 71.22%。通过“叶酸代谢通道遗传多态性与生育唐氏综合症风险机制研究”项目的实施，探索 6 个少数民族的叶酸代谢情况和相关基因多态性的关系，分析叶酸代谢异常与年龄的相关性以及叶酸代谢相关基因多态性的遗传风险，制定了叶酸代谢异常诊断标准及检查和评价方法，确立唐氏综合症一级预防干预措施，对预防出生缺陷儿的发生风险具有重要意义。

【灾害防御能力建设】 2012 年，省科技厅立项支持涉及重大自然灾害下公路交通生命线应急保障、省应急平台体系建设、抗旱保民生管道高扬程输水等灾害防御的科技项目，安排省科技经费 475 万元；组织“彝良 9·7 地震灾区恢复重建关键技术研究及示范”、“云南省新平县少数民族干旱缺水区域高落差高扬程管网输水技术应用与示范”申报国家科技支撑计划、国家科技惠民计划项目；由省地震工程研究院承担的“高烈度区高层与大跨度建筑物隔减震技术”课题，获得国拨经费支持 729 万元。省科技计划“基于集成式多元热释电红外技术的煤矿专用气体分析仪开发及应用示范”项目，研发的瓦斯气体分析仪，为煤炭工业安全生产提供了重要保障；“低纬高原雷电自动预警预报方法的研究和应用”项目，建立了低纬高原雷电自动预警模型与预警系统，提高了雷电预警准确率。

【基础研究】 2012 年，争取国家各类基础研究项目 680 余项，争取经费 5.28 亿元，项目数和经费数比上年分别增长 20%、61%。国家基金委——云南省政府联合基金确定资助项目 25 项，安排资助经费 5075 万元。9 月 12 日，举行《国家自然科学基金委员会——云南省政府关于设立联合基金的协议书（第二期）》签字仪式。组织实施省级应用基础研究计划项目 316 项，安排经费 1840 万元。全年全省基础研究成果，获国家自然科学二等奖 1 项，云南省自然科学一等奖 2 项，二等奖 7 项，三等奖 20 项。完成和参与完成的研究工作在 NATURE、SCIENCE、CELL 等影响因子为 9 以上的期刊发表论文 28 篇；发表 SCI 等三大检索国际论文 2796 篇，授权发明专利 299 项。

【省级重点实验室建设】 2012 年，批准省中药和民族药新药创制企业重点实验室、省光电子硅材料制备技术企业重点实验室、省铅锌资源综合利用企业重点实验室为省企业重点实验室培育对象。批准省特种冶金重点实验室、省木材胶黏剂及胶合制品重点实验室、省昆虫生物医药研发重点实验室、省高原湖泊流域污染过程与管理重点实验室为省重点实验室培育对象。目前已有省级重点实验室 35 个，其中国家重点实验室 2 个、企业国家重点实验室 1 个、省部共建国家重点实验室培育基地 3 个，省重点实验室培育对象 5 个，省企业重点实验室培育对象 3 个。35 家省级重点实验室有研究人员 1490 人，其中院士 3 人、国家杰出青年基金获得者 10 人、省高端科技人才 15 人、省创新团队 37 个；科研用房达到 15 万平方米、仪器设备总值约 7.2 亿元；新争取科研项目 717 项，项目经费约 8.13 亿元，其中国家级项目 267 项，项目经费约 5.38 亿元；发表论文 1781 篇，其中影响因子 9 以上的论文 13 篇，SCI 收录 575 篇；出版学术专著 51 部。获省部级以上科技奖励 33 项；授权发明专利 161 项；制定（修订）国家、行业标准 40 项。获得重点新产品认证 3 个、农业新品种认证 38 个。科技成果直接转化产生经济效益 5.69 亿元。

【国家和省工程技术研究中心建设】 2012 年，经省科技厅组织推荐，省大型铁路养护机械、观赏园艺工程技术研究中心通过科技部组织的阶段可行性论证，有望获科技部批准立项。新建设认定省工程技术研究中心 17 家，省工程技术研究中心数量 83 家。据 2012 年 11 底统计，83 家省工程技术研究中心建立了 180 余个专业研发子平台，拥有大型科学仪器设备数 1803 台（套），研发场地面积 74.6 万平方米，2012 年新增 10 万元以上硬件设备 522 台（套），新增研发场地面积 14 万平方米，申请专利 502 件，其中发明专利申请数 280 件，专利授权数 343 件，其中发明专利授权数 120 件，构建了由 8207 人组成的具有技术创新、工程化开发研究和系统集成经验的技术团队和 30 多人组成的工程技术研究中心建设专家团队，创造直接、间接经济效益143.5 亿元。全年下达科技条件平台建设项目 5 项，安排科技经费 712 万元。

【云南科技创新园建设】 2012 年，创新园按照“一园两基地”的布局规划建设,即创新园由“研发创新与技术学术交流基地”和“成果孵化转化与科技总部基地”两大功能基地组成。总建设用地 3609 亩。1.研发创新与技术学术交流基地，总体规划用地面积1630 亩，位于玉溪市澄江县抚仙湖畔龙街镇。目前基地土地利用规划调整和选址地域土地勘测工作已完成；基地总体规划于 2012 年 8 月 30 日通过专家评审；12 月 25 日玉溪市规划局出具审查意见，已上报玉溪市政府待审批。2.成果孵化转化与科技总部基地，总体规划面积用地为1979 亩，位于昆明市官渡工业园区西冲片区。目前基地已通过官渡区发改委备案，基地控制性详细规划经昆明市城乡规划委员会 2012 年第 7 次主任办公会议通过，并完成听证，待市政府正式审批；已申报获批 2 个批次 950 亩建设用地指标；省发改委将基地项目建设列入 2013 年全省“三个一百”重点建设项目计划。

【国内科技合作】 2012 年，新立项 24 个重大项目，计划安排科技经费6180 万元，带动项目总投入 11.152 亿元。继续深化沪滇合作，新上项目 2 项，安排科技经费 600 万元，带动社会投入经费 8977 万元。继续积极开展泛珠三角区域合作，新上项目 6 项，安排科技经费 1600 万元，带动社会投入经费 2.07 亿元，编制完成了《“十二五”泛珠三角区域科技合作规划》，签署了《广东、广西、云南共享专家资源的协议》、《云南省科技厅与香港中文大学全面科技合作协议》。

【院士专家工作站建设】 2012 年，云南省组建了 28 个工作站，比上年增长 133%。截至年底，共有 40 个院士专家工作站在云南建立，位居西部 12 个省（市、区）之首。在继续围绕云南传统优势领域组建的基础上，新建工作站覆盖了高端装备制造、节能环保、新能源、生物等战略性新兴产业和水利水电工程、建筑工程、物探、中药等云南重点发展领域，有利于落实科学发展观，促进科技与经济紧密结合，带动云南各行业加强创新，把发展切实转移到依靠科技进步和提高劳动者素质的轨道上来，转方式调结构，实现全面协调可持续发展。2012 年在高校建立的工作站数量大幅增加，新建工作站 8 个，其中昆明理工大学组建了干勇、付贤智、郝吉明、柳百成 4 个院士工作站，成为云南拥有院士工作站最多的高校，强力助推了学校重点学科建设。具有行业优势的大型企业集团也积极通过引进院士专家及其团队帮助企业发展，建设企业创新体系，云南冶金集团组建了 3 个院士工作站，成为云南拥有院士工作站最多的大型企业集团，发展后劲和可持续竞争力显著增强。

【科技入滇对接会】 为贯彻落实《国务院关于支持云南省加快建设面向西南开放重要桥头堡的意见》精神，科技部与云南省政府商定每 2 年在昆明共同举办一次科技入滇对接会，搭建科技入滇的长效机制和合作平台。2012 年 9 月 27～28 日，主题为“开放创新、合作共赢”的首届“中国·云南桥头堡建设科技入滇对接会”在昆明国际会展中心召开。省外有 24 个省（区、市）组团参展参会，组织 230 家单位参加，参会领导和代表 643 人。香港、台湾地区也应邀派代表参加了会议。省内 16 个州（市）、2 个国家级开发区组团参展参会，组织 340 家单位参加，参会领导和代表 1471 人。通过本次科技入滇对接会的举办，“四个落地”目标已见成效。科研平台（包括研发机构、工程技术中心、实验室）落地 140 个；科技型企业落地 79 家；科技成果和先进适用技术落地 110 项；人才和团队落地 21 个。330 个科技入滇重大项目现场签约，签约金额上百亿元。有 227 项云南急需的先进技术成果达成意向成交协议，意向成交金额超过 50 亿元。对接会征集到省外科技成果 4000 余项。征集并梳理提出省内技术需求项目 1146 项；科技合作需求信息 453 项；科技投融资需求项目 330 项，融资需求额 165 亿元；科技招商项目 276 项，合同金额 176 亿元。

【国际科技合作】 2012 年，投入科技经费 4200 余万元，引导和带动社会投入近 11.58 亿元，组织实施国际合作项目 30 项，申报国家发明专利 33 项（其中获授权 17 项），主持起草国家标准 2 项，引进品种资源 350 余份。

【国家和省国际科技合作基地建设】 2012 年，省科学技术情报研究院、昆明中铁大型养路机械集团有限公司 2 家单位被科技部认定为“国家国际科技合作基地”。云南物产进出口集团股份有限公司、云南昆钢重型装备制造集团有限公司、中国科学院昆明植物所等 22 家单位被认定为第一批“云南省国际科技合作基地”。

【技术创新体系建设】 2012 年，研究制定《云南省生产力促进中心认定和管理办法》，认定 17 家生产力促进中心为省级生产力促进中心。认定昆明科创中小企业孵化器有限公司、云南铜业企业孵化园有限责任公司、曲靖市科创企业孵化中心有限公司 3 家科技企业孵化器为省级科技企业孵化器。全省拥有各类科技企业孵化器 14 家，其中国家级科技企业孵化器 7 家。组织完成 4 家国家高新技术产业化基地、7 家国家级科技企业孵化器、2 家国家级生产力促进中心的复审工作。新增国家技术转移示范机构 1 家。2 家单位被科技部列入云南省创新驿站区域站点和基层站点。

【科学技术普及】 2012 年，举办“文化、科技、卫生三下乡”等科普宣传活动；举办“云南科学大讲坛”5 场；4 月 16 日，由省科技厅、五华区委、五华区政府举办的以深入开展“四群”工作，依靠科技抗旱减灾为主题的科技下乡集中示范活动，在昆明西翥生态旅游实验区管委会厂口社区举办；5 月 19 日，以“携手建设创新型国家”为主题的云南省 2012 年科技活动周在昭通市罗炳辉广场举行。组织开展科普统计工作。对认定满 3 年的 86 家省科普教育基地进行考评。全年安排科普专项经费 629.85 万元，按照引导和支持全社会共同参与科普事业的工作原则，立项支持重大特色科普活动、精品科普教育基地、重点地区和少数民族科普等67 个项目。在全省范围内形成了良好的科普宣传氛围。

【科技统计】 完成云南省年度科技统计工作任务，内容包括科技部部署的2011 年度全国综合科技统计调查等综合性统计工作任务及科普工作、火炬计划、科技成果、技术市场、国际科技合作与交流项目、海峡两岸科技交流项目等多个专项科技统计调查任务。组织编写了《2010 年全国、西部地区地方本级财政科学技术支出强度排行情况》、《云南省财政科技投入基本情况分析暨“十二五”增加财政科技投入的建议》、《滇黔桂两省一区高技术产业对比分析》、《2011 年云南省高新技术企业发展情况分析》、《云南省地方财政科技拨款与经济增长的关系分析》等分析材料，在《云南科技统计与分析》上发布，及时为各级管理部门提供了科技决策参考。联合省统计局发布《2011 云南省州（市）、县（市、区）科技进步水平排行榜》、《2011 年云南省规模以上工业企业排行榜》等，牵头开展全省技术合同登记工作。

（姜 华）

文化和卫生

文 化

【文化改革发展情况综述】
1.2012 年，云南省文化厅围绕学习贯彻党的十八大、省委九届四次全会精神，全省文化系统组织开展“喜迎十八大，开创新局面”以及创建学习型组织、争先创优、“四群”教育实践等活动，加强政府四项制度建设，转变作风，服务意识进一步强化。

2.以落实省政府《关于加强公共文化惠民服务体系建设的意见》为支撑的文化民生工程得到有效推进。制定了《云南省数字图书馆建设项目规划方案》、《云南省美术馆、公共图书馆、文化馆（站）免费开放专项资金暂行管理办法》，下发了《关于进一步加强村（社区）文化活动室管理的意见》；省博物馆新馆、西南国际民族文化艺术交流中心等重点项目加快实施；“文化云南”信息资源网络平台建设加快推进；文化信息资源共享工程新建“农文网培学校”244 个；306 个州县图书馆、文化馆、美术馆及 1357 个文化站启动了免费开放机制；举办第三届“中国（福保）乡村文化艺术节”、“建设者之歌—云南省首届农民工文化节”等系列活动，得到了省委、省政府、文化部领导以及社会各界的肯定和好评；保山市和昆明市、楚雄州创建国家级公共文化服务体系示范区（项目）受到了文化部检查组的认可。

3.以“两个效益”相统一为目标的文艺创作生产持续繁荣。话剧《搬家》、儿童剧《童谣·我们的 1949》、音乐集《云岭天籁》、美术作品《云之南·盛夏》、《云之南·秋歌》等 20 多项作品在全国获大奖。“2012首届昆明美术双年展——云南优秀美术作品展”引起社会关注；“艺术客厅”演出210场，票房收入比上年增加了4倍；“文化大篷车·千乡万里行”赴100多个乡镇演出298场（次）。各州（市）“送戏下乡”活动开展得如火如荼，让边疆各族人民在家门口就享受到了丰盛的文化大餐。

4.以哈尼梯田、景迈山古茶园申遗为重点的文化遗产保护成效明显。红河哈尼梯田申遗工作受到了世界遗产中心专家的好评；普洱景迈山古茶园被国家文物局正式列入申报世界文化遗产预备清单；滇越铁路碧色寨车站被国务院列为全国重点文物保护单位；第三次全国文物普查后续工作圆满完成；云南省5个国家级非物质文化遗产保护项目、9位代表性传承人参加了“中国非物质文化遗产生产性保护成果大展”，其中建水紫陶烧制技艺、宁洱贡茶制作技艺传承基地入选首批41个国家级非遗保护示范基地；完成了7796部馆藏古籍普查登记和修复工作，全省216部古籍入选《国家珍贵古籍名录》。

5.以文化惠民示范村为载体的特色文化产业长足发展。举办了云南省文化惠民示范村成果展，项目签约1.6亿元和授信20亿元；组建了云南剧院联盟，13家剧院签订了联盟协议；开展第四批国家级文化产业示范园区和第五批国家文化产业示范基地申报推荐工作；与建银云南省分行签订《支持文化产品及服务“走出去”战略合作协议》，237家文化企业获得了多项金融服务，对有贷款需求的151家企业开展贷前调查，投放贷款1.65亿元；举办了2012年科技活动周动漫展；主办了2012年云南民族民间手工刺绣、十字绣大赛、《翡翠的故事》国家博物馆主题展等活动。各州（市）坚持走差异化、特色化文化产业发展路子，为当地各族群众提供了丰厚的文化产品，较好地满足了不同层次的文化消费需求。

6.以桥头堡文化建设为中心的文化交流影响力增强。全省对外派出各类文化交流团组和个人22起240人（次），分别前往20个国家和地区交流访问；接待来访的18个国家和地区文化交流团组和个人15起426人（次）。

7.以破获“10·13”跨国特大非法出版物案为标志的综合执法改革喜结硕果。制定下发了《云南省文化市场综合行政执法证件管理规定》、《云南省文化市场综合行政执法信息工作制度（试行）》、《云南省文化厅关于推进网吧连锁化经营的实施意见》；深入推进“绿色上网专区”试点工作；成功查获“10·13”特大非法出版物案，查获5个品种810件270多万张非法音像制品和电子出版物光盘。

8.以国有文艺院团为重点的文化体制改革受到中宣部表彰。全省116家国有文艺院团改革任务提前完成，受到了中宣部、文化部、新闻出版总署、广电总局的表彰；全省文化市场综合行政执法改革基本完成。

【提高政治地位】 文化建设作为“五位一体”的重要组成部分，已经上升到国家战略层面。省委、省政府历来高度重视云南民族文化的繁荣发展，文化建设既是实施“两强一堡”战略的有机组成部分，也是推动“三个发展”的重要支撑。在大力推进云南文化改革发展各项工作的基础上，努力争取省委、省政府以及省属有关部门的重视和支持。省委、省政府 、“两办” 以及省文化厅与省委组织部、省委宣传部、省财政厅等部门联合制定下发了一系列关于文化建设的文件，为云南文化的大发展大繁荣提供了有力的政策支持。省委、省政府领导适时深入到省文化厅及直属单位调研，倾听基层意见，帮助解决实际问题。2012年6月18日，省委书记秦光荣率领省、市有关领导调研院团改革情况并召开座谈会，听取文艺工作者的意见和建议，解决了一系列支持院团改革、艺术院校发展、重大项目建设、聚集艺术人才等具体问题。

【创新工作思路】 在坚持理论创新、推动大文化格局形成方面，按照中央的总体部署，逐步形成了“文化在政治建设中创构价值、文化在经济建设中创造财富、文化在社会建设中创建和谐、文化在生态文明建设中创新观念”的理念和共识；在坚持实践创新、推动云南文化大发展大繁荣方面，坚持把适应经济发展方式转变作为文化发展的一条主线，树立“四个转变”的发展观。在公共文化服务方式上，由“公益”向“公共”转变；在文化产业发展方式上，由“资源”向“资本”转变；在文化建设方式上，由“基础”向“基本”转变；在工作推进方式上，由“经验”向“经常”转变。在发挥文化引领作用、实现文化惠民方面，通过深入调研和实践探索，创造性地提出了“文化乐民、文化育民、文化富民”的新思路，总结和形成了文化惠民的“云南经验”，实现了文化惠民工程从理论到实践的崭新突破，开创了基层文化工作的新局面；在深化改革、创新体制机制方面，探索出了一条公益性文化单位重在“三项制度”改革，用“机制”激活事业；经营性文化单位重在“转企改制”，用“体制”激活产业；人才队伍建设重在建立“三能”机制，用“创新”激活人才的改革路径，构建“一团三品”文艺创作生产格局，逐步实现产品由市场运作、社会买单，作品按项目招标、政府采购，精品由财政奖励、以奖代补等等；结合学习贯彻党的十八大精神，研究提出了“打基础、抓机遇、重民生、求创新、强跨越”的总体思路，着力在做大事业、做强产业、做优精品、做实项目、做活市场、做响品牌，努力探索充满活力、凸显实力、独具魅力的云南文化转型跨越发展新路子上取得突破。通过实践探索和总结，形成了一整套具有云南特点、高原风格、民族特色的凸显创新力、引领力、发展力的工作思路。

【加大财政投入】 云南文化建设紧密结合云南边疆民族贫困地区的实际，加大部门协调力度，通过观念创新、载体创新和管理创新，努力建立稳定的投入机制、多元的资金渠道和合理的效益模式，2012年全省文化专项资金投入比2007年增加4.5倍。一是设立了省文化惠民活动专项资金，确定了农民人均补助标准，纳入每年的财政预算，用于保障人民群众应当享有的基本文化活动权益。2009年按照农民年人均0.5元标准安排1900万元；2012年提高到6000万元，达到人均1.6元。二是设立了“农民业余文艺演出”专项扶持资金，采取“以奖代补”的形式扶持农民业余文艺演出队5000多支，带动了农村文化活动的蓬勃开展。三是设立了对外文化交流合作专项资金，每年安排300万元，实现了对外文化交流专项资金零的突破。四是提高了原有的相关专项资金。省级文物保护专项资金由300万元提高到2000万元，非物质文化遗产专项资金由50万元提高到1000万元，省级非遗传承人资金补助由每年每人3000元提高到5000元。各州（市）在争取政策、资金支持等方面，也实现了新的突破。昆明市文化惠民专项资金由2011年的人均6元、506万元增加到2012年的人均10元、930万元。

【改善基层建设】 近5年是云南省实施文化基础设施建设项目最多、最密集的5年。到2012年，实施文化建设项目已达1398个，竣工面积39万平方米；新建或改扩建图书馆52个、文化馆53个、乡镇综合文化站953个、歌舞团（文工团）19个，维修改造剧院（场）11个；建成文化信息资源共享工程省级中心1个、州（市）中心15个、县级支中心129个、乡镇（社区）服务站1131个、村级（社区）服务点1.06万个，实现县以上覆盖率100%、乡镇覆盖率84%、村覆盖率82%，为近千万各族群众提供了便捷的数字文化信息服务；实施边疆“解五难”文化惠民工程，向25个边境县和3个藏区县分别配发“文化大篷车”，向23个县级文工团（队）分别配置15万元的演出设备，向1082个乡镇综合文化站各配置10万元的专用设备；667个文化站达到省颁三级站以上标准，占总数的48.7%；119个图书馆达到国家三级馆以上标准，占总数的80.4%，在西部地区位居前列；24个国有博物馆达到国家三级馆以上标准，占国有博物馆总数的26%。通过实施“文化惠民示范村”、“农民素质教育网络培训学校”等重大示范带动项目，有力地推动了农村基层公共文化的发展。

【人才队伍建设】 通过大力实施“文化艺术人才培养工程”，文化艺术专业技术人员总量不断增长，高级专家队伍有所加强，人才结构逐步改善。到2012年，云南省已分4批命名青年表演艺术家30人、优秀青年演员51人，全省有15人列入全国宣传文化系统“四个一批”特殊专业技术人才，300余人获全省文化艺术“四个一批”人才表彰，91名专家享受国务院特殊津贴和省政府特殊津贴，45人获全国先进工作者荣誉称号，23人被国务院、省政府命名为“有突出贡献专家”。在全国首创选派文化副县（区、市）长、副乡镇长，目前已分3批选派文化副县（区、市）长23名；率先在行政村聘任“文化干事”，为实现农村文化工作的常态化找到了一条行之有效的路子；对全省1400多名乡镇文化站站长进行了任职资格培训，为规范基层文化工作提供了保障。

【提升效能业绩】 全力以赴抓落实，提升文化工作的效能业绩。通过积极争取，省委、省政府将民族文化强省建设、公共文化服务体系建设等工作列为对各州（市）的实地检查考评项目，进一步形成了推动全省文化发展的合力，有力地促进了各项任务的落实。通过加强公共文化设施建设，全省文化馆（站）年均开办各类培训5600多班（次），举办文化展览5900多个，组织文艺活动2.2万多次，图书馆年均总流通733.1万人（次）；各级博物馆、纪念馆举办陈列展览1751

个，参观人数 2167 万人（次）。通过加强文物和非遗利用保护，不可移动文物由“十五”期末的 5300 处增加到 1.59 万处，增幅达到 200%，高于全国平均水平的 1 倍；红河哈尼梯田列入我国 2013 年唯一申报世界文化遗产名录，普洱景迈山古茶园已经进入申遗程序；有 2 个项目入选“人类非物质文化遗产代表作名录”，有 90 个项目列为国家级非遗保护项目，迪庆、大理被列为国家文化生态保护实验区等等。文化产业发展、文化市场管理等各项工作都颇具成效，为建设民族文化强省打下了良好基础。

（艾文光）

【大事要辑】

●由省级 16 个部门联合举行的云南省 2012～2013 年度文化科技卫生“三下乡”集中示范活动于 12 月 6～8 日在德宏芒市举行。

●2012 年 1 月 23 日，由文化厅主办的 2012“文化强省 · 百艺盛会——云南文化艺术系列活动”启动仪式在福保村举行。

●云南省第九届青年演员比赛于 2012 年 9 月 7～15 日在昆明举行。来自全省的 39 支代表队参赛。

●在中宣部第十二届精神文明建设“五个一工程”评选活动中，云南省话剧院独立完成的话剧《搬家》获五个一工程奖。

（周 颜）

●2012 年 1～12 月，省文化厅安排“文化大篷车 · 千乡万里行” 5 个慰问演出分团，分赴全省 29 个县 290 个乡镇慰问演出 300 场，惠及观众一百余万人（次）。

●适应院团体制改革，“艺术客厅”市场演出 210 场，票房经济收入比 2011 年翻 5 倍达到 30 余万元，取得良好社会和经济效益。

（杜红川）

●2012 年 3 月 21～26 日，国家公共文化服务体系示范区（项目）暨“三馆一站”免费开放顺利通过文化部中期督查。

●2012 年 4 月 23 日，省文化厅举办“建设者之歌——云南省首届农民工文化节”闭幕式暨颁奖晚会。

●2012 年 9 月 21～25 日，举办第三届中国（福保）乡村文化艺术节。

（万吉星）

●加强新型文化遗产茶马古道的保护管理工作，将茶马古道云南段保存完好的 24 段、300 多公里茶马古道路段和沿线村落、寺庙、客栈、商号、古茶园共计 80 多个文物点向国务院申报为全国重点文物保护单位。

（余剑明）

●完成第三次全国文物普查后续工作，全省调查登记不可移动文物 1.47 万处，其中新发现 1.1 万处，复查 3706 处。2012 年有 61 项第七批全国重点文物保护单位待国务院公布，省政府新公布 143 项第七批省级文物保护单位，数量由 243 项增加到 386 项，各州（市）级文物保护单位由 224 项增加到 619 项，县级文物保护单位由 1504 项增加到 3122 项。

（马永飞）

●积极推进红河哈尼梯田申遗各项工作，落实国家和省财政支持哈尼梯田环境整治经费 3500 万元；按时完成 5 个村落、3 个观景点、3 条线路的整治和恢复工作；完成了国际古迹遗址理事会专家石川幹子的现场考评工作。

（余剑明）

●2012 年 11 月 18 日国家文物局将景迈山古茶园正式列入中国申遗预备清单。

（杨圣云）

●云南省博物馆新馆建设项目进展顺利，正在进行安装工程施工，已累计完成投资约 4.4 亿元，工程形象进度完成 88%。新馆由 8 个基本陈列，4 个专题展览组成，布展面积 1.85 万平方米。

●截止 2012 年底，云南省现有注册博物馆 85 个。其中国有博物馆 80 个（文物部门 62 个、其他行业部门 18 个）；民办博物馆 5 个。比上年的 8 1 个增加 4 个。

（谭粤红）

●修改《云南省民族民间传统文化保护条例》。

●组织“非遗”展示，宣传云南特色。联合社会公益力量,倡导全民参与非物质遗产保护。

（潘振焱）

●截止 2012 年底，全省 16 个州（市）级相继完成了文化市场执法机构整合，组建了综合责任主体，并已挂牌。

●2012 年全省组织开展了迎接党的十八大文化市场专项保障行动，出动检查 25.83 万人（次），检查文化市场经营单位 17.8 万家（次），责令改正 3851 家（次）；受理举报 915 件，立案调查 1065 件，移交案件 172 件，办结案件 1080 件；处警告 1927 家（次），罚款 390 万余元，责令停业整顿 493 家（次），吊销许可证 7 家，没收违法所得 7.93 万元。

●打击侵犯知识产权和制售假冒伪劣商品专项

行动，全省出动文化市场执法人员 4.5 万人次，车辆 3890 辆次，检查文化经营场所 1.41 万户次，发放宣传材料 8 万余份，收缴违禁盗版音像制品和书刊 2.62 万本（册），盗版软件制品 1070 盘（盒），销毁非法盗版音像制品 4600 盘、非法图书 200 册。

（张红涛）

●2012 年 2 月开始，全省综合执法机构展开了动漫市场集中清理整治行动。

（宋金山 张红涛）

●第三届中国（福保）乡村文化艺术节文化惠民示范村建设成果展于 2012 年 9 月 21 ~ 24 日在昆明福保文化城举办；举行农村文化产品项目签约仪式，签约金额突破 1.6 亿元；公示了第四批文化惠民示范村创建名单。

●经文化部认定，云南文化产业投资控股集团有限责任公司和云南民族村有限责任公司被评为第五批国家文化产业示范基地。

●经文化部、财政部、国家税务总局终审，云南大德正智传媒有限公司、云南旅游信息网络有限公司、云南新锐和达信息产业有限公司、云南国联文化创意发展有限公司、昆明微想智森科技有限公司被认定为动漫企业。

●2012 年 3 月 12 日，云南剧院联盟启动仪式在普洱市举行，13 家剧院签订了协议。

（雷 涛）

●2012 年云省对外派出各类文化交流团组和个人 22 起，240 人次，分别前往 20 个国家和地区；接待来自 15 个国家和地区的各类文化交流团组及个人 15 起 426 人。

●“中国—东盟民间文化互动人员交流”项目于 2 月 15 ~ 29 日分别在泰国曼谷和中国云南展开。

●第十三届亚洲艺术节会旗交接仪式在昆明举行。

（韩 悦）

●2012 年 5 月 6 日，省政府与文化部在北京举行文化工作汇报会，双方就进一步加强合作，共同推动云南民族文化强省建设进行了沟通交流。

●2012 年 6 月 18 日，省委书记秦光荣调研省文艺院团改革发展情况。

（王 涓）

●2012 年 4 月 28 日云南省花灯剧院有限责任公司和云南省话剧院有限责任公司分别举行了成立揭牌仪式，标志着省花灯剧院和省话剧院两家省级国有文艺院团转企改制工作取得突破性进展，全省 6 家省级国有文艺院团的改革任务基本完成。

（张 劼）

●2012 年 8 月 7 ~ 12 日上海文广局一行 7 人赴滇调研“滇沪文化帮扶合作”事宜，原则通过了《“十二五”沪滇对口文化合作意向书》。

（杜 彬）

卫 生

【“十二五”医改开局良好】 1.新农合保障能力巩固提高。2012 年，全省参合人数 3467.92 万人，参合率 96.52%，连续 5 年稳步提高。全年筹集资金 102.6 亿元，参合农民门诊和住院 9190 万人次。重大疾病保障制度初步确立，20 种重大疾病新农合补偿约 1.6 亿元，累计受益 4.03 万人。2.基本药物制度巩固完善。加强和规范基本药物配送企业的遴选，政府办医疗机构全部纳入基本药物实施范围，全省基本药物采购金额 21.65 亿元，比上年增长 100%。制定《云南省县乡村医疗服务一体化管理指导意见》，以破除“以药补医”机制为核心的综合改革在基层全面推进。3.县级公立医院改革扎实推进。30 个试点县从 2012 年 10 月 1 日起，取消药品加成。以改革补偿机制和落实医院自主经营管理权为切入点，统筹推进县级公立医院管理体制、补偿机制、人事分配、价格机制、医保支付制度等综合改革。4.基本公共卫生服务巩固充实。全省城乡居民规范化电子建档率 74.84%，65 岁及以上老年人健康管理率 75.47%，0 ~ 6 岁儿童健康管理率 90.53%，孕产妇保健管理率 93.12%，高血压、糖尿病、重性精神病患者健康管理人数分别为 27.05 万人、54.04 万人、9.28 万人。5.医改工作责任目标完成情况较好。根据卫生部统计信息中心发布的《2012 年卫生部门医改工作进展情况监测报告》显示，云南省与卫生部签订的医改工作责任状 49 项任务已全面完成，其中有 17 项指标居全国前五位，12 项居全国第一，总体完成情况较好，在各省（市、区）中排名前列。

【惠民实事和重点工作】 1. 2012 年，“光明工程”和“妇幼健康计划”如期完成。全省完成白内障手术 7.28 万例，提前完成卫生部和省政府下达的任务。农村孕产妇住院分娩率达到 96.16%，孕产妇死亡率、婴儿死亡率、5 岁以下儿童死亡率分别下降到 28.01/10 万、9.35‰、11.89‰，为历史最低水平。2.卫生事业桥头堡建设推进迅速。2012年，国家安排云南农村急救体系、县级医院、乡镇卫生院等11个建设专项437个项目，安排中央预算内资金12亿元。目前，已开工建设374个，开工率86.5%。3.在全国率先开展了医疗机构管理立法、县级公立医院支付方式改革和医师多点执业的探索，并取得初步经验。牵头起草的《云南省医疗机构管理条例》已进入立法程序。在禄丰县、祥云县开展的按疾病组付费支付方式改革，从试运行情况来看，医院的人次均费用、平均住院天数、药占比都得到较好控制。已办理医师多点执业人数2134人次。

【医疗服务体系建设】 1. 2012年，以规划引导医疗服务体系建设发展。制定实施全省医改“十二五”规划、医疗机构设置规划指导意见、医疗机构评审规划和卫生资源配置指导标准，各级医疗卫生服务体系规划布局、功能定位、设置审批和监督管理得到明确与加强。2.以临床重点专科建设带动公立医院能力建设。全省获得11个国家临床重点专科建设项目，资金5300万元。评审和建设16个省级临床重点专科，省级财政支持3288万元。3.不断提升医疗服务质量。积极稳妥推进新一轮医院等级评审，已完成省一院、昆医附一院等10所三级综合医院和云南省肿瘤医院的三级专科医院，以及祥云县、禄丰县、富源县人民医院3所二级综合医院的现场评审。深入开展“三好一满意”和“医疗质量万里行”活动，在全省二级以上综合医院全面推进临床路径管理试点，16个州（市）的236家医院全面开展优质护理服务，大力推行医疗纠纷的第三方调解，努力构建和谐医患关系。4.加大对医疗机构、执业医师的监管考核。开展全省基层医疗机构专项督查、部分医疗机构医药价格检查。严格人体器官移植、医疗广告的审批与监管。全面组织实施医师定期考核。

【传染病防控·卫生应急·食品安全及卫生监督·中医药工作】

1.疾病预防控制进一步加强。持续开展扩大国家免疫规划、消除疟疾等项目，深入推进爱国卫生和卫生创建活动，在全省225个乡镇900个行政村开展了农村环境卫生健康危害因素监测，全省传染病疫情总体平稳。第三轮防治艾滋病人民战争稳步推进。完成昆交会等重大活动和会议的医疗卫生保障任务。全面实现宁蒗县“6·24”、彝良县“9·07”地震“大灾之后无大疫”的目标。2.食品安全和卫生监督有效推进。开展食品化学污染物及有害因素、食源性疾病、生活饮用水监测和食品地方标准制修订，完成食品安全企业标准备案1070件。组织开展餐饮具集中消毒单位专项整治。开展职业健康检查16.58万人，诊断职业病335例。3.中医药服务能力进一步提升。召开了全省农村中医药工作会，启动实施基层中医药服务能力提升工程，加快推进县级中医院建设。抓好中医药传承研究、科技体系创新和民族医药工作，加强中医重点学科和中医药标准化、信息化建设，加快中医药适宜技术培训与推广。

【人才培养、卫生信息化建设、创先争优工作】

1.继续抓好人才培养、科研和继续医学教育。培训基层卫生人员1.87万人次，完成全科医生规范化培训31人、转岗培训641人，住院医师规范化培训251人，农村订单定向免费培养医学生250人。遴选培养18名高层次医学领军人才和62名学科带头人。“艾滋病规模化现场流行病学和干预研究”课题通过国家验收。2.加强卫生信息化建设。开展全省卫生信息化资源现状在线调查，编制下发《云南省“十二五”卫生信息化建设发展规划》、《云南省卫生信息化建设顶层设计方案》。3.深入推进创先争优和“四群”教育活动，深化党风廉政和惩防体系建设。大力宣传“索道医生”——邓前堆及曲靖市会泽县大海乡大垴包村村医陈金正、昭通市第一人民医院医纠办主任杨礼聪等先进典型，展现卫生人的良好形象。落实领导干部接待群众来信来访制度，及时研判处置网络舆情。扎实做好离退休干部工作。深入开展医药购销领域商业贿赂和医疗服务不正之风专项治理，强化医德医风建设，提升人民群众对卫生工作的满意度。

云南省各级医院住院和门诊人均医疗费用

单位：元

	住院病人人均医疗费用				门诊病人人均医疗费用			
	2009年	2010年	2011年	2012年	2009年	2010年	2011年	2012年
医院	4253.82	4519.98	4766.61	5007.81	105.16	114.24	126.76	140.13
社区卫生	1355.74	1458.38	1525.98	1884.94	48.19	55.36	58.60	60.54
乡镇	793.87	864.12	898.06	1039.53	33.93	38.01	40.12	43.48

云南省各级医院门诊病人医药费用

单位：元

	2007年	2008年	2009年	2010年	2010年	2012年
全省平均	50.39	60.39	63.59	70.14	79.26	88.49

云南省各级医院门诊病人医药费用

单位：元

	2007年	2008年	2009年	2010年	2010年	2012年
省级医院	129.42	129.67	131.68	131.11	145.73	185.94
州市级医院	116.34	131.30	142.97	152.40	167.58	169.67
州市中医院	86.77	97.04	100.76	105.27	120.61	140.65
县级医院	65.25	73.51	83.35	94.49	105.10	119.63
县级中医院	45.05	49.73	55.87	59.37	67.47	82.85
乡镇卫生院	27.30	31.87	33.93	38.01	40.12	43.48

云南省各级医院出院病人医药费用

单位：元

	2007年	2008年	2009年	2010年	2010年	2012年
省级医院	8688.49	9469.79	10380.72	11343.41	11825.04	12527.80
州市级医院	5254.83	5924.27	6527.93	7192.80	7561.92	8329.38
州市中医院	5413.08	5715.11	6403.46	6951.02	6998.23	7743.94
县级医院	2297.24	2491.12	2682.39	3066.28	3235.36	3648.21
县级中医院	2087.29	2195.98	2349.72	2638.66	2726.61	3196.03
乡镇卫生院	637.93	715.64	793.87	864.12	898.06	1039.53
全省平均	2729.01	2953.79	3117.02	3412.22	3750.28	3957.37

（张耀丕）

人口计划生育

【概 述】 2012年，云南省人口计生系统紧紧围绕省委第九次党代会提出的奋斗目标和“两强一堡”发展战略，按照国家人口计生委的工作部署，始终把人口问题放到经济社会发展全局和改革发展大局中去思考、研究、谋划，找准了制约人口计生工作发展的问题和症结，明确了人口计力构建新型测绘地理信息服务模式。启动云南省计生工作急需抓紧抓好的重点工作，进一步理清了人口计生工作的思路，各项工作都取得了进展和成绩。

低生育水平进一步稳定。保持了人口计生政策的连续性和稳定性，加强了对重点、薄弱地区和人口大县的督查指导工作，加强了避孕节育技术服务，全省总人口控制在4659万人，人口自然增长率控制在6.22‰，全面完成了省政府2012年人口计划。

云南省人口计生委到怒江州开展“三下乡”活动

国家免费孕前优生健康检查项目进展良好。试点县由11个扩大到78个，完成应检人群29.2万人，目标人群覆盖率92.4%，高于全国80%的平均水平。大理、丽江、楚雄、保山、玉溪等5个州（市）实现了区域全覆盖。省级补助标准每对夫妇由240元提高到280元，有的州、县将每对夫妇的标准提高到300~380元。举办了专项技术培训班6期，700余人参加了培训。认真落实免费增补叶酸预防神经管缺陷项目，为35.9万人农村计划怀孕妇女免费增补叶酸，有效降低了出生缺陷发生风险。推进了提高出生人口素质工作新进展。

信息化建设有新突破。坚持把人口信息化建设作为统筹解决人口问题的突破口和重要抓手，按照“抓住重点、破解难点、填补盲点”的工作思路，高起点规划，高标准要求，高质量推进，一些困扰云南人口信息化建设的“软肋”实现了新的突破。基本完成了流动人口服务管理模块的开发，搭建了免费孕前优生健康检查省级分中心；初步建成了云南省人口计生委门户网站，并将于2013年全面上线使用；成立了省人口和计划生育信息中心，落实了机构和编制，为进一步推进人口计生信息化建设奠定了发展基础和队伍保障；扎实开展全员人口信息采集机制创新试点工作，推进基层人口信息联动机制建设。

优质服务有新进展。深入开展计划生育优质服务，推进“国优”、“省优”创建活动。截至2012年底，“国优”单位已达57个，“省优”单位已达61个，全省优质服务覆盖率达到91.5%。抓好“推套防艾”工作，逐步扩大了对重点人群安全套干预的覆盖面。在重点区域和重点场所建立流动人口安全套发放点4.39万个，免费发放安全套1.51万个。

流动人口计划生育服务管理机制建设有新举措。省政府第176号令颁布了《云南省流动人口计划生育工作规定》，并于2012年10月1日起实施。流动人口计划生育基本公共服务均等化试点工作扎实推进，“一盘棋”工作机制巩固提高。全省免费向农村和流动人口育龄群众发放价值1343万元的避孕药具，保障了避孕药具基本公共服务的需求。

宣传教育工作有强化。加大新闻宣传报道力度，建立了全省人口计生新闻宣传通联队伍。建立了涉滇人口计生网络舆情监测和应对工作制度，及时掌握社情民意，及时办理人民群众诉求，及时回应社会热点问题。联合5厅局对综合治理出生人口性别比工作及“重点治理年”工作进行督查调研。联合公安和卫生部门制定出台了《关于加强出生实名登记管理工作的意见》，建立了出生人口信息共享制度，有效推动了综合治理出生人口性别比工作的开展。加强基层人口文化大院和宣传阵地建设，截止2012年底，全省已建立人口文化大院581个，“新家庭文化屋”1831个。

保障和改善民生有成效。坚持把保障和改善民生作为重要任务抓紧抓好，计划生育家庭福祉不断提高。认真抓好农村部分家庭奖励扶助制度、计划生育家庭特别扶助制度、“少生快富”工程和“奖优免补”等政策的落实，落实了计划生育手术并发症特别扶助制度，将梁河县纳入

"少生快富"工程。制定了全省失去独生子女的夫妻提高养老补助和发放一次性抚慰金政策，有1.54万余人受益。2012年，全省有223.59万户（人）享受计划生育家庭奖励与扶助，全省各级财政累计投入计划生育家庭奖励资金3.9亿余元，改善了计划生育家庭民生。抓好"农转城"计生工作，确保转城后生育政策过渡衔接到位，奖励扶助政策落实到位。扎实开展计划生育家庭意外伤害保险工作，截至2012年，参保家庭112.68万户，投保总额3616.95万元，惠及家庭人数364.46万人。推进优质服务全覆盖，推进知情选择，推进优生优育、不孕不育、补服叶酸、生殖健康和"推套防艾"等工作，拓展了流动人口服务覆盖面。

党风廉政建设和行风作风建设有加强。"阳光计生行动"在全省全面推进。全系统基本建立比较完善的廉政风险防范管理长效机制。对促进各项业务工作化，提高干部廉政风险防范意识，增强廉洁自律自觉性等方面都起到了积极的作用。2012年全系统已有全国和全省"阳光计生行动"示范单位28个；有"全国依法行政示范乡镇（街道）"17个；有国家和省级示范村（居）387个。对"强基提质"起到了带动作用。

依法行政和信访维稳工作有加强。不断推进依法行政，文明执法。扎实开展依法行政示范乡镇、"诚信计生"和"阳光计生行动"。目前，全省有17个国家级"人口计生依法行政示范乡镇"、28个国家级、省级"阳光计生行动示范单位"。加大信访维稳工作力度，认真开展治理乱收费乱罚款基层文明执法，扎实开展矛盾排查和化解工作。信访案件按时限回复率100%。2012年云南没有因计划生育积案出现集体上访和影响社会稳定的事件发生。深入开展基层群众自治村（居）示范活动，全省有387个示范村（居）先后获国家级和省级授牌。

行风建设和反腐倡廉工作有新进展。1.积极开展农民兄弟姐妹和流动人口参加"评计生"活动，全系统聘请433名行风监督员，受理实名举报795件，群众对人口计生工作的满意度达到90%以上。2.切实加强对国家"三项制度"及"奖优免补"专项经费的监督检查。累计全省各级财政投入奖扶资金23.9亿余元，经检查均未发现滞留、挤占、截留和挪用等情况。3.严格执行党政领导干部廉洁从政的有关规定，认真履行"一岗双责"，扎实推进廉政风险防范管理工作。

机关党建和作风建设明显加强。1.认真贯彻实施办法，深入开展"基层组织建设年"活动和创先争优活动，年内有2人被省直机关工委表彰为优秀党务工作者和优秀共产党员，委党组表彰了2个先进基层党组织、18名优秀共产党员和6名优秀党务工作者。2.积极开展群众评议机关作风活动，推动机关作风建设。3.扎实推进"四群"教育活动，建立健全联系群众工作制度，进一步密切了党群、干群关系，机关党建和作风建设明显得到加强。

【人口和计划生育数据及态势分析】 2012年、全省出生人口58.7万人，比上年减少1000人；人口出生率为12.63‰，比上年减少0.07个千分点；净增人口28.8万人，比上年减少4000人，自然增长率为6.22‰，比上年下降0.13个千分点；死亡人口29.9万人，死亡率为6.41‰，年末全省常住人口4659人。

【存在的问题】 全省人口基数大、净增人口较多，人口与经济、社会、资源、环境的矛盾仍然严峻；计划生育利益导向政策吸引力弱化；工作发展不平衡，部分地方基层基础工作仍然薄弱，还需继续加强分类指导。对此我们要增强忧患意识、责任意识，理清思路、明确方向，以对事业高度负责的精神，采取有效措施，切实加以解决。

（赵晓爱）

人力资源和社会保障

人事工作

【人才队伍建设】 2012年，完成了《专业技术人才队伍建设中长期发展规划》的编制工作，积极促成国家外国专家局与省政府签订了《引进国外智力支持云南桥头堡建设合作框架协议》。评审引进了11名海外高层次人才和17名高端科技人才，新增院士、专家工作站28个，总数达到40个。新建8个博士后科研流动站，全省博士后流动站达到59家。1.3万人新获得高级职称资格，其中145名工程技术领域人才通过正高级工程师专场评审，186 名高级中青年专业技术人才得到破格选拔。全年评审选拔“省突”120 人、“省贴”100 人。开展了 2012 年“国家特支计划”百千万工程领军开人才的推荐选拔工作，开展了兴滇人才奖和外国专家彩云奖评选表彰。对22 名引进高层次人才给予了政府购房补贴和工作经费资助，落实经费 438 万元。先后 3 次组织 21 家用人单位分别赴美国、西欧、澳大利亚招聘高层次人才。举办了人口较少民族干部培训班，实施较少人口民族培养计划。首次建立了 3 个国家级技能大师工作室，新增高技能人才 8.5 万人，新增技师、高级技师 5057 人。组织开展了“2012 技能竞赛年活动”，与省教育厅等单位共同组织开展了全国第五届数控技能大赛、第四届全国技工院校技能大赛暨第四十二届世界技能大赛云南省选拔赛，72 个职业工种、30 多万人次参加了竞赛。

【中小学教师职称制度改革试点工作】 深化中小学教师职称制度改革是分类推进职称制度改革的重要内容，是加强中小学教师队伍建设的重要举措。按照人力资源社会保障部和教育部关于小学教师职称制度改革是分类推进职称制度改革的重要内容，是加强中小学教师队伍建设的重要举措。按照人力资源社会保障部和教育部关于开展深化中小学教师职称制度改革试点工作的安排部署，云南省于 2012 年年初启动了试点工作。成立了由省政府分管领导任组长的试点工作组织领导机构；确定大理州、玉溪市、临沧市为云南省试点州（市），3 个试点州（市）中小学教师人数 7.8 万人，占全省中小学教师队伍总数的 17.3%，其中中学教师 3.4 万人，小学教师 4.4 万人；研究制定了《云南省深化中小学教师职称制度改革试点工作实施方案》和《人员过渡办法》、《岗位设置意见》、《职称评审条件（试行）》、《职称评审办法（试行）》4 个配套办法；会同省教育厅，先后在大理召开了宣传动员会，在玉溪召开了试点工作部署会，在临沧召开了试点工作推进会，及时安排和指导试点工作。整个试点工作于年底全面完成。

【引进国外智力支持云南桥头堡建设合作框架协议】 多年来，在人力资源和社会保障部的支持帮助下，云南引进国外智力工作取得了显著成效。进入“十二五”以来，国家外国专家局进一步加大了对云南引智工作的支持力度，在高层次人才引进、农业引智示范、智力拥军等方面给予了云南重点支持和倾斜，仅 2011 年引智专项资金就比“十一五”末翻了一番，为云南经济社会发展提供了强有力的人才和智力支撑。为更好地支持云南加快建设面向西南开放重要桥头堡战略的实施，2012 年 2 月 9 日，省政府与国家外国专家局在昆明签署了《引进国外智力支持云南桥头堡建设合作框架协议》。代省长李纪恒出席签字仪式并致词，人力资源和社会保障部副部长、国家外国专家局局长张建国与副省长李江在协议上签字。根据协议，国家外国专家局和云南省政府将相互配合，加强合作，积极整合引智资源，加大引进国外智力的力度，认真组织实施《国家引进国外智力“十二五”规划》，重点支持云南桥头堡建设关键领域和重点产业引进国外智力工作，实施桥头堡建设紧缺人才培养工程，推动云南加快转变经济发展方式。局省合作框架协议的签署，是国家外国专家局支持云南桥头堡建设，帮助边疆民族地区发展的有力举措。云南省将以协议的签署为契机，在加大高层次引智力度上下工夫，更多引进包括人才、技术和管理经验在内的智力资源；在提高人才国际化水平上下工夫，培育造就一支复合型、高层次、通晓国际规则、掌握精湛技术的国际化人才队伍；在创新引智工作机制上下工夫，促进“引资”与“引智”相结合，进一步拓展引智工作的广度和深度。国家外国专家局将以局省合作机制为重要平台，围绕桥头堡建设总体要求，通过“请进来”与“走出去”相结合的方式，加大关键领域和重点产业人才引进力度，支持桥头堡建设紧缺人才出国(境)培训，在引智政策、资金、项目审批等方面给予倾斜和保障，一如既往地给予云南倾斜和支持，共同推动加快桥头堡建设步伐，实现云南科学发展和谐发展跨越发展的目标。

【工资收入分配】 2012 年，省委、省政府制定的“十二五”期间促进城镇居民增收 20 条政策措施全面落实。建立了低保标准、企业职工养老金标准、失业保险待遇标准、企业军转干部解困补助标准、企业最低工资标准一年一调以及社会救助与物价上涨挂钩联动、企业工资指导线、企业工资集体协商等 8 个方面的正常增长机制。企业职工基本养老金、失业保险标准、最低工资标准平均增长 15%以上。2012 年，云南省在全国率先完成了全省 120 万事业单位工作人员实施绩效工资工作，统一了全省各州（市）津贴和绩效工资标准，调整了2012 年企业最低工资标准，指导民明等10个州（市）发布了本地区企业工资增长指导线，开展了工资集体协商工作，并取得新突破。

【公务员管理】 2012年，全省公开招录公务员8792人，省级机关除特殊职位外，招录2年以上基层工作经历人员比例达到100%。省级机关从基层机关公开选调公务员实现常态化。完成了监狱劳动教养机关人民警察职务套改工作，截至2012年11月底，全省44个监狱劳教所1.59万人套改了警员职务，完成了从综合管理类非领导职务到执法类警员职务的过渡，为建立警员职务管理制度奠定了基础。启动了工商系统行政执法类公务员管理试点工作。进一步完善了评比表彰奖励工作，与省委组织部一起开展了第五届人民满意的公务员和人民满意的公务员集体的评选表彰活动。

【公务员考试录用】 为做好2012年全省公务员"四级联考"考试录用工作，省人力资源和社会保障厅、省公务员局与省委组织部联合下发了实施方案、公告和报考指南等相关10余个配套文件，认真组织计划上报，通过开展网络报名，采取计算机自动审核，全省公务员录用考试有18.31万人报名，审核通过18.3万人，交费人数17.32万人，平均报名比例为18∶1，最终确定开考7230个岗位，全省计划招录9145人。在各州（市）和公安、工信、教育、卫生等部门大力支持配合下，通过面试、体检、考检等工作环节，全省2012年最终考试录用公务员8792人。还完成基层政法干警定向计划考录270人的任务。

【推进四项制度建设】 2012年，督促全省3774个行政机关调整了服务承诺事项，在3675个部门推行了服务承诺兑现满意度打分制度，承诺事项限时办结率99.9%，首问首办率98.3%，投诉回复率100%；推动了服务承诺制、首问责任制、限时办结制向教育、医疗等公共企事业单位延伸拓展；下发了《关于2012年推进行政能力提升制度有关问题的通知》，要求各级行政机关对重点工作实施了目标倒逼管理，推动工作目标任务的落实；在各级行政机关大力推行了"一线工作法"，促进行政机关公务员深入一线工作，密切了干群关系。

【公务员表彰工作】 2012年12月30日，云南省委、省政府在昆明召开会议，表彰云南省第五届"人民满意的公务员"和"人民满意的公务员集体"。沾益县人力资源和社会保障局副局长陈家顺等10人荣获云南省"人民满意的公务员"荣誉称号；新平县戛洒镇政府等10个单位荣获云南省"人民满意的公务员集体"荣誉称号；祥云县鹿鸣乡乡长王丽等20人和昭通市公安局交警支队水昭高速公路交巡警大队四中队等20个单位被记一等功。本次评审表彰活动，在坚持公开、公平、公正，面向基层、倾斜一线原则的基础上，严格按照规定的评选条件和标准，通过宣传动员、组织推荐、资格审查、初步评审、网络投票、二次评审、媒体公示等程序，在所在单位（地区）和云南日报、云南网等媒体公示，并征求纪检监察、组织人事、审计、计生、综治等部门意见，经省委、省政府审定后表彰。

【军队转业干部安置】 2012年，云南省围绕国家四部委下发的《关于改进计划分配军队转业干部安置办法若干问题的意见》（国转联〔2012〕1号），对改进和完善分配办法、坚持突出安置重点、积极拓宽安置渠道等提出的新要求、新举措，注意结合云南实际，出台了贯彻落实国转联〔2012〕1号文件精神的意见，新推了团职军转干部"考核赋分、阳光安置"、营级以下和专业技术职务军转干部继续采取"考试考核、阳光安置"分配办法，修订了省级单位计划分配军转干部分配实施细则、安置考核计分标准，进一步推进了云南计划分配安置办法改革，完成了841名计划分配军官接收安置任务，第19年在全国率先完成年度军转安置任务。2012年，完成了411名自主择业军官的安置任务，在为全省3996名自主择业军转干部增加和补发退役金后，全年累计发放退役金3.3亿元，全省各级走访慰问自主择业军转干部3000余人，组织健康体检1000余人，帮助解决实际困难200余人次，昆明、德宏、楚雄、红河、迪庆、大理等州（市）开展了自主择业军转干部个性化培训，有500余名自主择业军队转业干部参加培训。

社会就业

【概　述】 2012年，云南省不断完善就业政策体系，省人力资源和社会保障厅与省财政厅联合下发了《关于进一步加强就业专项资金使用有关问题的通知》，加强就业专项资金使用管理，切实提高资金使用的安全性、规范性和有效性；会同省教育厅下发了《关于进一步做好2012年云南省高校毕业生就业服务工作的通知》，提高了就业服务指导和服务工作的针对性和实效性；根据昭通彝良县“9·7”地震灾区恢复重建实际，下发了《关于支持昭通地震灾区恢复重建就业和社会保障有关政策的实施意见》，促进灾区城乡劳动者尽快实现就业，恢复民生。全年实现城镇新增就业29.3万人。全省开发公益性岗位4.25万个。下岗失业人员再就业8万人。帮助6万名就业困难人员实现就业，帮助1865户城镇零就业家庭实现至少1人就业，确保城镇零就业家庭动态清零。全省城镇登记失业率控制在4.03%以内，创10年来最好水平，保持了全省就业局势的总体稳定。云南首次进行了“两后生”的劳动预备制免费培训。全省技工院校招生3万余名，在校生9.8万人，技校毕业生初次就业率均在96%以上。

【促进大学生就业创业服务】 2012年，经省政府第69次常务会议研究同意，云南省各级就业服务局（中心）设立了“创业小额贷款担保中心”，全省就业服务机构设立担保中心149个，其中省级1个、州（市）级16个、县（市、区）级132个，形成了省、州（市）、县（市、区）三级担保机制，进一步理顺了担保机制，明确工作职责，推动了全省小额担保贷款扶持创业促进就业工作深入发展。深入开展大学生创业引领计划，实施了大学生创业园建设工程，对认定的大学生创业示范园给予一定的奖励。创建大学生创业园区50个，扶持3454名大学生成功创业。启动了毕业年度高校毕业生创业就业计划，在10所省内高校建立了“云南毕业年度高校毕业生培训基地”，开设了一批适合高校毕业生的创业培训项目。开发高校毕业生就业见习岗位1.5万人，有1.23万名大学生到岗见习，高校毕业生就业率96.3%。2012年，全省通过“小额担保贷款”、“贷免扶补”等政策扶持创业人数首次突破10万人大关，达到13.7万人，新增发放各项就业创业贷款首次突破100亿元，达到107亿元，规模居全国第三位。

劳动保障

【概 述】 2012年，云南省以维护和谐劳动关系和社会稳定为中心，以保障农民工工资支付为重点，以执法年审和专项检查为重要手段，努力抓好各项工作落实，较好地完成了年度各项任务。全年主动监察用人单位5.47万户，涉及劳动者202.81万人；书面审查用人单位16.33万户，涉及劳动者405.10万人；追发劳动者工资等待遇11.12亿元，其中农民工工资11.08亿元，涉及农民工15.36万人；督促补签劳动合同18.6万份；督促用人单位缴纳社会保险费2.98亿元；清退风险抵押金122.48万元；清退童工78名。

【劳动关系】 2012年，云南省认真贯彻《劳动法》和《劳动合同法》，劳动合同制度全面推进，小企业劳动合同签订率由2011年70%增至77%，规模以上企业、国有企业、外资企业劳动合同签订率达99%以上。全面推进劳动人事争议调解仲裁工作，全省组建86个仲裁院，州（市）级仲裁院建院率81%。全年受理劳动人事争议案件5452件，结案5424件。加大对农民工工资支付的保障力度。全省农民工工资保证金账户余额20亿元、准备金账户余额2.3亿元、应急周转金账户余额2320万元。全年为劳动者追薪近10亿元。坚持信访接待制度，坚持源头化解矛盾，全系统接待来信来访3.2万件次，集体访64批，确保了全年人力资源社会保障工作的总体稳定。

【劳动合同】 2012年，在全省范围内开展了“规范依法用工、全面签订合同”主题活动。1.开展了1次法律、法规集中宣传。组织宣传活动400余次，发放宣传资料20万份，接受咨询投诉4.1万余人次，切实增强了用人单位依法用工的意识和劳动者自我维权意识。2.开展了1次小企业劳动关系问题调研。全省选取4532户中小企业进行了实地调研，深入分析了中小企业劳动关系存在问题及原因，并提出了相关对策建议。3.开展了1次签订劳动合同指导面对面活动。全省选取2020户劳动合同签订率较低的小企业作为结对帮扶对象，面对面指导企业规范劳动用工管理，实现了2020户重点帮扶企业劳动合同签订率全部达95%以上。4.结合劳动保障执法年审，开展了1次劳动合同签订情况大排查。督促用人单位与劳动者补签劳动合同15.8万份，全省企业劳动合同签订率86%，其中，小企业劳动合同签订率77%，稳定就业1年以上农民工劳动合同签订率87.5%，规模以上企业和国有企业、外资企业劳动合同签订率99%以上。

【工资集体协商工作】 2012年，在省人力资源和社会保障厅与省总工会的大力推动下，省人大制定出台了《云南省企业工资集体协商条例》，5月1日起正式施行。《条例》规定，职工今后在企业利润增长、企业劳动生产率提高和当地政府发布的工资指导线提高的情形下，可提出涨工资的合理要求。工资集体协商可围绕工资分配制度，职工年度平均工资水平及其增减幅度调整，工资支付办法，津贴、补贴和奖金分配办法、计时工资、计件单价、劳动定额标准、加班加点工资、医疗期待遇、带薪假期间的工资待遇，及工资专项集体合同期限、变更和解除程序、终止条件、违约责任等方面开展协商。《条例》的出台及实施，为企业工资集体协商提供了重要的法律依据。2012年，全省工资集体协商制度覆盖企业数从上年的1.88万户增加到7.93万户，是上年的4.2倍，工资集体协商工作取得了突破性进展。

【农民工权益保障】　《云南省农民工工资支付保障规定》及3个配套办法颁布实施以来，为遏止拖欠农民工工资问题的发生起到了积极作用。1.下大力督促建立“三金”。截至2012年底，保证金账户余额20亿元、准备金账户余额2.3亿元、应急周转金账户余额2320万元；2.合理利用农民工工资保证金清欠。截至2012年三季度全省已利用农民工工资保证金账户清欠7100万元；3.采取措施持续推进。组织开展了评选“贯彻落实《保障规定》先进单位”活动，进一步推动了该项工作落实。开展“两节”期间农民工工资支付保障工作，2012年两节期间全省清理解决拖欠农民工工资1.8亿元，涉及农民工3.12万人，清欠比例99.9%，连续6年确保了春节前农民工工资基本不拖欠。

【企业最低工资标准】　2012年，经省政府批准，对云南省一、二、三类地区的月最低工资标准进行了调整。调整后，一、二、三类地区的月最低工资标准从2011年的950元、845元、720元调整到1100元、980元、830元，分别增长15.79%、15.97%、15.28%。

社会保障

【概　述】　2012年，云南省城镇居民和新型农村社会养老保险2项制度实现全覆盖，城乡老年居民基本生活保障从无到有，按时领取基本养老金，农村社会养老保险制度建设取得了历史性的突破，全省城乡统筹的社会保险体系框架基本形成；截止2012年10月底，全省基本医疗保险参保人数865.61万人，其中城镇职工参保450.64万人；全省生育保险参保人数221.46万人，比上年增加4.97万人。截止2012年11月，全省工伤保险参保人数263.02万人。其中，机关、事业单位53.24万人，农民工85.56万人。目前全省城镇职工、新农保、城镇居民养老保险等各类参保人数2500万人以上，5大险种累加4153万人。未参保集体企业退休人员基本养老保障等遗留问题继续得到解决，有15.5万人补缴基本养老保险费并纳入了企业职工基本养老保险。

【企业退休人员基本养老金】　从2012年1月1日起，调整云南省企业退休人员基本养老金。在普遍调整的基础上，还对具有高级职称的企业退休（退职）科技人员、高龄退休（退职）人员、艰苦边远地区退休（退职）人员和企业军转退休人员等退休（退职）早、基本养老金相对偏低的人员再适当提高调整水平。调整后，云南省企业离退休人员的月人均基本养老金水平在2011年1436元的基础上，增加到1652元，月人均增加了216元。

【新型农村和城镇居民社会养老保险】　截止2012年10月底，城乡居民社会养老保险参保1953.5万人，领取养老金419.6万人。其中，新农保参保1864.7万人，领取养老金389.8万人。城镇居民养老保险参保88.7万人，领取养老金29.8万人。全省提前实现新型农村和城镇居民社会养老保险2项制度全覆盖。全省平均参保率82%。从2012年1月起，提高了全省城乡居民养老保险基础养老金领取标准，由国家规定的每人每月55元提高到60元。2012年7月起，又提高重度残疾人养老补助标准，由每人每月55元提高到60元。

【城镇职工医疗保险】　截止2012年10月底，全省城镇职工基本医疗保险参保人数450.64万人。制定出台医疗保险先行支付办法、医疗保险门诊急诊抢救办法等《社会保险法》配套政策，将一般诊疗费纳入职工医保统筹报销范围；将省本级医疗保险统筹基金最高支付限额由5.9万元调整为7万元；明确职工医保个人帐户积累较多的，可自愿购买商业补充医疗保险；将268项不予支付的诊疗项目和服务设施标准调整为支付或部分支付项目；对参加城镇职工基本医疗保险

70周岁以上老年人实施住院及门诊慢性病、特殊疾病起付线减半收取，取消乙类药品和特殊检查、特殊诊疗的个人先自付比例，政策范围内住院费用报销比例达不到80%补助到80%的优惠政策。通过采取以上措施，全省职工医保住院费用政策范围内平均报销比例达到84.21%。

【城镇居民医疗保险】 截止2012年11月底，全省城镇居民参保人数425.29万人，加上昆明市和新平县城乡统筹后农村参保居民，总参保人数660万人。城镇居民住院和门诊待遇，将参保居民在一、二、三级医院住院的报销比例由原来的85%、75%、60%提高到90%、80%、60%，使居民的平均住院报销比例达到69.94%以上；将普通门诊的报销比例由原来的20%提高到25%、50%，年度内最高报销限额由原来的200元提高到400元。在兼顾普通门诊的基础上，将8种慢性病和8种特殊疾病纳入门诊报销，门诊8种慢性病报销比例为50%，年度内最高报销1000元；门诊8种特殊疾病按住院报销比例执行。

【生育保险】 2012年，全省各地以云南省职工生育保险办法全面实施为契机，进一步扩大生育保险覆盖面。截止10月底，全省生育保险参保人数221.46万人，比上年增加4.97万人。全面贯彻落实职工生育保险办法，实现“三提高”：1.职工生育保险办法中提高了1倍以上的生育医疗费用标准及增加的生育营养费、产前检查费、男职工未就业配偶生育费用等待遇项目得到落实，参保人待遇明显提高。2.合理界定生育保险与基本医疗保险支付范围，生育保险管理服务水平得到提高。3.将省级参保缴费费率由0.8%降为0.4%，连续执行3年，基金使用效率进一步提高。

【失业保险】 截止2012年10月底，全省失业保险参保人数222.4万人；征缴失业保险费16.15亿，支出失业保险基金2.84亿，7.7万失业人员领取失业保险金。按照云发〔2011〕17号文件关于“十二五”期间失业保险标准每年调整增幅不低于15%的有关规定，自2012年1月1日起，提高了全省失业保险金标准，平均增幅15%，最高标准达到750元／月。

【工伤保险】 2012年1月1日，新修订的《云南省实施<工伤保险条例>办法》正式施行。新《办法》在将工伤保险制度覆盖到企业以外的事业单位、民间非营利组织的基础上，又将公务员、参公管理单位及其职工也纳入工伤保险统筹管理。截止2012年11月，全省参加工伤保险人数263.02万人。其中，机关、事业单位53.24万人、农民工85.56万人。工伤保险基金收入8亿元，支出7亿元，累计结余18亿元。其中储备金规模达到1.41亿元。比2006年末增加13.62亿元。享受待遇3万人。在工伤保险待遇方面，建立了与经济增长相适应的收入增长机制，下发了《关于调整工伤职工和供养亲属待遇的通知》。《通知》要求，自2012年1月1日起提高工伤职工农伤残津贴、生活护理费及工亡职工供养亲属抚恤金按月领取标准。目前伤残津贴1774元／人·月，生活护理费811元／人·月，供养亲属抚恤金784元／人·月。同期，还提高了5～10级解除或终止劳动关系的一次性伤残就业补助金、工伤医疗补助金标准。经上述长期性待遇、一次性待遇标准调整，保持了工伤职工和供养亲属待遇水平的持续增长。

（周海波）

社会管理

民政工作

社会事务管理

【民政政策创制】 2012年，出台《云南省行业协会条例》、《云南省涉诉特困人员救助实施办法》、《云南省涉诉特困人员救助条例》、《云南省政府关于进一步加强和创新新时期民政工作的意见》和《云南省政府办公厅关于加强和改进流浪未成年人救助保护工作的实施意见》政策文件。

【社区建设】 2012年，全面启动469个城市社区活动场所和办公用房项目建设，下达城市社区办公用房和服务设施项目建设资金9740万元，下拨省级福利彩票公益金835万元用于补助62个、农村社区“一站式”服务站试点项目建设。全省有城市社区1802个，城市社区干部4543人，社区志愿者近18万人，社区社会组织3.31万个，建成城市社区“一站式”服务大厅1467个、农村社区“一站式”服务站469个，社区服务涉及救助、扶老、助残、就业、咨询、社区矫正、文化、治安等内容。

2012年8月23日云南省第十九次民政会议在昆明召开

彝良“9·7”地震发生后，民政部门反应迅速，确保受灾群众基本生活。

【村民自治】 2012年，完成了776个“难点村”治理任务。下拨村务公开和民主管理经费385.87万元，建国前入党的农村老党员和未享受离退休待遇的城镇老党员生活补助经费45.4万元，全省第五届村委会换届选举工作经费300万元，农村基层民主管理制度建设不断深化。西山区、大姚县、祥云县、易门县被民政部命名为“全国村务公开民主管理示范单位”。

【救助工作】 2012年，全省陆续投入使用、开工建设49个救助管理机构。2月出台《云南省政府办公厅关于加强和改进流浪未成年人救助保护工作的实施意见》，从工作机制、体系建设、能力提升等方面为流浪未成年人救助管理工作提供政策保障。建立云南省流浪乞讨人员救助管理工作省级联席会议制度。9月1日，全省各地同步开展了接送流浪孩子回家“9·1”专项行动，当天出动工作人员2452人次、车辆750余台次，300余名流浪未成年人得到救助护送。全省各级民政部门及救助管理机构救助、救治各类对象6.74万人次。其中，成年对象4.87万人次、未成年对象1.87万人次、60岁以上对象7627人次；精神病对象5865人次、危重病对象3095人次、残疾对象8790人次；出动街头救助保护1.3万人次，提供交通凭证1.85万人次，安置649人。

彝良“9·7”地震发生后，救灾物资第一时间运抵灾区

【殡葬管理工作】 2012年，全省有殡葬管理执法机构48个，推行火化的县（市、区）达到73个，投入使用的殡仪馆67个，全省火化遗体6.94万具（含民俗火化），火化率29%，比上年增长3.22个百分点，安葬骨灰1.69万具。8月，出台《关于进一步深化殡葬改革的意见》，进一步明确云南殡葬改革工作的目标、任务及保障措施。下拨6623万元，资助新建殡仪馆8个，改扩建殡仪馆9个，殡仪馆搬迁补助3个、殡仪设施设备补助20个，新建农村公益性公墓83个。下拨省级福利彩票公益金1000万元，对具有云南户籍、死亡后火化遗体且不能享受国家规定丧葬补助的农村五保供养对象、城乡最低生活保障对象和重点优抚对象发放火化补助。

【婚姻登记管理】 2012年，全省登记结婚41.95万对（内地居民登记结婚41.69万对，涉外、涉港澳台居民登记结婚2573对）、登记离婚6.22万对（内地居民登记离婚6.21万对，涉外、涉港澳台居民登记离婚71对）。在婚姻登记全省联网的基础上，5月31日实现了部省联网的目标，有效预防了重婚、骗婚现象。启动了与省级公安、法院、司法等部门横向联网工作。

2012 年清明节活动启动仪式现场咨询

【地名工作】 2012 年，全面推进第二次全国地名普查试点工作。完成怒江州泸水、福贡、贡山 3 县省级和国家级验收、勐腊县省级验收；完成 24 个县（市）地名属性数据库录入、标准化处理及重要地理实体地名标志设置和地名普查工作图的标绘，建立了各级地名数据库。

【行政区划调整】 2012 年，积极推进行政区划调整，全省撤销 83 个乡设为镇，撤销 3 个镇设为街道办事处，1 个镇镇政府驻地迁移。全省行政区划格局为：16 个州（市），其中 8 个自治州、8 个地级市；129 个县（市、区），其中 76 个县、29 个自治县、11 个县级市、13 个市辖区；1365 个乡镇，其中 442 个乡、142 个民族乡、659 个镇，122 个街道办事处。

【行政区域界线管理及平安边界建设】 2012 年，完成川滇线 1951 公里的联检工作任务；指导督促各州（市）按计划完成 2012 年度 6 条州（市）间 23 条县界和 41 条州（市）内县界的联检任务；建立了由省综治办、省维稳办等 14 个单位组成的省级部门平安边界建设联席会议制度。

【在滇境外非政府组织工作】 2012 年，严格按照《云南省规范境外非政府组织活动暂行规定》要求，认真做好备案工作。全年累计接待境外非政府组织及相关单位来电、来访咨询服务 140 余次，办理境外非政府组织在滇代表机构备案 3 件，办理变更 18 件。截至年底，在滇境外非政府组织备案总数为 38 个。制定下发《云南省民政厅关于进一步加强在滇境外非政府组织代表机构注销备案工作的通知》，规范了境外非政府组织代表机构注销备案的具体事宜，解决了出口问题，进一步完善了《暂行规定》。

【社会组织工作】 截至 2012 年底，全省社会组织总数达到 1.56 万个，比上年增长 1835 个，年增长率 13.3%。其中，社会团体 1.08 万个，民办非企业单位 4710 个，基金会 48 个。省本级社会组织 1070 个，州（市）级社会组织 2845 个，县级社会组织 1.17 万个。

《云南省行业协会条例》颁布 2012 年 9 月 28 日经省人大常委会审议通过了《云南省行业协会条例》。《条例》取消了双重管理体制，由民政部门直接登记，将业务主管单位改为业务指导单位，降低了登记门槛；取消了行业协会的筹备阶段，提交相关申请材料后直接登记，简化了登记程序；取消"一业一会"的限制，引入竞争机制，优胜劣汰；要求在协会中设立监事会，加强内部监督管理；对在职公务员兼任会长、副会长和秘书长的行为作出明文限制，实现政会分离；《条例》对政府转移职能、购买服务、扶持行业协会发展提出具体要求；针对行业协会行为失范和公信力缺失的现状，提出了 8 类行业协会不得有的禁止性行为和明确了相应的处罚措施。《条例》是继广东、江苏之后出台的第三部扶持行业协会发展，规范行业社会组织的地方性法规，云南省《条例》的出台被民政部评为"2012 年全国社会组织十件大事"的全国亮点工作之一。

社会组织年检工作 对 380 个社会组织进行了上门年检服务，并提供到期换证、受理公益性组织税前扣除申请、现场出具非营利组织免税资格申请初审意见等服务。首次进行规范化管理，对社会组织年检情况进行书面反馈并提出整改要求或引导性要求。针对许多组织逾期未换届的问题，督促 61 家组织完成了换届工作，比上年增长 92%。针对部分社会组织年末账面净资产合计不足开办资金的情况，督促 70 余家社会组织进行了整改。针对部分社会组织理（董）事会结构不合理，全年不召开理事会的情况，指导 100 余家社会组织完备了理事会，形成了合理的议事机构。截至 2012 年 12 月，全省社会组织共计 1.48 万个（不含撤销未注销数），应参加 2011 年度检查 1.31 万个。截至 2012 年 7 月 30 日，全省已参加年度检查的社会组织 1.18 万个，参检率 90.4%，合格 1.16 万个，合格率 98.2%。比前几年有大幅提升。

社会组织管理规范化建设 2012 年，全省执法

153件，其中撤销登记129件，警告处罚24件。指导昆明、曲靖、保山、楚雄、丽江民政部门依法对社会组织进行行政处罚121件，省级依法按程序对22个组织进行了撤销登记，实现行政复议、行政诉讼“双零”的良好执法效果。

社会组织管理创新　2012年，全面完成首次省级行业协会商会综合等级评估工作，200个省级行业协会商会中的74个申报参评，参评率37%。通过严格的工作程序和公示，对45个组织进行了等级评定，最终评出5A级11个、4A级23个、3A级9个、2A级2个。加强对州（市）、县（市、区）的评估推动和指导工作，昆明、曲靖、玉溪、大理4个州（市）均开展了评估工作，评估了134个社会组织。指导社会组织申报“中央财政支持社会组织参与社会服务项目”，全省获批立项20个，项目资金640万元，资金量位居全国第三。项目涉及医疗救助、护幼扶老、社会工作服务、科技产业类、教育救助等领域。通过中央财政项目申报执行，有利于撬动各种社会资源，推动政府购买社会组织服务制度的建立，促进云南落后地区经济社会发展，缩小地区差异。

社会救助和社会福利

【城市居民最低生活保障】　2012年，中央和省级投入城市低保资金19.36亿元。其中，中央补助15.41亿元，省级安排3.95亿元。到年底，全省有城市低保对象93.6万人，全年累计支出城市低保资金22.71亿元。云南城市低保保障水平进一步提高。自1月份起按月人均27元的标准提高了全省城市低保对象的补助水平，达到209元，比上年提高15%；根据经济发展和物价上涨情况，各地及时调整了保障标准，年底全省平均保障标准达到288元/月。

【农村居民最低生活保障】　2012年，中央和省级投入农村低保资金44.98亿元。其中，中央补助37.11亿元，省级安排7.87亿元。进一步扩大农村低保覆盖面，新增保障对象30万人，其中，内地县新增保障对象27万人，边境县新增保障对象3万人。在44个县（市、区）开展了农村低保按标施保试点工作，全面核定家庭收入，实施补差救助，推动全省农村低保规范化管理工作。按月人均12元的标准提高补助水平，同时各地根据经济发展和物价上涨情况提高保障标准。至年底，全省有农村低保对象437.6万人，月人均补助水平达到94元，平均保障标准达到1674元/年，累计支出低保资金47.32亿元。

【农村五保供养和敬老院建设】　2012年，全省有农村五保供养对象22.1万人，其中集中供养3.7万人，集中供养率17%。农村五保集中供养、分散供养平均标准分别达290元/月、150元/月，省级对农村五保对象按每人每月104元的标准进行补助，比上年80元的标准提高了30%。中央和省级投入敬老院建设补助资金1.6亿元，新建、改扩建84所农村敬老院。全省有农村敬老院670所，床位4.1万张。

【城乡医疗救助】　2012年，中央补助云南城市医疗救助资金1.65亿元，农村医疗救助资金6.41亿元；省级安排城市医疗救助资金3580万元，农村医疗救助资金4900万元。重特大疾病医疗救助试点在昆明市东川区、昭通市水富县、普洱市思茅区、临沧市临翔区、红河州个旧市、文山州富宁县、大理州南涧县开展，优先将儿童白血病、儿童先心病、妇女乳腺癌、宫颈癌、重性精神病、终末期肾病、耐药性肺结核和艾滋病机会性感染8个病种列入重特大疾病，截至年底7个试点县开支重特大疾病医疗救助资金577.97万元，救助1312人次。城市医疗救助累计救助120.48万人次，支出资金2.26亿元。其中：资助102.73万人参加城镇居民基本医疗保险，资助1.34万人参加城镇居民大病医疗保险，支出参保金5997.71万元，大病医疗保险金16.04万元；住院救助10.05万人次、支出资金1.53亿元，次均住院救助1525.9元；门诊救助6.37万人次、支出资金1287.47万元，次均门诊救助202元。农村医疗救助累计救助582.34万人次，支出资金8.51亿元。其中：资助495.57万人次参加新型农村合作医疗保险，资助17.58万人参加大病医疗保险，支出参合资金2.9亿元，大病医疗保险金212.20万元；住院救助53.67万人次、支出资金5.3亿元，次均住院救助987.34元；门诊救助15.52万人次、支出资金2858万元，次均门诊救助184.15元。

【城乡临时救助】　2012年，省级安排城乡临时救助资金2.2亿元，其中城市临时救助资金2000万元、农村临时救助资金2亿元。全年累计支出城市临时救助资金2503万元，救助4.95万人次，人次均救助505元；累计支出农村临时救助2.1亿元，救助52.8万人次，人次均救助390元。

【老年人福利工作】 2012年7月3日省政府办公厅印发《云南省社会养老服务体系建设规划（2011~2015年）》。全年争取各项资金2.67亿元投入城市老年福利机构和老年活动场所建设项目89个。其中，国家和省发改委资助云南省城市老年福利机构建设项目12个1.14亿元，省级财政首次补助养老服务体系建设专项资金资助4个城市老年福利机构建设项目2000万元，省本级福利彩票公益金资助城市养老福利机构建设项目10个5500万元，老年活动场所建设项目44个4649.2万元，申报部级福彩公益金资助城市老年福利机构建设项目24个7700万元，经和民政部沟通初步核定资助省市老年福利机构项目19个3170万元，比2011年增加投入1.5亿元，增长128%。

【儿童福利工作】 2012年，发放孤儿基本生活补助2.98亿元。对截至2011年底前核实的艾滋病致孤儿童每人每月发放120元的生活救助金，对感染艾滋病的儿童除给予生活补助外，每人每月再发放30元营养补助费。安排省本级福利彩票公益金1020万元资助9个独立设置或附属设置的儿童福利机构进行新建、改扩建或购置设施设备。上报申请部级福利彩票公益金3800万元分别资助脑瘫儿童康复训练、儿童福利机构特殊教育、受艾滋病影响儿童救助安置、儿童福利机构建设蓝天计划等项目及残疾孤儿手术康复“明天计划”及耳蜗、矫形器配置试点等项目。开展明天计划、重生行动、治疝项目工作，部、省两级下拨经费650.3万元，经手术治愈566人。

【残疾人福利事业】 2012年，全省社会福利企业有337家，年检合格率100%，固定资产投资额100.87亿元，销售额228.9亿元，全年实退税4.62亿元，安置1.93万名残疾人就业，残疾职工年人均工资约1.15万元。继续开展“福康工程”项目，建立“义肢助残”长效机制。积极配合民政部、国家康复辅具研究中心做好“福康工程”相关工作；建立“义肢助残”活动长效机制，从省本级福彩公益金投入“义肢助残”项目资金200多万元。

【福利彩票】 2012年，云南福彩发行销售首次突破40亿元，达到44.87亿元，比上年（39.6亿元）增加5.27亿元，增幅13.19%；筹集福彩公益金14.65亿元，增幅12.52%，发行销售及筹集公益金数均再创历史新高。其中，电脑票销量保持稳中有升，全年销售36.15亿元，比上年增加3.82亿元，增幅11.78%；即开票销量有所下滑，销售4.23亿元，下降5.99%；“中福在线”大幅上升，销售4.49亿元，增加1.68亿元，增长59.78%。制定《云南省省本级福利彩票公益金资助项目管理暂行办法》，加强福利彩票公益金的监管。2012年完成部、省两级福彩公益金5个批次937个项目6.2亿元的申报及资金下达工作。

【社会捐赠】 2012年，接收社会捐赠资金2.82亿元（其中，省慈善总会接收1.29亿元，省接收救灾捐赠办公室接收1.53亿元）；省接收救灾捐赠办公室接收捐赠衣物16.5万件，新棉被2万床，其它各类捐赠物资折价150.78万元，捐赠款物用于灾区群众生活救助、灾后恢复重建及困难群众救助等。

【慈善救助】 2012年，省慈善总会争取到国内外慈善项目资金约1.29亿元，直接救助的人数6000人次，累积受益人数超过50万人次。争取到神华集团捐赠项目，为30名0~18岁的白血病患儿实施了治疗，又组织200名0~18岁贫困先天性心脏病儿童实施“神华爱心行动先心病救治项目”；争取到中华慈善总会实施的“慈善医疗阳光救助工程”资助，为大理州66家基层医疗卫生单位捐赠价值1.4亿元的彩超、DR等医疗设备704台，提高基层卫生单位的医疗救助条件；开展“微笑列车”项目，为1000多名贫困唇腭裂儿童免费实施了矫正手术，支出手术费400多万元；为肺癌、肾癌、肝癌、白血病等10种患者争取到价值约5837万元的药品，使380位病人得到及时有效的治疗；争取省级福利彩票公益金100万元，救助42名贫困大病患者。

【双拥优抚安置】

双拥工作 按照省委书记秦光荣对双拥工作提出的“创新思维、创新方法、打造亮点”要求，军地共同启动实施“双六互动计划”为主要内容的《云南省全面推进双拥工作创新发展实施计划》（2012~2015年），对全省未来4年的双拥工作作出了总体规划部署。春节前夕，以省委、省政府名义，组织4个慰问团，行程1.2万余公里，走访慰问了边防一线部队基层单位。

退役士兵接收安置 深入宣传贯彻新修订的《兵

役法》和新颁布的《退役士兵安置条例》，编印了包含新《兵役法》和《退役士兵安置条例》等法律法规在内的《退役士兵安置政策100问》以及2006年1月～2012年2月期间出台的《退役士兵安置工作文件资料汇编》，对《云南省退役士兵安置考试复习指南》进行修改完善。严格按照“国防义务均衡负担”原则和省政府规定的不低于在职职工总数4‰比例，在国家机关、事业单位、国有以及国有控股企业编制下达安置计划3000多个，确保符合安排工作退役士兵就业上岗；制定了《云南省自主就业退役士兵一次性经济补助经费发放管理办法》和《云南省财政厅 云南省民政厅 云南省农村信用社联合社关于做好自主就业退役士兵一次性经济补助经费发放管理工作的通知》，明确自主就业退役士兵一次性经济补助标准，对发放管理工作进行了严格规范。完成2011年冬季退役士兵接收安置工作，全省支付自谋职业补助金近1.4亿元，发放自主就业一次性经济补助经费9000多万元；数百名退役士兵报名参加了1年以上学历教育和技能培训，下拨教育培训经费1212万元，发放待安置期间生活补助费600多万元。

军队离退休干部工作 在昆明市五华区召开全省军休服务管理机制改革现场观摩会，总结推广五华经验，全省成立军休中心11个，全省军休服务管理机制改革取得明显成效；举办云南省军队离退休干部第七届“夕阳红杯”文艺体育大赛和第二届书法、绘画、摄影作品展；组织6批近700名军休干部疗养。

优抚工作 连续14年提高优抚对象抚恤补助标准。2012年，优抚对象抚恤补助标准比上年增幅达14%～15%，重点优抚对象抚恤补助金额最高已达每月3161.7元，全省投入抚恤补助资金11.82亿元，比上年增长8%。启动了省级保障标准与物价上涨挂钩联动机制，为重点优抚对象发放临时价格补贴，保障了优抚对象的基本生活。重点优抚对象已全部参加城镇职工医疗保险或新农合，建立健全并完善优抚医疗保障新体系和建立优抚对象医疗费“一站式”即时结算机制，全年中央安排优抚对象医疗补助资金7666万元。争取中央补助资金2727万元和省级配套资金1363.5万元，完成搬迁散葬烈士墓1153座，零散烈士纪念设施维修开工29座，完成投资1349.18万元。办理评（调）残144人，完成133名伤残军人的假肢更换工作。

老龄工作

【老龄事业】 2012年3月29日，省政府印发《云南省老龄事业发展“十二五”规划》。7月5日，举办了云南省老龄事业新闻发布会，向社会各界大力宣传实施《云南省老年人权益保障条例》5年来的工作成效，进一步增强全社会的老龄工作意识。10月初，省老龄办协调投入40万元，组织开展“关爱老人灾区行”活动，走访慰问彝良地震灾区的贫困、高龄老年人。省老龄事业发展基金会安排募筹资金202万元，帮助101户“五老”解决住房困难，扶持106个基层老年协会添置活动设施，扶持农村特困老人发展种植业、养殖业、服务业项目。省敬老爱民促进会安排263万多元资助公益福利事业设施建设，帮助贫困家庭子女解决上学难等问题。

【惠老政策】 2012年，全面落实高龄补贴政策，将高龄补贴发放标准提高15%纳入年度老龄工作目标考核范围，加强跟踪督查。全省66.87万名80~99岁的高龄老人领取了月人均35元的保健补助，1213名百岁老人每月每人享受280元的长寿补助，累计发放高龄补贴2.92亿多元。开展城乡社区居家养老服务中心建设，继续组织实施“百村建设”项目计划，组织实施300个城乡社区居家养老服务中心建设，帮助100个基层老年协会解决活动设施、器材和图书等，进一步提升了居家养老服务水平。云南省老龄人口信息管理系统于8月1日正式投入使用，并先后在楚雄、大理、普洱组织对全省16个州（市）、129个县（市、区）老龄部门194名工作人员进行老龄人口信息管理系统应用操作技术培训。

抗灾救灾

【灾情综述】 2012年，云南省先后遭遇了年初大旱、宁蒗“6·24”地震、宣威“7·13”洪涝、昭通“7·15”洪涝、景谷“7·31”洪涝、洱源“8·06”泥石流、水富“8·06”洪涝、宣威“8·29”滑坡、墨江“9·02”洪涝、彝良“9·07”地震和“9·11”洪涝、施甸“9·11”地震和彝良“10·4”山体滑坡等严重自然灾害。截至年底，全省因各种自然灾害造成2306.35万人次不同程度受灾，因灾死亡232人、失踪10人，紧急转移安置29.71

万人，饮水困难人口 602.54 万人，民房倒塌 10.47 万间、损坏 64.23 万间，农作物受灾 1783.37 千公顷、绝收 274.82 千公顷，灾害造成直接经济损失 201.7 亿元。启动救灾应急响应 16 次，省民政厅先后派出 64 个工作组 200 余人次，深入灾区一线，查灾、核灾，帮助指导灾区开展抗灾救灾工作。先后安排下拨中央和省级自然灾害生活救助资金 25.84 亿元。向灾区组织调运救灾帐篷 3.5 万顶、棉被 7.44 万床、大衣 5.27 万件、彩条布 2932 件、折叠床 1.36 万床、床垫 5870 床、衣服 5052 套、取暖炉 3000 个、雨衣 2000 件。全年救助受灾群众 958.26 万人次，计划完成灾区倒损民房恢复重建 9.18 万户（其中重建 4.34 万户、修复加固 4.84 万户），截至年底，已完成 3.28 万户（其中重建 7129 户、修复加固 2.57 万户）。

【冬春荒救助】 2011 年冬至 2012 年春，中央下达云南自然灾害补助资金 3.28 亿元，用于帮助受灾地区解决冬春期间受灾群众口粮、衣被、取暖等基本生活困难。全省用于冬春荒救助资金 3.47 亿元，救助因灾困难人口 537.1 万人。

【防灾救灾能力建设】 2012 年，组织开展防灾应急小演习 5000 余次，进一步增强人民群众的防灾减灾意识。继续做好防灾应急“三小”工程建设，省财政安排 6321.85 万元专项资金，为 316 万余户家庭发放防灾应急小应急包。继续为乡镇配备救灾车辆，在 2010～2011 年已为 1000 个乡镇配备救灾车辆的基础上，协调省级财政安排补助经费 1830 万元，为昆明、曲靖、玉溪、楚雄、大理、红河 6 个州（市）的 366 个乡镇配备救灾车辆。省级财政安排专项补助经费 1000 万元，用于 20 个新建和改扩建县级救灾物资储备库建设。举办 6 期乡镇灾害信息员职业技能鉴定培训，对临沧、德宏、昆明、玉溪、普洱、西双版纳等 6 个州（市）530 名灾害信息员进行了培训鉴定。省政府第 86 次常务会议讨论通过《云南省继续深入推进预防和处置地震灾害能力建设 10 项重点工作实施方案》。明确从 2013 年～2017 年，省级财政每年安排不少于 2 亿元专项资金，用于以防震减灾、救灾物资储备体系建设等内容在内的十项重点工程建设。加强政策创新。8 月 6 日出台执行《云南省自然灾害生活救助资金管理实施细则》。经省政府第 90 次常务会议审核，2012 年 12 月 28 日通过了《云南省自然灾害救助规定》，2013 年 3 月 1 日起施行。制定出台《云南省“十二五”综合防灾减灾规划》。

（邱 玮）

气 象

【气象防灾减灾】 2012 年，全省各级气象部门在积极应对云南三年连旱、红塔区大营街“2·14”森林大火、丽江“6·14”滑坡泥石流、景谷“7·13”重大洪涝灾害、汛期 10 次强降雨天气过程、彝良“9·7”地震等灾害过程中，精准预报，及时预警，并与各有关部门应急联动，及时组织安全转移群众 7150 多人。特别是 9 月 10、11 日在昭通彝良抗震救灾中提供了精准的气象服务，指挥部及时将在河滩上搭建帐篷的 3000 多人转移到安全地带，避免了重大人员伤亡，受到省委、省政府领导高度肯定。年内，重大气象灾害预警手机短信发布“绿色通道”和分区发布机制建立，全年“绿色通道”启用 9 次，652 万人受益。省气象局被省委、省政府表彰为“全省抗旱减灾先进集体”。

全省 117 个县建立了县级气象防灾减灾协调领导机构，97 个县成立人影指挥机构，全省气象信息员 1.56 万人。建成气象信息电子显示屏 1.51 万块，覆盖了 100%乡镇和 68%的行政村。建成乡镇气象信息服务站 1306 个，合作共建预警大喇叭 1.4 万个，覆盖了 85%的行政村。与国土和民政部门联合共建基层防灾减灾队伍 4.5 万人，气象灾害预报预警能力建设不断加强。

【综合气象观测系统】 2012 年，顺利完成地面气象观测业务切换工作，基本结束人工观测和自动观测并存的时代。大理新一代天气雷达、西双版纳 713 天气雷达建成投入业务试运行。昆明气溶胶质量浓度 (PM2.5)、能见度和大理基准辐射观测系统建成投入业务试运行。全省气象数据卫星广播系统（CMACast）建设并投入业务应用。完成省级气象计量检定业务系统建设，全省 20 个自动土壤水分站完成业务化检验投入应用。2012 年中国气象局批复同意云南省云龙、易门、陆良、宁蒗、师宗、开远等 6 个站的迁站申请。全省有 6 个台站在新址正式开展观测业务。完成全省 5 个基准（本）站新型自动气象站和 20 个台站大气电场仪建设。

【人工影响天气工作】 2012 年，省政府组织召开了云南省人影专题工作会议，印发了《进一步加强全省人工影响天气工作会议纪要》，每年新增2000万元支持人影工作。全省投入人影经费1.2亿元，有力保障了全省人影工作持续健康发展。组织开展了应急性飞机人工增雨作业和大规模地面增雨、防雹作业。

【应对气候变化工作】 组织对《云南省曲靖市富源县光梁子风电场风能资源评估报告》等40多个风能资源评估报告进行了专家评审。设立了《云南极端干旱事件的标准及成因研究》等3项气候变化科研项目。编制完成了《云南极端降水、温度日数时空演变规律分析及其变化趋势预估》等决策咨询报告。建立了本地化风能预报服务系统。

【签署省部合作协议】 2012年8月15日，省政府与中国气象局在昆明签署《提高气象对云南省面向西南开放重要桥头堡建设服务保障能力合作协议》。根据协议，双方将围绕云南加快建设面向西南开放重要桥头堡的需求，在“十二五”期间，初步建成结构完善、功能先进的云南气象防灾减灾和气象现代化体系。天气雷达探测基本覆盖全省，公共气象服务信息覆盖率达90%以上，最大限度降低气象灾害造成的损失，基本满足云南省面向西南开放重要桥头堡建设在防御气象灾害、突发公共事件应急响应、应对气候变化和气候资源开发利用等方面的需要。

【气象依法行政】 省气象局作为并联审批的14个省级部门之一进驻省政府审批中心，对云南省重点投资项目涉及防雷、避免危害气象探测环境相关事项进行并联审批。《云南省气象灾害防御条例》于2012年10月1日颁布实施。云南省气象标准化技术委员会正式成立，云南气象标准化顶层设计课题通过验收评审，《云南气象技术标准体系》等5项气象地方标准通过技术审查。开展气象行政许可5695件、行政处罚37件，办理行政复议、诉讼3件。

【气候评价】 2012年，云南大部地区连续4年出现气温偏高、降水偏少的异常气候特征，全省平均气温为1961年以来第二高年，全省平均降水量为自1961年以来第三偏少年，全省平均日照时数偏多。全省雨季开始期参差不齐，大部地区为正常至偏晚，结束期大部地区为正常至偏早。

2012年云南异常气候事件以高温、干旱、连阴雨天气为主。年内气象灾和气象衍生灾害频繁，其中以暴雨洪涝、干旱较为突出，给全省工农业生产和人民生活带来较大影响。就农业生产气候条件而言，农业气候总的来看属中等偏上年景。

气温 2012年全省各站点年平均气温6.2～25℃，与常年相比，昭通市北部6站及富源、宁洱、德钦、贡山偏低0.1～0.6℃；其余大部地区偏高，其中滇中大部及红河州中北部、曲靖市西部、大理州东部等地的37站偏高1.0～1.7℃。2012年云南年平均气温17.3℃，较常年偏高0.7℃，比2011年偏高0.6℃，与2009年并列为1961年来的第二高年。月平均气温除9月略低外，其余时段均为偏高，其中5月、11月气温偏高最为明显，较常年分别偏高1.8℃、1.5℃，列1961年以来同期最高值和次高值。全年全省有94站次月平均气温突破历史同期最高纪录。

降水 2012年年降水量总的分布特点为由北向南递增。最大降水区位于滇南、滇西边缘一带，降水量为1500毫米以上，其中金平2068毫米为全省最大值。降水量最少的地区集中分布在滇西东部和滇中北部地区，其中宾川、元谋、呈贡3站少于500毫米，宾川仅425毫米，为全省最小值。其余地区多为500～1000毫米。与常年相比，除贡山、文山、景洪、富宁、大关等14站略多至偏多外，其余地区略少至特少，其中楚雄州大部、丽江市大部、大理州东部和北部、玉溪市东部、红河州西部、临沧市东部等地偏少2～4成。玉溪、鹤庆、双江3站年降水量突破了历史最小值记录。全省平均年降水量921毫米，较常年偏少161毫米，是自1961年以来第三偏少年，仅多于2009年和2011年。

日照 2012年年日照时数最多和次多区域位于滇中的新平和滇西南的临沧一带，最少和次少区域位于滇东北的盐津和滇西北的贡山一带。具体分布为：除滇东南、滇东北及滇西北北部外大都多于2000小时，其中新平2815小时为全省最大值；滇东北的盐津720小时，为全省最小值。与常年相比，除滇西北、滇东北和滇东南边缘地区偏少，其余大部地区偏多，其中滇中、滇西南等地偏多100小时以上，新平偏多幅度最大，达580小时；嵩明偏少254小时，为全省最多偏少值。全省站点平均年日照时数2178小时，较常年偏少157小时，比2011年偏多142小时。

【主要气候事件】

降水异常偏少 2012年云南省大部分地区的年降水较常年偏少，全省平均降水量为1961年以来第三偏少年份。与常年同期相比，除1月、6月、7月、9月较常年偏多外，其余月份皆为偏少，其中主汛期6～8月的全省平均降水量虽较常年偏少4%，但却为2009年以来同期最多。

气温异常偏高 2012年云南省年平均气温较常年偏高0.7℃,与2009年并列为1961年以来第二高年份。2011/2012年冬季、2012年春季、夏季及秋季全省平均气温与常年同期相比均偏高，其中春季、秋季全省平均气温为1961年以来次高值。5月、11月全省平均气温较常年分别偏高1.8℃、1.5℃,列1961年以来同期最高值和次高值,2012年云南省有94站次月平均气温突破历史同期最高纪录。

冬春及初夏干旱明显 2011年12月至2012年5月，云南大部地区降水偏少，季节性干旱明显，加之自2009年以来云南已连续3年年降水偏少，水资源供给不足，滇中及以东地区和滇西北东部旱情严重。

雨季开始期和结束期异常 2012年雨季开始期和结束期均参差不齐。贡山、文山、蒙自等22站雨季于5月上旬开始，威信、罗平、马关、河口、富源、普洱6站于5月中旬开始，昆明、昭通、景洪等65站于5月下旬开始，玉溪、香格里拉、彝良等21站于6月上旬开始，其余站点于6月中旬至下旬开始。与常年相比，雨季开始期滇东南、滇西北北部的24个站偏早，滇东北、滇中南部、滇西南西北的48个站定偏晚，其余站点正常。全省雨季结束期跨越9月下旬至11月上旬，于11月5日全部结束，与常年相比，除贡山、镇雄、梁河、景洪4站偏晚外，其余站点为正常至偏早。

夏季阴雨寡照突出 2012年6月中旬至7月下旬，云南东部、南部和西南部降水日数逾30天，全省绝大部地区日照较常年同期偏少，其中滇中东部、滇西大部日照不足150小时，阴雨寡照突出。

强降水较2011年明显偏多 2012年汛期（5～10月）全省范围内共出现大雨864站次、暴雨203站次、大暴雨11站次，与历年同期相比，大雨偏少55站次，暴雨偏少13站次，大暴雨偏少4站次，但比2011年同期份别偏多255站次、52站次和2站次。

秋季连阴雨天气明显 2012年秋季一共有93个站出现了秋季连阴雨天气，其中香格里拉、大理、临沧、普洱、罗平等42站出现了2次，其余站点出现1次。秋季连阴雨天气主要分布在云南西部及东部边缘地区，大部地区的连阴雨天气持续时间为7～12天。与常年相比，2012年云南秋季连阴雨属偏重年份。

【主要气象灾害】 2012年，云南省主要灾害有干旱、森林火灾、低温冷害、霜冻、雪灾、大风、冰雹、雷击、暴雨洪涝、气象地质灾害、作物病虫害等气象及其衍生灾害。其中干旱和暴雨洪涝灾害影响最重，造成的直接经济损失分别占总损失量的43%和42%。

全省2212.4万人受灾，因灾死亡148人，失踪10人；房屋受损11.99万间，倒塌2.14万间；农作物受灾面积1781千公顷，绝收面积274.1千公顷；直接经济损失152.1亿元，其中农业经济损失102.2亿元。2012年气象旱灾害造成的直接经济损失多于近10年的平均值，但较上年偏少；死亡和失踪人数少于近10年的平均值,但较2011年偏多。

就气象灾害造成的人员死亡和失踪分类而言，暴雨洪涝灾害是第一位的（83人），其次气象地质灾害（61人），再次是雷击灾害（10人），第四位是大风冰雹灾害（4人）。

旱灾 2012年云南省大部地区出现春旱和初夏旱。2～5月，全省平均降水量较常年同期偏少31%，加上2011年秋冬降水持续偏少，造成全省大部地区出现春旱和初夏旱，致使农作物受灾，人畜饮水困难，其中昆明、楚雄、玉溪、大理、临沧、丽江等州（市）灾情较重。干旱持续时间虽长，但影响范围及程度不及2010年。全省有16个州（市）1421.5万人因旱受灾，农作物受灾面积1266千公顷,绝收面积190.4千公顷;直接经济损失63.9亿元,其中农业经济损失59.7亿元。

低温冷害、霜冻、雪灾 2012年云南低温雨雪冰冻灾害偏轻，主要是低温霜冻灾害对农作物和经济作物造成影响。1月上旬，迪庆州香格里拉县、德钦县、维西县和怒江州贡山县出现雪灾。1月中下旬，昭通、玉溪、红河、保山、普洱、临沧等6州（市）的昭阳、水富、易门、石屏、弥勒、泸西、施甸、昌宁、孟连、镇康、耿马等11县(区)出现低温霜冻灾害，农作物及滇西南的橡胶、咖啡、香蕉等作物受灾。灾害造成19.9万人受灾，房屋受损126间，倒塌334间；农作物受灾面积13.6千公顷，绝收面积1.7千公顷，死亡大牲畜

32 头。因灾造成直接经济损失 6000 万元，其中农业经济损失 5000 万元。

森林火灾 由于冬、春季高温少降水，2012 年云南森林火灾初发时间早，1～5 月全省出现森林火灾 299 起，防堵境外山火 6 起，森林火灾受灾面积 2500 公顷，受灾率 0.1‰，未发生人员伤亡情况。森林火灾主要集中在滇中、滇南、滇西北等地，其中影响较大的个例有：1 月 26～28 日，丽江市玉龙县白沙乡新尚村委会出现森林火灾。森林过火面积 60 公顷，成灾 7 公顷，4400 人参与灭火。2 月 14～17 日，玉溪市红塔区大营街甸苴村委会出现森林火灾，过火面积 192.3 公顷，成灾区面积 15.3 公顷。5 月 17～22 日，丽江市玉龙县鸣音乡出现森林火灾，受灾面积 49 公顷，直接经济损失 20 万元。

洪涝 2012 年入汛后由于降水量总体偏少，云南省未出现大面积洪涝灾害，但单点强降水造成的局部山洪、内涝灾害较突出，洪涝灾害频次高、造成的人员伤亡较多。5～10 月全省出现洪涝灾害 251 次，其中 6～8 月、9 月中旬初，滇东北、滇西、滇南边缘地区暴雨洪涝灾害突出。灾害造成的农作物受灾面积和经济损失较常年偏重，人员较近 3 年偏多，基础设施和家庭财产损失在直接经济损失中的比重也较大。全省洪涝灾害造成 532.1 万人受灾，75 人死亡，8 人失踪；房屋受损 7.5 万间，倒塌 1.5 万间；农作物受灾面积 334.3 千公顷，绝收面积 48.7 千公顷。因灾造成直接经济损失 64.8 亿元，其中农业经济损失 25.2 亿元。

大风、冰雹、雷电 2012 年 3～9 月全省出现局地冰雹、大风灾害 156 次，灾害损失略高于近 10 年的平均值。其中 4～5 月，滇西、滇南及滇东北等地局部冰雹、大风灾害频繁；6～8 月，滇中及以东地区和丽江市、大理州冰雹、大风灾害突出。7～8 月是云南大风冰雹灾害高发期，尤其是 8 月，大风冰雹灾害次数 79 次。大风、冰雹灾害造成 223.1 万人受灾，4 人死亡；房屋受损 3.74 万间，倒塌 3005 间；农作物受灾面积 147.8 千公顷，绝收面积 33.4 千公顷。直接经济损失 16.1 亿元，其中农业经济损失 14.2 亿元。

2012 年雷电灾害初发期偏晚，造成灾害轻，造成的人员伤亡为近 10 年来最少年份。4～9 月，昆明、曲靖、西双版纳、红河、玉溪、临沧等州（市）出现雷击灾害，其中曲靖市、保山市、红河州造成人员死亡最多，均为 2 人。就时间分布而言，造成人员死亡灾害主要出现在 5 月（3 人）、8 月（3 人），其次 4 月、6 月、7 月和 9 月分别有 1 人死亡。

滑坡、泥石流 2012 年 3～10 月，昭通、曲靖、文山、红河、昆明、怒江、迪庆、丽江、大理、德宏等州（市）出现滑坡、泥石流、崩塌等地质灾害 24 次。灾害造成 10.4 万人受灾，59 人死亡，2 人失踪；房屋受损 7189 间，倒塌 2712 间；农作物受灾面积 9.9 千公顷，绝收面积 2.6 千公顷。直接经济损失 5 亿元，其中农业经济损失 1.1 亿元。大理、昭通、普洱、昆明、迪庆的因灾造成的直接经济损失较重，大理 3 亿多元。而昭通、迪庆、曲靖因灾造成的死亡和失踪人数较多，分别为 29 人、9 人、7 人。造成人员伤亡最多的为“10·4”昭通市彝良滑坡灾害，造成 19 人死亡、1 人受伤。

【气候影响专题评价】

气候与农业 2011 年入冬以后，云南大部地区降水量持续偏少，部分地区出现冬春连旱，其中滇中及以东以北地区和滇西北东部地区旱情较为严重。2012 年 2 月曲靖、大理、昆明等州（市）旱情调查结果显示：坝区夏粮作物长势善可，但坡地和无灌溉条件夏粮作物长势较差，夏粮产量受到一定影响。在 2012 年 5 月以后，随着雨季的开始，大部地区旱情得到缓解，但大理、丽江、楚雄等州（市）地降水仍偏少，持续的旱情致使这些水稻的栽插受到影响，水改旱面积较大；秋粮作物生长季中期，水热条件较好，特别是降水好于近 3 年，对玉米等旱地作物生长非常有利；秋粮作物生长季后期，大部地区出现“连阴雨”天气，对秋粮收晒造成了一定不利影响。2011／2012 年度云南农业气候属中等偏上年景。

气候与林业 2012 年出现的高温干旱，使得一些耐旱喜阳性的食叶害虫和蛀干害虫一级次期害虫种群数量迅速增加、世代重叠，造成林业有害生物发生面积比 2011 年增加 8193.3 公顷。干旱造成林地受灾 1328.2 千公顷、成灾 554 千公顷、报废 212 千公顷。高温干旱导致森林火险等级较常年偏高。自 2012 年 1 月 17 日丽江首次出现 4 级高森林火险开始，至 6 月 15 日森林防火期结束期，云南出现 129 天 4 级以上高危森林火险天气，多于正常年份，仅次于 2010 年的 151 天。且 2012 年 2～5 月森林火灾一直处于易发期，森林高火险期提前开始、推迟结束的趋势十分明显。

气候与水资源 2012 年全省平均降水年降水量 921 毫米。折算年降水资源总量约为 3629 亿立方米，比常年偏少666.1亿立方米，比2011年偏多279.8亿立方米。冬春季全省大部地区降水偏少，水资源供给不足，造成江河径流量偏少、库塘蓄水急剧下降。至5月上旬，全省河道平均来水量较常年整体偏少逾四成，539条中小河流断流，647座小型水库干涸，全省库塘蓄水仅约为总库容的三分之一。全省有556万人、270万头大牲畜饮水困难。滇中的昆明、楚雄、玉溪等地供水缺口最大；夏季降水分布不均，滇中等地进入雨季后降水总体偏少，加之前期库塘蓄水严重亏空，供水紧张形势一直延续至8月下旬才有所改善；秋季大部地区降水偏少，滇中的楚雄、昆明及大理等地水资源仍较为紧张。至年末，全省库塘蓄水总量68.07亿立方米，占计划蓄水的90%，比常年偏多7.27亿立方米，比2011年偏多20.68亿立方米，但昆明、楚雄、玉溪等地蓄水量只完成计划蓄水的6～8成。

（冯 颖）

测 绘

【综 述】 2012年，云南省测绘地理信息事业各项工作取得新的进展。三大平台建设卓有成效，12个州（市）完成数字城市地理空间框架搭建，“天地图·云南”正式接入国家级主节点上线运行，首个地理国情监测项目——大理海西土地利用本土地理信息企业不断做大做强。云南地理信息产业园建设步伐加快，概念规划已通过省发改委组织的专家评审。测绘行政监管更加有力，省测绘局正式更名为云南省测绘地理信息局，强化了地理信息管理职能，全省测绘地理信息市场综合整治收到实效，涉密测绘成果管理保密检查和测绘成果质量监督检查有序开展，查处一大批违法案件，市场环境大为改善。基础地理信息数据加速更新，经费投入持续增加，“万幅测图”有序开展，15个州（市）完成基础测绘规划编制。测绘服务保障作用日益凸显，应急测绘服务保障能力大幅提升，为滇中产业新区规划、“兴地睦边”、“城镇上山”等重大工程项目和彝良“9·07”地震、安宁“3·18”山火、洱源“8·6”泥石流等自然灾害的应急处置提供了强有力的测绘保障。

【三大平台建设】

数字城市建设 2012年，云南省数字城市建设全面铺开。“数字安宁”、“数字玉溪”2个试点项目建设接近尾声，示范应用之国土资源管理系统得到初步应用，收到良好效果。“数字昆明”、“数字红河”相继启动，“数字昆明”被国家测绘地理信息局列为2012年数字城市地理空间框架建设示范项目，“数字红河”争取到国家“边少”项目支持。加紧“数字曲靖”、“数字德宏”前期立项。在省测绘地理信息局的扶贫挂钩点大理州弥渡县自主开展“数字弥渡”地理空间框架建设，支持扶贫工作的同时推广县级数字城市建设示范。

天地图·云南上线运行 “天地图·云南”系统与硬件支撑环境建设顺利完成，通过国家测绘地理信息局测试，于2012年10月30日正式接入主节点上线运行，实现与国家级主节点的聚合服务，向社会公众提供权威、可靠、统一的在线地图服务。

地理国情监测试点初显成效 编写完成《云南省地理国情监测总体方案》，启动云南首个地理国情监测项目——大理海西土地利用监测试点，完成三期监测报告，对区域内土地利用态势进行实时监测及数据分析，向当地有关部门及时发出预警报告和相关信息，在发现、查处、制止土地违法行为中发挥了非常重要的作用。监测试点的有效推进对于在全省范围内开展地理省情监测起到很好的示范作用。

【机构建设】 2012年5月4日，省测绘局更名为云南省测绘地理信息局，8月6日省政府、国家测绘地理信息局领导出席更名揭牌仪式并作重要讲话。更名准确反映了测绘事业向测绘地理信息事业发展的要求，使省级测绘地理信息行政主管部门承担全省测绘地理信息统一监管、推进地理信息产业发展的职能职责更为明确和凸显。

州（市）测绘行政管理体系进一步完善。继临沧市、楚雄州、保山市之后，大理州等州（市）在国土资源管理部门中又增设了测绘管理科，文山州国土资源局新设了州基础地理信息中心，单独设立测绘行政管理机构的州（市）已由原来的5个增至11个，各地县（区）级国土资源管理部门相继设立测绘管理科（股），全省已有113个县设立了测绘管理机构。在落实机构的基础上，进一步落实编制，增加人员。红河州测绘地理信息服务中心增加3个编制，招聘了测绘专业技术人员，德宏州芒市国土资源局设立专职测绘负责人，玉溪新增一批专业技术人员充实测绘队伍，目前，云南各级测绘行政主管部门均配备专职或者兼职测绘管理工作人员，全省测绘行政管理组织体系自上而下进一步完善。

【测绘地理信息市场监管】

测绘地理信息市场综合整治收到实效 省测绘地理信息局牵头，联合省国家保密局、省国家安全厅、省工商行政管理局等八部门，于2012年4月至11月共同开展全省测绘地理信息市场综合整治。成立了专门的领导小组及办公室，联合印发了综合整治工作方案，云南各州（市）积极响应，制定了贯彻落实的措施和细则，成立了相应的领导机构，全省上下认真组织开展测绘地理信息市场综合整治活动。整治期间，全省开展执法检查1268次，开展重大专项执法行动109项。查处违法案件21起，其中地图市场违法案件7起，违法测绘5起，涉密地理信息数据6起，涉外测绘1起，涉军测绘2起。通过整治，测绘地理信息市场违法违规现象明显减少，无人机违法测绘航摄得到遏制，测绘项目备案、测绘成果汇交执行情况趋好，测绘地理信息市场监管制度进一步落实，形成了多部门联合巡查、联合执法、联合侦办案件的工作机制，促进了云南测绘地理信息市场秩序明显好转。

测绘资质管理日趋规范 大力推行测绘资质行政许可在线办理，资质申请、年度注册、信息变更全部实行网上申报、受理、审核，实现申请单位的人员、设备全国范围内唯一性检索，有效杜绝造假行为。全省661家测绘资质单位有628家完成数据录入。严把资质年度注册关，对661家参与年度注册的测绘资质单位进行严格审查，其中421家给予注册，191家缓期注册单位整改后符合规定，予以注册，49家单位注销测绘资质；19家单位核减其业务范围，2家降低资质等级。省测绘地理信息局督促各州（市）测绘行政主管部门开展测绘资质核查工作，促进测绘单位完善自身建设。

成果管理不断强化 省测绘地理信息行政主管部门2012年受理国家秘密基础测绘成果提供使用审批536起。11月，省测绘地理信息局举办第六期全省测绘行业和测绘成果使用单位涉密人员培训班，培训人数191人。根据全国涉密测绘成果保密检查工作部署，对云南部分测绘资质单位和涉密测绘成果使用单位进行保密抽查，对4家违规单位做出了行政处罚。成立2012年度云南省测绘地理信息成果质量监督检查工作领导小组及办公室，下发《关于开展2012年测绘地理信息成果质量监督检查的通知》，于4月至12月，开展年度测绘成果质量监督检查工作。按照统筹兼顾、逐步覆盖原则，此次检查工作重点安排在昆明市和临沧市，从选定的40家单位通过自查后上报的396项测绘成果中，抽取20项（甲级测绘资质单位成果4项，乙级6项，丙级10项）测绘地理信息成果进行详查，通过严格审核，判定为批合格16项，合格率为80%，批不合格4项，不合格率为20%，对不合格项目的承担单位及时做出了整改决定。

测量标志保护力度加大 2012年，省测绘行政主管部门密切跟踪水电站等重大工程建设对测量标志的影响，变被动等信息上门为主动沟通联系，变事后监督为提前介入，摸清了云南怒江、澜沧江、金沙江流域水电站建设项目对测量标志的影响范围和数量，及时与建设方商定测量标志迁建、恢复方案，落实相关经费。对向家坝、溪洛渡、白鹤滩水电站建设中测量标志的迁建工作妥善处理，完成文山州麻栗坡、马关，大理州漾濞、永平测量标志普查验收，有效地保护了测量标志。

2012年8月6日，云南省测绘地理信息局更名揭牌仪式举行。国家测绘地理信息局纪检组长张荣久（左）和副省长刘平（右）出席仪式。

【基础测绘】 云南省基础测绘“十二五”规划得到较好执行，州（市）基础测绘规划编制工作深入推进，丽江、昆明、迪庆完成基础测绘规划编制，截至目前，云南已有15个州（市）完成基础测绘规划编制工作。基础地理信息数据加速更新，“万幅测图”年度任务完成良好，全年新测

1:1 万 3D 数字地图 2128 幅，国土覆盖率从 2011 年的 50.3%提升至 64.6%，现势性大为提高。现代测绘基准体系建设有序开展，相继完成昆明、红河、文山三地卫星定位连续运行参考站服务系统及区域似大地水准面精化的建设，开始进行科学系统的管理和维护；西双版纳 4 座单基站卫星定位连续运行参考站建设转入检查验收阶段，玉溪已完成 9 个基准站的建设，积极推进保山、德宏、曲靖、楚雄等州（市）卫星定位连续运行参考站服务系统立项工作。争取到国家现代测绘基准工程建设 4 个站点的建设指标，完成了站点勘选，土地征用工作和站点土建工程设计。文山等地 1:5 万数据库动态更新有序开展，国家“边少”基础测绘项目西双版纳州 1:500 地形测图全部完成。基础地理信息资源保障水平明显增强。

【地理信息产业园建设】 云南地理信息产业园建设前期工作步伐加快。项目被列入云南省 2012 年“三个一百”重点项目，并纳入《云南省战略性新兴产业“十二五”规划》重点项目。积极争取省、市政府支持，进一步落实园区选址、土地价格优惠政策和前期工作经费等问题。深入开展招商洽谈，与北京天下图数据技术有限公司、十四冶建设集团有限公司等一批知名企业签订合作建设框架协议，以此集聚产业优势，形成合力，共促发展。产业园概念规划通过省发改委组织的专家评审，上报省政府审批。

【地图管理与地图出版】 2012 年，云南省测绘行政主管部门审核通过地图 65 件，向社会发放审图号 65 个，纸质类地图印刷数量 500 余万张。地图审核部门合理简化审批程序，加强沟通协调，提高行政服务效率，审批通过了西双版纳、普洱、昭通、文山、楚雄等地数字城市地理空间框架建设电子地图、“天地图 · 云南”和测绘法宣传活动用图，保障了重点项目、重大活动的用图急需，审批了《楚雄州商务旅游交通图》、《2012 年规划年会系列图》、《2012 年昆明房地产交易会参展楼盘示意图》、《昆明长水国际机场交通图》、《滇东南城镇群规划》等地图，极大地满足了社会各界对地图产品的需求。审图部门转变工作思路，促进用图规范，主动为政府部门提供用图指导，为有关部门公开合法使用地图提供便捷的审查渠道，提高政府部门依法送审地图的意识，促进政府部门官方网站、书刊、展览等公开使用地图规范、正确。

【测绘地理信息应用与服务】 2012 年，省测绘地理信息行政主管部门为省委、省政府等部门提供地图服务 110 次共 6958 幅（张），向全省 13 个行业、182 家单位和地理信息相关企业提供了地形图 6030 幅（6246 张），控制点 1.82 万点，各类测绘地理信息数据 3961.9GB。

服务重点工作、重大工程及时有效 服务省政府工作“重中之重”—滇中产业新区规划编制，搭建《滇中产业新区三维地理信息系统》，编制提供了《滇中产业新区铁路规划示意图》、《滇中产业新区综合交通规划示意图》、《滇中产业新区“五纵五横四连六枢纽”路网图》等系列地图，提供安宁、易门、楚雄、禄丰 4 地的 1∶1 万、1∶5 万电子地图数据和影像数据，为编制《滇中产业新区总体规划》、《滇中产业新区核心区城市总体规划》以及滇中产业新区综合交通规划等提供及时有效的地理信息服务保障。为滇中经济圈规划组织编制了《滇中同城城际铁路规划示意图》、《滇中同城都市快线规划示意图》、《滇中同城公路网规划布局图》、《滇中同城通用通勤机场布局图》等大量现势性好的图件资料，满足了规划编制的需求。

编制“两会”专用地图 2200 套 为出席云南 2012 年“两会”的人大代表和政协委员更加直观地掌握省情提供极大方便，广受好评。为云南“兴地睦边”农田整治重大工程项目提供全方位测绘技术支持，全年累计完成无人机低空数码航空摄影 2020 平方公里，测制 1∶2000 地形图 710 平方公里，为开展 2013 年整治项目提供翔实的基础资料。安排 500 万资金支持国家级、云南省级“城镇上山”低丘缓坡土地综合开发利用试点县（市、区）实施大比例尺地形图测绘，实施了丽江玉龙、保山腾冲、龙陵、文山砚山等城镇上山大比例尺测图任务，制作完成城镇上山三维地理信息服务系统—玉龙县示范项目，有效满足城镇上山规划、选址需要。

应急保障服务亮点纷呈 彝良“9 · 07”地震应急响应及时、行动迅速、措施有力，综合运用无人机航摄、获取卫星影像等手段，整合利用已有数据资源，紧急赶制了《洛泽河震后航拍影像图》等一大批专题地图，搭建三维影像服务专题系统，有效满足了国土资源、驻滇某部及武警、财政、民政、交通等部门排查次生地质灾害、抗震救灾及灾情评估、救灾道路保通等急需，受到各方赞誉。此外，为抗旱调水应急工程提供测绘数据资料，在安宁“3 · 18”山火 、洱源“8 · 6”

泥石流等自然灾害中，组织测绘应急分队利用无人机对灾害发生核心区域进行低空数码航拍，快速获取实时高分辨率数字影像，拼接制作大批灾后遥感影像图，第一时间为应对灾害提供了快速有效的测绘保障。

【测绘科技进步与国际交流合作】 2012年，省测绘地理信息局与省地质调查局签订信息资源更新合作框架协议，建立长期稳定的基础地理信息与地质调查专题信息数据共享和更新机制，着力构建新型测绘地理信息服务模式。启动云南省综合卫星定位服务系统（YNCORS）关键技术研究、低空无人机应用于地理国情监测技术方法研究等一批重点科研项目，积极开展科技成果转化工作，将数字地图编辑软件JanMAP和精密单点定位研究成果应用于1:1万3D地图野外像控测量和内业编图，提高了生产效率。引进“像素工厂”，努力推动科技成果向现实生产力转化。一批测绘科研项目获奖，《中国（云南）——东盟自由贸易区——南亚区域合作联盟空间信息公共平台建设》获得省政府科技进步二等奖；《水电站高精度外部变形监测网关键技术研究及实施》项目获中国测绘学会科技进步二等奖；获中国地理信息协会科技进步一等奖及三等奖各一项，获中国测绘学会优秀测绘工程十大白金奖和优秀测绘工程铜奖各一项；《现代新昆明系列图》获中国测绘学会优秀地图裴秀奖。组织2012年度云南省测绘科学技术奖评选工作，“昆明市卫星定位综合服务系统”获云南省2012年度测绘科技进步三等奖；“弥勒县1:500数字化地形测量”等20个项目分获2012年度优秀测绘工程金、银、铜奖。

11月中旬，老挝国家地图局访问云南省测绘地理信息局，双方就合作共建项目——老挝国情综合地理信息系统的后期建设相关问题进行了磋商。老挝国家地图局观看了云南局部分地理信息系统演示并参观云南省基础地理信息中心工作情况。

组织2个代表团参加美国和澳大利亚举行的有关地理信息国际技术交流会，测绘学会继续加强与东南亚测量界的友好往来，增进学术技术交流。多次成功组团参加东南亚测绘协会理事会和各类学术交流会议。3月，参与承办第四十五次东南

（彭丽红）

质量技术监督工作

2012年，云南质监系统紧扣云南“两强一堡”建设和质量振兴总体要求，牢固树立“抓质量就是抓发展，保安全就是保民生”的理念，按照“巩固成果、拓展领域、深化举措、提高水平”的思路，以服务地方经济社会发展为中心，以树立质监部门“三个形象”为目标，以实施质量兴省战略为抓手，突出“创新”主题，积极探索云南特色质监发展之路，抓质量有新成效，保安全有新力度，促发展有新作为，强质监有新气象，质监工作在服务经济社会发展中的有效性和贡献率有了新的提高。

【质量兴省】 2012年，全省各级政府成立了相应的领导机构和工作机构。昆明、曲靖、玉溪等14个州（市）、101个县（市、区）召开了质量兴州（市、县、区）推进会评出了云南锡业股份有限公司等5家首届省政府质量奖，昆明、曲靖、保山、德宏、迪庆、怒江、普洱等7个州（市）政府先后设立了政府质量奖。新培育云南名牌产品60个、地理标志产品4个，云南名牌产品总数达到了406个，地理标志产品总数达到了12个。完成了丽江玉龙雪山管委会“全国知名品牌创建示范区”建设，打造品牌创建示范区、质量管理示范企业等10余类示范项目1700多个，在主要交通沿线设立大型宣传牌140块。

【标准化工作】 2012年，编制发布了《云南省标准化工作“十二五”规划》。突出森林云南建设、高原特色农业发展、旅游提质增效等重点，积极推进标准化示范区（试点）建设，旅游服务业标准化示范企业总数达到100余户，各类农业（含林业）标准化生产基地和示范区总数突破300个，全省优势、大宗农产品基本实现了标准化生产。新启动了政务服务和高原太阳能发电设备、花卉拍卖、高原特色农业标准化发展规划等一批标准体系建设项目，参与制修订国家（行业）标准10项，批准发布地方标准106项，备案地方农业规范78项、地方服务业规范85项。

【计量工作】 2012年，全省各级计量检定技术机构完成检定计量器具35.61万台件。科学计量深入推进，组织开展了全省州（市）级法定计量

检定机构砝码、电导率仪、验光镜片3个项目的计量比对，制订发布了《医用磁共振成像系统（MRI）校准规范》等3项云南地方计量校准规范，填补了云南相关计量技术规范的空白。民生计量监管不断深化，“推进诚信计量、建设和谐城乡”主题行动成效显著，启动了高速公路放心行工程，组织开展了重点计量器具专项整治，对化肥、农药等15种定量包装商品开展了国家计量监督专项抽查。能源计量各项工作稳步推进，深入开展了全省用能产品能效标识监督检查，评定省级能源计量示范单位8家、州（市）级示范单位23家，组织59家重点用能单位开展能源计量示范单位达标活动，完成了《云南省节能减排计量监督管理办法》草拟和报批，能源计量数据平台构建工作步伐不断加快。

【认证认可工作】 2012年，组织对196家试验室食品食品中微生物和食品添加剂、饮用水中重金属、水泥物理性能等检测项目进行了能力验证。开展实验室资质认定专项监督检查，抽查实验室 26 家。在安检机构专项整治工作基础上，不断加强监督检查和培训工作，机动车安检机构管理进一步趋于规范。有机产品认证示范区创建工作取得实质性突破，彝良县成功申报“全国有机产品认证示范创建区”。认证认可区域合作得到加强，川、滇、渝西南三省召开了西南地区认证执法监管区域合作机制启动会议，签订了合作备忘录。

【食品安全监管】 2012年，全系统向143家食品重点企业派出273名质量安全联络员，实现了高风险食品生产企业100%设有联络员，建立食品企业落实主体责任示范单位160户。不断加强食品生产许可管理，新发放证书1439张，注销272张，吊销9张，全省有4718家企业获得6001张食品生产许可证书，有363家企业获得379张食品相关产品生产许可证书。开展食品安全整治年行动，积极主动，认真做好“学生营养餐”、“工业明胶”、“食品质量安全风险排查整治”等专项整治行动，组织开展了生产加工食品及食品相关产品质量监督抽查工作，抽查4659 家获证企业5971批次样品，风险监测抽查2335个批次产品，排查食品及食品相关产品生产企业4167家、小作坊2624家，立案查处食品违法案件907起。

【特种设备安全监察】 2012年，大力推行特种设备安全监察行政领导“一岗双责”制度， 全省所有州（市）和70%以上的县（市、区）将特种设备安全监察纳入了本级政府安全生产目标责任考核。全系统累计出动执法检查4577车次、1.36 万人次，检查各类特种设备生产使用单位9372家、特种设备3.61万台(件)、压力管道2500条、各类气瓶8.32万只，安全附件（部件）6435件，发现并责令整改隐患问题1.07万条,取缔“土锅炉”等非法特种设备 30 余台件，组织审查锅炉设计文件9份，完成产品定型测试6台，定期能耗测试70台。

【重要工业产品质量监管】 2012年，对726家获证企业实施了年审，实地抽查企业107家，巡查获证企业1245家，回访企业35家，组织生产企业生产条件实地核查311家次（其中配合国家审查部实地核查53家次），发放工业产品生产许可证383张（其中总局发证产品80个）。完成了水泥、化肥等23种工业产品的质量监督抽查和定期监督检验，抽查4348家企业8156个批次(件）产品，对565个批次的水泥、化肥产品进行了风险监测。

【打假治劣保名优】 2012年，全系统出动执法人员6.33万人次,检查企业数2.89万家,立案查处5757起,移送公安机关16起。全系统受理“12365”热线2.88万件、“96128”政务服务专线业务1021件，办理网上公众留言、投诉举报414件，完成政务服务业务 1.77 万件 (其中行政许可事项 8168 件和非行政许可事项66件，办结率100%)，切实做好了质量有诉求，请拨“12365”热线，云南质监竭诚为您服务的质监品牌。

【法治质监建设】 2012年，完成《云南省节能减排计量监督管理办法》立法起草工作，积极参与制定《云南省食品安全条例》、《云南省食品生产加工小作坊和食品摊贩管理办法》2项地方性法规。组织对原有的16件规范性文件进行清理，废止其中10件。 制定了《云南省食品及食品相关产品生产许可工作规范（暂行）》，行政执法责任制建设推进有力，在省政府组织的2009～2012年“推行行政执法责任制先进单位”评议考核中，获得良好级评价，受到省政府的表彰奖励。“六五”普法群众性教育活动深入开展，全系统的法制教育、法制监督工作不断深化，干部职工的法律素质提高明显。荣获全国质检系统法治文化主题演讲比赛三等奖。ISO9001 质量管理体系导入工作在全系统全面推进，各级质监部门管理更加规范，运行更加高效。

【科技质监建设】 2012 年，积极组织申报有色金属质检中心、高原电器 2 个国家质检中心并已获批筹建，11 个省级质检中心建设工作有序推进（其中滇红茶、白砂糖、螺旋藻 3 个省级中心已通过资质认定和评审验收正式成立），云南省质量技术监督综合技术检验检测基地建设项目正在抓紧实施。制定了《云南省质量技术监督系统提升食品质量安全检（监）测能力专项规划（2011 ~ 2015 年）》，县级食品质量安全检验站迈出了实质性步伐。向国家质检总局报送科技成果项目 53 项、2013 年度质监公益性行业科研专项经费项目 1 项；向省科技厅推荐申报 6 项 2012 年科技计划项目，向全省质监系统征集 2013 年度科技计划项目 61 项，有 2 个质监科技项目分别荣获国家质检总局“科技兴检”三等奖和省政府科技进步三等奖。

【和谐质监建设】 2012 年，以“质量发展研究院”为基地，推荐了质监系统硕士生导师 10 名、遴选了系统内质量工程与管理学科博士生培养对象 7 名，选派了到省级技术机构、省局机关挂职培训基层技术人员和干部 30 名。制定了《云南省质量技术监督局内部审计暂行规定》，“一卡、一表、一书”等制度在全系统严格执行。编制了《云南省质量技术监督局廉政风险防控工作手册》，省局机关跨入省级文明单位行列，省局各直属事业单位创建市级文明单位 4 个、区级文明单位 2 个，创建率达到 85.7%，省质检院被省总工会授予“工人先锋号”荣誉称号。

（邹睿佳）

国家税务

2012 年，云南省国家税务局充分审视发展现状，深入分析形势任务，站在推进云南国税“十二五”时期实现稳健持续发展的全局高度，确定了“能力提升年”工作主题，通过“能力提升”促进工作落实，坚持“能力提升”推动工作发展，并提出了在工作实践中要切实落实好“收入增长，工作稳健，措施有力，能力提升”的务实要求，进一步明确工作目标、落实工作任务、统一干部思想、形成多方合力，有力地推动了云南国税事业又好又快发展。

【税收收入】 面对严峻的国际经济形势和云南经济在发展中遇到的突出困难，省国税系统围绕“收入要上去，队伍要稳定，风险要规避，税企要和谐”的组织收入工作总体要求，努力组织国税收入。2012 年，全省国税系统累计组织税收收入1451.77 亿元(不含海关代征)，比上年增收 155.17 亿元，增长 11.97%，首次高于全国平均增长水平。云南国税收入总量在全国排名十三位，在西部 12 个省份中排名第三位。其中，国内增值税完成 595.97 亿元，增长 7.68%；国内消费税完成 582.86 亿元，增长 14.37%；企业所得税完成 214.32 亿元，增长 18.36%；储蓄存款利息个人所得税完成 1197 万元,下降 60.21%；车辆购置税完成 58.5 亿元，增长 12.19%。

【税收特点】 中央级收入比重提高。2012 年中央级收入（含海关代征）1235.8 亿元，占税收收入的比重为 84.14%，比重提高 0.08 个百分点。税收增长与全国增长一致，呈现“前低后高”的态势。全省 16 个州（市）税收收入除怒江州、迪庆州下降外，其余 14 个州（市）保持增长。

【税收法治】 2012 年，开展行政执法主体资格清理工作。核实确认具备税收征管法规定的实施行政处罚、行政许可、行政强制资格的国税机关 525 个，并对外公告。坚持规范性文件合法性审核和备案审查工作制度,组织完成全省国税系统税收规范性文件清理工作。下发第五轮行政审批项目清理结果，对23 项非许可审批项目进行清理调整，审批项目压缩 27%。按照“六五”普法工作规划要求，结合依法治省工作实际，广泛开展面向纳税人和社会各界的税收法制宣传教育工作，在省“两会”期间，以送政策到会的方式，向人大代表和政协委员赠阅《税收优惠政策选编》2400 册，为代表委员议政建言、谋划发展提供帮助。

【税种管理】 2012 年，建立全省成品油经销企业基础信息，对 3653 户成品油经销企业缴纳增值税进行造册管理。积极与红云红河集团、红塔集团协调联系，及时对两大集团的 153 个规格牌号卷烟消费税计税价格进行调整。实现卷烟企业财务系统与国税网络申报系统的数据对接。积极向总局申请下放云南部分县（市）出口货物退（免）税审批权。继续加强企业所得税预缴管理，结合实际制定了烟草商业企业、汽车销售、信用社行业企业所得税分类管理办法，确保税款及时足额均衡入库。完成了2011年度企业所得税汇算清缴工作，全省实际参加汇算清缴企业7.44万户，比上年增长15.83%，实现应纳所得税167.04亿元，增加27.6亿元，增幅为19.79%。

贯彻落实好增值税起征点上调、增值税转型、农产品增值税进项税额核定扣除、蔬菜和部分鲜活肉蛋产品流通环节增值税政策、小型微利企业所得税优惠，修订后的《车辆购置税征收管理办法》以及出口退税等政策，做好小微企业和个体工商户发票工本费减免工作，2012年全省国税系统落实包括结构性减税政策在内的各项税收优惠，办理减免退税386.37亿元。其中：减免增值税278.43亿元（含税基减免），减免企业所得税77.23亿元（含税基减免），车辆购置税减免1.35亿元，办理出口退（免）税29.36亿元，其中办理人民币结算退（免）税10.71亿元。

【纳税服务】 2012年，依托信息化建设，将内外网站、网络申报、重点税源网上直报、普通发票网上填开等5个系统整合为网上云南国税（iTax），内设网上办税服务厅，目前全省75%的一般纳税人已通过网上办税厅进行申报纳税，昆明市主城区 95%的纳税人已实现足不出户就可完成纳税申报业务。以纳税人需求为导向，“12366”服务热线话务量和服务质量稳步上升，全年来电总量4.35万个，语音服务量达到3.63万个，不断推进纳税服务的标准化、集约化、信息化和专业化，切实提升了纳税服务水平和能力。

【税收征管】 2012年，省国税局下发税收风险核查整改的待整改清册59个，涉及纳税人2.9万户次，整改完成1.36万户次，补缴税款56.75万元，追缴发票6560份。建立工商登记信息和税务登记信息交换与共享工作的机制。继续推进税源专业化管理试点工作，税源管理得到有效加强，征管资源配置进一步优化。全系统上线运行财税库银横向联网系统，有效改变税款征缴方式。加强发票管理，全省4.07万户纳税人能正常使用通用机打发票系统填开发票，开具发票1.32亿份，正常填开金额3666.64亿元。大力开展纳税评估工作，全省组织完成纳税评估1.2万户，评估补缴税款9.44亿元。

【大企业税收管理】 2012年，搭建信息化平台，将大企业税收管理和行业综合管理有机结合起来，编制行业动态政策和数据汇编，并每年进行更新。探索建立大企业特色纳税服务模式，按行业、经营方式进行归类，有针对性地找准服务重点。加强总分支机构企业的管理，研究探索总分支机构不在同一县（市）管理模式。积极开展大企业涉税风险预警通告，每月定期发布大企业税收快讯信息，实现信息共享。

【国际税收管理】 认真贯彻落实国家对非居民税收管理的一系列政策，大力组织非居民企业所得税收入，2012年，全省国税系统组织非居民企业所得税收入2.83亿元，比上年增收6200万元，增长28%。认真贯彻落实国家关于税收协定的有关政策规定，以防范税收协定滥用为重点，认真抓好税收协定待遇管理办法的落实。积极做好特别纳税调整和税收情报交换工作。

【税务稽查】 2012年，云南国税查处违法案件4.26万件，查补收入15.09亿元，实际入库14.9亿元，入库率达到98.74%。深入开展打击发票违法犯罪活动，全省公安、国税、地税部门联合查处发票违法犯罪案件1795件，查获涉案发票243.2万份。

【信息化建设】 2012年，网上申报系统作为一个完全由云南省国税系统自主开发并免费提供纳税人使用的软件，以99分的高分顺利通过了国家应用软件产品质量监督检验中心（NAST）的评测。综合征管系统健康状况被国家税务总局评为五星等级，成为全国国税系统中17个获得五星等级的单位之一。启动税务综合办公信息系统项目，于10月实现全系统正式上线运行。举办云南省国税系统第二届信息化能手大赛，形成了培养、选拔和储备税收信息化建设骨干的竞争机制。

【机构人员】 云南省国税系统除省局机关外，有16个州（市）局，138个县（市、区）局和215个基层征管分局。至2012年底，云南省国税系统有干部职工1.56万人。其中：在职干部1.16万人，离退休干部4007人，在职干部中党员6945人，占全体干部的59%。

2012年，新增“大理省级经济开发区国家税务局”、“大理省级旅游度假区国家税务局”2个正科级机构。

【人事管理】 2012年，云南国税录用150名公务员，录用人员全部充实到县（区）局国税机关。修订下发了《云南省国家税务局机关公开遴选公务员试行办法》，通过公开考试等方式，从基层遴选了20名工作人员充实到省局工作。严格按照《党政领导干部选拔任用工作条例》和总局关于干部管理的有关规定，根据非领导职数的空缺情况开展非领导职务晋升工作，通过严格程序晋升非领导职务24人。坚持干部上挂下派工作，省局选派了2人为新农村建设指导员到艰苦地区锻炼，选派5人到昆明市国税系统挂职锻炼，选拔22名基层优秀干部到省局工作锻炼2年。

【教育培训】 2012年，全面落实《云南省国税系统“十二五”时期干部教育培训改革发展规划》，按照领导干部、专业骨干和基层一线人员“三支队伍”分类培训的总体格局，突出高素质专业化骨干培训，加大税收急需紧缺人才培训力度，组织培训34期，参训人员4171人次。举办《云南国税讲坛》12期，为基层一线提供高水平、新视野、最前沿的精神食粮，进一步满足广大干部职工日益增长的文化需要。

云南省2012年分地区国税收入完成情况

单位：万元

项目	收入（不含海关代征）		国内增值税		国内消费税		企业所得税		储蓄存款利息个人所得税		车辆购置税		出口退税
州市	累计	比上年同期增减%	计	比上年同期增减%	累计	比上年同期增减%	累计	比上年同期增减%	累计	比上年同期增减%	累计	比上年同期增减%	
昆明市	4451937	10.53	1860081	5.54	1233128	10.74	1101099	19.03	391	-60.51	257238	13.84	14170
曲靖市	1946053	10.11	869721	6.02	833564	10.55	187881	32.54	153	-62.95	54734	7.58	1303
玉溪市	3093070	12.65	826351	9.00	2010919	17.81	227280	-11.33	67	-64.74	28453	17.13	2100
保山市	229878	15.95	151052	14.08	14437	5.80	45779	33.67	63	-58.55	18547	4.17	200
丽江市	184071	27.45	138226	26.60	6098	18.43	24585	46.62	25	-65.28	15137	14.22	280
昭通市	647947	13.07	272400	9.56	296755	17.12	58053	8.75	61	-56.43	20678	18.09	98
楚雄州	801316	19.68	267237	18.51	443872	20.10	71633	22.82	61	-61.88	18513	15.76	297
红河州	1457399	8.35	591895	2.33	679214	10.31	145365	29.24	105	-62.50	40820	6.74	965
文山州	243157	15.72	155184	7.64	9903	42.82	57034	35.92	50	-29.58	20986	23.53	0
普洱市	211118	19.36	137834	8.20	9690	7.64	41689	101.92	40	-50.62	21865	10.68	80
版纳州	108585	8.38	63933	-2.04	7518	28.67	18769	50.32	15	-65.91	18350	10.86	0
大理州	674954	18.31	296366	16.82	263233	17.24	86602	33.37	90	-60.87	28663	5.73	4209
德宏州	159024	15.82	106721	8.61	5443	23.03	31007	54.90	13	-79.03	15840	8.95	77
怒江州	38751	-7.78	31860	-4.33	1957	8.96	2139	-51.08	30	50.00	2765	9.25	0
迪庆州	59965	-29.00	37832	-21.58	2288	17.51	14615	-48.17	5	-86.84	5225	-13.42	0
临沧市	210435	21.70	153003	18.50	10545	6.72	29664	49.49	28	-56.92	17195	22.72	730
全省	14517660	11.97	5959696	7.68	5828564	14.37	2143194	18.36	1197	-60.21	585009	12.19	24509

【纪检监察】 完善内控机制建设，2012年向州（市）、县（区）局深入推进，逐步形成以内控机制为主体的大预防工作格局。云南国税开通158部廉政监督电话，聘请特邀监察员1242名，形成社会各界的监督网。在全省国税系统全面推行税企《廉政公约》制度，目前已与33.1万多纳税人签订了税企《廉政公约》。由省局领导带队，对全省16个州（市）局2011年度贯彻落实党风廉政建设责任制的情况进行检查考核，对检查考核中发现的问题进行及时整改。完成了对楚雄、

怒江、版纳、迪庆等4个州局及所在地的县（市）等8家单位的巡视工作，与干部群众个别谈话346人次，收集群众意见建议207条，向被巡视单位提出建议18条并进行整改。深入开展税收执法监察和效能监察工作，继续强化"两权"监督，全系统监督检查立项97项，提出建议53项，被采纳53项，督促建章立制26项。

【税务文化】　深入学习贯彻落实党的十七届六中全会精神，积极丰富文化载体，不断提升文化建设能力。继续办好《云南国税讲坛》，努力打造国税文化品牌，深入推进国税文化建设。把国税文化建设与文明创建活动相结合，引导广大干部职工树立"人人都是创建主体，个个都是文明形象"的思想观念。不断巩固国税廉政文化建设成果，继续深入推进"廉政文化建设示范点"创建工作。2012年，来自省直机关纪工委、公安部昆明消防指挥学校、省公安厅、省文化厅、省第三女子监狱等15个单位的60余人分2批到省国家税务局参观学习廉政文化建设，进行座谈交流。目前，全系统有廉政文化教育基地（廉政文化示范点）40个。其中：被省纪委命名2个，被州（市）纪委命名8个，被县纪委命名30个。

【荣誉榜】　2012年，国税部门为国家和云南经济社会发展做出的贡献和取得的成绩，受到了中央和省委、省政府及各地党委、政府的充分肯定。目前，全系统有以省局机关为代表的7家单位被中央文明委授予"全国文明单位"称号；有4人获得省部级"先进工作者"称号；在2010～2012年度群众评议省直机关作风活动中，省局机关荣获中央驻滇单位第一名；省局机关相继被省委、省纪委、省直机关工委命名为全省"党建责任制考核先进单位"、"学习型党组织建设示范点"、"基层党建工作示范点"、"廉政文化建设示范点"；被省委、省政府授予"综治维稳工作先进单位"、"社会扶贫工作先进集体"、"全省就业先进工作单位"等荣誉称号，许多基层单位被当地党委政府誉为"标杆单位"。

（鄢登麒　彭颖睿）

地方税务

【税费收入】　2012年，受国内外经济下行压力加剧、实施结构性减税政策、房地产市场持续低迷等多重因素叠加影响，组织税费收入面临前所未有的困难。云南省地税系统知难而进，群策群力，积极促成了省政府关于进一步做好财税工作通知文件的出台，从宏观决策的层面形成了强劲的政策支持和税源保障。同时，坚持组织收入原则，强化重点税源监控，保持了收入持续增长，实现了组织收入新跨越。全系统组织各项地方税费收入1429.73亿元，比上年增收232.78亿元，增长19.45%。其中，各项地方税收收入989.58亿元，增收169.33亿元，增长20.64%，完成省政府安排任务的100.26%；规费收入440.15亿元，增收63.45亿元，增长16.84%。启动价格调节基金代收工作，仅15天就征收6.07亿元，完成了省委、省政府确定的目标任务，为"稳增长、冲万亿、促跨越"目标的实现作出了积极贡献。

【税收执法】　2012年，围绕依法行政主线，全省地税系统着眼"规范"，强化税收政策执行情况反馈报告制度，修订行政处罚裁量权基准制度，推进行政复议规范化建设制度，做到了规范性文件制定管理"一把尺子"，确保税收执法依据规范统一。相继完成了5件规范性文件的起草、审查、决定、登记、公告、备案工作，对11件规范性文件进行了集中清理。着眼"精减"，推进行政审批制度改革，降低纳税人办税成本，省地税局保留的行政审批项目减少了近70%，审批时限压缩了50%以上。着眼"效能"，做好行政复议工作，创新开通网上申请行政复议受理渠道，增强执法效能。建立完善《"依法行政"目标检查考核办法》，形成全面系统的考核评议指标体系，规范税收行政执法行为，被省政府办公厅表彰为推行行政执法责任制优秀单位。围绕税务稽查职能，突出重点，整体推进，开展矿产资源、医药、交通、旅游等重点行业税收专项检查，对昆明市进行重点区域税收专项检查，开展发票领域专项整治，严格查处重大案件，全年查补税款、罚款、滞纳金12.9亿元，比上年增长45%，入库率100%。围绕督促检查职能，进一步理顺关系，建章立制，统筹开展经济责任审计、财务内部审计、税收执法督察，促进督促检查工作职能制度化、规范化、日常化，全年实施经济责任审计项目70个，并对发现的133个存在的问题进行了纠正和整改，完成了个人所得税起征点调整、营业税起征点、娱乐业税率调整等政策执行情况专项审计调查。把握全局工作着重点、选好查办检查突破点、找准推动落实结合点的工作思路，加强和规范督查督办工作，开展依法行政工作考核，理顺完善督查工作体系。

【税收征管】 2012年，全省地税系统大力推动管理创新，按照构建现代化税收征管体系的改革思路，积极推进税收征管改革。税源管理方面，着眼税源专业化管理，推进改革试点，对昆明市五华区地税局的机构职能进行优化设置，实施税源分级分类管理，逐步形成科学高效的税源管理模式。赴重庆、贵州调研税收征管改革，提出云南地税推进改革的工作意见，得到李纪恒省长对此项工作的高度重视，并作重要批示。加强与工商、质监等相关部门协作配合，建立第三方信息交换共享平台，及时建立更新税收征管基础资料，打牢征管工作基础。着眼重点税源管理，加强税收征管协调和项目管理，理顺加强中缅油气管道税收征管。加强大企业税收专业化管理，对首批10户省级定点联系企业开展风险管理和个性化服务。抓好国际税收管理工作，建立271户“走出去”企业和112户替代种植户的动静态信息库，大企业和国际税收管理工作相继在国家税务总局专业会议上作经验交流。税种管理方面，应用房地产评估技术，加强存量房交易税收征管全面推广上线，有效理顺房地产税收管理。契税直接征收工作顺利推行，收入实现了两位数增长。建立与公安交警、保险机构的工作联系合作机制，推广运用车船税管理信息系统，车船税收入大幅增长。

【纳税服务】 2012年，全省地税系统始终将纳税人当做顾客和上帝，放在心中最高位置，地税工作更加服务纳税人、贴近纳税人。“12366”纳税服务热线、地税门户网站群、电子办税系统等信息化服务载体相继建成，实现了纳税人足不出户网上办税的历史性突破。推行财税库银横向联网，实现“批量扣税”、银行端查询缴税等申报纳税方式的变革。推行“一站式”、“一窗式”等快捷简便的服务举措，减少审批环节，简化办税手续，减轻办税负担。运用局长接待日、局长信箱、在线访谈等沟通对话机制，努力纳税人营造公平公正的税收环境。坚持做好税收政策、工作动态发布、开展税收政策辅导，开辟地税机关与纳税人互动的绿色通道，着力推进了全方位、立体式、多元化的现代纳税服务体系建设。尤为突出的是，创新“四群”教育工作方法，在全省地税系统创造性开展“蹲企服务”大活动，全省7174名地税干部主动深入7616户纳税企业开展服务，主动为企业提供最及时的税收服务，解决最现实的纳税问题，搭建最广阔的交流平台。召开税企座谈7516次，举办政策辅导6174次，现场解决问题4804个，形成工作建议1162份。“蹲企服务”活动得到多位省领导的充分肯定和专门批示，并号召各单位学习借鉴。

【科技管税】 2012年，全系统召开首次科技管税工作会议，以科技信息化带动税收管理现代化的理念成为共识，信息技术与业务工作深度融合、跨越发展。“财税库银横向联网和纳税服务平台”使征纳成本大幅下降、工作效率大幅提升，让征纳双方共享税收信息化带来的实惠。“个人所得税明细申报系统”成功推行，纳税人可根据需要开具完税凭证，第一时间收到缴税信息，享有作为纳税人的知情权、荣誉感。“资料比对分析、车船税管理信息系统”在税收征管中运用、提升了数据质量，带来了税收增收。“减免税信息管理系统”上线，为落实“依法减免税也是成绩”的要求提供了有力的数据支撑。“网络发票管理系统”试点，实现发票管理综合改革的重要突破，以票管税的目标继续迈进。昆明市地税局“数据大集中系统”资料成功迁移省局，实现真正意义上的数据全集中，成为地税信息化建设的又一重要里程碑。云南地税门户网站群建设彻底走出封闭滞后的困局，打造成为征纳沟通、展示形象的主阵地，访问量突破940余万人次，在国家税务总局2012年度的网站评比中，由此前的全国倒数第三跃居为西部23个国、地税参评部门第一名，全国35个地税参评部门第九位，创造了历史最好成绩。

【服务经济发展】 把地税工作融入宏观经济全局，顺应发展，努力作为。敏锐把握税收政策优势与云南发展优势的结合点，形成关于桥头堡建设及滇中产业新区的一系列税收政策建议提交省委省政府决策，把握中央“营改增”的改革动向，撰写《营业税改征增值税分析报告》等调研文章，先后得到省委书记秦光荣和副省长李江的肯定并作专门批示。按照打好“三大经济战役”的部署，提出支持民营经济、中小企业发展的政策建议。在全国税务系统率先提出“依法收税是成绩，依法减免税也是成绩”的理念，服务经济，关注民生，认真落实结构性减税政策，落实支持省属企业、小微企业、困难企业、高新技术企业发展的地方税收优惠政策，全年落实各项税收优惠152.12亿元，服务经济职能突显，地税部门地位不断提升。

2012 年云南省地方税务局税费收入情况

单位：万元

单位	地方税收入总计		地方税收收入		规费收入	
	实际完成数	比上年同期±%	实际完成数	比上年同期±%	实际完成数	比上年同期±%
昆明市	4296666	21.87	3097537	19.51	1199129	28.42
昭通市	471875	10.78	326255	22.58	145620	-0.88
曲靖市	1278638	18.89	907963	20.17	370675	15.87
玉溪市	1144103	16.52	786468	20.10	357635	9.40
红河州	991640	10.73	646217	12.26	345423	7.99
文山州	456462	20.32	333666	22.50	122796	14.77
普洱市	601369	14.53	473748	13.71	127621	17.67
西双版纳州	326552	21.47	217290	23.14	109262	18.27
楚雄州	564970	16.72	387105	20.92	177865	8.53
大理州	725973	27.62	508658	29.97	217315	22.43
保山市	408394	17.29	304009	21.59	104385	6.36
德宏州	237989	20.29	178008	26.49	59981	5.01
丽江市	337776	22.90	252642	26.67	85134	12.94
怒江州	90418	15.19	60130	13.79	30288	18.09
迪庆州	117856	18.02	87248	22.52	30608	6.84
临沧市	351031	35.43	263558	46.30	87473	10.66
省直征局	1895625	19.95	1065320	20.13	830305	19.72
全省合计	14297337	19.45	9895822	20.64	4401515	16.84

【队伍建设】 2012 年，全省地税系统注重干部素质培育，加强能力锻造，激发队伍活力，促使人才兴税的职能更加显现。抓队伍建设，加强领导班子建设，形成深入务实、富有成效的党组理论中心组学习制度，引领了全系统良好的学风建设。继续推行竞争性选拔干部的改革方向，新提任科级干部 243 人，处级干部 21 人。多方争取协调，16 个州（市）地税局稽查局机构规格由正科级升格为副处级，78 个内设机构调整为副科级。抓教育培训，干部分期分批参加集中读书活动，教育培训全员化、多元化、常态化、规范化的格局进一步形成。启动兼职教师选拔培养，首批 43 名兼职教师在“送教下基层”活动中成为师资主力。关注中央对小微企业的扶持，大规模开展小微企业会计准则培训及考试。多措并举推进专业硕士研究生、注册会计师、注册税务师等高层人才培养，储备抓教育培训，继续抓好领导干部、业务骨干、高层次专业化人才。以深入学习党的十八大精神为重点，加强思想政治建设。将心理健康专题讲座送达基层，对干部实施心理人文关怀。选树 26 年义务修路的“雷锋式”的好干部孙显才，在中央、省、市三级宣传媒体产生强烈反响，引起各级领导的高度重视，总局解学智副局长，省委秦光荣书记等领导相继作出重要批示。编排展示《山路的守望者》、《用心用爱》、《山魂水魄》等一系列宣传孙显才事迹的文艺作品，在地税网站开辟“我身边的好税官”宣传专栏，举办首次优秀共产党员表彰，凝聚了地税干部爱岗敬业、奉献社会的正能量。

【体制创新】为解决地税工作监督难、难监督，改革纪检监察管理体制，由上级地税局党组和驻在地税局党组双重领导，变为各级纪检监察部门垂直管理，上级党组直接领导，实现了监督主体和责任主体分离，得到省纪委书记辛维光的充分肯定。通过组建督查考核办，健全完善督查考核工作机制，实现对各项地税工作过程的跟踪督办和全面考核，成为全国税务系统首家建立督查机构的单位，并在全国税务系统专题会议上作经验交流。

【税收宣传】2012 年，全省地税系统以开放的姿态，构建形成税收宣传的立体网络。省委、省政府采用信息积分比上年增长 61%，创地税机构组建以来最好成绩。全年在云南电视台、《云南日报》、《中国税务报》、新华社云南分社、《云南经济日报》等主流媒体报道地税新闻 400 多次，10名干部获全国税务系统受表彰记者和优秀通讯员殊荣，3 项税收宣传作品获全国税务系统税法动漫大赛优秀奖。全年在网站发布信息 1.58 万条，举办在线访谈，开通局长信箱，全方位搭建了地税部门与纳税人实时对话的宣传平台，良好地税形象全面展示。

（罗松全）

审　计

【概　况】　2012 年，云南省审计机关牢牢把握主题主线，认真履行审计监督职责，全省审计单位 9457 个，查出违规问题金额 79.7 亿元，损失浪费 1451 万元，促进增收节支和挽回损失 37.2 亿元，审计后移送司法、纪检监察及有关部门处理案件 110 件，涉及 118 人。审计监督为省政府完成“稳增长、冲万亿、促跨越”目标任务做出了重要贡献

【预算执行审计】　按照跟进审计和做深财政审计的要求，2012 年，省审计厅采取统一计划、方案、程序、处理、公告等“五统一”审计管理模式，以“三资”（资金、资源、资产）为主线，以“三公”经费支出为重点，完成了对省本级以及教育厅等 16 个部门预算执行情况的审计，查出违规金额 6.16 亿元，管理不规范金额 3.17 亿元。

【投资审计】　坚持政府投资重大建设项目必审制度和跟踪审计制度，全省对 5700 多个重点建设项目开展了审计，审计投资规模 2130 多亿元，核减工程投资 49.9 亿元。连续 4 年对昆明长水国际机场进行跟踪审计，审计投资总额占概算投资的 80%。根据省政府要求，开展了全省城镇保障性安居工程专项审计调查，涉及投资金额 470.96 亿元。

【专项审计】　全省审计机关根据审计署和省政府的部署要求，开展了全省社会保障资金、城镇保障性住房、基本药物集中招标采购等项目的审计。通过审计，揭示了政策设计缺陷，管理体制不顺，落实政策不到位等问题。省委、省政府领导对审计报告、审计信息批示 58 次，先后 3 次听取审计工作汇报，5 次召开专题会议部署审计整改，审计建设性作用得到充分发挥。

【环境审计】　审计始终把关注点投向实现可持续发展、建设美丽云南上，积极构建各专业审计相结合的资源环境审计整体工作格局，重点关注建设项目执行国家环保和产业政策以及对资源环境的影响情况，关注城市环境建设和水环境改变情况，关注领导干部环保和节能减排责任履行情况。2012 年，组织对九大高原湖泊水污染综合防治“十二五”规划执行情况的审计调查，揭示了管理机制不顺、项目资金到位率低以及部分单位挤占、挪用专项资金等问题，为制定政策、健全机制、规范管理提供了依据。

【经济责任审计】　省审计厅与省级 5 个部门联合制定印发了“两办”规定的实施意见，强化了经济责任审计的领导机构和管理体制，提高了对权力运行的监督能力。全年对 937 名领导干部进行了经济责任审计，查出违规金额 8.7 亿元，领导负直接责任问题金额 559 万元，促进了领导干部依法、依规、尽职、尽责。探索开展 2 个州（市）和 1 所高校党政主要领导干部的同步审计，进一步完善了领导干部经济责任审计评价指标体系，有效提升了经济责任审计专业化水平。

【企业审计】　积极服务工业强省战略，把审计的重点放在企业转变经济发展方式和产业结构调整升级上，放在促进企业合理配置资源、优化布局调整，实现可持续发展上。对云天化集团、西南交通集团、云锡集团、冶金集团、省城投公司等企业的进行了审计。在对云锡集团境外投资

项目的审计中，出具的风险控制评价报告和风险防范咨询报告，得到了审计署和省政府领导的肯定。

【民生审计】 重点关注惠民富民政策的落实情况，揭示和纠正严重损害群众切身利益的行为。按照审计署统一部署，对45个县900多所农村中小学布局调整情况进行了审计调查，分析了中小学布局调整的得与失，促进了教育均衡发展；对20个县的4项惠农资金和基本公共卫生服务资金进行了审计，揭示了资金管理使用不规范、侵占人民群众利益等问题，确保人民群众共享改革发展成果。

审计厅组成审计组到彝良地震灾区进行恢复重建审计.

【绩效审计】 审计厅认真履行绩效管理牵头推进的职责，探索出一条由部门实施、绩效办管理、审计等部门监督的行政绩效管理新路子。联合发改、财政等部门，积极开展重点项目稽察和绩效审计，促进行政绩效管理工作实现了规范化和日常化。2012年，行政绩效管理由县级以上行政机关拓展到事业单位和社会团体，全省纳入绩效管理的单位3712家、重点事项5926项。

【审计机关自身建设】 2012年，省审计厅紧紧围绕事关审计工作当前与长远发展的重要问题，出台创新举措，改进管理方式，提高工作效能。制定出台了《关于加强审计管理控制的意见》，建立健全计划、审计、审理工作机制；首次开展党政领导干部同步审计，注重区分党政领导干部的共性与个性，进一步提升了经济责任审计的广度和深度。连续5年在媒体上公开征集审计项目计划的意见和建议，首次召开了审计项目计划草案听证会，全年全省发布审计结果公告4652篇。主动邀请新闻媒体宣传、报道审计工作，实现了审计与舆论、社会监督的有机结合。

省审计厅在连续三届保持省级文明单位的基础上，建成“全国文明单位”，并推动全省147个审计机关全部建成各级“文明单位”，全省审计系统建成了“云南省文明行业”。严密部署“四群”教育工作，落实挂钩县（市）2个、乡（镇）3个、行政村8个、联系农户79户。2012年，8名厅领导和63名处级干部走访慰问村民小组50个，落实住村天数870天，召开民情恳谈会27次，帮助基层协调落实项目28个，资金1848万元。在全省147个审计机关建立了“审计文化书屋”，成立了中国审计报社云南记者站，设立了《中国审计》编辑部云南通联部，为全面推动“文化助审”战略提供了新的载体。

省审计厅持续加大学习培训力度，全年举合作协议的基础上，与南京审计学院签订了战略合作协议，使全省审计人才培养进入了更高更专业的层次。

2012年，全省审计系统受到国务院、国家部委和省委、政府等各类表彰奖励30多项，其中：省审计厅被省委、省政府授予“专案查办工作先进集体”，在党风廉政建设责任制、党建责任制考核中被评定为“优秀单位”，在行政执法责任制考核中被评为“先进单位”，被昆明市表彰为“平安建设先进单位”、“社会综合治理维护稳定先进单位”。同时有6个处室和19名个人立功受奖。

（褚文勋）

国土资源管理

【概 况】 2012年，云南省国土资源系统认真贯彻执行省委、省政府和国土资源部的各项决策部署和工作要求，围绕全省“两强一堡”、“三个发展”重大战略和“稳增长、冲万亿、促跨越”的目标，不断深化改革，加强国土资源管理制度创新，提升保护资源与保障发展的能力。

集中力量推进“城镇上山” 通过创造性的探索和实践，省国土资源厅与建设、林业部门协同一致，充分发挥土地利用总体规划的宏观调控作用，首次实现了3个规划充分衔接。全省新划定坝区基本农田318.9万亩，坝区优质耕地中基本农田保护率由66.3%提高到81.9%。

全力以赴保障“冲万亿” 2012年，国家专项下达云南低丘缓坡计划指标4万亩，新增建设用地指标22万亩，比上年增长近10%。用地审批创历史新高，批准用地99万亩。土地要素的核心支撑作用进一步发挥，有力保障了“稳增长、冲万亿、促跨越”。

完成三年找矿行动 按照国家找矿突破战略统一部署，3年来，全省累计投入勘查资金67亿元，完成钻探工作量326万米，资金和工作量超过了前10年的总和。评价了4个超大型矿床和其他15个大型矿床，形成了一批新的矿产资源勘查开发基地，创造了地质找矿新机制，被国土资源部称为“云南经验”。

扎实做好地灾防治工作 2012年，投入地质灾害防治资金12.36亿元，“十项重大举措”不断强化落实，最大限度减少了地质灾害造成的损失。特别是在昭通彝良、镇雄等地发生重大自然灾害后，国土资源系统迅速反应，第一时间投入抢险救灾和防范次生地质灾害等工作。

强力推进矿政管理改革 矿业权审批实现三级联网，并联审批，报件受理窗口前移到县，审查批准过程统一纳入电子政务系统。矿业权审批公开透明、责任共担机制不断建立完善，从源头上预防了不规范行为的发生，矿业权审批真正实现“在阳光下”运行。

切实强化干部队伍和党风廉政建设 不断加强基层班子配备和干部选拔任用工作，干部进出口渠道增多，年轻干部得到培养锻炼，轮岗交流力度加大。“四群”教育深入推进，党风廉政建设成效不断巩固，全省国土资源系统发生党风廉政违法案件2起；涉案4人，比上年下降50%。

不断提高测绘服务水平 云南省测绘局正式更名为云南省测绘地理信息局。基础地理信息数据加速更新。数字城市建设全面铺开。“天地图·云南”上线运行。地理国情监测试点初显成效。地理信息产业发展形势喜人，全省测绘行业服务总值18亿元。

【国土资源规划编制】 2012年，全省国土规划工作紧紧抓住开展完善土地利用总体规划和编制低丘缓坡土地综合开发利用试点实施方案的契机，以完善土地利用总体规划为基础，以低丘缓坡土地综合开发利用为重点，以做好用地保障服务为核心，认真开展各项工作，规划工作继续保持了稳定发展的良好势头。

全年16个州（市）土地利用总体规划成果全部编制完成，并获省政府批准。通过完善土地利用总体规划划定坝区基本农田1664.15万亩，比上轮规划增加317.3万亩，全省坝区耕地划入基本农田保护率81.9%，比上轮规划增长15.61%；完善规划后全省建设用地总规模为1701.33万亩，比上轮规划增加260.91万亩，其中城乡建设用地1261.03万亩，比上轮规划增加270.63万亩。划定低丘缓坡土地综合开发利用区337.2万亩，完成低丘缓坡试点项目批复实施方案87个，总规模86.25万亩，批准试点项目征转报件44个批次，总面积3.07万亩。2012年，全省核拨新增建设用地886件，总量18.23万亩。完成建设项目用地预审（含初审）268件，总用地面积23.45万亩，比上年增加12.8万亩；其中报国土资源部预审的建设项目用地初审11件，总用地面积4.11万亩。完成审批增减挂钩试点项目94个，安排使用增减挂钩指标3.6万亩，增加1.98万亩。2012年全面启动矿产资源规划审查工作，利用矿产资源规划数据库审查矿业权120余个。矿产资源节约与综合利用示范基地在2011年工作基础上，通过了国土部和财政部的审查，并下达2012年中央资金3亿。完成了各项工作任务，为云南经济建设发展做出了积极贡献。

【耕地保护和开发整理】

耕地保护 严格保护耕地特别是坝区优质耕地。按照省委、省政府提出的保护坝区耕地、推进城镇化科学发展的重大决策，2012年围绕“十二五”期间国土资源管理工作的新思路，落实最严格的耕地保护制度，新增划定坝区基本农田保护面积309.59万亩，大力推进低丘缓坡土地综合开发利用试点工作，制定出台云南省坝区耕地质量补偿费征收使用管理办法，坝区优质耕地得到了确实、有效的保护，耕地保护工作迈上新的台阶。

土地整治 2012年，全省国土资源系统开展土地整理项目138个，建设规模127.51万亩，新增耕地面积7.97万亩，投资31.55亿元。全面推进高标准基本农田建设。2012年国家下达云南高标准基本农田建设任务268万亩。完成高标准基本农田建设270.57万亩。加强制度建设规范土地整治项目管理。

【建设用地及重点建设用地管理】

建设用地管理 坚持“明确责任、规范工作、简化手续、提高效率”的原则，进一步简化并规范报批要件。实行分类管理，办理用地审批，明确审查责任，围绕水利水电、旅游产业、农业设施等用地方式进行探索，根据项目功能区分，进一步细化项目区用地不同情况，以是否改变原土地利用方式为标准，分类管理的原则办理用地审批手续；简化报批资料，单独选址建设项目用地报批材料，由2009年的26项减至13项，城市（镇）建设用地报批资料从15项减至9项；改进审查方式，进一步加州（市）、县国土部门的审查力度，做到审查关口前移，努力使报批材料的完善和规范问题在当地解决，提高审批效率。加强用地审批各个环节的统筹，推进重大战略实施。2012年国家下达云南新增建设用地计划指标25.23万亩。省国土资源厅进一步加强2012年的新增建设用地计划指标统筹使用管理，按照项目建设时序，科学合理优先保障工业、交通、能源、水利、通讯等基础设施，旅游、医疗、卫生、文化、教育等民生项目和生态、环境保护、公益性用地。积极探索"桥头堡"建设的交通、能源、水利等重点项目用地按需保障的新机制。确保不因用地指标问题影响重点建设项目的落地。

重点建设项目用地 根据省政府《关于推进实施2012年重点督查20个重大建设项目和20项重要工作的通知》（云政发〔2012〕35号）和《关于印发2012年惠民十件实事任务分解的通知》等文件精神，按照省委、省政府的安排和部署，省国土资源厅完成了牵头工作。1.积极争取国土资源部支持，保障云南重大项目用地。2012年，国土资源部批准云南重大工程建设项目34件，总面积63.64万亩。2.保障灾后恢复重建用地工作。省国土资源厅及时建立灾后重建项目区用地保障"绿色通道"，2012年批准丽江、德宏、保山、昭通等4个州（市）、7个县（区）的灾后恢复重建项目48个，总面积370公顷。保障了云南灾后恢复重建工作。3.做好城镇上山等重大项目用地保障工作。在省委、省政府的领导下，各级各部门协同配合，认真贯彻落实全省关于保护坝区农田、建设山地城镇的一系列方针政策，省国土资源厅将此项工作列为首要任务，充分运用新一轮西部大开发、桥头堡建设差别化管理土地政策、拓宽用地保障空间等特殊举措，强势推进城镇化、工业化上山，云南低丘缓坡土地综合开发利用试点工作取得了初步成效。2012年，云南批准低丘缓坡综合开发利用试点项目区农用地转用及土地征收44件，总面积3.07万亩。4.城乡建设用地增减挂钩试点项目工作稳步推进。以坚守耕地红线、节约集约利用土地、统筹城乡发展为目的，以切实维护农民权益为出发点和落脚点，以实施增减挂钩项目为抓手，积极稳妥开展了增减挂钩试点工作。2012年，云南批准城乡建设用地增减挂钩试点项目区建新区土地征收26件，总面积488公顷。

对保障性住房用地应保尽保，2012年全省落实保障性安居工程用地1097公顷，其中使用存量土地167公顷，新增建设用地113件，面积930公顷，落实率100%，达到了预期目标。

【国土资源市场建设】

土地资源市场建设 1.坚持完善招拍挂制度，深入推进有偿用地。严格执行经营性用地、工业用地招拍挂出让政策，严格执行《划拨用地目录》，继续引导和鼓励水利水电、民办教育、医疗、经营性港口、车场等经营性公益、基础设施项目以有偿方式使用土地，促进土地市场深度发育。2.推行房地产用地均衡供应。引导和鼓励采用"限房价、竞地价"或"限地价、竞房价"、"限配建保障性住房建设面积，竞商品房建设面积"、"综合评标"等多种方式稳妥有效地开展土地供应工作，稳控地价房价。3.强化用地监管。大力推进建设用地信息备案和公布，进一步规范土地出让合同、划拨决定书的网络在线备案，加强土地出让公告、成交公示等网上公布，促进土地市场阳光、透明。2012年在线备案土地出让合同、划拨决定书9497份，发布供应计划、出让公告、成交公示各类信息6056条。利用土地市场动态监测与监管技术，通过网络平台，形成省、市、县三级监控体系，组织州（市）、县（区）国土资源部门对上万个项目用地记录进行开竣工监测，对190条公告、合同、出让金缴交违规预警记录进行了核查处置，并通过系统发现和查处闲置土地72宗、213.98公顷。4.积极加强土地供应保障。贯彻有保有压的原则，重点保障重点工程、民生工程、保障性住房用地，严格执行《划拨用地目录》、《禁止供地目录》、《限制供地目录》，对所供土地要严格审核报批，确保建设用地供应工作依法合规。2012年，全省供应各类建设项目用地9497宗、1.37万公顷。5.抓好保障性安居工程用地落实。对保障性安居工程用地实行审批绿色通道，征、转、供一并办理，保障了用地100%落实。

矿业交易市场建设 坚持"规划控制、计划投放、市场配置、合同管理"思路，着力规范矿业权出让转让行为，建立由政府主导的统一、规范的矿业权有形市场，从制度建设、业务拓展、强化服务等方面入手，积极推进矿业权出让转让各项工作。2012年，开展一级市场矿业权出让项目168个；开展二级市场矿业权转让完成转让交易项目154个。

【矿产资源勘查·开发·管理】

矿产资源勘查 2012年，云南省实施矿产勘查项目573项，矿产勘查投入资金20.15亿元。其中，中央财政1.02亿元，占5.08%；地方财政3.31亿元，占16.44%；社会资金15.82亿元，占78.47%。完成钻探工作量98.43万米。新发现矿产地23处，其中大型2处、中型9处、小型12处。全年完成阶段性勘查矿产地90个，其中大型矿产地7个、中型22个、小型61个。新增矿产地10个，提高规模级别的矿产地11个。新查明一批资源储量（333及以上）：煤7.38亿吨、铁矿石7800万吨、铜132.56万吨、铅95.95万吨、锌34.15万吨、铝土矿2365万吨、锡6.1万吨、金22.06吨、银159吨、磷1.35亿吨、钛铁矿30.51万吨。2010～2012年，云南省实施“3年地质找矿行动计划”，矿产资源勘查投入大幅度增加，3年合计投入资金66.51亿元，钻探323万米，超过了前10年的资金投入和钻探总和。企业投资占75%以上，是地质勘查投入的主体。随着“找矿突破战略行动”的深入实施，云南矿产资源勘查将继续按“政府主导、多方参与，科学规划、突出重点，整装勘查、快出成果，多方筹资、集中投入”和“统一找矿思路、统一勘查方法、统一工作进度、统一预算标准、统一质量要求”的原则，促进找矿快速突破。通过实施整装勘查，逐步形成大企业、大投入、大工程的局面，以期取得大成果。

矿产资源开发及管理 2012年，云南省矿产资源开发管理工作以科学发展观为指导，紧扣年初确定的各项工作目标，继续落实计划投放制度，为紧缺矿种找矿及整装勘查工作提供基础保障；从2012年8月1日起，全面推进省、州（市）、县（市、区）三级联网审批工作；推进规范开拓工程超越矿区范围、矿业权设置方案编制、全面启动年检信息网上报备及重要矿产资源“三率”调查、进一步完善审批制度、切实加强矿产资源开发利用方案审查、继续推进效能处室建设、积极开展政务信息公开、深入推进“两整治一改革”等各项工作，矿产资源开发管理基础性工作得到进一步提高，矿产资源开发审批改革进一步深化，矿产资源开发利用和保护管理工作持续呈现良好局面。

截至2012年12月20日，16个州（市）国土资源局联网审批平台已全部实现运行，已有161个县（市、区）开通了联网审批平台。各县（市、区）国土资源局通过联网审批平台受理各类申请报件1335个，其中探矿权812个，采矿权523个，按时办结率明显提高；已有13个州(市)、43个县（区、市）上报了辖区内存在开拓工程超越矿区范围矿山的汇总情况和处理意见。全省上报处理矿山319个，通过专家评审并出具审查意见的206个，未按专家意见提交补充材料的84个，待专家评审审查的2个，对24家符合要求的矿山下达了批复，符合要求的矿山已陆续提交了变更申请报件；全省全面启动矿业权设置方案编制工作，部分州（市）、县（市、区）已完成矿业权编制初稿，并进入州(市)国土资源局检查阶段；2012年12月19日，全面启动年检信息网上报备工作。采取以会代训方式，邀请国土资源部专家对云南省重要矿产资源“三率”调查填报工作进行系统培训，全省矿管干部及主要企业管理人员600余人参加；窗口值班人员现场办结勘查实施方案备案1723个，开发利用方案备案506个，探矿权年检55个。审批完成探矿权1074个，其中新立95个，延续676个，变更149个，转让108个，保留27个，注销19个。采矿权审批完成667个，划定矿区范围13个，新立44个，延续443个，变更127个，转让52个；已发布矿业权转让公示公开信息142个，招拍挂出让公示信息80个，挂牌成交结果公告文件28个（91个项目），协议出让整装勘查区内新立勘查项目17个，采矿权新立及划定矿权范围（含扩界）公开80个；对外发布161批矿业权到期预警信息、对外公告探矿权即将到期预警信息2.91万个、采矿权即将到期预警信息1.98万个、公告当天过期探矿权信息981个、公告当天过期采矿权信息510个。为矿业权人提前准备登记资料，按时提交登记申请提供了及时提醒服务。

【国土资源执法监察】 2012年，云南国土资源执法监察工作紧紧围绕省委、省政府“稳增长、冲万亿、促跨越”的年度目标和国土资源管理中心任务，找准工作重点，突出一个抓手，做好四项配合，履好两项职能，有序推进执法监察各项工作，并取得明显成效。

突出卫片执法检查的抓手作用。认真开展2011年度土地和矿产卫片执法检查工作，高位超前、严格主动地抓好任务落实。全省核实土地图斑1.17万个，面积22.168万亩（含耕地面积12.61万亩），核实矿产图斑192个。发现土地违法1674宗，面积3.04万亩（耕地1.67万亩），发现矿产违法117宗。借助公安、纪检监察等部门，开展了有力的违法查处整改工作，立案查处土地违法

804 宗，结案 696 宗，申请强制执行 93 宗，罚款 1.07 亿元，没收（拆除）构建物 297 万平方米，拆除复耕面积 463.77 亩，处分 209 人，追究刑事责任 30 人。立案查处矿产违法 95 宗，非立案处理 22 宗。全省违法占用耕地面积占新增建设用地占用耕地总面积的比例为 7.17%，省、州两级比例未突破 15%的问责红线，2011 年度土地和矿产卫片执法检查工作顺利通过国家验收。

履行好违法案件查处职能。充分发挥国土资源执法在查处和惩戒违法中的职能作用，保持执法硬朗作风。加大重大违法案件查处力度。指导查处了国土资源部和监察部联合挂牌督办的昆明市呈贡县梁王山高尔夫球场案、成都局发现的中国·昆明泛亚国际林业产业园项目违法用地案以及媒体反映的西双版纳州圈地等问题。直接立案查处了华能龙开口水电有限公司违法用地等 5 件面积较大的土地违法案件；开展省、州、县三级执法联动。保持良好的违法案件发现查处上下配合的工作格局，全年全省执法系统发现土地违法 726 件，涉及土地面积 1727.47 公顷（其中耕地 521.44 公顷），立案 666 件，结案 755 件，拆除（没收）构筑物 8096.96 百平方米，罚款 7098.98 万元。发现并立案查处矿产资源违法案件 311 件，结案 284 件，罚款 471.24 万元。

抓好违法源头防范。2012 年，省国土资源厅办理“12336”举报线索 138 条，反馈 138 条；高度重视其他案源的督办落实。高度关注媒体报道、领导交办、部门移送、下级上报等不同渠道的违法线索，主动收集并核实违法线索 35 条，及时遏制违法新动向和新苗头；加大动态巡查力度。全省通过动态巡查发现土地违法 401 件，涉及土地面积 582.31 公顷（耕地 139.7 公顷），制止违法 309 件，制止率 82.6%。

积极配合开展高尔夫球场清理整治、土地督察、“打非治违”工作，取得积极成效。2012 年，云南国土资源执法监察形势总体向好，面上违法得到有力遏制，重点领域违法有所下降。

【地质灾害防治和地质环境保护】

地质灾害防治　2012 年在省委、省政府的正确领导和国土资源部的大力支持下，各级、各部门认真履职，密切配合，扎实工作，全省地质灾害防治工作取得了明显成效。1.因灾损失明显下降。2012 年全省发生地质灾害 571 起，其中滑坡 367 起、崩塌 74 起、泥石流 74 起、塌陷 29 起、地裂缝 26 起、地面沉降 1 起。造成 46 人死亡、11 人失踪、88 人受伤，直接经济损失 2.92 亿元。地质灾害发生数量、因灾造成的死伤人数较“十一五”平均水平明显下降。2.灾害防治投入长效机制初步建立。国家重点支持，省级固定投入，州、县积极配套的防治投入机制初步建立。2012 年全省投入地质灾害防治资金 12.36 亿元，有效缓解了长期以来困扰云南地质灾害防治工作的资金困难问题。3.监测预警处置能力显著增强。省、州、县三级地质灾害防治十年规划已完成，群测群防体系逐步健全完善，气象预警预报覆盖面和准确率不断提高，应急管理、应急响应、应急指挥和处置能力有效加强。2012 年全省组织开展应急演练 385 次，参演人员 9.65 万人次，成功预报地质灾害 14 起，转移避让 752 人，避免人员伤亡 622 人，全省已发现的各类地质灾害隐患点中，纳入群测群防的点有近 2 万个，落实监测人员 2 万余人。4.地质灾害防治取得积极进展。以受地质灾害严重威胁的 68 个城镇及重大地质灾害隐患点为重点，启动实施地质灾害防治项目 267 个，其中中央财政支持特大型项目 17 个，省级大型项目 31 个，州（市）组织中小型治理项目 219 个，安排开展因地质灾害搬迁避让 7053 户 3 万人，基本取得预期成效。

地质环境保护

1.在抗旱救灾工作方面，针对云南三年连旱，严重影响人民群众的正常生活的情况，按照省委、省政府和国土资源部的决策部署，把抗旱救灾地下找水作为去冬今春的重要工作抓实抓好，省国土资源厅组织各有关地勘单位和灾区各级国土资源部门，以岩溶水为主要探采对象，在 11 个旱情严重的州（市）59 个县（市、区）227 个乡（镇）投入 1.2 亿元，施工探采井工程 396 口，其中出水井 316 口，日出水量 6.16 万立方米，可缓解 60 余万人饮水困难；在文山旱区实施暗河天窗提水工程 10 处，日出水量 1740 立方米，可缓解约 60 个村寨 4403 户 1.93 万人饮水困难。

2.在矿山地质环境保护方面，认真贯彻执行矿山地质环境保护与恢复治理方案制度、矿山地质环境恢复治理保证金制度（截至 2012 年底，采矿权人已缴存矿山地质环境保护与恢复治理保证金 11.2 亿元），建立矿山地质环境动态监测调查表、矿山地质环境数据统计报表制度，编制了“矿山复绿”行动实施方案。严格按照国土资源部的项目管理要求，着力加强对矿山地质环境保护项目实施的监督管理，指导有关州、县国土资源部门认真做好项目的组织实施工作。

3.在地质遗迹保护方面，认真组织做好国土资源部支持项目的组织实施工作，积极探索建立省级地质遗迹保护经费投入长效机制，与中国地质博物馆合作编制了《云南省古生物化石保护规划》，积极推进成立了云南省古生物化石专家委员会及其日常办事机构。

（朱云忠）

工商行政管理

2012年，全省工商系统在省委、省政府和国家工商总局的正确领导下，坚持以邓小平理论、“三个代表”重要思想、科学发展观为指导，认真贯彻落实党的十八大、省委九届四次全会、全国工商行政管理工作会议精神，紧紧围绕科学发展、和谐发展、跨越发展和桥头堡建设大局，进一步牢固树立服务理念，努力做到工商工作与党委、政府中心工作同频共振，扎实开展效能建设，努力在创特色、出亮点、促跨越上做文章，各项工作积极推进、成效明显。

服务民营经济发展战略合作启动仪式

【公平交易执法】　2012年，全省工商系统竞争执法部门查处各类经济违法案件2.92万件，案件总值8.09亿元，上缴财政罚没款1.74亿元。

1.认真开展打击传销规范直销工作。2012年，全省工商系统出动执法人员3.03万人（次），查办传销案件324起（“拉人头”传销22起，团队计酬传销8起，互联网传销11起、“3·21”网络传销案行政处罚立案案件277起、为传销提供便利条件6起），案值1252.32万元，收缴罚没款231.86万元（收缴违法所得13.45万元，处以罚款218.41万元），捣毁取缔各类传销窝点387个，清劝遣散参与传销人员3157人，工商移送公安机关涉传案件2起4人。公安、工商机关抓获传销头目及骨干502人，刑事拘留229人，批捕109人，判刑63人。全年创建无传销社区（村）64人。

2.积极稳妥地开展反垄断与反不正当竞争执法工作。截止2012年10月底，全省工商机关查处不正当竞争案件444件，案值4689万元。经国家工商总局授权，对西双版纳州旅游协会和旅行社协会涉嫌协议垄断进行立案调查，这是云南查处的全国旅游行业第一个反垄断案件。

3.有序推进治理商业贿赂专项工作。截止2012年10月底，全系统查处商业贿赂案件40件，案值924.48万元，罚没款563.63万元。

4.保护知识产权，严厉打击侵犯知识产权和制售假冒伪劣商品工作。截止2012年10月底，全系统检查经营户1.53万户，查处案件235件，案值291.29万元，罚没金额152.66万元。

5.认真开展流通领域反走私工作。2012年，全系统检查经营户1.12万户，冷库51个；查处案件353件，罚没款304.57万元；取缔无照经营户35户。

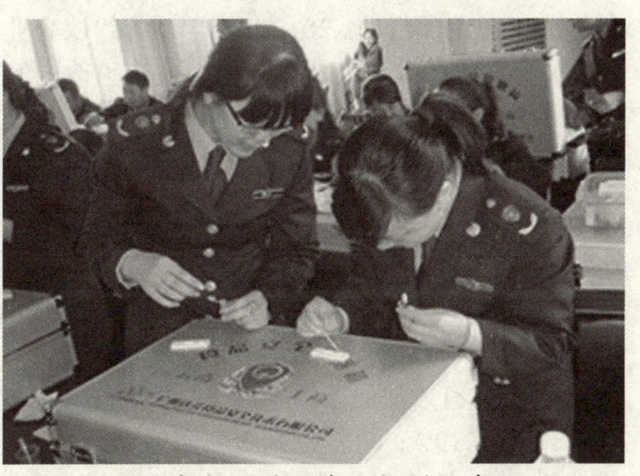
工商部门进行食品抽样检查

【市场监督管理】

1.进一步加强商品市场信用分类监管，商品市场诚信体系建设深入推进。截止2012年底，全省有诚信市场836个，其中县（区）级486个，州（市）级303个，省级47个，县县都有诚信市场的目标已经实现。

2.深入开展红盾护农专项行动，农资市场监管效能进一步提升。认真组织开展了“春季打假百日行动”和“肥料打假专项行动”等系列执法行动，得到了国家工商总局红盾护农专项工作督察组的充分肯定。2012年，全省工商系统共检查农资经营者8.47万户次，整顿市场1.24万个次，取缔无照经营846户，查处超范围经营95户，查处农资案件 1042 件，案值 895.4 万元，罚款 514.24 万元。受理涉农投诉 136 件，为农民挽回经济损失 247.46 万元。

3.认真落实高原特色农业红盾助推行动措施。2012 年，全省有农村经纪人 1.71 万户，其中农业经纪人 1.52 万户，经纪业务量 17.24 亿元，全年新发展农业经纪人 1429 户。

4.进一步加强各类市场监管，维护了良好市场秩序。继续强化各类市场的监管和专项整治工作，有效维护了市场秩序。2012 年，全省工商部门查处商品交易市场违法违章案件 1.49 万件；案值 4191.71 万元；罚没金额 2550.36 万元，确保了商品市场秩序稳定。

【合同管理】 2012 年，切实加强合同监管工作，合同办案实现了历史性突破。加强涉农合同监管检查涉农合同企业 3208 户，检查涉农合同 14.85 万份，调解涉农合同纠纷 8004 件，金额 5411.43 万元，签约农户 24.59 万户，签约合同 26.1 万份，合同金额 34.54 亿元。

深入开展整治利用合同格式条款侵害消费者合法权益专项行动。2012 年，全系统约谈企业 916 次，发出行政建议书 504 份，责令整改通知书 316 份，查办合同案件 311 件，结案 216 件，罚没款 51.49 万元。

工商部门进行消费维权教育宣传

【商标监督管理】

1.加快实施商标战略，服务经济跨越发展。2012 年全省有效注册商标新增 1.1 万件，总数 6.9 万件，增幅 19%；申报中国驰名商标 28 件，新获准认定 22 件，总数达到 56 件；新获准地理标志证明商标注册 20 件，总数达到 66 件，排名全国第八位；新认定云南省著名商标 245 件，总数达到 1398 件。德宏、普洱实现中国驰名商标零的突破，16 个州（市）都开展了知名商标认定工作。

工商部门红盾护农宣传惠农政策到田间

2.加大商标保护力度，扎实推进“双打”工作。2012 年以来，省工商局进一步开展打击侵犯知识产权和制售假冒伪劣商品工作，先后组织开展了“云南白药”、“日子”、“九牧王”、“大宝”、“九阳”等一系列省内外中国驰名商标的专项保护行动，部署开展了白酒、红酒、烟草、农资、食品等专项执法行动。查处了一批假冒中外知名品牌案件。2012 年，全省工商系统出动执法 2.96 万次，出动执法人员 5.5 万人次，检查经营主体 29.8 万户，检查批发零售市场、集贸市场等各类市场 9349 个次，整治重点区域 1714 处，受理和处理消费者申诉举报 992 件，为消费者挽回经济损失 192.62 万元；查处制售假冒伪劣商品案件 1562 件，案值 4209.5 万元，罚没金额 1098.1 万元，移送司法机关案件 2 件。

【广告监督管理】

1.积极谋划实施云南省广告战略。2012 年，云南把推进广告战略实施的重点放在“谋划实施广告战略”工作上，健全完善了《促进云南省广告业发展指导意见》，制定了《云南省广告业“十二五”发展规划》。结合实际，加紧制定了《云南省广告业发展“十二五”发展规划》（征求意见稿），通过积极争取，努力将推进广告战略实施上升为政府行为。

2.改进方式，提升效能，努力营造健康有序广告市场环境。2012 年，全省监测各类广告 120.32 万条次，查出并责令整改涉嫌违法广告 2.91 万条次，广告违法率 2.42%，比上年下降 0.18 个百分点。2012 年办理违法广告案件 852 件，罚没收入 401.31 万元。

3.依法行政，严把广告市场准入关。认真做好广告经营资格年度检查工作。对领取《广告经营许可证》的 303 户广告经营单位进行了广告经营资格检查，检查率 100%，年检通过率 100%。

2012 年，省工商局本级办理各类广告行政许可 28 件。

工商部门认真进行市场监管

【企业登记管理】

积极开辟服务民营经济发展分战场。1.制定出台 18 条扶持措施，拓展民营经济的发展空间。2.建立定点联系服务制度，提高对民营企业的服务水平。3.建立 3 个工商合作机制，帮助民营企业破解融资难题。联系协调省工商局、省工商联、省工商银行签订“工商搭台金融服务，助推民营经济发展”三方战略合作协议。4.编制 2011 年度和 2012 年上半年全省企业发展报告。2012 年，全省放宽企业名称登记条件办理 1008 户，放宽企业集团、连锁登记条件办理 257 户，办理股权出资出质登记 3928 户，引导个体工商户转型登记为私营企业 639 户。截止 2012 年 10 月底，全省实有企业 24.21 万户，注册资本 1.23 万亿元，与 2011 年底相比企业户数增长 6.68%、注册资本增长 12.6%。

加强对重点行业企业的登记监管。1.加强对煤矿等高危行业企业的登记监管。制定下发《云南省工商局关于认真履职到位进一步加强安全生产监管工作的紧急通知》和《云南省工商局关于进一步加强高危行业监督管理工作的紧急通知》，加强对高危行业企业的登记监管指导。2.组织开展“打非治违”专项执法行动。全省工商系统在“打非治违”执法专项行动工作中，检查、排查企业 1.96 万户。

认真组织开展企业年度检验工作。继续做好网上年检工作，按照全省网上年检率力争达到 100% 的目标，各地明确工作目标、任务和要求，采取有效措施，全力抓好网上年检各项工作的落实。2011 年度全省应参检企业户数 22.65 万户，参检企业 17.54 万户，网上年检企业 17.54 万户，网上年检率 100%。

【消费者权益保护】

1.扎实推进“12315”“五进”消费维权服务站规范化建设。针对云南的实际情况，省工商局制定并下发了《关于进一步加强“12315”“五进”消费维权服务站规范化建设的实施意见》文件，要求各州（市）工商机关按照文件精神，扎实推进“12315”“五进”工作。2012 年，全省已建立“12315”消费维权服务站 2125 个，完成率 74%。

省工商局举行云南荣获中国驰名商标新闻发布会

2.继续加强“一会两站”规范化建设，进一步扩大社会维权网络覆盖面。2012 年，全省“一会两站”建设 1.9 万个，基本实现了城市社区、行政村全覆盖。

3.深入推进“12315”行政执法体系建设。提高接诉质量，注重纠纷和解，努力建立能够及时有效地回应公众期待和消费者诉求的畅通渠道，督促提高消费纠纷和解的成功率。2012 年，全省工商系统受理消费者申诉 1.11 万件，调解成功 1.1 万件，调解成功率 99.25%，为消费者挽回经济损失 2166.96 万元。定期对消费者申诉举报案件办理情况进行督办考核。全省绝大部分州（市）已做到对办结的每一件消费者申诉举报案件都建立档案，实现对每一件申诉举报都能做到可查询、可追溯。

4.紧紧围绕维护商品市场秩序和保障消费安全，流通领域商品质量监管和有关服务领域消费维权工作取得新成效。继续开展“家电下乡”市场专项整治。全省各级工商机关积极配合相关部门继续深入扎实开展“家电下乡”等市场专项整治，强化对家电、汽车、摩托车等产品下乡活动定点销售网点的管理，切实规范下乡产品的经营行为。大力加强流通领域商品质量监测。2012 年，省工商局完成监测 339 组，各州（市）完成流通领域商品质量监测 12850 组。强化案件查处工作，严厉打击销售假冒伪劣商品违法行为。

5.着力加强维护商品市场秩序和保障消费安

全工作。2012年，全省工商系统查处制售假冒伪劣商品违法案件3526件，案值1299.6万元。查处侵害消费者合法权益案件3265件，案值1131.6万元。

（杜立基）

安全生产监督管理

【安全生产状况】 2012年，云南省安全生产形势稳定好转，各类生产安全事故起数和死亡人数同比大幅下降，没有发生特别重大事故。亿元GDP死亡率、煤矿百万吨死亡率、十万从业人员死亡率、万车死亡率都以两位数幅度下降。工矿商贸、道路交通、消防等重点行业领域事故明显下降。16个州（市）事故死亡人数均在控制指标内。

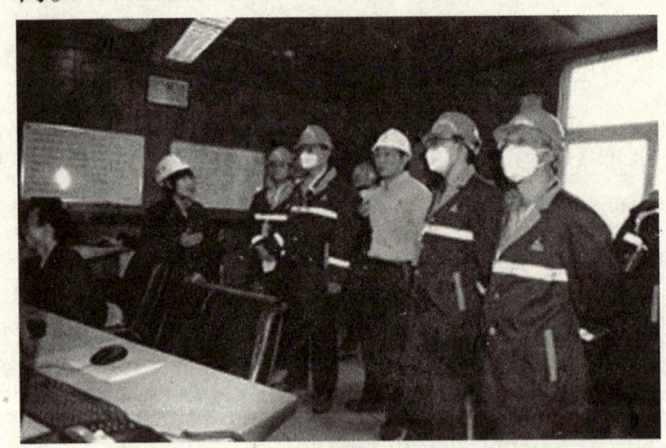

冶金企业职工卫生安全检查

【安全生产责任】 云南省政府将安全生产工作列为2012年20项重要工作之一并由督查室重点督查。在全省县域经济发展争先进位评价考核中，将安全生产纳入“四项前置指标”之一，实行安全生产“一票否决”。省政府下发了《云南省安全生产“十二五”规划》、《关于以三项行动三项建设为主题深入开展安全生产年活动的通知》、《关于集中开展安全生产领域“打非治违”执法专项行动的实施意见》等重要文件。按照省政府《关于进一步加强安全生产工作的决定》要求，各级政府进一步健全安全生产“一岗双责”制度，落实政府主要领导任安委会主任、常务副职分管安全生产，其他领导负责分管行业领域安全生产工作的要求。各级各部门逐级对口签订安全生产目标责任，并兑现奖惩。安全监管部门及时向有关部门和下级政府通报安全生产形势，向工作不落实的地区和部门发出督办通知，对较大以上事故责任单位进行诫勉谈话，对重大隐患和较大事故调查工作挂牌督办，典型事故开展现场警示教育，有效促进了安全生产责任的落实。

【“打非治违”专项行动】 2012年，云南省集中开展了为期9个月的打击非法违法生产经营建设行为（“打非治违”）专项行动。省政府印发了实施意见，成立了由分管副省长任组长的领导小组，召开专题电视电话会议部署。工信、公安、国土、住建、交通、安监、质监、煤监等8个省级部门分片包干，省安委办、省政府督查室联合督查，各级各部门突出重点地区、重点企业、重点问题，采取“四个一律”措施（对非法生产经营建设和经停产整顿仍未达到要求的，一律关闭取缔；对非法违法生产经营建设的有关单位和责任人，一律按规定上限予以经济处罚；对存在违法生产经营建设行为的单位，一律责令停产整顿，并严格落实监管措施；对触犯法律的有关单位和人员，一律依法严格追究法律责任），重拳打击非法违法和违规违章行为。全省组织“打非治违”执法专项行动督查检查组6.79万个，组织检查人员37.16万人次，打击非法违法、治理纠正违规违章行为74.25万起，取缔关闭非法违法生产企业906家，责令停产停业企业3973家，行政拘留402人，移送追究刑事责任118人，罚款5887万元。通过“打非治违”专项行动，因非法违法生产导致的较大事故比例明显下降，由2011年的42起下降到2012年的26起，下降38.1%。

【重点行业领域安全专项整治】 2012年，各级政府和安委会全体成员单位认真履行责任，开展了以煤矿、非煤矿山、危险化学品、道路交通、建筑施工、重点建设项目6个行业领域为重点的专项整治工作。煤矿突出抓了“一通三防”和水害防治工作，淘汰落后产能66处，关闭煤矿19个。非煤矿山开展了以完善通风系统为重点的地下矿山专项整治，以分台阶开采、机械化铲装和中深孔爆破为重点的露天矿山专项整治，矿山非法制贩爆炸物品和违法采矿专项治理。危险化学品开展了重点危险工艺、重点监管危化品、重大危险源“两重点一重大”专项整治。烟花爆竹开展了“三超一改”专项整治和整合工作。道路交通开展了驾驶员队伍、路面行车秩序、危险路段“三项整治行动”和以“大排查、大整治、大培训”为主题的“客运安全年”活动。建筑施工开展了以预防坍塌、高处坠落等事故为重点的建筑施工安全专项整治和轨道交通建设、铁路、公路、水电等重点建设工程专项整治。公安消防部门开展了民用高层建筑消防安全专项整治和消防清剿火患战役。教育部门继续实施了校舍安全工程。农业部门开展了“平安农机”创建活动。质监、铁路、民航、电力等有关部门也都有针对性地开展了行业领域的专项整治。

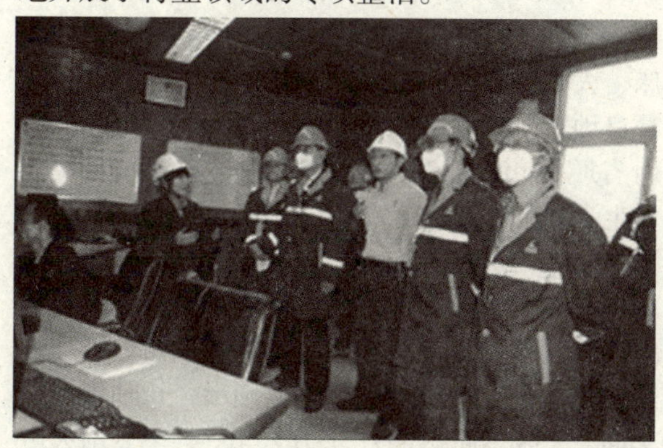

全省安全生产工作会议

【安全标准化建设】 2012年，全省所有煤矿井下安全“六大系统”除紧急避险系统以外的“五大系统”已建设完成，正常生产的939处煤矿矿井达到三级以上安全质量标准化矿井。146座非煤地下矿山完成安全避险“六大系统”建设，24座三等尾矿库全部安装在线监测系统，安全标准化达标非煤矿山企业3926户。2620户危险化学品企业通过三级以上安全生产标准化考评，45户涉及危险化工工艺的生产企业完成自动化改造，116户烟花爆竹生产经营企业完成三级标准化创建工作。冶金、有色等工贸行业351户企业达到三级以上标准化。50户发电企业开展了安全标准化达标工作。完成建筑施工安全质量标准化工地创建50个，铁路建设项目安全质量标准化工地创建20个，水电建设项目安全质量标准化达标工地创建19个。

【全国安全生产万里行云南段活动】 2012年6月29日至7日4日由中宣部、国家安监总局、公安部、国家广播电影电视总局、中华全国总工会、共青团中央、中华妇女联合会共同主办的2012年“安全生产万里行”活动在云南省曲靖市启动，国家安监管总局局长杨栋梁，常务副省长李江、副省长和段琪出席出发仪式。由人民日报、新华社、中央人民广播电台、中央电视台以及云南电视台、云南人民广播电台、云南日报等中央、省级18家新闻媒体组成的“万里行”采访团深入曲靖、昭通两地，通过举行报告宣讲会、召开座谈采访会、实地考察、现场采访等方式，集中开展安全生产新闻采访和报道，大力宣传“科学发展、安全发展”理念，广泛传播安全文化知识。

全国安全生产万里行出发仪式

【安全生产书画摄影展】 2012年6月，由省委宣传部、省安监管局、省总工会、省文联共同主办，云南铜业（集团）有限公司和云南建工集团有限公司协办的云南省安全生产书画摄影展在省博物馆举办。国家安监总局总工程师黄毅、省人大常委会副主任程映萱、省政协副主席罗黎辉以及主承办单位主要负责人出席开幕式。本次书画摄影展，收到省内外安全生产工作者书画摄影作品3535件，作品主题鲜明，内涵丰富、贴近生活，以艺术表现形式大力宣传安全生产法律法规和方针政策，热情讴歌广大安全生产工作者不畏艰险、爱岗敬业、开拓创新的精神风貌，记载了应急抢险救援的生动场面，记录了安全生产工作的点滴瞬间，具有较好的思想性、教育性和较高的艺术赏析价值。展出期间，参观人数5万余人次，社会反响热烈，大力营造了“关爱生命、关注安全”的良好社会氛围。

云南省安全生产书画摄影展

【事故应急救援】 2012年，全省安全生产应急救援机构累计完成各种应急救援任务1488起，成功救出遇险人员842人，生还695人。在昭通市彝良县“9·07”地震灾害和镇雄“1·11”山体滑坡救援工作中，安全生产应急救援队伍发挥了抢险救灾的重要作用。安全监管部门与气象等部门建立了预警工作机制和24小时情况通报制度，全年发出极端天气预警76次。

危险化学品运输车辆事故应急演练

【生产安全事故查处】 2012年，全省各类生产安全事故查处按期结案率95.89%，其中较大事故按期结案率90%，重大事故按期结案率100%，对全省发生的80起较大事故进行了挂牌督办。累计追究处理相关责任人88人，其中给予党纪政纪处分72人、移送司法机关追究刑事责任16人。

【重大生产安全事故】 2012年4月28日，临沧市云县发生一起重大道路交通事故，造成11人死亡，9人受伤。12月5日，曲靖市富源县发生一起煤与瓦斯突出重大事故，造成17人死亡，6人受伤。

（唐　陶）

抗震防震

【抗震救灾】

宁蒗5·7级地震 2012年6月24日15时59分32秒，云南省丽江市宁蒗县、四川省凉山州盐源县交界（北纬27.7°，东经100.7°）发生5.7级地震，震源深度11公里。宁蒗县部分乡镇遭受不同程度破坏。宏观震中位于永宁乡永宁村委会陈家湾—海玉角—拉鲁瓦一带，极震区烈度Ⅶ度（海玉角、陈家湾、八七、拉鲁瓦等个别居民点Ⅷ度）等震线形状呈椭圆形，长轴走向为北西向。云南灾区总面积约1365平方公里。

本次地震云南灾区主要涉及宁蒗县的4个乡镇、16个行政村（居委会）；灾区人口6.03万人，1.38万户。造成3人死亡，25人重伤，369人轻伤。宁蒗—盐源5.7级地震云南灾区直接经济总损失5.07亿元。

各级政府投入应急资金2300万元，其中省级财政1000万元，丽江市财政1000万元，宁蒗县300万元。民政部门调拨救灾帐篷4000顶棉被5000床、大衣5000件、彩条布1300件。

彝良地震 2012年9月7日11时19分40秒，云南省昭通市彝良县（北纬27.5°，东经104.0°）发生5.7级地震；12时16分29秒，彝良县（北纬27.6°，东经104.0°）再次发生5.6级地震。

彝良县部分乡镇遭受不同程度破坏。宏观震中洛泽河镇的毛坪村至老洛泽河村一带，极震区烈度达Ⅷ度，等震线形状呈椭圆形，长轴走向北东向。灾区总面积3697平方公里；其中云南灾区面积3118平方公里、贵州灾区面积579平方公里。

本次地震云南灾区主要涉及昭通市彝良县、昭阳区、大关县、镇雄县的32个乡镇、171个行政村（居委会）；灾区人口71.57万人，17.84万户。地震中81人死亡，832人受伤。彝良5.7、5.6级地震云南灾区直接经济总损失43.04亿元。其中彝良县34.07亿元、昭阳区6.8亿元、大关县1.84亿元、镇雄县3360万元。

中央财政下拨地震救灾和恢复重建资金10.5亿元。省级财政投入应急资金3000万元，昭通市、彝良县两级财政下拨552万元应急资金。民政部门调拨救灾帐篷1.37万顶，棉被1.3万床，棉衣1.31万件，彩条布4828件，折叠床5000床，床垫4700个，雨衣2000件。

【强化抗震设防监管】 为了提高行政审批效能，不断完善投资审批体制机制，优化和尽可能减少审批环节，加快审批进度和质量，确保重点项目尽早开工建设，确保顺利完成“稳增长、冲万亿、促跨越”的目标任务。2012年12月，省投资项目并联审批服务中心正式运行，省地震局作为第一批进驻省投资项目审批服务中心的14家省直部门之一，进驻中心开展并联审批工作。同时，省地震局对重大项目坚持会议审查。2012年，完成333项重大建设工程项目地震安全性评价报告的评审和行政许可。

【指导宁蒗、彝良地震恢复重建工作】 宁蒗、彝良地震发生后，省地震局组织专家对宁蒗、彝良地震恢复重建规划、选址进行了认真研究，并结合全省防震减灾工作实际，提出防灾减灾建设项目，充实规划防灾减灾能力建设。在宁蒗恢复重建规划项目中开展“地震监测系统建设”、“强震监测系统建设”，达到加强宁蒗地区的地震专业监测系统建设，提高监测预测预警能力。2012年，省地震局组织完成6个强震台站选址和建设工作，投入资金60万元。

【重大工程的社会管理】 省地震局根据昆明市政府的部署和要求，主持召开2次专题会议，制订工作方案，派出4位专家参加专家组，指导和参与了“昆明市新机场快速配套工程一期工程抗震设防专项验收”。做好重大工程的社会管理事务，服务地方社会经济建设。

【减隔震技术的推广运用】 2012年3月19日，根据《云南省政府办公厅关于加快推进减隔震技术发展与应用的意见》(云政办发[2011]55号)精神，为进一步加快推进减隔震技术的发展与应用，切实提高建筑工程抗震设防能力，最大限度减轻地震灾害损失，保障人民群众生命财产安全，省住建厅、省地震局等9部门联合出台《关于进一步加快推进云南减隔震技术发展与应用的通知》。并于2012年5月12日，利用防灾减灾日的契机，省地震局、省住建厅共同完成了全省减隔震技术现场推广应用活动会议的组织承办工作。

【二级地震安全性评价工程师考试】 根据中国地震局《关于2012年度二级地震安全性评价工程师资格考试有关事项的通知》，省地震局与省人力资源和社会保障厅联合下发了《关于做好2012年度二级地震安全性评价工程师资格考试考务工作的通知》(云人考〔2012〕1号)，2012年4月14~15日，完成2012年度云南省二级地震安全性评价工程师资格考试，通过网上报名的考生69人，经过资格审查，符合报考条件的考生有24人，实际参加考试的考生15人。

【防震减灾工作纳入政府目标考核体系】 2012年6月20日，省地震局向省委、省政府请示，得到省政府同意，从2012年度开始，将全省州(市)防震减灾目标责任制考核统筹纳入省委、省政府目标考核体系。将全省州(市)防震减灾工作纳入保障指标的社会稳定小体系中进行。

【《云南地震保险探索》课题研究】 2012年，省地震局、省保监局、省财经大学、省诚泰保险公司共同完成《云南地震保险制度构建及实施研究》报告，并于10月30日通过验收，为推动云南地震保险进入实际操作层面打下坚实基础。

(谢 巍)

地区经济

Regional Economy

8个省辖市

昆明市

【经济综述】 2012年，昆明市经济实力跃上新台阶。全市地区生产总值突破3000亿元大关，达3011亿元，按可比价计算，比上年增长14.1%。其中，第一产业完成增加值159.16亿元，增长6.4%，第二产业完成增加值1378.48亿元，增长16.1%，第三产业完成增加值1473.5亿元，增长13%；地方公共财政预算收入378.4亿元，增长19.1%；地方公共财政预算支出完成525.54亿元，比上年增长19%；规模以上固定资产投资2345.9亿元，增长25.1%；社会消费品零售总额1493.8亿元，增长17.5%。农业实现增加值159亿元，增长6.4%，粮食总产量120万吨。全市工业实现增加值1008亿元，增长15.6%。规模以上工业企业818家。完成非电工业固定资产投资520亿元，增长36.7%。新开工亿元以上工业项目91项，竣工64项。服务增加值1473亿元，增长13%。进出口贸易总额144亿美元，增长20%。螺蛳湾国际商贸城三期等一批商贸物流园区开工建设。全市旅游总人数4694.24万人次，增长14.4%；旅游业总收入426.68亿元，增长16.2%。

【农 业】 2012年，昆明市农业经济虽受三年连旱的不利影响，仍实现粮食稳产和农业增效。全年农林牧副渔服务业总产值实现268.84亿元，比上年增长6.8%。其中，农业产值增长4.1%；牧业产值增长8.4%。粮食总播种面积420.65万亩，增加8.78万亩，增长2.1%；粮食总产量120.67万吨，增长0.7%；蔬菜产量229.58万吨，鲜切花产量46.10亿枝，肉类总产量55.34万吨。

【工 业】 全市牢固树立工业首位意识，加快推进新型工业化进程，促进产业转型发展和技术创新，工业经济保持稳定增长，发展基础不断稳固。2012年实现工业增加值1008.42亿元，增长15.6%。规模以上工业增加值比上年增长15.7%，其中：轻工业增长15.5%；重工业增长15.9%。主要工业产品产量保持增长，其中：卷烟增长4.7%；磷矿石增长15.3%；中成药增长45.8%；水泥增长25.2%；钢材增长15.1%；煤气生产量增长27.5%。

【城乡建设】 全面完成“三规合一”规划调整，山地城镇建设稳步推进，完成“农转城”70万人，全市城镇化率67.2%。“3015”行动计划启动实施。31条城市道路建设完工，完成翠湖片区及22条重要城市道路综合整治，建成7座盘龙江跨江桥梁，建制村公路路面硬化600公里。主城公交出行分担率40%，行政公交覆盖率93.5%，成为国家“公交都市”、“低碳交通”、“出租汽车信息化”试点城市。轿子山旅游专线全线贯通；金东大桥、阳宗海西部快线项目开工建设，南连接线项目稳步推进。地铁6号线一期工程试运营，1、2号线首期工程南段试通车。配合完成昆明长水国际机场转场运营。“城中村”改造项目完工16个、开工46个，38个回迁安置房项目主体工程完工。拆除临违建筑213万平方米，新增城市绿地1460公顷。完成省级23件应急增蓄重点项目和市级536件抗旱增蓄应急工程，有效解决70万人饮水困难。建设水库104件，建成“五小水利”工程5万件，解决10万农村人口饮水安全问题。清水海引水工程实现向主城供水。

【城乡消费】 城乡市场保持繁荣。全市社会消费品零售总额1493.8亿元，比上年增长17.5%。其中，批发业实现176.23亿元，增长57.5%；零售业实现1105.11亿元，增长13.4%；住宿业实现19.89亿元，增长20.4%；餐饮业实现192.57亿元，增长13.8%。

【外贸·对外开放】 在外需疲软的形势下，继续加快开放步伐，全年进出口贸易保持增长。2012年全市进出口总额完成144.1亿美元，增长20.1%。实际利用外资完成15.88亿美元，增长24.6%；引进市外到位资金1238亿元。“央企入昆”步伐加快，南车轨道交通晋宁装备基地等 10 个项目投产运行，西南水电设备制造基地等 10 个项目开工建设。中国国际期货、东亚银行等 6 家金融机构设立驻昆分支机构，浙江稠州银行、上海农商行在昆设立村镇银行。昆明花卉出口基地成为国家外贸转型升级示范基地。对外投资项目 21 项，新签工程承包项目 24 项。昆交会、第五届全球外包大会、第八届中国国际物流节项目等重要会展成功举办。积极参与滇中产业新区建设，深化与东盟自由贸易区、泛珠三角区域、川滇黔十地州市的交流与合作，与印尼日惹市、土耳其安塔利亚市建立友城关系，加入世界城市和地方政府联合组织。

【社会事业】 2012 年，学前教育 3 年毛入园率提高到 94.5%，义务教育巩固率保持在 99% 以上，高中阶段毛入学率提高到 88.5%，各级各类民办学校增加到 1060 所。统筹安排 3.8 万进城务工人员随迁子女平等接受资金积累教育，全面实施农村资金积累教育阶段学生营养改善计划，33.7 万名学生从中受益。

组织实施 16 项重大科技项目，新高新技术企业 105 家，新增知识产权试点单位 16 户、示范单位 4 户，建成各级企业孵化器 18 个，科技成果转化率提高到 39.8%。古滇王国文化旅游名城项目开工建设，文庙恢复性修建项目一期工程启动建设。全市文化馆、公共图书馆全部免费开放。成功举办第二届昆明聂耳音乐节、第七届云南省城市运动会等文体活动。新建文化惠民示范村 7 个、农家书屋 311 个、农民体育健身工程点 50 个、文体活动广场 43 个。市儿童医院南市区医院投入使用，延安医院心血管病医院等重大医疗卫生项目完工，建成 3 个远郊县（区）急救中心和 117 个边远山区卫生室。县乡级公办医疗卫生机构基本药物实行零差率销售。14 个县（市）区全部创建成为国家卫生城市和卫生县城。

【人民生活】 继 2011 年昆明“两个收入”首超全国平均水平后，2012 年城乡居民收入继续保持稳步增长态势。城镇居民人均可支配收入 2.57 万元，比上年增长 17.%；农民人均纯收入 8200 元，增长 18%，民生支出占地方公共财政预算支出的 73.6%；居民消费价格总水平上涨 3.1%。提供有效就业岗位 18.5 万个，新增城镇就业 11.7 万人，2.9 万名就业困难人员实现再就业，城镇登记失业率 2.38%；农村劳动力转移培训 35.9 万人，转移就业 26.9 万人；发放小额担保贷款 21.4 亿元，扶持 3.7 万人创业，荣获“全国创业先进城市”称号。城镇职工养老、医疗、失业、工作、生育保险参保覆盖率分别为 96%、97.2%、97.5%、95.5%、95.5%。城乡居民社会养老保险制度实现全覆盖，参保人数 201 万人；建立统筹城乡的居民基本医疗保险制度，参保人数 362 万人。城乡低保和农村五保供养标准提高 15%以上，五保集中供养率 45%，救助群众 40 万人。投入保障性住房建设资金 134 亿元，开工 7.57 万套，基本建成 6.41 万套。启动首批公共租赁住房的分配工作。“菜篮子”工程扎实推进，市级统筹安排专 项资金 6000 万元，建成标准化菜市场 36 个、生鲜超市 51 个，改造建设标准化养殖场 46 个。全力推进“幸福乡村”建设，完成 140 个省级新农村建设任务，启动 145 个省市重点贫困村建设，完成自然村整村推进 461 个，解决农村 6.8 万贫困人口温饱问题。

【园区建设】 2012 年，园区规模以上工业完成增加值 770 亿元，增长 16%，占全市规模以上工业增加值的 85.5%； 完成基础设施投资 125 亿元，收储土地 20.7 平方公里，新建标准厂房 128 万平方米；成功创建 2 个国家级、1 个省级和 11 个市级新型工业化生产示范基地，7 个园区升级为省级重点工业园区。2 个城区的地区生产总值超过 600 亿元，5 个县（市）区超过 100 亿元，其余区均超过亿元。民营经济增加值 1362.9 亿元，增长 15.5%，占全市地区生产总值的 45.3%；私营企业 10.8 万户，从业人员 107 万人；统筹整合各级财政专项资金，撬动银行新增贷款 431 亿元支持中小企业发展。

【项目及固定资产投资】 全市紧抓年初确定的 90 项重点基础设施项目和 60 项产业投资项目建设，大力推进保障性安居工程建设，精简项目审批流程，加快项目建设进度，固定资产投资保持较快增长势头。2012 年，全市规模以上固定资产投资完成 2345.91 亿元，比上年增长 25.1%。其中，工业投资（含电力）完成 550.17 亿元，增长 35.1%；房地产投资完成 919.07 亿元，增长 45.2%。全市建筑总产值

1503.99亿元，增长26.5%。

【产业投资】 2012年，第一产业投资23.16亿元，比上年增长58.1%，占全市投资总量的1%；第二产业投资551.32亿元，增长35%，占全市投资总量的23.5%；第三产业投资1771.43亿元，增长22%，占全市投资总量的75.5%。

【中小企业融资】 2012年，昆明市以破解企业融资难题为重点，与农信社、建行等20家金融机构签订支持中小企业融资、壮大实体经济银政合作协议。创新财政投融资体制，采取建立风险补偿机制、配比财政性资金存款、建立银行激励考核机制等政策，确定统筹各级财政资金4亿元，银行新增贷款100亿元以上，分别由市工信委、市科技局、市人事和社会保障局对1000户以上中小微企业给予贷款贴息扶持。昆明市中小微企业获得各金融机构新增贷款432亿元。全市争取到各级非公经济、中小企业发展专项资金1.96亿元，创历史新高。其中：国家发改委、工信部工业中小企业技术改造项目6个、扶持资金1215万元；省非公有制经济暨中小企业发展专项资金项目41个、扶持资金2410万元；工信部中小企业发展专项资金项目24个，获1612万元扶持；市非公经济、新型工业、节能减排、信息化建设首批贷款贴息项目214个、扶持资金1.43亿元。探索和推动中小企业集合债发行工作。通过发行中小企业集合债，引导昆明市一批稳健发展、具备现代企业管理理念的优质民营企业利用发行中小企业集合债券进行融资。

【存在的问题】 主要表现在：经济总量偏小，产业特别是工业支撑乏力，内生动力不足，产业结构不优，转方式、调结构、加快发展任务艰巨；城市规划、建设水平不高，管理较为薄弱，与新昆明快速发展不相适应；农村基础设施建设滞后，农业产业化程度偏低，农民增收困难较多；县域经济特色不明显，县城和小城镇发展缓慢，统筹城乡区域发展任务繁重；文化昆明建设差距较大，繁荣发展不足；社会建设和社会管理相对滞后，基层基础工作有待加强，民生保障压力较大；生态文明建设力度不够，滇池治理任重道远；土地、资金、人才、资源环境等要素制约依然突出；政府职能仍需转变，干部作风亟待改进，廉政建设有待加强等。

（方玉红）

曲靖市

【综 述】 2012年，曲靖市委、市政府深入贯彻落实科学发展观，紧紧围绕市第四次党代会提出的战略部署，围绕“富民强市”总目标，抢抓滇中城市经济圈建设机遇，以新型工业化为主导、现代农业为基础、现代服务业为支撑，产业优化升级不断推进，各项社会事业全面进步，全市经济保持了较快增长的良好发展态势。经济总量迈上千亿元台阶，实现生产总值1400.2亿元，按可比价格计算比上年增长13%，人均GDP达到2.37万元。其中：第一产业实现增加值262.3亿元，增长7.3%；第二产业实现增加值742.9亿元，增长15.5%；第三产业实现增加值395亿元，增长11.8%；三次产业结构为18.7∶53.1∶28.2。财政收入快速增长，达342.7亿元，增长10.9%；地方一般预算收入103.8亿元，增长17.6%。全年地方一般预算支出281.9亿元，增长26.9%。全社会固定资产投资规模完成825.09亿元，增长23.1%。

【产业发展】 工业强市迈上新台阶。2012年，围绕着建立重点产业、骨干企业、产业园区等“六位一体”工作机制，已建成国家级经开区1个，省级工业园区7个，市级重点工业园区5个，形成了由国家级开发区、省级、市级工业园区组成的多层次园区体系，省、市级工业园区工业产值占全市工业产值的50%。培植和构建了以“两烟”、能源、化工、矿冶、机械装备、生物资源开发创新为主体的支柱产业体系，支柱产业实现产值占全市工业总产值的78%。全年完成工业投资319.16亿元，比上年增15.59%；实现工业增加值657.3亿元，按可比价计算增长15.2%。其中，全市460户规模以上工业企业实现增加值486.1亿元，增长17.2%；实现利润29.4亿元，下降8.1%；利税总额189.6亿元，增长4.81%。轻工业实现增加值174.7亿元，增长11.9%，重工业实现增加值311.4亿元，增长20.6%。非公经济增加值占市内生产总值的比重达43%。工业企业对经济增长的贡献率为 56.4%。

现代农业建设取得新突破。农村经济稳步增长，实现农林牧渔业增加值 262.3 亿元，按可比价计算增长 7.3%。全市累计投入财政支农资金 191 亿元，改造中低产田地 165 万亩；粮食播种面积 1005.5 万亩，粮食总产量 305 万吨，增长 6.01 %，实现九连增。蔬菜种植面积 195 万亩，产量 20.8 亿公斤。烟叶收购保持在 400 万担左右，烟农累计收入 177.9 亿元。建成一批农业示范园和良种繁育中心，引进新希望等龙头企业参与产业化建设，农业龙头企业 338 个、农民专业合作组织 1295 个。累计认定无公害产地 686 万亩、优质农产品品牌 295 个。农业机械化水平 43%，农业科技贡献率 53.7%。

服务业发展取得新成绩。2012 年，实现社会消费品零售总额 331.7 亿元，增长 18.1%。加快推进旅游二次创业，累计实现旅游总收入 221.8 亿元。金融服务业快速发展，金融机构各项存贷款余额分别为 1405.5 亿元、860.9 亿元，年均分别增长 19.8%、18.7%。积极推进新兴商贸城市建设，商贸流通、餐饮服务等传统服务业得到巩固提升，物流、金融、信息通讯等现代服务业快速发展。物流基础设施进一步完善，启动富源、罗平、师宗等铁路战略装车点规划建设。建成麒麟商业广场、财富中心等一批城市商圈，引进家乐福、沃尔玛等一批知名企业入驻，城市商业业态更加丰富。“放心粮油”、“万村千乡”市场、“乡村流通”工程建设成效明显，累计新建、改造农家店 870 个，农村流通网络体系基本形成。

【改革开放】 改革开放深入推进。围绕积极推进体制机制创新，探索建立了市县乡村四级政务服务、贯彻落实科学发展观综合考核评价奖惩、社会评价激励约束、精简会议和转变会风、固定资产投资项目快速审批、大交办大催办大督办大查办、政府性投资项目前置审计、农村土地依法流转、投融资担保、矿村共建共享等一系列新机制，软环境建设成效明显，推动科学发展的活力明显增强。重点领域改革取得了突破性进展。财税、投融资体制改革不断深化，教育、社会保障、事业单位、行政管理等改革稳步推进，行政审批项目、行政事业性收费项目分别精简 55%、48%，机构改革全面完成。农村综合改革取得新进展，集体林权制度主体改革任务基本完成，农村水利管理体制和水务一体化改革取得积极进展。第二轮文化体制改革完成，医药卫生体制改革不断深化，国家基本药物制度初步建立，公立医院改革试点取得新进展，城镇居民基本医疗保险和新型农村合作医疗制度逐步完善。

对外开放成效明显。对外开放水平不断提高，逐步形成了多层次、宽领域、全方位的开放格局。2012 年，实际利用外资额 3800 万美元、引进市外国内资金 260 亿元。对外贸易稳步增长，全市进出口总额 2.85 亿美元，比上年增长 15.7%。其中，出口总额 2.34 亿美元，进口总额 5100 万美元。贸易伙伴发展到 82 个国家、地区，出口商品增加到 54 个，出口商品结构进一步优化，“两高一资”产品出口下降，万寿菊、黄姜、魔芋等农产品成为第一大类出口产品，电子产品出口实现了零的突破。

【城市建设与管理】 围绕着坚持走城乡互动、布局合理、发展集约的新型城镇化路子，统筹城乡一体化发展，建成一批城市基础设施和旧城改造项目，城市公共基础设施进一步完善，县城和重点镇加快发展，城镇化建设步伐进一步加快，城镇化率逐年提升，2012 年全市城镇化率 40.37%，比上年提高 2.77 个百分点，比全省城镇化率平均水平高 1.07 个百分点。珠江源大城市加快推进，全市城市基础建设和房地产投资 237.26 亿元，其中房地产投资完成 153.8 亿元。及时启动麒沾马城市群建设，加快旧城改造步伐，开展安全、文明、卫生、园林“四城联创”，创建 2 个省级园林城市、6 个省级园林县城，建成区绿化覆盖率 34%。被表彰为创建全国文明城市工作先进城市，连续六届获得云南省甲级卫生城市称号，3 次被评为全国十佳宜居城市，3 次被评为全国最安全城市，成为全省唯一入选“新中国 60 年城市发展代表”城市，进入全国 10 个空气质量最好城市行列。按照“多中心、组团式、社区式、规模化”的要求建设高楼集群，配套建设基础设施和公共服务设施，打造成为森林型、生态型、园林型、宜居宜业的人居环境。围绕加大城乡统筹力度，促进农业转移人口转变为城镇居民各项工作的大力推进，率先在全省建立“农民变市民”激励保障机制，全年全市农民转为市民人数 24 万人。

【社会事业】 全市以改善民生为最终落脚点，坚持大力发展社会事业，社会管理不断创新，保持了社会的和谐和稳定。教育事业全面发展，2012年，全市有各级各类学校2947所，新增幼儿园392所，新建中小学校舍200万平方米，中心城区“6+8”工程正在推进，曲靖职教中心一期工程全面完成。全市普通高中在校生12.95万人，中等职业教育在校生13.56万人，小学学龄儿童入学率99.6%，初中毛入学率103.7%，高中阶段毛入学率87.8%。城乡义务教育全面实现，93.25万义务教育阶段学生享受免杂费教科书政策，34.03万人享受贫困寄宿制学生生活补助。积极争取筹措资金5.48亿元，确保全市中小学营养改善计划顺利实施。在全省率先实现了基本普及高中阶段教育，“两基”迎“国检”任务顺利通过国家检查验收，率先实施中小学校舍安全工程，维修加固B、C级危房31.4万平方米。

卫生服务能力明显提升。2012年，全市各级财政卫生事业投入22.63亿元，完成14个市（县）医院和60个乡镇卫生院、200个村社卫生室改扩建，开工新建247个村卫生室。医疗机构床位增加5964张，卫生技术人员增加1960人。中医事业加快发展，疾病预防控制工作取得显著成效，各种疫苗报告接种率均达95%以上，卫生监督覆盖率100%，及时有效处置57起食物中毒等突发公共卫生事件。

文体事业成绩斐然。2012年，全市基层公益性文化基础设施建设累计投入2.5亿元，县级场馆宣威市文化艺术中心、师宗县、罗平县三馆建成投入使用，宣威市、罗平县、麒麟区体育中心相继建成，市“五馆一中心”抓紧建设，建成5个县级文化体育中心、76个乡镇综合文化站、1341个行政村文化活动室。完成5961个广播电视“村村通”建设任务。建成文化信息资源共享工程10个市、县级支中心和101个乡镇基层站点和998个村级服务点。完成4批1632个农家书屋建设任务，实现了行政村100%覆盖的目标。文化市场监管不断加强，文艺创作更加繁荣，群众文化生活丰富多彩，全民健身活动深入开展。全市文化馆、图书馆、博物馆、文化站已实现全部免费开放。广场文艺演出、庙会、民间文艺演出等群众文化活动蓬勃开展。

全民健身体系框架初步形成，体育人口占总人口比例35.9%。

【人口·就业·人民生活】 2012年末全市户籍总人口637.39万人，其中：男性334.11万人，女性303.28万人，少数民族人口47.96万人，占总人口的7.52%。常住人口593.6万人，自然增长率6.59‰。实施更加积极的就业政策，全市城镇单位从业人员34.06万人，比上年增长1.3%。累计扶持4.5万人创业，带动13.6万人就业；2.9万就业困难人员实现就业，65.8万农村劳动力转移就业。人民生活持续改善。城乡居民收入水平持续提高，城镇居民人均可支配收入2.16万元，增长17.5%；农村居民人均纯收入5950元，增长18.2%。从业人员劳动报酬121.77亿元，增长10.9%。社会保障体系基本建立，社会保障水平不断提高。各类社会保险参保人数513.5万人。城镇职工和城镇居民基本医疗保险参保人数分别为41.9万人、48.5万人，门诊统筹等医保制度进一步完善，新农合累计减免补偿7876.7万人次、41.4亿元，覆盖城乡的全民医保体系基本建立。全市45.7万城乡困难人口纳入最低生活保障，实现了应保尽保。累计投入资金105亿元，建成保障性住房6.4万套，有效缓解了城镇低收入家庭的住房困难问题。整合各类资金185亿元，完成332个贫困村委会“866”工程，建成19个小康示范村和27个新村庄、新社区，实施10个“整乡推进”项目，整治村容村貌342个村，人民群众得到更多实惠。

【环境保护】 2012年，全市狠抓节能降耗工作，生态环境治理稳步推进。全面开展重点流域、重点领域和重点企业环境风险排查，涉危、涉重污染防治工作力度加大，完成省下达的节能减排目标任务，万元生产总值能耗累计下降20.1%。积极推进生态文明建设，围绕建设美丽曲靖目标，抓好矿山生态修复治理，推进森林、湿地、自然保护区等自然生态系统建设，累计造林658万亩，森林覆盖率42%。自然保护区管理不断加强，全市有19个自然保护区，保护区面积30.3万公顷。推进小城镇集中供水、污水和垃圾处理设施及配套管网建设，强化农村面源污染治理，启动300个“矿村共建”示范点建设，建成“一池三改”农村沼气34万口，县级“两污”设施全部建成，城镇污水处理率和生活垃圾无害化处理率分别为85%、100%。深化工业污染源治理，探索合同能源管理和排污权交易，推进工业园区、重点企业循环化改造，加强重金属污染治理，强化脱硫、脱硝、除尘设施改造升级。深入开展流域水环境综合治理，加强水源地规划保护和环境建设。加强废弃物处置和利用，建成市固体废弃物安全处置中心。加强环境监测与预警能力建设，有环境保护系统人员410人，各级环境监测站155人。

【重大政策和措施】 2012年，曲靖市围绕着深入贯彻落实科学发展观，实现科学发展、和谐发展和跨越发展，制定出台了《曲靖市委 曲靖市政府关于加快高原特色农业发展的意见》、《曲靖市委 曲靖市政府关于推动工业跨越发展的决定》、《关于加快发展现代服务业的实施意见》、《曲靖市委 曲靖市政府关于推动县域经济跨越发展的实施意见》、《曲靖市委 曲靖市政府关于建设森林曲靖的决定》、《曲靖市农村扶贫开发纲要（2011～2020年）》、《曲靖市妇女发展规划和儿童发展规划（2011～2020年）》、《曲靖市政府贯彻落实省政府关于加大城乡统筹力度促进农业转移人口转变为城镇居民文件的实施意见》、《曲靖市加大城乡统筹力度促进农村转移人口变为城镇居民实施办法（试行）》、《曲靖市委 曲靖市政府关于加快推进小城镇建设的意见》、《曲靖市委曲靖市政府关于进一步加强招商引资工作的实施意见》、《国家级曲靖经济技术开发区升级转型实施方案(试行)》、《曲靖市公共资源交易中心交易项目报备制度实施办法（试行）》、《曲靖市对重点河流实行河长制实施方案》、《曲靖市金融业“十二五”发展规划》、《曲靖市政府关于促进全市融资性担保行业规范发展的实施意见》、《曲靖市政务服务标准化建设实施方案》等系列文件，实施企业“五访五帮”和工业品促销、收储、税收减免等系列扶持政策，把加快发展作为第一要务，把改革开放作为发展的根本动力，把承接产业转移作为曲靖经济起飞和实现跨越式发展的重要突破口和助推器，推进经济结构调整，转变经济发展方式，统筹城乡协调发展，始终坚持加快发展，产业兴则经济兴，产业强则经济强，着力解决发展不足、发展不快、发展不充分的问题；始终坚持开发与保护并重，努力构建资源节约型和环境友好型社会，不断增强可持续发展能力；始终坚持改善民生，把改善民生作为一切工作的出发点和落脚点，构建和谐曲靖；始终坚持科技创新和人才强市战略，优先发展教育，培养科技创新人才，提高自主创新能力，建设创新型曲靖。统筹兼顾、协调推进，朝着科学发展的道路迈出了坚实步伐。

【存在的问题】 在发展和前进中，还存在许多困难和问题。一是发展仍然不足，经济总量偏小、人均水平较低；二是发展方式比较粗放，经济增长的质量和效益不高，转型发展面临严峻挑战和压力；三是发展不够协调，经济结构不尽合理，城乡、区域之间发展不平衡；四是发展不够全面，社会、文化建设滞后于经济建设，社会管理还比较薄弱；五是发展的可持续性不强，生态建设和环境保护压力较大；六是发展基础仍然薄弱，物流成本高于全省、全国平均水平，生产要素低成本优势逐渐丧失，经济转型升级面临更大挑战；六是发展的活力不足，体制机制仍有障碍，政府职能转变差距较大；七是安全生产形势依然严峻，维护社会稳定任务繁重。

（陈继荣）

玉溪市

【综 述】 2012年，面对复杂多变的宏观经济环境和连续4年严重干旱的严峻形势，玉溪市全力以赴抗大旱，凝心聚力稳增长、冲千亿、促跨越，经济社会实现了平稳较快发展。全市现价生产总值突破1000亿，达到1000.2亿元，比上年增长12.2%，其中，第一产业完成增加值97.4亿元、增长7%，第二产业完成增加值624亿元、增长13%，第三产业完成增加值278.8亿元、增长11.8%；三次产业结构由上年的9.3∶63.0∶27.7调整为9.7∶62.4∶27.9；一、二、三产业分别拉动GDP增长0.6、8.4、3.2个百分点，对经济增长的贡献率分别为5%、68.7%和26.3%；全市人均GDP达到4.3万元，增长12.1%。完成财政总收入403.7亿元，增长17.5%；完成地方财政收入112.4亿元，增长16.6%；完成公共财政预算收入90.2亿元，增长16.8%。完成500万元以上固定资产投资287.1亿元，增长25.1%。实现社会消费品零售总额198.6亿元，增长18%。人口自然增长率5.72‰，万元生产总值能耗下降3.5%。

【"三农"工作】 玉溪市始终坚持"农业稳市"战略不动摇，认真落实强农惠农各项政策措施，全力推进玉溪高原特色农业建设，农业和农村经济实现了较快发展。2012年，全市实现农业总产值170.95亿元，增长20.5%；实现农林牧渔业增加值97.4亿元，增长7%。

粮烟蔗传统产业稳步发展。粮食生产在大旱之年仍然实现了"七连增"，全市粮食种植面积164.16万亩，增长9.1%，实现粮食总产量5.8亿公斤，增长1.1%。烤烟生产实现收购均价、烟农收入、烟叶税再创历史新高，全市种植烤烟82.6万亩，产量1.07亿公斤、增长2.3%，收购烟叶206.06万担，上等烟比例67.25%，烟叶收购均价22.79元/公斤，增长20.8%，实现烟叶税5.17亿元，增长9400万元，烟农总收入25.12亿元（其中烟农交烟收入23.48亿元、对烟农的直补1.64亿元），增长4.42亿元，农村人口人均烤烟收入1427元，增长287元。全市种植甘蔗24.03万亩，产量96万吨，增长6.9%。

蔬菜、水果、花卉等特色经济全面增长。全市种植蔬菜98.93万亩，总产173.62万吨，增长8.6%，实现蔬菜产值30.5亿元，增长26%；种植水果39万亩，增长21.8%，产量39万吨，增长29.3%，实现产值11.4亿元，增长45.9%；种植鲜切花3.5万亩，实现产值5.7亿元，增长10 %；以除虫菊、三七、芦荟、石斛、金银花、露水草为主的生物药原料面积5.4万亩，产值近2亿元。完成人工造林14.46万亩、封山育林15.8万亩，完成低效林改造20万亩，实现林业增加值2.7亿元，增长6.3%。

养殖业平稳发展。全市肉蛋奶总产量42.2万吨、增长11.3%， 水产品产量1.6万吨、增长2.1%；实现牧业增加值29.5亿元、增长9%，渔业增加值1.5亿元、增长4.8%。

农业产业化、规模化水平不断提高。2012年，新增省、市级龙头企业7户、15户，114户农业产业化龙头企业销售收入80亿元、增长20%。全市农产品加工企业3016户、新增281户，完成产值115亿元、增长15%；全市25个农产品被认定为名牌产品，66个农产品商标被评为云南省著名商标，51户企业通过质量体系认证。

农村劳动力培训转移成效显著。完成农村劳动力转移培训3.22万人、转移4.19万人，农民人均工资性收入2100元、增23.82%。认真落实"盖两床被子、穿十件衣服"政策，16.2万名具备条件的农业人口实现城乡统筹转户，完成了省下达的任务，受到省政府的表彰奖励。

基础设施建设不断加强。新建抗旱应急工程215件、增水3994万立方米，解决69.6万人、1.8万头大牲畜饮水困难和3.8万亩农田灌溉用水问题，完成水土流失综合治理195.5平方公里。

【工业·建筑业】 玉溪市高度重视"工业强市"战略的实施，以贯彻落实全省工业跨越发展大会精神为契机，不断强化工业首位意识，真抓实干，扎实推进新型工业化发展。2012年，全市实现工业总产值1526亿元，比上年增长15.5%；实现工业增加值598.3亿元、增长12.7%；规模以上工业实现增加值565.5亿元、增长12.5%；实现工业税收327亿元，占全市财政总收入的81%。烟草及配套产业在连续多年增长的基础上实现了快速发展，实现产值494.5亿元，增长14%；增加值363.7亿元，增长10%。矿电产业整体实力大幅增强，完成产值765.5亿元，增长12.4%；规模以上矿电工业增加值169.4亿元，增长15.7%。战略性新兴产业异军突起，装备制造业已成为玉溪工业新的增长极，规模以上装备制造业完成工业产值43.2亿元、增长32%，实现增加值9.3亿元、增长32.9%；生物制药产业快速崛起，规模以上医药制造业完成工业产值9亿元，增加值5亿元；以光热光电为重点的新能源新材料产业成为玉溪具有独特优势的新兴产业，全市新能源新材料产业完成增加值1亿元。

园区经济不断发展壮大。全市规划建设10个工业园区，规划面积263平方公里，建成面积59平方公里，建成率23%。低丘缓坡土地综合利用试点项目在工业园区广泛推广，覆盖八县一区，玉溪工业园区规划80%以上为山地、荒坡地带，真正实现"工业上山，项目入园"。2012年，全市完成标准厂房50万平方米，园区实现工业总产值1124亿元，工业增加值480亿元，入园企业592户（其中规模以上企业174户），就业人数11万人。2012年8月玉溪高新技术产业开发区获国务院批准升级为国家高新技术产业开发区，这是玉溪市园区发展道路上具有里程碑意义的大事、喜事，全年玉溪高新区实现生产总值（不含玉溪卷烟厂）47亿元、增长11%，营业总收入130亿元、增长11.5%。研和工业园区实现经济总收入184亿元，增长22.7%，完成工业总产值110.2亿元，增长9.8%。

非公经济逐渐成为工业经济的生力军。市委、市政府召开了全市民营经济发展大会，出台了加快非公有制经济发展的实施意见，有力地促进了非公经济快速发展。2012年，全市非公企业发展到10.9万户，比上年增加1.4万户，工商登记从业人员46.5万人，实现增加值324亿元，占全市GDP比重32.4%（扣除卷烟占50.1%）。非公经济形成了以矿冶、卷烟配套、建筑建材、化工、五金机电、机械制造、造纸及彩印包装、生物制药、食品加工及新能源、新材料为主的产业发展格局。非公企业创新能力大幅增强，高新技术企业45户，建立企业技术中心35户，有“云南省著名商标”120个，“云南省名牌”产品36个，“宏斌”牌小米辣、“猫哆哩”休闲食品、“斯贝佳”豆末糖、“高原”牌变压器等一批产品通过品牌带动，进入全国市场，非公经济竞争力得到大幅提升。

建筑业平稳发展。2012年，全市建筑业完成增加值25.6亿元，增长19.2%。具有三级以上资质等级证的建筑施工企业159家，从业人员3.53万人，其中工程技术人员9322人，占从业人员总数的26.4%，一级建造师164人。商品房施工面积893.8万平方米，增长36.1%；商品房竣工面积99.4万平方米，下降42.8%。

【现代服务业】 全市商贸流通发展迅速，消费品市场繁荣活跃。2012年，实现社会消费品零售总额198.6亿元，增长18%。其中城镇实现消费品零售额157.8亿元、增长20.1%，乡村实现40.8亿元、增长10.6%。对外贸易快速增长，完成外贸自营进出口总额5.33亿美元，增长33.1%，其中出口5亿美元、增长39.9%，进口3223万美元、下降24.3%。招商引资工作稳步发展，全市实施市外国内资金项目234个，引进市外国内资金144.3亿元，增长25%，其中引进省外资金124.8亿元，增长21%；实际使用外资4587万美元，增长20.8%。旅游业保持较快发展。以昆玉旅游文化产业经济带建设为契机，重视旅游、生态和文化建设的结合，以“抚仙湖—星云湖生态建设与旅游改革发展综合试验区”建设、高端生态休闲度假旅游产品建设为重点，加快旅游重大项目建设，培育发展旅游新业态，加快推进乡村休闲旅游产品建设和现有产品提档升级，加大宣传促销和旅游市场营销力度，强化旅游市场监管，提升旅游服务品质，有力地促进了旅游产业的发展。2012年，全市接待国内游客1461.28万人次，增长11.67%；接待海外游客3985人次，增长31.52%；实现旅游总收入70.57亿元，增长23.57%。

交通运输、仓储及邮电业稳步发展。2012年，全市交通运输、仓储及邮电业实现增加值32.6亿元，增长6.4%。年底全市公路通车总里程达到1.66万公里，其中：高速公路233公里、一级公路77.7公里，高级、次高级路面占全市公路总里程的20.4%。全市公路运输客运量3688万人，增长8.1%；旅客周转量25.2亿人公里，增长16.6%；完成公路货物周转量106.8亿吨公里，增长18%。实现邮电业务总量25.1亿元，增长13.6%；移动交换机总容量320.6万门，固定电话用户22.2万户；移动电话用户195.7万户，增长8.4%；互联网用户25.5万户，增长14.8%。

金融保险业不断发展。全市金融业实现增加值37.6亿元，增长19.4%；年末金融机构人民币各项存款余额1001.7亿元，增长9.2%，其中城乡居民储蓄存款余额499.6亿元，增长15.3%；贷款余额631.9亿元，增长16.2%；存贷比63.1%，比上年提高3.8个百分点。保险业实现保费收入21.5亿元，增长5.8%；全年赔付支出5.21亿元，增长28.8%。

【县区特色经济】 县域经济发展步伐加快，成为支撑全市经济发展的主导力量。2012年，八县一区生产总值均迈上40亿元台阶，增速均达到12%以上，红塔区、澄江县、通海县、新平县超过50亿元。其中红塔区215.4亿元、新平县84.8亿元、通海县65.9亿元。县区生产总值644.4亿元，占全市64.4%，比上年提高1.1个百分点。县区财力不断增强，6个（县）区地方财政收入迈上4亿元台阶，其中红塔区和新平县超过10亿元，县区地方财政收入52.8亿元，占全市47%，比上年提高1个百分点。

【固定资产投资】 加快推进重大项目建设，制定出台了重大项目前期工作管理等5个办法，层层分解年度投资目标责任，全面推进落实。2012年全市完成500万元以上固定资产投资287.1亿元，增长25.1%。三次产业投资全面增长，第一产业完成投资6.1亿元、增长25.6%，第二产业完成投资98.9亿元、增长8.9%，第三产业完成投资182.1亿元、增长36.1%。房地产业和工业（不含电力）投资支撑作用明显，合计完成投资200.4亿元，占规模以上固定资产投资比重的69.8%。省级“三个一百”和市级150个重大项目督查督办力度加大，重大项目开工率61%，玉蒙铁路开通试运行，为玉溪“走出去、引进来”奠定了坚实基础。

【生态城市建设】 2012年，深入实施生态立市战略，全力抓好城镇建设和环境保护，层层落实“三湖”水污染综合防治年度目标责任，抚仙湖东大河流域主要河流水污染治理与清水产流机制修复工程、大鲫鱼河流域环境综合整治工程主体完工，“三退三还”试点工作大力推进。节能降耗成果得到巩固，单位生产总值能耗下降3.5%。11个低丘缓坡土地综合开发利用试点项目通过省级评审，8个项目实施方案获省国土厅批准实施。城镇基础设施建设稳步推进，清水河引水、玉溪大河综合治理二期工程完工，完成21个省级治污项目建设任务。继续实施交通环境综合整治，棋阳路拓宽改造二期主体工程完工试通车，九龙立交、高仓立交和烟厂库区专用道路建设顺利推进。13个省级特色小城镇特色规划全部通过评审，全市城镇化率42.9%，比上年提高2.9个百分点，荣获国家卫生城市称号。

【社会事业】 教育事业稳步发展，义务教育经费保障机制不断完善，2012年全市21.9万名农村义务教育阶段学生享受营养补助，中小学办学条件进一步改善，排除D级危房10万平方米，农村教师安居工程建设顺利推进。医药卫生体制改革不断深化，新农合实际参合人数159万人，人均筹资标准提高到360元，初步实现基本医疗有保障、大病救助建机制、慢病门诊可补偿三大目标，玉溪医改模式得到国务院医改办的充分肯定。加快创新型玉溪建设，玉溪高新区成功晋级国家级高新区，申报新认定国家高新技术企业7户、创新型试点企业3户。澄江化石地荣登世界自然遗产名录，成功举办纪念聂耳诞辰100周年系列活动。农村公共文化服务体系进一步完善。广播电视“村村通”、直播卫星“户户通”工程和数字电视整体转换工作加快推进。积极开展全民健身活动，举办市第三届职工运动会；竞技体育取得新突破，玉溪籍运动员郭伟阳在伦敦奥运会上取得了男子体操团体金牌，实现了玉溪体坛奥运零的突破。

【民生保障】 劳动就业、社会保障工作成效显著，2012年全市从业人员153.3万人，其中城镇从业人员38.3万人，占全部从业人员25%。城镇新增就业2.1万人，城镇下岗失业人员再就业6943人，帮助4872名就业困难人员实现就业，全市城镇登记失业率3.5%，城镇零就业家庭保持了动态清零。社会保障体系更加完善，城镇职工基本养老保险参保27.2万人，新型农村和城镇居民社会养老保险参保121万人，城镇基本医疗保险参保50万人。77个城镇保障性安居工程新建项目全部开工建设，年度投资完成11.3亿元，基本实现省下达投资目标任务。实施整乡推进扶贫项目1个、整村推进258个、易地搬迁1315人，5.5万农村贫困人口脱贫。

城乡居民生活不断改善。2012年末全市常住人口233万人，比上年末增加1.2万人；户籍人口214.1万人，比上年增加0.3%，其中：农业人口159.1万人，非农业人口55万人。全市在岗职工平均工资4.05万元、增长6%，城镇居民人均可支配收入2.14万元、增长15.4%，城市居民（红塔区）人均可支配收入2.2万元，增长14.5%。全市城镇居民家庭每100户拥有汽车42辆，其中：红塔区家庭每100户拥有汽车53辆。农村每百户拥有彩色电视机87台、家用电脑16台、生活用汽车9辆。

（杞兆昌）

保山市

【综 述】 2012年，在省委、省政府的坚强领导下，保山市委市政府坚持稳中求进、好中求快、变中求新，竭力推进经济社会加快发展，取得了可喜的成绩。全年完成生产总值380亿元，比上年增长15%；规模以上固定资产投资220亿元，增长35%；社会消费品零售总额120亿元，增长18%；进出口总额1.25亿美元，下降46.4%；财政总收入57.6亿元，增长21.5%；公共财政预算收入35.5亿元，增长26%；公共财政预算支出132.5亿元，增长24.5%；城镇居民人均可支配收入1.87万元，增长15.2%；农民人均纯收入5500元以上，增长24%；城镇登记失业率3.94%；人口自然增长率6.2‰；居民消费价格指数为102.8%；单位生产总值能耗、节能减排完成省定目标。除进出口总额外，市人大三届一次会议确定的目标任务都已完成，实现了新一届政府工作的良好开局。

【农业经济】 2012年，全市实现农业总产值180亿元，比上年增长7.2%；增加值110亿元，增长6.8%。腾冲、昌宁2个全省高原特色农业示范县建设风生水起，高原粮仓喜获丰收，粮食生产实现“九连增”，总产量134.7万吨，增产5.5万吨，增长4%。收购烤烟160.8万担、香料烟26万担，烤烟增加23.8万担，烟叶质量综合等级合格率为全省第一，绿色生态优质烟叶渐成品牌。“绿化荒山”行动初显成效，完成营造林137万亩，其中种植核桃30万亩、红花油茶15.18万亩、蚕桑2.79万亩。甘蔗、蔬菜、茶叶、咖啡、石斛等产业稳步发展，促农增收作用明显增强。统筹整合5781万元涉农资金，扶持农业龙头企业发展，建成市级农业龙头企业78个，省级农业产业化重点龙头企业新增6户，共达31户。新增农民专业合作社141个，启动建设5个省级现代农业示范园。建成31个生猪、奶牛标准化养殖场，实现肉类总产40万吨，畜牧业产值68亿元，分别增长15%、12%。积极创建农产品品牌，27个农产品获得“云南省名牌农产品”称号，“高黎贡山”（茶叶）创造了全市第一个中国驰名商标。

【工业经济】 2012年，实施工业“三年倍增”计划，加大重点企业培育和经济运行分析调节力度，有效应对主要工业品价格下跌、产销率下降的严峻形势，采取优惠电价、强化营销等七大举措保增长，工业总产值、增加值分别冲破300亿元、100亿元大关，比上年分别增长34%、32.3%。民营经济稳步发展，完成增加值160亿元，占生产总值的41.7%，比上年提高2.1个百分点；康丰集团跻身2012年中国民营企业500强。工业项目投资力度加大，非电力工业完成投资45.5亿元，增长37.1%；云维水泥、路华电池、龙陵海螺水泥等项目相继投产。5个工业园区完成基础设施投资5.15亿元，建设标准厂房34.3万平方米，完成工业增加值28.87亿元，占全市工业增加值28.87%，园区聚集效应初步显现。

【第三产业】 2012年，第三产业增加值增长13%，比上年提高2个百分点。旅游标准化建设由点及面展开，腾冲作为全国旅游标准化试点正抓紧建设。云峰山、曲石、蒲缥等重点旅游项目快速推进。加强旅游宣传促销，举办首届史迪威公路汽车越野挑战赛、上海“保山旅游文化宣传月”等活动，提升了保山知名度，促进了旅游业的发展。全年接待旅游者800万人次，增长14.3%；实现旅游总收入48亿元，增长20%。文化产业增加值24.7亿元，占生产总值的6.5%。加大金融工作力度，加快融资平台建设，成功发行企业债券8亿元；举办“金融超市”，开展“金融支持保山行”系列活动，成立隆阳沪农商村镇银行、民生银行腾冲村镇银行，与华夏融金投资基金管理公司开展合作，金融招商获得实质性进展。存贷款余额分别为499亿元、318亿元，分别增长20%、18%。商贸、住宿、餐饮发展层次进一步提升，电信、保险、交通运输、物流仓储和房地产业平稳发展。

【城乡建设】 2012年，按照省委、省政府保护坝区农田、建设山地城镇的部署，完成了《保山市城市“十二五”近期建设规划（2011～2015）》、《保山市城市总体规划修改（2010～2030）》和施甸、龙陵、昌宁3个县城总体规划，组织编制了中心城市及各县城控制性详规。完成了37个特色乡镇总体规划和详细规划，村庄规划实现全覆盖，120个市级试点村庄整治工作全部启动。加强城乡基础设施建设，城市功能不断完善。5个城市污水处理厂及配套管网项目建成运行，中心城市“五个一”项目正在紧锣密鼓地推进之中，昌宁县创建省级园林城市通过省政府考评。城市管理取得新突破，集中开展城市面山、交通秩序和环境卫生专项整治，市容市貌有所改观。城乡统筹和城镇化步伐加快，积极引导农业人口有序向城镇转移，完成转户进城9.6万人，城乡一体化住户调查被评为全国先进。全市城镇建成区面积扩大5平方公里，累计达65平方公里，城镇化率35.45%，提高了3.75个百分点。

【对外开放】 积极应对境外局势变化，努力拓展对外交流领域，与以色列塔玛市缔结为友好城市。积极推进桥头堡建设，建立重大项目协同推进机制，43个项目完成投资69亿元，完成猴桥边境经济合作区规划编制，猴桥口岸联检设施和查验货场基本建成，腾冲机场改扩建项目通过预可研评审。设立市政府驻上海联络处，深化与江浙沪粤闽的交流合作，与一批知名大企业签订项目投资协议，协议投资574亿元。茂华义乌国际商贸城、福润肉食品加工等重大招商项目进展顺利。2012年引进市外实际到位资金184.9亿元，比上年增长50%，引进外资7300万美元，增长39.5%。

【民生事业】 2012年，进一步加大对民生和社会事业的投入，全市民生类支出86亿元，比上年增长21%，占公共财政预算支出的65%。教育科技事业发展态势良好。各级各类教育不断发展，“两基”水平得到提升，市教育局荣获国务院表彰的2012年度全国“两基”先进单位。高中阶段教育“扩容提质”取得成效，毛入学率66.5%。教育教学质量持续提升，高考上线率连续6年超过全省平均水平。实施农村义务教育学生营养改善计划，惠及30万学生。职教园区建设得到推进，建设校安工程18.4万平方米。隆阳区被评为全国家政教育示范区，腾冲县青少年校外活动中心被评为全国先进青少年活动中心。科技工作取得新成效，获高新技术企业、省级创新型试点企业等认证30家，获省科技进步奖3项，自主创新能力进一步增强。人民群众健康水平稳步提高。加强重大疾病预防控制和医疗卫生服务体系建设，投入9104万元，建设标准化乡镇卫生院11个、村卫生室96个，实施市精神病医院拆除重建等项目，医疗卫生条件逐步改善。基本公共卫生服务均等化水平稳步提高，全民基本医疗保障制度初步建立，新农合参合率96.78%，国家基本药物制度实现基层全覆盖，医疗卫生体制改革有序推进。食品药品安全监管、人口计生和红十字会等工作取得新进展。公共文化服务体系逐步健全。国家公共文化服务体系示范区创建通过文化部中期督查，名列西部12省（区）前三位。扎实推进文化惠民工程，图书馆、文化馆、博物馆、文化站等公共文化服务单位建设取得重大进展，并实现免费开放，杨善洲精神教育基地、滇西抗战纪念馆、保山名人馆建设进展顺利。文化改革成效显著，被中宣部表彰为全国文化体制改革先进地区，腾冲大村文化中心被表彰为先进单位，文化部授予保山国有文艺院团改革突出贡献地区称号。加强文化遗产保护，昌宁大甸山考古取得重大发现。城乡文化活动广泛开展，大型群众歌舞《春暖保山》和汇报展《文化春潮涌边关》进京演展获得高度评价，电视剧《杨善洲》于党的十八大开幕之日在央视首播，赢得广泛赞誉。全民健身运动和竞技体育协调发展。实施“七彩云南全民健身基础设施工程”，举办首届“永子”围棋邀请赛、第三届市运会。保山籍运动员实现奥运会金牌和残奥会奖牌零的突破。在省第七届城运会、第八届农运会上，保山代表团分别荣获4金3银4铜、2金4银9铜奖牌的优异成绩。扎实推进新农村建设。整合各类资金11.5亿元，推进各类新农村建设试点655个；组织实施扶贫开发整村推进375个，近10万农村贫困人口实现脱贫。支农惠农力度加大，兑现农作物良种补贴、农机补贴等强农惠农资金4.25亿元。完成5.12万户国家农户科学储粮工程。就业和社会保障全面加强。就业规模不断扩大，开发就业岗位1.9万个，城镇新增就业1.45万人，扶持失业人员再就业3000人，帮助就业困难人员实现就业2300人，实现“零就业家庭”为零。农村劳动力转移就业培训3.6万人，转移农村劳动力48万人次。社会保障体系不断完善，城镇基本养老、医疗、工伤、失业、生育保险参保人数持续增加，总数66.8万人，参保率均达90%以上，新型农村和城镇居民社会养老保险基本实现全覆盖，昌宁县被国务院授予全国新型农村和城镇居民社会养老保险工作先进单位称号。城乡低保标准进一步提高，城市最低生活保障月标准由243元提高到275元，农村最低生活保障人数25.65万人，年标准由1400元提高到1610元。建成保障性住房7300套，实施农村危房改造2.39万户。启动“爱心水窖”工程，移民开发取得新成效，小湾、三岔河移民安置工作稳步推进。及时组织开展施甸“9·11”地震抗震救灾和恢复建设工作，灾区群众生产生活得到妥善安排。妇女儿童、侨务、档案、史志、人防、气象、老龄、残疾人等各项工作都取得了新进展和新成绩。

（杨箫宾 王文蓉）

昭通市

【综 述】 2012年，是昭通加快发展历程中极为特殊、极其艰难的一年，是推进跨越实践中克难攻坚、负重前行的一年。面对多重自然灾害相互叠加、矛盾困难错综交织的严峻挑战和复杂考验，在市委、市政府的坚强领导下，团结依靠全市广大干部群众，勇于克服困难，奋力推进工作，全力加快发展，坚持以科学发展为指导，积极处理保持经济发展、调整经济结构、管理通胀预期的关系，全市经济延续了近几年快速发展的好势头，呈现出经济发展、民生改善的良好局面，各项社会事业全面进步。昭通市生产总值 555.6 亿元，按可比价格计算，比上年增长 16.1%。其中，第一产业增加值 113.35 亿元，增长 7.3%，第二产业增加值 270.61 亿元，增长 22.9%，其中：工业增加值 206.11 亿元，增长 23.2%，第三产业增加值 171.64 亿元，增长 11%；按常住人口计算，人均 GDP 为 1.05 万元，增长 15.3%。三次产业对经济增长的贡献率分别为 8.3%、69.3%、22.4%。三次产业结构由上年的 19.7∶47.9∶32.4 调整为 20.4∶48.7∶30.9。全年非公有制经济增加值 226.73 亿元，增长 19.1%，占 GDP 的 40.8%，对 GDP 增长的贡献率为 47.7%。居民消费价格总水平上涨 2.7%，比上年回落 2.6 个百分点，其中食品类价格上涨 7.5%，商品零售价格上涨 3.2%，农业生产资料价格上涨 4.4%。全部工业生产者出厂价格（PPI）下降 6%，其中生产资料价格下降 8%，生活资料价格上涨 0.6%。工业生产者购进价格（IPI）上涨 1%。

表一 2012 年居民消费价格指数

类 别	单位	指 数（上年同期为 100）	
		2011 年	2012 年
居民消费价格总指数	%	105.3	102.7
食品类	%	109.9	107.5
烟酒及用品	%	102.7	101.1
衣着类	%	103.1	98.6
家庭设备用品及维修服	%	98.1	101.1
医疗保健及个人用品	%	101.6	99.7
交通及通信	%	99.6	99.2
娱乐教育文化用品	%	102.5	101.7
居住类	%	107.6	101.0
农业生产资料价格指数	%	109.7	104.4
商品零售价格总指数	%	105.2	103.2

【农村经济】 2012 年，全市实现农林牧渔服务业总产值 176.79 亿元，按可比价计算，比上年增长 7.5 %。其中，农业产值 81.51 亿元， 增长 8.6%，林业产值 5.37 亿元，增长 15.9%，畜牧业产值 86.33 亿元，增长 6.2%，在农林牧渔服务业中的比重为 48.8%。渔业产值 6800 万元，增长 20.7%，农业服务业产值 2.9 亿元，增长 3.4%。

全年粮食总产量 203.2 万吨，增长 6.1%，实现了自 2006 年以来的“七连增”，其中：夏粮 12.14 万吨，增长 0.9%；秋粮 191.06 万吨，增长 6.4%。经济作物中，油料产量 4.15 万吨，增长 8.9%；烤烟产量 5.32 万吨，增长 2.9%；蔬菜产量 113.65 万吨，增长 6.3%；水果产量 25.92 万吨，增长 32.4%。

全年生猪出栏 484.18 万头，增长 10.8%；牛存栏 60.15 万头，增长 1.3%；羊出栏 40.18 万只，增长 6.7%；家禽出栏 1031.98 万只，增长 8.8%。全年肉类总产量 47.9 万吨，增长 9.5%。水产品产量 2.07 万吨，增长 23.4%。

全年完成水利建设投资 22.7 亿元，增长 21.4%。全市在建中小型水源工程 17 件，其中中型水库 9 件、小(一)型水库 8 件；病险水库除险加固加快推进，9 座小(一)型水库除险加固完工验收，26 座小(二)型水库除险加固全面完工，28 座小(二)型水库除险加固接近尾声。田间水利建设取得新进展，安装铺设管道 710 公里，建成渠道 495.5 公里，新增和改善灌溉面积 15.3 万亩。民生水利建设取得新成效。2011 年 9 月以来，投入 2.6 亿元，解决 52.49 万农村人口和学校师生的饮水安全问题；2012 年农村 50 万人饮水安全项目建设全面开工；在山区、半山区建成各类“五小水利”工程 3.1 万件，其中小水窖 2.2 万件；有效治理水土流失面积 240 平方公里。乌蒙山片区区域发展与扶贫攻坚正式启动，整乡整村推进等扶贫项目有序实施，解决 25 万贫困人口温饱问题，扶贫开发和新农村建设取得了新的成就。年末农业机械总动力 18.08 亿瓦特，增长 19.5%。

【工业·建筑业】 2012 年，全市实现全部工业增加值 206.11 亿元，比上年增长 23.2%，对经济增长的贡献率 54%。季度审批后新建投产规模以上工业企业 10 户，年末规模以上工业企业户数 203 户。全年规模以上工业增加值增长 26.9%。规模以上工业中，重工业增加值增长 34.2%，轻工业增加值增长 14.5%，重轻工业的比为 64.6∶35.4。

全市七大支柱产业完成增加值 147.25 亿元，实现全部增长。规模以上卷烟、煤炭、电力企业实现增加值 123.44 亿元，占规模以上工业增加值的 79.5%。其中，烟草制品业 48 亿元，增长 12%；煤炭开采和洗选业 45.15 亿元，增长 20.7%；有色金属采选业 10.06 亿元，增长 36.2%；有色金属冶炼及压延加工业 2.39 亿元，增长 16.6%；化学原料及化学制品制造业 5.93 亿元，增长 0.7%；非金属矿物制品业 5.42 亿元，增长 31.6%。电力、热力的生产和供应业 30.29 亿元，增长 74.6%。

主要产品产量。全年原煤产量 2102.53 万吨，增长 13.7%；卷烟 61.04 万箱，增长 13.7%；水泥产量 475.42 万吨，增长 44.6%；发电量 156.13 亿千瓦小时，增长 168.6%。

表二 2012 年主要工业产品产量

产品名称	单位	绝对数	比上年增长(%)
原煤	万吨	2102.5	13.7
铁矿石原矿量	吨	82279	68.3
铅金属含量	吨	22504	2.6
锌金属含量	吨	106100	0.9
十种有色金属	吨	114227	-1.8
十种有色金属	吨	114227	-1.8
卷烟	万支	3051910	13.7
合成氨	吨	337154	-6.3
农用氮磷钾化肥	吨	301127	-4.3
碳化钙（电石）	万吨	43.19	-2.1
水泥	万吨	475.42	44.6
发电量	亿千瓦小时	156.13	168.6
其中：火力发电量	万千瓦小时	54.28	
水力发电量	万千瓦小时	101.85	75.3
自来水生产量	万立方米	2425	6

全年规模以上工业企业累计实现主营业务收入 290.6 亿元，增长 17.9%，实现利税总额 76.2 亿元，增长 2.3%。规模以上工业产品产销率为 94%，产销衔接状况良好。

建筑业。2012 年全社会建筑业实现增加值 64.5 亿元，增长 21.9%。年末施工总承包和专业承包建筑企业 74 个。房屋建筑施工面积 318.45 万平方米，下降 7.08%；房屋建筑竣工面积 240.06 万平方米，增长 45.39%，其中住宅竣工面积 83.51 万平方米，增长 15.06%。

【固定资产投资】 投资规模继续扩大。2012 年，完成规模固定资产投资 421.79 亿元，比上年增长 35%。其中，第一产业完成投资 3.26 亿元，增长 64%，第二产业完成投资 229.62 亿元，增长 33.3%，第三产业完成投资 188.9 亿元，增长 36.7%。全市重大工程项目投资进展顺利，溪洛度电站完成投资 68.12 亿元，增长 46.1%；向家坝电站完成投资 81.03 亿元，增长 31.4%。两大项目占全市规模固定资产投资总额的 35.4%。民间投资 152.5 亿元，增长 27.4%。房地产开发投资 36.11 亿元，增长 43.9%。商品房施工面积 598.05 万平方米，增长 45.9%。商品房销售面积 138.38 万平方米，增长 54.8%。

【国内贸易·对外经济·旅游业】 消费品市场平稳较快增长。2012 年，社会消费品零售总额 152.2 亿元，比上年增长 20%。按经营地统计，城镇消费品零售额 108.45 亿元，增长 20.8%；乡村消费品零售额 43.75 亿元，增长 15.5%。按消费形态统计，商品销售额 276.07 亿元，增长 21.4%；餐饮营业额 19.89 亿元，增长 24.6%。

全年实现旅游总收入 41.01 亿元，增长 56.17%。接待国内外旅游者 1014.71 万人次，增长43.16%。其中，接待入境旅游者1010人次，增长9.17%。

全年引进累计实施招商项目491个，累计新签约项目146个，到位市外资金247.04亿元，增长50%。省外资金到位完成175.73亿元，增长50%。实际利用外资2445万美元，是上年的4.45倍，招商引资成效明显。

全年进出口总额2579万美元，增长56.2%。其中，出口额2139万美元，增长3.01倍；进口额440万美元，下降60.7%。

【财政·金融·保险】 2012年，财政总收入完成100亿元，比上年增长16%。地方公共财政预算收入完成39.47亿元，增长21.1%，其中税收收入快速增长，达到32.07亿元，增长21.6%；非税收入7.4亿元，增长19.1%。地方公共财政预算支出完成248.09亿元，增长39.2%。一般公共服务支出19.05亿元，增长23.8%；教育支出 57.58亿元，增长41.2%；社会保障和就业支出41.88亿元，增长65.8%；农林水事务支出34.92亿元，增长23.9%。财政支出更加注重社会事业和民生保障。

年末全市金融机构人民币存款余额768.42亿元，比年初增长24%。其中：单位存款余额353.66亿元，增长19.3%；个人存款余额368.62亿元，增长25.6%，储蓄存款余额367.65亿元，增长25.3%。金融机构人民币贷款余额420.66亿元，增长18.3%。其中：短期贷款113.39亿元，增长29.1%；中长期贷款302.58亿元，增长14%。

全年原保险保费收入7.41亿元，比上年增长7.8%。支付各项赔款和给付2.74亿元，增长30.7%。财险赔付率56.04%，寿险赔付率11.1%。

【教育·文化·卫生·体育】 2012年，普通高等教育招生2000人，在校生6000人，毕业生1900人。各类中等职业教育招生7800人，在校生2.6万人，毕业生7900人。成人高等教育招生200人，在校生1100人，毕业生400人。全市普通高中招生3.47万人，在校生8.92万人，毕业生1.95万人。全市普通初中招生10.56万人，在校生27.17万人，毕业生9.48万人。普通小学招生8.81万人，在校生62.13万人，毕业生12.37万人。特殊教育在校生483人。幼儿园在园幼儿8.96万人。

全市文化系统内艺术表演团体10个，开展文化建设百千万工程，市级文艺院团从2009～2012年共计演出549场，观众245万人次，县级文艺院团从2010～2012年共计演出3068场，观众379万人次。文化馆12个，文化站143个，公共图书馆12个，博物馆3个。

全市无线广播发射机站150座，广播电台1座，电视台1座，广播电视台10座，中短波发射台和转播台1座。广播综合覆盖率84.9%，电视综合覆盖率80.9%。

全市医疗卫生机构494个，其中医院67个，基层医疗卫生机构427个；床位1.52万张，增长20.3%；卫生技术人员9907人，增长16.3%，其中执业（助理）医师3804人，注册护士3151人。

【环境保护· 安全生产】 2012年，全市单位GDP能耗下降3.88%。能源消费总量533.93万吨标准煤(等价热值)，比上年增长11.59%。其中，第一产业14.86万吨标准煤，占总能源消费2.78%；第二产业356.5万吨标准煤，占总能源消费66.77%，其中工业322.77万吨标准煤，占第二产业能源消费90.53%；第三产业81.67万吨标准煤,占总能源消费15.3%；居民能源消费量80.86万吨标准煤，占总能源消费15.14%，完成了年初下达的节能减排目标。

全年安排用于污染治理、环境监察、监测能力建设等环保专项资金2141万元。开展环境污染治理项目12个，企业预算总投资3624万元，上级环保专项补助资金595万元。在环境污染治理中，开展工业污染治理项目6个，总投资3029万元。

年末全市自然保护区8个，面积11.98万公顷，占全市土地面积的5.2%。

全年发生各类安全伤亡事故199起、死亡95人，分别比上年下降23.8%、31.7%。

【人 口】 据2012年人口变动抽样调查资料测算，年末常住人口529.6万人，比上年末增加3.75万人。城镇化率25.04%，比上年提高2.44个百分点。人口出生率15.37‰；人口死亡率6.61‰；人口自然增长率8.75‰。

【人民生活·社会保障】 2012年，全市城镇单位从业人员23.19万人，比上年增长7.4%，从业人员劳动报酬83.23亿元，增长16.9%。

城镇在岗职工年平均工资 3.77 万元，增长 11%，其中国有单位 3.94 万元，增长 11.5%。

全年城镇居民人均可支配收入 1.64 万元，比上年增长 16.5%。其中，工资性收入 1.23 万元，增长 12.1%。人均消费性支出 9936 元，增长 9.92%。其中，居住支出增长 24.6%，家庭设备用品及服务支出增长 5.2%，交通和通讯支出增长 22.9%。城镇居民恩格尔系数 42.8%。

全年农村居民人均纯收入 3897 元，比上年增长 18.3%，其中，工资性收入 1871 元，增长 398%。农村居民人均生活消费支出 3411 元，增长 16.2%。

全年职工养老保险参保人数 10.32 万人，失业保险参保（职工）人数 10.74 万人，基本医疗保险参保人数 36.77 万人，参加工伤保险职工 21 万人，参加生育保险职工 15.55 万人。全市 11 县城镇、农村新型社会养老保险全面展开，参保人数 266.07 万人，其中：农村 254.12 万人，城镇 11.95 万人。

全年纳入城市低保人员 11.01 万人，农村低保人数 55.3 万人，城市和农村最低生活保障人均补助水平分别为 212.87 元、94 元，分别比上年提高 27 元、12 元。符合条件的五保供养对象 5353 人全部纳入供养范围。养老服务设施总床位数 5392 张。

（邹　蓉）

丽江市

【综　述】　丽江市位于青藏高原东南缘，滇西北高原，金沙江中游，云南省西北部。东接四川凉山州和攀枝花市，南连大理州剑川县、鹤庆县、宾川县及楚雄州大姚县、永仁县，西、北分别与怒江州兰坪县及迪庆州维西县毗邻。全市总面积 2.06 万平方公里，其中山区占总面积的 92.3%，高原坝区占 7.7%。下辖古城区、玉龙县、永胜县、华坪县、宁蒗县 1 区 4 县 72 个乡（镇、街道办事处）。

2012 年，丽江市在省委、省政府的领导下，积极应对经济下行压力加大的严峻挑战和三年连旱、“6·24”宁蒗地震受灾的影响，坚持稳中求进、好中求快、变中求新，攻坚克难、开拓进取，保持了经济平稳较快发展、社会和谐稳定、民生持续改善的良好局面。全年完成生产总值 212.24 亿元，比上年增长 15.8%。三次产业结构调整为 17.25∶42.28∶40.47。全年实现财政总收入 55.54 亿元，增长 38.1%；公共财政预算收入 38.01 亿元，增长 44.7%，增幅排名全省第一。全年地方财政一般预算支出 106.74 亿元，增长 31%。城镇居民人均可支配收入 1.86 万元，增长 17.8%；农民人均纯收入 5094 元，增长 19.3%。

【农业经济】　2012 年，坚持一手抓抗旱救灾，一手抓农业生产，以转变农业发展方式为主线，以发展生态农业、品牌农业和特色农业为方向，以农民增收和改善民生为核心，加大投入，发挥优势，突出特色，整合资源，推进丽江高原特色农业的专业化、标准化、规模化、集约化，大旱之年实现农民增收、农业增效、农村发展。全年完成农业总产值 65.62 亿元，比上年增长 7.4%。农作物总播种面积 18.59 万公顷，增长 2.22%。粮食总产量 49.16 万吨，增长 2.36%，实现连续九年增产。新建生态产业基地 78.7 万亩，启动建设 30 个高原特色农业产业示范园。完成烤烟收购 72.29 万担。农业基础设施建设步伐加快，全年建成农村沼气池 5922 口、节柴改灶 5505 户、乡村油路 452 公里。实施贫困自然村整村推进项目 278 个、易地扶贫开发 2050 人、安居工程 760 户，启动宁蒗县扶贫攻坚大会战，解决 5 万贫困人口的温饱问题。

【工业·建筑业】　2012 年，积极实施工业发展倍增计划和 3 个百亿工程，安排 2000 万元工业和民营经济发展专项资金，支持工业企业技术改造和非公经济发展。积极应对煤炭产品价格下滑的影响，全力做好煤电油运保障工作。建成年产 1 亿粒红 A、20 亿粒绿 A 生产线等重大工业项目，开工建设程海保尔年产 1500 吨螺旋藻生产线等项目。加快清洁能源基地建设，推进清洁载能产业发展。抓好电网建设。完善八大工业园区规划，加强配套设施建设，园区经济加快发展。全年完成工业总产值 171.31 亿元，比上年增长 27%，其中：规模以上工业总产值 125.74 亿元，增长 31.8%。完成全部工业增加值 56.68 亿元，增长 24%，其中：规模以上工业增加值增长 24.3%。工业对经济增长的支撑和带动作用进一步增强，工业对经济增长的贡献率 39.29%，拉动 GDP 增长 6.2 个百分点。企业效益明显提高，全年规模以上工业企业实现主营业务收入120亿元，增长28.15%，实现利税29.7亿元，增长1.13倍，其中：利润17.8亿元，增长1.64倍。

全年建筑业完成总产值34.85亿元，比上年增长29.4%。完成增加值33.06亿元，增长17.1%，对全市经济增长的贡献率16.98%，拉动经济增长2.7个百分点。

【旅游业】 2012年，积极推进旅游二次创业，加快推进丽江古城、玉龙雪山、老君山、泸沽湖等重点景区建设，有效提升了景区品质。不断丰富文化旅游内涵，实施了国家民族文化产业示范园区、十大旅游文化产业园、丽江茶马古城等文化产业项目。全面推进旅游标准化建设，旅游服务水平不断提升，游客满意度不断提高，旅游业带动效应不断增强。全年接待国内外游客1599.1万人次，增长35.05%。实现旅游总收入211.21亿元，增长38.75%。其中：接待国内游客1514.4万人次，增长36.69%；实现国内旅游收入192.96亿元，增长39.44%。接待海外游客84.7万人次，增长11.27%；实现旅游外汇收入2.89亿美元，增长13.13%。目前，全市有旅行社27家，整合为6大旅行社集团；有22个旅游景区（点），其中5A级2个、4A级6个；国家生态旅游示范区1家，民族民俗文化旅游示范区2家；引进国际知名品牌酒店10家，其中建成开业3家；全市有星级酒店208家，其中五星级5家、四星级13家；有6家旅游汽车公司，586辆旅游车；有29家旅游购物会员商店；注册导游5679人，直接从事旅游的人员约4万人，间接从事旅游业的超过10万人。2012年4月丽江市创建为全国首批5个旅游标准化示范城市之一。

【固定资产投资】 2012年，深入调整投资结构，努力提高投资质量，千方百计拓宽投融资渠道，强力推进重点项目建设。全年规模以上固定资产投资（含房地产开发投资）完成295.57亿元，增长31.8%，其中：500万元以上固定资产投资231.4亿元，增长25.14%；房地产开发投资64.16亿元，增长63.43%。三次产业投资全面增长，第一产业投资8.32亿元，增长1.05倍，第二产业投资110.81亿元，增长35.37%，第三产业投资112.28亿元，增长13.41%。一批重大基础设施项目建设取得新进展，丽宁公路改扩建工程开工，丽攀高速公路华坪荣将至滇川界段等工程建设进展顺利，丽攀高速公路古城至华坪段、丽香高速公路等重点项目前期工作稳步推进。文海水库、腊姑河水库等续建项目进展顺利，头台河、小米田等水库相继开工。

【招商引资·商贸】 2012年，加快开放步伐，创优发展环境，创新招商思路，全年招商引资项目170个，其中：在建项目101个，筹集项目19个，完工项目45个。招商引资国内合作项目到位资金181.4亿元，比上年增长25.9%。合同利用外资2770万美元，实际利用外资2870.8万美元。全年实现社会消费品零售总额65.69亿元，增长18%。全年进出口贸易完成8477万美元，增长37%，其中：出口8465万美元，增长36.9%，进口12万美元，增长200%。

【城市建设】 2012年，进一步加快城市发展步伐，深入推进特色城镇建设。积极开展国家卫生城市、节水型城市、环境保护模范城市和全国文明城市的创建工作，启动申报中国人居环境奖，城市面貌发生较大变化。全市城镇化率31.42%，比上年提高3.22个百分点。城市建成区面积35万平方公里，城市道路长度156.8公里，增长12%，城市公共绿地面积1090公顷，增长11%；人均公园绿地面积20平方米；建成区绿化覆盖率34%，提高2个百分点；建成区绿地率32%，提高1.74个百分点；自来水综合生产能力12.2万立方米/日，用水普及率98%，燃气普及率85%。

【环境保护】 2012年，深入实施七彩云南丽江保护行动、滇西北生物多样性保护、森林丽江建设。环境保护、资源节约取得新进展，国家重要生态安全屏障建设取得明显成效。初步测算万元GDP能耗下降2.61%。全年完成低产林改造17万亩、人工造林66.32万亩，封山育林18.97万亩。全市森林覆盖率66.15%。项目环保"三同时"实现100%，全年全市工业废水排放量2687.57万吨；工业固体废物综合利用量128.8万吨；二氧化硫排放总量7706.65吨，比上年增长3.2%；化学需氧量排放总量6722.61吨，减少9.2%。城镇生活污水集中处理率85.5%，提高5.5个百分点；城镇垃圾无害化处理率87.2%，提高2.2个百分点。

【人口·就业·社会保障】 2012年，人口低速增长，人口自然增长率稳定在目标范围内，人口素质和质量进一步提高。年末全市常住人口126.2万人，人口自然增长率4.37‰。全年新增城镇就业9750人，年末城镇登记失业人数5158人，比上年增加552人；城镇登记失业率3.38%，下降0.02个百分点。全市城镇参加基本养老保险人数7.31万人，征缴养老保险费3.04亿元，增长21%。参加基本医疗保险人数17.68万人，征缴医疗保险费2.5亿元，增长4%。参加失业保险人数3.02万人，征缴失业保险费2357万元，增长13%。参加工伤保险人数8.48万人，征缴工伤保险费2134万元，增长69%。参加生育保险人数7.25万人，征缴生育保险费1057万元，增长23%。农村社会养老保险参保人数64.09万人，增长1.05%。年末全市城镇居民最低生活保障人数4.03万人，城镇居民最低生活保障资金支出9086.23万元，增长39.82%；农村居民最低生活保障人数12.22万人，农村居民最低生活保障资金支出1.31亿元，增长12.32%。

【社会事业】 2012年，全面实施农村义务教育“两免一补”政策，全市受益学生17.2万人，免补金额1.63亿元；教育基础设施进一步加强，中小学危房改造工程开工15.17万平方米，竣工8.44万平方米；“普九”成果得到巩固，小学毛入学率110.41%，初中毛入学率107.56%。全市普通高考录取率90%，提高0.5个百分点。妇幼保健水平进一步提高，全年婴儿死亡率11.95‰，孕产妇死亡率40.93/10万，住院分娩率90.41%，新法接生率97.98%；新型农村合作医疗深入推进，新农合覆盖农业人口97.16万人，参合人数94.08万人，参合率96.83%。全年有253.37万人次享受新农合减免补偿，减免补偿金2.68亿元。广播综合人口覆盖率90%，提高7个百分点。电视综合人口覆盖率95%，提高7个百分点。全年财政预算安排科技经费288万元，比上年增长51.7%。实施国家和省各类科技计划项目40多项，申报专利119件。

（李小佳）

普洱市

【综 述】 2012年，普洱市积极推进国家绿色经济试验示范区建设，经济社会又好又快发展。全市常住总人口257.5万人，实现地区生产总值366.9亿元，比上年增长15.6%，增幅居全省第五位；完成规模以上固定资产投资351亿元，增长38.1%；地方公共财政预算收入47.9亿元，预算支出170.1亿元，分别增长21.9%、16.7%，收支绝对额均居全省第六位；社会消费品零售总额102亿元，增长18.5%，增幅居全省第三位；外贸进出口总额2.7亿美元，增长29.1%，增幅居全省第七位；金融机构存款余额492.9亿元，贷款余额326.4亿元，分别增长16.3%、18.4%，增幅居全省第九位和第五位；城镇居民人均可支配收入1.73万元，增长16.1%；农民人均纯收入5020元，增长15.7%；居民消费价格总水平涨幅2.6%，低于全省平均水平；城镇登记失业率控制在4.1%以内，人口自然增长率5.76‰，单位生产总值能耗下降2.6%。

【产业发展】 三次产业结构比重为30.8∶36.4∶32.8。农业和农村经济稳步发展，完成农业总产值190.2亿元，比上年增长7.5%。粮食生产实现“九连增”，总产量108.8万吨，增长4.7%。茶叶、咖啡、烤烟、渔牧等高原特色农业发展势头良好。茶产业产值47亿元，增长36.8%，完成136万亩生态茶园覆荫树种植。新建生态咖啡园20.8万亩，咖啡种植面积65万亩，普洱被授予“中国咖啡之都”称号。收购烟叶127.9万担，烟农总收入15.2亿元。投入5873万元建设无公害蔬菜基地，丰富城乡居民的“菜篮子”。工业经济提质增效，实现工业总产值231亿元，规模以上工业增加值增长20.5%。9个县工业园区挂牌成立，入园企业255户，实现总产值87.5亿元，增长67.6%。旅游业快速发展，接待国内外旅游者823.5万人次，增长47%，实现旅游总收入50.9亿元，增长72%，增幅均居全省第一位。民营经济发展势头强劲，增加值占全市生产总值的40.7%。

【项目建设】 围绕《国务院关于支持云南省加快建设面向西南开放重要桥头堡的意见》明确赋予普洱建设“特色生物产业、清洁能源、林产业和休闲度假”四大基地的重要任务，全力推进一批事关普洱长远发展的重大基础设施、产业优化升级、生态文明建设等项目。2012年，普洱市实施规模以上固定资产投资项目

824个，比上年增长15.6%，新开工项目比上年多125个。完成工业投资156.8亿元，占固定资产投资的44.7%。糯扎渡电站提前2年发电，帝泊洱、康恩贝、云景林纸、天恒水泥等一批重点工业项目建成投产。镇沅五一水库、墨江中山水库等6座重点水源工程全面竣工，新建1.9万件“五小”水利工程，19个城镇污水和生活垃圾处理项目投入运营。建成1791公里惠农公路。边三县茶祖文化旅游项目被列为全省十大历史文化旅游项目。绿色企业总部园区、澜阿公路、安普公路、镇沅永丰源普洱瓷、昆明普洱茶文化科技中心、大中河水库—思茅坝引水、五里河水库、云南热作学院迁建、普洱国家公园、市政务中心综合服务楼、市殡仪馆等项目启动建设。澜沧机场获得国家批准，玉磨铁路（普洱段）、思茅机场迁建、云南金云差别化化学纤维生产线、中国普洱休闲养生部落、洗马湖生态阳光城、普洱国际休闲农业旅游、市粮食储备库迁建等项目前期工作有序推进。

【特色城镇建设】 中心城区改造提升深入推进，城市绿化、亮化、野花、湿地、人文等12项工程加快实施，建成了一批精品旅游小镇、特色小镇，创建国家森林城市工作全面启动。荣获2012“最中国创意名城”、“最具生态竞争力城市”、“中国十佳最具投资潜力文化旅游城市”等称号。完成了10个县（区）城乡建设规划和1.34万个村庄规划编制，实现城镇近期建设规划、土地利用总体规划、林地保护利用规划“三规”衔接。全力推进昆曼大通道新农村示范带和93个省级重点村、65个市级示范点建设。完成了2.12万户农村危房改造，村容村貌进一步改观。启动生态移民工程，完成35个乡撤乡设镇报批工作，12.8万农业人口转变为城镇居民。全市城镇化率34.7%。积极推进“万村千乡市场工程”、“乡村流通工程”和农（集）贸市场改造，农村商品市场流通体系不断完善，有力促进了农村消费持续增长。

【经济社会改革】 农村产权制度改革扎实推进，集体林权流转机制进一步完善，农村集体土地确权登记发证全面开展；行政审批制度、财政管理体制、投融资改革、旅游业综合改革稳步推进。成功发行了1个企业债券，推出了2个信托产品。组织开展云南金融支持普洱行、百名晋商进普洱等招商引资系列活动。在思茅区、景谷县召开银政企合作座谈会，助推县域经济加快发展。成立了全国首家中国绿色碳汇基金会碳汇经济促进中心，开展森林碳汇试点工作。

【对外开放合作】 对外开放水平持续提升，与北京市西城区、吉林省吉林市、法国利布尔讷市结为友好城市；引进了星巴克、中国供销集团、中坤集团、华夏文化集团、汇源集团等一批国内外知名的大企业，助推普洱绿色发展。孟连、勐康口岸建设提速，编制了龙富口岸经济区总体规划，启动孟连（勐阿）边境经济合作区建设，进一步密切与周边国家人文交流和经贸往来，随云南省代表团出访GMS五国；参与主办2012广州咖啡博览会和第三届滇港合作高级论坛。举办了边境经济贸易交易会，以“黄金口岸·绿色发展”为主题的对外交流合作日益扩大。全年利用外资4980万美元，比上年增长19.6%，实施各类经济合作项目323项，实际到位市外资金282.4亿元，增长114.8%，招商引资综合考评排名全省第二位。

【民生投入】 2012年，公共财政支出的72.9%用于保障和改善民生。全面落实当年承诺的10件惠民实事。实施更加积极的就业政策，发放促进就业创业小额贷款13.5亿元，连续4年排名全省前列，城镇新增就业1.1万人，转移农村劳动力1.3万人。城乡居民社会养老保险实现制度全覆盖，连续8年提高了企业养老保险金。开通了困难群众求助专线，城乡居民最低生活保障线分别提高到每人每月220元、160元，53.6万城乡困难群众纳入最低生活保障，发放城乡低保金5.4亿元。全面启动被征地农民基本养老保障工作。新农合参合比例96.4%，城镇居民、城镇职工住院报销比例分别提高到70.2%、83.6%。兑现各项惠农补贴资金5.7亿元，争取各类扶贫资金8.5亿元，完成整村推进项目786个。解决了10万农村贫困人口温饱和20.6万人饮水困难及饮水安全问题。启动滇西边境片区普洱区域发展与扶贫攻坚规划，认真实施新一轮扶持人口较少民族发展和“兴边富民”工程。解决了澜沧县拉祜族聚居区3.6万贫困人口温饱问题。调整了公务员津补贴和事业单位绩效工资标准。续建的

2011年5740套城镇保障性住房任务全部完工并分配入住，2012年3140套建设任务全面开工，提前实施建设2013年任务1774套，向8640户城镇低收入住房困难家庭发放租赁补贴2016万元。

【社会事业】 2012年，实施中小学校舍安全工程项目304个，新建校舍面积23.3万平方米，全部停止使用D级危房。开工建设乡（镇）幼儿园24所。农村中小学生营养改善计划和“两免一补”政策实现全覆盖。职业教育、特殊教育、民办教育快速发展，建成景东、墨江、澜沧、景谷县特殊教育学校。普洱卫校申报为国家示范性中等专业学校。思茅师专成功升本组建普洱学院。开展市级以上重大科技项目38项，实施普洱茶、思茅松和咖啡籽种搭载“神舟九号”飞船太空育种试验。成功举办第十二届中国普洱茶节、第四届民族文化旅游节、首届中国普洱国际乡村音乐节等重大文化节庆活动。景迈山古茶园列入《中国世界文化遗产预备名单》，普洱古茶园与茶文化系统被联合国粮农组织授予全球重要农业文化遗产保护试点，景东万人三弦合奏载入吉尼斯世界纪录。“十二五”广播电视村村通工程顺利完成，启动拉祜语电影译制工程。全民健身运动蓬勃开展，举办“2012年全国市长杯武术太极拳比赛”。

【国家绿色经济试验示范区建设】 2012年，坚定不移地实施生态立市、绿色发展战略，坚持工业化、信息化、城镇化、农业现代化同步发展，深化改革开放，强化创新驱动，着力转方式、调结构，以提高经济增长的质量和效益为立足点，加快国家绿色经济试验示范区建设，推进跨越发展“13111”工程，切实保障和改善民生，不断巩固科学发展、和谐发展、跨越发展的大好局面，确立了建设国家绿色经济试验示范区的“三步走”战略：第一步，到2016年全面完成“13111”工程，绿色产业增加值占GDP的比重达到95%左右，人民生活水平达到或超过全省平均水平，国家绿色经济试验示范区建设初见成效。第二步，到2020年把普洱建成云南低碳经济试点核心区，西南重要生态安全屏障，国家重要的生物多样性宝库、特色生物产业聚集区和中国—东盟绿色产品交易平台，全面建成国家绿色经济试验示范区，与全国同步建成小康社会。第三步，沿着科学发展、绿色崛起的道路，充分发挥在全国乃至全球绿色经济发展中的示范带头作用，在绿色发展大道上阔步前行。用国家绿色经济试验示范区的建设成效打造妙曼普洱，支撑七彩云南，助力美丽中国。

（李满田）

临沧市

【综 述】 2012年，临沧市在省委、省政府的坚强领导下，坚持以科学发展为主题，以加快转变经济发展方式为主线，按照稳中求进、好中求快、变中求新的工作总基调，着力打好园区经济、县域经济、民营经济“三大战役”，全面实施新家园行动计划和城乡居民收入倍增计划，大力发展高原特色农业，加快发展工业化、信息化、城镇化和农业现代化，全市经济社会实现平稳较快发展。全年完成地区生产总值352.98亿元，比上年增长16.8%。其中，第一产业增加值107.64亿元，增长7.3%；第二产业增加值150.55亿元，增长26.3%；第三产业增加值94.78亿元，增长14.5%。实现城镇居民人均可支配收入1.64万元，增长15.8%，农村居民人均纯收入5158元，增长20.4%。

【农业·农村经济】 加大农业产业结构调整力度。2012年，重点实施南汀河流域“发展生态农业、改善生态环境”和临翔至双江国道214沿线“发展现代农业、改善农村民生”两大工程，加快推进耿马、沧源、凤庆3个省级高原特色农业示范县和耿马现代农业示范区建设。大力发展蔗糖、茶叶、核桃、咖啡、澳洲坚果、木竹、烤烟、橡胶等八大高原特色农业。稳定粮食播种面积，着力提高粮食单产，全年实现粮食产量94.45万吨，增产4.2%。积极发展畜牧业和以澜沧江三大电站库区为重点的水产养殖业，实现肉类总产量25.79万吨，比上年增长21.3%，实现水产品产量5万吨，增长52.1%。

【工业·建筑业】 深入实施“工业强市”战略，保持工业在经济发展中的龙头带动作用，切实加强土地、资金和煤电油运等发展要素保障。突出工业园区建设，引导相似资源、同类产业、关联企业向园区集聚、集约、集群发展。围绕制糖、制茶、酿酒、林板等传统产业，支持南华糖业、凤庆糖业、龙润茶叶等龙头企业发展；围绕锗、锌、硅等矿产业，支持鑫园锗业、镇康东鸿锌业、双江西地澜沧江水电矿业等企业发展；围绕新能源、新材料产业，支持三奇光电科技等企业发展。扎实推进重大工业项目建设，加快实施中缅鞋业轻纺文化产业园、镇康南伞卡蒙特纺织服装加工项目、临沧后谷咖啡加工项目等重大项目建设。积极培育小型微型企业，新增小微企业1.5万户。2012年，完成全部工业增加值112.53亿元，比上年增长27%。其中，规模以上工业增加值增长20.5%。全社会建筑业增加值38.02亿元，增长24.6%。全市有工作量的本地建筑施工企业48个，实现总产值47.7亿元，增长46.5%。房屋建筑施工面积311.26万平方米，增长74.5%。单位生产总值能耗下降2.01%。

【固定资产投资】 创新机制，优化项目，整合资源，调整投资结构，提高投资质量，投资保持平稳较快增长。2012 年，完成规模以上固定资产投资 303.2 亿元，比上年增长 49.1%。其中，第一产业投资完成 4.91 亿元，增长 2.1 倍；第二产业投资完成 94.53 亿元，增长 57.7%；第三产业投资完成 203.75 亿元，增长 43.7%。房地产开发投资完成 62.65 亿元，增长 1.4 倍。

【贸易·招商】 2012 年，对外贸易完成进出口总额 21.48 亿元，比上年增 29.4%。其中，进口总额 9.3 亿元，增长 58.1%，出口总额 12.16 亿元，增长 13.6%。社会消费品零售总额 101.97 亿元，增长 17.1%。居民消费价格总水平上涨 3.7%。旅游业稳步发展。接待国内外旅游人数 380.01 万人次,增长 18.9%；实现旅游业总收入 23.47 亿元，增长 20%；创外汇收入 3048 万美元，增长 11.8%。招商引资实际利用外资 4105 万美元；签订和实施国内合作项目 793 个，实际到位资金 258.9 亿元，增长 1.2 倍。

【财政·金融】 2012 年，完成财政总收入 51.08 亿元，比上年增长 33.9%。其中，地方公共财政预算收入 30.22 亿元，增长 41.3%。金融机构各项人民币存款 347.06，增加 46.64 亿元。其中，单位存款 156.05 亿元，增加 10.22 亿元，居民储蓄存款余额 183.16 亿元，增加 34.71 亿元。金融机构各项人民币贷款余额 269 亿元，增加 51.26 亿元。其中，短期贷款 76.55 亿元，增加 21.13 亿元，中长期贷款 192.44 亿元，增加 30.17 亿元。全市有保险公司 12 家，完成各种保险收入 5.66 亿元，增长 12.5%。

【交通·邮电】 2012 年，临沧通公路里程 1.46 万公里，通行能力较上年提高。机动车保有量 47.47 万辆，比上年增长 22.7%。其中，汽车保有量 7.92 万辆，增长 25.3%。完成货运量 1580 万吨，增长 16.4%；货物周转量 14.51 亿吨/公里，周转 18.1%；客运量 870 万人，增长 13.4%；旅客周转量 12.04 亿人/公里，增长 17%；完成航空客运量 13.6 万人次，增长 14.5%，客座率 80%，提高 11 个百分点。完成邮电业务收入 9.64 亿元，增长 13.8%；有固定电话 18.7 万部，移动电话用户 162.9 万户，固定电话普及率 7.6 部/百人，移动电话普及率 66.1 部/百人，互联网入户数 11.1 万户。

【民生工程】 2012 年，扎实推进城乡居民收入倍增计划。实施积极的就业政策，城镇新增就业人员 1.23 万人，农村劳动力新增转移就业 18.5 万人，城镇登记失业率 3.85%。财政供养单位住房公积金缴存比例统一提高至 12%。无电人口全部实现通电。职工工伤保险、职工生育保险、城乡居民医疗保险和社会养老保险四项制度实现全覆盖。8.98 万名城镇职工参加基本养老保险，3.6 万人参加城镇居民社会养老保险，119.3 万人参加新型农村养老保险；22.54 万人参加城镇基本医疗保险，194.14 万人参加新型农村合作医疗保险；9.06 万名职工参加生育保险，7.85 万名职工参加失业保险，10.34 万名职工参加工伤保险。城乡居民住院报销比例、大病医疗补充保险补偿比例大幅提高。 建有收养性福利机构 28 个。5.32 万人享受城镇居民最低生活保障，39.15 万人享受农村居民最低生活保障。启动实施特困地区区域发展与扶贫攻坚规划，投入各类扶贫资金 15 亿元，减少贫困人口 10 万人。

深入实施新家园行动计划。全市新家园建设投入资金 125.9 亿元，改造旧村 401 个、旧房 4.4 万户、旧城 123 万平方米、旧校舍 51.45 万平方米，基本消除中小学 D 级危房。扎实推进沧源佤族自治县 8000 户茅草房改造佤山幸福工程建设，改善佤族群众居住条件。农村设施不断改善。自来水受益村889个，占全部村委会的99.4%；通电话村888个，占全部村委会的99.3%；通汽车村885个，占全部村委会的99.0%；通电村892个，占全部村委会的99.8%。

2012年末有大专、中等职业教育学校、普通中学、小学、特殊学校、幼儿园共1312所，专任教师2.27万人，在校学生39.96万人。获金牌14枚、银牌17枚、铜牌23枚；参加云南省第八届农民运动会，获第一名2项，第二名3项，第三名7项。

【人口与计划生育】 2012年末全市常住人口246.3万人，比上年增长0.63%。其中，城镇人口80.6万人，增长7.3%；城镇化水平32.74%，提高2.04个百分点；人口出生率12.95‰，死亡率6.8‰，自然增长率6.15‰。计划生育率91.52%，优选节育率82.47%。

（左映莲）

8个民族自治州

楚雄彝族自治州

【综述】 2012年，楚雄州完成生产总值570亿元，比上年增长12.8%；规模以上固定资产投资完成247亿元，增长32.2%。地方财政总收入、地方公共财产预算收入分别为124.4亿元、46.3亿元，分别增长20.6%、23.2%。社会消费品零售总额184.7亿元，增长17.1%。外贸进出口总额2亿美元，增长33.1%。城镇居民人均可支配收入、农民人均纯收入分别为2.03万元、5418元，分别增长14.1%、17.1%；居民消费价格总水平上涨3.1%；城镇登记失业率3.3%；人口自然增长率4.4‰；城镇化率36.2%；单位生产总值能耗下降完成省下达目标。

【农业·农村经济】 2012年，全面落实“抗大旱、保民生、抓生产、促发展”的各项措施，获得省级以上科技立项支持29项，其中国家2项、省级27项；申请专利52件，获得授权40件，其中发明专利8件。有高新技术企业3户。有卫生机构1278个，有卫生技术人员5107人，实有床位7317张，有执业医师和执业助理医师2334人。拥有综合档案馆9个、文化馆9个、图书馆9个。发行《临沧日报》354万份。拥有调频转播发射台40座，电视转播发射台10座。广播覆盖率97.5%，比上年提高1.98个百分点；电视覆盖率97.5%，提高1.12个百分点。积极参加省级以上竞技体育比赛，农业农村经济在持续干旱之年保持稳步发展，完成农林牧渔业总产值221亿元，比上年增长7.3%。粮食生产稳中有增，总产量117万吨，增长1.5%。烤烟生产再创新高，种植烤烟74.9万亩，收购烟叶240万担，烟农种烟收入31.7亿元，增长61%，成为促农增收的最大亮点。推进高原特色农业建设，特色经济林和经济作物种植面积突破800万亩。农业产业化稳步推进，新增农业龙头企业州级27户、省级9户，实现农业产值118.5亿元，增长8.5%；畜牧业稳步发展，肉类总产量39.8万吨，实现畜牧业产值80.2亿元，增长5.5%。社会主义新农村建设和扶贫开发成效显著。完成乌蒙山片区、滇西边境山区区域发展与扶贫攻坚规划编制工作并启动实施，完成扶贫整村推进622个、扶贫整乡推进2个、易地扶贫搬迁1230户5140人，实施农村贫困户安居房建设2万户，年内减少贫困人口10万人。

【工业·建筑业】 2012年，园区建设步伐加快，筹资5.2亿元投入工业园区规划建设，建成标准化厂房30.5万平方米，实现园区工业总产值350亿元，比上年增长51.1%，完成园区工业投资52.2亿元，新增入园企业57户。积极推动产业优化升级，加大了对重点企业技术改造、名牌产品和著名商标的打造、企业技术中心建设的扶持和奖励力度。重大工业项目有序推进，州级重点推进的50项重大工业项目中，红塔集团楚雄卷烟厂改搬迁、云开电器股份有限公司新建中低压配套厂房建设等10个项目已建成投产，楚雄复烤厂1.2万kg/h打叶复烤生产线、云南昆钢力信钢结构有限公司年产20万吨民用钢结构产品及配套生产线、云南摩尔农庄生物科技开发公司年产14万吨有机核桃乳加工等29个项目建设顺利推进，20个重点项目前期工作中9个项目已开工建设，工业企业完成投资138.7亿元，增长31.2%。规模以上工业企业完成增加值156.9亿元，增长16%。

州域内有126个资质内本地建筑业企业，完成总产值74.3亿元，比上年增长36.2%，实现建筑业增加值45.55亿元，增长22.9%（现价）。

【国内贸易·对外经济】 2012年，完成全社会消费品零售总额184.7亿元，比上年增长17.1%。按城乡划分，城镇实现156.4亿元，增长18.4%；乡村实现28.3亿元，增长10.2%。按经济类型划分，公有制经济实现45.5亿元，增长13.9%，其中国有及国有控股经济实现39.4亿元，增长10.8%；非公有制经济实现139.2亿元，增长18.2%，其中个私经济实现127.6亿元，增长17.6%。非公有制经济实现的消费品零售额占零售总额的75.4%，比上年提高0.7个百分点。

外贸进出口总额2亿美元，比上年增长33.1%。其中：出口额1.8亿美元，增长31.1%；进口额2042万美元，增长53.1%。实际利用外资3598万美元，增长43.6%。

【固定资产投资】 2012年，通过抓前期、推在建、促新建，固定资产投资实现快速增长。向上争取项目资金取得新突破，上报各类项目5700个，实际争取项目3800个，争取项目资金71.3亿元，增长30.8%。安排项目前期费7494.4万元，确保了列入省州重点督查的前期和在建项目有序推进，州级重点督查的30个重大建设项目基本完成年度计划，30个重大前期项目顺利推进。加快了项目开工步伐，实施项目1024个，新开工项目626个，增长71%。采取超常规工作措施，确保2012年中央投资项目全面开工建设。广大铁路扩能改造、7件烟草水源工程建设、永仁县维的并网光伏电站等项目稳步推进。规模以上固定资产投资完成347.6亿元，增长32.2%，跨越发展的基础进一步夯实。

【重点产业建设】 2012年，重点产业培育取得成效。烟草产业跨上新台阶，完成增加值93亿元，新增15亿元，烟厂易地技改搬迁竣工投产；收购烤烟240万担，均价24.3元/公斤，比上年提高25.2%，烟农收入增长61%，均创历史新高。冶金化工业实现增加值51.4亿元，增长15.1%，发展势头良好，云冶新立公司、天宝磷化工等新项目建成投产。生物医药产业快速发展，完成增加值5.4亿元，增长20.4%，医药企业28户，新增10户；设立2个院士工作站，吸引了一批知名专家参与产业创新发展，老拨云堂和盘龙云海获全国驰名商标称号，产业集群初步形成，竞争力明显增强。绿色食品业加快发展，元谋、禄丰被列为全国蔬菜产业重点县，一批现代农业园和生物产业基地被列为省级示范。文化旅游业稳步发展，实现增加值34亿元，增长12.1%，禄丰恐龙和元谋古人类被列为全省十大历史文化旅游项目，旅游小镇、温泉开发和乡村旅游建设扎实推进。全年接待国内游客1343万人次、国际游客2.8万人次，分别增长15.3%、17.3%。实现旅游总收入49.68亿元，增长23.2%。其中：国内旅游收入49.19亿元，增长12.6%；旅游外汇收入4929.67万元，增长19.8%。新能源新材料产业培育初见成效，建成风电场7个，总装机35万千瓦，永仁维的光伏电站并网发电；钛材深加工取得新进展，产业链逐步延伸。六大重点产业实现增加值266亿元，占生产总值的比重46.7%。

【县域经济】 2012年，牢固树立富民强州之基在于富民强县的意识，认真贯彻落实省委、省政府关于推动县域经济跨越发展的决定和县域经济争先进位评价体系及考核办法等一系列重大决策部署，各县（市）以大力发展园区和民营经济为抓手，突出推进农业产业化、新型工业化和城镇化3个重点，打基础、兴产业、增亮点、强保障，全州县域经济呈现出竞相发展的新格局。发展基础进一步夯实。各县（市）进一步加大了固定资产投资工作力度，推进了一批农业、交通、水利、城镇和社会事业为重点的基础设施建设项目，发展基础和后劲有了新的增强。在云南省县域经济主要指标的排位中，楚雄市的增速位列全省第94位，绝对数位列全省第八位，绝对数为楚雄州9县1市中排位最高。10县（市）GDP增速比上年提高的有9个县，最高的武定县达到15.1%，比上年提高1.6个百分点；发展质量有新提升，财政总收入、地方公共财政预算收入增幅超过上年增幅的有5个县，最高的元谋县分别为57.7%、62.4%，分别高于上年41.6、46.8个百分点；10县（市）城镇居民人均可支配收入均高于上年，最高的武定县20.8%，高于上年8.4个百分点；10县（市）农民人均纯收入均高于上年，最高的大姚县为50%，高于上年32.1个百分点。

【财政·金融·保险】 2012年，楚雄州完成地方财政总收入124.37亿元，比上年增长20.6%。其中，上划中央和省级所得税收入12.07亿元，增长12.9%；上划省级耕地占用税和卷烟教育费附加收入1.57亿元，增长47.5%；地方公共财政预算收入46.32亿元，增长23.2%。地方公共财政预算支出158.02亿元，增长24.7%。

金融机构年末人民币存款余额587.18亿元，比上年末增长16.3%，其中城乡居民储蓄存款325.66亿元，增长18.1%。金融机构年末人民币贷款余额351.05亿元，比上年末增长16.4%。保险公司保费收入12.3亿元，增长13%。其中：寿险业务保费收入5.76亿元，增长11.9%，赔款及给付1.1亿元；财产保险业务保费收入4.84亿元，增长14%，赔款及给付2.47亿元；健康和意外伤害业务保费收入1.7亿元，增长13.6%，赔款及给付1.07亿元。

【交通·邮电通讯】 2012年末，公路通车里程1.74万公里(含村道)。其中：高速公路304.50公里，一级公路46.13公里。全州机动车拥有量53.29万辆，比上年增长13.6%。其中：汽车12.1万辆（个人9.88万辆），增长18.7%；拖拉机5.87万台，增长25.6%；摩托车辆35.7万辆（个人35.23万辆），增长10.3%。机动车驾驶员45.68万人。全年完成客运量3287万人(不含水运)，增长17%；旅客周转量21.44亿人公里，增长16.1%；货运量1738万吨，增长15.8%；货运周转量20.1亿吨公里，增长17.6%。

全年完成邮电业务总量13.75亿元，比上年增长19.3%。其中：邮政业务总量6000万元，增长7.1%；电信业务总量13.15亿元，增长19.9%。全年订售报纸2971.84万份，订售杂志111.28万份，收发国内信件417.86万件。年末固定电话用户22.11万户；移动电话用户138.97万户。电话普及率62.7部/百人（按户籍人口计算），比上年增加5.53部/百人。年末互联网用户24.53万户。

【社会事业】 2012年末有普通高校2所，专任教师703人，招生3747人，在校生1.4万人，毕业生3384人；普通中专学校26所(含成人中专学校9所、中等职业技术学校6所、职业高级中学10所和技工学校1所)，专任教师1120人，招生1.14万人，在校生3.14万人，毕业生7852人；有高中学校22所，专任教师2916人，招生1.53万人，在校生4.07万人，毕业生1.17万人；初中学校113所，专任教师6785人，招生3.42万人，在校生10.12万人，毕业生3.37万人；有小学839所，专任教师1.27万人，招生2.8万人，在校生19.25万人，毕业生3.44万人。特殊教育学校1所，专任教师48人，招生51人，在校生312人。幼儿园255所，专任教师1656人，在园幼儿5.11万人。全州学龄儿童净入学率99.82%。小学毕业生升学率99.48%，初中毕业生升学率79.04%，初中学龄人口净入学率98.02%，高中学龄人口毛入学率72.35%。教育部门主管录取的大学生1.16万人，增长0.11%；残疾儿童入学率90.10%。小学、初中、高中专任教师学历达标率分别为98.35%、99.47%、97.77%。

2012年，列入州级以上科技计划项目94项。其中：国家5项，省级30项，州级59项。自然科学研究成果获省部级奖6项，获地厅级奖41项。科技对国民经济增长的贡献率49.9%，比上年提高1.2个百分点。组织科技培训21万人次。受理专利申请302件，批准专利177件。

2012年，有专业艺术表演团体10个，公共图书馆11个，公共图书馆藏书120.79万册，文化馆11个（含群艺馆1个），博物馆4个，文管所10个，乡镇文化站103个。全州有电视台1座，广播电台1座，电视覆盖率97.7%，广播覆盖率97.3%。全年出版报纸312期，872万份。

2012年末有医院64所，妇幼保健院(所、站）11所，卫生院114所，社区卫生服务中心（站）32个，卫生监督所11个，疾病预防控制中心（所）11个，采供血机构1个，急救中心（站）2个，诊所（卫生所、医务室）348个，门诊部15个，健康教育所1个。有专业卫生技术人员1.06万人。其中：执业医师3410人，执业助理医师792人，注册护士3840

人。医疗卫生机构床位 1.24 万张，医院和卫生院床位 1.2 万张，其中医院床位 9335 张。

2012 年，体育健儿参加省级及以上体育竞技比赛获得奖牌 91 枚。其中：金牌 35 枚、银牌 22 枚、铜牌 34 枚。

【人民生活·社会保障】 2012 年，农村居民人均纯收入 5418 元，比上年增加 791 元，增长 17.1%；城镇居民人均可支配收入 2.03 万元，增加 2515 元，增长 14.1%。全州 1036 个村委会通电话、通公路、通电，1026 个村委会通自来水。参加基本养老保险 13.07 万人，比上年增加 4025 人。其中：在职职工 8.68 万人，离退休人员 4.39 万人。参加失业保险 11.04 万人，减少 1.81 万人。

参加基本医疗保险 41.92 万人，减少 52 人。参加工伤保险 15.53 万人，增加 6.28 万人。参加生育保险 6.38 万人，增加 6068 人。农村居民参加农村社会养老保险 139.76 万人，增加 41.49 万人。参加新型农村合作医疗 210.95 万人，增加 759 人。

年末领取失业保险金人数 2434 人。有 8.9 万城镇居民得到政府最低生活保障，17.87 万农村居民得到政府最低生活保障。全年民政优抚革命伤残军人 1223 人，在乡复员军人 5411 人。全州有敬老院 102 个，收养 3994 人；有福利院 7 个，收养 276 人。

【生态建设·安全生产】 2012 年末耕地面积 251.04 万亩，年内增加 16.91 万亩，减少 5200 亩。全州有中小型水库 1075 座，总库容 12.34 亿立方米。 全年人工造林 60.18 万亩，退耕还林面积 10.03 万亩，天保工程管护面积 3255 万亩。有自然保护区 19 个，保护区面积 284.96 万亩，其中国家级保护区面积 47.91 万亩。全州有林地面积 177.83 万公顷，活立木蓄积量 9236.73 万立方米，森林覆盖率 62.5%。

年平均降雨量 648.5 毫米，年平均气温 17.4℃，年日照 2548.3 小时。

城市生活污水集中处理率 75.2%；城市垃圾无害化处理率 100%。

各类自然灾害造成直接经济损失 6.55 亿元。农作物受灾面积 68.62 千公顷，其中绝收 10.35 千公顷。全年发生森林火灾 42 起，受害森林面积 176.02 公顷。

全年发生生产安全事故 366 起，121 人死亡，比上年增加 0.83%，512 人受伤，直接损失 1751.56 万元；亿元生产总值生产安全事故死亡人数为 0.21 人，下降 16.0%。其中：工矿商贸企业从业人员生产安全事故 15 起，16 人死亡，直接损失 793.4 万元；煤矿生产安全事故 5 起，7 人死亡，直接损失 696.7 万元；发生交通事故 287 起，95 人死亡，511 人受伤，直接财产损失 147.97 万元；发生火灾 56 起，1 人受伤，直接财产损失 113.49 万元。

（张云徽）

红河哈尼族彝族自治州

2012 年，红河州各级政府坚持稳中求进、好中求快、变中求新的总体要求，努力克服宏观经济环境复杂多变、自然灾害突出等困难，经济社会发展取得了可喜成绩。全年实现生产总值 905.43 亿元，比上年增长 13.2%。其中：第一产业 155.45 亿元，增长 6.9%；第二产业 485.15 亿元，增长 16.6%；第三产业 264.84 亿元、增长 10.2%，人均生产总值 1.99 万元、增长 15.3%。

【农业·农村经济】 2012 年，坚持走高原特色农业、生态农业、品牌农业的发展路子，推进优势产业，扶持龙头产业。全州农业产业化经营组织 260 户，销售收入亿元以上龙头企业有 8 户，500 万元以上有 67 户，其中国家级龙头企业 1 户、省级重点龙头企业 36 户，比上年增加 9 户；州级重点龙头企业 97 户，比上年增加 16 户。有 65 万户农户参与农业产业化经营活动，其中龙头企业带动农户 56 万户，比上年增 2 万户，订单带动农户 43.13 万户，带动订单种植基地 81.9 万亩，增加 5.1 万亩。特色经济作物凸显新亮点，蔬菜、水果、茶叶等优质农产品生产规模继续扩大。设施农业、品牌农业发展步伐加快，农业科技覆盖率、农业机械化和农业生产标准化、规模化水平都有了新的提高。认定“三品”产地面积 3.21 万亩，认证“三品”21 个，登记地理标志农产品 1 个。服务三农能力增强，全州“两社一会”农村合作经济组织 2787 个，其中：农民专业合作社 1163 个，农村综合服务社 1455 个，农村专业协会 169 个；建成红河农产品信息网信息站点 150 个，建成农村便民超市 1214 个，建成红河农资连锁加盟店538个。2012年实现农林牧渔业总产值260.83亿元，比上年增长7.3%。

粮食总产量170万吨，比上年增长6.6%；特色水果、优质高效蔬菜、优质茶叶等优势特色产业进一步发展，主要经济作物产量有增有减，其中：甘蔗增长15.6%、蔬菜增长7%、水果增长10.3%、烤烟产量下降0.2%、油料下降25.4%。收购烟叶183.14万担，上等烟比例69.6%。全年实现农业产值121.35亿元，增长4.1%。

2012年实现牧业产值113.67亿元，比上年增长9.7%，渔业产值7.59亿元，增长12.4%。肉类总产量68.05万吨，增长10.3%，其中：猪肉增长9%，牛肉增长23.3%，羊肉增长30.7%。水产品产量6.81万吨，增长9.8%。

2012年，全州完成营林任务面积129.46万亩，其中人工造林55.16万亩、封山育林20.29万亩、低效林改造23万亩，总天然林管护面积410.26万亩，全州森林覆盖率45%(含灌木林)。实现林业总产值14.46亿元，比上年增长13.4%。

“三农”投入持续加大，农业生产条件继续改善。州本级财政支农支出35亿元，比上年增长20.1%。年末全州有效灌溉面积18.14万公顷，建设小型水利工程2.37万件，新增有效灌溉面积6.1万亩，解决了39.7万人的饮水安全问题；完成中低产田地改造6.79万亩、中低产林改造40万亩；农业机械总动力28.31亿瓦特，增长8.6%；农业化肥施用量（折纯）22.99万吨，增长6.8%；农村用电量达7.94亿千瓦小时，增长7.4%。

【工业·建筑业】 工业经济快速增长，转型升级有新进展。扎实推进工业跨越发展“三年倍增”计划和园区建设“千百亿”工程。2012年，全州实现全部工业总产值1222.59亿元，比上年增长21.4%，其中，规模以上工业总产值991.37亿元，增长18.%。规模以上工业企业实现增加值400.59亿元，增长16.5%。规模以上工业企业实现工业总产值中，国有经济增长4.3%，集体经济增长52.2%，股份合作制经济增长42.6%，股份制经济增长20.4%，三资及外商经济增长8.5%，其它经济增长50.8%。从轻重工业看，重工业产值778.33亿元，增长14.7%，轻工业产值213.04亿元，增长31.6%。规模以上工业企业实现利税总额167.27亿元，下降2.2%。

2012年，重点工业项目建设步伐加快，节能降耗、淘汰落后产能顺利推进，企业技术创新取得新进展，非公经济及中小企业发展加快。建水产业集群基地60万吨炭素阳极和34万吨铝材加工、云锡10万吨铜、红铅有色冶炼系统、润鑫10万吨铝带材等项目建成投产，全年新增10种有色金属产能50万吨。润鑫15万吨铝钛基合金材料、锌联100万吨固废利用、蒙自6万吨铅等项目加快建设。石屏泥炭开发等项目实现开工，红河卷烟厂异地搬迁技改、云锡10万吨锡搬迁技改等项目即将开工。11个工业园区完成工业总产值604.1亿元，比上年增长43%；完成增加值136亿元，增长39%。红河经济技术开发区申报得到国家批准，云南中信红河产业园筹建工作取得积极进展，泸西工业园已列为省级重点园区。单位生产总值能耗下降3.5%。

建筑业较快发展。全年完成社会建筑业总产值116.49亿元，比上年增长27.5%，房屋建筑施工面积745.34万平方米，增长23.8%，房屋竣工面积427.74万平方米，增长68.3%。

【固定资产投资】 2012年，规模以上固定资产投资完成560.91亿元，比上年增长27.1%，其中，国有投资243.67亿元，增长1.5%；民间投资317.24亿元，增长57.6%。重点行业投资中，工业投资221.11亿元，增长24.8%；交通运输业投资112.14亿元，增长16.2%，房地产开发投资89.64亿元，增长23.5%；建安工程投资446.43亿元，增长31.5%。商品房屋销售面积239.43万平方米，下降5.3%。

继续抓住国家扩大内需的重大机遇，积极扩大投资需求，拉动经济增长。积极向国家、省有关部委汇报，争取中央、省支持，共获得国家和省级资金支持27.5亿元。全年实施3000万元以上重大项目453项，一批新上项目得到审核批准。交通运输方面，石锁高速和元绿、蛮金、鸡个二级公路建成通车，锁蒙高速即将竣工，石红高速全面复工，蒙文砚高速得到国家立项批复。玉蒙铁路已开通货运，蒙河铁路开始铺轨，云桂铁路（红河段）加快建设，弥勒至开远客货共线项目进入国家“十二五”铁路建设规划。红河机场获得国务院、中央军委批准；水利方面，大庄河水库主体工程基本完成，阿白冲、阿扎河、云洞、丫多河水库加快建设，白家田、马鞍山、旱塘水库和润蒙引水、石屏北水南调水源工程实现开工。能源方面，屏边大湾田水电站和东华、东山风电项目建成投产。开工建设蒙自赢洲、泸西吾者等输变电工程，城网、农网建设力度加大。中石油昆明至文山、中石化北海至昆明成品油管道（红河段）实现开工。小龙潭矿务局五期扩建搬迁移民工程基本完成，弥勒跨竹地区露天煤矿、大黑公水电站和一批风电场、光伏发电项目前期工作有效开展；市政基础设施投资 8.9 亿元、村镇建设投资 3.57 亿元，一批市政公用设施先后建成并投入使用。

【交通·邮电】 2012 年末，全州通车公路里程 2.1 万公里，比上年增长 3.4%，实现全州 13 县（市）通高等级公路，县城至蒙自“3 小时经济圈”的目标成为现实。全年公路运输完成货运量 6056 万吨，货物周转量 85.3 亿吨公里；完成公路旅客运输量 4257 万人，旅客周转量 33.81 亿人公里。

2012 年，全州完成邮政业务总量 9800 万元。全州固定电话用户 41.67 万户，比上年下降 1.5%；固定电话普及率 9.1%；移动电话用户 267.42 万户，增长 2.6%；互联网用户 36.73 万户，增长 28.7%。

【贸 易】 2012 年，全州社会消费品零售总额 217.31 亿元，比上年增长 18%。市场体系建设不断完善，“万村千乡市场工程”覆盖全州乡镇，电下乡销售网络 848 个，全州“家电下乡”总销量和总销售金额名列云南省第二。

全州外贸进出口总额 36.51 亿美元，比上年增长 178.6%。其中出口 14.65 亿美元，增长 71.8%；进口 21.86 亿美元，增长 377.8%。边贸企业进出口总值 2.02 亿美元，下降 20.9%。外经贸企业进出口总值 34.29 亿美元，增长 232%。外商投资企业进出口总值 2000 万元，增长 13%。

【旅 游】 2012 年，接待国内外旅游者 1486.56 万人次，比上年增长 12.1%。其中：国内游客 1469.47 万人次，增长 12.2%；海外游客 17.09 万人次，增长 10.3%。旅游总收入 103.95 亿元，增长 20.4%。其中：实现国内旅游收入 93.25 亿元，增长 20.3%，实现旅游外汇收入 1.57 亿美元，增长 15.1%。投资 13 亿元推进弥勒红河春天、泸西——中国高原足球训练基地、石屏异龙湖生态康体休闲度假区等 13 个重点旅游项目建设，元阳哈尼梯田景区、开远乡村旅游等配套设施不断完善，以观光旅游为基础、休闲度假为主导、中越商务旅游为特色、专项旅游为延伸的旅游业正呈现出蓄势待发的良好态势，旅游基础设施进一步改善，红河旅游大宣传格局初步形成，旅游投融资改革迈上新台阶，旅游业发展步伐加快。

【财政·金融·保险】 2012 年，全州财政总收入 218.66 亿元，比上年增长 11.9%。其中，地方公共财政预算收入 84.48 亿元，增长 16.1%。地方公共财政预算支出 248.09 亿元，比上年增长 16.4%。

2012 年末，全州金融机构各项存款余额 1159.40 亿元，比上年末增长 14.9%。其中，城乡居民储蓄存款 624.41 亿元，比上年末增长 16.5%。金融机构各项贷款余额 660.42 亿元，比上年末增长 15.1%。

2012 年，全州保险公司保费收入 21.64 亿元，比上年增长 9.8%，其中：财产保险保费收入 10.41 亿元，寿险保费收入 11.24 亿元。全州保险公司赔款支出 8.53 亿元，增长 31.3%。其中：财产保险赔款支出 5.45 亿元，人寿保险赔款支出 3.08 亿元。

【人民生活】 2012 年，全州从业人员劳动报酬总额 113.84 亿元，比上年增长 21.6%，在岗职工人均年工资 3.49 万元，增长 17.8%。全州农民人均纯收入 5468 元，增长 17.6%。城镇居民人均可支配收入 1.97 万元，城镇居民人均消费性支出 1.24 万元。居民消费价格总指数 102.6%，商品零售价格总指数 102.2%。人口自然增长率为 6.3‰。

2012 年，新增城镇就业 3.08 万人，城镇居民登记失业率控制在 4.5%。新增转移农村劳动力 8.97 万人，实现劳务总收入 60 亿元。向农民发放粮食、农资、良种等 9 类直接补贴 7.38 亿元。城镇居民大病补充医疗保险开始实施，企业退休人员全部实现了社会化管理，被征地农民基本养老保障制度进一步落实。全州参加城镇职工基本养老保险 26.98 万人，参加城镇基本医疗保险 81.36 万人，其中：城镇职工 41.27 万人、城镇居民 40.09 万人，参加生育保险职工 15.75 万人，参加失业保险职工 20.41

万人，参加新型农村合作医疗农民 339.33 万人，参合率 97.18%。年末全州有收养性福利机构 94 个。城市低保补助标准月人均提高到 270 元至 300 元，农村低保补助标准月人均 94 元。享受城镇居民最低生活保障人数 11.77 万人，城镇居民最低生活保障支出 2.83 亿元。享受农村居民最低生活保障人数 48.07 万人，农村居民最低生活保障支出 5.24 亿元。全年投入各类自然灾害生活补助资金 5480 万元，救助灾民 70 万人次。农村新型养老保险全面实施，已建成 12 个县市级中心敬老院及福利院，60 个乡镇级敬老院，31 个村级敬老院和 5 个老年公寓。城镇保障性住房、农村民居地震安全工程、农村危房改造等民生工程稳定推进，开工建设保障性住房 2.05 万套，已建成 1.87 万套，完成农村危房改造和修缮加固 2.47 万户。

2012 年，全州投入各类扶贫资金 15 亿元，解决和巩固了 15.89 万贫困人口的温饱，“整乡推进”、“连片开发”试点扎实推进，红河县垤玛三村两乡综合扶贫工作取得成效，绿春县黄连山地区、金平县者米拉祜族乡片区综合扶贫开发全面实施。实施整村推进项目 1517 个、整乡推进项目元阳县沙拉托和绿春县戈奎乡 2 个乡，安居工程 2950 户，转移安置贫困人口 600 户 2700 人。

【改革开放】 稳步推进经济社会各领域的改革。开远市“省级统筹城乡发展试点”和“国家级农村改革试验区”、蒙自市城乡一体化建设、个旧市资源型城市转型试点等统筹发展综合改革取得新进展。农村土地承包经营权流转和集体林权制度配套改革继续深化。农村土地承包经营权流转面积 35.6 万亩，完成农业人口转户进城 19.24 万人。新型农村养老保险试点全面推行。国企改革的扫尾和跟踪问效工作继续开展，国有资产监督管理机构进一步完善。有 7 个县（市）被国家列为低丘缓坡地土地开发利用试点，探索形成了城镇、产业上山“七种模式”，启动实施了 25 个试点项目。医药卫生体制改革成效显著。成立了 22 家小额信贷公司，上海农商行在红河州组建了 5 家村镇银行。跨境贸易人民币结算试点工作取得明显成效。跨境贸易人民币结算试点全年结算量 61.56 亿元。资源管理体制、财税管理体制、行政审批制度改革继续深化，发展环境进一步优化。竞争性金融服务体系不断完善，信用社股权改革深入推进。教育、医药卫生、文化体制改革不断深化，政府机构改革、事业单位改革稳步推进。

实施互利共赢的开放战略。桥头堡建设扎实推进。红河综合保税区申报工作进入国家审批程序，与云南物流产业集团正式签订 45.5 亿元的投资协议，深圳益华盛供应链管理有限公司已入园开办业务。河口北山片区开发初见规模，进出口加工园区规划正在着手实施。举办第十二届中越（河口）边交会，对外贸易大幅增长，外向型经济稳步发展。2012 年新签利用外资协议（合同）项目 5 个，实际利用外商直接投资 2871 万美元，年末实有外商投资企业 29 个。全年招商引资额（协议总投资）520.4 亿元，其中内资 511.3 亿元、外资 9.1 亿元；本年实际到位资金 239.99 亿元，其中内资 238.18 亿元、外资 1.81 亿元。

【科技·教育】 2012 年，加大科技投入，科技创新体系不断完善，科技创新能力不断增强，科技成果转化运用率不断提高。认真落实“建设创新型云南行动计划”，企业技术创新平台建设力度加大。继续推进红河州村级科技服务体系建设试点工作，加强云南红河国家农业科技园建设管理，并成功申报了国家星火计划重大项目“农业科技园区家禽产业化示范”项目。围绕新技术研发、新成果转化推广、节能减排、资源精深加工和综合利用、科技成果产业化等重点方向和领域，加强科技计划项目的管理和申报，争取上级资金支持，组织申报国家级科技计划项目 15 项。2012 年获得省科技进步奖 13 项，其中一等奖 1 项、二等奖 5 项、三等奖 7 项。组织评定红河州科技进步奖 45 项。其中一等奖 2 项、二等奖 4 项、三等奖 39 项。获得国家科技计划项目立项 9 项，省级科技计划项目立项 31 项，州级科技计划项目 70 项，专利申请 382 件。年底有高新技术企业 13 户，新增高新技术企业 2 户。

2012 年，全州有各级各类学校 1810 所，其中普通中学 201 所，普通小学 1166 所，幼儿园 397 所。全州幼儿入园（班）率 69.84%；小学适龄儿童入学率 99.7%；初中毛入学率 101.61%；高中办学扩规提质步伐加快，毛入学率 58%，2012 年高考上线率 97.35%。农村义务教育学生营养改善计划全面推行，校安工程三年规划建设任务基本完成。加快推进了学前教育、义务教育均衡发展，校点布局更趋合理，高中教育、职业教育稳步发展，特殊教育、民办教育继续推进。红河卫校已升格为卫生职业学院，红河学院图书馆、学生活动中心已开工建设。

【文化·卫生·体育】 2012年，公共文化服务体系不断完善，州级文化五大中心已建成，积极申报七彩云南全民健身基础设施工程，启动实施乡镇公共电子阅览室试点，新建19个乡镇网培学校、40个村文化活动室、农家书屋249户和26个村委会、67个社区基层服务站点。文艺新作不断涌现，群众性文化丰富多彩，对外文化交流不断扩大。《云南省红河州哈尼梯田保护管理条例》于2012年7月1日正式颁布施行，联合国专家对元阳哈尼梯田现场进行了实地考评，哈尼梯田申遗取得重大进展。

2012年末，全州有艺术表演团体5个，艺术表演场所数3个，艺术演出观众人次56万人次，文化（群艺）馆（站）151个，博物馆9个，公共图书馆（站）15个、藏书174万册；广播电台1座，电视台1座，卫星发射接收站32.37万座，广播人口覆盖率96.3%，电视人口覆盖率96.86%。

2012年，全州有104个县及县以上医院，比上年增长7.2%，乡镇卫生院143个，有床位数2.1万张。加大卫生投入力度，完善城乡医疗保健服务网络，基本公共卫生服务均等化水平大幅提升，整体医疗卫生服务水平全面提升，人民群众就医环境明显改，群众健康得到保障。开展了卫生信息化建设，农村急救体系、农村医疗卫生服务体系和卫生监督体系建设有效实施，基层医疗卫生服务能力明显增强。新型农村合作医疗制度覆盖面全州，受益率183.7%。深化医药卫生体制改革，开展纵向联合办医，县乡村实行一体化管理。处置公共卫生事件的能力得到增强，艾滋病流行态势得到有效遏制，艾滋病防治工作成效明显。严把食品源头、生产加工、流通、消费各个环节的安全质量关，建立和完善了食品安全监管责任体系。疾病防控，妇幼保健，爱国卫生工作成效显著。

在第八届云南省农民运动会获得金牌和团体总分排名位居全省第二的优异成绩，创下了在云南省农民运动会上金牌数、团体总分的新突破。红河残疾人运动员在第十四届残奥会上为国家争得了荣誉。以广播电视村村通、户户通和农村公益电影放映工程为重点，加强新技术、新媒体、新业态的应用，全州广播影视公共服务体系建设不断完善。

【环境保护】 2012年，围绕推进“七彩云南·生态红河”保护行动，以环境保护推动绿色经济的发展。全州创建云南省生态乡镇20个、省级绿色学校63所、省级绿色社区33个、省级环境教育基地3个，创建州级绿色学校110所、州级绿色社区42个。异龙湖水污染综合治理，重金属污染重点防控工作取得新成效。积极支持企业技术改造，加快淘汰落后产能，加快发展循环经济和低碳经济。坚决控制高能耗、高排放、高污染项目，杜绝低水平重复建设，对不符合环保要求的项目严把准入关。实施污染减排项目65个，淘汰各类落后产能12.55万吨，省政府下达的年度节能减排目标全面完成。地质灾害防治和地质环境保护工作力度加大，陡坡地治理10万亩，石漠化治理16.4万亩。治理水土流失面积194.5平方公里。实施农村土地整治项目34个，新增耕地5129公顷，耕地保护年度目标顺利实现。矿产资源开发秩序进一步规范，资源有偿使用和补偿制度得到落实。地质找矿取得重大突破，新发现2个中型以上的矿产地，境内重要矿藏储量呈现出大幅增加的态势。生态修复、饮用水源地保护、农村环境综合整治、环境监察执法等工作得到有力推进。

（李 雁）

文山壮族苗族自治州

【综 述】 2012年是实施“十二五”规划、推进跨越赶超的关键之年。面对全球经济复苏明显放缓、国内经济下行压力加大和部分地区连年严重旱灾的复杂形势，在省委、省政府的领导下，文山州坚持以科学发展观为主题，以加快转变经济发展方式为主线，着力稳增长、调结构、抓改革、惠民生、保稳定，巩固了经济平稳较快发展、社会和谐稳定、民生持续改善的良好局面。全年完成地区生产总值478亿元，比上年增长14.2%；财政总收入61.4亿元，增长26.5%，地方公共财政收入36.1亿元，增长31.6%；财政支出167.8亿元，增长16.7%；城镇居民人均可支配收入1.89万元，农民人均纯收入4643元，分别增长13.2%、20.2%；社会消费品零售总额204.8亿元，增长18.3%；外贸进出口总额2.1亿美元，增长15.2%；金融机构人民币存贷款余额分别为570.7亿元、354.1亿元，分别增长21.2%、17%；城镇登记失业率3.6%，居民消费价格指数103.1%，人口自然增长率6.8‰。

【特色产业】 2012年，按照省委、省政府推动工业跨越发展和大力发展高原特色农业、园区经济、民营经济、县域经济的部署，启动实施了“产业发展年、园区建设年、招商引资年”活动，集中力量培育发展特色优势产业。

稳定粮食播种面积，加大高产创建力度，粮食总产量14.9亿公斤，增长1.5%。加快发展特色优势农业产业，新认定省级农业龙头企业6户、州级农业龙头企业10户，三七产业实现总产值(现价)100.3亿元、销售收入136.7亿元，分别增长135.5%、107.3%；收购烟叶150万担，实现烟农收入16亿元，分别增长6.2%、26.1%；辣椒种植面积145万亩，实现综合产值43.4亿元，分别增长18.6%、20.5%；甘蔗种植面积63.9万亩，综合产值20.3亿元，分别增长46.9%、35.3%；新种植油茶50.5万亩、核桃20万亩；实现畜牧业产值77亿元，增长5.2%；农业总产值192.5亿元，增长7.2%。

加强工业经济运行协调服务，加快推进工业项目建设，年产80万吨氧化铝等一批工业项目建成投产，文山氯碱等项目建设进度加快，砚山日产9000吨水泥等一批项目前期工作有序推进，全年完成全部工业增加值133.8亿元，增长20.9%。工业产业园区建设步伐加快，完成固定资产投资42.3亿元，新引进企业40户，实现工业增加值68.2亿元，占全部工业增加值的50.9%。加大民营经济扶持力度，实现增加值243.5亿元，占地区生产总值的比重达到50.9%。

旅游开发项目加快推进，旅游业发展步伐加快，全年接待海内外游客645.5万人次、旅游总收入55.8亿元，分别增长15%、16.1%。

重视科技支撑能力建设，新增国家级高新技术企业2户、省级创新型试点企业2户，建立了3个院士工作站，新增具有自主知识产权的优良农作物新品种4个，科技支撑能力进一步增强。

【基础设施建设】 2012年，抓住云南桥头堡建设、省政府在文山召开经济社会发展专题工作会议等机遇，积极组织上报项目，争取到一系列政策、项目和资金支持。完善重大项目推进机制，拓宽投融资渠道，组织实施了500万元以上投资项目795个，其中新开工557个，完成规模以上固定资产投资277.2亿元，增长33.8%。云桂铁路文山段建设进度加快，蒙自经文山至砚山高速公路获得国家发改委立项。15件在建中小型水利工程建设进展顺利，启动德厚大型水库“五通一平”及试验性灌浆工程，新开工建设中小型水源工程6件，竣工验收5件重点水源工程和50座小型病险水库加固工程，新增蓄水库容5600万立方米，农田有效灌溉率提高到23%。建成丘北羊雄山风电场一、二期工程等电源点项目，新增电力装机11.9万千瓦。220千伏开化变电站建成运行，城农网改造力度加大，全面解决了无电人口用电问题。昆明至百色成品油管道文山段建设项目进展顺利。

【城乡统筹发展】 2012年，按照建设山地城镇要求，全面完成了土地利用、城乡建设总体规划和林地保护利用规划调整完善工作，完成了5949个村庄规划编制任务，州域城镇体系、“文砚平”城市群、特色小镇等各个层次规划调整完善工作加快推进。低丘缓坡土地综合开发利用试点工作稳步推进，新增建设用地规模24.6平方公里。加快城镇开发建设，全年投入城镇建设资金68亿元，市政基础设施进一步完善，城镇功能进一步提升，城镇化率达到33%。加大“三农”投入力度，公共财政支农资金23.9亿元，比上年增长10.9%，加快推进农村水、电、路等基础设施建设，建设改造农村公路567公里，改造中低产田地32万亩，建成“五小水利”工程4.5万件，以文砚平供水工程为重点的17件抗旱应急供水工程建成投入使用，新解决26万农村人口饮水安全问题，农村生产生活条件进一步改善。2012年2月“农转城”工作启动以来，全州各级各有关部门按照省委、省政府的统一安排部署，广泛宣传发动，创新政策措施，落实权益保障，狠抓督促检查，积极引导和鼓励符合条件的农业人口向城镇有序转移，全面迅速掀起了城乡统筹转户工作的热潮，全年完成12.2万农民转户进城。

【改革开放】 2012年，实施州、县（市）财政管理体制改革，进一步调整了州和县（市）之间的财权、事权。不断深化集体林权制度配套改革，林权抵押贷款4.5亿元。全面完成了国有文艺院团体制改革任务。积极推进行政管理体制改革，文山市撤销开化镇设街道办事处工作顺利完成。加大招商引资力度，全年实施招商合作项目240个，实际到位资金151.8亿元，利用外资946万美元，美泰、金鼎、森仕、海螺等一批企业落户文山，承接东部产业转移初显成效。积极推进边境经济合作区建设，麻栗坡边境经济合作区被列为省级园区。口岸基础设施建设步伐加快，通关便利化水平进一步提高。积极加强与周边国家的交流合作，与越南河江省签署了合作规划。

【生态文明建设】 2012年，大力推进“七彩云南文山保护行动”和“森林文山”建设，完成营造林101万亩，封山育林30万亩，推进240平方公里石漠化治理，新建沼气池7753口，推广节柴灶2543户，推广太阳能6380台，森林覆盖率48.7%。加强重点河流湖泊治理和重金属污染综合防治，盘龙河文山城区段生态治理成效明显，主要河流和普者黑湖泊水质均保持三类以上，城镇集中式饮用水水源稳定达标，8县（市）城市空气环境质量均达到或优于国家二级标准。新建成6个城镇污水处理项目和35个污染减排项目，支持企业进行节能技术改造和推进清洁生产，单位地区生产总值综合能耗下降2.6%，节能减排年度目标任务圆满完成。

【社会事业】 2012年，坚持民生优先，抓住国家加大民生投入的机遇，认真解决事关群众利益的民生问题，社会事业发展取得新成绩。

就业形势基本稳定。大力发展劳动密集型产业，加大创业扶持力度，开发城镇就业岗位1.96万个，新增城镇就业1.64万人，帮助2345名城镇下岗失业人员和1769名就业困难人员就业，扶持4343人创业，促进农村劳动力转移就业27万人（次），就业形势基本稳定。

社会保障全面加强。城乡居民社会养老保险、基本医疗保险实现全覆盖，调整提高了企业退休人员养老金和城乡居民医疗保险报销比例，城市低保对象实现应保尽保，新增农村低保2.02万人，城乡保障标准进一步提高。新开工建设廉租房、公租房3888套、19万平方米，改造农村危房3.78万户。投入民政救灾救助资金7.8亿元，民政救助、救济125万人（次），救灾救助水平进一步提高。

扶贫开发稳步推进。制定实施了《文山州农村扶贫开发纲要》，全州8县（市）列入国家滇桂黔石漠化片区区域发展与扶贫攻坚片区规划。投入扶贫资金25亿元，完成1323个村整村推进建设，董干、那洒整乡推进试点进展顺利，特殊困难群体帮扶力度加大，解决了8万贫困人口的脱贫问题。

各类教育加快发展。中小学校舍安全工程建设三年规划圆满完成，义务教育薄弱学校、农村初中校舍改造工程和农村学前教育建设工程加快推进，排除中小学D级危房16.6万平方米，新建中小学校舍10万平方米，新建和改扩建农村幼儿园40所。全面落实农村“两免一补”、农村义务教育学生营养改善计划等教育惠民政策，认真解决进城务工人员、转户居民子女和留守儿童就学问题。各级各类教育加快发展，幼儿入园（班）率从30.7%提高到33.6%；小学和初中毛入学率分别达到99.5%、102.8%；州职教园区一期工程基本建成，州属6所中等职业学校迁入园区办学，高中阶段毛入学率52.8%，高考上线率94.6%；高等教育在校生1万人；特殊教育学校建设力度加大，适龄残疾儿童少年入学率80%；继续教育、民族教育、民办教育、老年教育持续发展。教师队伍建设不断加强，教育教学质量稳步提升。

医疗保障水平不断提高。全州新型农村合作医疗参合率95.8%，基本实现全民医保。基层医疗机构全部配备使用基本药物，实行零差率销售。新建成一批卫生基础设施项目，配置医疗器械1600多件。州医院创“三甲医院”工作稳步推进，州中医院通过国家“三级甲等医院”评审。公共卫生服务体系建设、公立医院改革、县乡村医疗机构一体化管理深入推进，妇幼卫生工作得到加强。帮助4882名白内障患者重见光明。食品药品安全综合监督管理力度加大，有效保障了人民群众饮食用药安全。人口计生事业健康发展，低生育水平持续稳定，新出生人口健康水平稳步提高。

文化体育事业加快发展。文化基础设施建设力度加大，州民族博物馆进入二期陈列布展，建成一批文化信息资源共享工程和农家书屋，广南地母历史文化项目顺利推进，城乡公共文化服务体系进一步完善。广播电视“村村通”和直播卫星“户户通”工程顺利推进，广播电视人口综合覆盖率分别达到 95.6%、96.7%。实施“七彩云南全民健身工程”项目 264 个，启动建设云南低海拔体育训练富宁基地，竞技体育和全民健身运动蓬勃发展。

【社会管理】 2012 年，顺利完成了平远地区和老山片区民族团结进步示范三年创建工作，示范创建区经济社会发展步伐加快，“共同团结奋斗、共同繁荣发展”的民族工作主题深入人心。全面贯彻党的宗教工作方针，积极发挥宗教上层人士和信教群众在促进经济社会发展中的积极作用，宗教领域保持和谐稳定。加强基层群众自治组织、社会组织和中介机构建设，引导基层群众组织发挥社会管理的积极作用。深入开展“四群”教育活动，体察民情，了解民意，努力帮助群众解决实际困难和问题。坚持领导干部带案下访制度，加大矛盾纠纷排查调处力度，解决了一批信访热点、难点问题。加强城乡社会治安防控体系建设，大力排查整治群众反映强烈的治安乱点和突出治安问题，组织开展命案必破、打击拐卖妇女儿童、“两抢一盗”、“打非治违”等专项行动，深入推进禁毒防艾人民战争，加大重点领域安全隐患排查整治力度，强化边境管控，确保了社会和谐稳定。

【存在的问题】 一是宏观经济形势仍然较为复杂，全州经济社会发展面临的不确定因素依然较多。二是发展不足、发展不充分、发展不平稳的问题仍然突出，经济总量小、人均水平低，跨越赶超发展的任务艰巨。三是农田水利、道路交通等基础设施仍然薄弱，与跨越发展的要求不相适应。四是就业、社会保障、教育、医疗卫生等方面还存在不少亟待解决的困难和问题，城乡居民收入增长缓慢，扶贫攻坚任务艰巨。五是征地拆迁、移民安置、社会治安、安全生产等方面的矛盾、问题依然不少，影响社会和谐稳定的隐患较多。

（胡廷汉）

西双版纳傣族自治州

【综 述】 西双版纳州位于云南省西南部，全州国土面积 1.91 万平方公里,辖 1 市 2 县(景洪市、勐海县、勐腊县）和 3 区（西双版纳旅游度假区、磨憨经济开发区、景洪工业园区），有 31 个乡镇和 1 个街道办事处，220 个村委会，2221 个村民小组。辖区内驻有 6 个中央、省属科研单位。西双版纳与老挝、缅甸接壤，毗邻泰国，国境线长 966 公里。

西双版纳是国家级风景名胜区、国家级生态示范区和联合国世界生物多样性保护圈成员，素有“动植物王国”、“物种基因库”和“北回归线上的绿宝石”等美誉。在这片仅占全国五百分之一的土地上，有植物种类 5000 多种，占全国的六分之一；动物种类 2000 多种，占全国的四分之一。森林覆盖率 78.3%，建有国家级自然保护区 402 万亩。西双版纳是重要的生物产业基地，是全国第二大天然橡胶生产基地，现有胶园 430 多万亩；是大叶种茶的原生地、普洱茶的故乡，茶园面积 75 万亩，有普洱茶六大古茶山和 8 万多亩上百年栽培型古茶园；是热带水果盛产地，水果种植面积 30 多万亩。

2012 年末，全州常住人口 114.9 万人，户籍人口 96.15 万人，其中农业人口 64.28 万人，占总户籍人口的 66.9%；少数民族人口 74.42 万人，占总户籍人口的 77.4%。2012 年人口自然增长率为 6.29‰。

2012 年，在省委、省政府和州委、州政府的领导下，全州以邓小平理论、“三个代表”重要思想、科学发展观为指导，坚定信心稳增长，团结拼搏冲千亿，全力以赴促跨越，开创了经济社会科学发展和谐发展跨越发展的新局面。全州实现生产总值 232.6 亿元，比上年增长 13.7%；公共财政收入 22.3 亿元，增长 26.5%，公共财政支出 80.6 亿元，增长 20.1%；城镇居民人均可支配收入 1.79 万元，增长 14.3%；农民人均纯收入 6174 元，增长 15.9%；城镇登记失业率控制在 2.6%以内；人口自然增长率控制在 6.3‰以内；居民消费价格总水平涨幅控制在 2.9%以内；单位生产总值能耗下降 1.7%。全面争取到国家和省预算内投资 6.7 亿元，争取省各项补助 51.7 亿元，金融机构新增贷款 25 亿元，规模以上固定资产投资达 160 亿元，增长 33%。金融改革迈出新步伐，农村金融实现乡镇全覆盖，跨境贸易人民币结算量 20 亿元。

【农 业】 2012 年，稳定粮食生产，粮食种植面积 135.2 万亩，粮食总产量 45.2 万吨，完成冬季农业开发 49.8 万亩。加快生态特色农业发展，巩固提升粮、胶、糖、茶等传统产业，培育壮大石斛、汉麻、星油藤等新兴产业，有农业龙头企业 70 个，农民专业合作组织 240 个，新建 6 个农产品检测中心和快速检测站。实现农业总产值 115.2 亿元，增长 7.3%。

【工 业】 2012 年，推进工业跨越发展，启动实施“县域经济”、“园区经济”、“民营经济”三大战役，加快“央企、民企入州”步伐。云锰 7.5 万吨橡胶深加工、云南林投星油藤加工、东骏药业傣药南药生产基地等项目开工建设，西双版纳保健品园区前期工作加快推进。工业园区新建标准厂房 7.9 万平方米，全州非电工业完成投资 13.9 亿元。规模以上工业实现增加值 37.8 亿元，比上年增长 14.1%。实施中小企业成长工程，认真落实各项扶持政策，非公有制经济实现增加值 87 亿元，增长 17%。加快发展生物产业，生物产业实现总产值 134.3 亿元，增长 18.7%。

【商贸·对外开放·物价】 2012 年，新建和改扩建 16 个农产品交易市场、56 个综合服务社与便民店，实现社会消费品零售总额 71.2 亿元，比上年增长 17.3%。州政府与 11 个省级部门签订了桥头堡建设战略合作协议；勐满口岸、关累口岸被列入国家“十二五”口岸发展规划，打洛口岸查验货场投入使用，景洪港、关累港联检楼更新改造工程全面完成，磨憨植物种苗进口专业隔离检疫圃项目开工建设；磨憨—磨丁跨境经济合作区建设加快推进，磨憨成为全省第二大公路贸易口岸，第三国出入境人员国别数位居全省第一；57 户外经企业在周边国家开展 81 项经济技术合作，完成对外经济贸易总额 16.3 亿美元，增长 40.5%；实施各类合作项目 118 个，引进州外到位资金 113.8 亿元，增长 65%；实际利用外资 1425 万美元，增长 162%。居民消费价格指数为 102.9，商品零售价格指数为 103，农业生产资料价格指数为 102.5，工业生产者出厂价格指数为 99.6，工业生产者购进价格指数为 102.2。

【旅 游】 2012 年，新增 2 个 4A 级景区，旅游重大项目建设投资 44 亿元。接待国内外游客 1253 万人次，比上年增长 23.8%，旅游综合收入 140 亿元，增长 39.6%。

【科教文卫】 2012 年，在边境沿线建设科技活动室 113 个，培训农村劳动力 33 万人次，实施罗非鱼、小耳猪、星油藤、汉麻产业化科技工程项目，6 户企业成为国家级高新技术企业，2 户企业成为省级创新型试点企业。安排教育支出 14.8 亿元，占全州公共财政支出的 18 %；全面实施“农村中小学生营养改善计划”，10.5 万名中小学生从中受益；中小学校安工程已累计开工 52.6 万平方米，竣工 43 万平方米，完成投资 12 亿元。启动实施十大标志性文化工程和南传佛教历史文化区等一批重大文化项目；新建 100 块农村篮球场和 45 个县乡村文化体育设施，完成 5300 户广播电视村村通工程，西双版纳低海拔体育训练中心开工建设；完成国家图书项目《乌莎巴罗》和《贝叶文库》编辑出版工作；澜沧江国际公开水域游泳抢渡赛成为国家级赛事，楠景新城成为国家级竞训基地。为 75.5 万城乡居民建立健康档案；提高新型农村合作医疗参合标准和报销补偿比例，参合率 97.9%，高于全省平均水平 1.4 个百分点，兑现补偿资金 1.5 亿元；15 个乡镇医院得到州、县（市）医院支援，北京大学人民医院——西双版纳州医疗单位医疗卫生服务共同体正式启动；加强传染病、艾滋病防治，强化血液管理，传染病发病率下降到 287/10 万。

【生态建设】 2012 年，全州 31 个乡镇全部被命名为省级生态乡镇，14 个国家级生态乡镇创建工作通过省级考核并上报国家环保部，勐腊县成为省级平安林区，西双版纳被列为全国生态文明示范工程试点州。划定 42 万亩县级自然保护区和保护小区，完成封山育林 5.5 万亩，新增省级公益林 30.5 万亩，兑现生态效益补偿和野生动物肇事补偿资金 2300 万元。推进跨境联合保护，与老挝共同划定 3 片联合保护区域，跨境联合保护区域面积达 20 万公顷，构建了跨境绿色生态长廊和国际生物廊道。全面开展永久基本农田划定保护工作，划定永久基本农田 254 万亩。低丘缓坡项目试点进展顺利，推动城镇与项目向山地发展。

【大事要辑】

●2012 年 2 月 29 日，已经覆盖全州所有乡镇的北京大学人民医院“医疗卫生服务共同体”

全部开通使用，这标志着国家高等级医疗资源已延伸到了西双版纳，切实解决了边疆地区老百姓看病难、看病贵的难题。

●2012 年 4 月 10～14 日，由国家体育总局社会体育指导中心、中国龙舟协会、云南省体育局、西双版纳州政府主办的 2012 年中国龙舟公开赛（西双版纳·景洪站）在景洪市澜沧江边举行，这是西双版纳州泼水节传统项目龙舟比赛首次升格为全国性赛事，共有来自四川、广东、上海、浙江、香港和澳门等 10 多支龙舟队参加比赛。

●2012 年 5 月 16 日，西双版纳州重点水利工程项目——黄草岭水库大坝填筑完工。

●2012 年 10 月 27 日，中央政法委书记周永康、公安部长孟建柱在省委书记秦光荣、省长李纪恒、省委副书记仇和等的陪同下，到景洪市嘎洒镇曼掌宰村委会曼丢村民小组考察。

●2012 年 11 月 26 日，国家和云南省“十一五”规划建设重点项目—西双版纳机场国内候机楼正式对外开放启用，这标志着西双版纳机场第三次改扩建工程顺利完成。

●2012 年 12 月 12 日。西双版纳总佛寺举行大雄宝殿、僧寮福顺楼、鼓楼竣工落成开光仪式。

（周亮生）

大理白族自治州

【概 述】 2012 年，面对复杂多变的发展环境，大理州认真落实建设美丽幸福新大理推动跨越发展的新思路、新部署和新举措。紧紧抓住新一轮西部大开发和桥头堡建设重大机遇，克服了物价上涨、能源紧张、持续干旱等不利影响，全州经济社会持续快速发展，全年完成生产总值 672 亿元，比上年增长 15.6%。其中第一产业增加值 146 亿元、第二产业增加值 285 亿元、第三产业增加值 241 亿元，分别增长 7.3%、21.4%、13.7%。居民消费品价格总水平上涨 3.4%，商品零售价格总水平上升 2.5，人均 GDP 为 1.93 万元。

2012 年，大理州坚持工业强州战略，加大园区基础设施建设力度，工业经济快速发展。建成园区标准厂房 76 万平方米。大理创新、祥云财富进入全省十强工业园区。全州实现辖区现价工业总产值 782.24 亿元，比上年增长 27.3%。轻工业完成 290.61 亿元，增长 31.7%；重工业完成 491.63 亿元，增长 24.8%。规模以上完成 533.55 亿元，增长 25.7%；规模以下完成 248.69 亿元，增长 30.8%。全州 12 县市工业总产值增长均在 20%以上。

2012 年，大理州农村综合改革和服务业、旅游综合改革试点加快推进，科技、教育、文化等领域改革稳步实施，投融资、财税、供销、行政审批、政府机构等改革继续深化，集体林权制度、三年医疗等改革圆满完成。7 户民营企业进入全省“百户优强企业”，11 户荣获国家级高新技术企业称号。引进州外实际到位资金从 5 年前的 31.9 亿元增加到 350.9 亿元。外向型经济发展取得成效，实际利用外资从 1868 万美元增加到 3892 万美元，外贸进出口总额从 9000 万美元增加到 2.3 亿美元。

2012 年，全州完成财政总收入 124.8 亿元，比上年增收 24.5 亿元，增长 24.5 %。非税收入 11.9 亿元，增长 32.4%。全州地方公共财政预算收入 59.28 亿元，增加 13.4 亿元，增长 29%；一般预算支出 200.5 亿元，增加 40.8 亿元，增长 25.6%。

【固定资产投资】 2012 年，大理州积极支持大瑞铁路、大丽高速公路建设，完成大理机场改扩建和大丽铁路、5 条二级公路等一批交通建设项目，实施农村公路通达通畅工程 5336 公里。建成 6 件骨干水源工程，开工 15 件重点水源工程和 176 件病险水库除险加固工程，实施 15.6 万件“五小水利”工程，解决了 82.5 万人饮水困难。中缅油气管道建设加快，小湾、功果桥电站投产发电，龙开口电站下闸蓄水，鲁地拉、苗尾电站建设进展顺利，新能源开发步伐加快。全社会固定资产投资累计完成 1430.5 亿元，是前 5 年的 3.4 倍。

【农业·农村经济】 2012 年，大理州狠抓特色产业基地建设，新增核桃面积 582 万亩，完成 1000 万亩种植目标。烟叶种植规模 68.9 万亩，建成全国最大的红大特色优质烟叶基地。特色水果、生态茶、生物药、蔬菜种植面积 174 万亩。改造中低产田地 77.8 万亩，建成高稳产农田 292.8 万亩，农机化水平从 10.2%提高到 43.8%。粮食总产增长 25.1%。农业总产值从 136.8 亿元增加到 286 亿元。

高原特色生态农业建设 2012 年全州特色产

业规模化发展提速，特色产业加快向优势产区规模化集中发展，永平、云龙、漾濞3县已成为100亩以上核桃产业大县；宾川县建成近30万亩优质水果基地，成为我国南方葡萄新兴优势产区；弥渡县、祥云县成为云南省主要的外销和出口蔬菜基地，万亩连片种植、万头养殖场、千亩园区发展势头良好，已建成规模畜禽养殖小区（场）54个。全州农业产业园区建设提速，创建国家级农产品加工创业基地3个、国家级农产品加工示范基地1个。新规划建设9个农产品加工与物流产业园区，农产品加工及营销流通企业逐渐向园区聚集。2012年，大理、祥云、宾川、永平4个县市被省政府命名为全省首批高原特色农业示范县，大理现代农业综合示范园、祥云龙云现代农业蔬菜示范园等7个现代农业园被省农业厅认定为省级首批现代农业园。2012年，全州龙头企业发展提速，农业龙头企业128户，其中国家级4户、省级62户、州级62户，新增24户。年产值超亿元企业新增3户，达17户，千万元以上的有60户。农产品加工产值133.5亿元、比上年增长18.2%，利税总额48.7亿元、增长15.57%，农产品直接出口额1.53亿美元。全州签约农业招商引资项目100多个，品牌农业发展进入提速期，有65家企业200个产品通过有机、绿色和无公害农产品认证，认证基地面积310.3万亩，出口农产品种植基地备案75.38万亩，创中国名牌2个、云南名牌10个、云南省著名商标23个。高原特色生态农业经营连接"小生产"与"大市场"，引领农民走入国内外大市场的成功实践，已显示出强大的生命力。

新农村建设 2012年，全州新农村建设项目扎实推进，新农村"四大工程"建设进展顺利。其中，中心集镇建设工程完成投资8.2亿元；扶贫开发建设工程完成投资9000万元，；大理州扶贫综合开发示范园区完成投资13.9亿元。云龙县漕涧镇整乡推进扶贫开发试点项目完成投资1.29亿元。125个省级重点村建设、环洱海100个村污水处理设施建设、633个省级扶贫重点村以及村级公益事业建设等新农村建设项目顺利实施。截至2012年底，各县市总队长下乡调研1729天，实地调研建制村966个，走访农户5374户，结对帮扶贫困户117户；全州指导员走访农户15.97万户次，结对帮扶贫困户1万户。各县市总队长争取的项目到位102个、争取的项目资金到位2.38亿元；全州指导员帮助争取到位项目4345个、到位资金4.92亿元和各类物资（折合）3475.24万元。

畜禽标准化规模养殖 2012年，大理州通过备案的畜禽规模养殖场（小区）2775个。经国家和省考核，全州列入国家级畜禽标准化示范场3个，其中奶牛场2个、蛋鸡场1个；省级畜禽标准化示范场9个，其中肉牛场3个、猪场4个、蛋鸡场1个、羊场1个。蝶泉乳业1000头有机牧场已投入生产，欧亚乳业1000头牧场正在筹建中。

农民专业合作组织 2012年度省级财政扶持的农民专业合作组织项目中，漾濞、云龙、祥云、弥渡、永平、巍山、宾川、南涧、鹤庆、大理10县（市）的农民专业合作组织获得重点扶持，涵盖种植、养殖等产业，省级财政安排项目扶持资金82万元，重点用于专业合作社的基地基础建设、专业技术培训和专业设备购置。到年底，全州已注册登记成立的农民专业合作社1612个，合作社成员总数6.49万户，占农户总数的8%；带动非成员农户数9.96万户，占农户总数的12%。全州与农户和农民专业合作组织签订合同关系的产业化组织78个，其中年订单总额4.66亿元，履约率97.34%。

农业龙头企业 2012年，大理州按照"择优、扶强、扶特、扶大"的原则，通过制定扶持奖励办法，不断完善财政、税收、土地、金融等方面的扶持政策，集中财力重点扶持、培育了一批辐射带动面广、经营水平高、经济效益好的农业龙头企业。到年底，全州农业产业化龙头企业已发展到135户，通过认定的国家级4户、省级63户（林业部门认定29户）、州级68户。通过农业龙头企业有效带动，一大批农民专业合作组织应运而生，全州农民专业合作组织达1800个，辐射带动农户46.5万户，带动农村劳动力转移25.5万人。

农业项目招商引资 2012年，大理州积极推介优势农业资源开发项目，不断优化招商环境，全年实现签约项目137个，项目意向总投资160.32亿元，到年末签约项目实际到位资金达32.36亿元，与上年相比，净增加15.36亿元。项目涉及蔬菜生产加工、粮食种子生产、畜禽养殖发展、中药材种植扶持、乳制品精深加工、特色水果和林果种植、生物有机肥生产、优质水产养殖、传统老牌特色农副产品规模改（扩）建项目等。

兑付强农惠农补贴资金 2012年，全州兑付强农惠农补贴资金3.65亿元，其中：农资综合直补3.14亿元，粮食直补814万元，农作物良种补贴3906.7万元，畜牧业良种补贴176万元，马铃薯原种补贴200万元。除畜牧业良种补贴外，其余3.63亿元通过惠农“一折通”兑付到农户手中。

【水利建设】 2012年，大理州水利水电建设投资完成21.39亿元，比上年增长15%，水利投资和完成情况创历史之最。全州水利基建投资完成11.41亿元，小型农田水利投资完成8.96亿元，农村小农电投资完成1.02亿元。州发改、财政、扶贫、移民、国土、烟草等部门全年累计完成涉水项目投资4.05亿元。年内新增有效灌溉面积7万亩，治理水土流失面积196.66平方公里，改造中低产田地1万亩，完成干支渠防渗189.93公里，新增地方装机容量1.2万千瓦。

防汛抗旱工作。2012年底，全州已累计投入抗旱人数102.39万人，投入抗旱机电井2452眼、泵站1538处、机动抗旱设备3.7万台套（装机容量10万千瓦）、机动运水车1.76万辆次，投入抗旱资金3.02亿元（其中：中央资金3010万元，省级资金2950万元，州县市投入6984.1万元，群众自筹1.72亿元）、抗旱用电1781.30万度、抗旱用油1780.8吨，浇灌面积8.63万公顷，临时解决人畜饮水困难65.99万人、大牲畜40.86万头。全州库塘蓄水总量4.34亿立方米。比上年增加1.4亿立方米，其中：中型水库蓄水量2.59亿立方米，小㈠型水库蓄水量7881万立方米，小㈡型水库蓄水量4740万立方米，坝塘蓄水量4848万立方米。洱海水位1965.68米，蓄水量28.78亿立方米，比上年上升0.66米，蓄水量增加1.65亿立方米。

【现代服务业】 2012年，大理州认真落实促进消费各项政策，消费结构改善，第三产业快速发展。城乡消费趋旺，社会消费品零售总额从5年前的84.1亿元增加到204.6亿元。金融保障有力，引进5家银行业金融机构，组建小额贷款公司31家，成功发行6.5亿元城投债券，第三产业增加值从5年前的116.5亿元增加到241.2亿元。

【城镇化建设】 2012年，大理州进一步推进滇西中心城市建设，海东开发快速推进，特色城镇建设成效明显。编制了乡镇总体规划、22个省级特色小镇规划和大理市城市形象控制导则，村庄规划实现全覆盖。大理古城保护提升和下关旧城改造步伐加快，实施了11个县城改造提升工程和22个城市污水、垃圾无害化处理项目。城镇特色产业发展加快。全州城镇建成区面积从5年前的120.6平方公里增加到152.5平方公里，城镇化率从5年前的27.5%提高到38%，城市绿化覆盖率从5年前的21%提高到26%。城镇规模不断扩大，城镇体系基本形成。到2012年底，全州累计建成城市道路610.7公里，供排水管道1937.8公里，城市污水处理场11座、垃圾无害化处理场11座，城市自来水日生产能力27.85万立方米，城市生活垃圾无害化处理率70%，城市污水集中处理率75.1%，建成液化石油气筹备站12个，城市储气能力1090.5吨。

大力实施特色带动战略，以小康示范村、旅游小镇和中心集镇建设为重点，采取“因地制宜、分类建设、重点扶持、分批推进”的措施，在资源富集、区位较好、基础较好、市场活跃、环境优美的村镇发展不同类型的小镇，改善农村人居条件和投资环境，形成以中心集镇为核心，中心村、示范村为节点的新农村建设示范区域和示范带，中心集镇和特色小镇成为县域经济发展的新亮点。到2012年底，投资近6亿元的25个社会主义新农村建设示范村已经完成，投资8.6亿元的79个中心集镇建设项目已完成96.94%。民生保障措施得力，城乡发展更加和谐。从2008年起，大理州将12县（市）城镇低保住房困难家庭纳入应保尽保范围，多层次、多方式推进住房保障工程建设，逐年扩大住房保障覆盖面，城镇、农村和林区住房保障工作稳步推进。5年来，累计投入资金近23亿元，建成城镇保障性住房3万多套，5.7万户城镇低收入住房困难家庭通过实物配租或租赁补贴方式解决了住房问题；争取中央和省级补助资金5.8亿元，实施了农村危房改造6.6万户、地震安居工程11万户。监管力度不断加强，建设市场规范有序。

深入贯彻落实房地产市场调控政策，进一步整顿和规范建筑市场和房地产市场秩序，目前全州有建筑企业145家，房地产开发企业196家，物业管理企业70家，从业人数近20万人。5年来房地产开发累计完成投资201.38亿元，商品房竣工面积346.34万平方米，商品房销售面积574.07万平方米，建筑业完成产值296.75亿元。

【生态建设】 2012年，大理州全力推进生态州和“森林大理”建设，洱海流域新建湿地7000多亩，实施海西百村整治48个村。洱海保护成为全国湖泊治理典范。森林覆盖率达58.6%。云龙天池、洱源西湖分别创建为国家级自然保护区和湿地公园。实施土地整治47.6万亩，新增耕地9.2万亩。治理水土流失780平方公里，实施生态修复900平方公里。节能减排目标任务全面完成，单位生产总值能耗下降21%。

【保障性安居工程】 2012年，省政府下达大理州城镇保障性安居工程建设任务为5230套26.15万平方米，计划总投资4.25亿元。其中廉租住房建设计划1760套8.8万平方米，计划投资1.3亿元，公共租赁住房建设计划3470套17.35万平方米，计划投资2.952亿元。要求基本建成5168套，竣工4000套。为确保计划任务的顺利完成，大理州继续将廉租、公租住房建设工作列为全州为民办的10件实事之一，并将其列入全州20项重点督查项目和20项重大建设项目中，各县市政府把保障性安居工程建设工作列入政府工作考核和行政问责的重要内容，严格督查落实和考核奖惩，切实抓紧抓好。针对工作推进中的土地办理、招投标等环节，采取有力措施，畅通“绿色通道”，实行并联审批，限时办结，落实项目用地及相关手续，集中审批、办理相关基本建设手续，采取公开招标。在项目建设过程中，实行六项工作制度，强力推进项目建设工作，严格实行项目管理制，严格执行基本建设程序，认真落实工程质量及安全生产目标责任，严格督促检查，确保工程建设安全、廉洁、高效，拓宽渠道促筹资，完善制度严管理。截至2012年12月底，计划中的5230套城镇保障性安居工程已全面开工，完成投资6027.68万元，其中2012年新建项目完成投资3.29亿元。基本建成6442套；竣工5230套。各级到位资金2.72亿元。2012年，全州争取中央租赁补贴专项资金2629万元，已发放资金1932.8万元，发放保障对象1.66万户，结余资金按要求全部用于购改廉租住房房源和公共租赁住房建设，实现了城镇最低收入住房困难家庭应保尽保目的。

【招商引资】 2012年，引进了印度尼西亚力宝集团、香港华润集团、中国华电集团、广东明阳集团、中国太平洋建设集团、云南工业投资控股集团、云南锡业集团等一批大企业、大集团，引进了云南冶金集团投资100亿元的年产60万吨高精铝板项目、大理矿冶开发有限责任公司投资2.2亿元的年产4.5万吨高钛渣项目、香港华润集团投资5400万元的商品混凝土项目等一批重大工业招商项目。全州实施国内经济合作项目534项。引进州外实际到位资金351亿元，比上年增长74.4%，实际利用外资4000万美元。

【外贸进出口】 2012年，大理州外贸进出口实现平稳增长，全年进出口总值2.34亿美元，比上年增长3.2%。其中，农产品出口额9657.4万美元，占全州出口额的58.2%；乳制品出口539.8万美元，增长13.4%，乳制品出口逐渐走出低谷，呈现平稳增长态势；东南亚市场对力帆骏马出口车辆需求继续保持旺盛态势，云南力帆骏马公司2012年出口比上年增长97.4%。

【旅 游】 2012年，崇圣寺三塔创建为5A级景区，特色客栈、乡村旅游发展走出新路，旅游航线开发、高端酒店建设力度加大，旅游人数从5年前的894万人次增加到1847万人次，旅游业总收入从5年前的66.2亿元增加到195.4亿元。

乡村旅游 至2012年底，大理州已完成4批15个省级特色旅游村的创建工作，累计投入建设资金12.1亿元。完成了重点特色旅游村的旅游总体规划，普遍实施了特色旅游村旅游基础设施建设及绿化、美化、亮化等建设项目，特色旅游村带动了乡村旅游产业的兴旺发展；以特色客栈为主要载体，喜洲喜林苑、双廊杨丽萍艺术酒店、剑川沙溪老马店以及环洱海旅游特色客栈群为代表的1000多家特色客栈，已经成为全州旅游产业转型升级的重要推动力量。双廊、寺登街已成为省内外休闲度假旅游者竞相追捧，知名度颇高的旅游热点区域。

大理古国王宫历史文化旅游项目 2012年2月6日，总投资35亿元、被列为云南省十大历史文化旅游项目之一的大理古国王宫历史文化旅游项目，在大理古城正式开工建设。大理古国王宫历史文化旅游项目是省委、省政府确定的云南十大历史文化旅游项目之一，也是全省旅游二次创业决策部署的重要内容。项目总投资35亿元，总用地规划面积约1600亩。

【社会事业】 2012年，大理州教育事业蓬勃发展，学龄前儿童毛入园率从5年前的54.5%提高到77.5%，义务教育巩固率98.3%，农村义务教育学生全部享受免费营养餐。高中阶段毛入学率从5年前的59%提高到76%，高考上线率99.6%。排除中小学危房109万平方米，新建和改扩建校舍165万平方米。卫生保障能力增强，新建和改扩建医疗卫生基础设施35万平方米。滇西肿瘤治疗中心、干细胞移植中心建设加快，州医院改扩建和州第二人民医院、妇幼保健院整体搬迁工程启动实施。文化事业繁荣发展，建成33万座广播电视村村通工程，户户通工程建设加快推进，广播、电视覆盖率达96%和99.8%。成功举办省第八届农运会等多项重大体育赛事。人才科技等工作得到加强，创新型大理行动计划全面推进，各类人才队伍不断壮大。社会保障体系不断健全，城乡居民社会养老保险制度实现全覆盖。新增城镇就业10.9万人。36.7万人享受城乡低保。人民生活水平不断提高。城镇居民人均可支配收入从5年前的1.16万元提高到2.04万元，农民人均纯收入从5年前的2677元提高到5689元。

2012年，全州财政用在与人民群众生活直接相关的教育、医疗卫生、社会保障和就业、住房保障、文化方面的民生支出130亿元，增长12%，占全州财政总支出的65%。其中：教育支出42.8亿元，增支14.9亿元，增长53.3%；社会保障和就业支出21.5亿元，增支3.5亿元，增长19.3%；医疗卫生支出21.6亿元，增支4.6亿元，增长27.3%。

（赵秀元）

德宏傣族景颇族自治州

【综　述】 2012年，德宏州以建设桥头堡黄金口岸、瑞丽国家重点开发开放试验区和美丽富饶新盈江为总抓手，把加快发展作为第一要务，强化措施、攻坚克难、狠抓落实，进一步保持了经济持续健康发展、民族团结进步、边疆繁荣稳定的良好局面。全州生产总值突破200亿元大关、达到201亿元，按可比价计算比上年增长11.1%。其中：第一产业实现增加值57.66亿元，增长7%，拉动生产总值增长1.7个百分点；第二产业实现增加值67.47亿元，增长14.1%，拉动生产总值增长5.1个百分点；第三产业实现增加值75.87亿元，增长11%，拉动生产总值增长4.3个百分点。一、二、三产业对经济增长贡献率分别为15.6%、45.4%、39%。三次产业结构由上年的26.4∶34.7∶38.9调整为28.7∶33.6∶37.7。非公有制经济创造增加值77.66亿元，占全州生产总值的比重38.6%。人均GDP为1.64万元。社会消费品零售总额78.34亿元，增长20%。居民消费价格总水平上涨3.3%；商品零售价格上涨2.9%；农业生产资料价格上涨5.4%。

务实推进桥头堡黄金口岸和瑞丽试验区建设。通过努力，《瑞丽重点开发开放试验区建设实施方案》于2012年7月获得国务院批准，试验区进入全面实质性建设阶段。州委、州政府及时组织学习贯彻，分解出100项试验区建设任务，落实到各县（市）、各部门。编制上报了试验区建设总体规划，涉及238个项目，估算投资7687亿元，6个专项规划正在编制中。成立了试验区工管委及其工作机构，加强对开发开放试验工作的组织领导。建立了与缅甸商务部的定期会晤机制，设立驻缅甸曼德勒商务办事处，瑞丽市与缅甸木姐市结为友好城市，中缅经贸合作与文化交流更加紧密，开放合作水平不断提升。

2012年末，全州总人口122.94万人，其中城镇人口46.14万人，占总人口的37.53%，农村人口76.80万人，占总人口的62.47%，少数民族人口59.11万人，占总人口的48.08%；城镇化率37.53%；人口自然增长率控制在7.35‰。

【农业·农村经济】 2012年，农业农村经济平稳发展。全州农林牧渔业总产值91.34亿元，比上年增长7.6%。其中，农业产值55.35亿元，增长5.2%；林业产值12.37亿元，增长28.7%；牧业产值18.37亿元，增长2.5%；渔业产值2.97亿元，增长10.4%；农林牧渔服务业2.28亿元，增长10.8%。

农业种植结构进一步优化。全年农作物总

播种面积407.9万亩，比上年增长3.2%；粮食作物播种面积230万亩，增长0.4%；油料种植面积18.22万亩，下降7.1%；甘蔗种植面积83.61万亩，增长2.5%；蔬菜种植面积18.95万亩，增长5.4%；烟叶种植面积15.13万亩，增长44%；年末实有茶园面积35.75万亩，增长35.7%。全年完成冬季农业开发113.65万亩，新增3.71万亩，实现农业产值11.71亿元，增长32%。实现粮食“九连增”，成为全省唯一净调出粮的地区，全年粮食总产量73.55万吨，增长422.62万吨，增长1.7%；蔬菜产量13.78万吨，下降0.2%；茶叶产量2.04万吨，增长32.1%。全年出栏肉猪78.58万头，增长10.2%；肉牛8.85万头，增长15%。全年肉类总产量9.71万吨，增长11.5%。年末有效灌溉面积102.5万亩，当年新增3.08万亩；累计节水灌溉面积35.07万亩，当年新增5.49万亩；已建成水库70座，水库总库容3.54亿立方米，水利工程年供水总量7.57亿立方米，其中为农业供水6.83亿立方米。解决农村饮水不安全人口7.02万人，治理水土流失面积55.5平方公里，完成干支渠防渗92.5公里。

年末全州拥有农业机械总动力12.03亿瓦特，比上年增长6.7%；农用排灌动力机械2529万瓦特，增长18.5%；联合收获机3203万瓦特、增长10.1%，农产品初加工动力机械8321万瓦特、下降0.1%；畜牧养殖机械5101万瓦特，增长12.5%。拥有农用大中型拖拉机1.1万台，增长1.5%；农用小型拖拉机4.74万台，增长5.1%。全年农机化作业机耕面积196.57万亩，增长13.2%；机收面积67.85万亩，增长9.2%。

【工业·建筑业】 2012年，完成工业增加值51.74亿元，按可比价计算比上年增长13.3%。规模以上工业完成增加值46.69亿元，按可比价计算增长14.2%，其中：电力生产和供应业完成增加值23.74亿元，增长9.6%；制糖业完成增加值11.5亿元，增长9.5%；黑色金属冶炼业完成增加值2.03亿元，下降11.5%；非金属矿物制品业2.81亿元，增长10.7%。

全州78户规模以上工业企业资产合计257.43亿元，比上年增长18.32%；主营业务收入101.46亿元，增长5.8%，实现利税总额18.01亿元，下降25.6%；实现利润总额10.34亿元，下降36.3%。

全年全社会建筑业完成增加值15.74亿元，按可比价计算增长17.2%。全州具有资质的35户建筑业企业完成总产值32.13亿元，增长26.0%；房屋建筑施工面积145.58万平方米，增长9.1%；竣工面积72.69万平方米，增长9.3%。

【固定资产投资】 2012年，固定资产投资强劲增长，基础设施建设取得新突破。全州累计完成全社会固定资产投资总额157.93亿元，比上年增长35.2%。

全州房地产开发投资完成43.51亿元，增长34%，占投资总额的27.5%。房屋施工面积554.55万平方米，增长41.6%；商品房销售面积53.65万平方米，下降28.9%；商品房销售额16.41亿元，下降22.1%。

全州第一产业投资完成5.2亿元，增长11.9%；第二产业投资完成35.75亿元，下降1%。其中：制造业完成投资21.28亿元，增长18.6%，电力生产与供应业完成投资13.47亿元，下降12.3%；第三产业投资完成116.94亿元，增长45.7%。

进一步夯实发展基础。全州实施亿元以上项目71项、新增11项，完成固定资产投资157.93亿元、增长35.2%。潞梁二级公路、芒市金孔雀大街等一批交通、市政、水利、电力重点工程项目建成，中缅油气管道德宏段建设快速推进，龙瑞高速公路、芒瑞大道、国道320线德宏段改造、盈江弄璋大桥等重大项目开工建设，大瑞铁路德宏段、瑞陇高速公路、畹町至弄岛一级公路前期工作扎实推进。20个重大项目和20项重要工作全面完成，支撑发展能力进一步增强。

着力打造投融资合作平台。积极参加省政府在东南亚国家和上海、南京、贵州举办的招商引资活动，在北京、上海、广州、深圳、太原、台湾等地开展推介招商，全年新签约招商项目55个，实际到位资金125.9亿元、增长50%，一批有实力的央企民企落户德宏。加强金融服务平台建设，与国家进出口银行、国家开发银行、亚洲发展投资银行、工商银行、建设银行、平安银行等金融机构签署战略合作协议，上海农商行瑞丽村镇银行正式成立，积极探索设立地方金融机构，金融支持发展能力明显提高。

能源建设速度加快。中缅油气管道（国内段）隧道及跨越工程进展顺利。全州新投产水电站7座、新增水电装机20.81万千瓦，全州建成水电站136座、总装机287.04万千瓦，全年发电 114.68 亿千瓦小时，增长 0.3%。

水利建设成效突出。盈江县回龙河中型水库工程通过省级竣工验收，瑞丽市芒林中型水库和畹町红石河小(一)型水库工程竣工，继续实施芒市清塘河中型水库和瑞丽市帕色河、陇川县弄回、梁河县丛岗等小(一)型水库工程和麻栗坝水库灌溉干渠工程。完成 11 座 (一)型、9 座小(二)型病险水库除险加固，实施小(二)型病险水库除险加固 20 座。重点中小河流治理项目梁河县南底河梁河坝区段（一期）、芒市河帕底段工程开工建设。完成中央财政小型农田水利第一批重点县陇川县工程，开工建设梁河县第二批、芒市第三批重点县高效节水项目、瑞丽市第四批重点县高效节水项目和陇川、梁河农田水利建设专项工程。

盈江震后恢复重建取得重大成果。完成 9572 户民房拆除重建、2.95 万户民房修复加固，受灾群众住进新居。完成 77 个学校单体、10 个医疗卫生、15 个交通和 10 个边境县整村推进等项目建设。“3·10”灾后恢复重建工作受到省委、省政府的充分肯定，为加快建设美丽富饶新盈江奠定了良好基础。

城镇基础设施建设成效显著。全年投入城镇基础设施建设资金 10 亿元，城市园林绿化投资 1.4 亿元。城镇化水平不断提升，全州城镇规划区面积 4432 平方公里，城市建成区面积由上年的 56.5 平方公里扩展为 60.7 平方公里，城镇化率 37.53%。芒市成功创建国家卫生城市和全国科普示范城市。

【交通·邮电·旅游】 2012 年，全州拥有民用车辆 45.78 万辆，比上年增长 11.5%，其中民用汽车 9.6 万辆，增长 23%。全年完成客运量 2285 万人，增长 17.2%；旅客周转量 17.98 亿人公里，增长 10.9%。全年完成营运车辆货运量 1596 万吨，增长 16.6%；营运车辆货物周转量 12.44 亿吨公里，增长 18%。年末公路通车里程 7504 公里，增长 1.2%，其中，等级公路 5518 公里，增长 3.4%；等外公路 1986 公里，下降 4.4%。

邮电通信业平稳发展。全年邮电业务总收入 9.75 亿元，比上年增长 16.7%。年末拥有城市固定电话 10.11 万户，增长 1.6%；乡村固定电话 7.6 万户，下降 7.3%；年末移动电话用户 138.68 万户，增长 10.6%；宽带网用户 11.19 万户，增长 27.5%。

全年全州接待国内外游客 657.26 万人次，比上年增长 23.2%，其中：海外游客 15.18 万人次，增长 26.5%；国内游客 642.08 万人次，增长 23.5%，旅游业总收入 81.23 亿元，增长 35.7%。

【国内贸易·对外经济】 2012 年社会消费品零售总额 78.34 亿元，比上年增长 20%。从行业看，批发、零售贸易业 68.11 亿元，增长 20.6%；住宿、餐饮业 10.22 亿元，增长 16.2%，消费热点商品持续向好。

全年完成对外贸易进出口总额 15.95 亿美元，比上年增长 15.2%。其中：出口 12.76 亿美元，增长 15%；进口 3.2 亿美元，增长 16.2%。全年实施国内合作项目 258 项，上年结转 131 项，新增 127 项，利用国内资金 128.46 亿元；外资项目 4 个，投资 3.51 亿美元，实际到位 8895 万美元，增长 69.7%。

【财政·金融·保险】 2012 年，财政金融平稳运行，财政总收入完成 39.73 亿元，比上年增长 28.5%，公共财政预算收入 24.19 亿元，增长 27.9%,其中：税收收入 16.24 亿元，增长 23.7%；非税收入 7.95 亿元，增长 37.6%。公共财政预算支出 102.2 亿元，增长 10.7%，其中：社会保障和就业支出 14.52 亿元，下降 32.6%；教育支出 15.2 亿元，增长 38.6%；一般公共服务支出 13.7 亿元，增长 27.7%。

年末金融机构存款余额 382.83 亿元，比上年初增长 8.6 %，其中：个人存款 243.95 亿元，增长 18%；金融机构贷款余额 238.23 亿元，比上年初增长 22.1%,其中：中长期贷款 161.33 亿元，比上年初增长 10.3%。

全年各种保费收入 7 亿元，增长 18.0%。其中：财产险保费收入 3.12 亿元；寿险保费收入 3.88 亿元。

【教育·科技·文化·体育·卫生·环境保护·安全生产】 教育事业稳步发展。德宏普通高等学校招生 3092 人，在校生 1 万人，毕业生 2375 人。中等职业技术学校招生 3932 人，在校生 9298 人，毕业生 3258 人；普通中学招生 1.68 万人，在校生 4.68 万人，毕业生 1.68 万人；小学招生 1.72 万人，在校生 10.45 万人，毕业生 1.76 万人；幼儿园招生 2.41 万人，在园幼儿 3.69 万人，毕业 1.9 万人。小学学龄儿童入学率 99.27%，初中学龄少年毛入学率 106.27%。

科技发展取得新成果。全年争取到国家、省科技计划项目 46 项，科技经费 1686 万元；州级科技计划项目立项 103 项，安排科技经费 255 万元。获省政府科学技术奖 2 项，获德宏州政府科学技术奖 34 项，其中：特等奖 1 项、一等奖 2 项、二等奖 8 项、三等奖 23 项。

文化事业日益繁荣。年末全州有艺术表演团体 7 个，艺术研究所 1 个，文化馆 7 个，文物管理所 7 个，公共图书馆 7 个。有广播电台 1 座，广播人口覆盖率 94 %；电视台 7 座，有线电视用户 8 万户，电视人口覆盖率 97.8 %；全年出版各类报纸 2160 万份，各类书籍 210 种，共 51.97 万册。

体育事业蓬勃发展。德宏州参加国家级比赛 2 次，组织对外交流赛 1 次、省级比赛 11 次、州级比赛 12 次、县级比赛 18 次。在省级及以上比赛中获得金牌 24 枚、银牌 29 枚、铜牌 24 枚。

卫生事业不断进步。年末有卫生机构 650 个（含村卫生室），病床 5065 张，卫生技术人员 4971 人，其中：执业医师 1534 人，助理医师 362 人，注册护士 1641 人，其他卫生技术人员 1434 人。

环境保护和生态建设发展加快，环境质量有所改善。全年完成人工造林 36.59 万亩，比上年下降 32.2%。全州森林覆盖率 67.1%。有 1 个自然保护区，面积 77.48 万亩。全年竣工环境污染治理项目 9 个，完成投资 8935 万元。

出境河流瑞丽江姐告、大盈江汇流、南畹河迭撒监测断面年均地表水质类别均达到Ⅱ类标准，符合地表水环境功能区划要求。芒市、瑞丽两市城市空气质量全年都达到国家环境空气质量二级标准要求。

全年城市生活垃圾清运量 17.61 万吨。年末，全州环保系统在职人员 206 人，监测站 2 个。

全年发生各类安全事故 119 起，比上年下降 25%。安全事故死亡 69 人，下降 9.2%；受伤 25 人，下降 76.4%。直接经济损失 490 万元，下降 21.3%。亿元 GDP 生产安全事故死亡人数为 0.34 人，下降 22.7%。

【人民生活·社会保障】 城乡居民生活水平继续提高。全年城镇居民人均可支配收入 1.77 万元，比上年增长 12.5%；农村居民人均纯收入 4763 元，增长 16.3%。城镇居民人均消费支出 1.19 万元，增长 9.2%；农村居民人均消费支出 4254.6 元，增长 15.3%；城镇居民人均房屋使用面积 38.92 平方米，增长 3.2%；农村居民人均住房面积 28.74 平方米，增长 5.4%。年末城镇居民每百户拥有家用汽车 24.05 辆，拥有摩托车 92.36 辆；农村居民每百户拥有摩托车 103.6 辆，拥有手机 181.7 部。

社会保障工作进一步加强。全州城镇职工基本养老保险参保人数 7.51 万人，比上年增长 3.82%；城镇参加失业保险 4.8 万人，增长 0.8%；城镇职工基本医疗保险参保人数 11.89 万人，增长 1.42%。城镇居民基本医疗保险参保人数 7.96 万人，下降 11.9%。新型农村社会养老保险参保人数 51.04 万人，增长 11.75%。参加新型农村合作医疗的农民 92.3 万人，参合率 98.3%。年末全州享受最低生活保障的城乡居民有 22.06 万人，其中城镇居民 4.55 万人，农村居民 17.51 万人；全年发放城乡居民最低生活保障金 2.88 亿元，增长 19.6%，其中：城镇居民 8999.42 万元、增长 22.6%，农村居民 1.98 亿元、增长 11.8%。发放基础养老金 1.2 亿元、低保金 2.8 亿元，向 1.3 万名 80 岁以上老人发放了高龄补助，社会保障水平进一步提高。完成 6718 套 2011 年结转保障性住房建设任务，2012 年 2.3 万套保障房建设百分之百开工。3 万农业转移人口转为城镇居民。投入 1500 万元专项资金建设“菜篮子”工程，实施流通环节食品快速检测，加强农村食品配送、边民互市外国食品监管，积极探索农村食品经营“10+1”监管模式。积极争取政策，提高干部职工津补贴待遇。

（黄艳芳）

怒江傈僳族自治州

2012 年，面对错综复杂的经济形势和加快发展的繁重任务，怒江州政府坚持以科学发展为主题，以转变经济发展方式为主线，按照“稳中求进、好中求快、变中求新”的总体要求，采取积极有效措施，扎实推进各项工作，确保了经济持续健康发展和社会和谐稳定。全州实现生产总值 74.94 亿元，比上年增长 16%，其中：第一产业增加值 11.44 亿元，增长 6.2%；第二产业增加值 26.16 亿元，增长 9.7%；第三产业增加值37.34亿元，增长11%。三次产业比重为11.69∶37.98∶50.33。

【农业·农村经济】 2012年，全州农林牧渔业总产值完成17.23亿元，按可比价格计算，比上年增长6.5%。其中，农业产值7.28亿元，增长7.3%；林业产值2.46亿元，增长6.8%；牧业产值6.43亿元，增长6.5%；渔业产值440万元，增长6.2%；农林牧渔服务业1.01亿元，增长6.1%。

农作物总播种面积1.04万公顷，比上年增长8.5%；粮食播种面积8.16万公顷，增长6.15%；油料面积3448公顷，增长3.8%；甘蔗种植面积1325公顷，增长14.9%。

年末大牲畜存栏20.96万头，增长1.8%。猪存栏55.02万头，增长1.63%。猪牛羊肉类总产量3.32万吨，增长3.4%。

年末全州拥有农业机械总动力2.03亿瓦特，增长36%。农机化作业机耕面积28.9万亩，增长13.3%。农村用电量4906万千瓦小时，增长3.6%。

主要农产品产量：粮食19.83万吨，其中谷物15.68万吨（小麦 1.09万吨、玉米9.52万吨）、豆类 2.02万吨、薯类2.13万吨；油料2067吨；甘蔗7.15万吨；茶叶95.5吨；水果7406吨；蔬菜7.28万吨；中药材1802.5吨。

【工业·建筑业】 2012年，全州完成工业总产值45.4亿元，比上年增长7.3%。其中：重工业完成产值42.23亿元，增长4.74%；轻工业完成产值3.14亿元，增长60.5%。完成工业增加值17.04亿元，增长7.3%。规模以上工业完成增加值11.52亿元（按GDP核算口径），增长2.8%。

全年全社会建筑业增加值8.6亿元，上年增长25.5%。

主要工业产品产量：硅5.61万吨；铜选矿含铜量2878吨；铅选矿含铅量1.17万吨；锌选矿含锌量13.58万吨；饮料酒2753千升；水泥4.22万吨；砖9109万块；锌9.37万吨；发电量29.4亿千瓦小时；自来水372万立方米。

【固定资产投资】 2012年，全州完成规模以上固定资产投资总额63.63亿元，比上年增长35.1%。全年施工项目193个，增长72.3%。其中，新开工117个，增长148.9%。加快推进黄登电站、大华桥电站、六丙公路一期、独龙江公路、六库怒江二桥、黄木水库等一批重大建设项目，建成了丙瑞线“卡脖子”路段、福贡怒江大桥和怒江16座索改桥，完成了黄梅水库等5座水库除险加固工作。

【国内贸易·对外经济】 2012年，全州社会消费品零售总额20.64亿元，比上年增长17%。按经济成份分：公有经济完成4.88亿万元，增长35.5%；非公有经济完成15.82亿元，增长12.6%。外贸进出口总额4.87亿元，增长20.24%。其中进口3.15亿元，增长14.5%；出口1.72亿元，增长32.3%。引进省外到位资金32亿元，增长20%。

【交通·邮电·旅游】 2012年，全州完成客运量285万人，旅客周转量4.2亿人公里；完成货运量107万吨，货运周转量1.99亿吨公里。

全年邮政业务总量2488万元，比上年增长44.9%；函件18.89万份，下降13.19%；报刊期发数6.91万份，增长75.04%。电信公司业务收入6033万元，增长7.91%；年末拥有固定电话4.37万户，互联网用户（包括拨号上网用户）4.8万户，移动电话用户3.47万户，电信小灵通用户988户。移动公司业务收入2.14亿元，增长13.35%，手机用户累计28.2万户，增长18%。

全年接待国内外游客198.79万人次，比上年增长14.6%；旅游业总收入11.78亿元，增长13%。

【财政·金融】 2012年，全州财政总收入完成11.25亿元，比上年增长3.6%。一般预算收入7.51亿元，增长12.8%。其中，税收收入5.07亿元，下降23.9%。非税收入2.44亿元，增长11.8%。财政一般预算支出50.38亿元，增长18%。其中，社会保障和就业支出6.45亿元，增长20.6%；教育支出7.99亿元，增长36.5%；农林水事务支出7.91亿元，增长60.6%；一般公共服务支出5.15亿元，增长6.4%。

年末金融机构人民币存款余额108.14亿元，比年初增长13.47%。其中，储蓄存款余额48.13亿元，比年初增长21%。金融机构人民币贷款余额70.16亿元，比年初增长21.1%。

【社会事业】 2012 年，全州中等职业技术学校 5 所，招生 431 人，比上年下降 34.1%；在校生 1738 人，增长 3%；毕（结）业生 348 人，下降 15.94%；普通中学 29 所，招生（包括初中高中学生）1.01 万人，增长 1.54%；在校生（包括初中高中学生）2.72 万人，下降 5.8%；毕业生 9185 人，增长 5.2%。小学 133 所，下降 0.8%；招生 7671 人，下降 8.2%；在校生 4.89 万人，下降 2.64%；毕业生 8023 人，增长 4.9%。小学学龄儿童净入学率 99.3%，初中学龄净入学率 68.7%。特殊教育机构 1 个，招生 37 人，在校生 330 人，毕业生 14 人。

2012 年，争取到省科技计划项目 7 项，科技经费 741 万元；州级科技计划项目立项 37 项，安排科技经费 140 万元。（科技经费按立项年份计算）

全州有艺术表演团体 4 个，艺术研究所 1 个，文化馆 5 个，公共图书馆 5 个，文化站 29 个。广播电视无线发射台 7 座，广播人口覆盖率 89.34%；有线电视用户 3.38 万户，其中数字电视用户 2.43 万户，电视人口覆盖率 95.1%。

2012 年末有卫生机构 53 个，比上年下降 10.2%。病床 1757 张，增长 12.7%。卫生技术人员 1711 人，增长 3.45%。其中，执业医师及助理医师 677 人，增长 19.2%。全年入院人数 3.34 万人，增长 20.1%。出院人数 3.45 万人，增长 20.75%。全年诊疗 91.94 万人次，增长 4.54%。

2012 年，举办各类形式的体育运动会、体育活动 89 次，活动人数 21 万人次。举办州级运动会 4 次。参加省级以上运动会 9 次，获得金牌 6 枚、银牌 12 枚、铜牌 5 枚。

【生态环境】 2012 年，加快推进"森林云南"怒江建设，深入开展全民义务植树活动。进一步加强天然林保护、退耕还林、农村能源建设工作，完成天保公益林建设 7 万亩、荒山造林 2 万亩，实施公益林生态效益补偿 282.27 万亩、草原生态补偿 455 万亩，启动实施陡坡地生态治理 4.5 万亩。生物多样性保护工作取得重大突破，"怒江金丝猴"的发现在国内外引起广泛关注。以泚江河流域为重点的水污染综合防治、以老窝河为重点的中小河流域治理顺利推进。生态修复与建设成效明显，治理水土流失面积 90.1 平方公里。

【安全生产】 2012 年，全州发生各类伤亡事故 32 起，比上年下降 33%；伤亡事故死亡 21 人，下降 39%；受伤 31 人，增长 9%；直接经济损失 576.92 万元，下降 22%。其中，发生道路交通事故 18 起，下降 18%；死亡 13 人，下降 45%；受伤 31 人，增长 15%。

【社会保障】 2012 年，全州城镇基本养老保险参保人数 1.79 万人，征缴基本养老金 9076 万元；工伤保险参保人数 3.26 万人；失业保险参保人数 1.99 万人；参加新型农村合作医疗的农民 43.2 万人，参合率 97.8%，参加城镇基本医疗保险总人数达到 7.15 万人，增长 42.37%；参加医疗保险人数 7.15 万人，其中城镇居民医疗保险人数 3.05 万人。全州各级劳动保障执法机构监察巡查用人单位 977 户，涉及劳动者 1.5 万人次；投诉结案 97 件，结案率 100%。

【人口·人民生活】 2012 年末，全州总人口 53.8 万人。其中泸水县人口为 18.6 万人、福贡县 9.93 万人、贡山县 3.82 万人、兰坪县 21.45 万人。城镇化率 24.2%。人口自然增长率 7.1‰。

年末，全州城镇居民人均可支配收入 1.42 万元，比上年增长 17.3%。农村居民人均纯收入 2773 元，增长 17.4%。

【存在的问题】 城镇化、工业化、产业化程度低，发展方式粗放，支柱产业单一，经济总量小，转变发展方式和加快发展的任务依然艰巨；农村基础条件差，扶贫攻坚任务重，农民持续增收面临的形势更加严峻；交通、能源、信息、城镇等基础瓶颈制约依然突出；就学、就医、就业、住房等民生保障任务十分繁重。

（关建涛）

迪庆藏族自治州

【概 述】 2012 年，迪庆州抓住新一轮西部大开发、云南"桥头堡"建设和加快藏区经济社会发展的一系列政策机遇，牢牢把握"稳中求进、好中求快、变中求新"的总要求，坚持以"生态立州、文化兴州、产业强州、和谐安州"的发展思路，围绕建设全国藏区跨越发展和长治久安示范区目标，一手抓经济建设，一手抓社会稳定，着力构建全州各族人民共有的

“绿色家园、精神家园、小康家园、幸福家园”，全州呈现经济增长、政治稳定、文化繁荣、社会和谐、生态良好的可喜局面。

2012年，全州实现地区生产总值113.63亿元，按可比价计算，比上年增长16%，增速较上年回落3.1个百分点。其中，第一产业实现增加值9.09亿元，增长7%，对经济增量的贡献率为3.7%，拉动经济增长0.6个百分点。第二产业实现增加值45.71亿元，增长16.3%，对经济增量的贡献率为41.3%，拉动经济增长6.6个百分点。第二产业增加值构成中，全部工业实现增加值22.8亿元，增长13%，对经济增量的贡献率为17.3%，拉动经济增长2.8个百分点；建筑业实现增加值22.91亿元，增长20%，对经济增量的贡献率为24.1%，拉动经济增长3.9个百分点。第三产业实现增加值58.83亿元，增长17.3%，对经济增量的贡献率为55%，拉动经济增长8.8个百分点。按总人口计算的人均生产总值为2.81万元，比上年增加4137元，按可比价计算，增长15.4%。一、二、三产业占GDP的比重由上年的8.42：40.87：50.71调整为8：40.25：1.8，第一产业比重比上年下降0.42个百分点，第二产业比重下降0.67个百分点，第三产业比重提高1.09个百分点。

【农　业】 2012年，迪庆州实现农林牧渔总产值14.76亿元，按可比价计算，比上年增长7.53%。其中，农业产值6.7亿元，增长8.47%，林业产值2.03亿元，增长8.76%，牧业产值4.5亿元，增长6.28%，渔业产值2433万元，增长3.75%，农林牧渔服务业产值1.28亿元，增长6.03%。

全年粮食播种面积5.19万公顷，比上年增加1883公顷，经济作物种植面积1.24万公顷，增加1042公顷。其中，油料种植面积2369公顷，增加394公顷，烟叶种植面积1218公顷，药材种植面积3865公顷，蔬菜种植面积1571公顷。全年粮食产量突破17万吨，达到17.06万吨，增长4.5%。其中，秋粮12.37万吨，夏粮4.7万吨。全年肉类总产量2.8万吨，增长6.1%；牛奶产量1.45万吨，增长1.1%；禽蛋产量1059吨，增长5.9%；蜂蜜产量163吨，增长3.8%；蚕茧产量73吨，下降33.6%。大牲畜年末存栏4.5万头，下降4.8%；生猪年末存栏48.86万头，增长0.5%；羊年末存栏22.99万只，增长0.4%；家禽年末存栏119万只，增长0.9%。

全州农业机械总动力41.74万千瓦，比上年增长12.1%，其中农用排灌机械总动力7259.7千瓦，增长1.5%。农村用电7337万千瓦时，下降8.95%；农用化肥施用量（折纯）1.2万吨，增长8.5%；农药施用量354吨，增长77.9%。

【工业·建筑业】 2012年，迪庆州规模以上工业企业年主营业务收入在2000万元以上的有19家，全年实现增加值15.25亿元，比上年增长15.4%。其中，轻工业实现增加值3.9亿元，增长11%，重工业实现增加值11.35亿元，增长16.8%。在规模以上工业增加值构成中，黑色金属矿采选业实现增加值2.03亿元，增长38.7%；有色金属矿采选业实现增加值4.14亿元，增长17.2%；农副食品加工业实现增加值7876万元，增长71.6%；食品制造业实现增加值1430万元，增长31.6%；酒、饮料和精制茶制造业实现增加值3亿元，增长0.9%；黑色金属冶炼和压延加工业实现增加值1.35亿元，增长17.2%；电力、热力生产和供应业实现增加值2.85元，增长4.3%。全州规模以上工业企业实现利税总额2.11亿元，比上年下降60.24%。其中实现利润总额减少3306万元，下降110.73%。

全州资质内本地建筑业企业19家，完成总产值12.54亿元，比上年增长40.13%。

【固定资产投资】 2012年，迪庆州完成500万元以上固定资产投资总额155.34亿元，比上年增长25.2%。分产业投资看，第一产业完成4.86亿元，增长111.26%；第二产业完成52.65亿元，增长13.45%。其中，工业投资完成51.36亿元，增长11.72%，非电工业投资完成23.69亿元，增长40.21%；第三产业完成97.84亿元，增长29.81%。投资总额中，房地产开发投资完成7.84亿元，增长70.39%。全年新增固定资产84.15亿元，增长26.6%。本年新开工项目223个。

【交通运输·邮电业】 2012年末，迪庆州公路通车里程5419公里，其中等级公路4577公里，占公路通车里程的84.5%。全年旅客运输量648.9万人，比上年增长21.2%；货物运输量711万吨，增长16.4%。旅客周转量1.03

亿人公里，增长14.7%；货物周转量40.11亿吨公里，增长16.4%。客货运输中，民航旅客运输量42.9万人，增长15%，民航货物运输量460吨，下降10%；民航旅客周转量2.15亿人公里，增长15%，民航货物周转量23.02万吨公里，下降10%。2012年11月27日，在MU5934航班产生了第40万名幸运旅客，迪庆香格里拉机场旅客年吞吐量突破40万人次大关，创历史新高。

全年邮电业务总量3.08亿元，比上年增长10.6%。其中，电信业务总量2.87亿元，增长11.28%；邮政业务总量2084万元，增长14.76%。年末固定电话用户数3.82万户，比上年增长5.09%。年末移动电话用户总数36.57万户，增长7.63%，电话普及率100部/百人，比上年末增加6.36部。互联网用户2.48万户，增加4362户。

【国内贸易·对外经济】 2012年，实现社会消费品零售总额30.02亿元，比上年增长18.5%。按经营所在地划分,城镇消费品零售额16.33亿元,增长10.3%;农村消费品零售额13.7亿元，增长30%。按行业划分，住宿业零售额1.4亿元,增长14.7%,餐饮业零售额2.14亿元,增长27.4%,批发业零售额7.39亿元,增长1.1%,零售业零售额19.09亿元，增长26.2%。分经济类型看,非公经济零售额18.82亿元,增长13%;公有经济零售额11.21亿元，增长13%。

全年外贸进出口总额1437万美元，比上年增长18.8%。其中，出口额990万美元，下降3.2%；进口额447万美元，增长139%。全年新签利用外资协议（合同）项目3个，实际利用外商投资5794万美元，比上年下降43.5%，年末实有外商投资企业34个。全年招商引资实际到位州外资金93.99亿元，增长17.3%。其中，内资90.42亿元，增长23.2%，外资3.57亿元，下降47%。

【市场物价】 2012年，香格里拉城区居民消费价格比上年上涨3.1%，其中食品上涨8%。商品零售价格上涨3.2%，农业生产资料价格上涨6.6%。

【旅游业】 2012年，全州接待国内外游客1016.67万人次，比上年增长22.18%。其中，海外游客101.45万人次,增长17.23%；国内旅游者915.22万人次，增长22.75%。旅游业总收入95.85亿元，增长33.2%。11月26日，国家旅游局在北京举行新评定的国家5A级旅游景区授牌仪式，香格里拉普达措国家公园被授予国家5A级旅游景区。

【财政·金融·保险】 2012年，全州财政总收入17.17亿元，比上年增长2.28%，地方公共财政预算收入10.75亿元，增长25.03%；地方公共财政预算支出73.14亿元,增长10.63%。

年末金融机构人民币各项存款余额172.16亿元，比上年末增长21.72%。其中，城乡居民储蓄存款54.61亿元,比上年末增长17.57%。年末金融机构人民币各项贷款余额127.08亿元，比上年末增长16.04%。其中，短期贷款余额18.46亿元，增长27.24%；中长期贷款余额108.62亿元，增长14.34%。截止2012年第三季度末，全州金融机构对旅游、生物、矿产、水电四大支柱产业人民币贷款余额52.64亿元，比年初增加7.78亿元，增长17.34%，同比增加10.24亿元，增长24.15%，信贷支持实现“两增”。累计发放小额担保贷款877万元对138人创业项目进行扶持。

全年各种保险保费总收入1.7亿元，比上年增长5.8%。

【特色产业】 2012年，德钦县政府与法国酩悦轩尼诗公司及华泽集团签署葡萄酒产业发展合作协议，建成合资酒庄，开发具有国际品质的高端红葡萄酒。

迪庆采取“公司加基地，基地连大户，大户带基地”的发展模式，大力发展核桃产业，总面积已达50万亩。迪庆州大力扶持龙头企业，涌现出香格里拉舒达有机食品有限公司、维西县康邦美味绿色资源开发公司和维西县综合贸易公司等骨干企业。将继续构建和完善核桃生产、加工和销售的产业链，增加核桃选育、栽培和深加工的科技含量，提高其附加值。

广州市香雪制药股份有限公司与省政府发展生物产业办公室、迪庆州签署合作协议，投资建设“大香格里拉高山药用植物产业园”，包括3万亩藏药玛咖产业基地、高原植物种质库及良种优育基地、10万亩高山药材GAP种植基地，以及配套的下游产品深加工厂和研发中心等。项目建成后，将促进迪庆生物产业优化升级和相关企业做强做大。

【民营经济】 2012年，迪庆州非公有制经济户数1.85万户，比上年增长23.52%；从业人员5.75万人，增长39.98%；注册资金约127.7亿元，增长54.23%；增加值约50亿元，增长14.4%。

【科教文卫体】 2012年，安排、争取、落实科技计划项目49项。其中，国家级项目3项、省级项目12项、州级配套项目34项。投入项目资金1606万元，增长16.6%。其中，国家投入136万元、省级投入1100万元、州级投入370万元。全年受理科技专利申请39件，授权6件。

全州拥有幼儿园8所，在园幼儿3769人；小学85所，小学在校学生2.88万人，小学适龄儿童入学率99.04%，小学辍学率0.36%。中学10所，其中完全中学4所，初高中在校学生2.13万人。其中，高中在校生6259人、初中在校生1.5万人，初中毛入学率108.26%、辍学率3.01%。中等专业学校1所，在校学生2570人。职业中学2所，教师进修学校3所。截至2012年11月，全州完成教育基础设施投资19.56亿元。

2012年末，全州拥有卫生机构268个。其中，医院8个、基层医疗卫生机构248个、专业公共卫生机构12个。卫生机构床位数984张，专业卫生技术人员1515人，其中执业（助理）医师715人。全州有29.35万人参加新型农村合作医疗，参合率97.1%。

2012年末，全州有文化、文物事业机构52个。其中，艺术表演团体3个、艺术表演场馆2个、文化馆4个、公共图书馆4个、乡镇文化站29个、文化文物行政主管部门4个、文物保护管理机构4个、博物馆4个。全州广播人口覆盖率96.52%，电视人口覆盖率96.52%。《迪庆报》出版发行288期共323万份，其中藏文版60期共24万份。

2012年，全州参加省及省以上运动会8次，派出运动员76人，获得省及省以上运动会奖牌17枚，其中金牌5枚、银牌7枚、铜牌5枚。

【人口·人民生活·社会保障】 2012年末，全州常住人口40.5万人，其中户籍管理人口36.09万人。在户籍总人口中，农业人口30.27万人，非农业人口5.82万人。少数民族人口31.92万人，占总人口的88.5%。全年出生人口3752人，人口出生率10.02‰，死亡人口2174人，人口死亡率5.80‰，人口自然增长率4.21‰，人口城镇化率27.01%。

2012年，全州农村居民人均纯收入4769元，比上年提高664元，增长16.2%。城镇居民人均可支配收入2.15万元，提高2022元，增长10.4%。全州从业人员年平均工资4.87万元（在岗职工+劳务派遣）。城乡居民人均储蓄存款1.35万元，增长15.4%。

2012年末，全州参加基本养老保险职工人数2.03万人，比上年增长3.5%；参加失业保险人数2.25万人，增长12.69%；参加城镇职工基本医疗保险人数4.81万人，增长26.9%；参加城镇居民基本医疗保险人数3.92万人，增长39.5%。年末全州城镇最低生活保障对象1.85万人，比上年末增加6401人，发放保障资金4503.89万元，增长70.2%。年末全州农村低保人数11.28万人，增加4688人，发放保障金1.23亿元，增长19.5%。

【资源·环境·安全生产】 2012年，全州新增造林面积18.21万亩，森林面积171.31万公顷，森林覆盖率73.95%。年末全州拥有耕地总资源3.31万公顷，其中常用耕地面积3.03万公顷。2012年，州府所在地香格里拉县城环境空气总采样天数315天，环境空气质量状况Ⅰ级（优）为312天，占总监测天数的99%，Ⅱ级（良）为3天，占总监测天数的1%。全州化学需氧量和氨氮排放量分别控制在5646吨和324吨以内；二氧化硫和氮氧化物排放量分别控制在762吨和9142吨以内。万元GDP综合能耗为0.98吨标准煤/万元，比上年下降2.28%。

2012年，全州发生各类安全事故47起，死亡22人，受伤56人，直接经济损失394.56万元。其中，交通事故32起、死亡19人、受伤56人，直接经济损失105.96万元；工矿商贸事故3起，死亡3人，直接经济损失182万元；消防火灾事故12起，无人员伤亡，直接经济损失106.6万元。

（李燕兰）

市县区经济选介

Introduction of Economy in Selective Cities Districts and Counties

昆明市县区经济选介

五华区

【概 况】 五华区位于昆明主城区西北部，辖区总面积381.6平方公里，平均海拔1887米。下辖10个街道办事处，89个社区居民委员会，214个村（居）民小组。2012年年末常住人口85.9万人，人口密度每平方公里2251人，自然增长率3‰。

2012年实现地区生产总值730亿元，比上年增长14%；一、二、三产业的结构分别为0.3%∶57.5%∶42.2%。实现工业总产值838.41亿元，增长8.4%，其中规模以上工业增加值345.74亿元，增长13%。实现外贸进出口总额8.96亿美元，增长20%。实现财政总收入110.86亿元，增长15.43%，地方公共财政预算收入30.49亿元，增长21.2%。实现社会消费品零售总额360亿元，增长19%。实现规模以上固定资产投资327.93亿元，增长23%。城镇居民人均可支配收入2.71万元，增长18.5%；农村居民人均纯收入1.06万元，增长20.3%。人均消费性支出1.91万元，增长9.4%。万元GDP能耗下降4%，荣获第二届“中国低碳生态示范区”称号。

西翥荷塘

【都市经济】 2012年，加快产业转型升级步伐，中央商务区建设扩容增量，都市经济实现新突破。南屏世纪商务中心、东方首座等一批重点项目快速推进。引入云南能源投资等4家企业总部，新增商务楼宇面积32.91万平方米，商务楼宇总面积达到216万平方米。税收超亿元的楼宇有8幢，超千万元的有40幢。金融、保险、投资、信息技术等现代服务业进一步发展，全区区域性企业总部已达28家，第三产业增加值占GDP比重达到42.2%。着力推进投融资体制改革，在全省县（区）首家成功发行10亿元企业债券。全区注册资本金上亿元的民营企业74户，有小额贷款公司17家，投融资担保公司104家。非公经济实现增加值占全区生产总值的比重45.01%。民营企业从业人员占全区就业人数的90%以上。

【招商引资】 2012年，引进内资项目119个，到位资金97.3亿元，完成全年任务的109.33%；累计引进外资项目14个，到位资金1.34亿美元，完成全年任务的223.29%。树立大招商意识，积极开展高新技术、生物医药、新能源、现代农业、现代服务业等重点领域的招商引资工作，引进了一批市场前景好、科技含量高、资源消耗低、就业机会多、综合效益好的大项目。在五华辖区内，有世界500强中的30家、全国500强中的37家企业，涵盖了商贸、金融、能源、信息技术、化工、烟草等多个领域。

五华区黑林铺片区标准社区超市

【泛亚科技新区建设】 2012年，编制完成《昆明泛亚科技新区控制性详细规划与核心区城市设计》、《五华科技产业园总体规划》，科技园区、产业片区、产业组团三级结构已初步形成。昆明联想科技城、科伦时代广场、普洱茶文化科技中心等重大项目相继开工建设，使园区步入发展快车道。加大园区基础设施建设、土地收储、城市形象设计工作力度，为招大商、发展大产业、增强五华区域竞争力、实现跨越发展奠定了坚实基础。五华199号路、五华204号路等7条道路建设竣工，基本形成纵横交错的交通网络，大大改善园区交通与投资环境。五华科技产业园被列为全省打造销售收入超千亿元的重点园区；昆明泛亚科技新区在全省科技园区中首家通过 ISO9001 质量管理体系认证；昆明泛亚科技新区被列为“智慧昆明”试点片区。

【城市更新改造】 2012 年，深入开展“城市品质提升年”活动，高标准完成翠湖片区历史文化风貌保护与景观提升改造一、二期工程，使翠湖展现靓丽新姿。完成龙泉路、一环路、西昌路、普吉路景观提升及环境综合整治，形成一路一景特色。文明街历史街区（二期、三期）、云南饭店整体改扩建、东方首座、南屏世纪商务中心等一批项目正加速推进。昆都广场改造、文庙、拱辰门、天开云瑞坊复建工程前期工作已全面展开。强化城市管理，实施“六路一江”景观照明工程。主城城中村改造开工 138.9 万平方米，竣工 109.3 万平方米，9 片 12 个村 1250 亩土地实现出让，35 个村启动拆迁，28 个村正在建设，5 个村实现回迁安置房交房。全区“城中村”改造完成投资 90.92 亿元。

万人同唱国歌

【生态文明建设】 深入推进“四创两争”工作，组织实施“清洁城乡万人大行动”和市容市貌整治“百日会战”，环境卫生“清洁指数”排名全市前列。空气质量正常值达标率 100%。持续开展“一湖两江”流域水环境治理，初步完成 26 条入湖河道及支流沟渠综合整治。开展森林城市创建，栽种乔木 60.8 万株，植树造林 4033 亩，封山育林 2.22 万亩，森林覆盖率 53%，绿化覆盖率 43.6%，人均公共绿地 13 平方米。进行石盆寺、锅盖山、长虫山等“五采区”植被修复，完成 2.36 万亩山体绿化，建成 11 个公园绿地。莲花池公园获“中国人居环境范例奖”。五华区获国家园林城市、国家节水型城市、国家卫生城市称号。

【劳动就业与社会保障】 2012 年，提供有效就业岗位 4.54 万个，新增城镇就业 3.27 万人，帮助 9416 名城镇下岗失业人员实现再就业，安排 7798 名就业困难人员实现就业，“零就业家庭”保持全区动态清零，城镇登记失业率 2.42%。全区城镇职工养老保险参保人数 17.17 万人，其中企业职工 12.8 万人，非公经济 10.1 万人;城乡居民社会养老保险参保 8.1 万人。失业保险参保职工 20.7 万人，城镇基本医疗保险参保 52 万人，新型农村合作医疗参合人数 4.13 万人，工伤保险参保 11.07 万人，生育保险参保 9.61 万人。为 3.8 万名参保退休人员发放养老保险金 6.68 亿元，为 3.62 万名参保退休人员调整基本养老金并保证按时足额发放。为 1317 户住房困难家庭发放了住房补贴，实物配租 1096 户；建成 2092 套廉租房、1591 套公租房、2072 套经济适用房并做到公平合理分配；实施 2894 套政企合建廉租房建设，完成 1.28 万套棚户区改造。

昆明南屏步行街

【社会事业】 2012 年，继续实施“国家知识产权强县工程”，完成专利申请 2688 件，专利授权 1580 件，居全市第一。完成“绿色光亮工程项目”400 盏太阳能路灯安装，建成西翥太阳能光伏取水设施。五华区名列全省科技进步水平排行 129 个县（市、区）之首。区科协获“2012 年全国科普日活动优秀组织单位”称号，翠湖社区被授予首批“全国科普示范社区”。教育事业全面发展，学前幼儿入园率 99%，中、小学入学率、巩固率均为 100%，高中入学率 120.33%。五华区荣获首批 “全国中小学心理健康教育示范区”、“全国自学考试工作先进单位”等称号，新萌学校教师代建荣获“全国教书育人楷模”称号。文化设施健全完善，文化产业迅速发展，文化市场繁荣昌盛，文物保护成效明显，区文化馆被评为国家级一级文化馆，图书馆被评为国家县（区）级一级图书馆。在省第七届城运会上，获金牌 21 枚、银牌27枚、铜牌20枚，名列全省第三。全面完成旅游目标，旅游收入比上年增长13%。城镇基本医疗保险参保人数52万人，参保覆盖率92%，新农合参保人数4.13万人，参合率97.7%。社区居民健康档案累计建立69.28万人份，建档率90%。采购国家基本药品目录品种492种，总金额274.28万元，药品价格平均降幅30%。孕产妇系统管理率95.19%，住院分娩率99.98%，死亡率万分之2.08，婴儿死亡率5.2‰。挂牌成立医疗纠纷调解委员会，成功调解多起医患纠纷。

（杨连国）

盘龙区

【概 况】 盘龙区位于昆明市主城区东北部，东、南面与官渡区相连，北接嵩明县、富民县，西临五华区，西南与西山区接壤，辖拓东、鼓楼、东华、联盟、金辰、青云、龙泉、茨坝、松华、双龙、滇源和阿子营12个街道办事处，49个社区、48个村委会。辖区面积（包括滇源街道办事处、阿子营街道办事处）886.9平方公里，主城建成区面积59.96平方公里。盘龙区海拔在1900～2100米之间，年平均气温14.2℃，年降雨量900～1000毫米。2012年，全区户籍人口51.95万人，比上年末增加4200人，比上年增长0.81%。户籍人口中，非农业人口50.72万人，占户籍人口总数的97.63%；农业人口1.23万人，占户籍人口总数的2.37%。男性26.41万人，占户籍人口总数的50.84%；女性25.54万人，占户籍人口总数的49.16%。18岁以下8.35万人，占户籍人口总数的16.08%；18～59岁33.87万人，占户籍人口总数的65.19%。60岁及其以上9.73万人，占户籍人口总数的18.73%。2012年，全区常住人口81.81万人，比上年末增加2100人，增长0.26%。人口自然增长率3.23‰。

【经济综述】 2012年，全区地区生产总值（GDP）完成371.87亿元，比上年增长13.9%。其中，第一产业实现增加值2.16亿元，下降5%；第二产业实现增加值109.77亿元，增长17%；第三产业实现增加值259.94亿元，增长13%。三次产业结构比为0.58∶29.52∶69.9，产业结构进一步优化。人均地区生产总值4.55万元，增长13.4%。非公经济增加值完成173.23亿元，占地区生产总值比重的46.6%。

2012年，实现工业增加值74.52亿元，比上年增长22%。其中，规模以上工业企业实现增加值59.26亿元，增长24.3%。全年完成工业总产值188.62亿元，增长25.63%。全年完成工业总产值188.62亿元，增长25.63%。

全区财政总收入完成76.39亿元，比上年下降3.34%；地方财政总收入完成56.93亿元，增长10.05%。其中，公共财政预算收入完成27.2亿元，增长23.59%，在公共财政预算收入中，税收收入完成24.75亿元，增长23.56%；非税收收入完成2.45亿元，增长23.86%。全区公共财政预算支出31.14亿元，增长24.03%。

【产业优化升级】 2012年，盘龙区把推动现代服务业作为产业优化升级的重点，重点培育高附加值、高科技含量的现代服务业，坚持发展楼宇（总部）经济，至2012年，有楼宇13栋66万平方米。第三产业增加值实现259.94亿元，比2007年增长1.37倍，年均增长14.69%。优化都市工业，推动传统工业向以高科技研发型、绿色环保型、科技创新型为主的都市工业转变。2012年6月，盘龙都市产业园区先后申报市级和省级产业园区，均获得备案，改变了盘龙区在昆明14个县（市）区中唯一没有产业园区的历史，实现盘龙区园区建设零的突破。2012年，盘龙区规模以上工业增加值实现59.26亿元。加快农业产业结构调整步伐，大力发展都市型现代生态农业，着力推进生态农产品、中药材和经济果林种植产业基地建设，在水源区累计种植经果林2.4万亩、中药材1999亩、马铃薯4000亩、烤烟2.93万亩，水源区产业结构逐步由以农业为主向以林业为主转变。双龙片区都市休闲农业、水源区都市生态农业初显成效。

【商贸·旅游】 2012年，实现社会消费品零售总额299.34亿元，比上年增长17.3%。批发零售贸易业、住宿餐饮业总收入实现847.99亿元，增长21.1%。引进外资投资项目8个，实际利用外资5.56亿美元，增长279.81%；引进市外投资项目145个，实际利用内资80.57亿元，增长7.07%。国际贸易进出口总额3.66亿美元，增长22.4%。云南南磷集团、云南沃森生物技术公司总部、台湾大润发超市、东亚银行昆明分行、七彩云南·花之城、香格里拉酒店落户盘龙区。

2012年，盘龙区接待国内外游客798.02万人次，比上年增长14.42%。其中：接待国内游客

778.68 万人次，增长 13.28%；接待海外旅游者 19.34 万人次，增长 13.28%。全年旅游总收入 69.93 亿元，增长 12.01%。其中，国内旅游收入 66.41 亿元，增长 12.58%；旅游外汇收入 5571 万美元，增长 10.04%。

【城乡建设与管理】 2012 年，全面推进城乡道路基础设施建设，建成九龙湾、箱子庄、白兔等 10 条乡村公路，完成新改建农村公路 13 公里，行政村道路硬化率 79.8%。完成丰源路、北京路延长线、金瓦路等 47 条城市干道建设，其中，丰源路被评为云南省优秀一等奖工程。完成一环路、穿金路、龙泉路等 5 条道路综合整治工程。

全民提升城市品质，改善城市环境。推进实施白塔片区南亚之门、吹箫巷片区、昆明市工人文化宫等一批旧城改造项目。全区 76 个城中村投入改造资金 170 亿元。32 个村启动回迁安置购房建设，7 个村 3602 套 56.2 万平方米安置房交付使用，已回迁安置村（居）民 2595 户。“先安置、再搬迁、后拆迁”的城中村改造模式成为昆明市的标杆和榜样。

不断推进生态建设，人居环境明显改善。2012 年，审批建设项目 1173 项，审批总投资 16.49 亿元。其中，环境保护投资 15.22 亿元。完成 746 家餐饮业污水、油烟治理工作，教育和查处各类违章行为 531 件；工业废水排放达标率、工业废气处理率、工业固体废物综合处置利用率 100%；城镇生活垃圾无害化处理率 100%；“烟尘控制区”面积 65.92 平方公里，覆盖率 100%；城市区域环境噪声平均值为 52.3 分贝。推进“滇池面山”、“四环十七射”、违建农房、临违建筑拆除整治工作，拆除 475 万平方米。推进入滇河道截污管网完善工程、滇池流域村庄污水收集及“三池”建设，全区入滇河道支流（沟渠）清淤 1363.15 吨，疏挖清淤排水管网 10 公里，修缮及铺设截污管网 1.5 公里。落实“生态村”、“生态乡镇”创建工作，双龙街道申报国家级生态乡镇顺利通过省级核查并正式上报国家环保部，茨坝街道申报云南省生态乡镇通过省级现场验收，16 个行政村创建为市级生态村。

全区建城区绿地面积 2491.09 万平方米，新增绿地面积 270.94 万平方米。建城区绿化覆盖率 55.71%，人均公共绿地面积 17.86 平方米。

【农 业】 2012 年，实现农林牧渔业现价总产值 7.49 亿元，扣除物价因素比上年下降 5.56%。其中，农业总产值实现 6.07 亿元，下降 4.58%；林业总产值实现 1578 万元，增长 1.08%；畜牧业总产值实现 1.02 亿元，下降 12.91%；渔业总产值实现 962 万元，增长 0.55%；农林牧渔服务业产值实现 1499 万元，增长 1.19%。粮食播种面积 8442.5 公顷，增长 4.85%，总产量 4.03 万吨，增长 0.77%。蔬菜播种面积 4844.2 公顷，增长 51.89%，总产量 9.12 万吨，增长 3.34%。花卉种植面积 367.2 公顷，下降 46.70%，鲜切花产量 1.47 亿枝，下降 44.57%。肉类总产量 5894.7 吨，下降 16.72%。禽蛋产量 1559.9 吨，下降 24.46%。大力发展都市型现代生态农业，着力推进生态农产品、中药材及经济林果产业基地建设，在水源区累计种植经果林 2.4 万亩、中药材 1999 亩、马铃薯 4000 亩、烤烟 2.93 万亩，水源区产业结构 逐步由以农业为主向以林业为主转变。

【社会保障·人民生活】 2012 年，盘龙区城乡居民最低生活保障制度进一步完善。全区城乡居民最低生活保障对象累计保障 11.59 万人次，保障资金支出 2566.82 万元。其中，城镇低保累计保障 7.15 万人次，累计保障资金支出 2131.61 万元；农村低保累计保障 4.44 万人次，累计保障资金支出 435.21 万元。社会保障服务水平进一步提高，基本养老、医疗、失业、 保险工伤、生育覆盖面不断扩大。年末，参加基本养老保险人数 16.56 万人，比上年增长 10.62%。其中，参保职工 12.22 万人，参保离退休人员 4.34 万人。参保人数中，灵活就业参保人数 3.68 万人；参加生育保险人数 9.19 万人，其中农民工参保 2.4 万人；参加工伤保险人数 11.15 万人，其中农民工参保 4.63 万人。参加城镇职工基本医疗保险人数 23.56 万人，其中企业单位参保人员 21.03 万人。参保人员中自谋职业、灵活就业人员为 1 万人。城镇居民基本医疗保险参保人数 20.47 万人。城乡居民社会养老保险、城镇基本医疗保险、新型农村合作医疗保险参保覆盖率分别达到 96%、96%、98.6%。

就业和再就业工作取得新进展。2012 年，技能培训城乡劳动力 1817 人次。其中，城镇登记失业人员技能培训 99 人次，农村劳动力技能培训 1718 人次；创业培训人员 355 人次。通过多种途径收集提供有效就业岗位 4.88 万个，城镇新增就业 3.24 万人。其中，下岗失业人员 1.22 万人，就业困难人 8802 人；农村富余劳动力转移 2.39 万人。年末，城镇登记失业人数 2684 人，城镇登记失业率控制在 1.99%。

廉租住房及公共租赁房稳步推进，建成云岭广大政企共建廉租住房 72 套，郭家凹政府统建公共廉租住房一期 1428 套、城市棚户区改造保障性住房 2000 套开工建设。全年新建 15 个菜市场、4 个生鲜超市，提升改造 2 个传统农贸市场，满足群众生活需要。

2012 年，人民生活质量显著改善。城镇居民人均可支配收入 2.65 万元，比上年增长 12.4%；农民人均纯收入首次突破万元大关，达到 1.03 万元，增长 15%。城镇居民累计人均消费性支出 1.62 万元，增长 35.87%。农村居民人均生活消费支出 7524.4 元，增长 7.4%。在农村居民八大类消费支出中，居住、医疗保健、家庭设备和用品及服务、其他商品和服务、衣着、食品消费等六类消费支出呈上升趋势，分别增长 110%、50.6%、40.8%、33.7%、9.6%、5.2%。交通和通讯、教育服务消费等消费支出呈下降趋势，分别降低 28%、18.5%。

（吴焰红）

官渡区

【综 述】 官渡区位于昆明主城东南、滇池北岸，东邻宜良县，南接呈贡县，东北与嵩明县交界，西南濒临滇池，西北与盘龙区相接，西与西山区相连。东西宽 40.5 公里，南北长 39 公里，全区国土面积 632.92 平方公里。森林面积 2.96 万公顷,森林覆盖率 44.1%。全区海拔在 1886.6 ~ 2731 米之间，平坝地区海拔 1900 ~ 2000 米，属低纬度高海拔地区。

2012 年，全区辖 10 个街道办事处、1 个空港经济区，109 社区居民委员会。年末户籍人口 55.88 万人，比上年增长 1.3%；常住人口 86.6 万人，增长 0.7%；其中，汉族人口 49.72 万人，占 89%；少数民族人口 6.16 万人,占 11%；城镇化率 90%；人口出生率 5.33‰，死亡率 2.43‰，人口自然增长率 2.9‰；计划生育率 98.16%。

2012 年，完成区地区生产总值 674 亿元，比上年增长 13.8%；其中，第一产业增加值 8.1 亿元，下降 1%；第二产业增加值 259.19 亿元，增长 14.4%；第三产业增加值 406.7 亿元，增长 13.7%；人均 GDP 7.81 万元，增长 13%；非公经济增加值占 GDP 比重 46.6%；农林牧渔业总产值 13.11 亿元；下降 1.9%；固定资产投资 488.31 亿元，增长 22.9%；社会消费品零售总额 283.36 亿元，增长 19.3%；城镇居民人均可支配收入 2.8 万元，增长 16.8%；农民人均纯收入 1.24 万元，增长 16.7%；完成规模以上固定资产投资 440.4 亿元，增长 22%；全区财政总收入 93.4 亿元，增长 11.8%；其中，地方公共财政收入 37.78 亿元，增长 17.4%；基金预算收入 2.12 亿元，增长 11%；上划中央、省、市收入 53.54 亿元，增长 8.2%。全区财政总支出 36.88 亿元；其中：地方公共财政预算支出 35.14亿元,基金预算支出 1.74亿元。规模以上工业增加值 138.9 亿元，增长 13.9%；万元 GDP 能耗下降 4.3%；三次产业结构比调整为 1.2∶37.3∶61.5；外贸进出口总额 5 亿美元；新培育国家高新技术企业 12 家；申报驰名商标 2 个；新增市场主体 1.38 万户、总部企业 4 户，楼宇经济面积 38.95 万平方米。内资总量、地方公共财政预算收入、固定资产投资连续 5 年位居全市第一。

【工 业】 2012 年末，规模以上工业企业户数 158 户，其中新增 5 户。亿元以上工业项目新开工 3 个，竣工 2 个，分别为：云南固豪工贸有限公司标准化厂房建设项目、昆明螺蛳湾小商品加工基地标准化厂房建设项目；亿元以上项目竣工 2 个，分别为：云南三一机械有限公司生产基地、云南君和印务包装有限公司生产基地。万元 GDP 能耗下降 4.1%；规模以上工业万元增加值能耗下降 4.3%，通过清洁生产审核评估企业 4 户。印刷包装园一期项目全部进入供地程序，官渡工业园入园企业 89 户，其中规模以上工业企业 37 户。昆明综合保税区（空港分区）申报取得突破，签约 8 个项目。空港小商品加工基地、苏泊尔—奔腾运营配送中心、宝洁云南配送中心等一批重大项目加快推进。新开工滇池国际会展中心、昆明世贸中心等重点项目。云南科技创新园成果转化基地、云天苑、宝象佳园项目规划通过昆明市规划委员会审查。垃圾焚烧发电厂、南部污水处理厂投入使用。空港投资公司升格为市级公司。

【城乡建设】 成立官渡区、空港经济区城乡规划和土地矿产储备委员会。《官渡区土地利用总体规划》通过国土资源部备案，编制完成《昆明国际空港城发展战略及概念性城市设计》，优化完善《昆明市中心城区空港分区规划（2009 ~ 2035 年）》。完成全区生态建设规划、宝象河水源径流区保护规划等专项规划编制，完善分区控制性详细规划，28 个片区 53 个城中村改造项目以及3个旧城改造项目规划方案通过昆明市规划委员会审议。2012年，全区计划实施农、林、水基础设施建设项目6项，总投资1.83亿元；社会发展项目计划实施23项，总投资110.07亿元，年内完成投资11.29亿元；园区基础设施项目计划实施2项，总投资11亿元，年内完成投资1.48亿元；商贸物流项目计划实施18项，总投资322.97亿元，年内完成投资106.86亿元；旅游文化项目计划实施6项，总投资331.47亿元，年内完成投资13.28亿元；房地产项目计划实施20项，总投资797.88亿元，年内完成投资170.60亿元；工业项目计划实施7项，总投资28.05亿元，年内完成投资8.52亿元。

【环境保护】 按照《建设项目环境保护分类管理名录》和《产业结构调整指导目录(2011年本)》所规定的产业结构类别，在滇池流域和水源保护区内严格控制污染严重的建设项目，对进入区域的项目进行合理选点、优化布局。全年完成建设项目环保现场踏勘1475件，建设项目环境影响登记表审批563家，报告表192家，报告书12家，备案表327家，“三同时”验收接件67家，验收66家。年内办理排污许可证3166件，其中新发排污许可证987家，其中定量排污许可证59家，定性排污许可证928家。办理换证1178家，其中定量排污许可证42家，定性排污许可证1136家。办理年检1001家，其中定量排污许可证77家，定性排污许可证924家。办理环境保护竣工验收1084项，“三同时”执行率100%。开展新机场高速公路沿线环境综合整治、牛栏江水环境综合专项整治、西冲片区污染源专项整治、入滇河道“七小”行业专项整治等专项环保执法行动。检查企业1000余家。现场取缔、关闭无证经营的企业10余家。下达改正通知书150余份，实施当场处罚204件，处罚金额26.03万元，提起行政处罚建议130余件。立案查处133件，处罚金额165.45万元。围绕入湖河道“158”综合整治工程，以“一湖两江”流域水环境治理“四全”工作为重心，继续深入开展盘龙江、宝象河、牛栏江流域水环境专项整治和日常监管工作。年内整治河道周边污染企业22家，下发整改通知书22份。加强重金属污染防治及危险废物、医疗废物管理。年内，重点监理辖区内涉及重金属排放的7家企业，以及产生危险废物的10家单位，实施按月监察，“一源一档”监管制度。全年纳入重点监管的单位产生危险废物6418吨，综合利用4829.5吨,处置43.55吨。焦化厂焦炉渣自行处置1583.26吨，贮存25.5吨。年内，纳入重点监管医疗废物产生的单位有28家，对重点的8家单位建立了档案,全面开展督促检查工作。为进一步拓展辐射监管工作的深度和广度，全年清查放射源44家，放射源120台,医用射线设备61台,安保射线设备257台,.其中昆明长水机场180台。查处6家未办理辐射安全许可证的单位。开展清洁生产试点工作。年内，昆明云海印铁制盖有限公司、云南国资水泥东俊有限公司被纳入强制清洁生产的企业。依据《昆明市2012年度主要污染物总量减排工作实施方案》的要求，把昆明市佳骆米线厂、昆明肉类联合加工有限公司、昆明闽特饲料有限公司3家拟关停企业及昆明市第二污水处理厂A/0生化池的技改项目列为2012年度的减排项目。开展宁静小区创建工作，银海畅园小区通过昆明市宁静小区专家组市级考核验收。新建六甲街道的严家村、叶家村、张家庙村、金家村、星海村、清河村等“烟尘控制区”3平方公里,复测通过已建成的8个街道74.81平方公里的烟尘控制区。

【社会保障】2012年，区级财政民生支出12.66亿元，增长25.8%，占公共预算支出的36.4%。年内新建保障性住房6939套,累计竣工9245套；新建生鲜超市9个。全面启动新型农村社会养老保险及城镇居民养老保险工作。城镇登记失业率控制在2.3%以内。新建和改造65个标准化菜市场、生鲜超市和农贸市场。完成22项抗旱应急工程建设，建设小水窖891个，解决2.63万人饮水困难。完成19个城市社区办公用房达标建设，累计为11.49万名困难群众、散居孤儿、流浪乞讨人员发放生活救济金2404.64万元，医疗救助对象332人、发放救助金130.7万元。不断扩大基本养老、失业、工伤、生育、职工医疗保险以及居民医疗保险覆盖率，全区六项保险参保人数分别为11.61万人、11.5万人、8.8万人、7.1万人、17.07万人、25.7万人，城乡居民最低生活保障标准分别提高到每人每月370元、210元，低保实现应保尽保。加大“阳光工程”培训力度，采取“政府引导、市场配置、自主择业、企业接纳、劳务派送”等方式，多渠道、多途径进行农村劳动力转移就业工作。全年累计农村劳动力转移培训2.13万人，其中技能培训4102人；新增转移就业1.78万人，其中省外转移97人，省内县外转移3536人，县内转移1.41万人，实现劳务收入 1.74 亿元。

【农林水利】2012 年，全区有耕地面积 5 万亩，粮食播种面积 7.39 万亩,比上年减少 1.2%；粮食产量 2.14 万吨，增长 10%。播种蔬菜面积 3.53 万亩，上市 7.55 万吨。外销量 4.81 万吨，产值 1.38 亿元。生猪出栏 8.5 万头，肉禽出栏 70 万羽，牛出栏 900 头，肉羊出栏 6000 只，禽蛋产量 1.1 万吨，肉类总产 1.15 万吨，畜牧业产值 3 亿元。全年累计完成禽流感免疫注射 135.48 万羽次，偶蹄动物 W 病免疫 18.55 万头（只）次，存栏偶蹄动物 W 病免疫率 100%；发生免疫反应治疗 313 头（只）、死亡 73 头（只）。种植花卉面积 1.5 万亩。其中：鲜切花种植 5000 万亩，园林园艺种植 1 万亩。推荐上报都市农庄规划选点 11 个，总面积 1.93 万亩，有 3 个项目被列入昆明第一批建设都市农庄项目名单。培育农业龙头企业 35 家。“扶优、扶大、扶强”国家级 2 家、省级以上重点龙头企业 10 家、市级龙头企业 33 家、区级龙头企业 14 家。获得扶持资金 748 万元，其中省级 150 万元，市级 468 万元，区级 130 万元。完成 2 家企业 8 个产品的“三品”认证，其中绿色食品认证 3 个，有机产品认证 5 个。农村推广节柴煤炉灶 230 台。发展成立 3 个农民专业合作社。年末区内有 26 个农民专业合作社，专业协会 7 家。带动农民数 6000 多人，组织 2500 多人次的农户进行种植技术、销售等方面的培训。完成“五采区”植树造林植被修复 712.7 亩。年内造林绿化 3200 亩，新造林地补植 1000 亩，封山育林 1.8 万亩，滇池及阳宗海面山封山管护及补植 500 亩；完成市级退耕还林工程 1000 亩，中低产林改造 5000 亩，市级苗木基地建设 6000 亩，义务植树 75 万株，县级样板林 200 亩。新机场高速路两侧绿化种植银桦、四季杨、香樟等 33 种乔木 3.66 万株，种植夹竹桃、叶子花、常春藤等 19 种地被植物 7.13 万平方米。年内发放《林木采伐证》51 份，采伐林木 3991.92 立方米。补偿生态公益林 26.31 万亩，兑现金额 102.05 万元。完成了《天然林资源保护工程官渡区二期实施方案（2011～2020 年）》的编制工作。实施马料河水环境综合整治工程，施工完成 3～8 号标段工程，铺设截污管道 5.25 公里，开挖土方 14.08 万方，淤泥 15.03 万方，回填 22.82 万方，石方 1.94 万立方米。铺筑河堤 6 公里，防洪通道 6 公里。宝象河水库除险加固工程项目属于 2011 年中央预算内投资重点项目，工程概算总投资 2005.59 万元，2012 年完成投资 1200 万元。实施复兴水库除险加固工程完成输水隧洞开挖，累计完成投资 2412.5 万元，占总投资的 68%。启动沙井大河水库扩建工程和 3 座小(二)型水库工程项目前期工作。昆明新机场石乾沟防洪应急工程后续工程年内施工累计完成河道 1330 米，累计完成投资 7422 万元。完成新机场 4 号、4A 号排水口外部防洪排水工程，该工程总长 4.8 公里。工程建设总投资 5700 多万元。实施抗旱应急工程，先后完成矣纳、八家村、严家庄、朱沙箐、关箐、西冲村等 13 个村组的引水工程，解决 8 个社区 25 个村小组 3400 户 1.36 万人 3668 头大牲畜的饮水困难。投资 409.6 万元新建小水窖 512 个，解决 2048 人和 225 头大牲畜的饮水问题。启用移动式取水泵船，增加供水 148.33 万立方米。全年蓄水 469 万立方米，比上年增加 290 万立方，其中：宝象河水库蓄水量 385 万立方，沙井大小河水库蓄水量 97 万立方。加强对集中式饮用水源地的监督管理与保护，新建 100 个小水窖。

【教科文卫体】落实《官渡区学前教育三年行动方案》，实施学前教育“增量提质”工程，制定《官渡区防止和纠正幼儿园教学“小学化”现象专项检查工作方案》。年内全区学前一年入园（班）率 100%，学前三年入园（班）率 99.5%。全区 10 所公办幼儿园已创建成云南省一级示范幼儿园。均衡义务教育，投入 1129 万元，为中小学配备教学仪器设备。2012 年，小学入学率 100%，辍学率为零；初中适龄儿童毛入学率 127.3%，辍学率 0.04%。均衡配置教师，通过择优接收、招考等途径补充教师 113 人。以机制创新为突破口，不断提高教育教学质量。2012 年高考上线率 99.52%。比上年增加 1.24 个百分点，其中，一本上线率 16.66%，增加 5.09 个百分点。高考录取率 90.33%。职业教育以市场为导向，实施校企联合、工学结合及“订单式”培养模式。年内，职业高中招生 1383 人，在校生 3000 多人。区职业高级中学被国家教育部认定为国家中等职业教育改革发展示范学校。银海樱花语小区配套小学和五腊（片区）城中村改造项目新建 120 班小学已经投入使用。投入 555 万元专项资金，用于扶持鼓励民办教育发展。新批准成立了 25 个民办教育机构，其中，幼儿园 6 所，中小学 10 所，培训机构 9 个。落实“两免一补”政策，全年免除小学 6.76 万人、初中 2.32 万人的学杂费。对农村贫困家庭寄宿制学生给予生活补助，其中小学补助2890人，补助标准为每人每年1000元，初中补助1379人，补助标准为每人每年1250元。做好外来务工人员随迁子女就学工作。全区小学一年级招生1.48万人。其中，本地学生4573人，外来务工人员随迁子女1.02万人，占招生人数的69.06%。初一年级招收新生9642人，其中，本地学生4763人，外来务工人员随迁子女4879人，占招生人数的50.6%。实施农村义务教育学生营养改善计划。投入资金350万元，新建和改建大板桥街道办事处10所学校的食堂，添置厨具设备。

进一步完善科技创新政策。制定出台《官渡区科技创新团队培养管理办法》、《官渡区学术和技术带头人选拔培养考核办法》、《官渡区知识产权优势企业培育管理办法》，组织修改《官渡区专利资助及扶持办法》、《官渡区科学技术奖励办法》。开展了青少年科技创新活动，在昆十二中、云溪小学进行科技纸箱车制作、仿生机器人现场编程竞赛等活动。新增关上实验学校为昆明市青少年科技创新实验室。组织实施区科技计划项目52项，其中，科技富民强县（党政一把手科技示范）项目2项，工业项目14项，现代农业项目15项，社会发展及科学技术普及项目22项。培育三昆明翔天科技有限公司、云南滇新能源有限公司、昆明群之英科技有限公司等12家高新技术企业，以及云南省交通科学研究所、昆明南疆制药有限公司、云南瑞宝生物科技有限公司3家省级创新型试点企业。年末有10家省级创新型试点企业。年内，36家企业被认定为高新技术企业。组织新认定国家重点新产品3个，省级重点新产品6个。实施 “官渡区学术和技术带头人工程”和“官渡区科技创新团队工程”，培养科技创新创业人才队伍，评选产生首批官渡区学术和技术带头人15名、首批官渡区科技创新团队5个。开展省、市级科技人才的选拔培养工作，李永泉、刘文军、余聪等被评选为昆明市第十批中青年学术技术带头人，邓林华被评为昆明市第十批中青年学术和技术带头人后备人选，郭关柱被评为云南省创新人才。组织7家企业开展院士专家工作站申报建设工作，入驻官渡工业园区的云南震安减震技术有限公司获批建立“周福霖院士工作站”。3家企业被列为“2012年度昆明市知识产权试点示范单位”，专利申请授权量为1149件。申报的“社区信息化技术集成及应用示范”获省、市科技项目扶持，申报的“科技条件能力建设”获省科技项目扶持。组织推荐区内4项成果获2011年昆明市科学技术奖。

2012年，新建和改扩建2个街道文化站、95个社区文化室，实现了“街道有综合文化站、社区有文化室的”目标，覆盖城乡的公共文化服务网络正在形成。年内，形成以区图书馆为中心，99个街道办事处文化站和社区（行政村）文化室为基层服务点的文化信息网络，向读者提供免费的文化信息资源共享工程视频资料、学术资源查阅、地方文献电子书在线阅读、《人民日报》全文数据查阅等服务。同时添置5万种电子书，主要为全省各州（市）、县地方文献，以及部分东南亚的历史地理、政治经济的相关资料，读者可在电子阅览室在线阅读100多万种的电子书，查阅海量的学术论文。2012年安排和落实慰问演出团送戏下乡12场次、送数字电影下乡90场。组织9场文艺演出、9次趣味运动会。开展“特色文化社区”创建工作。制定《官渡区“特色文化社区”创建工作实施方案》，打造“一村一品一特”的特色文化社区，建好“示范点”、“文化主题社区”、“文化特色村”，在矣六街道新亚洲社区建立群众业余艺术团、老年大学。推进城市社区文化沟通协会建设，在新亚洲体育城、关上街道办事处关上中心区创建2个示范点。完成慈照庵、关圣宫、镇龙庵一期文物修缮工程，完成昆明碑林博物馆的建设。该馆位于官渡古镇文明阁建筑群内，室外展区1200平方米，室外碑栏面积150平方米，室内展厅面积130平方米、展线50米，游客服务中心面积90平方米。启动兴国寺及彩塑群修缮修复工程。

在云南省第七届城市运动会上，官渡区代表队获得金牌总数、团体总分、奖牌总数第一及体育道德风尚奖。旅游业经济指标稳步增长，产业体系已初具规模。

2012年，接待游客1073.29万人次，比上年增长16.34%；实现旅游总收入94.75亿元，增长16.20%。其中，接待海外旅游者21.01万人次，增长11.79%；旅游外汇收入6723万美元，增长14.34%；接待国内旅游者911.95万人次，增长15.51%，国内旅游收入78.61亿元，增长15.65%。年末，全区有星级酒店32家，旅行社73家，文化旅游景区5处，具有营业执照的农家乐和度假村7家，旅游汽车公司6家，餐饮1914家，文化旅游生产企业24家，文化经营场所1446家。

2012年，改革医药卫生体制，在全区公立基层医疗卫生机构中药物实行“零差率”销售，实现基本药物的全覆盖。全区基层医疗卫生单位采购基本药物251.48万元，让利37.72万元。制定

《昆明市官渡区医疗设施布局布点规划》（2011～2020年）。实施“光明工程”1056例，免费为1000名农村育龄妇女乳腺癌和宫颈癌检查。实施农村孕产妇分娩补助政策，建立孕产妇抢救转诊绿色通道。孕产妇零死亡，婴儿死亡率4.24‰。落实防治艾滋病行政人员和技术人员编制，在区疾病预防控制中心总编制 90 人的基础上，增加艾滋病防治专业技术人员编制 10 人。各种基础免疫疫苗接种率均98%以上。全区无甲类传染病报告，乙类传染病报告12种，1942例，丙类传染病报告 7 种，4930 例，传染病报告率99.42%。0～6 岁儿童保健覆盖率 94.43%，0～3岁儿童系统管理率91.08%。免费体检60岁以上老年人2.58万人。全区累计管理高血压病人4.66万人，累计管理糖尿病病人1.49万人。开展孕产妇和婚前保健人群HIV的自愿咨询检测，婚前保健人群HIV自愿咨询检测7384人，孕产妇 HIV首次检测人数9887人。严格使用一次性注射器，完成一类苗接种 32.07 万针次接种，安全注射率100%。发现和管理活动性肺结核患者228例，通过传染病疫情网络接到手足口病报告 3889 例，无野毒株引起的麻痹AFP病报告例7例。通过网络直报按户籍地统计官渡区发现感染者1096人，按住址统计发现感染者 2106 人，疫情报告率100%，及时率98%。全年完成自愿咨询1997人，初筛阳性41人，高危人群比例99.2%。强化卫生执法监督。对违反《医疗机构管理条例》的 85家医疗机构进行行政处罚，罚款 39.49 万元。打击非法行医123家，没收药械138.5件。

（加三益）

西山区

【综 述】西山区位于昆明市主城区西南部，南北长53公里，东西宽38公里，国土总面积881.32平方公里。2012年，全区辖马街、金碧、永昌、前卫、福海、棕树营、西苑、碧鸡、海口、团结10个街道办事处。下辖社区居委会98个、居民小组393个。年末，西山区常住人口76.9万人,其中户籍人口为 51.37 万人。在户籍人口中，男性人口 25.65 万人,女性人口 25.72 万人。户籍人口中少数民族人口7.87万人，占总人口的15.31 %。人口出生率 4.83‰,死亡率 2.31‰ ，人口自然增长率控制在2.51‰以内。

2012年，西山区生产总值（GDP）完成354亿元，按可比价格计算，比上年增长13.7%，人均 GDP 达到 4.62 万元。地方财政总收入 67.04亿元，增长 17.2%。规模以上固定资产投资完成281 亿元，增长 22.3%。其中：规模以上工业固定资产投资34.8亿元，增长35.5%。实现社会消费品零售总额315.68亿元，增长17.5%。按所有制结构看：公有制经济实现58.43亿元，占全区比重的18.5%；非公有制经济实现257.25亿元，占全区比重的81.5%。三次产业结构进一步优化，第三产业快速发展，对国民经济的支撑力进一步增强。第一产业完成增加值3.26亿元，增长1%。第二产业完成增加值96亿元，增长11.9%,其中：工业完成增加值 60.04 亿元，增长 15.1%；建筑业完成增加值35.97亿元，增长6.6%。第三产业完成增加值254.74亿元，增长14.6 %。三次产业结构调整为0.9∶27.1∶72。非公经济完成增加值183.43亿元,增长15.7%,占地区生产总值51.82%。完成国税 19.18 亿元 、地税 29.83 亿元，分别增长 8.25%、 19.5%。

【商贸·旅游】2012年，全区引进内资项目117个，实际到位资金105.9亿元；协议投资超亿元以上内资项目 55 个，其中 10～50 亿元项目 17个，50 亿元以上项目 9 个。全区外商投资项目10个，实际利用外资1.3亿美元。对外贸易进出口总额13.06亿美元，对外贸易企业144户。

2012年，全区商贸服务业新增总部5个，新增楼宇面积36.37万平方米。昆钢科技大厦主楼封顶断水；昆明七彩云南温德姆至尊豪廷大酒店正式开业；昆明西山万达广场、马街摩尔城等项目开工建设。长坡泛亚国际物流园区被列入云南省低丘缓坡开发试点项目。中石油西南地区总部等知名企业总部落户西山区；昆明金融产业中心园区完成征地、拆迁工作任务的95%以上。西山国家级风景名胜区全面启动景区提升改造。

2012年，全区非公企业2.88万家，非公经济从业人员 24.18 万人，非公经济完成增加值184.34亿元，占地区生产总值51.8%。新建菜市场并投入使用5个；建成并投入使用生鲜超市9个；完成改造投入使用的菜市场2个（金碧洛夫特菜市场、福海美好家园菜市场）。家电下乡销售金额1527.92万元。

2012年，全区旅游企业接待游客 793.57 万人次，旅游收入70.73亿元。积极开展滇池国家级风景名胜区西山民族村景区创建国家5A级景区工作，景前区建设工作、景区主游路建设施工和铺设路缘石及标识系统建设等基础设施建设工作有序开展。年内完成团结龙潭村、碧鸡白草村2个省级乡村旅游特色村创建工作。

【工业·建筑业】 2012年，西山区完成工业总产值232.89亿元。在全部工业总产值中，规模以上工业企业完成产值148.97亿元，其中：轻工业完成36.67亿元，重工业完成112.30亿元，重工业依然是西山区工业的主导力量。规模以上工业企业实现利润总额3.93亿元，利税总额7.63亿元。全区完成规模以上工业增加值、工业固定资产投资42.75亿元、34.8亿元，分别增长12.5%、35.5%。亿元以上项目开工5个，竣工3个。海口工业园区完成规模以上工业增加值29.8亿元，土地预收储面积512.67公顷，建设标准化厂房25.1万平方米。滇威全玻璃太阳能真空集热管项目、昆钢54万吨/年钢渣选尾渣综合利用工程开始试生产；华信年产35万吨热镀铝锌硅钢板及25万吨彩涂板建设项目主体完工；紫辛盛再生铸铝合金锭延伸深加工项目已进场动工。

规模以上工业企业主营业务收入184.07亿元，增长23%。规模以上工业利税总额10.36亿元，增长8%。规模以上工业企业户数75户，其中新增3户。昆明电缆、昆明金泽、昆明中药厂、昆明酿造总厂、昆明电池厂、云南变压器、昆明衡器厂等9户企业得到市级批复实施“退城入园”，完成目标任务。规模以上工业万元增加值能耗下降4.3%；淘汰年产4万吨三氧化硫及配套生产装置1套；年综合能耗1万吨标准煤以上企业开展能源审计100%。

2012年，主要工业产品产量：磷矿石（折含五氧化二磷30%）50.79万吨，饲料1.53万吨，硫酸（折100%）258.89万吨，农用氮、磷、钾化学肥料（折纯）18.72万吨，磷酸一铵（实物量）34.36万吨，磷酸二铵（实物量）129.25万吨，中成药4421吨，水泥34.45万吨，滚动轴承49万套，发电机组（发电设备）65.99万千瓦，交流电动机107.82万千瓦

全区年末拥有资质建筑业企业164个，从业人员4.66万人。完成建筑业总产值139.3亿元，比上年增长56%。房屋建筑施工面积839万平方米，房屋建筑竣工面积288万平方米。

【农业·农村工作】 2012年，农林牧渔业总产值5.28亿元，比上年增长2%。其中：农业产值2.69亿元，增长23%；林业产值3300万元，下降3%；畜牧业产值1.87亿元，下降1.3%；渔业产值1900万元，下降28.0%；农林牧渔服务业产值2100万元，下降16%。全区完成粮食作物播种面积3200公顷，粮食总产量1.8万吨。谷物产量1.39万吨，蔬菜4.08万吨，园林水果6450.7吨，肉类总产量1.17万吨，猪肉9620.8吨，牛奶产量105吨，肉猪出栏数9.66万头，家禽出栏数58.08万只，肉羊出栏数1.52万只，猪年末存栏数7.56万头，羊年末存栏数2.91万只，大牲畜年末存栏数8016头。

2012年，完成以万寿菊、玫瑰花等为主的观赏及加工型花卉种植面积501.4公顷，实现产值2621万元。完成蔬菜播种面积1733.33公顷，建成蔬菜标准化生产基地362.87公顷，实现产值7871.2万元。万亩绿色蔬菜园区、四季特色瓜果园区和小村生态休闲观光农业园区建设正常推进。全区国家、省、市、区级龙头企业39户，年产值4.9亿元。

2012年，完成“五小”水利工程500件，增加蓄水容积27.18万立方米，增加供水能力27.18万立方米，解决和改善3300人饮水困难问题，改善灌溉面积18.67公顷。为进一步提高农村水利设施防汛抗旱能力，在全区范围内实施25件人饮工程，彻底解决7685人、1.02万头大牲畜饮水困难，改善灌溉面积13.33公顷，新增灌溉面积46.67公顷。

2012年，团结妥吉至棋台等6条乡村道路大修工程建设全面完工。在团结、碧鸡、海口3个街道办事处安装太阳能热水器1818套，有效改善了山区、半山区和贫困少数民族地区6000余农村居民的生活居住条件。在3个涉农街道办事处及西山国家级风景名胜区管理委员会的19个社区居委会28个小组完成824盏太阳能路灯的安装，受益9000余人。开展新农村建设居民素质教育培训，完成各类科技培训818期4.1万人次。完成农村劳动力转移培训1.38万人，转移就业1.04万人，实现农村劳动力转移就业新增收入1.32亿元。

2012年，加快推进省级重点建设村和市级示范村项目建设。西山区有12个自然村被列为省级新农村重点建设村，有6个自然村列为市级示范村，计划统筹实施建设项目90件，项目涉及团结、碧鸡、海口3个街道办事处9个社区居委会、17个居民小组、3028户8718人。年底完成建设项目25件，占计划数的27.8%。

【科 技】2012年，投入区级科技研发经费4728

万元，科技进步对经济增长的贡献率 59.5%。组织实施科技项目 118 项，培育创新型企业 42 家，专利申请和授权 1072 件。组织实施科技项目 118 项（科技计划项目 63 项、科技专项项目 55 项），其中投入科技研发经费 829 万元，组织实施 63 项科技计划项目，带动项目承担单位投入经费 1.26 亿元。通过云南省 2012 年认定高新技术企业 8 家；列入第三批云南省重点新产品目录的有 5 家企业 6 个产品；列入第七批云南省创新型试点企业 1 家；认定为 2012 年云南省工程技术研究中心 2 家；列为首批云南省国际科技合作基地 2 家；认定为 2012 年度云南省创新团队 3 个；认定为 2012 年的省级企业技术中心 2 家；列为昆明市第五批科技创新团队 2 个；列为区级知识产权试点示范企业 6 家。

2012 年投入 23 万元实施科技特派员进村入户示范工程，在 3 个涉农街道办事处选择产业特色明显的 20 个自然村，确定 2 个重点科技示范村，培养重点科技示范户 80 户，培养科技示范户 1000 户，示范户产值与当年同类生产的一般农户产值平均增加 10%以上。

2012 年 12 月 31 日，区政府授予“全绿色建筑一体化太阳能热水器”等 16 个项目为西山区 2012 年科学技术进步奖，其中一等奖 2 项、二等奖 5 项、三等奖 9 项；授予“用于治疗乳腺增生疾病的舒肝颗粒”等 4 个项目为西山区 2012 年专利奖，其中一等奖 1 项、二等奖 3 项。组织推荐 12 项项目申报市级及以上级别的科技奖。

【财政·金融】 2012 年，全区地方财政总收入完成 67.04 亿元，比上年增长 17.2%。其中：公共财政预算收入 26.64 亿元，增长 21.1%；公共财政预算支出 29.1 亿元，增长 15.8%。

2012 年末，金融机构各项存款余额 590.33 亿元，比年初增长 13.27%，其中：单位存款 224.38 亿元，个人存款 324.61 亿元，分别增长 8.8%、14.23%。金融机构各项贷款余额 321.08 亿元，比年初增长 9.5%，其中：短期贷款 101.05 亿元，中长期贷款 219.79 亿元，分别增长 20.66%、5.05%。

【交通运输·邮电通信业】 2012 年，全年交通运输、仓储及邮电运输业增加值 5.94 亿元，比上年增长 10.7%。年末公路通车里程 568.27 公里。

全区完成邮政业务总量 5109.49 万元，比上年下降 7.8%，函件 358.18 万件。

【生态文明建设】 大力开展城市道路建设、绿化造林、河道治理等工作。2012 年，完成兴苑路、滇池路、一环路、西昌路 4 条重要城市道路环境综合整治。积极开展市容环境综合整治，垃圾收集率、无害化处理率 100%。新建绿地 213.6 万平方米，完成绿色廊道建设 24.13 公顷，中低产林改造 467.6 公顷，“五采区”植被修复 24.67 公顷，新增造林面积 254.87 公顷，绿化苗木基地建设 301.33 公顷，城市绿地率 48.1%，森林覆盖率 60.4%。空气质量优良天数 366 天，优良率继续保持 100%。

2012 年滇池流域水环境综合治理：1.开展了金家河（二期）、太家河、海口河（二期）、杨家河、清水河综合整治工作。拆除建筑物 10 万余平方米，绿化 4.3 万平方米、河道两岸贯通道路 4490 米。2.累计完成农房退房 37.1 万平方米，累计完成退人 8839 人，生态建设 57.33 公顷，防浪堤拆除 5186 米。3.完成西岸截污完善工程征借地 18.8 公顷，并完成了滇池环湖西岸截污完善管网工程建设近 6.7 公里；完成南岸截污借工程地 22.13 公顷、征地 5.93 公顷。4.配合市级部门实施滇池外海主要入湖河口及重点区域底泥疏浚工程征借地工作，开展了富善大咀子、白鱼口片区征地工作。5.开展了昆明主城西、南片区市政排水管网雨污分流工程。6.完成了 15 个滇池流域、水源区村庄污水“三池”及深度处理设施试点建设。7.累计完成 15 万平方米的“四退三还一护”及“迁村并点”安置房建设工作，完成投资 1.3 亿元。苏家村、红泥咀 E 地块完成 216 户近 1000 人的安置房分配；B 地块已启动相关工程的建设工作，其他地块正在开展前期工作。8.开展了农村面源污染治理，全区禁养区复养处置 2 次，涉及 3 户养殖户。

【社会保障·人民生活】 2012 年，城镇新增就业 1.3 万人，提供有效就业岗位 1.8 万个。帮助 320 名自谋职业取得小额担保贷款资金 2265 万元。城镇下岗失业人员再就业 4783 人，就业困难人员就业 3480 人，城镇登记失业率控制在 2.91%以内。加强职业培训提升就业能力，全年组织 8286 名失业人员进行职业技能培训。

全区参加城乡基本医疗保险 44.61 万人。新型农村合作医疗参合 6.54 万人，城乡医疗保险覆盖率 99.9%。城镇职工养老、医疗、失业、工伤、生育保险参保人数分别为 13.6 万人、19.3 万人、9.5 万人、7.4 万人、6.6 万人。全年发放城镇职工基本养老保险金 6.65 亿元；支付医疗保险金 7487.93 万元；支付失业保险金 2359.02 万元；支付工伤保险金 808.7 万元 ；支付生育保险金 1736.3 万元。西山区原农村社会养老保险待遇领取 5302 人；被征地人员社会养老保险待遇领取 9850 人；城乡居民社会养老保险待遇领取 2.12 万人。

全年 8144 户 11.67 万人得到了城市和农村最低生活保障，发放最低生活保障金 3046 万元，其中：城市居民最低生活保障金 2762 万元，农村居民最低生活保障金 284 万元。

城镇居民人均可支配收入 2.69 万元，比上年增长 17.7%，扣除物价因素后，实际增长 13.8%；农民人均纯收入 1.2 万元，增长 24%，扣除物价因素后，实际增长 18.68%。

（刀培凤）

东川区

【综 述】 2012 年，生产总值 70.1 亿元，比上年增长 17.1%，其中第一产业实现增加值 4.5 亿元，增长 18.9%；第二产业实现增加值 47.8 亿元，增长 18.9 %；第三产业实现增加值 17.8 亿元，增长 15.3 %。财政总收入 15.18 亿元，增长 19.4%，其中公共财政预算收入 6.79 亿元，增长 24.8%。公共财政预算支出 23.23 亿元，增长 18.6%。年末金融机构各项存款余额 90.93 亿元，比年初增长 8.81%，各项贷款余额 45.99 亿元，增长 20.92%。

固定资产投资完成 60.7 亿元，比上年增长 30.6 %，其中工业投资完成 35.9 亿元，占固定资产投资总额的 59.1%，增长 42.3%，对投资增长贡献明显。社会消费品零售总额 13.27 亿元，增长 16.02%。金融机构各项存款余额 83 亿元，增长 25.8%；各项贷款余额 38 亿元，增长 26.7%。城镇居民人均可支配收入 1.97 万元，增长 15.78%；农民人均纯收入 4465 元，增长 18.75%。

【农 业】 2012 年，农村经济总收入 9.73 亿元，比上年增长 10%；粮食总产量 7.7 万吨。农业水利基础设施建设投资 8248.98 万元，新增灌溉面积 1 万亩，改善灌溉面积 1.45 万亩，治理水土流失面积 35.1 平方公里，新建农村户用沼气池 1400 口。完成“菜篮子”工程蔬菜基地 2000 亩，兑付各种惠农补贴 1870.2 万元，流转土地 4.35 万亩。种植红提葡萄 1000 亩，金太阳甜杏 5 300 亩，烤烟 500 亩，金银花 1000 亩，臭参 1000 亩。投入扶贫资金 2.5 亿元，启动扶贫攻坚三年行动计划，实施整村推进 93 个自然村项目，申报 140 亩甜脆蜜枣种植产业扶贫项目，实施贫困地区劳动力培训 1900 人，发放扶贫到户贷款 4800 万元，解决农村贫困群众生产发展的资金困难。

【工业及再就业特区建设】 2012 年，工业总产值完成 189 亿元，比上年增长 39 亿元。主营业务收入 177.6 亿元，实现利润 5.6 亿元，利税总额 13.3 亿元。淘汰年产 1.5 万吨 7.5 平方米铜冶炼鼓风炉 1 台，年产 1.5 万吨 4.5 平方米铜冶炼鼓风炉 1 台，年综合能耗 1 万吨标准煤以上企业开展能源审计 100%，完成市政府下达的规模以上工业单位增加值能耗下降 4.5%，单位 GDP 能耗下降 4.2%的节能目标任务，开展清洁生产企业审核 3 户，万吨标煤以上企业能源审计 9 户。申报上级科技计划项目 13 项，立项 8 项，年末规模以上企业户数 51 户，比上年增加 2 户，其中高新技术企业 3 家。

完成天生桥特色产业园区《总规》、《可研》、《总归环评》及 16.6 平方公里地形图测量等前期工作，完成园区一期供电、供水、天四路、东川路等工程建设，收储土地 1700 亩。完成碧谷工业园区一期给水工程、标准化厂房配套支路土地预收储。四方地工业园区完成工业弃渣集中处置工程一期的截流沟、栏渣坝、拦污坝、拦水坝等工程建设。

【城乡建设】 2012 年，完成乌龙片区 6 平方公里总体规划及控制性详细规划，组织编制全区村庄布点规划，结合“一心三轴三片”的总体发展格局，完成民安路、尼拉姑防洪沟至团结渠道路南段规划路工程建设，实施湿地公园二期工程。对全区 27 条市政道路进行养护管理，城区的生活垃圾做到日产日清，无害化处理率 40%以上，垃圾资源化利用率 11.1%。完成城市建成区绿地面积 381.85 公顷，各镇（街道）建成区完成 125 亩，自然村庄绿化完成 3383.2 亩。年末全区城市绿化率 39.36%，绿化覆盖率 44.68 %，人均公共绿地 11.05 平方米。加大对新建、改造道路的路灯更新、改造，在路灯设计中引入铜文化元素。年末有路灯光源 6394 盏，亮灯率 98%以上。年内开工建设 8 个房地产开发项目，完成投资 2.38 亿元。

2012 年，投资 2.87 亿元，完成廉租房六期（2536 套）主体工程建设和公租房一期（300 套）

建设工程。完成《东川区旅游发展规划（2012～2020年）》及《东川区牯牛山旅游景区开发建设规划（初稿）》的编制并通过专家评审；《格勒红色旅游小镇建设发展规划》、《温泉度假旅游小镇规划》完成编制，等待专家评审。

【文化旅游】 2012年，接待游客48.69万人次，比上年增加4.37万人，增长10.3%；实现旅游收入1.37亿元，增加1500万元，增长12.2%。在2012“金沙杯”中国东川泥石流国际汽车越野赛期间，举办泥石流摩托车越野赛、三人篮球争霸赛、少数民族歌舞节、散打赛等精彩系列活动。与加拿大景泰投资有限公司及雄风集团签订云南国际赛车场投资意向协议。

【社会事业】 2012年，城乡居民生活水平不断提高，城镇居民人均可支配收入1.96万元，比上年增长12%；农民人均纯收入4465元，增长14.5%。开展了鼓励创业“贷免扶补”小额贷款、失业人员“小额担保贷款”和劳动密集型小企业小额担保贷款工作，发放金额1402万元。实现城镇新增就业3358人，城镇登记失业率10.94%。全区城镇职工基本养老保险参保3万人（其中企业职工2.23万人），支出养老保险基金1.21亿元，被征地人员基本养老保险参保5094人，领取待遇人数3.18万人，累计发放2159.72万元；城乡居民社会养老保险参保人数13.48万人，（其中新型农村社会养老保险参保人数12.4万人，城镇居民社会养老保险参保人数1.08万人），累计发放资金2159.72万元；失业保险参保1.68万人，发放失业救济金703.25万元；城镇基本医疗保险参保7.9万人（城镇职工基本医疗保险参保4.44万人，城镇居民基本医疗保险参保3.46万人），支出医疗资金888.75万元；企业职工工伤保险参保3.12万人，支出工伤保险基金3387.42万元；企业职工生育保险参保2万人，支出生育保险基金160.02万元。城乡低保对象做到应保尽保。

（赵玉沛）

安宁市

【综 述】 2012年，安宁市国民经济保持了快速增长的态势，全年实现地区生产总值(GDP)213.1亿元，比上年增长13.4%。人均生产总值(按常住人口计算)6.13万元，增长11.8%。

在地区生产总值中，第一产业实现增加值10.49亿元，比上年增长7.9%，拉动经济增长0.4个百分点；第二产业实现增加值122.5亿元，增长12.8%，拉动经济增长7.4个百分点，其中工业实现增加值116.5亿元，增长12%，对生产总值的贡献率46.7%，拉动经济增长6.3个百分点，第三产业实现增加值75.11亿元，增长15.1%，拉动经济增长5.6个百分点；一、二、三产业增加值比重分别为4.9%、59.8%、35.3%。非公经济实现增加值77.57亿元，占全部生产总值的36.4%，增长13.2%。全市工农业总产值599.4亿元，增长13.3%。

【农业经济】 2012年，全市实现农林牧渔业总产值18.15亿元,比上年增长8.6%；实现农林收渔业增加值10.49亿元，增长7.9%；粮食产量4.92万吨，增长15.3%；平均亩产量373公斤，增长3.4%。烤烟产量3500吨，下降6.7%。蔬菜总产量25.64万吨，增长13.4%，水果总产量2.76万吨，增长13.4%：油料总产量1393吨，下降13.2%。

畜牧业生产稳步发展。2012年，全市畜牧业产值9.54亿元，占农林牧渔业总产值的52.6%，比上年上升0.4个百分点；主要畜产品产量：肉类总产量6.47万吨，增长13.3%，其中猪肉产量3.37万吨，增长6.4%；出栏生猪40.47万头，增长7.9%；家禽出栏1446.3万只，增长19%；禽蛋产量1.84万吨，增长40%；牛奶产量2655.9吨，减少16%。年末大牲畜存栏1.3万头，下降19.4%；生猪存栏19.33万头，下降1.8%；羊存栏2.89万只，增长11.2%。

植树造林和护林防火成效显著。2012年，绿化造林取得较好成绩，完成造林面积3950亩；护林防火工作不断加强和完善。全市森林覆盖率50.5%。

2012年，全市有乡镇企业421户，从业人员3.75万人，乡镇企业实现总产值324.54亿元，营业收入327.87亿元，利润总额31.47亿元，上交税金19.84亿元。

【工业经济】 2012年，全市完成工业总产值581.2亿元，比上年增长18.3%，实现工业增加值116.5亿元，增长12%，其中：规模以上工业企业实现增加值110.9亿元，增长12%。全市主要工业产品产量：钢473.8万吨，增长21.4%；钢材457.5万吨，增长12.1%；生铁470万吨，增长29.6%；

化肥(折纯量)85.5 万吨，增长 34.6%；原盐 82.1 万吨,增长 38.3%；煤气 73.22 亿立方米. 增长 28.9 %；磷矿石 717 万吨，增长 3.9%：水泥 220 万吨，下降 3%：自来水供应 1459 万吨，下降 18.5%。

【交通·邮电】 2012 年，全市集中力量建设大通道，全力配合做好西北绕城高速公路建设，推进安宁至嵩明城际铁路和昆明铁路枢纽扩能改造工程，安禄一级公路、西一绕、安海路改造等工程，全市公路里程 1308 公里，行政村公路硬化率 100%，交通运输条件进一步改善。交通运输邮政业增加值 14.9 亿元，比上年增长 14.7%，全市货运周转量 7.18 亿吨公里，增长 15.2%；客运量周转量 2324 万人公里，增长 14.8%。

2012 年，邮电通信业迅猛发展，全市实现邮电业务总量 3.08 亿元，增长 30.8%。全市拥有固定电话 7.16 万部，比上年增长 22.1%；在网移动电话用户 29.45 万户；增长 10%，互联网在网用户 6.85 万户，增长 10.6%。

【财政·金融】 2012 年，全市地方财政总收入 38.08 亿元。比上年增长 7.2%。其中：地方公共财政收入 24.03 亿元，增长 12.3%；上划中央“四税”收入 12.04 亿元，下降 2.9%；全年地方财政支出 47.15 亿元，下降 3.2%，其中：公共财政预算支出 27.88 亿元，增长 10%。

2012 年末，全市金融机构各项存款余额 223.43 亿元，比年初增长 12.3%，其中：城乡居民储蓄存款余额 118.27 亿元，增长 11.8%；金融机构各项贷款余额 206.19 亿元. 增长 34%。

【消费品市场】 2012 年，全市批发零售贸易业商品销售总额 380.59 亿元，比上年增长 29.9%；社会消费品零售总额 58.63 亿元，增长 15.5%。在社会消费品零售总额中：批发业实现销售额 6.11 亿元，增长 95.2%；零售业实现销售额 42.85 亿元，增长 8.1%；住宿业实现销售额 1.19 亿元，增长 33.9%；餐饮业实现销售额 8.48 亿元，增长 19.8%。从经济成分来看，公有经济实现销售额 29.29 亿元，增长 8.9%；非公有经济实现销售额 29.34 亿元，增长 22.95%。商品零售价格指数 102%，下降 2.9 个百分点；居民消费价格指数 103.1%，下降 1.8 个百分点。

【招商引资·固定资产投资·旅游】 2012 年，安宁市坚定不移地实施招商引资，推动招商引资向招商引业、招商引税、招商引智转变。使全市招商引资向更高层次、更宽领域拓展，招商引资的数量和质量得到提升，全年引进内资项目 111 个，外资项目 7 个，协议引进内资 643.34 亿元，引进外资 7210 万美元,实际到位内资 89.61 亿元，外资 8086 万美元。

全市完成规模以上固定资产投资 145.15 亿元，比上年增长 35.1%，其中：工业性固定资产投资 34.72 亿元，增长 6%，房地产投资 57.79 亿元，增长 50.2%。

全市工商企业完成出口总额 3.42 亿美元。比上年增长 39%。全年接待游客 319.64 万人次，增长 34.7%，旅游综合收入 12.02 亿元，增长 20.6%。

【科技·教育·卫生】 2012 年，安宁市科技科普工作扎实开展，全年用于科学技术支出的财政资金 5612 万元,重点企业科技研发经费 3.2 亿元，科普投入资金 98 万元，科普受众 26.7 万人。

推进教育优先发展，积极鼓励和引导社会力量兴办学前教育，加强农村义务教育营养改善，强化校园安全整治，加强学校食堂和校车安全监管，全面完成校园报警监控系统建设。学前教育、民办教育、职业教育、成人教育蓬勃发展，教育教学质量稳步提高。2012 年，全市学龄前儿童毛入学率 114.04%，初中毛入学率 117.8%，普通高中录取率 42.9%，高考综合上线率 98.5%，高考录取率 98.8%。2012 年末，全市幼儿在园人数 9825 人，小学在校学生 2.67 万人，初中在校学生 1.2 万人，高中在校学生 3888 人，职教基地入驻职业教育院校 10 所，专任教师 2860 人，在校学生 4.64 万人。

坚持把完善城乡医疗卫生服务体系作为社会建设的重点，主城区“三院、两中心”新建（改扩建）工程顺利推进，集镇卫生院和社区卫生服务规范化建设取得新突破，一批民营医院蓬勃兴起。2012 年，常驻儿童疫苗接种覆盖率 100%，食品卫生监督覆盖率 100%。新型农村合作医疗参合率 99.8%，10.69 万人参加农村合作医疗；7.61 万人参加城镇居民基本医疗保险，人人享有基本医疗保障目标逐步巩固发展。2012 年末全市有卫生机构 173 个，卫生机构床位 2847 张，专业卫生技术人员 2159 人，5 岁以下儿童死亡率 4.87‰，新生儿死亡率 3.54‰，农村卫生厕所普及率 95.1%。

【文化·广播·电视】 加强城乡公共文化服务体系建设，文化惠民、全民健身工程深入开展，数字电视整体转换基本实现城乡全覆盖。2012 年文化产业增加值占 GDP 的比重为 3.1%，报纸出版 102 万份、公共图书馆藏书 15.58 万册，文物保护 46 处。有线电视光缆已经通达全市 95%的村(居)委会，有线电视入户 7 万余户，入户率 97%。全市广播人口覆盖率100%，电视人口覆盖率100%。

【人民生活】 2012 年末，全市在岗职工年末人数 8.11 万人，比上年增长 12.6%；工资总额 35.81 亿元，增长 24.5%；在岗职工年平均工资 4.43 万元，增长 9.8%；城镇居民人均可支配收入 2.77 万元，增长 16.9%；城镇居民人均消费性支出 1.32 万元，增长 14%。农民人均纯收入 9355 元. 增长 15.4%；全年农民人均生活消费支出 8325 元，增长 14.7%。

城乡居民的居住条件继续改善。2012 年，城镇居民人均住房建筑面积 38.3 平方米。农村居民人均住房建筑面积 50 平方米，住房质量继续得到提高，住房中钢筋混凝土结构的比重达到 66%。

社会保障和福利事业进一步发展，社会保障覆盖面不断扩大，城乡低保标准不断提高。2012 年，全市享受城镇居民最低生活保障的人数 3.19 万人次，发放保障金 857 万元；享受农村居民最低生活保障的人数 3.27 万人次，发放保障金 536 万元；全市办社会福利院 4 个，床位 460 张。

【环境保护】 环境保护工作继续加强，环境质量不断改善。2012 年全市环保投资 7.46 亿元，环保投资指数 3.5%。环境综合整治取得了较好成绩。城市集中饮用水源地水质达标率 100%，工业固体废物综合利用率 47.1%，环境噪声达标区总面积 19.2 平方公里。

（俞学云）

曲靖市县区经济选介

宣威市

【概 述】 宣威市位于云南省东北部，东接贵州盘县，南连富源县、沾益县，西与会泽县隔牛栏江相望，北与贵州威宁、水城山水相依，总面积 6069.88 平方公里。辖 26 个乡（镇、街道）356 个村（居）委会，市区距曲靖市政府驻地 102 公里，距省会昆明 235 公里。境内最高点为东山主峰滑石板，海拔 2868 米，最低点是清水河与木冬河交汇处的腊龙岔河，海拔 920 米，相对高差 1948 米。2012 年平均气温 14.4℃，比历年平均值偏高 0.7℃，比上年偏高 0.8℃，是 1958 年以来的第三高值。年降水量 897.5mm，比历年平均值偏少 76.4mm，比上年偏多 288.0mm。总人口 150.87 万人。其中：非农业人口 20.41 万人，占总人口 13.53%。少数民族人口 10.5 万人，占总人口 6.96%。男性 79.62 万人，女性 71.25 万人，男女性别比 112∶100。年内，全市出生 1.96 万人，出生率 12.7‰；死亡 8103 人，死亡率 6.1‰；人口自然增长率 6.6‰。

2012 年，宣威市实现生产总值 205.97 亿元，比上年增长 14.1%。其中第一产业 44.17 亿元，增长 7.1%；第二产业 96.16 亿元，增长 19.2%；第三产业 65.64 亿元，增长 11.2%；三次产业比值由上年的 21.7∶46∶32.3 调整为 21.4∶46.7∶31.9。

全年财政总收入 28.22 亿元，比上年增长 17.91%；地方公共财政预算收入 12.5 亿元，增长 19.05%。财政总支出 51.91 亿元，增长 28.8%；地方公共财政预算支出 49.31 亿元。固定资产投资 144.66 亿元，增长 23.1%；金融机构存款余额 190.08 亿元，增长 17.43%；贷款余额 108.27 亿元，增长 17.62%；社会消费品零售总额 87 亿元，增长 18.2%；城镇居民人均可支配收入 2 万元，增长 17.32%；农民人均纯收入 5552.8 元，增长 18.2%。

2012 年 2 月 16～17 日农业部副部长陈晓华到宣威调研农业农村工作（赵播 摄）

2012 年 4 月 18～19 日省人大常务副主任晏友琼在曲靖市委书记赵立雄等领导陪同下到宣威调研县域经济发展情况。（赵播 摄）

【资源特产】

宣威火腿 2012 年，宣威火腿产量 4560 万公斤，火腿产值 15 亿元（其中精加工增值 3.7 亿元）。宣威火腿行业协会有会员企业 36 家，23 家火腿加工企业获得国家质量技术监督总局认可的“全国工业产品生产许可证”（QS 认证），10 家企业经宣威火腿证明商标审核领导小组审批获准使用“宣威火腿”证明商标，同时获准使用原产地域产品保护标识，8 家企业经宣威火腿证明商标审核领导小组审批获准使用“宣威火腿”中国驰名商标。产品畅销北京、上海、昆明、重庆、广州、深圳、武汉、贵阳等20 多个大中城市。围绕火腿加工、生猪养殖，相关的运输、皮革、肉食品加工、饲料、医药有了很大发展，产业优势日趋明显，初步形成了大产业、大市场、大流通的态势，宣威火腿已成为云南省的拳头畜产品，以猪为主的畜牧业已成为宣威市最有特色，最富潜力，最具优势的支柱产业。

宣黄单玉米良种 玉米是宣威市的主要粮食及饲料作物，1992 年选育出了“宣黄单 2 号”、“桥单 2 号”，后相继培育出“宣黄单 3、4、5、7、8 号”优质、高产宣黄单系列玉米杂交种。“宣黄单 2 号”1997 年通过曲靖农作物品种委员会审定和专家组鉴定，2000 年经省农科院测试中心测定，达到国家优质饲用玉米标准，2005 年在云贵两省大力推广。2005 年 8 月宣威市向国家商标总局申请注册了“宣黄单”品牌商标，并外销多个省（市）。

宣威土豆 宣威市是一个土豆生产大市，土豆种植面积和产量占云南省的 1/8 和曲靖市的 1/3，土豆产业是宣威农业的主导产业。2004 年注册“宣威土豆”商标，属国家无公害农产品。宣威土豆远销 20 多个省（市）和老挝、越南、缅甸等东南亚国家。宣威文东马铃薯批发配送中心是西南最大的马铃薯批发配送中心。

矿产资源 宣威矿产资源丰富，已探明有铁、锰、铜、铅锌、钴、锑等金属矿 13 种，煤、油页岩、伊利石、建筑砂等非金属矿 22 种。煤炭储量 2.18 万亿公斤，铁矿储量2000 亿公斤，油页岩储量 576 亿公斤、焦油 11.5 亿公斤，锰矿储量44.19 亿公斤，普立乡格学有中型锰矿床。

【农 业】 2012 年，宣威市实现农业生产总值 75.2 亿元，比上年增长 18.11%。农业增加值 44.17 亿元，增长 7.1%。粮食播种面积 18.81 万公顷，投入科技增粮资金 3100 万元，兑付种粮补贴 2.39 亿元，落实部、省、市整建制粮食高产创建样板 41 片，推广地膜覆盖 7.73 万公顷。粮食总产 7.47 亿公斤，增长 7.26%，实现粮食总产九连增，第六次获国家农业部粮食生产先进县表彰。指令性烤烟种植面积 1.77 万公顷，收购烟叶 3924.5 万公斤，实现产值 8.68 亿元，增长 28.97%；烟叶税 1.91 亿元，增长 29.05%；烟农户均收入 2.09 万元，增长 23.7%。全市销售卷烟 4.16 万箱，100% 完成卷烟销售任务，卷烟含税销售收入 11.23 亿元，增长 22.6%。

【工 业】 2012 年，宣威市工业总产值 210.85 亿元，比上年增长 28.25%。工业增加值 83.7 亿元，增长 17.1%。其中规模以上工业产值 120.73 亿元，增长 26.01%；规模以上工业增加值 34.3 亿元，增长 41.8%。规模以上支柱产业中煤炭、化工、食品业继续保持增长，其中煤炭工业产值 41.67 亿元，增长 99.19%；化工工业产值 41.43 亿元，增长 17.77%；食品工业产值 5.65 亿元，增长 25.8%。建材工业产值 7.2 亿元，减少 4.26%，冶金工业产值 4.95 亿元，减少 10.33%；电力工业产值 18.67 亿元，减少 11.68%；规模以上支柱工业产值 119.57 亿元，占规模以上工业产值 99.04%，是拉动工业经济增长的主要力量。被列为曲靖市的 5 户重点工业企业（国电宣威公司、云峰公司、磷电公司、宇恒公司、天峰铁合金公司）完成产值 58.5 亿元，占宣威市工业总产值的 27.8%，占规模以上工业总产值的 48.5%，重点工业企业的主导作用明显。工业投资完成 41.2 亿元，增长 17.38%。宣威工业园区逐步发展为“一区四基地”格局，即宣威特色工业园区（开发区）、凤凰山工业基地（园区）、羊场工业基地（园区）、虹桥工业基地

（园区）、宝山工业基地（园区）。2012 年，园区已批规划面积 41 平方公里，工业企业聚集区工业总产值实现 124.9 亿元，增长 26.8%。规模以上轻工业实现产值 5.86 亿元，增长 23.89%，占规模以上工业产值的 4.85%，规模以上工业中轻工业比重增速比上年提高 1.75 个百分点，产业结构调整成效逐渐显现。

【第三产业】 2012 年，宣威市个体私营经济社会消费品零售总额 71 亿元，比上年增长 17.3%，占全市社会消费品零售总额的 81.6%，在社会消费品市场中处于主导地位。全市经市工商局核准注册登记的个体工商户 2.02 万户，增长 18.6%；从业人员 6.3 万人，增长 17%，注册资金总额 6.4 亿元，增长 19.6%。全市现有私营企业 1280 户，增长 19%；从业人员 9.6 万人，增长 12%，注册资金总额 36.6 亿元，增长 17%。许多个体工商户由于资本、经营范围的不断扩大正逐步向私营企业发展。

【交通运输】 2012 年，宣威市完成客运量 1374 万人次；完成货运量 158.5 亿公斤。全市拥有通车公路 2447 条 8271.3 公里。其中一级公路 36.16 公里，二级公路 124.3 公里，三级公路 62.4 公里，四级公路 3115.7 公里，等外公路 4932.8 公里。完成固定资产投资 16.7 亿元，其中普宣公路完成 15.1 亿元，农村公路完成 1.6 亿元。

2012 年 8 月 3 日宣威汽车客运南北两站落成暨开业庆典（沈良斌 摄）

【邮电通信】 2012 年，宣威市邮政、电信、移动、联通四大通信公司业务收入近 3.4 亿元，其中：邮政业务收入 1832.18 万元，电信业务收入近 5000 万元，移动公司业务收入 2.45 亿元，联通公司业务收入近 2700 万元。邮政局邮务类 951.54 万元，代理速递类 179.36 万元，代理金融类 701.28 万元。电信局发展固定电话、宽带、移动用户、3G 无线宽带、我的 E 家、IPTV 业务约 3.6 万户，其中固话用户 3000 余户，宽带用户 2200 户；移动公司用户总数 52 万户；联通公司为宣威用户开通 4G 体验，最快至 21M。

【商贸流通】 2012 年，全市社会消费品零售总额 90.3 亿元，比上年增长 20.1%。限额以上批发零售额实现 49.9 亿元，增长 44.6%，其中批发 1.9 亿元、零售 48 亿元。住宿餐饮业营业额 17.3 亿元，增长 31%，其中住宿 5.1 亿元、餐饮 12.2 亿元。第三产业增加值 65.64 亿元，增长 11.2%，拉动 GDP 增长 3.7 个百分点，对经济增长的贡献率 26.08%。城镇居民消费人均支出约 1.34 万元，增长约 12.32%；农村居民消费支出约 4088.72 元，增长约 7.54%以上。外贸进出口 3152 万美元，减少 2.8%。“万村千乡市场工程”新建农家店 25 个通过验收

【财政·税务】 2012 年，各级财政总收入 28.21 亿元，比上年增长 17.91%。地方公共财政预算收入 12.5 亿元，增长 19.05%。税收收入 10.83 亿元，增长 21.19%；非税收入 1.67 亿元，增长 6.85%。财政总支出 51.91 亿元，增长 28.8%。地方公共财政预算支出 49.31 亿元，增长 29.93%。其中：地方财力安排支出 28.48 亿元，增长 23.15%；上级专款形成的支出 20.82 亿元，增长 40.51%。在地方公共财政预算支出中，市本级支出 35.08 亿元，占 71.14%；乡镇级支出 13.97 亿元，占 28.33%；开发区支出 2622 万元，占 0.53%。

2012 年，组织各种国税收入 13.58 亿元，比上年增长 10.53%；宣威市地税局组织入库税费收入 14.72 亿元，增长 23.28%。其中税收收入 10 亿元，增长 26.04%；完成宣威市本级收入 8.11 亿元，增长 25.38%。

【金融·保险】 2012 年，全市有银行类金融机构 85 个，从业人员 900 人。年末，全市银行业金融机构人民币各项存款余额 190.08 亿元，比上年增长 17.43%。其中：单位存款余额 70.91 亿元，增长 17.44%；个人存款余额 116.99 亿元，增长 18.09%。各项贷款余额 108.27 亿元，增长 17.62%，其中：短期贷款余额 40.95 亿元，增长 22.23%。在短期贷款中，单位普通贷款及透支余额 20.16 亿元，增长 21.36%；个人贷款及透支余额 17.79 亿元，增长 24.19%；贸易融资余额 3.01 亿元，

增长 16.96%。中长期贷款余额 64.44 亿元，增长 17.04%。其中：个人贷款余额 28.33 亿元，增长 41.29%，在个人贷款中，个人消费贷款余额 15.05 亿元，增长 47.01%。票据融资余额 2.87 亿元，减少 17.64%。

全市 12 家财产类保险公司保费收入 2.34 亿元，各项赔款支出 9677 万元。7 家人寿类保险公司保费收入 1.83 亿元，赔款支出 9871 万元。

2012 年 7 月 14 日副省长孔垂柱到宣威羊过水水库调研（沈良斌 摄）

【固定资产投资】 2012 年，累计完成固定资产投资 144.7 亿元，比上年增长 23%，争取上级项目补助资金 5.92 亿元。水利基础设施建设：红石岩水库完成大坝封顶；石城河水库导流洞贯通，进入大坝主体建设；秤杆河水库 2012 年可下闸蓄水；羊过水水库库区补漏及蓄水目标完成；窑上海子大型引水济榕工程进展顺利；小㈠型、小㈡型水库除险加固扎实推进；53 件小农水项目已完成 47 件；农村饮水安全项目启动建设；水土保持生态环境工程全面完成；偏桥、安迪等 4 座水库的干支渠防渗工程有效推进；倘塘河、革香河城区段治理工程相继启动；中央财政小型农田水利重点县和专项县项目全面启动。城乡电网供电：城区电网改造项目顺利推进，改造线路 72 公里；完成建设街、振兴街 10kV 双回路城区电网改造工程；农网 35kV 及以下改造升级工程稳步实施，完成农村电网改造 2.1 万户。城镇基础设施建设：污水处理厂二期、城市供水管网改造、西山双塔、客运北站综合项目、城区亮化美化、城区绿化提质、公共租赁住房等工程建成投用。美奂公园周边、振兴街等主要街道夜景灯光改造工程有效实施。城市污水处理率 80%，城市生活垃圾处理率 98%。完成集镇街道建设、交易市场、广场、文化活动中心、绿化亮化工程和农村建房投资 8.1 亿元，完成廉租住房投资 8400 万元、农村危房改造及民居地震安全工程 1.5 亿元、棚户区改造 5000 万元。城乡路网建设有效推进，普宣高速公路桥涵、隧道等控制性工程建设进展顺利。宣曲高速公路待省政府确定投资主体和筹资方案后，报国家发改委审批后即可开工建设。国道 326 线已列入交通运输部“十二五”四级改二级的重点项目。启动建设通乡油路 3 条 70.05 公里，其中西泽至务德推进较快，新店至牛栏江前期工作有序推进，龙潭李家村至倘塘启龙沟一期工程进展顺利。2011 年以来启动行政村道路硬化项目 48 个 320.8 公里，已完成 17 条 118 公里，在建 31 条 202.4 公里。固定资产投资较快增长，基础设施条件不断改善。

【教科文卫体】 2012 年，宣威市有中等职业学校 5 所、完全中学 12 所、初级中学 37 所（含九年一贯制学校 1 所）、小学 685 所（含教学点 327 个）、幼儿园 128 所、特殊教育学校 1 所，共计 868 所。有中等职业技术学校学生 5948 人，普高学生 3.53 万人，初中学生 7.34 万人，小学学生 13.88 万人，幼儿学前班学生 3.78 万人，特教班学生 30 人，在校生 29.12 万人。在职公办教职工 1.38 万人。校舍建筑面积 203.72 万平方米，其中普通中学 96.61 万平方米，中等职业技术学校 6.53 万平方米，小学 88.98 万平方米，特教 3113 平方米，幼儿园 11.3 万平方米。投入改善办学条件资金 2.6 亿元，其中校舍建设投资 2.26 亿元，新建校舍 17.17 万平方米，排除 D 级危房 9.02 万平方米，维修加固 B、C 级危房 2.1 万平方米。“校安工程”新建 5.8 万平方米，投资 6630 万元。农村义务教育薄弱学校食堂建设项目投资 9961 万元，新建 261 个中小学食堂 8.3 万平方米。学前教育投资 3549.48 万元，新建幼儿园 7 所，利用闲置校舍和富裕校舍改建和增设幼儿园 93 所，新建校舍 9700 平方米，维修改造校舍 3.52 万平方米。乌蒙山片区连片扶贫开发高中建设投资 800 万元，新建校舍 7380 平方米。边远贫困地区中小学教师周转房项目投资 1050 万元，新建教师宿舍 210 套 7350 平方米。寄宿制贫困生生活补助实现全覆盖，标准为小学生每年每人 1000 元，初中生 1250 元，城市初中生免学杂费补助 4489 人 85.29 万元，免除中小学生教科书 18.2 万人 2291 万元。全市发放“生源地”助学贷款 6341 人，发放金额 3849.81 万元。2012 年普高招生 1.23 万人。1.21 万人参加高考，上线 1.2 万人，高考上线率 99.92%，比上年提高 0.97 个百分点，本科率 60.94%；重点率 15.19%，增长 0.83 个百分点，600 分以上的 27 人。

2012年，组织申报部厅级科技项目4项，其中国家科技部1项、省科技厅3项：《高填充超微细无机纳米粒子塑料薄膜》、《宣威火腿熟食腊肉香肠月饼系列产品开发》、《良种猪繁育一体化科技示范》、《宣威老浦家火腿品牌系列产品技术创新项目》。4个科技项目总投资3610万元，获无偿科技扶持经费150万元。本级科技项目立项5项：《宣威火腿原料猪种培育》、《玉米新品种选育》、《科技信息系统建设》、《重大科技活动》、《科技培训》。总投资122万元，其中科技扶持资金80万元。以上部、厅、本级各个科技项目实施完成后，预计可实现产值1.6亿元，实现利税2000万元。组织专利申报37件，受理37件，比上年增长33%，其中新增发明专利6件，增长50%，累计专利申请264件，其中发明专利38件。

2012年，全市公共文化服务体系快速推进。文化艺术中心累计完成投资1.2亿元，18个乡镇文化站累计完成投资2028万元，全部竣工投用，建成文化信息共享工程村级356个、农家书屋356个、农村电影放映3972场、村级文化活动室216个、建筑面积8.8万平方米；新建改建村（居）委会（自然村）农村文化体育小广场1.5万平方米。公共文化服务水平得到全面提升，图书馆全面接待读者10.8万人次，各类书刊流通9.53万册次，文化馆举办辅导培训6次，培训人数900余人；各类作品260余件，48件作品入选各类展览。文物管理所完成了第三次全国文物普查报告，建立了文物保护资料库。浦在廷故居接待游客3万余人次。花灯剧团完成25次重大演出活动，组织15次广场文化活动。电影管理站工作已步入正轨，电影公司出台深化改革方案，方案经市政府2012年9月6日第63次会议通过，市规委会批准建设方案。新华书店宣威公司完成销售3500万元。文化市场开展了网吧电子游戏专项治理、“扫黄打非”、歌舞娱乐场所监管、演出市场审批监管、经营户法律知识培训、行业自律，保证了文化市场健康有序发展。市政府出台了关于加强文化遗产保护相关文件，完成了可渡古驿道和浦在廷故居国家级文物保护单位申报以及云南省第七批和曲靖市批二批重点文物保护单位申报，完成宣威火腿加工工艺代表性传承人申报第四批国家级非物质文化遗产传承人的申报资料工作。文化产业稳步发展，杜鹃文化传播有限公司实现演出收入140万元；成立了威视文化传播有限公司；新华书店宣威分公司实现利润120万元；全市有文化专业户2290户，从业人员2.4万人，固定资产投资4.9亿元，文化产业增加值5.18亿元。

2012年，宣威体育中心建设即将完工，中心包括篮球、排球、羽毛球、网球、乒乓球、体操、武术、举重、健身、柔道、摔跤等比赛运动场馆，建筑面积1.92万平方米、可容纳3000人，项目总投资9500万元，累计完成投资7000余万元。市篮球协会组织第五届“和谐杯”篮球赛和第二届“和谐杯”少儿篮球赛，有28支成人代表队、12支少儿代表队参赛。8月组队参加在安宁举行的云南省第七届城市运动会，宣威市女篮和男篮分别获第二名、第四名。组队参加曲靖市少数民族健身比赛，规定套路和自编套路2个项目分别取得了二等奖、三等奖，代表队获得优秀组织奖。群众体育、职工体育、老年人体育、学校体育、农村体育蓬勃开展。

2012年11月2～3日副省长孔垂柱到宣威调研（沈良斌 摄）

2012年，宣威电台在进一步巩固提升原有广播电视栏目的基础上，增办《听见》、《完美主妇》、《茶余饭后》栏目。宣威电视台采写、制作、播出电视新闻2641条、电视专题片3部 、电视栏目94期。广播新闻2475条、广播专题专栏380期。网站采写发布新闻188条。积极参加各级各类评奖活动，获省级奖项13件、曲靖市级奖项41件。在央视《新闻频道》播出新闻9条，云南电视台播出46条，曲靖电视台播出社教专题3部，新闻320条；在《中国乡村之声》播出广播专题1个，省广播电台播出新闻16条，曲靖广播电台播出新闻915条，珠江网发布新闻30条。

2012年，宣威市接待国内（外）旅游者90.2万人次，实现旅游业总收入8.33亿元。

2012年，宣威市有医疗卫生机构110个，卫生行政事业人员1527人，其中卫生专业技术人员1349人，参照公务员管理16人。年内完成门诊352.8万人次，年住院14.6万人次，全年业务收入 3.69 亿元。全市参合农民 120.57 万人，参合率 95.73%，门诊减免人次 342 万人次，减免金额 4610 万元，住院补偿 13.5 万人次，住院补偿 2.99 亿元。

【扶 贫】2012 年，宣威市扶贫开发工作投入各级、各类资金 1.36 亿元，其中各级财政专项扶贫资金 6741 万元（中央、省级 5741 万元、宣威市级 1000 万元），项目整合资金 5093.5 万元，挂钩帮扶资金 280 万元，群众“三投”2100 万元，发放小额信贷扶贫贴息到户贷款 8472.5 万元。全年解决了 2.31 万贫困人口的脱贫问题，返贫率控制在 4.6%以内。扶贫项目帮助解决了 26 个乡镇、282 个村委会、1009 个自然村 2.95 万户 11.52 万人的住房、出行、饮水、用电、能源、产业增收等方面的困难。

【人民生活】2012 年，宣威市城镇居民人均可支配收入 1.98 万元，比上年增长 16.31%；城镇居民人均支出 1.86 万元，增长 6.71%。农民人均纯收入 5552.8 元，增长 18.21%；人均支出 4088.72 元，增长 7.54%。

（余俊柏）

玉溪市县区经济选介

红塔区

【概 述】 红塔区地处滇中腹地，距省会昆明 88 公里，总面积 1004 平方公里，区政府驻地州城海拔 1630 米，是玉溪市政治、经济、文化中心。2012 年，平均气温 17.3℃，日照时数 2463.1 小时，日照率 56%，有霜期 63 天，降水量 581.3 毫米。辖玉兴、玉带、凤凰、北城、大营街、研和、李棋、春和、高仓 9 个街道，洛河、小石桥 2 个彝族乡，104 个村（社区）委会，1106 个村（居）民小组，自然村 437 个。年末，总户数 16.28 万户、总人口 43 万人，其中农业人口 23.9 万人，非农业人口 19.09 万人；少数民族人口 6.53 万人，占总人口的 15.2%。有汉、彝、回、白、哈尼 5 个世居民族。人口密度 428 人/平方公里，人口自然增长率 4.44‰。

2012 年，红塔区以加快转变经济发展方式为主线，坚定不移地实施“生态立区、科教兴区、工业强区、农业稳区、文化和区”发展战略，全面打响县域经济、民营经济、园区经济“三大战役”，加快产业结构调整步伐，推进经济发展方式转变，全区国民经济稳固健康发展。全年实现生产总值(现价)562.95 亿元，比上年（按可比价计算）增长 11%，人均实现生产总值 11.27 万元。第一、第二、第三产业比重 2.1∶78.4∶19.5。实现工农业总产值 921.61 亿元。全区财政总收入 22.72 亿元，比上年减少 3.6%，其中地方财政收入 13.38 亿元，增长 6.8%；地方财政支出 20.4 亿元，增长 8.1%。实现国税收入 14.59 亿元，下降 19.41%；地方税收入 12.18 亿元，增长 22.04%。实施市外国内招商引资项目 39 项，引进资金 20.39 亿元，其中到位省外资金 17 亿元。完成进出口总额 5731 万美元，其中出口总额 4358 万美元。境内有金融机构 14 家，各项存款余额 558.38 亿元，各项贷款余额（境内）358.31 亿元。有 23 家保险公司，实现保费收入 11.83 亿元，赔付支出 3.22 亿元。红塔区被评为全省 2011 年度县域经济发展“十强县”。

2012 年，红塔区围绕“三农稳区”战略，紧扣 5 年与全省同步实现“四个翻番、两个倍增”和在全省实现“三个率先”目标，加速推进农业产业化进程，加快蔬菜、葡萄、花卉、生物药业等优势作物的推广，重点抓住“高产创建”“间套种”“地膜覆盖”及节水灌溉技术的应用、病虫害绿色防控技术等科技措施，克服 4 年连续干旱带来的困难，为全区农村经济稳步发展提供有力的保障。年末，常用耕地面积 9487 公顷，农作物播种面积 2.23 万公顷，复种指数 237%。粮食总产量 6257.73 万公斤，烤烟产量 655.34 万公斤（上等烟比例 72.8%），油料总产量 1154.33 万公斤，蔬菜总产量 8245.83 万公斤，花卉种植面积 879 公顷。粮经作物种植比例由上年的 39.8∶60.2 调整为 38.2∶61.8。年内全区出栏肥猪 52.79 万头，出栏肉牛 7700 头，出栏肉羊 1.28 万只，家禽出栏 716.83 万只。全年肉蛋奶总产量 8372 万公斤，比上年增长 19.3%。实现水产品总产量

132.6吨。年内全区落实中低产田地改造资金3669万元，完成水利建设投资2.5亿元，改善灌溉面积9215亩。全区实现农村经济总收入747亿元，增长9.8%；实现农业总产值23.93亿元，增长7.3%。完成农村经济总收入768亿元，比上年增13.02%，增幅比上年回落8.54个百分点。第一产业收入24.07亿元，占农村经济总收入的3.13%；第二、第三产业收入744.18亿元，占农村经济总收入的96.87%。有乡镇企业1.98万户，完成营业收入722.82亿元,缴税18.09亿元，工资总额30.93亿元，从业人员16.5万人。

2012年初，红塔区工业经济运行出现生产下降、效益下滑、投资减弱的态势。为应对如此严峻的发展形势，全区积极指导企业加强管理，挖掘潜力，降低成本，提质增效等措施，进入9月后，全区工业经济出现企稳迹象，并逐步形成小幅回升的态势。实现工业总产值897.68亿元，比上年增长11.8%，其中规模以上工业总产值860.26亿元，增长11.6%。区属工业总产值438.59亿元，增长8.8%，其中规模以上工业总产值401.16亿元，增长8.2%。工业产品产量：卷烟总产量380.32万箱、水泥产量196.53万吨、生铁产量496.81万吨、钢材产量419.41万吨、粗钢产量451.86万吨、塑料制品产量4.66万吨、金属切削机床产量8860台。

2012年，房地产业投资成为全区投资的重要支撑，房地产开发企业投资46亿元。其中，住宅投资32.43亿元，办公楼投资1.32亿元，比上年增长167.4%，商业用房投资3.49亿元。住宅投资占房地产开发投资总额的70.5%。年末纳入联网直报的房地产开发企业82家，有资质等级建筑施工企业93户，完成施工产值49.72亿元，利润总额1.65亿元，年末从业人员2.38万人。

区内交通便利，213国道、昆曼高速公路、昆玉铁路纵贯南北，形成云南南北交通枢纽，是通往滇南和东南亚邻国的重要通道。境内有铁路55.4公里；公路通车里程1381公里，公路网密度137.5公里／百平方公里，自然村通车率100%。中心城区建城区面积26.7平方公里，有城市道路124条、长127公里；城市供水综合生产能力15万立方米/日，用水普及率99%；处理污水能力10万吨/日，累计处理污水2137万吨；绿化覆盖率40.5%，人均公共绿地面积15.6平方米。城市建设投资2.82亿元。本地电话交换机总容量323.3万门、移动电话用户61.1万户，电话普及率142部/百人，互联网宽带用户12.85万户。全区拥有1座22万伏高压电站、2座11万伏变电站，均由省电网供电，电力基本保证，全年用电量29.9亿千瓦时，比上年减少0.23%。

2012年，全区在岗职工平均工资4.29万元，比上年减少6.39%。城镇居民人均可支配收入2.2万元，增加2789元；人均消费性支出1.38万元，比上年增长6.1%；人均住房面积48平方米。农村居民家庭人均纯收入9070元，实际增长（扣除价格因素）11.3%；人均生活消费支出8390元，增长10.1%。人均生活住房面积65.7平方米。

【特事要辑】

红塔区投资2.52亿实施水利建设 2012年2月22日，红塔区召开的抗大旱保民生保春耕暨森林防火工作会议，年内抗旱保民生水利工程建设总投资2.52亿元，用于实施龙母箐水库建设等10个重点项目31件工程。增加灌溉面积6847亩，改善灌溉面积9565亩，解决或改善9.47万人和600头大牲畜饮水及中心城区群众饮水安全问题。

“朝天椒”喜获绿色食品认证 2012年10月，玉溪西格玛农业科技有限公司生产的“西格玛”牌朝天椒经中国绿色食品发展中心认定为绿色食品A级产品。西格玛公司获得红塔区政府10万元奖金。

红塔区新添2个省级名牌农产品 2012年初，玉溪甜馨食品有限责任公司“猫哆哩”系列的酸角果派和西番莲果派，玉溪滇雪粮油食品工业有限公司“滇雪”牌菜籽油被云南名牌农产品认定管理办公室被认定为云南名牌。

龙头企业带动农户增收致富 2012年，全区32家重点农产品加工和流通企业实现总产值36.5亿元，完成销售收入39.8亿元，出口创汇3400万美元，带动农户36万户。其中，玉溪市甜馨食品有限责任公司，在红河流域、金沙江流域的干热河谷地区及西双版纳热带雨林深处等少数民族贫困山区建立了酸角、西番莲原料基地；玉溪滇雪粮油食品工业有限公司，在全省带动农户30万户以上。围绕玉溪松南绿色产品有限公司、玉溪西格玛农业科技有限公司、玉溪华记公司的蔬菜出口备案基地，年内全区种植蔬菜5.7万亩，总产8245.83万公斤。依托玉溪市维和制药有限公司、云南南宝植化有限公司、玉溪望子隆生物制药有限公司发展三七、除虫菊、灯盏花等生物药业的优势，由玉溪市维和制药有限公司牵头，引进文山三七种植大户，在黄草坝、大石板建立三七种植基地3100亩；由玉溪南宝植化有限公司牵头，在北城种植除虫菊 557 亩；由玉溪万方生物制药有限公司牵头，在大营街种植灯盏花 500 亩。紧紧围绕满园红、神园葡萄合作社，在李棋、北城、春和、研和街道办事处种植草莓 1566 亩、葡萄 1 万亩，总产值 2 亿多元。

红塔区生猪养殖获中央财政支持 2012 年，红塔区被确定为中央生猪调出大县，获得中央生猪调出大县奖励资金建设项目批准总投资 1277.01 万元，计划建设标准化猪舍 1.06 万平方米、引进良种猪 315 头和购置安装可视监控系统、电子饲喂执行终端等先进设施设备 688 套（台），配套建设水、电、路、防疫等基础设施。项目自当年 9 月启动。

红塔区首次跨入全国生猪调出大县行列 2012 年，红塔区有 34 个养殖场取得了云南省出入境检验检疫局颁发的《出境动物源性食品养殖基地检验检疫备案证书》。年末，出栏生猪 52.79 万头，比上年增长 22.01%。实现畜牧业产值 13.82 亿元，增长 13.74%，占全区农业总产值的 57.75%，畜牧业已成为繁荣农村经济、增加农民收入的一大支柱产业。红塔区首次跨入全国生猪调出大县的行列。

研和明乐休闲农业园被确定为“全国休闲渔业示范基地” 研和明乐休闲农业园位于研和街道办贾井居委会五组，园区面积 650 亩，其中水域面积 120 亩。该园于 2009 年 8 月建成，投资 600 万元，是一个集垂钓、休闲、观光、餐饮、林果采摘、劳动体验为一体的特色综合休闲农业生态园。2012 年，被农业部确定为“全国休闲渔业示范基地”。

红塔工业园区观音山片区建设启动 2012 年 5 月 7 日，红塔工业园区观音山片区被确定为云南省低丘缓坡土地综合开发利用试点并启动，面积 12.8 平方公里。项目区以中部山脊作为自然屏障生物制药、仓储物流、机械制造、卷烟配套、冶金、铸造等科技含量高、污染少、附加值高的现代工业。项目估算总投资 26 亿元。

太阳能光伏发电项目落户研和工业园区 2012 年 2 月 24 日，总投资 15 亿元的新能源开发项目太阳能光伏发电项目落户研和工业园区，玉溪研和工业园区管委会与投资方中国三峡新能源云南分公司正式签订合作协议。研和工业园区太阳能光伏发电规划开发合作项目计划利用研和工业园区管委会厂房屋顶，以及园区其他入驻企业的厂房屋顶开展太阳能光伏发电，投资规模 15 亿元。项目先在 3 万平米屋顶进行光伏发电试点，投资 5000 万元，年底并网发电，年发电量 400 万千瓦时，年产值 400 万元。

个私经济成为区域经济主体 2012 年，红塔区个私企业完成营业收入 504.63 亿元，比上年增长 21.4%，占全区乡镇企业营业收入的 69.82%；总产值（现价）459.78 亿元，增长 27.73%，占总数的 80.35%；工业总产值 269.89 亿元，增长 27.15%，占总数的 70%；缴税 15.14 亿元，增长 4.85%，占总数的 83.74%；从业人员 15.3 万人，增长 5.96%，占总数的 92.73%；工资总额 25.56 亿元，增长 26.4%，占总数的 82.64%。

红塔区 4 家饮食店获中华餐饮名店 2012 年，红塔区的玉溪鸿源饭店、玉溪宏盛酒店、玉溪宏云饭店、大营街汇龙生态园汇龙大饭店获“中华餐饮名店”的荣誉。

实施农村义务教育学生营养改善计划 百信集团在政府公开招标中成为全区唯一的学生营养餐配送服务中标企业后，安排 100 多名工作人员、48 辆配送车，从 2012 年 3 月 1 日起，开始对区内 84 所中小学校、4.07 万名学生配送营养餐。

（邹 瑾）

普洱市县区经济选介

思茅区

【综 述】 思茅区位于云南省南部，澜沧江中下游，东沿曼老江与江城县相连，南与景洪市接壤，西沿澜沧江与澜沧县、勐海县隔江相望，西北与景谷县以小黑江为界，北与宁洱县相连。全区东西长 118 公里，南北宽 72 公里，辖区总面积 3928 平方公里，其中山区面积 3582 平方公里，占总面积的 91.19%，坝区面积 346 平方公里，占总面积的 8.81%。海拔在 587 ~ 2154.8 米之间，区政府所在地思茅镇海拔 1302 米，年均气温 20 ℃，年最高气温 34.1℃（5 月 4 日），年最低气温 4.7℃（1 月 6 日）；日照合计数 2470.8 小时，年

分为两大片区，并依托道路为轴线，规划成 7 个不同的功能区。产业布局上，重点发展新能源、

降雨量1154.2毫米。思茅区是普洱市的政治、经济、文化中心，距省会昆明公路里程410公里。全区辖4镇（思茅、南屏、倚象、思茅港），3乡（云仙、六顺、龙潭），下设60个村民委员会和10个社区居民委员会，自然村709个。

2012年末全区总人口30.64万人，人口出生率12.2‰，死亡率6.1‰，自然增长率6.1‰。境内居住着彝、哈尼、傣、拉祜、回、傈僳、苗等25个少数民族，世居民族有彝、傣、拉祜、哈尼、佤5个。

2012年，全区实现生产总值77.16亿元，按可比价格计算，比上年增长16.1%。其中第一产业增加值8.89亿元，第二产业增加值33.54亿元，第三产业增加值 34.73 亿元，比上年分别增长6.4%、19.7%、14.8%。人均GDP 2.54万元，增长14.3%。三次产业增加值结构由上年的10.6∶43.6∶45.8调整为11.5∶43.5∶45。

全年居民消费价格比上年上涨2.1 %，其中食品类价格上涨4.2%

2012年思茅区居民生活消费价格指数

2011年＝100

指标名称	指数
居民消费价格指数	102.1
食品	104.2
其中：粮食	98.9
油脂	98.1
肉禽及制品	104.7
蛋类	102.7
菜类	114.1
烟酒	97.9
衣着	103.1
家庭设备用品及服务	100.0
医疗保健及个人用品	103.8
交通和通信	99.2
娱乐教育文化用品及服务	99.7
商品零售价格指数	102.0

2012年末全部从业人员20万人，其中第一产业8.9万人、第二产业3.21万人、第三产业7.89万人。城镇登记失业率4.16%。

【农林牧渔业】 2012年，农林牧渔业总产值9.61亿元，按可比价格计算，比上年增长4.4%。粮食总产量5.74万吨，增加500吨，增长0.88%。其中大春粮食产量5.05万吨，增长0.12%；小春粮食产量6988吨，增长6.7%。粮食播种面积1.68万公顷。其中大春粮食播种面积1.35万公顷，小春粮食播种面积4200公顷。

2012年末拥有茶叶面积 9200公顷，比上年增长3.29%，产量1.3万吨；年末拥有咖啡面积8900公顷，增长18.82%，产量1.04万吨；烤烟播种面积1344公顷，增加71公顷，增长5.58%，产量2744吨；蔬菜播种面积2167公顷，增加35公顷，增长1.64%，产量3.29万吨。

2012年，造林面积600公顷，全社会木材生产量9.06万立方米。年末拥有橡胶面积4700公顷，其中收获面积1500公顷。橡胶产量1143吨，增加78吨，增长7.31%。

2012年思茅区主要工业产品产量

产品名称	单位	产量	增长速度（%）度
锌选矿产品含锌量	吨	13230	24.2
铜选矿产品含铜量	吨	10761	7.5
发电量	万千瓦小时	3882	-7.7
工业茶	吨	6498	8.0
啤酒	千升	21162	54.3
配混合饲料	吨	23572	27.9
水泥	万吨	150.9	13.0
茶叶机械	台	993993	-12.9
松香	吨	4354	-57.4
中成药	吨	124	20.4
人造板	立方米	214222	42.4

2012年，肉类总产量1.6万吨，比上年增长13.82%。猪、牛、羊出栏分别为20.98万头、5900头、1.11万只，分别增长6.48%、下降9.23%、增长1.83%；猪、牛、羊肉产量分别为1.38万吨、509吨、187吨，分别增长14.29%、下降2.12%、增长5.06%。家禽出栏97.9万只，增长17.8%；

家禽肉产量1473吨，增长17.28%。蛋类产量1064吨，增长18.75%。水产品产量1.5万吨。年末大牲畜存栏2.1万头、生猪存栏16.41万头、山羊存栏2.15万只。

2012年末拥有农业机械总动力14.99万千瓦，比上年末增长8.96%。其中农用排灌动力机械2800千瓦，增长7.69%；农用运输车612辆，增长24.9%；大中型拖拉机959台，增长5.62%；小型拖拉机5367台，增长8.18%；全年农用化肥施用量（折纯）7041吨，增长15.05%。农村用电量1466万千瓦小时，增长12.6%。有效灌溉面积6740公顷，增长1.51%。

【工业·建筑业】 2012年，全区全部工业实现增加值17.22亿元，比上年增长17%。其中，规模以上工业增加值增长14.4%。主要工业产品产量增长较快，人造板、啤酒、配混合饲料及锌选矿产品含锌量分别增长42.4%、54.3%、27.9%、24.2%。

规模以上工业企业主营业务收入32.87亿元，比上年增长10.9%；产品销售率91.5%，下降4.7%。全年实现利税总额4.54亿元，下降13.7%。盈亏相抵后，实现利润2.29亿元。

2012年，建筑业增加值16.31亿元，比上年增长22.9%。年末资质等级以上建筑企业43个，比上年增加2个。全年具有资质等级的总承包和专业承包建筑企业实现工程结算收入21.84亿元，实现利润9149万元。建筑单位房屋建筑施工面积200万平方米，其中招投标承包面积101万平方米，招投标面50.5%。竣工房屋面积106万平方米。2012年思茅区主要工业产品产量

【固定资产投资】 2012年，全区固定资产投资突破百亿元大关，达到135.26亿元，比上年增长43.5%。其中，城镇固定资产投资133.42亿元，增长89.9%。在城镇投资中，第一产业投资3.78亿元，增长34.6倍；第二产业投资66.38亿元，增长34.7%；第三产业投资63.27亿元，增长2倍。

全区房地产开发完成投资18.37亿元，比上年下降23.3%。在房地产开发投资中：商品房建设投资16.06亿元，增长6.1%；住宅投资12.53亿元，增长7.4%。商品房屋销售面积66.98万平方米，下降14.2%；住房销售面积42.11万平方米，下降42.3%。实现商品房销售额27.61亿元，增长10.2%；住宅销售额12.72亿元，下降35%。

分行业固定资产投资表

单位：万元

产品名称	投资额
农林牧渔业	37750
工业	663814
采矿业	43800
制造业	120023
电力、燃气及水的生产和供应业	499991
交通运输、仓储和邮政业	49982
住宿和餐饮业	41472
房地产业	148595
科学研究、技术服务和地质勘查业	2800
水利、环境和公共设施管理业	100767
教育	35316
卫生、社会保障和社会福利	7692
文化、体育和娱乐业	24731
批发和零售业	42124
公共管理和社会组织	14081

【贸易】 2012年，全区社会消费品零售总额32.65亿元，比上年增长21.1%。其中，餐饮收入4.55亿元，增长9.9%；商品零售20.56亿元，增长15.7%。限额以上批发和零售业实现零售额19.54亿元，增长30.1%，占零售总额的59.8%，比重提高4.1个百分点。

城镇消费品零售额30.97亿元，比上年增长21.2%；乡村消费品零售额1.68亿元，增长13.3%，城镇市场零售额增幅比乡村市场高7.9个百分点。

2012年，进出口总额1.02亿美元，比上年增长10.2%。其中出口9535万美元，增长6.1%；进口645万美元，增长1.6倍。实现贸易顺差8890万美元，增长1.7%。

【财政·金融】 2012年，全区地方公共财政预算收入7.1亿元，比上年增长36%。在公共财政预算收入中，增值税增长17.8%，营业税增长36.9%，企业所得税增长32.7%。地方公共财政预算支出15.72亿元，增长16.7%。其中：教育支出3.01亿元，增长51.2%；社会保障和就业支出1.75亿元，增长21.7%；医疗卫生支出1.38亿元，增长19.1%；节能环保支出1303万元，增长16.2%。

年末全区金融机构各项存款余额175.4亿元，比上年末增加22.33亿元，增长14.6%。其中单位存款余额92.73亿元，增长15.4%；城乡居民

储蓄存款余额 77.63 亿元，增长 14.3%。金融机构各项贷款余额 165.58 亿元，比年末增加 25.43 亿元，增长 18.2%。其中短期贷款 42.92 亿元，增长 5.6%，短期贷款中个人消费贷款 1.77 亿元，增长 44.8%；中长期贷款 119.8 亿元，增长 20.8%，中长期贷款中个人消费贷款 25.66 亿元，增长 10.1%。

【交通·邮电】 2012 年末民用汽车拥有量 4.44 万辆，比上年增长 16.2%。全年各种运输方式完成货物周转量 3 亿吨公里，增长 22.1%；完成旅客周转量 6.2 亿人公里，增长 5.2%。机场旅客吞吐量 18.7 万人次。

2012 年末固定电话用户 9.37 万户，移动电话在网用户 43.39 万户，宽带网用户 6.25 万户。全年邮电业务收入 3.2 亿元，增长 9.2%。其中邮政业务收入 1333 万元，下降 13.3%；电信业务收入 3.06 亿元，增长 10.4%。

【旅游业】 2012 年，全区实现旅游总收入 16.89 亿元，比上年增长 1.3 倍；接待海内外游客 226.88 万人次，增长 54.7%。实现国内旅游收入 16.71 亿元，增长 1.3 倍；接待国内旅游人数 225.98 万人次，增长 73.5%。入境旅游收入 1800 万元，下降 13.8%；接待海外游客人数 9000 人次，增长 49.7%。

【教育·科技】 2012 年末全区有普通高等学校 2 所，专任教师 476 人，在校学生 7800 人，毕业生 2300 人；普通中学 19 所，专任教师 1250 人，在校学生 1.9 万人，毕业生 6100 人；小学 40 所，专任教师 1226 人，在校学生 2.38 万人，毕业生 3810 人，小学适龄儿童毛入学率 100%，小学生升学率 105.07%；全区各类幼儿园 23 所，在园幼儿 8331 人。有特殊学校 1 所，有专任教师 35 人，在校学生 255 人。有成人基础教育教学点 10 个，注册学生数 420 人，结业生数 400 人。

2012 年末，有县以上独立自然科研单位 6 个。全年科研经费支出 1932 万元。积极开展各项科技活动，完成各种实用技术培训 7800 人次，推广实用技术 66 项。

【文化·卫生·体育】 2012 年，全区有专业艺术表演团体 1 个；公共图书馆 1 个，藏书 21.51 万册；乡镇文化站 7 个。有广播电台 2 座、电视台 2 座，广播和电视覆盖率分别为 100%、99%。全区积极开展广场文艺、文化下乡、农村电影放映活动，大力推进乡（镇）文化站建设，有线电视数字化转换工作进展顺利。

2012 年末，全区有卫生机构 158 个（包括诊所、医务室等）。其中医院 8 个，卫生院 7 个，妇幼保健院（所、站）2 个，疾病预防控制中心 2 个，卫生监督检查机构 2 个，医学科学研究机构 2 个，急救中心 1 个，采供血机构 1 个，诊所、卫生所、医务室 83 个。拥有卫生技术人员 2718 人，其中执业医师 934 人、注册护士 1150 人、药师 110 人、技师 142 人。医院、卫生院实有床位 2572 张。

全区有体育运动中心 2 个。开展形式多样的全民健身活动，居民健身意识不断增强，走茶马古道、登梅子湖观景台、晨晚炼等群众性健身活动广泛开展。

【人民生活】 2012 年，城镇居民人均可支配收入 1.75 万元，比上年增加 2316 元，增长 15.2%；城镇居民人均消费支出 1.2 万元，增长 12.5%；年末城镇居民人均住房面积 30.33 平方米。农村居民人均纯收入 5648 元，增加 846 元，增长 17.6%；农村居民人均消费支出 4190 元，增长 14.7%；年末农村居民人均住房面积 30.2 平方米。

【社会保障】 2012 年末全区参加城镇基本养老保险人数 3.86 万人，其中参保职工 2.7 万人，继续提高企业离退休人员养老金发放水平，养老金社会化发放率 100%。参加基本医疗保险人数 8.47 万人，其中参保职工 4.21 万人。参加农村新型合作医疗的人数 12.47 万人，参合率 96.44%。年末享受城镇最低生活保障人数 5800 人，全年累计发放城镇低保资金 1799 万元；享受农村最低生活保障人数 1.24 万人，累计发放农村低保金 1323 万元。年末有各类福利院 6 所，床位 125 张。

【环境保护】 2012 年，思茅城环坝区 178 平方公里生态林得到有效保护，城区四周林木茂盛。城市绿化与道路、新区建设同步推进，绿地面积持续增加。区内建有莱阳河、糯扎渡 2 个森林自然保护区。有污水处理厂 2 家，日处理污水能力 5 万吨，全年生活污水处理量 683 万吨，生活污水处理率 80.77%。监测的重点工业企业废水排放达标率 100%。垃圾无害化处理率 99.3%。

（奎中凌）

临沧市县区经济选介

临翔区

【概 述】 临翔区是临沧市中心城市，是全市政治、经济、文化、信息中心。位于云南省西南部，地理位置东与普洱市景东县、镇沅县、景谷县相邻，南与双江县接壤，西连耿马县，北接云县。辖区总面积 2652 平方公里，距省城 598 公里。2012 年，平均气温 18℃，年最高气温 32℃，年最低气温 2.3℃；年平均日照时数 2447 小时；平均无霜期 285 天、初霜日 12 月 6 日、终霜日 2 月 23 日；年降水量 1094 毫米，汛期 5 月 18 日～9 月 23 日。全区辖 2 个街道、1 个镇、7 个乡（凤翔街道、忙畔街道、博尚镇、蚂蚁堆乡、章驮乡、南美乡、圈内乡、马台乡、邦东乡、平村乡），93 个村民委员会，9 个社区。全区年末总人口 32.8 万人，其中非农业人口 9.22 万人，占总人口的 28.1%；少数民族 6.54 万人，少数民族人口占总人口比例的 19.93%，人口自然增长率控制在 6.14‰。

【自然资源】 临翔区境内自然资源丰富，已探明的主要矿种 16 种 53 矿属。贵金属银含量高，稀有金属铀、锗储量大，锗在煤中含量居全国首位。非金属以硅藻土、高岭土的藏量和品位闻名。野生动物兽类有豹、穿山甲等 10 余种，禽类有孔雀、画眉、鹭鸶等 20 余种。主要野生植物有桫椤、野茶以及 80 多种名花。林木以云南松分布最广，珍贵林木有红椿、樟木、楠木、柏木、红豆杉。菌类珍品有香菇、鸡枞。药用植物达 100 多种。热泉资源除分布在邦东、那招等小温泉外，最主要是榨房河、临沧温泉和温泉花园山庄，水温高达 70℃，泉水无色透明，有硫黄气味，可治疗风湿病和皮肤病。旅游资源丰富，濒临澜沧江的临翔区，有峡谷风光；有全球罕见的低纬度高海拔高山积雪景观；有神工雕琢的自然美景。可供开发利用的旅游资源很多，临沧大雪山是省级自然保护区、省级风景名胜区，自然资源丰富，景区面积大，景点多；五老山国家级森林公园，海拔 2583 米，东西宽 7 公里，南北长 9 公里，森林植被为典型的常绿阔叶林，古木参天，绿树、清溪、飞瀑、悬崖、怪石构成一幅天然图画；有小道河省级森林公园、白石岩山水、天然温泉的度假山庄、水库度假村、茶文化风情园。文物资源丰富，列为文物保护单位的勐旺白塔、西北塔、东文笔、观稼楼、灵山胜境、博尚大玉地古遗址、雾龙山古战场遗址、澜沧江流域的老邦东新石器遗址、昔归新石器遗址。

【经济发展情况】
主要工业产品产量原煤 1.4 万吨、发电量 4.22 亿度、锗金属 4.95 万公斤、高岭土 5.12 万吨、供水 611 万吨、食糖 2.23 万吨、精制植物食用油脂 2207 吨、精制茶 1168 吨、砖 4727 万块、饮料酒 1819 千升、松香 3.07 万吨。

主要农业产品产量 1.大春粮豆面积 25.39 万亩，总产量 7.51 万吨。水稻面积 6.26 万亩，总产量 2.39 万吨；玉米面积 13.62 万亩，总产量 4.37 万吨。2.经济作物面积 14.51 万亩，其中烤烟面积 8.81 万亩，产量 1.27 万吨。3.小春粮豆面积 10.05 万亩，产量 1.49 万吨，3.油菜面积 6.16 万亩，产量 1.26 万吨。

2012 年，全区实现生产总值 55.84 亿元，比上年增长 17.4%；地方财政总收入 7.67 亿元，增长 49.68%；地方公共财政预算支出 19.6 亿元，增长 27.1%；完成全社会固定资产投资 83.28 亿元，增长 40.81%；全部工业完成增加值 14.1 亿元，增长 88.6%；招商引资实际到位资金 36.6 亿元，增长 100%；全社会客货运商量及其周转量 4.66 亿公里，邮政业务总量 1400 万元；实现城镇居民人均可支配收入 1.7 万元，增长 15.66%；实现农民人均纯收入 5052 元，增长 16.22%；城镇登记失业率控制在 4%以内，农民外出务工 3.1 万人，常年外出务工 1.7 万人。

【扶贫工作】 2012 年，临翔区争取项目资金 2717.7 万元。其中，扶贫重点村项目资金 300 万元，雨露计划项目资金 236.7 万元，扶贫奖补资金 800 万元，绩效考评奖励项目资金 30 万元，易地扶贫搬迁项目资金 75 万元，到户贷款项目资金 160 万元，劳动力转移培训项目资金 136 万元，整村推进项目资金 435 万元，扶贫安居工程项目资金 270 万元，扶贫项目贷款贴息资金 90 万元，产业扶贫项目资金 120 万元，新农村建设工作队专项补助经费 35 万元，市扶贫财政配套资金 30

万元。

新新家园旧房改造　（临翔区委宣传部 提供）

【城市建设】 2012年，按照“做美临翔”的总体要求，全面推进城市建设。环城路东西两线、大学园区、市体育运动中心、市青华医院等一批市级重点项目征地拆迁工作有序推进，西河绿化景观改造工程、城市雨水管网一期工程开工建设，城市供排水一体化经营改革工作基本完成，玉龙花园小区、保障性住房等城市建设重点工程进展顺利，缅宁大道、玉龙湖、国道214线临翔过境段、南屏小学标准化建设等一批项目全面竣工，城市形象和品位进一步提升。扎实抓好城市管理标准化临翔试点工作，实施临沧城市容市貌百日整治和南汀河、西河保护行动，健全落实“街长、河段长”管理机制，城市管理更加科学规范。临沧城建成区面积17平方公里，城镇化率47%，城市绿化率40%。

【基础设施建设】 2012年，完成省道319线临沧至新河公路改造，加强80公里澜沧江热区沿江公路建设，52公里的通村公路路面硬化、临沧港建设等项目推进顺利，鸭子塘水库、12座小㈡型水库除险加固、人饮安全工程等一批水利工程扎实推进，白沙田、大沙坝水库开工建设，有效灌溉保障率45%，解决2万人的农村饮水安全问题。

【新家园行和城乡居民收入倍增计划】

2012年，深入实施以旧城、旧村、旧房、旧校舍改造为主要内容的新家园行动计划，着力解决事关群众切身利益的现实问题。改造旧城18.6万平方米、旧村50个、旧房5500户、旧校舍11.4万平方米。开展村庄规划，816个自然村减并为583个。

（胡荣莉）

红河州市县区经济选介

蒙自市

【综 述】 蒙自市位于云南省东南部，红河州东部。东西最大横距61.3公里，南北最大纵距62公里。东邻文山县，南接屏边县，西连个旧市，北与开远市接壤。北回归线从境内鸣鹫镇小坝心、西北勒乡苏租、文澜镇大台子、雨过铺镇新光、长桥海东坝穿过。全市总面积2228平方公里，其中山区面积1683.8平方公里，占总面积的75.6%；坝区面积544.2平方公里，占总面积的24.4%。县城海拔1307米；建城区面积30.1平方公里，城镇人口25.86万人，城镇化水平58.5%，城市绿化覆盖率36.2%，绿地率33.5%，初步建成“入城进公园、出城进果园”的生态城市格局。城市道路里程325公里，滇南中心城市核心区初具规模，是红河州州府驻地，距省会昆明289公里。

2012年，蒙自市辖7个镇、4个乡、86个村民委员会、693个自然村、992个村民小组。年末，蒙自市总人口38.19万人。其中农业人口27.19万人，非农业人口11万人。年内出生4358人，出生率11.5‰；死亡2578人，死亡率6.8‰。人口自然增长率4.7‰，人口密度每平方公里171人。全市有汉、彝、苗、壮、回、傣、哈尼等7个千人以上民族。

2012年，蒙自市气温异常偏高，平均气温20.5℃，年内各月平均气温均比常年平均值偏高。年降雨量737.9毫米，比常年平均偏少，比上年略偏多。总日照时数2411.4小时，较常年和上年偏多。冬春干旱突出，雨季开始期和结束期偏早，汛期期间南部和东北部乡镇大雨暴雨突出，气象灾害虽较上一年偏少，但受灾程度较重。冬春干旱对小春粮食、经济作物均造成较大的经济损失。大春作物主要生长期雨量充沛，光热条件好，对大春旱地粮食、经济作物生长发育较为有利。综合年内各气象因子相互作用对作物生育的影响，总体上2012年气候条件是一个光、温、水匹配较好的中等年景。

2012年，全市实现地区生产总值102.85亿元，比上年增长14.3%。其中，第一产业17.9亿元，增长 6.9%；第二产业 52.97 亿元，增长 18.7%；第三产业 31.98 亿元，增长 10.1%。公共财政预算总收入 17.57 亿元，增长 7.1%；地方公共财政预算收入 10.64 亿元，增长 17.5%；地方公共财政预算支出 22.37 亿元，增长 29.8%；固定资产投资 72.21 亿元，增长 35.54%；金融机构存贷款余额分别为 281.54 亿元、179.4 亿元，分别增长 20.8%、17.25%；农民人均纯收入 5777 元，增长 18.5%；城镇居民人均可支配收入 2.05 万元，增长 19.2%。

【固定资产投资】 2012 年，全市 500 万元以上项目固定资产投资 72.21 亿元。全年市级投入项目前期工作经费1500万元，用于开展农田水利、城乡道路、社会事业等关乎城乡发展和民生保障的52个项目前期工作，其中可研报告、初步设计、实施方案等取得上级批文的27个，上报待批的11个。全年争取上级基本建设投资 4 亿余元，促进了项目投资的持续增长。年内，蒙自太耀泰瑞矿业有限公司 20 万吨/年锰铁合金厂即将完工，蒙自矿冶有限责任公司 6 万吨/年铅冶炼厂技改扩建工程完成场地平整，杨柳河引水工程隧洞主洞掘进 8200 米，2011 年廉租房和公租房装修施工，市公安局和市检察院业务用房装修施工，市法院业务用房完成基础开挖，朵古风电场、润蒙水源引水工程、马鞍山水库等一批重点项目开工建设，有力支撑了项目投资的快速增长。

【农 业】 2012 年，继续实施种植业“27530”工程、畜牧业“十百千”工程和草坝现代农业示范区建设工程。累计兑现各项强农惠农补贴 2.16 亿元，农业综合生产能力进一步提高，石榴、烤烟、大枇杷、小红枣、苹果、优质稻、甘蔗、蚕桑、蔬菜、畜牧等特色优势产业市场竞争能力明显提升。全市水果累计种植面积 29.17 万亩、水产养殖面积 1.8 万亩、烤烟 5.85 万亩、优质稻 5 万亩、甘蔗 3.46 万亩、蚕桑 2.67 万亩、蔬菜 13.93 万亩，建成设施大棚 9032 亩，无公害农产品产地认证 35.5 万亩，9 个农畜产品通过“三品一标”认证，完成15万亩农产品生产出口基地备案。蒙自甜石榴、蒙自大棚辣椒种植国家级农业标准化示范区已通过验收。各类农业产业化龙头企业 141 户，成立农村经济合作组织 105 个。全市农业总产值 28.01 亿元。粮食总产量 15.85 万吨，肉类总产 6.56 万吨。

【工 业】 2012 年，蒙自市实现工业总产值 197 亿元，比上年增长 10%。全市年销售收入在 2000 万元以上的规模工业企业 25 户，实现工业总产值 185.18 亿元，增长 12.8%，占全市工业总产值的 94%；实现工业增加值 45.21 亿元，增长 24.5%。工业主营业务收入上亿的企业 8 户。其中红河钢铁有限公司、蒙自矿冶有限责任公司、云南电网公司红河供电局、红河正元矿业有限责任公司工业主营业务收入40亿元以上。全年主要工业产品产量有增有减：水泥 166.91 万吨，增长 1.2%；白糖 5353.97 吨，增长 84%；有色金属 7.45 万吨，下降 2.9%；发电量 43.57.1 万千瓦时，下降 13.7%；钢材 198.98 万吨，增长 8.4%；线材 67.81 万吨，增长 9.2%；中成药 226 吨，增长 13%；混凝土 50.43 万立方米，增长 58.95%；硫酸 10.54 万吨，下降 8.7%；棒材 117.65 万吨，下降 3.1%；布面鞋 516.83 万双，下降 26.92%；石灰 37.7 万吨，下降 6.9%。由于钢材、线材、混凝土等产品产量的增长，拉动全市工业增加值大幅增长。

【乡镇企业】 2012 年，蒙自市有乡镇企业 3909 个。按登记注册类型分类：集体企业41个，有限责任公司4个，私营企业4个，个体工商户 3860。其中农、林、牧、渔业14户，工业679户，建筑业 18 户，交通运输仓储业 435 户，批发零售业 824 户，住宿及餐饮业 859 户，居民服务、其他服务业和娱乐业 250 户，其他 830 户。全年实现乡镇企业营业收入 44.35 亿元，比上年增长 14.3%；总产值 48.41 亿元，增长 9.9%；上交税金 2.62 亿元，下降 42.2%；累计转移农村劳动力 2.05 万人。蒙自市乡镇企业依托于上规模、上档次的工业龙头企业稳步发展。蒙自矿冶有限责任公司、蒙自瀛州水泥有限责任公司、蒙自市安南邑石料熔剂厂 3 家规模以上工业龙头企业总产值 27.1 亿元，占全市乡镇企业总产值的 56%，占全市乡镇企业工业总产值的 74.7%。上交税金 2.3 亿元，占全市乡镇企业上交税金的 87.8%；从业人员 7120 人，占全市乡镇企业从业人员的 34.7%。

【非公有制经济】 2012 年，蒙自市有非公经济户数 1.87 万户，比上年增长 14.5%；从业人员 4.71 万人，增长 17.4%；注册资金 23.33 亿元，增长 24%。非公经济上缴税金 12.4 亿元（含股份公司），占全市税收的 75.63%；完成社会消费品零售总额 17.21 亿元，占全市社会消费品零售总额的 59.34%；实现增加值 34.66 亿元，占全市 GDP 的 33.72%。非公经济已成为繁荣市场的主导力量。

【交通·邮电】 2012年，蒙自市农村公路总里程1448.69公里，其中农村公路通车里程1342.47公里。全市有道路运输经营业户3660户，从业人员1.3万人；道路客运企业4户（班线客运企业2户，旅游客运企业2户），客运车辆348辆；城市公共客运企业6户（城市公交企业1户91辆公交车，出租公司5户431辆出租车）；货运运输经营户3172户，货运车辆6228辆；货运代办32户,信息配载13户。年内道路运输行业客运量549万人次，旅客周转量4.36亿人公里；货运量759万吨，货物周转量10.69亿吨公里。全市经营农村客运班线的客车140辆，乡镇客运班线通行率100%，行政村客运班线通行率88.11％。

全年全市完成邮政业务收入1716.44万元，电信业务收入5000余万元。

【商 业】 2012年，蒙自市商品流通行业实现社会消费品零售总额29亿元，比上年增长20%。按销售地区划分：市级领域社会消费品零售总额25.74亿元，增长21.9%；市以下社会消费品零售总额3.26亿元，增长7%。按行业划分：批发零售贸易业社会消费品零售总额22.08亿元，增长24.3%；住宿餐饮业社会消费品零售总额6.92亿元，增长8.3%。

【科学技术】 2012年，获得上级立项科技项目9项，其中省级科技项目3项：蒙自市农村科技特派员培训项目、水稻高产创建、蒙自石榴产业化关键技术研究及示范；州级科技项目6项：行路宝喷雾剂产业化、利用工业废渣生产新型墙体材料、园区（草坝镇）村级科技服务体系建设、组培室建设、科技服务体系建设试点工作、科技培训；安排市级项目10项。获得科技经费支持359万元。年内，红河钢铁有限公司的《500MPa高性能抗震钢筋产业化集成技术开发及应用》获红河州科技进步一等奖；市农业技术推广中心的《红河州粮食作物间套种技术集成及应用》获红河州科技进步二等奖；云南一品红制药有限公司的《康肾、尿清舒颗粒剂中药制剂新技术研发》，蒙自市农业技术推广中心的《蒙自市稻、椒轮作模式研究推广应用》，蒙自市第二小学的《小学英语情境教学策略的探究》，市中医院的《腕蛇山药散治疗小儿厌食的临床研究》获红河州科技进步三等奖。获奖科技人员44人。年内组织实施“三下乡”、“科技活动周”、“科普街”等惠农服务活动，开展科普组织和阵地建设，举办实用技术培训。

【教 育】 2012年，全市有各类学校152所，在校学生7.59万人。其中：高级中学3所（完全中学1所），在校学生5400人；中等职业学校4所（职业高级中学3所、教师进修学校1所），在校学生4828人；初级中学14所，在校学生1.62万人；九年一贯制学校1所，在校学生136人；小学78所、教学点41个，在校学生3.38万人；幼儿园52所（民办幼儿园33所），在园幼儿1.56万人。全市中小学校、幼儿园在职教职工4330人，专任教师3655人。幼儿园、小学、初中、高中入学率分别为87.5%、99.97%、100%、75%，高考本科上线率58.62%。小学校舍总面积22.88万平方米，生均6.77平方米，初中校舍总面积16.33万平方米，生均11.09平方米。乡级成人技术学校11所，村级成人技术学校86所，青壮年非文盲率99.98%。

【文化·体育】 2012年，西南联大蒙自分校旧址保护修缮一期工程和“省一大”会址查尼皮保护修缮工程竣工使用，市图书馆建设基本完成，市文化馆建设有序推进。完成第三次文物普查工作。建成21个行政村（社区）文化活动室、101个农家书屋、31个村级文体活动广场。配合举办了云南省运动会、红河州第二十次全国助残日文艺晚会等省、州重要文体活动。文化和体育多个竞技项目荣获国际和国家奖项。完成560个自然村3.23万户广播电视“村村通”建设。广播、电视人口覆盖率分别为97.37%、98.53%。

【卫 生】 2012年，蒙自市有卫生事业机构40个。其中州属5个（州第一人民医院、州妇幼院、州中心血站、州疾病预防控制中心、州卫生局卫生监督所），市属7个（市人民医院、市疾病预防控制中心、市妇幼保健院、市中医院、市卫生局卫生监督所、市健康教育所、市新型农村合作医疗管理中心），乡镇卫生院14个。有社会办医医疗机构（含企事业、人民团体、个体对外门诊、诊所）132个。城区有各种医院、诊所112个，占总数的84.84%；乡镇20个，占总数的15.15%。有从业人员370人，病床260张。11个乡镇有村卫生所86个，卫生室45个。市属医疗卫生单位及14个乡镇卫生院有职工538人（市属372人、乡镇 166 人），有卫技人员 446 人（市属 303 人、乡镇 143 人）。全市有病床 2178 张，其中城区 1905 张，床位使用率 91.08%；乡镇 273 张，床位使用率 60.88%；平均每千人拥有病床 5.71 张，拥有卫生技术人员 5.3 人。全年门诊诊治病人 75.68 万人次，收治住院病人 3.02 万人次，治愈率 96.81%。

【社会保障】 2012 年，全市城镇新增就业人员 4925 人，下岗失业人员再就业 1179 人，就业困难人员再就业 972 人，城镇登记失业率 4.3%。发放小额担保贷款 322 户 1680 万元。扶持劳动密集型小企业 11 户，发放贷款 1870 万元。开发就业岗位 5681 个，转移农村劳动力 7632 人，培训各类人员 2838 人。全市参加城镇职工基本养老保险 3.46 万人，城乡居民社会养老保险 16.37 万人，城镇居民医疗保险 4.6 万人，新型农村合作医疗参合 27.04 万人，参合率 95.75%。发放 4358 户 1.1 万名失地农民基本生活补助 1252 万元，存入农民工工资保障金 3083.02 万元，

【人民生活】 2012 年，蒙自市在岗职工年人均工资收入 3.7 万元，比上年增长 13.2%；农民人均纯收入 5777 元，增长 18.5%。全年实现社会消费品零售总额 29 亿元，增长 20%。全年投资 3223.14 万元。实施整村推进重点扶持村项目 67 个。投资 369.4 万元，完成 2011 年度期路白乡小坡头村、麻栗箐、杨柳冲 3 个村民小组 60 户 200 人易地扶贫开发项目。完成小额到户贷款 3000 万元，财政贴息资金 150 万元。通过全面开展贫困识别工作，蒙自市实有贫困人口 2.08 万户 8.33 万人，占总人口的 22%，占农村人口的 29.56%。

（王 熹）

个旧市

【概 述】 个旧市位于云南南部、红河北岸。全市总面积 1587 平方公里，市区所在地锡城镇海拔 1684 平方米，距省会昆明 280 公里。全市辖 6 镇 2 乡 2 区，79 个村民委员会、32 个社区。2012 年末，全市户籍总人口 39.29 万人。其中非农业人口 23.52 万人，占总人口的 59.9%；少数民族人口 15.85 万人，占总人口的 40.3%。人口自然增长率 5.11‰。

2012 年，全市实现生产总值 167.53 亿元，比上年增长 13.7%。其中第一产业增加值 9.48 亿元，增长 6.9%；第二产业增加值 113.68 亿元，增长 15.6%；第三产业增加值 44.37 亿元，增长 10.7%。三次产业之比为 5.6∶67.9∶26.5。规模以上固定资产投资 72.04 亿元，增长 35.4%。其中房地产开发投资 13.5 亿元，增长 15.1%。完成工业总产值 397.84 亿元，增长 19.3%。全市财政总收入 18.17 亿元，下降 4.2%。其中公共财政预算收入 8.89 亿元，增长 3%，公共财政预算支出 25.82 亿元，增长 11.5%。年末，金融机构各项存款余额 191.47 亿元，比年初增长 11.6%；各项贷款余额 126.66 亿元，比年初增长 21%。

【农村经济】 2012 年，个旧市紧紧围绕农业增产、增效和农民持续增收目标，继续贯彻实施加大农业基础设施投入力度等多项强农惠农政策，农业经济取得了稳步发展。全市实现农林牧渔业总产值 16.38 亿元，比上年增长 7.3%；粮食总产量 7.3 万吨，增长 5.6%。农村经济总收入 67.68 亿元，增长 5.4%。畜牧产业持续健康发展，畜牧业产值 7.79 亿元，占农林牧渔业总产值的 47.5%。肉类总产量 4.52 万吨，增长 14.7%；家禽出栏 182.28 万只，增长 19.5%；禽蛋产量 6991 吨、牛奶产量 1.63 万吨，分别增长 15.24%、2.2%。杂交水稻高原育繁示范中心和亲鱼种苗繁育基地建设稳步推进。奶牛、生猪标准化养殖示范区（基地）建设进度加快。大力扶持农业龙头企业及农民专业合作社发展，截至年底，全市规模以上农业龙头企业 15 家，农民专业合作社 144 户。

加强农业基础设施建设，投资 3456.75 万元，完成各项水利工程项目 1579 件，解决 3.18 万人、4163 头大牲畜饮水问题。投入资金 7145 万元，实施 31 个新农村、23 个整村推进和 2 个整镇推进乡村示范工程项目。邦干水库项目已报省级审批，大型灌区续建配套工程开工建设。农村电网改造工程扎实推进。

【工业经济】 2012 年，个旧市积极搭建工业发展平台，特色工业园区规划扩容修编基本完成，面积 37 平方公里。建立重大事项专项调查报告制度，实施大企业增加值率提升行动计划，规模工业支撑有力，全市规模以上工业实现总产值 329.72 亿元、工业增加值 108.16 亿元，比上年分别增长 18.5%、17%。主要工业产品产量：有色矿产金属总量 7.9 万吨，增长 14.2%；十种有色金属 64.9 万吨，增长 13.3%。其中：锡 8.7 万吨，增长 13.6%；铅 36.8 万吨，增长 34.1%；锌 3.6 万吨，下降 36.1%；铝 15.8 万吨，下降 4.4%；

硫酸 58 万吨，下降 12.6%；中成药 304 吨，下降 3.3%；发电量 2.88 亿千瓦小时，增长 13.1%；液体乳(牛奶)2.57 万吨，增长 80.3%。工业经济效益下滑，规模以上工业实现主营业务收入 33.48 亿元，增长 15%；实现利税总额 9.87 亿元，下降 50.4%，其中实现利润 2776 万元，下降 97%。

进一步推进资源型城市转型试点工作，积极争取中央财力性转移支付资金支持力度，年内争取到中央扶持建设项目 25 项，落实中央资金 4.18 亿元，其中争取到 2012 年度中央财力性转移支付资金 1.8 亿元，落实中央扶持个旧市项目建设资金 2.38 亿元。

全面启动工业发展“二次创业”行动计划和“三年倍增”计划，以大项目建设为载体，推进产业结构调整和工业经济转型升级。云锡年产 10 万吨铅、年产 10 万吨铜项目已竣工投产，红铅年产 10 万吨铅、锌联年产 10 万吨再生锌项目即将试生产，南翔年产 10 万吨电解锰及 20 万吨硅锰合金、云铅年产 10 万吨铅、润鑫年产 15 万吨铝钛基合金等 4 个项目进入建设中期，云锡冶炼厂搬迁项目、华鼎年处理 150 万吨铅冶炼废渣综合利用项目前期工作顺利。振兴铅业年产 900 万只铅酸蓄电池项目二期工程积极推进，霞石综合开发、莲花山风电场项目已报省发改委审批。云河药业启动上市进程，完成中药现代化技改项目一期工程并投入试生产。

【商贸·旅游·招商引资】 2012 年，个旧市积极实施国家有关促内需政策，实现社会消费品零售总额 43.64 亿元，比上年增长 18%。城乡市场同步增长，实现城镇消费品零售总额 27.75 亿元，增长 16.3%；实现乡村消费品零售总额 15.87 亿元，增长 21%。分行业看，批发业零售额 3.31 亿元，增长 12.3%；零售业零售额 32.99 亿元，增长 18.9%；住宿业零售额 7000 万元，增长 18.6%；餐饮业零售额 6.62 亿元，增长 16.1%。全年完成外贸进出口总值 11.77 亿美元，增长 99.8%；其中进口 10.43 亿美元，增长 2.08 倍、出口 1.34 亿美元，下降 46.7%。

稳步推进“中国·沙甸回族文化旅游小镇”、“个旧大屯海旅游休闲度假区”、“老阴山旅游度假区”等重点旅游项目建设。开通个旧旅游网，加强与全州各县(市)旅游门户网站的链接。2012 年接待国内外旅游 118.35 万人次，实现旅游总收入 7.93 亿元，比上年分别增长 11.1%、21.9%。

进一步完善招商引资机制，大力开展定点招商、委托招商、产业招商、以商招商和亲情招商。2012 年招商引资项目 32 个，其中结转项目 15 个，新签项目 17 个，(新签项目中 5000 万元以上工业项目 3 个)，新签项目协议总投资 143.5 亿元；全年引进州外到位资金 23.16 亿元，其中省外到位资金 18.03 亿元。

【城乡建设】 2012 年，个旧市大力实施阳山新区开发，新区建设规划、厂矿企业搬迁等前期工作取得新进展，完成 534 个村庄规划编制，实现村庄规划全覆盖。市污水处理厂二期改扩建及配套管网工程进展顺利。垃圾填埋场渗滤液处理工程前期工作顺利推进。完成荣禄街、鄢棚南路二期、御景路、金湖东路环湖游览道修复及绿化提升改造等工程。建筑及房地产业健康发展，建筑业完成总产值 29.45 亿元，完成房地产开发投资 13.5 亿元，比上年分别增长 20.7%、15.1%。

继续加大交通基础设施建设，投资 9 亿元的冷清公路延长线鸡街至个旧段提升改造工程竣工通车。鸡街镇泗水庄片区、个一老一官线、莲花山线等农村公路建设稳步推进。8 个农村公路建制村通畅工程、2 个自然村通达工程进展顺利。9 个乡镇全部开通客运班线，通车率 100%，79 个行政村村中 65 个通班车，通车率 82%。老厂镇客运站建设步伐加快。

【环境保护】 2012 年，个旧市坚持监管与服务并举，有力推动生态环境保护工作顺利开展。继续实施重金属污染综合整治，18 户企业按要求新装了在线监测仪，卡房大沟河道治理工程加快推进，五大工程项目进展顺利，南、北部选矿试验示范工业园区工程前期工作稳步实施。浑水河(卡房大沟)重金属特征污染物砷、铅、镉均呈稳步下降趋势。2012 年 10 月，浑水河(卡房大沟)重金属均达到地表水功能区划要求。积极推进云锡股份有限公司锡冶炼烟气低浓度二氧化硫回收、红河合众锌业有限公司个旧化肥厂中和净化项目、市污水处理厂二期(5 万吨/日)工程等 9 项省级重点减排项目，全面完成 2012 年主要污染物总量减排各项目标任务。继续抓好危险废物监管，做好红河危险废物和医疗废物处置场工程进度的督察工作。深入推进绿色创建活动，指导 308 队社区开展创建省级绿色社区创建工作。全年有效削减 COD 排放量 1668.08 吨，完成 4 户涉重企业污染源在线监控安装。加强节能降耗工作，7 个节能项目列入省重点节能项目。抓好天然林保护、防护林建设、退耕还林、农村能源、矿山恢复治理、石漠化治理、小流域治理等生态工程。完成绿化造林1.5万亩，义务植树85万株。完成土地利用总体规划和矿产资源规划修编，矿山地质环境恢复治理项目累计完成投资1.62亿元，城乡生态环境持续改善。

【社会保障·人民生活】2012年，全市参加城镇职工基本养老保险6.94万人，城镇职工基本医疗保险参保11.74万人，城镇居民基本医疗保险参保9.55万人。全市城镇新增就业和再就业6708人，城镇登记失业率3.95%。加强对失地农民职业技能培训，累计有372名失地农民学员免费参加红河州技工学校、个旧一职中3年制技校、职高学历教育培训。促进农村劳动力技能提高和转移就业，年内培训农村富余劳动力5701人，新增转移农村劳动力4482人。稳步推进城乡居民社会养老保险工作，参保人数10.6万人。为城乡困难群众提供医疗救助资金837.15万元，全市有5.27万低保对象享受到低保补助，全年发放资金1.04亿元。实施600套廉租住房及3585套公共租赁住房建设，400套城市棚户区及58套国有林区棚户改造顺利推进，对符合住房保障条件的1522户住房困难家庭，发放廉租住房租赁补贴187万元；完成600户农村危房改造及400户农村民居地震安全除险加固工程。

2012年，在岗职工年平均工资3.59万元，增长2.6%；城市居民人均可支配收入1.88万元，增长15.5%；农民人均纯收入8408元，增长24.1%；城镇居民人均住房建筑面积26.09平方米，农村人口平均住房建筑面积34.3平方米。

【社会事业】2012年，个旧市组织申报国家、省、州级科技项目18项，获国家级立项支持2项，省级立项支持6项，州级立项支持4项。申请专利76件，获权53件，其中发明获权量15件。“中国锡都金属网电子商务综合应用平台”和“高效萃取综合回收工艺技术”获国家中小型创新基金立项支持。个旧生产力促进中心被省科技厅认定为省级生产力促进中心，成为云南省初次认定的17家省级生产力促进中心之一（红河州唯一一家）。

2012年，全面实施教育振兴行动计划，强化教育管理，提升办学品质。幼儿入园（班）率84.81%，在园幼儿1.28万人。学龄儿童入学率99.96%，小学在校学生3.47万人。初中在校学生1.4万人，初中毛入学率102.6%。高中阶段毛入学率78.05%，高考总上线率97.1%，高中在校学生6716人。下拨2458.03万元资金，对所有义务教育阶段的农村中小学校实施国家营养改善计划，4.34万学生受益。投入1585.5万元资金实施义务教育薄弱学校改造计划。继续实施校安工程，年内启动7个校安工程建设项目，完成9764平方米B、C级维修加固，5157平方米D级危房拆除重建建设任务。

2012年，加快推进基本医疗保障制度建设，巩固扩大基本医疗保障覆盖面。全市新农合参合率97.99%，大病参合人数8.67万人，参合率48.4%。促进非公立医疗卫生机构发展，审批设置1所康复医疗为主的民营医院。继续推进以电子病历为核心的医院基层卫生信息化建设，全面完成从市级医院、乡镇卫生院、社区卫生服务机构到村卫生室的相关硬件建设。大力推进公立医院改革，深入开展“优质护理服务示范工程”活动、推行临床路径，成立临床服务中心为患者提供检查及就医过程免费陪护服务。全市新农合定点医疗机构完成市乡级新农合接口改造，实现患者补偿实时上传及审核。积极争创国家社区示范中心，城西社区卫生服务中心被评选为国家级示范社区卫生中心。“光明工程”、“妇幼健康计划”等惠民工程深入实施，食品药品监管和计生工作水平不断提高，人口自然增长率3.25‰。

文体事业蓬勃发展。加强农村公共文化服务基础设施建设，积极推动大黑山村委会、宝华社区、胭粉庄村小组3个“文化惠民示范村”的创建工作，建成9个村级文化体育活动广场。继续扩大文化信息资源共享工程覆盖面，新建11个村委会服务网点，文化信息资源共享工程覆盖全市75个村委会。大力开展、组织文化下乡和体育赛事活动。稳步推进广播电视“户户通”工程，全市广播、电视人口覆盖率分别为99. 4%、97.7%。

（何少华）

文山州市县区经济选介

文山市

【综 述】 2012 年，文山市实现地区生产总值（GDP）140.6 亿元，按可比价格计算，比上年增长 15.2%，比全州的增速高出 1 个百分点，比全省的增速高出 2.2 个百分点，比全国的增速高出 7.4 个百分点。分季度看，一季度同比增长 14.2%，二季度增长 14.6%，三季度增长 14.4%，四季度增长 16.5%。分产业看，第一产业增加值 15 亿元，比上年增长 6.8%，拉动 GDP 增长 0.6 个百分点，对 GDP 增长的贡献率为 4.2%；第二产业增加值 69.8 亿元，增长 19.4%，拉动 GDP 增长 9.8 个百分点，对 GDP 增长的贡献率为 64.8%；第三产业增加值 55.8 亿元，增长 11.7%，拉动 GDP 增长 4.8 个百分点，对 GDP 增长的贡献率为 31%。三次产业结构由上年的 10.5∶49.3∶40.2 调整为 10.7∶49.7∶39.6。人均 GDP 2.88 万元，按 2012 年末人民币汇率（1 美元=6.29 元人民币）折算人均 4586 美元。非公有制经济实现增加值 64.5 亿元，按可比价计算，增长 7.1%，非公有制经济占全市 GDP 的比重为 45.9%，占全州非公有制经济增加值的比重为 26.5%。

2012 年末，文山市常住人口 48.92 万人，城镇人口 27 万人，比上年末增加 4000 人，城镇化率 55.2%，比上年末提高 2.6 个百分点。

文山市根据《云南省政府关于同意文山市开化镇撤镇设立 3 个街道办事处的批复》、《文山州政府关于同意文山市撤销开化镇设立开化、卧龙、新平 3 个街道办事处的批复》，2012 年 8 月 9 日举行文山市撤销开化镇设立开化、卧龙、新平街道办事处大会及揭牌仪式，街道办事处是市政府的正科级派出机关，受市政府领导。

2012 年 12 月 31 日，文山三七产业园区和马塘工业园区管委会揭牌成立，文山三七产业园区管理委员会和文山马塘工业园区管理委员会，为市政府副处级的派出机构。

【农 业】 2012 年，实现农业总产值 24.5 亿元，按可比价格计算，比上年增长 7.9%。其中：种植业产值 15.8 亿元，增长 9.9%；林业产值 3000 万元，增长 9%；畜牧业产值 7.46 亿元，增长 4.25%；渔业产值 2400 万元，增长 7.2%；农业服务业产值 7000 万元，增长 5.3%。

全年农作物播种面积135.25万亩，增长 11.1%。其中：粮食作物种植面积 70.03 万亩，经济作物种植面积 51.75 万亩，其它作物种植面积 13.47 万亩。粮经比例为 52∶48。粮食总产量 17.77 万吨，比上年增长 2.1%。其中夏粮产量 2.92 万吨，增长 2.9%；秋粮产量 14.85 万吨，增长 1.9%。粮食综合平均亩产 254 公斤，比上年提高 3 公斤。油料产量 1.11 万吨，增加 2520 吨，增长 29.4%；蔬菜产量 11.7 万吨，增产 1.04 万吨，增长 9.7%；烤烟产量 1.06 万吨，增产 108 吨，增长 1%；三七产量 2673 吨，增产 391 吨，增长 17.1%；甘蔗产量 18.46 万吨，增产 6.45 万吨，增长 53.7%。

生猪出栏 51.91 万头，比上年增长 7.7%，年末生猪存栏 39.15 万头，增长 3.1%；大牲畜出栏 2.84 万头，增长 4.6%；家禽出栏 146 万只，增长 4.3%。肉类总产量 5.68 万吨，增长 13.2%。其中：猪肉产量 5.02 万吨，增长 14.3%；禽肉产量 2730 吨，增长 4%；牛肉产量 3184 吨，增长 7.8%；羊肉产量 678 吨，减少 3.3%。禽蛋产量 3966 吨，增长 22.4%。水产品产量 2918 吨，增长 30%。

2012 年末，全市农业机械总动力 22.64 万千瓦，比上年增长 10.54%，其中排灌机械动力 4.28 万千瓦，增长 9.98%；沼气池 2.19 万口，减少 227 口；农村用电量 6455 万千瓦时，增长 16.2%。

全市举办粮食作物、烤烟生产、三七、畜牧养殖等各类农村实用科学技术培训 1926 期 12.16 万人次，其中农村实用人才骨干培训 440 人。

2012 年末有水库工程 83 件，其中中型水库 1 件、小㈠型水库 7 件、小㈡型水库 75 件，各型水库总库容 8478 万立方米，总供水量 9445 万立方米。灌区工程 4 件，供水量 5462 万立方米，水窖工程 2.43 万件，供水量 72.99 万立方米。

【工业·建筑业】 2012 年，全市规模以上工业实现增加值 55 亿元，按可比价格计算，比上年增长 22.2%，工业拉动经济增长 8.1 个百分点，贡献率 53.3%。分经济类型：国有企业增加值增长 36.7%，股份制企业增长 17.3%。分轻重工业：重工业增加值增长 13.4%，轻工业增长 42%。轻重工业结构由上年的 44.9∶55.1 调整为 55.4∶44.6。

规模以上工业企业实现主营业务收入 88.6 亿元，比上年增长 19.7%。实现利润 14.2 亿元，增长48.9%。其中国有企业实现利润10.3亿元，增长86.1%；股份制企业实现利润3.6亿元，下降0.8%；其他企业实现利润3000万元，下降18.3%。

2012年，全市建筑业完成增加值14.08亿元，比上年增长17.2%，拉动经济增长1.7个百分点，贡献率11.5%，占地区生产总值（GDP）的10%。

【节能降耗】 2012年，全市单位GDP能耗1.01吨标准煤/万元，比上年下降3.01%。

【固定资产投资】 2012年，全社会固定资产投资完成96.06亿元，比上年增长29%。其中500万元以上固定资产投资68.96亿元，增长31.5%，房地产开发投资27.1亿元，增长22.9%。在固定资产投资中，国有及国有控股投资40.58亿元，增长21%；民间投资28.38亿元，增长50.3%；占全部投资的比重为41.2%。分产业看，第一产业没有投资；第二产业投资25.19亿元，增长7.2%；第三产业投资43.77亿元，增长52.6%。全年基础设施（不包括电力、热力、燃气及水的生产与供应)投资13.41亿元，增长9.3%。从到位资金看，全年到位资金53.19亿元，增长23.4%。其中国家预算内资金下降11.5%，国内贷款下降23.6%，自筹资金增长27.6%，其他资金增长153.7%。全年新开工项目计划总投资80.89亿元，增长402.5%；新开工项目99个，比上年增加66个。

2012年，在房地产开发投资中，住宅投资比上年下降26.7%，房屋新开工面积99万平方米，增长29.7%；其中住宅新开工面积增长22.2%。商品房销售面积59万平方米，增长12.8%；其中住宅销售面积增长25.0%。房地产开发企业土地购置面积61万平方米，增长172%。商品房待售面积11万平方米，增长276.1%。全年房地产开发企业本年到位资金31.05亿元，增长59.5%。其中，国内贷款增长75.2%，自筹资金增长46.5%，其他资金增长60.6%。

【国内贸易·市场物价】 2012年，全市社会消费品零售总额65亿元，比上年增长20%。按城乡区分，城镇消费品零售额48.4亿元，增长37.3%；乡村消费品零售额16.6亿元。按消费形态分，商品零售47.4亿元，增长36.8%；住宿业5299万元，增长10.6%；餐饮收入10.8亿元。按商品销售分类，汽车类增长18.1%；石油及制品类增长20.3%；粮油、食品、饮料、烟酒类增长11.3%。

全年居民消费价格比上年上涨3.4%，涨幅回落1.2个百分点。分类别看，食品价格上涨7.5%，烟酒及用品上涨1.8%，衣着上涨0.4%，家庭设备用品及维修服务上涨1.9%，医疗保健和个人用品上涨0.2%，交通和通信上涨1.2%，娱乐教育文化用品及服务上涨2.9%，居住上涨0.7%。在食品价格中，粮食价格上涨3.8%，油脂价格上涨1.6%，肉禽及其制品价格上涨1%，禽蛋价格下降3.4%，水产品价格上涨5.3%，鲜菜价格上涨22%。

商品零售价格指数为103.1%，比上年增长3.1%。农业生产资料价格指数为107.8%，增长7.8%。工业生产者出厂价格指数(PPI)为96.66%，下降3.34%。

【对外经济】 2012年，全市外贸进出口总额1.16亿美元，比上年增长60.4%。其中出口1.15亿美元，增长65.3%；进口87万美元，下降67.4%。

全年实施新签约及结转国内合作项目37个，比上年增长3%，项目协议总投资167.3亿元，增长15%，实际到位资金39.2亿元，增长56%。引进外资项目1个，协议总投资1.52亿元，折合美元2430万美元，2012年实际利用外资1400万元，折合美元224万美元。

【交通运输·邮政·旅游】 2012年，交通运输、仓储和邮政业完成增加值8.2亿元，比上年增长10.9%。

全年各种运输方式完成客货运周转量5.05亿吨公里。完成货运量325万吨，比上年增25%；货物周转量4.54亿吨公里，增长25%；客运量295万人，旅客周转量5.11亿人公里，增长25%；境内公路里程2762.4公里，增加37.3公里，增长1.36%，公路网密度92.83公里/百平方公里，新改建农村公路50.4公里。年末公交营运车辆109辆，营运线路13条，线路总长139.61公里，营运出租汽车695辆。全市机动车拥有量11.77万辆，其中汽车3.97万辆，摩托车7.76万辆，农用运输车268辆。

2012年，全市邮政业务总量1683万元，比上年增长12%。年末全市固定电话用户5.6万户，下降1.2%，其中城市电话用户4.7万户，乡村电话用户9000户。移动电话5.7万户。

2012年，全市拥有星级饭店6个，星级饭店客房总数795间，名胜风景区和文物保护区2个，接待游客158.54万人次，增长7.56%。全市实现旅游业总收入 18.07 亿元，增长 19.36%。

【财政·金融】 2012 年，全市完成财政总收入 19.2 亿元，比上年增长 28.2%，其中地方公共财政预算收入突破 10 亿元大关，达 10.7 亿元，增长24.4%。全市财政总支出22.1亿元，增长 10%。教育支出 4.09 亿元，增长 29.68%；一般公共服务支出 2.11 亿元，增长 25.55%；社会保障和就业支出 2.47 亿元，增长 11.62%；医疗卫生支出 2.1 亿元，增长 9.03%；农林水事务支出 2.62 亿元，下降 6.08%。

2012 年末人民币贷款余额 174.3 亿元，存款余额 220.2 亿元。全年新增人民币贷款 24.6 亿元，比上年多增 14 亿元；新增存款 38.3 亿元，比上年多增 7.1 亿元。

【教育·科技】 2012 年，全市幼儿园数 53 所，幼儿入园率 83.5%，在园幼儿 1.69 万人，比上年增长 2.39%，教职工 1186 人，增长 7.92%。小学校数 142 所，在校学生 4.62 万人，下降 0.32%，小学专任教师 2543 人，学龄儿童净入学率 99.55%，学龄儿童毛入学率 112.82%，小学在校学生年辍学率0.16%，小学毕业生升学率97.21%。普通中学校数 25 所，普通中学在校学生 3.27 万人，下降 0.83%，其中初中学生 2.2 万人，普通高中在校生 1.06 万人；普通中学专任教师 2109 人，增长1.69%。中职学校数 12 所，在校学生 1.71 万人，下降 11.16%，中职学校专任教师 716 人。初中学龄人口净入学率 86.84%，初中阶段学龄人口毛入学率 110.87%，初中在校学生年辍学率 1.92%，初中阶段学生升学率 81.64%。高考上线率 98.27%。全市人口人均受教育年限 8.21 年。扫除青壮年文盲 145 人。全面落实“两免一补”政策，全市获得公用经费补助 3716.23 万元；有 13.12 万人次中小学生享受国家免费教科书，2.78 万名中小学生得到寄宿制生活补助；普通高中和中职学生 6600 人次获得国家助学金补助。

2012 年，全市实施省级科技计划项目 11 项，新批准高新技术企业 3 个，省级创新型试点企业 1 家，申请专利 70 项。全市投入科技项目资金 660 万元，比上年增长 169%。年底，专利授权 50 件，有效发明专利 24 件。

【文化·卫生·体育】 2012 年，全市有各种艺术表演团体 446 个，其中专业表演团体 1 个、文化馆 1 个、广播电视台 1 座、公共图书馆 1 个，公共图书馆藏书量 4 万余册。全市广播、电视人口覆盖率分别为 100%、99.4%。有线电视用户 7.5 万户，有线电视入户率 65.58%。

2012 年，全市有卫生机构 158 个，其中医院、卫生院 16 个，社区卫生服务中心（站）6 个，妇幼保健院（所、站）1 个，专科疾病防治院（所、部）2 个，疾病预防控制中心（防疫站）1 个，卫生监督局（中心）1 个。卫生机构床位数 1410 张，其中医院床位数 1038 张，卫生院床位数 372 张；专业卫生技术人员 1204 人，其中执业医师及执业助理医师 562 人，卫生防疫人员 136 人；村卫生室 130 个，卫生员 287 人；5 岁以下儿童死亡率 13.98‰，婴儿死亡率 9.46‰，产妇住院分娩率 96.54‰；全年报告乙、丙类传染病 2300 例，比上年增长 61.4%；农村卫生厕所普及率 74.45%。新型农村合作医疗参合农民 33.09 万人，参合率 95.38%。全市 60.81 万人次享受到新农合医药费用补偿 8368.25 万元。

2012 年，文山市游泳协会组队代表文山市参加省青少年儿童游泳锦标赛，分别获得女子混合全能第二名，男子混合全能第三名，蛙泳全能第五名；文山棋院组队参加省围棋邀请赛，获得团体第五名，赵云涛获得个人第二名；组队参加 2012 中国东川泥石流摩托车超级耐力赛，取得了国产组团体第一名的好成绩；文山市参加文山州第五届老年人体育健身运动会 7 个项目，获得团体及个人的 4 项金奖、3 项银奖、2 项铜奖。

【生态环境·自然资源】 2012 年，文山市日照时长 2238.1 小时，年降水量 1166.2 毫米，年平均气温 18.5℃，比上年偏高 0.5℃；年降水天数 142 天，最长连续降水 10 天；最长连续降水量 148.4 毫米，日最大降雨量 44.8 毫米（5 月 6 日）；年极端最高气温 34.8℃（5 月 4 日），年极端最低气温 1.1℃（12 月 24 日）。无霜期总天数 358 天，初霜日期 12 月 24 日。

2012 年，全市环境保护系统有 60 人，有市级环境监测站 1 个。全市工业废水排放达标率 89%，工业固体废物综合利用率 52%，工业废气处理率 93%，工业烟尘排放量达标率 83.4%，工业二氧化硫排放量 1930 吨。有污水处理厂 1 个，垃圾处理厂 1 个，城镇生活污水集中处理率 67.7%，城市生活垃圾无害处理率 100%。城市环境空气质量达到国家Ⅱ级标准，盘龙河城区段水质达国家Ⅳ类标准。

2012 年，全市有森林面积 10.5 万公顷，新增封山育林面积 2.36 万亩，年末实有封山育林面积 19.78 万亩；完成人工造林 8.62 万亩；全市森林覆盖率 35.4%。

年末全市有自然保护区 1 个，自然保护区面积 2.3 万公顷。区内动植物资源丰富，现已查明的蕨类植物有 45 科 100 属 262 种，种子植物 187 科 946 属 3085 种，列入国家重点保护植物有 42 种；列入省级重点保护植物有 25 种。其中国家级保护珍稀濒危植物 34 种（长蕊木兰、云南拟单性木莲、水青树等）；省级保护有 25 种（毛尖数、滇琼楠、红脉梭罗等）；在自然保护区内生活的野生动物有 400 多种，其中蜂猴、岩羊等 7 种动物属国家一级保护动物，鸟类 222 余种，生物多样性十分丰富。

【安全生产·社会治安】 2012 年全市安全生产事故死亡 27 人，比上年下降 6.9%。亿元地区生产总值生产安全事故死亡人数为 0.19 人，比上年下降 20.33%。

全市有警察 615 人、律师 39 人。2012 年发生普通程序处理交通事故 26 起，造成 25 人死亡，16 人受伤；火灾事故 20 起，火灾损失额 48 万元；立刑事案件 7448 起，破获 1522 起，通过破案共抓获刑事作案成员 473 人；受理治安案件数 2014 起，查处 1778 起，通过查处治安案件共处理违法人员 2318 人；全年逮捕 422 人，劳动教养 2 人。

【人口·劳动就业】 2012 年，全市人口出生率 13.14‰，死亡率 6.51‰；自然增长率 6.63‰，比上年下降 0.09 个千分点。年末全市总人口 46.76 万人（户籍人口），比上年末增加 4500 人。其中农业人口 31.32 万人，非农业人口 15.44 万人。

全年城镇新增就业人数 2436 人，增加 754 人，比上年增长 44.8%。年末全市城镇实有登记失业人数 899 人，城镇登记失业率 3.1%。

【社会保障·人民生活】 2012 年末，全市参加城镇基本养老保险人数 1.83 万人，比上年末增加 3672 人，其中在职职工 1.53 万人，离退休人员 3051 人。参加城镇居民和新型农村养老保险的人数为 19.89 万人，增加 3.54 万人，参加城镇基本医疗保险的人数 7.56 万人，增加 4674 人。其中参加城镇职工基本医疗保险人数 2.14 万人，参加城镇居民基本医疗保险人数 5.41 万人，全市参加失业保险人数 5900 人，救助失业人员 1300 人次。参加工伤保险的人数 1.84 万人，增加 1.17 万人，其中参加工伤保险农民工 5237 人，增加 1501 人。参加生育保险的人数 1.54 万人，增加 1.11 万人。全市基本社会保险覆盖率 71.47%。

2012 年末，全市享受城市最低生活保障的居民 6363 人；享受农村最低生活保障的农民 2.66 万人，比上年增加 3650 人。全市有 8 个各类供养性社会福利单位，供养床位 379 张，供养各类人员 379 人，农村五保供养人数 1618 人。城镇建立各种社区服务设施 39 个，社区服务中心 15 个。接收社会捐赠款 324.55 万元。

2012 年，城镇居民人均可支配收入 2 万元，比上年增长 12.1%。全市在职职工年平均工资 3.7 万元，增长 11.8%。农民人均纯收入 5410 元，增长 15.3%。

（李学慧）

广南县

【综　述】 广南县位于云南省东南部、文山州东北部，地处滇、桂、黔三省（区）交界处，东经 104° 31' ~ 105° 39'，北纬 23° 29' ~ 24° 28'，东西相距 105 公里，南北相距 103 公里。东与富宁县接壤，南与西畴县、麻栗坡县毗邻，西邻丘北县、砚山县，北接广西西林县，与贵州省兴义市相望，是云南通往“两广”和沿海地区的交通要道。县城距昆明市 485 公里（原国道线），距文山城 167 公里，距南宁市 560 公里。全县辖 18 个乡镇（7 镇 11 乡）、2 个国营农场、1 个国有林场、167 个村委会、7 个社区居委会、2714 个自然村、3247 个村小组。2012 年末，全县总人口 79.61 万人，居住着汉、壮、苗、彝、瑶、回、蒙古、仡佬、傣、白、布依 11 种民族，其中：少数民族人口占总人口 62.1%，壮族人口占总人口 42.2%，城镇化率 23.9%。全县国土面积 7810 平方公里，居全省第三位，其中山区、半山区面积占 94.7%，坝区占 5.3%。林地面积 770.77 万亩，森林覆盖率 48.3%。

生物资源 植物有 50 多个科目 600 多个种；全县盛产烤烟、八宝米、油茶、铁皮石斛等特色农产品；是全省杉木生产基地县、商品粮基地县、商品牛基地县、木本油料产业生产基地县和高原特色农业产业示范县之一。

矿产资源 地下有锑、铅锌、磷、金矿等金属、非金属矿藏资源 30 余种，165 个矿床（点），其中锑储量探查 24 万金属吨，居全国第二位。

水能资源 总蕴藏量 57 万千瓦，可开发利用 32 万千瓦，已开发利用 20 万千瓦。

文化旅游资源 县城——莲城是省级历史文化名城，旧莫是省级历史文化名镇；现保存较为完好的文物有壮族侬氏土司衙署、文庙、文笔塔等 19 处古建筑及古遗址，有不可移动文物 186 处、馆藏文物 525 件；坝美世外桃源是国家“AAA”级旅游景区，八宝是“AA”级旅游景区、省级风景名胜区，八宝镇、坝美镇和法棚、马路村分别列入全省 60 个旅游小镇和 200 个旅游特色村。2012 年广南地母历史文化旅游建设列为全省十大历史文化旅游建设项目之一。

2012 年，全县实现生产总值 63.26 亿元，按 2011 年可比价计算，比上年增长 12.7%，居全州第七位，其中第一产业增加值 24.71 亿元，增长 6.8%；第二产业增加值 15.6 亿元，增长 21%；第三产业增加值 22.96 亿元，增长 12.7%。全县人均国内生产总值 7968 元，增加 1337 元。非公有制经济实现增加值 26.1 亿元，增长 13.9%，占 GDP 的比重 41.3%。社会消费品零售总额 31.8 亿元，增长 15.2%，居全州第二位。全年接待海内外游客 66 万人（次），实现旅游综合收入 4.9 亿元。

【农 业】 2012 年，全县实现农业总产值 40.55 亿元，现价比上年增长 27.8%，其中种植业产值 17.55 亿元，增长 34.4%；林业产值 2.4 亿元，增长 27.5%；农业产业国家补助资金 9967.98 万元，其中农作物良种补贴 1027.98 万元，农资综合补贴 8940 万元，惠及农户 30.86 万户 74 万人；畜牧业现价总产值 18.96 亿元，增长 18%；人均畜牧业产值 2582 元。肉类总产量 13.11 万吨。水产品产量 1.02 万吨，产值 1.31 亿元。完成水利投资 6.2 亿元，建成各类水利工程 2.3 万件，改造中低产田地 18.4 万亩，有效灌溉率从 15.3%提高到 16.9%，解决 22.3 万人、7.7 万头大牲畜饮水安全。

【新农村建设】 1.整村推进。2012 年，省、州实际下达全县整村推进项目 101 个村组，项目总投资 4763.7 万元，其中国家补助资金 1515 万元，部门整合 1543.02 万元，群众自筹 1705.68 万元。2.扶贫安居工程项目。年内完成投资 1270.7 万元，其中财政专项补助资金 201 万元，群众自筹及投工献料折资 1069.7 万元。3.革命老区开发项目。总投资 180 万元，其中革命老区建设专项资金 50 万元，部门整合 50.3 万元，群众自筹 79.7 万元。全年投入扶贫资金 1.08 亿元，其中财政扶贫资金 8832 万元，扶贫贴息贷款 270 万元，群众以劳折金 1705.68 万元。

【工 业】 2012 年，全县实现工业总产值 31.73 亿元，比上年增长 40%，实现全部工业增加值 6.63 亿元，增长 21.8%。其中规模以上工业企业产值 23.01 亿元，规模以下工业企业完成产值 8.72 亿元。全社会电力消费 7.37 亿千瓦时，增长 9%，居全州第四位。新建或改造农村客运站 8 个，公路通车里程 4524 公里，完成公路建设投资 69 亿元。投资 4.2 亿元，建成 6 条 110 千伏输电线路、6 座 35 千伏变电站，升压增容改造 3 座 110 千伏变电站，改造农村电网 763.4 公里，解决 397 个村的通电问题，全面消除无电村。

【乡镇企业】 2012 年，全县乡镇企业发展到 7761 户（含个体工商户），乡镇企业现价总产值 23.7 亿元，总收入 25.47 亿元，上缴税金 4829 万元。新增民营企业 255 户，民营经济增加值从 9.9 亿元增加到24.9亿元，占生产总值的比重从 36.9%提高到 41.5%。

【固定资产投资】 2012 年，在建招商引资项目 17 个，协议总投资 32 亿元，累计完成到位资金 10.59 亿元，完成利用外资 67 万美元，推动规模以上固定资产投资29.36亿元，比上年增长 35.1%，居全州第六位；规模以上工业增加 5.3 亿元，增长22.1.1%，居全州第六位。全县非电工业固定资产投资完成 7.77 亿元。

【财政·金融·保险】 2012 年，全县财政总收入 4.67 亿元，比上年增长 25.8%，居全州第六位；地方财政公共预算收入 2.4 亿元，增长 20%。金融机构各项存款余额 73.43 亿元，贷款余额 28.53 亿元，居全州第三位，分别增长 26.4%、18.3%。保险费收入 4405 万元，赔付 1316 万元。

【教科文卫】 2012 年，启动县一中扩建和特殊教育学校等项目建设，建成幼儿教育综合服务中心和 86 所农村幼儿园，新建中小学校舍 18.6 万平方米，排除 D 级危房 16.3 万平方米，办学条件较大改善。人均受教育年限从 6.07 年提高到 6.9 年。重视科技推广和技术创新，申请专利 95 件，获得云南省著名商标 2 件。完成县医院整体迁建等项目建设，新建或改造乡镇卫生院12个、村卫生室 93 个。严格落实计划生育政策，发放“奖优免补”资金1718万元，人口自然增长率控制在6.62‰以内。

【社会保障】 2012年，全县发放创业小额担保贷款、“贷免扶补”贷款、公益性岗位补贴和劳动密集型企业小额担保贷款6560万元，实施新型农村养老保险和城镇居民养老保险，参保人数分别为 40.46 万人、7311 人，发放 60 岁以上老年人养老保险金1802万元；新型农村合作医疗参合率从 80.1%提高到 94.6%，补偿金额 4 亿元。社会救助和救灾救济力度加大，农村低保从 6.1 万人增加到 8.3 万人，城市低保从 7928 人增加到 8783 人，发放城市低保 8662 万元、农村低保 2.9 亿元、城乡医疗救助金 7410 万元、救灾资金 3480 万元，困难群众生活得到保障。免费实施 2605 例白内障复明手术；3.2 万残疾人得到困难救助。

【城乡收入】 2012 年，城镇居民人均可支配收入 1.75 万元，比上年增长 12.8%，居全州第五位；农村经济总收入37.78 亿元。农民人均纯收入 4428 元，增长 21.1%，居全州第五位；按国务院新颁布的2300元的脱贫标准统计，全县仍有贫困人口 65.7 万人，占总人口的 82.5%，农民人均纯收入低于 1196 元的贫困人口有 28.8 万人、低于 785 元的深度贫困人口有 6.8 万人，分别占总人口的 36.2%、8.5%。

【劳务输出】 2012 年，全县劳动力转移培训 2100 人（次）、输出富余劳动力 8.04 万人（新增转移 3.35 万人），实现新增劳务经济收入 6.06 亿元。新增就业岗位 2066 个，城镇实有登记失业人数 551 人，解决下岗人员重新就业 250 人，城镇登记失业率 3.21‰。全县在岗职工年平均工资 3.37 万元。

（郭 凯）

大理州市县区经济选介

大理市

【综 述】 2012 年,大理市经济和社会实现平稳较快发展。全市实现生产总值（GDP）255 亿元，比上年增长 15%，其中第一产业增加值 18 亿元，增长 8%以上；第二产业增加值 128 亿元，增长 13%。工业增加值 105 亿元，增长 12%；第三产业增加值 109 亿元，增长 17%。

洱海放流鱼类

【农 业】 2012 年，大理市实现农业总产值 33.7 亿元，比上年增长 19.5%，全年粮食播种面积 36.5 万亩，粮食总产量 17.6 万吨。肉类总产量 8.04 万吨，奶类总产量 19.06 万吨。特色农业产业得到发展，花卉产业种植面积 3 万亩，占全州花卉面积的42.3%，总产值 10.86 亿元，鲜切花年产 180 万株，盆栽花木 20 万盆；种花农户 4000 户，占总农户的 1.03%，从业人员 1 万人，占农村从业劳动力的 8.3%；花卉企业 18 个，规模化生产基地 16个，被国家、省认定的“三品一标”18 个，形成了一定规模及品牌影响力。蔬菜产业建设 3 万亩优质蔬菜生产基地，以大理镇、下关镇为核心，带动银桥镇、湾桥镇、喜洲镇、上关镇发展无公害蔬菜种植，已建成 13.2 万亩无公害农产品基地。构建产、加、销一体化高效生态农业生产模式；桑蚕产业 2012 年全市鲜茧产量 4.4 万公斤，实现产值 172 万元，增长 10%；蓝莓种植已初见成效；通过土地流转方式，建立了 500 亩示范园、600 多亩苗木基地。年稻鱼工程、茭白、海菜花、浅水藕等水生蔬菜种植养鱼 3676 亩。全年水产品产量 1.31 万吨，其中人工养殖产量 5274 吨、洱海捕捞产量 7836 吨。进行建鲤繁殖生产，成功孵化建鲤鱼苗近 200 万尾。已顺利投放市内各重点商品鱼养殖区，投放面积 150 亩。

【扶贫工作】 2012年，大理市的“整村推进”扶贫工作项目于5月启动实施，完成规划项目投资1195万元，项目建设取得了明显成效。年度扶贫开发工程“整村推进”工作项目村是喜洲镇庆洞村委会江渡自然村、上关镇兆邑村委会北园自然村和南园自然村，3个项目村总户数202户、771人，其中贫困户73户、320人，贫困人口占总人口的42%。3个自然村扶贫开发工程“整村推进”工作包括农户八有、产业发展、基础设施等项目，规划总投资917万元，其中州级财政资金90万元，市级配套财政资金150万元，部门整合206万元，群众自筹471万元。在做好“整村推进”工作的同时推进其他各项扶贫开发工作开展。1.扶贫到户贷款工作。第一批下达小额信贷扶贫到户500万元，第二批小额信贷扶贫到户1500万元。2.省级重点扶持村建设工作。在广泛开展调研的基础上，积极组织撰写项目文本，通过积极争取和申报，全市12个自然村列入了重点扶持村范围，获得省级财政扶贫资金180万元，主要用于道路硬化、基本农田建设、发展种、养殖业、人饮工程等。3.组织实施800人劳动力转培训工作和向上转报给予大理市一品得茶厂50万元、大理天赐花卉公司100万元产业扶持资金补助。4.完成规划总投资443万元海潮村易地搬迁项目，建设项目主要有安居工程、人畜饮水、农田水利、产业发展、道路建设、生态建设、科技培训等。5.在全市11个乡（镇）和2区实施100户的“安居工程”，每户补助1万元，合计投入财政资金100万元。扶贫到户贷款、重点扶持村、产业扶持、劳动力转培训、安居工程、易地搬迁等项扶贫开发工作使大理的龙头企业和贫困村、贫困户能最大限度地享受国家扶贫政策，最大程度地整合各方面扶贫资金，实现多为贫困地区群众和企业办实事。

【固定资产投资】 2012年，大理市着力推进项目建设，开展工业、水利、旅游、环保、城建、教育、卫生等一批重大项目。全年向上级发改部门争取到洱海保护、城市供排水、交通等项目补助资金2.01亿元，实施项目450个，其中新开工353个；全市规模以上固定资产投资完成165.91亿元，比上年增长32.67%。其中，城镇投资完成105.72亿元，增长19.71%；房地产开发投资完成60.19亿元，增长63.82%。全市固定资产投资实现了持续快速增长。

【保护开发】 2012年，以苍山、洱海、海西片区为重点的生态保护得到进一步加强，生态环境进一步优化。洱海保护成效明显，洱海水质全年总体保持Ⅲ类，有6个月达到Ⅱ类。苍山景区日常管理得到加强，生物多样性保护工作有序开展，“百村整治”、新农村建设、政协集镇建设稳步推进。城市形象进一步提升，国家园林城市创建稳步推进，客运中心、交通饭店、西大街、金星村等片区旧城改建项目进展顺利，城市道路改造、绿化、景观照明灯工程项目加快实施，市政设施不断完善，城市综合服务功能进一步增强。城镇化率59.6%，城市绿化覆盖率36.17%，建成区面积44.5平方公里。

【公共交通】 2012年，大理市公共汽车公司现有营运车辆294辆（335标台），在职员工人数815人，经营22条公交线路，线网总长约210公里，营运里程2089万公里，营业收入6743万元，年运送乘客9400万人次（含60岁以上老年人乘车量1508万人次）。每天公交车运行2500班次，日客运量26万人次，公交停车场站7个（小花园停车场、人民南路停车场、北区停车场、四路车停车场、龙泉组团12路停车场、大理古城停车场、打渔村廉租房小区10路停车场），约3万平方米。公交线路覆盖了整个下关城区、大理古城、凤仪，并在下关城区形成东西向、南北向“五纵四横”为主主相对交叉和延伸的公交网络，连接大理古城、下关、凤仪的公路交干线，覆盖太邑、华营、大江西等远郊线路，形成比较系统科学的公交网络。目前，大理市万人拥有公交车10标台，公交出行分担率约35%。近年来公交车辆保持正常更新，营运公交车基本上以大容量、低排放的车辆为主。至2012年，已累计为60岁以上老年人办理免费乘车卡6万张、为残疾人办理免费乘车卡1423张、学生卡6.75万张、爱心卡（低保人群）1525张。

【农村危房改造及地震安居工程】 2012年，中央及省、州下达大理市农村危房改造任务1849户，其中拆除重建1124户(其中包括25户贫困残疾人家庭)，修缮加固725户。中央、省、州、市全年下达补助资金1393.52万元，其中中央补助资金843万元，省补助资金399.02万元，州补助资金72.5万元，市级配套资金79万元。补助标准为一般贫困户拆除重建每户补助1.02万元，低保户、五保户拆除重建每户补助1.3万元，对拆除重建的五保户市级追加补助每户5000元，地震安居工程修缮加固每户补助2000元。补助资金通过惠农一卡通及时兑付到各改造农户，年底已全面完成项目实施任务，完成投资1.36亿元。

洱海渔业增殖放流

【洱海增殖放流】 2012年，渔业资源保护增殖放流工作从2月10日开始至3月10日结束，采取暂养方式，待放流后鱼种适应新的生存环境，逐步放流洱海，放流大规格鱼类34.25万公斤，9～11朝鱼苗628.23万尾，包括鲢鱼、鳙鱼、鲫鱼、云南裂腹鱼、青鱼、高背鲫、大头鲤等。无齿蚌1.01万公斤，螺蛳1000颗。经过跟踪监测，洱海渔业增殖放流抑制了洱海水体中藻类水华，使蓝藻生物量维持在较低水平；改善了鱼类区系结构，恢复洱海生物多样性，洱海鱼类资源明显恢复，洱海鱼产量、渔获物明显提高，渔民生产捕捞收入呈逐年增长态势。

（杨 艳）

德宏州市县区经济选介

芒 市

【综 述】 2012年，芒市人民秉承思维超前、坚定信心、敢作敢为、不怕困难、务实创新、真抓实干的“芒市精神”，走出了一条全新的路子。将“敢为敢拼敢担当，创新创造创未来”的芒市精神弘扬、传承、延续，使芒市城市各项功能日臻完善，城市管理科学有效，城区面貌日新月异。

2012年，芒市实现生产总值63.8亿元，按可比价计算，比上年增长12.5%，增速高于全州1.4个百分点，绝对值、增速均位居德宏州第一位。第一产业稳定增长，实现增加值17.02亿元，增长7.6%，增速高于全州0.6个百分点，对全市经济增长的贡献率为14%，拉动GDP增长1.8个百分点。第二产业较快增长，实现增加值20.41亿元，增长16.5%，增速高于全州2.4个百分点，对全市经济增长的贡献率为45%，拉动GDP增长5.6个百分点，高于第一产业和第三产业。其中，工业实现增加值15.32亿元，增长15.9%，对全市经济增长的贡献率为33%，拉动GDP增长4.1个百分点；建筑业实现增加值5.09亿元，增长18.5%，对全市经济增长的贡献率为12%，拉动GDP增长1.5个百分点。第三产业平稳增长，实现增加值26.37亿元，增长11.9%，增速高于全州0.9个百分点，对全市经济增长的贡献率为41%，拉动GDP增长5.1个百分点。对GDP增长贡献率最大的4个行业分别是公共管理和社会组织、批发和零售业、金融业、其他非营利性服务业，分别拉动经济增长3.1、0.8、0.5、0.5个百分点。

【工业经济】 2012年，芒市实现工业总产值54.48亿元，比上年增长23.2%，增速高于全州5个百分点。实现工业增加值15.32亿元，增长15.9%，增速高于全州2.6个百分点，对全市经济增长的贡献率为33%，拉动GDP增长4.1个百分点。绝对值位居全州第二位，位次保持不变；增速位居第一位，位次上升一位。

从轻重工业看，轻重工业并驾齐驱。轻工业实现产值18.48亿元，增长61.8%，拉动工业总产值增长14.1个百分点，贡献率为60.8%；重工业产值36亿元，增长9.8%，拉动工业总产值增长9.1个百分点，贡献率为39.2%。

从经济类型看，非公经济贡献突显。国有企业实现产值4.38亿元，增长42.4%；集体企业实现产值1788万元，下降15.1%；非公经济实现产值49.92亿元，增长21.9%，拉动工业总产值增长17.6个百分点，贡献率为75.9%。

主导产业对全市工业经济稳定运行支撑有力。规模以上工业实现产值41.56亿元，增长20.5%，占全部工业总产值的76.3%。从规模以上四大支柱产业看，电力生产和供应业实现产值19.48亿元，增长16.2%；水泥制造业4.95亿元，增长25.1%；制糖业4.49亿元，下降2.1%；工业硅冶炼业 5.48 亿元，下降 4.1%。四大产业实现总产值 34.4 亿元，占全部工业总产值的 63.1%，占规模以上工业总产值的 82.8%，拉动规模以上工业总产值增长 9.8 个百分点，贡献率47.8%。特色产业咖啡和贡米实现产值 4.46 亿元，占规模以上工业总产值的 10.7%，拉动规模以上工业总产值增长 8.6 个百分点，贡献率 42%。四大产业和特色产业是芒市工业经济运行的稳定器，是工业经济稳定发展的重要抓手。

主要产品产量有升有降。成品糖 9.03 万吨，增长 20.8%；酒精 1.07 万千升，增长 21.4%；精制茶 6239 吨，增长 21.3%；水泥 116.08 万吨，增长 25.6%；咖啡 8001 吨，增长 237.3%；贡米 1.13 万吨，增长 33.9%；发电量 12.63 亿千瓦小时，增长 2.5%；工业硅 5.15 万吨，下降 7.4%；人造板 8844 立方米，下降 16.7%；乳制品 392 吨，下降 43.3%。

【固定资产】 2012 年，芒市投资规模总量扩大，从 43 亿元跃上 50 亿元新台阶。规模以上固定资产投资总额完成 59.01 亿元，比上年增长 37.2%，增速高于全州 2 个百分点。其中项目投资完成 43.31 亿元，增长 65.8%；房地产完成 15.69 亿元，下降 7.1%。绝对值位居全州第一位；增速位居第二位，低于排位第一位的瑞丽市 0.1 个百分点。从产业看，三次产业投资结构不断优化，第一产业投资 1.55 亿元，增长 349.8%；第二产业投资 9.77 亿元，下降 1.5%；第三产业投资 47.68 亿元，增长 45.7%，全市三次产业投资结构由上年的 0.8∶23.1∶76.1 发展为 2.6∶16.6∶80.8，投资结构得到改善。

按资金构成分，建筑工程 48.1 亿元，增长 51.7%；安装工程 2.82 亿元，增长 127.3%；设备工具购置 2.13 亿元，下降 51.9%；其他费用 5.96 亿元，增长 6.1%。

房地产市场萧条，投资额、房屋销售面积及销售额大幅下降。2012 年，房地产开发投资 15.69 亿元，下降 7.1%。其中住宅开发完成投资 13.51 亿元，增长 4.1%；办公楼完成投资 1808 万元，增长 25%；商业营业用房完成投资 1.3 亿元，下降 55.7%；别墅、高档公寓完成投资 1.43 亿元，下降 36.2%；其他房屋完成投资 7022 元，下降 14.6%。房地产开发投资占全市完成投资比重 26.6%。房屋施工面积 191.2 万平方米，增长 12.9%；商品房销售面积 25.3 万平方米，下降 54.2%；商品房销售额 7.38 亿元，下降 52.8%。

【对外贸易】 2012 年，进出口总额由下降转为增长，芒市外贸进出口总额 21.69 亿元，比上年增长 24.9%，从 11 月起扭转了下降的趋势。其中进口总额 3.38 亿元，增长 85.9%；出口总额 18.31 亿元，增长 17.7%。由于企业资金短缺问题，外贸进出口总额一直处于负增长，市委、市政府通过多方努力，为企业排忧解难，解决了部分流动资金。进口最大的是木材 1 亿元，增长 3.1 倍。出口增幅前三位是：百货类，增长 103%；化工类，增长 78.2%；纺织品类，增长 45%。

【旅游 · 文化产业】 2012 年，芒市旅游业健康平稳发展。旅游与文化产业发展紧密结合，以珠宝玉石为重点，不断培育咖啡、民族饮食、民族民间工艺品等特色产业，进一步丰富了旅游项目，从单一观光旅游向休闲度假、康体养生等综合旅游方向发展，促使旅游业健康、平稳发展。全市接待海外旅游者 1.43 万人次，增长 11.7%；旅游外汇收入 433.79 万美元，增长 11.7%；接待中外旅游者 200.59 万人次，增长 14.5%；实现旅游业总收入 22.42 亿元，增长 14.3%。

【社会消费】 2012 年，芒市社会消费品零售总额 26.47 亿元，比上年增长 20%，增速与全州持平。绝对值位居全州第一位，位次保持不变；增速与瑞丽市同时位居第二位，位次保持不变，低于排位第一位的盈江县 1 个百分点。

城乡居民收入的增长，购物环境的改变，使城乡消费市场同步发展，城镇市场占据市场主力。城镇实现消费品零售额 17.7 亿元，增长 21.4%；农村实现消费品零售额 8.78 亿元，增长 17.2%。城镇市场对消费品零售总额增长的贡献率 70.5%，拉动社会消费品零售总额增长 14.1 个百分点；农村市场对消费品零售总额增长的贡献率 29.5%，拉动社会消费品零售总额增长 5.9 个百分点。

从行业看，批发、零售贸易业是消费品市场发展的主导力量，住宿、餐饮业快速发展。批发、零售贸易业实现零售额 22.93 亿元，增长 19.7%，占社会消费品零售总额 86.6%，是消费品市场发展的主导力量。其中批发业实现社会消费品零售额 4.64 亿元，增长 21.3%；零售业实现 18.29 亿元，增长 19.2%。住宿、餐饮业零售额保持了较快的增长。住宿、餐饮业完成社会消费品零售额 3.54 亿元，增长 22.3%，占社会消费品零售总额的 13.4%。

分经济成分看，非公有制经济主导消费市场，显现增长活力。公有经济实现零售额4.54亿元，增长25.4%；非公有制经济实现零售额21.94亿元，增长18.9%，占全市社会消费品零售总额的82.7%，对消费品零售总额增长的贡献率79%，拉动社会消费品零售总额增长15.8个百分点。

【物价走势】 2012年，芒市居民消费价格总水平（CPI）累计上涨2.6%，其中食品类价格上涨4.5%，非食品类价格上涨1.7%。八大类消费品及服务项目价格均呈现不同程度的上涨，食品类上涨4.5%，娱乐教育文化用品及服务上涨2.8%，医疗保健和个人用品上涨2.6%，烟酒上涨1.3%，交通和通讯上涨1.2%，衣着类上涨2.8%，家庭设备用品及维修服务上涨1.9%，居住类上涨0.2%。

CPI月同比涨幅高开低走，呈现滑梯型走低态势，12月略有回升。1～12月各月同比涨幅分别为：1月上涨5.0%、2月上涨5.0%、3月上涨3.5%、4月上涨2.9%、5月上涨3.2%、6月上涨2.5%、7月上涨1.8%、8月上涨1.2%、9月上涨1.7%、10月上涨1.8%、11月上涨1.5%、12月上涨1.5%。

2012年商品零售价格总指数累计上涨2.4%，农业生产资料价格总指数累计上涨5.5%。

【城乡居民收入】 2012年，芒市城镇居民人均可支配收入1.81万元，比上年增长12.2%，增速低于全州0.3个百分点。绝对值位居全州第二位，位次保持不变；增速位居第五位，位次下降，低于排位第一位的瑞丽市0.8个百分点，低于排位第二位的陇川县0.5个百分点，低于排位第三位的盈江县、梁河县0.1个百分点。

从家庭总收入的各项构成来看，工资性收入、转移性收入是城镇居民家庭收入的主要来源，二者占总收入的91.2%。2012年四大收入稳定增长。1.工薪收入保持平稳增长，人均工薪收入1.32万元，增长4.3%，占家庭总收入的68.7%，拉动家庭总收入增长3.1个百分点，工薪收入依然是拉动城镇居民收入增长的主要力量。2.经营净收入较快增长，人均经营净收入1464元，增长12.5%，占家庭总收入的7.6%，拉动家庭总收入增长0.9个百分点。主要得益于各种政策鼓励、政府引导、社会支持，加大对私营个体经济的培育和扶持，吸引越来越多的城镇居民从事个私经营，经营效益提高，加之市场物价高位运行，拉动了经营净收入的较快增长。3.财产性收入快速增长，随着桥头堡黄金口岸建设的逐步推进，居民收入提高后，部分居民投资房产，将手中的空余住房出租获利，使出租房屋收入增长46.1%，是居民财产性收入增长的主要来源，人均财产性收入231元，增长40.5%，占家庭总收入的1.2%，拉动家庭总收入增长0.4个百分点。4.转移性收入持续增长，人均转移性收入4325元，增长24.3%，占家庭总收入的22.5%，拉动家庭总收入增长4.8个百分点。其中养老金或离退休金增长24.5%，社会救济收入增长54.1%，赡养收入增长35.1%，捐赠收入增长11.1%。

2012年，抓实“三农”工作，拓宽农民增收渠道，农村居民人均纯收入4877元，比上年增长16.2%，增速低于全州0.1个百分点。绝对值位居全州第三位，位次保持不变；增速位居第四位，位次保持不变，低于排位第一位的陇川县5.7个百分点，低于第二位的盈江县3.5个百分点，低于第三位的梁河县2.3个百分点。

具体措施：1.优化农作物种植结构，促进农民增产增收。2012年农作物种植结构得到优化，经济作物种植面积扩大，订单农业增多，农业科技含量提高，经济效益提升，有力地推动了农民家庭经营现金收入快速增长。咖啡种植面积10.22万亩，增长18.8%，咖啡产量7396吨，增长101.3%，产值8500万元；石斛种植面积5749亩，产量949吨，产值1.8亿元；西甜瓜种植面积3.71万亩，增长20.7%，总产4.11万吨，增长15.1%。有力拉动农民纯收入增长。家庭经营纯收入3802元，增长12.6%。2.积极引导农民就业创业，努力拓宽就业渠道增加农民工资性收入。农民工资性收入536元，增长30.4%。3.积极培育农民专业合作社，鼓励有条件的地方开展农村集体产权制度改革试点。农民财产性纯收入51元，增长8.6%。4.加大对农民的转移支付力度，切实增加农民转移性收入。中央财政继续加大农业补贴力度，坚持对种粮农民实行直接补贴，扩大良种补贴范围，进一步增加农机具购置补贴，普遍建立了农村最低生活保障制度；基本建立了农村医疗救助制度，实行农村部分计划生育家庭奖励扶助政策；开展了新型农村养老保险试。这些政策措施，使农民的转移性收入不断增加，农民转移性纯收入488元，增长35.2%。

居民生活质量继续提高。2012年，芒市城镇居民人均消费性支出为1.31万元，比上年增长13%；农村居民人均生活消费支出4580元，增长

10%。收入水平快速提高带来居民消费能力增强，呈现新的消费特点。1.食品消费支出平稳增长。城镇居民人均食品支出5464元，增长17.7%；农村居民人均食品消费支出2047元，增长8%，都位于居民消费八大类支出的第一位，成为居民消费性支出增长的主要推动力。虽然食品消费支出增加，恩格尔系数（食品支出占消费支出的比重）仍保持在40%~50%（小康）范围内。2012年城镇居民家庭恩格尔系数为41.6%，农村居民家庭恩格尔系数为44.7%。2.居住条件进一步改善，居民人均住房面积不断增加，用于居住的支出不断增长，城镇居民的人均居住支出增长25.8%，人均住房建筑面积46平方米，增长7.5%；农村居民的人均住房面积22.65平方米，增长3%。住房面积增加后，居民更加重视居室的美化、舒适，购买家庭设备、室内装饰品、日杂用品等支出同时增加，城镇和农村居民人均家庭设备用品支出分别增长21.6%、35.1%。3.便捷的生活方式逐渐成为时尚。人们在基本生活富足后，将消费结构逐步推向更高层次，更加注重便捷服务，追求时尚生活。家用汽车等大型消费品开始走进百姓家。每百户城镇居民家中拥有家用汽车33辆，增长43.5%；每百户拥有电脑67台，增长34%；每百户拥有移动电话236部，增长14.6%。每百户农村居民家中拥有家用汽车4辆，增长40%；每百户拥有电脑2.5台；每百户拥有移动电话140部，增长13.1%。4.文化娱乐服务支出增长较快。城镇居民用于文化教育娱乐方面的支出为人均1539元，增长16.2%。

（李天义）

怒江州市县区经济选介

泸水县

【概　述】泸水县位于云南省西北部，怒江州南部，东靠碧罗雪山与兰坪县、云龙县接壤，西依高黎贡山同缅甸毗邻，南连保山市，北与福贡县交界。国境线长136.24公里。总面积3203.04平方公里，其中山区面积占99.96%。县城驻地六库，海拔885米，距昆明569公里。2012年，县城六库年平均气温20.4摄氏度，年降水量941.8毫米。全县辖6镇（六库、鲁掌、片马、老窝、上江、大兴地），3乡（称杆、古登、洛本卓），71个村民委员会，5个居民委员会，833个自然村。年末全县户籍人口17.72万人，其中非农业人口3.72万人，占总人口的21%，人口自然增长率7.31‰，人口密度为每平方公里55.34人。境内居住着傈僳、白、彝、景颇、怒、傣等12个主要民族。

2012年，全县地区生产总值26.15亿元，比上年增长18%；人均地区生产总值1.4万元。其中第一产业完成3.8万元，第二产业完成9.4万元，第三产业完成12.95万元；三产业结构为13∶36∶51。地方公共财政预算收入1.72亿元，增长17.51%；其中税收收入1.03亿元；非税收入6834万元。国税收入2119万元；地税收入8311万元；财政部门非税收入6591万元。地方公共财政预算支出12.71亿元，增长33.6%。固定资产投资21.76亿元，增长32.7%。对外贸易进出口总额1038万美元，增长25%。全社会消费品零售总额9.55亿元，增长19.3%。接待国内外游客83.91万人次，旅游总收入4.73亿元，增长22.2%。城镇居民人均可支配收入1.41万元，增长16.5%；农民人均纯收入3094.6元，增长17%。

【农业经济】 2012年，全县农业生产总值5.84亿元，比上年增长30%。农村经济总收入5.15亿元，增长21.8%。粮食总产量6.55万吨，增长2.4%。畜牧业总收入1.71亿元，增长19.37%；肉类总产量1.64万吨，增长3%。完成9个乡镇、71个村委会、3.43万户的农资综合直补资金2181万元，良种补贴资金235万元，退耕还林折现补贴91.17万元，退耕还林到期补贴资金595.27万元，油菜补贴10万元，能繁母猪补贴391.39万元，草原生态补贴188.64万元，森林生态补偿资金527.45万元，马铃薯原种补贴30万元，覆膜补贴100万元惠农资金的兑付；拨付394辆农村道路客运车、59辆公交车、212辆出租车的成品油价格补贴1230.66万元；发放家电下乡补贴资金339万元，补贴各类家电6202台、摩托车2762辆；投资393万元，实施农业综合开发中低产田改造及产业化项目，完成水利措施、机耕路、土壤改良、科技推广、无公害优质蔬菜种植项目，受益1184户。投入财政奖补资金279万元，改善了农村的村容村貌，推进了社会主义新农村建设；全年投入财政扶贫资金 5029 万元。

【工业经济】 2012 年，全县工业总产值 26.02 亿元，比上年增长 25%。年末，建成硅冶炼炉 20 台，工业硅生产 5.6 万吨，产值 7.28 亿元；全县中小水电装机容量 48.13 万千瓦，年内新增装机 2.4 万千瓦；昆钢年产 150 万吨水泥生产线技改项目年内动工建设。

【固定资产投资】 2012 年，全县实施规模以上项目 123 项，完成投资 25.35 亿元。新开工 46 项，完成投资 11.37 亿元。其中交通项目 4 项，完成投资 3200 万元；能源项目 3 项，完成投资 1.81 亿元；社会事业项目 7 项，完成投资 1.27 亿元；农业农村项目 15 项，完成投资 1.94 亿元；产业项目 9 项，完成投资 3.67 亿元；房地产开发项目 4 项，完成投资 1.23 亿元，其他项目 4 项，完成投资 1.13 亿元。

在建项目 77 项，完成投资 13.98 亿元。其中交通项目 5 项，完成投资 2.51 亿元；能源项目 8 项，完成投资 1.41 亿元；市政基础设施项目 7 项，完成投资 4000 万元；社会事业项目 9 项，完成投资 5900 万元；农业农村项目 6 项，完成投资 5500 万元；产业项目 15 项，完成投资 2.86 亿元；房地产项目 25 项，完成投资 5.26 亿元；其他项目 2 项，完成投资 4000 万元。年末完工项目 57 个，完工率 46.34%。

【基础设施建设】 2012 年，六丙公路、怒江二桥等项目有序推进，完成 6 条农村公路路面硬化 46 公里，大兴地、拉古瓦底、箐庆罗 3 座汽车吊桥建成通车，全县通车里程 1380.5 公里；瓦姑水库建设顺利推进，新增耕地 1.02 万亩，改善灌溉面积 5.41 万亩，解决了 121 个村民小组 2.45 万人的饮水困难和饮水安全问题；年末全县中小水电总装机容量 48.13 万千瓦，大唐国际风能开发项目前期工作有序推进，解决无电村人口 1096 户，农村行政村通电率 100%，户通电率 98%。

【城乡建设·生态建设】 2012 年，上江乡、老窝乡、大兴地乡完成“撤乡建镇”，启动六库到上江城乡一体化山地综合开发规划编制工作，完成 347 个村庄规划编制，全县城区面积 7.05 平方公里，6073 人农业人口转变为城镇人口，城镇化率 40.39%。完成 7 个省级重点新农村建设、22 个整村推进项目。易地搬迁安置群众 108 户 500 人。完成特困地区区域发展与扶贫攻坚规划、洛本卓乡扶贫开发整村推进项目规划。推进“七彩云南保护行动”及国家级泸水生态县建设，野生动植物保护工作取得新突破，世界第五种金丝猴在泸水县保护区发现并命名为“怒江金丝猴”。完成老窝河综合治理一期工程建设、土地占补平衡项目 1.42 万亩。

【社会事业】 2012 年，优先发展教育。实施校安工程，小沙坝乡、称杆乡中心完小等学生宿舍楼、上江镇中学学生食堂等项目建设顺利推进，新建校舍 6.7 万平方米；义务教育阶段学生实现“两免一补”全覆盖，全县 1.87 万名义务教育学生纳入营养补助计划；推进集中办学，全县各类学校从 2008 年的 273 所集中为 80 所，撤并学校（含校点）157 所。年末，全县幼儿园入园率 26.66%，小学入学率 99.72%，初中率阶段入学率 96.17%，高中阶段入学率 46.43%，15 周岁初等教育完成率 99.48%，17 周岁初级中等教育完成率 93.44%，全县非文盲率 95.5%，人均受教育年限提高到 6.68 年。

2012 年，完善社会保障体系。促进就业再就业，新增就业 1421 人，城镇登记失业率控制在 4% 以内；社会保险覆盖面不断扩大，城镇职工五大保险参保人数 2.99 万人；新型农村养老保险、城镇居民养老保险全面实施，参保率分别为 96.83%、45.48%；城乡居民最低生活保障实现应保尽保，有城市居民 3219 人、农村人口 5.89 万人纳入低保；完成农村危房改造 4100 户、城镇廉租房 374 套 2 万平方米，解决了群众住房困难和安全问题。

2012 年，健全和改善文化卫生服务体系。县第一人民医院搬迁建设一期工程完工投入使用，上江镇中心卫生院整体改建工程完工，新型农村合作医疗参合率 100%；启动了国家免费孕前优生健康检查项目试点工作和妇幼健康计划；县级宣传文化中心建成投入使用，崇仁村被授予国家级文明村；3 月，泸水傈僳族运动员祝春冬亚锦赛取得 20 公里竞走冠军，是怒江州第一个代表国家队走出国门参赛并获得冠军的运动员；年末全县广播、电视覆盖率分别为 86.5%、90%。

（何春城）

迪庆州市县区经济选介

香格里拉县

【综 述】 2012年，香格里拉县委、县政府面对极其复杂的国内外环境，改革发展稳定的艰巨任务，紧紧围绕县委十一届三次、四次全会部署，团结带领全县各族干部群众，抓住中央实施扩大内需战略、加大对藏区建设支持力度、国家实施第二轮西部大开发和云南省实施“桥头堡”战略等难得机遇，以经济建设为中心，以发展为第一要务，以稳定为第一责任，围绕全力构建绿色、人文、和谐、富强香格里拉的宏伟目标，负重奋进，攻坚克难，全县呈现出经济快速增长、民生事业全面进步、人民生活持续发展、社会大局和谐稳定的良好态势。

2012年，香格里拉县实现县域生产总值70.83亿元，按可比价计算，比上年增长16.8%。第一产业实现增加值3.81亿元，增长7.3%，对GDP增量的贡献率为2.5%，对县域经济增长的拉动力为0.4个百分点。第二产业实现增加值29.69亿元，增长19.3%，对GDP增量的贡献率为47.94%，对县域经济增长的拉动力为8.1个百分点。其中工业实现增加值16.75亿元，增长19.1%，对GDP增量的贡献率为27.38%，对县域经济增长的拉动力为4.6个百分点；建筑业实现增加值12.94亿元，增长19.6%，对GDP增量的贡献率为20.56%，对县域经济增长的拉动力为3.5个百分点。第三产业实现增加值37.32亿元，增长15.8%，对GDP增量的贡献率为49.56%，对县域经济增长的拉动力为8.3个百分点。产业结构调整取得新进展，布局更趋合理，县域经济的第一、第二、第三产业增加值占全县生产总值的比重由上年的5.64∶41.84∶52.52调整为5.39∶41.92∶52.69。

【农业经济】 2012年，农业经济全面发展，农林牧渔业总产值5.73亿元（现价），比上年增长13.53%。其中农业总产值2.47亿元，增长15%。农作物播种面积2.23万公顷，增长12.3%。粮食总产量7.19亿吨，增加3126吨，增长4.55%。林业产值5197万元，增长15%。荒山荒（沙）地造林面积6800公顷；公有经济造林3667公顷；零星植树53.9万株。畜牧业产值1.82亿元，增长11.03%；生猪存栏24.23万头，增长1.13%；大牲畜存栏1.81万头，下降0.29%；羊存栏数7.55万只，下降0.98%。由于产业结构调整和保护生态环境等原因，牛羊出栏数有所减少。大牲畜出栏3302头，下降2.54%；生猪出栏13.48万头，增长2.58%；羊出栏2.4万只，增长1.18%。渔业产值68万元。农林牧渔服务业产值9094万元，增长14%。

【工业·建筑业】 2012年，县域工业总产值35.47亿元，比上年增长19.86%，其中规模以上工业总产值为29.12亿元，净增4.05亿元，增长16.16%；占全部工业总产值的比重高达82.1%。按经济成分划分国有经济产值7418万元，增长93.63%；集体经济产值1876万元，下降8.62%；股份制经济产值20.61亿，增长20.93%；股份合作制经济产值2.02亿元，增长21.47%；外商及港澳台经济产值6.71亿元，增长3%；其他经济类型产值5.19亿元，增长37.49%。

2012年，县级工业总产值16.49亿元，增长47.84%。其中轻工业产值5.02亿万元，增长22.46%；重工业产值11.48亿元，增长62.58%。按经济成分划分国有经济产值5459万元，增长377.6%；集体经济产值1876万元，下降8.62%；股份制经济产值9.29亿元，增长48.01%；股份合作制经济产值2.02亿元，增长21.47%；其他经济类型产值4.45亿元，增长53.61%。

2012年，县域建筑业总产值9.33亿元，比上年增长41.93%；建筑业增加值12.94亿元，增长19.6%。

【固定资产投资】 2012年，县域500万元以上固定资产投资完成78.2亿元，增长25.05%，其中县级投资完成53.38亿元，增长25%；开发区投资完成3.92亿元，增长25%。

【交通·邮电】 2012年，香格里拉县上行政等级的公路有2184.11公里。全县公路按行政等级分，县道329.52公里；乡道1006.43公里，村道806.06公里，专用公路42.1公里。按路面类型分，沥青混凝土路面171.95公里，水泥混凝土路面

58.21 公里，简易铺装路面 126.36 公里，砂石路面 1492.63 公里；无路面 334.96 公里。全县 11 个乡镇，64 个行政村都已通了公路。公路交通运输周转量 24.52 亿吨公里；比上年增长 27.24%，其中客运周转量 6.78 亿人公里；货运周转量 23.84 亿吨公里。

2012 年，完成邮电业务总量 1231.53 万元，比上年增长 20.9%。

【国内贸易 · 招商引资】2012 年，香格里拉县域社会消费品零售总额 21.76 亿元，比上年增长 18.53%，按经济成分分，公有经济实现 7.62 亿元，增长 18.3%；非公有经济实现 14.12 亿元，增长 18.57%。按行业分，住宿业零售总额 2.28 亿元，增长 140.2%；餐饮业零售总额 1.51 亿元，增长 28.3%；批发业零售总额 5.24 亿元，下降 14.7%；零售业零售总额 12.72 亿元，增长 26.2%。

2012 年，县级社会消费品零售总额 14.62 亿元，比上年增加 2.48 亿元，增长 20.43%，按经济成分分，公有经济实现 4 亿元，增长 33.11%；非公有经济实现 10.63 亿元，增长 21.59%。住宿餐饮业收入 3.78 亿元，增加 7571 万元，增长 25.05%。

2012 年，全县招商引资项目有 84 个，投资构成总额 192.83 亿元，州内投资 8.05 亿元，外来方投资 184.79 亿元。到年底，实际到位资金总额 49.86 亿元，其中州外实际到位资金 49.61 亿元，比上年增长 46.08%。

【市场物价】 2012 年，香格里拉城区居民消费价格比上年上涨 3.1%，其中食品上涨 8%。商品零售价格比上年上涨 3.2%，农业生产资料价格上涨 6.6%。

【财政 · 金融 · 保险】 2012 年，香格里拉县域财政总收入 12.25 亿元，下降 2.86%，地方公共财政预算收入 7.61 亿元，增长 23.77%，财政总支出 44.58 亿元，增长 12.62%，地方公共财政预算支出 44.26 亿元，增长 13.26%。

2012 年，县级财政总收入 6.46 亿元，增长 33.14%；地方公共财政预算收入 3.5 亿元，增长 27.15%。财政总支出 27.2 亿元，增长 13.4%；地方公共财政预算支出 26.89 亿元，增长 14.48%。

2012 年，金融机构各项存款余额 126.06 亿元，比上年增长 23.17%，其中储蓄存款 36.87 亿元，增长 19.19%，金融机构各项贷款余额 102.53 亿元，增长 9.54%。

2012 年，各种保险保费总收入 1.38 亿元，比上年增长 12.9%。

【教育 · 文化 · 卫生 · 体育】 2012 年，香格里拉县拥有幼儿园 6 所，入园幼儿数 1233 人。教职工数 98 人，专任教师 57 人。小学 33 所，班级数 404 个，其中镇区 196 个、乡村 208 个。在校学生 1.24 万人，教职工数 1067 人，其中专任教师 962 人。初级中学校数 3 所，班级数 116 个，教职工 535 人，其中专任教师 358 人。

2012 年，群众艺术馆、文化馆从业人员 7 人，组织 5 次文艺活动，7.5 万人参加。举办 2 次训练班，培训 80 人。香格里拉县公共图书馆总藏量 1 万册，其中图书 9100 册，报刊 962 册，图书馆总流通人次 2400 人次，其中书刊文献外借人次 2100 人次，外借书刊文献 3000 册次。

卫生事业进一步发展。2012 年末，全县拥有 13 个卫生机构，在岗人员 351 人，其中卫生技术人员 290 人、执业医师 106 人、执业助师 31 人、检验师 7 人、药师 9 人、注册护士 54 人；门诊总诊疗 31.47 万人次；病床使用率 49.1%，出院人数 3395 人次，实有床位 141 张；村卫生室个数 51 个，人员 55 人。

体育系统从业人员 4 人，其中管理人员 3 人、工勤人员 1 人。有国际级运动健将 1 人、二级运动员 4 人、一级裁判员 1 人。在世界比赛中，田径项目获得金牌 1 枚。

【旅游业】2012 年，香格里拉县接待旅游人次 757.21 万人次，比上年增长 23.48%，其中国内旅游总人数 681.46 万人次，增长 24.29%。实现旅游总收入 70.41 亿元，增长 21.16%，其中国内旅游总收入 46.01 亿元，增长 25.47%。

【人口 · 人民生活 · 社会保障】2012 年末，香格里拉总人口 17.53 万人，其中户籍人口 14.66 万人；在户籍总人口中，农业人口 11.4 万人，非农业人口 3.26 万人；少数民族人口 12.58 万人，占户籍人口的 85.87%，其中藏族人口 6.73 万人，占户籍人口的 45.97%，纳西族人口 2.66 万人，占户籍人口的 18.15%。千人以上的少数民族人口分别为傈僳族 1.19 万人、彝族 1.22 万人、白族 4765 人、苗族 1373 人。乡村人口 11.92 万人。人口死亡率 5.36‰，人口出生率 11.15‰，人口自然增长率 5.79‰。

2012 年，人民生活进一步提高。县域全部单位在岗职工有 2.03 万人，在岗职工工资总额 9.95 亿元，比上年增长 10.1%，全部单位在岗职工年平均工资 5.03 万元，增长 13.53%。

县级全部单位在岗职工 1.4 万人，比上年增长 6.52%，全部单位在岗职工工资总额 7.09 亿元，增长 39.88%，全部单位在岗职工年平均工资 5.2 万元，增长 22.82%。县城镇居民人均可支配收入 2.19 万元，增长 9.1%。农村居民人均纯收入 4867 元，增长 19.35%。

2012 年，城镇登记失业率 3.5%，城镇新增就业人数 1932 人；开发公益性岗位 124 位；参加失业保险人数 5553 人；下岗失业人员和农村劳动力技能培训人数 4103 人。城市最低生活保障人数为 9676 人；残疾人 473 人。农村集中五保供养人数为 496 人。民政部门城市医疗救助人次 712 人次；民政部门资助参保医疗人数 6689 人。

（李志和）

专 题 报 告

Special Report

2012 年云南国民经济发展报告

2012 年，在省委、省政府的正确领导下，云南各族人民高举中国特色社会主义伟大旗帜，以邓小平理论、“三个代表”重要思想、科学发展观为指导，积极应对三年连续干旱和经济下行压力带来的严峻挑战。抓住国家新一轮西部大开发和建设中国面向西南开放重要桥头堡的重大战略机遇，把握稳中求进的主基调，按照“稳增长，冲万亿，促跨越”发展目标，积极推动发展方式转变。以推进园区经济、县域经济、民营经济发展“三大战役”为抓手，攻坚克难，开拓进取。全省呈现经济快速增长、社会安定和谐、民生持续改善、改革开放深入推进、社会事业全面进步的良好局面，在努力全面建成云南小康社会和美丽云南新征程上迈出坚实的步伐。

初步核算，2012 年云南全省生产总值 (GDP) 达 10309.80 亿元，比上年增长 13.0%，高于全国 5.2 个百分点。其中，第一产业增加值 1654.60 亿元，增长 6.7%；第二产业增加值 4419.10 亿元，增长 16.2%；第三产业增加值 4236.14 亿元，增长 11.4%。三次产业结构由上年的 15.9:42.5:41.6 调整为 16.0:42.9:41.1。全省人均生产总值(GDP) 达 22195 元(折合 3531 美元)，比上年增长 12.3%。非公经济增加值实现 4546.62 亿元，占全省生产总值的比重达 44.1%，比上年提高 2.0 个百分点。全省经济总量突破万亿元大关，成功加入全国万亿 GDP 俱乐部，实现了经济发展新跨越。

图 1. 云南经济总量（GDP）突破万亿元的历程

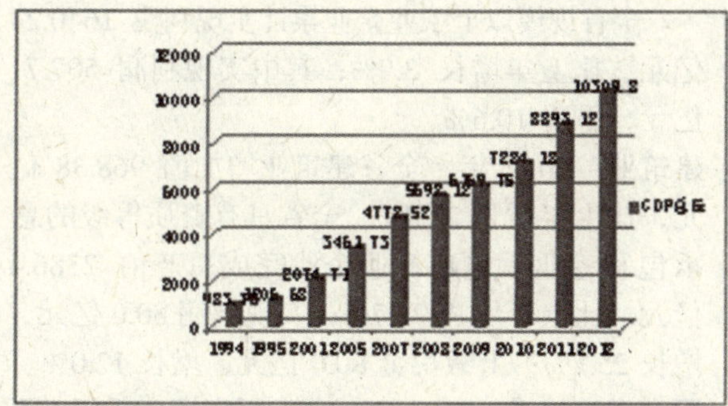

财政收支 2012 年，全省公共财政实力增强。全年财政总收入达 2624.20 亿元，比上年增长 16.2%。全省地方公共财政预算收入 1337.98 亿元，比上年增长 20.4%；其中增值税完成 148.00 亿元，增长 8.3%；营业税 340.54 亿元，增长 22.6%；企业所得税 135.82 亿元，增长 22.8%。全省地方公共财政预算支出完成 3573.41 亿元，比上年增长 22.0%，其中，用于教育、社会保障和就业、医疗卫生、农林水事务和住房保障支出分别增长 39.7%、13.6%、12.7%、26.1%和 52.7%。

图 2. 2007-2012 年云南地方公共财政预算收入及其增长速度

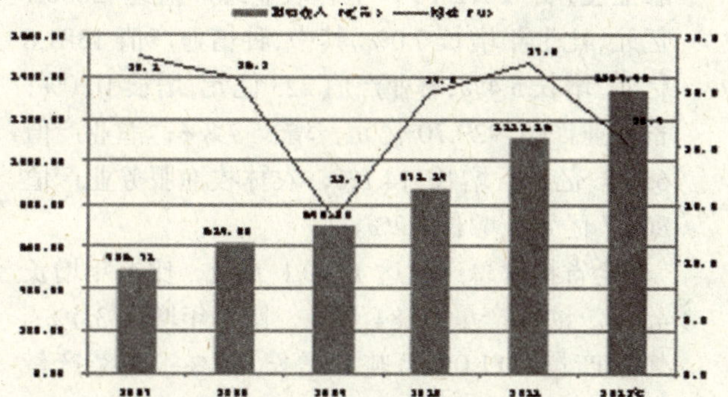

市场价格2012 年，全省稳定物价成效明显。全省居民消费价格指数（CPI）为 102.7，比上年上涨 2.7%，其中食品价格上涨 6.2%；工业生产者出厂价格下降 2.1%，工业生产者购进价格下降 0.7%；固定资产投资价格上涨 1.4%；农业生产资料价格上涨 4.6%，农产品生产价格上涨 10.7%。

表 1　2012 年云南省居民消费价格比上年涨跌幅度

单位：%

指　标	全省	城市	农村
居民消费价格	2.7	3.0	2.3
食　品	6.2	6.9	4.9
其中：粮食	3.5	3.6	3.5
油脂	2.9	5.0	1.0
肉禽及其制品	3.1	2.0	5.0
烟酒及用品	0.6	0.8	0.5
衣　着	−1.3	−2.3	0.6
家庭设备用品及维修服务	1.4	1.8	0.7
医疗保健及个人用品	1.6	1.9	1.0

交通和通信	0.2	0.2	0.2
娱乐教育文化用品及服务	1.2	1.7	0.2
居　住	2.2	2.1	2.2

注：居民消费价格及相关价格指数由国家统计局云南调查总队提供。

就　业　2012 年，全省就业形势稳定。全省城镇新增就业人数 29.3 万人，新增转移就业的农村劳动力 39.5 万人次。年末全省城镇实有登记失业人数 17.4 万人，城镇登记失业率为 4.03%。

农业生产　2012 年，全省农业总产值达 2680.1 亿元，比上年增长 7.0%。其中，种植业产值 1381.8 亿元，增长 5.4%；林业产值 223 亿元，增长 10.0%；畜牧业产值 929.70 亿元，增长 7.8%；渔业产值 65.35 亿元，增长 14.1%；农林牧渔服务业产值 80.27 亿元，增长 8.2%。

全省粮食总产量达 1749.1 万吨，比上年增长 4.5%。油料产量 62.84 万吨，比上年增长 3.4%；烤烟产量 111.05 万吨，增长 9.1%；蔬菜产量 1472.66 万吨，增长 9.9%；园林水果产量 510.72 万吨，增长 26.0%；茶叶产量 27.17 万吨，增长 14.0%；鲜切花产量 72.5 亿枝，增长 11.5%。全省猪、牛、羊、禽肉总产量达 345.86 万吨，比上年增长 7.6%；牛奶产量 53.69 万吨，增长 2.5%；禽蛋产量 22.1 万吨，增长 2.2%。

表 2　2012 年云南省主要农产品产量及其增长速度

单位：万吨

产品名称	产　量	比上年增长%
粮　食	1749.1	4.5
油　料	62.84	3.4
甘　蔗	2043.78	7.6
烤　烟	111.05	9.1
蔬　菜	1472.66	9.9
花　卉（亿枝）	72.50	11.5
园林水果	510.72	26.0
茶　叶	27.17	14.0
橡　胶	38.98	7.3
核　桃	41.48	33.8
咖　啡	9.18	41.0
水产品	68.01	23.9

工业生产　2012 年，全省全部工业实现增加值 3450.72 亿元,比上年增长 15.1%；其中，规模以上工业增加值 3084.96 亿元，增长 15.6%。在规模以上工业中，轻工业增加值 1353.79 亿元，增长 17.1%；重工业增加值 1731.17 亿元，增长 14.4%。

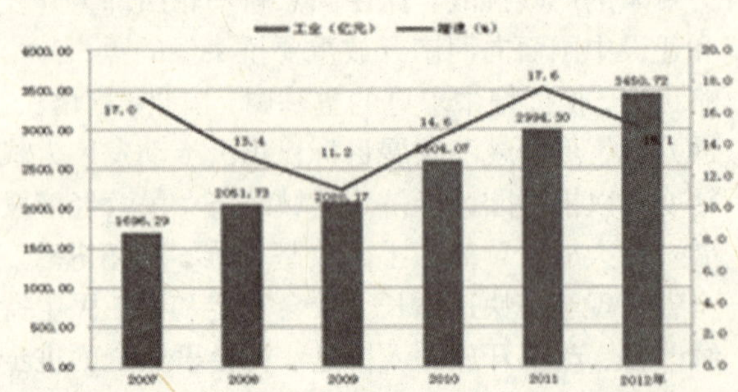

图 3.　2007-2012 年云南工业增加值及其增长速度

全省规模以上工业中，烟草制品业增加值 976.25 亿元，比上年增长 13.2%；电力生产和供应业增加值 332.49 亿元，增长 10.1%。六大高耗能行业增加值 1303.17 亿元，比上年增长 12.0%，其中，化学原料及化学制品制造业增长 9.6%、非金属矿物制品业增长 17.1%、电力热力的生产和供应业增长 10.1%、黑色金属冶炼及压延加工业增长 5.6%、有色金属冶炼及压延加工业增长 19.7%、石油加工炼焦及核燃料加工业下降 3.7%。

全省规模以上工业发电量 1533.94 亿千瓦小时，增长 14.5%；粗钢产量 1526.69 万吨，增长 14.6%；钢材产量 1600.40 万吨，增长 16.8%；十种有色金属产量 286.46 万吨，增长 5.0%；水泥产量 7793.66 万吨，增长 17.3%；卷烟产量 768.23 万箱，增长 5.2%；成品糖产量 205.93 万吨，增长 21.6%。

全省规模以上工业企业累计实现利税 1640.24 亿元，比上年增长 3.9%；其中实现利润 507.71 亿元，下降 10.6%。

建筑业　2012 年，全省建筑业增加值 968.38 亿元，比上年增长 21.0%。全省具有资质等级的总承包和专业承包建筑业企业完成总产值 2386.4 亿元，比上年增长 27.7%；实现利润 80.0 亿元，增长 25.2%；上缴税金 80.0 亿元，增长 12.0%。

固定资产投资　2012 年，全省固定资产投资（不含农户）达 7553.51 亿元，增长 27.3%。分三次产业看，第一产业投资 143.13 亿元，增长 46.1%；第二产业投资 2530.19 亿元，增长 29.3%，其中业投资 2526.41 亿元，增长 29.5%；第三产业投资 4880.19 亿元，增长 25.8%。

表 3　2012 年云南省主要工业产品产量及其增长速度

产品名称	单位	产量	比上年增长（%）
发电量	亿千瓦小时	1533.94	14.5
其中：水电	亿千瓦小时	1038.11	30.7
火电	亿千瓦小时	468.50	-12.3
铁矿石原矿量	万吨	2621.89	17.8
粗　钢	万吨	1526.69	14.6
钢　材	万吨	1600.40	16.8
十种有色金属	万吨	286.46	5.0
其中：铜	万吨	44.92	2.6
原铝	万吨	89.47	2.2
铅	万吨	55.81	28.8
锌	万吨	85.15	-3.4
锡	万吨	8.68	13.5
硫　酸（折 100%）	万吨	1210.55	1.0
烧　碱（折 100%）	万吨	22.93	16.0
化　肥（折 100%）	万吨	345.43	4.7
卷　烟	万箱	768.23	5.2
成品糖	万吨	205.93	21.6
精制茶叶	万吨	8.97	27.9
中成药	万吨	3.17	38.8
自来水生产量	亿立方米	4.53	2.5
机制纸及纸板	万吨	51.46	22.5
水　泥	万吨	7793.66	17.3
平板玻璃	万重量箱	848.44	48.6
人造板	万立方米	238.46	84.0
发电设备	万千瓦	71.23	13.3
变压器	万千伏安	1321.96	-17.2
汽　车	万辆	10.90	12.1

图 4. 2007-2012 年云南固定资产投资及其增长速度

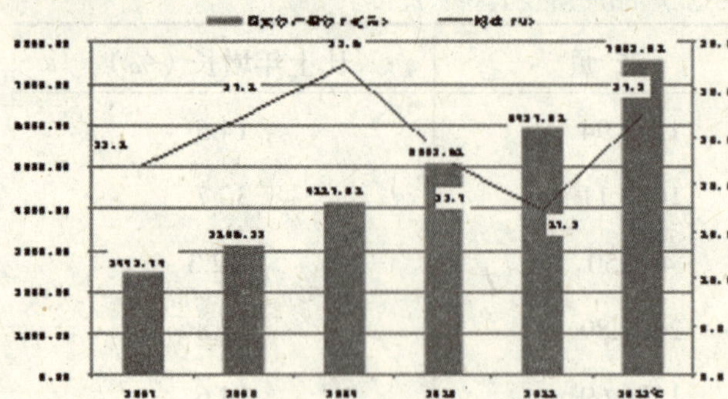

房地产开发　2012 年，全省房地产开发投资达 1782.14 亿元，比上年增长 39.2%，其中，商品住宅投资 1152.50 亿元，增长 30.3%；办公楼投资 86.41 亿元，增长 87.9%；商业营业用房投资 256.29 亿元，增长 54.9%。全省商品房屋施工面积 14362 万平方米，增长 30.4%；商品房屋竣工面积 1851.57 万平方米，增长 17.8%；商品房屋销售面积 3237.75 万平方米，增长 0.5%，商品房屋销售额 1362.83 亿元，增长 16.3%。

表 4 .2012 年云南分行业固定资产投资及其增长速度

行　　业	投资额	比上年增长（%）
全　省	7553.51	27.3
农、林、牧、渔业	143.13	46.1
采矿业	368.33	40.4
制造业	1207.12	34.8
其中：烟草制品业	36.09	-0.9
化学原料及化学制品制造业	104.27	29.8
医药制造业	35.18	39.6
非金属矿物制品业	158.75	21.7
黑色金属冶炼及压延加工业	85.00	-0.8
有色金属冶炼及压延加工业	134.74	16.3
电力、煤气及水的生产和供应业	950.96	20.0
建筑业	3.79	-38.3
交通运输、仓储和邮政业	804.63	-9.9
信息传输、计算机服务和软件业	59.70	22.7
批发和零售业	230.59	-9.2
住宿和餐饮业	147.54	51.3
金融业	4.94	20.5
房地产开发	1782.14	39.2
租赁和商务服务业	52.30	32.4
科学研究、技术服务和地质勘查业	30.49	-8.9
水利、环境和公共设施管理业	762.85	50.1
居民服务和其他服务业	22.54	28.3
教育	184.92	46.7
卫生、社会保障和社会福利业	70.46	24.4
文化、体育和娱乐业	114.23	15.8
公共管理和社会组织	117.54	-4.0

表 5　2012 年云南房地产业发展主要指标情况

指　　标	单 位	绝对数	比上年增长（%）
房地产开发投资额	亿元	1782.14	39.2
其中：住宅	亿元	1152.50	30.3
其中：90 平方米以下住宅	亿元	294.51	66.3
房屋施工面积	万平方米	14362.00	30.4
其中：住宅	万平方米	10432.11	24.9
房屋新开工面积	万平方米	6037.53	23.0
其中：住宅	万平方米	4166.88	15.3
房屋竣工面积	万平方米	1851.57	17.8
其中：住宅	万平方米	1492.28	18.2
商品房销售面积	万平方米	3237.75	0.5
其中：住宅	万平方米	2789.68	−1.4
本年资金来源	亿元	2134.02	25.4
其中：国内贷款	亿元	216.12	47.4
其中：个人按揭贷款	亿元	258.20	20.0
本年购置土地面积	万平方米	1602.39	−1.3
土地购置费	亿元	251.08	75.9

基础设施建设　2012 年，全省基础设施建设取得显著成就。截至 2012 年底，全省高速公路通车里程突破 2900 公里，位居西部第 5 位。石锁高速公路主线全线贯通，大丽高速公路等一批高速公路加快建设，南北大通道建设高速公路项目正式开工建设，丽江机场高速公路正式通车，结束了滇西北没有高速公路的历史；农村公路改造力度进一步加大；“八入省、四出境”铁路网建设加快推进，全省在建铁路里程 1500 公里；昆明地铁六号线通车运营，云南城市交通步入地铁新时代。泸沽湖机场正式开工建设，红河蒙自机场、沧源机场、澜沧机场建设前期工作取得重大进展。牛栏江—滇池补水工程试通水。交通、能源、水利等重点基础设施建设大步向前推进，全国第 4 大机场—昆明长水国际机场投入运营，云南基础设施落后面貌显著改变，经济社会发展“瓶颈”制约得到有效缓解。

社会消费品市场　2012 年，全省实现社会消费品零售总额 3541.60 亿元，比上年增长 18.0%。按经营地统计，城镇社会消费品零售额 2846.92 亿元，增长 18.3%；乡村社会消费品零售额 694.68 亿元，增长 17.2%。按消费形态统计，批发业零售额 397.19 亿元，增长 37.8%；零售业零售额 2367.71 亿元，增长 12.4%；住宿业零售额 39.02 亿元，增长 21.3%；餐饮业零售额 473.33 亿元，增长 17.8%；其他行业零售额 264.35 亿元，增长 53.3%。

图 5. 2007-2012 年云南社会消费品零售总额及其增长速度

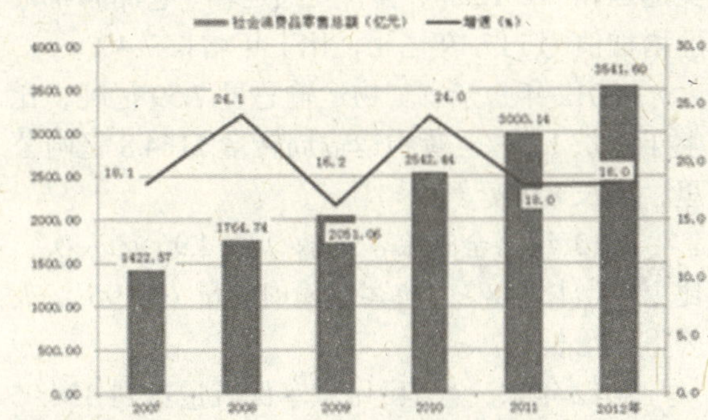

在限额以上批发和零售业零售额中，粮油类零售额比上年增长 33.5%，汽车类增长 13.1%，石油及制品类增长 26.8%，日用品类增长 56.4%，文化办公用品类增长 11.2%，化妆品类增长 34.1%，金银珠宝类增长 45.5%，家具类增长 1.3 倍，建

筑及装潢材料类增长1.2倍，家用电器和音像器材类增长29.4%。

对外贸易和引进外资 2012年，全省外贸进出口总额达210.05亿美元，比上年增长31.0%。其中出口总额100.18亿美元，增长5.8%，进口总额109.87亿美元，增长67.6%。全年对欧盟进出口11.09亿美元，下降38.0%；对东盟进出口67.6亿美元，下降13.6%；对南亚进出口5.76亿美元，下降46.8%。

图6.2007-2012年云南省进出口总额及其增长速度

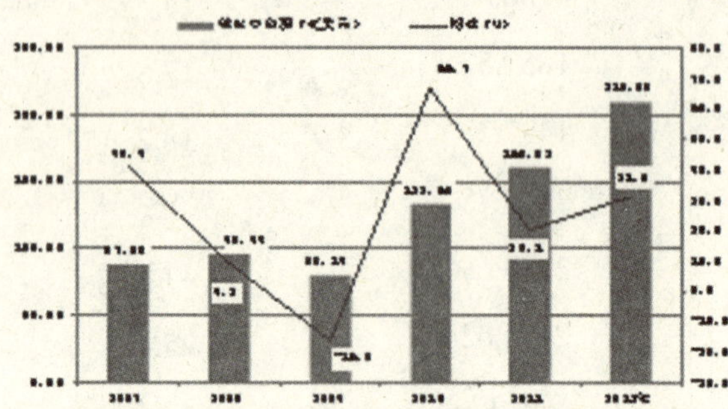

全省机电产品出口16.67亿美元，下降17.8%；农产品出口20.39亿美元，增长16.1%；磷化工产品出口10.51亿美元，下降29.6%；纺织品及服装出口4.74亿美元，下降34.1%。在进口商品中，金属原材料进口33.37亿美元，增长26.8%；农产品进口15.81亿美元，增长46.3%；机电产品进口8.33亿美元，增长4.3%；木材进口2.86亿美元，增长29.3%。

全省共批准利用外资项目121个，下降25.8%，合同利用外资10.95亿美元，下降49.2%，实际使用外商直接投资21.89亿美元，增长26.0%。

交通运输 2012年，全省交通运输、仓储和邮政业增加值为217.19亿元，比上年增长7.4%。

2012年，全省货物运输总量7.59亿吨，比上年增长13.6%。货物运输周转量1164.8亿吨公里，增长8.9%。

2012年，全省旅客运输总量4.96亿人次，比上年增长7.8%。旅客运输周转量669.96亿人公里，增长9.7%。

2012年末，全省民用汽车保有量达到334.95万辆（包括三轮汽车和低速货车7.68万辆），比上年末增长16.4%，其中私人汽车保有量280.03万辆，增长18.8%。民用轿车保有量137.36万辆，增长19.2%，其中私人轿车122.99万辆，增长20.8%。

邮电通讯业 2012年，全年邮电业务总量362.59亿元，比上年增长14.7%。其中，邮政业务总量18.25亿元，增长11.8%；电信业务总量344.34亿元，增长14.8%。年末固定电话用户524.29万户。其中，城市电话用户364.68万户，农村电话用户159.61万户。新增移动电话用户306.27万户，年末达到2895.78万户，其中3G移动电话用户571.79万户。年末全省固定及移动电话用户总数达到3420.07万户，比上年末增加290.45万户。电话用户普及率达到74.4部/百人。（固定）宽带接入用户375.52万户,移动互联网用户2027.06万户(含无线上网卡用户和手机上网用户)。

旅游业 2012年，全省接待海外入境旅客(包括口岸入境一日游)886.4万人次，比上年增长16.1%，实现旅游外汇收入19.47亿美元，增长21.0%。全年接待国内游客1.96亿人次，增长20.2%；实现国内旅游收入1579.49亿元，增长32.1%；全省实现旅游业总收入1702.54亿元，增长31.2%。

金融业 2012年末，全省金融业实现增加值548.05亿元，比上年增长17.6%。年末金融机构人民币存款余额达17966.38亿元，比上年末增长17.0%,其中城乡居民储蓄存款余额7741.59亿元，增长16.3%；年末全省金融机构人民币各项贷款余额达13848.10亿元，比上年增长14.3%。

图7.2007-2012年云南城乡居民人民币储蓄存款余额及其增长速度

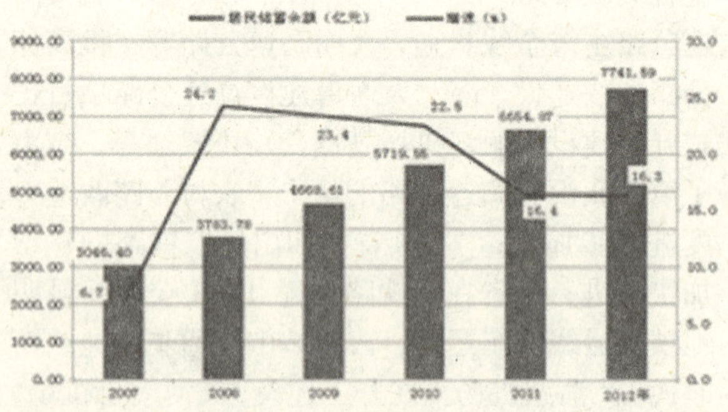

保险业 2012年，全省保险公司原保险保费收入271.13亿元，比上年增长12.5%。其中，财产险业务原保险保费收入123.54亿元,增长13.2%；寿险业务原保险保费收入116.24亿元,增长9.1%；健康险和意外伤害险业务原保险保费收入31.52亿元，增长24.0%。全年支付各类赔款及给付100.11亿元，比上年增长25.3%。其中，财产险业务赔款64.22亿元，增长35.6%；寿险业务给付21.46亿元，增长6.8%；健康险和意外伤害险赔款及给付14.43亿元，增长16.1%。

万人，比上年增长 5.0%；毕业生 11.89 万人，比

表 6　2012 年云南各种运输方式货物运输量及其增长速度

指　　标	单　位	绝对数	比上年增长（%）
货物运输总量	亿　吨	7.59	13.6
铁　路	亿　吨	1.18	0.0
公　路	亿　吨	6.32	16.7
水　运	亿　吨	0.05	5.9
民　航	万　吨	6.96	2.5
管　道	亿　吨	0.04	–2.2
货物运输周转量	亿吨公里	1164.8	8.9
铁　路	亿吨公里	379.75	2.7
公　路	亿吨公里	702.51	13.8
水　运	亿吨公里	8.71	6.4
民　航	亿吨公里	1.12	8.3
管　道	亿吨公里	72.68	–1.7

表 7　2012 年云南各种运输方式旅客运输量及其增长速度

指　　标	单　位	绝对数	比上年增长（%）
旅客运输总量	亿　人	4.96	7.8
铁　路	亿　人	0.3	1.5
公　路	亿　人	4.48	8.3
水　运	亿　人	0.09	1.5
民　航	亿　人	0.08	11.9
旅客运输周转量	亿人公里	669.96	9.7
铁　路	亿人公里	91.74	–0.2
公　路	亿人公里	470.2	10.7
水　运	亿人公里	2.02	3.1
民　航	亿人公里	106.01	14.8

上年增长 8.6%。各类中等职业教育招生 22.26 万人，在校生 67.06 万人，毕业生 18.71 万人。普通高中招生 26.13 万人，在校生 70.62 万人，毕业生 19.62 万人。普通初中招生 67.40 万人，在校生 195.33 万人，毕业生 66.50 万人。普通小学招生 62.29 万人，在校生 406.70 万人，毕业生 72.28 万人。幼儿园在园幼儿 112.23 万人。小学学龄儿童入学率达 99.6%，小学毕业生升学率达 93.3%。高等教育毛入学率达 24.3%，高中阶段教育毛入学率达 71.2%。

资本市场　2012 年，云南企业通过证券市场融资 109.5 亿元，比上年增加 9.3 亿元。其中，A 股再融资（包括配股、公开增发、非公开增发、认股权证融资）99.5 亿元，增加 21.3 亿元；上市公司通过发行可转债、可分离债、公司债融资 10.0 亿元，减少 12.0 亿元。年末全省有上市公司 28 家，总股本 172.58 亿股；总市值 1982.0 亿元，比上年减少 128.3 亿元。

教育事业　2012 年，全省普通高等学校招生 14.63 万人，比上年下降 9.3%；在校学生 51.22

科技发展 2012年，全省科学研究与试验发展(R&D)经费支出64.0亿元，比上年增长14.1%，占全省生产总值（GDP）比重0.64%。年末共有国家认定工程技术研究中心2个，省级工程技术研究中心83个，省重点实验室35个，创新型（试点）企业192家。全年共登记科技成果928项，其中基础理论成果86项，应用技术成果803项，软科学成果39项，有10个项目获得2012年度国家科学技术奖。已建立国家级高新技术产业开发区3个，省级高新技术产业开发区1个。全年专利申请9260件，获专利授权5853件；认定登记技术合同2254项，成交金额达45.78亿元，比上年增长2.9倍。

文化事业 2012年末，全省共有各种艺术表演团体162个，文化馆148个，公共图书馆152个，博物馆85个。全省广播、电视人口覆盖率分别达到96.0%和97.0%。中、短波转播发射台60座，广播电台11座，电视台11座，广播电视台6座，有线电视用户552万户。

卫生及体育事业 2012年末，全省共有卫生机构1.01万个,医院924个；卫生机构拥有床位数19.47万张，卫生技术人员16.48万人,其中医生6.69万人。疾病预防控制机构150个，卫生技术人员6433人；专科防治机构30个，卫生技术人员612人；妇幼保健院（所、站）147个，卫生技术人员5698人。乡镇卫生院1379个，床位3.98万张，卫生技术人员2.38万人。全年甲、乙类法定报告传染病发病人数10.14万例，报告死亡1815人；报告传染病发病率218.86/10万，死亡率3.92/10万。

2012年，云南运动员在国际比赛中获金、银、铜牌19枚；在全国比赛中获金、银、铜牌63枚。

水资源与用水量 2012年，全省水资源总量1670.92亿立方米，比上年增长12. 9%；人均水资源3608.09立方米，增长12.9%。全省平均降水量1087毫米，比上年增长10.0%。

2012年末，全省水利工程蓄水总量69.62亿立方米，比上年末增长46.9%。全省总用水量146.03亿立方米，比上年减少0.5%。全省万元生产总值用水141.6立方米，比上年下降13.1%。万元工业增加值用水量74.05立方米，下降1.0%。全省人均用水量为316.97立方米，与上年持平。

生态环境保护 2012年末，全省各级环境监测站114个，环境监测人员1403人。工业固体废物综合利用率达到50.3%。城镇污水处理率达到80.05%。全年化学需氧量排放量比上年削减1.1%，二氧化硫排放量比上年削减2.75%。

2012年，全省共完成营造林816.7万亩,启动实施4637万亩省级公益林生态效益补偿，治理水土流失面积3383平方公里。截至年底，已确权集体林地面积为1801.4万公顷，其中发放林权证的面积为1787.3万公顷。

2012年末，全省自然保护区159个，其中国家级自然保护区20个，省级自然保护区38个。自然保护区面积282万公顷，其中国家级自然保护区面积147万公顷，省级自然保护区面积71万公顷。

能源消费与节能 2012年，全省规模以上工业主要能源消费量中，原煤消费量8390.90万吨，增长6.4%；洗精煤消费量1746.42万吨，增长2.9%；焦炭消费量1246.61万吨，增长7.5%，天然气消费量3.5亿立方米，下降7.2%,电力消费量853.28亿千瓦时，增长13.4%。规上单位工业增加值能耗比上年下降3.19%。

安全生产 2012年，全年生产安全事故死亡人数为1985人，比上年下降16.9%。亿元GDP生产安全事故死亡人数为0.27人，下降29.6%；工矿商贸企业(不含煤矿)生产安全事故死亡人数为236人，下降26.0%；煤矿百万吨死亡人数为1.06人，下降42.5%。全年共发生道路交通事故3941起，造成1768人死亡、5056人受伤，直接财产损失2880.60万元；道路交通事故万车死亡率为1.86，下降12.7%。

人口与就业 2012年末，全省常住人口为4659.0万人，比上年末增加28.0万人。全年出生人口58.7万人，出生率为12.63‰；死亡人口29.8万人，死亡率为6.41‰；自然增长率为6.22‰，比上年下降0.13个千分点。年末全省城镇人口1831.5万人，乡村人口2827.5万人，全省城镇化率达39.31%，比上年提高2.51个百分点。

表8　2012年云南省人口数及其构成

单位：万人

指　标	年末数	比重（%）
全省年末总人口	4659.0	100.0
其中：城镇	1831.5	39.31
乡村	2827.5	60.69
其中：男性	2417.6	51.89
女性	2241.4	48.11
其中：0-14岁	903.85	19.4
15-64岁	3387.09	72.7
65岁及以上	368.06	7.9

城乡居民生活 2012年，全省城镇居民人均可支配收入21075元，扣除价格因素，比上年实际增长10.2%；城镇居民人均消费性支出13884元，比上年增长13.4%。全省城镇非私营单位在岗职工年平均工资38908元，比上年增长10.0%。农村居民人均纯收入5417元，扣除价格因素，比上年实际增长12.1%；农村居民人均生活消费支出4561元，比上年增长14.0%。城镇居民家庭食品消费支出占消费总支出的比重为39.4%，农村居民家庭食品消费支出占消费总支出的比重为45.6%。

图8.2007-2012年云南城镇居民人均可支配收入及其增长速度

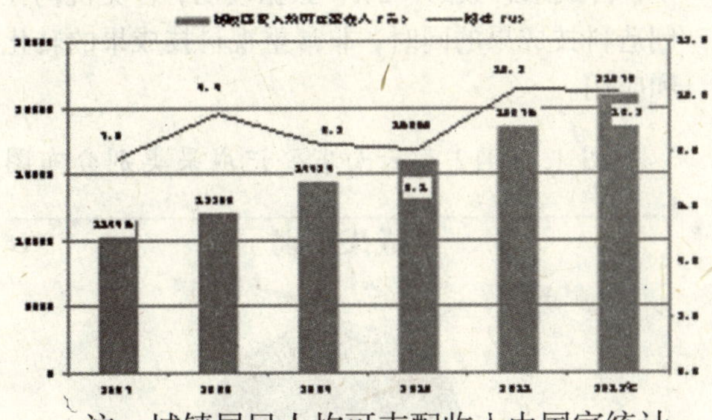

注：城镇居民人均可支配收入由国家统计局云南调查总队提供。

图9.2007-2012年云南省农村居民人均纯收入及其增长速度

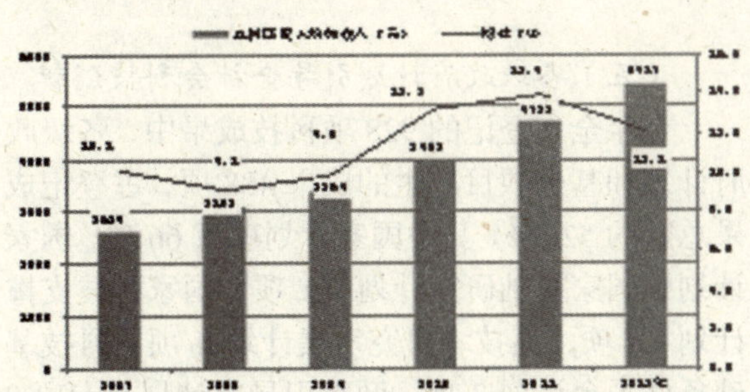

注：农村居民人均纯收入由国家统计局云南调查总队提供。

社会保障 2012年末，全省参加城镇职工基本养老保险人数为364.47万人，比上年末增加21.65万人。其中，参保职工253.76万人，参保离退休人员110.71万人。参加城镇基本医疗保险人数为882.39万人，增加8.86万人。其中，参加城镇职工基本医疗保险人数452.22万人，参加城镇居民基本医疗保险人数430.17万人。参加城镇职工基本医疗保险的农民工为23.29万人。全省参加失业保险人数为224.0万人，比上年末增加7.25万人。参加新型农村社会养老保险的人数为2001.03万人，比上年末增加705.23万人。参加新型农村合作医疗的农民为3468万人，增加12万人，参合率达96.5%，比上年提高0.3个百分点。新型农村合作医疗基金累计支出99.35亿元，累计受益9000万人次。全省享受城市最低生活保障居民为93.59万人，比上年增加0.59万人；享受农村最低生活保障农村居民为437.61万人，比上年增加34.43万人。

社会福利事业 2012年末，全省共有各类收养性社会福利单位床位5.98万张，全年收养各类人员4.50万人。州（市）级儿童福利院23个，流浪未成年人保护中心6个。农村养老服务机构653个，床位3.80万张，收养各类人员3.07万人。各类社区服务设施1077个，其中，社区服务中心173个，社区服务站894个。全年销售社会福利彩票44.87亿元，筹集社会公益金14.65亿元，接受社会捐赠3.2亿元。

（李朝阳）

2012年云南省科技成果统计分析报告

2012年，云南省科技成果管理工作认真贯彻落实全国和省科技创新大会精神，围绕建设绿色经济强省、民族文化强省、中国面向西南开放的重要桥头堡战略和《中共云南省委 云南省人民政府关于实施建设创新型云南行动计划的决定》的目标任务，通过举办“开放创新、合作共赢”的首届科技入滇对接会，推进科研平台、科技型企业、科技成果、人才和团队“四个落地”，加速科技成果转化应用。通过全省广大科技人员的共同努力，各州市科技局、省级有关部门，大中型企业（集团）、中央驻滇单位的积极配合，圆满完成了今年的科技成果登记工作，取得了较好的成绩，成果总数达到928项，比上年度增长25%，实现了科技成果两位数的增长幅度。

第一部分 成果概况

（一）统计范围及评价方式

1.统计范围

2012年度全省科技成果统计范围包括各州、市科技局，省直有关委办厅局，大型企业事业单位，中央驻滇单位。

2.评价方式

今年登记的928项科技成果中，鉴定方式评价的378项，验收方式评价的404项，评审方式评价的54项，行业准入评价的6项，评估（定）方式评价的36项，结题方式评价的9项，评价机构评价的41项。

（二）成果总量显著增加

在全省各级科技人员的共同努力下，2012年度全省登记科技成果总量显著增加，共登记科技成果928项，比2011年增加了184项。其中：各州、市科技局登记430项；省直委办厅局、大型企业、中央驻滇单位登记498项；分别占成果登记总数的46.3%和53.7%。

（三）自主创新能力明显提高

本年度登记的成果产生的知识产权共1141项，比2011年806项增加了335项，增长率达41.6%。其中发明专利485项，比2011年增长38.2%，实用新型专利248项，外观设计专利85项，软件著作权39项，其他284项；制定标准93项，其中国际标准4项，国家标准12项，行业标准33项，地方标准29项，企业标准15项。数据表明，2012年全省登记科技成果的自主知识产权大幅度增长，自主创新能力显著提高；标准制定工作得到充分重视，企事业单位更加重视技术的规范化、标准化。

（四）应用技术成果占主体

今年全省登记的928项科技成果中，应用技术成果803项，占成果总数的86.5%；基础理论成果86项，占成果总数的9.2%；软科学成果39项，占成果总数的4.2%。数据表明，各类机构在创造科技成果的同时，非常重视科技成果的转化和应用。

图1. 2012年云南省登记成果类别分布图

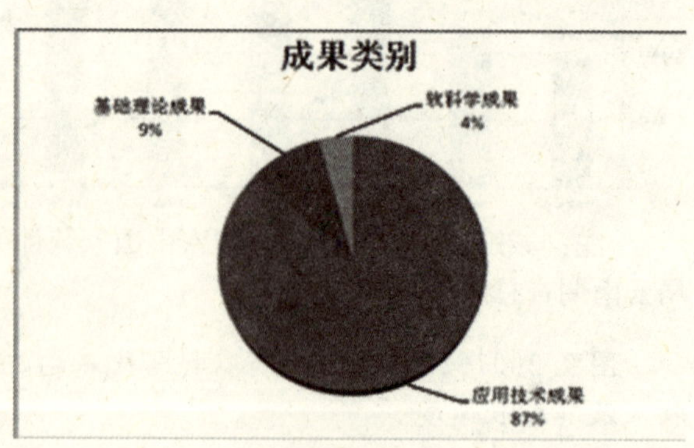

（五）各级政府计划引导全社会科技创新

今年全省登记的928项科技成果中，各级政府计划和基金项目产生的成果488项，占登记成果总数的52.8%。其中国家计划项目66项，国家计划中国家基础研究计划19项，国家科技支撑计划18项，高技术研究发展计划4项，科技基础条件平台计划3项，政策引导类计划及专项3项，其他19项；部门计划124项；地方计划213项；部门基金24项；地方基金项目58项；国际合作项目3项。

自选项目354项，横向委托项目13项，民间基金2项，其他来源69项，非政府计划所产生的科技成果数已经达到登记成果总数的47.2%。

上述数据显示，政府科技计划、基金引导了全社会科技创新，全省科技成果的来源呈现多样化，民间投入科技研发的经费不断增加，云南省各类机构的科技创新积极性逐年提高。

图 2. 2012 登记成果立项来源分布图

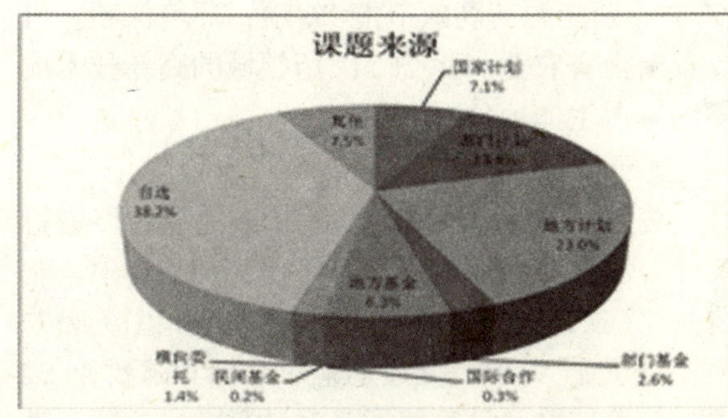

（六）企业完成成果数量位列第一

在全省 928 项科技成果中，按第一完成单位进行统计，独立科研机构完成的有 197 项；大专院校完成的有 81 项；企业完成的有 289 项，其中包含科研机构转制企业完成的 14 项；医疗机构完成的有 239 项；其他 122 项。

图 3. 2012 年云南省登记成果按完成单位类别分布图

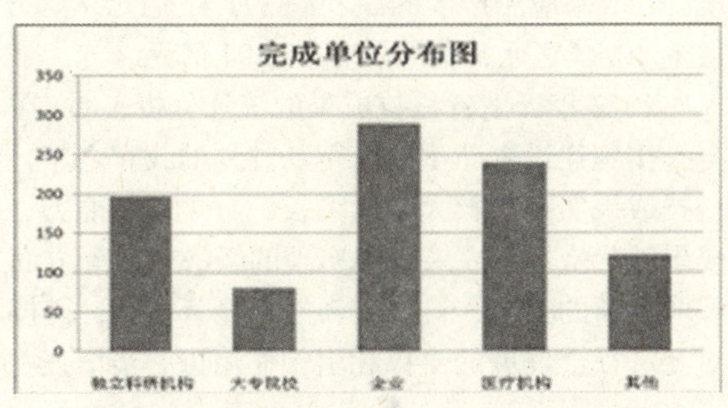

数据表明，企业研发的成果越来越多，作为技术创新主体地位得到充分体现。

（七）中青年科技人员是成果创造的主体

今年登记的 928 项科技成果中，按完成人员文化程度统计：博士 700 人，硕士 1544 人，大学本科 3997 人，大专 882 人，中专 233 人，其他学历 81 人。大专以上学历的人员占完成人员总数的 95.8%，成果完成人员学历普遍较高。

图 4. 2012 年度云南省登记成果完成人员学历分布图

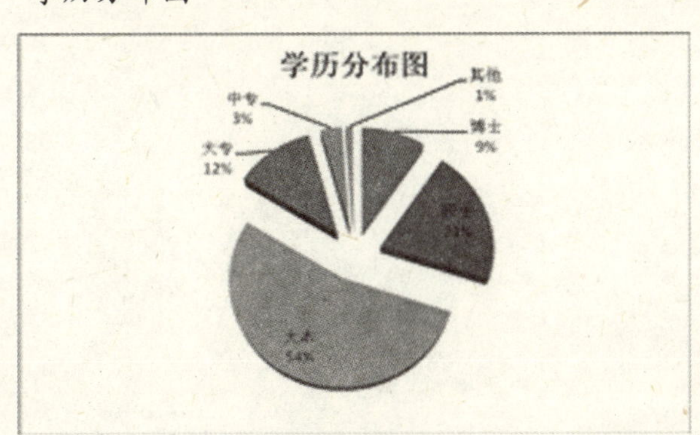

按科技成果完成人员年龄统计：35 岁以下为 2244 人，36–45 岁为 2784 人，46–55 岁为 2041 人，56–65 岁为 278 人，65 岁以上为 90 人。数据表明，中青年科技人员是科技成果创造的主体，而 35 岁以下的青年科技人员逐步成为科技创新的骨干力量。

图 5. 2012 年度云南省登记成果完成人员年龄分布图

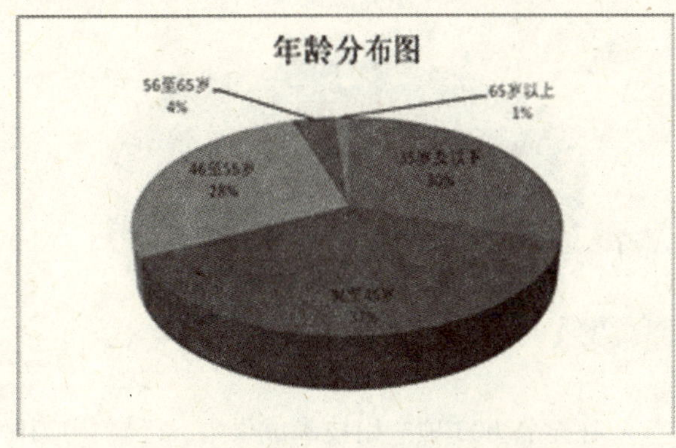

按科技成果完成人员职称统计：院士 10 人，正高 1253 人，副高 1812 人，中级 2759 人，初级 1027 人，其他 576。数据显示，科技成果完成人员职称梯队合理。

图 6. 2012 年度云南省登记成果完成人员技术职称分布图

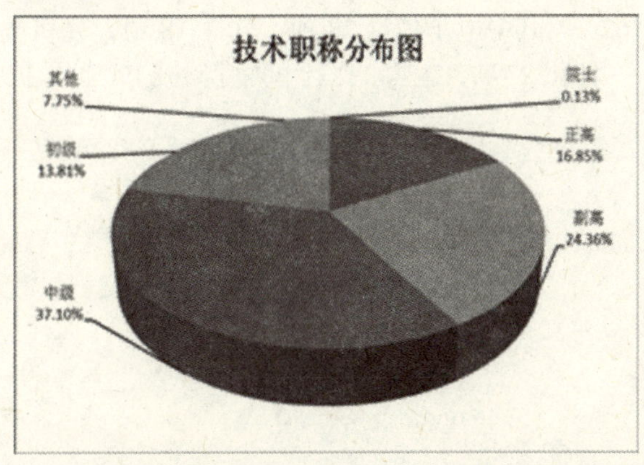

从科技成果完成人员学历，年龄和职称结构可以看出，全省科技创新人才和创新团队培育工作取得明显成效，科研队伍建设逐步形成了年龄结构、学历结构和职称结构的合理搭配。

第二部分 应用技术成果情况

（一）成果属性

在全省 803 项应用技术成果中，原始性创新成果 490 项，占 61%，国外引进消化吸收创新 76 项，占 9.5%，国内技术二次开发 235 项，占 29.3%；

处于成熟应用阶段的成果 629 项，占 78.3%；处于中试或设备的样机、试样等中期阶段的成果 83 项，占 10.3%；处于实验室、小试等初期阶段的成果 91 项，占 11.3%。原创性科技成果占主体，表明全省科技创新能力进一步提升。

图 7. 2012 年云南省登记的应用技术成果所处阶段分布图

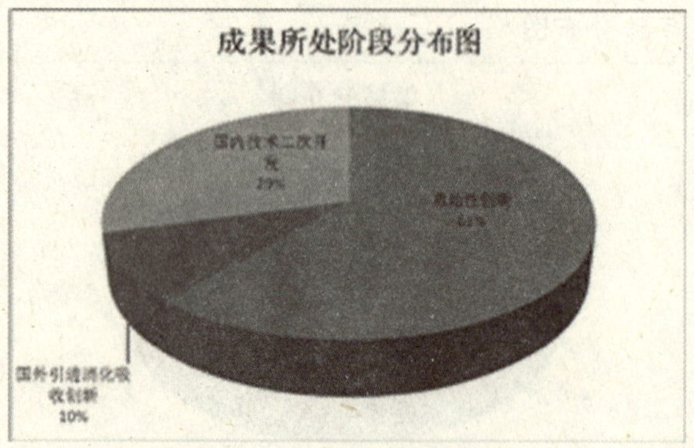

在全省 803 项应用技术成果中，已转化应用的成果 785 项，占 97.8%；未应用的成果 18 项，占 2.2%。成果未能应用的主要问题，属于资金问题的 5 项，属于技术问题的 7 项，属于市场的问题的 5 项，属于政策因素的 3 项。

（三）成果所属高新技术领域分布

2012 年全省登记的 803 项应用技术成果中，属于高新技术领域的 501 项，占应用技术成果的 62%。其中电子信息 28 项，软件 18 项，光机电一体化 27 项，生物、医药和医疗器械 190 项，护 27 项，地球、空间和海洋 9 项，农业 140 新材料 27 项，新能源与高效节能 26 项，环境保项。可以看出全省农业和生物、医药领域的高新技术成果仍然占主体地位。

（四）成果应用行业分布

按技术成果实际推广应用的行业分类进行统计，农林牧渔业有 227 项，采矿业 20 项，制造业 92 项，电力、燃气及水的生产和供应业 77 项，建筑业 9 项，交通运输、仓储和邮政业 22 项，信息传输、计算机服务和软件业 37 项，批发和零售业 2 项，房地产业 1 项，科学研究、技术服务和地质勘查业 14 项，水利、环境和公共设施管理业 16 项，居民服务业 1 项，教育 10 项，卫生、社会保障和社会福利业 255 项，文化、体育和娱乐业 9 项，公共管理和社会组织 9 项，国际组织 2 项。

（五）成果应用取得的经济效益

据对 129 项投入实际应用的技术开发类成果统计，成果应用产生的净利润 371.47 亿元，实交税金 10.53 亿元，节约资金 225.94 亿元。

2012 年云南省科技成果的统计分析表明：在全省实施建设创新型云南行动计划的收官之年，科技成果实现了较大幅度增长，自主创新能力、成果转化应用、成果应用实现的经济效益等方面都取得新的突破，科技创新能力显著提高，科技对经济社会发展的支撑和引领作用进一步增强。

经 济 研 究

Economic Research

重要学术活动

云南省社会科学联合会

云南省第十五次哲学社会科学优秀成果奖

云南省哲学社会科学优秀成果奖是云南省人民政府设立的政府奖，评奖委员会办公室设在省社科联，是云南省哲学社会科学界最高规格奖项，每年评选一次。云南省第十五次哲学社会科学优秀成果评奖，申报时间自2011年11月9日起至12月2日止，共收到符合申报条件的成果785项，经过学科组评审和2012年1月省评委会终评，并经云南省委宣传部审定，最终评选出《云南特有民族百年实录》等获奖成果157项，其中：一等奖10项（专著4项，论文5项，研究报告1项）；二等奖36项（专著17项，论文17项，研究报告2项）；三等奖111项（专著49项，论文53项，研究报告9项）。云南省人民政府于2012年7月18日颁发了《云南省人民政府关于云南省第十五次哲学社会科学优秀成果奖励的决定》（云政发[2012]105号）。

云南省法学专家学者为创新社会管理献计献策

2012年4月20日，云南省法学会主办、云南大学法学院承办的"加强和创新社会管理，推进依法治省"专题研讨会在云南大学科学馆举行。云南省党政机关、科研院所、高等院校、专业服务机构的知名专家学者40余人出席座谈会。会上，专家学者就特殊群体毒品犯罪规制、法院在社会管理创新中的作用、创新社会管理方式、破解社会管理难题、人民调解在社会管理创新中的价值、流动人口合法权益保护以及综合行政执法的职能扩张等专题作主题发言。与会专家学者提出了相应的观点和建议。

"社科专家双江行"调研咨询活动

2012年6月19日至21日，由省社科联、临沧市社科联和双江县社科联共同举办云南省"社科专家双江行"调研咨询活动。10名省、市社科专家深入双江自治县就双江县县域经济发展对策，基层组织建设、民族团结、社会和谐，民族文化资源开发与利用进行调研。在3天的调研中，专家组考察了云南双江勐库茶叶有限责任公司，沙河乡允俸村景亢组、土戈千户村，勐勐镇忙乐村忙乐四组、千福村、闷乐村、忙而村、千蚌村忙品自然村，勐库镇冰岛村，双江南华糖业有限公司等地。21日上午，专家组在双江县召开专家咨询会，为双江发展建言献策。

"云南社科专家昆明行暨提升城市品质建设美好幸福新昆明"调研咨询活动

2012年9月16日至9月22日，由中共云南省委宣传部、省社会科学界联合会、中共昆明市委、市人民政府主办，中共昆明市委宣传部、市社会科学界联合会承办的"云南社科专家昆明行暨提升城市品质、建设美好幸福新昆明调研咨询活动"在昆明举行。活动紧紧围绕"提升城市品质，建设美好幸福新昆明"这一主题，组织国家、省、市社会科学、自然科学和实际工作部门的专家深入现代新昆明建设前沿，多视角、全方位、宽领域、深层次地开展调研咨询，为实现昆明经济社会跨越发展提供了理论支撑、智力支持和精神力量。"云南社科专家昆明行"活动由四大部分组成。

专家见面会（启动仪式）

2012年9月17日上午召开社科专家见面会。参加会议有省、市有关部门领导、社科专家及市直部门相关领导60余人。

专家基层调研

2012年9月17日至20日23位专家分为5个调研组，紧紧围绕城市发展与定位、城市管理与公共服务、工业发展模式与县域经济发展、城市可持续发展、构建文化昆明五个专题，分别深入到昆明市14个县（市）区及高新技术产业开发区、经济技术开发区、滇池国家旅游度假区等120多个点，进行了为期三天半的调研咨询活动。在调研活动开展期间，专家们从生态保护、园区建设、文化旅游、城市发展四个方面为建设美好幸福新昆明提出了意见和建议。

专题讲座 2012年9月21上午，云南大学经济学院院长施本植教授作"提升城市品质、建设美好幸福新昆明"的专题讲座。昆明市、县（市）区300多位领导干部到会听讲。（四）高端论坛。2012年9月21日下午在昆明市连云宾馆举行高端论坛。省委宣传部、省社科联、市政府、市委宣传部及各县（市）区、委办局的相关负责人200多人参加了高端论坛。国家行政学院社会文化部副主任祁述裕等8位专家在论坛上发言，提出建设美好幸福新昆明的咨询意见和建设性的建议。

云南教育界与瑞典教育界进行学术交流

2012年9月11日至28日，省社科联邀请“瑞典教师2012年云南之旅”一行23人到云南昆明、蒙自、元阳等地学校交流访问；组织云南有关院校共同接待来自瑞典的校长和教师，向来访的瑞典教育界人士和官员介绍云南城乡可持续发展特别是教育和教改的情况。9月26日，“中-瑞可持续发展教育专题研讨会”在云南大学科学馆成功举办。研讨会由云南省社会科学界联合会、云南省高等教育学会、瑞典国际教育培训项目办全球学校联办，云南大学高等教育研究院承办。会议工作语言为英语，中国-瑞典可持续发展教育专题学术研讨会共收到论文58篇，入选《可持续发展教育专题研讨论文集》38篇，大会交流发言13篇。来自瑞典的23位校长或教师和来自云南大学、云南师范大学、云师大附属世纪金源学校、等大中小学校的研究者、教师和研究生等70多人以可持续发展教育为主要议题展开交流和探讨。

省社科联召开“大学科技园走出去策略”专家座谈会

2012年11月20日，省社科联组织召开专家座谈会，昆明理工大学、云南东南亚南亚经贸促进会、中国·昆明泛亚交通物流研究院、省社科院及省社科联等单位专家参加了会议。专家们围绕昆明理工大学国家大学科技园如何“走出去”的问题展开了热烈地讨论，就建设分园的位置、项目、操作方法等具体问题进行了讨论，提出了意见和建议。

云南社科界组团赴北美（加拿大和美国）学术交流

经省政府、省委宣传部、省外事办公室批准，并应加拿大西蒙·菲莎大学和美国哥伦比亚大学的邀请，“云南省社科界赴北美（加拿大和美国）学术交流团”由省社科联、省社科院、省委宣传部和丽江东巴研究院的领导和专家一行5人，于2012年12月9日至12月18日到加拿大和美国进行为期10天的访问交流，对国际社科研究的动态以及美加两国对我国研究的现状、社科国际交流合作的经验进行了交流。

云南社科界组团赴南亚（印度和尼泊尔）学术交流

经省政府、省委宣传部、省外事办批准，应印度中国经济文化促进协会和尼泊尔加德满都大学的邀请，“云南省社科界赴南亚（印度和尼泊尔）学术交流团”由省社科联、省社科院、省政府研究室、保山市社科联的领导和专家组成一行5人，于2012年12月13日至12月22日到印度尼泊尔进行为期10天的访问交流，对印度尼泊尔对我国的研究状况，两国的社科研究体系和方法等有关社会科学学术研究的观点和知识进行讨论和交流。

云南省社科联组织开展第六届社会科学学术年会暨2012年社科学术月活动

由省委宣传部、省社科联共同主办，昆明、玉溪、保山、楚雄、文山、普洱、德宏、迪庆、临沧、西双版纳等10州市社科联和昆明理工大学、云南师范大学、昆明医科大学、云南艺术学院、昆明学院、省哲学学会、省会计学会、省保险学会、省生态文明建设研究会、省领导科学决策研究会、省妇女理论研究会、省美学学会、省中华周易研究会、省社会心理学会共同承办的云南社科界学术年会于2012年11月至12月举办，活动围绕“建设开放富裕文明幸福新云南：科学·和谐·跨越”的主题，举办了财经大学主场和25个承办方分论坛活动。活动中，颁发了云南省第十五次哲学社会科学优秀成果奖和第六届社会科学学术年会优秀论文奖，举行了2012年度哲学社会科学创新团队授牌仪式。首次发布了云南省内作者年度学术成果情况，邀请国家发改委经济研究院院长常修泽和国务院发展研究中心部长高世楫分别作“未来中国的改革战略”和“中国产业升级与云南产业发展中的问题”的主题演讲。其它各分论坛分别邀请了法国图卢兹保罗萨巴蒂尔大学医学院、中国政法大学、中国音乐学院、山东艺术学院、南京艺术学院、广西艺术学院、吉林艺术学院、内蒙古大学艺术学院、新疆艺术学院、云南省社科联、云南省社科院、云南财经大学、昆明理工大学、云南大学、云南民族大学、西南林业大学、云南师范大学、云南财经大学、昆明医科大学等单位的专家莅会共同研讨云南经济社会发展中的重大理论和现实问题。近百名专家发表了学术观点，省社科联综合整理后在《云南日报》发表，并通过《社科界建言专报》报送有关省领导。

“云岭大讲堂”听众创历史新高

由云南省委宣传部、省社科联主办的“云岭

大讲堂”，2012年共设置42讲，邀请42位知名专家就当前政治、经济、文化和社会的热点进行公益讲座，全年共精选制作出20场讲座录像资料在云视网播出，部分讲题被选作云南干部在线学习教材，供全省各级干部在线学习使用。现场听众达6000人次，观看云视网“云岭大讲堂”视频的人数月平均2万人次，全年视频受众达到24万人次，创历史新高，社会影响力效果明显增强。

“云南省哲学社会科学科普规划项目”首次启动

2012年，云南省社科联启动了云南省哲学社会科学科普规划项目，全年共计收到申报项目134项，最终评审确定26个社科普及规划项目，每个项目资助1万元，提高了社科工作者开展科普研究的积极性，为编辑出版系列社科普及丛书奠定了良好基础。

云南社科科普基地建设步伐加快

2012年，云南省社科联社科普及基地建设力度加大，投入社科普及基地建设专项经费34万元。每个基地补助5万元，授予普洱市图书馆等6家单位为省级社科普及示范基地，全省社科普及示范基地达到20家。

“七彩云南生态文明研究与促进会议”成功举行

2012年12月28日,云南省生态文明建设研究会与云南省生态文明建设领导小组办公室、云南省七彩云南保护行动领导小组办公室合作，共同主办了“七彩云南生态文明研究与促进会议”，参会者达150人。同时组织专家撰写理论文章8篇，在《云南日报》上刊发。会议期间组织了4位专家接受香格里拉之声电台的现场采访，与听众进行了互动，取得了良好的宣传效果。自七彩云南生态文明建设研究与促进会议于在昆明成功举办以来，《中国环境报》、《云南日报》、《香港文汇报》等新闻媒体相继刊登和播发了会议新闻，人民网、光明网、香港文汇网等网络也转载会议相关新闻。

（谭启彬）

研究机构选介

云南省社会科学院经济研究所

一、科研成果

社会主义新农村建设研究：《西南边疆民族地区社会主义新农村建设特殊性问题及对策研究》、《建设社会主义新农村的理论基础》、《西南边疆社会主义新农村建设中的贫困问题研究》、《西南边疆民族地区社会主义新农村建设特殊性问题分析》、《西南边疆民族地区社会主义新农村建设的构想与对策》、《云南在社会主义新农村建设中值得思考的几个问题》、《新农村建设中的水环境保护与水资源可持续利用研究》、《西南边疆民族地区的工业化与社会主义新农村建设》、《西南边疆民族地区的城镇化与社会主义新农村建设》、《西南边疆民族地区的生态环境与社会主义新农村建设》、《西南边疆民族地区建设社会主义新农村的模式》。

桥头堡建设研究：《云南桥头堡建设中的农业现代化发展》、《云南建设面向中南半岛粮食物流基地建设的构想》、《桥头堡建设的财政政策研究》、《创建绿色竞争力是云南桥头堡建设的重要发展方式》、《云南教育发展先行先试积极支持桥头堡建设》、《银行信贷支持我国面向西南开放重要桥头堡建设的思考》、《关于云南实施国家新一轮西部大开发战略的思考及建议》、《桥头堡战略背景下推进滇西特色新型工业化发展面临的突出问题及对策研究》、《加快培育外向型企业，推动云南桥头堡建设》、《昆明需着力打造国际陆港》。

生态环境、低碳经济研究：《云南农村少数民族地区生态友好型传统生产生活方式的可持续发展研究》、《云南低碳经济发展战略研究》、《云南低碳经济发展背景和现状分析》、《引导中小企业为云南低碳经济发挥更大成效》、《中国西南山区应对气候变化导致的水资源问题研究》、《中国云南化肥使用的模式分析：对中国农业和环境政策的思考》、《农户气候变化适应性研究》、《妇女在山区气候变化适应性中的作用》、《气候变化适应性研究：影响农户对气候变化适应性的政策分析》、《引导中小企业为云南低碳经济发挥更大成效》、《积极推进低碳经济发展，建设生态文明的美丽中国》、《通过时间和空间分析云南山区农村对水资源压力和灾害的适应性》、《气候和土地利用变化对松华坝流域水资源的相对作用研究》、《树木和气候变化适应性：中国、尼泊尔和巴基斯坦案例研究》。

贫困问题研究：《创新帮扶模式，动真情、真帮扶——2011 年云南省社科院开展“兴边富民”对口帮扶情况总结报告》、《宁蒗县翠玉傈僳族普米族扶贫开发调研报告》、《进一步加大宁蒗县翠玉傈僳族普米族乡扶贫开发力度》、《云南省石漠化地区扶贫开发研究》、《关于推进我省石漠化地区扶贫开发工作的总体构想及政策建议》、《加快我省石漠化地区扶贫开发的总体构想》、《昆明市盘龙区扶贫攻坚三年行动计划实施方案》、《发达地区对口帮扶西部民族地区的效益评价及政策研究》、《社区主导型发展与参与式扶贫机制创新试点项目》。

林业发展研究：《云南林权改革调查：云南林权改革后‘三区’内农户的生计分析》、《橡胶、刀耕火种与传统知识——以西双版纳州曼山村布朗族为例”、“可持续林业：连接本土与全球的纽带》、《林权抵押贷款参与式案例调研实践分析报告——以石林、宜良县为例》、《促进中国西南低效集体林地的固碳和能源生产》、《可持续林业：连接本土与全球的纽带》。

农业发展研究：《云南农业综合开发二十年研究》、《云南农业经济发展报告》、《云南省农业综合开发 20 年对粮食生产的成效与经验》、《2012 年云南省现代农业园区发展研究》、《云南省化肥施用模式分析》。

能源建设研究：《普洱“十二五”能源规划》、《促进中国西南部低产集体林的固碳和能源生产能力》、《大或小？中国林业生物能源政策的再思考》、《新能源中长期发展思路（2011–2020）》、《云南金沙江梨园——观音岩河段水电开发移民后续产业发展规划》、《2012 年电力发展报告》、《中国森林生物质能源的再思考》。

财政金融研究：《云南财政 60 年》、《2011 年云南金融业发展报告》、《亚洲开发银行贷款云南中部公路项目绩效评价报告》、《世界银行贷款云南城市环境建设项目绩效评价报告》。

经济研究：《2011～2012年云南经济发展报告》、《增强云南经济增长内生动力的构想及对策措施》、《云南省经济社会发展现状分析》、《云南工业化发展阶段的基本判断和发展对策》、《关于推进滇西特色新型工业化发展的思路及对策建议》、《云南县域经济发展报告》、《2011年云南省物价走势分析及2012年展望》、《2011年云南企业运行分析报告》、《2012年云南民营经济研究》、《旅游业发展报告》、《禄丰恐龙谷历史文化旅游开发设想》、《对推动云南旅游业跨越发展存在突出问题的建议》、《昆明市旅游国际化程度研究》。

其他研究：《20世纪50-60年代云南民族调查照片资料数据库建设》、《云南边境民族地区城乡一体化发展研究》、《从鲁布革走来》、《普洱市发展项目生物多样性影响社区评价报告》、《云南省就业形势与2012年就业趋势》、《云南省国有企业社会责任评价体系研究》、《教育均衡发展是实现社会公平的重要基础》、《云南藏区转变经济发展方式研究》、《规划、博弈、和谐—“城中村”改造实证研究》、《20世纪中叶云南少数民族社会历史调查资料数据库建设》、《贵州：乡村文化消费高速增长反推城镇》、《贵州：2010年乡村年度景气提升第一位》、《贵州：年度增长极不稳定 错失上年第三位》、《关于云南民族地区社会管理问题的调研报告》、《转型期昆明市流浪儿童调研》、《云南沧源社区发展与艾滋病防治项目云南红河农村社区综合发展项目评估报告》、《澜沧江-湄公河流域的未来：西双版纳的未来》、《西双版纳傣族自治州勐海县勐混镇曼扫村委会曼召村民小组流动生计调研报告》、《矿产业发展报告》。

出版著作：《2010～2012年云南经济发展报告》云南大学出版社2012年8月。

在研课题：《云南转变经济发展方式面临的突出问题及对策研究》、《推进昆明市金融综合改革研究》、《2012~2013云南经济发展报告》、《普洱生态烟叶发展战略研究》、《2012年云南企业运行分析报告》、《2013年云南民营经济研究》、《西双版纳傣族自治州勐海县勐混镇土地政策的分析》、《未富先老的云南省如何应对老龄化危机》、《文山州三农发展规划》、《弥勒市跨越式发展研究》、《县域经济发展的理论与实践》、《云南省小康指标体系建设》等项目。

二、主要工作与社会活动

协助完成云南省社会科学院中心工作：为贯彻落实《云南省人民政府与中国社会科学院战略合作框架协议》，2012年11月12日~20日期间，社科院经济研究所派出研究人员协同院领导配合中国社会科学院专家一行30人在云南昆明、石林、玉溪、普洱、西双版纳等地为主题为“云南科学发展与全面建设小康社会：成就、经验”的国情调研活动。

积极组织职工学习省委关于“开展群众观点、群众路线、群众利益、群众工作教育，实行干部直接联系群众制度”的意见，并积极协助院领导“四群”工作，派出研究人员与院领导深入丽江市多个乡镇进行调研。

按照社科院的要求，积极组织职工申报和争取参与省院合作项目研究。

思想政治工作：在党的十八大召开之际，经济研究所和支部多次组织会议，传达学习十八大精神。深刻理解科学发展观的历史地位和指导意义，深刻理解全面建成小康社会的目标，深刻理解中国特色社会主义事业“五位一体”的总体布局。围绕十八大精神结合云南省实际情况，明确了具体工作，组织协调不同领域的研究人员，讨论拟定了专项研究课题，并且撰写学习心得体会，为推动云南科学发展和谐发展跨越发展作出积极贡献。

拓宽领域，加强国际合作：牵头组织研究人员以及院内相关专家，完成了与韩国环境研究院合作的国际合作项目《云南少数民族环境友好型传统生产生活方式可持续发展研究》，并于2012年8月20日—26日在昆明召开了该项目的国际研讨会。韩方10位专家学者参加此次研讨会，云南省社科院院长任佳、副院长杨福泉等20多人参加了研讨会。就纳西族、藏族、布朗族、独龙族和哈尼族的环境友好型传统生产生活发展的可持续发展方式进行了交流和探讨。通过该项目的成功合作，引起韩方的高度关注和兴趣，并确定将此项目继续推进和邀请云南省社科院作为韩国环境研究院的可持续发展伙伴之一，着力推进了云南省社科院与韩国环境研究院的合作。参加在韩国举行的“可持续发展伙伴关系”、尼泊尔举行的“性别与可持续山地发展”国际研讨会、“湄公河萨尔温江流域应对气候变化”国际研讨会、“变化中的山区可持续发展与社会性别”国际研讨会等。同时与越南社会科学院、泰国清迈大学经济学院签署了合作备忘录。

积极参与云南经济社会发展重点和热点问

题研究：整合研究力量，帮助云南省财政厅进行了《云南财政 60 年》和《云南农业综合开发 20 年的创新与发展》报告的调研和编写；完成了云南省农业厅委托的《云南省现代农业园区发展研究》的研究；完成了昆明市盘龙区扶贫开发领导小组办公室委托的《昆明市盘龙区扶贫攻坚三年行动计划实施方案》的编制，通过评审验收；完成了云南省社会科学院智库项目《云南建设面向中南半岛粮食物流基地建设的构想》的研究工作；完成了社科院重点课题《云南低碳经济发展战略研究》报告。

结合研究成果，开展对外交流：经济研究所与省农业厅、林业厅、环保厅以及农科院等相关部门建立了长期互利合作关系；科研人员主办了由省内主要专家组成“云南森林碳汇与林业保险理论与实践”研讨会。经济研究所高级职称人员积极参与人才培养活动，分别担任云南财经大学、云南民族大学、云南师范大学、云南农业大学、西南林业大学的硕士生导师。

工作成绩亮点频出：在科研工作上，经济研究所把理论研究与实践运用有机结合，让科研工作真正有效服务于社会。不断创新“3+1”帮扶机制，完善基地“智力扶贫”新模式：云南省委、省政府不断加大对边境扶贫开发重点县的扶持力度，实施“3+1”扶贫模式。经济研究所在院领导的带领下，充分发挥自身优势开展县院合作，为云南省社会科学院麻栗坡科研与服务基地的发展不断探索，努力实施“智力扶贫”模式。

服务社科院挂钩帮扶县——宁蒗县挂钩扶贫开发工作：经济研究所一直积极参与乐施会协调开展扶贫工作，2012 年来协助乐施会在宁蒗县跑马坪乡进行人畜饮水工程的建设。支持社科院建设社会主义新农村的工作，派出了一名研究人员到宁蒗县跑马坪乡担任新农村指导员，并积极支持其的工作，为当地多方奔走、协调沟通，争取了一些有利于当地经济社会发展的项目。

坚持服务基层，助力三农建设：经济研究所一如既往地把科研要为社会服务作为根本目标，着力搭建直接为农民和企业服务的平台。2012 年以来，积极参与丽江华坪县科技示范园区的建设，为当地农民做好科技培训工作，帮助他们争取相关项目扶持，今后还将继续搭建这样的服务平台。

（罗荣淮）

云南省人民政府研究室（发展研究中心）

2012年省政府研究室完成的重大课题研究

1. 云南未来十年科学发展与加快发展问题研究
2. 云南滇菜产业创新发展研究
3. 以科技促进战略性新兴产业发展研究
4. 云南省城镇保障性安居工程“十二五”系统性融资规划研究
5. 云南省高原湖泊管理体制研究
6. 云南省重要工业物资应急储备运行机制研究
7. 云南老龄产业发展战略研究
8. 云南民生问题的重点难点分析研究
9. 加快云南城镇化进程对策措施研究
10. 推进云南城市群建设对策研究
11. 云南省“十二五”产业发展风险研究
12. 提升云南产业园区配套水平研究
13. 促进云南工业三年倍增跨越发展研究
14. 加强云南国企带动力竞争力影响力研究
15. 金融产业促推云南跨越发展的政策研究
16. 云南省财政直管县研究
17. 云南沿边开放先行先试研究
18. 桥头堡建设中的难点问题研究
19. 云南招商引资现状及对策研究
20. 海关支持云南省加快建设面向西南开放重要桥头堡研究
21. 深化面向印度洋的国际区域合作拓展云南发展空间研究
22. 云南发展模式若干问题研究
23. 云南省社会事业跨越发展专题研究
24. 老挝万象10平方千米土地综合开发思路研究
25. 玉溪市加强和创新社会管理研究
26. 石林长湖国际生态文化旅游度假中心开发思路研究
27. 昆明市面向东南亚开放的电子商务发展环境分析与对策研究
28. 新形势下安宁市发展战略研究
29. 昆明高新区在桥头堡建设中的战略定位研究
30. 玉溪市提高地方财政收入比重对策研究
31. 云南八宝米品牌提升战略研究

2012年省政府研究室重要调研考察报告

1. 重庆、四川民营经济发展考察报告
2. 浙江、上海民营经济发展考察报告
3. 关于重庆市开展“三权”抵押贷款情况的考察报告
4. 云南省工业园区发展情况调研报告
5. 云南省产业园区建设发展情况调研报告
6. 关于云南省第一人民医院转为昆明理工大学直属附属医院相关问题的调研报告
7. 四川、广西服务业发展情况考察报告
8. 进一步加强云南防灾减灾体系建设调研报告
9. 关于支持云南省相关企业发展通用航空制造业的调研报告
10. 昆曲绿色经济示范带建设方案
11. 上海深圳服务业发展考察报告
12. 云南服务业发展调研报告
13. 云南“四化”同步发展专题调研报告
14. 全面深化改革新突破调研报告
15. 云南招商引资项目落地难问题调研报告
16. 商务部关于支持云南进一步扩大开放加快建设面向西南开放重要桥头堡的专题调研报告
17. 关于玉溪新平县、红河开远市城乡居民医保一体化的调研报告
18. 赴台湾考察报告
19. 云南蔗糖产业发展调研报告
20. 企业上市调研报告

（杨桂敏）

云南省第十五次哲学社会科学优秀成果获奖项目名单

一等奖

1. 云南特有民族百年实录
   全国政协文史和学习委员会暨云南省政协文史委
2. 地方政府视角的公共经济学研究
   云南大学经济学院
   张荐华 马子红 马桑 等
3. 迈向深嵌在社会与文化中的法律
   云南大学法学院
   王启梁
4. 汉唐经济社会研究
   云南大学
   武建国
5. 云南多宗教和谐相处的主要原因
   云南民族大学
   张桥贵
6. 走出祖荫：六十年后的西镇人
   云南民族大学 云南省民族研究所
   韩忠太
7. 天主教与滇南苗族传统文化习俗的嬗变
   云南民族大学
   和少英 吴兴帜
8. 我国地区间公共事业发展成本差异评价研究
   云南财经大学
   伏润民 常斌 缪小林
9. Globalised forest-products: commodification of the matsutake mushroom in Tibetan villages, Yunnan, Southwest China
   中科院昆明植物研究所
   何俊
10. 昆明泛亚金融服务中心建设可行性研究报告
    云南财经大学
    胡列曲 等

二等奖

1. 构建科技与经济的桥梁
   昆明理工大学
   刘杨
2. 中国审计市场过度竞争研究
   云南财经大学会计学院
   唐滔智
3. 民生问题在云南
   中共云南省委宣传部
4. 中国共产党民族干部政策研究
   大理学院
   刘荣
5. 商品经济与中国近代民族经济进程
   云南大学文化产业研究院
   陈庆德
6. 中国民族发展史纲要
   云南大学民族研究院
   王文光 龙晓燕
   云南师范大学历史文化学院
   张媚玲
7. 元江县因远镇语言使用现状及其演变
   玉溪师范学院民族研究所
   白碧波
8. 明代云南文学研究
   昆明学院人文学院
   孙秋克
9. 旅游投资企业战略管理
   云南省旅游规划研究院
   姜若愚 刘奕文
10. 汉赋书写策略与心态建构
    云南师范大学文学院
    冯小禄
11. 多民族国家的民族政策与族群态度：新加坡、马来西亚和泰国实证研究
    云南省社会科学院东南亚研究所
    孔建勋 等
12. 中国古代史学批评史论纲
    云南师范大学历史与行政学院
    白云
13. 六艺与诗——马一浮思想论衡
    云南大学人文学院中文系
    刘炜
14. 转型中的中央与地方关系：以清末民初云南边疆法律变迁为例
    云南农业大学思想政治理论教研部
    马雁

15. 少数民族非物质文化遗产教育传承研究——以云南省为例
云南民族大学国际教育学院
普丽春
16. 百年奋进——云南特色现代化道路研究
云南省经济研究院
17. 中国共产党在边疆少数民族地区执政方略研究
中共云南省委党史研究室
钟世禄 等
18. 二八分治：中国高等教育质量评估制度改良的必然归属
云南大学高等教育研究院
董云川
19. 东盟国家处理海域争端的方式及其对解决南海主权争端的启示
云南大学国际关系研究院
邵建平 李晨阳
20. 自由与责任的深层悖论——浅析萨特“存在主义的人道主义”概念
云南大学文科学报编辑部
卢云昆
21. 比较叙事学：“中国叙事学”研究之一途
云南大学人文学院中文系
谭君强
22. 略论“人肉搜索”的刑事规制
云南大学法学院
高巍
23. 为什么东部产业不向西部转移：基于空间经济理论的解释
云南大学发展研究院
李娅
云南财经大学
伏润民
24. 新型农村合作医疗与农户卫生服务利用
云南民族大学经济学院
高梦滔
25. 生态哲学：从“实体中心论”走向“虚体中心论”——以中国少数民族生态文化为视点
云南大学《思想战线》编辑部
廖国强
26. 形象种子与演出形象：查明哲的舞台美感
云南艺术学院
吴卫民
27. 马克思主义科学体系基本范畴的几个问题
昆明理工大学
张仲华 王展飞
28. 考虑第三方物流竞争的第四方物流运输与库存外包决策
云南师范大学经济与管理学院等
李富昌 王勇 张战峰
29. 论东亚人类学共同体的建构
云南大学民族研究院
何明
30. 论吉登斯对历史唯物主义“批判”
云南大学马克思主义研究院
蒋红
31. 西方宪政民主理论来源探析
云南民族大学哲学与政治学学院
陈德顺
32.“教育抽水机”假说引发的思考——兼论农村教育发展问题
云南大学发展研究院
吕昭河
33. 中国财政政策的有效性分析——基于金融危机的背景
云南财经大学学报编辑部
叶文辉
浙江大学经济学院
楼东伟
34. 南亚国情研究
云南省社会科学院
任佳 等
35. 资源枯竭城市云南个旧转型发展规划（2010～2015年）
云南省人民政府发展研究中心产业发展处
聂元飞 段国平 等
36. 促进经济发展方式转变的税制改革研究
云南省国家税务局课题组

三等奖

1. 中国古代判例法运作机制研究：以元朝与清朝为比较的考察
曲靖师范学院政法学院
胡兴东
2. 状态论——复杂系统研究方法新探
云南省委党校哲学教研部
洪昆辉
3. 21世纪初东盟高等教育
云南大学高等教育研究院
张建新
4. 石林阿诗玛文化发展史
石林彝族自治县史志办公室

刘世生

5. 氏族传统的现代变迁——摩哈苴与米尺莫彝村宗族的个案研究
楚雄彝族文化研究院社会历史研究所
普珍　肖惠华　李珍
6. 李涵秋小说论稿
云南师范大学文学院
刘明坤
7. 民族多样性和谐——云南少数民族地区和谐社会构建的特殊性与政策研究
云南省委党校省情与政策研究所
缪家福
8. 云南少数民族精神文化与文化精神——纳西、彝诸民族文化遗产研究
云南民族大学
李国文
9. 关系型会计信息系统
云南财经大学会计学院
罗莉
10. 行政法视角下的高校管理
云南师范大学哲学与政法学院
段海峰
11. 云南民族舞蹈研究
云南民族大学艺术学院
陈申
12. 中国区域技术创新能力差异研究
云南大学工商管理与旅游管理学院
张建民
13. 彝族原始宗教艺术文化初探
红河学院政治学与国际关系学院
龙倮贵
14. 从鲁布革走来——云南与国际金融组织合作与创新经验总结（1984～2008）
云南省财政厅
陈秋生　主编
15. 陈乾初哲学研究——以工夫实践为视阈
西南林业大学思想政治理论部
汤建荣
16. 西部大开发中西南区域内经济联动发展战略研究
云南民族大学经济学院
曹华
17. 国际服务贸易理论分析——从接触成本的视角
云南大学发展研究院
罗平　袁洪生
18. 发展文化产业在反西化战略中的作用研究
云南省委党校
李卫宁等
19. 物流产业供应链理论与实践
云南财经大学商学院
李严锋
云南省人力资源和社会保障厅
杨琦
20. 文史哲与人生——人文科学论纲
云南大学非洲研究中心
刘鸿武
21. 历史进程与历史理性——唯物史观史学方法论
云南大学发展研究院
李杰
22. 中国商业银行利率风险管理研究
云南财经大学金融学院
牟怡楠
23. 竞争情报实践与方法研究
云南大学图书馆
樊泳雪
24. 云南民族关系调查研究
云南省社会科学院
郭家骥
25. 推进云南境外罂粟替代种植可持续发展研究
云南大学国际关系研究院
刘稚　主编
26. 网络新闻编辑
昆明理工大学艺术与传媒学院
张名章　主编
27. 荒野哲学与山水诗
云南民族大学人文学院
王惠
28. 中国古代戏曲审美论
玉溪师范学院科研处
张苹
29. 吉登斯社会历史观评析——兼论马克思主义的当代价值
云南师范大学党委组织部
李红专
30. 在学者与村民之间的文化遗产：村落知识生产的经验研究、话语分析与反思
云南师范大学艺术学院
李立
31. 数字绘画
云南师范大学艺术学院

向杰　蔡友　主编

32. 西部大开发与政府管理创新研究
云南财经大学公共管理学院
马国芳 等

33. 云南留守女童研究
云南师范大学哲学与政法学院
曲凯音

34. 藏彝走廊西部边缘民族关系与民族文化变迁研究
云南大学民族研究院
高志英

35. 少数民族传统体育学科体系建设研究
云南民族大学体育学院
赵静冬

36. 审美制度问题研究——关于“美”的审美人类学阐释
云南大学人文学院中文系
向丽

37. 冲突与变革：社会转型期云南边疆民族地区家庭教育研究
云南师范大学
王凌　符明弘　方敏 等

38. 档案管理学新论
云南大学公共管理学院
华林

39. 公司治理和盈余质量的关系研究
云南财经大学会计学院
余怒涛

40. 西部农村金融资源配置研究
云南财经大学金融学院
唐青生

41. 全球化语境下的跨文化翻译研究
曲靖师范学院外国语学院
张全

42. 边疆民族地区和谐治理——在应急管理框架下的考察
云南省委党校公共管理教研部
朱秦

43. 国际工程承包项目管理案例解析
云南财经大学国际工商学院
余泳　主编

44. 云南民族博物馆图文丛书
云南民族博物馆
谢沫华　主编

45. 远去的背影　云南民族记忆 1949-2009
云南省社会科学院
纳麒　主编

46. 云南名镇名村的保护和发展研究
云南省社会科学院
杨福泉 等

47. 期望与行动——边疆多民族地区高等教育投入研究
云南省教育科学研究院
李慧勤

48. 构建民族地区县域和谐发展之道
云南民族大学
乔亨瑞　主编

49. 西双版纳纳板河流域国家级自然保护区社区合作管理的理论与实践
纳板河流域国家级自然保护区管理局
杨云 李建友 主编

50. 度假酒店顾客体验的探索研究与实证启示
昆明学院旅游学院
杨韫　陈永杰

51. 引申义的范畴分布特点及词义倾向——以人体名词为例
云南大学人文学院中文系
赵倩

52. 中国区域金融结构差异研究
云南财经大学金融学院保险系
何晓夏　章林

53. 本土知识与科学知识：差异、联系和互借
云南大学出版社　张永宏

54. 美国本土经济学的多元时代及其终结
云南大学经济学院
张林　徐颖莉

55. 农户创新与收入增长：基于西部地区省际面板和微观调查数据的分析
云南财经大学财政与经济学院
李学术　向其凤

56. 哈尼族奕车人离婚现象的人类学分析
云南民族大学人文学院
丁桂芳　黄彩文

57. 科学史在跨学科研究中的方法论意义
云南省委党校文化与科技教研部
潘文良

58. 试论中国福利社会与西方福利国家的区别
云南师范大学哲学与政法学院
毕天云

59. 学者在场与遗产制造
昆明理工大学社科学院
娥满

60. 九龙江流域商周时期古文化分期初探——兼谈浮滨类型的年代
云南民族大学
干小莉
61. 中学英语课堂教学生态重构
云南民族大学外国语学院
孙旭春
62. 档案馆编研与社会公众文化需求的关系研究
云南师范大学历史与行政学院
胡红霞
63. The Complete Collection of Chinese Palm-Leaf Scripture and Several Issues in the Translation and Collation
云南大学发展研究院
周娅
64. 理性选择理论与民族研究辨析 ——基于自由民族主义的政治学分析
云南师范大学历史与行政学院
刘永刚
65. 生态玉溪建设路径：产业集群生态化的分析
玉溪师范学院商学院
李春海　彭牧青　郭昆
66. 辩证法何以沦为“变戏法”？——论辩证性假设之形式上的抽象完备性
昆明理工大学社会科学学院
白利鹏　韩跃红
67. 泛朝政化与史料运用偏差对边疆史地研究的影响——以明代“三征麓川”研究为例
云南大学人文学院
陆韧
68. 内部控制、盈余管理与审计意见
云南财经大学会计学院
杨德明　胡婷
69. 护理非专业技术技能测评量表的构建研究
大理学院护理学院
付艳芬 等
70. 宗教改革前期南德帝国城市与王权的结盟
云南大学人文学院
钱金飞
71. 中国西南地区服务业产业竞争力与行业结构优化研究——基于2005-2008年面板数据的实证分析
云南财经大学现代服务贸易学院
于干千 马子红 邓小丽 胡洪斌
72. 实际和理念对搉——胡风事件的方法论根源
云南大学人文学院中文系
张志平
73. 我国地役权之物权请求权的思考
昆明理工大学法学院
张鹤
74. 机构知识库长期保存的策略分析
曲靖师范学院图书馆
郎庆华
75. 傣族传统幸福观探析
云南省社会科学院
谢青松
76. 走出黑暗——中国转型之路
云南师范大学马克思主义理论研究中心
77. 从孟、庄之差异看儒道分歧之根本
云南大学人文学院
郑全
78. 边疆民族省份区域系统协调时空格局及发展机制——以云南省为例
云南师范大学
徐艳飞 武友德 和瑞芳 冀晓 王珊珊
79. 国家“桥头堡”战略与次国家政府外交定位
云南民族大学马列部
张金平
80. 论从FDI看我国制定《反海外商业贿赂法》之意义
云南师范大学哲学与政法学院
严励
81. 基诺族的“跨越”与新中国解决民族问题的基本经验
昆明学院校办
董学荣
82. 影响边境地区企业投资与绩效的影响因素及其对建立中国和 GMS 国家间跨境经济合作区的政策含义
云南大学发展研究院
王赞信 杨先明 陈瑛
83. 云南民族民间故事的“孝”伦理思想
云南民族大学东南亚南亚语言文化学院
刘红
84. 如何超越“二元对立”——中国艺术美学基本问题的相关讨论
云南大学人文学院
蒋永青
85. “三个有利于”是中国特色社会主义理论体系的基本原则
云南大学马克思主义研究院

陈国新
86. 马克思主义大众化的典范
云南大学马克思主义研究院
张巨成
87. 大学校长身后的权力关系分析 ——从 Rector、Chancellor、President 看大学校长
云南大学高等教育研究院
张磊
88. 从社会变迁来看方法论的“霸权”——兼论社会工作方法论运用的“共时性”特征
云南大学公共管理学院
高万红
89. 警察技战术警用装备探究——社会维稳警用防暴棍开发应用研究
云南警官学院警察体育与实战教学部
李德祥
90. 文化安全视角下的云南跨境民族教育问题
云南师范大学
何跃 高红
91. 发挥与控制的统一 ——德里达解构主义视角下的译者主体性研究
云南民族大学外国语学院
庞学峰
92. 刑事侦讯：一种权力的表达
云南大学法学院
牟军
93. 日本歌川广重版画的色彩调理及其晕染应用
云南师范大学艺术学院
高云龙
94. 勤廉为民无止境，甘效春蚕吐尽丝——记保山市人大代表、原保山地委书记杨善洲
保山市人大常委会办公室
杜晓林
95. 文化引领：大学职能的回归与进路
云南师范大学
刘六生
曲靖师范学院
王飞
96. 中国经济模式与中国经济学
云南财经大学
周文 孙懿
97. 灾害的人类学研究述评
云南省社会科学院民族文学研究所
李永祥
98. 云南少数民族妇女体育及其文化特征
云南民族大学体育学院 方桢
99. 少数民族文学：民族认同与创作价值问题
曲靖师范学院人文学院
张永刚 唐桃
100. 明清汉族移民与云南少数民族和谐共生
云南师范大学 周智生
101. 新农村建设背景下青年农民心理和谐现状的聚类分析
云南师范大学教育科学与管理学院
李辉 杨春梅 赵志良
102. 推进马克思主义中国化最新成果大众化有效传播——强化主流媒体理论宣传引导能力研究
云南日报报业集团
徐体义 左安嵩 杨文江 杨润 耿嘉
103. 云南民间舞蹈现状调查报告
云南省民族艺术研究院
葛树蓉
104. 加快云南州市本科院校建设与发展调研报告
保山学院
杨杰
105. 云南藏区僧俗跨境流动的调查报告
云南大学民族研究院
李志农 李红春
106. 云南花灯、滇剧的发展与保护研究
云南省民族艺术研究院
刘佳云 杨军 等
107. 宜良县域经济发展研究
云南大学工商管理与旅游管理学院
陈昕
云南省政协办公厅
周胡荣 颜希权 等
108. 云南新型工业化发展的现状及对策研究
云南大学发展研究院
梁双陆等
109. 主体功能区与生态补偿财政转移支付研究：以云南省为例
云南民族大学
余游
云南财经大学
常斌 缪小林
云南省财政厅
罗文华 等
110. 解决中越边境云南境内印支难民问题的建议
云南大学西南边疆少数民族研究中心
王越平
111. 桥头堡建设的财政政策研究
云南省财政厅 云南省社科院
《桥头堡建设的财政政策研究》课题组

法规·文件

Document Laws and Regulations

法 规

2012 年云南省经济立法概况

2012 年，云南省政府立法紧紧围绕省委、省政府中心工作，深入贯彻落实国务院、省政府关于推进依法行政，加强法治政府建设的一系列文件精神，全面推进依法行政和法治政府建设，为全省建设“两强一堡”，实现“稳增长、冲万亿、促跨越”目标提供了有力的法制保障，为全省经济发展和社会和谐稳定作出了贡献。经过省政府法制办公室组织起草、审查、协调、修改和提请省政府常务会议讨论或审议通过等立法程序后，在年内公布的地方性法规和省政府规章共 25 件，其中经济立法共 12 件。主要经济立法的概况为：

《云南省森林防火条例》立法概况　为了有效预防和扑救森林火灾，保障人民生命财产安全，保护森林资源和生物多样性，维护生态安全，根据《中华人民共和国森林法》、国务院《森林防火条例》等有关法律、法规，结合云南实际，制定该条例。该条例对云南省森林火灾的预防、森林火灾的扑救、灾后处置和相关法律责任等事项作了具体规定。该条例由省林业厅起草，经省法制办审查、论证、协调、修改，提请 2011 年 8 月 19 日省人民政府第 60 次常务会议讨论通过，并由李纪恒代理省长签署省政府议案提请省人大常委会审议。该地方性法规案经 2012 年 3 月 31 日云南省第十一届人民代表大会常务委员会第三十次会议通过。已通过的该条例共 51 条，2012 年 3 月 31 日云南省第十一届人民代表大会常务委员会公告第 56 号予以公布，自 2012 年 5 月 1 日起施行。

《云南省滇池保护条例》立法概况　为了加强滇池的保护和管理，防治水污染，改善流域生态环境，促进经济社会的可持续发展，根据《中华人民共和国环境保护法》、《中华人民共和国水污染防治法》、《中华人民共和国水法》等法律、法规，结合云南实际，制定该条例。该条例对滇池保护的范围、管理机构和职责、综合保护、一级保护区、二级保护区、三级保护区和法律责任等事项作了明确规定。该条例由省法制办、昆明市政府、省水利厅、省环保厅共同起草，经省法制办审查、论证、协调、修改，提请 2010 年 3 月 28 日省人民政府第 40 次常务会议讨论通过，并由秦光荣省长签署省政府议案提请省人大常委会审议。该地方性法规案经 2012 年 9 月 28 日云南省十一届人民代表大会常务委员会第三十四次会议通过。已通过的该条例共 65 条，2012 年 9 月 28 日云南省第十一届人民代表大会常务委员会公告第 67 号予以公布，自 2013 年 1 月 1 日起施行。

《云南省公共机构节能管理办法》立法概况
为了推动公共机构节能，提高能源利用效率，发挥公共机构在全社会节能中的表率作用，根据《中华人民共和国节约能源法》和《公共机构节能条例》等法律、法规，结合云南实际，制定该办法。该办法对公共机构节能的执法主体、节能管理、节能措施、监督检查及法律责任等事项作了较为明确具体的规定。该办法由省政府机关事务管理局起草，经省政府法制办公室审查、协调、修改后，提请 2012 年 4 月 25 日省政府第 76 次常务会议通过。已通过的该办法共 30 条，由李纪恒省长于 2012 年 6 月 1 日签署省政府令第 174 号予以公布，自 2012 年 7 月 1 日起施行

《云南省工业园区管理办法》立法概况　为了规范工业园区管理，加快新型工业化进程，促进经济社会可持续发展，根据有关法律、法规的规定，结合云南省实际，制定该办法。该办法对工业园区的管理体制、工业园区设立的审批程序权限、工业园区的规划和用地以及园区企业享受的优惠政策等事项作了较为明确具体的规定。该办法由省工业和信息化管理委员会起草，经省政府法制办公室审查、协调、修改后，提请 2012 年 7 月 25 日云南省人民政府第 82 次常务会议通过。已通过的该办法共 25 条，由李纪恒省长于 2012 年 8 月 22 日签署省政府令第 179 号予以公布，自 2012 年 10 月 1 日起施行。

（胡江天）

文　件

2012年云南经济立法目录

云南省森林防火条例

（2012年3月31日云南省第十一届人民代表大会常务委员会第三十次会议通过　2012年3月31日云南省第十一届人民代表大会常务委员会公告第56号公布）

云南省招标投标条例

（2012年3月31日云南省第十一届人民代表大会常务委员会第三十次会议通过　2012年3月31日云南省第十一届人民代表大会常务委员会公告第57号公布）

云南省邮政条例

（2012年7月29日云南省第十一届人民代表大会常务委员会第三十二次会议通过　2012年7月29日云南省第十一届人民代表大会常务委员会公告第63号公布）

云南省城乡规划条例

（2012年9月28日云南省第十一届人民代表大会常务委员会第三十四次会议通过　2012年9月28日云南省第十一届人民代表大会常务委员会公告第66号公布）

云南省滇池保护条例

（2012年9月28日云南省第十一届人民代表大会常务委员会第三十四次会议通过　2012年9月28日云南省第十一届人民代表大会常务委员会公告第67号公布）

云南省牛栏江保护条例

（2012年9月28日云南省第十一届人民代表大会常务委员会第三十四次会议通过　2012年9月28日云南省第十一届人民代表大会常务委员会公告第68号公布）

云南省阳宗海保护条例

（2012年11月29日云南省第十一届人民代表大会常务委员会第三十五次会议通过　2012年11月29日云南省第十一届人民代表大会常务委员会公告第72号公布）

云南省公共机构节能管理办法

（2012年4月25日云南省人民政府第76次常务会议通过 2012年6月1日云南省人民政府令第174号公布）

云南省乡镇船舶和渡口安全管理办法

（2012年5月24日云南省人民政府第78次常务会议通过 2012年7月3日云南省人民政府令第175号公布)

云南省重点建设项目稽察办法

（2012年6月25日云南省人民政府第80次常务会议通过 2012年7月26日云南省人民政府令第177号公布)

云南省电力用户安全用电管理办法

（2012年6月25日云南省人民政府第80次常务会议通过 2012年8月1日云南省人民政府令第178号公布)

云南省工业园区管理办法

（2012年7月25日云南省人民政府第82次常务会议通过 2012年8月22日云南省人民政府令第179号公布)

公　　报

Bulletin

云南省2012年国民经济和社会发展统计公报

（2013年5月）

2012年，在省委、省政府的正确领导下，云南各族人民高举中国特色社会主义伟大旗帜，以邓小平理论、“三个代表”重要思想、科学发展观为指导，积极应对三年连续干旱和经济下行压力带来的严峻挑战，抓住国家新一轮西部大开发和建设中国面向西南开放重要桥头堡的重大战略机遇，把握稳中求进的主基调，按照“稳增长，冲万亿，促跨越”发展目标，积极推动发展方式转变,以推进园区经济、县域经济、民营经济发展“三大战役”为抓手，攻坚克难，开拓进取，全省呈现经济快速增长、社会安定和谐、民生持续改善、改革开放深入推进、社会事业全面进步的良好局面，在努力全面建成云南小康社会和美丽云南新征程上迈出坚实的步伐。

一、经 济 增 长

初步核算，2012年全省生产总值[2](GDP)达10309.80亿元，比上年增长13.0%，高于全国5.2个百分点。其中，第一产业增加值1654.60亿元，增长6.7%；第二产业增加值4419.10亿元，增长16.2%；第三产业增加值4236.14亿元，增长11.4%。三次产业结构由上年的15.9:42.5:41.6调整为16.0:42.9:41.1。全省人均生产总值(GDP)达22195元（折合3531美元），比上年增长12.3%。非公经济增加值实现4546.62亿元，占全省生产总值的比重达44.1%，比上年提高2.0个百分点。全省经济总量突破万亿元大关，成功加入全国万亿GDP俱乐部，实现了经济发展新跨越。

图1.云南经济总量（GDP）突破万亿元的历程

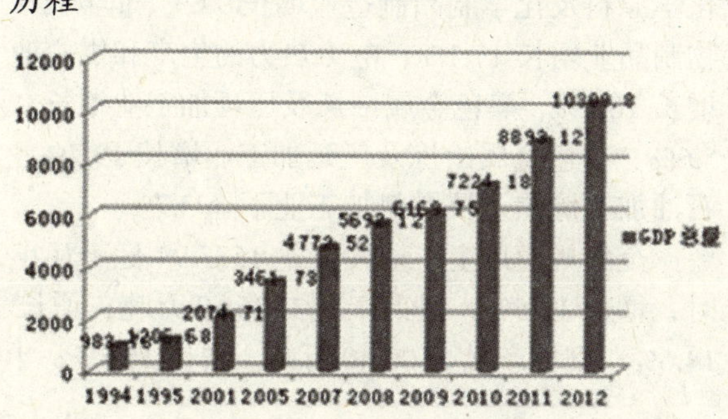

全省公共财政实力增强。全年财政总收入达2624.20亿元，比上年增长16.2%。全省地方公共财政预算收入1337.98亿元，比上年增长20.4%；其中增值税完成148.00亿元，增长8.3%；营业税340.54亿元，增长22.6%；企业所得税135.82亿元，增长22.8%。全省地方公共财政预算支出完成3573.41亿元，比上年增长22.0%，其中，用于教育、社会保障和就业、医疗卫生、农林水事务和住房保障支出分别增长39.7%、13.6%、12.7%、26.1%和52.7%。

图2.2007-2012年云南地方公共财政预算收入及其增长速度

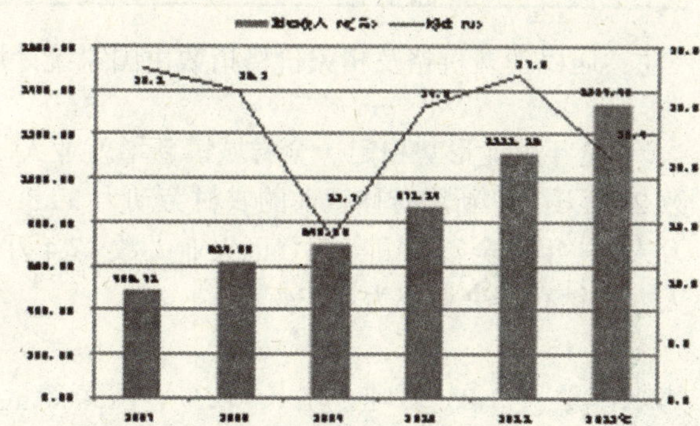

全年稳定物价成效明显。全省居民消费价格指数（CPI）为102.7，比上年上涨2.7%，其中食品价格上涨6.2%；工业生产者出厂价格下降2.1%，工业生产者购进价格下降0.7%；固定资产投资价格上涨1.4%；农业生产资料价格上涨4.6%，农产品生产价格上涨10.7%。

二、农业

2012年，全省农业总产值达2680.1亿元，比上年增长7.0%。其中，种植业产值1381.8亿元，增长5.4%；林业产值223亿元，增长10.0%；畜牧业产值929.70亿元，增长7.8%；渔业产值65.35亿元，增长14.1%；农林牧渔服务业产值80.27亿元，增长8.2%。

全年粮食总产量[3]达1749.1万吨，比上年增长4.5%。油料产量62.84万吨，比上年增长3.4%；

表 1　2012 年云南省居民消费价格比上年涨跌幅度

指　标	全省	城市	农村
居民消费价格	2.7	3.0	2.3
食　品	6.2	6.9	4.9
其中：粮食	3.5	3.6	3.5
油脂	2.9	5.0	1.0
肉禽及其制品	3.1	2.0	5.0
烟酒及用品	0.6	0.8	0.5
衣　着	-1.3	-2.3	0.6
家庭设备用品及维修服务	1.4	1.8	0.7
医疗保健及个人用品	1.6	1.9	1.0
交通和通信	0.2	0.2	0.2
娱乐教育文化用品及服务	1.2	1.7	0.2
居　住	2.2	2.1	2.2

注：居民消费价格及相关价格指数由国家统计局云南调查总队提供。

全年就业形势稳定。全省城镇新增就业人数 29.3 万人，新增转移就业的农村劳动力 39.5 万人次。年末全省城镇实有登记失业人数 17.4 万人，城镇登记失业率为 4.03%。

烤烟产量 111.05 万吨，增长 9.1%；蔬菜产量 1472.66 万吨，增长 9.9%；园林水果产量 510.72 万吨，增长 26.0%；茶叶产量 27.17 万吨，增长 14.0%；鲜切花产量 72.5 亿枝，增长 11.5%。

全年猪、牛、羊、禽肉总产量[4]达 345.86 万吨，比上年增长 7.6%；牛奶产量 53.69 万吨，增长 2.5%；禽蛋产量 22.1 万吨，增长 2.2%。

三、工业和建筑业

全年全部工业实现增加值 3450.72 亿元,比上年增长 15.1%；其中，规模以上工业[5]增加值 3084.96 亿元，增长 15.6%。在规模以上工业中，轻工业增加值 1353.79 亿元，增长 17.1%；重工业增加值 1731.17 亿元，增长 14.4%。

图 3. 2007-2012 年云南工业增加值及其增长速度

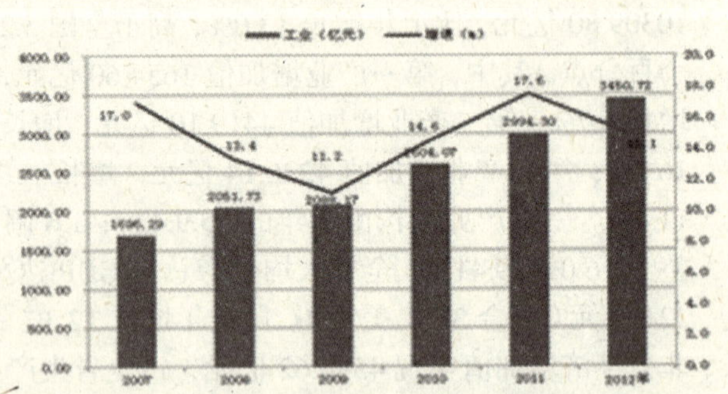

全年规模以上工业中，烟草制品业增加值 976.25 亿元，比上年增长 13.2%；电力生产和供应业增加值 332.49 亿元，增长 10.1%。六大高耗能行业增加值 1303.17 亿元，比上年增长 12.0%，其中，化学原料及化学制品制造业增长 9.6%、非金属矿物制品业增长 17.1%、电力热力的生产和供应业增长 10.1%、黑色金属冶炼及压延加工业增长 5.6%、有色金属冶炼及压延加工业增长 19.7%、石油加工炼焦及核燃料加工业下降 3.7%。

全年规模以上工业发电量 1533.94 亿千瓦小时，增长 14.5%；粗钢产量 1526.69 万吨，增长 14.6%；钢材产量 1600.40 万吨，增长 16.8%；十种有色金属产量286.46万吨，增长5.0%；水泥产量7793.66万吨，增长17.3%；卷烟产量768.23万箱，增长5.2%；成品糖产量205.93万吨，增长21.6%。

表2 2012年云南省主要农产品产量及其增长速度

单位：万吨

产品名称	产 量	比上年增长%
粮 食	1749.1	4.5
油 料	62.84	3.4
甘 蔗	2043.78	7.6
烤 烟	111.05	9.1
蔬 菜	1472.66	9.9
花 卉（亿枝）	72.50	11.5
园林水果	510.72	26.0
茶 叶	27.17	14.0
橡 胶	38.98	7.3
核 桃	41.48	33.8
咖 啡	9.18	41.0
水产品	68.01	23.9

全年规模以上工业企业累计实现利税1640.24亿元，比上年增长3.9%；其中实现利润507.71亿元，下降10.6%。

全年全社会建筑业增加值968.38亿元，比上年增长21.0%。全省具有资质等级的总承包和专业承包建筑业企业完成总产值2386.4亿元，比上年增长27.7%；实现利润80.0亿元，增长25.2%；上缴税金80.0亿元，增长12.0%。

四、固定资产投资和房地产业

2012年，全省固定资产投资（不含农户）达[6]7553.51亿元，比上年增长27.3%。分三次产业看，第一产业投资143.13亿元，增长46.1%；第二产业投资2530.19亿元，增长29.3%，其中工业投资2526.41亿元，增长29.5%；第三产业投资4880.19亿元，增长25.8%。

图4.2007-2012年云南固定资产投资及其增长速度

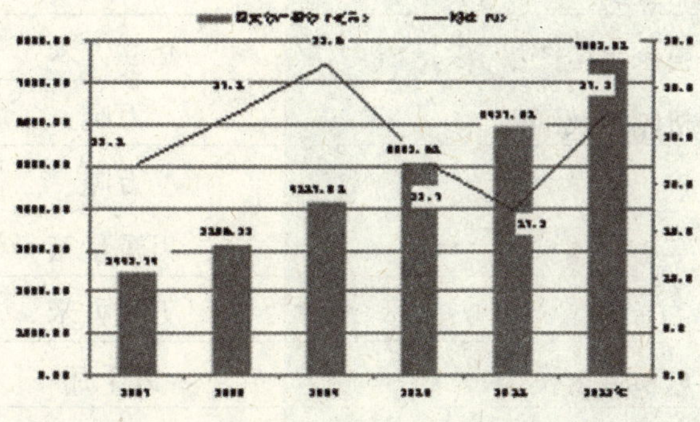

全年房地产开发投资达1782.14亿元，比上年增长39.2%，其中，商品住宅投资1152.50亿元，增长30.3%；办公楼投资86.41亿元，增长87.9%；商业营业用房投资256.29亿元，增长

表3 2012年云南省主要工业产品产量及其增长速度

产品名称	单 位	产 量	比上年增长（%）
发电量	亿千瓦小时	1533.94	14.5
其中：水电	亿千瓦小时	1038.11	30.7
火电	亿千瓦小时	468.50	-12.3
铁矿石原矿量	万吨	2621.89	17.8
粗 钢	万吨	1526.69	14.6
钢 材	万吨	1600.40	16.8
十种有色金属	万吨	286.46	5.0
其中：铜	万吨	44.92	2.6
原铝	万吨	89.47	2.2
铅	万吨	55.81	28.8

产品名称	单位	产量	比上年增长（%）
原铝	万吨	89.47	2.2
铅	万吨	55.81	28.8
锌	万吨	85.15	-3.4
锡	万吨	8.68	13.5
硫　酸（折100%）	万吨	1210.55	1.0
烧　碱（折100%）	万吨	22.93	16.0
化　肥（折100%）	万吨	345.43	4.7
卷　烟	万箱	768.23	5.2
成品糖	万吨	205.93	21.6
精制茶叶	万吨	8.97	27.9
中成药	万吨	3.17	38.8
自来水生产量	亿立方米	4.53	2.5
机制纸及纸板	万吨	51.46	22.5
水　泥	万吨	7793.66	17.3
平板玻璃	万重量箱	848.44	48.6
人造板	万立方米	238.46	84.0
发电设备	万千瓦	71.23	13.3
变压器	万千伏安	1321.96	-17.2
汽　车	万辆	10.90	12.1

表4　2012年云南分行业固定资产投资及其增长速度

单位：亿元

行业	投资额	比上年增长（%）
全　省	7553.51	27.3
农、林、牧、渔业	143.13	46.1
采矿业	368.33	40.4
制造业	1207.12	34.8
其中：烟草制品业	36.09	-0.9
化学原料及化学制品制造业	104.27	29.8
医药制造业	35.18	39.6
非金属矿物制品业	158.75	21.7
黑色金属冶炼及压延加工业	85.00	-0.8
有色金属冶炼及压延加工业	134.74	16.3

行　　　　业	投资额	比上年增长（%）
电力、煤气及水的生产和供应业	950.96	20.0
建 筑 业	3.79	–38.3
交通运输、仓储和邮政业	804.63	–9.9
信息传输、计算机服务和软件业	59.70	22.7
批发和零售业	230.59	–9.2
住宿和餐饮业	147.54	51.3
金 融 业	4.94	20.5
房地产开发	1782.14	39.2
租赁和商务服务业	52.30	32.4
科学研究、技术服务和地质勘查业	30.49	–8.9
水利、环境和公共设施管理业	762.85	50.1
居民服务和其他服务业	22.54	28.3
教育	184.92	46.7
卫生、社会保障和社会福利业	70.46	24.4
文化、体育和娱乐业	114.23	15.8
公共管理和社会组织	117.54	–4.0

54.9%。全省商品房屋施工面积 14362 万平方米，增长 17.8%；商品房屋销售面积 3237.75 万平方米，增长 0.5%，商品房屋销售额 1362.83 亿元，增长 16.3%。

基础设施建设取得显著成就。截至 2012 年底，全省高速公路通车里程突破 2900 公里，位居西部第 5 位。石锁高速公路主线全线贯通，大丽高速公路等一批高速公路加快建设，南北大通道建设高速公路项目正式开工建设，丽江机场高速公路正式通车，结束了滇西北没有高速公路的历史；农村公路改造力度进一步加大；“八入省、四出境”铁路网建设加快推进，全省在建铁路里程 1500 公里；昆明地铁六号线通车运营，云南城市交通步入地新时代。泸沽湖机场正式开工建设，红河蒙自机场、沧源机场、澜沧机场建设前期工作取得重大进展。牛栏江—滇池补水工程试通水。交通、能源、水利等重点基础设施建设大步向前推进，全国第 4 大机场—昆明长水国际机场投入运营，云南基础设施落后面貌显著改变，经济社会发展“瓶颈”制约得到有效缓解。

五、国内贸易和对外经济

2012 年，全省实现社会消费品零售总额 3541.60 亿元，比上年增长 18.0%。按经营地统计，城镇社会消费品零售额 2846.92 亿元,增长 18.3%；乡村社会消费品零售额 694.68 亿元,增长 17.2%。按消费形态统计，批发业零售额 397.19 亿元，增长 37.8%；零售业零售额 2367.71 亿元，增长 12.4%；住宿业零售额 39.02 亿元，增长 21.3%；餐饮业零售额 473.33 亿元，增长 17.8%；其他行业零售额 264.35 亿元，增长 53.3%。

图 5. 2007-2012 年云南社会消费品零售总额及其增长速度

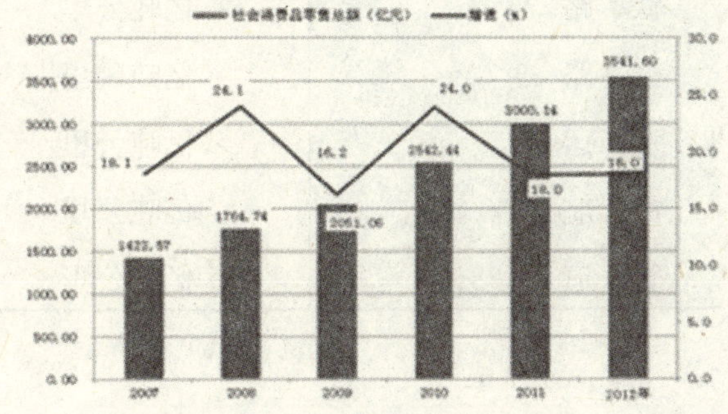

表2产指标

指　　标	单 位	绝对数	比上年增长（%）
房地产开发投资额	亿元	1782.14	39.2
其中：住宅	亿元	1152.50	30.3
其中：90 平方米以下住宅	亿元	294.51	66.3
房屋施工面积	万平方米	14362.00	30.4
其中：住宅	万平方米	10432.11	24.9
房屋新开工面积	万平方米	6037.53	23.0
其中：住宅	万平方米	4166.88	15.3
房屋竣工面积	万平方米	1851.57	17.8
其中：住宅	万平方米	1492.28	18.2
商品房销售面积	万平方米	3237.75	0.5
其中：住宅	万平方米	2789.68	–1.4
本年资金来源	亿元	2134.02	25.4
其中：国内贷款	亿元	216.12	47.4
其中：个人按揭贷款	亿元	258.20	20.0
本年购置土地面积	万平方米	1602.39	–1.3
土地购置费	亿元	251.08	75.9

表6　2012年云南各种运输方式货物运输量及其增长速度

指　　标	单　　位	绝对数	比上年增长（%）
货物运输总量	亿　　吨	7.59	13.6
铁　路	亿　　吨	1.18	0.0
公　路	亿　　吨	6.32	16.7
水　运	亿　　吨	0.05	5.9
民　航	万　　吨	6.96	2.5
管　道	亿　　吨	0.04	–2.2
货物运输周转量	亿吨公里	1164.8	8.9
铁　路	亿吨公里	379.75	2.7
公　路	亿吨公里	702.51	13.8
水　运	亿吨公里	8.71	6.4
民　航	亿吨公里	1.12	8.3
管　道	亿吨公里	72.68	–1.7

在限额以上批发和零售业[7]零售额中，粮油类零售额比上年增长 33.5%，汽车类增长 13.1%，石油及制品类增长 26.8%，日用品类增长 56.4%，文化办公用品类增长 11.2%，化妆品类增长 34.1%，金银珠宝类增长 45.5%，家具类增长 1.3 倍，建筑及装潢材料类增长 1.2 倍，家用电器和音像器材类增长 29.4%。

2012 年，全省外贸进出口总额达 210.05 亿美元，比上年增长 31.0%。其中出口总额 100.18 亿美元，增长 5.8%，进口总额 109.87 亿美元，增长 67.6%。全年对欧盟进出口 11.09 亿美元，下降 38.0%；对东盟进出口 67.6 亿美元，下降 13.6%；对南亚进出口 5.76 亿美元，下降 46.8%。

图 6. 2007-2012 年云南省进出口总额及其增长速度

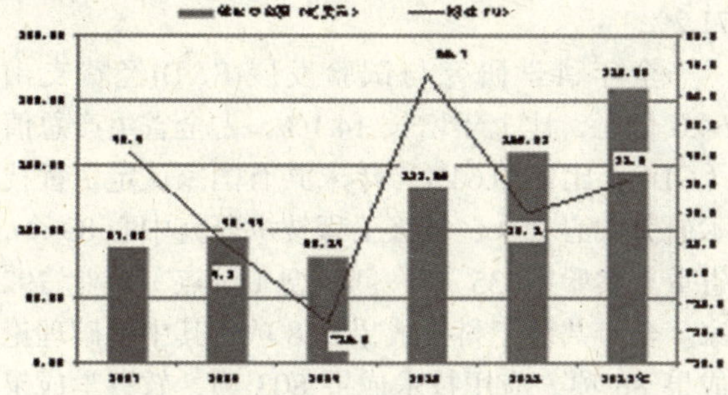

全省机电产品出口 16.67 亿美元，下降 17.8%；农产品出口 20.39 亿美元，增长 16.1%；磷化工产品出口 10.51 亿美元，下降 29.6%；纺织品及服装出口 4.74 亿美元，下降 34.1%。在进口商品中，金属原材料进口 33.37 亿美元，增长 26.8%；农产品进口 15.81 亿美元，增长 46.3%；机电产品进口 8.33 亿美元，增长 4.3%；木材进口 2.86 亿美元，增长 29.3%。

全年共批准利用外资项目 121 个，下降 25.8%，合同利用外资 10.95 亿美元，下降 49.2%，实际使用外商直接投资 21.89 亿美元，增长 26.0%。

六、交通、邮电和旅游业

全年交通运输、仓储和邮政业增加值为 239.62 亿元，比上年增长 6.6%。

全年货物运输总量 7.59 亿吨，比上年增长 13.6%。货物运输周转量 1164.8 亿吨公里，增长 8.9%。

全年旅客运输总量 4.96 亿人次，比上年增长 7.8%。旅客运输周转量 669.96 亿人公里，增长 9.7%。

年末全省民用汽车保有量达到 334.95 万辆（包括三轮汽车和低速货车 7.68 万辆），比上年末增长 16.4%，其中私人汽车保有量 280.03 万辆，增长 18.8%。民用轿车保有量 137.36 万辆，增长 19.2%，其中私人轿车 122.99 万辆，增长 20.8%。

全年邮电业务总量[8]362.59 亿元，比上年增长 14.7%。其中，邮政业务总量 18.25 亿元，增长 11.8%；电信业务总量 344.34 亿元，增长 14.8%。年末固定电话用户 524.29 万户。其中，城市电话用户 364.68 万户，农村电话用户 159.61 万户。新增移动电话用户 306.27 万户，年末达到 2895.78 万户，其中 3G移动电话用户 571.79 万户。年末全省固定及移动电话用户总数达到 3420.07 万户，比上年末增加 290.45 万户。电话用户普及率达到 74.4 部/百人。（固定）宽带接入用户 375.52 万户，移动互联网用户 2027.06 万户(含无线上网卡用户和手机上网用户)。

表 7　2012 年云南各种运输方式旅客运输量及其增长速

指　　标	单　　位	绝对数	比上年增长（%）
旅客运输总量	亿　　人	4.96	7.8
铁　路	亿　　人	0.3	1.5
公　路	亿　　人	4.48	8.3
水　运	亿　　人	0.09	1.5
民　航	亿　　人	0.08	11.9
旅客运输周转量	亿人公里	669.96	9.7
铁　路	亿人公里	91.74	-0.2
公　路	亿人公里	470.2	10.7
水　运	亿人公里	2.02	3.1
民　航	亿人公里	106.01	14.8

全年接待海外入境旅客(包括口岸入境一日游)886.4 万人次，比上年增长 16.1%，实现旅游外汇收入 19.47 亿美元，增长 21.0%。全年接待国内游客 1.96 亿人次，增长 20.2%；实现国内旅游收入 1579.49 亿元，增长 32.1%；全省实现旅游业总收入 1702.54 亿元，增长 31.2%。

七、金融、保险和证券业

2012 年，全省金融业实现增加值 548.05 亿元，比上年增长 17.6%。年末金融机构人民币存款余额达 17966.38 亿元，比上年末增长 17.0%,

其中城乡居民储蓄存款余额 7741.59 亿元，增长 16.3%；年末全省金融机构人民币各项贷款余额达 13848.10 亿元，比上年增长 14.3%。

全年保险公司原保险保费收入 271.13 亿元，比上年增长 12.5%。其中，财产险业务原保险保费收入 123.54 亿元，增长 13.2%；寿险业务原保险保费收入 116.24 亿元，增长 9.1%；健康险和意外伤害险业务原保险保费收入 31.52 亿元，增长 24.0%。全年支付各类赔款及给付 100.11 亿元，比上年增长 25.3%。其中，财产险业务赔款 64.22 亿元，增长 35.6%；寿险业务给付 21.46 亿元，增长 6.8%；健康险和意外伤害险赔款及给付 14.43 亿元，增长 16.1%。

全年云南企业通过证券市场融资 109.5 亿元，比上年增加 9.3 亿元。其中，A 股再融资（包括配股、公开增发、非公开增发、认股权证融资）99.5 亿元，增加 21.3 亿元；上市公司通过发行可转债、可分离债、公司债融资 10.0 亿元，减少 12.0 亿元。年末全省有上市公司 28 家，总股本 172.58 亿股；总市值 1982.0 亿元，比上年减少 128.3 亿元。

图 7. 2007-2012 年云南城乡居民人民币储蓄存款余额及其增长速度

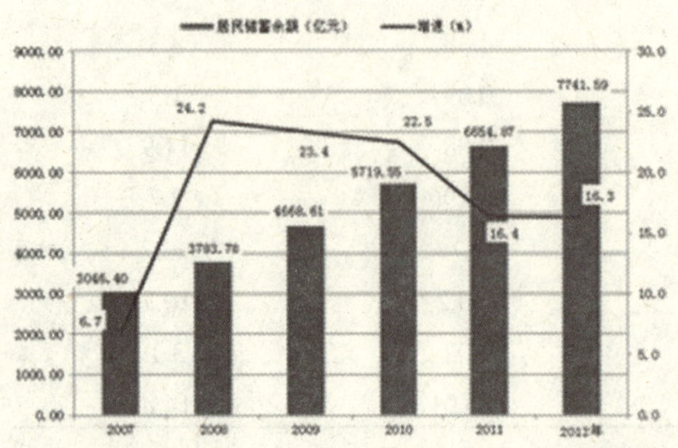

八、教育和科学技术

全年普通高等学校招生 14.63 万人，比上年下降 9.3%；在校学生 51.22 万人，比上年增长 5.0%；毕业生 11.89 万人，比上年增长 8.6%。各类中等职业教育招生 22.26 万人，在校生 67.06 万人，毕业生 18.71 万人。普通高中招生 26.13 万人，在校生 70.62 万人，毕业生 19.62 万人。普通初中招生 67.40 万人，在校生 195.33 万人，毕业生 66.50 万人。普通小学招生 62.29 万人，在校生 406.70 万人，毕业生 72.28 万人。幼儿园在园幼儿 112.23 万人。小学学龄儿童入学率达 99.6%，小学毕业生升学率达 93.3%。高等教育毛入学率达 24.3%，高中阶段教育毛入学率达 71.2%。

全年科学研究与试验发展(R&D)经费支出 64.0 亿元，比上年增长 14.1%，占全省生产总值（GDP）比重 0.64%。年末共有国家认定工程技术研究中心 2 个，省级工程技术研究中心 83 个，省重点实验室 35 个，创新型（试点）企业 192 家。全年共登记科技成果 928 项，其中基础理论成果 86 项，应用技术成果 803 项，软科学成果 39 项，有 10 个项目获得 2012 年度国家科学技术奖。已建立国家级高新技术产业开发区 3 个，省级高新技术产业开发区 1 个。全年专利申请 9260 件，获专利授权 5853 件；认定登记技术合同 2254 项，成交金额达 45.78 亿元，比上年增长 2.9 倍。

九、文化、卫生和体育业

年末全省共有各种艺术表演团体 162 个，文化馆 148 个，公共图书馆 152 个，博物馆 85 个。全省广播、电视人口覆盖率分别达到96.0%和97.0%。中、短波转播发射台 60 座，广播电台 11 座，电视台 11 座，广播电视台 6 座，有线电视用户 552 万户。

年末全省共有卫生机构 1.01 万个,医院 924 个；卫生机构拥有床位数 19.47 万张，卫生技术人员 16.48 万人,其中医生 6.69 万人。疾病预防控制机构 150 个，卫生技术人员 6433 人；专科防治机构 30 个，卫生技术人员 612 人；妇幼保健院（所、站）147 个，卫生技术人员 5698 人。乡镇卫生院 1379 个，床位 3.98 万张，卫生技术人员 2.38 万人。全年甲、乙类法定报告传染病发病人数 10.14 万例，报告死亡 1815 人；报告传染病发病率 218.86/10 万，死亡率 3.92/10 万。

全年云南运动员在国际比赛中获金、银、铜牌 19 枚；在全国比赛中获金、银、铜牌 63 枚。

十、资源、环境和安全生产

全年水资源总量 1670.92 亿立方米，比上年增长 12. 9%；人均水资源 3608.09 立方米，增长 12.9%。全年平均降水量 1087 毫米，比上年增长 10.0%。年末全省水利工程蓄水总量 69.62 亿立方米，比上年末增长 46.9%。全年总用水量 146.03 亿立方米，比上年减少 0.5%。万元生产总值用水量[9] 141.6 立方米，比上年下降 13.1%。万元工业增加值用水量 74.05 立方米，下降 1.0%。全省人均用水量为 316.97 立方米，与上年持平。

年末全省各级环境监测站 114 个，环境监测人员 1403 人。工业固体废物综合利用率达 50.3%。城镇污水处理率达 80.1%。全年化学需氧量排放量比上年削减 1.1%，二氧化硫排放量比上年削减 2.75%。

全年共完成营造林 816.7 万亩，启动实施 4637 万亩省级公益林生态效益补偿，治理水土流失面积 3383 平方公里。截至年底，已确权集体林地面积为 1801.4 万公顷，其中发放林权证的面积为 1787.3 万公顷。

年末全省自然保护区 159 个，其中国家级自然保护区 20 个，省级自然保护区 38 个。自然保护区面积 282 万公顷，其中国家级自然保护区面积 147 万公顷，省级自然保护区面积 71 万公顷
全年在规模以上工业主要能源消费量中，原煤消费量 8390.90 万吨，比上年增长 6.4%；洗精煤消费量 1746.42 万吨，增长 2.9%；焦炭消费量 1246.61 万吨，增长 7.5%，天然气消费量 3.5 亿立方米，下降 7.2%，电力消费量 853.28 亿千瓦时，增长 13.4%。规上单位工业增加值能耗比上年下降 3.19%；

全年生产安全事故死亡人数为 1985 人，比上年下降 16.9%。亿元GDP生产安全事故死亡人数为 0.27 人，下降 29.6%；工矿商贸企业(不含煤矿)生产安全事故死亡人数为 236 人，下降 26.0%；煤矿百万吨死亡人数为 1.06 人，下降 42.5%。全年共发生道路交通事故[10]3941 起，造成 1768 人死亡、5056 人受伤，直接财产损失 2880.60 万元；道路交通事故万车死亡率为 1.86，下降 12.7%。

十一、人口、人民生活与社会保障

年末全省常住人口为 4659.0 万人，比上年末增加 28.0 万人。全年出生人口 58.7 万人，出生率为 12.63‰；死亡人口 29.8 万人，死亡率为 6.41‰；自然增长率为 6.22‰，比上年下降 0.13 个千分点。年末全省城镇人口 1831.5 万人，乡村人口 2827.5 万人，全省城镇化率达 39.31%，比上年提高 2.51 个百分点。

全年城镇居民人均可支配收入[11]21075 元，扣除价格因素，比上年实际增长 10.2%；城镇居民人均消费性支出 13884 元，比上年增长 13.4%。全省城镇非私营单位在岗职工年平均工资 38908 元，比上年增长 10.0%。农村居民人均纯收入 5417 元，扣除价格因素，比上年实际增长 12.1%；农村居民人均生活消费支出 4561 元，比上年增长 14.0%。城镇居民家庭食品消费支出占消费总支出的比重为 39.4%，农村居民家庭食品消费支出占消费总支出的比重为 45.6%。

表 8 2012 年云南省人口数及其构成

指 标	年末数	比重（%）
全省年末总人口	4659.0	100.0
其中：城镇	1831.5	39.31
乡村	2827.5	60.69
其中：男性	2417.6	51.89
女性	2241.4	48.11
其中：0–14 岁	903.85	19.4
15–64 岁	3387.09	72.7
65 岁及以上	368.06	7.9

图 8. 2007-2012 年云南城镇居民人均可支配收入及其增长速度

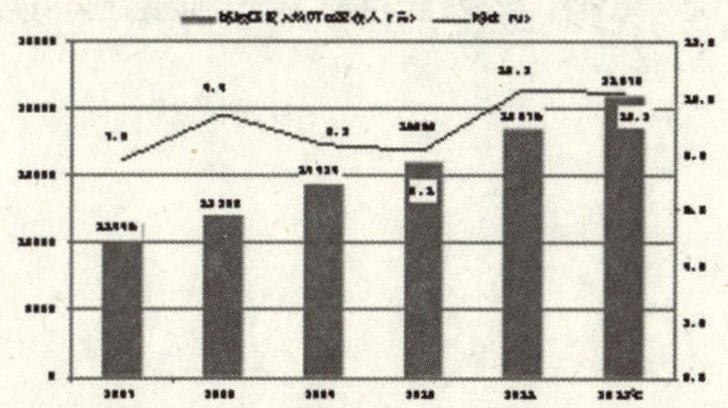

图 9. 2007-2012 年云南省农村居民人均纯收入及其增长速度

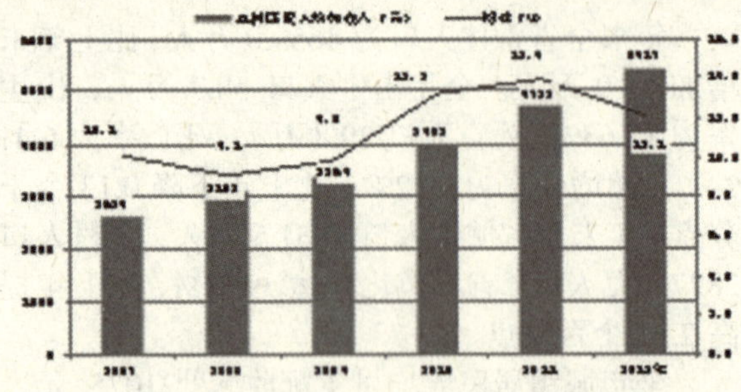

年末全省参加城镇职工基本养老保险人数为 364.47 万人，比上年末增加 21.65 万人。其中，参保职工 253.76 万人，参保离退休人员 110.71 万人。参加城镇基本医疗保险人数为 882.39 万人，增加 8.86 万人。其中，参加城镇职工基本医疗保险人数[12]452.22 万人，参加城镇居民基本医疗保险人数 430.17 万人。参加城镇职工基本医疗保险的农民工为 23.29 万人。全省参加失业保险人数为 224.0 万人，比上年末增加 7.25 万人。参加新型农村社会养老保险的人数为 2001.03 万人，比上年末增加 705.23 万人。参加新型农村合作医疗的农民为 3468 万人，增加 12 万人，参合率达 96.5%，比上年提高 0.3 个百分点。新型农村合作医疗基金累计支出 99.35 亿元，累计受益 9000 万人次。全省享受城市最低生活保障居民为 93.59 万人，比上年增加 0.59 万人；享受农村最低生活保障农村居民为 437.61 万人，比上年增加 34.43 万人。

年末全省共有各类收养性社会福利单位床位 5.98 万张，全年收养各类人员 4.50 万人。州（市）级儿童福利院 23 个，流浪未成年人保护中心 6 个。农村养老服务机构 653 个，床位 3.80 万张，收养各类人员 3.07 万人。各类社区服务设施 1077 个，其中，社区服务中心 173 个，社区服务站 894 个。全年销售社会福利彩票 44.87 亿元，筹集社会公益金 14.65 亿元，接受社会捐赠 3.2 亿元。

（云南省统计局）

注释：

[1]本公报中数据均为初步统计数。

[2]生产总值、三次产业增加值的绝对值按现价计算，增长速度按可比价计算。

[3]粮食总产量由国家统计局云南调查总队提供。

[4]肉类总产量、牛奶产量、禽蛋产量由国家统计局云南调查总队提供。

[5]规模以上工业企业是指年主营业务收入 2000 万元及以上工业法人企业。

[6]固定资产投资（不含农户）是指计划总投资 500 万元以上的固定资产项目投资，其中包括房地产开发投资。

[7]限额以上批发企业是指年主营业务收入 2000 万元及以上的企业，限额以上零售企业是指年主营业务收入 500 万元及以上的企业。

[8]邮电业务总量按 2010 年不变价格计算。

[9]万元生产总值用水量、万元工业增加值用水量、单位生产总值能耗按 2010 年不变价格计算。

[10]道路交通事故数由云南省交警总队提供。

[11]城镇居民人均可支配收入和农村居民人均纯收入的增长速度为扣除价格因素影响后的实际增速，城镇居民人均消费性支出和农村居民人均生活消费支出的增长速度未扣除价格因素的影响。城乡居民收入数据由国家统计局云南调查总队提供。

[12]城镇职工基本医疗保险人数包括参保职工和参保退休人员。城镇居民基本医疗保险的参保对象是不属于城镇职工基本医疗保险覆盖范围的城镇非从业人员。

2011年云南省科技统计公报

云南省统计局　云南省科学技术厅

2012年8月23日

2011年随着创新型云南行动计划的深入实施，全省科技活动稳步发展，以企业为主体的科技创新能力进一步增强。

一、R&D研发队伍稳步壮大

2011年云南省全社会R&D人员43586人，比上年增长15.37%。其中，研究与开发机构R&D人员6722人，高等学校R&D人员10804人，企业R&D人员20488人，其他部门R&D人员5572人。企业中，规模以上工业企业R&D人员18190人，增长34.83%；大中型工业企业R&D人员14845人，增长30.85%。全社会R&D人员折合全时当量25091.1人年，增长11.29%，其中：规模以上工业企业R&D人员折合全时当量10334.8人年，增长15.51%；大中型工业企业R&D人员折合全时当量8550.9人年，增长12.68%。

二、R&D经费投入较快增长

2011年云南省全社会R&D经费内部支出56.1亿元，比上年增长26.96%；全社会R&D经费内部支出占全省地区生产总值的比重为0.63%，提高0.02个百分点。其中：规模以上工业企业R&D经费内部支出29.9亿元，增长41.98%；大中型工业企业R&D经费内部支出24.5亿元，增长35.81%。规模以上工业企业R&D投入强度为0.39%，提高0.05个百分点；大中型工业企业R&D投入强度为0.42%，提高0.03个百分点。

（一）企业R&D活动的主体地位进一步增强

从全社会R&D活动的执行部门看，研究与开发机构R&D经费内部支出14.9亿元，比上年增长5.22%；高等学校R&D经费内部支出5.4亿元，下降1.65%；企业R&D经费内部支出32.9亿元，增长49.50%；其他部门R&D经费内部支出2.9亿元，增长14.29%。研究与开发机构、高等学校、企业及其他部门R&D经费内部支出所占比重分别为26.59%、9.58%、58.70%和5.13%，企业R&D经费内部支出所占比重比上年提高8.45个百分点。

（二）试验发展经费支出所占份额进一步提高

从全社会R&D活动类型看，基础研究经费6.6亿元，比上年增长20.11 %；应用研究经费13.0亿元，增长17.66%；试验发展经费36.5亿元，增长32.05%。基础研究、应用研究和试验发展所占比重分别为11.82%、23.16%和65.02%，试验发展所占比重比上年提高2.50个百分点。

三、项目研发能力进一步提高

2011年全省R&D项目14363个，比上年增加46个；R&D项目人员全时当量21968.4人年，增长9.15%；R&D项目经费39.0亿元，增长37.96%；其中：全省规模以上工业企业完成限额以上R&D项目1247项，增长39.80%；参加项目人员12413人，增长60.30%；项目经费内部支出22.6亿元，增长46.64%。

（一）企业研发项目以自选项目为主

从限额以上R&D项目来源看，企业自选项目904项，占72.49%；参加项目人员9172人，占73.89%，项目经费内部支出13.8亿元，占60.94%；国家和地方科技项目241项，占19.33%，参加项目人员2515人，占20.26%，项目经费内部支出7.6亿元，占33.66%。

（二）开发新产品是企业研发活动的主要目的

从限额以上R&D项目技术经济目标看，以开发新产品为目标的项目803个，占64.34%，参加项目人员7513人，占60.65%，项目经费内部支出15.2亿元，占69.21%；以科学技术原理的探索发现研究为目标的项目 150 个，占 12.02%，参加项目人员 1415 人，占 11.42%，项目经费内部支出 2.5 亿元，占 11.35%；以节能环保为目标的项目 138 个，占 11.07%，参加项目人员 1656 人，占 13.34%，项目经费内部支出 3.0 亿元，占 13.27%。

四、科技活动产出成效明显

2011 年全省规模以上工业企业新产品销售收入 380.8 亿元，增长 37.50%；新产品出口 25.8 亿元，增长 17.21%。

2011 年全省共登记科技成果 744 项，有 10 项成果获国家科技进步二等奖。有 3 名科技工作者获 2011 年度何梁何利基金科学与技术进步奖。在全省 193 项（人）科学技术奖励中，杰出贡献奖 1 人；自然科学奖特等奖 1 项、一等奖 4 项、二等奖 9 项，三等奖 15 项；技术发明奖一等奖 2 项、二等奖 2 项，三等奖 2 项；科技进步奖特等奖 1 项、一等奖 13 项、二等奖 29 项、三等奖 114 项。

2011 年全省专利申请 7150 件，其中：发明专利 2796 件，分别比上年增长 26.70%、19.90%。有效发明专利总量 3061 件，增长 30.59%。专利所有权转让及许可数 240 个，增长 20.18%。专利使用权转让及许可收入 2213.2 万元，增长 30.29%。发表科技论文 27374 篇，增长 3.66%；出版科技著作 999 种，增长 22.58%。

规模以上工业企业专利申请 1733 件，其中发明专利 716 件，分别比上年增长 44.53%、27.85%。有效发明专利总量 1217 件，增长 10.13%。专利所有权转让及许可数 183 个，增长 195.16%。专利使用权转让及许可收入 1065.6 万元，增长 16.83%。

五、科技研发基础平台建设力度加大

2011 年全省规模以上工业企业 2773 家，比上年减少 781 家，拥有科技机构 314 个，增加 78 个，增长 33.05%，有 R&D 活动的企业 286 家，增加 82 家，增长 40.20%。其中：大中型工业企业 764 家，增加 145 家，增长 23.42%，拥有科技机构 192 个，增加 38 个，有 R&D 活动的企业 161 家，增加 50 家，增长 45.05 %。

截至 2011 年，全省共有国家重点实验室 3 个、省重点实验室 35 个；国家工程技术研究中心 2 个、省工程技术研究中心 66 个；国家级企业技术中心 14 个，省级企业技术中心 199 个；拥有科技企业孵化器 11 个，其中国家级 9 个；省创新型（试点）企业 154 家；高新技术企业 440 家；省产业技术创新战略试点联盟 14 家；国家级和省级高新技术特色产业基地 17 个；院士专家工作站 12 个。

六、技术市场交易活跃

2011 年，全省共认定登记各类技术合同 1246 项，合同成交额 11.86 亿元，分别比上年增长 18.67%和 5.89%，其中企业输出技术 892 项，合同成交额 9.09 亿元，分别占输出技术项目数的 71.59%和总成交额的 76.63%；企业买入技术 705 项，合同成交额 9.13 亿元，分别占购买技术项目数的 56.58%和总成交额的 76.98%。

2011年云南省及州（市）规模以上工业科技统计主要数据

地　区	R&D经费内部支出（万元）	R&D经费投入强度（%）	R&D人员（人）	R&D人员全时当量（人年）	研究人员（人年）
全省规模以上工业	299279.1	0.39	18190	10334.8	4671.1
全省大中型工业	245450.9	0.42	14845	8550.9	3961.7
昆　明	162154.2	0.54	8237	6058.2	2867.6
曲　靖	27667.9	0.27	2492	1099.6	470.6
玉　溪	32185.8	0.27	2772	924.3	354.5
保　山	3240.9	0.24	430	138.3	41.7
昭　通	1475.3	0.07	222	83.2	18.2
丽　江	2003.7	0.22	129	62.1	36.8
普　洱	3114.0	0.30	264	36.1	11.0
临　沧	8349.7	0.87	254	150.2	91.1
楚　雄	6508.5	0.24	733	360.2	161.2
红　河	28825.7	0.40	1669	980.9	428.0
文　山	2950.5	0.14	132	52.6	19.4
西双版纳	1355.1	0.30	69	16.1	4.0
大　理	14309.1	0.42	568	261.2	110.5
德　宏	1573.8	0.16	63	7.2	4.1
怒　江	1763.4	0.56	60	60.0	38.0
迪　庆	1801.5	0.59	96	44.6	14.4

注1：企业R&D经费投入强度是指企业R&D经费内部支出占主营业务收入的比例。

注2：限额以上R&D项目是指立项经费10万元及以上项目。

注3：R&D研究人员指R&D人员中具有中级以上职称或博士学历（学位）的人员。

2012年度云南省环境状况公报

综　述

2012年，在云南省委、省政府的正确领导下，在环境保护部的关心指导下，全省环境保护系统认真学习贯彻党的十八大精神，全面落实云南省“十二五”环境保护规划，努力拼搏，真抓实干，圆满完成了各项工作任务，积极服务了云南科学发展和谐发展跨越发展和“桥头堡”建设。

2012年，全省城市空气质量总体良好，昆明市新环境空气质量标准监测信息按时向社会发布。主要河流总体水质为轻度污染，总体保持稳定。六大水系主要河流干流出境跨界断面水质全部达标。九大高原湖泊水质总体保持稳定，局部有所改善，与2011年相比，综合营养状态指数有不同程度下降。抚仙湖、洱海、泸沽湖被列入国家水质良好湖泊生态环境保护试点。集中式饮用水水源保护进一步加强。城市声环境质量总体良好。自然生态环境状况保持稳定。

环境质量

水环境

[主要河流水环境质量]

全省主要河流总体水质为轻度污染，保持稳定。六大水系主要河流受污染程度由大到小排序，依次为长江水系、珠江水系、澜沧江水系、红河水系、怒江水系和伊洛瓦底江水系。

在95条主要河流（河段）的179个监测断面中，水质优符合Ⅰ～Ⅱ类标准的断面占40.8%，水质良好符合Ⅲ类标准的断面占29.6%，水质已受轻度污染符合Ⅳ类标准的断面占10.1%，水质已受中度污染符合Ⅴ类标准的断面占7.8%；水质已重度污染，劣于Ⅴ类标准的断面占11.7%。

按断面水质达到水环境功能类别衡量（简称达标），179个断面中，达标的有130个断面，达标率为72.6%。在新增23个监测断面的情况下，与2011年相比达标率保持稳定。

2012年度云南省主要河流（河段）断面水质类别表

水系名称	Ⅰ类	Ⅱ类	Ⅲ类	Ⅳ类	Ⅴ类	劣于Ⅴ类标	合计
长江	1	17	11	8	8	13	58
珠江	1	9	9	4	1	5	29
红河	0	15	9	5	1	2	32
澜沧江	0	16	17	1	3	1	38
怒江	0	6	5	0	1	0	12
伊洛瓦底江	0	8	2	0	0	0	10
小计	2	71	53	18	14	21	179

2012年，全省主要河流（河段）水质的主要污染指标为氨氮、生化需氧量、总磷、化学需氧量。

[出境跨界河流水质状况]

2012年，六大水系布设的20个出境跨界河流监测断面，水质优符合Ⅱ类标准的断面13个；水质良好符合Ⅲ类标准的断面5个；水质轻度污染符合Ⅳ类标准的断面1个；水质重度污染，劣于Ⅴ类标准的断面1个。18个断面达到水环境功能要求，与2011年相比出境跨界断面水质达标率略有提高。

其中，六大水系干流出境跨界断面水质状况为：金沙江干流三块石断面水质Ⅲ类、南盘江干流设里桥断面水质Ⅱ类、红河干流河口县医院断面水质Ⅲ类、澜沧江干流关累断面水质Ⅱ类、怒江干流红旗桥断面水质Ⅱ类、伊洛瓦底江水系主要出境河流大盈江汇流电站、瑞丽江姐告大桥断面水质均为Ⅱ类，均达到水环境功能要求。

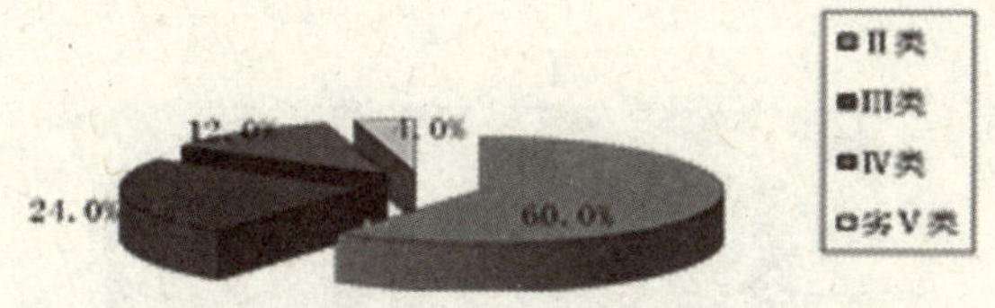

全省出境、跨界河流监测断面水质类别比例图

[城市水域水质状况]

2012年全省19个主要城市的68个城市环境综合整治及定量考核水域水质总体为中度污染，在104个监测断面（点位）中，水质优符合Ⅰ～Ⅱ类标准断面（点位）22个；水质良好符合Ⅲ类标准断面（点位）32个；水质轻度污染符合Ⅳ类标准断面（点位）13个；水质中度污染符合Ⅴ类标准断面（点位）9个；水质重度污染，劣于Ⅴ类标准断面（点位）28个。能达到水功能要求的断面47个，达标率为45.2%，较2011年有所上升。

城市环境综合整治及定量考核水域的主要污染指标为氨氮、总磷、总氮、化学需氧量、生化需氧量等。

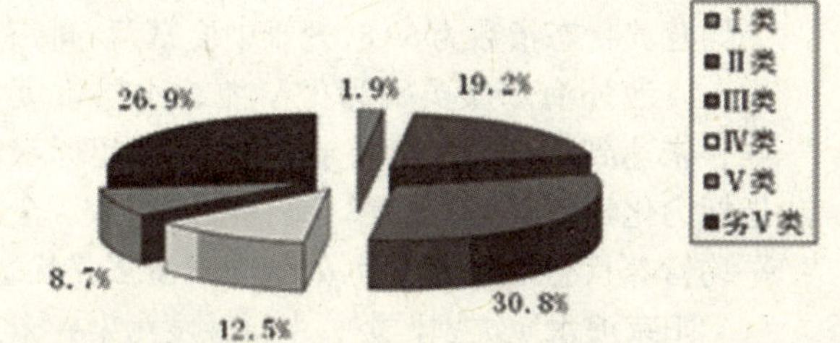

全省主要城市河流（水域）水质类别比例图

[湖泊、水库水质状况]

2012年，云南省湖库水质总体稳定。在开展水质监测的64个湖泊、水库中，水质优符合Ⅰ～Ⅱ类标准的24个；水质良好符合Ⅲ类标准的17个；水质轻度污染符合Ⅳ类标准的10个；水质中度污染符合Ⅴ类标准的4个；水质重度污染，劣Ⅴ类的9个。有32个湖泊、水库水质达到水环境功能要求，达标率为50.0%。与2011年相比水质恶化趋势得到遏制，部分监测指标有所好转。

开展湖泊（水库）营养状况监测的湖库（水体）共49个，其中处于贫营养状态的6个、处于中营养状态的29个、处于轻度富营养状态的6个、处于中度富营养状态的4个、处于重度富营养状态的4个。

与2011年相比九大高原湖泊水质总体保持稳定。滇池草海总磷年均监测值较2011年有所下降。阳宗海水质由Ⅲ类下降为Ⅳ类，超标指标为总磷、砷。其它湖泊无明显变化。九大高原湖

2012年主要湖泊、水库类别统计

名称	个数	Ⅰ类	Ⅱ类	Ⅲ类	Ⅳ类	Ⅴ类	劣Ⅴ类	水环境功能达标
湖泊	23	2	4	4	3	2	8	7
水库	41	0	18	13	7	2	1	25
合计	64	2	22	17	10	4	9	32
比例（%）		3.1	34.4	26.6	15.6	6.3	14.0	50.0

泊水质优及良好的湖泊是泸沽湖、抚仙湖、洱海；重度污染的湖泊是滇池草海、滇池外海、异龙湖、星云湖。

滇池草海水质类别为劣Ⅴ类，水质重度污染，未达到水环境功能要求（Ⅳ类）。超标指标为生化需氧量、总磷、氨氮、化学需氧量。全湖平均营养状态指数为69.8，处于中度富营养状态。

滇池外海水质类别为劣Ⅴ类，水质重度污染，未达到水环境功能要求（Ⅲ类）。超标水质指标为化学需氧量、总磷、高锰酸盐指数。全湖平均营养状态指数为68.4，处于中度富营养状态。

阳宗海水质类别Ⅳ类，水质轻度污染，未达到水环境功能要求（Ⅱ类）。超标水质指标为砷、总磷。全湖平均营养状态指数为43.7，处于中营养状态。

洱海水质类别Ⅱ类，水质良好，达到水环境功能要求（Ⅱ类）。全湖平均营养状态指数为41.0，处于中营养状态。

抚仙湖水质类别Ⅰ类，水质优，达到水环境功能要求（Ⅰ类）。全湖平均营养状态指数为17.1，处于贫营养状态。

星云湖水质类别为劣Ⅴ类，水质重度污染，未达到水环境功能要求（Ⅲ类）。超标指标为总磷、高锰酸盐指数、化学需氧量、生化需氧量。全湖平均营养状态指数为70.2，处于重度富营养状态。

杞麓湖水质类别为Ⅴ类，水质中度污染，未达到水环境功能要求（Ⅲ类）。超标指标为化学需氧量、高锰酸盐指数、总磷、生化需氧量、氟化物。全湖平均营养状态指数为63.9，处于中度富营养状态。

程海水质类别为Ⅳ类，水质轻度污染，未达到水环境功能要求（Ⅱ类）。超标指标为化学需氧量。全湖平均营养状态指数为41.0，处于中营养状态。

泸沽湖水质类别Ⅰ类，水质优，达到水环境功能要求（Ⅰ类）。全湖平均营养状态指数为17.1，处于贫营养状态。

异龙湖水质类别为劣Ⅴ类，水质重度污染，未达到水环境功能要求（Ⅲ类）。超标指标为化学需氧量、高锰酸盐指数、生化需氧量、总磷，石油类。全湖平均营养状态指数为77.8，处于重度富营养状态。

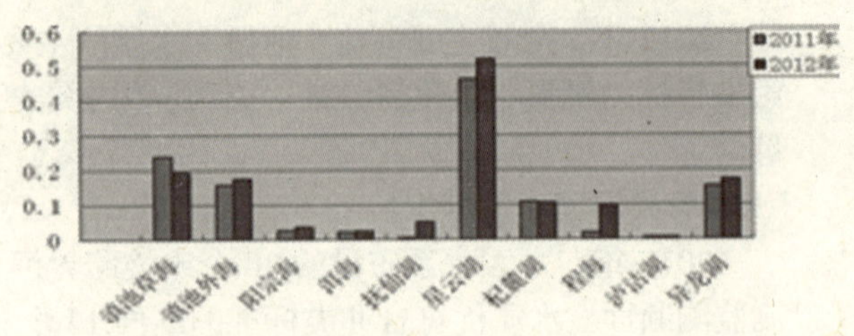

九大高原湖泊总磷浓度对比

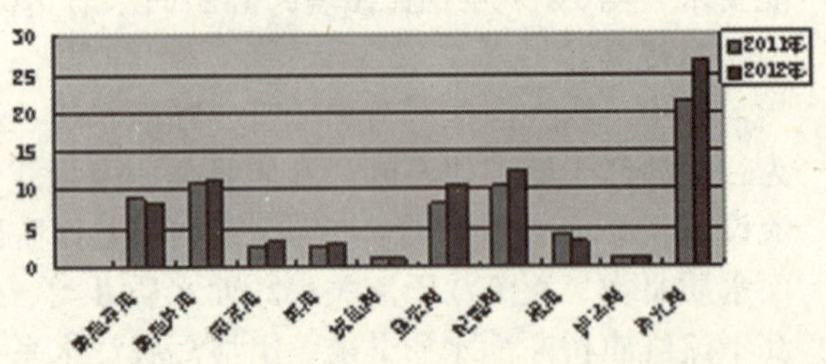

九大高原湖泊高锰酸盐浓度对比

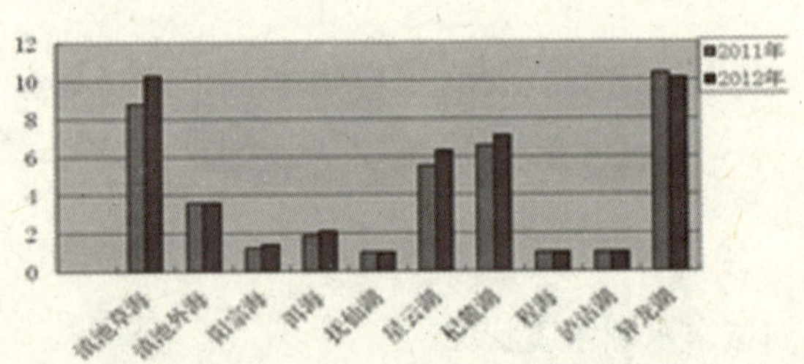

九大高原湖泊生化需氧量浓度对比

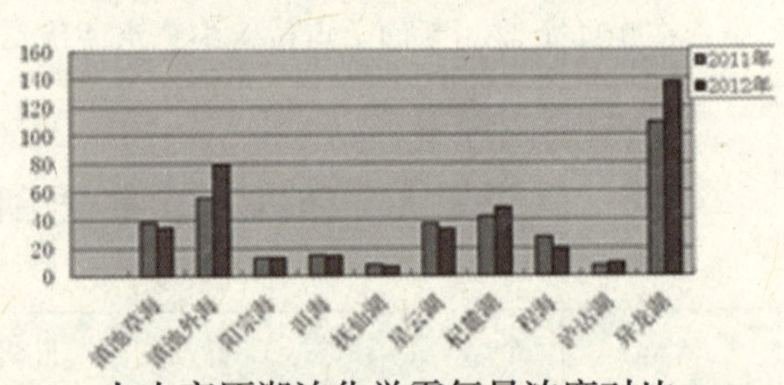

九大高原湖泊化学需氧量浓度对比

[集中式饮用水源地水质状况]

2012年，云南省21个主要城市（所有州市府所在地和5个县级市）的43个集中式饮用水水源地水质监测结果表明：按《地表水环境质量标准》(GB3838－2002)评价（总氮不纳入评价），能满足Ⅲ类水质标准要求的有42个；不能满足要求的有1个。主要超标指标为总磷。

[地下水]

2012年，仅有昆明和玉溪进行了部分监测点的水质、水位监测工作，监测点总数195个，其中昆

饮用水水源地水质类别表

水质类别	Ⅰ	Ⅱ	Ⅲ	Ⅳ	Ⅴ	劣Ⅴ
水源地（个）	2	25	15	1	–	–
比例（%）	4.7	58.1	34.9	2.3	–	–

明监测区 181 个，玉溪监测区 14 个。枯期水质监测主要针对国家级监测点进行。

2012 年度所控制的监测区域内地下水水位动态为：

孔隙水：孔隙水水位以基本稳定为主，仅个别地段出现弱下降或弱上升，下降原因主要为近年来连续干旱所致。

基岩水：监测控制区内基岩水以基本平衡为主，占 70.59%，其次为强下降，占 17.65%，弱上升和弱下降分别占 7.84%和 3.92%。水位上升的监测点主要位于城区，与近年来控制开采地下水有一定关系；水位下降的点主要位于城郊或距离城市较远的监测区，与近年来连续干旱有密切关系，本年度未出现水位强上升的监测点。

根据《地下水质量标准》(GB/T14848－93)对监测点进行水质综合评价，评价项目包括常规项目、金属离子、汞、酚氰、洗涤剂等 48 项。

孔隙水：良好级占 16.67‰、较好级占 4.16‰、较差级占 66.67‰、极差级占 12.50‰。主要超标指标为：锰、亚硝酸盐、氨氮、pH、铁、氯化物、硫酸盐、总硬度、溶解性总固体、细菌总数、大肠菌群等。

基岩水：优良级占 39.19‰、良好级占 25.68‰、较好级占 1.35‰、较差级占 33.78‰。主要超标指标为：锰、亚硝酸盐、氨氮、化学需氧量、细菌总数、大肠菌群等。

大气环境

[环境空气质量]

2012 年，全省 18 个主要城市以二氧化硫、二氧化氮、可吸入颗粒物的年平均浓度值评价，

普洱市、大理市符合空气环境质量一级标准，占 11.1%；昆明等 14 个城市符合环境空气质量二级标准占 77.8%。个旧市和开远市符合环境空气质量三级标准，占 11.1%。影响云南省城市环境空气质量的首要污染物为可吸入颗粒物。

18 个主要城市二氧化硫年平均浓度在 0.003～0.091 毫克/立方米之间，平均浓度 0.029 毫克/立方米，比 2011 年下降了 0.002 毫克/立方米。与 2011 年相比，最大值上升了 0.013 毫克/立方米，出现在开远市，超过环境空气质量二级标准。

二氧化氮的年平均浓度在 0.005～0.033 毫克/立方米之间，平均浓度 0.016 毫克/立方米，比 2011 年下降 0.001 毫克/立方米。与 2011 年相比，最大值下降了 0.011 毫克/立方米，出现在昆明市，符合环境空气质量一级标准的要求。

可吸入颗粒物的年平均浓度在 0.024～0.071 毫克/立方米之间，平均浓度 0.051 毫克/立方米，比 2011 年上升 0.001 毫克/立方米。与 2011 年相比，最大值上升了 0.001 毫克/立方米，出现在芒市，符合环境空气质量二级标准要求。

18 个主要城市以二氧化硫、二氧化氮、可吸入颗粒物的日平均浓度值评价，空气质量优良率均在 93%以上，与 2011 年相比，优良率有所上升。全年未出现劣于环境空气质量三级标准的情况。玉溪市等 11 个城市的优良率为 100%。昆明市、大理市的优良率为 99.7%、芒市的 98.3%，较 2011 年有所下降；曲靖市、昭通市、个旧市、开远市的优良率分别为 99.7%、98.9%、93.4%、98.7%，较 2011 年有所上升。

[降水和酸雨]

2012 年开展降水酸度监测的 19 个主要城市中，降水 pH 年平均值在 4.57～8.03 之间。有 9 个城市监测到酸雨，其中安宁市、昭通市、楚雄市、个旧市的降水 pH 年均值低于 5.6，为酸雨区；丽江市、普洱市、临沧市、蒙自市、大理市 5 个城市虽然出现了酸雨，但降水 pH 年均值尚在 5.6 以上，为非酸雨区。9 个城市酸雨频率在 0～77.8%之间，平均为 10.0%。9 个城市中酸雨频率小于 20%的有 5 个；酸雨频率在 20～40%的城市有 1 个，酸雨频率 40～60%的有 1 个，酸雨频率 60～80%的有 2 个。

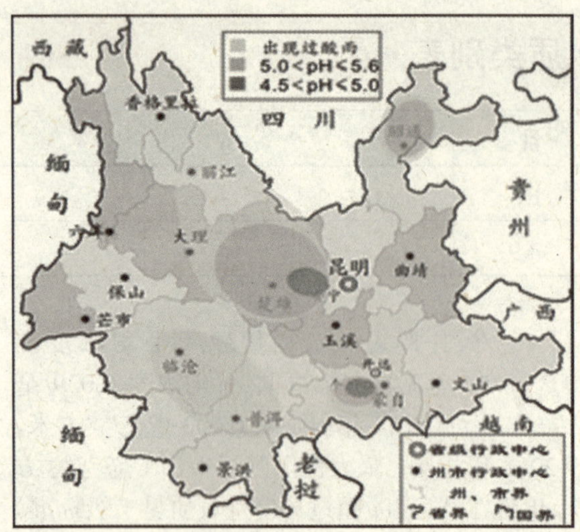

2012 年云南省降水酸度分布示意图

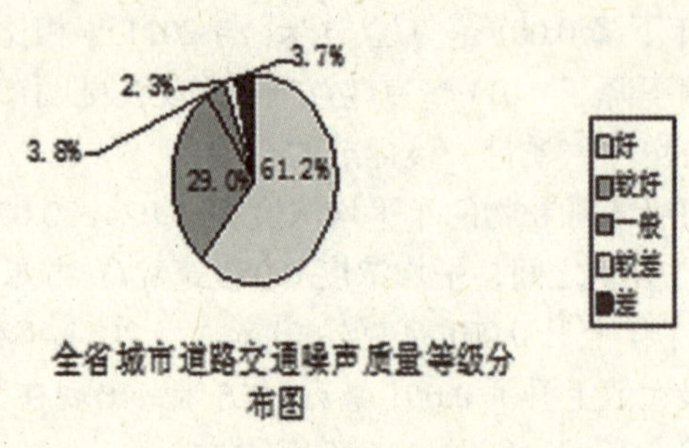

全省城市道路交通噪声质量等级分布图

声环境

[城市道路交通声环境质量状况]

全省 19 个主要城市的道路交通噪声平均等效声级值范围在 60.7 ~ 73.1 分贝之间，最高是六库。除六库外其余 18 个城市均在 70 分贝以下。道路交通声环境质量有所好转。

19 个城市共设置了 638 个监测点，对总长约 830 千米的城市道路进行了监测。监测结果表明：声级值在 48.5 ~ 77.5 分贝之间，最大值出现在六库向阳南路的永乐大酒店监测点。有 30.8 千米的路段声级值超过 70 分贝，仅占监测道路总长 3.7%。

[城市区域声环境质量状况]

全省 19 个主要城市共设置 2418 个区域噪声监测点，对面积为 689 平方千米的城区声环境质量进行了监测。总体来说，保山市、蒙自市、文山市、大理市、瑞丽市 5 个城市区域声环境质量一般，普洱市、楚雄市为好，其余 12 个城市均为较好。

在 689 平方千米的监测区域中，有 5.8% 的区域声环境质量为差或较差，声环境质量为一般的区域占 22.2%，声环境质量为好或较好的区域占 71.9%。区域声环境质量较 2011 年有所好转。

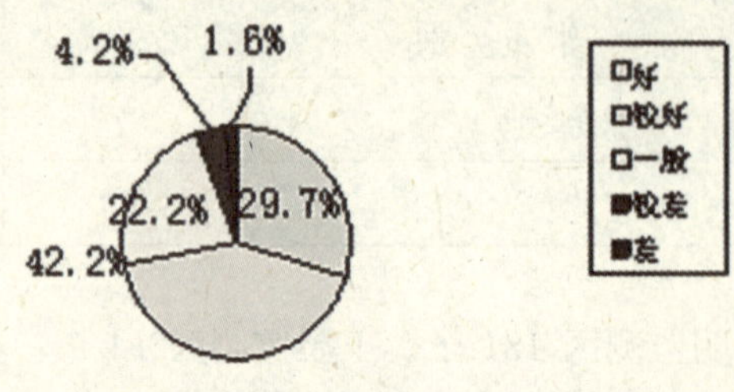

全省城市区域声环境质量比重图

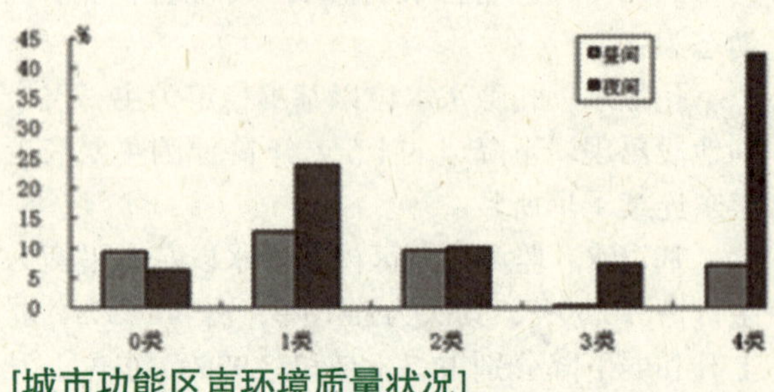

[城市功能区声环境质量状况]

2012 年 16 个主要城市各类功能区声环境质量略有下降，昼间各类功能区的超标率在 3.0% ~ 21.9%之间，平均为 9.7%，0 类区（康复疗养区）超标率明显高于其它区域；夜间各类功能区的超标率在 6.5% ~ 34.7%之间，平均为 21.7%，4 类区（交通干线两侧）超标率明显高于其它区域。总体上，夜间超标率高于昼间，4 类区（交通干线两侧）的超标率高于其它区域。

2013 年云南各类功能区噪声平均超标率

自然生态环境

[森林资源现状及变化趋势]

2012 年，全省乔木林面积、森林面积、森林覆盖率持续增长，活立木蓄积、森林蓄积有所增加，林木生长量明显大于消耗量，森林资源总体上继续保持持续增长的态势。

[自然保护区]

云龙天池、元江省级自然保护区晋升为国家级自然保护区。由三江口、海子坪、朝天马三个省级自然保护区和小岩坊、罗汉坝两个市级自然保护区合并、调整建立了云南乌蒙山省级自然保护区。云南乌蒙山、铜壁关省级自然保护区申报国家级自然保护区通过了国家级自然保护区评审委员会评审。截止 2012 年 12 月，全省已建各种类型、不同级别的自然保护区 159 个（其中国家级 20 个、省级 38 个、州市级 58 个、区县级

43 个），总面积约 282 万公顷，占全省国土总面积的 7.2%，位居全国自然保护区数量第 6 位。基本形成了各种级别、多种类型自然保护区网络体系，使全省典型生态系统及 85%的珍稀濒危野生动植物物种得到了有效保护。

[湿地]

大山包、碧塔海、纳帕海、拉市海已被列为国际重要湿地，约占全国国际重要湿地数量的 10%。已建立各种级别的湿地类型自然保护区 17 处，保护范围达到 20.71 万公顷。已建成红河哈尼梯田、洱源西湖、丘北普者黑和普洱五湖 4 个国家湿地公园（试点），面积 1.65 万公顷。

辐射环境

2012 年，云南省辐射环境质量监测覆盖全省 16 个州（市），监测的伽马（γ）辐射剂量率范围为 15.0–109.0 纳戈瑞/小时，均值为 51.8 纳戈瑞/小时（已扣除宇宙射线响应值），辐射环境质量保持稳定，辐射环境水平处于正常波动水平范围。全省重点辐射污染源周围辐射环境水平正常。

废水、废气及固体废弃物排放

[废水]

2012年全省废水总排放量15.80亿吨，比2011年增长7.11%。其中：工业源排放量4.45亿吨，比2011年减少5.71%；城镇生活源排放量11.33亿吨，比2011年增长13.02%。

化学需氧量总排放量 54.86 万吨，比 2011 年减少 1.10%。其中：工业源排放量 16.96 万吨，城镇生活源排放量 29.17 万吨。

氨氮总排放量 5.87 万吨，比 2011 年减少 1.09%。其中：工业源排放量 0.43 万吨，城镇生活源排放量 4.09 万吨。

[废气]

工业废气排放量14799.34亿立方米，比2011年减少了15.65%。

二氧化硫总排放量67.23万吨，比2011年减少2.75%。其中：电力行业排放量18.59万吨，钢铁行业排放量10.20万吨，其他行业排放量38.44万吨。

氮氧化物总排放量54.43万吨，比2011年减少0.77%。其中：电力行业排放量15.99万吨，水泥行业排放量8.16万吨，机动车排放量20.31万吨，其他行业排放量9.97万吨。

废气中烟（粉）尘总排放量29.65万吨，比2011年减少22.44%。

[固体废弃物]

一般工业固体废物产生量1.61亿吨，比2011年减少7.29%；综合利用量7772.79万吨，比2011年减少10.94%；处置量4993.67万吨，比2011年增长0.50%；贮存量3485.17万吨，比2011年减少5.48%；排放量42.71万吨，比2011年减少74.68%。

危险废物产生量194.41万吨，比2011年增加44.98%；综合利用量84.54万吨，比2011年减少3.65%；处置量33.84万吨，比2011年增长73.45%；贮存量77.08万吨，比2011年增长184.95%；排放量为1.85吨。

措施与行动

污染防治及城市环境保护工作

——加大污染减排力度不松劲。云南省政府印发《“十二五”低碳节能减排综合性工作方案》和《进一步加强“十二五”全省主要污染物总量减排工作的若干意见》，明确各级政府、各相关部门和重点企业的减排责任，加强沟通，密切配合，各负其责。重点减排项目完成情况总体顺利，712 个省级重点减排项目已完成 693 个，占 97%；未完成 19 个，占 3%。部分污水处理厂运行情况得到改善，火电和水泥行业脱硝项目推进顺利，畜禽养殖污染减排也取得突破性进展。经过全省上下积极努力，2012 年主要污染物总量减排目标任务顺利完成。化学需氧量排放量 54.86 万吨，氨氮排放量 5.87 万吨，二氧化硫排放量 67.23 万吨，氮氧化物排放量 54.43 万吨，分别比 2011 年下降 1.10%、1.09%、2.75%、0.77%。

——积极推进九湖水污染综合防治。2012 年 4 月国务院批复了包括滇池在内的重点流域水污染防治规划，5 月省人民政府批复了其他八湖水污染防治“十二五”规划，9 月省政府与九湖所在地 5 州（市）人民政府及 13 个省级有关部门签订了目标责任书。截止 12 月底，九湖水污染防治“十二五”规划项目完工 14 项，在建 131 项，开展前期工作 115 项，完成投资 102.56 亿元。2012 年，泸沽湖被列入国家湖泊生态环境保护试点范围。抚仙湖、洱海生态环境保护试点实施方案得到省政府批复。截止 12 月底，试点项目完工1个，正在实施16个，完成投资2.58亿元，其中国家水质良好湖泊生态环境保护试点专项资金1.80亿元。

——推进三峡库区上游水污染防治。加快《三峡库区及其上游水污染防治规划(2011-2015年)》项目实施，114个规划项目启动率达84.2%，累计完成投资11.23亿元。流域水质整体保持稳定，江边、三块石、横江桥、普渡河桥、江底桥5个控制断面的水质达标率均能满足规划年度要求。重点推进金沙江一级支流牛栏江的水环境保护工作，确保牛栏江昆明段水质整体达标，曲靖段水质稳定达到或优于Ⅲ类，满足调水水质要求。

——加强工业污染防治。全省工业废水治理投资10.05亿元，完成治理项目73个；工业废气治理投资6.87亿元，完成治理项目138个；工业固体废弃物污染治理投资0.57亿元，完成治理项目14个。安全处置和综合利用危险废物（不含医疗废物）45.26万吨；安全处置医疗废物1.30万吨。2012年新颁发危险废物经营许可证17份，其中综合经营许可证14份、医疗废物经营许可证3份。162家重点国控企业纳入省级排污许可证管理范围。全面推进全省工业企业上市再融资工作，2012年共办理13家企业上市再融资环保核查，其中本土企业融资金额约84亿。

——高度重视重金属防治工作。全力推进《重金属污染综合防治“十二五”规划》项目实施，截止2012年底已完成33个项目，其余项目正在积极推进中；全力推进个旧选矿示范工业园区建设；陆良17.95万吨、牟定8.83万吨历史遗留铬渣全部实现无害化处置。我省泚江、南北河、小白河、倘甸双河、浑水河（卡房大沟）等河流水质均明显好转。69个地表水国控断面重点重金属污染物达标率为93.48%。六大水系主要河流出省跨界断面、县级以上城镇集中式饮用水地表水源均未出现重金属超标现象。全年无涉重金属环境污染事件发生。

——确保辐射环境管理安全。2012年，全省共办理行政许可事项268件，其中办理辐射安全许可证审批126项，辐射项目环评审批52项，辐射项目竣工环保验收9项，放射性同位素转让审批81项。全年共出动检查人员9672人次，对2790家核技术利用单位、83家废旧金属回收熔炼单位进行排查；共收贮废旧放射源183枚,放射性试剂7瓶（重约350克）,高放射性铁精矿3.935公斤。组织开展了核与辐射反恐应急的实战演练。

——加大环境执法监管力度。根据环保部和省政府统一安排部署，全省2012年环保专项行动围绕全面整治重点行业、重金属排放企业环境污染问题；全面排查危险废物产生、利用、处置企业，严肃查处违法行为；进一步强化污染减排重点项目的监管督查力度；进一步加大牛栏江调水水源区水环境保护工作力度等重点开展。全省环保专项行动共出动环保执法人员39654人次，检查企业14357家，立案查处企业101家，结案企业74家，结案率为73.26%。行政处罚71家，罚款金额353.149万元，完成省、州（市）、县挂牌督办事项118件。依法公布第八批、第九批重点企业清洁生产审核名单271家，155家重点企业通过评估或验收，比上年增长55%。2012年，全省排污费共征收3.64亿元，其中各州（市）征收2.76亿元、省级征收8778.91万元，全省排污费共上缴中央国库3629.60万元，上缴省级国库1.34亿元。对环境违法行为予以严惩，省级直接实施行政处罚41件，共处罚金1557.25万元。

——切实保障群众环境权益。2012年，省级处理群众来信151件(含传真、邮件、网上信访)，办结率96%；接待群众来访16批49人次，办结率100%；承办省人大建议和政协提案54件（其中人大建议24件、政协提案30件），办结率100%。全省“12369”环保投诉7174件，办结7137件，办结率99.48%。回复“网上环保咨询”32件，答复“领导信箱”65件，网络信访190件，全部办结。出台《云南省依申请公开政府环境信息管理办法（试行）》，规范了环境信息公开的程序和制度。“96128”政务查询热线受理53个查询、咨询问题，均按照办理时限给予了答复。

——加强环境监管能力建设。争取1.07亿中央专项资金，用于72个县级环境保护部门的环境监察和环境监测能力建设，配备各类专业仪器2000余台（套）。全省环境监测系统共有监测站114个，其中：一级站1个，二级站16个，三级站97个。通过计量认证的环境监测站有77个。全省环境监测系统人数1403人，比2011年增加了43人；拥有业务用房69230平方米，比2011年增加7888平方米；拥有各种大型仪器、设备共4738台（套）。红河州环境监测站等21家环境监测站通过国家标准化建设达标验收。截止2012年底，全省共有261家企业的466套自动监测设备与省监控中心联网上传数据。其中，废水自动监测设备有253套,废气自动监测设备有213套。根据环保部监控中心的统计，全省共有259

家企业的自动监控设备向该中心上传监控数据。其中实时数据传输正常的企业 160 家，数据上传率超过 75%的有 173 家。设施联网率、数据稳定上传率分别比 2011 年增长 42.9%、68%。

——依托科技提升污染防治水平。“十一五”国家水体污染控制与治理科技重大专项湖泊主题（以下简称水专项）“滇池项目”5 个研究课题和“洱海项目”6 个研究课题通过国家初步验收。“十二五”水专项“滇池项目”4 个研究课题、“洱海项目”3 个研究课题已完成论证立项。2012 年，1 项环境科技成果获云南省科技进步三等奖。在主要产胶州（市）推广制胶废水“厌氧+接触氧化法”处理工艺，为污染物削减提供技术支撑。

——积极开展城市环境保护。一是开展重点城市集中式饮用水水源地环境状况评估。全省 16 个州（市）29 个地级以上城市集中式饮用水水源地开展了环境状况评估，涉及供水人口 918.13 万人，供水量 5.40 亿吨。评估结果显示：除宝象河水库、自卫村水库、西河水库、勐板河水库、玛布河等水源地部分月份存在超标现象外，其他 24 个水源地水质全年 12 个月均达标，供水量达标率 99.53%。二是加强城市环境基础设施建设。至 2012 年末，全省已建成污水处理厂 137 座，污水处理能力达 337 万吨/日。建成无害化垃圾处理厂（场）123 座，形成无害化处理能力 1.95 万吨/日。全省城市燃气普及率 66.56 %，绿地率 35.29 %。三是推进城市机动车污染防治。全省机动车保有量达 909.44 万辆，新增注册 124.71 万辆。全省环保委托检验机构共计 20 个。昆明市机动车保有量 170 万辆，机动车环保检测（简易工况法）59.99 万辆，发放环保合格标志 62.39 万辆（含新车），其中黄标 6.31 万辆、绿标 56.08 万辆。昆明市实施了黄标车区域限行政策，于 2012 年 7 月 1 日开始分路段、分步骤对未取得绿色环保合格标志的车辆实施限行。四是实施城市环境综合整治定量考核。全省 19 个设市城市环境综合整治定量考核结果：地级市前 5 名为玉溪、昆明、临沧、普洱、丽江；县级市前 5 名为景洪、芒市、楚雄、安宁、开远。

生态环境保护

——全面推进生物多样性保护。召开云南省生物多样性保护联席会议，发布《云南省生物多样性保护西双版纳约定》，提出云南省生物多样性保护的 10 条措施。编制完成《云南省生物多样性保护战略与行动计划（2012–2030 年）》，作为我省未来 20 年生物多样性保护工作的纲领性文件，系统地将云南划分为 6 个一级生物多样性保护优先区域、18 个二级区，确定了 9 个优先重点领域和 34 项优先行动，提出了 35 个优先项目。实施了老君山生物多样性保护减贫示范、纳板河保护区胶林复合生态种植等一批生物多样性保护和可持续利用项目。

——规范自然保护区建设监管。制定并发布《自然保护区与国家公园生物多样性监测技术规程》、《自然保护区与国家公园巡护技术规程》。拟制《云南省省级自然保护区范围和功能区调整及名称更改管理规定》，对乌蒙山省级自然保护区整合晋升国家级、拉市海高原湿地省级自然保护区功能区调整、寻甸黑颈鹤市级自然保护区晋升省级进行评审论证。省级自然保护区纳入全国环境卫星遥感监测监察试点，初步分析出 8 个保护区的相关数据，适时启动核查。《云南省迪庆藏族自治州白马雪山国家级自然保护区管理条例》通过了迪庆州人大的审议和省人大的批准，至此我省有 5 个自然保护区制定了保护区管理单行条例。自然保护区建设投入力度不断加大，争取中央专项投资 5432 万元，用于保护区机构能力、管护基础设施建设。

——努力加强农村环境保护。组织编制《云南省农村环境保护规划》。争取中央农村环保专项资金 2500 万元、省级生态建设专项资金 1510 万元，安排 44 个村庄进行农村环境综合整治（中央资金支持 25 个、省级资金支持 19 个）。全省 2011 年安排的 63 个整治项目有 62 个完工。全省 2010 年 27 个农村环境综合整治“以奖促治”项目，成效评估 24 个为优、3 个为良。全省推广测土配方施肥 4413 万亩。农村户用沼气累计保有量 293.37 万户。无公害农产品、绿色食品和有机食品认证累计达 972 家企业 2160 个品种，产值 281.75 亿元。4 家申报“国家级有机食品生产基地”的生产企业通过环保部审查和筛选。

——做好生态建设示范区工作。发布了《云南省生态乡镇建设管理规定》、《云南省省级生态村申报及管理规定（试行）》。完成了 18 个国家级生态乡镇的考核；完成了第七批共计 58 个省级生态乡镇的复核，并获省政府命名。截至 2012 年底，全省累计建成 10 个国家级生态示范区、29 个国家级生态乡镇、3 个国家级生态村、276 个省级生态乡镇。全省 15 个州（市）、80 多个县（市、区）开展了生态州（市）和生态县（市、区）建设，全省生态建设示范区工作呈现出蓬勃发展的态势。

——持续推进全省生态功能保护。编制《云南省重要生态功能区和生态脆弱区保护与建设规划纲要》，提出了云南省生态安全格局并与云南省主体功能区划对接，按照水源涵养、生物多样性保护、水土保持三个类型初步划定了 12 个重要生态功能区。开展云南生态环境“十年”变化遥感调查与评估，完成第一阶段的调查任务，各项工作走在全国前列。参与完成全国人大“三江”流域生态环境保护治理调研、省政协滇东北生态环境保护治理调研。

——积极营造生态保护良好氛围。命名表彰第七批绿色学校 93 所、第五批绿色社区 35 家、第三批环境教育基地 10 个；全省已有省级绿色学校 639 所、省级绿色社区 191 家、省级环境教育基地 41 个。与云南广播电视台合作开设“环保之声”专栏，组织 10 个州市环保部门的负责人参加了 10 期“生态环境保护”专访节目。全年共在《中国环境报》发表各类稿件 183 篇，其中 4 篇刊登在头版头条。落实新空气环境质量标准，在昆明电视台、昆明日报等媒体上发布昆明市环境空气质量指数（AQI）及空气质量等级等空气质量信息。

国民经济统计资料

National Economy Statistics

全省人口与自然资源

指　　标	单位	2012 年	指　　标	单位	2012 年
年末总人口数	万人	4659.0	星云湖	平方千米	39.00
人口密度	人／平方千米	118.2	阳宗海	平方千米	31.00
全省土地面积	万平方千米	39.40	**主要河流境内河长**		
民族自治地方土地面积	万平方千米	27.67	大盈江	千米	196
年末耕地总资源	万公顷	607.78	瑞丽江	千米	370
常用耕地面积	万公顷	423.01	怒江	千米	618
荒山荒地面积	万公顷	1290.40	澜沧江	千米	1227
宜农荒山	万公顷	286.70	金沙江	千米	1560
森林面积	万公顷	1817.73	元江	千米	680
活立木总蓄积量	亿立方米	15.48	南盘江	千米	677
水面面积	万公顷	28.00	**主要山峰高程**		
水资源总量	亿立方米	1480.19	高黎贡山	标高（米）	3374
水能资源理论蕴藏量	亿千瓦	1.04	碧罗雪山	标高（米）	4141
全省铁矿保有资源储量	亿吨	35.50	梅里雪山（卡瓦格博峰）	标高（米）	6740
全省煤矿资源保有储量	亿吨	289.84	玉龙雪山（扇子陡峰）	标高（米）	5596
全省磷矿资源保有储量	亿吨	42.40	点苍山（马龙峰）	标高（米）	4122
主要湖泊湖面面积			大雪山	标高（米）	3504
滇池	平方千米	306.30	无量山	标高（米）	3291
洱海	平方千米	250.00	哀牢山	标高（米）	2940
抚仙湖	平方千米	212.00	五莲峰	标高（米）	2561
程海	平方千米	78.8	拱王山	标高（米）	3677
泸沽湖	平方千米	51.8	梁王山	标高（米）	2833

全省主要年份国民经济主要比例关系

指　　标	1978 年	2000 年	2005 年	2010 年	2011 年	2012 年
人口中的城乡比例						
城镇		23.4	29.5	34.8	36.8	39.3
乡村		76.6	70.5	65.2	63.2	60.7
生产总值中三次产业比例						
第一产业	42.7	22.3	18.9	15.4	15.9	16.0
第二产业	39.9	43.1	41.8	44.6	42.5	42.9
第三产业	17.4	34.6	39.3	40.0	41.6	41.1
固定资产投资中三次产业比例						
第一产业			3.0	4.1	2.6	1.9

第二产业			37.2	32.1	33.0	33.4
第三产业			59.8	63.8	64.4	64.7
工业总产值中轻重工业比例						
轻工业	43.0	50.5	34.5	29.4	29.0	18.7
重工业	57.0	49.5	65.5	70.6	71.0	81.3
农业总产值中农林牧渔比例						
农　业	71.4	61.1	52.3	51.1	48.8	52.2
林　业	6.2	7.3	9.9	10.2	10.7	8.4
牧　业	17.7	29.6	31.8	32.5	35.0	34.1
渔　业	0.2	2.0	2.1	2.7	2.4	2.3
服务业			3.9	3.5	3.1	3.0

注：本表按当年价计算。

按经济成分分全省主要社会经济指标

指　　标	绝对数		比重(%)	
	2011 年	2012 年	2011 年	2012 年
一、生产总值（GDP）(亿元）	**8893.12**	**10309.47**	**100.0**	**100.0**
国有经济	3962.27	4392.76	44.6	42.6
集体经济	1187.71	1370.23	13.3	13.3
非公有制经济	3743.14	4546.48	42.1	44.1
二、就业人员数(万人)	**2857.2**	**2881.90**	**100.0**	**100.0**
城镇国有单位就业人员	192.02	194.62	6.7	6.8
城镇集体单位就业人员	10.9	12.68	0.4	0.4
城镇其他经济类型单位就业人员	88.19	110.40	3.1	3.8
城镇个体私营就业人员	375.25	376.86	13.1	13.1
乡村就业人员	2190.92	2187.34	76.7	75.9
三、全社会固定资产投资额(亿元)	**6185.30**	**7831.10**	**100.0**	**100.0**
国有经济	2463.63	3007.87	39.8	38.4
集体经济	99.35	184.01	1.6	2.4
其他各种经济	3328.78	4280.27	53.8	54.7
个体私营经济	35.25	81.36	0.6	1.0
农村农户投资	258.29	277.59	4.2	3.5
四、社会消费品零售总额(亿元)	**3001.41**	**3541.6**	**100.0**	**100.0**
公有制经济	564.64	672.58	18.8	19.0
国有经济	473.40	555.3	15.8	15.7
非公有制经济	2435.50	2869.02	81.2	81.0
私有经济	2168.09	2556.18	72.2	72.2

注：1.农业总产值、工业增加值按当年价格计算。

2.规模以上工业增加值为年主营业务收入 500 万元及以上独立核算工业企业的增加值。

全省社会经济主要指标每人年平均水平

指标	单位	2011年	2012年
一、工农业总产值(当年价格)	元	25782	30832
农业总产值	元	4996	5770
工业总产值	元	20785	25062
二、生产总值(当年价格)	元	19265	22195
三、地方财政一般预算收入	元	2407	2881
四、粮食产量	千克	380	394
五、猪牛羊肉产量	千克	112	124
六、森林面积	公顷	0.4	0.4
七、社会消费品零售总额	元	6502	7625
八、城乡居民储蓄存款余额	元	14370	1612
九、交通(每万人拥有)			
铁路营业里程	千米	0.46	0.51
公路通车里程	千米	46.47	47.16
民用航空航线里程	千米	40.21	49.19

全省主要年份国民经济主要指标

指标	单位	1952年	1978年	1990年	1995年	2000年	2010年	2011年	2012年
年末总人口数	万人	1695	3091	3731	3990	4240.8	4601.6	4631.0	4659.0
年末就业人员数	万人	761	1313	1923	2149	2268.5	2765.9	2857.2	2881.6
职工人数	万人	26	216	292	312	273.4	303.7	317.2	344.7
工农业总产值	亿元	13.41	95.45	556.98	1704.47	2270.22	9691.23	11901.64	14321.68
生产总值(当年价)	亿元	11.78	69.05	451.67	1206.68	1955.09	7224.18	8893.12	10309.47
农业生产									
农林牧渔业总产值(当年价)	亿元	9.6	40.02	211.72	474.46	680.86	1810.53	2306.49	2680.22
主要农产品产量									
粮食	万吨	451	864	1061	1189	1467.8	1650.0	1755.6	1827.8
油料	万吨	3.37	5.51	13.31	19.58	26.98	34.23	60.75	62.84
甘蔗	万吨	30.13	160.01	661.88	1055.92	1420.29	1750.92	1898.78	2043.78
烤烟	万吨	0.57	12.26	43.6	76.07	64.61	95.40	101.82	111.05
水果	万吨		11.62	31.97	55.71	76.95	397.91	476.43	581.12
茶叶	万吨	0.36	1.78	4.48	6.4	7.94	20.73	23.83	27.17
猪、牛、羊肉	万吨	8.36	29.23	74.74	120.45	191.51	474.83	517.44	578.18

指　标	单位	1952年	1978年	1990年	1995年	2000年	2010年	2011年	2012年
水产品	万吨	0.14	1.12	4.6	8.44	16.62	48.17	54.88	68.01
工业生产									
工业总产值(当年价)	亿元	3.81	55.43	345.26	1230.01（1079.46）	1589.36	7880.70	9595.15	11641.46
轻工业产值	亿元	2.3	23.84	181.14	656.60（584.60）	802.7	2317.95	2779.50	3555.22
重工业产值	亿元	1.51	31.6	164.12	573.41（494.86）	786.66	5562.75	6815.66	8086.25
主要工业产品产量									
布	万米	3641	10507	17974	13964	5855	412.76	449.58	419.00
机制纸及纸板	万吨	0.08	5.12	15.43	30.41	22.32	44.87	49.12	51.46
糖	万吨	2	14	51	94	152.25	179.78	173.51	205.93
卷烟	万箱	2	63	448	680	612.77	714.76	729.98	768.23
粗钢	万吨	0.25	35.12	80.15	140.5	189.41	1293.77	1323.23	1526.69
成品钢材	万吨	0.13	25.59	68.97	144.34	183.71	1214.99	1351.85	1600.04
原煤	万吨	28	1483	2227	2803	2216	9763.38	9957.41	7610.37
发电量	亿千瓦小时	0.52	52.51	125.78	228.42	317.46	1364.85	1555.13	1533.94
水泥	万吨	1	131	471	997	1643	5786.16	6788.88	7793.66
运输邮电									
货运周转量	亿吨千米	1.54	62.34	260.67	307.71	479.52	990.5	1070.11	1164.80
#铁　路	亿吨千米	0.64	43.52	93.91	114.24	180.76	358.31	369.70	379.75
公　路	亿吨千米	0.87	18.57	166.1	192.1	296.65	548.53	617.27	702.51
水　运	亿吨千米	0.03	0.24	0.59	1.06	0.98	6.91	8.19	8.71
旅客周转量	亿人千米	1.32	24.25	87.67	137.93	237.94	523.64	610.78	669.96
#铁　路	亿人千米	0.73	9.92	17.22	23.03	31.35	80.73	91.91	91.74
公　路	亿人千米	0.59	13.89	65.77	93.1	171.24	352.1	424.57	470.20
水　运	亿人千米		0.12	0.46	0.35	0.78	1.78	1.96	2.02
邮电业务总量	万元	264	3016	12737	139729	990739	2689400	3162200	3265900
固定资产投资									

指 标	单位	1952年	1978年	1990年	1995年	2000年	2010年	2011年	2012年
固定资产投资（不含农户）	亿元	0.59	15.04	75.74	380.57	697.94	5528.71	5927.01	7553.51
#国有经济固定资产投资	亿元	0.59	13.44	51.22	262.84	466.20	2623.07	2463.63	3007.87
国内商业									
社会消费品零售总额	亿元	4.87	28.38	145.59	369.55	583.17	2542.44	3000.14	3541.60
对外贸易									
进出口总额	亿美元		1.04	7.51	21.21	18.13	133.68	160.53	210.05
出口额	亿美元		0.69	5.62	13.31	11.75	76.06	94.73	100.18
进口额	亿美元		0.35	1.89	7.90	6.38	57.62	65.80	109.87
财政									
地方公共财政总收入	亿元	1.87	11.76	77.43	285.26	432.95	1809.30	2258.20	2624.20
地方公共财政预算支出	亿元	0.99	18.28	90.76	235.10	414.11	2285.72	2929.60	3572.66
物价指数									
(以 1952 年价格为 100)									
零售价格总指数	%	100.0	106.8	214.1	388.8	403.5	472.5	496.6	508.5
城镇居民消费价格总指数	%	100.0	112.7	237.6	456.3	509.9	644.4	676.0	694.2
职工工资、									
职工工资总额	亿元		12.68	60.66	158.96	254.46	903.72	1111.38	1340.24
#国有单位职工工资总额	亿元	0.73	11.42	53.56	137.81	209.50	619.53	709.16	794.46
职工年平均货币工资	元		608	2130	5149	9231	30177.00	35387	38908
#国有单位职工年平均工资	元	371	629	2200	5286	9422	34330.00	40379	45081
教育文化									
普通高等学校在校学生数	万人	0.33	1.59	4.35	5.14	9.04	43.69	48.76	51.22
普通中等专业学校在校学生数	万人	0.67	2.66	7.38	10.26	11.92	29.00	30.15	31.56
普通中学在校学生数	万人	4.73	128.93	123.95	127.25	185.97	270.63	271.29	265.95
普通小学在校学生数	万人	114.85	436.03	446.86	462.41	472.06	435.21	424.08	406.70

指　　标	单位	1952年	1978年	1990年	1995年	2000年	2010年	2011年	2012年
普通小学在校学生数	万人	114.85	436.03	446.86	462.41	472.06	435.21	424.08	406.70
卫生									
卫生机构床位数	万张	0.43	5.97	8.45	9.56	9.75	15.71	17.34	19.47
医院病床数	万张	0.36	5.41	7.61	8.39	6.61	11.25	12.63	14.35
专业卫生技术人员	万人	0.38	6.55	10.16	11.25	12.41	14.17	14.93	16.48

注：1.工业总产值及轻重工业产值从1996年开始按新规定的计算方法统计。

2.进出口总额包括边境贸易，1998年以前为外贸业务数，1999开始为海关进出口统计数。

3.财政收入为总收入，包括上划中央的“两税”收入。

4.1996年开始卫生机构数包括主要卫生机构、诊所、卫生保健所、医务室等。

云南省国民经济主要统计指标占全国的比重

指　　标	全　国		云　南		云南占全国的	
	2011年	2012年	2011年	2012年	2011年	2012年
年末总人口(万人)	134735	135404	4631.0	4659.0	3.4	3.4
生产总值(亿元)	471564	519322	8893.12	10309.47	1.9	2.0
第一产业	47712	52377	1411.01	1654.55	3.0	3.2
第二产业	220592	235319	3780.73	4419.20	1.7	1.9
第三产业	203260	231626	3701.79	4235.72	1.8	1.8
固定资产投资(不含农户)(亿元)	311022	364835	5927.01	7553.51	1.9	2.1
社会商品零售总额(亿元)	183919	210307	3001.14	3541.60	1.6	1.7
对外贸易进出口总额(亿美元)	36421	38668	160.53	210.05	0.4	0.5
#出口总额	18986	20489	94.73	100.18	0.5	0.5
实际利用外商直接投资(亿美元)	1160.1	1117	17.38	21.89	1.5	2.0
普通高等学校在校学生数(万人)	2308.5	2391	48.76	51.22	2.1	2.1
医院床位数(万张)	370.5	416	12.63	14.35	3.4	3.4
全部职工平均工资（元）	41799	46769	35387	38908	84.7	83.2
农民人均纯收入(元)	6977	7917	4722	5417	67.7	68.4
城镇居民年平均可支配收入(元)	21810	24565	18576	21075	85.2	85.8
城乡居民储蓄存款余额(亿元)	343636	410201	6655	7437	1.9	1.8
工农业主要产品产量						
粮食(万吨)	57121	58958	1755.60	1827.84	3.1	3.1
烤烟(万吨)	287	320	101.82	111.05	35.5	34.7
油料(万吨)	3307	3437	60.75	62.84	1.8	1.8
水果（万吨）	148	162	23.83	27.17	16.2	16.7

指标	全国		云南		云南占全国的	
	2011年	2012年	2011年	2012年	2011年	2012年
水果（万吨）	148	162	23.83	27.17	16.2	16.7
猪牛羊肉（万吨）	6093.7	6398	517.44	578.18	8.5	9.0
粗钢(万吨)	68388	71716	1323.23	1526.69	1.9	2.1
成品钢材(万吨)	88258	95318	1351.85	1600.64	1.5	1.7
原煤(亿吨)	35	37	1.00	0.76	2.8	2.1
发电量(亿千瓦小时)	47001	49378	1555.13	1533.94	3.3	3.1
水泥(万吨)	21	22	0.68	0.78	3.3	3.5
农用化肥(折100%)(万吨)	6217	7296	326.96	345.43	5.3	4.7
平板玻璃(万重量箱)	3435	3672	270.79	286.46	7.9	7.8
糖(万吨)	1187	1407	173.51	205.93	14.6	14.6
卷烟(万箱)	24474	25161	3649.91	3841.16	14.9	15.3

全省历年生产总值、三次产业增加值和人均生产总值

年份	生产总值（亿元）	第一产业	第二产业	工业	建筑业	第三产业	人均生产总值（元）
1978	69.05	29.46	27.58	20.91	6.67	12.01	226
1979	76.83	32.38	30.50	23.56	6.94	13.95	247
1980	84.27	35.89	33.98	25.86	8.12	14.40	267
1981	94.13	41.23	35.80	28.62	7.18	17.10	294
1982	110.12	47.04	42.39	34.21	8.18	20.69	339
1983	120.07	49.33	47.28	39.08	8.20	23.46	363
1984	139.58	57.33	54.38	44.14	10.24	27.87	417
1985	164.96	66.07	65.41	52.51	12.90	33.48	486
1986	182.28	71.32	70.83	61.09	9.74	40.13	529
1987	229.03	84.06	84.30	73.30	11.00	60.67	653
1988	301.09	103.47	112.40	99.19	13.21	85.22	845
1989	363.05	119.01	138.06	124.73	13.33	105.98	1003
1990	451.67	168.13	157.80	142.77	15.03	125.74	1224
1991	517.41	169.48	179.56	162.32	17.24	168.37	1377
1992	618.69	186.8	219.03	193.90	25.13	212.86	1625
1993	783.27	191.45	325.57	284.65	40.92	266.25	2030
1994	983.78	236.25	428.68	383.91	44.77	318.85	2515
1995	1222.15	302.69	534.78	480.95	53.83	384.68	3083
1996	1517.69	360.48	669.06	599.82	69.24	488.15	3779

年份	生产总值（亿元）	第一产业	第二产业	工业	建筑业	第三产业	人均生产总值（元）
1997	1676.17	387.02	743.82	657.05	86.77	545.33	4121
1998	1831.33	403.43	818.26	705.55	112.71	609.64	4446
1999	1899.82	406.87	811.90	686.09	125.81	681.05	4558
2000	2011.19	431.8	833.25	704.00	129.25	746.14	4770
2001	2138.31	444.42	868.06	730.81	137.25	825.83	5015
2002	2312.82	463.44	934.88	788.44	146.44	914.5	5366
2003	2556.02	494.6	1047.66	882.08	165.58	1013.76	5870
2004	3081.91	593.59	1281.63	1 066.41	215.22	1206.69	7012
2005	3462.73	661.69	1426.42	1 168.68	257.74	1374.62	7809
2006	3988.14	724.4	1705.83	1 401.57	304.26	1557.91	8929
2007	4772.52	837.35	2038.39	1 696.29	342.10	1896.78	10609
2008	5692.12	1020.56	2452.75	2 051.73	401.02	2218.81	12570
2009	6169.75	1067.6	2582.53	2 088.17	494.36	2519.62	13539
2010	7224.18	1108.38	3223.49	2604.07	619.42	2892.31	15752
2011	8893.12	1411.01	3780.32	2994.30	786.02	3701.79	19265
2012	10309.47	1654.55	4419.2	3450.72	968.48	4235.72	22195

注：本表数据按当年价格计算。

全省历年生产总值、三次产业增加值和人均生产总值指数

（上年=100）

年份	生产总值指数（%）	第一产业	第二产业	工业	建筑业	第三产业	人均生产总值指数（%）
1978	121. 7	113. 7	129. 0	128. 3	132. 6	119. 2	119. 0
1979	103. 1	93. 0	105. 8	106. 3	103. 2	114. 8	101. 3
1980	108.5	109.8	110.1	109.4	113.9	102.5	107.1
1981	107.8	109.3	103.3	105.7	91.5	117.2	106.3
1982	115.5	112.8	115.1	115.7	111.6	120.4	113.6
1983	108.4	104.2	108.9	110.3	100.2	113.3	106.6
1984	114.5	113.7	112.9	111.8	120.0	118.9	113.0
1985	113.0	106.8	113.6	112.6	119.3	119.6	111.5
1986	104.3	97.7	106.6	106.6	106.7	107.1	102.7
1987	112.3	107.7	110.4	110.3	111.0	120.7	110.4
1988	116.0	107.8	118.5	118.1	120.8	119.0	114.2
1989	105.8	103.2	103.9	104.5	100.4	111.3	104.1
1990	108.7	108.5	109.8	110.1	107.9	107.1	106.7

年份	生产总值指数（%）	第一产业	第二产业	工业	建筑业	第三产业	人均生产总值指数（%）
1991	106.6	101.1	108.9	109.3	105.5	111.0	104.7
1992	110.9	103.0	116.8	115.2	133.5	113.4	109.5
1993	111.1	102.5	113.7	113.2	117.8	117.0	109.6
1994	112.2	103.0	117.3	117.7	114.0	114.7	110.7
1995	111.7	105.0	113.5	114.2	107.1	115.2	110.3
1996	111.1	105.2	111.5	112.0	106.6	115.1	109.7
1997	109.7	104.6	110.6	109.6	120.4	112.3	108.3
1998	108.1	103.0	109.2	107.2	126.6	110.3	106.7
1999	107.3	104.5	107.0	106.5	110.9	109.3	106.0
2000	107.5	105.6	105.8	107.0	97.2	110.4	106.2
2001	106.8	103.9	103.9	103.9	104.2	111.7	105.6
2002	109.0	103.8	109.3	110.0	105.8	111.4	107.8
2003	108.8	105.5	110.1	110.2	109.7	109.1	107.7
2004	111.3	105.3	112.7	111.8	117.8	112.8	110.3
2005	108.9	104.8	107.5	106.4	113.6	111.7	107.9
2006	111.6	105.5	116.8	116.5	118.2	109.0	110.7
2007	112.2	104.2	115.2	117.0	107.2	112.5	111.4
2008	110.6	106.3	112.1	113.4	105.5	110.7	109.8
2009	112.1	105.2	113.6	111.2	126.3	113.1	111.4
2010	112.3	104.2	115.8	114.6	121.1	111.5	111.6
2011	113.7	106.0	117.9	117.6	119.4	112.0	113.0
2012	113.0	106.7	116.7	115.6	121.2	110.9	112.3

注：本表指数均按可比价格计算。

全省历年工农业总产值

(按当年价格计算)

单位：万元

年份	工农业总产值	农业总产值	工业总产值	轻工业总产值	重工业总产值
1949	102 500	83 000	19 500	12 480	7 020
1952	134 127	96 000	38 127	22 991	15 136
1957	277 533	165 600	111 933	63 578	48 355
1960	411 006	133 274	277 732	95 818	181 914
1962	332 928	188 280	144 648	63 934	80 714
1965	431 402	228 306	203 096	89 768	113 328
1970	557 125	248 918	308 207	102 325	205 882

年份	工农业总产值	农业总产值	工业总产值	轻工业总产值	重工业总产值
1971	615 612	288 135	327 477	127 716	199 761
1972	697 536	328 105	369 431	146 295	223 136
1973	768 814	355 521	413 293	166 144	247 149
1974	745 037	329 113	415 924	182 591	233 333
1975	777 341	354 034	423 307	186 255	237 052
1976	665 206	339 163	326 043	165 630	160 413
1977	796 903	334 745	462 158	216 752	245 406
1978	954 547	400 225	554 322	238 358	315 964
1979	1 070 921	447 083	623 838	262 636	361 202
1980	1 135 544	482 029	653 515	295 389	358 126
1981	1 277 445	552 010	725 435	351 836	373 599
1982	1 454 407	618 381	836 026	412 997	423 029
1983	1 607 918	656 790	951 128	473 662	477 466
1984	1 896 300	773 552	1 122 748	551 269	571 479
1985	2 251 410	888 826	1 362 584	659 277	703 307
1986	2 430 325	960 149	1 470 176	677 101	793 075
1987	2 930 947	1 112 497	1 818 450	855 253	963 197
1988	3 800 173	1 353 906	2 446 267	1 216 368	1 229 899
1989	4 575 929	1 526 820	3 049 109	1 546 107	1 503 002
1990	5 569 820	2 117 233	3 452 587	1 811 436	1 641 151
1991	6 165 571	2 229 305	3 936 266	2 038 510	1 897 756
1992	7 274 242	2 503 535	4 770 707	2 408 461	2 362 246
1993	9 712 867	2 812 100	6 900 767	3 332 846	3 567 921
1994	13 054 849	3 567 761	9 487 088	5 146 859	4 340 229
1995	17 044 717	4 744 641	12 300 076	6 565 984	5 734 092
1996	18 588 947	5 675 149	12 913 798	6 955 577	5 958 221
1997	20 521 244	6 120 148	14 401 096	7 511 543	6 889 553
1998	21 232 596	6 200 248	15 032 348	7 747 162	7 285 186
1999	22 035 572	6 424 748	15 610 824	7 938 783	7 672 041
2000	22 702 182	6 808 567	15 893 615	8 027 044	7 866 571
2001	23 786 392	7 035 331	16 751 061	8 637 582	8 113 479
2002	25 880 114	7 375 491	18 504 623	9 542 729	8 961 894
2003	29 757 250	7 993 267	21 763 983	10 147 043	11 616 940
2004	34 442 963	9 652 238	24 790 725	9 172 079	15 618 646
2005	43 184 173	10 685 800	32 498 373	11 204 660	21 293 713
2006	53 200 062	12 097 600	41 102 462	12 696 331	28 406 131

年份	工农业总产值	农业总产值	工业总产值	轻工业总产值	重工业总产值
2007	65 521 000	14 148 000	51 373 000	18 301 600	33 071 400
2008	73 802 700	16 414 600	57 388 100	14 478 000	42 910 100
2009	79 679 353	17 061 880	62 617 473	19 308 801	43 308 671
2010	96 912 300	18 105 300	78 807 036	23 179 490	55 627 546
2011	119 016 435	23 064 900	95 951 535	27 794 965	68 156 570
2012	143 216 862	26 802 240	116 414 622	35 552 162	80 862 461

注：村及村以下办工业产值包括在工业总产值中。

全省历年工农业总产值及轻重工业产值构成

(按当年价格计算)

单位：%

年份	工农业总产值	农业总产值	工业总产值	工业总产值	轻工业总产值	重工业总产值
1949	100.0	81.0	19.0	100.0	64.0	36.0
1952	100.0	71.6	28.4	100.0	60.3	39.7
1960	100.0	32.4	67.6	100.0	34.5	65.5
1962	100.0	56.6	43.4	100.0	44.2	55.8
1965	100.0	52.9	47.1	100.0	44.2	55.8
1970	100.0	44.7	55.3	100.0	33.2	66.8
1971	100.0	46.8	53.2	100.0	39.0	61.0
1972	100.0	47.0	53.0	100.0	39.6	60.4
1973	100.0	46.2	53.8	100.0	40.2	59.8
1974	100.0	44.2	55.8	100.0	43.9	56.1
1975	100.0	45.5	54.5	100.0	44.0	56.0
1976	100.0	51.0	49.0	100.0	50.8	49.2
1977	100.0	42.0	58.0	100.0	46.9	53.1
1978	100.0	41.9	58.1	100.0	43.0	57.0
1979	100.0	41.7	58.3	100.0	42.1	57.9
1980	100.0	42.4	57.6	100.0	45.2	54.8
1981	100.0	43.2	56.8	100.0	48.5	51.5
1982	100.0	42.5	57.5	100.0	49.4	50.6
1983	100.0	40.8	59.2	100.0	49.8	50.2
1984	100.0	40.8	59.2	100.0	49.1	50.9
1985	100.0	39.5	60.5	100.0	48.4	51.6
1986	100.0	39.5	60.5	100.0	46.1	53.9
1987	100.0	38.0	62.0	100.0	47.0	53.0
年份	工农业总产值	农业总产值	工业总产值	工业总产值	轻工业总产值	重工业总产值

1988	100.0	35.6	64.4	100.0	49.7	50.3
1989	100.0	33.4	66.6	100.0	50.7	49.3
1990	100.0	38.0	62.0	100.0	52.5	47.5
1991	100.0	36.2	63.8	100.0	51.8	48.2
1992	100.0	34.4	65.6	100.0	50.5	49.5
1993	100.0	29.0	71.0	100.0	48.3	51.7
1994	100.0	27.3	72.7	100.0	54.3	45.7
1995	100.0	27.8	72.2	100.0	53.4	46.6
1996	100.0	30.5	69.5	100.0	53.9	46.1
1997	100.0	29.8	70.2	100.0	52.2	47.8
1998	100.0	29.2	70.8	100.0	51.5	48.5
1999	100.0	29.2	70.8	100.0	50.9	49.1
2000	100.0	30.0	70.0	100.0	50.5	49.5
2001	100.0	29.6	70.4	100.0	51.6	48.4
2002	100.0	28.5	71.5	100.0	51.6	48.4
2003	100.0	26.9	73.1	100.0	46.6	53.4
2004	100.0	28.0	72.0	100.0	37.0	63.0
2005	100.0	24.7	75.3	100.0	34.5	65.5
2006	100.0	22.7	77.3	100.0	30.9	69.1
2007	100.0	21.6	78.4	100.0	35.6	64.4
2008	100.0	22.2	77.8	100.0	25.2	74.8
2009	100.0	21.4	78.6	100.0	30.8	69.2
2010	100.0	18.7	81.3	100.0	29.4	70.6
2011	100.0	19.4	80.6	100.0	29.0	71.0
2012	100.0	18.7	81.3	100.0	30.5	69.5

注：村及村以下办工业产值包括在工业总产值中。

全省全社会固定资产投资及其经济类型构成

单位:亿元

指　　标	2011 年	2012 年	2012 年比 2011 年增长(±)(%)
投资总额	6185.3	7831.10	26.61
国有经济	2463.63	3007.87	22.09
集体经济	99.35	184.01	85.21
其他经济	3587.07	4280.27	28.58
个体经济	35.25	81.36	130.81
农　村	258.29	277.59	7.47

按国民经济行业划分的固定资产投资（不含农户）

行　　业	2011 年	2012 年
合　计	6185.30	7553.51
农、林、牧、渔业	153.16	143.13
采矿业	262.42	368.33
制造业	895.50	1207.12
电力、燃气及水的生产和供应业	792.61	950.96
建筑业	6.13	3.78
交通运输、仓储和邮政业	842.80	804.63
信息传输、计算机服务和软件业	48.64	59.7
批发和零售业	253.87	230.59
住宿和餐饮业	97.55	147.54
金融业	4.10	4.94
房地产业	1482.11	2277.48
租赁和商务服务业	21.49	52.3
科学研究、技术服务和地质勘查业	33.28	30.48
水利、环境和公共设施管理业	597.18	762.85
居民服务和其他服务业	14.46	22.54
教　育	126.05	184.92
卫生、社会保障和社会福利业	81.54	70.46
文化、体育和娱乐业	98.63	114.23
公共管理和社会组织	115.49	117.54

全省主要年份城镇居民家庭生活基本情况

年份	平均每户家庭人口（人）	平均每户就业人口（人）	平均每户就业面（%）	负担人数（人）	人均年可支配收入（元）	人均年消费性支出（元）	食品
1978	4.45	2.15	48.30	2.07	327.70	303.12	190.94
1979	4.39	2.16	19.30	2.03	362.40	342.60	214.56
1980	4.34	2.14	19.40	2.03	420.45	380.64	236.66
1981	4.28	2.20	51.40	1.95	446.41	411.57	247.19
1982	4.24	2.27	53.50	1.87	492.51	455.92	273.26
1983	4.21	2.29	54.40	1.83	532.54	480.13	285.94
1984	4.13	2.27	55.00	1.82	608.23	527.27	311.02
1985	3.85	2.03	52.70	1.89	752.29	703.56	360.39
1986	3.80	2.03	53.40	1.88	871.75	813.92	423.93
1987	3.77	2.01	53.30	1.88	989.37	883.52	481.85
1988	3.69	1.92	52.00	1.93	1156.49	1143.29	553.70
1989	3.67	1.92	52.30	1.91	1305.15	1140.71	621.33
1990	3.57	1.93	54.10	1.85	1514.81	1272.09	679.18
1991	3.48	1.91	54.90	1.82	1703.16	1428.28	763.42
1992	3.37	1.91	56.70	1.76	2061.74	1704.15	861.60
1993	3.30	1.87	56.70	1.76	2639.07	2186.29	1066.99
1994	3.20	1.83	57.10	1.75	3433.93	2843.69	1441.93
1995	3.17	1.84	57.80	1.73	4064.93	3448.27	1808.71
1996	3.13	1.86	59.40	1.68	4977.95	4007.48	1971.54
1997	3.12	1.88	60.30	1.66	5558.29	4537.08	2109.53
1998	3.05	1.83	60.00	1.67	6042.78	5023.67	2222.58
1999	3.05	1.80	59.00	1.69	6178.68	4941.26	2194.25
2000	3.12	1.77	56.70	1.76	6324.64	5185.31	2091.70
2001	3.04	1.60	52.60	1.90	6797.71	5252.60	2105.66
2002	3.00	1.56	52.00	1.92	7628.30（老口径） 7240.65（新口径）	5828.06	2423.43
2003	2.99	1.55	51.80	1.93	7643.57	6023.56	2506.62
2004	2.96	1.41	47.64	2.10	8870.88	6837.01	2895.60
2005	2.96	1.33	44.93	2.22	9265.90	6996.90	2997.06
2006	2.95	1.37	46.44	2.15	10069.87	7379.81	3102.46
2007	2.88	1.39	48.26	2.07	11496.11	7921.83	3562.33

年份	平均每户家庭人口（人）	平均每户就业人口（人）	平均每户就业面（%）	负担人数（人）	人均年可支配收入（元）	人均年消费性支出（元）	食品
2007	2.88	1.39	48.26	2.07	11496.11	7921.83	3562.33
2008	2.87	1.4	48.78	2.05	13250.22	9076.61	4272.29
2009	2.85	1.4	49.12	2.04	14423.93	10201.81	4460.58
2010	2.86	1.42	49.65	2.01	16064.54	11074.08	4593.49
2011	2.88	1.47	51.04	1.96	18575.62	12248.03	4802.26
2012	2.86	1.53	53.50	1.87	21074.50	13883.93	5468.17

注：城镇居民人均可支配收入2002年及以后按新口径计算。

全省主要年份农村居民家庭生活基本情况

年份	平均每户常住人口(人)	平均每户整半劳动力(人)	平均每个劳动力负担人口(人)	平均每人全年纯收入（元）	平均每人全年生活消费支出（元）	食品	平均每人年末居住面积（平方米）
1978	6.28	3.03	2.10	130.60	113.40	84.00	7.69
1979	6.01	2.83	2.12	125.21	111.50	81.00	8.37
1980	5.98	2.90	2.06	147.70	122.63	86.21	8.96
1981	5.93	2.92	2.03	178.08	137.75	91.83	9.10
1982	5.95	2.99	1.99	231.83	185.80	124.30	9.50
1983	6.04	3.37	1.79	266.66	223.81	144.63	11.68
1984	5.93	3.38	1.75	310.43	260.62	160.25	14.08
1985	5.83	3.31	1.76	325.74	267.01	177.91	14.92
1986	5.76	3.22	1.79	338.14	304.99	205.19	15.45
1987	5.68	3.20	1.77	364.57	325.65	217.26	15.86
1988	5.58	3.19	1.75	427.72	389.20	240.49	16.31
1989	5.50	3.20	1.72	477.89	436.18	269.18	16.56
1990	5.42	3.16	1.72	489.75	453.03	274.73	16.96
1991	5.20	3.02	1.72	572.58	501.36	315.10	18.02
1992	5.18	3.05	1.70	617.98	536.06	324.96	18.07
1993	5.10	3.11	1.64	674.79	625.19	382.60	20.12
1994	5.01	3.07	1.62	802.95	764.91	458.43	18.68
1995	4.94	3.12	1.59	1010.97	981.10	602.92	19.78
1996	4.90	3.15	1.56	1229.28	1209.16	743.33	19.80
1997	4.82	3.10	1.55	1375.50	1318.07	818.51	20.42
1998	4.68	3.05	1.53	1387.25	1312.31	801.99	20.64
1999	4.59	2.96	1.55	1437.63	1269.33	815.67	21.37

年份	平均每户常住人口(人)	平均每户整半劳动力(人)	平均每个劳动力负担人口(人)	平均每人全年纯收入（元）	平均每人全年生活消费支出（元）	食品	平均每人年末居住面积（平方米）
2000	4.56	2.85	1.60	1478.60	1270.83	749.22	22.18
2001	4.49	2.83	1.59	1533.76	1422.85	811.71	22.42
2002	4.48	2.87	1.57	1608.77	1381.54	772.61	23.72
2003	4.45	2.86	1.56	1697.12	1405.70	744.58	23.45
2004	4.41	2.88	1.53	1864.19	1569.98	847.24	23.53
2005	4.33	2.79	1.56	2041.79	1789.00	975.72	25.24
2006	4.35	2.85	1.53	2250.46	2195.64	1071.13	25.79
2007	4.32	2.85	1.52	2634.09	2637.18	1226.09	26.73
2008	4.32	2.86	1.51	3102.60	2990.61	1483.16	27.44
2009	4.30	2.87	1.50	3369.34	2924.85	1410.00	28.67
2010	4.28	2.87	1.49	3952.03	3398.33	1604.50	29.05
2011	4.17	2.80	1.49	4722.00	3999.87	1883.95	33.49
2012	4.20	2.77	1.52	5416.54	4561.33	2080.61	34.34

全省主要年份农村基本情况

指　标	单位	2000年	2005年	2008年	2009年	2010年	2011年	2012年
一、农村基层组织情况								
乡镇个数	个	1564	1296	1206	1188	1188	1181	1174
镇个数	个	462	459	476	492	497	506	539
村委会个数	个	13433	12940	13099	13034	12927	12911	12828
二、乡村户数、人口、从业人员								
乡村户数	万户	830	877	915	928	947	961	969
乡村人口数	万人	3450	3568	3640	3671	3711	3741	3725
乡村从业人员	万人	1949	2051	2113	2137	2167	2191	2187
农业从业人员	万人			1659	1658	1650	1646	1619
三、耕地总资源	千公顷	4198.8	6094.4	6077.8				
常用耕地	千公顷		4191.8	4185.5				423.01
水田	千公顷	1325.7	1354.7	1360.2				
四、水库总数	座	5179	5368	5474	5514	5555	5590	5631
水库库容量	亿立方米	87.0	98.87	106.98	108.3	111.0	114.2	122.0

指　标	单位	2000 年	2005 年	2008 年	2009 年	2010 年	2011 年	2012 年
五、农业现代化化								
农业机械总动力	万千瓦	1301	1666	2014	2159	2411	2628	2874
有效灌溉面积	千公顷	1403.0	1485.4	1536.873	1562.1	1588.4	1634.24	1677.90
化肥施用量（含量 100%）	万吨	112.0	142.7	167.6708	171.39	184.58	200.47	210.21
乡、村水电站装机容量	万千瓦	26.6	23.3	28.99	33.36	41.26	44.29	30.08
农村用电量	亿千瓦小时	31.7	41.7	50.44	54.41	61.67	66.78	73.78

注：1、乡村总人口是按 1984 年老口径统计，故本表数据大于总人口中乡村总人口。

2、从 2001 年起，乡镇个数中不包括城关镇。

3、从 2003 年开始，按新国民经济行业分类标准，“交通运输和邮电通讯业从业人员”改为交通运输、仓储和邮电业从业人员”；“批发、零售、餐饮、金融、保险业从业人员”改为“批发与零售业从业人员”。2003 年以前为老口径。

全省农林牧渔业总产值和指数

年份	农林牧渔业总产值（亿元）	农业	林业	牧业	渔业	农林牧渔业总产值指数(1952=100)	农业	林业	牧业	渔业
1949	8.30	7.13	0.00	1.17	0.00	86.4	86.2	0.0	88.4	0.0
1950	8.52	7.28	0.01	1.23	0.00	88.8	88.1	91.4	93.2	0.0
1951	8.95	7.65	0.01	1.29	0.00	93.2	92.6	94.2	96.6	0.0
1952	9.60	8.27	0.01	1.32	0.00	100.0	100.0	100.0	100.0	100.0
1953	11.71	9.83	0.01	1.87	0.00	114.5	111.7	95.0	132.7	64.1
1954	13.09	10.69	0.03	2.37	0.00	129.6	123.0	225.9	170.8	53.8
1955	13.80	11.35	0.03	2.42	0.00	140.0	133.9	163.3	178.3	66.7
1956	15.33	12.74	0.06	2.53	0.00	154.9	149.4	494.2	186.5	97.4
1957	16.56	13.58	0.35	2.63	0.00	151.9	144.5	2428.8	176.3	225.6
1958	13.67	10.89	0.63	2.11	0.04	132.9	122.9	4707.8	149.6	1223.5
1959	13.25	10.97	0.50	1.73	0.05	124.9	119.9	3643.9	118.9	1253.6
1960	13.33	11.23	0.47	1.60	0.03	119.9	117.5	3215.8	104.9	621.8
1961	15.21	13.29	0.23	1.66	0.03	124.6	126.6	1469.4	98.2	702.0
1962	18.83	15.63	0.30	2.86	0.04	137.8	132.8	1642.5	153.6	819.8
1963	20.03	15.96	0.46	3.57	0.04	145.1	134.2	2570.1	189.0	915.1

年份	农林牧渔业总产值（亿元）	农业	林业	牧业	渔业	农林牧渔业总产值指数 (1952=100)	农业	林业	牧业	渔业
1964	22.52	17.63	0.67	4.17	0.05	164.0	149.0	3823.3	221.7	897.5
1965	22.83	17.43	0.73	4.62	0.05	166.1	147.2	4105.9	245.1	920.1
1966	24.04	18.69	0.75	4.55	0.05	174.9	157.7	4238.7	241.1	1163.3
1967	24.25	18.92	0.75	4.53	0.05	176.5	159.7	4238.7	240.4	930.1
1968	23.17	17.80	0.76	4.56	0.05	168.6	150.3	4238.7	241.7	930.1
1969	24.64	19.26	0.76	4.57	0.05	179.3	162.4	4309.3	243.0	1045.5
1970	24.89	18.39	0.77	4.69	0.05	178.1	160.8	4263.4	245.0	1002.8
1971	28.81	23.93	0.92	3.93	0.03	189.5	175.2	5097.0	231.0	749.6
1972	32.81	25.26	1.31	6.21	0.03	211.1	180.8	7168.2	358.5	806.7
1973	35.55	27.26	1.46	6.79	0.04	228.2	194.6	8026.2	391.6	720.1
1974	32.91	24.91	1.45	6.48	0.07	217.1	182.9	8156.2	383.2	1377.3
1975	35.40	27.41	1.73	6.19	0.07	235.5	202.5	9917.4	369.4	1627.1
1976	33.92	26.32	1.36	6.17	0.07	225.5	194.8	7708.3	367.6	1099.9
1977	33.47	25.27	1.84	6.29	0.07	221.7	186.4	10327.5	374.8	1139.2
1978	40.02	30.35	2.48	7.11	0.08	249.2	210.4	13119.8	397.1	1296.6
1979	44.71	33.15	3.17	8.30	0.09	235.2	193.9	14288.8	391.7	1619.3
1980	48.20	34.82	2.94	10.25	0.19	251.2	209.1	14938.3	404.9	1759.0
1981	55.20	40.48	3.77	10.75	0.20	273.6	229.9	16118.2	425.4	1886.9
1982	61.84	44.96	3.86	12.81	0.21	302.9	250.8	16885.3	507.6	1946.7
1983	65.68	46.85	4.73	13.86	0.24	319.7	259.7	19622.1	549.3	2225.7
1984	77.36	55.31	5.97	15.81	0.27	368.3	295.8	25504.0	624.0	2500.9
1985	88.88	60.23	7.90	20.35	0.40	391.8	309.2	29241.5	676.4	3058.1
1986	96.01	61.73	7.40	26.16	0.72	382.6	301.8	25449.1	693.5	3599.1
1987	111.25	72.02	8.85	29.44	0.94	406.0	327.3	24428.5	714.2	4402.0
1988	135.39	86.75	10.05	37.03	1.56	432.8	349.9	25935.5	755.5	4771.3
1989	152.68	96.08	12.97	41.70	1.93	445.3	356.3	27366.2	794.0	5091.1
1990	211.72	138.03	18.27	54.03	1.39	474.5	377.3	29995.2	853.2	5318.0
1991	222.93	147.17	18.69	55.70	1.37	501.1	400.5	30756.4	898.2	5702.4
1992	250.35	163.93	22.84	61.56	2.02	523.0	415.2	33893.6	935.7	6181.4
1993	281.21	179.39	25.39	72.89	3.54	538.8	422.1	40280.4	991.9	7462.5
1994	356.78	228.99	30.41	92.13	5.25	555.4	426.3	42959.2	1050.2	9256.1
1995	474.46	299.48	40.53	127.19	7.26	591.2	457.0	43946.1	1112.7	11177.8

年份	农林牧渔业总产值（亿元）	农业	林业	牧业	渔业	农林牧渔业总产值指数（1952=100）	农业	林业	牧业	渔业
1996	567.51	369.36	43.21	146.03	8.91	634.9	490.8	46714.7	1195.0	13223.3
1997	612.01	397.09	40.40	163.93	10.59	686.9	530.1	49941.7	1303.4	14728.1
1998	620.02	381.26	41.77	184.83	12.16	718.1	533.2	52506.4	1467.9	18282.1
1999	642.48	394.96	45.60	188.82	13.10	753.7	555.6	53943.5	1571.6	20274.7
2000	680.86	416.36	49.75	201.49	13.26	802.7	589.3	56155.9	1705.5	20850.3
2001	703.53	431.31	47.21	210.63	14.38	831.5	611.7	54154.9	1800.6	22289.4
2002	737.55	445.35	53.52	223.49	15.19	870.0	633.3	59030.7	1892.0	24368.0
2002（新口径）	743.75	414.89	59.27	223.49	15.19					
2003	799.33	433.91	73.17	242.53	16.56	927.8	663.1	67532.6	2027.4	27693.8
2004	965.22	516.92	86.40	305.42	19.14	990.9	703.6	70036.2	2203.8	30316.1
2005	1068.58	559.32	105.53	339.68	22.97	1059.3	733.9	76199.4	2430.8	33772.1
2006	1209.76	630.19	142.59	362.90	26.30	1148.3	791.1	86257.7	2846.5	36946.7
2007	1414.80	707.20	156.30	459.60	35.70	1241.3	848.7	94797.2	3057.1	44927.2
2008	1641.46	790.87	183.60	570.01	38.12	1329.7	899.8	105521.9	3016.3	47278.1
2009	1706.19	850.65	196.13	557.76	41.96	1407.2	938.0	112529.3	3255.4	52293.3
2010	1810.53	925.58	184.23	588.81	48.06	1472.9	972.1	119348.5	3440.4	57204.7
2011	2306.49	1124.72	245.67	808.20	55.93	1562.2	1038.5	133935.2	3527.5	62460.7
2012	2680.22	1398.18	225.83	912.97	63.10	1672.1	1094.5	147321.8	3803.6	71248.7

注：本表绝对数按当年价格计算，指数按可比价格计算。

全省主要年份主要农产品产量

单位：万吨

年份	粮食	油料	烤烟	甘蔗	茶叶	水果	猪牛羊肉	禽蛋	水产品
1952	450.70	3.37	0.57	30.13	0.36				
1957	583.20	8.01	2.82	66.60	0.84	6.07			0.50
1962	534.50	3.53	2.55	42.25	0.63				0.75
1965	586.95	8.75	4.65	107.35	0.89		24.58		0.80
1970	698.45	4.77	3.25	88.32	1.05	8.78			0.92
1975	798.90	6.97	9.72	133.31	1.64	12.93	28.56		1.40
1978	864.05	5.51	12.26	160.01	1.78	11.62	29.23		1.12
1980	865.55	6.48	10.32	184.45	1.78	11.63	30.91		1.52
1985	935.00	11.81	41.00	479.77	3.11	21.18	56.82	3.90	2.65
1990	1061.21	13.31	43.60	661.88	4.48	31.97	74.74	4.90	4.60
1995	1188.91	19.58	76.07	1055.92	6.40	55.71	120.45	6.85	8.44
1996	1246.30	18.81	88.39	1143.08	6.82	59.01	133.37	7.41	10.20
1997	1271.90	17.43	109.28	1434.92	7.08	66.02	148.95	8.51	11.89
1998	1319.50	17.46	56.37	1597.71	7.75	68.07	166.21	8.70	13.84
1999	1399.25	20.62	60.95	1526.53	7.51	73.83	180.35	9.83	15.53
2000	1467.80	26.98	64.61	1420.29	7.94	76.95	191.51	10.63	16.62
2001	1486.30	27.66	60.08	1481.10	8.07	79.29	203.84	11.80	18.02
2002	1424.74	27.52	66.15	1733.36	8.36	85.63	218.74	13.16	19.26
2003	1471.01	29.70	63.68	1694.96	8.59	96.53	234.53	14.39	20.43
2004	1509.50	33.41	69.24	1688.49	9.51	115.52	257.10	16.49	22.05
2005	1514.93	36.22	77.22	1415.50	11.59	136.63	277.32	19.00	23.85
2006	1542.21	39.01	75.78	1678.73	13.82	162.56	296.13	16.90	29.24
2007	1546.68	36.70	76.70	1938.70	17.00	202.40	306.80	18.00	33.40
2008	1518.59	40.38	83.97	1898.75	17.15	266.18	257.18	19.41	39.37
2009	1576.92	50.16	88.03	1761.31	18.29	342.74	270.88	20.75	43.06
2010	1650.00	34.23	95.40	1750.92	20.73	397.91	474.83	37.78	48.17
2011	1755.60	60.75	101.82	1898.78	23.83	476.43	517.44	40.98	54.88
2012	1827.84	62.84	111.05	2043.78	27.17	581.12	578.18	47.4	68.01

主要年份运输线路长度

(年底数) 单位：千米

年　份	铁路营运里程	公路通车里程	内河航道里程	民用航空航线里程
1978	1705	41816	2809	1009
1980	1682	44149	1006	1009
1985	1679	49541	1042	22720
1987	1638	49879	1042	22089
1988	1626	52534	1072	23682
1989	1694	54732	1072	22682
1990	1695	56536	1130	26639
1991	1684	58123	1130	30773
1992	1651	60045	1130	47322
1993	1644	63086	1130	45132
1994	1642	65578	1324	64220
1995	1644	68236	1324	51638
1996	1644	70279	1324	70610
1997	2023	73821	1324	89781
1998	1991	76957	1324	128685
1999	2015	102405	1530	133105
2000	2015	163604	1580	119702
2001	2015	163953	1824	135114
2002	2016	164852	1824	148114
2003	1984	166133	1810	145498
2004	1925	167050	2549	137800
2005	1925	194495	2764	135448
2006	1925	198496	2764	136785
2007	1925	200333	2764	129879
2008	1924	203753	2764	112120
2009	1924	206028	2764	152041
2010	1924	209231	2893	182841
2011	2142	214524	3174	185643
2012	2350	219052	3400	228500

全省主要年份客运量

单位：万人

年份	客运量	铁路	公路	水运	民用航空
1978	3941	1267	2534	31	9
1980	5250	1528	3612	93	17
1985	9393	1509	7735	126	23
1990	10702	1016	9475	177	34
1995	21697	1257	20095	134	211
2000	33704	1532	31586	241	345
2007	46290	2106	42913	599	672
2008	34827	2432	31157	639	599
2009	36590	2436	32775	658	721
2010	40423	2708	36230	731	754
2011	45964	2969	41394	842	759
2012	49600	3000	44800	900	849

全省主要年份旅客周转量

单位：亿人千米

年份	客运周转量	铁路	公路	水运	民用航空
1978	24.25	9.92	13.89	0.12	0.32
1980	33.74	12.86	20.30	0.26	0.32
1985	72.84	19.56	52.53	0.32	0.43
1990	87.67	17.22	65.77	0.46	4.22
1995	137.93	23.03	93.10	0.35	21.45
2000	237.94	31.35	171.20	0.78	34.57
2007	393.40	52.63	265.80	1.21	73.76
2008	411.89	66.61	272.98	1.54	70.76
2009	448.45	63.37	302.22	1.55	81.31
2010	523.64	80.73	352.10	1.78	89.03
2011	610.78	91.91	424.53	1.96	92.34
2012	669.96	91.74	470.2	2.02	106.01

全省主要年份货运量

单位：万吨

年份	货运量	铁路	公路	水运	民用航空
1978	4994	1929	2972	93	0.16
1980	4758	2106	2587	65	0.22
1985	20044	2022	17970	52	0.40
1990	38327	2567	35656	104	0.43
1995	38400	2829	35446	123	2.40
2000	52452	3521	48789	134	7.82
2007	71829	6021	65537	262	8.74
2008	45570	6104	39119	339	7.56
2009	47455	5945	40765	345	7.74
2010	52775	6268	45665	402	8.74
2011	61402	6351	54186	439	6.79
2012	75900	11800	63200	465	6.96

全省主要年份货运周转量

单位：亿吨千米

年份	货运周转量	铁路	公路	水运	民用航空
1978	62.34	43.52	18.57	0.24	0.01
1980	68.76	50.59	17.84	0.32	0.01
1985	154.11	64.83	88.73	0.50	0.05
1990	260.67	93.91	166.10	0.59	0.07
1995	307.71	114.24	192.10	1.06	0.31
2000	479.52	180.76	296.65	0.98	1.13
2007	770.96	314.23	450.83	4.59	1.31
2008	811.15	336.20	468.63	5.16	1.16
2009	904.27	340.95	496.14	5.42	1.16
2010	990.50	358.31	548.53	6.91	1.29
2011	1070.11	369.70	617.27	8.19	1.04
2012	1164.80	702.51	702.51	8.71	1.12

全省历年主要工业产品产量

年份	纱（万吨）	布（亿米）	机制纸及纸板（万吨）	原盐（万吨）	成品糖（万吨）	卷烟（万箱）	合成洗涤剂（万吨）	原煤（万吨）	发电量（亿千瓦小时）
1978	2.20	1.05	5.12	27.30	13.49	63.30	0.62	1483.00	52.51
1980	2.92	1.32	6.46	23.90	16.87	89.00	0.80	1174.00	56.20
1985	3.57	1.52	10.16	29.15	32.83	206.30	1.92	1638.00	75.45
1988	4.22	1.78	14.49	34.90	55.52	354.90	4.55	2054.00	102.26
1989	4.05	1.79	15.22	38.32	46.39	407.40	4.53	2181.00	114.12
1990	4.03	1.80	15.43	32.45	51.01	448.25	4.96	2227.00	125.78
1991	4.17	1.73	17.46	28.01	60.02	437.49	4.88	2194.00	140.85
1992	4.33	1.79	19.43	29.82	83.66	466.17	5.41	2379.00	155.75
1993	3.89	1.72	21.82	41.40	89.98	532.02	6.25	2402.00	172.07
1994	3.54	1.33	32.03	40.71	80.85	611.09	8.22	2597.00	203.43
1995	3.57	1.40	30.41	42.98	94.21	680.45	7.10	2803.00	228.42
1996	3.16	1.28	39.42	44.03	83.65	656.38	8.37	3072.00	253.65
1997	2.67	1.12	38.51	46.59	112.12	624.80	9.06	3296.67	253.14
1998	1.99	0.73	28.51	47.44	125.59	632.99	7.54	3090.67	264.62
1999	2.13	0.61	23.90	42.13	162.52	603.97	3.97	2663.63	298.20
2000	2.27	0.59	22.32	49.43	152.25	612.77	3.30	2215.61	317.46
2001	1.95	0.49	22.81	49.83	125.49	599.49	4.93	2394.12	359.53
2002	1.93	0.42	22.86	51.78	146.98	610.31	6.40	3066.25	426.99
2003	1.37	0.26	26.30	47.79	191.12	614.70	3.58	4059.78	474.80
2004	1.42	0.21	30.08	60.80	195.26	621.38	1.09	5316.61	543.78
2005	1.44	0.14	28.88	67.78	153.57	631.47	1.86	6462.14	624.20
2006	1.22	0.10	33.26	79.55	140.31	648.10	2.02	7339.08	753.64
2007	0.99	0.06	37.72	82.87	188.04	670.26	2.14	7755.19	904.51
2008	1.04	0.04	42.79	93.33	211.02	679.55	1.40	8657.43	743.44
2009	0.67	0.04	46.02	89.19	223.91	691.58	1.1204	8921.02	1173.82
2010	0.54	0.04	44.87	123.76	179.78	714.76	1.9007	9763.38	1364.85
2011	0.47	0.04	49.12	100.76	173.51	729.98	1.584	9957.41	1555.13
1978	48.94	35.12	25.59	7.48	131.23	46.08	42.05	0.79	1084
1980	50.03	46.33	29.46	9.92	163.00	26.29	46.40	0.27	1313
1985	69.28	56.16	45.96	14.98	307.76	87.42	60.20	1.16	5455
1988	99.53	68.26	57.33	18.21	443.05	106.29	72.61	1.85	13555
1989	106.91	72.22	61.85	20.00	452.42	138.44	81.12	1.73	9906

年份	纱（万吨）	布（亿米）	机制纸及纸板（万吨）	原盐（万吨）	成品糖（万吨）	卷烟（万箱）	合成洗涤剂（万吨）	原煤（万吨）	发电量（亿千瓦小时）
1990	119.81	80.15	68.97	21.73	470.73	120.17	90.32	1.85	6131
1991	123.98	93.62	83.77	24.69	565.19	128.32	95.72	2.23	9582
1992	126.82	103.02	97.18	27.78	663.87	157.00	96.79	2.34	16431
1993	166.89	116.63	113.07	29.13	732.25	131.57	94.06	2.28	25115
1994	172.41	134.89	139.35	34.20	865.26	166.85	105.09	1.83	25942
1995	180.75	140.50	144.34	40.67	996.93	165.88	121.46	2.47	19009
1996	181.17	161.83	171.71	44.45	1152.28	155.65	133.93	3.05	11867
1997	213.57	184.00	185.78	47.48	1341.26	110.50	144.31	3.35	11432
1998	205.33	176.22	184.12	51.36	1558.66	259.97	163.39	1.81	10940
1999	234.90	178.72	182.01	64.51	1622.77	302.56	177.78	1.51	10931
2000	309.42	189.41	183.71	74.85	1642.80	289.84	197.22	1.48	22110
2001	337.95	222.02	186.20	83.58	1640.86	293.48	208.66	1.14	26949
2002	414.20	274.74	210.34	89.57	1841.04	311.74	240.03	1.26	38571
2003	512.38	294.75	286.54	96.96	2052.79	336.43	260.58	1.72	44156
2004	689.17	349.31	350.55	129.42	2312.63	313.34	262.67	1.61	51248
2005	845.92	513.41	486.93	147.44	2832.62	270.15	265.84	2.10	62879
2006	935.10	635.38	588.06	207.33	3305.97	302.50	305.04	2.65	37477
2007	1202.77	883.85	789.99	233.77	3568.53	329.79	317.64	3.20	47085
2008	1180.52	901.31	836.62	216.75	4011.98	335.38	338.27	3.16	43112
2009	1294.30	1049.05	973.30	215.80	5046.45	501.49	356.73	3.20	72692
2010	1337.31	1293.77	1214.99	240.34	5786.16	736.08	363.97	3.27	101873
2011	1350.01	1323.23	1351.85	270.79	6788.88	850.03	326.96	3.54	97174
2012	1582.78	1526.69	1600.04	286.46	7793.66	848.44	345.48	3.82	108959

全省财政、金融、保险业主要指标

单位：亿元

指　　标	2011 年	2012 年	指　　标	2011 年	2012 年
一、地方财政一般预算收入	1111.16	1338.15	七、保费收入	241.10	271.30
二、地方财政一般预算支出	2929.60	3572.66	# 财产险	7.23	8.25
			机动车辆保险	86.24	99.25
三、金融机构存款年末余额	15356.86	18049.49	人寿险	106.52	116.24
企业存款	7998.71	9481.18	意外伤害险	6.22	7.13
四、金融机构贷款年末余额	12114.59	14144.38	健康险	13.89	18.12
中长期贷款	8877.45	9637.23	八、各项赔款及给付	79.89	100.11
五、居民储蓄存款余额	6654.87	7741.59	财产险	2.06	2.95
定期储蓄	1343.49	1772.35	机动车辆保险	39.77	53.19
六、上市公司数（家）	28	28	人寿险	20.09	21.46
上市公司当年募集资金总额	106.70	110.78	健康险	8.68	9.79
市价总值	1853.69	1988.50	意外伤害险	1.29	1.58

全省就业情况与职工工资收入情况

单位：万人

指　标	2011 年	2012 年	指　标	工资总额（亿元）		平均工资（元）	
				2011 年	2012 年	2011 年	2012 年
就业人员合计	2857.2	2881.9	全部职工	111.38	1340.24	35387	38908
一、城镇就业人员	666.3	694.6	按企事业机关划分				
城镇在岗职工人数	350.1	392.7	企　业	645.44	811.82	34772	38203
#国有经济单位	192.0	194.6	事　业	313.98	358.44	36336	40560
企　业	213.3	251.5	机　关	151.70	169.12	36149	39168
事　业	92.1	95.0	按单位所有制划分				
机　关	44.5	45.9	1.国有经济单位	709.16	794.46	40379	45081
城镇集体经济单位	10.9	12.7	2.城镇集体经济单位	32.64	41.79	34019	38554
其他各种经济单位	147.2	185.4	3.其他各种经济单位	369.76	503.99	28686	32160
二、乡村就业人员	2190.9	2187.3					

全省主要年份各种价格指数

（以上年为100）

年份	居民消费价格指数	城镇	农村	商品零售价格指数	城镇	农村	服务项目价格指数	农业生产资料价格指数生产者出厂价格指数	工业生产者出厂价格指数	工业生产者购进价格指数	固定资产投资价格指数
1978	100.2	100.0	100.3	100.1	100.0	100.2	100.0	100.0			
1979	101.1	100.8	101.2	100.7	100.8	100.6	99.9	98.3			
1980	104.7	108.1	103.7	105.7	108.6	103.3	100.0	99.0			
1981	101.2	100.8	101.3	101.2	100.8	101.4	100.4	102.0			
1982	101.8	101.7	101.8	101.9	101.8	101.9	100.1	102.4			
1983	101.0	100.6	101.1	101.0	100.5	101.5	100.6	102.8			
1984	101.9	102.6	101.4	102.7	102.4	103.0	102.9	106.0			
1985	108.2	111.9	105.7	108.0	112.7	104.9	106.5	103.8			
1986	106.1	104.8	106.4	105.0	104.6	105.3	108.5	102.4			
1987	107.0	107.4	106.6	106.6	107.3	106.1	109.1	105.5			
1988	119.8	121.1	118.8	119.6	122.5	118.0	108.6	113.9			
1989	118.6	117.9	119.0	119.3	118.5	119.6	112.1	120.4			
1990	102.8	101.6	103.4	102.1	100.2	102.9	111.6	103.5			
1991	103.1	103.8	102.7	103.7	103.1	103.9	105.6	109.4	106.3	108.2	112.1
1992	108.9	110.4	108.8	107.7	109.0	107.4	115.3	105.2	103.8	111.9	117.6
1993	121.3	118.8	123.3	118.9	116.3	120.2	148.0	121.4	125.0	138.1	138.4
1994	119.2	117.3	119.9	115.8	113.8	117.4	119.9	114.6	116.7	110.3	107.8
1995	121.3	120.3	121.8	118.1	116.3	120.1	120.3	125.5	110.2	113.2	104.0
1996	108.7	108.2	108.8	106.6	105.0	108.4	111.2	113.3	101.3	111.3	104.3
1997	104.3	104.6	103.9	102.3	101.6	103.2	114.9	102.4	100.7	103.1	105.4
1998	101.7	102.4	101.1	99.2	98.8	99.6	118.4	96.5	97.2	100.7	101.8
1999	99.7	98.8	100.7	98.3	97.4	99.3	108.4	98.7	98.2	98.8	100.7
2000	97.9	97.6	98.4	97.6	97.0	98.4	103.8	98.9	101.2	101.5	101.6
2001	99.1	98.1	100.6	98.4	98.0	98.7	105.4	96.6	99.9	99.4	101.0
2002	99.8	99.3	100.5	98.1	97.5	98.9	102.3	100.4	98.2	97.6	100.0
2003	101.2	101.3	101.0	99.9	100.5	99.3	105.5	101.9	101.4	102.7	102.2
2004	106.0	106.1	105.9	104.7	104.5	105.0	104.3	106.3	108.8	109.6	108.0
2005	101.4	101.7	101.0	100.1	100.4	99.8	106.3	105.9	104.5	106.5	104.6
2006	101.9	101.9	101.8	100.8	100.0	101.7	104.9	102.8	104.6	107.6	101.8

年份	居民消费价格指数	城镇	农村	商品零售价格指数	城镇	农村农村	服务项目价格指数	农业生产资料价格指数产者出厂价格指数	工业生产者出厂价格指数	工业生产者购进价格指数	固定资产投资价格指数
2007	105.9	105.9	105.9	104.6	103.8	105.1	103.8	107.0	105.7	108.2	104.2
2008	105.7	105.4	106.0	106.1	105.3	107.0	101.7	116.6	105.8	111.6	107.4
2009	100.4	100.5	100.2	100.1	99.9	100.4	99.5	99.3	91.5	95.0	98.1
2010	103.7	103.8	103.6	103.6	103.5	103.7	102.0	101.4	108.8	109.0	102.7
2011	104.9	104.8	104.9	105.1	104.9	105.3	103.0	108.3	104.7	108.0	104.6
2012	102.7	103	102.3	102.4	102.3	102.5	104.6	104.6	97.9	99.3	101.4

全省流通业基本情况

指　　标	2000 年	2005 年	2008 年	2009 年	2010 年	2011 年	2012 年
全省限额以上法人企业（个）	**931**	**1699**	**2004**	**2017**	**2445**	**2798**	**3424**
批发零售贸易业	893	1121	1518	1512	1842	2098	2616
住宿业	38	77	359	373	423	479	512
餐饮业		501	127	132	180	221	296
全省限额以上企业从业人员（人）	**114101**	**161041**	**201244**	**216383**	**262103**	**314889**	**384670**
批发零售贸易业	108310	104087	140368	147160	173938	215974	258553
住宿业	5791	10540	46676	52153	59676	62005	76470
餐饮业		46414	14200	17070	28489	36910	49647
全省批发零售贸易业（亿元）							
商品购进总额	988	1894.18	2727.88	2662.38	3677.09	4715.39	6819.51
商品销售总额	1646	2867.46	4699.22	4847.27	6229.16	5240.31	10381.17
商品库存总额	214	265.34	469.74	562.87	700.06	618.28	818.70
全省社会消费品零售总额（亿元）	**583.17**	**1034.40**	**1718.54**	**2051.06**	**2542.44**	**3001.41**	**3541.60**
按销售单位所在地分							
城镇	448.36	809.19	1387.01	1622.74	2183.32	2602.61	2846.92
#城区	309.28	568.30	985.53	1255.02	1664.65	1950.22	2244.95
乡村	134.81	232.10	377.73	428.32	359.12	397.53	694.68
按国民经济行业分							
批发零售贸易业	376.49	823.83	1314.12	1555.85	2023.54	2393.91	2764.90

指　　标	2000 年	2003 年	2004 年	2005 年	2008 年	2009 年	2010 年
住宿和餐饮业	74.87	155.44	298.22	381.43	362.82	433.80	512.35
按经济成份分							
公有制经济	2294.11	1876.81	2979.19	335.24	475.35	564.64	672.58
国有经济	1485.30	1168.00	1931.75	223.62	359.11	473.40	555.30
非公有制经济	3537.59	8467.21	14206.18	1715.82	2067.10	2435.50	2869.02
私有经济	2539.15	6602.22	11756.28	1440.72	1843.61	2168.09	2556.18

注：1. 批发零售贸易业购进总额和库存总额仅为限额以上批发零售贸易业数。
2. 从 2003 年开始批零贸易业零售额与往年口径不一致。

全省进出口贸易总额

单位：亿美元

年　　份	总额	出口额	进口额	差　额 (出超+、入超-)
1980	1. 10	0. 96	0. 14	0. 82
1985	1. 35	1. 03	0. 31	0. 72
1990	1. 36	1. 09	0. 27	0. 82
1991	1. 47	1. 19	0. 29	0. 90
1992	1. 51	1. 11	0. 39	0. 72
1993	2. 10	1. 29	0. 81	0. 48
1994	2. 65	1. 69	0. 96	0. 72
1995	3. 42	2. 62	0. 80	1. 82
1996	4. 44	3. 42	1. 02	2. 40
1997	5. 48	3. 74	1. 73	2. 01
1998	5. 48	4. 34	1. 14	3. 21
1999	5. 51	4. 01	1. 50	2. 51
2000	6. 71	4. 67	2. 04	2. 63
2001	8. 40	5. 23	3. 17	2. 06
2002	13. 44	9. 10	4. 34	4. 76
2003	18. 96	12. 15	6. 81	5. 35
2004	19. 22	10. 96	8. 26	2. 70
2005	19. 37	11. 72	7. 65	4. 08
2006	19. 03	11. 74	7. 30	4. 44
2007	16. 60	10. 34	6. 25	4. 09
2008	18. 13	11. 75	6. 38	5. 37

年份	总额	出口额	进口额	差额(出超+、入超-)
2009	80.19	45.14	35.05	10.09
2010	133.68	76.06	57.62	18.43
2011	160.53	94.73	65.80	28.93
2012	210.05	100.18	109.87	-9.69

注：本表数据 1998 年以前为外贸业务数，且不含边境贸易统计数据。1999 年后为海关进出口统计数。

全省主要年份边境贸易进出口总额

单位：亿美元

年份	总额	出口额	进口额
1996	1.36	0.45	0.91
1997	0.74	0.42	0.32
1998	1.31	0.89	0.42
1999	2.88	2.32	0.56
2000	3.56	2.78	0.78
2001	3.46	2.30	1.16
2002	3.68	2.31	1.37
2003	4.19	2.53	1.66
2004	5.24	3.09	2.15
2005	6.55	3.86	2.69
2006	7.76	4.65	3.11
2007	10.11	5.68	4.43
2008	12.01	5.72	6.29
2009	12.61	7.07	5.54
2010	17.36	9.88	7.47
2011	20.05	12.16	7.88
2012	21.49	13.95	7.54

注：本表根据昆明海关数折算。

2012年全省各州、市、县（市、区）主要经济指标

州、市、县	总人口（万人）	生产总值（亿元）	人均生产总值（元/人）	工农业总产值（亿元）	农业总产值（亿元）	规模以上工业总产值（亿元）	固定资产投资（亿元）	地方公共财政预算支出（亿元）	社会消费品零售总额（亿元）	农民人均纯收入（亿元）	职工年平均工资（元/人）	城乡居民人均储蓄存款（万元/人）
全省合计	**4 659.00**	**10 309.47**	**22 195**	**2 680.10**	**9 224.81**	**7 553.51**	**1 338.15**	**3 572.66**	**3 541.60**	**5 417**	**38908**	**1.67**
昆明市	**653.30**	**3 011.14**	**46 256**	**268.84**	**3 010.28**	**2 345.91**	**378.40**	**525.50**	**1 493.90**	**8 040**	**45094**	**4.56**
呈贡区	32.20	107.22	33 559	9.40	251.43	206.27	9.07	12.27	25.39	10 618	51957	3.84
五华区	85.90	730.42	84 884	3.07	797.89	377.20	30.49	29.60	365.83	10 255	48937	9.92
盘龙区	81.80	371.87	45 510	3.51	169.58	269.33	27.20	31.14	299.34	10 347	40230	
官渡区	86.60	674.23	78 127	13.11	465.91	488.31	37.78	40.41	283.36	11 946	44083	4.39
西山区	76.90	354.00	46 232	5.28	146.05	332.15	26.64	29.10	315.69	11 651	36692	4.23
东川区	27.50	70.10	25 490	9.84	182.99	61.43	6.79	23.23	13.27	4 313	33332	2.08
晋宁县	29.10	84.52	29 346	27.27	118.49	86.10	11.01	20.34	21.85	9 061	37657	2.14
富民县	14.90	42.32	28 597	13.09	42.58	24.54	3.43	8.40	10.12	8 361	37094	2.03
宜良县	42.60	132.16	31 141	55.67	84.34	59.03	5.60	17.36	22.03	8 537	34879	1.92
石林县	25.10	56.81	22 769	26.61	29.19	77.89	6.15	13.52	23.57	8 465	39115	1.59
嵩明县	29.10	65.82	22 692	24.48	108.78	93.56	7.39	17.50	17.64	7 841	34728	1.52
禄劝县	40.20	49.74	12 409	29.88	16.52	64.64	4.87	18.51	18.32	4 585	43637	0.86
寻甸县	46.30	56.95	12 341	29.50	57.38	60.42	5.93	19.57	18.77	4 739	40993	0.90
安宁市	35.10	213.10	61 325	18.14	539.14	145.04	24.03	27.88	58.63	9 355	42298	3.40
曲靖市	**593.60**	**1 400.17**	**23 661**	**443.87**	**1 455.14**	**825.09**	**103.83**	**281.93**	**331.71**	**5 950**	**37295**	**1.16**
麒麟区	75.0	370.11	49 639	488.20	29.86	458.34	188.02	12.84	22.31	85.98	6 747	4.58

州、市、县	总人口（万人）	生产总值（亿元）	人均生产总值（元/人）	工农业总产值（亿元）	农业总产值（亿元）	规模以上工业总产值（亿元）	固定资产投资（亿元）	地方公共财政预算支出（亿元）	社会消费品零售总额（亿元）	农民人均纯收入（亿元）	职工年平均工资（元/人）	城乡居民人均储蓄存款（万元/人）
马龙县	18.7	27.50	14 794	61.59	10.93	50.66	24.66	3.00	9.70	5.96	4 467	3.53
陆良县	62.5	115.10	18 454	140.87	67.33	73.54	47.63	4.53	19.20	23.58	5 960	3.22
师宗县	39.5	62.20	15 804	74.77	33.34	41.43	40.30	3.70	14.84	9.08	4 676	3.08
罗平县	55.4	92.96	16 853	97.88	48.13	49.75	34.24	4.05	16.27	23.83	5 450	4.09
富源县	72.8	133.69	18 437	202.88	36.12	166.76	83.14	10.30	25.59	23.88	5 210	3.16
会泽县	91.3	112.93	12 399	122.79	47.63	75.16	55.09	7.02	26.10	19.36	3 252	3.60
沾益县	43.8	117.25	26 998	231.34	39.68	191.65	79.90	6.36	15.24	15.57	5 715	3.33
宣威市	131.0	178.18	13 638	160.11	63.87	96.24	117.56	10.50	37.95	73.53	4 697	3.26
玉溪市	**231.8**	**876.55**	**37 913**	**1 252.67**	**141.82**	**1 110.86**	**229.54**	**77.25**	**139.65**	**168.36**	**6 616**	**3.82**
红塔区	49.8	511.85	103 071	781.26	19.64	761.62	79.67	11.22	17.33	80.56	7 917	4.58
江川县	28.2	43.07	15 305	37.15	16.89	20.26	17.56	2.89	9.54	11.74	6 374	3.15
澄江县	17.1	44.05	25 762	38.83	12.06	26.77	25.19	3.31	7.58	10.15	7 005	3.63
通海县	30.4	55.95	18 501	69.48	18.06	51.42	13.12	3.03	10.20	15.69	7 436	3.31
华宁县	21.6	40.04	18 595	28.46	17.74	10.72	9.07	2.27	8.24	9.31	6 668	3.49
易门县	17.8	38.57	21 754	57.06	13.13	43.93	25.71	2.80	8.74	9.30	6 003	2.70
峨山县	16.4	37.92	23 244	54.03	9.95	44.08	19.97	3.04	8.14	8.10	6 089	3.16
新平县	28.7	71.99	25 153	155.27	17.25	138.02	26.66	7.06	17.68	10.90	5 667	3.54
元江县	21.9	36.04	16 497	31.13	17.09	14.04	12.59	2.10	9.05	12.63	5 900	3.70
保山市	**252.5**	**323.24**	**12 847**	**313.71**	**160.64**	**153.06**	**162.61**	**28.20**	**106.43**	**101.47**	**4 439**	**2.77**
麒麟区	75.32	428.97	57 067	33.13	555.96	232.99	16.81	28.42	101.50	8 116	40713	3.40
马龙县	18.88	31.72	16 891	12.38	64.09	30.40	3.52	11.50	7.03	5 372	36121	1.10

州、市、县	总人口（万人）	生产总值（亿元）	人均生产总值（元/人）	工农业总产值（亿元）	农业总产值（亿元）	规模以上工业总产值（亿元）	固定资产投资（亿元）	地方公共财政预算支出（亿元）	社会消费品零售总额（亿元）	农民人均纯收入（亿元）	职工年平均工资（元/人）	城乡居民人均储蓄存款（万元/人）
陆良县	62.79	131.86	21 051	75.32	94.06	58.92	5.42	21.38	27.83	7 057	33286	0.90
师宗县	39.80	75.12	18 942	42.75	72.12	49.65	4.40	17.96	10.72	5 502	33478	0.92
罗平县	55.65	115.56	20 821	59.34	63.84	42.90	5.08	22.48	28.14	6 683	43066	0.78
富源县	73.18	147.17	20 169	43.70	185.42	102.34	12.45	32.23	28.22	5 964	35856	0.94
会泽县	92.08	130.98	14 282	57.43	91.83	67.77	8.00	35.61	22.86	3 986	37056	0.56
沾益县	44.06	132.16	30 098	45.44	202.04	98.59	6.97	16.93	18.39	6 750	33008	0.89
宣威市	131.84	205.96	15 673	74.39	125.78	146.00	12.50	49.31	87.01	5 553	35894	0.89
玉溪市	**233.00**	**1 000.17**	**43 037**	**170.95**	**1 258.46**	**287.13**	**90.22**	**161.82**	**198.57**	**7 628**	**40454**	**2.15**
红塔区	50.10	562.95	112 702	23.55	856.14	105.40	13.21	20.16	95.45	9 070	43523	4.34
江川县	28.30	48.69	17 237	19.96	26.20	25.54	3.54	11.53	13.41	7 258	32577	1.64
澄江县	17.20	51.13	29 813	13.98	32.64	29.10	3.88	9.17	11.98	7 972	39625	1.84
通海县	30.70	65.94	21 583	20.97	66.72	18.53	3.54	11.83	18.57	9 039	36440	2.16
华宁县	21.70	47.04	21 726	20.89	13.78	12.32	2.51	9.69	11.01	7 607	38373	1.28
易门县	17.80	44.29	24 909	15.15	47.84	16.92	3.34	10.96	10.99	6 903	37444	1.60
峨山县	16.40	43.94	26 828	11.70	41.27	25.52	3.56	9.47	9.41	7 013	34872	1.62
新平县	28.80	84.82	29 502	22.72	156.62	36.42	8.32	19.45	12.91	6 666	41103	1.19
元江县	22.00	43.14	19 610	21.80	17.24	17.38	2.55	10.75	14.90	6 813	40509	1.00
保山市	**254.00**	**389.96**	**15 397**	**184.91**	**208.78**	**222.63**	**35.55**	**141.57**	**119.69**	**5 331**	**31211**	**1.13**
隆阳区	94.81	149.13	15 775	62.50	78.61	58.53	8.78	37.56	61.49	5 638	32117	1.12
施甸县	30.93	34.01	11 029	23.09	11.28	11.58	2.29	16.97	9.67	4 523	31092	0.81
腾冲县	65.34	105.05	16 124	41.65	53.31	102.12	12.10	35.94	26.43	6 122	28675	1.55

州、市、县	总人口（万人）	生产总值（亿元）	人均生产总值（元/人）	工农业总产值（亿元）	农业总产值（亿元）	规模以上工业总产值（亿元）	固定资产投资（亿元）	地方公共财政预算支出（亿元）	社会消费品零售总额（亿元）	农民人均纯收入（亿元）	职工年平均工资（元/人）	城乡居民人均储蓄存款（万元/人）
龙陵县	28.10	42.81	15 279	21.09	34.06	31.58	2.67	15.60	9.13	4 741	32936	1.01
昌宁县	34.82	57.91	16 684	36.57	31.53	18.82	5.21	21.52	12.97	5 341	31415	0.72
昭通市	**529.60**	**555.60**	**10 528**	**176.79**	**326.11**	**421.79**	**39.47**	**248.09**	**149.61**	**3 897**	**37744**	**0.70**
昭阳区	80.17	170.44	21 348	31.51	107.36	67.54	7.71	34.03	60.03	4 500	44835	1.20
鲁甸县	39.79	37.86	9 561	13.35	33.88	33.02	2.26	20.27	6.49	3 649	32110	0.41
巧家县	52.18	41.30	7 926	26.94	11.49	25.09	1.72	20.67	9.64	3 801	31890	0.50
盐津县	37.62	31.79	8 485	10.56	18.24	28.83	1.38	14.40	6.38	3 971	33083	0.59
大关县	26.77	18.23	6 837	7.56	5.42	14.33	0.87	13.09	4.99	3 577	34614	0.58
永善县	40.09	40.00	10 018	15.38	4.32	10.94	2.24	16.71	8.25	3 837	31447	1.04
绥江县	15.57	17.77	11 454	5.35	5.31	28.90	2.20	9.73	4.90	3 970	39607	1.65
镇雄县	134.83	82.40	6 131	31.46	71.25	51.29	5.10	46.22	24.44	3 737	39312	0.38
彝良县	53.07	46.13	8 728	22.83	20.72	34.06	2.20	32.25	11.00	3 749	35161	0.49
威信县	39.18	29.38	7 524	9.14	15.52	33.87	1.95	14.93	7.48	3 973	34557	0.61
水富县	10.33	37.37	36 209	2.71	32.60	12.52	2.16	6.79	6.00	4 807	36340	2.21
丽江市	**126.20**	**212.24**	**16 870**	**65.62**	**125.53**	**295.57**	**38.01**	**106.73**	**65.69**	**5 094**	**35975**	**1.72**
古城区	21.36	74.10	34 757	7.48	27.84	102.18	9.19	16.31	31.37	8 400	38132	4.47
玉龙县	21.83	33.36	15 359	16.64	8.44	51.25	4.51	16.80	6.95	5 290	36192	0.86
永胜县	39.68	44.78	11 308	21.20	31.59	22.29	2.87	18.25	11.11	4 861	36857	1.13
华坪县	17.08	38.37	22 569	10.14	50.03	25.31	5.25	13.67	9.74	6 136	32598	2.44
宁蒗县	26.25	22.45	8 577	10.16	7.63	33.14	1.87	21.76	6.53	3 526	33867	0.63
普洱市	**257.50**	**366.85**	**14 286**	**190.24**	**163.03**	**333.26**	**47.90**	**170.09**	**102.17**	**5 020**	**31340**	**1.01**

州、市、县	总人口（万人）	生产总值（亿元）	人均生产总值（元/人）	工农业总产值（亿元）	农业总产值（亿元）	规模以上工业总产值（亿元）	固定资产投资（亿元）	地方公共财政预算支出（亿元）	社会消费品零售总额（亿元）	农民人均纯收入（亿元）	职工年平均工资（元/人）	城乡居民人均储蓄存款（万元/人）
思茅区	30.64	77.16	25 380	14.71	37.64	131.23	7.10	15.72	32.65	5 648	31478	2.55
宁洱县	18.90	31.87	16 861	14.10	12.77	24.75	2.36	10.72	7.64	5 013	31541	1.17
墨江县	36.36	34.56	9 504	17.15	16.28	39.63	2.72	14.50	7.53	3 921	35386	0.64
景东县	36.20	43.38	11 997	31.27	13.14	11.09	3.05	16.07	10.02	5 022	33061	0.71
景谷县	29.41	61.50	20 962	38.78	37.36	27.18	4.28	14.91	13.30	5 538	32486	0.86
镇沅县	21.01	28.99	13 806	22.10	7.31	9.01	2.26	12.43	7.20	4 611	31808	0.89
江城县	12.40	20.09	16 267	12.58	12.53	16.17	1.09	8.94	4.20	4 014	29793	0.78
孟连县	13.80	16.11	11 707	12.15	3.10	4.32	0.92	9.50	6.06	3 955	29376	1.75
澜沧县	49.56	39.67	8 012	23.79	21.20	65.63	3.64	25.33	11.40	3 089	30182	0.56
西盟县	9.22	6.46	7 024	3.61	1.70	4.25	0.45	7.50	1.72	3 148	23402	0.53
临沧市	**246.30**	**352.98**	**14 376**	**180.46**	**161.36**	**303.20**	**30.22**	**160.62**	**101.97**	**5 158**	**32269**	**0.75**
临翔区	32.80	55.84	17 103	18.87	20.17	55.92	4.49	19.60	30.68	5 052	36047	1.45
凤庆县	46.40	74.44	16 082	38.07	29.60	41.50	4.46	20.51	15.96	5 315	31927	0.51
云　县	45.50	71.34	15 718	32.66	36.41	46.69	4.06	19.63	16.65	5 574	29824	0.62
永德县	37.40	35.71	9 567	19.03	12.71	41.64	2.44	19.07	10.43	4 982	27498	0.49
镇康县	17.90	28.81	16 157	12.36	21.40	29.75	2.67	14.35	5.50	4 637	34903	0.84
双江县	17.90	24.41	13 677	12.52	11.39	20.30	1.62	14.01	5.11	4 744	33018	0.73
耿马县	30.10	54.24	18 021	33.36	19.54	39.60	2.80	19.91	11.28	5 474	30386	0.86
沧源县	18.30	23.94	13 145	13.59	10.15	27.80	1.72	14.49	6.36	4 636	30839	0.67
楚雄州	**271.90**	**570.02**	**21 022**	**221.01**	**430.60**	**347.62**	**46.32**	**158.02**	**184.70**	**5 418**	**38010**	**1.20**
楚雄市	59.38	220.89	37 294	34.45	207.84	118.88	13.93	28.63	78.48	6 060	40747	1.96

州、市、县	总人口（万人）	生产总值（亿元）	人均生产总值（元/人）	工农业总产值（亿元）	农业总产值（亿元）	规模以上工业总产值（亿元）	固定资产投资（亿元）	地方公共财政预算支出（亿元）	社会消费品零售总额（亿元）	农民人均纯收入（亿元）	职工年平均工资（元/人）	城乡居民人均储蓄存款（万元/人）
双柏县	16.12	20.02	12 418	14.66	10.49	16.09	1.42	9.80	3.97	4 645	36550	0.90
牟定县	21.16	31.15	14 751	14.83	9.64	25.99	1.83	10.38	8.72	4 799	32911	0.91
南华县	23.99	31.87	13 323	20.57	20.17	22.21	2.49	12.73	12.24	4 994	40541	0.88
姚安县	20.17	29.37	14 122	19.75	4.29	15.25	1.42	10.60	9.77	5 221	36374	0.99
大姚县	27.64	40.87	14 818	25.44	27.56	30.62	2.80	14.22	13.95	4 957	38335	0.90
永仁县	11.06	17.65	16 027	11.30	5.56	18.30	1.63	8.19	3.70	4 685	36745	0.98
元谋县	21.77	30.76	14 174	19.64	13.14	16.17	1.62	11.35	8.83	6 526	33866	0.97
武定县	27.69	35.20	12 750	22.72	15.33	26.66	3.68	15.49	11.59	4 606	34708	0.92
禄丰县	42.92	115.36	26 879	37.65	116.58	57.45	5.61	18.43	33.46	6 230	36056	1.23
红河州	**456.10**	**905.43**	**19 909**	**260.83**	**997.94**	**560.91**	**84.48**	**248.08**	**217.31**	**5 468**	**34883**	**1.37**
蒙自市	42.26	102.85	24 407	28.01	185.18	72.21	10.64	22.37	29.00	5 777	34937	2.09
个旧市	46.44	167.53	36 145	16.38	331.64	72.04	8.89	25.82	43.64	7 945	37917	2.71
开远市	32.67	124.41	38 198	21.24	129.78	72.21	8.42	17.69	28.18	7 607	36572	2.24
屏边县	15.50	16.95	10 952	7.50	7.33	14.50	0.74	9.33	6.50	2 971	34320	0.71
建水县	53.83	89.64	16 699	35.81	56.66	75.40	7.35	20.49	23.81	5 716	33559	1.62
石屏县	30.30	38.76	12 829	32.78	11.62	28.20	2.71	13.50	14.98	5 027	30198	1.43
弥勒县	54.68	201.05	36 870	35.49	200.22	75.15	9.50	20.71	24.03	5 688	35396	1.21
泸西县	40.65	53.19	13 122	21.53	43.05	44.66	5.07	17.62	19.58	4 830	34020	1.20
元阳县	40.33	28.35	7 054	15.16	4.71	19.50	1.61	14.44	7.44	3 419	37355	0.48
红河县	30.12	19.94	6 641	12.50	3.05	16.58	0.83	14.39	5.61	3 102	31723	0.41
金平县	36.20	27.88	7 729	12.56	17.23	22.10	2.20	15.52	6.09	3 112	34959	0.51

州、市、县	总人口（万人）	生产总值（亿元）	人均生产总值（元/人）	工农业总产值（亿元）	农业总产值（亿元）	规模以上工业总产值（亿元）	固定资产投资（亿元）	地方公共财政预算支出（亿元）	社会消费品零售总额（亿元）	农民人均纯收入（亿元）	职工年平均工资（元/人）	城乡居民人均储蓄存款（万元/人）
绿春县	22.56	17.75	7 890	10.98	5.02	17.20	1.17	13.68	5.27	3 035	31601	0.43
河口县	10.56	26.09	24 774	10.90	2.44	17.10	1.44	8.45	3.81	4 758	29232	2.03
文山州	**356.10**	**478.02**	**13 459**	**192.46**	**306.06**	**277.21**	**36.13**	**167.80**	**204.81**	**4 643**	**33917**	**0.87**
文山县	48.92	140.64	28 844	24.48	117.39	96.06	10.70	22.09	65.03	5 410	36858	2.24
砚山县	46.90	75.18	16 075	25.25	73.31	43.25	4.02	19.59	24.90	4 720	32903	0.77
西畴县	25.80	19.24	7 479	11.79	2.25	10.61	0.78	11.10	7.50	4 252	31520	0.63
麻栗坡县	28.10	36.60	13 056	14.89	17.65	20.08	2.70	14.82	12.43	4 471	30256	0.84
马关县	37.20	51.37	13 847	22.93	35.05	17.67	4.31	16.77	21.01	4 716	37575	0.95
丘北县	48.33	40.71	8 443	29.39	13.12	31.57	2.91	18.93	15.07	4 567	30726	0.50
广南县	79.61	63.26	7 968	40.35	27.45	29.36	2.40	25.96	31.80	4 428	31792	0.50
富宁县	41.26	49.74	12 088	23.38	19.84	28.60	2.87	20.06	27.06	4 644	32753	0.62
西双版纳	**114.90**	**232.64**	**20 309**	**115.20**	**69.94**	**160.24**	**22.26**	**80.63**	**71.21**	**6 174**	**35596**	**1.85**
景洪市	52.72	124.91	23 770	50.71	36.28	115.05	10.18	32.84	44.51	7 574	36593	2.50
勐海县	33.63	58.78	17 530	25.38	25.01	16.17	2.51	16.46	12.37	5 546	33167	0.92
勐腊县	28.55	55.01	19 323	39.10	8.65	29.02	2.91	16.00	14.33	5 064	35003	1.75
大理州	**349.30**	**672.09**	**19 282**	**285.58**	**538.43**	**406.65**	**59.28**	**200.50**	**204.58**	**5 689**	**38610**	**1.32**
大理市	65.90	255.17	38 774	33.96	262.01	165.91	21.52	35.00	85.44	7 709	39755	3.02
漾濞县	10.30	14.99	14 495	7.61	8.77	10.61	1.19	7.40	4.14	5 066	35686	0.86
祥云县	46.10	93.15	20 272	37.51	111.09	27.25	5.41	21.51	26.33	5 733	35584	1.09
宾川县	35.20	69.83	19 587	57.32	16.56	39.25	2.82	15.32	14.64	5 942	40389	0.98
弥渡县	31.60	34.39	10 896	22.16	12.41	14.03	2.27	14.71	14.22	4 508	36444	0.85

州、市、县	总人口（万人）	生产总值（亿元）	人均生产总值（元/人）	工农业总产值（亿元）	农业总产值（亿元）	规模以上工业总产值（亿元）	固定资产投资（亿元）	地方公共财政预算支出（亿元）	社会消费品零售总额（亿元）	农民人均纯收入（亿元）	职工年平均工资（元/人）	城乡居民人均储蓄存款（万元/人）
南涧县	21.40	33.76	15 132	16.84	8.08	7.42	2.65	11.11	9.16	4 291	39261	0.70
巍山县	30.70	37.38	12 183	21.69	12.02	12.35	2.58	13.81	11.12	4 159	41882	0.73
永平县	17.70	25.73	14 561	16.43	2.52	11.75	2.00	10.07	6.73	4 977	36882	0.81
云龙县	20.20	38.02	18 857	17.45	7.49	43.55	2.07	12.31	7.46	3 887	38034	0.77
洱源县	27.20	37.73	13 931	27.34	38.25	20.22	1.95	12.70	10.54	5 054	36530	0.85
剑川县	17.20	19.77	11 532	9.30	16.17	10.89	1.77	10.21	5.95	3 895	37080	1.02
鹤庆县	25.80	41.65	16 175	17.96	43.06	43.40	3.22	13.50	8.87	5 198	38025	1.24
德宏州	**122.90**	**201.00**	**16 408**	**91.34**	**107.04**	**157.93**	**24.32**	**102.16**	**78.34**	**4 763**	**33594**	**1.97**
芒　市	39.50	63.80	16 197	25.25	40.98	59.01	5.66	28.24	26.47	4 877	35315	1.70
瑞丽市	18.60	39.64	21 367	11.36	7.44	44.44	6.95	15.86	22.08	5 586	31194	5.80
梁河县	15.60	14.05	9 058	8.70	5.76	8.99	1.25	8.89	4.28	3 683	36339	0.95
盈江县	30.90	57.43	18 663	27.21	37.27	34.90	4.95	18.07	19.84	5 641	35460	1.12
陇川县	18.30	27.02	14 780	18.82	15.59	10.59	1.70	11.01	5.66	4 186	28223	0.97
怒江州	**53.80**	**74.94**	**13 953**	**17.23**	**28.55**	**63.63**	**7.51**	**50.39**	**20.64**	**2 773**	**37403**	**0.90**
泸水县	18.60	26.15	14 076	5.84	13.87	21.76	1.72	12.71	9.55	3 095	37248	1.12
福贡县	9.90	7.02	7 080	2.41	0.20	8.50	0.47	8.25	2.31	2 229	29938	0.45
贡山县	3.80	5.32	13 959	2.01	0.70	6.89	0.38	6.49	1.74	2 209	33843	0.85
兰坪县	21.50	30.59	14 296	6.97	13.78	26.48	3.36	13.87	7.04	3 016	41234	0.91
迪庆州	**40.50**	**113.63**	**28 133**	**14.76**	**37.56**	**155.34**	**10.75**	**73.14**	**30.02**	**4 769**	**48694**	**1.35**
香格里拉县	17.60	70.83	40 542	5.73	29.12	78.20	3.50	26.89	21.76	4 867	49403	2.11

州、市、县	总人口（万人）	生产总值（亿元）	人均生产总值（元/人）	工农业总产值（亿元）	农业总产值（亿元）	规模以上工业总产值（亿元）	固定资产投资（亿元）	地方公共财政预算支出（亿元）	社会消费品零售总额（亿元）	农民人均纯收入（亿元）	职工年平均工资（元/人）	城乡居民人均储蓄存款（万元/人）
德钦县	6.70	16.44	24 482	2.11	5.23	33.11	1.28	12.38	3.62	5 136	53261	0.88
维西县	16.20	26.57	16 389	6.92	3.21	44.04	1.86	16.50	4.65	4 627	42403	0.73

注：1．本部分资料中部分指标数据为年快报数，资料来自省及各州、市、县统计部门，因此，县级数相加不一定等于州、市级数，各州、市级数相加也不一定等于全省总计。

2．省、州（市）、县（区、市）年末总人口为常驻人口，人均指标均按常住人口计算。

3．工、农业总产值按当年价格计算。

4．各州、市、县农民人均纯收入由各地上报，省调查总队审定。全省农民人均纯收入由国家统计局云南调查总队提供。

2012年西部12个省、市、区主要经济指标

项　　目	单位	内蒙古	广西	重庆	四川	贵州	云南	西藏	陕西	甘肃	青海	宁夏	新疆
年末人口	万人	2489.85	4682.00	2945.00	8076.20	3484.07	4659.00	307.62	3753.09	2577.55	573.17	647.19	2232.78
生产总值(当年价)	亿元	15988.34	13031.04	11459.00	23849.80	6802.20	10309.80	695.58	14451.18	5650.20	1884.54	2326.64	7466.32
第一产业	亿元	1454.94	2176.18	939.64	3291.27	891.09	1649.57	80.69	1372.86	779.73	177.15	200.09	1321.54
第二产业	亿元	9033.41	6333.09	6176.40	12592.69	2652.86	4422.90	241.37	8078.21	2599.09	1091.15	1158.67	3561.43
#工业	亿元	7962.19	5368.79	5179.47	10803.96	2197.11	3453.78	54.95	6849.86	2073.62	895.16	879.47	2926.80
第三产业	亿元	5515.98	4521.77	4342.96	7965.83	3258.25	4237.33	373.53	5000.11	2271.38	616.24	967.88	2583.35
农林牧渔业总产值	亿元	2449.34	3490.72	1402.03	5433.12	1436.61	2680.22	118.33	2303.20	1358.16	263.86	385.15	2275.67
主要农业产品产量													
粮　　食	万吨	2528.50	1484.90	1138.54	3315.00	1079.50	1749.10	94.89	1245.10	1109.70	101.50	375.00	1273.00
油　　料	万吨	145.08	54.49	50.11	287.76	87.38	62.84	6.33	60.33	67.00	35.22	18.03	59.04
蔬　　菜	万吨	1476.29	2356.72	1509.34	3764.72	1375.63	1472.66	65.59	1525.62	1460.42	158.75	471.11	1656.02
水　　果	万吨	283.50	1325.03	291.19	821.63	147.72	581.12	1.36	1693.82	564.99	3.68	250.54	1222.10
肉　　类	万吨	245.75	411.03	201.21	670.23	190.27	348.68	25.19	107.09	87.81	30.47	26.53	134.23
猪牛羊肉	万吨	213.74	269.60	160.57	549.73	172.70	309.49	25.02	97.80	81.22	29.39	24.03	114.32
奶　　类	万吨	930.65	9.36	7.73	72.23	5.10	58.00	25.56	189.08	38.59	29.35	103.49	136.32
主要工业产品产量													
生铁	万吨	1326.40	1298.10	517.30	1670.20	552.90	1582.80		803.10	746.60	150.80	80.70	1311.70
粗钢	万吨	1734.10	1338.10	545.60	1674.30	531.30	1526.70		828.70	810.20	141.20	21.70	1138.20
成品钢材	万吨	1661.80	2142.40	1150.20	2281.60	560.20	1600.00		1283.60	883.00	139.50	109.10	1284.60
汽车产量	万辆	2.10	167.30	190.95	39.70	0.47	10.90		54.50	2.40			0.16

项　目	单位	内蒙古	广西	重庆	四川	贵州	云南	西藏	陕西	甘肃	青海	宁夏	新疆
发电量	亿千瓦小时	3116.91	1187.77	597.65	2152.44	1607.78	1745.47	26.24	1341.27	1102.97	589.20	1007.61	1135.53
水　泥	万吨	5872.10	9864.10	5499.60	13342.10	6100.50	7793.70	286.70	7552.70	3615.10	1371.00	1605.30	4025.80
农用化学肥料	万吨	123.00	116.36	206.43	425.30	499.49	345.40		97.90	78.89	357.00	88.00	295.60
运输邮电													
货运周转量	亿吨千米	2570.52	860.01	181.53	809.42	693.68	412.13	18.30	1446.75	1457.06	246.62	365.62	790.68
旅客周转量	亿人千米	436.45	1047.98	597.87	1310.25	631.85	568.69	33.46	897.97	666.41	110.11	120.97	535.81
全社会固定资产投资	亿元	11858.19	9808.61	8732.26	17036.55	5517.78	7831.13	670.52	12044.55	5145.53	1848.42	2096.86	6158.38
房地产开发投资	亿元	1291.44	1554.94	2508.35	3266.40	1467.60	1782.14	6.87	1835.93	561.02	189.68	429.15	606.09
社会消费品零售总额	亿元	4572.55	4516.59	4033.69	9268.61	2027.65	3511.65	254.64	4383.75	1906.54	476.04	548.83	1858.59
进出口贸易总额	亿美元	112.60	294.74	532.04	591.28	66.32	210.05	34.24	147.99	89.04	11.60	22.17	251.71
出口	亿美元	39.71	154.68	385.70	384.64	49.52	100.18	33.55	86.52	35.74	7.30	16.41	193.47
进口	亿美元	72.90	140.05	146.33	206.64	16.80	109.87	0.69	61.47	53.31	4.30	5.76	58.24
居民消费价格指数	%	103.1	103.2	102.6	102.5	102.7	102.7	103.5	102.8	102.7	103.1	102.0	103.8
城镇居民人均可支配收入	元	23150.26	21242.80	22968.14	20306.99	18700.51	21074.50	18028.32	20733.88	17156.89	17566.28	19831.41	17920.68
农民人均纯收入	元	7611.31	6007.55	7383.27	7001.43	4753.00	5416.54	5719.38	5762.52	4506.66	5364.38	6180.32	6393.68

注：资料来源于各省统计公报和国家2008年统计摘要，若有出入，以各省统计年鉴数据为准。

表彰·奖励

Honors & Rewards

2012年云南省工会系统受国家级表彰的人员和单位名单

全国五一劳动奖状

云南大山饮品有限公司
云南腾药制药股份有限公司
大理交通运输集团公司
云南黄金矿业集团股份有限公司
云南省水利水电勘测设计研究院
云南腾冲火山热海旅游区开发管理有限公司
云南中烟工业有限责任公司

全国五一劳动奖章

毕正雄（彝族） 昆明市盘龙区人民法院院长
唐　疆 昆明市寻甸回族彝族自治县中医院地灸科主任
杨荣坤 昆明吉庆祥食品有限责任公司生产车间第二组组长
李　俊（回族） 昭通市鲁甸县理世有限责任公司物流分公司车队队长
叙占坤（彝族） 曲靖市罗平县人民医院院长
杜云忠 玉溪市溶剂厂有限公司工程师
段有昌 云南宏源农化股份有限公司农资分公司工人
何继生（彝族） 红河州建水县千原木业有限公司副总经理
何明常 文山州富宁县供排水公司管线安装队队长

黄显斌 普洱市第一中学教务处主任
杨泽彪（白族） 大理啤酒有限公司工程师
杨再忠 云南华盛化工有限公司调度长
杨木军 云南省农业科学院粮食作物研究所课题主持人
江　涛 云南红塔证券股份有限公司部门经理
李建忠 景洪公路管理段普文公路管理所所长
张卫强 昆明钢铁集团有限责任公司技术中心产品开发室科长
李文洪 云天化集团云南磷化集团有限公司晋宁磷矿装载机班班长
夏　天 云南铜业股份有限公司冶炼加工总厂电解分厂工人
陈　坤 云南锡业股份有限公司冶炼分公司钳工
余云东 中国烟草总公司云南省公司总经理
陈宣林 云南电网公司曲靖供电局输电管理所带电班副班长
刘标胤 华能澜沧江水电有限公司景洪水电厂运维一班班长
董保柱 德宏州农科所副所长
舒德章 文山州煤业有限责任公司普阳煤矿采煤队队长

全国工人先锋号

昆明云内动力股份有限公司一车间
盐津县人民医院妇产科
云南通变电器有限公司干式变压器车间
保山学院现代教育技术中心
蒙自矿冶有限责任公司铟锌冶炼厂焙烧车间机电维修班
普洱市思茅区森盛林化有限责任公司化验室
西双版纳石化实业有限责任公司景洪液化气总门市
德宏梁河力量生物制品有限公司梁河糖厂压榨工段
兰坪县矿产三废回收厂选矿一车间
云南香格里拉藏龙天然绿色有机食品厂生产部
云南省云县源盛供排水物资有限公司安装工程队
云南省昆磨高速公路路政管理支队普洱高速公路路政管理大队

2012年云南省共青团系统受国家级表彰人员和单位名单

全国青年文明号

玉溪市人工影响天气中心

保山市施甸县善洲林场生态文明教育基地

全国优秀团干部

李娜　团澄江县委书记

杨从黎　团保山市委办公室副主任

全国五四红旗团委、团支部

云南省楚雄州人民医院团委

云南大学公共管理学院团委

云南省个旧市金湖南社区团总支

云南省中安监狱二监区发供电分厂

云南建工集团有限公司商品混凝土部东搅拌站

云南驰宏锌锗股份有限公司会泽分公司采选矿厂麒麟坑1751电车运输班

大理旅游集团崇圣寺三塔文化旅游区

云南瑞宝生物科技有限公司水溶车间李泰生班组

云南解化清洁能源开发有限公司解化化工分公司二甲醚厂

昆明铁路局曲靖工务段曲靖线路车间照福铺线路工区

大理州邮政现业局海东邮政所

中国农业银行曲靖市分行文化路分理处

红塔烟草有限责任公司玉溪卷烟厂卷包二车间

东方航空有限公司云南公司运行控制部“北斗号”情报班组

中国移动通信集团云南有限公司文山市分公司东风路沟通100服务厅

曲靖麒麟煤化工有限公司化工一厂炼焦车间

云南电网公司普洱供电局变电管理所团支部

云南省曲靖市人民广播电台团支部

全国青年安全生产示范岗

昆明长水国际机场安全保卫中心安全护卫部安保大队VIP护卫中队

云南锡业控股公司采选分公司塘子凹坑五工区

云南金沙江中游水电开发有限公司阿海水电站建设分公司

云南铜业股份有限公司冶炼加工总厂电解分厂二工区艾萨机组班

全国青年岗位能手标兵和全国青年岗位能手

王　黎　昆明铁路局昆明车辆段检修车间车辆电工

李晓松　中国南方电网有限责任公司云南电网公司昆明供电局职工

孙显国　云南昆钢煤焦化有限公司安宁分公司炼焦车间主任助理

周春梅（女）　云天化集团云南盐化股份有限公司财务

张志刚　昆明市自来水集团工程有限公司管道工程技术员

施学江　云南中烟工业有限责任公司红云红河集团昆明卷烟厂物流信息部系统维护员

董学友　云南省第二建筑工程公司工程师

第九届中国青年志愿者优秀个人奖

任治森　张洪美（女）　惠安达　方骏　李春亭　王子龙

第九届中国青年志愿者优秀组织奖

共青团昆明市委员会

馨香儿童之家

丽江普力爱心公益联盟

第八届“挑战杯”中国大学生创业计划竞赛“省级优秀组织奖”

共青团云南省委学校部

云南省 2012 年荣获全国三八红旗手（集体）表彰名单

一、全国三八红旗手

蓝　天　云南省保山市广播电视台总编室副主任

李　翠　云南省楚雄州永仁县第一中学高级教师

白孟捌　云南省红河州红河县架车乡架车村妇代会主任

唐丽萍　云南省文山日报社记者

高翠菊　云南省大理州弥渡县农村信用合作联社信贷部办事员

杨群芳　云南省临沧市凤庆县人民检察院控告申诉检察科科长

胡有兰　云南省妇联主席

朱兆云　云南省药物研究所所长

柳清菊　云南大学物理科学技术学院、省高校纳米材料与技术重点实验室二级教授、博士生导师

马永俐　云南省昆明市太平洋证券股份有限公司党群工作部原总经理

二、全国三八红旗集体

云南省昭通市绥江县国家税务局办税服务厅

云南省曲靖市罗平县公安局交警大队城市中队女子岗

云南省普洱市思茅供电有限公司思茅营业厅

云南省德宏州梁河县遮岛镇团结社区妇代会

云南机场集团有限责任公司工会女职工委员会

云南公安边防总队昆明边防检查站执勤业务三科

云南省 2012 年荣获全国五好文明家庭及标兵户表彰名单

一、第八届全国五好文明家庭标兵户

马逢俊家庭　刘怡晴家庭

二、第八届全国五好文明家庭

徐学灿家庭　张铁松家庭　陈德华家庭
刘建忠家庭　姚会仙家庭　尹洪云家庭
杨　静家庭　张二焕家庭　杨　婷家庭
谢成芬家庭　田顺聪家庭　杨时勤家庭
单沛祥家庭　马洁民家庭　余天平家庭
任吉瑛家庭　余正花家庭　松建生家庭
袁智中家庭　陈国华家庭　张绍龙家庭
陈丹梅家庭　谭　波家庭　向明坤家庭
陈　跃家庭

2012 年云南省全国双拥模范城市

昆明市 大理市 玉溪市 香格里拉县 富宁县 开远市 蒙自市 芒市 临沧市 楚雄市

云南 2012 年度县域经济十强

昆明市五华区
昆明市官渡区
昆明市西山区
丽江市古城区
昆明市盘龙区
保山市腾冲县
昆明市晋宁县
昆明市石林县
曲靖市麒麟区
临沧市镇康县

2011—2012年国家级生态乡镇

昆明市
盘龙区滇源镇 阿子营镇 安宁市县街镇
嵩明县嵩阳镇 禄劝县屏山镇 云龙乡
宜良县 耿家营乡

保山市
腾冲县腾越镇

楚雄州
楚雄市东瓜镇
武定县发窝乡

曲靖市
会泽县金钟镇
麒麟区沿江乡

玉溪市
华宁县华溪镇

2012年度国家和省级科技奖励名单

获 2012 年度国家科学技术奖励项目（人、组织）名单

科技进步奖

一等奖（2项）

1.低纬高原地区天然药物资源野外调查与研究开发

云南省药物研究所（主持完成）

朱兆云 高丽 戚育芳 王京昆 符德欢 赵毅 邱斌 张人伟 李学芳 崔涛 任永福 张志清 杨生元 周培军 韦群辉

2.复杂难处理镍钴资源高效利用关键技术与应用

昆明理工大学（参与完成）

王华、段希祥

二等奖（7项）

1. 热带、亚热带优质、高产玉米种质创新及利用

云南省农业科学院粮食作物研究所（主持完成） 云南田瑞种业有限公司 会泽县农业技术推广中心 保山市农业科学研究所 云南足丰种业有限公司

番兴明 张述宽 谭静 黄开健 陈洪梅 谭华 顾平章 邵思全 赵吉奎 黄云霄

2. 难造块铁矿资源制备优质炼铁炉料的关键技术

武钢集团昆明钢铁股份有限公司（参与完成）

唐启荣

3. 脊髓与周围神经损伤关键修复机制及临床救治新策略

成都军区昆明总医院（参与完成）

朱辉 封亚平 刘艳生

4. 高坝泄洪消能防护和雾化安全技术与应用

中国水电顾问集团昆明勘测设计研究院（参与完成）

张宗亮

5. 高坝动静力超载破损机理与安全评价方法

华能澜沧江水电有限公司、中国水电顾问集团昆明勘测设计研究院（参与完成）

吴世勇 黄光明

6. 天然林保护与生态恢复技术

云南省林业科学院（参与完成）

孟广涛

7. 特色热带作物种质资源收集评价与创新利用

云南省德宏热带农业科学研究所（参与完成）

周华

自然科学奖

（二等奖）

年轻新基因起源和遗传进化的机制研究

王文（中科院昆明动物研究所） 杨爽（中科院昆明动物研究所） 周琦（中科院昆明动物研究所） 蔡晶（中科院昆明动物研究所） 李昕（中科院昆明动物研究所）

2012 年度云南省科学技术奖励项目（人、组织）名单

杰出贡献奖（1人）

1. 侯先光（云南大学云南省古生物研究重点实验室）

自然科学奖（27项）

一等奖（2项）

1. 致密天体高能物理过程研究

张力（云南大学） 姜泽军（云南大学） 方军（云南大学）

2. 基因结构变异与人类进化和疾病发生的分子机制研究

肖春杰（云南大学） 宿兵（中国科学院昆明动物研究所） 郑冰蓉（云南大学） 石宏（中国科学院昆明动物研究所） 胡卫红（云南大学） 俞海菁（云南大学）

二等奖（6项）

1. 氮分配的进化假说—解释外来植物入侵机制的新理论

冯玉龙（中国科学院西双版纳热带植物园）

郑玉龙（中国科学院西双版纳热带植物园）

2. 太阳日冕爆发现象的观测研究

姜云春（中国科学院云南天文台） 郑瑞生（中国科学院云南天文台） 毕以（中国科学院云南天文台） 申远灯（中国科学院云南天文台）

3. 非线性波方程精确解研究和动力系统方法
何斌（红河学院） 龙瑶（红河学院） 芮伟国（红河学院） 陈灿（红河学院） 李继彬（红河学院）
4. 新型手性有机催化剂设计合成与新型立体选择性有机反应发展研究
邵志会（云南大学） 张洪彬（云南大学） 彭芳芝（云南大学）
5. 高水头大流量混流式水轮机叶片流激振动机理研究
张立翔（昆明理工大学） 王文全（昆明理工大学） 张洪明（昆明理工大学）
6. HSV1 病毒感染相关分子的生物学功能研究
李琦涵（中国医学科学院医学生物学研究所） 刘龙丁（中国医学科学院医学生物学研究所） 董承红（中国医学科学院医学生物学研究所） 王晶晶（中国医学科学院医学生物学研究所） 张莹（中国医学科学院医学生物学研究所）

三等奖（19 项）

1. 被子植物花器官发育相关基因的研究
赵银河（云南农业大学） 李德铢（中国科学院昆明植物研究所） 刘涛（云南农业大学）
2. 不同细胞质滇型粳稻不育系及育性恢复的研究
文建成（云南农业大学） 张忠林（云南农业大学） 谭亚玲（云南农业大学）
3. 滇西北高原湿地湖滨演化及其关键生态过程
田昆（西南林业大学/国家高原湿地研究中心） 肖德荣（西南林业大学国家高原湿地研究中心） 陆梅（西南林业大学/环境科学与工程学院）
4. 非线性波方程解的相关问题研究
周兴伟（昆明学院） 何秀梅（昆明学院） 姚丽（昆明学院）
5. 中国南方喀斯特 1 新属 61 个珍稀鱼种基础研究
李维贤（石林县黑龙潭水库工程管理处）
6. 中国半野生大额牛（Bos frontalis）的性行为研究
和占星（云南省草地动物科学研究院） 㛃开兴（云南省草地动物科学研究院） 黄必志（云南省草地动物科学研究院）
7. 中外猪种肌肉组织差异表达基因的分离、鉴定、组织表达及功能研究
刘永刚（云南农业大学）
8. 云南退化草地生态系统恢复机制的研究
毕玉芬（云南农业大学） 姜华（云南农业大学） 车伟光（云南农业大学）
9. 三维道路网模型及空间信息共享关键技术研究
左小清（昆明理工大学） 金宝轩（云南省基础地理信息中心） 朱大明（昆明理工大学）
10. 超分子材料的设计合成与自组装结构研究
程晓红（云南大学化学科学与工程学院）
11. 多 Agent 系统形式化模型和本体系统构建理论与方法研究
孙瑜（云南师范大学） 徐天伟（云南师范大学） 李志平（云南师范大学）
12. 云南部分药用植物内生菌资源及活性代谢产物的研究
徐丽华（云南大学） 吴少华（云南大学） 李文均（云南大学）
13. 人体 P5CR 重组蛋白质的晶体结构与氧化机制
孟照辉（昆明医学院第一附属医院） 娄智勇（清华大学） 谢月辉（昆明医学院）
14. 中国云南吸虱和恙螨物种多样性及群落生物学研究
郭宪国（大理学院） 孟艳芬（大理学院） 侯舒心（大理学院）
15. 人前列腺液抗肿瘤及微生物多肽的分离纯化及活性研究
申吉泓（昆明医学院第一附属医院） 张云（中国科学院昆明动物研究所） 赵晖（昆明医学院第一附属医院）
16. 紫杉醇微泡超声空化增强乳腺癌化疗的实验研究
朱梅（昆明医学院第一附属医院） 刘政（中国人民解放军第三军医大学第二附属医院） 梁红敏（昆明医学院第一附属医院）
17. 乙型肝炎病毒基因结构变异与感染宿主的相关性研究
严新民（云南省第一人民医院） 沈涛（云南省第一人民医院） 高建梅（云南省第一人民医院）
18. 肾、肝和肠缺血–再灌注损伤及缺血后处理保护机制研究
云宇（昆明医科大学） 王殿华（昆明医科大学） 武步强（长治医学院附属和平医院）
19. 云南蚊类物种生物多样性特征研究
董学书（云南省寄生虫病防治所） 周红宁（云南省寄生虫病防治所） 龚正达（云南省地方病防治所）

技术发明奖（7 项）

二等奖（1 项）

1. 甘蔗种苗温水脱毒处理设备和技术的研究示范

黄应昆（云南省农业科学院甘蔗研究所） 范源洪（云南省农业科学院、国家糖料云南甘蔗品种改良分中心） 赵卫明（云南省国防科工局研究设计院） 李文凤（云南省农业科学院甘蔗研究所） 王晓燕（云南省农业科学院甘蔗研究所） 许渌清（云南省国防科工局研究设计院） 罗志明（云南省农业科学院甘蔗研究所）

三等奖（6项）

1. 油菜育种生物技术创新与应用

王敬乔（云南省农业科学院经济作物研究所） 李根泽（云南省农业科学院经济作物研究所） 陈苇（云南省农业科学院经济作物研究所） 张国建（云南农业职业技术学院） 李劲峰（云南省农业科学院经济作物研究所）

2. 一种滇池金线鲃的繁育技术

田树魁（云南省水产技术推广站） 石永伦（云南省水产技术推广站） 华泽祥（云南省水产技术推广站） 万虎（云南省水产技术推广站） 郑泽芳（云南省水产技术推广站）

3. 乳饼标准化生产关键工艺及设备的研发与推广

黄艾祥（云南农业大学） 洪琼花（云南省畜牧兽医科学院） 孙海蛟（山东省诸城市技工学校） 虎砚颖（德国元素分析系统公司） 赵家明（大理白族自治州农业局）

4. 特种高强高导电铜合金及复合镀银石墨技术开发与应用

谢明（昆明贵金属研究所） 杨有才（昆明贵金属研究所） 李汝明（昆明贵金属研究所） 段云喜（昆明贵金属研究所） 陈力（昆明贵金属研究所）

5. 流感病毒 Vero 细胞适应株的选育及疫苗关键技术研究与应用

廖国阳（中国医学科学院医学生物学研究所） 孙明波（中国医学科学院医学生物学研究所） 周健（中国医学科学院医学生物学研究所） 马磊（中国医学科学院医学生物学研究所） 宋绍辉（中国医学科学院医学生物学研究所）

6.《医学影像三维立体解剖图谱》的开发与研制

杨洪文（成都军区昆明总医院） 洪愉（成都军区昆明总医院） 陈翼（成都军区昆明总医院） 瞿良（成都军区昆明总医院） 付阳（成都军区昆明总医院）

科学技术进步奖（160项）

特等奖（2项）

1. 物种多样性控制病虫害技术体系构建及应用

云南农业大学 中国农业科学院植物保护研究所 中国农业大学 复旦大学 华南农业大学 福建农林大学

朱有勇 李成云 陈万权 李隆 骆世明 卢宝荣 尤民生 李正跃 何霞红 陈欣 陈斌 段霞瑜 王云月 朱书生 章家恩 王海宁 李炎 杨广 谢勇 孙雁 高东 刘林 杨静 汤东生 昝庆安 严乃胜 肖春 桂富荣 陈国华 陈建斌

2. 复杂混合铜矿高效回收新技术及应用

昆明理工大学 昆明汤丹冶金有限责任公司 昆明风景矿业有限公司 昆明滥泥坪冶金有限责任公司 云南迪庆矿业开发有限责任公司

文书明 张文彬 彭金辉 方建军 刘殿文 沈敏 赖远辉 王永昆 张仪 刘丹 章晓林

一等奖（16项）

1. 主要鲜切花种质创新与新品种培育

云南省农业科学院花卉研究所 昆明虹之华园艺有限公司 云南云科花卉有限公司 云南锦苑花卉产业股份有限公司 云南英茂花卉产业有限公司 玉溪明珠花卉股份有限公司 云南丽都花卉发展有限公司 云南格桑花卉有限责任公司 云南省花卉育种重点实验室

唐开学 王继华 瞿素萍 李绅崇 莫锡君 桂敏 王其刚 崔光芬 薛建平 吴学尉 张颢

2. 早熟高效蚕豆鲜销型品种“云豆早7”选育与应用

云南省农业科学院粮食作物研究所 宜良县农业局

包世英 王丽萍 吕梅媛 何玉华 杨峰 孙永海 和一花 唐永生 杨和团 陈清华 李聪焕

3. 紫胶资源高效培育与精加工技术体系创新集成

中国林业科学研究院资源昆虫研究所

昆明西莱克生物科技有限公司

陈晓鸣 李昆 陈又清 陈智勇 张弘 石雷 陈航 甘瑾 冯颖 马李一 王绍云

4. 中国野生生物种质资源保藏体系与关键技术创新

中国科学院昆明植物研究所 中国科学院西

双版纳热带植物园　中国科学院植物研究所
兰州大学　塔里木大学　湖南师范大学
云南大学
李德铢 龙春林 杨湘云 石雷 刘建全 李志军
刘克明 彭华 王红 王雨华 孙航

5. 树鼩饲养繁殖种群建立及其在 HCV 动物模型中的应用
中国医学科学院医学生物学研究所
昆明理工大学
代解杰 夏雪山 孙晓梅 罕园园 冯悦 江勤芳
匡德宣 陆彩霞 高家红 刘丽 黄璋琼

6. 云锡区域矿山创建与集约化采矿技术
云南锡业集团（控股）有限责任公司　中南大学　昆明理工大学
周科平 高文翔 古德生 戴云鸥 戴晓江 邓红卫
李志宏 侯克鹏 江波 杨念哥 赛德辉

7. 含锡合金物料高效分离成套技术及装备
昆明理工大学 昆明鼎邦科技有限公司
杨斌 刘大春 戴卫平 徐宝强 戴永年 李一夫
速斌 蒋文龙 熊恒 曹劲松 邓勇

8. 微电子工业用贵金属封装系列材料关键技术开发及产业化
贵研铂业股份有限公司　昆明贵金属研究所
木林森股份有限公司
朱绍武 陈家林 陈登权 许昆 谢宏潮 杨国祥
熊庆丰 刘继松 罗锡明 孔建稳 张军

9. DWL-48 连续走行捣固稳定车研发及其应用
昆明中铁大型养路机械集团有限公司
谢江生 胡斌 许建明 赵雪玉 孔雪平 张宝明
刘刚 聂嵘 沈勇 严巨龙 邱学飞

10. 电源集中送出电网振荡扰动定位及振荡解列控制技术的研究与实施
云南电力调度控制中心　南方电网科学研究院有限责任公司　南方电网电力调度控制中心　南京南瑞继保电气有限公司
李文云 吴小辰 吴琛 黄伟 柳勇军 张丹 郭琦
韩伟强 徐光虎 李玲芳 赵勇

11. 高拱坝时空特性演化机理及监控体系研究
中国水电顾问集团昆明勘测设计研究院
武汉大学　华能小湾水电工程建设管理局
邹丽春　陈胜宏　王国进　郑爱武　汤献良
傅少君 汪卫明 赵志勇 解敏 喻建清 杨光亮

12. 超高心墙堆石坝关键技术研究及工程应用
华能澜沧江水电有限公司　中国水电顾问集团昆明勘测设计研究院　清华大学
中国水电工程顾问集团公司　河海大学
大连理工大学　中国水利水电科学研究院
南京水利科学研究院 中国安能建设总公司
张宗亮　马洪琪　艾永平　袁友仁　张丙印
陈祖煜 迟世春 冯业林 速宝玉 李国英 朱俊高

13. 标准化钢结构房屋体系关键技术及产业化
云南昆钢钢结构有限公司 中冶建筑研究总院有限公司 北京赛博思建筑设计有限公司
同济大学 昆明理工大学 国家钢结构工程技术研究中心 武汉长丰赛博思钢结构工程有限公司 云南省设计院 中国京冶工程技术有限公司
刘毅 田睿 蔡玉春 李佩勋 侯兆新 李国强
陈水荣 陶忠 岳清瑞 李黎明 蔡昭昀

14. 乳腺癌发生的分子机制与临床应用
成都军区昆明总医院 四川大学华西医院
军事医学科学院军事兽医研究所
杨举伦 步宏 王丽 李宝林 魏兵 陈玥 徐澍
邹红 魏维 刘婷婷 史元元

15. 云南省公路行业建设、管理、养护云服务平台建设与应用示范
云南省公路局 云南省交通科学研究所
吕云锋 张长生 陈勤彦 杨渝 王晶 段明磊
李德才 王瑜 张坤 裴丽娅 缪应锋

16. 昆船自动化物流系统装备协同创新工程
昆明船舶设备集团有限公司

二等奖（34 项）

1. 高产稳产玉米杂交种云瑞 6 号的选育
云南省农业科学院粮食作物研究所 云南田瑞种业有限公司 弥勒县农业技术推广中心
建水县种子管理站 会泽县农业技术推广中心
文山壮族苗族自治州农业科学院 曲靖市农业技术推广中心
番兴明 汪燕芬 陈威 陈洪梅 王增明 李志刚
杨加玉 段吉才 施泽柱

2. 云南外销蔬菜可持续发展关键技术集成创新与应用
云南省农业科学院园艺作物研究所 云南省农业科学院农业环境资源研究所 云南省农业科学院质量标准与检测技术研究所 云南省农业技术推广总站 云南思农蔬菜种业发展有限责任公司 昆明晨农绿色产品有限公司 通海县经济作物工作站
钟利 梁明泰 尚慧 刘跃明 龙洪进 龚亚菊
李石开 张丽琴 李家瑞

3. 甘蔗糖业循环经济产业化关键技术研究与开发应用

云南省农业科学院甘蔗研究所 云南省轻工业科学研究院 云南省草地动物科学研究院 云南永德糖业集团有限公司 云南英茂糖业有限公司
张跃彬 高正卿 黄必志 李世平 耿怀建 郭家文 陈勇 段进军 张之康

4. 红云红河集团绿色烟叶生产技术研究及示范
红云红河烟草（集团）有限责任公司 云南省农业科学院农业环境资源研究所
王绍坤 罗华元 常寿荣 王超 杨应明 陈初 李金平 陈兴位 闫辉

5. 危险性病害松树萎蔫病的监测、预防和除治技术
云南农业大学 德宏州傣族景颇族自治州林业有害生物防治检疫局 西南林业大学 云南大学 云南出入境检验检疫局
喻盛甫 周平阳 徐正会 王扬 乔敏 蒋小龙 李正跃 陈玉惠 杜宇

6. 云南森林火灾扑救辅助指挥信息系统的创新与应用
西南林业大学
周汝良 邓忠坚 叶江霞 赵璠 龙晓敏 丁琨 王艳霞 高仲亮 黄晓园

7. 云南干热河谷优良牧草筛选、栽培和利用技术集成与示范
云南省农业科学院热区生态农业研究所 云南省农业科学院热带亚热带经济作物研究所
龙会英 朱红业 张德 吕玉兰 史亮涛 张明忠 金杰

8. 云南省动物狂犬病病原监测及分子流行病学研究与应用
云南省动物疫病预防控制中心 成都军区疾病预防控制中心
张应国 张富强 张文东 范泉水 赵焕云 黄文忠 马坤 胡挺松 董国栋

9. 中国（云南）–东盟自由贸易区–南亚区域合作联盟空间信息公共平台
云南省基础地理信息中心 中国测绘科学研究院 云南省人民政府办公厅办公自动化技术中心
金宝轩 王亮 刘康 刘云碧 李树屏 谭海 李玉英 陶坤旺 范志坚

10. 非优质原煤大型合成氨洁净生产技术
云南天安化工有限公司 中国五环工程有限公司
江凌 黄天江 张元梁 赵学诗 张强 邓明 刘强 吴祥 陈忠国

11. 短流程铜电解清洁生产技术创新及产业化
云南铜业股份有限公司
王冲 代红坤 张邦琪 陈忠良 黄太祥 李啸东 杨世莹 徐刚芳 刘利民

12. 蓝宝石晶片产业化关键技术
云南蓝晶科技股份有限公司
吴康 吴龙驹 孔令东 马庆伟 瞿伟 胡文宏 殷国祥 王鸿伟 孟进有

13. XK（H）2740大（重）型、精密数控定梁动龙门镗铣床
沈机集团昆明机床股份有限公司
许昆平 赵建华 严江云 彭梁锋 封光磊 李跃年 刘啸 张高峰 蒋维

14. 高速、高等级公路科技管控交通违法与安全保障系统
昆明理工大学 云南省公安厅交通警察总队
王锋 陈辉 戴伟 李淦山 黄伟 卫守林 梁波 李永疆 邓辉

15. 云南省科技奖励管理信息系统
云南省科学技术情报研究院
郇平 马继涛 李鑫 李俊 黄红伟 吴斌 张虹霞 杜军 谭鹏

16. 强震区高碾压混凝土重力坝抗震的关键技术问题研究及工程应用
中国水电顾问集团昆明勘测设计研究院 河海大学 大连理工大学 清华大学 武汉大学水利水电学院 成都理工大学
洪永文 杜成斌 林皋 张楚汉 邓良军 江守燕 周晶 徐艳杰 陈灯红

17. 云南高原山地典型退化环境的生态修复
云南大学 牟定县水务局 云南省农业科学院热区生态农业研究所
段昌群 王震洪 付登高 方海东 刘嫦娥 胡斌 雷冬梅 彭丽英 杨雪清

18. 新农村气象信息服务体系建设研究及推广应用
玉溪市气象学会 玉溪市气象局 昆明市气象局 云南省元江哈尼族彝族傣族自治县气象局 云南省峨山彝族自治县气象局 玉溪惠人信息电子科技有限公司
杨韬 李文祥 解福燕 郭小波 白学文 丁圣 张自祥 杨海光 杨红

19. 美洲大蠊提取物心脉隆注射液的研究及产业化
大理学院 云南腾药制药股份有限公司
李树楠 刘光明 胡忠 杜一民 彭芳 邵维在 张华明 方春生 王成军

20. 滇藏高原地区军地人员疾病谱及其相关问题对比分析与应用

成都军区昆明总医院

张步振 张音 张彦 刘辉 胡剑超 赵锐 杨贵凌 任忠文

21. 高海拔地区胸部外伤新型救治方法的推广应用

成都军区昆明总医院 中国人民解放军第六十中心医院

石云 张道全 赵青 张利 陈小波 罗国军 陈瑜 蔡文科

22. 骨髓干细胞技术体系和若干疾病动物模型的建立及治疗

成都军区昆明总医院 云南省第二人民医院

潘兴华 庞荣清 凌斌 肖丽佳 郭海 蔡学敏 邓永丽 刘力 何洁

23. 经胸心脏超声震波治疗复杂冠心病应用

昆明医学院第一附属医院

郭涛 陈明清 王钰 陶四明 孙帅 蔡红雁 羊超 杨萍 彭云珠

24. 爆震性耳聋易感基因突变及其在临床诊断和防治中的应用

成都军区昆明总医院 中国人民解放军总医院 中国人民解放军 77200 部队

薛希均 康东洋 滕晓雪 曹现宝 戴朴 严旭坤 张艳 郭晓民 钟玲

25. 肝移植术后早期并发症的防治与治疗

昆明医学院第一附属医院

曾仲 陈明清 黄汉飞 段键 许汪斌 梁荣毕 钱传云 李珍 张海燕

26. 趋化因子受体 CXCR4、CCR7、CCR6 和 CXCR7 在消化道肿瘤中的表达及其意义

云南省第一人民医院 云南省镇雄县人民医院

郭强 唐慧 唐晓丹 耿嘉蔚 何甜 张宏义

27. 滇产中草药抗 MRSA 等药物筛选技术创建与应用

成都军区昆明总医院 云南中医学院 中国科学院昆明植物研究所

左国营 边中启 韩峻 王根春 郝小江 徐贵丽 张云玲 孔繁凡 余巍

28. 碘-125 粒子组织间植入内放射治疗乳腺癌的临床应用

云南省第二人民医院

罗开元 李晓刚 张万福 毛文源 李波 刘娟娟 杨嵘 陆平 褚焱

29. 云南家鼠鼠疫防控关键技术支撑与应用

云南省地方病防治所

董兴齐 王国良 梁云 王鹏 宋志忠 吴鹤松 张洪英 蔡文凤 马永康

30. 云南边境地区疫情疫病联防联控"3+1"防线体系建设与应用

云南出入境检验检疫局检验检疫技术中心

范国珍 但国义 姜鹤 徐自忠 蒋小龙 杨学兵 张云坤 李先 脱凌

31. 高速公路机电系统养护管理评价技术

云南省公路开发投资有限责任公司，云南云岭高速公路交通科技有限公司，交通运输部公路科学研究院

高一峰 毛继斌 张智勇 杨强 董瑞常 朱立伟 吕波 方正鹏 马赟

32. 云南省交通安全统筹在线信息管理系统

云南省交通科学研究所，云南省交通安全统筹中心

杨廷仁 邝建云 王伟民 陈瑶 姚庆华 冯兴林 杨圣文 周庆福 李志中

33. 云锡顶吹熔炼技术创新工程

云南锡业集团（控股）有限责任公司

34. 云南白药集团创新工程建设

云南白药集团股份有限公司

三等奖（108 项）

1. 优质高产高海拔粳稻新品种"凤稻 19 号"的选育

大理白族自治州农业科学研究所

宋天庆 赵慧珠 杨树荣 李锦秀

2. 洱海流域农业污染控源减排技术集成与生态补偿模式研究与示范

农业部环境保护科研监测所 大理白族自治州农业环境保护监测站 农业部规划设计研究院

张克强 张玉华 杨鹏 刘东生 倪喜云 王风 李想

3. 规范化陆稻新品种与玉米间作技术研究与示范

云南省农业科学院粮食作物研究所 普洱市农业科学研究所 文山州壮族苗族自治州农业科学院

徐鹏 闻禄 李云 李玉国 丰诗尧 陶大云 李静

4. 优质粳稻新品种云粳 12 号、云粳 15 号选育及应用

云南省农业科学院粮食作物研究所 保山市隆阳区农业技术推广所 曲靖市农业技术推广中心 曲靖市麒麟区农业技术推广中心 大理白族自治州农业科学研究所

赵国珍 世荣 戈芹英 朱振华 蒋聪 苏振喜 唐玉芳

5. 优质强筋抗病小麦新品种"云麦 57"选育及应用
云南省农业科学院粮食作物研究所
于亚雄 杨金华 杨俊华 胡银星 程耿 和忠 王增明

6. 云南啤酒大麦新品种选育及生产技术研究与产业化
云南省农业科学院生物技术与种质资源研究所 中国农业科学院作物科学研究所 云南省弥渡县种子管理站 大理白族自治州农业科学研究所 曲靖市农业科学院
曾亚文 普晓英 张京 李国强 潘超 唐永生 刘猛道

7. 云南两系杂交稻安全高效制种技术研究与应用
云南省农业科学院粮食作物研究所 云南金瑞种业有限公司 云南省水富县种子管理站
卢义宣 涂建 奎丽梅 杨久 李华慧 黄平 辜琼瑶

8. 优质杂交超甜玉米德超甜 2 号选育及示范
云南省德宏傣族景颇族自治州农业科学研究所
黄必华 肖卫华 张晓梅 张碧胜 赵保国 谷春莲 李仲达

9. 罗平小黄姜技术标准研制与示范
罗平县生姜技术推广站 罗平县质量技术监督局
申恩情 李树清 葛丽清 张万坤 刘杰 徐云 赵国晶

10. 云南烟草种质资源的妥善保存技术研究与有效利用
云南省烟草农业科学研究院
许美玲 李永平 陈学军 马文广 肖炳光 殷端 柴家荣

11. 岫系粳稻新品种选育应用与技术创新
保山市农业科学研究所
钏兴宽 康洪灿 孙文涛 李国生 王锦艳 陈国松 尹开庆

12. 生化技术在构建中式卷烟中的应用–烟叶醇化提质和废弃烟叶再利用
红云红河烟草（集团）有限责任公司，云南大学
段焰青 武怡 杨金奎 曾晓鹰 张克勤 者为 王明锋

13. 云南境外毒品替代作物病虫害控制技术研究与应用
云南出入境检验检疫局技术中心
寸东义 丁元明 李旻 白永华 邓裕亮 李天会 周剑

14. 农作物病虫害专家系统的研究与构建
云南农业大学 云南省植保植检站 昆明市植保植检站 保山市植保植检工作站 云南省德宏州傣族景颇族自治州植保植检站
陈海如 孔宝华 杨毅 周金玉 孙跃先 吕建平 邱靖

15. 高产优质抗病杂交玉米"滇超甜 1 号（金穗 6 号）"的选育及应用
云南农业大学
朱永平 周苏文 赵磊峰 和凤美

16. 国优一级香型软米杂交水稻新品种文富 7 号选育与应用
文山州壮族苗族自治州农业科学院 四川隆平高科种业有限公司
李存龙 杨芬 罗龙 罗天刚 杨清松 刘娜 缪培忠

17. 香料烟农药残留控制技术的研究与应用
云南烟草保山香料烟有限责任公司 云南省烟草农业科学研究院 云南省农科院农业环境资源研究所
兰应海 方敦煌 唐旭兵 李光西 宋春满 宋玉川 罗琳

18. 云南省主要针叶林种实害虫生态学特性及种实害虫防治技术
西南林业大学 楚雄彝族自治州林业有害生物防治检疫局 玉龙纳西族自治县林业局 楚雄市林业局
潘涌智 熊忠平 王辉 毕加勋 张珍荫 和玉华 刘建宏

19. 橡胶树气刺微割采胶新技术试验示范
云南省热带作物科学研究所 云南省天然橡胶产业股份有限公司勐满橡胶分公司 云南省天然橡胶产业股份有限公司东风橡胶分公司
李明谦 陈勇 魏小弟 校现周 张长寿 宁连云 雷建林

20. 宜良年产 300 万只绿色肉鸭产品产业化开发示范
昆明宜良李烧鸭食品有限责任公司 云南省畜牧兽医科学院
李明 杨斌 常志顺 王传禹 刘艳丽 赵蓉 李承桦

21. 饲料生产与品控新技术研究

玉溪快大多畜牧科技有限公司
杨保和 袁明凤 窦舒民 方红文 代红俊 杨伟成 柴兰珍

22. 云南倒刺鲃人工驯养繁殖技术研究
玉溪市水产工作站 江川县水产技术推广站
张四春 张培清 夏黎亮 张友存 王宝云 杨崇保 梁用本

23. 强磁性矿石碎矿作业除铁新技术与设备开发
玉溪矿业有限公司 昆明理工大学
戴惠新 李德 贾瑞强 高利坤 王春 吴东旭 艾春龙

24. 云南省农用地分等及应用
云南农业大学 云南省国土资源厅国土规划整理中心
余建新 杨明全 郑宏刚 刘淑霞 姜锦云 郝莉莎 廖晓虹

25. 转炉钢渣资源综合利用新技术开发及应用
昆明冶金研究院 武钢集团昆明钢铁股份有限公司炼钢厂
白荣林 屠建春 普国联 徐晓军 陆永军 业超 成建

26. 卷烟抽吸感官生理效应研究及在卷烟中的应用
红云红河烟草（集团）有限责任公司 云南烟草科学研究院
冯斌 段焰青 李雪梅 者为 杨叶昆 王明锋 蒋举兴

27. 清香型中式卷烟风格品类特征的研究
红塔烟草（集团）有限责任公司 云南烟草科学研究院
董伟 白晓莉 牟定荣 龚荣岗 张育光 彭国岗 尹梅

28. 碎煤熔渣加压气化技术研究开发
云南煤化工集团有限公司 云南解化清洁能源开发有限公司
王磊 向军 段虹 彭辅元 徐煜 王志鸿 王朝文

29. 高端磷酸氢钙系列产品大型装置技术的开发与应用
云南天创科技有限公司 云南省化工研究院
杨陆华 余杰 周晓清 黄千钧 方今 朱刚 段小波

30. 大型硫磺制酸装置先进技术集成研究与应用
云南云天化国际化工股份有限公司
薛毅 李士德 唐应生 沈立莹 孙贵兴 周绍彪 马怀佩

31. 羊拉铜矿难处理矿物选冶技术工艺研究及产业化示范
云南铜业（集团）有限公司 广州有色金属研究院 云南迪庆矿业开发有限责任公司
顾晓春 邱显扬 张新普 张仪 何晓娟 周煜 邓蕊

32. 高强度冷镦和冷挤压用钢技术研发及产业化
武钢集团昆明钢铁股份有限公司
张卫强 李恒云 陈伟 王卫东 陈寿红 李金柱 詹道平

33. 大容量矿热炉工业硅工艺技术创新及产业化
云南永昌硅业股份有限公司，昆明冶金研究院
周昌武 张安福 李宗有 包崇军 和晓才 周开亮 李怀仁

34. XK2130大（重）型数控龙门镗铣床
沈机集团昆明机床股份有限公司
朱祥 许昆平 王亚东 周亚雄 李跃年 何春树 彭梁锋

35. 饮用山泉水、风味面制小食品及食品中18种金属含量同时检测地方标准制订
云南省产品质量监督检验研究院
于国忠 尹丽珠 杨凡 何中石 张学忠 马雪涛 王仕兴

36. “云烟”等品牌低焦低害产品研究开发
红云红河烟草（集团）有限责任公司 云南瑞升烟草技术（集团）有限公司 华宝食用香精香料（上海）有限公司
曾晓鹰 冯洪涛 张天栋 胡巍耀 付磊 李赓 李成斌

37. 箱式储叶工艺技术应用研究
红云红河烟草（集团）有限责任公司
武怡 王慧 徐跃明 杨晶津 曾熠程 翁瑞杰 向成明

38. 自动化卷烟仓储及条烟分拣配送系统的研制开发
昆明船舶设备集团有限公司
丁兴 曹莉芳 鲍立威 崔维 程哲 张晓昆 刘文新

39. KGN12A-40.5kV户内铠装固定式金属封闭开关设备
云南云开电气股份有限公司
龚绍成 孔祥品 刘大宏 谢炳忠 张丽红

40. 云电科技园智能微网研究及示范工程建设
云南电力试验研究院（集团）有限公司电力研究院 云南电网公司技术分公司
严玉廷 曹昆南 杨晴 谭旻 崔玉峰 苏适 陈晶

41. 云南电网技术监督数据分析平台研究与建设
云南电力试验研究院（集团）有限公司电力研究院，云南电网公司，云南电网公司技术分公司
曹敏 薛武 吴毅 魏杰 文华 陈鹏 罗学礼

42. 支持电动汽车应用发展的电网充放电技术研究及示范工程
云南电力试验研究院（集团）有限公司电力研究院 云南电网公司 云南电网公司昆明供电局
崔玉峰 郑易谷 游若莎 谢晓虹 周昆云 余冰 杨晴

43. 数博中小企业全程商务协同平台
昆明数博兰德科技有限公司
傅铁威 杨平 罗年庆 饶维 杜红云 柯鑫 吴建国

44. 工业燃煤锅炉多参数优化控制系统
昆明理工大学
黄宋魏 童雄 和丽芳 张博亚 龙华 黎成 段定寿

45. 横机数字自动控制系统研究开发与推广应用
昆明理工大学 云南省楚雄监狱
张云生 王剑平 张果 朱铮 李钟明 李鹏 李正平

46. 西双版纳傣文新闻网站系统研发
西双版纳报社 潍坊北大青鸟华光照排有限公司
刀福祥 殷建民 唐金宝 玉康龙 袁振德 岩三 吕建春

47. 云南三农通信息服务平台
新华通讯社云南分社 云南省农业科学院 中国移动通信集团云南有限公司 昆明翔天科技有限公司
徐玉长 高玉芬 肖植文 李银 范立云 邓泉 朱洪涛

48. 面向服务体系架构（SOA）的企业信息集成平台研究及建设应用
云南电网公司技术分公司 云南云电同方科技有限公司
徐兵元 周兴东 张建文 胡永华 张大伟 王显龙 吴迟林

49. 云南省网上信访系统
云南省电子政务网络管理中心 中共云南省委办公厅 云南省人民政府办公厅信访局 云南省通信产业服务有限公司
侯刚 刘迎仙 孙荣燕 易兰青 林军 余益民 李俊澄

50. 云南省无线电监测网三期项目关键技术研发与应用
云南省无线电监测中心
陈德章 李霖 冯云 陈志钢 唐皓 李玲 薛岗

51. 向家坝水电站超长皮带骨料运输系统关键技术研究与实践
中国长江三峡集团公司 中国水电顾问集团中南勘测设计研究院 中国水利水电第八工程局有限公司 长江三峡技术经济发展有限公司
樊启祥 于文星 谭建平 彭冈 冯树荣 车公义 邓三才

52. 昆明城市水安全评价及保障对策研究
云南省水文水资源局昆明分局 云南师范大学
柏绍光 方绍东 黄英 史正涛 刘新有 崔松云 李显鸿

53. 高水头链轮门、弧门结构设计研究
中国水电顾问集团昆明勘测设计研究院 中国水利水电科学研究院 河海大学
曹以南 余俊阳 李自冲 马仁超 易春 曹慧颖 李荣

54. 喀斯特地区高填方综合处理技术在机场工程中的应用研究
云南建工集团有限公司 云南省建筑科学研究院 云南建工水利水电建设有限公司 云南建工第四建设有限公司
甘永辉 沈金柱 罗开明 钟娅 沈家文 雷浩 杨见桥

55. 东川泥石流河砂资源化利用研究及工程应用示范
云南建工集团有限公司
马敏超 李章建 甘永辉 梁丽敏 李昕成 李翔 林培仁

56. 绿色高性能混凝土关键技术研究—利用地方材料开发应用绿色高性能混凝土
云南建工集团有限公司 中国建筑科学研究院（建筑工程材料及制品研究所）
李章建 冷发光 李昕成 丁威 黄文君 田冠飞 吕剑锋

57. 焦炉烟道废气煤调湿技术研究及示范工程
昆明焦化制气有限公司
张国庆 张丕祥 杨勇 张琼芳 刘勇刚 张斌 宁柏林

58. 云南省高原湖泊人工湿地技术规范研究
云南省环境科学研究院

陈静 杨逢乐 和丽萍 田军 李跃青 赵祥华 聂菊芬

59. 云南人工增雨数值模式产品应用系统研发与推广

云南省气象科学研究所 云南省人工影响天气中心

段玮 沈鹰 许迎杰 蒙曙光 刘奇俊 马占山

60. 磷矿开发对湖泊的影响及控制技术

中国科学院南京地理与湖泊研究所 玉溪市环境科学研究所

冯慕华 刘红 李文朝 王林 金星 李荫玺，柯凡

61. 基因工程重组蛋白技术体系的创新与应用

中国医学科学院医学生物学研究所

李智华 姬秋彦 孙强明 闫玲梅 李健峰 肖红剑 彭正华

62. 灯盏花素专用型灯盏花新品种选育与直播栽培技术研究及示范

红河千山生物工程有限公司 云南农业大学

杨生超 杨建文 王平理 李国兴 潘应花 吴道聪 孟珍贵

63. 铁皮石斛新品种选育及配套技术应用

红河群鑫石斛种植有限公司 云南农业大学

文国松 查应洪 徐绍忠 段承俐 曾淑华 孟衡玲 刘雅婷

64. 白内障手术围术期的临床护理应用

成都军区昆明总医院

邹红 凌云霞 刘鲁霞 胡国蓉 郑天娥 谢伯林 高建华

65. 困难颈内静脉置管术的因素分析及并发症的预防策略

成都军区昆明总医院 浙江大学医学院附属第二医院

张承华 张茂 麻伟青 董发团 杨俭新 杨云丽 王慧明

66. 骨科脊柱手术模拟系统的建立与运用

昆明医学院第一附属医院 北京航空航天大学

何飞 席平 赵学凌 何利平 韩丹 何波 殷亮

67. 佤族、哈尼族、基诺族精神分裂症流调及3个基因的关联研究

昆明医学院第一附属医院

杨建中 康传媛 许秀峰 刘华 曾勇 杨晓斌 刘小彦

68. 枢椎骨折手术治疗的临床应用

中国人民解放军第五十九中心医院

陈建明 张成程 庄颖 许天明 王元山 文景 周艳

69. 冠心病患者相关基因多态性的检测

成都军区昆明总医院

杨丽霞 石燕昆 郭瑞威 齐峰 郑甲林 徐安妨 任丽

70. 可回收性腔静脉滤器在静脉血栓病中预防肺动脉栓塞的临床应用

成都军区昆明总医院

周兴立 陈翠菊 郭曙光 尹存平 方伟 张鹏 彭明生

71. 图像引导调强放疗头颈部肿瘤PTV描述

成都军区昆明总医院

刘均 陈宏 陈飞 王永刚 张国桥 刘跃 张利

72. 医学图像处理技术的开发与应用

成都军区昆明总医院 云南省第一人民医院 中山大学生命科学学院

李晶 赵海燕 李鲲鹏 王振洲 徐志荣 朱弋 李朝伟

73. 综合医院现代化门诊规范管理与优质护理服务的应用

成都军区昆明总医院

靳杭红 张静 石敏 杨志明 邝丽新 韩翠艳 杨灿琼

74. 德宏州美沙酮维持治疗六年探索研究与应用

德宏傣族景颇族自治州疾病预防控制中心 云南省药物依赖研究所 德宏傣族景颇族自治州防治艾滋病局

段松 李建华 尹正留 杨顺生 杨光文 杨跃诚 张保森

75. 肺心清胶囊对肺心病疗效的实验及临床影响

昆明医学院第二附属医院

李青 赵国厚 宋精玲 角建林 尚建华 詹文涛 侯安国

76. Calpain-10、FOXC2、ecNOS、IAPP基因多态性与2型糖尿病临床指标的关系及应用

昆明医学院第一附属医院

李红 吴斌 念馨 徐玉善 蒋世钊 张旭祥 李春

77. SYNTAX评分系统在无保护左主干病变选择不同血运重建策略中的应用

云南省第一人民医院 昆明医学院第一附属医院 大理白族自治州人民医院

庞明杰 张宏 陶杰 赵燕 张云梅 吴永昕 杨艳萍

78. 白血病患者异基因造血干细胞移植后细胞及分子遗传学检测的临床应用

云南省第一人民医院
李正发 沈晓梅 唐新华 章印红 梁志松 朱宝生 史克倩

79. 病人自控镇痛技术（PCA）在日间手术的系列应用
云南省第一人民医院 昆明理工大学
李艳华 金华 郭强 张振勇 李江 杨亚玲 朱丽璇

80. 儿童急性白血病规范化诊疗方案在云南地区的推广应用
云南省第一人民医院
马燕 李利 王剑峰 汤春辉 杨映惠 万健 刘爱琳

81. 妊娠期肝内胆汁淤积症相关基因多态性与低分子肝素治疗的应用
云南省第一人民医院 临沧市人民医院
冯云 艾瑛 沈涛 赵国翠 刘珺 陆琼 柯云梅

82. 妊娠相关蛋白 A、抑制素 A 在妊高征发病机制及预测中的临床推广应用
云南省第一人民医院
董旭东 江江 吴云萍 陈桂仙 颜芳 梁虹 赵飞飞

83. 选择性肾段动脉阻断的后腹腔镜肾部分切除术的改良应用
云南省第一人民医院
肖民辉 余闫宏 李伟 杨桦 张科 齐书武 杨小华

84. 早期诊断大肠癌的多基因筛选与基因检测技术的应用
云南省第一人民医院
唐慧 严新民 郭强 朱军 董虹 邹云莲 高建梅

85. 云南省非脊灰肠道病毒分子流行病学特征及应用
云南省疾病预防控制中心
丁峥嵘 赵智娴 汤晶晶 张杰 罗梅 陆林 田炳均

86. 职业砷接触致遗传物质特异性损伤检测评价与应用
云南省疾病预防控制中心 红河哈尼族彝族自治州疾病预防控制中心
文卫华 成会荣 陆林 杨军 李良 曹叔翘 李刚

87. 体外药物敏感实验为依据的恶性脑胶质瘤个体化化疗临床应用
云南省肿瘤医院 昆明医学院第三附属医院
倪炜 罗林 左频 袁红平 李佳 范耀东

88. 云南高原天然药物防辐射动物实验与临床应用
云南省肿瘤医院 昆明医学院第三附属医院 云南省中医中药研究院
李文辉 秦继勇 常莉 王曙光 刘颖 张国良 郭娜

89. 降低吸毒人群 HIV 新发感染率、死亡率综合性评价
玉溪市疾病预防控制中心
赵金仙 高良敏 陈良 郭春园 鲁建波 张洪军 李顺祥

90. 云南昭通煤染高氟区人群口腔健康状况抽样调查
云南省第二人民医院 云南省疾病控制局
范群 姚霜 王冰 季娟娟 胡守敬 者丽萍 王婉

91. 云南农业土著知识保护利用技术体系的创立及其应用
云南省农业科学院生物技术与种质资源研究所 云南省农业科学院农业经济与信息研究所 意大利国际植物遗传资源研究所北京办事处
戴陆园 游承俐 伍少云 张宗文 徐福荣 阿新祥 肖卿

92. 基于持续创新动力、能力、绩效的创新型企业评价研究
昆明理工大学
向刚 李兴宽 熊觅 陈晓丽

93. 昆明理工大学科技园建设与发展模式
昆明理工大学
刘杨 朱杰勇 傅红 赵党书 李成华 刘伟 王雷

94. 云南（昆明）深圳产业基地建设思路研究
云南省人民政府研究室
李坚 杨升金 张静梅 叶玲 聂元飞 陈福勇 经壮

95. 在东南亚国家进行水电开发建设的法律风险防范研究
中国水电顾问集团昆明勘测设计研究院 云南大学东盟国家法律研究中心
杨光亮 李举红 毛丽苹 杨光 吴毅 米良 罗刚

96. “中国—东盟科技论坛”持续发展运作机制实施方案研究
云南省科学技术发展研究院
李平 董漪 王泽华 李雯 路娜 普卫东

莫泰尧

97. 云南省粮食安全新策略及其政策框架研究
云南农业大学 浙江省社会科学院
张海翔 赵鸭桥 闻海燕 张德亮 李宏 王润伟 普雁翔

98. 云南省生物多样性保护工程规划研究
云南省林业调查规划院
华朝朗 赵元藩 宋劲忻 余昌元 胡箭 王钰 晁增华

99. 云南省突发重特大自然灾害救灾款物审计应急管理研究
云南省审计科研培训中心 云南财经大学
曹忻 朱锦余 李光明 李宗华 朱芮影 刘涛 李小军

100. 安宁市城乡公交一体化规划研究
昆明理工大学 安宁市交通运输局 云南昆明交通运输集团有限公司安宁公共汽车分公司
邹毅 张瑾 蔡志勇 王顺祥 张兴虎 王清红 李建华

101. 超长桩、体外索、钢箱拱桥新技术研究
大理市运输交通局 云南省公路科学技术研究院 同济大学
谭晓琦 赵勇超 徐利平 陈发本 戴利民 陈绍辉 段毅

102. 车站货物装卸作业生产管理系统
昆明铁路局 昆明铁路局信息技术处
陈冰 卢亚东 潘云松 王雷 陶樯 吴起坤 张克诚

103. 节能三联热水及空调综合运用系统
昆明铁路局科学技术研究所 昆明铁路局计划统计处 昆明铁路局昆明生活段
杨贵荣 王耕捷 曾进忠 官崇祺 张涛 余梅玲 刘圣力

104. 旅客列车可控制动试验系统
昆明铁路局科学技术研究所 昆明铁路局，昆明铁路局昆明车辆段
李志勇 叶本春 郭成 吴兴典 钱辉 李华建 李绍斌

105. 高速公路桥梁伸缩缝快速更换关键技术研究
云南省公路开发投资有限责任公司 云南云岭高速公路养护绿化工程有限公司 重庆交通大学
李国锋 蒋鹤 周建庭 严恒 唐谷祥 严克波 严斌

106. 基于路面性能衰变规律的沥青路面预防性养护决策技术研究
云南省公路开发投资有限责任公司 云南云岭高速公路养护绿化工程有限公司 长安大学
王高 郝培文 李俊锋 李国锋 蒋鹤 黄凌 刘红瑛

107. 云南高原山区农村公路建设综合技术研究
云南省交通规划设计研究院 长安大学 昆明理工大学 昆明市西山区交通运输局
张发春 李忠海 郝培文 周亦唐 吴永芳 阮旭伟 陈华

108. 民用机场战略规划管理信息系统
云南机场集团有限责任公司 中国民航大学
刘明 于剑 李盈霖 冯兴杰 付伟鸣 崔婷 孙延安

2012第四届“云南青年创业省长奖”获得者名单

马　睿　女，回族，1978年3月生，群众，大专文化，昆明官渡区阳光宝贝母婴护理馆总经理。

冯云春　汉族，1977年10月生，群众，大专文化，弥勒县艺丰商贸有限公司董事长。

刘金峰　女，佤族，1971年9月生，群众，初中文化，普洱市西盟佤山服饰有限公司总经理。

许正雄　汉族，1967年3月生，群众，硕士，保山市隆阳区双虹农产品种植专业合作社理事长。

余跃先　彝族，1970年10月生，中共党员，大专文化，南华县咪依噜天然食品开发有限责任公司董事长。

张　严　汉族，1972年12月生，中共党员，大学文化，文山盘龙山生态农业综合开发有限公司董事长。

李大剑　汉族，1967年4月生，群众，大学文化，云南百集龙集团总裁。

李志海　白族，1975年5月生，中共党员，硕士，大理纳思屋业有限公司董事长。

李怀昌　汉族，1976年6月出生，民革党员，大学文化，丽江阳光劳动服务有限责任公司总经理。

贺　靖　汉族，1986年6月生，中共党员，大学文化，昆明赢携科技有限公司总经理。

2012第四届“云南青年创业省长奖”提名奖获得者名单

厉　君　汉族，1975年11月生，群众，大学文化，云南楚雄天利药业有限公司总经理。

艾镇云　汉族，1970年9月生，中共党员，高中文化，安宁螳川印象餐厅总经理。

刘佳佳　女，汉族，1972年2月生，中共党员，大专文化，砚山县方圆贸易有限公司总经理。

许　雯　女，汉族，1968年12月生，群众，大学文化，昆明日日新清洗保洁有限公司总经理。

张　涛　汉族，1977年7月生，民建省委委员，硕士，昆明市护苗学生营养食品有限公司总经理。

李　珍　汉族，1975年7月生，中共党员，大专文化，云南四方街商贸有限公司总经理。

李永刚　汉族，1975年8月生，中共党员，高中文化，大姚金沙林牧产业发展有限公司总经理。

李贤民　汉族，1984年8月生，共青团员，硕士在读，云南红土地农业生产资料有限公司董事长。

李洪兵　汉族，1969年11月生，农工党员，大学文化，昆明济健生物科技有限公司董事长。

李洺贤　汉族，1981年2月生，群众，大专文化，云南新天瑞园林绿化工程有限公司总经理。

陈永胜　汉族，1969年6月生，中共党员，高中文化，楚雄市鸿福商贸有限责任公司总经理。

陈丽琼　女，汉族，1971年8月生，中共党员，初中文化，泸西县兴安禽业有限公司经理。

陈泊名　汉族，1970年10月生，中共党员，硕士，云南吉成投资有限责任公司董事长。

柯应美　女，汉族，1969年6月生，群众，大专文化，施甸县美良园艺有限责任公司董事长。

赵志然　汉族，1974年9月生，群众，硕士，昆明浩帆商贸股份有限公司董事长。

徐永芬　女，汉族，1968年11月生，中共党员，初中文化，武定县武狮农特产品营销专业合作社理事长。

秦晓绍　汉族，1973年4月生，中共党员，中专文化，红河五里冲生态茶业有限公司董事长。

靳理江　汉族，1975年12月生，中共党员，中专文化，元谋朝阳牧业有限公司经理。

魏红东　汉族，1972年12月生，群众，大专文化，云南凤凰水利水电工程集团有限公司董 事长。

人　物

Figures

2012年入选云南省第十五批中青年学术和技术带头人后备人才名单

(46人)

云南大学

胡金明　李　涛　梁双陆

严胜骄　岳　昆　赵鹤云

昆明理工大学

雷基林　钱　斌　王宏镔

魏永刚　张利波

云南师范大学

陈光杰　黄海涛　刘丰祎　郑永刚

云南农业大学

邓君明　赵银河　何霞红

云南财经大学

段云龙　王汉权

云南民族大学

李若青　杨　淬

西南林业大学

何承忠　赵瑞琳

昆明医学院

李　凡

云南省中医学院

赵　荣

昆明学院

胡　敏　王　海

大理学院

苏鸿雁

曲靖师范学院

胡兴东

玉溪师范学院

刘　云

云南省第一人民医院

李启艳　孟　强

昆明医学院第一附属医院

祁文瑾　邵建林

昆明医学院第二附属医院

陈　斌

昆明医学院第三附属医院

叶联华

成都军区昆明总医院

贺建昌

成都军区疾病预防控制中心

郑　颖

云南省农业科学院

胡　剑

云南省林业科学院

司马永康

云南省社会科学院

张体伟

中科院昆明植物研究所

胡向阳

中科院昆明动物研究所

司　维

中科院西双版纳热带植物园

张教林

中科院云南天文台

陈雪飞

2012年入选云南省第十二批技术创新人才培养对象名单

（57人）

北方夜视科技集团有限公司
张彦云
昆明中铁大型养路机械集团有限公司
郭关柱
红塔烟草（集团）有限责任公司
向能军
云南云天化股份有限公司
普雪涛
云南冶金集团股份有限公司
高　珺
昆明钢铁控股有限公司
张卫强
云南铝业股份有限公司
王进录
云南云铜锌业股份有限公司
戴兴征
云南解化清洁能开发有限公司
段　虹
沈机集团昆明机床股份有限公司
王全宝　孙　薇
昆明电研新能源科技开发有限公司
蔡正达
昆明制药集团股份有限公司
周荣光
中国水电顾问集团昆明勘测设计研究院
冯业林
中国有色金属工业昆明勘察设计研究院
闫鼎熠
中国医学科学院医学生物学研究所
刘建生
中国林业科学研究院资源昆虫研究所
石　雷
云南省农业科学院
杨春梅　杨金华　杨佩文
李荣福　杜　娟　杨万林
云南省林业科学院
景跃波
云南省烟草农业科学研究院
崔国民　马文广

云南省热带作物科学研究所
贺熙勇
云南省教育科学研究院
杨志军
云南省机械研究设计院
李再参
云南省交通科学研究所
蒙　奕
云南蒙新高速公路建设指挥部
周应新
昆明振华制药厂有限公司
李　俊
云南邦格农业集团有限公司
李志刚
云南省微生物发酵工程研究中心有限公司
毛自朝
云南驰宏锌锗股份有限公司
孙成余
云南新海丰食品有限公司
潘　镜
玉溪大红山矿业有限公司
刘仁刚
云南玉溪汇龙科技有限公司
杨成云
保山市农业科学研究所
刘猛道
保山市昌宁县农业科学技术推广所
赵炳华
昭通市植保植检站
石安宪
丽江华丽生物开发药业有限公司
张小元
丽江先锋食品开发有限公司
张泽涛
丽江市永胜县畜牧站
陆晓屏
普洱市林业科学研究所
唐红燕
云南省临沧市植保植检站

杨子林
文山市苗乡三七实业有限公司
余育启
云南华联锌铟股份有限公司
何庆浪
云南文山铝业有限公司
杨德荣
云南云铝润鑫铝业有限公司
杨万章
红河千山生物工程有限公司
吴道聪
西双版纳华坤生物科技股份有限公司
王　云
汉麻产业投资控股有限公司
高明斋
楚雄德尔思紫胶有限公司
和国荣
云南远益园林工程有限公司
刘国强
德宏州林业局中心苗圃
尹加笔
德宏州林业科学研究所
卢　靖
云南迪庆矿业开发有限责任公司
张　仪

长期在滇工作的“两院”院士名单

姓　名	性别	所 在 单 位	备注
吴征镒	男	昆明植物研究所	中国科学院院士
周　俊	男	昆明植物研究所	中国科学院院士
黄润乾	男	云南天文台	中国科学院院士
孙汉董	男	昆明植物研究所	中国科学院院士
张亚平	男	昆明动物研究所	中国科学院院士
苏君红	男	昆明物理研究所	中国工程院院士
陈　景	男	云南大学	中国工程院院士
戴永年	男	昆明理工大学	中国工程院院士
马洪琪	男	云南澜沧水电开发公司	中国工程院院士
徐德民	男	昆明海威机电技术研究所	中国工程院院士
朱有勇	男	云南农业大学	中国工程院院士

大中型企业选介

Brief Introduction of Selective Large and Medium-sized Enterprises

云南铜业（集团）有限公司

[综述] 云南铜业（集团）有限公司（以下简称“云铜集团”）成立于1996年，是以铜、锌金属采选冶为主，综合回收金、银等稀贵金属、稀散金属、黑色金属，集地质勘探、科技开发、铜材加工、物流、磷化工、期货经纪、房地产开发等相关多元发展的大型国有有色金属企业集团。截至2012年12月末，云铜集团拥有全资二级公司22户,控股二级公司23户，控股三级公司61户，总资产505.6亿元，净资产183.2亿元，全部劳动关系人员25981人，形成了年产精矿含铜近10万吨、矿产粗铜50万吨、精炼铜73万吨的能力。

一、生产经营

2012年，云铜集团按照“优化结构、转型发展、强基固本、提升管理”的总体要求，凝心聚力，攻坚克难，降本增效，科学合理组织生产经营，实现了稳健发展。全年生产矿山自产铜金属98695吨，精炼铜45.13万吨，锌锭10.26万吨，黄金7590千克，白银541吨，硫酸164.09万吨，铁精矿100.23万吨，实现销售收入471.8亿元，利润总额9.7亿元。

二、企业管理

2012年，云铜集团夯基础、强管控，苦练内功，公司各项专业管理水平进一步提高，运营转型、信息化建设、投资管理、管控优化、安全环保等各项管理工作迈上了一个新台阶。

（一）运营转型深入推进。

云铜集团运营转型工作深入持续推进，截至2012年12月31日，有22户企业开展了运营转型工作。通过开展运营工作，云铜集团各项生产经营指标得到优化，转型收益成效显著，采用完全成本法进行测算，全年实现转型收益2.93亿元，为降本增效做出了积极贡献。

（二）信息化建设实现质的飞跃。

一是4S1P项目实现上线试运行，初步搭建起了信息化 “高速公路”。该项目覆盖了云铜集团、云铜股份机关、所属各级公司及其下属公司，上线单位108家。通过建立统一专业管控平台和企业信息门户，强化了云铜集团对主要单位关键业务的集中管控，实现了资源共享、信息共享，科学管理、透明管理；二是完成了云铜股份ERP项目的后评价工作和项目总体竣工验收。完成了2012年新原料采购管理办法下新签订合同的SAP结算功能开发及营销新信息化建设需求调研和SAP系统与MES系统间的接口优化；三是不断深化推广OA办公系统应用，推进了金沙矿业、易门铜业、胜威化工、清远云铜的办公系统上线使用，实现了手机移动办公；四是延展公司骨干网络；五是扩大视频会议系统使用范围；六是完成了office办公软件正版化工作。

（三）薪酬分配和劳动用工改革持续推进。

2012年，云铜集团探索建立了“公平基数+效益基数”的工资基数决定机制；实施分类考核，按资产利润率划分业绩等级；强化工资与业绩挂钩力度，始终坚持把兑现职工工资与完成生产经营目标统筹考虑，严格落实“业绩升、薪酬升、业绩降、薪酬降”的要求；从“管理类、服务类、协作类”三个方面实施部门360° 全方位考核和员工全员民主测评，切实构建机关全员绩效考核模式；持续开展公开竞聘上岗工作；按照构建市场化用工机制的改革方向，出台《云铜集团劳动用工和收入分配改革实施方案》；坚持增人不增资、减人不减资和新增用工主体必须是核心人才、骨干员工并报集团批准的原则；推进区域化、大片区管控战略的实施，盘活人力资源，实现生产企业为新建项目发展腾出人员空间，提供人员支持。2012年，云铜集团实现了并表单位全部劳动关系员工同比减少300余人，员工活力得到激发，实现了任务完成，职工增收的既定目标。

（四）压缩管理层级深入推进。

2012年，云铜集团先后启动了27项管理层级整合项目，全年共完成20户全资及控股公司的清理整合。通过实施 “大项目依托大企业、大片区整合”，星焰公司并入楚雄矿冶，实现了楚雄片区矿山企业的有机融合，增强了竞争实力；青海资源开发主体移交楚雄矿冶、洪鑫公司开发建设移交玉溪矿业，显现了大项目依托大企业发展的勃勃生机；景谷矿冶并入玉溪矿业，有利于打造云铜普洱资源基地。

（五）投资管理水平不断提高。

严格落实中铝公司“保、缓、停”的要求，调减投资1.08亿元。强化投资管理全过程监管，严格执行事前审批、事中控制、事后竣工验收以及竣工决算审计。继续加强工程质量管理，发布了《建设工程质量监督管理办法汇编》。加大招标管理力度，共进行专题招标批复103次，涉及金额约为87689.57万元；组织招标183项，降低成本6277.97万元。高度重视境外投资工作，明确了当前和今后一段时期境外企业投资工作“稳健、安全、效益”的原则，进一步强化境外投资管控。

（六）安全、环保管理持续平稳推进。

2012年，云铜集团保持“铁腕抓安全，重拳治环保”高压态势，以六大系统建设、标准化建设、健全安全环保管理体系、强推安全环保系统状态量化评估工作等为重点，强力开展“打非治违”活动，长效推进全员“过三关”考试，坚持外协队伍综合整治，持续推进安全生产隐患排查治理，持续开展反违章活动，巩固深化企业安全标准化和强推班组安全标准化达标。通过以上各项措施，云铜集团职业健康、安全生产及环保形势持续平稳发展，各项指标完成良好，连续两年实现因工死亡、重伤事故为零、重大火灾事故为零、重大恶性交通事故为零、重大设备事故为零、重大污染中毒事故为零，全面完成了云南省安委会、中铝年度安全生产、达标排放及减排考核目标任务。

三、企业发展

（一）科技创新成果明显。

一是全年实现科技创效1.54亿元，同比增长25%；二是17个项目获得政府立项资助，争取到科技政策资金2841万元；三获得省部级科技奖励5项，专利24项；四是迪庆矿业被认定为省级企业技术中心、省级创新型试点企业，昆勘院被认定为高新技术企业；五是院士工作站和专家工作站实现零突破，成功与中国工程院邱定蕃院士共建院士工作站，与长江学者吴爱祥教授共建专家工作站，并与中国工程院赵鹏大院士就共建院士工作站达成了原则性意向；六是进一步健全科技制度，修改完善了《科技项目管理办法》《科技成果奖励办法》，出台了《专家委员会管理办法》。

（二）资源获取成果丰硕。

云铜集团坚定不移实施资源战略，以加强矿产资源管理和增加资源总量、加强资源整合、突出地质勘查为基本抓手，通过一年的努力，资源获取成果丰硕。完成了青海牛苦头股权收购，整合新增333以上铅锌资源量78.26万吨、铜资源量2.52万吨、铁矿石量2600多万吨。勘探新增333以上铜资源量101.82万吨，铅锌资源量3.56万吨，钼资源量5.98万吨；老矿区深部及周边找矿新增333以上铜资源量18万吨、升级7.5万吨；三木公司在老挝探获333以上铜资源量5142吨，银资源量3.8吨。

（三）资本运营取得成效。

云铜集团短期融资券发行20亿元，节约财务费用4140万元；云铜股份短期融资券发行10亿元，节约财务费用1750万元。

四、节能降耗

2012年，云铜集团纳入考核的所属16家企业，全年消费能源38.42万吨标准煤，完成2011年可比价万元产值455.45亿元，完成2011年可比价产值能耗为84.36千克标准煤/万元，比2011年同期产值能耗下降7.24千克标准煤/万元，现实可比价万元产值能耗节能32975吨标准煤。铜冶炼综合能耗完成345.16千克标准煤/吨（其中总厂本部318.05千克标准煤/吨），矿山采出原矿综合能耗完成1.79kgce/t，比计划2.03下降0.24kgce/t，选矿综合能耗3.14kgce/t，比计划3.43kgce/t下降0.29kgce/t。

五、和谐企业建设

云铜集团扎实推进“四群”教育工作，对外实行“挂县包乡联户”，帮助对口乡村打井两口，井井出水，基本解决了村民人畜饮水困难；对内实行“挂企联户”，领导干部和中层管理人员分别联系一户困难员工家庭，切实做到不让一个员工生活在最低保障线下，不让一个员工因生活困难看不起病，不让一个员工子女因家庭困难上不起学，不让云铜出现一户零就业家庭。“四个不让”工作，云南省委、省政府给予了高度赞扬，被评为2012年中铝十大社会责任实践优秀案例；主动参与和谐云南建设，向彝良地震灾区捐款200万元，向“爱心水窖”建设工程捐款300万元，树立了良好国企形象。

（张劲锋　黄绕生）

云南物流产业集团

[综述] 2012年云南物流产业集团（以下简称"集团"）累计实现营业收入128.33亿元，同比增长17.25%；实现物流总额453亿元，同比增长21.45%；实现利润总额3976.05万元，利税总额1.55亿元。截至2012年12月底，集团资产总额125.41亿元，同比增长60.89%，净资产22.75亿元。

2006—2012年，集团连续七年跻身中国服务业企业500强，2012年排名186位，同比上升28位，七年间排名提升226位；列全国物流、仓储、运输、配送服务业50强第9位；中国物流百强企业第10位；云南省100强企业第16位，2012年集团被评为"全国先进物流企业"。

【经营工作】 集团稳步推进"转方式，调结构"，逐步实现五大核心业务板块联动发展。商贸流通板块：集团积极创新商业模式，组建云南物流产业集团商贸物流有限公司，通过与上下游企业建立战略合作伙伴关系，运营三个月就实现营业收入近10亿元；云南鑫盛物流有限公司多渠道扩大钢贸业务，以三方协同营销模式完成12.4亿元钢材销售;云南新源再生产业有限公司昆西区域性大型再生资源回收利用基地正式营业，回收废旧物资3026吨，金额833万元；云南机电设备总公司积极拓展中高端汽车品牌的代理，新取得雷诺品牌汽车4S店已正式开业，销售雷诺汽车50余台；云南省纺织总公司和云南省轻工业供销总公司共同合作拓展干蚕茧贸易业务，全年销售干茧190吨，实现销售额2040万元；云南省建筑材料供销总公司积极拓展二次用砂业务，实现了标准砂业务稳中有升，2012年再次被国家工信部原材料司及厦门艾思欧标准砂有限公司评为"2012年优秀团队"。 物流服务板块：云南新储物流有限公司围绕食糖、快速消费品、酒水、药品和集装箱到发等物流服务进行全面提升和改造，着力打造高端物流服务，在2012年百威公司DC库（百威公司流通中心库）年度考评中，百威新储昆明DC库名列全国18个DC库首位;云南省外贸万达运输公司着力开发整车大宗货物发运业务，年吞吐量达到70万吨，创历史新高;云南危险品物流有限公司完成对云南省外贸万达运输公司股权的托管工作，为构建危险品物流平台，打造我省危险品商贸物流领域的龙头企业奠定了坚实基础。物流金融板块：2011年组建的云南物流产业投融资担保有限公司和云南新储融资担保有限公司，运行一年来取得了良好的经营业绩，实现利润总额3029万元，成为集团五大核心业务板块中盈利能力最强的板块；两家公司已分别取得招商银行、中信银行、浦发银行、富滇银行、玉溪市商业银行等银行的担保业务合作资格。物流信息板块：云南东盟公共物流信息有限公司积极运用物联网、电子信息、云计算和人工智能等新技术，通过加大技术研发投入，打造现代化、智能化的物流园区信息研发和数据中心，推动集团乃至全省物流园区的科技和信息化建设，公司2012年又取得了"智能电子锁"、《云南东盟公共物流信息平台PDA终端系统》《云南东盟公共物流信息平台后台管理系统》《云南东盟公共物流信息平台地理信息系统》《云南东盟公共物流信息平台货物监管系统》等一个专利和四个计算机软件著作权；云南新储物流有限公司成立了我省首家物流行业的省级技术中心，研发的物流园区基础信息平台已上线运行。资产经营板块:云南物流产业集团物业管理公司联合战略合作伙伴对集团北京路、东风西路、翠湖北路等地段资产进行整体开发和改造，进一步提升了集团资产价值和商业形象。

【项目建设】 截至2012年12月底，集团在建、新开工的重大物流项目13个，规划占地面积5438亩，总投资超过55亿元。现已累计获得项目新增建设用地1265.6亩，累计完成投资6.7亿元,共有5个项目列入云南省"三个一百"重点项目，占投资项目总数的38%，其中，在建重点建设项目1个，新开工重点建设项目4个。2012年4月22日和7月6日，昭通物流商贸城、晋宁新钢综合物流园等2个项目举行了奠基仪式；大理国际物流园项目已于2012年12月6日正式开工；昆西废旧物资回收处理中心项目于9月10日举行了开业庆典；水城恒泰洗煤厂项目已基本完成建设工作；东盟公共物流信息平台中的金融服务平台建设基本完成并通过压力测试，今年上半年又进行了二次开发。

【融资工作】 集团以"扩渠道、增规模、调结构、控成本"为原则，灵活采取票据、债券、短期融资券等多种方式筹措资金，截至2012年12

月31日，集团综合授信额度达到30.57亿元，比2011年底增加了2.57亿元，集团本部融资总额从2011年底的2.5亿元增加至现在的10.45亿元；获得了委托债权理财投资资金2亿元；2012年11月1日集团完成短期融资券第一期5亿元的发行，短期融资券的成功发行拓宽了集团的融资渠道，改善了集团融资结构。

[强化内部管理] 集团进一步加强内部管理工作，严格执行集团预算管理的相关规定，强化资金使用管理；在不断完善企业内控制度的基础上，2012年共制定《法律事务工作流程管理办法》《云南物流产业集团关于印发集团委派董事监事考核管理暂行办法》《安全生产事故隐患排查治理规定》等37项管理制度，并在原有法律审计部基础上组建"法审与风控部"，将部门核心职责转为风险管理，制定了《云南物流产业集团关于建立和完善全面风险管理体系的指导意见》，组织成员企业各级经营管理人员及业务骨干进行风险管理培训，提高企业经营管理水平和风险防范能力。

[实施"人才强企"战略] 一是多方式选拔人才。2012年底，集团中层管理人员任期届满，集团对64个中层管理岗位进行公开选聘，续聘（续任）中层管理人员51人，免职3人，提拔使用12人，其中6人为新任集团中层管理岗位，提拔使用35岁以下年轻干部4人，营造了能者上、平者让、庸者下的用人环境。二是多模式培养人才。集团通过考核选拔本部及各成员企业共74名30岁以下的青年员工进入后备人才库，并组织后备人才参加工业人才在线学习；全年共组织或参加各类人才培训班达189次，组织了30多场专题培训，培训涉及物流知识、宏观经济形势、风险管理、财务管理、党务管理等内容，参训人数达3325人次；2012年5月集团组织39名中高层管理人员和业务骨干参加了全国高级物流师培训和考试，9月集团单独开设中级物流师培训班，48人参加培训及全国统考，39人取得物流师职业资格；集团与高校开展校企合作，共同探索高端人才的培养方式，2012年8月与云南财经大学签订了《云南现代物流与供应链发展协同创新中心共建合作协议》，为集团人才培养提供了新的方式和途径。三是多渠道交流人才。2012年集团接收省委组织部及河口县委安排的挂职干部7人，下派2名中层管理人员到景谷县、巧家县任副县长，并抽调3名管理人员到农村担任新农村建设指导员；制定了《职业经理人管理暂行办法》，明确了职业经理人的招聘、解聘、薪酬、考核等管理程序及方式；制定了《云南物流产业集团本部与成员企业员工交流暂行办法》，建立员工能上能下、能进能出的机制，并积极探索集团本部与成员企业之间中层管理人员的交流机制。四是多角度引进人才。2012年集团面向社会公开招聘优秀人才23人，其中：集团本部工作人员5人，二级公司副总经理2人，在建项目管理人员7人，其他工作人员9人，23个岗位的应聘者人数达1154人，绝大多数具有本科及以上学历；成员企业全年面向社会招聘人员225人，涵盖了企业管理、市场营销、财务管理、物流管理、项目管理等岗位。

（云南物流产业集团供稿）

云南冶金集团股份有限公司

[综述] 2012年，云南冶金集团认真贯彻省委、省政府“倍增跨越”的部署和要求，积极采取各种有力措施，有效应对了外部环境影响等诸多困难，团结带领集团广大干部职工实现了各项工作的平稳较快发展，取得了较好的成绩。全年金属总产量完成115万吨，同比增长7.02%；资产总额达到690亿元，同比增长28.08%；营业收入达到300亿元，同比增长49.66%；工业增加值完成52亿元，同比增长14.21%；职工人均年收入达5.7万元，增长3.87%；年末集团从业人员达到3.5万人，全年新增就业4000多人。

提质降耗成效显著。面对严峻的外部环境，云南冶金集团各企业深入推进对标管理、精细化管理，大力开展提质降耗降成本工作，关键技术指标进一步提升，消耗指标进一步优化。云铝、涌鑫、润鑫3家企业电流效率均保持在95%左右，吨铝电耗均达到13000-13100 kWh的行业领先指标，同比去年节电近1亿kWh；工业硅成本同比下降1300元/吨，硅铁成本同比下降1000元/吨。全年集团可比产品总成本同比下降超过8亿元，降幅达5.66%；全年集团申报获批省重点节能项目6项、省财政节能项目1项，年节能量12.8万吨标准煤；争取节能减排、用电增量补贴、安全环保等各类政策性补贴超过3亿元；成立仅一年多、注册资本6000万元的驰宏国际商贸公司，全年贸易额超过130亿元，实现利润较好。

管理水平不断提升。云南冶金集团深入实施管控转型，积极推进制度化、标准化、信息化建设，集团管理效率、管控水平持续提升。首次与各单位签订环境保护责任状及矿产资源增储、重点项目建设管理、科技计划项目工作目标任务书，各职能部门对照责任书要求，积极履行专业化管理职责；配合国资委开展项目建设情况督查等工作，强化现场监督和过程管理，提高工作针对性和实效性；加强内控制度建设，建立健全集团风险管理体系，统一营销采购平台，积极推进备品备件库存管理信息化建设；铝板块和永昌硅业公司“阳光采购平台”全面上线，集团管控水平不断提升。

项目建设稳步推进。2012年，云南冶金集团完成项目投资76.79亿元，完成省国资委下达的投资计划，年度项目建设目标完成情况良好。文山80万吨氧化铝、建水产业集群等一批重大项目按年度目标计划建成投入试生产；涌鑫公司420kA系列于10月初顺利完成前三段216台槽的投产任务；源鑫公司12月中旬正式生产出合格焙烧炭块。两个项目的顺利投产标志着集团规划总投资130亿元，重点打造的集铝、炭素、铁合金和铁路专用线为一体的首个产业集群建设取得了阶段性重大胜利。

资源增储再创佳绩。结合省内、国内、周边、海外四个层次的产业战略总体部署实施矿产资源战略，云南冶金集团积极掌控了国内外一批有前景的资源项目，支撑产业跨越发展的能力得到进一步增强。截至2012年底，集团保有铝土矿矿石量14亿吨，铅锌、锰矿、钛铁砂矿、硅矿等主要矿种保有储量持续增加，为集团产业调整和效益提升提供了保障，特别是钼等非有色金属储量的增加为集团产业拓展创造了条件。

资本运作成效明显。云南冶金集团启动5000万元以下非主业投资清理整合工作，驰宏公司收购大兴安岭金欣矿业公司51%股权；开展一系列境内外投资，金额超过30亿元。云铝公司收购万盛公司100%股权，加强与省政府有关部门、南方电网公司的沟通、协调，争取直购电政策取得实质性进展，并注册成立“云南华坪沣鑫电力开发有限公司”，“铝电一体化”产业模式有效推进。正基公司重组改制方案基本确定；集团完成股权融资43.9亿元，确保了企业在复杂多变的市场形势下健康稳定发展。

创新能力持续增强。2012年，云南冶金集团申报省级以上科技项目26项，立项11项，获国家科技经费支持6410万元；申请专利106项，获授权97项（其中发明专利15项，国外发明专利1项）；首次获得4项软件著作权；参与起草和修订18项国家及行业标准，10项通过审定；获“中国驰名商标”“云南省著名商标”各一枚，“云南名牌”产品一个；建成3个院士专家工作站；新增2家省级企业实验室、3家高新技术企业、2个云南省企业技术中心、2家工程（技术）研究中心；新获认定“加压湿法冶金技术研究省创新团队”和“昆明市高端电子铝箔研发科技创新团队”。云南冶金集团被国家科技部认定为国际科技合作基地，成为云南省首批获此殊荣的5家单位之一。

党的建设全面加强。2012年，云南冶金集团围绕中心抓党建，强基固体促发展。对创先争优活动开展3年来的工作进行了总结表彰；发展新党员1068名；扎实开展“四群教育”活动，深入推进“双挂双联”工作进基层、进农村，密切联系群众；民主推荐选拔27名正、副处级年轻干部，推荐9名“国贴”人才、2名中华技能大奖和全国技术能手，新增了2名省级技术状元、13名技术能手；开展“成就冶金年度人物”评选，举办云南省职工多晶硅还原炉工等4项技术技能大赛等系列活动，进一步发挥集团企业文化作用；积极履行社会责任，向彝良抗震救灾、“爱心水窖”建设挂钩扶贫等捐款超过1100万元，和谐冶金成效更加明显。

（云南冶金集团股份有限公司供稿）

中国太平洋人寿保险股份有限公司云南分公司

[综述]　2012年，太平洋寿险云南分公司认真贯彻落实云南保监局、太保集团公司、总公司工作要求，扎实推进以客户需求为导向的战略转型各项举措，在行业总体步入调整期的形势下，变被动为主动，全力在优势业务上实现新突破，在短板业务上谋划新举措，在提高服务质量和服务水平上取得新成效，积极推动和实现公司价值的持续增长。2012年，云南分公司累计完成标准保费收入16.68亿元，同比增长3.01%，市场份额10.84%，继续保持行业前三。在云南省第二届金博会评选中，我司获得2012年度云南省最佳寿险公司、云南省保险业最佳诚信服务奖、云南省最具社会责任金融机构三项大奖。

[业务实现规模效益双增]　2012年，我们顶住来自于市场、来自于系统内的层层压力，坚持、坚守、坚信，成功实现业务规模与内含价值双增长，圆满达成年初工作既定的稳中求进这一总体目标。

2012年，我司团险继续保持了良好发展态势，系统排名第5名，连续三年标保同比保持正增长，连续三年实现意外险市场占有率第一;个人营销坚持人力健康发展与产能有效提升双轮驱动，全年长险件均保费较2011年提高13%，持续8个月同比正增长；银保条线实现以期缴为核心的标保增长，期缴业务占比显著提高，业务结构持续优化，新型期缴保费占比达到了34%;营销续期取得各项关键指标的全面达成，同时队伍结构明显优化。13个月继续率指标系统排名提升5位、市场排名提升1位；新保达成率系统排名第13位。

[强化风险保障功能发挥]　2012年，太平洋寿险云南分公司在取得业务结构进一步优化、业务规模不断发展的良好经营业绩时，以保险产品为依托，主动参与安全生产管理，将服务地方经济建设，保险保障民生、服务“三农”落到实处。依托商业保险公司风险管理的专业优势，我们协助主管厅局制定安全生产的重要政策、措施，加强制度建设，构建治本长效机制。分公司主承保的安保互动高危行业意外伤害保险，在前期工作的基础上，深入企业一线，积极进行安全生产排查，开展各项促进安全生产的工作，进一步提高了安保互动的保险覆盖率，保障了从业人员利益。同时，对于投保企业，通过给予安全企业一定程度的投保优惠，最大程度保障了企业利益。

同时，一系列客户增值服务活动以保险产品为依托，专注客户需求，提供差异化和针对性专业产品服务，有效拓展了保险服务内涵与外延，广受客户好评。2012年12月16日，分公司在昆明举办大型客户服务活动"健康在你身边"健康讲座，专门邀请云南省肿瘤医院沈丽达主任给大家作了针对癌症防治的相关知识讲座。在各州、市、县，公司广泛开展以广大客户关心的养老、健康、理财、少儿教育等问题的专题讲座，邀请当地知名的医学专家、知名教育家等专业人士提供专业的资讯，邀请新老客户参加，为客户解决了很多实际问题。

[落实转型创新项目]　2012年，分公司营运支持体系顺利实现柜面作业GPS系统上线，平稳完成昆明制单中心的切换。由太平洋寿险与联想集团合作开发的“神行太保”智能移动保险平台是目前保险行业智能化程度最高的实时投保移动解决方案，“神行太保”是太平洋寿险利用3G移动技术推出的一种移动展业平台，可为客户随时随地提供承保、划卡收费、出单等服务。目前，通过“神行太保”完成一笔投保大概只要半小时，而且客户可以看到每一个操作步骤，确认好自己的权益。同样的操作，以往靠人工传递需要5个工作日。“神行太保”在提升承保时效的同时，也从技术上避免销售误导，而且方便随时随地投保，被称为“不打烊的营业厅”。同时，交通银行、快钱支付清算信息有限公司为平台整合了先进的支付手段，不仅资金安全得到了保障，更使即时收费成为可能。“神行太保”已在云南分公司实现全辖覆盖，出单占比超过90%。

同时，作为太平洋保险“以客户需求为导向”战略转型落地项目之一，太平洋寿险客户体验中心以创新性的思维颠覆了传统的柜面服务模式，在保险乃至整个金融行业内开创性地打造了“智能移动柜面、坐享服务体验”的保险服务门店，实现了“以柜员为中心”到“以客户为中心”的服务模式的转变。从10分钟到2分钟，这是客户体验中心单笔业务办理时效提升的速度；从13步到3步，这是客户体验中心受理业务流程简化的步伐。昆明坐享门店正式营业，成为继福州、长春之后的第三家坐享门店。

[便捷服务在你身边]　2012年“3•15”期间，太平洋寿险公布了诚信服务的4项承诺——这些承诺并不是只落在纸面上，而是对社会的郑重承诺和对员工的自律要求。太平洋寿险云南分公司的业务人员以服务承诺为基准，开展签名、宣誓等活动，让提高服务质量的理念深入人心。与此同时，太平洋寿险推出“便捷在你身边”全国通赔通付服务，个人和团体客户持完整资料可在保单签发地或其以外的国内（除西藏）任意服务网点就近办理理赔、保全业务申请，由受理机构接洽并提供及时服务。凭借扎实的日常工作，云南分公司及时响应，快速理赔“9•7”云南彝良地震，向灾区红十字会捐款10万元，成为第一家省级分公司班子成员和中心支公司总经理到现场的公司，第一家送出客户理赔的保险公司，第一家媒体报道，第一家慰问合作渠道和出险单位，第一家进行保险系统捐款的基层保险公司。在此次突发事件的应急处置中，分公司获总公司和云南保监局表扬，同时也得到投保单位的充分认可和社会各界的广泛赞誉。分公司获得总公司2012年度团体“金海燕”奖，在中国质量万里行明察暗访中获得优（A）评价。

[风险与合规管理]　分公司合规与风险管理工作通过持续深化全面风险管理，强化内控优化、合规执行、法律服务、监察监督的体系及机制建设，深化运用2011年度内控评估、“依法合规经营，自觉维护市场秩序”合规主题活动、“风险排查、隐患排除、矛盾排解”自查自纠等工作的成果，重点加强销售误导治理，加大内控缺陷整改力度和违法违规惩治力度，不断创新合规与风险管理的预警、监测技术与工具，提高风险预测和风险防范化解水平。2011年度分类监管评价等级达到A类，较之2010年评级B类，评级得到显著提升。

[综合治理销售误导]　根据云南保监局及上级公司的统一安排部署，分公司扎实开展了综合治理销售误导工作，取得成效主要体现在一是思想认识得到提高。二是内部控制得到进一步加强。通过综合治理销售误导，分公司从机制上入手，如制定推广新的电话回访话术、开发并推广销售人员诚信档案管理应用子系统、规范新型产品的信息披露、细化销售品质违规行为的处罚和加强违规问责等，形成了内部管理层级之间相互联动、互为补充的工作机制。三是推动建立治理的长效机制。治理销售误导是一项长期的系统性工程，分公司将销售误导监控指标纳入对机构的分类管控指标体系中，考核权重达到45%。

[抓实党风廉政建设]　2012年云南分公司党委在上级公司党委的正确领导下，认真贯彻中国共产党第十七届六中全会、十八大精神，紧紧围绕保监会“抓服务、严监管、防风险、促发展”的监管形势和总公司“价值持续增长、投入产出比持续改善”的经营策略以及“两个聚焦”和“两个不放松”的发展思路，始终坚持以科学的发展观为统领，以“扎实推进、服务转型、突出实效、提升效能”为工作目标，以加强党建工作和科学发展为重点，以落实党风廉政建设责任制和党政领导干部问责制为纽带，进一步完善惩治与预防腐败体系，发挥纪检监察的监督效能，凝聚改革力量，注重创新实践，为加快“以客户需求为导向”的战略转型和达成总公司各项经营目标提供强有力的政治保障。

（彭怡）

中国人寿保险股份有限公司云南分公司

[综述] 2012 年，云南省分公司在省委、省政府和上级公司的正确领导下，用“攻坚克难，稳中求进，奋力拓展”的总基调统一全省系统全体员工的思想认识，通过实施“打好开门红 提前过春节”“发扬雷锋精神全情无私工作确保目标达成”到“五六联动”“决战 30 天，总攻 6 · 30”“八九联动、全力消负”等一系列行动方案，推动业务快速、持续、健康发展。全省系统实现保费 56.73 亿元，同比增长 15.21%，增速全国排名第二位。市场份额接近 40.09%，始终保持市场第一的主导地位，各项业务发展实现新的突破。

一、个险渠道：保持持续、快速、健康发展

按照年初提出的“三全员两绩优”为抓手，确保业务员“四个阶段有收入”。倡导“主管五带头”，努力打造“四自团队”，以抓“三个关键”为突破口，做到“六个集中”，用响亮的“打好开门红，提前过春节”口号统一全体员工的思想。全年实现期交 5.46 亿元，同比增长 3.61%，其中：十年期保费 3.19 亿元，同比增长 19.19%。

在五六联动期间，标准保费全国排名第 18 位，同比增长 148.59%；期交保费全国排名第 15 位，同比增长 114.14%；五年期交保费全国排名第 14 位，同比增长 107.16%；十年期及以上期交保费全国排名第 19 位，同比增长 34.32%，各项业务指标均创历史新高。在与深圳对抗活动中，标保领先 1185.43 万元，绝对数及阶段完成率两项指标双项胜出。

二、银保渠道：规模放量 内涵提升

始终牢牢把握杨明生董事长“三分天下有其一”的发展基调，提出“抓大不放小，着力推信保；期交全五年，趸交看费高；专员收入好，提前超达标”三十字工作方针，按照“快速推动、快速调整、快速转型”的节奏要求，努力提升渠道价值。以强势做趸交、顺势做期交为发展思路，为全面消除负增长奋力拓展。全年实现总保费 19.16 亿元，同比增长 3.71%，新单保费 13.88 亿元，预算完成率在全国排名第 9 位，增幅排名全国第 13 名。

“五六联动”中，新单业务走势向好，预算达成率全国第三，趸交预算达成率全国第二。通过与广西分公司的业务对抗，促进了业务发展，分享了管理经验，加深了友谊情感。省级业务竞赛与广西打平，趸交业务一直保持领先，“五六联动”期间趸交超广西 1.5 亿。

三、团险渠道：结构调整显成效

团险渠道按照“出重拳、打要害，遍开花、广结果”工作要求，全年实现短险保费 4.86 亿元，同比增长率为 48.36%，其中：意外险 2.083 亿元，同比增长率 49.97%。企业年金管理基金规模 2.0516 亿元，完成年度预算目标的 102.58%。

四、县域保险渠道以创建保险先进村为抓手，强势拓展业务

省政府与总公司签署了《战略合作意向书》。省委秦光荣书记、李纪恒省长、省委副书记仇和、省政协主席罗正富、省委秘书长曹建方、省人大常务副主任晏友琼等党政领导相继到公司调研，对公司工作做出重要指示。曹建方秘书长担任副省长期间还深入楚雄州武定县对中国人寿创建“保险先进村”进行专题调研。各级党委、政府的支持给中国人寿创建保险先进村注入了强大的动力，全省系统抓住机遇，通过持续不断的努力，2012 年创建保险先进村 1717 个，快速推动农村十年期业务发展，农网队伍达到 8865 人，同比增长 17%。乡镇营销部达到 493 个，农网营销部全年实现期交 2.3 亿元。云南省分公司县域保险业务连续五年全国考核第一。

2012 年 7 月，中央电视台、人民日报、经济日报、金融时报、中国保险报、和讯网、国寿客户报等七家中央主流媒体组成的记者采访团在开展“云南走基层”专题采访活动中，通过 70 多篇稿件实地报道云南省分公司服务“三农”、服务边疆、服务少数民族相关工作情况，既宣传了中国人寿，也宣传了云南，在全国系统乃至全行业产生了巨大影响。

五、积极开办农村计划生育系列保险、农村小额保险等惠农险种

云南省分公司在 16 各州市积极开办交费低、保障高，手续简便，赔付及时，符合农民需求，有利于社会稳定的惠农险种。计划生育系列保险是推动计划生育工作深入开展的助推器，自开展以来得到当地党委政府的高度重视和大力支持。

六、积极履行社会责任，公司社会形象、品牌地位得以提升

几年来，云南省分公司通过向总部争取支

持、公司多次捐款捐物等多种方式，积极履行社会责任，先后出资 1000 多万元，援建希望小学 23 所、中学（丽江市玉龙县）1 所、乡村卫生室 3 个等“兴边富民”工程，以及为地震、旱灾捐款等重大民生项目，有力地支持了云南“保发展、保民生、保稳定”；特别是 2012 年“9•7”彝良地震发生后，根据集团公司杨明生董事长、万锋总裁的重要指示，云南省分公司迅速召开了紧急会议，成立了抗震救灾领导小组，并对整个救灾工作作出了相应的部署安排，迅速下拨 20 万元专款、7000 箱矿泉水用于抗震救灾。省公司领导灾后的第二天就赶到灾区指挥救灾工作，迅速组织设立了中国人寿理赔服务点,开通了保险理赔绿色通道，并对所承保的十名受伤学生送去了保险赔款，受到当地党委、政府和人民群众的高度赞誉。

（张震来）

中国银行云南省分行

【综述】

2012 年是中国银行成立 100 周年的历史时刻，中国银行云南省分行以此百年跨越为发展契机，在新一届领导班子带领下，大力转变思想、锐意改革创新、奋力攻坚克难，克服了宏观经济下行，银行利差收窄、自身发展局限等诸多困难，取得了良好的经营业绩，实现了“绩效进步、员工满意”，为新的三年规划的全面实施打下了坚实基础。

【业务发展情况】

截至 2012 年末，云南中行资产、负债总额双双突破 1400 亿元，较上年末分别增长 13.33%和 12.85%，其中人民币各项存款余额较上年末增长 14.81%；人民币各项贷款余额较上年末增长 4.07%；净收入较上年末增长 15%，净利润较上年末增长 28%。客户基础不断加强，公司客户进步率达 22.84%，个人客户进步率达 15.90%；新发借记卡突破 57 万张，新发借记 IC 卡近 18 万张，新发信用卡 7.9 万张；资产质量不断夯实，不良率为 0.44%，继续保持不良双降。

【金融服务和创新情况】

进入 2012 年，面对错综复杂的经济环境，在总行党委的正确领导下，云南中行新一届领导班子深入贯彻科学发展观，明思路、立制度，筑基础、破瓶颈，抓机遇、谋发展，推动该行经营管理步入了良性发展的轨道。

一、确立 “抓收入”为主线的新思路

2012 年，针对各级管理者中存在的“发展不算账”、“谈业务就是拉存款”的落后观念，该行下大力气扭转全行经营观念，统一发展认识。年初，郑重向全行承诺“绩效进步、员工满意”的工作目标，5 月，提出以“保收入”为首的“四保”工作要求，半年，明确把“增收入、控风险、强基础、稳进步”作为工作重点，引导各级机构围绕收入抓业务发展，并以收入指标为核心开展绩效考核。经过一年的努力，该行上下经营观念发生了较大转变，以效益为核心的发展观渐入人心，“抓收入”为主线的发展思路逐步确立，算经济账、算成本账成为每个管理者乃至每个员工自觉坚持和贯彻的经营行为。这一发展思路的确立，为该行积极应对总行经营管理的新要求赢得了先发优势，为全年收入及利润目标的实现打下了坚实的基础。

二、实施 “双基”建设的新举措

2012 年，该行以“群众满意”为切入点，深入挖掘经营管理中存在的问题，针对基础工作薄弱和部分管理者工作作风不实两个制约业务发展的瓶颈，开展了“双基”建设年活动，以“抓基础工作、抓基层建设”为核心，将“双基”建设与党建工作相结合、与网点建设和队伍建设相结合，从提升基层网点效能的事抓起，从完善基础管理的事管起，切实解决经营管理中的难点问题，解决对基层和客户服务中的突出问题，并将整改情况纳入年度绩效考核。另外，针对部分管理者工作作风不实、责任意识淡薄等问题，提出了实现三个转变、做到三个负责，坚决不做“四空”干部的管理要求，着力改进工作作风。通过“双基”建设，该行基础工作和基层建设有了一定提升，工作作风发生了较大转变。

三、迈出转型发展的新步伐

一是转变过去不计成本、不讲效益的低效发展模式，提出了“转变经营理念、转变经营方式、转变经营文化”的发展思路，以转型促发展、特色强发展、文化助发展，由传统的依赖存贷利差盈利的经营模式向通过金融创新和特色业务盈利的经营模式转变，加快培育新的利润增长点，并将这一转型要求纳入三年规划，并成立由分管行领导挂帅的工作领导小组，围绕重点工作深入开展研究，制定翔实的工作方案和落实措施，有力助推三年规划实施；二是着力探索管理机制改革。改革绩效考核机制，考核体系以效益优先为导向，与总行指标体系无缝对接，扭转过去那种只盯存款任务，不研究考核规则的绩效观念。强化考核的激励约束作用，对二级机构实行分组赛马，按照综合贡献度分三组考核，分组组别动态调整，各组在管理层薪酬等级、资源配置和绩效奖金总量上有所差别，并按组设置绩效奖金池，鼓励通过绩效进步获取更多的绩效奖金；三是推动省行公司业务部管理模式转型。将公司业务部的自营业务平移到二级机构，突出公司业务部条线管理、系统营销和带队伍的职能，推动全行公司业务均衡发展；四是在昆明地区试点推行单点支行直管模式，选取 4 家底子较好、规模较大、网点等级评定高的经营性支行，纳入省行直管，并在薪酬等级和资源配置上予以倾斜，鼓励网点做强做大，并发挥龙头示范作用，带动全行网点争先进位。

四、丰富特色发展的新内涵

一是推出跨境人民币转收款创新产品，为“走出去”客户创建海外融资新产品“联证对证通”业务，对保理池融资、融信达等产品进行集成创新，助推边贸业务。2012 年累计办理跨境人民币结算突破 137 亿元，市场占有率较年初提升 26 个百分点；二是创新银行承兑汇票在产业链、供应链金融服务上的运用，创新研发票据池业务管理系统，对各级财政单位成功开办现金管理平台产品，提高财政资金收付效率；三是大力推广直接融资业务，代理云天化集团、昆钢控股等公司发行中期、短期票据合计近 100 亿元，通过黄金租赁业务为黄金集团等客户提供融资近 15 亿元；四是研究中小企业区域特色发展模式，批量发展中小企业客户，建立中小企业业务特色支行，拉直审批流程，提高审批效率，推出快易贷、押税通宝、美石通宝等多款特色产品，推动中小企业业务发展；五是加大个人金融业务创新，成功投产全国第一个借记金融 IC 园区卡项目--机场园区一卡通，创新推出车位分期贷款、双向宝、白银宝等金融产品，针对“螺蛳湾”市场，推出银商通宝个人投资经营贷款、商户通宝灵活经营贷款等个贷品种，培育批发市场特色业务优势。

【风险管理和内控制度建设情况】

一、强化风险管控的新要求

加强信用风险管理，开展对“桥头堡”战略及云南优势行业调研，制定 2012 年行业投向指引和行业组合方案，指导业务发展；优化授信审批机制，对新增贷款严审贷款用途合理性及贸易背景真实性，授信优先支持实体经济；深入开展资产盘存和后评价，科学制定和实施“一户一策”的风险化解方案，强化风险监控预警；加强对重点领域的风险管控，制定平台贷款风险化解和增信整改方案，不断缓释贷款风险；做实存量贷款的动态风险识别和分类调整，准确反映资产质量。加强操作风险管理，开展“百年基业、内控护航”专项活动，把操作风险防控延伸至全行各个层面。加强内控案防工作，坚持业务发展和内控合规两手抓，加强对基层负责人、重要岗位员工的管理和行为规范，加大对重点业务、重点岗位的合规检查和案件排查，要求各级领导干部认真履行“一岗双责”，强化制度约束，并加大对违规操作、履职不到位人员的处罚力度，从严内控管理，确保业务有序发展。

二、创造人文和谐的新氛围

加强人力资源管理，给干事的人提供舞台，让实干的人享受实惠。在班子建设上，一是全面实行公开选聘，并引入外部测评公司进行专业测评，科学考量拟提拔人员的综合素质；二是搭建优秀青年员工挂职培养通道，选拔了一批业务过硬、有激情的优秀青年员工到经营性支行挂实职副行长，通过挂职锻炼，加快优秀青年人才的开发培养；三是选派优秀人才到绩效落后的机构开展绩效辅导督导，加强政策宣导，统一思想认识，帮助机构提升绩效；四是从严治行，严惩懈怠，对业务能力差、群众满意度不高的干部启动组织调整程序。在队伍建设上，一是改革培训模式，改变单一课堂教学模式，引入“情景教学”、“互动教学”等多元模式，突出培训的实战性和针对性；二是强化基层网点负责人培训，对全行基层网点负责人分三期轮训，不断提高网点负责人的业务水平和管理能力；三是要求各机构“一把手”把带队伍作为提升领导能力的第一要务来抓，新员工成长与“一把手”的绩效考核挂钩；四是选拔新入行员工进行客户经理、理财经理定向培训，充实网点客户经理后备队伍。

不断加强企业文化建设。围绕“双基”建设，强化各级党建工作，发挥基层党组织的战斗堡垒作用。发挥青联组织职能，举办了“责任•奋斗•成长”、“学雷锋、做公益”等主题活动，发挥共青团和青联的带头作用。组织开展全行职工运动会、新员工入行仪式、员工素质教育专题讲座等，丰富员工业余文化生活。认真落实维稳工作，深入排解不稳定因素，及时解决员工诉求，营造和谐良好的发展氛围。积极传播百年中行企业形象，加强核心业务品牌建设，先后荣获 2012 年度云南省银行业支持地方经济贡献奖、最具社会责任金融机构、最佳贸易融资银行奖等 22 项大奖，有力提升了品牌美誉度、取得了良好的社会反响。

（中国银行云南省分行办公室 向薇　黄红梅/文）

2012 年中国银行云南省分行大事记

1月5日，云南中行团委组织开展了“百年中

行 百年辉煌——中国银行云南省分行迎百年行庆爱心助学”捐赠活动，为宜良北羊街小学捐赠了价值4万元的学习用具、课外读物及体育用品。

1月19日，云南中行召开全辖中层以上人员会议。

2月8日，云南中行与云南黄金矿业集团股份有限公司举行实物贵金属业务合作签字仪式。

3月7日，云南中行与云南省肿瘤医院签署《战略合作协议》。

3月27日，云南中行资金业务部成功叙做第一笔对公1800万美元外币理财业务，实现对公外币理财业务的零突破及业务平稳发展。

3月30日，云南中行成为云南省首批股权投资基金托管合作银行。

4月14日，云南中行特邀香港著名国学专家柏天心先生正在昆明剧院举办了“百年中行 百年辉煌——2012年理财智慧与传统国学”知识讲座。

4月20日，云南中行召开第二届五次职工代表大会，听取审议了《行长工作报告》、《云南省分行2011年度财务工作报告及2012年财务工作安排》、《云南省分行第二届四次职工代表大会提案落实情况报告》，表决通过了《第二届五次职工代表大会提案》。

5月4日，云南中行团委举办五四青年节“责任.奋斗.成长”主题访谈活动。

5月16日，云南中行与中豪商业集团有限公司签署全面战略合作协议。

5月18日，云南中行设立直属昆明市金碧支行、八一支行、高新支行、滇池路支行4个单点支行。

5月19日，云南中行在昆明举办了“百年中行 储金为财”贵金属新藏品发布暨郎咸平财富人生畅享会，盛邀中国著名经济学家、金融专家、香港中文大学教授——郎咸平先生现场讲授最新经济走势和投资理财之道，并推出了多款不同题材的贵金属珍藏新品供客户甄选、鉴赏。

6月13日,云南中行叙作冶金集团财务公司代理开票业务，成为首家与公司建立该项业务合作的银行，此项业务的开立使该行成为中行系统内为数不多的几家成功开展代理开票业务的分行。

6月15日，云南中行研发的“云南机场集团一卡通”贷记卡正式对外发卡。“机场园区一卡通”是以借记园区卡为主要载体，同时发行部分准贷记园区卡。它采用最新的IC芯片技术，通过“闪付功能”可在昆明长水机场园区餐厅及空港快线大巴车上实现小额无现金支付，不仅为机场园区食堂、交通车等后勤保障服务提供高效安全的数字园区金融服务，而且园区外的普通客户可以通过中行各网点申领“长城云南空港卡”享受空港快线金融IC卡“闪付”的便捷服务。

7月3日，云南中行与云南省武警消防总队签署战略合作协议。

7月19-20日，云南中行在昆明召开该行2012年年中工作会议。会议主题总结2012年上半年经营管理情况，围绕“打基础、调结构、做特色、上水平”的工作方针，部署下半年工作任务，并开展讨论。

7月21日，云南中行举办2012年职工运动会祝贺百年行庆，全辖共1876名职工参加。

8月7日，云南中行与普洱市人民政府签订战略合作协议及重点项目及企业融资意向书。

8月23日，云南中行与保山市人民政府签订《金融战略合作协议》和《重大项目及重点企业融资意向书》。

8月29日，云南中行与临沧市政府签订金融支持临沧市县域经济跨越发展《战略合作协议》及《融资意向书》。

9月3日，云南中行与省发改委滇中引水办、省金融办签署《滇中引水工程贷款意向书》。

9月20日，云南中行与昆明万达广场投资有限公司签署《战略合作协议》。

云南中行举办2012年新员工入行仪式。

10月18日，云南中行与昆明医科大学第二附属医院签署“银医对接”合作协议。

11月1日，云南中行与云南省广播电视局签署战略合作协议。

11月6日，云南中行辖属省分行营业部、昆明市东风支行营业部、昆明市团源支行、昆明市盘龙支行营业部、昆明市北站支行、昆明市官渡支行营业部、昆明市民族村支行、曲靖市分行营业部、玉溪市分行营业部、红河州分行营业部、西双版纳州分行营业部共11家单位被云南省银行业协会评为“2012年度银行业文明规范服务省级示范单位”荣誉称号。

11月26日，云南中行举办与昆明医科大学第三附属医院合作的银医诊疗卡项目启动仪式，正式投产。

12月4日，云南中行在“2012年泛亚经济高端论坛暨第二届春城金融博览会颁奖典礼”上斩获在本次博览会最具分量的7项大奖，分别是：2012年度云南省银行业支持地方经济贡献奖、

2012年度云南省最佳青少年财商推广机构、2012年度云南省最具社会责任金融机构、2012年度云南省最佳财富管理银行奖、2012年度云南省最佳贸易融资银行奖、2012年度云南省最佳电子银行奖、2012年度云南省百姓最喜欢的银行卡，获奖数量及分量再次蝉联四大行之首。

12月26日，云南中行召开2013年“开门红”动员大会。

12月31日，云南中行圆满完成年终决算各项任务。

中国工商银行云南省分行

[综述] 2012年，中国工商银行云南省分行在中共云南省委、省人民政府和总行的正确领导下，紧紧围绕全省经济发展大局，坚持把支持云南经济又好又快发展作为首要任务，深入推进银政、银企合作，继续加大贷款投放力度，积极开展金融创新，切实履行好社会责任，积极服务云南经济持续健康发展。

一、2012年主要经营情况

2012 年，我行各项业务持续发展，主要指标呈现出了“四增两降”的良好局面。一是经营效益大幅增长。实现拨备前利润 52.99 亿元,同比增加 7.03 亿元，增长 15.3%；实现净利润 38.24 亿元，同比增加 6.20 亿元，增长 19.36%，净利润增量排名第 9 位，增幅排名第 6 位。二是各项贷款均衡增长。人民币贷款余额 1659.54 亿元，比年初增加 203.26 亿元，增长 13.96%，增量同业排名第 1 位。三是各项存款稳步增长。人民币存款余额 2138.03 亿元，比年初增加 158.93 亿元。四是中间业务持续增长。实现中间业务收入 15.69 亿元，增长 11.04%，增幅高于全国平均水平 3.92 个百分点，排名第 13 位，上升 15 位。五是不良贷款实现“双降”。不良贷款余额比年初减少 11.63 亿元，不良贷款占比较年初下降 0.88 个百分点，实现了不良贷款余额和占比的“双下降”。

2013年1月，云南省人民政府李纪恒省长和分管金融的丁绍祥副省长对我行2012年工作作出重要批示，充分肯定了我行2012年为全省“稳增长、冲万亿、促跨越”做出的突出贡献，向我行干部员工表示衷心感谢。希望我行在新的一年再接再厉，努力开创工作新局面，为建设美丽幸福的新云南作出新的更大的贡献。

二、2012 年主要工作措施

2012 年，我行紧密结合云南经济金融特点，努力寻求自身发展和支持经济发展的切入点，在金融服务、金融创新、金融改革、金融发展等方面取得了良好成绩，为云南企事业单位和社会公众提供了高效优质的金融服务，积极支持云南“桥头堡”建设，不断提升核心竞争力。

1.切实加大投放力度，持续服务经济建设。

我行通过新增贷款、创新融资，2012 年新增融资 309.5 亿元，服务云南省经济持续健康发展。2012 年累计投放贷款 930 亿元，比 2012 年初净增 203 亿元（其中小企业贷款增加 50.6 亿元，个人贷款增加 43.2 亿元），增量在西部十二省(市)、区中排名第 3 位，在省内五大行增量同业排名第 1 位。在大力服务实体经济发展的同时，针对企业经营实际情况，采取多种有效措施，积极帮助企业解决经营困难，2012 年累计核销处置不良贷款 4.5 亿元，减免企业利息 5.15 亿元。与昆明、昭通、曲靖、红河、文山、西双版纳、大理、怒江 8 个州（市）政府，省工商局、省工商联、省农发行、省建工集团等签订了《金融战略合作协议》，进一步巩固了银政、银企、银银合作关系，取得了良好的经济和社会效应。

2.切实加快结构调整，持续增强经营活力。

坚持将结构调整作为发展的主线，提升业务竞争能力，保持整体效益的持续成长。2012 年，小企业贷款、贸易融资、个人贷款占全部贷款的比例较年初提高了 3.28 个百分点；个人中高端客户增加 4.63 万户，占比提高了 0.04 个百分点；对公客户（含机构）新增 6458 户。全行自助银行与营业网点实现了 1:1 的目标；电子银行柜面业务可分流率为 39.5%，较上年末下降了 2.34 个百分点；全行柜面对公非现金业务集中处理比例达到 94%，自动柜员机现金保障率达到 99.19%，结构调整取得明显成效。

3.切实完善管理机制，持续加快改革创新。

通过改革创新，进一步完善经营管理机制和考核机制，提高运行体系的效率；制订了《云南分行三年发展规划》，完成了网讯云南分行子站点的创建工作以及全省授信审批工作的集中上收。林权抵押贷款取得新突破，贷款余额达到 11.4 亿元。完成对昆明螺蛳湾 8 亿元融汇物流股权投资基金的投放、丽江束河 1.2 亿元景区门票收益权项目等一批有示范推广效应的品牌类投行项目，2012 年通过信托理财、并购融资、融资租赁、资产顾问、资产转让等多种手段提供创新融资 106.5 亿元，积极支持地方经济建设。

4.切实加强服务管理，持续提升服务水平。

以“满意在工行”活动为主线，把提升服务水平作为竞争优质客户的重要手段，推动业务持续发展。2012 年客户对我行服务的满意度达

95.34%，满意度较上年提升8.57个百分点，共发生客户投诉92件，投诉数量较上年减少97件，降幅达51.32%。全行有1个网点跻身中国银行业“百佳服务示范单位”行列，3个网点荣获中国银行业“文明规范服务千佳示范单位”称号，3个网点进入总行金融服务样板店百佳行列，14个网点进入云南省银行业文明规范服务示范单位行列，有30个单位被省委、省政府命名、表彰为省级文明单位。2012年我行荣获“支持云南经济建设卓越贡献奖、云南省最佳商业银行、最佳创新服务银行”等九个奖项，得到了社会各界的广泛好评。

5.切实强化内控建设，持续提升经营质量。

在全行组织开展“执行力建设年”主题实践活动和“员工行为规范”主题教育活动，不断加强风险管理，提高我行资产的整体质量。认真组织开展“建设最安全银行”主题活动，经总行评价内部控制管理进入了全国一级行列。根据银监会、云南银监局和总行的工作部署，在全行范围内开展“不规范经营”专项治理工作，将原有的565个收费项目下降到409个，降幅达27.61%，切实维护好金融消费者权益，不断提高全行经营管理水平。

6.切实做好党建工作，持续提升队伍素质。

紧紧围绕全行改革发展大局，不断加强党建和人才队伍建设，开创党建工作和业务发展协调推进的新局面。以深化为民服务创先争优活动为载体，认真组织开展“执行力建设年”和“基层组织建设年”主题活动，在全行形成了“主动执行、正确执行、带头执行、坚决执行”的良好氛围。全行涌现出22个先进基层党组织、33名优秀共产党员、18名优秀党务工作者，进一步树立以人为本的现代管理理念，大力加强企业文化建设；积极开展“职工之家（小家）”场所设施建设，全行共建成“职工之家（小家）”221个。切实做好帮困救助和送温暖活动。2012年，共慰问困难员工776人，金额达260万余元。在全行倡导健康文明的生活方式，在“中国企业员工健康行”活动中，我行荣获“2012年员工健康关爱奖”，大理分行还荣获“2012年度全国企业文化建设优秀单位”称号。同时，注重履行社会责任，争做优秀企业公民。2012年，向干旱灾区、地震灾区、贫困地区、希望小学、爱心水窖等捐款捐物达995万元。同时，向昭通地震灾区发放了1.7亿元的信贷资金，积极支持昭通灾后重建工作。

三、2013年工作

2013年，工商银行云南省分行将深入学习贯彻党的十八大、中央经济工作会议、省委九届四次全会精神，紧紧围绕云南省“两强一堡”战略的实施，牢固树立高原情怀，积极倡导大山品质，按照“翻两番、增三倍、促跨越、奔小康，与全国同步全面建成小康社会”的要求，扎实工作，为云南经济社会实现科学发展、和谐发展、跨越发展作出新的贡献。

富滇银行

【综述】 2012 年是富滇银行品牌创建一百周年，也是恢复组建后第一个“五年计划”的收官之年。一年来，富滇银行紧扣国家政策和监管主线，各项业务快速发展，资产规模、盈利水平和资本实力取得较大突破，开创了资产破千亿、机构破百家的可喜局面，进一步实现了业务转型，有力服务了实体经济建设。

【主要经营指标完成情况】

● 本外币资产总额 1047.87 亿元，较上年同期增加 222.32 亿元，增幅为 26.93%；

●本外币全口径存款余额 861.28 亿元，较上年同期增加 170.15 亿元，增幅为 24.62 %；

●本外币各项贷款余额 498.22 亿元，较上年同期增加 76.67 亿元，增幅为 18.19%；

●实现净利润 9.6 亿元，较上年同期增加 2.28 亿元，增幅为 31.17%；

●不良贷款率为 0.96 %，较上年同期下降 0.12 个百分点；拨备覆盖率为 332.84%，较上年同期提高 25.9 个百分点；

●流动性比例为 32.04%，同比下降 6.45 个百分点；存贷款比例为 66.44%，同比上升 0.47 个百分点。

【积极支持地方发展 资产突破千亿元大关】

2012 年，面对复杂严峻的国内外经济金融形势，富滇银行认真贯彻落实货币信贷政策、产业政策，围绕省委、省政府的经济工作部署，积极履行地方银行职责，促进云南经济跨越发展，重点围绕园区经济、县域经济、民营经济“三大战役”，强化金融服务支持力度。紧盯全省“稳增长、冲万亿、促跨越”目标，坚持“有扶有控”的信贷政策，加大对实体经济和全省产业升级的支持力度，积极支持“滇中引水”工程项目、滇池污染治理项目等 2012 年全省重点督查的 20 个重大建设项目，积极支持实体经济、全省重点企业发展，全年累计投放贷款 707.09 亿元。富滇银行还充分发挥独立法人优势和金融平台作用，引进省外资金支持云南经济发展，通过卖出票据、再贴现、短期外债、信托收益权等业务累计融入省外资金 400 余亿元支持云南经济建设。富滇银行在积极支持地方积极发展的同时，自身也不断发展壮大，截至 2012 年末，全行资产总额突破千亿元大关，达到 1047.87 亿元，本外币全口径存款余额 861.28 亿元，本外币各项贷款余额 498.22 亿元，实现净利润 9.6 亿元。

【积极“走出去” 促进区域性金融中心建设】

按照“立足云南，辐射西南，放眼全国，走向泛亚”的区域性发展规划，2012 年富滇银行进一步加大了对云南省内的网点布局，新设楚雄开发区支行、普洱人民路支行、大理宾川支行、西双版纳勐泐支行、红河个旧支行；强化重庆分行融通滇渝、服务西南的作用，新设了重庆渝北支行、重庆南岸支行；围绕将瑞丽重点开发开放试验区建设成为中缅边境经济贸易中心、西南开放重要国际陆港、国家文化交流窗口、沿边统筹城乡和睦邻安邻富邻示范区的要求，富滇银行进一步加大对瑞丽支行的支持力度，并将瑞丽支行升格为分行，进一步提升其服务开发开放试验区的能力。同时，紧紧围绕云南面向西南开放的桥头堡建设，加快“走出去”步伐，积极推进老挝代表处转为经营性机构，努力推进以国际结算、贸易融资、人民币贸易结算为重点的国际业务发展，推动以东南亚国家为重点的境外合作，积极推进跨境人民币结算和小币种金融服务。以瑞丽、河口、版纳为重点，推进跨境人民币结算工作，完成跨境人民币结算量 19.01 亿元人民币，同比增长 44.56%；参与人民币对泰铢银行间区域市场的交易，成为全国首个东南亚小币种金融服务商、首批参与泰铢银行间区域交易市场的做市商，累计完成泰铢银行间交易 2.59 亿泰铢，基普交易 82.05 亿基普。

【加强金融创新满足客户多元化需求】

不断加强业务创新工作，制定了《产品创新与推广专项考核办法》，将产品创新纳入年度刚性考核范围。着力开发非标准型债务工具、票据型产品、债券型产品、同业存款型产品、混合投资型产品，与其他金融机构共同开发理财和结构性产品，被《理财周报》评为“2012 年中国最具区域竞争力城商行金融品牌”。

进一步强化产品创新工作，发行了“富滇稳健”“富聚财富”、同业存款理财计划、券商合作票据类定向资产管理计划、银信租合作应收租金债权转让信托理财计划、富业成长中小企业集合等理财产品，累计发售 35 期，金额 48 亿元。其中，“富聚财富”系列理财产品荣获《理财周报》

评选的“2012年中国十大最佳银行理财产品”称号。

创新林权抵押贷款融资模式，加大“三农”金融服务。针对保山、版纳、普洱的林产业特色，加大对咖啡产业、林产业支持力度，办理林泉抵押贷款21笔、贷款1.58亿元，超额完成人行昆明中心支行下达的新增贷款投放任务。充分利用州县网点和已发起设立的四家村镇银行优势不断加大对“三农”的支持力度，全行涉农贷款余额突破100亿元。

加强电子渠道建设，强化电子银行产品营销能力、风险防控能力和新业务的推广能力，稳步提高全行电子银行业务有效客户、交易量及业务替代率，替代率较上年提升5.64个百分点，达25.28%。全行企业网上银行客户新增3728户，个人网银（专业版）客户新增15861户，个人手机银行客户新增11118户。

【支持小微企业、非公经济发展】

富滇银行以国家政策为导向，结合云南本地经济特点，加强对小微企业和非公经济的差异化服务建设，2012年7月，在昆明辖区内挑选了7家二级支行作为服务小微企业的专业支行，将小微企业金融服务触角延伸到专业市场、社区等最基层网点。在此前成立的小企业信贷专营中心、科技服务创新中心、矿业中心也日益发挥出重要作用，小企业信贷专营中心各项贷款余额8.3亿元，小企业客户229户；科技服务创新中心贷款余额1.7亿元，支持科技型企业15户；矿业中心贷款余额3.61亿元，服务矿业企业23户。三个中心为不同行业领域的小微企业和非公企业客户提供了专业化、差异化的金融服务。

富滇银行还加速小企业业务改革创新，设计了全行小企业发展的战略规划、商业模式和品牌建设；制定小企业全行营销整体推进和集群客户营销方案；制定充分反映贷款风险、易于操作、以信用评级为基础的风险定价体系；推进“信贷工厂”的建设工作；整合“成长360°”专属品牌，推出“医保融”“助保融”等产品，其中，“助保融”在第七届中国中小企业家年会上，获“2012全国中小企业最受欢迎金融特色产品”，“成长360°”金融产品营销案例被《银行家》杂志评为“十佳金融产品营销奖”。

同时富滇银行紧密联系省、市工信委、金融办、劳动就业局及昆明市总工会等相关政府职能部门，积极参与政府主导的促进小微企业发展的活动。截至2012年末，全行小企业业务口径贷款（不含贴现）余额为67.47亿元，较年初新增26.31亿元，增幅达63.92%，增幅高于全行贷款增幅45.78个百分点，增量高于去年同期10.29亿元。在第七届中国中小企业家年会上，荣获“2012年度全国支持中小企业发展十佳商业银行”等称号。

【强化社会责任 加强品牌建设】

结合“富滇银行”品牌创建100周年契机，富滇银行加大宣传力度，推动历史题材电视剧《富滇风云》播出工作，提升富滇银行品牌影响力，增强员工的自豪感和凝聚力。切实履行社会责任，积极支持“兴边富民工程”、定点挂钩扶贫、新农村建设工作和其他公益事业，加强社会责任教育，引导干部员工更好地服务社会，促进经济、金融与环境的可持续发展。2012年，投入扶贫资金近600万元至定点挂钩扶贫单位宁蒗县以及定点帮扶沧源县，完成扶贫项目多个，被省委、省政府授予“十一五”扶贫开发工作先进集体和“2011年度社会扶贫工作先进集体”称号。

（富滇银行供稿）

广发银行昆明分行

[综述] 2012年，广发银行昆明分行认真贯彻落实国家宏观金融调控政策、措施和总行五年战略规划，致力于“用三年时间把昆明分行建设成为系统内优秀，本地区领先的一流商业银行”的三年工作目标，夯实基础，合规经营，加快转型，提速发展，全行经营管理取得新突破。信用卡优势继续扩大，国际结算量首次突破10亿美元大关，投行业务发展迅猛，金融同业业务合作渠道进一步拓宽，内保外贷、现金管理、理财顾问、信托财产保管、保函、保理项下代付、国内信用证、跨境人民币订单融资等业务相继成功落地，在本地市场引起了强烈反响，极大地提升了广发银行的品牌知名度。截至年末，人民币各项存款余额219.84亿元，各项贷款余额174.26亿元。

[业务发展情况]

1.信贷业务：狠抓核心客户营销，针对目标市场中全省优势产业的集团客户，组织集团统一授信的上报，贮备、上报项目贷款，保证资产业务的稳步持续增长。同时加大对实体经济的信贷支持力度，多个行业贷款余额较年初显著增长，如采矿业与制造业12月末贷款余额较年初增长61.8%；批发零售行业贷款余额较年初增长79.2%。外币贷款（含国际贸易融资业务）发展迅速，外币贷款余额较年初增长4529.04%。有效调整了以前平台贷款占比较大的局面，资产结构更加多元稳定。

2.存款业务：昆明分行以公司业务为抓手，做好核心客户的深度挖掘，加强对行政事业单位、财政性单位存款营销和平台贷款二次营销的力度，依托财富管理体系，转变储蓄存款发展模式，实现存款规模持续增长的同时，优化负债结构。截至 12 月末，分行对公无授信客户存款占比比年初下降 4.96 个百分点，排名前 20 的对公大客户存款余额占比下降 13.12 个百分点，由烟草行业向政府平台、房地产、化工等重点企业分散。行政事业单位存款余额较去年增长 13.31%，总行级核心客户存款余额较年初增长 35.68%，分行级核心客户存款余额较年初增长 13.11%。存款稳定性进一步加强，对大客户的依赖度进一步降低，行业结构进一步优化。

3.中间业务：一是继续扩大信用卡优势，累计信用卡发卡在本地股份制商业银行排名第一，有效带动了中间业务收入的增长。二是国际结算量及贸易融资业务取得重大突破，建行 15 年来国际结算量首次突破 10 亿美元大关。三是投行业务发展迅猛，成功代销全系统内单笔托管金额最大的业务。四是金融同业业务合作渠道进一步拓宽。在深入挖掘现有存量客户的基础上，先后与多家境外银行开展业务合作，金融同业业务收入创历史新高。截至 12 月末，昆明分行中间业务收入在云南省股份制商业银行中排名第一。

4.信用卡业务：一是进行营销团队的组建和完善，有效解决了支行人员紧张、专业营销技能偏低、落实不到位的“老大难”局面，对加强交叉营销、强化信用卡的作业模式和技巧、发卡政策的宣导及落实等工作起到了积极的促进作用，为信用卡业务持续、健康、快速发展提供了保障。二是进一步完善考核、奖励机制，逐渐引导“活发卡、发活卡”的观念与意识，强调“规模、质量”两手抓。三是联合多家知名商户开展了一系列促销活动，改善用卡环境，逐步营造优惠商户的规模优势，提升品牌形象。截止 2012 年末，全年新增信用卡 90074 张，新增 POS 商户 390 户，新增广发卡特惠商户 800 户。

5.客户管理：分行始终把扩大基础客户群、有效客户群和优质客户群作为战略目标实现的关键。分行以核心客户为重点，加强中小企业客户及个人客户的营销力度，加快调整客户及业务结构，全力以赴促进业务又好又快持续发展。截止 12 月末，分行对公客户较年初提高 27.42 个百分点，总行级核心客户 7 户，分行级核心客户 19 户。个人贵宾客户同比增长 70%，其中三星级至五星级客户同比增长 73%。客户基础进一步夯实，客户结构进一步优化。

6.业务拓展：昆明分行加大业务产品的拓展力度，投行、内保外贷、现金管理、理财顾问、信托财产保管、保函、保理项下代付、国内信用证、跨境人民币订单融资等业务相继成功落地。特别是首笔 2530 万美元外汇流动资金贷款成功发放、首笔国内信用证福费廷即时转卖业务及国内信用险项下应收账款融资业务成功办理，一批内保外贷业务成功落地，系统内第一笔水电项目固定资产贷款项目的成功获批，为调整分行客户结构、增加客户粘度、扩大客户规模及全行业务健康、多元发展起到了积极作用，在本地市场引起了强烈反响，极大地提升了昆明分行的品牌知名度。

[金融服务和创新]

1.从服务理念、服务设施、服务渠道、服务产品、服务流程等方面入手，不断提升服务品质。一是完善服务评价与考核体制，通过定期检查、第三方检查，全面提升整体服务水平。二是不断加强硬件设施，优化网点布局，完善功能分区，提高科技水平，努力实现服务人性化和硬件标准化。三是提高全行文明规范服务培训效能，通过阳光心态培训、银行基础业务手语培训和服务礼仪培训，增强员工服务意识，强化员工职业素养和气质修养的提升。四是加大理财顾问团队、大堂经理队伍的培训和技能训练，不断提高员工整体素质，通过开展业务技能竞赛，展示员工良好的综合素质和过硬的业务技能。五是开展普及金融知识活动、"尊师重教"志愿者公益活动，通过金融知识专题讲座、业务产品知识宣传等，积极向公众普及金融知识，大力提高全行服务水平和质量，提升了广大客户对广发银行金融服务的社会满意度。

经过不懈的努力，昆明分行的服务赢得了客户和社会的认可与信任，2012年玉溪分行营业部被授予"2012年度中国银行业文明规范服务示范单位"称号，玉溪分行营业部、金碧路支行和吴井路支行被授予"2012年度云南省银行业文明规范服务示范单位"称号，昆明分行被总行授予2012年度"优秀服务智囊团"称号，分行2012年度文明规范服务综合考评位列全行第8，全行文明规范服务工作获得了上级监管单位的充分肯定和社会各界的广泛赞誉。

2.进一步加大产品创新力度，注重服务内涵，根据客户需求，研发新产品，打造新平台，致力于为客户提供全方位的金融服务解决方案。在优质服务的推动下，促进了全行各项业务的快速发展。在由云南省人民政府金融办公室、云南日报报业集团联合主办的"第二届春城金融博览会"中，昆明分行荣获"2012年度云南省银行业支持地方经济贡献奖"、"2012年度云南省最受欢迎信用卡品牌"和"2012年度云南省最佳财富管理银行奖"；在云南省银行业协会和都市时报主办的"第五届云南金融百姓口碑榜"评选活动中荣获"最佳中小企业金融服务银行""云南百姓最喜爱的手机银行品牌""优秀贸易融资银行"称号。不仅为云南企业和老百姓提供了全优的、独具特色的金融服务，更为云南省经济快速发展贡献了应有的力量。

[风险管理和内控制度建设]

1.加强风险控制，严控信贷风险。分行高度重视银监会"三个办法，一个指引"的贯彻落实，强化全行信贷人员依法合规经营意识，全面开展对政府融资平台贷款的清理整顿、分类和到期催收工作，开展全行担保品年检核查、生产型企业风险排查、钢贸企业风险排查、"涉伊"企业授信风险排查等风险排查工作，加强动产质押业务监管。

2.加大不良资产清收处置力度。分行将不良资产的清收处置作为工作的重中之重，策略上，"先易后难、先大后小"，抓大户，抓新户，抓抵（质）押物易处置客户；手段上，风险控制措施前移，分类管理，一户一策，有效提升资产质量。

3.进一步加强合规内控建设。一是调增 4 人到合规条线，充实合规队伍，加强队伍建设。二是结合内控与风险防范联席会议制度、年度合规管理情况报告工作机制、合规晨会制度加强对重点单位部门、重点业务、重点环节的控制和管理。三是扎实进行合规文化建设，完善合规体系建设，巩固"内控三道防线"，切实加强党风廉政建设，规范员工从业行为，保障各项业务依法合规经营。

4.加强案件防控，确保万无一失。坚持"预防为主，群防群治，标本兼治，安全第一"的工作方针，开展职业道德教育和案件防控专题讲座，加强党风廉政建设和员工廉洁从业教育，结合案件专项治理工作强化内部管理，完善工作机制，加强人防、物防、技防建设，全面提高安全保卫工作管理水平和整体防范能力。特别对12个案件多发部位及违规办理票据业务套取银行信贷资金、伪造银行存单骗取质押贷款、挪用盗用客户资金等主要风险点进行深度排查、严查严防，确保了全年无案件、零事故发生。

（广发银行昆明分行供稿）

附　　录

Attachment

2013年云南省10件惠民实事

一、全面提高新型农村合作医疗筹资标准。将全省新型农村合作医疗筹资标准提高到每人每年340元，同时相应提高政策范围内统筹基金最高支付限额和住院费用实际报销比例。

二、开展贫困尿毒症患者和重性精神病人救助，继续实施光明工程。对3000名贫困尿毒症患者给予医疗救助，实现8.3万例已确诊重性精神疾病患者的应治尽治、应管尽管，降低重大疾病危害，减少因病返贫、因病致贫现象。为3万例白内障患者免费实施复明手术，让患者重见光明。

三、加强民生水利建设。建设40万件"爱心水窖"，着力解决严重缺水的山区、半山区群众的基本生产条件和饮水安全。

四、推进一批农村义务教育改善项目。改造农村义务教育薄弱学校，建设92万平方米的学校食堂，县镇学校扩容改造16万平方米，为薄弱学校配置11.04亿元的教学仪器、图书和多媒体远程教学设备，提高农村学校办学水平。深入实施农村义务教育阶段家庭经济困难寄宿学生生活费补助和营养改善计划，实现129个县、市、区490万名农村义务教育阶段学生营养改善计划补助"全覆盖"；对未享受到寄宿生生活费补助的义务教育阶段家庭经济困难寄宿学生给予生活费补助，实现全省277万名农村义务教育阶段家庭经济困难学生生活费补助"全覆盖"。

五、开展乡镇卫生院和村卫生室标准化建设。建设200个标准化乡镇卫生院和1000个标准化村卫生室，提升基层医疗机构服务能力。

六、实施1万个贫困村的整村推进工程，力争实现农户"八有"和贫困村"八有"。

七、修建农村公路1万公里。按照四级以上公路标准，新建农村公路0.15万公里，改建农村公路0.85万公里，解决1018个建制村的道路通畅问题，建制村道路通畅率提高到43.2%。

八、建设一批城乡养老服务设施。新建、改扩建22个城市老年福利机构、80个农村敬老院、500个居家养老服务中心，新增床位18800张，提升全省养老服务能力。

九、继续实施妇幼健康计划。加强农村孕产妇住院分娩工作，扩大农村妇女宫颈癌和乳腺癌检查覆盖面，开展出生缺陷综合防治，实现农村孕前优生健康检查全覆盖，实施0~6岁残疾儿童康复工程，降低孕产妇死亡率、婴幼儿死亡率和新生儿出生缺陷发生率。

十、深入实施文化惠民工程。开展"文化大篷车·千乡万里行"文化惠民公益演出，送戏下乡1万场，省直文艺院团到乡镇免费演出320场次以上。免费向公众开放全省公共图书馆、文化馆（站）、美术馆和博物馆。建设50个文化惠民示范村。给予农村优秀业余文艺演出队"以奖代补"扶持。

2013 年全省重点督查的 20 项重要工作

一、推进桥头堡建设

认真落实国家支持桥头堡建设的各项政策措施，大力推进桥头堡建设有关工作。深入贯彻实施桥头堡建设总体规划，继续推进完善桥头堡建设工作机制，在出台桥头堡建设政策性文件、推进重大工程项目方面取得新进展。继续推进国家级边境经济合作区、跨境经济合作区、经济技术开发区以及综合保税区的申报和建设工作。加快推进云南（广西北部湾经济区）临海产业园建设。

二、加快推进滇中城市经济圈建设

深化完善《滇中经济圈一体化发展总体规划》以及与总体规划配套的基础设施一体化、产业布局一体化、公共服务和社会管理一体化、市场体系一体化、城乡建设一体化、生态环保一体化、滇中经济圈项目集群 7 个子规划。加快滇中产业新区建设，抓紧形成种类齐全、相互配套的滇中产业新区规划；出台《中共云南省委 云南省人民政府关于加快滇中产业新区建设的决定》；建立高效的新区管理机构和运行机制。完成滇中产业新区开发投资公司组建工作，通过增资扩股等方式探索组建滇中产业新区股份制银行，为新区建设提供融资支持；加大招商引资力度，争取同步启动核心区基础设施建设和部分产业项目开工。加快昆曲绿色经济示范带建设，重点建设一批农业生产基地，提升和新建一批精品农业庄园，打造一批农业园区，扶持一批农业产业化龙头企业，建设一批区域性农产品综合市场和专业市场。加快昆玉旅游文化产业经济带建设。启动滇中同城规划工作，按照“政策同筹、规划同编、设施同建、信息同享、市场同体、产业同布、金融同城、科教同兴、环境同保、资源同用”的原则，牵头完成编制滇中同城综合交通、通信、产业、物流 4 个专项规划。

三、完善消费促进体系，加快发展现代流通

刺激和扩大消费，全省完成社会消费品零售总额增长 18%。高度重视消费在扩大内需中的基础作用，制定出台促进消费的鼓励政策措施，积极培育消费热点。进一步完善市场体系，建设（改造）100 个乡镇农贸（集贸）市场，继续推进“万村千乡市场工程”，建设（改造）10 个大型批发市场，培育 20 户大型商贸流通企业，充分发挥流通主体、流通平台的作用。加强市场调控，切实做好重要物资储备工作，保障消费市场平稳运行。

四、保持固定资产投资快速增长

固定资产投资增长（不含农户）23%以上。

五、继续推进新农村建设和扶贫开发攻坚

实施兴边富民工程，扶持较少民族发展，建设民族团结进步边疆繁荣稳定示范区。

力争农民人均纯收入增长 14%以上，解决 250 万村人口的饮水安全问题，继续实施百亿斤增粮计划，确保粮食面积稳定在 6500 万亩，力争粮食增产 50 万吨。新建农村户用沼气池 9 万户（其中省林业厅负责 5 万户，省农业厅国债项目实施 4 万户），农村节柴改灶 15 万户，推广农村太阳能热水器 10 万台。实施 500 个自然村村容村貌整治。推进农村劳动力转移，培训农村劳动力 100 万人，新增转移就业 80 万人。切实加大片区区域发展与扶贫攻坚力度，开展以自然村为单元、贫困户为重点，实施 50 个贫困乡扶贫开发整乡推进试点。实现 100 万以上农村贫困人口脱贫。围绕兴边富民工程“十二五”总体目标任务和“十大工程”、“十大保障”等内容，全面推进《云南省兴边富民工程“十二五”规划》的实施。建设民族团结进步边疆繁荣稳定示范区。完成 200 个人口较少民族聚居自然村整村推进工作。

六、完善基本公共服务，推进城乡社会保障体系建设

实施更加积极的就业政策，扶持 12 万人以上自主创业，扶持不少于 1000 户劳动密集型小企业。完善就业帮扶机制，实现城镇新增就业 30 万人以上，帮助 6 万人以上就业困难人员实现就业，城镇登记失业率控制在 4.5%

以内。全面推进覆盖城乡居民的社会保障体系建设，巩固提升全省养老、医疗保险制度全覆盖，五大社会保险（含新农保）参保人数累计达到4200万人以上。切实保障困难群众基本生活，巩固城市低保应保尽保成果，加强农村低保规范化管理。全面推进重特大疾病医疗救助工作。加快推进养老服务体系建设。继续落实高龄老人津贴制度。切实保障儿童福利，保障孤儿基本生活，组织实施云南省残疾儿童康复救助工程。实施广播电视村村通、户户通工程。实施七彩云南全民健身工程。

七、办好第1届中国—南亚博览会等系列活动

筹备组织好第1届中国—南亚博览会、第21届中国昆明进出口商品交易会、第11届东盟华商投资西南项目推介会暨亚太华商论坛、大湄公河次区域经济走廊活动周、第8届中国—南亚商务论坛、2013中国国际旅游交易会、第13届亚洲艺术节等活动。

八、继续实施“质量兴省”战略和标准化发展战略

继续推进和落实“质量兴省”战略和标准化发展战略各项工作。

九、保护坝区农田建设山地城镇

认真做好低丘缓坡土地综合开发利用试点项目的各项审查、审批工作，完成试点县、市、区低丘缓坡土地综合开发利用试点项目专项规划编制工作，继续细化和落实保护坝区耕地、鼓励建设项目“上坡进山”的配套政策措施。

十、加大城乡统筹力度，促进农业转移人口转变为城镇居民工作

加大城乡统筹力度，促进农业转移人口转变为城镇居民工作，力争2013年实现150万农村居民转户进城。

十一、继续推进教育领域综合改革

在人才培养体制、考试招生制度、办学体制、管理体制、保障机制等方面改革取得进展；积极探索各级各类教育协调发展、城乡义务教育均衡发展，形成教育与经济社会发展互动融合的现代教育体系。加快发展现代职业教育。

十二、深化医药卫生体制改革

加快健全全民医保体系，三项基本医保参保率稳定在95%以上，在部分州、市启动大病保险试点工作。进一步巩固和完善基本药物制度和基层运行新机制，规范基本药物采购机制，落实基层医疗卫生机构管理体制、补偿机制、药品供应和人事分配等项改革政策措施。积极推进公立医院改革，重点推进30个县、区级公立医院综合改革试点工作，着力破除“以药补医”问题；围绕“四个分开”，深化城市公立医院改革，继续巩固便民惠民措施成果。统筹推进各相关领域改革，继续加强基层医疗卫生机构标准化建设和以全科医生为重点的人才队伍建设，继续实施国家基本公共卫生服务项目和重大公共卫生服务专项，落实鼓励社会办医的各项政策措施，调整优化区域卫生资源配置。

十三、做好央企、民企入滇工作，继续抓好民营经济发展

完成10户以上中央企业入滇投资工作，完成16户以上民营企业入滇投资工作。加快民营经济发展，力争以中小企业为主体的非公经济实现增加值占全省GDP的46%以上。

十四、提升金融对桥头堡建设的支撑和保障能力

进一步提升金融对桥头堡建设的支撑和保障能力，全省银行各项融资达到2500亿元，直接融资（含保险机构资金运用和股权融资）达到600亿元，力争再有1－2个外资银行入驻云南，力争实现3户企业在境内外上市，争取小额贷款公司超过500个、村镇银行突破40个。

十五、强化园区经济战役攻坚行动，推进省属企业跨越发展

推动园区软硬配套设施建设更趋完善，产业招商取得新突破，载体功能显著提升、园区经济规模快递扩展、产业集中集群发展趋势明显，体制机制高效运行，落实核定省级工业园区机制编制。2013年省级工业园区主营业务收入同比增长30%，完成基层设施投资170亿元以上，新认定10个工业园区为省级园区，主营业务收入超千亿元园区实行零突破，超百亿园区新增6个。推进省属企业跨越发展，实现倍增目标；加大省属企业直接融资力度，力争超过230亿元。

十六、加强和创新社会管理工作

加强治安防控体系建设，加强流动人口及特殊人群管理服务。加强城乡社区建设，完善基层群众自治制度，创新社会组织登记管理工作。

十七、加强节能减排，做好九大高原湖泊

污染防治

加强节能降耗工作，确保全省完成单位GDP能耗下降3.2%年度节能目标，强化各州、市政府责任，加大督促检查力度，继续推进重点节能项目建设，以工业为重点全面推进重点领域节能降耗，加强固定资产投资项目节能评估和审查，推进全省千户企业节能行动，完成年度淘汰落后产能目标任务。做好污染减排工作，按照国家核定我省污染减排考核指标要求，完成2013年化学需氧量（COD）、二氧化硫（SO_2）、氨氮（NH_3-N）和氮氧化物（NOX）4项约束性指标的污染减排任务。继续推进城镇污水生活垃圾处理设施项目建设。按照一湖一策的治理思路，做好九大高原湖泊水污染综合防治工作。做好生物多样性保护工作，落实云南省生物多样性保护联席会议任务分解，督促编制完成州、市实施方案，落实《云南省生物多样性保护战略与行动计划（2012–2013年）》。

十八、深入开展第三轮禁毒防艾人民战争

普及毒品知识，减轻毒品危害。围绕降低艾滋病新发感染率、病死率，提高艾滋病病毒感染者和病人生存质量，深入开展第三轮防治艾滋病人民战争。娱乐场所高危人群干预覆盖率达到90%以上，对30万名婚前保健人群、50万名孕产妇免费HIV检测，实施母婴阻断98%以上，艾滋病累计抗病毒治疗人数达3.5万人。

十九、进一步加强食品安全工作

健全食品安全工作综合协调机制，推进县级以上食品安全办设置在政府办公室。强化基层监管体系，在乡镇人民政府街道办事处设立食品安全监管办公室、站，并明确专门人员负责，在村级建立食品安全协管员或信息员队伍。加大投入，提升食品检验检测能力。继续深入开展食品安全专项整治，净化食品市场环境。大力实施举报奖励制度、严厉打击食品安全违法犯罪行为。选择部分县、市、区进行县级食品安全管理综合行政执法和统一食品检验检测机构试点工作。落实食品企业主体责任，推进诚信体系建设。完善食品安全地方性法律法规，推进食品安全地方标准和食品安全风险监测评估体系建设。推进食品安全宣传活动。开展食品安全满意度民意调查、创建“食品安全城市”、评选“省政府食品安全奖”活动，实施“放心食品惠民工程”。

二十、加强安全生产工作

强化企业安全生产基础建设，开展安全生产标准化达标、安全技术装备达标、安全监管能力建设达标和非煤矿山专项整顿。对生产、储存、经营与住宿舍合用场所开展消防安全专项整治，严防群死群伤恶性火灾事故发生。煤矿淘汰落后产能和推进煤矿机械化。

2012年云南名牌产品名单

编号	申报产品名称		注册商标名称	申报企业名称
1	卷烟辅料	卷烟※	云烟	红云红河烟草（集团）有限责任公司
2		卷烟※	红河	
3		卷烟※	小熊猫	
4		卷烟※	阿诗玛	红塔烟草（集团）有限责任公司
5		卷烟※	红梅	
6		卷烟※	玉溪	
7		卷烟※	红塔山	
8		烟用金拉线※	万年青	玉溪自强玉新包装材料有限公司
9		烟用接装线※	思源	云南玉溪水松纸厂
10	制药及生物制品	蒲地蓝消炎片	雁塔	云南龙发制药有限公司
11		龙心素胶囊	永青	云南永安制药有限公司
12		血塞通胶囊	七花	云南白药集团文山七花有限责任公司
13		血塞通片		云南特安呐制药股份有限公司
14		丹参益心胶囊		
15		参麦注射液	中精	大理药业股份有限公司
16		醒脑静注射液※		
17		头孢克肟胶囊	积大希夫	昆明积大制药股份有限公司
18		低分子量肝素钠注射液	活多史	
19		曲安奈德注射液※	TRANTON	
20		顺铂注射液	利艾康	云南个旧生物药业有限公司
21		三七总皂苷	双富牌	昆明制药集团金泰得药业股份有限公司
22		血塞通片※		
23		伤风停胶囊	云丰	云南白药集团股份有限公司
24		板蓝根颗粒		
25		宫血宁胶囊※		
26		风寒感冒颗粒※	云健	
27		风热感冒颗粒※		
28		云南白药系列产品※	云南白药	
29		血塞通注射液※	昆莲	
30		灯盏花素原料药	雲植	云南植物药业有限公司
31		云南红药胶囊		
32		血塞通分散片※		
33		消炎止咳片	康恩贝	云南希陶绿色药业有限公司
34		关通舒胶囊		云南良方制药有限公司

35		阿法骨化醇软胶囊	NORTON	昆明贝克诺顿制药有限公司
36		阿莫西林胶囊※		
37		洗发露	滇虹康王	滇虹药业集团股份有限公司
38		丹莪妇康煎膏※	丹莪	
39		复方酮康唑乳膏（皮康王）※	彼康王	
40		感冒消炎片	云昆	昆明中药厂有限公司
41		止咳丸※		
42		舒肝颗粒※		
43		清肺化痰丸※		
44		氯化钠注射液		昆明南疆制药有限公司
45		葡萄糖氯化钠注射液		
46		虎力散胶囊※	云杉牌	云南云河药业有限公司
47		生物制品（万寿菊浸膏）※	博浩	曲靖博浩生物科技股份有限公司
48		蒿甲醚原料药※	KPC	昆明制药集团股份有限公司
49		天麻素注射液※	天眩清	
50		灯盏细辛注射液※	生物谷	云南生物谷灯盏花药业有限公司
51		绿A天然螺旋藻精片※	绿A	云南绿A生物工程有限公司
52		板蓝根颗粒※	神火	昆明圣火药业（集团）有限公司
53		排毒养颜胶囊※	盘龙云海	云南盘龙云海药业集团股份有限公司
54	冶金	工业纯钛板卷	YUNTI	云南钛业股份有限公司
55		超精细锌粉	久隆	云南罗平锌电股份有限公司
56		铅基多元合金阳极板	大泽	云南大泽电极科技有限公司
57		铸造轴承合金锭	云锡牌	云南锡业锡材有限公司
58		锡粒		
59		球形焊粉		
60		锌锭		云南云铜锌业股份有限公司
61		锌锭 ※	驰宏锌锗	云南驰宏锌锗股份有限公司
62		锌锭※	祥云飞龙	云南祥云飞龙有色金属股份有限公司
63		铝合金建筑型材	三元德隆	云南澄江三元德隆铝业有限公司
64		铝合金建筑型材※	红塔	云南省玉溪市红塔铝型材厂
65		高碳锰铁 ※	斗南	云南文山斗南锰业股份有限公司
66		铸造锡铅焊料※	云锡牌	云南锡业集团（控股）有限责任公司
67		锡锭※		
68		贵金属及其合金钎料※	贵研	贵研铂业股份有限公司
69		铸造铝合金锭※	云铝	云南铝业股份有限公司
70		双零铝箔※	金派	云南浩鑫铝箔有限公司

71		钢筋混凝土用热轧带肋钢筋※	昆钢	武钢集团昆明钢铁股份有限公司
72		钢筋混凝土用热轧带肋钢筋※	德威	云南德胜钢铁有限公司
73	化肥	复混肥料	大维	大理大维肥业有限责任公司
74		复混肥料※	虹叶	红河恒林化工有限公司
75		复混肥料※	花山	云南云维集团有限公司
76		复混肥料※	螳丰	云南祥丰化肥股份有限公司
77		复混肥料※	仁恒	云南楚雄仁恒化肥有限公司
78		复混肥料※	劲勋	昆明劲勋肥业股份有限公司
79		复混肥料※	云叶	云南云叶化肥股份有限公司
80		复混肥料※	云峰	云南云天化国际化工股份有限公司
81		重过磷酸钙※	金富瑞	
82		重过磷酸钙※	三环	
83		重过磷酸钙※	螳丰	云南弘祥化工有限公司
84		高浓度磷肥（重过磷酸）	云磷	云南金色田野企业集团有限公司
85		过磷酸钙	军马、金云	昆明红云化工生产有限公司
86		过磷酸钙※	螳川	云南安宁化肥有限责任公司
87		过磷酸钙※	石林	昆明东昇冶化有限责任公司
88		过磷酸钙※	螳丰	云南祥丰化肥股份有限公司
89		尿素※	花山	云南云维集团有限公司
90		尿素※	金沙江	云南云天化股份有限公司
91	化工	工业硫酸亚锡※	云锡牌	云南锡业集团（控股）有限责任公司
92		普通导爆索	光波	云南燃二化工有限公司
93		工业雷管	石林	云南燃一有限责任公司
94		工业炸药	达力	国营云南包装厂
95		工业炸药	神斧	国营云南安宁化工厂
96		冶金焦炭	珠源	云南大为制焦有限公司
97		冶金焦炭	昆焦	云南昆钢煤焦化有限公司
98		冶金焦炭※	琦璘	云南曲靖麒麟煤化工有限公司
99		锡酸钠	云锡	云南锡业集团（控股）有限责任公司
100		三聚磷酸钠	YunPhos	云南南磷集团股份有限公司
101		罐装液体焦化苯	昆焦	云南昆钢煤焦化有限公司
102		共聚甲醛树脂※	云天化	云南云天化股份有限公司
103		氯化铵※	花山	云南云维股份有限公司
104		聚乙烯醇材料※	云维	
105		三乙酸甘油酯※	环腾	云南省玉溪市溶剂厂有限公司
106		工业三聚磷酸钠※	春城	中轻依兰（集团）有限公司
107		工业黄磷※	马龙	
108		工业黄磷※	YunPhos	云南南磷集团股份有限公司
109		饲料级磷酸氢钙※	龙	云南新龙矿物质饲料有限公司
110		醇酸类油漆	新大	昆明新大制漆有限公司
111		醇酸类油漆※	中华	昆明中华涂料有限责任公司
112		天然橡胶	中化	西双版纳中化橡胶有限公司
113		天然橡胶	福顺	西双版纳天正贸易有限公司
114		磷酸一铵	金富瑞	云南云天化国际化工股份有限公司
115		磷酸一铵	三环	
116		磷酸二铵※	白鹇	

117		磷酸二铵※	云峰	
118		磷酸二铵※	金富瑞	
119		磷酸二铵※	螳丰	云南弘祥化工有限公司
120	机械	密集型烟叶烤房设备	中建	云南中建博能工程技术有限公司
121		液压缸	兴长江	云南兴长江实业有限公司
122		起重机械	昆钢	云南昆钢重型装备制造集团有限公司
123		一汽通用红塔轻型载货汽车 ※	蓝箭、福瑞、霸铃	一汽通用红塔云南汽车制造有限公司
124		中型球磨机 ※	云锡牌	云南锡业机械制造有限责任公司
125		电力变压器 ※	高原	云南通变电器有限公司
126		电缆光缆用镀锌钢丝※	玉杯	玉溪玉杯金属制品有限公司
127		钢板弹簧※	春鹰	昆明方大春鹰板簧有限公司
128		电气化铁道牵引变压器※	“T云变”	天威云南变压器股份有限公司
129		高原型油浸式电力变压器 ※		
130		卧式普通车床※	CY	云南ＣＹ集团有限公司
131		汽车尾气净化催化剂及催化转化器※	贵研及SINOPLATIN	贵研铂业股份有限公司
132		柴油发动机※	云内	昆明云内动力股份有限公司
133		电线电缆※	昆电工	昆明电缆集团股份有限公司
134		自动化物流系统 ※	昆船	昆明船舶设备集团有限公司
135		烟草制丝成套设备 ※		
136		密集型烟叶烤房		
137		Y、Y2系列三相异步电动机※	KEM 电工	哈尔滨电机厂（昆明）有限责任公司
138		数显（控）镗铣床※	昆机	沈机集团昆明机床股份有限公司
139		桥式起重机（50t 及以下）※	KH	云南冶金昆明重工有限公司
140	电子	蓝宝石衬底片		云南蓝晶科技股份有限公司
141		有线数字电视机顶盒	昆船电子	云南昆船电子设备有限公司
142	建材	水泥	西麟	曲靖昆钢嘉华水泥建材有限公司
143		水泥	舜江	蒙自瀛洲水泥有限责任公司
144		水泥	西麟	保山昆钢嘉华水泥建材有限公司
145		水泥	石林	云南国资水泥东骏有限公司
146		水泥	西麟	云南昆钢嘉华水泥建材有限公司
147		水泥※	同乐	云南远东水泥有限责任公司
148		水泥※	共创	曲靖市宣威宇恒水泥有限公司
149		水泥※	星星牌	云南活发集团投资有限公司
150		水泥※	老君山	云南国资水泥剑川有限公司
151		水泥※	永保	云南永保特种水泥股份有限公司

152		水泥※	壮山	云南壮山实业股份有限公司
153		水泥※	兴建	云南兴建水泥有限公司
154		水泥※	红塔	大理水泥（集团）有限责任公司
155		水泥※	红山岩	大理红山水泥有限责任公司
156		水泥※	上登	云南红塔滇西水泥股份有限公司
157		水泥※	红河	云南国资水泥红河有限公司
158		水泥※	野象	思茅建峰水泥有限公司
159		水泥※	祥龙	祥云县建材（集团）有限责任公司
160		水泥※	石林	云南瑞安建材投资有限公司
161		铝合金窗 ※	神骏	云南官房迈腾有限公司
162	食品	核桃干果	锦亿	大姚锦亿土特产有限公司
163		核桃干果	米甸怀宝	大理州怀宝经贸有限责任公司
164		核桃干果	信威	云南信威食品有限公司
165		核桃干果※	东宝一捏脆	云南楚雄东宝生物资源开发有限公司
166		核桃干果※	大雄	大姚亿利丰农产品有限公司
167		普洱茶（紧压袋泡系列）	普克	云南普洱茶厂有限公司
168		普洱茶		澜沧古茶有限公司
169		普洱茶	澜沧江	临沧澜沧江茶业有限公司
170		普洱茶	复原昌号	勐海陈升茶业有限公司
171		普洱茶	土林	云南土林茶业有限公司
172		普洱茶※	龙润	云南龙润茶业集团有限公司
173		魔芋膳食纤维	润麒	云南富源金田原农产品开发有限责任公司
174		冻罗非鱼片	滇海丰	云南新海丰水产科技集团有限公司
175		白砂糖	晶莹	云南永德糖业集团有限公司
176		白砂糖※	云新	云南新平云新糖业有限责任公司
177		白砂糖※	龙珠	云南康丰糖业（集团）有限公司
178		白砂糖※	晶菱	云南省凤庆糖业集团有限责任公司
179		饮用天然矿泉水	天潭	龙陵县天潭饮料有限责任公司
180		瓶装饮用纯净水	yunnanyuan	祥云县天邦工贸有限公司
181		瓶装饮用天然矿泉水※	清溪山泉	富源县宏兴天然矿泉水有限公司
182		瓶（桶）装饮用水（饮用天然矿泉水、饮用天然泉水）※	大山	云南大山饮品有限公司
183		饮用天然矿泉水※	石林天外天	云南天外天天然饮料有限责任公司
184		木瓜发酵酒	司岗里	云南茅粮酒业集团有限公司
185		液体乳	欧亚	云南欧亚乳业有限公司
186		液体乳※	蝶泉	云南新希望邓川蝶泉乳业有限公司
187		液体乳 （巴氏杀菌乳、灭菌乳、调制乳、发酵乳）※	雪兰	昆明雪兰牛奶有限责任公司

188		酿造食醋	拓东	昆明拓东调味食品有限公司
189		酿造酱油 ※		
190		禄丰香醋※	双梅	云南禄丰鼎鑫醋业有限公司
191		葡萄酒※	云南红	云南高原葡萄酒有限公司
192		啤酒※	苍洱	大理啤酒有限公司
193		肉类罐头※	德和	昆明德和罐头食品有限责任公司
194		华曦牌鸡蛋※	华曦	昆明华曦牧业集团有限公司
195	农产品	澳洲坚果种苗	云澳达	云南云澳达坚果开发有限公司
196		呈贡宝珠梨	呈贡宝珠梨	昆明市呈贡区茶桑果站
197		生咖啡豆	桑莱特	普洱桑莱特咖啡有限公司
198	轻工	啤酒瓶		云南燃二化工有限公司
199		细木工板	千年舟	师宗华海木业有限公司
200		细木工板※	航天	云南景谷林业股份有限公司
201		细木工板※	绿潮	普洱林达木业有限公司
202		胶合板	卫国	普洱市卫国林业局
203		胶合板※	航天	云南景谷林业股份有限公司
204		胶合板※	绿潮	普洱林达木业有限公司
205		钢制文件柜	蓝台	云南省邮电管理局六0五厂
206		洗衣粉	依兰	中轻依兰（集团）有限公司
207		卫生纸	板扎	昆明嘉信和纸业有限公司
208		卫生巾※	日子	云南清逸堂实业有限公司
209		望远镜	远达	昆明远达光学有限公司
210		日用瓷器※	“Stones”	曲靖市石林瓷业有限责任公司
211		普通用途双向拉伸聚丙烯薄膜（热封型）※	红塑	云南红塔塑胶有限公司
212		云南白药牙膏※	云南白药	云南白药集团股份有限公司
213		棉纱※	五华	云南纺织（集团）股份有限公司
214		夹克衫※	仙都	云南仙都制衣有限公司
215		衬衫※		云南奥斯迪实业有限公司
216		生丝※	千佛	云南新千佛茧丝绸有限公司
217		生丝※	赢龙	祥云县银龙茧丝绸集团有限公司
218		生丝※		昭通市长江丝绸有限公司
219	翡翠饰品	翡翠饰品※	云地矿	云南地矿珠宝有限公司
220		翡翠饰品※	昆百大	昆明百货大楼（集团）珠宝经营有限公司
221		翡翠饰品※	七彩云南	昆明七彩云南（国际）翡翠珠宝有限公司
222	花卉	康乃馨鲜切花	锦苑	石林锦苑康乃馨有限公司
223		康乃馨鲜切花※	英茂 YINMORE	云南英茂花卉产业有限公司
224		非洲菊鲜切花	锦苑	云南锦苑花卉产业股份有限公司

注：带“※”产品为2009年到期复评产品（云南名牌产品有效期为三年）。

主题索引

说　明

1. 索引采用主题索引法，是按照书籍的内容依次分类，通过它直接查找到书籍的有关内容及论点，由标引词（主题词、标题）、页码参照项所组成。索引范围包括全书的篇目、类目、分目、条目。

2. 索引按主题词首字汉语拼音字母顺序排列，同音字按声调顺序排列，首字相同者按第二字音序排列，以此类推。主题词后面的数字表示内容所在的页码，数字后面的字母（a、b）表示栏别（即版面的1、2栏）。

3. 篇目、类目、分目名称直接作主题词时以黑体字标明，其余用宋体字排印。

4. 同一主题的内容在文中多处出现的，在其款目后用不同的页码标明。

汉语拼音主题索引

非音序排列

D

E

F

G

H

J

K

L

M

N

P

R

S

T

W

X

Y

Z